2., vollständig überarbeitete Auflage

Daniela Eiletz-Kaube
Kurt Kaube

TANSANIA

STEFAN LOOSE
TRAVEL HANDBÜCHER

Die Highlights

1 | **South Beach**

Tropenidylle – der Geheimtipp vor den
Toren Dar es Salaams. S. 167

2 | Bagamoyo

Sklaven, Missionare, Pioniere, Kolonialisten – wenn Mauern sprechen könnten ... S. 191

3 | Ushongo Beach

Unberührt vom Tourismus lockt der weiße Sandstrand vor allem Individualisten an. S. 222

4 Tauchen vor Mafia Island

Die Korallenformationen und Steilwände des Mafia Island Marine Park zählen zu den besten Tauchgründen Tansanias.
S. 231

5 Stone Town

Häuser aus Korallenstein, enge, arabische Gassen und die Sehnsucht nach 1001 Nacht ziehen die Besucher in ihren Bann. S. 259

6 | **Die Strände von Sansibar**

Ob Matemwe oder Bwejuu – die blütenweißen Strände samt türkisblauem
Wasser an der Ostküste von Sansibar
lassen den Alltag vergessen. S. 293
und S. 298

7 | Kilimanjaro

Die majestätische Pracht des höchsten
frei stehenden Berges der Welt
begeistert immer wieder aufs Neue.
S. 330

8 | Usambara Mountains

Wandern und dabei in das bunte Leben Afrikas eintauchen – in Lushoto und Mtae. S. 344

9 | Kulturtourismus um Arusha

Wer sich auf das tansanische Landleben einlässt, wird unvergessliche Erinnerungen mit nach Hause nehmen. S. 378

10 Mount Meru

Der kleine Bruder des Kilimanjaro –
anspruchsvoller und mit unschlagbarem
Blick auf den Kili. S. 388

11 **Ol Doinyo Lengai**

Majestätisch und als perfekter Kegel ragt der heilige Berg der Maasai aus der knochentrockenen Ebene hervor – wahrlich ein Bild für die Götter. S. 407

12 **Ngorongoro Crater**

Die überdimensionale Kraterschüssel ist ein Refugium für die „Großen Fünf" und viele andere Tiere. S. 414

13 | **Serengeti National Park**

Das wohl berühmteste Naturschauspiel der Welt: Millionen von Tieren auf der Suche nach nahrhaftem Gras und Wasser. S. 421

14 | **Selous Game Reserve**

Safari-Veteranen und Busch-Neulinge –
sie alle erliegen dem Zauber dieses
wilden und faszinierenden Safari-
Landes. S. 470

15 | Ruaha National Park

Miombo-Wälder, Baobab-Bäume und der facettenreiche Ruaha River sind nur Statisten – die wahren Helden sind Wildtiere in rauen Mengen. S. 490

16 | **Lake Malawi**

Nur für Abenteurer: wenig Annehmlichkeiten und mörderische Straßen, doch
so muss wohl das Paradies aussehen.
S. 500

Inhalt

Dar es Salaam

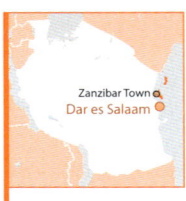

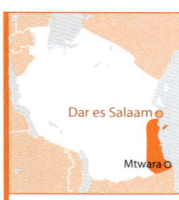

Das nördliche Bergland 311

Safaris im Norden 363

Lake Victoria 431

Zentraltansania und Lake Tanganyika 453

Der Süden   469

Anhang   505

Safari Guide   529

Reiseziele und Routen

Reiseziele

Bei Tansania denken die meisten Europäer unwillkürlich an Herden von exotischen Tieren in freier Wildbahn und die endlose goldbraune Savanne. Und in der Tat – fast alle Reisenden kommen wegen der **Big Five**. Ein wesentlich kleinerer Teil der Besucher entscheidet sich fürs **Bergsteigen**, zumeist garniert mit ein paar Tagen auf Safari. Nach diesen anstrengenderen Teilen der Reise geht es zum Abschluss noch ans wohlig warme **Meer**. So bietet Tansania für jeden etwas – ein bisschen Abenteuer, ein wenig Sport und zu guter Letzt entspannendes Faulenzen.

Auf Safari

Die meistbesuchte Region des Landes stellt ohne Zweifel der **Northern Circuit** dar. Hier liegen die Sehenswürdigkeiten dicht beieinander und sind relativ gut erreichbar. Westlich und nordwestlich von **Arusha** (S. 366), dem Tor zum Northern Circuit, befinden sich die beliebtesten Nationalparks des Landes: der **Tarangire National Park** (S. 394), der **Lake Manyara National Park** (S. 402), der **Ngorongoro Crater** (S. 414) sowie in einiger Entfernung, aber dennoch binnen eines Tages erreichbar, die weltberühmte **Serengeti** (S. 421).

Der weniger bekannte **Southern Circuit** ist von Dar es Salaam aus zu erreichen. Abseits vom Massentourismus locken großartige Naturschutzgebiete und vom Tourismus noch größtenteils unberührte Naturlandschaften, nämlich das **Selous Game Reserve** (S. 470), der **Mikumi National Park** (S. 482) und der **Ruaha National Park** (S. 490).

Noch kaum bekannt ist der **Western Circuit**, im Zuge dessen man nicht nur den **Mahale Mountains National Park** (S. 464) und den **Gombe Stream National Park** (S. 463) – beide berühmt für ihre Schimpansen –, sondern auch den vollkommen unentdeckten **Katavi National Park** (S. 465) besuchen kann. Allerdings muss jedem Reisenden klar sein, dass er hier in weitgehend unerschlossene Gebiete vordringt. Die touristische Infrastruktur ist dementsprechend bescheiden und natürlich auch teuer. Außerdem sind für Individualreisende hier Swahili-Kenntnisse unerlässlich.

Völlig zu Unrecht wird der **Eastern Circuit** vom Tourismus weitgehend ignoriert. Während der an der nördlichen Swahili-Küste gelegene **Saadani National Park** (S. 202) seinen Reiz dadurch bezieht, dass er als einziger Nationalpark Tansanias direkt an den Indischen Ozean grenzt, ist der **Mkomazi National Park** (S. 342) nur Liebhabern bekannt. Besucher werden mit unberührter Wildnis, einem abwechslungsreichem, goldbraunen Hügelland und authentischem Busch-Feeling belohnt – allein weil es nur ein permanentes Camp gibt.

Bergpanoramen

Die Bergwelt Tansanias hat noch keinen Reisenden kaltgelassen. Die beiden Aushängeschilder, der höchste Berg Afrikas, der **Kilimanjaro** (S. 330), und der nicht minder faszinierende zweithöchste Berg Tansanias, der **Mount Meru** (S. 388), bilden die bekanntesten Erhebungen.

Neben diesen Touristenmagneten gibt es aber unzählige weitere Berglandschaften, die dem Großteil der Besucher vorenthalten bleiben. Dazu gehören der fantastische **Ol Doinyo Lengai** (S. 407) und die **Crater Highlands** (S. 416) im Norden, die beeindruckenden **Usambara Mountains** (S. 344) und die **Pare Mountains** (S. 340) im Nord-osten oder auch die **Uluguru Mountains** (S. 476) und die **Udzungwa Mountains** (S. 483) im Süden. Alle bieten sie genügend Möglichkeiten für ausgiebige Wanderungen – als willkommenes Zusatzprogramm zu den Safaris.

Reiseplanung

Ein Urlaub in Tansania – so unvergesslich schön er auch sein mag – ist anstrengend, egal ob man sich in einer organisierten Reisegruppe befindet oder auf eigene Faust unterwegs ist.

Neben den großen Distanzen und schlechten Straßenverhältnissen unterschätzen viele, dass Safaris durch die ständige Konzentration auf die Tier- und Pflanzenwelt sehr ermüdend sind. Ausschlafen steht aber nicht auf dem Programm, denn bei und kurz nach Sonnenaufgang ist die Wahrscheinlichkeit noch hoch, viele nachtaktive Tiere zu Gesicht zu bekommen. Aber auch ein Aktivurlaub, z. B. Bergwandern, strengt an. Nicht umsonst hat sich daher die klassische Reiseplanung mit einer Woche Safari oder Bergwandern und einer Woche Strandurlaub durchgesetzt. Hier einige Anregungen dafür.

Schwerpunkte setzen

Es hat sich bewährt, einen bestimmten Teil des Landes zu bereisen, z. B. das nordöstliche Bergland, den Northern Circuit oder ausgesuchte Parks im Süden. Wer mehr von seiner Reise haben möchte, sollte auch inhaltliche Schwerpunkte setzen – entweder zugunsten von Bergwanderungen oder von Safaris. Natürlich möchte man so viele Aktivitäten wie möglich in den Urlaub integrieren, doch mindert dies den Erholungswert der Reise.

Nichts übertreiben!

Leider hat sich vor allem bei den im Northern Circuit tätigen Safariveranstaltern die Unart eingebürgert, Touristen innerhalb von vier Tagen durch fünf Parks zu schleusen. Abgesehen davon, dass die Reisekasse wegen der vielen Parkgebühren unnötig strapaziert wird und das wiederholte Ein- und Auschecken in den Unterkünften mühselig ist, hat man nichts davon, ein solches Stressprogramm zu absolvieren. Schließlich sind die imposantesten Tiersichtungen eher geduldigem Warten zu verdanken als einer hektischen Park-Rallye. Insofern ist es viel sinnvoller, sich zwei (statt fünf) Nationalparks auszusuchen und dort jeweils in einer der Unterkünfte drei oder vier Nächte (statt der üblichen einen Nacht) zu verbringen. So lernt man Land und Leute viel intensiver kennen und hat beste Aussichten auf einen unvergesslichen und entspannenden Urlaub mit vielen Tiersichtungen und wenig Stress.

Lange Transfers vermeiden

Wer den Norden ansteuern will, sollte den Kilimanjaro International Airport unweit von Moshi und Arusha als Flugdestination wählen. Das Flugticket nach Dar es Salaam mag zwar um einiges billiger sein, doch dazu kommt der Weitertransport von Dar in den Norden: Zu veranschlagen sind US$230 für einen einfachen Inlandflug nach Arusha – oder aber an die US$30 für ein einfaches Busticket plus Übernachtung in Dar es Salaam, bevor es früh morgens in den Norden geht, plus Taxi plus eine Tagesreise plus Nerven ... Deshalb auf längeren Strecken besser fliegen und die Reise auf ein eng abgestecktes Gebiet beschränken.

Erholung einplanen

Safaris sind teuer, daher will man natürlich jede Minute im Park optimal nutzen. Auf eine Safari oder eine Wanderung sollten also ein paar Tage zum Ausspannen folgen, wobei es nicht immer Sansibar sein muss. Auch auf dem Festland locken herrliche Strände, wie etwa südlich von Bagamoyo oder Pangani oder gar am South Beach von Dar es Salaam. Weitere Optionen sind die wunderbar ruhigen Inseln Mafia oder Pemba.

Viel Geschichte unter Palmen

Die sogenannte **Swahili-Küste**, die sich nördlich und südlich von Dar es Salaam erstreckt und auch die Inseln **Sansibar** (S. 253), **Pemba** (S. 303) und **Mafia** (S. 226) mit einbezieht, steht für Meer, Wassersport (in erster Linie Tauchen und Schnorcheln) und süßes Nichtstun. Palmengesäumte Strände, Mangrovensümpfe, einfache Fischerdörfer und geschäftige Hafenstädte prägen die Küste und lassen die Herzen aller Sonnenanbeter höher schlagen. Längst nicht jeder Strand ist dem manchmal viel zu lauten Strandtourismus preisgegeben; es gibt noch zahlreiche Flecken, wo man nichts anderes hört als das stete Murmeln des Meeres.

Historisch Interessierte kommen besonders in dieser Region auf ihre Kosten, da hier für Tansania und ganz Afrika bedeutende Geschichte geschrieben wurde. Die alten, bröckelnden Swahili-Städte entlang der Küste lassen erahnen, wie mächtig und strategisch wichtig die Küste von Tansania einst war. Heute zieht es Gäste fast nur in eine einzige Stadt – die Altstadt von **Stone Town** (S. 259). Dabei brauchen aber das leicht erreichbare **Bagamoyo** (S. 191), das bröckelnde **Pangani** (S. 217) oder gar die alte Shirazi-Stadt **Kilwa** (S. 235) sich in puncto Bedeutung und Swahili-Charme nicht zu verstecken.

Grandiose Seen

Die malerischen Seen entlang des Ostafrikanischen Grabenbruchs – **Lake Malawi** (S. 500), **Lake Tanganyika** (S. 457) und **Lake Victoria** (S. 431) gehören zu den schönsten Landschaften von Tansania. Zum Baden sind sie allerdings nur bedingt geeignet, da hier Bilharziosegefahr besteht. Wer hierher reisen möchte, benötigt nicht nur einen verlässlichen Geländewagen, sondern auch eine ordentliche Portion Abenteuerlust.

Tansania für Aktive

Bergsteigen, Wandern und Trekking
Trotz der faszinierenden und abwechslungsreichen Bergwelt hat sich Tansania bis dato nicht als Wanderparadies etabliert, obwohl die vielfältige Berglandschaft durchaus zum Wandern einlädt. Einzig der Kilimanjaro lockt die Massen an, doch von Wandergenuss kann hier schon keine Rede mehr sein, wenn zu Spitzenzeiten mehrere Hundert Menschen täglich zum Gipfel stürmen. Dabei hat Tansania weit mehr als nur den höchsten Berg Afrikas zu bieten (s. S. 23, „Bergpanoramen").

Tauchen
Besonders beliebt unter Tauchern sind die Riffe **Sansibars** (S. 253) oder **Pembas** (S. 303). Als Geheimtipp gelten hingegen noch immer die Insel **Mafia** (S. 226) sowie die Tauchbasen in **Mikindani** (S. 244) und **Ushongo Beach** (S. 222). Und auch wenn man es kaum glauben mag: Die Tauchgründe rund um die Millionenmetropole **Dar es Salaam** (S. 153) zählen zu den besten Tansanias. Außer auf Mafia, wo auch Großfische vorkommen, zeichnen sich die Tauchgründe vor allem durch eine erstaunliche Artenvielfalt bei den Rifffischen und den Korallenformationen aus.

Hochseefischen
Die Hochseefischerei ist in Tansania nur schwach etabliert und wird auch kaum nachgefragt. In **Kilwa** (S. 235) und auf **Sansibar** (S. 253) existiert eine Handvoll Unternehmen, die Hochseefischen anbieten.

Reiserouten

Theoretisch könnte man in Tansania im Verlauf einer einzigen Reise auf Safari gehen, im Indischen Ozean tauchen, den höchsten Berg Afrikas besteigen, historisch bedeutsame Ruinenstädte besuchen und unter Palmen am Meer liegen.

Praktisch aber lässt sich die Fülle an Attraktionen nicht so leicht unter einen Hut bringen, wie es sich die meisten Touristen wünschen, denn vielfach werden die immensen Distanzen unterschätzt. Aus diesem Grund sollte man bei der Urlaubsplanung auch unbedingt versuchen, die Transferzeiten so kurz wie möglich zu halten.

Die folgenden Routenvorschläge geben einen Eindruck davon, welche Urlaubsfreuden Tansania bereithalten kann, wenn der Faktor „Entfernung" realistisch eingeschätzt wird.

Tansania klassisch

■ 10–14 Tage

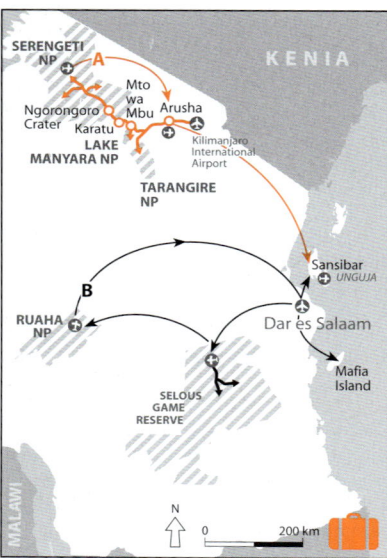

Wer zum ersten Mal nach Tansania reist, wählt oft die nachstehend beschriebene Route.

Variante A

Nach der Ankunft am Kilimanjaro International Airport konzentriert man sich auf den **Northern Circuit**: Die Safari-Tour mit einem Geländefahrzeug beginnt mit dem **Tarangire National Park** (S. 394, 2 Nächte, 2 Tage) oder dem **Lake Manyara National Park** (S. 402, 1 Tag, 1 Nacht). **Mto wa Mbu** (S. 400) bietet sich ideal für einen Vormittag Kulturtourismus an, bevor es nach **Karatu** (S. 410) geht; es folgen der **Ngorongoro Crater** (S. 414, 1 Tag, 2 Nächte) sowie die **Serengeti** (S. 421, mind. 2–3 Nächte). Nach 5–7 Nächten auf Safari führt die Fahrt zurück nach **Arusha** (S. 366),

wo ein Tag mit Kulturtourismusprogrammen verbracht werden kann, und weiter mit einem kleinen Buschflugzeug nach **Sansibar** (S. 253). Ein oder zwei Nächte in Stone Town und einige Tage an der Küste runden das Programm ab und bieten Zeit zum Verschnaufen nach der anstrengenden ersten Woche auf Safari.

Variante B

Nach der Ankunft am Dar es Salaam International Airport wird man per Buschflugzeug in das **Selous Game Reserve** (S. 470, 2–3 Nächte) und den **Ruaha National Park** (S. 490, 2–3 Nächte) transferiert. Hier sind Naturverbundenheit und Buschfeeling absolut garantiert! Zum Abschluss bietet es sich an, nach **Mafia Island** (S. 226) zu fliegen, um dort einige Tage mit Schnorcheln und Sonnenbaden zu verbringen. Oder man beschließt die Reise, wie in Variante A beschrieben, auf **Sansibar** (S. 253) – am bequemsten ist ein Flug dorthin, aber die Überfahrt mit der Fähre ist ebenso möglich.

Tansania deluxe

■ 10–14 Tage

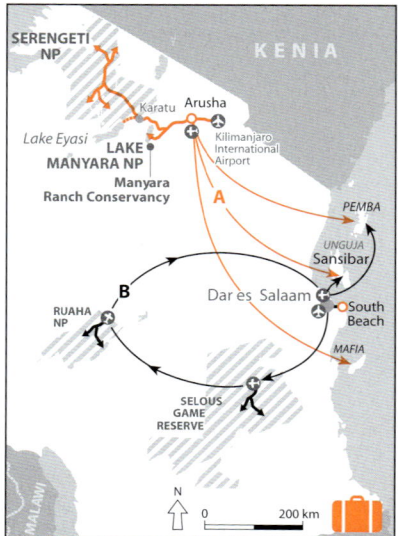

Mit ihren leierartigen Hörnern erkämpfen sich die männlichen Impalas (Schwarzfersenantilopen) ihren Harem von bis zu 100 Weibchen.

Luxuriöse Hideaways mitten im unberührten Busch, meist handelt es sich um Tented Camps, finden sich fast überall in Tansania. Sie sind ein Erlebnis für den Geist, aber auch eine Herausforderung für das Portemonnaie.

Variante A

Nach der Ankunft am Kilimanjaro International Airport wird man per Fahrzeug in die **Manyara Ranch Conservancy** (S. 400, 2–3 Nächte)

gebracht und danach in die **Serengeti** (S. 421, 3–5 Nächte) geflogen. Empfehlenswert ist die Buchung zweier Unterkünfte in ganz unterschiedlichen Regionen, z. B. zwei Nächte im Western Corridor und drei Nächte in der Loliondo Game Controlled Area. Zur Erholung am Schluss lohnt sich ein Abstecher zum **Lake Eyasi** (S. 412) oder nach **Sansibar** (S. 253), wahlweise auch auf eine der anderen Inseln, beispielsweise **Pemba** (S. 303) oder **Mafia** (S. 226).

Variante B

Nach der Ankunft in Dar es Salaam fliegt man sofort weiter in eine der Lodges im **Selous Game Reserve** (S. 470, 4–6 Nächte). Ideal ist die Buchung zweier Lodges in zwei verschiedenen Regionen, denn so sind in ein und demselben Park völlig unterschiedliche Busch-Erfahrungen möglich. Als Alternative zur zweiten Lodge im Selous kann auch für drei Nächte eine Lodge im **Ruaha National Park** (S. 490) angeflogen werden. Nach einer Woche auf Safari klingt der Luxus-Urlaub entweder am **South Beach** (S. 167), auf **Sansibar** (S. 253) oder **Pemba** (S. 303) aus.

Tansania aktiv

■ 14 Tage

Sowohl im Norden als auch im Süden kommen Wanderer und Safari-Liebhaber auf ihre Kosten – was liegt also näher, als beide Aktivitäten miteinander zu verbinden?

Variante A

Reisende, die entweder den Gipfel des **Kilimanjaro** (S. 330) oder den des **Mount Meru** (S. 388)

erklimmen möchten, sollten dies als erste Etappe ihrer Reise vorsehen. Nach der Ankunft am Kilimanjaro International Airport ist es sinnvoll, sich ein bis zwei Tage in **Moshi** (S. 313) oder **Arusha** (S. 366) zu akklimatisieren, bevor man den Aufstieg wagt. Je nach Route können für die Besteigung vier bis sieben Tage eingeplant werden. Egal, wie lange die Besteigung (inklusive Abstieg) auch dauern mag, es sollte mindestens ein Ruhetag daran anschließen.

Die restlichen sechs oder sieben Tage können nun auf Safari in einem oder zwei Parks des Nordens verbracht werden: Man beginnt in der **West Kilimanjaro Area** (wo Walking Safaris erlaubt sind) (S. 393), dann geht es weiter zum **Ngorongoro Crater** (S. 414) und der **Serengeti** (S. 421). Wer nur drei Tage auf Safari gehen möchte, muss sich Parks in der Nähe von Arusha aussuchen, z. B. den **Tarangire National Park** (S. 394). Oder man fliegt ganz ohne Safari direkt ans Meer.

Variante B

Alternativ dazu kann man auch im Süden hervorragend bergwandern, wenn auch weniger komfortabel als im Norden. Nach der Ankunft in **Dar es Salaam** (S. 153) sucht man sich ein Hotel im Norden der Stadt, um am nächsten Tag bequem **Bagamoyo** (S. 191) zu besuchen. Am darauffolgenden Tag folgt der Transfer in die **Udzungwa Mountains** (S. 483), wo trittsichere und konditionsstarke Wanderer gut und gerne drei, vier Nächte verbringen können (vielleicht sogar mit einem mehrtägigen Trek über die Berge). Die Udzungwa Mountains bieten auch einen wunderbaren Rahmen für Kulturtourismus. Als Kontrastprogramm zum Bergwandern empfehlen sich Safaris im **Ruaha National Park** (S. 490). Der azurblaue Indische Ozean bietet einen würdigen Abschluss: Einige Nächte am **Kipepeo Beach** (S. 168) in Dar es Salaam oder auf **Mafia Island** (S. 226) werden der Seele guttun. An den Stränden rund um Dar es Salaam kann man sich auch gut vor der Safari entspannen.

Für einen solchen Aktivurlaub mit Bergsteigen, Safari und Meer gilt jedenfalls: nichts übertreiben – weniger (Unterkünfte) ist mehr (Urlaubsvergnügen) – und möglichst langwierige Transporte im Auto meiden!

Tansania ist kein klassisches Selbstreiseland wie etwa Namibia oder Südafrika – was nicht bedeutet, dass es unmöglich ist.

Was geht und was nicht geht

Von der Swahili-Küste (mit Dar es Salaam, Kilwa, Bagamoyo, Tanga, Pangani) und den Inseln (Sansibar, Pemba, Mafia) angefangen, über die Bergregionen im Norden und Nordosten (Moshi, Usambara-Berge, Pare Mountains) und die südlichen Regionen wie Iringa oder Mbeya bis hin zu den großen Seen und ihren Einzugsgebieten (Mwanza, Bukoba, Kigoma, Kyela) ist individuelles Reisen (mit öffentlichen Verkehrsmitteln oder als Selbstfahrer) uneingeschränkt möglich. In allen Landesteilen existieren sehenswerte, mehr oder weniger bekannte Highlights und Attraktionen, Kulturtourismusinitiativen für Ausflüge oder Wanderungen sowie genügend lokale Gästehäuser und Restaurants.

Wer eher bequem oder ängstlich ist, wird sich als Individualtourist aber nicht wohl fühlen. Man muss sich auf lange Wartezeiten und Fußmärsche, z. B. vom Busbahnhof bis zur Unterkunft, einstellen. Ebenso muss man bereit sein, um sprichwörtlich jede Leistung – egal ob die Taxifahrt, die Unterkunft, das Abendessen oder die Tomaten – bis aufs Blut zu feilschen, denn wer Geld hat (so wie die Weißen), soll es nach Möglichkeit auch mit den Tansaniern teilen. Obwohl man überwiegend mit freundlichen, zuvorkommenden Tansaniern zu tun haben wird, müssen Reisende sich darüber im Klaren sein, dass sie Begehrlichkeiten wecken.

Wer dennoch die eine oder andere Safari unternehmen möchte, muss sich an eine Agentur (in Tansania oder zu Hause) wenden (s. Kasten S. 80). Fahrzeugen mit ausländischen Kennzeichen und Fahrzeugen ohne Agentur-Tala-Lizenz wird die Einfahrt in die Parks verweigert. Mit einem geschulten, erfahrenen Fahrer, der das Gebiet und die Vorlieben der Wildtiere kennt, machen erlebnisreiche Pirschfahrten aber ohnehin viel mehr Spaß. Gleiches gilt für Bergbesteigungen und Wanderungen, die – für Mitteleuropäer

eher ungewöhnlich – selten ohne Guide (s. S. 65) und Routenplanung gemacht werden können. Solche landesspezifischen Eigenheiten müssen selbst Individualreisende akzeptieren.

Der Faktor Zeit

Ob Besucher nun individuell oder organisiert in Tansania unterwegs sind, hängt in hohem Maße von der Aufenthaltsdauer ab. Wer 14 Tage Zeit hat, sollte im Sinne eines erholsamen Urlaubs die Buchung einer organisierten Tour (s. S. 78) ins Auge fassen. Wer dagegen mindestens vier Wochen Zeit hat und nicht an einem bestimmten Tag in einem bestimmten Ort sein muss, kann sich an Tansania ruhig in Eigenregie versuchen (mit den eingangs erwähnten Einschränkungen bei Safaris und Aktivitäten).

Transport und Distanzen

Viele Touristen realisieren erst vor Ort, mit welchen Tücken im Transportwesen man kämpfen muss und welche immensen Distanzen überbrückt werden müssen. Außer man befindet sich auf einer organisierten Tour mit einem Fahrzeug und Driverguide wird selbst die beste Planung und Vorbereitung spätestens am dritten Tag obsolet. Individualtouristen müssen unbedingt ausreichend Pufferzeiten einplanen, um annähernd im Zeitplan zu bleiben. Unvorhergesehenes passiert täglich!

Informationen

Wichtig für die Grobplanung sind Infos aus erster Hand – doch die gibt es meistens erst vor Ort. Vieles kann man nicht im Internet recherchieren oder die Angaben sind veraltetet oder falsch abgeschrieben. Auch der vorliegende Reiseführer kann nur grobe Anhaltspunkte geben, denn Bus-, Fähr- und Zugverbindungen ändern sich fast wöchentlich und die Preise explodieren. Die detaillierte Reiseplanung kann nur in Tansania selbst erfolgen. Reisende sollten deshalb immer ausreichend Pufferzeiten für die Einholung von Informationen und für Unvorhergesehenes einplanen.

Tansania intensiv

- mind. 3 Wochen

Wer so viel Zeit hat, kann die ausgetretenen Touristenpfade durchaus verlassen und sich in weniger gut erreichbare Gebiete wagen. Während Safaris immer mit einem Tour Operator absolviert werden müssen, können andere Teile der Reise auch in Eigenregie erfolgen. Der Fantasie sind keine Grenzen gesetzt, und trotzdem sollte man sich auf ein Gebiet konzentrieren.

Variante A

Man könnte mit einigen Tagen Safari im Northern Circuit beginnen, z. B. im **Arusha National Park** (S. 385), dann weiter in den **Tarangire** (S. 394) fahren, anschließend in den **Ngorongoro Crater** (S. 414) mit einem mehrtägigen Trek in den Crater Highlands und zum Schluss in die **Serengeti** (S. 421). Nach der Rückkehr nach Arusha geht es mit öffentlichen Verkehrsmitteln weiter, z. B. in die **Usambara-Berge** (S. 344) zum Wandern und für Kulturtourismus oder nach **Tanga** (S. 206), **Pangani** (S. 217) und **Ushongo Beach** (S. 222), wo Meer und historische Sehenswürdigkeiten warten. Selbstverständlich bietet sich zum Abschluss auch **Sansibar** (S. 253) an.

Variante B

In drei Wochen kann man auch gut den Süden und die Küste intensiv erleben: Nach einigen Tagen im **Selous Game Reserve** (S. 470) geht es auf der Panoramaroute über die Uluguru Mountains nach **Morogoro** (S. 479), wo man zwei, drei Tage mit Wandern und Kulturtourismus verbringen kann. Es folgen Safaris im **Mikumi National Park** (S. 482), bevor man den Weg zu den **Udzungwa Mountains** (S. 483) einschlägt (Wandern und Kulturtourismus). Ein paar Tage Safari im **Ruaha National Park** (S. 490) sowie anschließend noch ein Abstecher nach **Mbeya** (S. 494) und zum **Lake Malawi** (S. 500) runden die abwechslungsreiche Tour ab.

Klima und Reisezeiten

Klima

Das Klima in Tansania gilt generell als tropisch. Die Sommermonate Dezember bis März bilden die heißeste Jahreszeit, während der (bisweilen recht kühle) tropische Winter vom Juni bis in den September hineinreicht. Wer in den europäischen Sommerferien nach Tansania fährt, reist also in den tropischen Winter …

Und trotzdem: Es ist nicht überall und immer gleich heiß. Die Mikroklimata sind je nach Region und Höhenlage verschieden. Die Ostküste, die Inseln Sansibar, Pemba und Mafia sowie insbesondere der Großraum Dar es Salaam stellen zu jeder Jahreszeit die Hitzepole des Landes dar. In den Sommermonaten ist es in diesen Küstenregionen und in der Metropole unerträglich heiß und schwül. In den Wintermonaten hingegen locken trocken-heiße Temperaturen und in den Nächten kann es auf wohlige 20 °C abkühlen.

Anders sieht es in den höher gelegenen Regionen aus. Wer im afrikanischen Winter das nördliche Bergland sowie die Nationalparks im Norden besucht, sollte warme Kleidung mitbringen. Im Juni und Juli kann es in höheren Lagen, z. B. an den Flanken des Kilimanjaro oder im Hochland rund um den Ngorongoro Crater, gerade in der Nacht und am Morgen empfindlich kalt werden. Das Gleiche gilt für höher gelegene Gebiete im Nordosten wie die Usambara-Berge oder die Gegend rund um Mbeya im Südwesten.

Das Klima in den Seengebieten gleicht dem des sonstigen Festlands. Grundsätzlich aber weisen diese Gebiete eine höhere Luftfeuchtigkeit sowie stärkere Regenfälle auf.

Regenzeiten

Wie überall in den Tropen gibt es **zwei Regenzeiten**, eine große und eine kleine. In der großen Regenzeit, die im Allgemeinen von März bis Ende Mai oder Anfang Juni dauert, werden weite Teile der Nationalparks und auch großflächige Gebiete unpassierbar. Die kleine Regenzeit von Oktober bis November beeinträchtigt das Reisen in der Regel nur geringfügig. Diese Angaben sind

natürlich nur als Richtwerte zu behandeln, denn in den letzten Jahren ist es vermehrt zu **Verschiebungen der Regenzeiten** gekommen.

Als Europäer kann man sich kaum Vorstellungen von einer tropischen Regenzeit machen, denn die **Intensität der Regenfälle** ist nicht mit dem Regen in unseren Breiten vergleichbar. Für kurze Zeit, oft nur wenige Minuten, gehen heftige Platzregen nieder, danach scheint wieder ganz unschuldig die Sonne. Nach wenigen Tagen kann der Boden das Wasser nicht mehr aufnehmen, weshalb viele Gebiete, auch Straßen, verschlammen und unpassierbar werden. Großflächige Landstriche sowie ganze Straßenzüge und Viertel in Städten stehen unter Wasser, da die Betondrainagen mit viel Unrat verstopft sind.

Besonders tückisch im Busch ist die sogenannte **Black Cotton Soil** (S. 103). Sie kommt fast flächendeckend im ganzen Land vor, und nach Regenfällen verwandeln sich ganze Landstriche in schmierige, glitschige Gebiete, wo Fahrzeuge hoffnungslos manövrierunfähig werden.

Reisezeit

Auch wenn mancher Reiseveranstalter Tansania als eine Ganzjahres-Destination verkauft, stimmt dies nur bedingt. Die ideale Reisezeit richtet sich primär nach den jeweiligen Reisezielen und den gewünschten Aktivitäten. Wer in der Hochsaison reist (Juli/August sowie Dezember bis Anfang Januar, also während der europäischen Sommer- und Weihnachtsferien), wird die dann stark erhöhten Preise empfindlich im Reisebudget spüren.

Safaris

Safaris können fast das ganze Jahr unternommen werden. **Unmittelbar nach der großen Regenzeit** (Juni bis August) halten sich die Tiere in den Nationalparks auf, weil sie genügend Wasser und Futter vorfinden. Außerdem stehen die Chancen gut, viele Jungtiere zu beob-

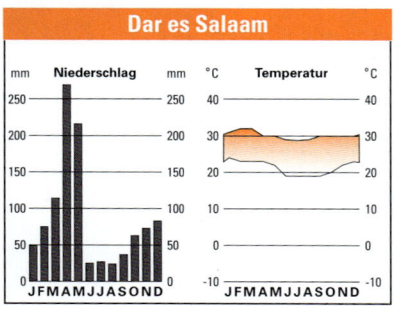

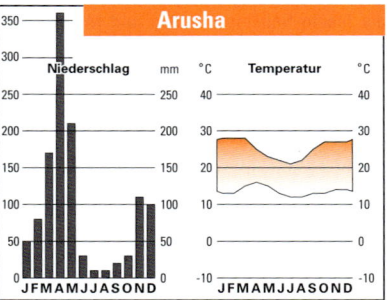

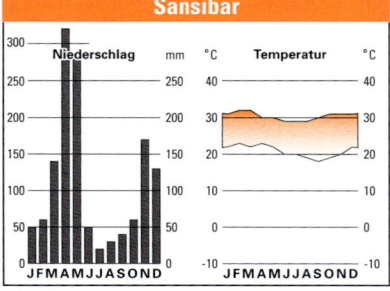

achten, da diese nach Ende der Regenzeit auf die Welt kommen. Dabei kann es allerdings ausgesprochen kalt werden. Warme Kleidung, eine wattierte Jacke, eventuell sogar leichte Handschuhe oder ein Stirnband (speziell für morgendliche Pirschfahrten, denn der Fahrtwind kann ganz schön eisig sein!), sollten im Gepäck nicht fehlen. Der **tropische Sommer** (Oktober bis Februar) präsentiert sich hingegen schwül-heiß; die Nächte bringen keinerlei Abkühlung. Zu dieser sogenannten Trockenzeit konzentriert sich der Tierbestand an den Wasserläufen. Dann ist auch das Gras kürzer, was natürlich die Tier-beobachtung erleichtert. Während der darauf folgenden **großen Regenzeit** (März bis Mai) mag das Wetter vielleicht unwirtlich und die Pisten und Gehwege matschig sein, aber dort, wo ein Passieren der Pisten überhaupt möglich ist, tut regnerisches Wetter der Wildtierbeobachtung keinen Abbruch.

Wandern

Zum Bergsteigen und Trekking bieten sich vor allem die Monate **zwischen Oktober und Fe-bruar** an. Wenn es in niederen Lagen heiß und unerträglich stickig ist, sind die Temperaturen im Bergland angenehm sommerlich und bes-ser verträglich. In den Wintermonaten Juni bis September hingegen kann es besonders nachts eisig kalt werden, und auch tagsüber bleiben die Gebirgszüge unter dunklen, dichten Wolken verborgen.

Am Indischen Ozean

Wasserratten und Sonnenanbeter kommen in Tansania fast das ganze Jahr über auf ihre Kos-ten. Entlang der Küste ist von **Juni bis Oktober** mit strahlend blauem Himmel, trockenheißen Temperaturen und einer stetig wehenden Brise zu rechnen. Von **Oktober bis Februar** herrschen nahe der Küste schwüle, stickige Temperaturen gepaart mit hoher Luftfeuchtigkeit vor, was zu-weilen – besonders in der Nacht – unerträglich sein kann. Allerdings sorgt der behaglich warme Indische Ozean für Erfrischung. In den Winter-

Während in Europa vier Jahreszeiten existie-ren, folgt der klimatische Jahreszyklus in Tan-sania anderen Spielregeln: Hier unterscheidet man Regen- und Trockenzeiten.

Zweimal pro Jahr, am 23. September und am 21. März, erreicht die Sonne ihren Höchststand über dem Äquator. Dann werden die Landmas-sen kräftig aufgeheizt und die enormen Tempe-raturgefälle zwischen Ostafrika und dem kühle-ren Südwestasien begünstigen heftige Winde, die die Luftdruckunterschiede ausgleichen. Sie werden als **Monsunwinde** bezeichnet.

Wenn die Sonne nach dem 23. September südwärts wandert, bläst der Wind aus nord-östlicher Richtung als **Nordost-Monsun** oder **Kaskazi**. Nachdem daraufhin die Sonne am 21. Dezember (dem kürzesten Tag des Jahres in Europa) am südlichen Wendekreis „umgedreht" und Ende März wieder den Äquator passiert hat, erreicht sie am 21. Juni den nördlichen Wendekreis. Daraufhin dreht der Wind auf Südost als **Südost-Monsun** oder **Kusi**.

Die Regenzeiten orientieren sich jeweils an den Winden. Wenn Ende März die **Große Re-genzeit** (bis Juni) einsetzt, haben die Wolken viel Feuchtigkeit aus dem Indischen Ozean aufgesogen und bringen dementsprechend viel Regen mit sich. Weniger regenreich ist hinge-gen die **Kleine Regenzeit**, die je nach Gebiet von Ende Oktober bis etwa Mitte Dezember an-hält. Mit zunehmender Entfernung vom Äquator verschiebt sich der Beginn der Regenzeiten immer stärker. In der Nähe der Wendekreise, wo die Sonne nur einmal pro Jahr im Zenit steht, gibt es dann auch nur eine Regenzeit, so auch im Süden Tansanias (Regenzeit zwischen November und April).

monaten während und unmittelbar nach der **großen Regenzeit** (März bis in den Juni) hinge-gen kann es besonders auf den Inseln manch-mal trostlos sein, wenn der Wind fegt, der wolkenverhangene Himmel wenig Sonne durch-lässt und kein Alternativprogramm zum Sonnen-baden besteht.

Reisekosten

Tansania-Reisen sind kein billiges Vergnügen. Dem Ruf, ein Urlaubsland für Rucksacktouristen und Budgetreisende zu sein, wird Tansania längst nicht mehr gerecht. Wie hoch das **Tagesbudget** ausfällt, hängt letztendlich vom gewünschten Reise- und Komfortstandard ab. Wer mit einfachen Unterkünften, landestypischer Kost und heillos überladenen Daladalas zufrieden ist, kommt am Tag vermutlich mit weniger als 20 € für zwei Personen aus. Sobald man allerdings irgendwelche Aktivitäten plant, z. B. Safaris, Bergsteigen, Wandern oder Tauchen, steigt das Tagesbudget durch Eintrittsgebühren, Honorare für Guides sowie Buchungskosten bei Tour Operators sprunghaft an (US$150–200 p. P. und Tag für eine Camping-Safari oder US$40–60 für einen Tauchgang).

Generell sind alle Güter und Dienstleistungen, die von Ausländern, Expats und Touristen konsumiert werden, teuer. Für einigermaßen westlichen Standard muss tief in die Tasche gegriffen werden, egal ob es sich um Unterkünfte, Essen, Benzin, Kleidung oder Bücher handelt. Alles, was Einheimische zum täglichen Leben brauchen, wie Moskitonetze, einheimisches Obst und Gemüse, chinesische Plastik-Flipflops, landestypische Gästehäuser oder Kangas (s. S. 134), ist hingegen billig. Das allgemeine **Preisniveau** liegt in den Ballungszentren (Dar es Salaam, Dodoma) sowie in den Touristenzentren (Moshi, Arusha, Sansibar) erwartungsgemäß viel höher als anderswo. In puncto Lebenshaltungs- sowie Wohn- und Reisekosten sind Arusha und Dar es Salaam mit Abstand führend. Je weiter man in ländliche Gegenden vordringt, desto spärlicher wird das Angebot an westlichem Komfort, aber desto günstiger wird es auch.

Eintrittsgebühren

Nationalparks und Naturschutzgebiete sind teuer. Zwischen US$20 und US$100 p. P. und Tag müssen für den Eintritt locker gemacht werden. Fahrzeuge mit ausländischem Kennzeichen dürfen momentan gar nicht in gewisse Parks einfahren, d. h. man muss immer auf die Dienste von Safariveranstaltern zurückgreifen. Das macht Tansania auf der Trans-Afrika-Route zu einem sündhaft teuren Durchgangsland. Gesondert berechnet werden zudem noch die Trinkgelder (s. Kapitel „Trinkgeld", S. 55).

Übernachtung

Die einfachsten Unterkünfte kosten 10 000 TSH (max. 4,50 €) für ein DZ mit Gemeinschaftsbad. In diesem Preis ist das Frühstück selten enthalten. Ein Zimmer in einem landestypischen Mittelklassehotel mit eigener (kalter) Dusche und WC sowie Ventilator gibt's für US$20–40, wobei das typisch tansanische (englische) Frühstück eingeschlossen ist. Für einen etwas besseren Standard (Warmwasser, Duschen, fließendes Wasser, Toilette mit Wasserdruck, intaktes Moskitonetz) ohne viel Schnickschnack, muss man zwischen US$50 und US$80 berappen. Gehobenen Ansprüchen werden Zimmer ab etwa US$100 pro DZ inkl. Frühstück gerecht, es kann aber auch wesentlich teurer werden. Besonders in und um die Nationalparks, in den Ballungszentren Dar es Salaam und Arusha sowie auf den Inseln können die Übernachtungspreise astronomische Höhen erklimmen. So kosten Zimmer in ausgesuchten Luxusherbergen über US$1000 p. P. und Nacht.

In Norden Tansanias (hier in der Serengeti) werden Toyota Landcruiser oder Landrover mit aufklappbaren Dächern für Safaris eingesetzt.

In der großen Regenzeit werden – sofern die Unterkünfte nicht geschlossen sind – Green Season Rates angeboten, die je nach Verhandlungsgeschick bis zu 40 % unter dem Normalpreis liegen können.

Essen und Trinken

In den gehobenen Unterkünften muss man mit Dinner-Preisen ab US$20–25 p. P. rechnen. In den westlichen Restaurants in Dar es Salaam, Arusha oder Stone Town schlägt ein Abendessen mit 10 000 TSH (4,5 €)–30 000 TSH (13,70 €) p. P. zu Buche. Am billigsten sind landestypische Gasthäuser, wo man bei *chipsi mayai* (Pommes frites mit verquirltem Ei) oder *mishkaki* (Fleischspieße) für rund 2500 TSH (1,14 €) satt wird.

Transportkosten

Nahverkehrsbusse, sogenannte **Daladalas**, sind mit durchschnittlich 200–400 TSH (0,23 €) mehr als erschwinglich. Langstrecken werden mit großen **Überlandbussen** gefahren, wobei das Busticket max. 80 000 TSH (36,30 €) kosten sollte, z. B. von Dar es Salaam nach Mwanza (über Nairobi).

Fährtickets vom Festland nach Sansibar belaufen sich momentan auf US$35 p. P. für die einfache Strecke, während **Bahnfahrkarten** in TSH zu bezahlen sind und nicht mehr als 40 000 TSH kosten sollten, z. B. für die Strecke von Dar es Salaam nach Mbeya.

Innerhalb von Städten oder Tagesausflüge eignen sich auch **Taxis**. Für einfache Strecken innerhalb von Städten werden an die 4000–

20 000 TSH verlangt; für weite Strecken, z. B. auf Sansibar, fallen schon mal 60 000 TSH an. Die Miete eines Taxis für einen Tag beläuft sich, z. B. in Dar es Salaam, auf etwa 80 000 TSH.

Mietfahrzeuge sowie der Transport durch **Tour Operator** schlagen im Durchschnitt ab US$100 pro Tag zu Buche, doch diese Zahlen sind nur ein grober Richtwert und durch viele Faktoren beeinflussbar. Die günstigsten **Flugtickets**, z. B. von Dar es Salaam nach Stone Town, liegen bei US$70 p. P. einfach, doch die Preise reichen bis weit über US$500 für Flüge zu weit entfernten Zielen, z. B. zwischen Serengeti und Ruaha National Park.

Kosten sparen auf Safari

Bei der Qualität sparen sollten Safari-Liebhaber niemals. Viel mehr ergeben sich bei der Durchführung einer Safari kleine Sparpotenziale.

- **In der Gruppe wird es billiger.** Kosten für das Fahrzeug und den Driver werden so durch mehr Personen dividiert. In Arusha und Moshi finden sich einige Schwarze Bretter, wo Leute immer wieder nach Safaripartnern suchen.

- **Den Eintritt ausnutzen.** Die Parkeintrittsgebühren gelten für 24 Std. (außer Ngorongoro Crater). Frühzeitig zu einem anderen Park aufzubrechen, bedeutet Geld zu verschenken.

- **Außerhalb der Parkgrenzen übernachten.** Egal ob Camping oder feste Unterkünfte, außerhalb der Parks ist das Übernachten zumeist billiger. Manchmal jedoch lässt sich die Übernachtung im Park aufgrund der Reiseroute nicht vermeiden.

- **Billigere Parks bevorzugen.** Es muss nicht immer der teure Krater oder die Serengeti sein, andere Naturschutzgebiete sind (je nach Saison) genauso schön und tierreich, z. B. Tarangire, Lake Manyara, Mkomazi oder Ruaha National Park.

- **Keine Safari-Ralley machen.** Außer man ist ein Safari-Freak, reichen zwei, drei Parks vollkommen aus, um Wildtiere zu sehen. Dazwischen vertreibt man sich die Zeit mit Kulturtourismusprogrammen, Wanderungen oder Ausflügen. Jeder Tag, der nicht im Nationalpark oder Game Reserve verbracht wird, entlastet das Budget und macht erst so richtig wieder Lust auf Wildtiere.

Was kostet wie viel?		
Trinkwasser (1,5 l)	1000–1500 TSH	0,45–0,68 €
Softdrink	500–1000TSH	0,22–0,45 €
Bier (im Restaurant)	2500–5000 TSH	1,14–2,27 €
Kaffee	2500 TSH	1,14 €
Essen		
lokale Küche	2000–5000 TSH	0,90–2,27 €
westl. Standard	10 000–15 000 TSH	4,54–6,82 €
Internet	1000 TSH/30 Min.	0,45 €
1 l Diesel	2200 TSH	1 €
Hotelzimmer		
einfach	bis 20 000 TSH	9 €
Mittelklasse	US$30–80	21–56 €
Busfahrt		
Kurzstrecke	300–2000 TSH	0,14–0,9 €
Langstrecke	10 000–30 000 TSH	4,50–13,60 €
Taxifahrt Stadtzentrum	4000–10 000 TSH	1,8–4,50 €
Mietwagen (4WD)	ab US$100 pro Tag	70 €
Eintritt Nationalparks	US$20–60 p. P./Tag	14–42 €
Guide	US$20–40 pro Gruppe/Tag	14–28 €

Traveltipps von A bis Z

Anreise

Per Flugzeug

Traveltipps von A bis Z

Die reine Flugzeit von Europa nach Tansania beträgt 8–10 Stunden, doch bei fast allen Fluggesellschaften wird eine Zwischenlandung fällig.

Der größte Flughafen des Landes, der Mwalimu Julius K. Nyerere International Airport (IATA-Code DAR), liegt in **Dar es Salaam**. Weitere Flughäfen, die internationale Gäste abfertigen, befinden sich in **Sansibar** (IATA-Code ZNZ) und auf halbem Weg zwischen Arusha und **Moshi** (Kilimanjaro International Airport, IATA-Code JRO oder auch KIA). Mehr Informationen zur Ankunft finden sich in den jeweiligen Regionalkapiteln.

Um langwierige (und gefährliche) Auto- oder Busfahrten zu vermeiden, sollte unbedingt der dem Reiseziel am nächsten liegende internationale Flughafen als **Zielflughafen** gewählt werden. Wer also in den Norden reist, wählt den Kilimanjaro International Airport; wer in den Süden möchte, reist über Dar es Salaam ein. Viele Reisebüros empfehlen die Einreise über Nairobi, doch aus mehreren Gründen sollte davon abgesehen werden (s. „Visum für Kenia", S. 39).

Folgende **Fluggesellschaften** haben Flüge nach Tansania im Programm: Emirates, Quatar Airways und Turkish Airlines fliegen nach Dar es Salaam; British Airways, Egypt Air, Ethiopian, KLM und Swiss Air außerdem nach Arusha/Moshi, jeweils mit Stopp im Heimatflughafen. Condor bietet Direktflüge von Deutschland nach Arusha/Moshi und Sansibar, Edelweiss Air fliegt direkt von Zürich nach Arusha/Moshi. Mit Oman Air geht es via Muscat nach Dar es Salaam und Sansibar. KLM hat als einziges Unternehmen alle drei Ziele im Flugplan. Jet Air Fly verkehrt nur von Brüssel aus nach Sansibar.

Eine gute Wahl sind **Gabelflüge** mit unterschiedlichem Ankunfts- und Abreiseflughafen. So könnte man auf dem KIA landen, das Land aber bequem von Sansibar aus wieder verlassen. Gabelflüge haben fast alle Fluglinien im Programm.

Flugtickets

Die **Flugpreise** variieren je nach Saison und Aufenthaltsdauer, und vor allem in der Hauptreisezeit Juli und August sowie für die Weihnachtszeit sollte man lange genug im Voraus planen, da Tansania (und die Flüge dorthin) zu dieser Zeit regelmäßig ausgebucht sind. Zudem sind sie dann empfindlich teurer als im restlichen Jahr. Wenn einen die Schnäppchen-Tickets nur bis nach Dar es Salaam oder Nairobi bringen, muss auch der weiterführende Transfer (per Flug oder Bus) in die Kosten mit eingerechnet

---

🔔 Weniger fliegen – länger bleiben! Reisen und Klimawandel

Der Klimawandel ist vielleicht das dringlichste Thema, mit dem wir uns in Zukunft befassen müssen. Wer reist, erzeugt auch CO_2: Der Flugverkehr trägt mit einem Anteil von bis zu 10 % zur globalen Erwärmung bei. Wir sehen das Reisen dennoch als Bereicherung: Es verbindet Menschen und Kulturen und kann einen wichtigen Beitrag für die wirtschaftliche Entwicklung eines Landes leisten. Reisen bringt aber auch eine Verantwortung mit sich. Dazu gehört darüber nachzudenken, wie oft wir fliegen und was wir tun können, um die Umweltschäden auszugleichen, die wir mit unseren Reisen verursachen.

Wir können insgesamt weniger reisen – oder weniger fliegen und länger bleiben, den Zug nehmen (wenn es einen gibt), Nachtflüge meiden (da sie mehr Schaden verursachen). Und wir können einen Beitrag an ein Ausgleichsprogramm wie 🖥 **www.atmosfair.de** leisten. Dabei ermittelt ein Emissionsrechner, wie viel CO_2 der Flug produziert und was es kostet, eine vergleichbare Menge Klimagase einzusparen. Mit dem Betrag werden Projekte in Entwicklungsländern unterstützt, die den Ausstoß von Klimagasen verringern helfen.

nachdenken • klimabewusst reisen

Ausreisegebühren

Seit 2009 bzw. 2010 sollten die Ausreise-
gebühren (US$30 für die Abreise nach Europa,
US$5 für Inlandflüge) sowohl beim Abflug von
Sansibar als auch von anderswo in Tansania
in die Ticketpreise eingerechnet werden. Die
Erhebung einer *departure tax* seitens der Flug-
hafenangestellten ist also nicht mehr rechtens.
Wenn dennoch einer der Diensthabenden sein
Glück versuchen möchte, sollte man unbedingt
eine Bestätigung *(receipt)* verlangen. Spätestens dann stellt sich heraus, ob die Gebühr
rechtmäßig erhoben wurde.

werden (möglicherweise ist das Ticket dann kein
Schnäppchen mehr). Günstige Flugtickets für
Tansania beginnen bei etwa 650 €.

Wer Tansania auf eigene Faust bereisen
möchte, beginnt seine Recherche am besten im
Internet. Man kann bei allen Airlines direkt übers
Internet buchen, doch auch einige Internet-Por-
tale bieten zuweilen echte Schnäppchen an, etwa
⌨ www.swoodoo.com, ⌨ www.billigflieger.de,
⌨ www.skyscanner.de, ⌨ www.billigflug.de
oder ⌨ www.checkfelix.com. Es empfiehlt sich,
vor einer Buchung unbedingt mehrere Preisver-
gleiche zu machen, da jede Flugsuchmaschine
nur mit einer beschränkten Anzahl von Airlines
kooperiert. In jedem Fall ist überdies genau zu
prüfen, ob eine Direktbuchung bei einer der
Fluglinien nicht billiger kommt. Heutzutage werden nur noch sogenannte **E-Tickets** ausgestellt –
hier heißt es speichern, ausdrucken und beim
Einchecken vorzeigen. Die meisten Airlines mai-
len ein, zwei Tage vor Abflug noch eine Aufforde-
rung zum Web-Check-In, wo die Fluggäste selbst
den Sitzplatz auswählen und sich jede Menge
Wartezeit ersparen, da die Bordkarte schon zu
Hause ausgedruckt und das Gepäck an einem
separaten Schalter abgegeben werden kann.

Die meisten der Flug-Suchmaschinen suchen
auch nach **Last-Minute-Angeboten** für Strand-
Pauschalurlaub auf Sansibar. Solche Angebote
finden sich z. B. unter ⌨ www.opodo.de, ⌨ www.
ltur.de, ⌨ www.traveltopia.de, ⌨ www.lastmi
nute.de, ⌨ www.expedia.de oder ⌨ www.ab-in-
den-urlaub.de.

Bevor aber ein **Pauschalurlaub auf Sansibar**
gebucht wird, muss man unbedingt abwägen,
was vom Urlaub erwartet wird, denn wer einfach nur Badeurlaub machen möchte, findet
im Internet deutlich günstigere Destinationen
anderswo auf der Welt. Wer jedoch das Erlebnis Safari nicht missen möchte, muss wissen,
dass es – ganz im Gegenteil zu Kenia – nicht
einfach (und schon gar nicht billig) ist, von Sansibar aus eine typische Safari auf dem Festland
zu buchen. Für Safari-Begeisterte, die zum Abschluss noch einige Tage ans Meer wollen, empfiehlt sich daher eher eine der herkömmlichen
Pauschalreisen (Safari und Strand), die aber
von den Billig-Reiseportalen nicht angeboten
werden. Hier lässt sich der Gang zu den klassischen Reiseveranstaltern und Reisebüros nicht
vermeiden.

Einreise über Nairobi, Kenia

Einige Reiseveranstalter und auch Individualtouristen reisen über Nairobi (Kenia) an, was aber
nicht immer die billigste und schon gar nicht
die sicherste Route nach Tansania ist. Oft wird
eine Übernachtung in Nairobi fällig, eine wenig
attraktive Option, denn Nairobi gehört zu den
größten und unsichersten Städten Afrikas.

Visum für Kenia und Tansania

Auch wenn diverse Infoquellen und selbst die
Botschaften versichern, dass Touristen auf der
Durchreise ein kenianisches 7-Tage-Transitvi-
sum für US$20 erhalten, so entscheidet darüber
letztlich der diensthabende Grenzbeamte. In der
Praxis bedeutet dies, dass meist ein gewöhnli-
ches Touristenvisum für US$50 ausgestellt wird
(Gültigkeit 3 Monate, nur einmaliger Grenzübertritt möglich). Proteste verhallen ungehört.
Wer über Nairobi nach Tansania reist, sollte
das Visum für Tansania bereits vor der Abreise
beantragen. Die Buslinien sehen es nicht gern,
wenn der enge Busfahrplan durch die langwierige, wenn auch durchweg problemlose
Visumausstellung durcheinander gewirbelt
wird. Mehr Informationen zu Sicherheitsvorkehrungen beim Grenzübergang Namanga
finden sich auf S. 384.

Zusätzlich stellt die Busreise von Nairobi nach Arusha ein nicht zu unterschätzendes Risiko dar: Schwere Busunglücke sind an der Tagesordnung; denn die Busfahrer gebärden sich besonders rücksichtslos. Außerdem fallen Visumgebühren sowohl für die Einreise nach Kenia als auch nach Tansania an.

Wer sich dennoch für diesen Anreiseweg entscheidet, kann die täglich verkehrenden **Shuttlebusse** nach Arusha und Moshi benutzen. Sie starten am Jomo Kenyatta International Airport, 🖳 www.kenyaairports.co.ke (IATA-Code NBO), sowie von einigen Hotels in der Innenstadt von Nairobi. Am Flughafen von Nairobi erkundigt man sich am besten bei den draußen herumstehenden Taxifahrern – der Informationsschalter ist nämlich oft wenig hilfreich.

Nach Voranmeldung holen die Shuttlebusse Gäste auch von den (teureren) Hotels nahe dem Busterminal ab, beispielsweise vom Landmark Hotel, dem Norfolk Hotel oder dem Sixeighty Hotel. Die Vorausbuchung eines Tickets ist in jedem Fall sinnvoll. Fahrten nach Arusha kosten einheitlich US$30, nach Moshi US$35.

Riverside Shuttle, ✆ 00254-20-229618 oder ✆ 027-2502639, 🖳 www.riverside-shuttle.com. Zwei Fahrten pro Tag nach Arusha, nur die erste geht weiter nach Moshi. Abfahrt vom JKA-Flughafen tgl. 8.15 und 13.45 Uhr, Ankunft Arusha 13.30 und 18.30 Uhr, Ankunft Moshi 15.30 Uhr. Zurück verkehren von Moshi ausgehend täglich zwei Shuttles nach Arusha (US$10) und nach Nairobi, Abfahrt siehe Regionalkapitel S. 385.

Impala Shuttle, ✆ 00254-20-2730953, 🖳 www.impalashuttle.com. Zwei Fahrten pro Tag nach Arusha, nur die erste geht weiter nach Moshi. Abfahrt von Nairobi tgl. 8 und 14 Uhr.

Natürlich kann man auch mit **gewöhnlichen Linienbussen** von Nairobi nach Arusha, Moshi oder Dar es Salaam (max. 3500 KSH, ca. 27 €, 13–16 Std. Fahrtzeit) fahren, z. B. mit Akamba oder Dar Express. Die Tickets sind zwar nur halb so teuer wie die der Shuttles, doch dafür ist das Vorhaben doppelt so riskant. Reisende müssen vom Flughafen ins 15 km entfernte Nairobi gelangen, um dort entweder den großen Busterminal an der Accra Road (für die Standard-Busse) oder das Busdepot der jeweiligen Buslinien an der River Road (z. B. Dar Express, Akamba) zu erreichen.

Per Schiff

Es bestehen derzeit keinerlei Schiffsverbindungen über den Indischen Ozean zu den Nachbarländern **Kenia** oder **Mosambik**. Auch die Schiffsverbindungen nach **Uganda** und **Kenia** am Lake Victoria, zwischen Bujumburu, **Burundi**, und Kigoma am Lake Tanganyika sowie von Tansania in die Demokratische Republik **Kongo** liegen zurzeit brach.

Einzig von **Sambia** und **Malawi** aus kann per Schiff nach Tansania eingereist werden. Am Lake Tanganyika pendelt die *MV Liemba* zwischen Mpulungu (Sambia) und Kigoma (s. S. 461) am nordöstlichen Ufer. Die Anreise von Nkhata Bay (Malawi) aus über den Malawi-See erfolgt mit der *MV Songea* (s. S. 504). Beide Verbindungen gelten als nicht sonderlich verlässlich und verkehren nur sporadisch, wenn überhaupt.

Technische Probleme sind an der Tagesordnung und die Fähren können jederzeit ihren Dienst quittieren oder wieder aufnehmen.

Per Bahn

Per Bahn ist Tansania nur von **Sambia** aus mit der Tazara (Tanzania Zambia Railway) erreichbar. Die 1852 km lange Eisenbahnlinie verkehrt zwischen Kapiri Mposhi in Sambia (nordöstlich von Lusaka) und Dar es Salaam. Laut Fahrplan dauert die Fahrt knapp 40 Stunden, also zwei Nächte und einen Tag, doch in der Praxis sieht es oft anders aus. Die schlecht gewarteten Gleise und altersschwachen Züge sind dem Fahrplan schon lange nicht mehr gewachsen, und so muss man für diese Strecke reichlich Pufferzeit einrechnen. Mehr Infos gibt es im Regionalkapitel Dar es Salaam (S. 186).

Per Bus

Täglich verkehren große Überlandbusse zwischen den wichtigsten tansanischen Städten und den Ballungszentren der Nachbarländer. So ist beispielsweise Arusha von Nairobi, **Kenia**, oder Mbeya von Mzuzu, **Malawi**, aus erreichbar. Zwischen **Mosambik** und Tansania bestehen trotz der Unity Bridge über den Ruvumu-Fluss noch immer keine Busverbindungen, hauptsächlich wegen der äußerst schlechten Straßenverhältnisse. Von Kampala in **Uganda** erfolgt die Anreise per Bus ausschließlich über Nairobi nach Arusha. Zwischen Lusaka in **Sambia** und Mbeya bzw. Dar es Salaam besteht ebenfalls eine regelmäßige Busverbindung. Nach **Ruanda** fährt man am besten über Kampala (Uganda), da der äußerste Nordwesten Tansanias von Banden kontrolliert wird und Überfälle auf Busse an der Tagesordnung sind. Die Situation könnte sich mit dem Ausbau der Teerstraße nach Biharamulo aber jederzeit verbessern. Von Kigali kann die Weiterreise nach Bujumbura in Burundi in Angriff genommen werden.

Per Auto auf dem Landweg

Die Anreise auf dem Landweg ab Europa ist prinzipiell möglich, muss aber aufgrund der labilen politischen Lage und den Kriegswirren in vielen afrikanischen Ländern sorgfältig geplant und abgewogen werden. Generell stehen zwei Möglichkeiten zur Auswahl: Entweder wählt man den Landweg über die Türkei, Syrien, Jordanien, Ägypten und weiter nach Subsahara-Afrika oder man setzt von Genua mit dem Schiff nach Tunesien über. Eine neuere Fährverbindung verbindet zudem Venedig mit Alexandria (Ägypten). Einschlägige Informationen für Globetrotter finden sich z. B. auf 🖳 weltreise-info.de, 🖳 www.das-globetrotter-forum.de oder 🖳 www.dzg.com.

Wer ein solches Vorhaben plant, sollte unbedingt auch die Website seines zuständigen Außenministeriums konsultieren: für Deutschland 🖳 www.auswaertiges-amt.de, für Österreich 🖳 www.bmeia.gv.at und für die Schweiz 🖳 www.eda.admin.ch.

Einreise und Einfuhr des Fahrzeugs

Wer es auf dem Landweg schließlich nach Tansania geschafft hat, benötigt für die Einreise und den legalen Import des Fahrzeugs zahlreiche Dokumente.

Internationaler Führerschein (International Driving Permit): Informationen und Ausstellung in Deutschland und der Schweiz bei den Straßenverkehrsbehörden (Führerscheinstellen), in Österreich bei den Automobilclubs Öamtc und Arbö. Nicht alle Polizisten wissen, dass der internationale Führerschein nur gemeinsam mit dem nationalen Führerschein gültig ist.

Carnet de Passage: Das Carnet de Passage ist ein Grenzdokument, das für die vorübergehende zollfreie Einfuhr von Land- und Wasserfahrzeugen vorgelegt werden muss. Es kann in mehreren Ländern benutzt werden und ist für ein Jahr gültig, enthält aber keinen Versicherungsschutz. Anfragen bei den jeweiligen Automobilklubs, z. B. 🖳 www.adac.de, 🖳 www.oeamtc.at oder 🖳 www.tcs.ch. Wichtig dabei ist, dass alle Länder in der gleichen Schrift eingetragen sind (sonst werden Fälschungen vermutet). An einigen Grenzübergängen mokieren sich die Beamten über das handgeschriebene Carnet.

International gültige Fahrzeugversicherung: Seit über 30 Jahren bietet TourInsure (mit Sitz in Hamburg) als einziger Versicherer weit und breit internationalen Versicherungsschutz für PKW, Camper und Motorräder an, ebenso Reisezusatzversicherungen wie Reiserücktritts-, Reisegepäck- und Reisekrankenversicherungen. 📞 040-25172150, 🖳 www.tourinsure.de. Auf die „Grüne Karte", die Autohaftpflichtversicherung des Herkunftslandes, die europaweit und in einigen Teilen Nordafrikas akzeptiert wird, darf man sich in Tansania nicht verlassen. Deshalb ist zu erwägen, zusätzlich zur Versicherung von Tourinsure die **Comesa Yellow Card** der länderübergreifenden Versicherung Comesa zu kaufen, die nahezu für den gesamten Raum südlich der Sahara gültig ist. Sie kann in Tansania erworben werden; zuverlässiger ist es aber, die Versicherung bereits in Europa (oder in einem anderen afrikanischen Land, z. B. Äthiopien oder Kenia) abzuschließen. Der Preis der Versicherung hängt vom Wert des Fahrzeugs, der Aufenthaltsdauer und der Versicherungshöhe ab. Die Anzahl der zu durchquerenden Länder ist hingegen irrelevant. Kostenpunkt: für zwei Monate etwa US$50. Der Abschluss einer Comesa-Versicherung lohnt sich auch insofern, als dass diese Versicherung bei den Zollbeamten und Polizisten auf der Straße bekannt ist und Ärger ersparen kann. Preislich rentiert sie sich schon ab dem zweiten Land, das man durchquert. Erhältlich ist sie in vielen Versicherungsbüros, z. B. in Dar es Salaam bei Jubilee Insurance, Ohio St., Amani Plaza, 4. Stock, ☎ 022-2135121, oder in Arusha, AICC-Gebäude, Ngorongoro Wing, Erdgeschoss, ☎ 027-2507307, 🖳 www.jubileeinsurance.com.

Tansanische Fahrzeugversicherung: Obwohl man bestens mit den oben genannten Versicherungen auskommt, hat eine lokale Versicherung ihre Vorteile, vor allem bei Polizeikontrollen. Sie wird üblicherweise an den Grenzposten (oder bei gewöhnlichen Versicherungsagenturen) verkauft; Preis je nach Gültigkeitsdauer, ab US$50, wenn sie an der Grenze abgeschlossen wird. In den Versicherungsbüros z. B. in Arusha, kostet sie ab US$20.

Straßenbenutzungsgebühren: Am Grenzposten werden Fahrzeuge mit ausländischem Kennzeichen mit einer *Foreign Vehicle Tax (Import Tax)* von derzeit US$20 pro Monat belastet. Zusätzlich werden einmalig US$5 als Straßenbenutzungsgebühr *(Road Tax)* erhoben. Zwei Sticker auf der Windschutzscheibe bestätigen die Entrichtung des Obolus. Diese Beträge können jederzeit erhöht werden. Der genauen Kontrolle bei der Ausreise entgeht nichts; notfalls müssen Gebühren nachgezahlt werden.

Weitere Informationen rund um das Verhalten im Straßenverkehr, den täglichen Umgang mit der Verkehrspolizei oder tansanische Verkehrsvorschriften auf S. 102.

Botschaften und Konsulate

Vertretung Tansanias in Deutschland

Botschaft der Vereinigten Republik Tansania, Eschenallee 11, 14050 Berlin, ☎ 030-30308-00, 🖷 303080-20, 🖳 www.tanzania-gov.de, ⏰ Mo–Fr 10–13 Uhr (Schalterzeiten der Visumsstelle).

Österreichische und Schweizer Staatsbürger müssen sich ebenfalls an die Botschaft in Berlin wenden, da es keine weiteren diplomatischen Vertretungen im deutschsprachigen Raum gibt.

Zu den **ausländischen Vertretungen in Tansania** siehe die jeweiligen Regionalkapitel: Dar es Salaam S. 182, Sansibar S. 277, Arusha S. 381.

Einkaufen

Konsumgüter

Wer nach Tansania reist, sollte sich am besten vollständig in Europa ausstatten. Bis auf Kleinigkeiten wie Insektenschutzmittel, einige Medikamente, Kochgeschirr oder Moskitonetze wird

---

Airport Art

Airport Art – so lautet der wenig schmeichelhafte Sammelbegriff für billige Souvenirs und sogenannten Ethno-Kitsch. Gemeint sind damit Produkte, die speziell für den Massentourismus von der Stange produziert werden und in den Touristenhochburgen oder auch in westlichen Ländern verkauft werden. Solche „Kunst"-Erzeugnisse weisen kaum Variationen auf, werden Hunderte, ja sogar Tausende Male kopiert und sind nur in geringem Maße kreative Ausdrucksformen inspirierter Künstler. Häufig fehlt den Gegenständen überhaupt der kulturelle Hintergrund, da die Massenproduktion eher darauf abzielt, den Geschmack der westlichen Käufer zu treffen, als althergebrachte Traditionen zu vermitteln.

Gerade für Tansania, wo die „schönen Künste" (s. S. 150) nicht zur gewachsenen Kultur gehören, bedeutet dies, dass die meisten auf den Märkten erhältlichen Souvenirs aus Kenia importiert werden. Ein typisches Beispiel sind die Erzeugnisse aus Speckstein *(soap stone)*. Aus dem grünlichen Stein, der wegen seiner relativen Weichheit „Seifenstein" genannt wird, entstehen Schachfiguren, Aschenbecher, Seifenschalen und Ähnliches, doch diese Gegenstände werden ausschließlich in Kenia gefertigt. Auch ein Großteil der Holzerzeugnisse wird en gros in Kenia eingekauft – und auf Tansanias Souvenirmärkten als afrikanischer Ethno-Kitsch verkauft.

Öffnungszeiten

Die Öffnungszeiten der Einkaufszentren und kleinen Geschäfte sind uneinheitlich und werden auch nicht immer von den Angestellten eingehalten. Im Normalfall haben Geschäfte Mo–Fr 9.00–12.30 sowie 14–18 oder 19 Uhr geöffnet (z. T. ohne Mittagspause), Sa 8.30–12.30 Uhr (vereinzelt auch länger) und sogar sonntags vormittags.

man in Tansanias Geschäften vergeblich nach den uns vertrauten Waren suchen.

Was Einheimische zum Leben brauchen, gibt es in Hülle und Fülle. Doch was Ausländer mit westlichem Lebensstandard benötigen, ist nicht in vergleichbarer Auswahl vorhanden. Erst zwei südafrikanische Supermarktketten haben in Tansania Fuß gefasst, nämlich Shoprite in Dar es Salaam und Arusha sowie Game in Dar es Salaam. Von diesen beiden hat Game klar die Nase vorn und bietet sogar Campingausrüstung, Schlafsäcke oder ordentliche Elektrogeräte an. Trotzdem hinkt die Konsumlandschaft in Tansania noch meilenweit hinter derjenigen Kenias oder Malawis zurück. Die meisten Expats reisen regelmäßig nach Europa, Dubai oder Südafrika, um ihren Bedarf an westlichen Konsumgütern zu decken.

Souvenirs

Wer auf der Suche nach passenden Mitbringseln ist, wird am ehesten im Norden (Arusha, Moshi, Mto wa Mbu, Karatu), in Dar es Salaam sowie in Stone Town fündig. Ausgesuchte Lodges verfügen über ihren eigenen kleinen Souvenirshop.

Holzschnitzereien

Als typisch tansanische Souvenirs gelten zweifelsohne die Holzschnitzereien der Schnitzer vom Makonde-Plateau. Echte Makonde-Schnitzereien (s. „Kunst und Kultur", S. 151) sind aber schwer zu finden und für Touristen nicht eindeutig zu erkennen. Vermutlich werden deshalb die meisten Besucher eher mit kenianischer Ramschware als mit echter Makonde-Schnitzerei nach Hause fahren.

Gewöhnliche Holzschnitzereien (aus Kenia) gibt es in allen Varianten, als Holzschüssel, Aschenbecher oder gar als kleiner Hocker. Interessanterweise findet man auf den Märkten kaum Statuen oder Masken; die tansanischen Verkäufer scheinen sich eher auf praktische Dinge spezialisiert zu haben. Viele der Gegenstände sind mit Schuhcreme oder Bohnerwachs eingefärbt, um den Touristen vorzugaukeln, dass es sich um teures Ebenholz handelt.

Tücher und Stoffe

Kangas und Kitenge, die typische Frauenbekleidung, stellen ein weiteres beliebtes Souvenir dar. Mehr über diese Tücher findet sich im Kapitel

Die Top Five der Souvenirmärkte

1. Mwenge Crafts Market, Dar es Salaam
Viele kleine Läden, relativ große Auswahl, Verhandlungsgeschick gefragt. Teilweise kann man den Schnitzern bei der Arbeit zusehen. Holzsouvenirs, Makonde-Schnitzereien, Korbwaren, Batikstoffe, Speckstein.

2. Arusha Curio Market, Fire Road, Arusha
Viele kleine Läden, relativ große Auswahl, Verhandlungsgeschick gefragt. Holzsouvenirs, Maasai-Erzeugnisse, Batikstoffe und Ähnliches. Vieles kommt aus Kenia oder Sambia, Handeln ist ein Muss!

3. Kenyatta Street und Gizenga Street, Stone Town
Viele kleine Läden, große Auswahl, der Verhandlungsspielraum ist wegen der vielen Touristen jedoch gering. Fast alle typischen tansanischen Souvenirs sowie sansibarisches Kunsthandwerk. Vieles kommt aus Kenia.

4. Straßenmarkt von Mto wa Mbu
Straßenmarkt mit der größten Auswahl in Tansania, wenn es um Maasai-Souvenirs geht: Maasai-Shuka (Decken), Schmuck, Macheten *(panga)*, Holzschnitzereien. Unbedingt handeln!

5. The Souk im Slipway, Dar es Salaam
Viele kleine – teilweise exklusive – Läden in einem Einkaufszentrum, die Souvenirs, Handwerk und andere Dinge verkaufen. Kein Verhandlungsspielraum, dafür ordentliche Geschäfte, Kaffeehäuser und ein gut sortierter Buchladen.

Handeln gehört zum guten Ton in Tansania, besonders auf den Souvenirmärkten. Mehr dazu im Kapitel „Verhaltenstipps" auf S. 111. Auch in den Läden, besonders in Stone Town, gibt es ausreichend Verhandlungsspielraum. Einzige Ausnahme: In Geschäften, wo die Ware mit Preisstickern markiert ist (besonders im Norden und in Dar es Salaam), kann nur mit geringem preislichen Entgegenkommen gerechnet werden.

„Alltag und Traditionen", S. 111. Batik-Stoffkunst zählt ebenfalls zu den typischen Mitbringseln aus Ostafrika. Weitere Textilien s. unten (Maasai-Memorabilia, sansibarisches Kunsthandwerk).

Maasai-Andenken

Im Norden, dem Land der Maasai, haben sich viele Angehörige dieses Volkes aufs Anfertigen von Souvenirs spezialisiert. Sie stellen Schmuck oder Gebrauchsgegenstände her, z. B. Armbänder, kleine Schatullen oder Glasuntersetzer. Erzeugnisse aus Rocailles-Perlen, dem typischen Schmuck der Maasai, sind überall im Norden

erhältlich. Außerdem können die traditionell in Rot, Grün, Blau oder Schwarz gehaltenen wollenen Überwürfe der Maasai, die sogenannten Maasai-Shuka, in europäischen Haushalten als Tagesdecken oder Tischtücher zweckentfremdet werden. Weitere Mitbringsel für Zuhause stellen die traditionellen Schwerter und Keulen dar.

Edelsteine

Vorwiegend im Norden sowie in Stone Town wird man auf Edelsteinhändler treffen, die mit dem Tansanit-Edelstein handeln. Dieser blassblaue, bisweilen violette Edelstein wird ausschließlich außerhalb von Arusha gewonnen und ist weltweit einzigartig (s. S. 321). Wer daran interessiert ist, muss seinen Händler gut auswählen, denn wie überall im Tourismusgeschäft wird oft mit falschen Karten gespielt. Gehandelt wird auch mit anderen Edelsteinen wie Tsavorit, Saphir, Mondstein oder Diamanten. Tansania ist im wahrsten Sinne des Wortes eines der steinreichsten Länder der Welt!

Korbwaren

Bekannt für ihre Flecht- und Korbwaren ist die Region rund um Iringa. Wer hier auf dem Highway in Richtung Mbeya fährt, wird auf der Straße

Der Perlenschmuck der Maasai wird traditionell von den Frauen erzeugt. Von den Souvenirmärkten ist er heute nicht mehr wegzudenken.

Korbwaren angeboten bekommen. Man muss aber nicht unbedingt nach Iringa reisen, denn die Korbwaren sind auch in Dar es Salaam oder Arusha erhältlich. Sie werden außer in Naturtönen in den verschiedensten Regenbogenfarben angeboten und sind farbenfrohe Mitbringsel, die auch gut in europäische Haushalte passen. In Sansibar produziert eine Frauenkooperative hübsche Korb- und Flechtwaren mit echten, traditionellen Mustern (s. S. 273, Moto Handicrafts).

Sansibarisches Kunsthandwerk und Gewürze

Abwechslungsreicher und exotischer präsentiert sich die Handwerkstradition der Sansibaris. Typisch für Sansibar sind die messingbeschlagenen **Sansibar-Truhen**, die es in vielen Geschäften in Stone Town zu kaufen gibt. Hier lohnt es sich, die einzelnen Handwerker abzuklappern, denn es gibt riesige Qualitätsunterschiede in der Verarbeitung der Messingbeschläge.

Typisch für Sansibar sind die bunten **Kikoy-Tücher** in den exotischsten Gewürzfarben. Sie sind stilvolle Mitbringsel, die genauso in sorgfältig durchgestylte westliche Lofts passen, beispielsweise als Tischtücher, Gästehandtücher oder zweckentfremdete Vorhänge. Auch hier gibt es Qualitätsunterschiede, die sich vor allem im Preis bemerkbar machen: Für einen qualitativ hochwertigen, farbechten Kikoy muss man mit mindestens US$10 rechnen.

So bunt wie die Kikoys sind auch die **Gewürze** von Sansibar. Sie zu finden, ist einfach: Immer der Nase nach! Die größte Auswahl hat der Darajani-Markt.

Trotzdem – vieles, was in den Geschäften und auf den Märkten von Stone Town verkauft wird, wurde in Indien, Kenia, Südafrika oder gar China gefertigt. Orientalische Textilien, Hippie-Kleidungsstücke, Gewürzkerzen, bunte Tagesdecken, Fotoalben aus Palmenblättern – nichts von alledem wird auf Sansibar produziert. Sogar bei den farbenprächtigen Kikoy kann nicht mehr ausgeschlossen werden, dass sie bereits eine lange Reise hinter sich haben.

Verbotene Souvenirs

Tiertrophäen wie Felle oder Stoßzähne, Strandsouvenirs wie Seesterne, Korallen, größere

Umweltverträgliches Einkaufen

Auch wenn ausländische Gäste die schwerwiegenden Umweltprobleme des Landes nicht lösen können, haben sie es doch in der Hand, die Händler und Verkäufer zum Umdenken zu veranlassen.

■ Beim Einkaufen auf Papiersäcken oder der Verwendung von recyceltem Zeitungspapier bestehen, statt die gedankenlose Verwendung von Plastiktüten oder -verpackung zu unterstützen.

■ Holzschnitzereien sind als typische Souvenirs kaum wegzudenken, aber sie tragen zur Problematik der Abholzung bei. Als Ersatz können Erzeugnisse aus recyceltem Dhow-Holz und anderen Materialien (Metall, Papier, Glas etc.) oder aus umweltfreundlichen Rohstoffen, wie Korbwaren oder Stein, gekauft werden.

■ Keine Erzeugnisse kaufen, die Bestandteile von Muscheln, Korallen, Schildkrötenpanzern oder gar Elfenbein enthalten.

■ Nachfragen, woher die Produkte kommen. Viele Souvenirs stammen leider aus Kenia, Sambia, Nigeria oder gar Indien.

■ Souvenirs bei Hilfsprojekten oder NGOs kaufen, wie z. B. bei den Wonderwelders (Dar es Salaam, S. 178), Neema Crafts Centre (Iringa, S. 487), Shanga Shangaa (Arusha, S. 376), Moto Handicrafts (Stone Town, S. 273). Jene Produkte sind oft aus recycelten Materialien, und wenn nicht, geben solche Initiativen den Menschen wenigstens Arbeit, Einkommen und Würde.

Muscheln oder Schildkrötenpanzer sowie Erzeugnisse daraus, wie z. B. Bilderrahmen, Aschenbecher oder Ähnliches, dürfen unter keinen Umständen ausgeführt werden, da sie unter das äußerst strikte **Washingtoner Artenschutzabkommen** (CITES, 💻 www.cites.org, fallen. Bei Verstößen drohen dem Besitzer empfindliche Strafen. Ohnehin tut man gut daran, diesen Raubbau an der Natur nicht zu unterstützen – gibt es keine Nachfrage mehr, werden sich die illegalen Wilderer eine ehrenwertere Arbeit suchen.

Essen und Trinken

Im Gegensatz zu anderen Kulturkreisen hat sich in Ostafrika – mit Ausnahme von Sansibar – eine eher bedürfnis- als geschmacksorientierte Küche entwickelt. Die tägliche Kost ist einseitig, kohlenhydratreich und zumeist sehr fett; Salz, Gewürze oder Kräuter fehlen fast gänzlich. Nur an der Küste und auf den Inseln ist es vor allem indischen und arabischen Einflüssen zu verdanken, dass der Tisch ein wenig abwechslungsreicher gedeckt wird.

Lokale Küche

Als landestypisches **Grundnahrungsmittel** fungieren Maisbrei *(ugali)* und gekochter Reis *(wali)*, die jeweils in rauen Mengen auf den Teller kommen. Dazu werden bescheidene Portionen von Fleisch-, Fisch- oder Gemüsesoßen gereicht. Üblicherweise wird Rindfleisch verwendet, an der Küste und auf den Inseln auch gerne Fisch.

Abgerundet wird dieses Mittags- und Abendmahl durch eine zusätzliche Portion Bohnen *(maharagwe)*, Kohl *(kabeji)* oder einer spinatähnlichen Beilage (z. B. *mchicha*). Schmackhaft und erfrischend ist der traditionelle „Salat" *katchubari*, der aus fein geschnittenen Zwiebeln und Tomaten besteht und mit Zitronensaft mariniert wird. Beliebte Beilage zur großen Portion Kohlenhydrate sind die *dagaa* – kleine, salzige getrocknete Fische, die gerade auf dem Festland die einzige tierische Proteinquelle darstellen.

Zu den – regional unterschiedlichen – Grundnahrungsmitteln gehören auch Maniok oder Cassava *(muhogo)* sowie Kochbananen *(ndizi)*; sie werden entweder frittiert oder gekocht. Besonders gerne isst man *chipsi*, die neben *ugali* und *wali* zu den Lieblingsbeilagen gezählt werden können, allerdings sind sie mitnichten mit unseren knusprigen Pommes frites vergleichbar. Vielmehr handelt es sich um klebrige, mit Fett vollgesogene Kartoffelstücke, die gut und schnell sättigen.

Lieblingsspeise Nummer eins – und auch ein beliebtes Sonntags- und Festtagsmahl – ist gegrilltes (oder frittiertes) Hähnchen mit Pommes frites *(kuku na chipsi)*. Besonders gerne essen

Tansanier *chipsi mayai*, eine eher unübliche Kombination von Pommes frites und mehreren verquirlten Eiern, die in einer Pfanne beidseitig gebraten werden (also eine Art Omelette). Als Snack kommen auch *mishkaki* zum Einsatz – kleine Fleischspießchen, die über dem offenen Feuer geröstet werden. *Nyama choma*, eine weitere einheimische Spezialität, wird zu besonderen Anlässen aufgetischt. Es handelt sich um gegrilltes Fleisch, das allerdings gute Zähne und einen festen Biss erfordert. Ziegenfleisch *(mbuzi)* gibt es meist – je nach ethnischen Bräuchen – zu wirklich feierlichen Anlässen.

Viel abwechslungsreicher ist die **Küche Sansibars**, wo man vor allem durch Beimengung der verschiedensten Gewürze herrlich aromatische und exotische Speisen zaubert. Curry, Tamarinde, Kardamom, Nelken, Ingwer und andere Gewürze verleihen den Speisen besondere Noten. So bereichern die Gewürzreis-Variationen *pilau* oder *biriani,* die beide aus dem indischen Raum stammen, den Speiseplan. Gewürze werden auch den typischen Getränken auf Sansibar beigemengt: Gewürztee *(spice tea)* oder -kaffee *(spice coffee)*. Ebenso wird auf Sansibar gerne mit Kokoscreme (oder -milch) gekocht; typische Gerichte sind z. B. Kokosreis *(wali na nazi)* oder Fisch in Kokossoße. Zudem kommen auf den Inseln oft Fisch sowie Meeresfrüchte in den Kochtopf – was liegt also näher, als auf Sansibar frischen Fisch, Hummer *(lobster)*, Scampi *(prawns)* oder Tintenfisch *(calamari, squid)* zu probieren?

Das traditionelle **Frühstück**, sowohl auf dem Festland als auch auf den Inseln, besteht aus *chapati* – aus Mehl, Wasser und jeweils einer Prise Zucker und Salz hergestellten Fladen, die anschließend frittiert werden. Gern zum Frühstück oder auch zwischendurch verspeisen Schleckermäulchen die leicht gesüssten *vitumbua* (Reisküchlein) und *mandasi*, ein frittiertes Hefeteiggebäck mit Zucker, Zimt und einer Prise Kardamom. Dazu wird Kräuter- oder Schwarztee *(chai)* getrunken, je nach den finanziellen Möglichkeiten mit viel Zucker oder gar mit Sojapulver (um den chronischen Eiweißmangel auszugleichen).

Wie in allen heißen Ländern der Welt, wird die **Hauptmahlzeit** zu sehr später Stunde eingenommen. Grundsätzlich wird mit den Händen gegessen, besonders *ugali* (Maisbrei) wird mit gekonnter Fingerfertigkeit zu Bällchen geformt, die man dann geschickt in die Beilagen und Soßen dippt. Wer in einem Privathaus zum Essen eingeladen ist, wird vermutlich auf dem Boden speisen. Vor und nach dem Essen wird eine Schüssel mit Wasser, Seife und ein Tuch reihum gereicht, um sich die Hände zu reinigen. Waschgelegenheiten befinden sich außerdem in jeder noch so bescheidenen Gaststätte.

Getränke

Traditionelles Getränk ist – wie bereits erwähnt – **Kräuter- oder Schwarztee** *(chai)*. Besonders beliebt bei den Tansaniern sind kohlensäurehaltige **Limonaden**; man kommt nicht umhin zu glauben, dass Coca Cola das am meisten konsumierte Getränk Tansanias ist. **Alkoholika** sind weit verbreitet; vom lokal (aus Getreide, Bananen oder ähnlichen stärkehaltigen Pflanzen) gebrauten *pombe* über Konyagi (eine industriell gefertigte Melange aus Gin und Wodka) bis hin zu den geschmacklich ausgezeichneten, industriell gefertigten tansanischen Biersorten (Kilimanjaro, Safari, Serengeti) ist die vollständige Palette auch im hintersten Winkel des Landes erhältlich. Importbiere, wie Tusker (aus Kenia) oder Castle Lager (aus Südafrika, aber in Dar es Salaam hergestellt), sind in den Ballungszentren und Hotels erhältlich.

Überraschenderweise ist es in Tansania relativ schwer, guten **Kaffee** zu bekommen. Die Erklärung: Kaffee wird in Tansania zwar in großen Mengen angebaut – aber nicht geröstet. Die guten Röstereien befinden sich alle in Europa, wohin die tansanischen Kaffeebohnen verkauft werden. Erst in den letzten Jahren hat man verstärkt begonnen, in der Gastronomie auch dem Kaffee Bedeutung beizumessen. Guter Kaffee ist in einigen ausgesuchten Coffeeshops in Dar es Salaam, Stone Town, Moshi und Arusha sowie in den teuren Unterkünften erhältlich. Mittelklasse- und Low-Budget-Unterkünfte servieren normalerweise – bis auf wenige Ausnahmen – den beliebten, aber gewöhnungsbedürftigen Instant-Kaffee Africafe.

Wasser, das ausreichend (mindestens 2 l pro Tag, besser mehr) in den Tropen konsumiert werden sollte, darf unter keinen Umständen aus der Leitung getrunken werden. Die bequemste Variante stellt abgefülltes stilles Wasser dar, das in allen möglichen Größen (bis zu 10 l) in *maduka* (kleinen Geschäften) und Supermärkten erhältlich ist. Einheimische können sich diesen Luxus natürlich nicht leisten, doch westlichen Reisenden sollten die Kosten (ca. 1000 TSH oder 0,45 € für 1,5 l, ca. 3000 TSH oder 1,36 € für 10 l, in den Hotels ist das Wasser natürlich teurer) nicht das Reisebudget sprengen. Mehr Informationen zum Wasser finden sich auf S. 61.

Kohlensäurehaltiges Mineralwasser wird unter dem Namen Club Soda verkauft, doch leider nur in kleinen Gebinden von 0,2 l. Mineralwasser in Liter-Flaschen ist in Tansania nicht erhältlich.

Restaurants

Vor allem in Arusha, Dar es Salaam, Stone Town und Moshi finden sich eine Vielzahl von Restaurants europäischen Typs. Dabei dominieren vor allem die indischen Restaurants, die zumeist erlesene Gaumenfreuden servieren – zu moderaten Preisen. Jede Menge italienische und chinesische Restaurants ergänzen das Angebot. In den meisten Restaurants und Unterkünften wird jedoch *continental food/cuisine* gekocht, was als Überbegriff für westliche Speisen zu verstehen ist. „Von allem ein bisschen" wird dann serviert – amerikanische Burger, französische Quiche Lorraine, Steak oder *pork chops* (Schweinekote-

In tansanischen Restaurants geht es meist etwas langsamer zu als zu Hause, doch auch dieses Warten – die Vorfreude auf das, was in der Küche zubereitet wird – ist Teil der Tansania- (und Afrika-) Erfahrung. Lange Wartezeiten sind an der Tagesordnung, da die Gerichte absolut frisch zubereitet werden. Wenn die Köche einigermaßen zu kochen verstehen, merkt man den geschmacklichen Unterschied zur Tiefkühlkost, die in unseren Breiten gerne serviert wird. Dieser Umstand sollte honoriert und genossen werden.

lett), italienischer Salat mit Balsamico-Essig und schließlich französische Crème brûlée zum Nachtisch. Wer in Tansania allerdings authentische europäische Küche sucht, sucht vergeblich – und wird jedenfalls geschmacklich, bis auf ganz wenige Ausnahmen, enttäuscht.

Essen in Lodges, Hotels und auf Camping-Safaris

Fast alle Hotels und Lodges, und mögen sie auch noch so klein sein, haben ein angeschlossenes Restaurant. Die Qualität der Speisen hängt zum größten Teil vom Management ab; so können sowohl eine einfache Mittelklasse-Lodge auf Sansibar als auch die ultraluxuriöse Safari Lodge herrliche, oft exotische Gaumenfreuden bereiten. Trotzdem – und das sollte man als Reisender zu schätzen wissen – ist es nicht selbstverständlich, gut zu speisen. Köche mit entsprechender Ausbildung und dem nötigen Fingerspitzengefühl für verwöhnte europäische Gaumen sind schwer zu finden; oft stehen die ausländischen Manager selbst in der Küche, um Qualität zu garantieren.

In den meisten Unterkünften wird englisches **Frühstück** (English breakfast) serviert, oft im Buffetstil. Toast, Marmelade, Butter, Eier und manchmal auch Bohnen oder Würste werden unter Garantie täglich angeboten. Äußerst selten wird man Cornflakes, Müsli, Joghurt, Käse oder gar Crêpes sowie andere Süßspeisen zum Frühstück erhalten. Säfte, Tee und Kaffee fehlen hingegen niemals.

Auf organisierten Touren, vor allem auf Safaris, isst man **mittags** (zwischen 12 und 14 Uhr) ein *light lunch*, das aus kleinen Häppchen, z. B. Sandwiches, Pizza oder Ähnlichem, besteht. Oft werden auch *lunch boxes* mitgegeben, um bei den weiten Distanzen nicht unnötig Zeit und Geld verfahren zu müssen. Dann wird an einem der lauschigen Picknickplätze in den Nationalparks mittags kalt gespeist.

Abends, nach der Safari und dem Sonnenuntergang, wird das Buffet meist um 19.30 Uhr eröffnet. Kredenzt wird eine Mischung aus internationaler und lokaler Küche; je exklusiver die Lodge, desto exquisiter im Normalfall auch die Küche. In den Lodges wird man selten auf Speisekarten treffen – wo es kein Buffet gibt, stehen ein oder mehrere Tagesmenüs zur Auswahl.

Budgetreisende, die sich für eine **Campingsafari** entscheiden, werden von einem mitreisenden Koch umsorgt. Gekocht wird auf offenen Feuerstellen oder einfachen Öfen, doch es ist sensationell, welche Köstlichkeiten mit solch bescheidenen Mitteln gezaubert werden: Suppen, Reisgerichte, Eintöpfe, gegrillte Fleischspeisen, Pasta und vieles mehr. Zumeist handelt es sich um deftige, üppige Speisen, aber nach einem eindrucksvollen Tag im Busch ist dies genau das Richtige für ausgehungerte Traveller.

Selbstversorger

Tansania ist zwar nicht das typische Selbstfahrerland, wie beispielsweise Namibia oder Südafrika, doch mit ein wenig Planung ist ein Campingurlaub als Selbstversorger trotzdem möglich. Die Märkte führen lokales Obst und Gemüse, je nach Saison meistens Tomaten, Zwiebeln, Kartoffeln, Cassava, Mango oder Melonen. Eier, Brot, Blueband-Margarine, Milchpulver oder der landestypische Pulverkaffee Africafe sind ebenso in allen Läden (duka) im Busch erhältlich. Westliche (aus Kenia oder Südafrika importierte) Lebensmittel wie Nudeln, Wurst- und Käsekonserven, Milchprodukte, Säfte, Olivenöl, Fischkonserven oder Ähnliches sollten in den großen Supermärkten in Dar es Salaam,

Arusha oder auch Moshi eingekauft werden. Die meisten größeren Städte wie Mbeya, Iringa, Mwanza oder Mtwara verfügen zwar über keine richtigen Supermärkte, doch wenigstens ein paar besser sortierte Läden führen die genannten Lebensmittel. Wasser kann üblicherweise in allen größeren und kleineren Ballungszentren in großen 10-l-Kanistern gekauft werden; draußen im Busch besteht diese Möglichkeit allerdings nicht.

Feste und Feiertage

Im Laufe eines Jahres finden sich unendlich viele Möglichkeiten, um **Feiertage** *(public holidays)* zu begehen, die aber hauptsächlich Ämter, Schulen, öffentliche Einrichtungen oder Botschaften betreffen. Feiertage, die auf einen Sonntag fallen, werden am darauf folgenden Montag nachgeholt.

1. Januar: New Year's Day (Neujahr)
12. Januar: Zanzibar Revolution Day (Jahrestag der Revolution auf Sansibar 1964), nur auf Sansibar
7. April: Karume Day oder Heroes Day (Tag der Helden, Todestag des ersten Präsidenten von Sansibar, Abeid Karume, der 1972 erschossen wurde), nur auf Sansibar
März/April: Karfreitag, Ostern, Ostermontag
26. April: Union Day (Tag der Nationalen Einheit, Jahrestag des Zusammenschlusses von Tanganyika und Zanzibar zum Staat Tanzania 1964)
Mai/Juni: Pfingsten mit Pfingstmontag
1. Mai: Labour oder Workers' Day (Tag der Arbeit)
7. Juli: Saba Saba oder Traders Day (Tag des Gewerbes, Jahrestag der Gründung der ersten Partei Tansanias, der TANU), seit 1963 wird in Dar es Salaam die allseits beliebte Saba Saba Trade Show (Saba-Saba-Messe) abgehalten
8. August: Nane Nane oder Peasants Day (Tag der Bauern)
14. Oktober: Nyerere Day (Todestag des ersten tansanischen Staatspräsidenten Julius Nyerere, 1999)
9. Dezember: Independence Day (Unabhängigkeitstag, Jahrestag der Unabhängigkeitserklärung von Tanganyika 1961)
25. und 26. Dezember: Christmas Day, Boxing Day (Weihnachten)

Als Tourist wird man von diesen Feiertagen kaum Notiz nehmen, da das Leben auf der Straße, bis auf wenige Ausnahmen, nur peripher berührt wird. Ganz anders hingegen verhält es sich mit den **islamischen Feiertagen**, die besonders Sansibar und die Küste Tansanias mitunter stilllegen können. Die Feiertage werden nach dem Mondkalender berechnet; sie verschieben sich also von Jahr zu Jahr nach hinten – teilweise um zehn Tage und mehr, z. B. beginnt der Ramadan 2012 am 20. Juli, 2013 am 9. Juli, 2014 am 28. Juni.

Januar/Februar: Mawlid al-Nabi oder Maulidi (Geburtstag des Propheten Mohammed)
Juni/Juli: Beginn des islamischen Fastenmonats Ramadan
Juli/August: Eid al-Fitr (Ende des Ramadan, wobei die Feierlichkeiten drei Tage andauern)
Oktober: Eid al-Adha (Opferfest zum Gedenken an Abraham, markiert auch jeweils das Ende der Pilgerfahrt Hajj nach Mekka)
November: Muharram (Islamisches Neujahr, Beginn des Trauermonats, eines der vier heiligen Monate)

Während des Fastenmonats **Ramadan** essen und trinken Muslime tagsüber nichts, sondern nur zwischen Sonnenunter- und Sonnenaufgang. Das Geschäftsleben ist manchmal beeinträchtigt. Speziell auf Sansibar müssen Touristen, z. B. in landestypischen Unterkünften in Stone Town, mit massiven Einschränkungen rechnen, da Restaurants möglicherweise geschlossen haben, in einigen einfachen Pensionen kein Frühstück serviert wird oder tagsüber keine Getränke verkauft werden. Ebenso wird von Reisenden (auch wenn sie nicht moslemisch sind) erwartet, auf Essen und Trinken, den Genuss von Zigaretten oder den Austausch von Zärtlichkeiten in der Öffentlichkeit zu verzichten. Wer sich zu dieser Zeit auf der Straße eine Zigarette anzündet oder einen Schluck Wasser trinkt, wird offene Aggressionen ernten.

Ruhetag

Am ehesten kann es am **Sonntag** zu Reiseeinschränkungen kommen. Ämter, Geschäfte, Apotheken, Internetcafés, die Post – alles ist geschlossen. Vor allem die Städte sind sonntags wie ausgestorben; oft findet man nicht einmal ein Restaurant oder Café für einen Snack. Manche Supermärkte haben zwar sonntags einen halben Tag lang geöffnet, doch es empfiehlt sich, vor einem Einkauf am Sonntag die Öffnungszeiten zu studieren.

Nur wenige Einschränkungen bringt der Sonntag für alle, die im landesüblichen Stil reisen. Daladalas, Überlandbusse, kleine Gästehäuser, *hotelis* und ähnliche Einrichtungen haben ihre Pforten täglich rund um die Uhr geöffnet.

Auf Sansibar kommt es am ehesten am **Freitag**, dem heiligen Tag der Muslime, zur Zeit des Freitagsgebets zu Einschränkungen. Viele Geschäfte in Stone Town schließen zudem zu den gewöhnlichen Gebetszeiten ihre Pforten.

Fotografieren und Filmen

Fotografieren ist ein heikles Thema in Afrika. Die Menschen haben kein Verständnis dafür, dass wir Fotos zum schieren Selbstzweck schießen, denn das Konzept von Erinnerungen ist ihnen fremd. Viele glauben, dass wir die Fotos verkaufen; sie können sich keinen anderen Verwendungszweck dafür vorstellen. Hinzu kommt noch, dass gerade Moslems nicht gerne abgelichtet werden, und in ganz abgelegenen Ecken sogar noch Aberglauben diesbezüglich herrscht.

Das Gebot der westlichen Höflichkeit verlangt es, die Menschen um **Erlaubnis** zu bitten, sollte man Lust auf ein Foto verspüren. Auf Swahili fragt man dann: „Naombe nikupige picha?" Kaum ein Tansanier wird der Bitte aber ohne **Gegenleistung** nachkommen, wobei die oft geforderten Summen von US$5 oder US$10 im Vergleich zum durchschnittlichen Verdienst eines Tagelöhners (für schwere körperliche Arbeit) von rund 2000 TSH (US$1,30) zu hoch erscheinen. 1000–2000 TSH gelten eher als angemessen. Doch nicht immer muss Geld den Besitzer wechseln; viele Menschen freuen sich auch über Naturalien (s. S. 56) oder gar den Abzug eines Fotos. In ganz abgelegenen Gegenden wissen die Menschen oft nicht einmal, wie sie selbst aussehen; da wird ein Foto wie der größte Schatz gehütet.

In von Touristen wenig besuchten ländlichen Gegenden wird man vermutlich aber auch auf Leute treffen, die sich aus Prinzip nicht fotografieren lassen – auch nicht für Geld. Dies sollte man akzeptieren; es werden sich genügend andere Möglichkeiten für Fotos ergeben.

Strategische Motive dürfen unter keinen Umständen fotografiert werden. Dazu zählen Regierungsgebäude sowie die Präsidentenresidenz, militärische und sicherheitsrelevante Einrichtungen, z. B. Flughäfen, Postämter und Banken, Bahnhöfe, Bahnstationen, Brücken oder Gefängnisse. Ebenso ist es verboten, Polizisten oder Militärangehörige abzulichten.

Frauen unterwegs

Stellung der Frau

Reisende aus Europa oder Nordamerika sind in den Augen der Einheimischen immer reich, auch wenn sie sich das Geld für den Urlaub vom Mund abgespart haben. Aus diesem Grund wecken weiße Touristen, insbesondere Frauen, Begehrlichkeiten bei tansanischen Männern, da sie sich von ihnen ein Sprungbrett in die goldenen Westen erhoffen – oder wenigstens eine Handvoll Dollar.

Obwohl eine weiße Frau durch ihre Fremdheit und ihr Geld einen Sonderstatus genießt, ist sie in den Augen der Männer dennoch nur eine Frau – ein Geschöpf, das in der sozialen Hierarchie unterhalb der Männer rangiert.

In der tansanischen Gesellschaft sind Frauen in jedem Fall rangniederer. Den Mädchen wird oft Bildung vorenthalten, da sie im Alter von 13 oder 14 ohnehin zwangsverheiratet werden und dann die Schwiegerfamilie die „Früchte" der finanziellen Aufwendungen eines Schulbesuchs ernten würde. Gewalt an Frauen prägt das Zusammenleben zwischen den Geschlechtern und reicht von körperlichen Züchtigungen über Zwangsbeschneidungen bis hin zu Vergewaltigungen. Von Anfang an werden Frauen in das typische Rollenbild gedrängt. Nicht selten wird man auf kleine Mädchen treffen, die ihre Geschwister pflegen und nebenbei noch das Geschirr abwaschen oder die Kühe versorgen.

Der Großteil der Frauen ist scheu und zurückhaltend, besonders abseits der großen Ballungszentren. Schon bei Kleinkindern können Besucher die Unterschiede in der gesellschaftlichen Hackordnung erkennen. Während sich die Jungen frech an das Auto von Touristen drängen und alle Geschenke für sich beanspruchen, bleibt für die Mädchen meistens nichts übrig als ein mildes Lächeln. Und selbst wenn ein Tourist einem Mädchen ein Geschenk macht, kann man sich sicher sein, dass es wenige Minuten nach der Abfahrt der Touristen den Besitz darüber verloren hat.

Europäischen Frauen, die sich Hals über Kopf in einen Tansanier verlieben, muss also klar sein, dass eine Partnerschaft nach westlichen Maßstäben mit einem tansanischen Mann meist nicht möglich ist. Viele europäische und amerikanische Frauen haben bereits ihr Liebesglück in Tansania versucht; die meisten sind gescheitert – und mit ihnen auch gleich ihre gesamte Altersvorsorge.

Sicherheit

Auf organisierten Touren, z. B. mit Tour Operators, Safari-Unternehmen oder Overlandern, bestehen für alleinreisende Frauen kaum Sicherheitsrisiken. Der „Begleitschutz" eines Drivers, Guides oder eines Reiseleiters macht weiße Touristen absolut unantastbar – das Revier ist sozusagen schon abgesteckt. Anders gestaltet sich die Situation natürlich, wenn Frauen allein mit öffentlichen Verkehrsmitteln, also als Rucksacktouristinnen, durchs Land reisen. Die Risiken gehen dabei hauptsächlich von Männern aus; von einheimischen Frauen sind keine Behelligungen zu erwarten. Grundsätzlich sind auch die meisten Männer sehr höflich und zuvorkommend, doch

die Restgefahr, belästigt oder gar vergewaltigt zu werden, besteht. Besonders lästig (und potenziell gefährlich) können Flycatcher, Straßenverkäufer oder selbst ernannte Guides sein.

Für alleinreisende Frauen gelten die **allgemeinen Sicherheitshinweise** (s. S. 83). Im Notfall hilft oft eine kleine Notlüge, beispielsweise indem man behauptet, verheiratet zu sein, und dies notfalls mit einem Ring am Ringfinger bestätigt. Ein Foto von einem Mann in der Geldbörse kann unter Umständen auch helfen, lästige Männer abzuwimmeln. Nachts sollten Frauen nicht allein in Taxis einsteigen, schon gar nicht, wenn ein zweiter Mann im Fahrzeug sitzt. In Dar es Salaam kam es in den letzten Jahren zu einigen Überfällen auf alleinreisende Frauen, die ahnungslos in Taxis eingestiegen sind, nur um danach um ihr Geld und ihre Wertgegenstände erleichtert zu werden. Frauen sollten Männern niemals bekannt geben oder zeigen, wo sie wohnen, und überdies nicht verlautbaren, dass sie allein wohnen oder reisen. Sie sollten zudem darüber Bescheid wissen, wann die Sonne untergeht, um noch vor der Dunkelheit ins Quartier zu kommen. Frauen, die abends allein oder in Gesellschaft anderer Frauen in eine Bar gehen, müssen dementsprechend forsch auftreten, denn vermutlich wird der erste Interessent nicht lange auf sich warten lassen. Ein paar freundliche, aber bestimmte Worte sollten die Grenzen aber abstecken. Der Großteil der alleinreisenden Frauen wird vollkommen unbehelligt durch Tansania reisen können – mit gesundem Menschenverstand und defensivem Verhalten.

Kleidung

Auf Kleidung, die mehr zeigt als verbirgt, sollten Frauen verzichten. Freizügige Kleidung, wie z. B. Miniröcke, bauchfreie Tops oder T-Shirts mit Spaghettiträgern, wird in Tansania mit Prostitution assoziiert. Vielerorts werden Frauen auch unverblümt angestarrt, wenn sie kurze Hosen tragen.

Am besten hat sich in den Tropen luftige, weite und langärmelige oder kurzärmelige Kleidung bewährt, nicht nur wegen der Hitze, sondern auch wegen der Sonnenbrandgefahr:

luftige Baumwoll-T-Shirts mit Ärmeln, dünne langärmelige Leinenblusen oder Baumwoll-Tuniken, bequeme knielange (oder längere) Röcke oder lange Hosen aus Funktionsmaterial.

Gesundheit

Die phasen- und gebietsweise hohe Luftfeuchtigkeit bietet den idealen Nährboden für das Wachstum von Bakterienkulturen. Besonders Frauen leiden in diesen Breiten deswegen vermehrt an **Infektionen im Intimbereic**h.

Synthetische, enge Kleidung begünstigt Infektionen genauso wie mangelnde Hygiene, übermäßiges Schwitzen oder auch die Einnahme von Antibiotika, Malaria-Prophylaxe oder anderen Medikamenten, die den Hormonspiegel verändern.

Um diesen Unannehmlichkeiten **vorzubeugen**, sollte „frau" einige einfache Dinge beachten: atürliche Materialien bevorzugen, auf eng anliegende Hosen verzichten oder ganz auf Röcke (knielang und länger) umsteigen. Tägliches Duschen oder Waschen sollte auch in Afrika und besonders in den Tropen selbstverständlich sein.

Abhilfe bei Infektionen schaffen gewöhnliche Fungizid-Salben, aber auch ganz banale Hausmittel, wie in Joghurt getränkte Tampons und Spülungen mit abgepacktem Wasser (unter Beigabe von einigen Tropfen Teebaumöl).

Geld

Landeswährung

Die offizielle Währung in Tansania ist der **Tanzania Shilling (TSH)**. Geldscheine gibt es im Nennwert von 500, 1000, 2000, 5000 und 10 000 SH, während Münzen im Nennwert von 20, 50, 100 und 200 TSH im Umlauf sind. Vor allem die 500er- und 1000er-Scheine sind zumeist äußerst abgegriffen und schmuddelig, denn sie werden im Alltag am meisten verwendet. 2011 wurden übrigens neue Banknoten ausgegeben, die minimal kleiner sind und fälschungssicherer sein sollten – aber de facto nicht waren.

Wechselkurse	
1 € = 2200 TSH	1000 TSH = 0,45 €
1 sFr = 1920 TSH	1000 TSH = 0,52 sFr
US$1 = 1500 TSH	1000 TSH = 0,63 US$

Aktuelle Wechselkurse auf:
🖳 www.oanda.com.

Die inoffizielle Währung ist wie in vielen Entwicklungsländern der **US-Dollar**. Dollarnoten werden überall akzeptiert, im kleinen lokalen Gästehaus, auf dem Markt oder als Trinkgeld – allerdings bei oft großzügig abgerundetem Wechselkurs. In vielen Hotels oder in den Nationalparks wird die Begleichung der Rechnung mit US-Dollar sogar erwartet. Oft findet man auch Preislisten oder Speisekarten, die die Preise in beiden Währungen aufführen. Hier ist es jedem selbst überlassen, wie die Rechnung beglichen wird.

Die Tansanier selbst haben eine recht lockere Einstellung zum Thema **Wechselgeld**. Dass man Wechselgeld von 100 oder 200 TSH schuldig bleibt bzw. nicht damit rechnet, Wechselgeld in dieser Höhe tatsächlich zu erhalten, gehört zum Alltag. Es gibt aber auch immer wieder Menschen, die es übertreiben und gleich ganze Tausender-Scheine schuldig bleiben wollen. Jeder Reisende wird mit solchen Versuchen konfrontiert; in diesem Fall sollte man sachlich und bestimmt die Herausgabe des ausstehenden Wechselgeldes *(change)* verlangen.

Man sollte es sich zur Gewohnheit machen, bei jeder Transaktion, egal ob im Supermarkt, in der Wechselstube oder im Kaffeehaus, um einen Kassenbon zu bitten, denn sonst wandert das Geld in die Tasche des jeweiligen Angestellten.

Zahlungsmittel

Bargeld

Für Tansania gilt: Nur Bares ist Wahres. Besucher sollten folglich genügend Bargeld in Form von Euro, Schweizer Franken und US-Dollar mitnehmen. Wechselstuben gibt es in den Ballungs- und Touristenzentren wie Sand am Meer; wer immer einige Tage vorausplant, kann eigentlich nicht in finanzielle Engpässe geraten.

US-Dollar

Von Touristen wird die Bezahlung in US$ erwartet: Visa werden in US-Dollar berechnet; in den Nationalparks muss in US-Dollar bezahlt werden; für den Großteil aller gehobenen und Mittelklasse-Unterkünfte sowie deren Restaurants gilt dasselbe. Die Fähre nach Sansibar muss ebenso wie Flugtickets in US-Dollar beglichen werden.

Für ebendiese Ausgaben sind ausreichend US$ mitzubringen. Dabei unbedingt auch kleine Stückelungen wie z. B. 5er-, 20er- und 50er-Scheine mitführen, da es oft Engpässe beim Wechselgeld gibt und die Suche nach passenden Scheinen zur Odyssee ausarten kann. Für große 100er-Scheine bekommt man in den Wechselstuben einen marginal besseren Wechselkurs. Dollar-Scheine sollten möglichst neu aussehen, am besten frisch aus der Druckerpresse. Es werden nur die jeweils neuen Serien (2006 und aufwärts) akzeptiert, wobei dies eher ein Problem für amerikanische Besucher ist, da europäische Touristen ihre Dollar ohnehin bei einer Bank beziehen müssen. Beschriebene, zerknitterte oder beschädigte Dollar-Scheine werden unter keinen Umständen akzeptiert.

Euro, Schweizer Franken und Tanzania Shilling

Zum Eintausch von Landeswährung empfiehlt sich die Mitnahme von ausreichend Euro oder Schweizer Franken. Diese Währungen werden in allen Wechselstuben und Banken anstandslos gewechselt; den besten Wechselkurs erhält man für große 50er- und 100er-Scheine. Die Mitnahme von US-Dollar zum Kauf von Landeswährung ist aufgrund der dann fälligen doppelten Umtauschgebühren nicht zu empfehlen.

Die benötigte Menge an TSH hängt stark von Art und Dauer der geplanten Reise ab. Lokale Gästehäuser, Restaurants, Souvenirs und öffentliche Verkehrsmittel können in der Landeswährung bezahlt werden. Es ist unbedingt erforderlich, jederzeit ausreichend **Kleingeld** in der Landeswährung parat zu haben. Am besten hortet man 500er-, 1000er- und 2000er-Scheine für die verschiedensten Anlässe: Trinkgeld, Kauf einer Flasche Wasser oder frischer Kokosmilch am Straßenrand, Internetcafés und anderes

mehr. Tansanier haben oft wenig Wechselgeld bei sich; die Suche nach passenden Scheinen artet dann zur Staatsaffäre aus.

Kreditkarten

Kreditkarten haben sich in Tansania noch nicht flächendeckend durchgesetzt, vor allem deshalb, weil die internationale Abwicklung der Zahlungseingänge nicht einwandfrei funktioniert. Viele Geschäftsleute haben bereits Unmengen von Geld verloren und verweigern deshalb zu Recht die Bezahlung per Kreditkarte. Anders sieht es

Kreditkarte weg – was nun?

Diebstahl oder anders gearteter Verlust ist zwar lästig, muss aber nicht das Ende des Urlaubs bedeuten. Nach der sofortigen Meldung eines Verlusts bieten einige Kreditkarten-Unternehmen sogar die Zusendung von Bargeld oder einer Ersatzkarte an – bei der Verlustmeldung unbedingt nachfragen!

Karten aus Deutschland
Zentrale Anlaufstelle zur Sperrung elektronischer Berechtigungen (gilt für alle Karten):
☎ 0049-116-116 oder
☎ 0049-30-4050-4050 (beide deutsch),
🖳 www.sperr-notruf.de

Karten aus Österreich
Zentrale Anlaufstelle zur Sperrung elektronischer Berechtigungen (gilt für Master- und Visa-Card):
☎ 0043-1-71111-770 oder
☎ 0043-1-71701-4500 (beide deutsch)
Maestro (ehemals Bankomat- oder EC-Karte):
☎ 0043-1-204-8800

Karten aus der Schweiz
Zentrale Anlaufstelle zur Sperrung elektronischer Berechtigungen (gilt für Master- und Visa-Card):
☎ 0041-58-958-8383 oder
☎ 0043-1-71701-4500 (beide deutsch)
Maestro: bei UBS ☎ 0041-848888-601,
bei Credit Suisse ☎ 0041-800800-488,
andere Banken ☎ 0041-44-271-2230

nur in wenigen Souvenirläden und ausgesuchten, erstklassigen Luxushotels aus (wobei eine 5- bis 10%ige Gebühr fällig wird). Die gängigsten Kreditkarten sind Visa und MasterCard.

Geld abheben per Kreditkarte

Für Notfälle empfiehlt sich die Mitnahme eines Barabhebungscodes für Kreditkarten von Visa oder MasterCard. Je nach Bank und Örtlichkeit werden pro Transaktion zwischen 300 000 TSH (ca. 136 €) und 1 000 000 TSH (bei der Barclays Bank) (ca. 450 €) ausgezahlt, natürlich nur, wenn es zufälligerweise einmal keinen Stromausfall gibt und auch die Telefonleitungen in die südafrikanischen Zentralen der Kreditkartenunternehmen einwandfrei funktionieren. Der Bezug von US$ ist nicht möglich.

Geldautomaten (ATM) und Cash Points gibt es in allen größeren Städten, guten Tankstellen und Einkaufszentren. Die Barclays-Zweigstellen, die Exim-Filialen, die FBME- oder die Stanbic-Banken akzeptieren die MasterCard, während andere Banken, besonders die zahlreichen NBC-, CRDB- und die Standard-Chartered-Zweigstellen, die Visa Card annehmen. Im Einzelfall ist immer abzuklären, welche Karten wo akzeptiert werden, denn das kann sich rasch ändern.

Die Gebühren für diese Transaktionen sollten vor Antritt der Reise bei der Hausbank erfragt werden, da sie von Bank zu Bank und von Land zu Land variieren. In jedem Fall muss die Karte zu Hause schon in Gebrauch gewesen sein.

Mit der Ausdehnung des ATM-Netzes in Tansania vergrößern sich aber auch die Schwierigkeiten mit der Bargeldabhebung. Banken können üblicherweise den Automaten nicht öffnen, d. h. wenn eine Karte eingezogen wird, muss der gesamte „Kasten" nach Dar es Salaam geschickt werden. Wenn eine Transaktion scheitert, z. B. wenn kein Geld ausgespuckt, aber das Konto belastet wird, dürfen Kunden nicht auf Unterstützung der Bank hoffen. In so einem Fall muss man sich von einem der Schalterbeamten mit Stempel bestätigen lassen, dass kein Geld ausgezahlt wurde, ansonsten wird die eigene Hausbank einem kaum entgegenkommen. Schließlich kommt es bei den ATMs häufig zu Falschgeld-Auszahlungen, aber selbst die angeschlossene Bank verweigert dann den Tausch der falschen

Scheine. Scheinbar simple Bargeldabhebungen können in Tansania also durchaus in einer mittleren Katastrophe enden ...

Maestro

Überall dort, wo Geldausgabeautomaten die Kreditkarte MasterCard akzeptieren, kann Bargeld auch mit der Maestro-Karte abgehoben werden. Der in Europa gültige PIN-Code gilt auch hier. Und das Beste daran: Je nach Hausbank ist dieser Geldabhebungsservice sogar gratis, in jedem Fall aber billiger als die Abhebung mit Kreditkarte.

Der kleine Haken an der Sache ist, dass es im Vergleich zu den Visa-fähigen Automaten leider relativ wenige Automaten gibt, die MasterCard und Maestro akzeptieren. Problematisch wird dies dann, wenn es Leitungs- oder Stromausfälle gibt, was praktisch täglich der Fall ist. Dennoch bleibt dies eine gute und billige Alternative zu Kreditkartenabhebungen. Eine Übersicht über die MasterCard- (und Maestro-) fähigen Geldausgabeautomaten findet sich unter 🖥 www.mastercard.us/cardholder-services/atm-locator.html.

Reiseschecks

Nach wie vor kommen Reisende mit Reiseschecks nach Tansania. Doch nur eine Handvoll Banken nehmen Travellers Cheques noch an, auch Händler oder Tourismustreibende verweigern die Annahme. Die Gebühren sind hoch und die Wechselkurse bei Weitem schlechter als bei Bargeld. Für Tansania sind Reiseschecks schlichtweg nicht mehr empfehlenswert.

Banken und Wechselstuben

Die größte Bankendichte herrscht in Dar es Salaam, gefolgt von Arusha, Dodoma und Mbeya, aber neuerdings sind auch Stone Town, Mwanza und Moshi banktechnisch gut erschlossen. Folgende Banken sind für europäische Reisende, besonders für die Bargeldabhebung mithilfe von Kreditkarten, relevant:

Barclays Bank, 🖥 www.barclays.com/africa/tanzania,
NBC Bank, 🖥 www.nbctz.com,

Standard Chartered Bank,
🖳 www.standardchartered.com/tz,
Exim Bank, 🖳 www.eximbank-tz.com,
CRDB Bank, 🖳 www.crdbbank.com,
FBME Bank, 🖳 www.fbme.com,
Stanbic Bank, 🖳 www.stanbicbank.co.tz.

Geöffnet ist in der Regel wochentags von 8.30–15.30 Uhr und samstags von 8.30–12.30 Uhr. Diese Zeitangaben sind aber möglichst vor einem Besuch zu überprüfen.

In den **Wechselstuben**, die sich in Tansania gern Foreign Exchange Bureau nennen, werden keine Gebühren berechnet, denn diese sind im tagesaktuellen Kurs bereits enthalten. Auch geht hier das Geschäft im Gegensatz zur Bank effizient in wenigen Minuten über die Bühne und die Kurse sind oft besser.

Es ist unter keinen Umständen empfehlenswert, sein Geld bei **illegalen Geldwechslern** auf der Straße zu tauschen, denn die Gefahr, dabei an Falschgeld zu gelangen oder einem Trickbetrüger zum Opfer zu fallen, ist sehr hoch.

Trinkgeld

Unterkünfte

Die Höhe des Trinkgelds hängt von vielen Faktoren ab, z. B. von der Preisklasse der Lodge, der Aufenthaltsdauer, dem Service, der Freundlichkeit, den in Anspruch genommenen Leistungen und der subjektiven Zufriedenheit.

Vor der Vergabe von Trinkgeld ist es ratsam, sich diskret beim Manager über dessen übliche Höhe und die Anzahl der Angestellten zu erkundigen sowie nach einer Tip Box zu fragen. Diese wird heute von den meisten Lodges bereitgehalten, um den Gästen entgegenzukommen, aber auch aus Fairness gegenüber den Angestellten, denn so kommen nun auch die vielen unsichtbaren Helfer eines Hotelalltags in den Genuss des Trinkgelds. Bei gutem Service gelten US$10 pro Zimmer und Tag als angemessen.

Camping-Safari

Camping Safaris erfordern im Normalfall zusätzliches Personal, z. B. einen Koch oder einen Hilfs-Guide. In diesem Fall sind max. 5000–10000 TSH pro Crew-Mitglied pro Tag angemessen.

Driverguides

Driver (oder Driverguides) eines Tour Operators, die Gäste durchs Land kutschieren, erwarten ein besonders fürstliches Trinkgeld. Pro Tag gelten hier US$5–10 p. P. im Fahrzeug als angemessen; auf keinen Fall sollte man jedoch übertreiben und notfalls auch lautstarke Nachforderungen gelassen zur Kenntnis nehmen.

Ob man sich entscheidet, auch die Getränke des Drivers zu bezahlen, ist jedem selbst überlassen. Auch hier sollte von Fall zu Fall entschieden werden, je nach Kompetenz, Freundlichkeit und Verlässlichkeit des Drivers. Dabei lohnt es sich, bei Bedarf klar zu vermitteln, dass es sich um freiwillige Mehrleistungen handelt.

Driver werden in Tansania üblicherweise in den jeweiligen *staff quarters* (Personalquartier) untergebracht. Die Übernachtung sowie Verpflegung wird dabei von den Lodges gestellt. Diese *staff quarters* entsprechen den landesüblichen Standards und genügen nicht immer den Ansprüchen eines Europäers. Versuche einzelner Driver, das soziale Gewissen von Touristen auszunutzen und zusätzliches Trinkgeld für Kost und Logis im nahe gelegenen Dorf zu erwirken, sollte man tunlichst ignorieren. Wenn Driver am Tisch mit den Gästen essen und in den Hotelzimmern schlafen, werden die entsprechenden Preise laut Preisliste fällig. Seriöse Driverguides mit traditionellen Moralvorstellungen werden das gemeinsame Speisen mit den Gästen aber ablehnen, denn das würde ihrem Ehrenkodex widersprechen.

Bergsteigen

Crew-Mitglieder bei Kilimanjaro- oder Meru-Besteigungen erwarten ebenfalls fürstliche Trinkgelder. Viele Führer verdienen sich ihr Trinkgeld auch redlich durch aufmerksame Fürsorge, doch einigen ist nicht bewusst, dass Trinkgeld an die Qualität der Leistung gekoppelt ist. Besonders bei Low-Cost-Besteigungen, wo an allen Ecken und Enden gespart wird, kommt es vor, dass die Crew bereits am Gipfel über ihre Trinkgelderwartungen zu reden beginnt. Bisweilen verknüpft sie ihre Forderungen mit geschickten Drohungen, die Gäste nicht mehr hinunter ins Tal zu begleiten, und setzt die ohnehin entkräfteten Bergsteiger damit gehörig unter Druck. Solche

Oft ist man auf einer Reise durch Tansania mit einer Gruppe von mehreren Angestellten eines Unternehmens unterwegs, z. B. auf einer Camping Safari oder einer Bergbesteigung. Um Unstimmigkeiten in Bezug auf das Trinkgeld zu vermeiden, empfiehlt sich folgende Vorgehensweise: Zuerst muss festgestellt werden, welche Begleiter wirklich mit von der Partie waren, sofern man sie nicht ohnehin kennt. Gerade bei einer Bergbesteigung bleiben z. B. die Träger oft unerkannt im Hintergrund. Diese Personen werden auf einer Liste vermerkt. Dann wird in der Reisegruppe besprochen, wie hoch das Trinkgeld für jede Person (gemessen an der Tätigkeit, der Dauer der Tour etc.) ausfällt, und der entsprechende Betrag in die Liste eingetragen. Beim Abschied wird nun vor der versammelten Belegschaft (!) bekannt gegeben, welcher Betrag jeder Person zusteht. Die Verteilung des Geldes mithilfe der Liste kann anschließend dem Chef des Teams überantwortet werden.

Diese Vorgehensweise mag aus europäischer Sicht ungewöhnlich scheinen, doch in Tansania funktioniert sie. Geschenke und Gelder sollten grundsätzlich vor Zeugen übergeben werden, damit sie auch wirklich fair aufgeteilt werden. So weiß jeder, wie viel ihm zusteht. Ressentiments oder Neid werden dadurch keinesfalls geschürt, denn in Tansania herrscht ein anderes Verständnis von Nehmen und Geben: Man gibt, was man geben möchte, wobei der Empfänger zu akzeptieren hat, was gegeben wurde.

Tricks sollte man möglichst gelassen hinnehmen, die Forderung nicht rundweg ablehnen, sondern etwas Unverfängliches antworten – abgerechnet wird ohnehin erst am Ende der Tour.

Die Crew eines Kilimanjaro-Treks besteht aus drei verschiedenen Berufsgruppen – Guides, Köchen und Trägern *(porter)* –, die je nach ihrem gesellschaftlichen Rang unterschiedlich hohe Trinkgelder erwarten. Als angemessen gelten: Guide US$15, Assistant Guide US$10, Koch US$8–10, Träger US$5, jeweils pro Tag und Gruppe. Hilfreich ist die Faustregel, dass insgesamt 8–10 % der Gesamtkosten der Besteigung als Trinkgelder ausbezahlt werden. Gebrauchte Ausrüstungsgegenstände sind übrigens ein ebenso willkommenes Honorar. In jedem Fall sind alle Trinkgelder erst nach einer Besteigung auszuzahlen.

Kleine Geschenke

Kleine Aufmerksamkeiten, sogenannte *zawadi* (Geschenke), werden begeistert angenommen. Dazu gehören z. B. Gratis-Duftproben aus Parfümerien, Werbe-T-Shirts, Kugelschreiber, kleine Blöcke oder Hefte, Kreide, Werbegeschenke vom Weltspartag, insbesondere kleine Geldbörsen, Feuerzeuge oder Ähnliches. Weniger sinnvoll hingegen sind Geschenke wie Bonbons oder Schokolade, denn die Ernährung der meisten Tansanier ist ohnehin schon einseitig genug.

Wer in wirklich abgeschiedenen ländlichen Gegenden unterwegs ist, sollte besser Eier an die Kinder verteilen, denn an Proteinen mangelt es den meisten Menschen am allermeisten. Zudem sind Eier, gemessen am durchschnittlichen Einkommen in Tansania, relativ teuer.

Wichtig in diesem Zusammenhang ist allerdings, dass Geschenke unbedingt an eine Gegenleistung gekoppelt sein sollten. Unmotiviertes Schenken auf der Straße, nur weil ein Kind besonders niedlich aussieht, vermittelt den Menschen eine falsche Botschaft, nämlich dass die weißen Touristen so wohlhabend sind, dass sie ihre Besitztümer jederzeit verschenken können. Guides könnten etwa ein T-Shirt erhalten, Köche vielleicht ein Feuerzeug und Bergführer die ausrangierten Bergschuhe. Das weibliche Putzpersonal wird sich zweifellos über eine kleine Duftprobe freuen. Und schulpflichtige Kinder, die ein Lied singen oder einen kleinen Dienst erweisen, haben Verwendung für Kugelschreiber oder Kreide.

Chai (Schmiergeld)

Weniger Pauschalreisende als vielmehr Individualreisende laufen Gefahr, Zielscheibe von Schmiergeldforderungen zu werden, die in fast jeder Lebenslage zum Alltag gehören. Besonders jene Individualreisende, die mit eigenem Wagen unterwegs sind, sollten auf Polizisten vorbereitet sein, die sich ein Zubrot durch Bestechungsgelder verdienen wollen. Weiße Autofahrer, noch dazu mit ausländischem Kennzeichen, sind beliebte Opfer zweifelhafter Verkehrskontrollen. Geschwindigkeitsüberschreitungen (ohne dass eine Radarpistole diese beweisen könnte) oder an den Haaren herbeigezogene Vorschriften können als mögliche Gründe genannt werden. Am schnellsten passiert man natürlich die Sperre durch umgehende Zahlung des geforderten Schmiergelds; andererseits fällt dies oft schwer, wenn man sich bereits an der dritten Polizeikontrolle hintereinander befindet. Diskussionen können zeitraubend sein; kaum ein Polizist spricht ausreichend Englisch. Von Vorteil sind dabei sicher Grundkenntnisse des Swahili, da dies den Polizisten üblicherweise den Wind aus den Segeln nimmt. Oft sollte man die Sache auch einfach nur aussitzen, denn die Tansanier wissen, dass Ausländer immer in Eile sind – weswegen sie gerne auf Zeit spielen.

Gepäck und Ausrüstung

Tansania „light"

Reisen in Tansania erfordert **leichtes Gepäck**. Man ist ständig mit Fahrzeugen unterwegs, wird von einer Unterkunft zur nächsten transferiert und muss vielleicht auch einmal einen Inlandflug nehmen. Wer innerhalb von Tansania mit den üblichen kleinen Cessna-Flugzeugen fliegt, z. B. in den Selous oder die Serengeti, muss das Gepäck auf maximal 15–20 kg pro Person beschränken und auf sperrige, eckige Koffer verzichten, da diese in den Maschinen keinen Platz finden. Wenn man das Land auf eigene Faust mit den öffentlichen Verkehrsmitteln erkundet, benötigt man einen großen Tramper-Rucksack, wasserdicht und widerstandsfähig, damit er allen Widrigkeiten der Straße trotzen kann. Man sollte darauf achten, die zahlreichen kleinen Außentaschen nicht mit wertvollen Gegenständen zu füllen.

Vorsicht gilt beim **Handgepäck**, das man in Afrika lieber vorne tragen sollte. Auch Bauchtaschen oder Brusttaschen bieten keinen hundertprozentigen Schutz mehr, da alle Tansanier wissen, dass die Touristen ihr Geld und ihre Wertsachen in diesen ominösen Beuteln verstecken (deshalb sind sie auch ohne viel Aufsehen mit dem Messer entfernbar!). Hundertprozentigen Schutz gegen Diebstahl gibt es natürlich nicht, aber eine kleine Umhängetasche, die man immer gut festhält, scheint am sichersten zu sein.

Kleidung

Grundsätzlich gelten selbst in tansanischen Luxus-Unterkünften **keine Kleidervorschriften**. Understatement ist Trumpf, ebenso wie einfache, bescheidene Kleidung ohne viel Schnickschnack. Leichte, helle Sommerkleidung aus gut waschbaren, atmungsaktiven Materialien ist beim Aufenthalt in den Tropen zu bevorzugen. Ideal ist Funktionskleidung, die den Schweiß transportiert und auch nach der Handwäsche schnell trocknet.

Es mag Afrika-Neulinge überraschen, aber im **tropischen Winter** kann es in der Nacht empfindlich kalt werden. Temperaturen unter 10 °C sind keine Seltenheit, und afrikanische Häuser haben keine Heizung. Besonders im Norden, im Hochland rund um Moshi, Arusha, dem Ngorongoro-Krater und in der Serengeti oder in Lushoto, kühlt es in der Nacht ordentlich ab! Einige Lodges verfügen zwar über kleine Kamine (auch in den Zimmern); weil jedoch das Holz nur unzureichend getrocknet wird, bleibt der Wärmewert zumeist bescheiden.

Langärmelige Kleidung stellt die beste Prophylaxe gegen Moskitostiche und Malaria dar. Sie sollte von 16 Uhr nachmittags bis 9 Uhr morgens getragen werden, und zwar rund ums Jahr – auch im tropischen Sommer. Geschlossene, bequeme Schuhe sind ebenso ein Muss.

Völlig fehl am Platz ist **Schmuck**. Er sollte so weit wie möglich zu Hause bleiben; das gilt auch für die Uhr und ganz besonders für die goldene Halskette. Mitgenommen werden sollte allenfalls eine billige Sportuhr mit Leuchtanzeige und

Alarm, um die es nicht schade ist, sollte sich ein unbekannter Dritter ihrer bemächtigen ...

Der in den Unterkünften angebotene **Wäscheservice** ist in der Regel kostengünstig (oder je nach Kategorie sogar im Preis inklusive). Da jedes in Tansania erhältliche Waschmittel aber Unmengen von Bleiche enthält, ist unbedingt davon abzuraten, seine Lieblingsstücke mit in den Urlaub zu nehmen. Abgesehen davon wird in Tansania kein Unterschied zwischen heller und dunkler Wäsche oder zwischen einzelnen Materialien gemacht und alle Wäschestücke bunt gemischt gewaschen (zumeist mit viel Waschmittel auf wenig Wasser). Kleidungsstücke können deshalb unansehnlich und fleckig werden.

Technische Ausrüstung

Elektrische Geräte

Mit Ausnahme der Hotels vor allem in den größeren Städten sowie den Lodges der absoluten Luxusklasse gibt es nur eingeschränkt Strom (entweder vom Generator oder aus Solarenergie). In den letzten Jahren hat sich aber sogar in den Städten die Stromversorgung verschlechtert und Stromabschaltungen von 15 Stunden waren 2010 und 2011 keine Seltenheit. Die meisten Hotels und Lodges verfügen deshalb über Generatoren, die aber aus Kostengründen nicht immer laufen. Am besten verzichtet man während eines Tansania-Urlaubs auf alle elektrischen Geräte und besinnt sich auf die gute,

---

☒ Gepäck-Check

Kleidung
- [ ] **Badekleidung**
- [ ] **Badelatschen** (abwaschbar, für das Zimmer oder den Strand)
- [ ] **Handschuhe und Stirnband** (für Morgen-Pirschfahrten im Hochland von Juni–Sep)
- [ ] **Hemden** oder **Blusen / Tuniken** (langärmelig)
- [ ] **Hosen** bzw. lange **Röcke** (die leicht sind und bequem sitzen sollten)
- [ ] **Jacke** (für An- und Abreise, Winternächte im Hochland von Juni–Sep)
- [ ] **Kopfbedeckung** als Sonnen- und Windschutz (Baseballkappe, Bandanas, Safarihut)
- [ ] **Kurze Hosen** (Länge mind. bis zum Knie)
- [ ] **Pullover** (z. B. aus Fleece, für die Winternächte im Hochland und Safaris am Morgen)
- [ ] **Regen- und Windjacke** (leichtes Material, klein zusammenfaltbar)
- [ ] **Sandalen** (in die man leicht hinein- und herausschlüpfen kann)
- [ ] **Schuhe** (geschlossen, z. B. Sneakers, Turnschuhe)
- [ ] **Socken** (dichte, nicht allzu kurze Socken als Moskitoschutz für den Abend)
- [ ] **T-Shirts / Poloshirts** (mit Ärmel)

- [ ] **Unterwäsche**
- [ ] **Wanderstiefel** (knöchelhoch, nur für Bergbesteigungen und Walking Safaris)

Hygiene und Pflege
- [ ] **Feuchttücher** (zur Hygiene für unterwegs)
- [ ] **Handdesinfektionsmittel** (zur Hygiene für unterwegs)
- [ ] **Kontaktlinsen und Pflegemittel**
- [ ] **Kosmetika** / Hautpflegemittel
- [ ] **Nagelschere** und Nagelfeile (nicht ins Handgepäck)
- [ ] **Nähzeug** (Zwirn, Nähseide, Nadeln, Sicherheitsnadeln)
- [ ] **Papiertaschentücher**
- [ ] **Plastiktüten** (für schmutzige Wäsche und als Nässeschutz)
- [ ] **Rasierer und Rasierschaum** (Nassrasierer)
- [ ] **Shampoo** / Haarpflegemittel
- [ ] **Tampons**
- [ ] **Toilettenpapier*** (für öffentliche Toiletten und Buschtoilette)
- [ ] **Zahnbürste* / Zahnpasta***

Sonstiges
- [ ] **Adapter** (britisch, dreipolig)
- [ ] **Ersatzbrille** (für Brillenträger in unzerbrechlicher Box)

---

alte Zeit, wo Zahnbürsten und Rasierer noch ohne Strom auskamen. Dasselbe gilt übrigens für Smartphones, Blueberry-Geräte oder ähnliche Hightech-Gerätschaften – es muss damit gerechnet werden, dass man sie nicht überall aufladen kann.

Da Reisen in Tansania eine staubige Angelegenheit ist, sollten für die Foto- und Filmausrüstung, den Laptop oder die Smartphones robuste **Schutzbeutel aus Plastik** mitgenommen werden. Zusätzlich können die Geräte auch noch in ein Leinentuch gewickelt werden.

Bei besonders staubigen Safaris hat es sich bewährt, ein Loch in den Schutzbeutel zu schneiden und die Kamera erst gar nicht aus diesem herauszunehmen.

Foto- und Videoausrüstung

Reisende, die sich extra für die Tansania-Reise mit einer neuen Kamera ausstatten, sollten darauf achten, dass das Gerät über einen möglichst **hohen optischen Zoom** verfügt. Beim Kauf muss man sich auch darüber im Klaren sein, dass gerade auf Safari schnelles Reagieren notwendig ist. Kameras mit **kurzer Auslöseverzögerung** (vom Drücken des Knopfes bis zum tatsächlichen Foto) sowie **kurzer Einschaltverzögerung** (vom Einschalten bis zur tatsächlichen Funktionsfähigkeit) sind daher zu bevorzugen.

Wichtig ist ein ausreichender Vorrat an **Speichermedien**. Außerdem sollten mindestens zwei **Akkus**, besser noch drei, im Gepäck sein. Auf Safari oder auf einer mehr als eintägigen

- ☐ **Moskitolotion*** (für die ersten Wochen)
- ☐ **Notizbuch** / Stifte
- ☐ **Regenschirm** (keine Gummijacke wegen Wärmestau!)
- ☐ **Regenschutz fürs Gepäck** (wasserfeste Säcke, z. B. für Gepäck, das außen am Bus befestigt ist)
- ☐ **Reiseapotheke** (s. S. 63)
- ☐ **Reiseführer**, **Landkarten**
- ☐ **Reiselektüre**
- ☐ **Reisewecker** (falls kein Handy)
- ☐ **Sonnenschutz** (dunkle Brille in unzerbrechlicher Box, Sonnencreme)
- ☐ **Taschenlampe** (am besten Stirnlampe)
- ☐ **Taschenmesser** (nicht mit ins Handgepäck)

Safari-Ausrüstung
- ☐ **Tierbestimmungsbuch**
- ☐ **Fernglas**

Dokumente
- ☐ **Flugunterlagen**
- ☐ **Führerschein** (gültiger internationaler Führerschein)
- ☐ **Geld** (Bargeld, Bankkarte, Kreditkarte)
- ☐ **Impfpass** (mit internationaler Gültigkeit)
- ☐ **Kopien** (der wichtigsten Dokumente, getrennt von den Originalen aufbewahrt)

- ☐ **Reisepass** (evtl. internationaler Studentenausweis, Personalausweis)

Wer in einfachen Unterkünften wohnen wird, braucht zudem
- ☐ **Handtücher** (die schnell trocknen; in Hotels vorhanden)
- ☐ **Klebeband** (fürs Packen und zum Verschließen von Löchern im Moskitonetz)
- ☐ **Kordel*** (als Wäscheleine oder zum Aufspannen des Moskitonetzes)
- ☐ **Moskitonetz***
- ☐ **Nägel*** (zum Befestigen des Moskitonetzes)
- ☐ **Plastikbürste** (zum Reinigen von Wäsche und Schuhen)
- ☐ **Schlafsack** (Seiden- bzw. Leinenschlafsack oder zwei dünne Tücher, da es in billigen Hotels keine Decken gibt und Laken nicht häufig gewechselt werden)
- ☐ **Seife*** oder Waschlotion
- ☐ **Vorhängeschloss*** (und kleine Schlösser* fürs Gepäck, am besten Nummernschlösser)
- ☐ **Waschmittel** (in der Tube)
- ☐ **Wäscheklammern*** (für Wäsche und zum Flicken von Moskitonetzen)
- ☐ **Wasserentkeimungsmittel**

*Diese Gegenstände sind in Tansania billiger

Wanderung können sogar drei Akkus knapp werden! Nicht zu vergessen ist natürlich das **Akkuladegerät** oder das **Ladekabel**. Anstelle der Speichermedien hat sich auch die Anschaffung eines **Zwischenspeichergeräts** bewährt. In diese kleinen, handlichen Geräte wird der Inhalt der Speicherkarten gespielt; spätestens zu Hause kann man dann seine Fotos auf dem Computer bewundern. Für alle Fälle gehören auch einige leere, beschreibbare **CD-Roms** ins Gepäck, denn man trifft immer wieder andere Reisende mit Laptops, die die Fotos auf den Speicherkarten u. U. auf CD brennen können.

Campingausrüstung

In fast allen touristisch bedeutsamen Orten (außer auf Sansibar) und in jedem Nationalpark finden sich Campsites. Sie werden zumeist von Tour Operators im Rahmen organisierter Camping Safaris angefahren. Wer als Individualtourist sein Budget durch Camping entlasten möchte, trifft deshalb auf relativ gute Bedingungen.

Voraussetzung dafür ist aber eine umfassende Ausrüstung, die unbedingt von zu Hause mitgebracht werden muss: **Kuppelzelte**, **Schlafsäcke**, dicke **Isomatten** und **Planen** sowie benötigtes **Werkzeug**. Solche Ausrüstungsgegenstände sind in Tansania nämlich nicht leicht erhältlich, am ehesten noch im Game-Supermarkt in Dar es Salaam. Wer mit dem eigenen Auto unterwegs ist, z. B. auf einer Transafrika-Tour, wird die Ausrüstung dabeihaben. Einen Campingurlaub mit einem Mietauto anzugehen, macht hingegen wenig Sinn, vor allem weil das benötigte Equipment meist die Gewichtsbeschränkungen im Flieger überschreitet.

Der benzin- oder petroleumbetriebene **Campingkocher** muss allerdings nicht unbedingt

Keine Erste-Hilfe-Kästen in Mietwagen

In Tansania sind Mietwagen und andere Fahrzeuge nicht standardmäßig mit Erste-Hilfe-Verbandskästen ausgestattet. Es ist daher unbedingt erforderlich, diesen selbst mitzubringen.

eingeführt werden, ebenso wenig wie Plastikgeschirr, Kochtöpfe oder Ähnliches. Diese Utensilien sind auf allen lokalen Märkten in Tansania zu weit günstigeren Preisen erhältlich. Zwar entsprechen die Kerosin-Kocher nicht unbedingt europäischem TÜV-Standard, doch sie sind für Afrika ideal. Gegen die Mitnahme eines Campingkochers von zu Hause spricht zudem, dass es in Tansania keine Gaskartuschen zu kaufen gibt und man daher auf Petroleum *(kerosene)* angewiesen ist.

Ausrüstung für den Mietwagen

Mietwagen werden in den seltensten Fällen mit dem Equipment vermietet, das den herrschenden Straßenverhältnissen angemessen wäre. Es empfiehlt sich, selbst die notwendigsten Sicherheitsutensilien mitzubringen (wer durch Nairobi kommt, kann sie auch dort erwerben): Alu-Sandblech, strapazierfähiges Abschleppseil, eventuell eine handliche Seilwinde sowie gutes Werkzeug. Schaufel, Benzinkanister, Überbrückungskabel und Ähnliches sind in Tansania erhältlich.

Gesundheit

Allgemeines

Das Gesundheitssystem in Tansania sowie das Bewusstsein für gesundheitliche Fragen entsprechen bei Weitem nicht mitteleuropäischem Standard. Wer hierher reist, muss sich einfach darauf einstellen und auf mögliche Gesundheitsrisiken vorbereitet sein.

Die Umstellung vom heimatlichen auf das **tropische Klima** ist für den Körper grundsätzlich eine Belastung. Hinzu kommt die Höhenlage großer Teile Tansanias, die besonders Menschen mit zu hohem oder niedrigem Blutdruck zu schaffen machen kann.

Obwohl die Zeitverschiebung maximal zwei Stunden beträgt und man folglich nicht unter Jetlag zu leiden hat, ist der neunstündige Flug anstrengend. Daher ist es sinnvoll, **nach der Ankunft einen Ruhetag** einzulegen. Die erste

Unterkunft sollte maximal zwei Stunden vom Flughafen entfernt liegen. Das gilt besonders für Selbstfahrer. Das Risiko eines Unfalls am ersten Tag aufgrund von Müdigkeit, mangelnder Konzentrationsfähigkeit und neuen Anforderungen wie Linksverkehr ist überdurchschnittlich hoch.

Impfvorschriften

Mit Stand Sommer 2011 ist bei der Einreise wieder die **Gelbfieberimpfung** vorgeschrieben, nachdem es in Uganda zu einer kleineren Gelbfieberepidemie gekommen ist. Bei der Einreise kontrollieren die Beamten verstärkt die Impfpässe. Diese Vorschrift kann aber jederzeit widerrufen werden, wenn die Gefahr gebannt ist.

Impfbefürworter müssen sich rechtzeitig um einen ausreichenden **Impfschutz** kümmern, vor allem wenn seit der letzten Basisschutzimpfung mehr als zehn Jahre vergangen sind. Da die Impfungen bis zu acht Wochen vor Abflug erfolgen müssen, empfiehlt es sich, frühzeitig den Hausarzt oder ein tropenmedizinisches Institut zu konsultieren.

Empfohlen werden Impfungen gegen Tetanus, Diphtherie, Keuchhusten, Typhus, Kinderlähmung (Polio) und Hepatitis A oder B. Tropenmediziner raten auch zu Impfungen gegen Cholera, eitrige Gehirnhautentzündung oder gar Tollwut. Alle Impfungen werden in einen Internationalen Impfausweis eingetragen, der zu den Reiseunterlagen gehört.

Einige Krankenkassen übernehmen neuerdings die Kosten für Reiseschutzimpfungen und Malaria-Prophylaxe. Mehr dazu auf der Website des **Centrums für Reisemedizin (CRM)** unter ⌨ www.crm.de/krankenkassen/index.html. Zu den Symptomen der Malaria und anderer möglicher Erkrankungen siehe auch „Reisemedizin zum Nachschlagen" im Anhang auf S. 511.

Wasser

Wasser sollte man nie ungefiltert oder unbehandelt aus dem Hahn trinken. Abgefülltes Trinkwasser ist überall in Plastikflaschen erhältlich. Wasser aus der freien Natur, besonders aus stehenden Gewässern oder auf Bergen, ist mit Vorsicht zu genießen.

Das Leitungswasser kann nur dann getrunken werden, wenn es zuvor einer chemischen Reinigung unterzogen worden ist. Wenn das Wasser klar und ohne Schwebstoffe ist, können dem Leitungswasser **Wasserreinigungstabletten** beigemengt werden, z. B. Katadyn Micropur Forte zur Wasserentkeimung (nicht Micropur Classic, da dieses nur zur Wasserkonservierung dient). Diese Wasseraufbereitung ist für alle Ballungszentren und entlang der Touristenpfade in den Hotels und Lodges vollkommen ausreichend. Wer im Busch unterwegs ist, wird auf trübes oder mit vielen Schmutzpartikeln versetztes Wasser stoßen. Dieses muss vor der Desinfizierung noch gefiltert und vorbehandelt werden. Einschlägige Informationen dazu sind im Internet oder in Ausrüstungsläden erhältlich.

Eine weitere Möglichkeit zu Reinigung von gefiltertem Wasser ist das Abkochen, das natür-

Winzige Insekten, große Auswirkungen

Der beste gesundheitliche Rat für Reisende in die Tropen ist, sich nicht stechen zu lassen. Einige der gefährlichsten Krankheiten wie Malaria, Schlafkrankheit oder Dengue-Fieber können so vermieden werden, genauso wie die zwar unangenehmen, aber gesundheitlich unbedenklichen Einstiche von kleinen Fliegen, harmlosen Mücken oder Ähnlichem.

Die Mitnahme von guten Anti-Mücken-Lotionen (z. B. Autan, Nobite, Flystop), eventuell Imprägniersprays für die Kleidung, bzw. der Kauf von Räucherspiralen vor Ort ist daher angeraten. Ob der Wirkstoff nun DEET (Diethyltoluamid), Icaridin oder Bayrepel heißen soll, ist Geschmackssache. DEET ist beispielsweise sehr effizient, greift aber die Haut und auch die Kleidung an. Natürlichere ätherische Öle wie Citronella oder Lemongrass bleiben (leider) den gewünschten Effekt schuldig, da die Insekten darauf nicht mehr reagieren. Ebenso wenig empfehlen sich Gelsenstecker, da meist schon der elektrische Stecker dafür fehlt, z. B. in den Camps.

Unterwegs im Land ist vernünftiges Verhalten das A und O: Lotionen auch wirklich auf die Haut auftragen; abends, nachts und morgens körperbedeckende Kleidung tragen; unter dem Moskitonetz schlafen und Räucherspiralen anzünden.

lich eine Kochgelegenheit voraussetzt. Unbedingt beachten: Wasser muss mindestens 15 Minuten kochen, um wirklich alle Keime abzutöten.

Reiseapotheke

Vor Abreise ist ein Gespräch mit dem Hausarzt sinnvoll, dieser kann auch rezeptpflichtige Medikamente verschreiben. Bei der Wahl der Medikamente ist auf Hitzebeständigkeit zu achten. Zäpfchen sind beispielsweise nicht unbedingt geeignet. Wenn man auf hitzeempfindliche Mittel nicht verzichten kann, muss man diese unterwegs gut kühlen.

Wer sich in medikamentöser Behandlung befindet, z. B. als Diabetes-Patient oder Allergiker, muss seine Medikamente in ausreichender Menge mitführen. Nachschub vor Ort gibt es nicht, allein schon die Übersetzung des Beipacktextes ist schwierig, und oft werden ähnliche Medikamente unter ganz verschiedenen Namen geführt.

Im Vorfeld der Reise sind homöopathische Arzneimittel zur **Stärkung der Immunabwehr** wie Meditonsin, Echinacea, Metavirolent und Erkältungstropfen von Weleda zu empfehlen.

Sehr wichtig ist die Mitnahme von **Arzneimitteln gegen Magen-Darm-Erkrankungen**, die fast alle Reisende in irgendeiner Form betreffen.

Das empfehlenswerte homöopathische Arzneimittel Okoubaka ist beim ersten Anzeichen eines verdorbenen Magens zu nehmen. Bei Durchfall ist darauf zu achten, dass der Flüssigkeitsverlust mit viel Wasser oder Tee ausgeglichen wird. Wer für alles gewappnet sein will, kann vor der Abreise in Apotheken fertige Mischungen in Portionsbeuteln besorgen, z. B. Elotrans bzw. für Kinder Oralpädon. Hilfreich bei

Reisemedizin im Internet

- www.fit-for-travel.de
- www.frm-web.de
- www.crm.de
- www.reisemed.at
- www.cdc.gov
- www.die-reisemedizin.de
- www.travelmed.de

Durchfall können auch Kohletabletten, wie z. B. Imodium, sein, besonders vor langen Autofahrten. Dabei wird die Darmtätigkeit ruhiggelegt, was aber den Nachteil hat, dass die Ausscheidung von Krankheitserregern verzögert wird, weswegen Imodium für eine Langzeittherapie nicht anzuraten ist.

Wer Durchfälle mit Fenchel, Kamille und anderen uns bekannten **Kräutertees** lindern möchte, sollte sich einen Vorrat mitnehmen, da diese in Tansania nicht erhältlich sind. Der Kasten auf S. 512 enthält zudem Rezepturen altbewährter Hausmittel, mit denen man auf sanfte Art Magen-Darm-Beschwerden lindern kann.

Medizinische Versorgung

Niemand denkt gerne an medizinische Notfälle im Urlaub. Doch gerade für Tansania, wo die Versorgung bei Weitem nicht dem europäischen Niveau entspricht, ist im Vorfeld einer Reise ein klein wenig Planung notwendig.

Verkehrsunfälle sind die häufigste Ursache von medizinischen Notfällen in Tansania. Der Verkehr ist mörderisch, die Fahrzeuge befinden sich in schlechtem Zustand und Geschwindigkeitsbeschränkungen gelten nicht viel. Bei Unfällen besteht ein sehr hohes Risiko, nicht rechtzeitig in ärztliche Behandlung zu kommen. Rettungshubschrauber fehlen ebenso wie funktionierende Notrufnummern oder ein Erste-Hilfe-Netzwerk. Das größte Problem ist der Transport vom Ort des Unfalls in das nächstgelegene kompetente Krankenhaus.

Für diese Fälle gibt es zum Glück die Notfallevakuierung, u. a. First Air Responder von Knight Support oder die von Nairobi aus operierenden **Flying Doctors**, deren temporäre Mitgliedschaft eine unbezahlbare Investition darstellt (s. Kasten S. 64).

Bei anderen schwerwiegenden gesundheitlichen Problemen, wie Infektionskrankheiten, Zahnschmerzen oder Ähnlichem, kann man internationale und teilweise auch deutsch sprechende Ärzte in den Ballungszentren aufsuchen, wo eine **akzeptable ärztliche Versorgung** nur eine Frage des Geldes ist. Gerade in Dar es Salaam und Arusha ist die Dichte an guten Ärzten aus

☒ Vorschlag für eine Reiseapotheke

Erste Hilfe

☐ **Verbandszeug** (sterile Mullbinden, Pflaster sowie Blasenpflaster, Leukoplast, elastische Binden, sterile Kompressen, Dreieckstuch, Pinzette)

☐ **Mittel zur Wunddesinfektion**

☐ **Einweg-Handschuhe** (auch für den Fall, dass andere um Hilfe bitten)

☐ **Beipackzettel**

☐ **Breitband-Antibiotikum** oder **Antibiotika-Salben** (zur Unterstützung der Wundheilung bei Infektionen)

Malaria und Insekten (s. S. 515)

☐ **Anti-Mücken-Milch**, evtl. Imprägnierspray für Kleidung

☐ **Malaria-Prophylaxe** und **Stand-by-Therapie** (sofern man sich dafür entschieden hat)

☐ **Juckreizstillende Mittel**, z. B. Aloe-Vera-Gel

☐ evtl. **cortisonhaltige Salben** zur Behandlung von schmerzenden Insektenstichen

☐ Antihistaminikum

Schmerzen, Fieber, Erkältungen

☐ stärkere **Schmerzmittel**, z. B. **Ibuprofen** oder **Thomapyrin**

☐ Aspirin

☐ **Nasentropfen** für verstopfte Nasen, z. B. Nasivin oder Rhinodoron (Weleda)

☐ **Lutschbonbons** oder -tabletten gegen Halsschmerzen, z. B. Neoangin oder Tonsiotren

Allergien oder allergische Reaktionen

☐ **Augensalbe** (ist hitzebeständiger als Augentropfen)

☐ ggf. **antiallergische Augen- und Nasentropfen**

Magen- und Darmerkrankungen

☐ **Mittel gegen akuten Durchfall** (v. a. vor längeren Fahrten), z. B. Imodium

☐ **Elektrolyt-Lösungen** (zur Rückführung von Mineralien; Kinder: Oralpädon-Pulver)

☐ **homöopathische Tropfen** oder **Globuli** bei Magenverstimmung, z. B. Okoubaka

☐ bei entsprechender Empfindlichkeit ein **Mittel gegen Reisekrankheit**, z. B. Paspertin oder homöopathische Globuli, z. B. Cocculus

Haut und Sonnenpflege

☐ ausreichend **Sonnenschutzmittel** mit hohem Schutzfaktor und Sun Blocker, After Sun Lotion

☐ **Lippenpflege, Lippenbalsam**

☐ **Wund- und Heilsalbe** (zur Linderung von trockener Haut, rissigen Lippen oder für kleinere Wunden), z. B. Bepanthen oder Calendula Wundsalbe (Weleda)

☐ evtl. **Salbe gegen Pilzerkrankungen** bei Prädisposition, z. B. Canesten

Sonstiges

☐ **Verhütungsmittel**

Übersee recht hoch. Zwar müssen die Kosten vor Ort ausgelegt werden, doch über Reiseversicherungen werden sie vollständig oder teilweise erstattet, ein entsprechender Abschluss vor Reisebeginn ist daher zu empfehlen. Die jeweiligen Botschaften und Konsulate können deutsch- und englischsprachige Ärzte in Tansania nennen. Sie strecken im Notfall auch Geldmittel vor, sollte es Engpässe bei der Begleichung von Krankenhaus- oder Arztrechnungen geben.

Eine gute Anlaufstelle im Notfall sind auch die **Missionskrankenhäuser**. Oft tun hier deutsche oder europäische Ärzte sowie Famulanten

oder Freiwillige Dienst. Die Kunde, wo weiße Ärzte stationiert sind, dringt auch bis in den letzten Winkel des Buschs vor; die Frage nach einem *daktari wa mzungu* (weißen Arzt) kann also recht unbürokratisch beantwortet werden. Solche Krankenhäuser entsprechen zwar nicht unseren Vorstellungen, bieten aber – besonders mit internationalen Ärzten vor Ort – solide, den Umständen entsprechende Gesundheitsdienste. Gerade bei Verdacht auf Malaria kann man sich vertrauensvoll an eine solche Klinik wenden, deren Know-how zumeist erstaunlich ist. Bei Malaria lohnt sich auch der Gang in eine der nächstgelegenen Buschkliniken oder *dispensaries*. Im Normalfall sind ein hygienischer Malariatest sowie Malaria-Medikamente leicht erhältlich. Ansonsten gibt es – auch in den entlegensten Dörfern – zahlreiche **Apotheken** *(duka la dawa)*. Die klimatisierten unter ihnen verfügen natürlich über eine größere Auswahl an Medikamenten, wohingegen die nicht klimatisierten (abseits der Städte die Regel) ausnahmslos hitzeerprobte und -beständige Medikamente verkaufen. Viele Medikamente sind in Tansania um ein Vielfaches billiger als in Europa; wer nicht chronisch krank ist, braucht vor einem Langzeitaufenthalt daher keinen Vorrat an Erkältungsmitteln und derglei-chen anzulegen.

Dank der großen Anzahl an indisch- und an-deren asiatischstämmigen Tansaniern ist auch die **naturheilkundliche medizinische Versor-gung** einigermaßen gut entwickelt. In fast allen größeren und Regionalstädten gibt es indische *herbalists* oder zumindest eine indisch geführte Apotheke, die pflanzliche Produkte im Sortiment hat. Die dort erhältlichen Präparate reichen von pflanzlichen Mitteln gegen Durchfall, Wurmbefall oder Pilzinfektionen über Hautpflegemittel bis hin zur Malaria-Prophylaxe. Auch die Maasai gel-ten als „Kräuterhexen". Ihre kleinen Verkaufs-stände, die sich allerorts finden, mögen vielleicht nicht sonderlich hygienisch aussehen, doch die pflanzlichen Pulver, Teemischungen und Cremes sind hochkarätige naturheilkundliche Präparate. Ihr Wissen, z. B. in Bezug auf Malaria, machen sich sogar die internationalen Pharmakonzerne zunutze, die die Wirkung des von den Maasai verwendeten einjährigen Beifuß *(Artemisia an-nua)* untersuchen. Schon seit über 2000 Jahren wird diese Pflanze in der traditionellen chinesi-schen Medizin gegen Malaria verwendet, doch erst seit wenigen Jahren – nachdem die phar-makologischen Mittel im Kampf gegen Malaria zunehmend an ihre Grenzen stießen – wird Ar-temisinin industriell extrahiert und zu Malaria-Medikamenten verarbeitet. Heute werden Artemisinin-Präparate von der WHO uneinge-schränkt empfohlen. Artemisia-Tee ist übrigens auch bei uns in der Apotheke erhältlich.

Neben den *herbalists* findet man auch eini-ge Homöopathen. In der Innenstadt von Dar es

---

Fliegende Ärzte

Die einzige funktionierende **Flugrettung in Ostafrika** wurde 1957 von drei britischen Chi-rurgen ins Leben gerufen. Neben der Gesund-heitsversorgung der lokalen Bevölkerung ist besonders die Flugrettung für Reisende oder in Ostafrika lebenden Ausländer von unschätz-barem Wert.

Die Flying Doctors, eine Unterorganisation der **African Medical and Research Foundation (AMREF)**, fliegt für Notfalleinsätze, Kranken-transporte und Notfallevakuierungen von ihrem Stützpunkt am Wilson Airport in Nairobi (Kenia) bis nach Tansania – an die 600 Mal pro Jahr. Ebenso organisieren die Flying Doctors Notfall-Krankentransporte nach Europa.

Die **24-Stunden-Notfall-Hotline** steht für nur für *emergencies* zur Verfügung, beispielsweise lebensbedrohliche medizinische Notfälle oder schwere Unfälle mit Personenschäden (z. B. Auto, Flugzeug, Zug) in allen ostafrikanischen Ländern.

Flying Doctors Evakuierungen
(von Kenia aus operierend), ☎ +254-733-639088, 🖳 www.amref.org (für weitere Notfallnummern), Funkfrequenz: HF 9116 kHz oder 5796 kHz LSB, Erkennungscode „Foundation Control"
Die **Mitgliedschaft** (zwischen 15 und 60 € je nach Länge des Aufenthalts) kann vor der Abrei-se bequem und unbürokratisch per Kreditkarte erworben werden, 🖳 www.amrefgermany.de. In Tansania selbst wendet man sich an:

AMREF Tanzania
Dar es Salaam, 1019 Ali Hassan Mwinyi Road, Upanga. Nneben der Red Cross Society und schräg gegenüber vom Mövenpick Hotel. Postanschrift: P.O. Box 2773, ☎ 022-2116610 oder 2127187, ✉ flying.doctorstz@amref.org. **Arusha**, TFA Shopping Centre, Western Wing, Shop 16, Postanschrift: P.O. Box 15506, ☎ 027-2544407 oder 0784-240500, ✉ flyingdocs@habari.co.tz.

Salaam gibt es ein vorzügliches Homöopathie-Zentrum, das natürlich nicht nur Malaria, sondern auch andere Krankheiten behandelt. Die Servicepalette besteht aus Malariaprophylaxe, Tests sowie Behandlung. Infos dazu im Kapitel Dar es Salaam, S. 184.

Für den Fall, dass einmal alle Stricke reißen und die Versorgung in Tansania nicht ausreicht, sollte man auf eine sorgfältig ausgewählte Reisekrankenversicherung (S. 113) zurückgreifen können, die dann den Rücktransport nach Europa bezahlt.

Guides

Bei einer Reise nach Tansania wird man sich daran gewöhnen müssen, dass kaum ein Schritt ohne einen Guide gemacht werden kann. Safaris und Bergbesteigungen, aber auch Spaziergänge, Stadtrundgänge, Wanderungen, Marktbesuche oder Kulturtourismustouren – alle Aktivitäten bedürfen im Normalfall eines Guides.

Während die Fahrer *(driverguides)* der Safariunternehmen überwiegend mit profundem Wissen über Fauna und Flora aufwarten können, handelt es sich bei den selbst ernannten Guides in den Städten um Männer ohne Ausbildung, die gerne an Fährhäfen, Busbahnhöfen, belebten Straßen oder vor der Touristeninformation ratlos dreinblickende Touristen ansprechen. Ihr enormer Vorteil besteht darin, dass sie ortskundig, mit den landesüblichen Gepflogenheiten vertraut und des Swahili mächtig sind. Zusätzlich haben sie den Vorteil, dass man unter ihrer Obhut in relativer Ruhe sein Besuchsprogramm absolvieren kann, denn Touristen, die bereits einen Guide an ihrer Seite haben, sind für andere Guides tabu.

Keineswegs darf man von solchen Guides allerdings geografisches, geschichtliches oder zoologisches Wissen erwarten. Sie kennen meist nicht den Namen der nächsten Querstraße oder den Standort des nächsten Internetcafés. Hingegen wissen sie, wo man am besten Erkundigungen für die anstehende Busfahrt einholt oder wie man am einfachsten zu einem bestimmten Markt gelangt. Sie sind also wertvoll in all den praktischen Dingen, die insbesondere Swahili-Kenntnisse voraussetzen.

Das Honorar eines Guides muss im Voraus mit ihm ausgehandelt werden (ab 20 000 TSH pro Tag). In den meisten Fällen sind die jungen Männer harmlos und hegen keinerlei kriminelle Absichten, doch einem wildfremden Menschen würde man auch in Deutschland nicht seine Tasche zum Aufpassen anvertrauen oder ihm in dunkle Gegenden folgen. Nicht jeder Guide ist vertrauenswürdig und manche sind Schlitzohren, während einige durchaus zu längerfristigen Reisebegleitern werden können.

An manchen Orten, beispielsweise Stone Town, Dar es Salaam, Moshi oder Arusha, sind solche selbst ernannten Führer mit besonderer Vorsicht zu genießen (vgl. „Beachboys und Flycatcher", S. 111).

Viele Touristen fühlen sich unwohl, wenn sie mit Guides unterwegs sind. Sie fürchten, sie würden koloniale, rassistische oder politisch unkorrekte Attitüden an den Tag legen, wenn Sie sich von Guides begleiten lassen. Tansanier empfinden dies aber genau umgekehrt: Stolz zeigen sie den Gästen *(wageni)* ihr Land, profilieren sich als Kenner der Savanne (oder zumindest des Stadtdschungels) und empfinden Genugtuung dabei, einen so wichtigen Job zu haben und gutes Geld zu verdienen. Trinkgelder werden übrigens obligatorisch erwartet.

Informationen

Informationen aus dem Internet müssen allesamt mit Vorsicht genossen werden. Akkurate praktische Informationen liefern überwiegend private Websites, Blogs von Reisenden sowie Sites von Hilfsorganisationen, Reiseveranstaltern oder anderen kommerziellen Unternehmen.

Weniger empfehlenswert in Bezug auf praktische Daten wie Telefonnummern, Preise und Ähnliches sind die offiziellen oder regierungsnahen Webseiten, die das Land zwar in den schönsten Farben beschreiben, aber durchweg veraltete Infos liefern. Schon gar nicht sollte man von solchen Stellen Informationen per E-Mail anfordern – das ist vergebliche Liebesmühe.

Fremdenverkehrsämter

Zwar existieren das **Tanzania Tourist Board (TTB)** sowie andere offizielle Ämter zur Förderung des Tourismus in Tansania, doch sind diese Ämter in keiner Weise mit europäischen vergleichbar. Es herrscht tansanische Beamtenmentalität; außer in glücklichen Ausnahmefällen darf man sich keinerlei Informationen oder gar Hilfestellung bei der Planung einer Reise von zu Hause aus erwarten. Ein wenig besser ist die Situation vor Ort in den einzigen beiden offiziellen Ämtern in Dar es Salaam und Arusha. Die Beamten sind dort zwar freundlich und dienstbeflissen, verfügen aber häufig nur über veraltete Informationen – also lieber das Informationsmaterial zweimal prüfen, bevor man sich darauf verlässt!

Zu den Informationsbüros siehe die jeweiligen Regionalkapitel: Dar es Salaam (S. 183), Arusha (S. 381), Ngorongoro Crater (S. 413), Nationalparks in Tansania (Tanapa, S. 74) und Sansibar (S. 278).

Verbände

Tato (Tanzania Association of Tour Operators)

School Road, P.O. Box 6162, Arusha
📞 027-2504188 oder 0713-512308,
🖥 www. tatotz.org

Einen zuverlässigen und seriösen Tour Operator zu finden, bedarf einiger Anstrengung, da sich jede Menge illegale Safari-Veranstalter ohne Lizenzen und ohne jede Dienstleistungsorientierung am Markt tummeln. Ein guter Weg, um nicht ins Gehege der schwarzen Schafe zu kommen, ist die Wahl eines Tour Operators mit Tato-Mitgliedschaft. Die Tato ist ein touristischer Dachverband, der nicht nur die Interessen der Unternehmer vertritt, sondern seinen Mitgliedern auch ein Mindestmaß an Qualität abverlangt. Jeder Tour Operator, der sich als seriös profilieren möchte, strebt die Tato-Mitgliedschaft an, die natürlich an Mitgliedsgebühren gebunden ist. Eine (nicht ganz aktuelle) Mitgliederliste findet sich unter obiger Internet-Adresse.

Tansania auf einen Klick

Offizielle Webseiten

🖥 **www.tanzania-gov.de**
Offizielle Website der tansanischen Botschaft in Deutschland. Veraltet, doch das Antragsformular für das Visum kann heruntergeladen werden. Deutsch.

🖥 **www.tanzania.go.tz**
Offizielle Website der Vereinigten Republik Tansania mit ausschweifenden Informationen zu Ministerien, politischen und wirtschaftlichen Angelegenheiten und Nachrichten, die keine mehr sind. Englisch.

Reisewarnungen und Ähnliches

Auf den jeweiligen Unterseiten der drei **Außenministerien**, 🖥 www.auswaertiges-amt.de, 🖥 www.bmeia.gv.at und 🖥 www. eda.admin.ch, findet man aktuelle Reisewarnungen, Sicherheitshinweise und weitere Informationen.

Nationalparks, Naturräume und Naturschutz

🖥 **www.serengeti.org**
Schöne Seite, die Lust auf die Serengeti macht, aber leider nicht auf dem Laufenden gehalten wird. Englisch und Deutsch.

🖥 **www.ngorongorocrater.org**
Website der Ngorongoro Conservation Area mit viel Informationen und übersichtlichem Layout. Englisch.

🖥 **www.mkomazi.de**
Ausführliche und schön gestaltete Website des engagierten Vereins zum Schutz des Mkomazi National Park. Prominente Mitstreiter wie Erol Sander oder Hubertus Prinz von Hohenzollern unterstützen dieses Projekt.

🖥 **www.dottyrhino.com**
Entzückende Website im kindlich-naiven Stil, die dem Naturschutz im Mkomazi National Park gewidmet ist. Als Teil des Georg Adamson Trust soll die Seite helfen, das Interesse von Kinder am Umweltschutz zu entfachen. Leider nicht aktuell. Englisch.

📧 **www.awf.org**
Die African Wildlife Foundation finanziert und betreut ausgesuchte Projekte im Norden Tansanias, beispielsweise ein Löwen- und Elefantenschutzprogramm in der Maasai-Steppe. Englisch.

📧 **www.janegoodall.org**
1977 von Jane Goodall gegründet, ist die Institution heute eine der führenden Forschungseinrichtungen für Schimpansen. Mit Gombe Chimpanzee Blog, der regelmäßig aktualisiert wird. Englisch.

Touristische Webseiten und Reiseportale
📧 **www.tanzaniatouristboard.com**
Umfassendes Informationsportal des tansanischen Fremdenverkehrsamtes, dessen englische Version am besten gewartet und aktualisiert wird. Englisch.

📧 **www.safari-portal.de**
Umfassendes Informationsportal rund um Safaris, Unterkünfte, Nationalparks und Aktivitäten. Das Unterkunftsverzeichnis ist eines der aktuellsten überhaupt, und Bwana Mitch, wie sich der Betreiber nennt, ist seine Liebe für Afrika anzumerken.

📧 **www.africatravelresource.com**
Internetpräsenz eines kommerziellen Reiseveranstalters, die aber ansprechend und außerordentlich detailliert ist. Schwerpunktmäßig werden Unterkünfte und Aktivitäten auf dem tansanischen Festland sowie auf Sansibar, Pemba und Mafia beleuchtet. Englisch.

📧 **zanzibar-islands.com**
Auf Sansibar spezialisiertes Portal mit Informationen über die Inseln. Viele schöne Fotos, Reiseangeboten. Deutsch und Englisch.

📧 **www.zanzibar.net**
Informative, schön aufgemachte Website, die viele Aspekte eines Sansibar-Urlaubs abdeckt: Tauchen und anderer Wassersport, Kultur, geschichtliche Fakten, Hotels, Ausflüge oder Strände. Englisch.

📧 **www.tanzaniaodyssey.com**
Ausführliche Website einer kommerziellen Reiseagentur, die ausnehmend viele Informationen liefert. Zeichnet ein facettenreiches Gesicht des Landes. Englisch.

Kultur und Menschen
📧 **swahilionline.com**
Einfache, aber ansprechend gestaltete Website über grundlegende Aspekte der Swahili-Kultur, Sprache und Religion. Englisch.

Allgemeine Nachrichten und Informationsportale
📧 **www.diezeit.de/afrika**
Online-Ausgabe der liberalen Wochenzeitung *Die Zeit*. Exzellentes, facettenreiches Afrika-Know-how, nicht zuletzt dank des Afrika-Experten Bartholomäus Grill. Manche Beiträge können verstören, doch sie zeichnen ein Bild des wahren Afrikas – nicht des Afrikas unserer Köpfe.

📧 **www.dw-world.de**
In ihren Dossiers über Afrika geht die Deutsche Welle auf diesen „Kontinent zwischen Erfolgen und Enttäuschungen" (Selbstbeschreibung) ein. Das eurozentrische Weltbild kommt dennoch zum Vorschein. Bemerkenswert: Die Nachrichten sind auch in Swahili erhältlich.

📧 **www.bbc.co.uk**
Obwohl ihre Online-Ausgabe einen ausführlichen Afrika-Schwerpunkt enthält, hat sich die BBC auf das Liefern von Fakten und das Schönreden verlegt. Analysen oder Erklärungen findet man nicht. Zudem bedient die BBC in ihrem Radio- und Fernsehprogramm das falsche, romantische Afrika-Bild unserer Träume. Englisch.

📧 **allafrica.com** und 📧 **allafrica.com/tanzania**
Das umfangreiche Online-Nachrichtenportal sammelt und verarbeitet tagesaktuelle Nachrichten von zahlreichen afrikanischen Nachrichtenquellen und fügt sie zu einem übersichtlichen Informationsportal zusammen, das alle Aspekte des Kontinents beleuchtet. Englisch.

tanzania-network.de

Der Verein vertritt vor allem solche Gruppierun-gen, die Hilfsprojekte für oder Partnerschaften mit Tansania verfolgen. Sogar offene Stellen in Entwicklungsprojekten werden ausge-schrieben. Interessant für Reisende sind vor allem das Magazin *Habari* und die monatlichen Zusammenfassungen tansanischer Nachrichten (unter „Tansania-Information").

www.bagamoyo.com

Umfangreiches Portal eines Vereins zur Förde-rung der deutsch-tansanischen, kulturellen Beziehungen. Obwohl man sich auf Bagamoyo konzentriert, finden sich dort viele nützliche Infos allgemeiner Natur, wie News, Bücher- und Musiktipps, Konzerttermine und ähnliches.

Landkarten

Es ist unbedingt notwendig, sich zu Hause mit dem benötigten Kartenmaterial auszustatten, da in Tansania kaum Karten zu bekommen sind. Wenn überhaupt, sind Karten in Läden von A No-vel Idea und im Gallery Bookshop in Stone Town erhältlich.

Allgemeine Straßenkarten

Tanzania, Rwanda, Burundi (1 : 1 500 000),
Nelles Verlag, Neuauflage 2011,
ISBN 978-3-86574-261-2,
www.nelles-verlag.de.
Globetrotter Travel Map (1 : 1 900 000),
New Holland Publishers, Neuauflage 2011,
ISBN 978-1- 84773-9070,
www.newhollandpublishers.com.
Kenya, Tanzania, Uganda (1 : 2 000 000),
Freytag & Berndt-Verlag, Auflage 2009,
ISBN 978-3-85084-2211,
www.freytagberndt.de.
Tanzania (1 : 1 200 000),
Verlag Reise Know-how, 5. Auflage von 2011,
ISBN 978-3-8317-7126-4,
www.reise-know-how.de.
Tanzania, Rwanda and Burundi (1 : 1 400 000),
harms-ic-verlag, 3. Auflage von 2009,
ISBN 978-3-927468-313,
www.harms-ic-verlag.de.

Spezialkarten

Auf aussagekräftige Gratis-Stadt- und Landkar-ten darf man vor Ort nicht hoffen; weder das Fremdenverkehrsamt noch das Tourismusminis-terium wollen Geld dafür locker machen. Mit viel Glück ergattert man eine der Gratis-Karten von Arusha und Moshi oder Sansibar, die von Toku Tanzania in Kollaboration mit dem harms-ic-verlag gedruckt werden.

Arusha National Park

The Tourist Map of Arusha National Park,
Veronica Roodt Publications, 2008,
www.africa-maps.co.za.
Arusha National Park (1 : 50 000),
harms-ic-verlag, 2007,
ISBN 978-3- 92746-8276,
www.harms-ic-verlag.de.

Kilimanjaro

Kilimanjaro (1 : 100 000),
harms-ic-verlag, 2011,
ISBN 978-3-92746-8290,
www.harms-ic-verlag.de.
Kilimandscharo (1 : 80 000),
Freytag & Berndt, 2008,
ISBN 978-3-70790-9647.
The Tourist Map of Kilimanjaro National Park,
Veronica Roodt Publications, 2008,
www.africa-maps.co.za.
Kilimanjaro (1 : 62 500),
International Travel Maps,
ISBN 978-1-55341-5503,
itmb.ca.

Lake Manyara National Park

The Tourist Map of the Lake Manyara National Park (1 : 500 000),
Veronica Roodt Publications, 2008,
www.africa-maps.co.za.
Lake Manyara National Park (1 : 100 000),
harms-ic-verlag, 2001,
ISBN 978-3-92746-8214,
www.harms-ic-verlag.de

Ngorongoro Crater und Ngorongoro Conservation Area

The Tourist Map of the Ngorongoro Conservation Area, Veronica Roodt

Publications, 2008,
🖥 www.africa-maps.co.za.
Ngorongoro Crater (1:60 000) und
Ngorongoro Conservation Area (1:230 000),
harms-ic-verlag, 2007,
ISBN 978-3-92746-8283,
🖥 www.harms-ic-verlag.de.

Sansibar, Pemba und Stone Town
Sansibar, Pemba und Stone Town (1:100 000),
harms-ic-verlag, 3. Auflage von 2008,
ISBN 978-3- 92746-8306,
🖥 www.harms-ic-verlag.de.

Serengeti
The Tourist Map of Serengeti National Park
(1:500 000), Veronica Roodt Publications, 2008,
🖥 www.africa-maps.co.za.

Tarangire National Park
The Tourist Map of Tarangire National Park,
Veronica Roodt Publications, 2008,
🖥 www.africa-maps.co.za.

Giovanni Tombazzi, ein italienischer Kartograf mit besonderer Affinität zu Tansania, hat von einigen Nationalparks des Nordens bunte und detailreiche, von Hand gezeichnete Karten entworfen. Sie sind zwar zur Navigation unbrauchbar, zeigen aber, wie sich beispielsweise die Flora in der Regen- und Trockenzeit verändert. Für folgende Nationalparks sind sie erhältlich: Arusha National Park, Kilimanjaro, Lake Manyara National Park, Ngorongoro Crater, Serengeti National Park, Tarangire National Park; außerdem für Sansibar. Obwohl wenig reisepraktisch, sind sie zumindest ein schönes Souvenir. Zum Verkauf angeboten werden sie vor allem in den besseren Hotels des Nordens, manchmal auch in den Souvenirshops der Nationalparks oder in Buchläden.

Internet

Die einfachste Möglichkeit, in den Genuss des World Wide Web zu kommen, besteht über das jeweilige **Hotel**. Viele Hotels bieten mittlerweile Internetanschluss, entweder per hauseigenem Internetcafé (mit einigen Rechnern) oder vom Zimmer aus (Wireless oder mit Kabel). Einige berechnen die Internetnutzung nicht gesondert, während man in anderen Unterkünften dafür bezahlen muss. Es lohnt sich also, an der Rezeption genau nachzufragen. Die Verbindungsqualität ist zumeist schnell und gut und jedenfalls besser als in den vielen normalen Internetcafés. Die Preise liegen dafür im Normalfall über den Preisen der unabhängigen Internetcafés; 3000 oder 5000 TSH für eine halbe Stunde sind keine Seltenheit.

In den meisten Ballungszentren hat die Dichte der **Internetcafés** beachtliche Ausmaße erreicht. In Dar es Salaam, Stone Town, Arusha oder Moshi finden sich eine Vielzahl von kleinen oder größeren Internetcafés, wobei die Preise je nach Region und Schnelligkeit der Verbindung bei 1000–2000 TSH pro halber Stunde liegen. Cafés mit schnelleren Verbindungen sind zumeist ein wenig teurer.

Bevor man sich mit dem Gedanken beschäftigt, wie der **Laptop** am besten fit für die Reise gemacht werden kann, sollte man sorgfältig abwägen, ob er unbedingt erforderlich ist. Die Stromversorgung ist insbesondere außerhalb der Ballungszentren höchst unzuverlässig. Stromschwankungen könnten Geräte in Mitleidenschaft ziehen; Staub und Feuchtigkeit sind ständige Begleiter. Zu alledem kommt noch die ständige Sorge, dass der Laptop gestohlen werden könnte. Eine gute Alternative zum Laptop ist übrigens die Mitnahme eines datenfähigen Mobiltelefons, das nach Einsetzen einer lokalen SIM-Karte Zugang zum Internet ermöglicht.

Im Normalfall müssen für einen Laptop keine besonderen Sicherheitsmaßnahmen getroffen werden. Eine gut gepolsterte Laptop-Tasche, die Stöße abfängt, ist von Vorteil. Um den Laptop zusätzlich vor Staub, Feuchtigkeit oder anderen äußeren Einflüssen zu schützen, kann man ihn in ein Handtuch einwickeln. Darüber hinaus können kleine Silica-Gel-Briefchen in die Laptop-Tasche gelegt werden, die einen Teil der Feuchtigkeit aufnehmen. Stromschwankungen sollte die Batterie des Laptops eigentlich auffangen; wer aber in Gebiete mit unzureichender Stromversorgung fährt, tut gut daran, einen Überspannungsschutzstecker zu kaufen.

Neben Mobiltelefonen, Smartphones und iPods gehören **Laptops** zu den bevorzugten Zielscheiben von Dieben. Wer den Laptop in der Öffentlichkeit präsentiert, z. B. in einem Internetcafé oder einem regulären Café, sollte sich nicht wundern, wenn er beobachtet, verfolgt und womöglich beklaut wird. Aus diesem Grund ist der Internetanschluss in der Unterkunft zu bevorzugen, denn so muss der Laptop nicht auf der Straße ausgeführt werden. Weiterer Tipp: keine offensichtliche Laptop-Tasche verwenden, sondern lieber Taschen, die so aussehen, also ob nur „harmlose" Dinge darin verstaut wären.

Viele Internetcafés und Hotels bieten **WLAN** an. Andere Internetcafés stellen ihren Kunden zumeist eine stationäre Internetverbindung bereit. Es ist also ohne Weiteres möglich, mit dem eigenen Laptop online zu gehen.

Wer sich länger in Gebieten mit unzureichender Stromversorgung aufhält, sollte die Anschaffung einer zweiten (oder einer leistungsfähigeren) Batterie in Betracht ziehen. Ist man mit dem Auto unterwegs, kann ein Autoladegerät wertvolle Dienste leisten (auch für Mobiltelefone oder Navigationsgeräte).

Kinder

Tansania mag zwar nicht die typische Destination für einen Familienurlaub sein, doch wenn bereits in der Reiseplanung einige Aspekte beachtet werden, steht einem unbeschwerten Urlaub mit Kind und Kegel nichts im Weg.

Zahlreiche Unterkünfte auf dem Festland legen von Vornherein ein **rigoroses Alterslimit** fest, da die Sicherheitsvorkehrungen nicht den Vorstellungen europäischer Eltern entsprechen. Einige Anlagen sind beispielsweise auf Stelzen gebaut oder nur über kleine Holzbrücken ohne Geländer erreichbar. Wege sind selten gesichert, ebenso wenig existieren Badeaufsichten oder

Absperrungen auf Aussichtsplattformen. In den meisten Safari-Lodges können sich Wildtiere Tag und Nacht frei durch das Gelände bewegen, ein Umstand, der im schlimmsten Fall lebensgefährlich werden kann.

Generell sollte man beachten, dass **Safaris für Kinder unter acht oder zehn Jahren ungeeignet** sind. Abgesehen von den lückenhaften allgemeinen Sicherheitsvorkehrungen in den Unterkünften (siehe oben) ist es fraglich, ob Kinder in diesem Alter wirklich ihre Freude an stundenlangen Safaris – oft in sengender Hitze – auf holprigen Straßen haben. Nach drei Giraffen und sieben Zebras wird die Aufmerksamkeitsspanne jedes Kindes vermutlich erschöpft sein. Und schließlich ist ein Familienurlaub mit Kindern sehr teuer. Für Kinder über fünf Jahren ist in den meisten Nationalparks fast der Vollpreis zu bezahlen, bei Flügen sind es üblicherweise zwei Drittel des Erwachsenen-Flugpreises.

Anders sieht die Situation bei **Kindern über zehn Jahren** aus. Hier ist es wichtig, die Reise im Vorfeld gründlich zu planen. Es hat sich bewährt, eine oder zwei benachbarte Nationalparks auszusuchen, um lange Transfers und wiederholtes Ein- und Auschecken zu vermeiden. So könnte man z. B. eine oder zwei Lodges im Selous Game Reserve oder in der Serengeti oder jeweils eine Unterkunft im Tarangire und Lake Manyara Park wählen. Zudem sollte im Vorfeld überprüft werden, welche Einrichtungen die Lodge besitzt, um den Kindern Zerstreuung bieten zu können (Pool, Spielplatz, Bird Walk usw.). Während viel Spielzeug und Bücher mit ins Gepäck sollten, empfiehlt es sich, nur kurze Safaris zu wählen (drei bis maximal vier Stunden). Bei der Wahl eines Strandhotels sollte sichergestellt werden, dass es auch wirklich einen Strand gibt (denn gerade auf Sansibar haben zahlreiche Unterkünfte keinen direkten Zugang zum blütenweißen Sandstrand).

Grundsätzlich muss bei einer Buchung die Unterkunft über das Alter der Kinder informiert werden. Manche Lodges verfügen auch über Familien-Bandas; andere wiederum bieten nicht einmal die Möglichkeit, ein Extrabett in das Schlafzimmer zu stellen. An solchen Dingen kann man bereits erkennen, ob Kinder erwünscht sind oder nicht. Die meisten Hotels heißen

Familien mit Kindern herzlich willkommen – außer im Fall von Sicherheitsbedenken, die zu akzeptieren sind.

Maße und Elektrizität

In Tansania verwendet man das **metrische** und das **englische System** parallel. Gewichtsangaben erfolgen meist in Kilogramm, während Längen oft in Fuß oder Zoll (*foot* und *inches*) angegeben werden. Im Normalfall werden aber die Maßeinheiten beider Systeme verstanden, wobei das metrische dominiert.

Wie in allen ostafrikanischen Ländern ist die 220/230/240-Volt Wechselspannung vorherrschend. **Britische dreipolige Adapter** passen in die hiesigen Steckdosen; europäische Lodges haben oftmals auch EU-Stecker. **Strom vom öffentlichen Netz** gibt es in den größeren Städten und den wichtigsten Orten, abseits davon muss das warme Bier am Abend im Schein der Kerosin-Lampen getrunken werden. Mit häufigen (oft täglichen, teilweise auch stundenlangen) **Ausfällen und Spannungsschwankungen** muss gerechnet werden, besonders bei anhaltender Trockenheit. Spannungsschwankungen fängt man am besten mit einem günstigen Überspannungsschutzstecker auf. Die klobigen und schweren Batterien für UPS *(uninterrupted power supply)* oder USV (Unterbrechungsfreie Stromversorgung) sind im Normalfall nicht notwendig.

Viel verlässlicher ist da die Stromversorgung der Camps und Lodges im Busch. Meist wird der **Strom mittels eines Generators** erzeugt; von 18 bis 22 oder 24 Uhr gibt es dann in den Unterkünften Strom. In vielen dieser Lodges gibt es keine Steckdosen in den Zelten; Kameras müssen im Büro oder der Lobby aufgeladen werden. In den Top-Lodges läuft der Generator den ganzen Tag. Viel zu wenig Lodges setzen bislang auf die Solarenergie – und das, obwohl die Äquatorsonne dazu prädestiniert wäre. Wo sie eingesetzt wird, ist Elektrizität rund um die Uhr vorhanden.

Medien

Tansania verfügt über eine bunte und vielfältige Medienlandschaft. Die meisten Reisenden kommen leider nicht in den Genuss des reichhaltigen Lokalkolorits der verschiedenen Zeitungen sowie

Fernsehprogramme, da diese in Swa-
...ziert bzw. gesendet werden. Trotzdem
...ten auch die englischen Medien, allen voran
...e Zeitungen, vieles über den Zeitgeist im Lande.

Zeitungen und Zeitschriften

Wer durch die Straßen einer beliebigen Stadt in Tansania schlendert, wird ob der enormen Anzahl an **Tageszeitungen auf Swahili** verblüfft sein. Und in der Tat, Tansanier lesen gern Zeitung, sofern sie es sich leisten können. Mit 500 TSH sind die meisten Tageszeitungen für viele Menschen erschwinglich; die anderen können die Zeitung immerhin an einem der zahlreichen Straßenstände durchblättern.

In den Ballungszentren darf man durchaus auf ein tagesaktuelles, druckfrisches Exemplar hoffen. Je tiefer im Busch man allerdings unterwegs ist, desto mehr können sich Zeitungen verspäten. So ist in Songea oder Kigoma bisweilen nur die Zeitung von vor drei Tagen erhältlich. Tansanier sind zumeist weniger an den tagesaktuellen Nachrichten als vielmehr am Unterhaltungswert einer Zeitung interessiert. Selten beinhalten diese politische oder gesellschaftspolitische Diskussionen, doch sie informieren ihre Leser umfassend über Neuigkeiten, die unmittelbar ihren Alltag betreffen. Zur Angebotspalette zählen die privaten und unabhängigen Zeitungen Habari Leo, *Mwananchi*, *Majira*, *Nipashe* und *Taifa Leo* oder die regierungsnahen *Uhuru* und *Mzalendo*.

Englische Tageszeitungen sind vorwiegend in den großen Städten erhältlich. Während *The Guardian,* 🖳 www.ippmedia.com, im Vergleich zu den anderen Tageszeitungen relativ viele Auslandsthemen beinhaltet, verbreitet die älteste Zeitung des Landes, die *Daily News,* 🖳 www.dailynews-tsn.com als Parteiblatt der CCM hauptsächlich regierungsnahe Positionen zu Inlandsthemen. Weitere Tageszeitungen sind z. B. *The Citizen,* 🖳 www.thecitizen.co.tz, oder *Daily Mail,* 🖳 www.dailynews.co.tz. Sie alle bieten einen guten Überblick über das, was Tansanier bewegt, beispielsweise gesellschaftliche Themen wie Familienplanung oder die politischen Querelen um den Parteienproporz. Andere englischsprachige Tageszeitungen mit hauptsächlich innenpolitischen und gesellschaftlichen Themen sind *This Day,* 🖳 www.thisday.co.tz, oder *The African,* 🖳 www.newhabari.com/theafrican.

Neben den Tageszeitungen existiert auch eine stattliche Anzahl an **englischsprachigen Wochenzeitungen**. Dazu gehören die konservative, aber äußerst kritische (und erfrischend ehrliche) *The East African,* 🖳 www.theeastafrican.co.ke, die aktuelle politische und wirtschaftliche Themen der fünf ostafrikanischen Länder Kenia, Tansania, Uganda, Burundi und Ruanda – auch länderübergreifend – beleuchtet. Weitere wöchentliche Zeitungen in Englisch sind beispielsweise *Sunday Observer* (Sonntagsausgabe des *The Guardian*) oder *Sunday News* (Sonntagsausgabe der *Daily News*). Jeweils am Donnerstag erscheint *The Express,* 🖳 www.theexpress.com. Ebenso gibt es Wirtschaftszeitungen wie die wöchentlich erscheinenden *Business Times* und *Financial Times*. Einmal pro Woche erscheint in Arusha das beliebte englischsprachige Blatt *Arusha Times,* 🖳 www.arushatimes.co.tz, das Neuigkeiten aller Art vornehmlich aus dem Großraum Arusha behandelt.

Pressefreiheit ist nur in eingeschränkter Art und Weise ein Thema, obwohl sich einige beherzte Journalisten mit echtem Enthüllungsjournalismus weit aus dem Fenster lehnen. Im Grunde hängen die rund 450 (!) Zeitungen von den Werbeausgaben und Zuwendungen der Regierung ab, weswegen sie regierungsfreundlich berichten müssen. Zudem wird die Medienlandschaft von einigen wenigen Großindustriellen kontrolliert, die die Inhalte ihrer Blätter diktieren.

Hervorzuheben sind die in Swahili abgefassten **Jugend- und Lifestyle-Magazine** *Fema* und *Si Mchezo*, die beide kein Blatt vor den Mund nehmen und brisante Themen rund um Sexualität, Aids und andere gesellschaftspolitische Fragen aufgreifen, 🖳 www.feminahip.or.tz. Die Magazine werden z. B. in Oberschulen *(Secondary School)* gratis ausgegeben. So erhalten die Jugendlichen modern verpackten Hochglanz-Aufklärungsunterricht, wobei niemand mit dem erhobenen Zeigefinger wackeln kann – die tansanische Version von *Bravo*, wenn man so möchte. Wegen des großen Erfolgs werden sogar TV-Talkshows und Radiosendungen zu den gleichen Themen ausgestrahlt.

Radio

Für die meisten Tansanier ist das Radio das wichtigste und beliebteste Informations- und Unterhaltungsmedium. Auch wenn es in vielen Dörfern keinen Strom gibt, können sie mit den batteriebetriebenen kleinen Transistorradios dennoch empfangen. Aus diesem Grund gibt es auch unzählige Radiostationen. **Radio Tanzania Dar es Salaam** sowie **Radio Tanzania Zanzibar** senden regierungsnahe Inhalte; man könnte sie etwas unfein auch als Parteisender bezeichnen. Andere private Stationen wie **Radio Tumaini**, **Clouds FM** oder **Sky FM** senden unabhängige Informationen. Die meisten Stationen senden auf Swahili; nur vereinzelt werden Sendungen in Englisch ausgestrahlt, z. B. Nachrichtensendungen von BBC, Voice of America oder der Deutschen Welle. Ausgesprochen beliebt sind alle Musiksendungen, die gerne in Geschäften, Büros oder auch Gasthäusern lautstark über die Lautsprecher ertönen.

Fernsehen

Erst im Zuge der langsamen Demokratisierung des Landes in den 1990er-Jahren konnte sich die Medienszene in Tansania entwickeln. Das gilt selbstverständlich auch für das Fernsehen. Lange Zeit, besonders unter der Amtszeit von Präsident Julius Nyerere (1964–1985), galt Fernsehen als Luxus und Zerstörer des sozialen Gefüges, was die Medienarbeit im Keim erstickte. 1994 ging die erste private Fernsehstation auf Sendung und erst 2001 der erste regierungsnahe Fernsehsender.

Viele befürchteten, dass das Fernsehen dem Radio bald den Rang ablaufen werde, doch ist dies bis heute nicht geschehen. Das liegt zum einen daran, dass sich mangels Investoren und finanzieller Mittel die Fernsehstationen kaum weiterentwickeln oder wachsen können. Es drängen kaum keine ausländischen Stationen auf den Markt. Zum anderen trägt aber auch die allgemeine wirtschaftliche Situation dazu bei, denn nur verhältnismäßig wenige Tansanier können sich überhaupt einen Fernseher leisten oder haben Zugang zu Strom.

In vielen Dörfern wird man auf einen **Dorf-Fernseher** stoßen, der zumeist im größten Gasthaus des Dorfes oder im Dorfzentrum steht. Im Produzieren von Elektrizität zeigen sich die Menschen zuweilen sehr erfinderisch – vom dieselbetriebenen Handgenerator bis zum manuell bedienten Fahrrad sind der Fantasie keine Grenzen gesetzt. Insbesondere bei sportlichen Großveranstaltungen, wie Fußballspielen mit tansanischer Beteiligung oder gar Fußballweltmeisterschaften, sitzt dann das ganze Dorf gebannt vor dem Fernseher – während eine Person manchmal im Schweiße ihres Angesichts in die Pedale steigen muss. Wenn Strom aus der Steckdose erhältlich ist, läuft der Fernseher oft lautstark als Hintergrundbeschallung, ohne dass überhaupt jemand davon Notiz nehmen zu scheint.

Einer der beliebtesten Fernsehsender (eigenen Angaben zufolge hat er einen Marktanteil von 64 %), **ITV** (Independent Television), 🖳 www.itv.co.tz, ködert sein Publikum mit einer populären Mischung aus veralteten amerikanischen Sitcoms, aktuellen BBC/CNN-Nachrichten und der Übertragung des islamischen Freitaggebets. Die Werbespots dazwischen wirken amateurhaft, was aber keine Rolle spielt, denn wer hat schon das nötige Geld, um die angepriesenen Waren zu kaufen? Interessant hingegen sind die im Land produzierten Familien-Soaps, die sich in ihren zentralen Themen wie Liebe, Freundschaft und Familie nicht sonderlich von deutschen oder amerikanischen Soaps unterscheiden. Sehr verschieden hingegen ist die Ausführung. Der tansanische Alltag in all seinen Facetten steht im Vordergrund; von der Großfamilie über notorische Geldprobleme bis hin zu Aids wird dem tansanischen Leben Rechnung getragen. Als großer Konkurrent strahlt der Regierungssender **TVT** (Televisheni ya Taifa) ebenso alles aus, wofür Tansanier empfänglich sind – mit dem Unterschied, dass westliches Material unerwünscht ist und Afrikanisches im Vordergrund steht. Dazu zählen afrikanische Musikshows, nigerianische Soaps, religiöse Sendungen, politische Propaganda und vor allem Nachrichten in Swahili. Andere Fernsehsender, wie **CTN** (Coastal Television Network), **Dar es Salaam Television** (DTV) oder **Star TV**, bieten im Grunde ein ähnliches Potpourri mit leicht abweichenden Schwerpunkten, erreichen aber bei Weitem nicht die Verbreitung der beiden erstgenannten. Der zweite Staatssender existiert auf Sansibar: **TVZ** (Television Zanzibar) beschränkt seine Berichterstattung auf Swahili-News und islamische Gebetssendungen.

So vermitteln die landeseigenen Fernsehprogramme einen akkuraten Einblick in das Leben, Fühlen und Denken der Tansanier. Doch auch die große, weite Welt kommt durch die **Übersee-Satelliten-Programme** des südafrikanischen Medienunternehmens MultiChoice DStv ins Haus. Hauptsächlich große, internationale Hotels oder Lodges sowie Bars und Restaurants empfangen das Prepaid-Programm von DStv, das beispielsweise BBC World, Sky-News, CNN, internationale Sportkanäle, südafrikanische Programme und sogar ZDF sendet.

Nationalparks und Reservate

15 (mit dem Saa Nane National Park bald 16) ausgewiesene Nationalparks, mehrere Marine Parks und über 30 Wildreservate bilden das sprichwörtliche Gold Tansanias – den Hauptgrund, warum jährlich Hunderttausende Menschen aus Übersee hierher strömen, Tendenz

steigend. Jedes dieser Gebiete ist ein ganz eigenes Juwel mit einzigartiger Flora und Fauna. Einige werden von staunenden Reisenden geradezu überrollt, andere wiederum begeistern nur Kenner und Abenteuerlustige.

Zur leichteren Orientierung und besseren Vermarktung hat man sich darauf geeinigt, Tansania in Safari-Sektoren *(Circuits)* zu unterteilen. Der beliebteste und meistbesuchte Sektor ist der **Northern Circuit**, in dem sich Parks wie die Serengeti, der Ngorongoro Crater und der Lake Manyara National Park befinden. Gemessen am Besucheraufkommen folgt der **Southern Circuit**, dem das Selous Game Reserve, der Ruaha National Park und der Mikumi zugeordnet werden.

Die Parks des **Western Circuit**, wie Gombe Stream National Park, Mahale Mountains National Park oder Katavi National Park, zählen zu den unbekannten Juwelen. Als neue Wortkreation wurde der **Eastern Circuit** erst vor Kurzem ins Safari-Vokabular aufgenommen. Er besteht aus dem Saadani National Park und dem Mkomazi National Park.

Die **Tanapa**, die **Tanzania National Park Authority**, wacht über alle Nationalparks Tansanias. Die Behörde hat ihren Sitz wenige Kilometer außerhalb von Arusha und konzentriert sich in ihrer Arbeit hauptsächlich auf den Northern Circuit.

Reisende bemerken kaum einen Unterschied zwischen Nationalparks und Reservaten; beide sind Naturschutzgebiete mit besonderen regulatorischen Auflagen. In der Administration jedoch unterscheiden sie sich: Während die Nationalparks der Tanapa unterstehen, ist für die Game Reserves das **Ministry of Natural Resources & Tourism** (Sitz: Dar es Salaam) zuständig. Die Ngorongoro Conservation Area wiederum wirtschaftet weitgehend unabhängig.

Das Ministry of Natural Resources & Tourism stellt die oberste Instanz der Reservate dar. Dazu zählt z. B. das Selous Game Reserve, das größte Naturreservat Afrikas. Der größte Unterschied zu den Nationalparks besteht darin, dass in den Game Reserves die Reglements weniger strikt sind. So ist es den Tourismusbetrieben erlaubt, Walking Safaris, Boot-Safaris und ähnliche Aktivitäten anzubieten, während dies in den Nationalparks strengstens untersagt ist (mit einigen Ausnahmen). Ebenso sind beispielsweise im Se-

N
0   200 km

Ibanda Game Reserve

Rumanyika Orugundu Game Reserve

Lake Victoria

Masai Mara Game Reserve

Ikorongo Game Reserve

Loliondo Game Reserve

Burigi Game Reserve

Grumeti Reserve

Rubondo Island NP

Serengeti NP

Lake Natron

Amboseli NP

Kimisi Game Reserve

Mwanza

Saa Nane NP

Mount Kilimanjaro NP

Tsavo East NP

Biharamulo Game Reserve

Maswa Game Reserve

Ngorongoro Conservation Area

Arusha NP

Arusha

Moshi

Tsavo West NP

Gombe Stream NP

Kigosi Game Reserve

Lake Eyasi

Lake Manyara NP

Lake Manyara

Mkomazi NP

Kigoma

Moyowosi Game Reserve

Tabora

Tarangire NP

Tanga

PEMBA

Ugalla River Game Reserve

Amani Nature Reserve

UNGUJA (SANSIBAR)

Mahale Mountains NP

Saadani NP

Jozani NP

Katavi NP

Dodoma

Chumbe Marine Park

Luafi Game Reserve

Kizigo-Muhesi Game Reserve

Rungwa Game Reserve

Morogoro

Rukwa Game Reserve

Mikumi NP

Dar es Salaam

Lukwati Game Reserve

Ruaha NP

Udzungwa Mountains NP

MAFIA

Lake Rukwa

Usangu Game Reserve

Mafia Island Marine Park

Mbeya

Kitulo NP

Selous Game Reserve

Kipengere Mpanga Game Reserve

Mnazi Bay Marine Reserve

Lake Malawi

Songea

Mtwara

Msangesi Game Reserve

Lukwila-Lumesule Game Reserve

Niassa Game Reserve

Legend:
/// National Park
/// Game Reserve

lous Jagdsafaris erlaubt. In der Praxis folgt das Ministerium trotzdem gerne den Vorgaben der Tanapa. Wenn beispielsweise die Tanapa ihre Preise erhöht, folgt das Ministerium auf den Fuß.

Einen Sonderstatus genießt die **Ngorongoro Conservation Area (NCA)**. Da sie in archäologischer, landschaftlicher und kultureller Hinsicht eine einzigartige Stellung in ganz Afrika einnimmt, entschloss man sich, die Ngorongoro Conservation Area Authority mit Sitz in Arusha zu gründen. Sie untersteht ebenfalls dem Ministerium, agiert aber eigenständig.

In den letzten Jahren wurden Unterwasserparks, sogenannte **Marine Parks**, ins Leben gerufen, die ebenso wie die Naturschutzgebiete an Land von den Touristen Eintrittsgebühren kassieren. In den meisten Parks ist man jedoch meilenweit davon entfernt, die Unterwasserwelt zu schützen, Dynamitfischen nachhaltig zu unterbinden oder die ansässige Bevölkerung in die Schutzprojekte zu integrieren.

Seit Jahren werden **drastische Erhöhungen** der Eintrittsgebühren für Nationalparks und Reservate angekündigt. Die Regierung begründet diese Pläne damit, dass sie den Besucherstrom zu regulieren suche, da die immer weiter steigende Anzahl an Touristen der Natur und dem Wildbestand stark zusetze. So verdoppelte man beispielsweise im Juli 2007 die Preise für das Selous Game Reserve nahezu über Nacht und führte für den Ngorongoro Crater die einmalige Kratergebühr von US$200 pro Fahrzeug ein. Man darf nicht darauf hoffen, dass Erhöhungen lange im Voraus angekündigt werden. Alle Reisenden sollten vielmehr darauf gefasst sein, dass es jederzeit erneut so weit sein könnte.

Gut zu wissen ...

Öffnungszeiten: Alle Parks und Reservate haben von Sonnenaufgang bis Sonnenuntergang geöffnet, also von 6 oder 6.30 Uhr bis 18.30 Uhr. Die Öffnungszeiten werden strikt kontrolliert

Zusatzgebühren in den Nationalparks	
Fahrzeuge mit tansanischem Kennzeichen	
Bis zu 2000 kg	10 000 TSH
2001–3000 kg	25 000 TSH
3001–7000 kg	50 000 TSH
7000–10000 kg	100 000 TSH
Fahrzeuge mit nicht-tansanischem Kennzeichen (bis auf weiteres dürfen ausländische Fahrzeuge nicht in Tanapa-Parks)	
Bis zu 2000 kg	US$40
2001–3000 kg	US$150
3001–7000 kg	US$200
7000–10000 kg	US$300
Öffentliche Campingplätze (public campsites) in den Nationalparks	
Über 16 Jahre	US$30
Unter 16 Jahre	US$5
Öffentliche Campingplätze ohne Sanitäranlagen (special campsites) in den Nationalparks sowie Campingplätze am Kilimanjaro	
Über 16 Jahre	US$50
Unter 16 Jahre	US$10

und Verspätungen können Bußgelder nach sich ziehen.

Eintrittsgebühren: Sie gelten für 24 Stunden (außer im Ngorongoro Crater), d. h. wer mittags einen Park betritt, kann bis 12 Uhr am folgenden Tag darin verweilen.

Vorauskasse: Es wird erwartet, dass die Gebühren im Voraus bezahlt werden. Wenn noch nicht genau feststeht, wie lange man im Park bleiben möchte, bezahlt man den ersten Tag sofort und den Rest beim Verlassen. Das gibt auch Sicherheit, bei Bedarf den Park jederzeit wieder verlassen zu können, ohne zu viel bezahlt zu haben. Nicht genutzte Eintrittsgelder werden nicht erstattet.

Guides: Einem Fahrzeug ohne einheimischen Driverguide kann am Eingang eines Parks ein Guide zwangsweise zugewiesen werden. Kostenpunkt: US$20.

Picknickplätze: In vielen Parks, vor allem im Norden, gibt es idyllische Picknickplätze mit öffentlichen Toiletten.

Post

Das tansanische Postwesen funktioniert bei Weitem nicht so effizient wie in unseren Breiten, was schon damit beginnt, dass es keine Hauszustellung gibt. Wer Post empfangen möchte, muss ein **Postfach** (P. O. Box) bei einem der Postämter mieten.

Die gute Nachricht: Der **Versand von Briefen und Postkarten** in die weite Welt funktioniert problemlos. Es lohnt der Gang in eines der größeren Postämter in Dar es Salaam, Arusha oder Stone Town, da hier attraktive Briefmarken, z. B. von den Big Five oder bedrohten Tierarten, ausgegeben werden. Das Porto nach Europa beträgt 800 TSH für eine Ansichtskarte und 900 TSH für einen Brief. Unbedingt auf dem Schriftstück „Air Mail" vermerken (oder einen Aufkleber verwenden), da die Post ansonsten mit dem Schiff versandt wird, was Wochen dauern kann. Die Luftpost nach Europa benötigt über zwei Wochen, in Glücksfällen auch nur wenige Tage. Die **Öffnungszeiten** der Postämter sind im Allgemeinen

Mo–Fr 8–16.30 oder 17 Uhr und Sa 8–13 Uhr. Oft wird von 13–14 Uhr Mittagspause gemacht.

Die schlechte Nachricht: Das **Empfangen von Postsendungen** ist eher schwierig. Noch am ehesten kommen gewöhnliche Briefe an, doch selbst das nicht immer verlässlich. Daher verwendet man am besten die Postfachnummer eines Bekannten (sofern vorhanden) oder schickt den Brief postlagernd (poste restante) an ein beliebiges Postamt. Gegen Vorlage des Ausweises wird das Schriftstück dann ausgehändigt. Je größer eine Sendung, desto höher die Wahrscheinlichkeit, dass der Inhalt unter mysteriösen Umständen verschwindet. Der Empfang von Zeitschriften z. B. funktioniert, aber nur wenn die Zeitschrift in durchsichtige Folie eingeschweißt ist.

Alle Sendungen, die größer als gewöhnliche Briefe sind, müssen den Zoll passieren, was nicht nur zeitaufwendig, sondern auch kostenintensiv ist. Wer Nerven, Geld und Zeit sparen möchte, sollte darauf verzichten, sich derartige Sendungen nach Tansania schicken zu lassen.

Wer auf die Beförderung wichtiger **Dokumente** oder anderer wertvoller Sendungen angewiesen ist, nutzt am besten den Kurierdienst **DHL**. DHL-Büros gibt es in allen größeren Städten in Tansania, der Versand (sowie der Empfang) sind zuverlässig und schnell.

Reisende mit Behinderungen

Gerade jene Dinge, die den Charme von Tansania ausmachen – natürliche Materialien, die Rustikalität in der Bauweise der Unterkünfte, das Bacardi-Feeling an den Stränden, das unverfälschte Buscherlebnis in der Natur –, stellt Menschen mit Behinderungen vor große Schwierigkeiten. In Tansania existiert wenig Bewusstsein für Menschen mit einer Gehbehinderung, sei es in der Konzipierung der Cottages, der Gestaltung der Gehwege oder der Breite der Türen.

Der Großteil aller Unterkünfte verfügt über ein sandiges oder steiniges **Wegenetz**. Meistens wurden die Pfade nicht einmal begradigt, sondern einfach dem Gelände angepasst. Es gibt **Stufen** an Orten, wo man es am wenigsten erwarten würde, z. B. zwischen dem Schlafraum und dem Badezimmer; zudem sind Stufen im Eingangsbereich die Norm. Es existieren **keine normierten Abmessungen**: Jeder Tischler macht die Türen eben so breit, wie er es für nötig hält. Dabei erscheinen die großen Hotelketten wie Sopa, Serena oder Kempinski noch am ehesten barrierefrei, da sie ausladende Rampen oder Lifte in ihre Hotelkomplexe integriert haben. Aus eigener Betroffenheit hat die Foxes-Familie mit dem rollstuhlgerechten Umbau ihrer Lodges im Süden begonnen, so ist z. B. die Rufiji River Lodge nun vollständig rollstuhltauglich. Trotzdem ist vor Antritt der Reise genau zu prüfen, ob die gebuchten Hotels behindertengerecht sind.

In den Städten ist mit Rollstühlen Vorsicht geboten, da man zahlreichen Löchern in der Asphalt- oder Betondecke ausweichen muss und gleichzeitig eine leichte Beute für Gelegenheitsdiebe darstellt. Rampen fehlen, am ehesten gibt es noch ausgeschlagene Gehsteigränder.

Im Busch und auf Safari kommt zur Herausforderung, eine einigermaßen zugängliche Unterkunft zu finden, noch die Problematik des Transports.

Die Safarifahrzeuge haben **hohe Fahrzeugstände**, die schon für nicht behinderte Menschen beim Ein- und Aussteigen eine Hürde darstellen. Während der Safari, wenn die Dachvorrichtungen geöffnet werden, kann einem schon mal der weit entfernte Leopard entgehen, weil Aufstehen natürlich ausgeschlossen ist.

Die **Qualität der Straßen** in vielen Nationalparks macht das Sitzen in den Fahrzeugen zur Tortur, besonders weil die Federn auf den schlechten Pisten so schnell abnutzen.

Reisen für Menschen mit körperlichen Beeinträchtigungen zählen in Tansania (noch) zur absoluten Ausnahme. Mit ausreichend Planung, dem richtigen Spezialreiseveranstalter, z. B. www.go-africa-safaris.com in Kenia oder www.weitsprung-reisen.de, und der nötigen Urlaubskasse ist es dennoch möglich, die Schönheit Tansanias – vielleicht in etwas eingeschränkter Weise – zu genießen.

Reiseveranstalter

99 % aller Touristen, die Tansania bereisen, tun dies in organisierter Form. Diese Reiseform hat im östlichen Afrika auch seine Berechtigung, denn die wenigsten Reisenden sind mit der Mentalität sowie den landestypischen Gepflogenheiten vertraut. Wer sich in Afrika europäisch verhält (oder westliches Verhalten erwartet), wird bald an seine Grenzen stoßen. Die wenigsten Ausländer können sich in der Landessprache Swahili verständigen, und Englisch wird höchstens in den Touristenzentren rund um Arusha, Moshi, Dar es Salaam und Sansibar gesprochen. So wenig wie es Verkehrstafeln oder Straßenschilder gibt, so unzureichend sind durchweg auch die Unterkünfte oder andere Sehenswürdigkeiten beschildert. Und letztendlich ist man als Weißer, der in einer Gruppe oder mit einheimischen Guides unterwegs ist, weniger der Willkür der Ordnungsorgane oder den teilweise korrupten Angestellten in den Nationalparks ausgeliefert.

Safaris können für Individualisten zudem ganz schön ernüchternd sein, denn die einheimischen Driver und Guides wissen aus Erfahrung ganz genau, wo sich die Tiere am liebsten aufhalten. Seit 2010 wird Individualisten ohnehin die Einfahrt in die Tanapa-Parks (s. S. 74) verwehrt bzw. erschwert. Schließlich darf man noch für die Übernachtung besonders tief in die Tasche greifen, denn die Normalpreise, die sogenannten Rack Rates, liegen um 20 bis 40 % über jenen Preisen, die den Reiseveranstaltern berechnet werden.

Die Reisebüros und -veranstalter bieten unterschiedlichste Programme an – von Gruppenreisen zu vorgegebenen Terminen bis zu maßgeschneiderten Aufenthalten je nach Vorlieben, vom Budget-Urlaub bis zur Luxus-Safari, vom Aktivurlaub bis zum naturnahen Campingerlebnis. Aus vielerlei Gründen ist es im Normalfall wesentlich preiswerter und nervenschonender, sich einer organisierten Safari anzuschließen, als selbst zu fahren – auch wenn viele Tansania-Reisende dem keinen Glauben schenken.

In Europa oder vor Ort buchen?

Grundsätzlich besteht die Möglichkeit, entweder über europäische oder aber direkt über tansanische Reiseveranstalter (sogenannte *Tour Operators*) zu buchen.

Reisebüros und Reiseveranstalter mit Schwerpunkt Ostafrika gibt es in Deutschland, Österreich und der Schweiz. Sie arbeiten mit renommierten und erprobten Agenturen sowie Unterkünften

---

Safari njema – Gute Reise!

Ein Wort geht um die Welt: Ob für Pirschfahrten in Südafrika, für Off-Road-Abenteuer in Australien oder für Whale Watching in Costa Rica, das Wort Safari wird weltweit immer dann verwendet, wenn Tierbeobachtung oder die Erkundung eines Naturraums auf dem Programm steht. Dabei stammt dieser Begriff aus dem Swahili und bedeutet schlicht und einfach Reise.

Einst brachten die großen Entdecker und Abenteurer diesen Terminus aus dem Inneren des Schwarzen Kontinents zurück ins alte Europa. Damals wurde damit begonnen, Expeditionen oder politische Eroberungszüge als Safari zu titulieren. Als Afrika im ausgehenden 20. Jh. „entdeckt" war, erfuhr das Wort einen Bedeutungswandel und wurde alsbald für die beliebt gewordene Großwildjagd in den unendlichen Weiten Afrikas verwendet. Mit der Entwicklung der Geländefahrzeuge waren die weitläufigen Savannen und Buschlandschaften aber nicht mehr nur den Jägern vorbehalten, sondern auch den normalen Bürgern. Die Populärkultur, allen voran die Hollywood-Schinken *Hatari* oder *Jenseits von Afrika*, tat ihr Übriges und verlieh der Safari ihren heutigen Glamour. Die Tourismusbranche profitiert natürlich damals wie heute von diesem Image, und besonders Kenia war eines der ersten Länder, das diesen verklärten Mythos der Menschen des Westens geschickt zu nutzen wusste.

Das Wort Safari gehört im Swahili nach wie vor zur Alltagssprache, und so wird man nicht selten von Einheimischen mit einem wohlmeinenden *safari njema* („Gute Reise") verabschiedet.

- **Gruppenreise** Reise in einer Gruppe zu vorgegebenen Terminen ohne flexible Reisegestaltung, entweder als Lodge Safari, Camping Safari oder Kombination aus beidem.
- **Private Safari** Maßgeschneiderte Individualtour (in Bezug auf Termine, Unterkünfte, Aktivitäten, Preisgestaltung).
- **Standard Private Safari** Konventionelle Privat-Safari im Northern Circuit (Tarangire, Lake Manyara, Ngorongoro, Serengeti) und auf Sansibar.
- **Lodge Safari** Die Übernachtungen erfolgen jeweils in permanenten Unterkünften, wie Lodges, Camps oder Hotels. Jede Preisklasse ist möglich – von einigermaßen günstig bis äußerst luxuriös. Zumeist Vollpension.
- **Camping Safari** Der Tour Operator stellt Camping-Ausrüstung, Lebensmittel und das Personal (Driver, Koch). Kampiert wird auf öffentlichen Campingplätzen inner- und außerhalb der Nationalparks. Bisweilen werden Mittagsmahlzeiten oder Erfrischungen in Lodges eingenommen.

- **Luxury Camping Safari** Kampiert wird auf sogenannten *special campsites*, designierten Arealen in landschaftlich schöner oder tierreicher Umgebung. Es werden keine gewöhnlichen Kuppelzelte aufgebaut, sondern überdimensionale, luxuriöse Canvas-Zelte mit großen Betten, Moskitonetzen und einer romantischen Dusche unter dem Sternenhimmel. Koch, Kellner und Putzpersonal sind inklusive.
- **Photographic Safari (Foto-Safari)** Im Gegensatz zu einer Jagd-Safari wird hier nur mit dem Fotoapparat geschossen. Die meisten organisierten Reisen in Tansania fallen in diese Kategorie.
- **Fly-in Safari** Um sich die teilweise mühsame Anfahrt zu den Nationalparks zu ersparen, werden Gäste per Propellermaschinen, die zwischen grasenden Gnus und davongaloppierenden Giraffen landen, zu den Lodges gebracht. Die Gäste werden mit Geländewagen von den oft abenteuerlichen Landepisten abgeholt, und die eigentliche Safari beginnt.

vor Ort zusammen. Heimische Reiseveranstalter und -büros können es sich nicht leisten, mit windigen Low-Budget-Unternehmen in Tansania zu kooperieren; man kann also damit rechnen, dass der Urlaub gelingen wird.

Vieles spricht für die Buchung bei **europäischen Veranstaltern**. Sprachliche Barrieren entfallen; man verliert keine wertvollen Urlaubstage mit Planung, Organisation und ggf. Prüfung der Unternehmen und verstrickt sich nicht in zeitraubende Vorbereitungen oder Internetrecherchen. Aufgrund ihres Auftragsvolumens können die Agenturen zudem sehr günstige Konditionen aushandeln.

Je nach Vereinbarung stellen europäische Reiseveranstalter ein komplettes Paket inklusive Flug und Transfers zusammen, während lokale Agenturen sich oft nur auf die eigentliche Safari konzentrieren. Zusätzlich kann sich der Reisende bei einem europäischen Reiseveranstalter auf europäisches Recht stützen, d. h. auf Konsumentenschutzgesetze und ein ausgeklügeltes Reise-

recht, wodurch er im Falle einer missglückten Reise auf finanzielle Kompensation hoffen kann.

Wer sich dennoch für eine Direktbuchung bei einem **tansanischen Tour Operator** entscheidet, muss unbedingt sicherstellen, dass es sich um ein renommiertes Unternehmen mit guter Reputation und guten Referenzen handelt. Zahlreiche Unternehmen arbeiten äußerst professionell, und das schon seit Jahren; sie sind natürlich zu bevorzugen (auch wenn sie ganz sicher nicht die billigsten sind). Andere Tour Operator – leider viel zu viele – bieten haarsträubende Leistungen (unausgebildete Guides und manchmal auch Fahrer, schlecht gewartete Fahrzeuge, mangelhafte Ausrüstung, löchrige Zelte, mangelhaftes Essen, fehlende Lizenzen, unbezahlte Angestellte usw.), doch leider weiß man immer erst hinterher, ob man bei einem derartigen Unternehmen gebucht hat. Hier gilt es zu bedenken, dass in Tansania weder Verbraucherschutz noch ein Reiserecht existieren; und wer einmal bezahlt hat, sieht das Geld nie wieder.

Empfehlenswerte Spezialreiseveranstalter

In Deutschland

Abendsonne Afrika, ☎ 07343-92998-0,
🖥 www.abendsonneafrika.de
Kleines deutsches Unternehmen, das sich auf
Safari-Reisen im östlichen und südlichen Afrika
spezialisiert hat. Die Geschäftsführer haben
den Kontinent intensiv kennengelernt, als sie
fast ein ganzes Jahr mit ihrem umgebauten
Jeep durch Afrika reisten.
Leistungen: hauptsächlich Privat-Safaris
(mit detaillierten Reisevorschlägen) und
Kilimanjaro-Besteigung

Afrika-erleben, ☎ 030-3964742,
🖥 www.afrika-erleben.de
Veranstalter, der sich auf Radreisen in Afrika
spezialisiert hat. Intensive, geführte Bike Safaris
in kleinen Gruppen. Eigene Räder können
mitgenommen werden. Mit Begleitfahrzeugen,
Vollverpflegung, Camping. Abenteuer pur.
Leistungen: Gruppenreisen

Concept Reisen, ☎ 030-2184053,
🖥 www.tanzania-reisebuero.de
„Unverfälschtes Tansania" – so lautet der
Slogan dieses Veranstalters, und in der Tat fährt
er in Gegenden, in die sich sonst kaum jemand
verirrt. Kleines, sachkundiges Unternehmen,
das Tansania in- und auswendig kennt.
Leistungen: größtenteils Privat-Safaris und
Bergbesteigungen, auch ausgefallene Wünsche
werden erfüllt

Hauser Exkursionen, ☎ 089-235006-0,
🖥 www.hauser-exkursionen.de
Die Schwerpunkte des Unternehmens liegen
auf Trekking (z. B. Crater Highlands) und Bergsteigen (Kilimanjaro auf den verschiedensten
Routen, Mount Meru, Ol Doinyo Lengai).
Leistungen: Gruppenreisen

Livingstone Tours, ☎ 07123-920943,
🖥 www.livingstone-tours.de
Kleines, aber feines Unternehmen, das
Safaris abseits der Touristenrouten anbietet,
teilweise auch länderübergreifend, beispielsweise Tansania in Kombination mit Malawi
oder Sambia. Plus: Tipptopp gewartete 4x4-
Fahrzeuge und erprobte Reiseleitung.
Leistungen: Gruppenreisen

Schwerpunkte: Camping-Safaris mit
Abenteuer-Charakter

Klüger Reisen, ☎ 0211-3023490 ,
🖥 www.klueger-reisen.com
Alteingesessener Ostafrika-Spezialist, der
alles Erdenkliche anbietet: Camping-Safaris
mit frei wählbaren Terminen, Standard-Privat-
Safaris und Bergbesteigungen. Viele unterschiedliche Bausteine stehen zur Auswahl;
auch Kombinationen mit den Nachbarländern
möglich.
Leistungen: Standard Private Safaris

Reiseservice Africa, ☎ 089-8119015,
🖥 www.reiseservice-africa.de
Alteingesessener Reiseveranstalter, der vor
allem die traditionellen Reiserouten mit den
üblichen Unterkünften im Programm hat.
Western und Southern Circuit auf Anfrage
möglich.
Leistungen: Standard Private Safaris im
Norden und Kilimanjaro

Tantours Erlebnisreisen, ☎ 02835-790691,
🖥 www.tantours.de
Erfahrenes Unternehmen eines in Deutschland
lebenden Tansaniers, das konventionelle
Lodge Safaris im Norden und die Kilimanjaro-
Besteigung im Programm hat. Solide Mittel-
klasse-Unterkünfte.
Leistungen: Gruppenreisen, Standard Private
Safaris

Tanzania Special Tours (ITST),
☎ 0711-7778-712, 🖥 www.tanzania-tours.de
Ausschließlich auf Tansania spezialisierter
Veranstalter mit viel Know-How und Landes-
kenntnissen entlang der üblichen Touristenrouten und in den Standard-Unterkünften.
Leistungen: Standard Private Safaris hauptsächlich im Norden, teilweise in Kombination
mit Kenia, Bergbesteigungen

In Österreich

Safari Insider, ☎ 0043-664-1646276,
🖥 www.safari-insider.com
Der kleine, aber feine Reiseveranstalter kennt
Tansania in- und auswendig und hat sich auf
individuelle Reisearrangements spezialisiert –
am liebsten abseits der ausgetretenen
Touristenpfade und mit ungewöhnlichen
Einblicken in das faszinierende Land am Fuße

des Kilimanjaros. Geleitet von der Autorin des vorliegenden Reiseführers, die ganz Tansania (und weitere Länder Ostafrikas) intensiv bereist und längere Zeit in Tansania gelebt und gearbeitet hat.

Leistungen: Privatsafaris für Individualisten

Rudi Stangl, ℡ 0043-676-6265781,
🖳 www.kilimanjaro.at
Der passionierte Alpinist und Kilimanjaro-Veteran (über 70 Besteigungen!) organisiert höchst professionelle Kilimanjaro-Besteigungen; drei bis vier Mal pro Jahr begleitet er die Trecks höchstpersönlich. Mit seiner jahrzehntelangen Erfahrung wird der Gipfelsturm zum Genuss. Im Programm auch Mount-Meru-Trecks und Safari- sowie Strandverlängerungen.

Leistungen: Gruppenreisen

Weltweitwandern, ℡ 0316-583504-0,
🖳 www.weltweitwandern.at
Spezialist für Trekking und Bergsteigen auf der ganzen Welt. Offeriert Kilimanjaro-Besteigungen und Mount-Meru-Trecks und heftet sich Fair-Reisen auf seine Fahnen.

Leistungen: Gruppenreisen im Norden

Bergspechte, ℡ 0732-779311-0,
🖳 www.bergspechte.at
Spezialveranstalter für Trekking und Mountainbiketouren. Bietet Bike Safari durch die Crater Highlands im Norden an, vorbei am Ol Doinyo Lengai (mit oder ohne Besteigung) bis zum Lake Manyara. Im Programm sind auch Besteigungen des Kilimanjaro abseits der Normalwege.

Leistungen: Gruppenreisen

In der Schweiz

Flycatcher Safaris, ℡ 032-3925450,
🖳 www.flycat.com
Intime Tansania-Kenner, die eigene Privat-Camps vor Ort unterhalten. Organisiert individuelle Safaris in allen Parks, auch im Western Circuit. Nichts von der Stange, was natürlich auch seinen Preis hat. Gutes Unternehmen mit solider Reputation.

Leistungen: Privat-Safaris in ganz Tansania

Kaufmann Trekking, ℡ 041-8220055,
🖳 www.kaufmanntrekking.ch
Kleiner Spezialveranstalter für Kilimanjaro-Besteigungen.

Leistungen: Gruppenreisen

A+M Africa Tours, ℡ 044-9267979,
🖳 www.africatours.ch
Auf Afrika spezialisierter Veranstalter mit ausgefallenen Reisebausteinen, z. B. einer Wandersafari in der Serengeti, Wandertouren in den Pare und Usambara Mountains oder Kulturtouren zu den Hadzabe und Datoga am Lake Eyasi.

Leistungen: Außergewöhnliche Reisebausteine für Privat-Safaris

Let's Go Tours, ℡ 052-6241077,
🖳 www.letsgo.ch
Zahlreiche Reisebausteine, mit denen man sich sein individuelles Tansania-Erlebnis (Safari und Kilimanjaro) zusammenstellen kann. Auch vorgefertigte Tour-Empfehlungen.

Leistungen: Gruppenreisen im Norden

Wie erkennt man zuverlässige Tour Operator in Tansania?

Um einen verlässlichen und bewährten Tour Operator vor Ort zu finden, braucht man vor allem eines – Zeit. Zwei oder auch drei Tage sollten da schon für die Suche geopfert und mindestens drei Vergleichsangebote eingeholt werden. Empfehlungen zu Reiseveranstaltern in Tansania finden sich in den jeweiligen Regionalkapiteln.

Lizenzen und Mitgliedschaften sind die ersten Kriterien, auf die es zu achten gilt. Die staatliche **Tala-Lizenz** ist ein Minimum, denn sie berechtigt überhaupt erst zur legalen Tätigkeit als Safari-Veranstalter. Obgleich sie kein Qualitätskriterium im eigentlichen Sinne ist, beweist sie doch, dass der Unternehmer sich zumindest ans Gesetz hält und die hohen Lizenzgebühren bezahlt. Normalerweise muss diese Lizenz in den Geschäftsräumlichkeiten ausgehängt werden. Man sollte sich Originale zeigen lassen, denn Kopien können leicht gefälscht werden. Zusätzlich zur ohnehin obligatorischen Tala-Lizenz registrieren sich alle seriösen Unternehmen bei der **Tato**, der Tanzania Association of Tour Operators (S. 66).

Entscheidend ist ebenso die **Branchenerfahrung in Jahren**. Alte Hasen sind nicht umsonst schon seit 10 oder 15 Jahren im Geschäft!

Es lohnt sich, die **Websites** der in Frage kommenden Safari-Agenturen zu studieren. Eine ansprechende, informative und vor allem auch aktuelle Website kostet nicht nur Geld, sondern verlangt der Agentur auch einiges an Organisation, Personaleinsatz und Nachhaltigkeit ab.

Viele Unternehmen sind dazu übergegangen, Kundenmeinungen zu sammeln und sogenannte **Referenzbücher** zu führen, entweder über die Website oder auch in guter alter Hardcopy-Manier als Broschüre, die in den Büros ausliegt. Wenn alle bisher genannten Kriterien nicht ausreichend objektiv zu prüfen sind, bleibt noch ein Blick auf die **Blacklist des Tanzania Tourist Board** (TTB) in Dar es Salaam oder Arusha. Die schwarzen Schafe der Branche sollten dort theoretisch gelistet sein, aber nicht immer ist die Liste aktuell.

Wenn die Safari oder Bergbesteigung von einem **Flycatcher** auf der Straße gekauft wird, ist die Wahrscheinlichkeit, dass sie ein Reinfall wird, groß. Das Angebot wird zwar vermutlich unschlagbar billig sein, doch mit Sicherheit auch äußerst mangelhaft. Wenn Agenturen Flycatcher anheuern, weil sie sich keine andere Art von Werbung leisten wollen und können, dann sollten in jedem Fall die Alarmglocken schrillen.

Overlanding

Als Sonderform des organisierten Reisens ist das Overlanding besonders beliebt bei jüngeren, partyfesten Budget-Reisenden, doch im Grunde genommen gibt es dafür kein Alterslimit. Overlander-Trips sind organisierte Touren durch mehrere afrikanische Länder über einen

---

Kostenstruktur einer Safari

Neben den **Eintrittsgebühren** (nähere Informationen dazu im Kapitel „Nationalparks und Reservate", S. 74) treiben die **Benzinpreise** die Kosten für eine Safari nach oben. Oft müssen schon bei der Anreise mehrere Hundert Kilometer zurückgelegt werden, und in den riesigen Parks akkumulieren sich die gefahrenen Kilometer rasch. Safari-Agenturen, die mit Low-Budget-Angeboten ködern wollen, sparen sehr oft beim Benzin und somit bei den gefahrenen Kilometern. Dritter großer Kostenfaktor sind die **Übernachtungen**. Camping Safaris sind natürlich günstiger als Lodge Safaris, während Unterkünfte in den Parks generell teurer sind als jene außerhalb der Parkgrenzen. Dazu gesellen sich noch die Kosten für die **Verpflegung**. So ist man zwar in den meisten Unterkünften auf Vollpensionsbasis untergebracht, doch auf Camping Safaris werden die Mahlzeiten vom Veranstalter gestellt. Budget-Anbieter sparen zumeist bei der Speisequalität, denn *wali na maharagwe* (Reis mit Bohnen) kostet den Tour Operator mit Sicherheit weniger als ein ausgewogener Speiseplan mit Früchten, Nudeln, Cornflakes und Omelettes. Neben der Deckung der Grundbedürfnisse stellen **kundige und erfahrene Guides** das A und O einer geglückten Safari dar. Entsprechend gut wollen sie entlohnt werden. Verantwortungsvolle Guides haben interessante und bereichernde Informationen über Fauna und Flora auf Lager und suchen mit wachen Augen die Umgebung ab. Sie können die Erlebnisqualität einer Safari immens erhöhen.

Einer der größten Kostenfaktoren eines jeden Safari-Veranstalters oder der Unterkunft ist jedoch zweifellos der **Fuhrpark** – sofern er ausreichend gewartet wird. Wegen der teilweise sehr schlechten, mit Schlaglöchern übersäten Pisten und auch der Fahrweise der Driver muss unendlich viel Geld in die Wartung der Fahrzeuge gesteckt werden. Ersatzteile sind generell sehr teuer und verschleißen schnell, sodass ein nagelneues Safarifahrzeug nur eine Lebensdauer von wenigen Jahren hat. Aus diesem Grund verzichten weniger seriöse Unternehmen großzügig auf regelmäßige Wartungsarbeiten an den Fahrzeugen und fahren oft auch mit gemieteten, schlecht gewarteten Fahrzeugen anderer Veranstalter – zum Ärger der leidtragenden Gäste.

Auch die **Größe der Tourgruppe** spielt für das Preisniveau eine Rolle. Je größer eine Gruppe ist, desto geringer sind die Kosten für den Einzelnen. Wenn nicht explizit eine Privat-Tour gebucht wird, findet man sich wahrscheinlich mit anderen wildfremden Touristen in einem Wagen wieder.

---

längeren Zeitraum. Traditionelle Transafrika-Overland-Routen führten einst von Kairo nach Südafrika (oder in umgekehrte Richtung), doch aufgrund der instabilen Lage in einigen Ländern wird diese Route momentan nicht gerne gewählt, weswegen nun verkürzte Routen (Kenia–Kap) oder auch andere Länder zum Zuge kommen. Overlander sind leicht erkennbar: Sie fahren in überdimensionalen, umgebauten, oft fantasievoll bemalten LKWs.

Die Preise für eine solche Tour sind durchaus wettbewerbsfähig, da die Kosten minimal gehalten werden. Es wird auf öffentlichen Campingplätzen übernachtet; Kochen sowie das Lenken des Trucks übernehmen die Overlander selbst.

Rotel Tours, ℡ 08504-4040, 🖥 www.rotel.de, fahren mit ihrem knallroten, rollenden Hotel auch durch Tansania und eignen sich für ein jüngeres Publikum und kleinere Geldbeutel. Gereist wird in einem umgebauten Truck mit Schlafplätzen, wobei die Reiseteilnehmer das Kochen übernehmen. Andere internationale Overland-Unternehmen sind **Intrepid** (vormals Guerba), 🖥 www.intrepidtravel.com, **Absolut Africa**, 🖥 www.absoluteafrica.com, **Overlanding Africa**, 🖥 www.overlandingafrica.com, und **Acacia Africa** 🖥 www.acacia-africa.com.

Schwule und Lesben

Homosexualität ist in Tansania gesellschaftlich nicht akzeptiert und wird – nicht zuletzt aus religiösen Gründen – tabuisiert. Selbst Männer mit klaren homosexuellen Neigungen haben zu Hause Frau und Kinder.

Reisende nach Tansania müssen wissen, dass Homosexualität auf dem tansanischen Festland wie auch auf Sansibar **illegal** ist und mit Gefängnisstrafen geahndet wird.

Dennoch können Schwule und Lesben aus Europa unbehelligt durch Tansania reisen, wenn sie sich an einige **Regeln** halten. In der Öffentlichkeit sollte Zurückhaltung geübt werden, vor allem was den Austausch von Zärtlichkeiten anbelangt (dies gilt übrigens auch für heterosexuelle Paare). Öffentliches Küssen ist absolut tabu, genauso wie Händchen halten oder ähnliche Zuneigungsbekundungen. Besonders vorsichtig sollte man auf Sansibar sein und keinesfalls einen Verdacht aufkommen lassen.

In den Unterkünften sollte es keine Probleme für Schwule und Lesben geben, solange sie sich in Twin-Zimmern einmieten. Zwei Männer oder zwei Frauen in einem Doppelbett könnten Aufsehen erregen, doch vielerorts denkt man sich gar nichts dabei – schließlich muss man oft genug kreativ bei der Unterbringung von Reisegruppen sein.

Man wird immer wieder männliche Tansanier sehen, die sich an den **Händen halten**. Diese Geste bedeutet nicht – wie man vielleicht meinen möchte –, dass es sich um schwule Männer handelt; sie zeigt vielmehr Respekt und Freundschaft füreinander.

Sicherheit

In aller Regel sind die Menschen in Tansania äußerst friedliebend; sie verachten jede Art von Auseinandersetzung und schätzen die Harmonie. Doch aufgrund der teilweise dramatischen wirtschaftlichen und sozialen Zustände kämpfen viele Menschen ums nackte Überleben – da sind alle Mittel recht. Gerade Städte bergen für viele Einheimische enorme Hoffnungen, die dann aber nach der Ankunft jäh zerstört werden. Das Leben in der Stadt ist teuer, man will seiner Familie aber Geld ins Dorf nach Hause schicken, und für unqualifizierte Menschen ist Arbeit auch in Tansania rar.

Tansania zählt zu den ärmsten Ländern der Welt. Der gesetzliche Mindestlohn liegt bei 80 000 TSH im Monat, das entspricht knapp 36 €; Tagelöhner verdienen noch weniger. Die Kluft zwischen Arm und Reich ist eklatant, doch viele Tansanier haben in den letzten 30 Jahren den sozialen Aufstieg geschafft, wenn auch nicht immer auf ganz legalem Wege. Europäer werden natürlich stets als reich angesehen, auch wenn sie in ihrem Herkunftsland allenfalls zur gehobenen Mittelklasse gehören. Das weckt Begehrlichkeiten und auch Aggressionen, denn ein hart arbeitender Bürger mit 80 000 TSH Monatslohn wird es in Tansania nie zu Wohlstand bringen.

Besonders hoch ist die **Kriminalitätsrate** in Dar es Salaam und Arusha, doch andere Städte holen zunehmend auf. So wächst die kriminelle Bedrohung auf Sansibar ebenso wie in Mwanza oder gar in Morogoro. In den nördlichen Regionen (Northern Circuit) infiltrieren ausländische **Banden aus Somalia und Kenia** schon länger die lokale Bevölkerung. Dabei haben es die Banden nicht nur auf Banken oder Hotels abgesehen, sondern auch auf Safarifahrzeuge mit Touristen. Oft sind in diese organisierten Touren Einheimische involviert, die den Banditen Unterschlupf gewähren und sie mit lokalen Informationen versorgen – gegen Bezahlung versteht sich. Leider bleibt es nicht immer bei reinen Diebestouren, denn die Banden sind bis auf die Zähne bewaffnet, mit Handgranaten, Kalaschnikows und Pistolen aus dem somalischen Kriegsfundus. Ähnliches gilt für die Region westlich des Lake Victoria bis hinunter nach Kigoma, wo Banden aus den Nachbarländern ihr Unwesen treiben. Die Polizei steht der Bedrohung hilflos gegenüber, da geschultes und auch sonstiges Personal fehlt.

Besondere Vorsicht ist also im Norden und Westen von Tansania geboten. Auch als Reisender in einer organisierten Gruppe sollte man sich vorher in Arusha, Mwanza oder Tanga nach der allgemeinen Sicherheitslage erkundigen. Sollten sich Negativmeldungen häufen, sind bestimmte Gebiete notfalls vollständig zu meiden, denn die Polizei ist nicht zur Stelle (und wäre auch heillos überfordert), und kenianische oder somalische Bandenmitglieder schrecken – im Gegensatz zu den Tansaniern – vor körperlicher Gewalt und Totschlag nicht zurück. Im Notfall sollte man sich auch nicht darauf verlassen, dass die einheimischen Begleiter, z. B. der Fahrer, die Situation schon meistern werden, denn sie könnten in den Überfall verwickelt oder auch nur genauso verängstigt und erschreckt wie ihre Gäste sein. Hier ist also selbst in organisierten Gruppen eine gewisse Eigenverantwortung gefragt.

Besucher müssen sich darauf einstellen, dass in Tansania andere Regeln herrschen. Sie sollten ihren gesunden Menschenverstand nutzen, Vorsicht walten lassen, sich bestimmte Verhaltensregeln zu Herzen nehmen und am besten Wertsachen zu Hause lassen. Im Ernstfall sind defensives Verhalten und Rückzug die beste Strategie.

Allgemeine Sicherheitshinweise

Wie im Falle fast aller afrikanischer Länder weisen die deutschsprachigen Außenministerien (siehe S. 66) auf die „erhöhte Sicherheitsgefährdung" in Tansania hin. Es wird allgemein vor erhöhten terroristischen Aktivitäten und Terroranschlägen gewarnt. Vor allem in der Küstenregion und auf den Inseln Sansibar und Pemba, aber auch auf öffentlichen Plätzen, in Hotelanlagen, in Bars, Diskotheken, Nachtklubs sowie beim Besuch von touristischen Sehenswürdigkeiten und religiösen Stätten wird zu äußerster Vorsicht geraten. Ausländische Einrichtungen bzw. von Ausländern besuchte Hotel- und Ferienanlagen können leicht ins Visier von Terroristen kommen. Demonstrationen, Aufmärsche oder gewaltsame Auseinandersetzungen sind grundsätzlich zu meiden, wobei besondere Vorsicht in Sansibar und Pemba angesagt ist, denn hier brodelt es innenpolitisch schon seit Jahren.

Ein Großteil der Kriminalität besteht jedoch in direkten oder indirekten **Raubdelikten** und **Taschendiebstählen**, die allerdings selten geplant sind, sondern eher in die Rubrik „Gelegenheit macht Diebe" fallen. Gaunereien beim Begleichen der Rechnung, Einbrüche in Hotelzimmer, Diebstähle durch Hotelangestellte sowie Übergriffe auf flanierende Touristen oder auf Fahrzeuge, in denen Touristen transportiert werden, machen den Großteil der Kriminalität aus – leider mit zunehmender Tendenz. In den meisten Fällen beschränken sich die Übergriffe aber auf materielle Werte; äußerst selten kommen dabei Menschen zu Schaden. Zum beliebten Diebesgut gehören Uhren, Mobiltelefone, Computer – und natürlich Bargeld.

Diebstähle in den Unterkünften kommen in den besten Häusern vor. Auch der Safe an der Rezeption (besonders in den Budget-Unterkünften) bietet keine hundertprozentige Sicherheit, denn wer kann schon überprüfen, wie viele Hotelangestellte Zugang zur Rezeption und den Schlüsseln haben? Je billiger die Unterkunft, als desto schlechter muss die Sicherheitslage eingeschätzt werden.

Geschichten von „armen Schülern" oder „kranken Kindern" sind in aller Regel erfunden –

wer es ehrlich meint, wäre zu stolz oder zu zurückhaltend, um einen fremden Weißen um Hilfe zu bitten. In besonderem Maße ist **Polizisten** mit Vorsicht zu begegnen. So treiben nicht nur als Polizisten verkleidete Betrüger ihr Unwesen, die Reisenden ein Delikt anzuhängen versuchen, das sich gegen ein bisschen *chai* (Bestechungsgeld) in Wohlgefallen auflöst. Auch echte Polizisten versuchen, sich so ein Zubrot zu verdienen. Entscheidend ist, dass man unter keinen Umständen den Reisepass aus der Hand gibt (einzige Ausnahme hierfür ist der Zoll).

Vorsichtsmaßnahmen

Es erstaunt immer wieder, wie naiv und fahrlässig sich Touristen verhalten; sie fordern Zwischenfälle bisweilen geradezu heraus. Ein Besucher, der in Dar es Salaam am Fährhafen seine 2000-€-Kamera stolz um den Hals trägt, ist selbst schuld, wenn sie ihm in einer unachtsamen Sekunde einfach abgeschnitten wird.

Als Faustregel gilt, dass jedem Menschen – egal ob Einheimischer oder Mitreisender – mit gesundem Misstrauen begegnet werden muss.

Sicherheits-Checkliste

- **Vorsicht** und das rechtzeitige Erkennen brenzliger Situationen sind die wichtigsten Verhaltenstipps für Reisende in Tansania.
- **Ansprechpartner suchen!** Zuallererst muss die Lage vor Ort sondiert werden. Am besten fragt man den Manager einer Unterkunft oder eine andere hochrangige Person.
- **Unnötige Wertsachen zu Hause lassen!** Dazu gehören Schmuck, Uhren, Smartphones, Mobiltelefone u. Ä. Man glaubt nicht, wie hinderlich Wertsachen in Tansania sind, denn was nützt das neueste Mobiltelefon, wenn man permanent darauf aufpassen muss?
- **Wertsachen nicht zur Schau stellen!** Keine pendelnden Kameras, lose Geldbeutel oder um den Hals gehängte Mobiltelefone. Keine Wertsachen in einem Fahrzeug oder Hotelzimmer frei sichtbar liegen lassen.
- **Bargeld und Dokumente nicht im Hotelzimmer lassen (außer im Zimmersafe)!** Entweder mitnehmen oder notfalls im Hotelsafe gegen Unterschrift verschließen lassen (nicht 100 % sicher!).
- **Sicherheitsschlösser verwenden** – für Kästen, Schubläden oder das eigene Gepäck! Sie mögen für unsere Augen vielleicht nicht sonderlich vertrauenswürdig aussehen, aber sie schrecken Gelegenheitsdiebe ab.
- **Wertsachen immer gut festhalten** und nicht aus den Augen lassen! Taschen sollten fest am Körper und Rucksäcke nur vor dem Bauch getragen werden, insbesondere auf Spaziergängen, an Stränden und im Straßengewühl. Keine Kamerataschen achtlos auf den Boden stellen, um einen Schnappschuss zu tätigen. Keine Taschen offen stehen lassen, Gepäck und Einkaufstaschen niemals unbeaufsichtigt lassen.
- **Einsame Gegenden meiden** – zu jeder Tageszeit! Das gilt auch für Strände. Unbedingt vor Ort abklären, welche Strandabschnitte für Spaziergänge geeignet sind.
- Mit **Einsetzen der Dunkelheit** (Sonnenuntergang) **keine Spaziergänge** mehr machen! Das gilt für alle Städte, größeren Siedlungen und Strände.
- **Immer einheimische Begleitung mitnehmen!** Auch wenn es noch so verwunderlich erscheint, Einheimische sind die beste Versicherung. Unbedingt vor Ort klären, wie man sich verhalten sollte, am besten mit dem Hotelmanagement. Niemals allein wandern, dasselbe gilt für Stadtrundgänge oder Spaziergänge.
- **Altes Mobiltelefon zur Kommunikation verwenden!** Ein altes, in Europa ausrangiertes Mobiltelefon kann in Tansania wertvolle Dienste leisten. Mehr Informationen zur Freischaltung und Anmeldung siehe unter „Telefon", S. 94.
- **Sichere ATMs wählen!** Wo man Geld abhebt, muss vom Standort des ATM abhängen. Man sollte nur Automaten aufsuchen, wo man sich relativ sicher fühlt.

Selbst nach einem vertrauenswürdigen Beginn kann man jederzeit negativ überrascht werden. Man sollte sich immer darüber im Klaren sein, dass jede weiße Person aus Sicht eines Tansaniers potenziell reich ist – und damit Begehrlichkeiten weckt. Die größte Gefahr für Touristen besteht dann, wenn der eigene Radar nicht ausreichend ausgefahren ist: Unaufmerksamkeit, der Tagestrott oder auch ein übertriebenes Gefühl der eigenen Stärke können die Sinne trüben und zu Unachtsamkeit führen.

Sicherheit für Selbstfahrer

Auf organisierten Reisen werden Besucher überwiegend mit Sachdelikten konfrontiert, und zumeist wird ein Einheimischer zur Stelle sein, der weiterhilft. Anders sieht es aus, wenn man als Selbstfahrer das Land bereist und nicht in die (trügerische) Sicherheit einer größeren Gruppe eingebettet ist. In diesem Fall heißt es noch umsichtiger und vorausschauender handeln als ohnehin erforderlich.

Neben den oben bereits genannten Verhaltensregeln gelten für Selbstfahrer noch einige mehr: Die **Autotüren und -fenster** sind immer von innen zu verschließen, egal ob in der Stadt oder auf Überlandfahrten. **Alarmsysteme** können Diebe – wenigstens kurzfristig – erschrecken und alarmieren die Umgebung. **Lenkradsperren** und große **Vorhängeschlösser** schrecken ebenfalls ab. **Zündunterbrecher** können dafür sorgen, dass Diebe mit dem gestohlenen Fahrzeug nicht allzu weit kommen. Lose Gegenstände, z. B. Ersatzreifen oder Gepäck, müssen am Dach festgekettet werden. Wertsachen sollten in einer kleinen Metallbox mit Schlössern gesichert und gut versteckt werden.

Die Gesetze der Straße in Afrika sind hart und unerbittlich. Unter keinen Umständen darf man sich – aus welchem Grund auch immer – stoppen lassen. Das heißt im Klartext: Auch wenn die Situation nach europäischem Ermessen nach Hilfe schreit, am besten aufs Gaspedal treten und weiterfahren.

Bei **Unfällen mit Personenschaden**, auch wenn man sie nicht selbst verursacht hat, muss man unbedingt direkt zur nächsten Polizeistation

fahren – und gleichzeitig die Botschaft und einen Anwalt mobilisieren. Nach dem Gesetz ist man nicht zur Erste-Hilfe-Leistung verpflichtet, und Lynchjustiz stellt eine reale Gefahr dar, gleich ob man nun Schuld hat oder nicht.

Wer stehen bleibt, um beispielsweise Erste Hilfe zu leisten, muss damit rechnen, nicht nur ausgeraubt, sondern auch noch Zielscheibe von Aggressionen, Gewalt oder falschen Anschuldigungen zu werden. Schließlich können sich etwaige Hinterbliebene nur an vermögenden Personen schadlos halten, als die Europäer immer gelten. Es ist vorgekommen, dass Reisende als Unbeteiligte bei einem Unfall Erste Hilfe leisteten und dann nach Eintreffen der Polizei von allen Anwesenden als Unfalllenker identifiziert wurden. Gefängnis, Reisepassentzug, Geldstrafen, immense Schwierigkeiten: All das steht gegen das Gebot, ein Menschenleben zu retten – so furchtbar das auch klingen mag.

Ebenso wenig darf man auf Winkzeichen vom Straßenrand oder von anderen Fahrzeugen reagieren. Es könnte sich tatsächlich um eine Panne handeln, aber auch ein fingierter Notfall ist nicht auszuschließen. Bei plötzlichen Reifenpannen in Städten sollte man als Erstes an eine Falle denken und sich – wenn möglich – in die nächste Tankstelle flüchten. „Wohlmeinende" Hinweise von Passanten auf Ölaustritt oder platte Reifen müssen ebenfalls misstrauisch bewertet und gegebenenfalls in sicherer Umgebung, z. B. auf dem Parkplatz eines Hotels oder an einer Tankstelle, überprüft werden.

Einzige Ausnahme: Wenn die **Polizei** winkt, sollte man stehen bleiben – aber auch nur, wenn eindeutig zu erkennen ist, dass es sich um echte Beamten handelt. Auch hier sind schon viele europäische Fahrer in Fallen getappt und um ihr Hab und Gut betrogen worden. Tansanische Polizisten sind schlecht oder gar nicht ausgebildet, ihr Verantwortungsbewusstsein ist gering und sie werden von der Regierung nur sporadisch bezahlt. Somit sind sie gezwungen, sich ihr karges Gehalt auf der Straße aufzubessern. Europäische Autofahrer, die mit Sicherheit solventer sind als Einheimische, erscheinen da oft als attraktive Geldquelle.

Die meisten Polizeibeamten sind zwar sehr freundlich, fragen nach den Papieren, überprüfen die Einhaltung der Vorschriften (s. S. 103) und lassen Ausländer weiterfahren. Sie können aber auch unverblümt nach Geld fragen und Schwierigkeiten bereiten. In einem solchen Fall sollte man bestimmt und freundlich auftreten, den genauen Grund für das „Bußgeld" erfragen, ein wenig Small Talk mit den Beamten halten und auf Zeit spielen. Ein paar Worte Swahili und einige Scherze können oft wahre Wunder bewirken. Meist rechnen die Polizisten nicht mit Gegenwehr der Touristen; oft lassen sie daraufhin von ihrem Vorhaben ab. Falls nicht, unbedingt nach einer Quittung verlangen – nicht selten lassen sich so ungerechtfertigte Zahlungen vermeiden.

Grundsätzlich sind **bewachte Unterkünfte oder Campingplätze** zu bevorzugen. Wildes Camping ist nicht überall zu empfehlen, am ehesten noch in Gebieten mit wenig Tourismus. Zusätzlich müssen einige Sicherheitsvorkehrungen beachtet werden, z. B. ausreichend Vorhängeschlösser am Fahrzeug sowie kleine, am Dachträger montierte Fernscheinwerfer, die bei Bedarf manuell eingeschaltet werden können. Wer in der Nähe eines Dorfes kampiert, kann auch den Bürgermeister um einen Wachmann bitten – natürlich gegen Entgelt (ungefähr 3000–5000 TSH pro Nacht).

Polizei und Militär

Wie bereits erwähnt, werden die meisten Polizisten Touristen gegenüber freundlich auftreten. Auch bei Straßensperren sind in der Regel keine Probleme zu erwarten. Sie dienen den Polizisten hauptsächlich dazu, von LKWs und Bussen einen Obolus zu erpressen. Jeder Fahrer in Tansania lebt mit dem Wissen, dass er täglich Gebühren an die Ordnungshüter zahlen muss.

Viel unangenehmer sind hingegen Angehörige des Militärs. Jegliche Konfrontation mit ihnen muss strikt gemieden werden, denn im Notfall ziehen die Herren auch die Schusswaffe. Mit Soldaten ist nicht zu spaßen, denn sie gebärden sich im Gegensatz zu den Polizisten als oberste Kontrollinstanz, die prinzipiell immer im Recht ist. Militärkonvois sind mit Respekt zu behandeln; Überholmanöver immer erst durchführen, wenn man weitergewunken wird. Truppen, die auf der Straße Sport treiben, sind schnell zu überholen. Unter keinen Umständen dürfen Fotos von Soldaten geschossen werden.

Verkehrssicherheit

Busunfälle

Ein von der Reisebranche weitgehend unterschätztes Problem stellt die mangelnde Verkehrssicherheit der Überlandbusse dar. Jeder Reisende muss sich darüber im Klaren sein, dass diese Reiseform viele Gefahren birgt.

Die größte Gefahr in Bussen geht von Unfällen aus, denn die meist von Macho-Gehabe geprägten Busfahrer halten sich nicht an Geschwindigkeitsbeschränkungen. Erschwerend hinzu kommen die schlechten Straßenverhältnisse, auch auf Teerstraßen, sowie unzureichend gewartete Fahrzeuge. Fast täglich wird in den Tageszeitungen von tödlichen Busunfällen berichtet; die Wahrscheinlichkeit, in einen solchen verwickelt zu werden, ist dementsprechend hoch.

Autounfälle

Auf Tansanias Straßen empfiehlt sich eine defensive Fahrweise. Als Richtgeschwindigkeit auf Teerstraßen gelten 100 km/h, um auf gefährliche Situationen, die von anderen Verkehrsteilnehmern verursacht werden, rechtzeitig reagieren zu können.

Im Falle eines Unfalls muss man allerdings mit dem Schlimmsten rechnen. Hilfe wird selten zu erwarten sein, schon gar keine Erste Hilfe. Passanten werden vielleicht versuchen, das Auto auszurauben. Bei Personenschäden sollte man unbedingt die Notfallevakuierung, z. B. Flying Doctors (siehe „Gesundheit", S. 64), informieren; sie sind die einzige medizinische Instanz, die womöglich helfen kann.

Tiere

Viel seltener als mit Menschen wird es zu Problemen mit Tieren kommen, denn diese sind berechenbarer. Sofern sich ein Tier nicht bedroht fühlt, wird es fast immer entweder das Weite suchen oder aber sich abwartend verhalten. Zu Wildtieren sollte man grundsätzlich genügend Abstand einhalten, auch wenn sie vermeintlich harmlos aussehen.

Die einzigen wirklichen Gefahren für Reisende in ihren Fahrzeugen stellen **Elefanten, Nilpferde und Büffel** dar. Elefantenherden mit Jungen beispielsweise sollte man keinesfalls zu nahe kommen, denn die Jungtiere werden notfalls mit allen zur Verfügung stehenden Mitteln verteidigt. Dasselbe gilt für pubertierende Elefantenbullen, die man gut daran erkennt, dass sie allein in weiter Savanne leben. Sollten Elefanten attackieren (was wirklich nur passiert, wenn sie sich bedroht fühlen), dann unbedingt den Rückzug antreten: Rückwärtsgang einlegen und langsam zurückschieben, so lautet die erste Regel. Wenn der Elefant noch immer laut trompetet und mit den Ohren winkt, dann unbedingt einen Zahn zulegen und bei nächster Gelegenheit wenden und aus dem Gefahrenbereich verschwinden.

Ist eine Flucht nicht mehr möglich, sollte man versuchen, den Elefanten mit möglichst viel Lärm zu beeindrucken: Den Leerlauf einlegen, das Gaspedal durchtreten und zusätzlich mit der flachen Hand von außen gegen die Fahrzeugtür schlagen. Büffel in großen Herden und Nilpferden an Land (meist ohnehin nur in der Dämmerung sichtbar) sollte ebenso begegnet werden.

Auch **Affen** sind mit Vorsicht zu genießen: Sie dringen im sprichwörtlichen Affentempo ins Fahrzeug ein (wenn etwa das Schiebedach zum Fotografieren vollständig geöffnet ist) und klauen alles, was nicht niet- und nagelfest ist. Im Ernstfall den Kopf mit den Armen schützen und keinerlei Gegenwehr leisten – ausgewachsene Paviane haben ein äußerst kräftiges Gebiss!

Andere Gefahren und Ärgernisse

Strafrechtliche Bestimmungen in Tansania

Die tansanischen Strafgesetze sehen für **homosexuelle Handlungen** hohe Gefängnisstrafen vor; bei Beteiligung Minderjähriger droht sogar lebenslange Haft. Da das Gesetz auf Sansibar im August 2004 noch verschärft wurde, sollten sich schwule und lesbische Reisende dieser Rahmenbedingungen bewusst sein.

Drogen

Obwohl viele Junkies und Drogenabhängige auf den Straßen zu sehen sind, heißt es für Reisende: Finger weg von Drogen! Oft werden diese in Stone Town oder Arusha auf der Straße angeboten, doch wer erwischt wird (z. B. weil es sich um fingierte Verkäufe handelt), beendet seinen Urlaub im tansanischen Knast, gegen den unsere heimischen Gefängnisse wie Luxushotels wirken. Drogendelikte werden streng geahndet; ob die Botschaft helfen kann (und will), ist fraglich.

Geldwechsel auf der Straße

Wer auf der Straße Geld wechselt, riskiert viel: Nicht nur kann es sich dabei um Betrügereien oder um Falschgeldangebote handeln, sondern wenn die Polizei – die oft ihre Hand im Spiel hat – auftaucht, muss auch noch mit saftigen Bußgeldern (ohne Quittung) und/oder Gefängnisstrafe gerechnet werden.

Sport und Aktivitäten

Der Großteil aller Besucher kommt vor allem, um auf Safari die atemberaubende Tierwelt zu erleben. Daneben wird für Touristen hauptsächlich Wandern oder Tauchen geboten. Anderweitige Möglichkeiten für einen Aktivurlaub fehlen weitgehend – trotz bester landschaftlicher Voraussetzungen. Weder Klettern, Mountainbiken und Rafting noch Kitesurfen, Segeln oder Paragliding konnten sich bislang etablieren.

Tierbeobachtung

Die Hauptattraktion des Landes stellen natürlich die zahlreichen Nationalparks dar, denn Tansania gilt als eines der tierreichsten Länder Afrikas. Lange Zeit hat man sich ausschließlich auf die großen Tiere („Die Big Five", s. S. 125) konzentriert, doch in jüngster Zeit erlebt die Vogelbeobachtung einen bemerkenswerten Aufschwung.

Game Drive (Pirschfahrt): Ausfahrt mit einem Safarifahrzeug in einen Nationalpark oder ein Reservat; Dauer: 3–8 Std.

Walking Safari (Fuß-Safari)*: Fußwanderungen in designierten Teilen innerhalb oder außerhalb eines Schutzgebietes; Dauer: 2–4 Std.; Voraussetzung: ein bewaffneter Ranger als Begleitschutz.

Bird Safari (Vogelbeobachtung)*: Spaziergänge durch vogelreichen Busch, oft in der Umgebung von Unterkünften, auch außerhalb von Parks und Reservaten; Dauer: 2–4 Std.

Boat Safari (Boot-Safari)*: Bootsfahrten auf Flüssen oder Seen, wo man auf eine nicht ungefährliche Tuchfühlung mit Krokodilen, Nilpferden und anderen Wassertieren geht; Dauer: individuell.

Balloon Safari (Ballon-Safari)*: Überflüge von tierreichen Gebieten mit dem Heißluftballon, nur in der Serengeti möglich, Dauer: 2–4 Std.

Game Flight (Flug-Safari)*: Überflüge über Nationalparks z. B. mit Ultra-Light-Flugzeugen; momentan in Tansania nicht möglich.

Nicht in allen Parks und Reservaten erlaubt

Jede Safari ist einzigartig, keine Safari ähnelt der anderen. Obwohl man sich vielleicht über mehrere Tage in ein und demselben Gebiet aufhält, wird jeder Tag anders verlaufen. Bei der morgendlichen Safari läuft einem eine riesige Herde von Elefanten vor das Fahrzeug und eine Löwenfamilie liegt träge am Wegesrand. Bei der Sundowner Safari (Sonnenuntergangs-Pirschfahrt) ist nicht einmal am Wasserloch etwas los. Die unvermeidliche Frage, wo sich denn die Löwen befänden, ist müßig. Nicht einmal die besten Guides wissen, wo und wann die Tiere auftauchen, obwohl es natürlich Gebiete gibt, wo die Chancen höher stehen als anderswo.

Safaris sollten aber ohnehin nicht nur dazu dienen, die Big Five abzuhaken. Sie werden erst dann so richtig unvergesslich, wenn man sich mit Haut und Haaren der fantastischen Schönheit der afrikanischen Natur öffnet: Munter umherspringende Impalas sind genauso wertvoll wie auf der Lauer liegende Leoparden, der typische Geruch von Elefantendung macht den orange-goldenen Sonnenuntergang erst so richtig zum Erlebnis, und Spuren vom African Wild Dog in einem der Sand Rivers im Selous Game Reserve sind genauso aufregend, als würde das ganze Rudel leibhaftig unter dem nächsten Baum dösen.

Wandern und Trekking

Die wunderbaren Landschaften, die den Reiz Tansanias ausmachen, können auf Safaris erlebt werden – oder auch auf Schusters Rappen. Die Berge rufen laut in Tansania, obwohl abseits des Kilimanjaro kaum jemand diese Rufe vernimmt.

Natürlich erliegen viele der Versuchung, den höchsten Berg Afrikas zu besteigen, weshalb der **Kilimanjaro** neben der Serengeti und dem Ngorongoro Crater die größte Touristenattraktion des Landes ist. Hier steht der sportliche Ehrgeiz im Vordergrund, sich der Besteigung eines (fast) Sechstausenders rühmen zu können.

Andere Berge mögen zwar dem Ego nicht so schmeicheln, bieten aber mehr Genuss, mehr Herausforderung und weit mehr Interaktion mit der lokalen Bevölkerung. So vereint der zweithöchste Berg Tansanias, der **Mount Meru**, sportliche Herausforderung mit einer höchst amüsanten Walking Safari durch den Arusha National Park und der berauschendsten Aussicht des Landes, nämlich auf den Kilimanjaro bei Sonnenaufgang.

Auf trittsichere Wanderer in bester körperlicher Verfassung wartet der Gottesberg der Maasai, der **Ol Doinyo Lengai**, der keine Fehler verzeiht. Im restlichen Tansania finden sich zahllose unentdeckte Juwelen, wie die **Usambara- oder Pare-Berge**. Im **Udzungwa National Park** hat man beim anstrengenden Klettern und Kraxeln sogar Publikum, nämlich endemische

Großwildjagd – die etwas andere „Safari"

Es war einst die Großwildjagd, die Ostafrika in Europa so populär machte, als sich seit den 1890er-Jahren die weiße Oberschicht der Kolonialisten hemmungslos am Tierreichtum Tansanias bediente. Durch dieses extravagante Hobby schwand der Tierbestand zunehmend, was in den folgenden Dekaden die Naturschützer auf den Plan rief. Schließlich konnte sich aus der Großwildjagd die „Jagd" mit der Kamera entwickeln. Doch es gibt sie noch heute, die Großwildjagd – anders als in Kenia, wo sie verboten wurde. Sie beschränkt sich auf wenige Naturschutzgebiete in Tansania, die sich größtenteils im Süden befinden. Hierzu zählen der südliche Sektor des Selous Game Reserve, das Lukwika-Lumesule Game Reserve in derselben Region, die Kilombera-Region westlich des Selous und das Rungwa Game Reserve nördlich des Ruaha NP.

Für den Abschuss von Großwild müssen **Abschussprämien** an die tansanische Regierung bezahlt werden. Für das Jagen eines Löwen muss man US$12 000 hinblättern. Je nach Größe und Art des Jagdgebietes sind für Nashörner, Büffel, Leoparden und Elefanten zwischen US$15 000 und US$200 000 (!) zu entrichten. Zu den hochwertigsten Tieren zählen dabei die Büffel und die nahezu ausgerotteten Nashörner.

Jäger werde nicht müde zu betonen, dass die Jagd maßgeblich zum Schutz des ökologischen Gleichgewichts beitrage. Es gibt Studien, z.B. aus dem Selous Game Reserve, die belegen, dass die **kontrollierte Großwildjagd** sogar zu einem Anstieg des Tierbestands geführt hat. Das liegt zum einen daran, dass die Trophäenjäger einem Ehrenkodex unterliegen, demzufolge sie beispielsweise keine weiblichen Tiere und Jungtiere erlegen dürfen und die Jagdquote sich an der Größe des Gebiets orientieren muss. Auf der anderen Seite sind Großwildjagd-Unternehmen natürlich daran interessiert, dass Wilderer „ihre" Tiere nicht anrühren, was sie dazu veranlasst, effiziente Patrouillen und Anti-Wilderer-Einheiten zu installieren.

Ob Großwildjagd auch ethisch vertretbar ist, steht auf einem anderen Blatt. Menschen, die aus Hunger und Not Tiere wildern, müssen schlimmstenfalls damit rechnen, erschossen zu werden. Dagegen lassen sich die gut betuchten Abenteurer mit Jeeps und Flugzeugen in den Busch bringen, um sich für viel Geld einen Adrenalinkick zu verpassen.

Unumstößliche Tatsache ist, dass der Staat Tansania gut an der Jagd verdient, im Durchschnitt das 25-Fache an Pro-Kopf-Einnahmen, die ein normaler Fotosafari-Tourist im Land lässt. Pro Jahr sind es einige Hundert Jäger, die sich ihren Urlaub viel kosten lassen und zusammen etwa 2% der Tourismuseinkünfte Tansanias bestreiten.

Primaten, die ausschließlich dort vorkommen. Weiter südwestlich, in den **Livingstone Mountains**, kann es gar passieren, dass der Guide für die Wanderer erst den Pfad mit der Machete freischlagen muss, weil sich keine anderen Touristen dorthin verirren. Dafür werden sie aber reichhaltig belohnt, mit einem permanenten Blick auf den unendlich weiten, im gleißenden Sonnenlicht glitzernden Lake Malawi. In den jeweiligen Regionalkapiteln wird im Einzelnen auf die Wandergebiete eingegangen.

Wichtig ist, die komplette **Wanderausrüstung** von zu Hause mitzunehmen, denn vor Ort sind kaum Ausrüstungsgegenstände erhältlich. Wanderer, die den Kilimanjaro oder den Mount Meru besteigen, sollten ihren eigenen Schlafsack (Komfortbereich bis -10 °C) im Gepäck haben. Zwar vermieten alle Tour Operators Schlafsäcke, die Verwendung von gebrauchten Schlafsäcken ist aber nicht jedermanns Sache. Neben einem kleinen, gewöhnlichen Erste-Hilfe-Paket mit Blasenpflaster, Wunddesinfektionsmittel und ähnlichen Utensilien sollte auch die Mitnahme eines Antibiotikums für die Wundheilung in Erwägung gezogen werden. Wunden, z. B. Blasen, verheilen in den Tropen äußerst schlecht (wegen der Luftfeuchtigkeit und der Hitze). Mit zunehmender Höhenlage nimmt zudem der für die Heilung notwendige Sauerstoff immer mehr ab.

Dass auf allen Touren **ausreichend Wasser** mitgenommen werden muss, versteht sich von selbst. An die Tatsache, dass immer auch ein **Guide** (s. S. 65) dabeisein muss, gewöhnt man sich hingegen nur schwer. Egal welche Tour in Angriff genommen wird, Guides gehören in Tansania einfach dazu und helfen nicht nur bei der Orientierung, sondern erhöhen auch die Sicherheit. Es ist unmöglich, sich selbst auf einem Berg zurechtzufinden, denn es gibt weder Schilder noch Pfade, markierte Steine oder gar Wanderkarten – nur lokales Wissen, dass von den Eltern an die Kinder weitergegeben wird.

Wassersport

Die Küste Tansanias kommt eher Sonnenanbetern als Baderatten entgegen. Bis auf wenige Ausnahmen ermöglicht der große **Tidenhub** nur eingeschränkte Badefreuden. Zweimal pro Tag, bei Ebbe, zieht sich das Meer wegen der flachen Küste so weit zurück, dass an Baden nicht gedacht werden kann. Ausnahmen sind lediglich die Strände südlich von Dar es Salaam, z. B. Kipepeo Beach, oder die Küste bei Nungwi im Norden von Sansibar. Die meisten sonnenhungrigen Urlauber stört dies aber nicht, denn zum einen verfügen zahlreiche Resorts über Swimmingpools, und zum anderen sind auch lange Spaziergänge auf den bunten und tierreichen Korallenriffen äußerst reizvoll.

Wenn das Wasser zweimal pro Tag zurückkehrt, steht neben Baden auch **Schnorcheln** auf dem Programm. Auch weiter draußen bieten sich im Korallenriff, das übrigens der gesamten Küste vorgelagert ist und große Fische sowie starke Wellen abhält, wunderbare Gelegenheiten zum Schnorcheln. Je nachdem, wie weit man raus möchte, empfiehlt sich das Anheuern eines Bootes. Das stellt im Normalfall kein Problem dar, für US$30–60 pro Boot (natürlich mit viel Verhandlungsgeschick) können die farbenprächtigen, fischreichen äußeren Korallenriffe in Angriff genommen werden. Beim Schnorcheln trägt man am besten als Sonnenschutz ein T-Shirt, da die Sonneneinwirkung knapp unter der Wasseroberfläche besonders intensiv ist.

Im Indischen Ozean ist aber **Tauchen** das Gebot der Stunde. Herrliche Tauchgebiete, fisch- und artenreiche Riffe und das wohlig warme Wasser des Indischen Ozeans machen Tauchen zum Genuss. Überall gibt es ausgezeichnete Tauchbasen, die zumeist in ausländischer Hand sind, was ein konstantes Qualitätsniveau garantiert. Während Sansibar vielen ein Begriff ist, sind Pemba und Mafia überwiegend nur Kennern geläufig. Dabei sind es gerade diese Gebiete, die eingeschworene Taucher in Verzückung bringen, da die Errichtung von Marine Parks vor etlichen Jahren dazu geführt hat, dass Dynamitfischen vielerorts offiziell verboten wurde. Die Korallenriffe sowie die Unterwasserfauna haben sich mittlerweile gut von der jahrelangen Tortur erholt . Auch entlang der Festlandküste gibt es exzellente Tauchreviere: nahe Dar es Salaam, am nördlichen Festlandzipfel bei Pangani und ganz im äußersten Süden, bei Mikindani. Die beiden Letztgenannten setzen allerdings einiges an Planung voraus, da sie auf dem Landweg nur mühsam zu erreichen sind.

Der Trend **Kitesurfen** hat Sansibar vor einigen Jahren ereilt. Rund um Bwejuu/Jambiani sowie im Norden bei Nungwi gibt es eine Handvoll Kitesurf-Schulen.

Ganz im Gegensatz zu anderen Destinationen im Indischen Ozean, wie z. B. Mauritius oder den Seychellen, finden sich kaum Anbieter für **Hochseefischen** *(deep sea fishing)*, obwohl die Fischgründe prädestiniert dafür wären. Vereinzelt gibt es voll ausgestattete hochseetaugliche Boote (nähere Informationen in den Regionalkapiteln). Viele Hochseefischer machen Kenia zu ihrer Basis und stechen von dort aus in tansanische Gewässer.

Die großen tansanischen **Seen** eignen sich nicht überall fürs Baden, Schnorcheln und den Wassersport, denn großteils sind die Gewässer des Lake Victoria und des Lake Tanganyika mit Bilharziose-Erregern verseucht und der Lake Malawi verfügt (noch) über wenig touristische Infrastruktur – nicht einmal über kleine Landepisten oder ausreichend gewartete Straßen. Am südlichen Lake Tanganyika wurden in den letzten Jahren einige Lodges gebaut, die für Individualisten interessant sind (S. 467).

Radfahren

Erst vor wenigen Jahren wurde Mountainbiking in Tansania für den Tourismus entdeckt, doch es fristet noch immer ein Nischendasein. Nur wenige Lodges halten Fahrräder bereit, um den Gästen ein wenig Zerstreuung zu bieten, etwa in Karatu, in den Usambara-Bergen oder auch auf Sansibar. In den Usambara-Bergen (S. 354) sowie in Arusha (S. 378) gibt es kleine engagierte Tour Operators, die Radsafaris im Programm haben.

Das Interesse an Fahrradtouren in Tansania steigt jedoch. So werden Kilimanjaro-Umrundungen oder Biking Safaris durch den Norden angeboten (www.afrika-erleben.de, www. bergspechte.at, www.kiliman.ch). Was diese Mountainbike-Touren verbindet, ist der Umstand, dass die Fahrräder aus Europa mitgenommen werden müssen – denn für schwierige zwei- bis

dreiwöchige Radtouren auf herausforderndem Terrain ist verlässliches Material notwendig, da sonst die Fahrradtour irgendwann ein jähes Ende nehmen könnte. Weitere Informationen zu Veranstaltern von Biking Safaris im Abschnitt „Reiseveranstalter" auf S. 80.

Kulturtourismus

Urlaub in Tansania – das sind endlose Savannen voller Wildtiere, geheimnisvolle Berge und blütenweiße Sandstrände. Aber wer denkt dabei schon an einfache, strohgedeckte Hütten, singende, in farbenfrohe Kangas (S. 134) gekleidete Frauen oder Kühe weidende Maasai? Der Großteil der touristischen Aktivitäten vollzieht sich ohne Beteiligung der lokalen Bevölkerung, vom obligatorischen Fahrer oder Guide einmal abgesehen.

Das Cultural Tourism Programme, zu Deutsch Kulturtourismusprogramm, das einst von der niederländischen Entwicklungsorganisation SNV ins Leben gerufen wurde, soll dieses Manko beheben. Es zielt darauf, einen Teil der einheimischen Bevölkerung am lukrativen Tourismusgeschäft zu beteiligen, das fest unter wenigen Hotelketten, Mitgliedern der tansanischen Oberschicht und einflussreichen Expats aufgeteilt ist. Man strebt einen **sozial verträglicheren Tourismus** an und erhofft sich zusätzliches Einkommen für die einzelnen Gemeinschaften. SNV eröffnete eine Koordinationsstelle in Arusha, die die Organisation, Vermarktung und Koordination der Einzelprogramme übernahm.

Trotz aller Bemühungen bleibt die Bekanntheit dieser Programme jedoch gering. Tour Operator, egal ob tansanische oder ausländische, bieten sie nicht an, und das Gros der Touristen ist auch gar nicht an ihnen interessiert, weil ihr enger Zeitplan kaum eine Lücke für einen Village Walk in einem Maasai-Dorf lässt.

Wer diese Gelegenheit auslässt, versäumt aber ein Kernelement eines Urlaubs in Tansania, denn bei einem Dorfbesuch lernt man den tansanischen Alltag kennen. Die Programme sind vielfältig; sie reichen von Wanderungen und Kamelsafaris über die Vermittlung von Heilkräuterkunde bis hin zur Demonstration traditioneller landwirtschaftlicher Methoden. Gäste erleben den Dorfalltag, bekommen ein Gefühl für afrikanische Weltanschauungen und erfahren Wissenswertes aus der Natur. Bei Bedarf werden sogar Übernachtungen bei Familien oder in den lokalen Gästehäusern organisiert. Die Kulturtourismusprogramme konzentrieren sich im **Norden**, besonders in der Gegend um Arusha, Moshi sowie in den Pare- und Usambara-Bergen, aber auch an der Küste in **Pangani**, und an der **Südküste**. In den einzelnen Regionalkapiteln werden die empfehlenswerten Programme genauer beschrieben.

Natürlich gibt es kein Gütesiegel für das Etikett Kulturtourismus, und weil dieser bei uns in Europa gerade so angesagt ist, handelt es sich bei derartigen Angeboten oft um eine Mogelpackung. Guides von offiziellen, vom Tanzania Tourist Board geförderten Initiativen sollten Ausweise vorweisen können. Wenn ein Tour Operator oder private Initiativen Kulturtourismus verkaufen, ist genau zu erfragen, ob und wie die lokale Bevölkerung integriert ist, wie sich die Verteilung der Einkommen gestaltet und was genau vermittelt werden soll. Ob und wie viel wirklich dem Gemeinwohl zurückgegeben wird, lässt sich schwer überprüfen, manchmal handelt es sich bei Cultural Tourism auch einfach um ein einträgliches Geschäft findiger Tansanier. Nicht überall, wo Cultural Tourism draufsteht, werden wirklich die Werte des sozial verträglichen und partizipativen Tourismus gelebt.

Wellness

Im letzten Jahr hat der Wellness-Trend auch Tansania erfasst, obwohl er eigentlich überhaupt nicht hierher passt, zumal geschulte Kräfte fehlen. Doch die Nachfrage entscheidet über das Angebot, und so sind viele Unterkünfte hauptsächlich der gehobenen Art dazu übergegangen, Spas für ihre Gäste einzurichten. Diese Unterkünfte tragen auch dem Trend zum Yoga Rechnung und bieten jährlich einige sogenannte Yoga Retreats an. Befremdlich daran ist, dass die Masseurinnen, Therapeuten und ähnlich geschultes Personal oft aus Asien oder Europa importiert sind. Lediglich für Maniküre, Pediküre oder Henna-Bemalungen werden einheimische Frauen eingesetzt. Echte Thai-Massagen einer waschechten Thailänderin, und das alles am Strand von Sansibar – da möge sich jeder selbst sein Urteil bilden.

Telefon

Sowohl die staatlichen Festnetz- als auch die privaten Mobilfunkanbieter arbeiten seit Jahren konsequent an der Verkabelung und Vernetzung Tansanias. Bis auf wenige Ausnahmen, z. B. in Nationalparks oder ganz abgelegenen Gegenden, sind die meisten Gebiete telefonisch erreichbar, wenn schon nicht per Festnetz, dann wenigstens mit einem Mobilfunkanbieter.

Trotzdem gibt es noch immer Orte, die gänzlich unerreichbar sind, besonders in Gebieten, wo es sich durch die spärliche Besiedelung für die Mobilfunkanbieter nicht rentiert, Netzwerk-Masten aufzustellen, aber die weißen Flecken werden immer kleiner. Selbst in der Serengeti, am Kilimanjaro oder im Selous Game Reserve hat man Empfang.

Für Reisende bedeutet dies, dass ihre eigenen Mobiltelefone (von europäischen Mobilfunkanbietern) in den meisten Gegenden Empfang haben. Allerdings sollte man bedenken, dass die **Roaming-Gebühren** mehr als fürstlich ausfallen könnten. Wer nach Ende des Urlaubs keine bösen Überraschungen erleben will, sollte sich vor Abflug beim eigenen Mobilfunkanbieter informieren. Die Alternative ist eine SIM-Karte eines örtlichen Anbieters, s.S. 94

Festnetz

Die meisten Gebiete, vor allem die größeren und kleineren Städte, sind ans digitale Direktwahlsystem der staatlichen Telefongesellschaft **TTCL** angeschlossen. In manchen Gegenden, vor allem auf dem Land, muss man aber immer noch mit dem Operator (Gesprächsvermittler) telefonieren. Wer also Fernsprechteilnehmer in einer dieser Gegenden erreichen möchte, muss dem Operator den Namen sowie die Nummer der gewünschten Person nennen. Im Normalfall sind Festnetznummern *(landline)* am verlässlichsten. Solche Anschlüsse werden selten gewechselt oder gar abgeschaltet.

Mobiltelefon

Mobil telefonieren ist in Tansania unkompliziert, auch für Langzeitreisende oder Touristen. Sei es um telefonisch erreichbar zu sein, um im Notfall Hilfe holen zu können oder um ein Taxi zu bestellen – ein Mobiltelefon bei sich zu haben, hat sich bewährt. Am einfachsten ist es, ein älteres, freigeschaltetes Mobiltelefon mitzubringen und sich eine **SIM-Karte** (4000 TSH) mit Telefonnummer zu kaufen. Die Entsperrung von Mobiltelefonen in Tansania ist ebenso unkompliziert und schlägt mit ca. 25 000 TSH zu Buche. Anschließend müssen Guthaben auf die SIM-Karte geladen werden, nach dem Vorbild der Wertkarten-Handys in Europa.

Mobilfunkanbieter im Überblick

🖳 **africa.airtel.com**
Der Provider Airtel hat in den letzten Jahren (aus steuerlichen Gründen) dreimal den Namen gewechselt (von Celtel zu Zain und 2010 zu Airtel) und verfügt im Großen und Ganzen über das größte Netz in Tansania.

🖳 **www.vodacom.co.tz**
Vodacom ist die zweitbeste Alternative und eignet sich gut als Ergänzung zu Airtel – wenn Airtel nicht funktioniert, dann bestimmt Vodacom.

🖳 **www.tigo.co.tz**
Der dritte und älteste Anbieter, Tigo, funktioniert in den Ballungszentren und in einigen äußerst abgelegenen Orten, z. B. Mbamba Bay. Tigo ist zwar für seine „Kampfpreise" bekannt, aber nicht für Reisende geeignet, die eine weitläufige Netzabdeckung benötigen.

🖳 **www.zantel.com**
Zantel ist der Mobiltelefon-Provider auf Sansibar, hat aber auch Netzwerk-Türme auf dem Festland, z. B. entlang der Küste und rund um die großen Seen.

Am besten fragt man nach einer Prepaid Card oder einem Telephone Voucher. Sie sind in Stückelungen von 1000, 2000, 5000 oder 10 000 TSH fast flächendeckend erhältlich, z. B. in kleinen Geschäften am Straßenrand, Imbissbuden, Gasthäusern oder Hotels. Die SIM-Karte sowie die dazugehörige Telefonnummer werden nach sechs Monaten ungültig, so sie nicht genutzt werden. Aufbewahren der SIM-Karte ist also zwecklos.

Internationale Telefonate

Internationale Telefonate werden heute am besten **übers Internet** abgewickelt. Es gibt in den Ballungszentren viele kleine, unscheinbare Internetcafés, die auch *international calls* anbieten. Je nachdem, ob man eine Mobilnummer oder einen Festnetzanschluss anruft, schwanken die Gesprächspreise ins deutschsprachige Europa zwischen 400 und 1000 TSH pro Minute. Im Gegensatz dazu kostet eine Minute über das normale Telefonnetz, beispielsweise bei der Post oder in den kleinen Telecom-Büros, an die 3000– 5000 TSH pro Minute. Die kleinen, unscheinbaren **Telecom-Büros** sind gerade in ländlichen Gegenden nicht auf den ersten Blick erkennbar. Am besten fragt man, wo sich das nächste Telefon befindet. Es kann sich um eine Post handeln, aber auch um ein ganz normales Geschäft, das einen Apparat hat, den es für Telefongespräche „vermietet".

Münzapparate gibt es ebenfalls; die Telefonwertkarten dazu sind in den Postämtern erhältlich, wo man auch Ferngespräche tätigen kann.

Wer mit dem eigenen Laptop reist, hat den Vorteil, selbst übers Internet telefonieren zu können, z. B. via **Skype**, 🖳 www.skype.com. Skype ist eine der wunderbarsten Erfindungen für Reisende, denn es erleichtert nicht nur das Telefonieren, sondern auch das Angerufenwerden. Die kostengünstige Internettelefonie funktioniert nicht nur von Computer zu Computer, sondern auch von Computer zu Mobiltelefon oder neuerdings auch von Smartphone zu Mobiltelefon.

In vielen Internetcafés oder Hotels ist so internationales Telefonieren fast zum Nulltarif

Wichtige Telefonnummern

Notfallnummern

Flying Doctors Evakuierungen	
(von Kenia aus operierend)	+254-20-315455
oder +254-733-639088	
First Air Responder Arusha	0755-911911
First Air Responder Dar es Salaam	0754-777073

Vorwahlen von Europa nach Tansania

Landesvorwahl	00255
Dar es Salaam	022
Arusha und Moshi	027
Sansibar	024

Vorwahlen von Tansania ins deutschsprachige Europa

Deutschland	0049
Österreich	0043
Schweiz	0041

möglich. Manche Cafés, vor allem jene, die selbst internationale Telefonanrufe anbieten, sehen dies nicht so gerne. Dann wechselt man notfalls das Internetcafé.

In den letzten Jahren sind die **Mobilfunkgebühren** derart kompetitiv geworden, dass kurze Telefonate nach Europa auch mit der ganz normalen tansanischen SIM-Karte erschwinglich sind. Nur wenige Euro kostet ein mehrminütiges Gespräch, wenn einen einmal die Internetverbindung im Stich lässt.

Transport

Busse

Das öffentliche Verkehrsnetz ist in Tansania äußerst dicht gewebt. Minibusse, die sogenannten Daladalas, erreichen die entlegensten Gegenden, und die großen Überlandbusse verkehren täglich auf den wichtigen Hauptrouten. So lässt sich das ganze Land bereisen, sofern der fehlende Komfort in den Bussen nicht als Hindernis empfunden wird. Zudem gibt es kein billigeres Fortbewegungsmittel als die großen und kleinen Busse.

Daladalas

Bei Daladalas handelt es sich um zumeist poppig aufgemachte japanische **Kleinbusse** in mehr oder weniger fahrtüchtigem Zustand. Vorn steht genau drauf, woher sie kommen und wohin sie fahren; hinten werden sie vorzugsweise mit religiösen Sprüchen ausstaffiert, die Leitmotiv und Erkennungsmerkmal darstellen sollen – und einen guten Überblick darüber geben, was wirklich wichtig ist. In schrillen Lettern prangt da an der Heckscheibe *Jesus never fails* (Jesus versagt niemals), *Bwana utangulie* (Der Herr zeigt den Weg) oder *Allah akbar* (Gott ist groß) – der Fantasie sind keine Grenzen gesetzt.

Daladalas sind zwar öffentliche Verkehrsmittel, und die Linien sowie Preise werden staatlich reguliert. Doch die Busse selbst sind **in privater Hand**. Sie gehören Unternehmern: die Fahrer *(dereva)* und der Schaffner *(kondakta)* müssen täglich bestimmte Geldbeträge an die Firmeninhaber abliefern. Die verbleibende Summe dient sozusagen als Lohn für Fahrer und Schaffner. Aus diesem Grund werden so viele Menschen wie möglich in die Fahrzeuge gepfercht. Zugleich ist dies auch die Erklärung, warum es keine Fahrpläne gibt: Man fährt erst ab, wenn alle Plätze doppelt belegt sind und die Fahrt sich rentiert.

Wenn auch zumeist hoffnungslos überfüllt, sind Daladalas jedenfalls **unschlagbar billig**. Auf innerstädtischen Linien werden normalerweise, je nach Streckenführung und Länge, zwischen 250 und 600 TSH pro Person fällig; beim Umsteigen ist allerdings erneut zu bezahlen. Grundschulkinder dürfen die Minibusse kostenlos benutzen, weshalb ihnen die Busfahrer zu Stoßzeiten den Zustieg verwehren. Längere

Daladalas: Sicherheit

Normalerweise gilt für Daladalas keine erhöhte Sicherheitsstufe. Die anderen Fahrgäste werden die weißen Mitfahrer neugierig begutachten oder gar versuchen, mit ihnen ins Gespräch zu kommen. Vorsicht ist im Gedränge geboten, sowohl im Bus als auch außerhalb (Geld, Wertsachen, Mobiltelefon, Uhr). Die Gepäckstücke werden üblicherweise auf dem Dach festgebunden, was meist problemlos funktioniert.

Fahrten in den Busch können auch 2000 oder 3000 TSH kosten.

Es ist immer wieder erstaunlich zu sehen, welche Strecken Daladalas bewältigen. Sie erreichen den Großteil aller Siedlungen in Tansania und stellen für die einheimische Bevölkerung meist das einzig verfügbare Verkehrsmittel dar. Da Daladalas oft anhalten, um Passagiere abzusetzen oder mitzunehmen, muss mit langen Fahrzeiten gerechnet werden. Wer zusteigen möchte, gibt einfach ein Handzeichen oder wartet an einer der (nicht gekennzeichneten) Busstationen oder an einem der vielen kleinen Busbahnhöfe.

Daladala-Fahrer sind ebenso wie die Busfahrer der Überlandbusse äußerst geschwindigkeitsverliebt, doch zumeist lassen die Straßenbedingungen und die Personenlast eine rasante Fahrweise gar nicht zu. Gerade in Regenzeiten verwundert es, wie die Fahrer es schaffen, die schlammigen Straßen zu bewältigen oder den Bus durch tiefe Pfützen zu manövrieren. Dann ist allerdings kein Verlass auf Daladalas, denn viele Gebiete sind in dieser Jahreszeit gänzlich unpassierbar.

Überlandbusse

Relativ komfortabel und (eigentlich viel zu) schnell sind Überlandbusse, die auf den meisten Hauptrouten verkehren. Sie halten nur in größeren Städten und dürfen nur so viele Passagiere mitnehmen, wie Sitzplätze vorhanden sind, die deshalb auch im Voraus gebucht werden müssen. In vielen Buslinien werden die jeweiligen Sitzplätze zugewiesen.

Die Büros der einzelnen Buslinien befinden sich entweder am großen örtlichen Busbahnhof oder in dessen Nähe. **Busbahnhöfe** machen ihrem schlechten Ruf alle Ehre, und in der Regel gehört ihre Umgebung zu den unsichersten Gebieten überhaupt. Sie ziehen zwielichtige Ge-

stalten an wie die Motten das Licht, und außer zum Ticketkauf oder zur Abfahrt sollte man einen weiten Bogen um sie machen. Busbahnhöfe liegen in der Regel zentral; nur in den größten Städten gibt es je nach Fahrtrichtung oder Gesellschaft unterschiedliche Abfahrtsplätze.

Überlandbusse haben feste Abfahrtszeiten, die sie einhalten müssen. Nachtfahrten sind generell nicht zugelassen. Deshalb brechen viele Busse, die lange Distanzen zu bewältigen haben, schon zeitig auf. Leider unterliegen die Busse engen Zeitplänen, was zum Teil die enorm hohe Anzahl der oft tödlichen Busunfälle erklärt. Die **fehlende Verkehrssicherheit** markiert nämlich den einzigen Wermutstropfen des sonst gut etablierten Systems. Busfahrer sind als brutale und rücksichtslose Fahrer bekannt, die sich weder von Geschwindigkeitsbeschränkungen, *speed bumps* (Rüttelschwellen) oder miserablen Straßenverhältnissen davon abhalten lassen, ihrem Geschwindigkeitsrausch zu frönen. Man sollte sich allerdings hüten, den Fahrer um Drosselung der Geschwindigkeit zu bitten, denn solche Bitten bewirken meist das genaue Gegenteil. Der Fahrer fühlt sich in seinem Bus als Boss, dem sich alle anderen unterzuordnen haben. Gesellschaftspolitisch und gesetzlich lässt sich dagegen nicht ankommen. Die Straßenpolizisten haben wenig Autorität, die Straßenverkehrsordnung wird nach Belieben übertreten und wenn ein Unfall passiert, dann ist es für den Fahrer ein Leichtes, unterzutauchen und in einem weit entfernten Dorf eine neue Identität anzunehmen. Erschwerend hinzu kommt, dass die Busse teilweise in katastrophalem technischem Zustand sind.

Diese Gefahr ist nicht zu unterschätzen. Mangelhafte medizinische Versorgung sowie Überfälle nach Unfällen, vor allem auf Weiße, können einer Reise ein jähes, unliebsames Ende bereiten.

Die Menschen verstehen wenig von Erster Hilfe und stehen einem Unglück genauso hilflos gegenüber wie man selbst. Oft werden schwer Verwundete einfach sich selbst überlassen, da eine adäquate medizinische Versorgung ohnehin nicht möglich ist.

Eisenbahn

Weitaus sicherer als eine Busreise ist die Fahrt mit der Bahn, die allerdings keine echte Alternative zum Bussystem darstellt, da es nur zwei Bahnlinien mit Personenbeförderung gibt. Von Dar es Salaam aus verkehrt zum einen die **Tazara Line** in Richtung Mbeya und Sambia, zum anderen die **Central Line**, die Kigoma und Mwanza ansteuert. Die Durchschnittsgeschwindigkeit der Bahn liegt bei weniger als 40 km/h, für den flotten Transport von A nach B sind Züge also denkbar ungeeignet. Zudem befindet sich das gesamte Schienennetz in vernachlässigtem Zustand, die Zuggarnituren sind veraltet und die auf den Fahrplänen vermerkten Zeiten allenfalls als ungefähre Richtwerte zu betrachten. Um die Landschaft zu genießen oder mit den Einheimischen ins Gespräch zu kommen, ist die Eisenbahn allerdings ideal. Wer die Zeit hat, eine Bahnreise zu unternehmen, sollte sich das auf keinen Fall entgehen lassen.

Wem es lediglich darum geht, Eisenbahn zu fahren, dem sei die Tazara-Linie empfohlen. Sie ist jünger, gepflegter und noch besser in Schuss. Die Central Line hingegen eignet sich wirklich nur für Overland-Trips zum Lake Tanganyika – aus rein praktischen Gründen. Ob und wann die Tanga-Arusha-Linie wieder in Betrieb geht, muss vor Ort geklärt werden.

Central Line

Die Central Line verbindet Dar es Salaam mit **Kigoma** (S. 458) am Lake Tanganyika (1254 km). Bis vor wenigen Jahren existierte die Nebenstrecke Northern Line nach **Mwanza** (1229 km). Der

Bus und Bahn: Änderungen beachten!

Informationen hinsichtlich der öffentlichen Verkehrsmittel veralten besonders schnell. Die Fahrpläne wechseln häufig, und die steigenden Benzinpreise sowie der schwache Dollar treiben die Ticketpreise in die Höhe. Am besten geht man am Vortag einer Reise zum Verkaufsbüro, zum Busbahnhof oder zum Bahnhof und erfragt alle näheren Details. Bahntickets, selbst für die 1. Klasse *(daraja la moja)*, müssen unbedingt mehrere Tage im Voraus gekauft werden!

Bahndienst nach Mwanza ist aber bis auf Weiteres ausgesetzt, da nach starken Regenfällen die Gleiskörper im Landesinneren weggespült wurden. Eine Wiederaufnahme der Linie ist geplant und vor Ort zu erfragen. Andere Nebenstrecken, die z. B. von Tabora nach Mpanda (Katavi National Park) oder von Tabora nach Singida in Zentraltansania führen, sind ebenfalls ausgesetzt.

Die in der deutschen Kolonialzeit kurz vor 1914 entstandene (und seitdem im Wesentlichen unveränderte) Linie, die von den Deutschen Mittellandbahn genannt wurde, ist seit jeher für ihre hohe Anzahl von Zugreisenden pro Abteil berüchtigt, da der Zug aufgrund der schlechten Straßenbedingungen das einzige erschwingliche und zumutbare öffentliche Verkehrsmittel der Region darstellt. Heute ist die Central Line ein Häufchen Elend, das schon bei den geringsten Regenfällen ihren Dienst einstellen muss und für notorisch unzuverlässigen Service bekannt ist.

Bahn: Sicherheit

Generell ist im Zug erhöhte Aufmerksamkeit angebracht. Das Gepäck sollte immer in Sichtweite stehen. Besonders in der 1. und 2. Klasse müssen während der Nacht Abteiltüren und Fenster geschlossen bleiben. Immer wieder kommt es zu Vorfällen unter Beteiligung angeblicher Schaffner und Polizisten, die es aufs Geld oder die Wertsachen europäischer Reisender abgesehen haben. Wenn möglich, sollten sich Reisende in Gruppen zusammentun und gegenseitig auf ihre Wertsachen achten.

Dhows

Auch wenn Reisende immer wieder Überfahrten vom Festland (Dar es Salaam, Tanga, Kilwa, Kisiju und anderen Küstenorten) auf die Inseln mit Transport-Dhows unternehmen, so ist dennoch davon abzuraten. Erstens ist diese Form der Anreise illegal, da die Einreise auf die Inseln so nicht kontrolliert werden kann. Zweitens kann die Überfahrt in den kleinen Dhow-Booten mitunter lebensgefährlich sein. Abenteuerlich ist sie ohnehin immer – und nichts für schwache Mägen ...

Seit der Privatisierung 2007 hat sich die Central Line, die seitdem offiziell Tanzania Railway Ltd., kurz TRL, heißt, zu einem Politikum samt dazugehörigem Korruptionssumpf entwickelt. Die bitter notwendige Modernisierung hat nicht stattgefunden, stattdessen verfällt die Linie zusehends. Der Dienst (momentan nur 3. Klasse!) bleibt höchst unzuverlässig, mit einer Einstellung des Verkehrs muss, z. B. nach Regenfällen, täglich gerechnet werden.

Tazara

Die Tazara, die Tanzania-Zambia-Railway (mehr Infos s. S. 498), ist noch nicht ganz so alt wie die Central Line und daher auch wesentlich komfortabler. Sie befährt eine 1860 km lange Strecke von **Dar es Salaam** über **Mbeya** nach **New Kapiri Mposhi in Sambia** und durchquert unterwegs das Selous Game Reserve. Es besteht somit die realistische Chance auf eine kleine, aber feine Zug-Safari. Giraffen, Elefanten, Impalas, Zebras,

ja sogar Löwen wurden entlang der Bahnlinie schon gesichtet – natürlich nur tagsüber.

Die Fahrt nach Sambia dauert gut 48 Std., bis nach Mbeya sind es etwa 24 Std., sofern keine größeren Pannen auftreten. Insbesondere die in Dar es Salaam startenden Züge sind relativ verlässlich, weshalb nichts dagegen spricht, per Zug ins Selous Game Reserve zu reisen, sofern man sich auf das Gebiet um das Matambwe Gate im Norden beschränken möchte. Alle anderen Unterkünfte liegen zu weit entfernt. Auch der Udzungwa National Park liegt an der Zugstrecke.

Es empfiehlt sich, Tickets in der 1. Klasse zu buchen. Während die 2. Klasse sich nicht wesentlich von der 1. Klasse unterscheidet (jeweils Liegewagen), geht es in der 3. Klasse hoch her. Dicht gedrängt sitzen die Fahrgäste, bunte Plastiktaschen und auf dem Boden schlafende Kinder versperren die Gänge, und die Hitze ist unerträglich. Ein wenig bequemer geht es da schon in den anderen beiden Klassen zu, auch wenn der kleine Ventilator im Abteil vergeblich versucht, die Hitze des Tages zu lindern. Eine Rolle Toilettenpapier sowie Seife und kleine Wasserfläschchen werden im Zug ausgeteilt, frische Kissen und Decken ebenso. Ein einfaches Bordrestaurant kocht landestypische Gerichte, die auch beim Bordpersonal, das durch die Abteile geht, bestellt werden können. Trotzdem empfiehlt es sich, je nach Länge der Bahnreise ausreichend Getränke und Lebensmittel mitzunehmen.

Im Normalfall werden erst kurz vor der Abfahrt die Sitz- oder Liegeplätze zugewiesen (1. und 2. Klasse). Das Personal im Zug hat die endgültige Passagierliste und weist die Plätze dort direkt zu. Außer in der 1. Klasse werden Männer und Frauen in getrennten Abteilen untergebracht.

China hat der Tazara 2011 90 neue Waggons und einen Kredit von knapp 40 Mio. € versprochen, um die Linie zu modernisieren.

Schiffe

In Tansania gibt es nur einen sehr eingeschränkten Schiffsverkehr. Genauso wie die Eisenbahn leidet dieses Verkehrsmittel unter notorisch veraltetem Material, Ausfällen und einem willkürlichen Fahrplan. Fähren können jederzeit ihren Dienst quittieren, dann steht die komplette Verbindung still. Die einzige verlässliche Bootsverbindung besteht zwischen Dar es Salaam und **Sansibar**, denn hier legen die Fähren mehrmals täglich ab. Entlang der Festlandküste existieren keine verlässlichen Verbindungen. Auf den großen Seen verkehren – mit den erwähnten Vorbehalten – hingegen Fähren. Die *MV Liemba* pendelt zwischen Kigoma und Mpulungu (Sambia) auf dem **Lake Tanganyika**, auf dem **Lake Victoria** verbinden Fähren Mwanza mit Bukoba und Ukerewe Island, und auf dem **Lake Malawi** verkehrt die *MV Songea*. Weitere Informationen finden sich in den jeweiligen Regionalkapiteln.

Flüge

Die Distanzen in Tansania sind enorm, weshalb gerade Kurzzeitreisende die Alternative eines komfortablen Inlandflugs in Erwägung ziehen sollten. Das Binnenflugnetz ist relativ gut ausgebaut, überall im Land gibt es Landepisten *(air strip, air field)*, alle großen Safari-Attraktionen sind per Flug erreichbar. Auch dies kann Teil einer Safari sein: das beeindruckende Dach Afrikas (den Kilimanjaro), die smaragdgrünen Inseln im türkisblauen Indischen Ozean oder den verästelten Rufiji River im Selous Game Reserve von oben zu sehen. Ganz sicher lässt ein solcher Flug in einer kleinen fünfsitzigen Cessna, wenn vor dem Abflug noch grasende Impalas von der holprigen Landepiste gescheucht werden müssen, Abenteuerstimmung aufkommen.

Gerade im **Süden**, **Westen** und am **Eastern Circuit** ist diese Form des Transports unerlässlich, am Northern Circuit zahlen sich Flüge aber höchstens von Arusha oder Moshi in die Serengeti aus. Nach **Sansibar** sollten ebenfalls Inlandflüge gebucht werden, da vor allem für Afrika-Neulinge das geschäftige Treiben rund um die Fährhäfen beängstigend sein kann.

Die Preise werden üblicherweise in US$ und pro Person in eine Richtung angegeben. Zwischen den einzelnen Fluglinien bestehen auf den Hauptstrecken (Dar es Salaam–Sansibar, Arusha–Sansibar, Arusha–Dar) kaum preisliche Unterschiede, doch Preisvergleiche erübrigen sich oft, da bestimmte Strecken ohnehin nur von einer Fluglinie bedient werden.

Neben den renommierten, größeren Unternehmen, die **Linienflüge** anbieten, d. h. täglich oder zumindest regelmäßig verkehren, existieren auch kleinere Unternehmen für **Charterflüge**. Diese kommen oft dann zum Einsatz, wenn Linienflüge ausgebucht sind oder zu bestimmten Zielen gar nicht angeboten werden. Verspätungen sind an der Tagesordnung, vor allem in der touristischen Hauptsaison. Zur Sicherheit sollte man sich die Flugzeiten von der Unterkunft oder dem Reisebüro bestätigen lassen. Einer der größten Nachteile der kleinen „Buschtaxis" sind die **Gepäckbeschränkungen**. Sicherheitsgründe sprechen für die Limitierung auf 15 kg oder 20 kg pro Person, aber kaum ein Tourist hält sich daran. Die Piloten drücken gerne ein Auge zu, sie können Gäste ja auch schwer irgendwo im Busch zurücklassen. An den großen Flughäfen Dar, Arusha oder KIA wird beim Einchecken manchmal strikter vorgegangen, aber der Hand-

Coastal Aviation, 🖥 www.coastal.cc, fliegt von Dar es Salaam aus in alle Landesteile sowie nach Mafia, Pemba, Sansibar und Tanga. Die Online-Buchungen funktionieren gut; beste Reputation unter den Inlandfluglinien.

Precision Air, 🖥 www.precisionairtz.com, fliegt ebenso in alle Landesteile und auf die Inseln, hat aber in puncto Pünktlichkeit und Organisation keinen guten Ruf.

Zanair, 🖥 www.zanair.com, verbindet Sansibar mit Dar es Salaam und der Küste (Saadani) und fliegt nach Pemba sowie zum Northern Circuit.

Regional Air, 🖥 www.regionaltanzania.com, deckt den gesamten Norden ab und fliegt nach Pangani, Dar es Salaam und Sansibar.

Safari Air Link, 🖥 www.safariaviation.info, fliegt weniger populäre Destinationen im Süden an, wie z. B. die Lazy Lagoon Lodge in Bagamoyo,

Mufindi (bei Iringa), Mikumi National Park, Katavi National Park oder auch Selous, Charter und Linie.

Air Excel, 🖥 www.airexcelonline.com, bedient den Northern Circuit, Sansibar und Dar es Salaam.

Der keniatische Low-Cost-Carrier **Fly 540**, 🖥 www.fly540.com, wickelt Flüge innerhalb von Tansania und zwischen Kenia und Tansania und Kenia und anderen ostafrikanischen Staaten ab. Ist nicht ganz zuverlässig, da oft Flüge storniert und mit nachfolgenden Flügen zusammengelegt werden.

Flightlink, 🖥 www.flightlinkaircharters.com, verbindet über Dar es Salaam den Süden und die Inseln (Kilwa, Mafia Island, Sansibar, Pemba), den Southern Circuit (Ruaha, Selous, Iringa, Mbeya) und Arusha sowie die Serengeti.

---

lungsspielraum der Fluglinien ist gering, denn sie können Reisenden ja nicht 10 kg ihres Gepäcks wegnehmen. Man macht gute Miene zum bösen Spiel und hofft, dass nichts passiert.

Buchungen von Flugtickets können in den Büros der Fluglinien in jeder Stadt, an den Flughäfen und in jedem beliebigen Reisebüro vorgenommen werden. Details dazu finden sich in den Abschnitten zu den jeweiligen Städten. Wer mit einem Tour Operator reist, muss sich um solche Dinge üblicherweise nicht kümmern.

Taxis

Vor allem innerhalb der Stadtgrenzen von Dar es Salaam, Arusha, Moshi und Stone Town sind Taxis eine flotte Alternative zu den öffentlichen Verkehrsmitteln. Sie sind an den aufgemalten farbigen Bändern erkennbar.

Grundsätzlich gilt, dass der **Tarif** im Voraus ausgehandelt werden muss, noch bevor man überhaupt das Fahrzeug besteigt. Als Tourist kann man davon ausgehen, dass der zuerst genannte Preis völlig überzogen ist, aber je nach Verhandlungsgeschick lässt sich dieser Fantasiewert oft halbieren (vgl. Handeln im Alltag,

S. 111). Bei Dunkelheit steigen automatisch die Preise für Taxifahrten, da die Fahrer wissen, dass vielerorts keine Daladalas mehr unterwegs sind.

Die Taxilizenz ist in Tansania nicht unbedingt an Ortskenntnisse gebunden. Straßennamen haben hier ohnehin keine große Bedeutung – wesentlich besser kennen die Taxifahrer große Bürokomplexe, z. B. den PPF-Tower in Dar es Salaam, sowie gut frequentierte Hotels, Restaurants oder namhafte Großbanken, z. B. die Barclays Bank in Arusha.

Wer auf dem Rücksitz Platz genommen hat, sollte unbedingt die Autotür von innen versperren und das Fenster schließen. Beim Aussteigen zwischendurch sollte man keinerlei Besitztümer im Fahrzeug lassen. Dass der erste Weg nach dem Einsteigen gleich zu einer **Tankstelle** führt, ist normal. Gäste werden gebeten, das Benzin vorab zu begleichen, was in Ordnung geht, solange man so nicht schon den gesamten ausgehandelten Fahrpreis bezahlt. Manchmal ist es auch nötig, den Fahrer auf den leeren Tank aufmerksam zu machen, sofern man nicht mitten in der Nacht im Niemandsland stranden möchte.

Wer mehrere Fahrten zu erledigen hat, mietet sich am besten gleich ein **Taxi für einen ganzen**

Tag. Man erspart sich das ewige Feilschen um den Preis; der Taxifahrer wartet geduldig, bis alle Gänge erledigt sind; und im Normalfall fühlt man sich mobiler und flexibler, als wenn ständig nach einem neuen Taxi gesucht werden muss. Kosten je nach Verhandlungsgeschick innerhalb einer Stadt: 50000–70000 TSH.

Wer mit dem Fahrstil und der Zuverlässigkeit eines Taxifahrers zufrieden ist, sollte ihn um seine Telefonnummer bitten. Es spart Nerven und Zeit, wenn man immer wieder auf die gleichen, zuverlässigen Fahrer zurückgreift.

Bajaji

Für Kurzstrecken in den Städten werden seit wenigen Jahren die dreirädrigen, asiatischen Tuk-tuks eingesetzt, die in Tansania *bajaji* (nach dem indischen Hersteller) heißen. Bei Einheimischen wegen der günstigen Tarife (nur wenige 100 TSH) beliebt, gelten sie als nicht sehr sicher – nicht wegen der Machart, sondern vor allem wegen der rücksichtslosen Fahrweise der Driver.

Mietfahrzeuge

Freiheit auf vier Rädern ist natürlich auch in Tansania möglich, Reisende mit eigenem Mietfahrzeug sind allerdings eher die Ausnahme als die Regel, denn aus vielerlei Gründen ist Tansania eben kein klassisches Selbstfahrerland. Überhaupt, seitdem Fahrzeuge die Tala-Lizenz (die nur Safari-Agenturen erhalten) vorweisen müs-

---

Allein auf großer Safari

Folgende Utensilien gehören unbedingt in jedes Fahrzeug:
- gefüllter Ersatzkanister Benzin (Kanister aus Blech)
- intakter Ersatzreifen (Reifenpannen sind beinahe an der Tagesordnung)
- ausreichend Trinkwasser
- Abschleppseil, Wagenheber *(car jack)*, evtl. Seilwinde (vor allem in der Regenzeit)
- Schaufel, Sandblech
- Überbrückungskabel

(s. auch S. 60, Ausrüstung für den Mietwagen)

---

sen, macht es noch weniger Sinn, einen Geländewagen anzumieten.

In den Ballungszentren existieren vor allem zahlreiche lokale Agenturen. Internationale Agenturen wie Avis oder Hertz genießen keinen sonderlich guten Ruf in Tansania. Der Großteil der Vermieter besteht darauf, dass man einen Fahrer engagiert (US$10–30 pro Tag) – in Anbetracht des oft miserablen Straßenzustands und der mitunter katastrophalen Fahrweise anderer Verkehrsteilnehmer eine durchaus sinnvolle Investition.

Für die Anmietung eines Fahrzeugs gelten je nach Unternehmen unterschiedliche Bedingungen, doch in der Regel beträgt das Mindestalter 22 oder 23 Jahre. Damit genügend Fahrpraxis vorhanden ist, muss der Führerschein außerdem mindestens zwölf Monate alt sein. Zur Hinterlegung der nicht geringen Kaution *(deposit)* wird eine Kreditkarte verlangt.

Für einen guten Geländewagen müssen ab US$100 pro Tag veranschlagt werden. Die im Preis eingeschlossenen **Leistungen** sind aber genau zu prüfen, da Versicherungen, Kilometerpauschalen *(limited mileage)* und Ähnliches gerne separat berechnet werden. Hier lohnt genaues Nachrechnen, denn in Tansania fährt man schnell einmal 100 km, ohne irgendwohin zu gelangen.

Auf Tansanias Straßen sollte ein Fahrzeug gut gewartet und in **einwandfreiem Zustand** sein, denn in brenzlige Situationen gerät man oft schneller, als einem lieb ist. Bevor ein Fahrzeug – auch von einem noch so renommierten Unternehmen – gemietet wird, muss es genau unter die Lupe genommen werden. Notfalls ist die Annahme zu verweigern! Für die meisten Nationalparks und abseits der geteerten Routen ist ein Geländewagen mit hoher Bodenfreiheit *(clearance)* ein Muss (Fahrzeuge der Marke Toyota RAV sind daher ungeeignet). Land Rover und Toyota Landcruiser stellen die gängigsten Fahrzeuge in Tansania dar, mit denen sich selbst im Busch Mechaniker auskennen. Ersatzteile für beide Typen sind normalerweise in Dar es Salaam erhältlich. Für die Stadt genügt ein normales Auto; sobald man in den Busch oder außerhalb der Stadt fahren möchte, ist ein Fahrzeug mit Allradantrieb zu mieten. Wer eine Tagestour plant, sollte einen Fahrer dazumieten oder gleich ein Taxi nehmen. Dies ist mit Sicherheit günstiger und problemloser, als selbst zu fahren.

Grenzübertritte werden selten erlaubt, sie sind zudem mit viel Bürokratie verbunden. Erforderlich sind beispielsweise die Green Card Insurance und eine offizielle Bestätigung der Mietfirma, dass die Grenzüberquerung gestattet wird. Solche Extrawünsche erhöhen selbstverständlich den Mietpreis enorm.

Hinweise für Selbstfahrer
Allgemeines
In Tansania herrscht Linksverkehr. Das Tempolimit auf Landstraßen beträgt 100 km/h, in Städten und Nationalparks liegt es bei 30 km/h. Als Verkehrsberuhigung werden überall unangenehme Straßenschwellen *(speed bumps)* eingebaut, die zeitweise völlig unmotiviert (und unmarkiert!) wie aus dem Nichts auftauchen. Schon allein deshalb sind Nachtfahrten nicht anzuraten, da die Straßenschwellen dann im Normalfall nicht rechtzeitig zu sehen sind. Ebenso wenig sind Menschen oder Tiere in der rabenschwarzen afrikanischen Nacht erkennbar.

Der Verkehr in Tansania ist – wie in den meisten afrikanischen Ländern – mörderisch. Nicht nur die desolaten Straßenverhältnisse verlangen dem Fahrer alles ab, sondern auch die übrigen Verkehrsteilnehmer, wie rasende Autofahrer, spielende Kinder und stoische Kühe. Es gilt das Gesetz des Stärkeren, d. h. LKWs sind gegenüber PKWs immer im Vorteil, und Fußgänger haben stets auszuweichen, denn auf die schwächeren Verkehrsteilnehmer wird keine Rücksicht genommen.

Nationalparks
Seit 2010 ist es Fahrzeugen mit ausländischen Kennzeichen offiziell nicht mehr gestattet, in die Nationalparks der Tanapa hineinzufahren. Die Regelung wurde hauptsächlich wegen der stark steigenden Zahl von kenianischen Safarifahrzeugen ins Leben gerufen, betrifft aber schließlich alle nicht in Tansania registrierten Fahrzeuge. Diese Regelung kann aber von heute auf morgen aufgehoben werden. Nicht betroffen sind die Reservate des Ministry of Natural Resources & Tourism, u. a. die Ngorongoro Conservation Area und das Selous Game Reserve.

Vielerorts werden auch keine Fahrzeuge ohne Tala-Lizenz (für Tour Operators) in die Parks gelassen, obwohl es keine entsprechende gesetzliche Vorschrift gibt. Damit ist es ausländischen Touristen – egal ob mit Privat- oder Mietfahrzeug, in gewissen Parks und je nach Laune der Diensthabenden momentan nicht möglich, auf Safari zu gehen. Leider muss man es auf den Versuch ankommen lassen, denn eine Garantie gibt es nicht.

Parken
In den größeren Städten, wie Arusha und Dar es Salaam wird eine Parkgebühr verlangt, die sich in einer Größenordnung von 200–300 TSH pro Stunde bewegt. Widerstand ist zwecklos, es werden Reifenkrallen angelegt. Erkennbar sind die Parkwächter an ihren leuchtend gelben oder orangefarbenen Westen.

Internationaler Führerschein
Die Mitnahme eines internationalen Führerscheins (gemeinsam mit dem nationalen Führerschein) wird dringend angeraten, wenn ein Fahrzeug auf Selbstfahrerbasis gemietet werden soll oder wenn man mit dem eigenen Fahrzeug unterwegs ist. Mit Vorliebe winken die Streifenpolizisten *wazungu* (Weiße) an den Straßenrand, um den internationalen Führerschein zu kontrollieren (s. S. 103).

Straßenschilder
An Tansanias Straßen und Wegkreuzungen stehen nur selten Straßenschilder, denn diese werden von den Einheimischen gerne als Brennholz oder Werkzeug zweckentfremdet. Selbst mit der besten Straßenkarte und modernem Navigationssystem bleibt es einem nicht erspart, Einheimische nach dem Weg zu fragen. Das ist zumeist die verlässlichste Methode, auch wirklich ans Ziel zu kommen.

Straßenverhältnisse
Die Straßen in Tansania sind unter keinen Umständen mit dem europäischen Wegenetz vergleichbar. Wo immer man auch unterwegs ist – ob auf Teerstraßen oder Schotterpisten –, die Straßenverhältnisse erfordern allerhöchste **Konzentration**. Auf alles gefasst sein, lautet hier

die Devise. Steine, Ziegen, Kinder und liegenge-
bliebene Lkws auf der Straße sind das tägliche
Brot jedes Autofahrers. Grundsätzlich auf Sicht
fahren, denn auch wenn die Teerstraße noch so
vertrauenserweckend aussieht, kann sich nach
zehn schlaglochfreien Kilometern plötzlich wie
aus dem Nichts ein tiefes Loch auftun.

Die wichtigsten **Hauptverkehrsrouten** sind –
meist mehr schlecht als recht – asphaltiert. Dazu
gehören der Dar-Arusha-Highway von Dar es
Salaam nach Arusha und weiter bis zum Grenz-
posten Namanga, der Highway westlich von
Arusha bis zum Ngorongoro-Schutzgebiet, der
Tanzam-Highway (Tanzania-Zambia-Highway)
von Dar es Salaam nach Mbeya, die Straße von
Dar es Salaam nach Dodoma und weiter nach
Singida, Shinyanga und Mwanza, die Strecke
zum wichtigen Hafen Tanga, die Strecke nach
Lushoto, der Abschnitt von Makambako nach
Songea im Süden sowie der Highway in den
Süden nach Mosambik. Auch die meisten Stadt-
straßen verfügen über mehr oder minder intakte
Asphaltdecken. Auf Sansibar scheinen die Teer-
straßen im Allgemeinen am besten erhalten zu
sein, wahrscheinlich weil der Schwerverkehr
gänzlich fehlt.

Außerhalb der großen Städte ist es nicht ratsam, mit einem normalen PKW zu fahren. Hier ist
ein sicheres Vorankommen nur im gut gewarteten Geländewagen möglich. Vor allem während
der großen Regenzeit (März bis Juni) werden
ungeteerte Straßen unpassierbar und sogar asphaltierte Straßen können überschwemmt oder –
je nach Schwere der Regenfälle – großflächig
verschmutzt sein.

Abseits der Hauptverbindungsrouten existieren **Schotter- und Sandpisten**. Mancherorts
wurden auch sogenannte Allwetterpisten errichtet, die angeblich den sintflutartigen Regenfällen
standhalten sollen – was sich allerdings oft als
schöner Traum erweist ...

Ob Pisten oder Straßen passierbar sind, ist –
besonders in den Regenzeiten – immer vor Ort zu
klären. Am wenigsten verlässlich sind Angaben
von ortskundigen Menschen, die über kein Fahrzeug verfügen. Gesicherte **Informationen** können
nur andere Autofahrer geben. Gute Informations-
quellen sind auch Tour Operators, Autovermietungen oder Manager von Unterkünften.

Black Cotton Soil

In vielen Gegenden Tansanias, insbesondere
auch in den Naturschutzgebieten, trifft man auf
den berüchtigten Black Cotton Soil. Das Befahren des dunklen, graubraunen bis schwarzen,
höchst lehmhaltigen Bodens ist weder in der
Trocken- noch in der Regenzeit ein Vergnügen.
In der Trockenzeit zeichnet er sich durch tiefe
Rillen und Löcher aus, zudem wird er hart wie
Beton. Nach Regenfällen verwandelt er sich
binnen Stunden in glitschiges, schmierseifen-
ähnliches Terrain, das unbefahrbar ist. Innerhalb
kürzester Zeit verstopft das Reifenprofil, sodass
man abwechselnd rutscht und stecken bleibt.
In der Regenzeit sind solche Gebiete unbedingt
zu meiden.

Polizeikontrollen

Als weißer Autofahrer, vielleicht sogar mit ausländischem Kennzeichen, ist man für die Stra-
ßenpolizei immer ein attraktives Ziel. Zu groß
ist die Verlockung, einem mit den Verkehrsvorschriften nicht vertrauten *mzungu* ein paar Dol-
larscheine aus der Tasche zu ziehen. Die Polizisten überprüfen mit Vorliebe den internationalen
Führerschein sowie die Autopapiere und die
Versicherung. Sie wollen jedoch meist auch die
road license (5000 TSH oder US$5 für ein Jahr),
zwei Warndreiecke und den obligatorischen
Feuerlöscher sehen (beide Utensilien sind im
Supermarkt oder jedem beliebigen Ersatzteilla-
den erhältlich). Der Feuerlöscher sollte übrigens
offiziell bei einem Fire Department registriert
sein... Mit ein paar Floskeln in Swahili können
angespannte Situationen entschärft werden.

Road Blocks

An vielen Ortsein- und -ausgängen oder auch
mitten in den Ortschaften auf der Überland-
straße existieren sogenannte *road blocks*, also
Polizeikontrollstationen, die oft mit einem Balken
oder großen Tonnen gesichert sind. Sollte man
angehalten werden, hat man außer einer der üblichen Polizeikontrollen kaum etwas zu befürchten. Ein paar freundliche Worte entschärfen die
Situation und man wird schnell durchgewunken,
denn selbst die Polizisten wissen, dass bei den
zahlreichen Bussen, Lkws und Daladalas in
Summe viel mehr Schmiergeld zu holen ist.

Tanken

Viele der kleinen No-Name-Tankstellen führen minderwertiges Benzin; dasselbe gilt auch für größere Tankstellen der Unternehmen Gapco, Oilcom oder Total. In das eigene Auto füllt man am besten Benzin von BP oder Engen. Versorgungsengpässe können auftreten, am ehesten in ländlichen Gegenden mit schlechten Straßen.

Beim Tanken sind die Tankwarte nicht aus den Augen zu lassen, da manche gerne zu viel berechnen, die Zähler manipuliert sind oder sie einfach vergessen, den Tankdeckel wieder zuzuschrauben.

Anhalter

Einheimische werden immer wieder um Mitfahrgelegenheiten bitten. Aus Sicherheitsgründen sollte man aber davon absehen, fremde Menschen im eigenen Fahrzeug mitzunehmen. Körperliche Übergriffe sind dabei weniger zu befürchten als vielmehr Diebstähle – immerhin transportiert man im Fahrzeug ja sein gesamtes Hab und Gut (Geld, Dokumente, Fotoapparat, Laptop usw.).

Autokauf

Angesichts der hohen Mietkosten könnte der Kauf eines Fahrzeugs zumindest bei längerem Aufenthalt eine Überlegung wert sein. Viele abreisende Expats verkaufen ihre größtenteils gut gewarteten Fahrzeuge, allerdings ist selten ein echtes Schnäppchen dabei. US$10 000–12 000 müssen mindestens veranschlagt werden, zuzüglich weitere US$1000, um das Fahrzeug wirklich straßentauglich zu machen, denn oft sind Reifen, Stoßdämpfer oder Federn auszuwechseln. Die Anmeldung des Fahrzeugs stellt mit Hilfe eines Versicherungsvertreters oder Clearing Agents kein Problem dar; auf eigene Faust sollte man sich nicht daran versuchen. Zu Problemen kann es höchstens an den Grenzen kommen, da man mit tansanischem Nummernschild nur jeweils in ein Nachbarland reisen darf. Man kann also nicht nach Sambia und weiter nach Mosambik fahren, sondern ist verpflichtet, nach Tansania zurückzukehren, da an der Grenze die Autopapiere abgenommen werden. Einzige Ausnahme: Fahrzeuge mit Carnet de Passage. Bei der momentanen Regelung, dass nur Fahrzeuge mit tansanischen Kennzeichen in die Parks fahren dürfen, ist der Autokauf definitiv in Betracht zu ziehen, denn die Tala-Lizenz wird nicht überall bei der Einfahrt scharf kontrolliert. Für die Parks im Westen, Süden und Osten, wo nicht so viele Touristen vorbeikommen, besteht so die reale Chance auf eine Safari in Eigenregie.

Übernachtung

Tansania bietet Unterkünfte jeder Kategorie, von der Absteige bis zur Luxusherberge. Die meisten sind kleine Familienbetriebe von 10–20 Zimmern, große Bettenburgen gibt es vereinzelt im Norden, in Dar es Salaam oder auf Sansibar.

Das Preisniveau ist – außer im Falle landestypischer Budget-Unterkünfte – generell sehr hoch, wobei das Preis-Leistungs-Verhältnis oft nicht stimmt. Im Land herrscht wenig Verständnis dafür, dass nach westlicher Auffassung bestimmte Zimmerpreise eine erwartete Leistung mit sich bringen. Selbst dem Preis nach gehobene Unterkünfte sind in puncto Zimmer- und Servicequalität oft bestenfalls Mittelklasse. Das immens hohe Preisniveau hat viele Gründe: die Korruption, hohe Transportkosten, bewusst hohe Steuern und lächerlich viele Lizenzgebühren vor allem für ausländische Tourismustreibende. Nicht die Kosten, sondern die Übernachtungspreise der Nachbarlodge und das durchschnittliche Einkommen der westlichen Besucher (über die tansanische Hoteliers genau Bescheid wissen) dienen als Kalkulationsgrundlage.

Für Missverständnisse sorgt manchmal das Swahili-Wort *hoteli*, das immer wieder in großen Lettern auf den Häusern prangt. Damit ist meistens ein einfaches Restaurant gemeint.

Landestypische Gästehäuser

Unterkünfte dieser Kategorie (❶) liegen meist in Dorf- oder Stadtzentren, an gut frequentierten Straßen oder gar Hauptstraßen oder in der Nähe von Busbahnhöfen. Fast jede Ortschaft verfügt über mindestens eines dieser Gasthäuser; wer sich damit begnügt, findet also fast überall Un-

Der Hype um Klimapunkte, CO_2-Emissionen und Ökotourismus hat auch Tansania erreicht, vor allem durch die zunehmende Nachfrage westlicher Kunden. Der Schutz der ungebändigten Natur Tansanias stellt daher eine notwendige Voraussetzung für die Fortführung der Erfolgsstory Tourismus dar. Dennoch fehlt bislang ein allgemeines Bewusstsein auf breiter Ebene für den Naturschutz, und ethnische, soziale und gesellschaftspolitische Aspekte, die ja auch Teil des Ökotourismus sind, werden kaum aufgenommen. Man muss die Kirche im Dorf lassen und das westliche Konzept von Ökotourismus den afrikanischen Rahmenbedingungen anpassen. Während wir im Westen auf über hundert Jahre Industrialisierung zurückblicken, hat vielleicht ein Zehntel aller Tansanier elektrischen Strom. Wie soll man energiesparende Maßnahmen erwarten, wenn die einheimische Bevölkerung gerade erst dabei ist, die Vorteile und Annehmlichkeiten der Elektrizität für sich zu entdecken?

Der Schutz der Naturräume, des Wassers und der Tierwelt und die faire **Beteiligung der Tansanier** am Profit aus dem Tourismus sind notwendig, doch muss sich die Umsetzung ökologischer Maßnahmen an den gegebenen Möglichkeiten und Voraussetzungen orientieren.

Die meisten Lodges und Camps in Tansania sind ohnehin in die Natur integriert. Doch eine rustikale Bauweise allein macht noch kein Ökocamp aus, denn natürliche Baumaterialien wie Holz, Palmenblätter oder Stein sind nicht nur billig und leicht erhältlich, sondern aufgrund der klimatischen Bedingungen sogar unverzichtbar. Erst hinter den Fassaden der Bandas zeigt sich, ob es sich um eine echte Ökolodge handelt.

Für eine Ökolodge „light" gehört es sich zumindest, die einheimische Bevölkerung und lokale Kommunen am Geschäftserfolg zu beteiligen. Ihr Personal muss aus den umliegenden Dörfern rekrutiert werden, weil dadurch die **Löhne** postwendend in die lokale Mikrowirtschaft fließen. Diese Löhne sollten fair sein – also höher als der gesetzliche Mindestlohn von 100 000 TSH, der die in den letzten Jahren stark gestiegenen Lebenshaltungskosten keinesfalls deckt. Darüber hinaus kann die Lodge sinnvolle Hilfsprojekte initiieren, die der Allgemeinheit zugute kommen.

Eine nachhaltig arbeitende Lodge muss sich auch der Problematik der **Energiegewinnung** stellen. So sollten Strom und Warmwasser aus Solarenergie stammen, genauso wie der Einsatz von Holzkohle in der Küche auf ein Minimum reduziert werden sollte. Entscheidend ist auch der **Umgang mit Wasser**, denn gerade dieser ist eine der größten Herausforderungen für Tansania. Ausbleibende Regenzeiten und sinkende Wasserpegel haben bereits die ersten Alarmglocken läuten lassen. Der Umgang mit Abwässern ist ebenfalls ein heikles Thema, schließlich werden diese auf Sansibar größtenteils noch immer ins Meer geleitet …

Nicht alles, was in puncto Umweltschutz oder Sozialverträglichkeit wünschenswert wäre, ist in Tansania derzeit machbar. Recycling existiert nicht, 99 % des Mülls wird verbrannt. Leicht abbaubare Waschmittel ohne Chlor und Bleiche finden sich nicht in den Regalen. Und schließlich ist es schwierig, die lokale Bevölkerung in die Arbeit einer Lodge zu integrieren, wenn die Standards in der Pflichtschule mangelhaft und die Lehrer schlecht ausgebildet sind. Doch im Rahmen der gegebenen Möglichkeiten können Touristik-Unternehmen ihre Verantwortungsbereitschaft beweisen.

terschlupf. Einheitliche Bezeichnungen fehlen, doch titulieren sich solche funktionalen Schlafstätten gerne als *guest house*.

Landestypische Gästehäuser zielen vor allem auf reisende Einheimische (die mit öffentlichen Verkehrsmitteln unterwegs sind). Deshalb bieten sich diese Unterkünfte auch gut für Rucksacktouristen oder Low-Budget-Reisende an. Es handelt sich um **einfache Unterkünfte**, oft mit Gemeinschafts-Bad/WC oder gar „Duschen" aus Eimern. Warmes Wasser ist Mangelware, Stehtoiletten sind die Regel, manchmal fehlt gar der Strom oder – in Afrika vielleicht unangenehmer – das Türschloss. Größtenteils ist es um die Hy-

Das 1x1 der Unterkünfte

Hotel Üblicherweise eine Unterkunft in der Stadt oder am Strand im gemauerten Stil, wo sich Zimmertür an Zimmertür reiht, oft ein einziger Baukomplex

Lodge Permanente Unterkunft in oder im Einzugsbereich von Naturschutzgebieten oder am Strand, idyllisch eingebettet in den Naturraum; gemauerte, rustikale Bauweise; meist stehen die eigenständigen Zimmer aus Stein oder Ziegeln (*bandas* oder *bomas* genannt) weit auseinander und garantieren Privatsphäre.

Camp oder Tented Camp Permanente Unterkunft in oder im Einzugsbereich von Naturschutzgebieten in Zeltform; überdimensionale, komfortable Canvas-Zelte oft auf Holzplattformen, mit großen Betten, Schreibtischen, Sesseln und anderem Mobiliar, oft mit gemauerten Sanitäranlagen dahinter oder daneben; durch die Leichtbauweise fühlt man sich besonders mit der Wildnis

verbunden und nimmt vor allem in der Nacht viele Geräusche wahr.

Fly Camp Mobile Luxus-Camps, die nur vorübergehend an bestimmten Orten aufgestellt werden; große, vollständig möblierte Canvas-Zelte, oft WC und Dusche unter freiem Himmel; man ist mitten im Busch und im Normalfall ganz allein, was sich besonders ursprünglich anfühlt und die Naturgewalten eindrucksvoll erleben lässt.

Resort Kleine und große Ferienanlagen am Meer, zumeist gemauerte Bauweise, oft mehrere Restaurants, Bars, sogar Souvenirläden, Internetcafés und Ähnliches

Banda Typische Swahili-Bezeichnung für ein frei stehendes gemauertes Häuschen oder ein Canvas-Zelt

Boma Gemauertes, frei stehendes, rundes Häuschen; geläufige Bezeichnung im Norden (Maasai-Land)

---

giene nicht sonderlich gut bestellt, auch fehlen oft Moskitonetze. Manche Gästehäuser verfügen über ein kleines Restaurant, das landestypische Kost serviert. Wenn nicht, gibt es mit Sicherheit in der unmittelbaren Nachbarschaft ein kleines *hoteli* (landestypisches Restaurant).

Low-Budget-Reisende, die hier absteigen, müssen sich mit einem entsprechenden Survival-

Auf und ab

Die Beurteilungen der in den Regionalkapiteln aufgeführten Unterkünfte spiegeln die Situation zur Zeit der Recherche wider. Die Qualität einzelner Unterkünfte kann sich aber schlagartig zum Schlechteren wenden, manchmal natürlich auch zum Besseren. Qualität, Service oder Kundendienst sind sehr fragile Konzepte, die beispielsweise mit dem Wechsel von Managern, zusammenbrechen können. Ebenso labil ist das Preisgefüge – die Preise können ohne Vorankündigung von heute auf morgen empfindlich angehoben werden, insbesondere in den Nationalparks, wo ein Teil der Kosten von der Regierung diktiert wird.

Kit ausrüsten: ausreichend Toilettenpapier, Klebeband für die Moskitonetze (bzw. idealerweise ein eigenes Netz), eventuell ein dünner Sommerschlafsack, ein zusätzliches Vorhängeschloss und eine Dose Insektenspray.

Ein Schnäppchen winkt dann, wenn das Gästehaus noch neu und daher in gutem Zustand ist; je älter das Haus, desto abgewohnter ist es.

Kirchliche Gästehäuser stellen eine gute Alternative zu traditionellen *guest houses* dar. Ihr Hauptzweck ist, den vielen Missionaren auf Reisen eine bequeme Unterkunft zu bieten, doch sie beschränken sich nicht ausschließlich auf diese Klientel. Oft befinden sie sich in abgelegenen Gegenden, wo man gar nicht mit einer akzeptablen Schlafstätte rechnet. Für die Glaubensgemeinschaften stellt das Gästehaus eine bescheidene Einkommensquelle dar, den Gästen wiederum verheißt ein Zimmer in einem Frauen- oder Männerkloster eine gute, saubere Unterkunft sowie ausgezeichnete landestypische Küche.

In den Nationalparks der Tanapa gibt es ebenfalls bescheidene, gemauerte Unterkünfte, sogenannte **Rest Houses**. Es handelt sich um einfache, wenig gepflegte, teilweise verkommene Bauten für Selbstversorger, die je nach Park

---

ab US$30 pro Nacht kosten. Am besten prüft man vor Ort, ob die Schlafstätte ihr Geld wert ist, wenn nicht, empfiehlt sich das Campen (s. S. 108).

Es ist abzuklären, ob ein Frühstück im Preis inbegriffen ist, denn in den Super-Budget-Unterkünften für unter 20 000 TSH muss man auf Kaffee und Eier am Morgen meist verzichten.

Mittelklasse-Unterkünfte

Landestypische Mittelklasse-Unterkünfte (❷ – ❸) finden sich in jedem kleineren Ballungszentrum. In vielen Orten handelt es sich dabei um die besten Übernachtungsmöglichkeiten weit und breit. Obgleich sie größtenteils nicht mehr als zweckmäßig ausgestattet sind, verfügen sie doch meist über fließendes Wasser, Warmwasser, Sitztoiletten und ausreichend große Zimmer. Damit sind sie aus Sicht der meisten Tansanier geradezu luxuriös. Ihre Stammkundschaft sind tansanische **Geschäftsreisende** oder in der sozialen Hierarchie höher gestellte Tansanier, die mit dem eigenen Fahrzeug unterwegs sind. Deswegen befinden sich solche Unterkünfte nicht immer in der Nähe des Bahnhofs oder der Busstationen.

Wegen der besser betuchten Klientel verfügen diese Unterkünfte (sie bezeichnen sich gerne als „Hotel") über geringfügig bessere Restaurants, in denen aber auch hauptsächlich landestypische Küche aufgetischt wird. Zusätzlich findet man hier oft auch Internetcafés oder kleinere Konferenzräume.

Das Preisniveau bewegt sich zwischen US$30 und US$80, wobei das Frühstück im Preis inbegriffen ist. Nachfragen lohnt sich aber dennoch! Die Preise sind meist in TSH ausgewiesen, beide Währungen werden in der Regel akzeptiert.

Gehobene Unterkünfte

Gehobene Unterkünfte (❹–❺) erkennt man leicht daran, dass in US$, Euro oder Britischen Pfund abgerechnet wird. Ein Großteil dieser Unterkünfte befindet sich in den Händen von Ausländern oder Tansaniern indischer Abstammung. Im Normalfall kann man davon ausgehen, dass

Preiskategorien

Im vorliegenden Reiseführer werden die Übernachtungspreise in folgende Kategorien eingeteilt (jeweils DZ mit Frühstück):

❶	bis US$20 (Super-Budget, ohne Frühstück)
❷	bis US$50
❸	bis US$80
❹	bis US$130
❺	bis US$250
❻	bis US$500
❼	über US$500

Es handelt sich um Rack Rates, die Individualtouristen normalerweise berechnet werden. Preise von Tour Operators und Reiseveranstaltern sowie Green Season Rates liegen deutlich darunter.

die Zimmer ordentlich, die Moskitonetze nicht löchrig und die Sitztoiletten akzeptabel sind.

Je nach Lage bekommt man sogar mehr für sein Geld. In Orten abseits der großen Touristenströme wie Mbeya, Mtwara, Mwanza oder Bagamoyo kann man relativ günstig in ausgezeichneten Hotels übernachten, in den Touristenhochburgen wie Arusha, Stone Town oder Moshi ist das Preisniveau generell hoch. In Dar es Salaam herrscht ein guter Mix aus Mittelklasse- und gehobenen Unterkünften, obwohl die Stadt ebenso zu den teureren Pflastern gehört. Gehobene Unterkünfte verfügen in aller Regel über gute Restaurants.

Luxusherbergen

Der Übergang zwischen gehobener und Luxusklasse ist fließend, wobei die Preiskategorie ❻ (US$250–500) eher noch dem gehobenen Standard zuzuordnen ist, denn sie ist bei Weitem nicht so luxuriös, wie es der Preis vermuten lässt. Über den tatsächlichen Grad an Luxus entscheidet maßgeblich der Standort der Herberge, denn das Stadthotel in Dar es Salaam bietet ausgesprochen viel Komfort für dieses Geld, während eine

Lodge in einem Nationalpark noch eher rustikal und sogar auffallend geschmacklos sein kann.

Viele der **Camps und Lodges** sind aber definitiv geschmackvoll und elitär. Manche frönen dem alten viktorianischen Kolonialstil, andere haben aus Holz, Stein und Beton kreative, tropische Busch-Hideaways geschaffen, wo einem vor Staunen der Mund offen bleibt. Aufgrund der klimatischen Bedingungen muss die Bauweise offen sein, damit jede noch so kleine Brise effizient genutzt werden kann. Die imposanten Dachkonstruktionen aus Palmenblättern sind zumeist Kunstwerke der Statik, und sie verleihen den Unterkünften nicht nur ein wohlig-heimeliges Gefühl der Naturverbundenheit, sondern kühlen auch wunderbar. Einige Lodges und Camps verfügen über Swimmingpools, Spas (kleine Wellness-Oasen) oder gar Fitnessräume. In vielen besteht heutzutage Internetanschluss, oft noch per Satellit, manchmal sogar über das Mobilfunknetz. Der Strom kommt meist aus dem Generator, doch der ist geschickt versteckt, damit man ihn weder hört noch sieht. In den „günstigeren" Camps wird zumeist nach 22 oder 23 Uhr der Generator abgeschaltet und erst am nächsten Morgen wieder in Betrieb genommen. Die Busch-Unterkünfte haben also ganz schön viel zu bieten, gemessen daran, dass sie mitten in der unberührten Wildnis des tansanischen Buschs stehen. Ein weiteres Plus: Selbst in den allerhöchsten Luxusklasse herrscht afrikanischer Charme und lockerer Esprit ohne Kleidervorschriften.

Die andere Seite der Medaille lautet, dass die **Preise** hier pro Person angegeben werden und das Preisgefüge nicht immer transparent ist. So wird in erster Linie zwischen Hoch- und Nebensaison unterschieden, wobei die Preise in der Nebensaison (nicht einheitlich geregelt, zumeist jedoch März bis Juni, also die Monate der großen Regenzeit, bisweilen auch die Monate Oktober und November) um bis zu 40 % günstiger sein können. In den Touristenhochburgen des Nordens wird sogar noch eine Peak Season ausgewiesen, die Weihnachten, Neujahr und den Hauptreisemonat Juli umfasst. In zweiter Linie unterscheidet man, wie an anderer Stelle bereits erwähnt, zwischen Rack Rate (Normalpreis) und Tour Operator Rate. In den Nationalparks wird der Preis zusätzlich noch dadurch definiert, ob in der Übernachtung Pirschfahrten oder Aktivitäten enthalten sind. Diese attraktiven **All-inclusive-Arrangements** sind vor allem dann interessant, wenn man nicht an einen Tour Operator gebunden ist, sondern die Safaris direkt bei den Lodges und Camps bucht.

Im Übrigen regeln häufig Angebot und Nachfrage die Preise, vor allem da Tansania zu den Hauptreisezeiten wie zu Weihnachten und im Juli zu wenig Betten hat. In den stark frequentierten Nationalparks, wie der Serengeti oder dem Ngorongoro Crater, sind für diese Zeiträume die Lodges und Camps ein Jahr im Voraus ausgebucht. Ebenso diktiert die Popularität auf Sansibar den Preis, denn auch ein einfaches Hotel ohne Komfort und Geschmack mit einem Zimmerpreis von US$100 kann heute in Stone Town eröffnen – und ist schon morgen praktisch voll gebucht.

Ein anderer Erklärungsansatz für die überzogenen Übernachtungspreise liegt in der **Abgeschiedenheit** vieler Lodges und Camps. Es stellt eine logistische Meisterleistung dar, fast täglich frische Lebensmittel tief in den Selous zu liefern, entweder per Flug oder LKW. Ebenso schwierig ist es, geschmackvolle Einrichtungsgegenstände, Geschirr, Gläser und Ähnliches in den Katavi National Park oder tief in den Tarangire National Park zu schaffen. Kraftstoff für die Generatoren und Fahrzeuge zu besorgen kann dabei in einen unvorstellbaren Aufwand ausarten. An solch entlegenen Orten muss auch berücksichtigt werden, dass die kontinuierliche Instandhaltung der Safarifahrzeuge und LKWs Unsummen von Geld verschlingt. Nicht zu vergessen, dass der tansanische Staat durch saftige Steuer- und Abgabenforderungen zur Preissituation maßgeblich beiträgt.

Trotz all dieser Erklärungsversuche steht außer Frage, dass die Unterkünfte in Tansania viel zu teuer sind, doch die Tendenz ist weiter steigend. Im Vierteljahrestakt eröffnen neue Lodges, die sich immer wieder preislich nach der Decke strecken und trotzdem gebucht werden.

Camping

Für viele Pauschalreisende bildet Camping eine lohnende Alternative zu teuren Lodge Safaris. Aber auch Selbstversorger, die mit dem eigenen

Camping im unberührten, wilden Busch ist ein Erlebnis für alle Sinne.

Wagen oder einem Mietfahrzeug unterwegs sind, zelten gerne – sofern sie ihre Camping-Ausrüstung aus Übersee mitgebracht haben (s. S. 60). Im ganzen Land gibt es fast flächendeckend **Campingplätze**, aber die wirklich guten mit Top-Infrastruktur und -Leistungen können an einer Hand abgezählt werden. Viele davon verfügen über (einfache) Sanitäreinrichtungen, manche sind nur bewachte Plätze, wo gegen Gebühr das Zelt aufgestellt werden kann. Auch hier sind, wie bei den festen Unterkünften, alle Qualitätsstufen vorhanden.

Campingplätze außerhalb der Nationalparks haben allesamt ein besseres Preis-Leistungs-Verhältnis als diejenigen der Nationalpark- oder Reservatsverwaltungen. Letztere liegen vielleicht besonders idyllisch, doch die Sanitäranlagen sind oft bescheiden, teilweise auch schmutzig, und die Plätze nicht gut instand gehalten. Außerdem werden für das Kampieren auf den *public campsites* in den Parks US$30 p. P. verlangt. Da sind die ebenso komfortablen Campingplätze außerhalb der Parks, die für US$5–10 p. P. zu haben sind, wohl die attraktivere Variante.

Zusätzlich zu den herkömmlichen Campingplätzen wurden in den meisten Naturschutzgebieten sogenannte *special campsites* eingerichtet, die außer einer reizvollen Lage oder atemberaubenden Aussicht wenig zu bieten haben – für US$50 p. P. Solche Plätze werden gerne von den Tour Operators für Camping-Safaris der Luxusklasse genutzt und müssen dementsprechend rechtzeitig bei der Tanapa reserviert werden. Sie sind nicht ausgeschildert, Wegbeschreibungen müssen erfragt werden.

Während Besuche auf *special campsites* im Norden (vgl. Tanapa in Arusha, S. 382) immer angemeldet werden müssen, sind für die Parks außerhalb des Northern Circuit im Normalfall keine **Reservierungen** notwendig, da sie verhältnismäßig wenig besucht werden. Hier genügt es, am jeweiligen Gate den Campingplatz zu buchen und zu bezahlen.

Sollte einmal kein Campingplatz zu finden sein, kann man auch **wild zelten** (außer auf Sansibar, in den Parks und Schutzgebieten). Draußen im Busch weitab der Siedlungen geht die größte Gefahr von Wildtieren aus. Wer in der Nähe von Dörfern zeltet, sollte zuerst bei den Einwohnern um Erlaubnis bitten. Normalerweise wird man von der Dorfgemeinschaft herzlich willkommen geheißen; auf Anfrage wird einem gegen Trinkgeld auch ein Wachmann zugeteilt.

Unterhaltung

Wer hippe Clubs, angesagte Festivals und den letzten Schrei der Fusion-Küche erwartet, wird in Tansania herb enttäuscht. Wer das Unterhaltungsangebot aber am allgemeinen Lebensstandard der Menschen misst, wird angenehm überrascht sein.

Essen, **Trinken und Musik** – auf diesen drei Eckpfeilern ruht das tansanische Gesellschaftsleben. Nur in den Ballungszentren gibt es **Nachtclubs**, **Diskotheken und Kasinos**, wo sich die die Einheimischen mit den Expats und Touristen mischen. Auf dem Land geht es gemütlicher zu, mit landestypischen Kneipen und einem warmen Bier. In Dar es Salaam und Arusha existieren zudem **Kinos**, die Bollywood- und Hollywoodfilme zeigen.

Vor allem in den von Expats und Touristen frequentierten Lokalen und Restaurants wird man vermehrt auf **Prostitution** treffen. Das horizontale Gewerbe tritt in Tansania aber weitaus dezenter als beispielsweise im Nachbarland Kenia auf. Das älteste Gewerbe der Welt ist nicht auf Frauen beschränkt – in Restaurants, Bars oder am Strand bieten auch Männer ihre Liebesdienste an.

Im Gegensatz dazu hat sich auf Sansibar ein etwas befremdlicher Trend breitgemacht, der vermutlich von einer Überdosis an romantischem Kitsch-Kino à la *Die weiße Maasai* herrührt. Frauen jeden Alters verleben ein paar prickelnde Tage im exotischen Multikulti-Ambiente mit einem **Maasai-Mann**. Natürlich verkaufen sich nicht alle Maasai; der Großteil migriert einfach für einige Monate nach Sansibar, um sich als Souvenirhändler zu verdingen. Einige der Liebesdienste anbietenden „Maasai" sind allerdings in Wirklichkeit Angehörige anderer Volksgruppen, die nur auf der Maasai-Welle mitschwimmen wollen.

In Sachen **Kunst und Kultur** kann Tansania mit drei hochkarätigen Musik- und Populärkunst-Festivals aufwarten: dem ZIFF (Juni/Juli) und dem Sauti za Busara (Februar) auf Sansibar sowie dem International Bagamoyo Arts Festival (September/Oktober). Nähere Informationen dazu finden sich im Kapitel über Sansibar (S. 272) bzw. Bagamoyo (S. 200).

Verhaltenstipps

Wer nach Tansania reist, taucht in eine andere Welt ein, die zwar nur wenige Flugstunden von der unsrigen entfernt ist, in der aber ganz andere Regeln und Gesetze gelten. Es ist eine exotische und faszinierende, von vielen westlichen Zwängen befreite und manchmal auch frustrierende Welt, die mit dem romantischen Afrika-Bild unserer Medien wenig gemein hat.

Private Einladungen

Wer eine Einladung in ein privates Haus erhält, kann dies als große Ehre betrachten. Mag das Heim noch so bescheiden sein, die Gastfreundschaft ist fast immer überwältigend. Die aufgetischten Mahlzeiten sind meist vorzüglich und mit Sicherheitdas Beste, was sich die Familie leisten kann.

Es ist üblich, dass der Gast eine kleine Aufmerksamkeit mitbringt, z. B. frische Ananas oder frischen Fisch oder auch praktische Dinge wie Telefonguthaben über 2000 oder 5000 TSH,

Mzungu!

Ob es eine herablassende Bezeichnung ist oder einfach nur eine neutrale Feststellung, lässt sich schwer sagen.

Mzungu (Mehrzahl: *wazungu*) werden in Ostafrika jedenfalls Menschen mit weißer oder heller Hautfarbe genannt. Der Terminus, der nichts anderes als „Herumstreunender, Herumziehender" bedeutet, stammt aus dem 18. Jh., als die europäischen Händler und Forscher von einem Ort zum anderen zogen und immer auf dem Sprung waren.

Besonders Kinder lieben es, „Mzungu!" brüllend durch die Straßen zu laufen, aber auch im alltäglichen Gespräch mit Erwachsenen wird das Wort öfters fallen – ohne beleidigenden Unterton.

Wazungu müssen jedoch mit heillos überteuerten Preisen rechnen, die nicht ohne Weiteres bezahlt werden sollten.

Batterien oder ein Päckchen Tee – Hauptsache praktisch und alltagstauglich.

Weniger angebracht sind hingegen Gastgeschenke, die bei uns üblich sind: Wein, Blumen oder Schokolade.

Zärtlichkeiten in der Öffentlichkeit

Während Tansanier sich erfrischend direkt zu sexuellen und anderen körperlichen Bedürfnissen äußern, werden diese dennoch nicht in der Öffentlichkeit befriedigt. Deshalb sollte man auf Liebesbekundungen in der Öffentlichkeit verzichten; besonders Küssen wird nicht gerne gesehen. Je nach Toleranz der umstehenden Menschen könnte es passieren, dass man angepöbelt oder beschimpft wird. Ebenso ungern gesehen wird es, wenn man sich an den Händen hält. Derlei Liebesbekundungen provozieren aggressives Verhalten der Tansanier, zumindest aber mehr Aufmerksamkeit, als einem lieb sein kann.

Umgang mit Geld

Es ist ratsam, bei Reisen durch Tansania immer genügend **Kleingeld** mitzuführen. Man benötigt es fürs Trinkgeld, zum Kauf von Busfahrscheinen oder Snacks in Garküchen, aber auch für Restaurants, Straßenläden, Märkte oder Supermärkte. Nur selten ist ausreichend Wechselgeld vorhanden; viele Geschäftsinhaber überantworten ihren Angestellten mangels Vertrauen keine Kassenbestände. Zudem sind kleine Scheine im Alltagsleben der Einheimischen so wichtig, dass sie sie nicht gerne hergeben.

Es kann auch passieren, dass bei einem Einkauf nicht genug **Wechselgeld** herausgegeben wird. Wer sich darüber ärgert, sollte wissen, dass diese Großzügigkeit in beide Richtungen gilt und einem vielleicht schon beim nächsten Einkauf 100 oder 300 TSH geschenkt werden. Hier lässt man also am besten Großzügigkeit walten.

Grundsätzlich sollte in Tansania keine **Dienstleistung** im Voraus bezahlt werden. Taxifahrer werden nach der Fahrt, auf Bestellung angefertigte Holzstatuen bei der Abholung bezahlt. Hier sollte man unbedingt hart bleiben, ansonsten besteht die reelle Gefahr, dass man die bereits bezahlte Leistung niemals erhält.

Handeln im Alltag

Hotels, Restaurants und Geschäfte westlichen Stils, öffentliche Verkehrsmittel und Zeitungen haben **fixe Preise**. Bei Straßenhändlern oder auf Märkten hingegen gehört es zum guten Ton, zu **feilschen**. Das will aber gelernt sein, denn schließlich sollten beide Geschäftspartner mit dem Ausgang des Handels zufrieden sein. Am besten erkundigt man sich zuvor bei Reiseleitern oder Einheimischen nach den üblichen Preisen.

Das erste Preisangebot wird fast immer viel zu hoch ausfallen. Man spricht dann von *Wazungu*-Preisen, die aber dennoch von einigen blauäugigen Touristen aus Unkenntnis – und weil die Ware im Vergleich zum Preisniveau im Heimatland so billig erscheint – bezahlt werden. Nun muss der Käufer sein Erstgebot abgeben, das im Normalfall mindestens 50 % unter dem genannten Preis liegt. Danach nähern sich Käufer und Verkäufer in 500er- und 1000er-Schritten (TSH) dem endgültigen Verkaufspreis an, der im Idealfall dem vorher erfragten landesüblichen Preis entspricht. Mit ein bisschen Übung wird man sein Verhandlungsgeschick bald perfektionieren und dem Handeln vielleicht sogar ein wenig Spaß abgewinnen. Denn nichts anderes ist die Feilscherei auch für die Einheimischen – ein beliebter Zeitvertreib, ein Spiel, aus dem beide Geschäftspartner als Gewinner hervorgehen sollten. Wichtig: Wer ein Gebot abgibt, sollte sich daran auch gebunden fühlen!

Manchmal sind auch **Tauschgeschäfte** möglich, wobei Elektrogeräte (Mobiltelefone, iPods) sowie Markenkleidung heiß begehrte Tauschware sind – hier wechselt schon einmal ein T-Shirt gegen eine Holzgiraffe seinen Besitzer.

Beachboys und Flycatcher

Begleiterscheinungen des florierenden Tourismus stellen zweifelsohne die Beachboys und Flycatcher dar, die an den zahlreichen Besuchern verdienen wollen – aber leider oft mit unlauteren Mitteln.

Strandverkäufer werden allgemein als Beachboys bezeichnet. Ihre Warenpalette reicht von Schnitzereien über Tingatinga-Gemälde bis hin zu Tüchern und anderen typischen Souvenirs. Während sie an den Stränden von Kenia eine wahre Plage sind, verhalten sich die sansibarischen Strandverkäufer weniger aufdringlich. Im Normalfall reicht ein bestimmtes „No, thank you", um sie abzuwehren.

Flycatcher lautet die wenig schmeichelhafte Bezeichnung für Männer, die unaufgefordert ratlos blickende Touristen auf der Straße, am Taxistand, Busbahnhof, Fährhafen oder sogar am Flughafen ansprechen und ihnen billige Safaris, Bergbesteigungen oder Ausflüge verkaufen möchten. Oft sind sie drogen- oder alkoholabhängig und in jedem Fall kassieren sie für ihre Vermittlungstätigkeit Provisionen. Von der Buchung bei solchen Vermittlern oder den Unternehmen, die sie anheuern, ist dringend abzuraten; viele Urlauber werden Jahr für Jahr Opfer solcher zwielichtiger Unternehmen und verlieren teilweise viel Geld dabei. Wenn also ein Guide behauptet, die gebuchte Unterkunft sei geschlossen oder der gewählte Safari-Veranstalter nicht empfehlenswert, sollte man hellhörig werden. Mit solchen Geschichten versuchen die Unehrenhaften unter den Guides die Touristen zu einer Änderung ihrer Pläne zu veranlassen, damit sie von den Unternehmen, von denen sie angeheuert wurden, Provisionen kassieren können.

Begrüßungsritual

Jedes Gespräch mit einem Tansanier beginnt mit einem scheinbar nicht enden wollenden Begrüßungsritual, das im Normalfall das Klima eines Gesprächs nachhaltig prägt. Dafür muss immer Zeit sein, auch wenn man zwischen Tür und Angel steht und beispielsweise in Stone Town der Imam schon mahnend zum Gebet ruft. Man erkundigt sich nach dem momentanen Gesundheitszustand, dem Wohlbefinden der Familie, dem Fortgang der Arbeit oder einfach nach den Neuigkeiten seit dem letzten Zusammentreffen. Außenstehende mögen das vielleicht als Austausch oberflächlicher Höflichkeitsfloskeln sehen, doch im Dorfleben ersetzen sie Nachrichten und Telefon. Zudem schenkt man seinem Gegenüber das höchste Gut, das man zur Verfügung hat – nämlich Zeit (s. S. 115).

Betteln

Auf bettelnde Menschen wird man fast ausschließlich in den Ballungs- und Touristenzentren Dar es Salaam und Arusha treffen. Während es sich in Dar es Salaam größtenteils um behinderte oder kranke Menschen handelt, die mit Betteln ihren Lebensunterhalt bestreiten müssen, wird man in Arusha oder Mwanza vermehrt auf verwahrloste Kinder und Jugendliche treffen. Wer geneigt ist, ihnen den einen oder anderen Schein zuzustecken, sollte vorher die lokalen Gepflogenheiten erkunden. Als angemessen gelten Münzen und Beträge unter von 1000 TSH. Am besten, man hält immer einige Münzen griffbereit.

Bei Kindern ist allerdings Vorsicht geboten: Obwohl sie einem leidtun können, wird mit einer Geldspende das falsche Signal gesetzt. Viele Kinder verdienen mit Betteln oft mehr als mit Arbeit. So werden sie (auch von ihrer Familie) dazu angetrieben, eher betteln zu gehen, als eine reguläre Schule zu besuchen, da die Bettelei offensichtlich ein durchaus einträgliches Geschäft darstellt. Die Verlierer dieses Teufelskreises sind zweifelsohne die Kinder selbst. Wer ihnen trotz allem gerne etwas geben möchte, sollte an Nahrungsmittel denken, z. B. Mehl, Zucker oder Eier.

Vermittlungsgebühren

Vermutlich wird kaum ein gewöhnlicher Tourist mit den allseits beliebten Vermittlungsgebühren *(commissions)* in Berührung kommen. Wer aber länger oder als Individualtourist in Tansania weilt, macht andere Erfahrungen. Ob beim Anmieten einer Wohnung oder der Suche nach Ersatzteilen fürs Auto, es wird generell eine Vermittlungsprovision von 10–20 % berechnet. Selbst Firmeninhaber, die Angestellte losschicken, um Ersatzteile oder Werkzeuge aufzutreiben, zahlen ihnen diese Provision (!).

Da kostenlose Gefälligkeiten unüblich sind (erst recht, wenn der Nutznießer ein vermeintlich reicher Ausländer ist), muss man sich darauf einstellen und die Provision ggf. im Voraus aushandeln. Wenn schon keine Provision, so erwartet man sich wenigstens ein angemessenes Trinkgeld.

FKK und Oben-ohne-Baden

Öffentliche Nacktheit jeder Art ist schon aus Rücksicht auf die moslemische Bevölkerung an der Küste nicht gestattet. Obwohl einige Resorts abseits der Dörfer liegen und nur wenige Einheimische den dazugehörigen Strand frequentieren, gilt diese Verhaltensregel auch hier, um die Angestellten nicht vor den Kopf zu stoßen. Im Übrigen ist es für Besucherinnen keineswegs angenehm, ständig angestarrt zu werden. Sofern Einheimische überhaupt ins Wasser gehen, tun sie dies meist vollständig bekleidet.

Toiletten und Toilettenpapier

Öffentliche Toiletten sind dünn gesät, da die meisten Einheimischen ohnehin hinter den nächsten Strauch gehen. Flughäfen, Bahnhöfe oder Tankstellen verfügen über öffentliche Toiletten, die dem landestypischen Niveau entsprechen. Zumeist handelt es sich um Plumps- oder Stehklos ohne fließendes Wasser und Toilettenpapier. Deshalb tut man gut daran, immer etwas Papier bei sich zu haben, vielleicht sogar feuchtes Klopapier oder Feuchttücher zum Händereinigen. Auch Handdesinfektionsmittel haben sich bewährt. Dieselben Empfehlungen gelten für Safaris. Je nach Nationalpark legt man strategisch geplante Stopps ein oder aber sucht einfach die – ohnehin wesentlich hygienischere – Buschtoilette auf. In den Städten muss man auf die Toiletten der Restaurants, Cafés und Hotels ausweichen, was aber im Normalfall kein Problem darstellt. Für körperliche Bedürfnisse gelten in Afrika ohnehin viel weniger Tabus als bei uns …

Versicherungen

Die großen Versicherungsunternehmen bieten eine verwirrende Vielzahl von Versicherungspaketen an, die Reiserücktritts-, Unfall-, Gepäck- und Auslandskrankenversicherung einschließen können. Letztlich liegt es im Ermessen jedes Einzelnen, was versichert werden soll. Dringend empfohlen ist lediglich die private **Auslandskrankenversicherung**, die den Krankenrücktransport einschließt.

Ohne sie sollte niemand sein Heimatland verlassen. Insbesondere bei Krankenhausaufenthalten kann schnell eine erhebliche Summe zusammenkommen, die ansonsten aus eigener Tasche bezahlt werden müsste. Versicherte können die Kosten dagegen unter Einreichung der Rechnungen bei der Versicherung geltend machen. Einschränkungen gibt es natürlich auch hier, besonders bei Zahnbehandlungen (nur Notfallbehandlung) und chronischen Krankheiten (Bedingungen durchlesen!).

Beim Abschluss einer solchen Krankenversicherung ist unbedingt darauf zu achten, dass sie eine vernünftige **Rückholklausel** beinhaltet. Sofern ein Arzt vor Ort die Notwendigkeit einer Behandlung in Europa bescheinigt, erstattet die Versicherung den vorzeitigen Rückflug. Wer im Ausland schwer erkrankt, wird nur dann zu Lasten der Versicherung heimgeholt, wenn er plausibel darlegen kann, dass am Urlaubsort keine ausreichende Versorgung gewährleistet ist. Dann geht es mit Linienmaschinen oder auch mit eigens losgeschickten Ambulanzflugzeugen nach Hause. Die meisten Versicherungen haben inzwischen den Passus „wenn medizinisch notwendig" in das Kleingedruckte aufgenommen. Aber gerade die medizinische Notwendigkeit ist nicht immer leicht zu beweisen. Lautet derselbe Passus „wenn medizinisch sinnvoll und vertretbar", kann man wesentlich besser für eine Rückholung argumentieren.

Alle später bei der Versicherung einzureichenden **Rechnungen** sollten folgende Angaben enthalten:

- Name, Vorname, Geburtsdatum
- Behandlungsort und -datum
- Diagnose

- Erbrachte Leistungen in detaillierter Aufstellung (Beratung, Untersuchungen, Behandlungen, Medikamente, Injektionen, Laborkosten, Krankenhausaufenthalt)
- Unterschrift des behandelnden Arztes
- Stempel

Auslandskrankenversicherungen werden von nahezu allen großen Versicherern und auch von einigen Kreditkartenorganisationen angeboten. Sie sind meistens für ein Jahr gültig, decken jedoch nur Reisen von jeweils bis zu 30 oder 42 Tagen, manche auch bis zu acht Wochen ab. Es empfiehlt sich der Abschluss eines Jahresvertrags. Wer länger als sechs Wochen verreisen möchte, sollte sich nach Langzeittarifen erkundigen.

Visa

Grundsätzlich benötigen alle Reisende aus Deutschland, Österreich und der Schweiz ein Visum. Das normale, drei Monate (90 Tage) gültige **Besucher- und Touristenvisum** (Tourist Visa) kann vor der Reise bei der Botschaft der Republik Tansania in Berlin beantragt werden (gilt auch für österreichische und Schweizer Staatsbürger) oder auch direkt bei der Einreise nach Tansania. Voraussetzung für die Ausstellung ist in beiden Fällen ein noch mindestens sechs Monate gültiger Reisepass sowie die Vorlage eines Rückreisetickets.

Eine **Beantragung im Heimatland** ist sinnvoll, wenn man bei der Einreise möglichst wenig Action haben möchte. Wer rechtzeitig bucht, könnte beispielsweise einen Monat vor der Abreise das Visum bestellen. In jedem Fall sollte man genügend Zeit einplanen, damit der Reisepass rechtzeitig vor der Abreise wieder in der Post ist. So umständlich und zeitraubend die Ausstellung in Berlin auch sein mag, sie hat einen entscheidenden Vorteil: Man braucht sich am jeweiligen Flughafen in Tansania nicht in die langen Menschenschlangen vor dem Visumschalter einzureihen (das gilt besonders für Dar es Salaam, wo viele internationale Flieger um dieselbe Zeit ankommen).

Am einfachsten ist der Download des Antragsformulars für das Visum von der Webseite 🖳 www.tanzania-gov.de (Link „Visum & Pass"). Dem ausgefüllten Antrag sind der Reisepass, ein aktuelles Passfoto, eine Kopie des Tickets oder eine Rückreisebestätigung des Reisebüros sowie ein frankierter Rückumschlag (Einschreiben) beizulegen. Die Kosten liegen bei 50 €.

Wer seine Reise kurzfristig bucht, kann das Visum direkt **bei der Einreise** erwerben (ohne zusätzliches Passfoto oder Ticketkopie, also mit weit weniger Aufwand), entweder in den internationalen Flughäfen oder an den anderen Grenzübergängen. Je nachdem, wie viele Flugzeuge gleichzeitig abgefertigt werden, kann die Wartezeit in den Flughäfen erheblich sein. Deshalb gilt: Möglichst flott aus dem Flieger aussteigen, um zumindest die Mitreisenden der eigenen Maschine zu überholen. Auch an den offiziellen Grenzübergangsstellen zu den Nachbarländern ist das Besuchervisum jederzeit relativ problemlos erhältlich. Momentan (Sommer 2011) beläuft sich die Gebühr für das Touristenvisum vor Ort auf wahlweise US$50 oder 50 €, wobei dem schwachen Dollar eindeutig der Vorrang zu geben ist.

Das Visum für Tansania ist im Normalfall ab dem Tag der Ausstellung drei Monate gültig und berechtigt nur zur **einmaligen Einreise** (Single Entry). Langzeitreisende sollten deshalb das Visum erst bei der Einreise erwerben, denn nach Ablauf der drei Monate kann das Visum – unter Berücksichtigung der tansanischen Bürokratie und ihrer Tücken – einmal um einen Monat bei einer der Immigration Offices verlängert werden. Die zweite Möglichkeit, seinen Aufenthalt zu **verlängern**, besteht darin, einmal auszureisen und wieder einzureisen. Auch hier ist es in letzter Zeit vermehrt zu Schwierigkeiten an der Grenze gekommen, da diese Methode nicht mehr ohne Weiteres akzeptiert wird. Wer auf Nummer sicher gehen möchte, löst am besten ein Flugticket in ein Drittland oder fährt mit dem eigenen Fahrzeug dorthin. Unter der Hand wird Visa-Inhabern eine sogenannte *grace period* von vier Wochen eingeräumt, in der sie die Vorkehrungen für ein neues Visum treffen können. Es wird nicht öffentlich bekannt gegeben und viele Grenzbeamte wissen auch nichts davon, aber wer nur um ein paar Tage überzieht und sich nicht vor Diskussionen mit Beamten scheut, kann möglicherweise eine Stange Geld sparen.

Visa, mit denen man mehrere Male ein- und ausreisen kann, sogenannte **Multiple Entry Visa**, sind nach momentanem Stand – trotz East-African Community – für Touristen nicht erhältlich. Die Vertreter der ostafrikanischen Staaten konnten sich noch nicht auf vereinfachte und einheitliche Visavorschriften einigen, doch Vorschläge liegen seit Jahren in der Schublade. Auf das gemeinsame Visum für alle Staaten der **East-African Community** (EAC), das es Reisenden ermöglichen soll, sich innerhalb von drei Monaten frei zwischen den Ländern bewegen zu können, müssen Ostafrika-Fans also noch geduldig warten.

Bei der Ankunft am Flughafen (oft auch schon im Flugzeug) oder bei der Einreise über einen Straßengrenzposten ist die **Immigration Card** auszufüllen und einzureichen. Sie dient zur Überprüfung der persönlichen Daten sowie von Zweck und Dauer des Aufenthalts.

Obwohl Sansibar zum Staat Tansania gehört und das tansanische Visum trotz anderslautender Gerüchte hier uneingeschränkt gültig ist, kann es Besuchern, die vom Festland her anreisen, passieren, die mühseligen Einreiseformalitäten (Ausfüllen der Immigration Card, Zoll etc.) ein zweites Mal durchlaufen zu müssen. Speziell am Hafen von Stone Town kann dies lästig werden, wenn sich Horden urlaubshungriger Touristen nach Verlassen der Fähre gleichzeitig auf die wenigen offenen Schalter stürzen.

Für die **Ausreise** wird eine Ausreisekarte verlangt, die gewöhnlich bereits bei der Einreise zusammen mit der Einreisekarte ausgehändigt wird. Eventuell bei der Einreise vermerkte Luxusgüter, z. B. Videokameras, müssen bei der Ausreise vorgezeigt werden. Damit soll dem Schwarzmarkt ein Riegel vorgeschoben werden.

Zeit und Zeitempfinden

Der **Zeitunterschied** zur MEZ beträgt in Tansania plus eine Stunde während der europäischen Sommerzeit bzw. plus zwei Stunden während

unserer Winterzeit. Zusätzlich zu dieser internationalen Zeitrechnung gilt hier aber auch die Swahili-Zeit, die sich nach dem Stand der Sonne richtet. Die **Swahili-Zeitrechnung** beginnt bei Sonnenaufgang, sozusagen mit der Stunde null (6 Uhr morgens). Dies ist die Zeit, wenn der Großteil der Tansanier aus den Federn steigt – man traut seinen Augen oft nicht, welch buntes Treiben auf der Straße bereits um diese Zeit herrscht! Die erste Stunde des Tages endet um 7 Uhr morgens, woraus sich auch die Uhrzeit, nämlich 1 Uhr Swahili-Zeit *(saa moja)*, ableitet.

Entsprechend dieser Zeitrechnung (als Eselsbrücke subtrahiert oder addiert man jeweils sechs Stunden zu unserer Zeit) ist also 9 Uhr vormittags die dritte Stunde (3 Uhr Swahili-Zeit, *saa tatu*) und 14 Uhr nachmittags die achte Stunde (8 Uhr Swahili-Zeit, *saa nane*). Ein Tag hat von Sonnenaufgang bis Sonnenuntergang ungefähr zwölf Stunden (aufgrund der Äquatornähe gilt dies rund ums Jahr), weswegen nach der 12. Stunde (18 Uhr abends nach westlicher Zeit) die Zählung wieder bei eins beginnt.

Gewöhnlich wird Touristen gegenüber die westliche Zeit genannt – im Zweifelsfall (wie bei Abfahrtzeiten von Bussen) fragt man aber besser nach. Angaben wie beispielsweise „2:00 as." (2 Uhr *asubuhi* = am Morgen, also 8 Uhr morgens) lassen jedenfalls darauf schließen, dass Swahili-Zeit gemeint ist. Es kann immer wieder passieren, dass selbst Tansanier, die des Englischen mächtig sind, aus Gewohnheit ihre eigene Uhrzeit wortwörtlich übersetzen.

Doch nicht nur die Uhrzeit ist unterschiedlich, sondern auch das **Zeitempfinden** allgemein. Für einen Tansanier ist Zeit das höchste Gut, weswegen es auch als unhöflich gilt, keine Zeit oder Zeitdruck zu haben. Obwohl die meisten Menschen eine Uhr am Handgelenk tragen, ist sie wohl mehr ein Statussymbol als ein Zeitmesser. Man nimmt sich viel Zeit in alltäglichen Situationen, um dem jeweiligen Gegenüber gebührenden Respekt zu zollen, z. B. in Form von ausführlichen Begrüßungsritualen. Aus all diesen Gründen darf man keine schweizerische Pünktlichkeit erwarten. Zeitangaben sollte man meist als Richtwerte auffassen, besonders im zwischenmenschlichen Bereich. Züge, Busse

Zollgrenzen

Zollfrei (für Staatsangehörige über 17 Jahren) ist die Einfuhr folgender Waren in den EU-Raum:

- **Tabakwaren**: 200 Zigaretten oder 100 Zigarillos oder 50 Zigarren oder 250 g Rauchtabak oder eine anteilige Zusammenstellung dieser Waren
- **Alkohol und alkoholhaltige Getränke**: 1 l Spirituosen mit einem Alkoholgehalt von über 22 Vol.% oder 2 l Spirituosen (Schaumwein oder ähnliche Getränke) mit einem Alkoholgehalt von max. 22 Vol.% oder eine anteilige Zusammenstellung dieser Waren und 4 l nicht schäumende Weine sowie 16 l Bier
- **Arzneimittel**: zugelassene, gekennzeichnete Medikamente in der dem persönlichen Bedarf während der Reise entsprechenden Menge
- **Andere Waren**: bis zu einem Warenwert von insgesamt 430 € p. P.

Für die Schweiz gelten ähnliche Bestimmungen für Tabakwaren und Alkohol. Strenger wird die Einfuhr von Geschenken und anderen Waren gehandhabt.

oder Flüge sind im Großen und Ganzen pünktlicher. Im Allgemeinen herrscht also ein wesentlich weniger hektischer Lebensrhythmus als in Europa, der in den oft gehörten Aussprüchen *pole pole* („Langsam, immer mit der Ruhe") und *hamna shida* („Alles kein Problem!") zum Ausdruck kommt. Auch wenn diese Mentalität für einen Westeuropäer gewöhnungsbedürftig ist, sollte man sich darauf einstellen und tolerant

bleiben (solange sich die Verspätungen im Rahmen halten), denn nichts kann einen Urlaub in Tansania nachhaltiger ruinieren als der permanente Blick auf die Uhr.

Zoll

Die Einfuhr der Landeswährung ist (theoretisch) verboten, die **Mitnahme von Fremdwährung** aber unbegrenzt erlaubt. Im Prinzip sind diese Geldmittel deklarationspflichtig, doch in der Praxis sollte man davon Abstand nehmen.

Gegenstände für den persönlichen Bedarf, wie z. B. Videokameras, Digitalkameras, Feldstecher oder Laptops, können zollfrei eingeführt werden. Allerdings kann es auch immer wieder einmal passieren, dass man der Willkür eines übereifrigen Beamten ausgesetzt ist, der ahnungslose Einreisende zur Kasse bitten möchte. Sollte dies der Fall sein, so müssen alle Waren unbedingt als persönliche Güter *(personal effects* oder *personal belongings)* deklariert und dem Beamten deutlich gemacht werden, dass man wieder ausreist und die Güter mitnimmt. Man sollte außerdem um eine Quittung *(receipt)* bitten.

Die Einfuhr von pornografischem Material sowie von Drogen ist strengstens **verboten**. Jagdwaffen sind bei der Einreise zu deklarieren, andere Waffen dürfen nicht eingeführt werden.

Die **Ausfuhr** von Gegenständen, die aus geschützten Tieren hergestellt worden sind und nicht den Vorschriften des Washingtoner Artenschutzabkommens entsprechen, ist verboten. Dazu gehören Elfenbein und das Rhinozeroshorn, aber auch Tierfelle jeder Art, Muscheln, Korallen oder Schildpatt von Wasserschildkröten, die den Touristen vielerorts angeboten werden. Näheres im Abschnitt „Einkaufen", S. 45.

Land und Leute

Geografie

Fläche: 947 300 km², davon 885 800 km²
Landmasse
Größte Städte: Dar es Salaam
(über 3,5 Mio. Einw.), Mwanza (850 000 Einw.)
und Zanzibar City (450 000 Einw.)
Größte Seen: Lake Victoria (69 484 km²),
Lake Tanganyika (32 893 km²) und
Lake Malawi (29 604 km²), zugleich die
drei größten Seen Afrikas
Wichtigste Flüsse: Ruvumu River (Grenzfluss
zu Mosambik) mit 1100 km, Great Ruaha River,
Rufiji River, Pangani River, Mara River
Höchster Punkt: Kilimanjaro (5895 m),
gleichzeitig höchster Punkt Afrikas
Tiefster Punkt: Lake Tanganyika (358 m unter
dem Meeresspiegel), gleichzeitig tiefster
Punkt Afrikas

Das am Indischen Ozean gelegene Tansania
zeigt seinen Besuchern ein facettenreiches Gesicht. Wer die typischen Bilder von Buschlandschaft, goldbraunen Savannen oder schneebedeckten Gipfeln erwartet, wird nicht enttäuscht.
Doch zugleich überrascht Tansania, denn seine
vielfältigen Landschaftsformen erinnern mancherorts eher ans Allgäu als an unendliche afrikanische Weiten.

Mit nahezu der doppelten Fläche Deutschlands ist Tansania das größte ostafrikanische

---

Wie groß ist Ostafrika?

Gemeinhin werden die Länder östlich des
zentralafrikanischen Grabenbruchs (s. S. 120)
zwischen Äthiopien und dem Grenzfluss
Ruvuma unter dem Sammelbegriff Ostafrika
zusammengefasst, zumal Geschichte, Kultur
und Sprache dieser Länder miteinander verwandt sind. Dazu gehören im engeren Sinn
Tansania, Kenia, Uganda, Ruanda und Burundi;
im weiteren Sinn wird auch das südliche Somalia (Swahili-Küste), das nördliche Mosambik
und der östliche Kongo (jeweils dort, wo man
noch Swahili spricht) und manchmal Malawi
dazugerechnet. In jedem Fall bildet Tansania
neben Kenia das Herzstück Ostafrikas.

Land. Im Norden grenzt es an Kenia und Uganda, im Süden an Mosambik; seine westlichen
Nachbarn heißen Ruanda, Burundi, Kongo,
Sambia und Malawi. Aufgrund der willkürlichen
Gebietsaufteilungen in der Kolonialzeit verlaufen
die Grenzen zu den Nachbarstaaten oft wie mit
dem Lineal gezogen. So teilen sich Uganda, Kenia und Tansania den Lake Victoria im Norden,
während durch die Mitte des Lake Tanganyika
die Grenzlinie zur Demokratischen Republik
Kongo verläuft. Malawi und Mosambik wiederum haben gemeinsam mit Tansania Anteil am
Lake Malawi; mit Mosambik teilt sich das Land
außerdem den Fluss Ruvumu. Entgegen anders
lautender Behauptungen des Nachbarn Kenia
steht der Kilimanjaro dagegen vollständig in
Tansania.

Die Landschaftsräume Tansanias lassen sich
in drei große Bereiche gliedern: die Küstenregion, das Hinterland und die Inseln. Das Hinterland besteht topografisch gesehen aus dem
westlichen und östlichen Grabenbruch, ausgedehnten Plateaulandschaften in Zentral- und
Südtansania sowie dem südlichen Hochland.

Die Küste und die Inseln

Mitsamt den Inseln misst die Küstenlinie sagenhafte 1424 km. Weiße, palmengesäumte
Korallenstrände, einsame, azurblaue Buchten,
Mangrovensümpfe, Fischerdörfer und wichtige Hafenstädte wechseln einander ab. Die
von Korallenriffen geprägte Küste ist flach; an
weiten Teilen zieht sich das Meer bei Ebbe bis
zum Horizont zurück und legt den grasbewach-
senen Korallenstein, kleine Tümpel und allerlei
Meeresgetier frei. Mehrere Hunderte Meter
vom Sandstrand entfernt brechen über dem
fast durchgängig vorgelagerten Korallenriff die
Wellen. Das Riff schützt die Küste und auch die
Küstenbewohner sowie Touristen, da es große
Raubfische wie Haie fernhält.

Hinter der Küstenlinie am Festland erstrecken
sich die **Küstenniederungen** auf einer Breite von
bis zu 50 km (im Süden von Tansania gar bis zu
200 km). Dieses Gebiet liegt auf Meereshöhe (bis
maximal 100 m über dem Meeresspiegel) und im
Einflussbereich des feuchten, tropischen Küs-

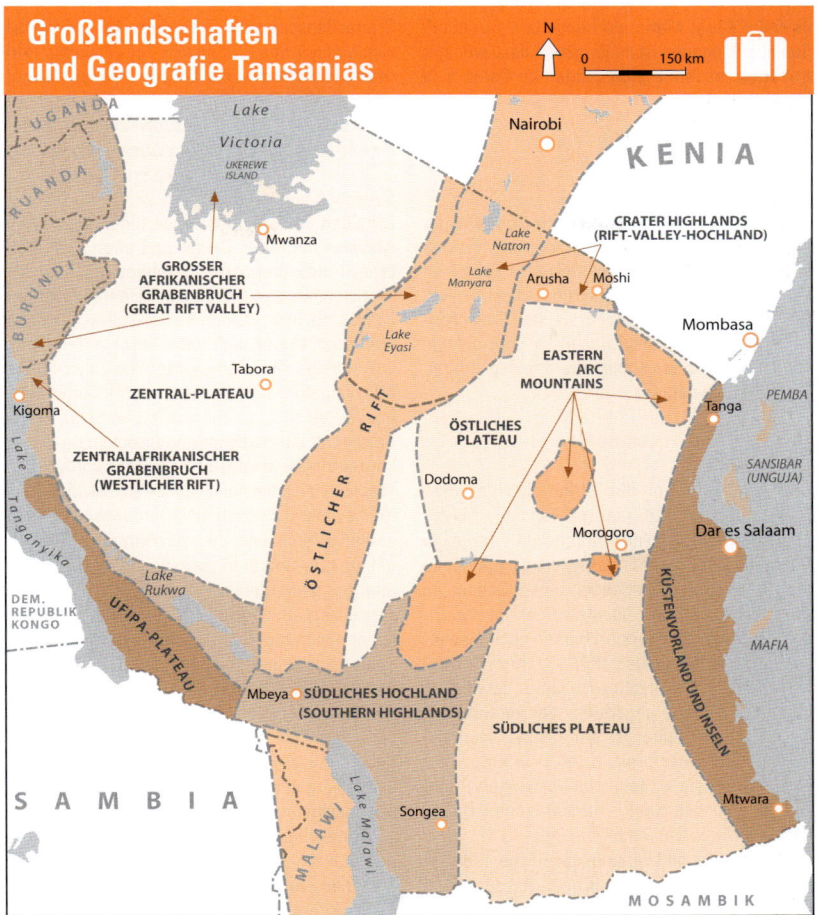

Großlandschaften und Geografie Tansanias

N

0   150 km

UGANDA

Lake Victoria

UKEREWE ISLAND

Nairobi

KENIA

RUANDA

Mwanza

Lake Natron

CRATER HIGHLANDS (RIFT-VALLEY-HOCHLAND)

BURUNDI

GROSSER AFRIKANISCHER GRABENBRUCH (GREAT RIFT VALLEY)

Lake Manyara

Arusha   Moshi

Mombasa

Lake Eyasi

EASTERN ARC MOUNTAINS

Tabora

ZENTRAL-PLATEAU

PEMBA

Kigoma

ÖSTLICHES PLATEAU

Tanga

ZENTRALAFRIKANISCHER GRABENBRUCH (WESTLICHER RIFT)

Dodoma

SANSIBAR (UNGUJA)

Lake Tanganyika

ÖSTLICHER RIFT

Morogoro

Dar es Salaam

Lake Rukwa

UFIPA-PLATEAU

DEM. REPUBLIK KONGO

MAFIA

KÜSTENVORLAND UND INSELN

Mbeya   SÜDLICHES HOCHLAND (SOUTHERN HIGHLANDS)

SÜDLICHES PLATEAU

SAMBIA

Lake Malawi

MALAWI

Songea

Mtwara

MOSAMBIK

Land und Leute

tenklimas, wo Temperaturen über 33 °C von November bis Februar keine Seltenheit sind. Heute ist der Küstenstreifen besonders nördlich von Dar es Salaam dicht besiedelt, und große Teile werden intensiv bewirtschaftet. Hauptsächlich handelt es sich dabei um Anpflanzungen von Sisal, Kokos- und Cashewnüssen für den Export sowie Obst und Gemüse für den Eigenbedarf.

Die drei größten Inseln des Landes sind **Unguja** (landläufig als Sansibar bezeichnet), **Pemba** und **Mafia**. Hinzu kommen noch zahllose kleine Inseln, die teilweise unbewohnt sind; auf manchen befinden sich heute auch Luxusherbergen. Ein Großteil der kleinen vorgelagerten Inseln bleibt jedoch von Reisenden unberührt. Einige sind Naturschutzgebiete, die nicht betreten werden dürfen, z. B. Vogelschutzgebiete, wo dichte Mangrovenwälder den gefiederten Bewohnern ein reichhaltiges Habitat bieten. Wie die Festlandküste sind auch die Inseln von artenreichen Korallenriffen umgeben. Obwohl alle drei Inseln aus Korallenstein sind, gelten Pemba („Die grüne Insel") und Mafia als besonders fruchtbar. Sansibar hingegen ist im Vergleich dazu weniger fruchtbar, besonders die Böden im Osten sind eher karstig.

Land und Leute

Das Hinterland

Als Hinterland wird das gesamte Gebiet westlich des schmalen, flachen Küstenstreifens bezeichnet. Es besteht aus teilweise konträren Landschafts-, Vegetations- und Klimaformen. Die Topografie reicht von der tiefsten Stelle Afrikas auf dem Grund des Tanganyika-Sees bis zum höchsten Punkt des Kontinents, dem legendären Gipfel des Kilimanjaro.

Der Große Afrikanische Grabenbruch

Über 6500 km – von der Türkei über das Rote Meer, quer durch Kenia und Tansania bis hinunter nach Mosambik – durchzieht der riesige Abbruch *(The Great Rift Valley)* die östliche Seite des afrikanischen Kontinents. Dieser Schnitt, im Durchschnitt an die 700–800 m tief, ist das Ergebnis gewaltiger, unterirdischer geologischer Kräfte, die in den letzten 18 Mio. Jahren bewirkten, dass sich die afrikanische und die arabische tektonische Platte gegeneinander verschoben. An manchen Stellen ist der Graben mehrere hundert Kilometer breit. Nach dem Entdecker dieser Bruchstufe (John Walter Gregory) wird er, vor allem im angloamerikanischen Raum, auch als *Gregorian Rift* bezeichnet.

Seismische und vulkanische Kräfte haben in die Erdkruste eine tiefe Narbe gerissen, die so gewaltig ist, dass man sie selbst vom Mond aus deutlich erkennt. Geologen sind sich einig, dass diese Kräfte in ferner Zukunft bewirken werden, dass sich die Landmassen östlich der Bruchlinie vom Kontinent abspalten. Heiße Quellen, Dämpfe und Vulkanausbrüche zeugen nach wie vor von großer Aktivität unter der Erdoberfläche. Besonders aktiv war in den letzten Jahren der Vulkan Ol Doinyo Lengai, der seit 2006 wieder Feuer spuckt.

Der Graben bildet in Ostafrika zwei Arme: Der **zentralafrikanische Grabenbruch** (Westlicher Rift) zieht sich von Uganda über die westliche Grenze Tansanias durch den Lake Tanganyika bis zum Malawi-See. Der andere Teil (Östlicher Rift) reicht von Nord-Kenia bis Nord-Tansania und umfasst auch Lake Natron, Lake Manyara, Lake Eyasi und Lake Rukwa. Im südwestlichen Tansania vereinen sich die beiden Zweige wieder.

Sodaseen und Vulkane

Die Seen im Östlichen Rift verfügen über keine Abflüsse ins Meer. Dieser und noch zwei weitere Gründe sind dafür verantwortlich, dass sie alkalisch, also salzhaltig sind. Einerseits ist der Landstrich, das sogenannte Rift-Valley-Hochland oder auch **Crater Highlands**, durch permanente vulkanische Aktivität geprägt, was den hohen Mineralgehalt des Bodens erklärt. Anderseits handelt es sich um äußerst flache Seen, deren Salzgehalt durch die starke Verdunstung immer konzentrierter wird. Der Salzgehalt fördert das Wachstum bestimmter Algenarten, die wiederum für die unterschiedlichen Verfärbungen der Seen verantwortlich sind. Je nach Salzgehalt und Algenart schimmern die Salzseen in roten, grünen oder gar pinkfarbenen Tönen. Ihre Wassermassen unterliegen großen saisonalen Schwankungen; manche Seen trocknen in regenarmen Jahren sogar ganz aus. Je nach Gegebenheiten kann der **Lake Natron** ein Meer aus pinkfarbenen Zwergflamingos sein (Optimisten sprechen von einer Zahl jenseits der Millionengrenze, in jedem Fall ein sensationeller Anblick) – oder einfach nur eine trübe Lache mit verschlammten oder rissigen Uferregionen.

Abgesehen von den alkalischen Seen zeichnet sich die Gegend durch ihre **Hochlandlage** aus. Diese Hochlandregionen weisen ein gemäßigtes Klima auf, mit trocken-heißen Sommern und Wintern, die dem Frühling in Mitteleuropa sehr ähnlich sind. Aus diesem Grund waren diese Gebiete, insbesondere Moshi und Arusha, seit jeher bevorzugte Siedlungsgebiete der Kolonialisten.

Entlang des Grabensystems entstanden **Vulkane**, die heute die Szenerie des Nordens maßgeblich prägen. Neben den großen Namen wie Kilimanjaro, Mount Meru oder Ol Doinyo Lengai gibt es in dieser Gegend auch zahlreiche andere, weniger bekannte, kleinere Vulkane (weswegen sie auch Crater Highlands genannt werden).

Die großen Seen

Im Westlichen Rift existieren ausschließlich tiefe **Süßwasserseen**. Durch die starke Sonneneinstrahlung verdunsten auch hier enorme Wassermengen, doch werden sie in Form von Regenfällen wieder in die Seen zurückgeführt. Diese mikroklimatischen Bedingungen sorgen dafür, dass die Uferregionen besonders fruchtbar und herrlich saftig grün sind. Insbesondere die Ufer des Lake Victoria sind daher dicht besiedelt.

Der **Lake Victoria** ist der größte See Afrikas; sein Abfluss gilt als einer der wichtigsten Quellflüsse des Nils. Er nimmt eine geologische Sonderstellung im großen afrikanischen Grabenbruchsystem ein, da er weder zum westlichen noch zum östlichen Rift gehört, sondern ziemlich genau in der Mitte zwischen beiden liegt. Seine Entstehung ist jedoch der tektonischen Aktivität in beiden Armen zu verdanken.

Als zweitgrößter See Tansanias und Afrikas und als zweittiefster Süßwassersee der Welt kann der **Lake Tanganyika** einige Superlative für sich beanspruchen. Der dritte im Bunde der großen Seen ist schließlich der **Lake Malawi** (bei den Tansaniern besser als Lake Nyasa bekannt). Er beeindruckt besonders durch die dramatische Kulisse der Livingstone Mountains.

Eastern Arc Mountains und das südliche Hochland

Eine eindrucksvolle Bergkette zieht sich von den Pare-Bergen im Nordosten des Landes über Morogoro bis nach Mbeya und weiter südlich nach Songea. Sie umfasst so klingende Namen wie die Usambara-Berge, die Udzungwa-Berge und die Livingstone-Berge am Lake Malawi.

Geologisch gesehen spalten sich diese Hochländer in zwei große Formationen. Da sind einerseits die Gebirge rund um Mbeya und entlang des Malawi-Sees, die zum **Östlichen Rift des Afrikanischen Grabenbruchsystems** gehören (s. S. 120) und somit vulkanischen Ursprungs sind. Alle Berge östlich davon zählen hingegen zu den **Eastern Arc Mountains** (S. 345). Diese geologisch uralte kristalline Gebirgskette reicht von Kenia bis nach Tansania und umfasst sowohl die Pare- und Usambara-Berge als auch die Uluguru- und Udzungwa-Berge. Klimatisch steht sie überwiegend im Einflussbereich des Indischen Ozeans; dies und auch die isolierte Lage haben dazu geführt, dass sich hier endemische Pflanzen und Tiere entwickeln konnten. Bis dato haben die Eastern Arc Mountains dennoch nur unzureichende Schutzmaßnahmen erfahren.

Ebenso wie das nördliche Hochland um Moshi und Arusha zählt dieser Landstrich zum beliebten Siedlungsgebiet der Europäer. Die fruchtbaren und klimatisch angenehmen Bergregionen waren und sind ideal für die Sonderkulturen **Tee und Kaffee**, die sowohl im Norden (Arusha, Moshi) als auch um Lushoto und Amani, in Mbeya, Tukuyu oder Mbinga (Südtansania) kultiviert werden. Morogoro gilt seit jeher als Kornkammer Tansanias, da jede Art von **Getreide und Gemüse** in den gemäßigten, grünen Höhenlagen besonders gut gedeiht. Das wussten die Kolonialisten und Missionare sehr zu schätzen.

Die Plateaus

Den Großteil des Landes bestreiten ausgedehnte Plateaulandschaften. Dabei handelt es sich um großflächige Ebenen, die zwischen 200 m und 1200 m Seehöhe liegen. Charakteristisch sind flache Savannenlandschaften oder karge Halbwüsten mit vereinzelten Hügeln und niederen Bergzügen. Dazu zählen vor allem die Gebiete südlich des Victoria-Sees bis zu den Southern Highlands (Zentral-Plateau) und südlich davon bis zur Grenze von Mosambik (südliches Plateau). In diesen Plateaulandschaften liegen viele **Naturreservate**, wie z. B. die Serengeti, der Ruaha National Park oder das Selous Game Reserve.

Flora und Fauna

Pflanzenwelt

Der Großteil des Landes ist von **Trockenwäldern, Halbwüsten** und der typischen **Grassavanne** (alle unter dem Sammelbegriff Savanne zusammengefasst) überzogen. Das gilt vor allem für die immensen Plateaulandschaften. Andere Vegetationsformen werden in den jeweiligen Kapiteln genauer beschrieben, z. B. die außergewöhnliche Vegetation des Kilimanjaro mit seinen montanen Regen- und Nebelwäldern.

Savannen

Der Begriff „Savanne" ist für viele ein nebulöses Konzept, das aus schierer Verlegenheit verwendet wird. Doch der wissenschaftliche Begriff beschreibt Vegetationstypen, die alle eines gemeinsam haben: Wassermangel. Je nachdem, wie lange die Trockenperioden anhalten, entwickeln sich die verschiedenen Ausprägungsformen, z. B. die Feuchtsavanne (nur vier Monate Trockenzeit), die Trockensavanne (zwischen 500 und 1000 mm Niederschläge, Trockenzeit fünf bis acht Monate) sowie die Dornenstrauchsavanne (unter 500 mm Niederschläge, über acht Monate Trockenzeit). Oft sind die Übergänge zwischen den einzelnen Typen fließend und nicht eindeutig erkennbar.

Die Savanne ist vor allem durch die (zumeist dornigen) Akazien charakterisiert, die ihr Laub in den Trockenperioden abwerfen. **Schirmakazien** gelten als typische, einprägsame Bäume der Savanne, die mit ihren flachen Baumkronen (sie erinnern an aufgespannte Schirme) bei gleichzeitig ausladendem Geäst herrliche Fotomotive abgeben. Die **Fieberakazien** mit ihren typischen gelben Rinden hingegen wurden von den ersten Siedlern zu Unrecht als Fieberbäume bezeichnet. Sie dachten nämlich, dass die Bäume Malaria übertrügen – ohne zu beachten, dass diese Akaziengattung in feuchten Böden gedeiht, die letztendlich die wahre Brutstätte der Blutsauger sind. Die **Flötenakazie**, äußerst stachelig und an trockene Bedingungen angepasst, ist weniger optisch als vielmehr akustisch auffällig, denn ihre Hohlkugeln an ihren Ästen erzeugen im Wind pfeifende Geräusche. Die genannten Akazienarten können in allen Savannenformen vorkommen, ebenso wie die **Baobab-Bäume** (dt.: Affenbrotbaum). Um sie ranken sich Legenden und Geschichten, und mit Sicherheit bilden die Bäume, die ein wenig aussehen, als wären sie aus der Erde herausgerissen und danach verkehrt herum zurückgesteckt, lohnende Fotomotive.

Die **Trockensavanne** zeichnet sich durch lockeren Baumbestand und höhere Gräser aus. Sie bilden einen willkommenen Kontrast zu den Akazien, vor allem wenn sich die Gräser sanft im Wind wiegen, weswegen auch von der Langgras-Savanne gesprochen wird. Der dichte Bewuchs mit Savannengras und schattenspendenden Schirmakazien stellt für viele Wildtiere einen der wichtigsten Lebensräume dar.

Besonders typisch für Tansanias Trockensavannen sind die **Miombo-Wälder**, ein afrikanisches Waldland, in dem bestimmte Spezies, z. B. *Brachystegia*, dominieren. Im Volksmund wird genau dieser Vegetationstyp als „Busch" bezeichnet, was die Vegetation im Grunde recht anschaulich beschreibt. Die Gewächse sind zumeist dornenfreie Bäume, die eher an Gebüsch und große Sträucher erinnern. Sie gedeihen besonders auf trockenen, nährstoffarmen Böden, und durch Brandstiftung der Ranger (*cold* oder *controlled burning*) stehen diese Flächen insbesondere nach der Regenzeit oft in Flammen (in der Trockenzeit auch durch Selbstentzündung). Die Brände zerstören zwar einen Teil der Bäume, doch sie ermöglichen es den Gräsern und Büschen, sich im Miombo-Wald zu entfalten (den Wildtieren dienen sie dann als Nahrung).

Feuchtsavannen kommen vor allem an Flüssen, Senken (wo sich Wassermassen sammeln können) und Gebieten mit höherem Niederschlag vor. Typische Vegetationsformen stellen die grünen **Galeriewälder** an den Flussläufen dar. Sie bestehen überwiegend aus Akazien, vor allem der gelbrindigen Fieberakazie, wilden Feigen- und Baobab-Bäumen. Im dichten Geäst nistet eine ausgesprochen vielfältige Vogelwelt, Leoparden und Affen suchen hier Schutz vor der sengenden Mittagssonne. Borassus- und Doum-Palmen (mit den vielen „zerfledderten" großen Palmenblättern) und die komisch aussehenden Leberwurstbäume (mit den Fruchthülsen, die an Würste erinnern) wachsen auch in diesen Gebieten.

Dornstrauchsavannen entstehen besonders auf steinigem Untergrund; ausgedehnte Dürreperioden lassen lediglich eine karge, dornige Vegetation zu. In ihrem Fortpflanzungsverhalten haben sich die Pflanzen perfekt ihrer Umgebung angepasst. Viele der Samen von Blumen und Gräsern bleiben über Jahre keimfähig und lagern so lange unter der sandigen Bodendecke, bis Regen sie zum Leben erweckt. Nach den meist sintflutartigen Niederschlägen beginnt die karge Landschaft zu blühen – scheinbar aus dem Nichts. Typische Pflanzenvertreter sind widerstandsfähige Akazien, Wolfsmilchgewächse (z. B. Euphorbienbäume), Sukkulenten und kurzes

Die Kokosnuss, so nehmen Botaniker an, trieb von Indonesien über den Indischen Ozean und landete schließlich an der Küste Ostafrikas, wo sie wunderbare Lebensbedingungen vorfand. Heute ist die Kokospalme aus dem Landschaftsbild Afrikas nicht mehr wegzudenken, besonders als Inbegriff tropischer Küsten.

Neben konstant warmen Temperaturen jenseits von 26–27 °C benötigt die Kokospalme sehr viel Wasser – was erklärt, weshalb sie vorwiegend an den feuchten, niederschlagsreichen Küsten gedeiht. Sie dient den Küstenanrainern als hervorragende Nahrungs- und Rohstoffquelle: Die Nüsse versorgen die Menschen mit nährstoffreicher Flüssigkeit (auf Swahili *dafu* für das Kokoswasser junger Kokosnüsse) und mit gehaltvollen Zutaten zum Kochen (Kokosmilch, Kokosfleisch oder Kopra); ihr Holz dient als Baumaterial für Hütten, die Blätter als Dach (auf Swahili *makuti*) und ihre Fasern als Material zum Flechten von Körben oder Matten. Aus der harten Schale werden schließlich auch noch kunstvolle Schmuckstücke und Gefäße gefertigt.

Nicht zu unterschätzen ist die Gefahr, die von Kokosnüssen ausgeht. Viele Menschen erliegen jedes Jahr den Kopfverletzungen, die ihnen herabfallende Kokosnüsse zufügen. Wer unter einer Kokospalme Schatten sucht, sollte deshalb zuerst nach oben sehen, ob Nüsse im Baum hängen.

Land und Leute

Gras. Dieses Gras ist äußerst nährstoffreich und wird von den meisten Wildtieren in der Regenzeit gerne gefressen.

Mangrovenwälder

Charakteristisch für die tansanische Küste sind Mangrovenwälder, die an vielen Abschnitten gedeihen, vor allem an den Flussmündungen oder in geschützten Buchten. Diese bis zu mehreren Metern aufragenden Bäume haben sich an das Leben im Salzwasser optimal angepasst. Die besonders harten und widerstandsfähigen Bäume bilden unzählige, in sich verwobene und verwachsene Wurzeln. Im Landschaftsschutz spielen sie eine bedeutende Rolle, da ihre Wurzelgeflechte Schlammbänke und Sanddünen stabilisieren und so die Erosion der losen Sandsedimente verhindern. Vor allem aber bilden diese Mangrovenwälder in sich geschlossene Ökosysteme, die als Laichgebiete und Lebensraum für Fische, Krabben oder Garnelen dienen. Als Nahrungsquelle ziehen sie eine artenreiche Vogelwelt an.

Küstennaher Urwald

An der Küste und auf den Inseln wuchs früher – wo heute Siedlungen und Städte stehen – ein dichter Urwald, der heute nur mehr vereinzelt existiert, z. B. in **Pugu** bei Dar es Salaam (s. S. 168) oder im **Jozani Forest** auf Sansibar (s. S. 297).

Noch vor wenigen Jahrhunderten waren die Inseln und die Festlandküste damit bedeckt, doch der überwiegende Teil des Urwalds ist der Besiedelung zum Opfer gefallen. Man rodete, um Bauholz, Bootsholz oder Holzkohle für die zunehmende Besiedelung zu produzieren – ohne einen Gedanken an Aufforstung zu verschwenden. Botaniker und Biologen gleichermaßen sind sich darüber einig, dass die noch verbleibenden Urwaldgebiete schützenswert sind, da sie endemische Fauna und Flora beherbergen. Seitens der politisch Verantwortlichen gibt es aber kaum Resonanz.

Flora der Eastern Arc Mountains

Das gleiche traurige Schicksal trifft auch die Flora der Eastern Arc Mountains. Zahlreiche halbstaatliche und private Hilfsorganisationen haben Projekte initiiert, die auf den wertvollen Lebensraum aufmerksam machen und zu seinem Erhalt beitragen sollen, doch außer vereinzelten Initiativen geschieht wenig. Dabei ist die Region bezüglich ihrer Pflanzenvielfalt und der Fülle an endemischen Gattungen eines der beeindruckendsten Naturgebiete Tansanias.

Gewürzpflanzen und tropische Früchte

Besonders die als Gewürzinseln bekannten Inseln Sansibar und Pemba kultivieren **Gewürzpflanzen** noch heute in großem Stil, ohne jedoch

Weil der Flammenbaum (oder Flamboyant) im tropischen Sommer rund um Weihnachten leuchtend rot blüht, wird er in Tansania auch Christmas Tree genannt.

auf dem Weltmarkt eine besondere Bedeutung zu spielen. Pfeffer, Kardamom, Nelken, Zimt, Muskatnuss, Tamarinde, Ingwer und Vanille werden produziert, und die Küche der Inseln spiegelt diese Gewürzvielfalt auf wunderbare Weise wider.

Dank des tropischen Klimas gedeihen köstliche tropische **Früchte** wie Bananen, Mangos, Avocados, Papayas oder Kokosnüsse, z. T. ganzjährig oder gar mit mehreren Ernten. Bananenstauden wachsen beispielsweise kontinuierlich ohne „Saison", wohingegen Ananas, Avocados, Mangos, Maracujas (Passionsfrüchte), Pampelmusen (Pomelos) oder Papayas nur in bestimmten Monaten geerntet werden.

Tropische Zierpflanzen

Wer zur richtigen Zeit durch Tansania reist, wird von den zahlreichen farbintensiven Zierpflanzen begeistert sein, die sich hier überall zu meterhohen Bäumen auswachsen, während sie bei uns nur kleine, mickrige Topfpflanzen bleiben. Wegen ihrer farbenprächtigen Blütenfülle gehört die **Bougainvillea** beispielsweise zu den beliebtesten tropischen Zierpflanzen. Je trockener und praller die Sonne auf sie scheint, desto flammender scheint das Blütenmeer zu sein, das rot, pink, violett oder weiß leuchtet. Die tropische Kletterpflanze überzieht Mauern und Wände und ist besonders an der Küste, im kargen Sandboden, weit verbreitet. Die Bougainvillea gehört zu den Wunderblumengewächsen; ihr Name erinnert an den französischen Seefahrer, der die Pflanze im 18. Jh. „entdeckte".

Während die Bougainvillea als ganzjährige Pflanze ihre Blütenpracht ausbreitet, blüht der **Flammenbaum** *(Flamboyant Tree)* nur vor der Weihnachtszeit. Je nach Gebiet, Höhenlage und Bodenbeschaffenheit treiben die feurig roten Blüten zwischen Oktober und Dezember aus. Wunderbar anzusehen sind die z. B. in Morogoro angelegten Alleen von *Christmas Trees*, wie sie sehr unbotanisch in Tansania genannt werden, die das Herz jedes Pflanzenliebhabers höher schlagen lassen.

Eindrucksvoll sieht auch der blau-violett blühende **Jacarandabaum** (Palisanderbaum) aus, dessen glockenförmige Blüten den gesamten Baum überziehen. In manchen Städten, z. B. in Arusha, säumen Jacarandabäume kilometerlang die Ausfahrtsstraßen, was vor allem zur Blütezeit ein unvergesslich schöner Anblick ist.

Besonders an der Küste und auf Sansibar füllen **Frangipani** zur Blütezeit die Luft mit wohlriechendem Duft. Der ganze Baum steht gegen Ende der Regenzeit in Blüte, die – je nach Gattung – weiß, gelblich oder zartrosa sein kann. Fünf Blütenblätter setzen sich wie ein kleines Windrad zu einer Blüte zusammen, von der ein süßlicher, angenehmer Duft ausgeht, weswegen sie in Europa seit Jahrhunderten auch zur Parfumherstellung genutzt wird. Die lieblichen Blüten sollten aber nicht gepflückt werden, da aus den Zweigen bei Verletzung ein milchiger Saft ausströmt, der tagelang auf den Fingern kleben kann.

Tierwelt

In ihrer ganzen Vielfalt erschließt sich die tansanische Tierwelt nur wenigen Besuchern. Die allermeisten kommen, um einmal die legendären **Big Five** in freier Wildbahn zu erleben: **Büffel, Elefant, Leopard, Löwe und Nashorn** – so lauten die Träume, aus denen Safaris gemacht sind. Der Ruhm dieser Tiere stammt aus der Zeit der **Großwildjäger**, deren Wunsch, die Trophäe einer der Großen Fünf zu ergattern, das Hauptziel ihrer Jagdsafaris darstellte. Es handelt sich dabei nicht unbedingt um die größten Säugetiere weltweit, sondern um eine willkürliche Kategorisierung aus einer Zeit, als das Großwild noch in rauen Mengen anzutreffen war. Dem Mythos „Big Five" ist es schließlich teilweise zu zuzuschreiben, dass Nashörner oder Elefanten im Laufe des 20. Jhs. gebietsweise vom Aussterben bedroht waren.

Die Großwildjagd ist zwar in Tansania in einigen Gebieten erlaubt (s. S. 90), doch bis auf das Nashorn haben sich alle Bestände wunderbar erholt.

Leider kaprizieren sich viele Touristen darauf, diese fünf Tiere „abzuhaken", und betrachten ihren Urlaub als missglückt, wenn sie keinen Löwen gesehen haben. Dabei entgeht ihnen das Wesentliche eines Tansania-Aufenthalts – die Natur in ihrer Gesamtheit zu bewundern und alle Mitglieder und Naturräume der Ökosysteme mit ihren Wechselbeziehungen zu genießen.

Ein kleiner **Safari-Führer** mit genaueren Informationen zur tansanischen Tierwelt findet sich am Ende des Buchs ab S. 529.

Umwelt

Die einzigartige Tier- und Pflanzenwelt bildet den großen Reichtum Tansanias, der Reisende von weither anlockt. Doch in erster Linie ist Tansania ein Entwicklungsland. Seine Menschen kämpfen ums tägliche Überleben, sein demokratisches System ist gerade mal ein gutes Jahrzehnt alt und seine politischen Vertreter konzentrieren ihre Bemühungen auf andere Themen. Deshalb verwundert es wenig, dass Ökologie und Umweltschutz den tansanischen Durchschnittsbürger kaum beschäftigen. Die Gratwanderung zwischen dem Wunsch nach Deviseneinnahmen aus dem Tourismus und der Grundversorgung der Bevölkerung bei gleichzeitigem Umweltschutz stellt für Tansania eine immense Herausforderung dar.

Nationalparks und Reservate

Nationalparks und Reservate (s. S. 74) sind fragile Zonen, in denen versucht wird, die Natur so intakt wie möglich zu halten. Dass menschliche Siedlungen und intakte Natur sich gegenseitig ausschließen, hat in den Jahrzehnten des begrenzten Tourismus niemanden gestört. Doch mit den wachsenden Besucherzahlen kommt insbesondere der Regierung von Tansania die Rolle zu, langfristige und nachhaltige Managementpläne sowie Strategien zum Schutz der Naturräume zu verabschieden – die dann auch tatsächlich eingehalten werden.

Man kann nur hoffen, dass Tansania die Fehler seines Nachbarlandes Kenia nicht wiederholt, wo der einst boomende Tourismus in den 1990er-Jahren fast vollkommen zum Erliegen kam. Neben anderen Gründen trug daran der fehlende Elan in Sachen Naturschutz eine große Mitschuld. Reisende selbst konnten beobachten, dass die vielen Safarifahrzeuge den Tieren Stress und Unbehagen verursachten, und von authentischem Safari-Feeling konnte angesichts von 100-Betten-

Hotels kaum mehr gesprochen werden. Die Tierpopulationen nahmen ab, Vegetationszonen wurden zerstört und die Wasserstände der Flüsse gingen zurück. Das auf Profitmaximierung ausgerichtete System brach komplett zusammen.

Zu den durch den Tourismus bedingten ökologischen Problemen kommen die systemimmanenten: Der Bevölkerungsdruck und mangelnde Ressourcen zwingen die Bevölkerung zur **Wilderei**, um sich selbst mit Fleisch zu versorgen; mancher bestreitet mit der Wilderei sogar seinen Lebensunterhalt. Viele Tansanier siedeln sich entlang der Touristenrouten an, um ihren Teil am Kuchen einzufordern. Dies wiederum führt zu Problemen bei der Wasserversorgung sowie der **Müll- und Abwasserentsorgung** in den Einzugsgebieten der Naturräume. Zudem wird in die Migrationskorridore der Tiere eingegriffen, die auch außerhalb der designierten Parks und Reservate leben. Alles in allem also eine verzwickte Situation, die Regulierungen, weise Vorausschau und das richtige Gespür für Mensch und Tier erfordert.

In fast allen Parks, Reservaten oder auch Schutzgebieten gibt es **Umweltschutzprojekte** ausländischer karitativer Organisationen, die darauf abzielen, das fragile Ökosystem zu schützen – und die nebenbei die Regierung aus ihrer Verantwortung entlassen. Außerhalb der Serengeti existieren kaum regierungsfinanzierte Projekte, was angesichts der hohen Deviseneinnahmen verwundert. Bei den genannten Privatinitiativen handelt es sich z. B. um Projekte, die die Löwenpopulation wieder erhöhen oder der Bevölkerung Alternativen zur Wilderei aufzeigen sollen. Ohne diese Initiativen gingen wertvolle Arten unwiderruflich verloren.

Umweltschutz im Alltag

Im Transformationsprozess von einem Entwicklungs- zu einem Schwellenland stehen ökologische Belange nicht gerade im Vordergrund. Doch so paradox es auch scheint: Gerade der Umweltschutz könnte die Lebensqualität der Menschen entscheidend verbessern.

Jedem Reisenden, der in Dar es Salaam oder Arusha ankommt, sticht unmittelbar der **Müll** ins Auge: Blaue Plastiksäcke, unbrauchbar gewordene Plastik-Flipflops, zerrissene Textilien oder Konservendosen werden überall achtlos entsorgt. In Arusha gibt es Schätzungen, dass täglich 410 t Müll entstehen, aber nur 160 t davon werden sachgemäß abgeholt und nur 3 % (!) der Abwässer werden entsorgt. Dar es Salaam oder Mwanza, die am dichtesten besiedelten Städte Tansanias, kämpfen mit der gleichen Problematik. Weder Recycling- oder Verbrennungsanlagen noch Entwässerungssysteme bestehen.

Während westliche Reisende in erster Linie in ihrem ästhetischen Empfinden beeinträchtigt sind, stellt dieser Müll für die einheimische Bevölkerung ein erhebliches Gesundheitsrisiko dar. Seuchen und Krankheiten, die Verschmutzung des Grundwassers und des Bodens, die Übertragung der Schadstoffe auf die Nutzpflanzen: All das schwächt das ohnehin schon bescheidene Immunsystem der Menschen.

In den Städten tritt noch die **Luftverschmutzung** hinzu, als Folge von Fahrzeugabgasen (schlecht gewarteter Fahrzeuge in Kombination mit minderwertigem Benzin) und Industrieemissionen. Zudem wird noch größtenteils unter großer Rauchentwicklung auf dem offenen Feuer gekocht. Untersuchungen der Muhimbili University of Health Allied Sciences zufolge zählt Dar es Salaam zu den schmutzigsten Städten Afrikas, wo die Bewohner unter ständigem Husten und Asthma und permanent tränenden, roten Augen leiden. Neben Aids und Malaria zählen Atemwegserkrankungen zu den häufigsten Krankheiten im Land.

Nicht nur Müll und Luftverschmutzung bedrohen die Menschen, sondern vor allem kontaminiertes **Wasser**. Laut einer Studie der Regierung (2010) entsprechen 80 % der Plumpsklos in den wild wachsenden Vierteln (also nicht im Zentrum, aber an der Peripherie) nicht den Vorschriften. Neben schmutzigem Wasser stellt die Verfügbarkeit von Wasser überhaupt das Land vor große Herausforderungen, denn es gibt Anzeichen, dass die Pegelstände der Flüsse rapide sinken. Ausbleibende Regenfälle, teilweise mikroklimatisch bedingt, z. B. aufgrund großflächiger Abholzungen, teilweise aufgrund der globalen Klimaveränderungen, verschärfen die Situation. Dürrejahre sorgen zumindest regional

für Missernten und Hungersnöte. Darüber hinaus wird mit dem vorhandenen Wasser nicht sorgfältig umgegangen. Lecke Leitungen und tropfende Wassertonnen vernichten kostbares Nass; Wasserauffangreservoirs für Regenfälle existieren nicht – hier gibt es enormen Handlungsbedarf.

Bereits seit mehreren Dekaden machen **Abholzung** und **Überweidung** dem Lebensraum Tansania zu schaffen. Holz bildet einerseits eine wichtige Lebensgrundlage der Bewohner, da größtenteils mit Holzkohle gekocht wird. Andererseits dient es auch wirtschaftlichen Interessen, als Bauholz, Möbelholz und für den Export. Die Folgen sind deutlich spürbar: Ausgerottete Spezies, drastische Veränderungen in den Mikroklimata, Bodenerosion und -degeneration. **Monokulturen** und Überweidung verhindern, dass der Boden sich regenerieren kann. Der malträtierte Boden rächt sich: Sinkende Ernteerträge, Ernteausfälle und Übersäuerung tragen nicht zur Lebensmittelstabilität des Landes bei. Wer von Mikumi Village in Richtung Iringa durch die sanfte Hügellandschaft fährt, kann erahnen, welche Dimensionen die Abholzung angenommen hat. Stattliche Bäume sind mickrigen Baumstümpfen gewichen – so weit das Auge reicht.

Alternative Energieformen

Es ist paradox, dass in einem Land mit fast permanentem Sonnenschein die **Solarenergie** nicht weiter verbreitet ist. Zum einen fehlen dafür das Bewusstsein und die Akzeptanz in der Bevölkerung. Neues lässt sich schwer verkaufen, und einfache Bauern können nicht verstehen, warum z. B. ein Solarkocher plötzlich effizienter, kostensparender und sauberer sein soll als das althergebrachte Kochen auf offenen Feuerstellen. Zum anderen fehlt der politische Wille, denn schließlich möchte sich die Regierung die Steuereinnahmen aus dem Verkauf von Diesel nicht entgehen lassen, z. B. wenn Siedlungen oder Unterkünfte von Generatoren auf Solarkollektoren umsteigen würden. Dabei bietet Solarenergie die Möglichkeit, ganz Afrika flächendeckend mit verlässlichem Strom zu versorgen und die wirtschaftliche Entwicklung zu forcieren. Doch nach wie vor stützt sich fast die gesamte Stromproduktion abseits des öffentlichen Netzes (dessen Kapazität längst ausgereizt ist) auf Dieselgeneratoren, auch in den einfachen Unterkünften und Top-Luxus-Herbergen. Das Gleiche gilt für **Windkraft**, besonders entlang der Küste.

Es gibt Entwicklungsprojekte, die alternative Energieformen fördern, beispielsweise um die Abhängigkeit von der Holzkohle zu verringern. Doch wie beim Naturschutz werden alle diese Projekte von privaten ausländischen Organisationen getragen, während die Regierung sich im Hintergrund hält.

Bevölkerung und Sprachen

Einwohner: 42,5 Mio. (geschätzt 2011)
Bevölkerungswachstum: 2 % pro Jahr
Lebenserwartung: 54 Jahre (Frauen), 51 Jahre (Männer)
Säuglingssterblichkeit: 67 pro tausend Geburten
Alphabetisierungsrate: 77,5 % (Männer), 62,2 % (Frauen)
Anteil der Stadtbevölkerung: 26 % mit einer Wachstumsrate von 4,7 %
HIV-Rate: 5,6 %

Tansania ist ein buntes Mosaik aus Ethnien, Sprachen und Traditionen, und verglichen mit anderen Nationen Afrikas grenzt es fast an ein

---

Ethnie oder Stamm?

Obwohl im Klima der politischen Korrektheit der Terminus „Stamm" verpönt ist, werden im vorliegenden Buch beide Bezeichnungen ebenbürtig verwendet. Keiner der beiden Begriffe ist geringschätzig oder abwertend. Ethnien oder Stämme spielen für Afrikaner eine identitätsstiftende Rolle, viel mehr, als es ein Staat jemals könnte. Sie folgen strengen gesellschaftlichen Hierarchien und zeichnen sich durch individuelle Riten, Traditionen, Geschichten, Mythen und Sprachen aus.

Wunder, dass diese Vielfalt keine innere Instabilität erzeugt. Immerhin bilden in allen anderen Ländern Afrikas ethnische Konflikte eine Hauptursache für innerstaatliche Zerrüttung. Auch im Nachbarland Kenia überschattet das soziokulturelle Konzept des *kabila* (Swahili für Stamm, ethnische Gruppe) die politische Agenda, denn die allermeisten politischen Handlungen sind stammespolitisch motiviert. Nicht so in Tansania, da keine ethnische Gruppe zahlenmäßig überdurchschnittlich präsent ist. Schließlich sorgte der visionäre Präsident Julius Nyerere für sozialen Frieden im Land und bewahrte Tansania vor Katastrophen à la Ruanda oder Sudan.

Ethnien

Westlichen Besuchern ist das Konzept der **Stammeszugehörigkeit** fremd, aber für Afrikaner stellt der Stamm die übergeordnete und identitätsstiftende Instanz dar. Man definiert sich zuerst als Mitglied einer bestimmten Ethnie und erst in zweiter Linie als Staatsbürger. Für die meisten Afrikaner, die in Dörfern ohne Infrastruktur, Medien oder gar Strom leben, ist das Konstrukt „Staat" nicht mehr als eine inhaltlose Worthülse. Der Staat ist unsichtbar, er sorgt nicht für das Wohlergehen der einfachen Menschen und spielt in ihrem täglichen Leben keine Rolle.

Nur dem vorausschauenden Politiker **Julius Nyerere** ist es zu verdanken, dass es zu keiner Zerrüttung zwischen den Stämmen gekommen ist. Während andere seiner (sozialistischen) Ideen an der afrikanischen Realität scheiterten, waren seine Bemühungen um die Einheit des Landes von Erfolg gekrönt. Er war derjenige, der den Tansaniern immer und immer wieder eindringlich nahelegte, dass zuerst der Staat komme – und dann erst die Stammeszugehörigkeit. Die Früchte seiner Arbeit liegen heute auf der Hand: Ehen zwischen Angehörigen verschiedener Stämme sind an der Tagesordnung und absolut problemlos, in den Städten hat eine Vermischung von Stämmen stattgefunden, und oft kann man heute ein Gebiet gar nicht mehr einem einzigen Stamm zuordnen.

Keiner der knapp 130 Stämme in Tansania ist so bevölkerungsstark, dass es zu einer ungebührlichen Machtkonzentration kommt. Zwar

Weniger als 1 % der Bevölkerung Tansanias sind nichtafrikanischer Abstammung; dazu zählen Inder und Pakistanis sowie Europäer und Amerikaner.

Zuerst kamen die **Inder** als Händler nach Ostafrika, unterwegs auf dem Indischen Ozean mit Hilfe der Monsunwinde, um mit Elfenbein, Textilien, Keramik und Töpferwaren sowie Sklaven zu handeln. Die omanischen Sultane schätzten die Rechenkünste und den Geschäftssinn der Inder und setzten sie als Beamte und Schatzmeister in wichtige Positionen ein. Als der Hauptsitz des Sultanats nach Sansibar umsiedelte, zogen die Inder mit. Zeitgleich verbrachten die britischen Kolonialisten für den Bau der Uganda-Kenia-Eisenbahn weitere Inder nach Ostafrika. Wegen ihrer Schreib- und Rechenkenntnisse wurden jene, die nach Fertigstellung der Bahnlinie in Ostafrika blieben, oft als Kolonialbeamte verpflichtet. Zusätzlich begannen sie, ihre eigenen florierenden Geschäfte zu eröffnen. Ein kontinuierlicher Zustrom an indischen Handels- und Geschäftsleuten war die Folge.

Wirtschaftlich war ihr Ansehen groß, doch blieben sie in der gesellschaftlichen Hierarchie hinter den Europäern zurück. Nach Abzug der Kolonialisten änderte sich dies aber, als sie plötzlich zur indo-afrikanischen Elite aufstiegen. Heute werden große Teile von Handel, Industrie und Tourismus von indischstämmigen Tansaniern kontrolliert; mit weit über US$1,3 Mrd. Investitionsvolumen ist Indien der zweitgrößte Investor im Land. Ihr endogames Heiratssystem, das Mischehen mit Afrikanern nicht gestattet, hatte zur Folge, dass sowohl ihre Traditionen als auch ihre Sprache weitgehend unverfälscht erhalten geblieben sind. So hört man auf den Straßen von Dar es Salaam oder Stone Town oft die westindische Sprache Gujarati. Der indische Einfluss auf die ostafrikanische und sansibarische Kultur ist vor allem in der Gastronomie und in der Kleidung sichtbar. Unter den Tansaniern genießen die Inder allerdings ein zweifelhaftes Ansehen, denn sie sind als allzu geschäftstüchtig und gebieterisch bekannt. Die Löhne in indischen Unternehmen liegen zumeist unterhalb denjenigen, die westliche Geschäftsleute für gewöhnlich bezahlen.

Die deutschen Missionare Johann Ludwig Krapf und Johannes Rebmann erblickten Ende der 1840er-Jahre als erste **Weiße** den Kilimanjaro. Es folgten weitere Missionare, Abenteurer, Forschungsreisende und später, gegen Ende des 19. Jhs., die deutschen Kolonialisten. Neben Deutschen siedelten sich insbesondere Griechen in Tansania an, zunächst um beim Bau der Eisenbahn von Tanga nach Moshi mitzuwirken, später um die Sisalfarmen zu führen. Nach den Deutschen kamen die Briten, aber Tansania blieb weitgehend von der in Kenia zu beobachtenden Modeerscheinung der britischen Siedler, die sich den Traum einer eigenen großen Farm erfüllen wollten, verschont.

Nach der Unabhängigkeit Tansanias begann die westliche Entwicklungshilfe sich für Tansania zu interessieren, und der Zustrom an idealistischen Freiwilligen, Entwicklungshelfern und Missionaren ist nach wie vor ungebrochen.

Die jüngste Gruppe der Zuwanderer stammt aus **Japan** – und, in viel größerem Maße, aus **China**. Letztere engagieren sich vor allem im infrastrukturellen Bereich und werden daher mit offenen Armen begrüßt. Der chinesische Einfluss ist bereits deutlich spürbar: Billige chinesische Fahrräder, Motorräder und Geländewagen sind zu den ohnehin schon seit Jahrzehnten gehandelten chinesischen Plastik-Flipflops und Textilien gestoßen. Auf der Suche nach Rohstoffen für die chinesische Wirtschaft hat es China unter die Top-5-Investoren in Tansania geschafft. Seit wenigen Jahren zeigt auch **Russland** an Tansania Interesse, nicht nur als Urlaubsdestination, sondern vor allem im Bergbau und in der Stromgewinnung.

gibt es einige besonders mitgliederstarke Stämme, doch gefährdet dies offenbar nicht die innere Stabilität des Landes. Obwohl die Stämme der **Sukuma** und **Haya** (im Nordwesten, rund um den Lake Victoria), der **Chagga** (im Kilimanjaro-Gebiet), **Gogo** (rund um Dodoma), **Makonde** (im Süden), **Nyamwezi** (im Westen zwischen Lake Victoria und Lake Rukwa) oder **Nyakyusa** (im

Die beiden letzten Buschvölker Tansanias, die **Hadza** im Gebiet des Lake Eyasi im Norden und die **Sandawe** bei Dodoma, gehören der Sprach- und ethnischen Familie der **Khoi-San** an, die heute hauptsächlich in Namibia, Südafrika und Botswana leben. Diese Ethnien zeichnen insbesondere zwei Merkmale aus: zum einen die sprachlichen Eigenheiten der Schnalz- und Klicklaute, zum anderen ihre körperliche Erscheinungsform. Anders als die negriden Völker Afrikas sind die Khoi-San-Völker kleinwüchsig, ihre Hautfarbe ist gelblich-braun und ihr Gesicht durch eine distinktive Lidfalte gekennzeichnet. Sie leben noch heute als Jäger und Sammler.

Südwesten) jeweils über 1 Mio. Angehörige zählen, sind kleinere Stämme weit bekannter, insbesondere die **Maasai** (S. 418/419) und die **Swahili**. Mehr Informationen zu den einzelnen Stämmen finden sich in den Regionalkapiteln.

Bis auf die semi-nomadischen Maasai sind alle Volksgruppen sesshaft. Im Norden existieren noch einige Maasai-Verbände, die mit ihrem Vieh ständig auf der Suche nach neuem Weideland umherziehen, doch größtenteils wurden auch sie, wenigstens periodisch, sesshaft. Obwohl das Nomadentum das Land vor Überweidung schützt, wollen die Behörden dieser „altmodischen" Lebensweise den Riegel vorschieben. Die Stämme hingegen bestehen auf ihren Traditionen und halten sich nicht gerne an die imaginären National-park- oder gar Landesgrenzen.

Ethnologen vermuten, dass über 20 % aller Ethnien, vor allem in Küstennähe, ursprünglich frauenzentrisch organisiert waren. Bedingt durch den Einfall kriegerischer, patriarchalisch organisierter Verbände und vor allem durch die Ankunft der Weißen, die viktorianische Gesellschaftsstrukturen einführten (die Frau an den Herd, der Mann an die Macht), sind heute nur noch wenige Ethnien so organisiert, darunter die **Makonde** im Süden (S. 132), die **Luguru** und **Kaguru** rund um Morogoro sowie die **Zaramo** an der nördlichen Swahili-Küste.

Wie in anderen Gesellschaften auch, beklagt man, dass die **Jugend** die Traditionen nicht weiter leben will. In Zeiten von Internet, Globalisierung und den Versuchungen der westlichen Welt ist diese Sorge nur allzu berechtigt. Gerade die jungen Leute in den urbanen Zentren Tansanias versuchen sich von den Ketten der Stammesherkunft zu befreien und streben nach einem Leben in relativer Freiheit. Nicht viele Ethnien sind

Traditionell kamen die Buschmänner ohne Geld, Religion, Verhaltensregeln oder Zeitmessung aus; sie überlebten durch Jagen und Sammeln (von Honig oder Früchten), die sie zur Not im Dorf gegen Nahrungsmittel oder Gebrauchsgegenstände tauschten. Mit dem Geld der Touristen kamen aber Alkohol und HIV, während Tabak und Marihuana seit jeher zu ihren Begleitern gehören.

Besonders einige Hadza-Familien (auch Hadzabe genannt) haben sich in den letzten Jahren bereitwillig dem **Tourismus** geöffnet. Sie tun es freiwillig und haben keinerlei Berührungsängste. Besucher können gemeinsam mit den Männern auf die Jagd gehen oder den Frauen bei ihren traditionellen Aufgaben helfen. Andere Familienverbände wiederum ziehen sich weit ins Hinterland zurück und wollen von westlichen Errungenschaften nichts wissen. Ihr Wunsch ist zu respektieren, und Guides oder Fahrer, die absichtlich zu jenen abseits lebenden Hadzabe fahren, sind zu meiden. Man nimmt an, dass es an die 800–1200 Stammesangehörige gibt, die noch nach der traditionellen Weise leben. Die restlichen Hadzabe siedeln zentral, an der Einfahrtsstraße zum **Lake Eyasi**, und sind Geschäften mit Touristen nicht abgeneigt.

Das Interesse an solcherlei „Kulturtourismus" hat den Hadzabe in den lokalen Gemeinschaften viel Ansehen und eine Steigerung ihres Status gebracht, denn wenn Touristen von weit her anreisen, um die Buschmänner zu sehen, können sie ja so primitiv und minderwertig nicht sein. Als rückständig werden sie nämlich von der Regierung betrachtet, die 2007 den Hadza ihre Landrechte entziehen wollte, um einer königlichen Familie der Vereinigten Arabischen Emirate ihren Lebensraum als Jagdgebiet zu überlassen. Diese Pläne sind aber mittlerweile vom Tisch. In den Dörfern rund um den See hat ein Umdenken stattgefunden: Man nimmt die Hadzabe plötzlich ernst, integriert sie in politische Entscheidungen und stellt ihnen Lebensraum zur Verfügung. Ende 2010 hat man sogar begonnen, den Wildwuchs an geführten Touren zu reglementieren. Die Hazdabe-Verbände suchen sich die Männer, die sie als Guides in ihre Dörfer lassen, selbst aus. Diese erhalten offizielle Ausweise und müssen für ihre Dienste eine Rechnung ausstellen. Am besten ist es aber ohnehin, dem Oberhaupt der jeweiligen Hadza-Familie den Tourpreis in die Hand zu drücken.

so selbstbewusst und stolz wie die Maasai, und so steht zu befürchten, dass einige Stämme und Sprachen in den nächsten Jahrzehnten von der Landkarte verschwinden werden.

Beispiel: Die Sukuma

Sukuma bedeutet so viel wie „im Norden" und beschreibt treffend die größte Ethnie in Tansania, denn ihr Siedlungsgebiet befindet sich im äußersten Norden rund um den Lake Victoria, mit den Hauptorten Mwanza und Shinyanga. Man vermutet, dass die zahlreichen kleinen, voneinander unabhängigen Königreiche der Sukuma sich im 16. Jh. formierten, nachdem das Volk im 14. Jh. aus dem heutigen Uganda übergesiedelt war. Ethnisch eng mit den Nyamwezi verwandt, sprechen sie wie diese eine **Bantu-Sprache** und betreiben überwiegend Feldwirtschaft. Die Sukuma halten daneben auch Rinderherden, und

sofern sie am Ufer des Viktoria-Sees wohnen, leben sie außerdem vom Fischfang. In jüngerer Zeit wandten sie sich den Devisenbringern Baumwolle und Tabak zu. Im Sukuma-Land befinden sich heute die größten Baumwollfelder Ostafrikas.

Bereits zu Zeiten ihres Königreiches betrieben die Sukuma regen **Handel** mit den Nachbarkönigreichen im heutigen Uganda und Tansania. Sie handelten auch mit den arabischen Händlern, die auf der Suche nach Sklaven als erste Fremde das Königreich betraten und agierten zudem als Mittelsmänner im Sklavenhandel. In dieser Zeit, den 1860er- bis 1880er-Jahren, gelang es dem **Sukuma-König Mirambo**, einem gewieften Strategen, sein Königreich durch geschickte Diplomatie und auch Eroberungsfeldzüge enorm zu vergrößern. Dies erklärt auch, warum die Sukuma/Nyamwezi heute die mit Abstand größte

Ethnie Tansanias bilden. Um Mirambo ranken sich noch heute Geschichten und Mythen, da er mit seiner Macht sogar den Kolonialisten die Stirn bieten konnte.

Der Alltag war von der traditionellen Arbeitsteilung geprägt, wonach Viehhaltung und Jagd den Männern, Familie, Feldarbeit und Tauschhandel dagegen den Frauen vorbehalten war. Bevor die Missionare das Christentum und die arabischen Händler den Islam brachten, wurde der jeweilige König als Quasi-Gottheit verehrt. Ihm zu Ehren wurden Opfer gebracht und Rituale abgehalten. Objekte dieses **Königskultes** können im Sukuma-Museum in Bujora (nahe Mwanza) besichtigt werden. Noch heute existiert formal ein König, der allerdings durch die Bildung des Staates Tansania politisch an Einfluss verloren hat. Neben dem König wurden die Ahnen und Naturgeister gefürchtet; Regenmacher, traditionelle Medizinmänner und Naturgeisterheiler waren dementsprechend angesehen, da sie die Menschen von diesen Geistern wieder befreiten. Sukuma-Land ist heute landesweit noch immer für die (illegalen) **Hexenverbrennungen** (s. auch S. 139) bekannt, die sich in dieser Gegend – verglichen mit anderen Gebieten – häufen.

Beispiel: Die Makonde

Vor über 300 Jahren zog es die Makonde wegen anhaltender Dürreperioden vom Lake Malawi in ihr heutiges Siedlungsgebiet im Süden Tansanias und Norden Mosambiks. Lange konnten sie Einflüssen von außen und arabischen sowie europäischen Besetzungsversuchen standhalten. Erst Anfang des 20. Jhs. büßten sie nach einem beispiellosen Gemetzel der Kolonialmacht (s. S. 239) erstmals ihre Souveränität ein. Selbst heute lebt das Volk aufgrund fehlender Straßenanbindung und mangelhafter Infrastruktur noch relativ isoliert, was dazu führte, dass sie sich ihre Eigenständigkeit bewahren konnten.

Die Legende erzählt, dass die erste Makonde-Frau aus Holz geboren wurde. Als matrilineare Gesellschaft gehören Besitz und Erbschaften genauso zur Frau wie die Kinder. Männer erhalten ein Wohnrecht im Dorf ihrer Ehefrauen, haben aber das Privileg, die mythologisch und spirituell wichtigen Holzschnitzereien, für die die Makonde bekannt sind (s. S. 151), anzufertigen. Traditionell

aus Ebenholz gefertigt, stellen sie häufig weibliche, schwangere Figuren dar, aber auch Masken zählen zum Repertoire der Holzschnitzer. Wegen ihres künstlerischen Ausdrucks haben die Schnitzereien ab den 1950er-Jahren Einzug in die westlichen Kunstgalerien gehalten.

Als Erkennungsmerkmal ritzen sich die Frauen Ziernarben ins Gesicht. Die markanten Lippenteller sind aber größtenteils aus dem Alltag verschwunden.

Beispiel: Die Segeju

Wenig bekannt und auch schlecht dokumentiert ist hingegen die Geschichte der Segeju, die auch unter dem Namen Dhaiso bekannt sind. Die überwiegend moslemische Ethnie soll ursprünglich rund um den Mount Kenya in Kenia beheimatet gewesen sein. Ähnlich wie die Maasai bestritten die Segeju ihren Lebensunterhalt als Viehhüter und waren als **Krieger** gefürchtet. Die einfallenden Portugiesen nutzten die kriegerische Mentalität der furchtlosen Männer beispielsweise, um die Zinza zurück in den Süden Afrikas zu drängen, und Ende des 16. Jhs. wurde Mombasa gar von den Segeju eingenommen. Nach und nach drängten aber andere Volksgruppen die Segeju immer weiter nach Süden ab, bis ins tansanische Tanga. Heute glauben Ethnologen, dass die Sprache **Kisegeju** in Kenia ausgestorben ist, während in Tansania nur noch wenige hundert oder vielleicht tausend Sprecher in den Eastern Usambara Mountains dieser Sprache mächtig sind. Kisegeju ist im Roten Buch der gefährdeten Sprachen der Unesco *(Unesco Red Book of Endangered Languages)* eingetragen und wird in wenigen Jahren vermutlich ganz ausgestorben sein.

Sprache

Auch wenn es von Ausländern oft verkannt wird, sind die meisten Tansanier **multilingual**. Der Großteil wächst mindestens zweisprachig auf, mit der eigenen Stammessprache sowie der Schul- und Amtssprache Swahili. Ein kleiner Prozentsatz, vor allem in den Ballungs- und Touristenzentren, spricht zusätzlich noch Englisch, die zweite offizielle Sprache.

In knapp 130 Stämmen werden mindestens ebenso viele Sprachen gesprochen. So sind in Tansania Bantusprachen, nilotische, kuschitische, khoisanische und arabische Sprachen verbreitet, die aufgrund der Verkehrssprache Swahili friedlich koexistieren. Die Vielfalt ist wahrlich faszinierend (und auch einzigartig). Die Stämme sowie die dazugehörigen Sprachen heißen meist gleich; den Sprachen wird die Vorsilbe Ki- vorangestellt. So sprechen die Stammesmitglieder der Luguru Kiluguru (und sie stammen aus dem Gebiet der Uluguru Mountains).

Offizielle Landessprache ist **Swahili**; es ist die Sprache von Politik, Regierung und Medien. Aufgrund der Größe des Einzugsgebietes dieser Sprache (das sich auf ganz Ostafrika erstreckt) ist es nur allzu verständlich, dass sie viele regional unterschiedliche Dialekte aufweist. Der sansibarische Dialekt wurde deshalb zum Standard-Swahili, vergleichbar mit dem Hochdeutschen, erklärt (s. auch S. 506).

Die Sprache des Geldes ist jedoch (noch) zweifellos **Englisch**. Der Tourismus, westliche Investoren, Entwicklungsorganisationen, die UNO und nicht zuletzt die äußerst umtriebige EU benutzen Englisch als *lingua franca*. Im Vergleich zu Kenia ist es aber um die Englischkenntnisse der Tansanier generell schlechter bestellt. Sobald man die Ballungszentren verlässt, ist es äußerst hilfreich, ein paar Brocken Swahili zu beherrschen. Es gibt Stimmen im Land, die genau diesen Umstand als ein Manko für die Entwicklung Tansanias ansehen.

Gesellschaft

Die Wirtschaftseinheit Großfamilie

So rasant sich die tansanische Gesellschaft in den letzten Jahren auch entwickelt hat, zentrale traditionelle Strukturen blieben trotzdem erhalten. Eines der Grundmerkmale der tansanischen Gesellschaft ist die sogenannte *extended family*, die Großfamilie. Meistens handelt es sich um große, unüberschaubare Familienclans, deren

Mitglieder teilweise nicht einmal blutsverwandt sind. Sogar in der Sprache manifestieren sich diese gesellschaftspolitischen Strukturen Üblicherweise titulieren sich Gleichaltrige oder Gleichrangige gegenseitig als *kaka* (Bruder) oder *dada* (Schwester). Auch als Reisender wird man auf der Straße vielleicht mit *brother* oder *sister* angesprochen, was sich für unsere mitteleuropäischen Ohren unpassend, ja sogar anbiedernd, anhört. Im tansanischen Kontext macht diese Anrede aber durchaus Sinn.

Grob gesagt stellt die *extended family* eine Wirtschaftseinheit dar – ein **Versorgungssystem**, ohne das die Gesellschaft kollabieren würde. Familienmitglieder mit Einkommen versorgen die mittellosen Familienmitglieder mit Geld, Nahrungsmitteln, medizinischer Hilfe und Ähnlichem, während Familienmitglieder, die nicht im Erwerbsleben stehen, sich um das Haus, die Kinder oder die Ernte kümmern. Wohnraum, Arbeit, Betreuungspflichten, gar Geld – alles wird geteilt.

Die Großfamilie ist Segen und Fluch zugleich. Auf der einen Seite übernimmt sie jene Aufgabe, die in europäischen Gesellschaften dem Staat zufällt: Sie sorgt für die Kranken und sozial Schwachen, die – aufgefangen im Familienverband – in Würde leben können. Männer mit Einkommen versorgen ihre arbeitslosen Brüder und deren Familien; Hochzeiten, die – gemessen an den durchschnittlichen Einkommen – horrende Summen verschlingen, können so finanziert werden, da jeder, der in der Familie Geld hat, zu einem finanziellen Beitrag verpflichtet ist. Für Begräbnisse gilt dasselbe.

Trotz aller positiven Aspekte aber hemmt die Großfamilie, zumindest von einem westlichen Blickpunkt aus gesehen, Eigeninitiative und Entwicklung. Zum einen haben Menschen mit durchschnittlichen Jobs und durchschnittlicher Entlohnung kaum die Möglichkeit, große Summen an Geld anzusparen – etwa für ein Moped, ein Auto, ein kleines Häuschen, eine Geschäftseröffnung oder gar die Schulbildung der Kinder –, denn die Verwandtschaft fordert Geldleistungen vehement ein. Es gilt als unhöflich, die Bitte nach Geld zurückzuweisen; das männliche Familienoberhaupt kommt nicht darum herum, seiner Mutter, dem Onkel oder dem Neffen Geld zuzustecken.

Wer denkt bei Ostafrika nicht an die bunten, farbenprächtigen Tücher, in die sich Frauen in jeder Lebenslage einwickeln und die ihre ständigen Begleiter sind? Kinder werden darin gestillt und getragen, Lasten damit auf dem Kopf nach Hause transportiert und Botschaften an die Außenwelt gesandt. Eine mit den alten Traditionen verbundene tansanische Frau würde niemals ohne ihren Kanga aus dem Haus gehen, da sie sich sonst nackt fühlen würde.

Ein Baumwolltuch mit den Maßen 1,50 x 1 m verbindet alle Frauen über Alters-, Gesellschafts- und Einkommensklassen hinweg. Modebewusste Sansibari-Frauen erfanden den Kanga im 19. Jh., als sie mehrere *leso* (Taschentücher, die die Portugiesen in Afrika eingeführt hatten) zu einem großen **Wickeltuch** zusammennähten. Die ersten Textilien glichen also eher einer Patchworkdecke als dem heutigen Kanga. Ein Name war rasch gefunden, denn die weißen Punkte auf einigen Kanga-Mustern erinnerten an Perlhühner (Swahili: *kanga*). Böse Zungen behaupten, die Männer hätten dem Baumwolltuch den Namen in Anlehnung an die als eitel verrufenen und unablässig schnatternden Perlhühner gegeben.

Findige Unternehmer erkannten rasch das Marktpotenzial und begannen das Tuch industriell herzustellen. (Andere Quellen berichten, dass das Tuch in Mombasa erfunden wurde – und die Sansibaris es als Erste industriell erzeugten.) Aufgrund der vielseitigen Verwendungsmöglichkeit verbreitete es sich im Lauf der folgenden Jahrzehnte entlang der gesamten Swahili-Küste und bis ins innere Afrika, ja sogar bis nach Madagaskar und auf die Komoren. Normalerweise erwirbt man den Kanga im Paar *(doti)*, d. h., auf einem Stück Stoff sind zwei identische Muster abgedruckt (also 3 x 1 m).

Die **Ornamente und Motive** sind dem indischen, arabischen und afrikanischen Kontext entliehen und symbolisieren gewisse wünschenswerte Eigenschaften wie Fruchtbarkeit und Reichtum. Heutzutage sieht man auf den Kangas aber auch ganz banale Muster, wie Fahrzeuge oder Flugzeuge. Die Muster verändern sich ebenso wie die Mode in den Industrienationen laufend.

Erst die **Sinnsprüche** verleihen den Kangas die ganz besondere gesellschaftliche Bedeutung. Frauen (und Männer) wählen sie nämlich nicht nach Formen und Farben aus (wie es westliche Frauen machen würden), sondern nach ihren Botschaften. So erhalten gebärende Frauen von ihren Schwiegermüttern einen Kanga, um ihnen durch die Blume Ratschläge für die Erziehung der Kinder oder die Ehe zu geben. Ebenso kann ein Ehemann seiner Frau einen Kanga mit einem passenden Sprichwort schenken, um sich bei ihr zu entschuldigen. Da finden sich sprichwörtliche Weisheiten wie *Njia mwongo fupi* („Der Weg des Lügners ist kurz", im Sinne von „Lügen haben kurze Beine") ebenso wie *Haba na haba, hujaza kibaba* („Wenig und wenig füllt den Behälter" im Sinne von „Auch Kleinvieh macht Mist"). Männer, die sich eine Eskapade erlaubt haben, mögen den Kanga mit der Aufschrift *Mpenzi uwe radhi* („Liebling, es tut mir leid!") wählen.

Somit avancierte der Kanga vom praktischen Kleidungsstück zum sozialpolitischen Kommunikationsmedium, durch das die Frauen persönliche, politische oder religiöse Ansichten ausdrücken. Politische Kandidaten machen sich die gesellschaftliche Kraft des Kanga ebenso zunutze, indem sie ihn beispielsweise als Wahlgeschenk austeilen (versehen mit den richtigen Wahlsprüchen, versteht sich).

Nicht zu verwechseln ist der Kanga mit dem **Kitenge**, der zwar ebenso ein buntes Baumwolltuch ist, aber weder das traditionelle Kanga-Design noch Sinnsprüche aufweist. Aus ihnen werden die typischen, bunten Gewänder der Frauen genäht. Moslemische Männer auf den Inseln trugen seinerzeit traditionell **Kikoys**, Baumwolltücher ohne Muster, dafür aber in kräftigen Farben, die an Gewürze, die Farben des Meeres und die Tropen erinnern. Sie sind heute nur auf Sansibar erhältlich, und auch für die Kangas gilt: Wer auf Sansibar nicht fündig wird, wird es nirgendwo.

Zum anderen erstickt die Großfamilie jegliche Eigeninitiative: Wozu soll ein junger Mann oder eine Frau sich auf die Suche nach Arbeit begeben, wenn der große Bruder oder Onkel ohnehin zur Unterhaltsleistung verpflichtet ist? Die Großfamilie gilt als einer der Gründe, warum sich in Tansania bis heute keine Mittelschicht bilden konnte, obwohl eine solche für eine nachhaltige wirtschaftliche Entwicklung unabdingbar wäre.

Doch noch überwiegt die Notwendigkeit der Großfamilie: Nur durch sie konnten die dramatischen Auswirkungen von Aids bis dato einigermaßen abgefedert werden. Die Großmütter übernehmen die Rolle der Eltern, wenn diese durch Aids dahingerafft werden. Doch mittlerweile sind die Kapazitäten erschöpft, denn die Großmütter können die riesige Schar der elternlosen Kinder nicht länger auffangen. Die Unicef schätzt, dass mehr als 3 Mio. Kinder keine Eltern mehr haben, davon 1,3 Mio. durch Aids, der Rest durch andere Todesursachen. Jene Kinder, die nicht das Glück haben, bei einer *bibi* (Großmutter) zu wohnen, werden dann ihr Leben als bettelnde, stehlende Straßenkinder und Prostituierte fristen – und den Staat Tansania vor unermessliche Probleme stellen.

Das Senioritätsprinzip

Egal ob in der Familie, im Freundeskreis oder im Berufsleben – in Tansania herrscht eine strenge hierarchische Ordnung nach **Alters- und Gesellschaftsklassen**. Jeder Mann (weniger die Frauen) durchläuft bestimmte Lebensabschnitte, die jeweils mit Rechten und Pflichten verbunden sind. Die höchste Stufe der Hierarchie bilden die Ältesten, die alle wichtigen politischen und gesellschaftlichen Entscheidungen treffen und zudem ein außerordentlich hohes Ansehen genießen. Häufig, vor allem im ländlichen Raum, werden ihnen auch magische Fähigkeiten zugeschrieben. Sie stellen beispielsweise die Verbindung zu den traditionellen Autoritäten wie dem Urahn oder den Göttern her.

Die Ausprägungen dieser Altershierarchie sind im Alltag spürbar. Ältesten sowie Führern wird zumeist widerspruchslos gehorcht und ihren

Anweisungen ohne kritische Reflexion Folge geleistet. Entscheidungen dürfen jeweils nur von jenen getroffen werden, die in der Hierarchie ganz oben stehen. Dies hat zur Folge, dass in der tansanischen Kultur Kritik verpönt ist, insbesondere an einem Führer oder einem Älteren. Engagierte politische Nachwuchskräfte stoßen dadurch bald an ihre Grenzen, denn amtierende Politiker sind faktisch unantastbar und haben so einen Freibrief für halbherzige oder auch sinnlose Maßnahmen.

Geschlechterrollen

Spätestens seit der Kolonialisierung und Missionierung Ostafrikas haben patriarchalische Gesellschaftsstrukturen – bis auf wenige Ausnahmen (s. S. 130) – das ganze Land erfasst, wobei das **Patriarchat** auch schon vorher die dominante Gesellschaftsform der meisten Ethnien war. Frauen nehmen so generell eine schwächere Position in der Gesellschaft ein, auch hinsichtlich ihrer Sexualität innerhalb einer Partnerschaft (die mehr der Reproduktion denn als Liebesbeweis dient). Dieser Umstand ist beispielsweise dafür verantwortlich, dass Frauen viel häufiger von ihren Männern mit HIV infiziert werden als umgekehrt. Männer bringen Aids aus der Stadt, von Prostituierten oder von ihren Affären (*nyumba ndogo*, „kleines Haus") mit, während die Frauen auf dem Land bei den betagten Eltern und den Kindern bleiben. Die Ungleichheit von Mann und Frau spiegelt sich auch in der Gesetzgebung und Rechtsprechung wider, die Frauen klar benachteiligt, egal ob beim Landerwerb oder beim Erbrecht. Gesellschaftspolitisch wundert es kaum, dass Frauen in der politischen und wirtschaftlichen Elite nur marginal vertreten sind; nur wenige Frauen leiten Unternehmen, haben politische Ämter oder unterrichten an Universitäten.

Dass Mädchen und Frauen oft von **Bildung** ausgeschlossen sind, liegt auf der Hand, obwohl 1977 die allgemeine Schulpflicht für Grundschulen eingeführt wurde. Viele Mädchen werden im Alter von 13 oder 14 Jahren zwangsverheiratet und bereits vor Abschluss der Grundschule dem Bildungssystem entzogen. Manche Stimmen in Tansania fordern eine gesetzliche Abschaffung der **Kinderheirat**, doch der Gesetzgeber agiert verhalten. Auch die Reaktion auf ungewollte Schwangerschaften im Kindesalter ist äußerst frauenfeindlich. Mädchen, die von ihren Lehrern, Nachbarn oder Schulkameraden vergewaltigt und so ungewollt schwanger werden, müssen die Schule verlassen und haben neben dem Spott auch noch die die Konsequenzen zu tragen. So werden die Mädchen ihrer Zukunftschancen beraubt. Sind sie erst einmal aus der Schule ausgeschlossen, stehen die Chancen schlecht, dass sie jemals wieder in den Schulprozess eingegliedert werden und einen Schulabschluss machen; die Spirale der Armut beginnt sich zu drehen. Viel weniger Mädchen als Jungen schaffen es zudem in die kostenpflichtige Sekundarschule (ab 14 Jahren), hier wird den männlichen Nachkommen der Familie klar der Vorzug gegeben.

Traditionell ziehen die Männer vom Land in die Stadt, um einen **Arbeitsplatz** zu finden, was zu einem geschlechtsspezifischen Ungleichgewicht führt (und die Prostitution sowie die Ausbreitung von Aids fördert). Frauen bleiben in ihren Heimatdörfern und sind für die Kindererziehung, die Feldarbeit sowie die Tierzucht verantwortlich. Daneben kommt der Frau auch eine soziale Rolle innerhalb des Familienverbandes zu, wenn Ältere oder Kranke gepflegt werden müssen. Trotzdem ist es das erklärte Ziel jeder Frau, zu heiraten und Kinder zu bekommen, obwohl sich dies in den großen Städten zumindest unter den gebildeten Frauen zu ändern beginnt. Viele entscheiden sich nur mehr für Kinder – ohne Mann, was sich bei gutem Verdienst, der die Anstellung einer Kinderfrau ermöglicht, relativ problemlos realisieren lässt.

Männer hingegen stecken nicht so eng im Korsett der gesellschaftlichen Verpflichtungen und Erwartungen. Während Frauen in jedem Fall ihre Kinder ernähren müssen, scheint die Erwerbstätigkeit der Männer eher freiwilligen Charakter zu haben, vielen Männern fehlt zudem das Verantwortungsgefühl für ihre Familie. Auch in puncto **Sexualität** genießen sie viel mehr Freiheiten als Frauen. So wird es als natürlich angesehen, dass auch verheiratete Männer mehrere Sexualpartnerinnen haben, da die Ansicht vorherrscht, dies läge in der Natur der Männer.

Der Alltag von Mann und Frau verläuft weitgehend in **getrennten Sphären** – angefangen beim Essen, das in vielen Ethnien getrennt voneinander eingenommen wird, über die Freizeitgestaltung bis zu dem Umstand, dass eine strikte Arbeitsteilung nach Geschlechtern herrscht. Tansanische Frauen und Männer finden es befremdlich, wenn beispielsweise westliche Paare ihren Urlaub oder ihre Freizeit gemeinsam verbringen.

Rituale

In allen Ethnien existieren **Initiationsriten**, die den Übergang von einer Lebensphase in die nächste markieren, oft vom Kindsein ins Erwachsenenalter. Die Mädchen und Jungen werden so in eine neue gesellschaftliche Rolle eingeführt. Manchmal zeigen rein äußerliche Veränderungen diesen Statuswechsel an, beispielsweise neue Kleidung oder Schmuck. Bei den Maasai z. B. wird der Übergang von der Kindheit ins Knabenalter durch die Entfernung eines oder zweier unterer Schneidezähne markiert, was die charakteristische Zahnlücke zurücklässt. Oft sind damit feierliche Zeremonien verbunden, die Jungen müssen Mutproben bestehen oder Mädchen bestimmte Aufgaben meistern.

Viel zu oft wird dieser Übergangsprozess auch durch verschiedene körperliche Markierungen symbolisiert, zu denen neben anderen die **Beschneidung** gehört. Erst beschnittene Mädchen gelten als vollwertige Mitglieder der Erwachsenengesellschaft; sie können sich lästiger Haushaltspflichten entledigen – und sind heiratsfähig. In vielen Ethnien wird die Beschneidung von Jungen und Mädchen heute noch genauso wie vor Hunderten von Jahren praktiziert. Im Vergleich zur harmlosen Beschneidung eines Jungen ist dieser Eingriff für Mädchen jedoch folgenschwer. Im Westen hat sich mittlerweile der Begriff *female genital mutilation* (FGM), also weibliche Genitalverstümmelung, durchgesetzt, um die Schwere des Rituals zu dokumentieren. Mit Rasierklingen werden Teile des weiblichen Genitalbereichs unter unsäglichen Schmerzen entfernt, um danach bis auf eine kleine Öffnung für das Urinieren zugenäht zu werden. Mangels hygienischer Verhältnisse und Kenntnisse in Wundheilung sowie Desinfektion sterben viele qualvoll daran.

10 % der Mädchen finden bei der Verstümmelung den Tod, 20 % sterben durch die Spätfolgen wie etwa Komplikationen bei der Geburt. Dabei wird den Mädchen nicht einmal erzählt, was sie erwartet – auch nicht von den Schmerzen bei alltäglichen Verrichtungen wie dem Wasserlassen und schon gar nicht von der Hochzeitsnacht, wenn ein Teil der Naht durch den Mann mit einer Scherbe oder einem Messer geöffnet wird. Für die Geburt eines Kindes wird die Naht aufgeschnitten, aber danach (bis auf eine kleine Öffnung) gleich wieder verschlossen.

Gerechtfertigt wird die Amputation mit hygienischen Gründen und vor allem mit althergebrachten Traditionen. In den meisten Ethnien aber geht es schlichtweg darum, die Frau vor sexuellem Lustempfinden zu „schützen", damit sie sich ihrer Aufgabe als Mutter, Landwirtin, Sozialarbeiterin und Köchin widmen kann. Zusätzlich soll die Treue der Frau gewährleistet werden, denn wer lässt sich schon gerne auf eine außereheliche Affäre ein, wenn sie physisch schmerzt?

Es sind vor allem die Mütter und Schwiegermütter, die an der Genitalverstümmelung festhalten, aus Angst, die Töchter könnten als unehrenhaftes und nicht heiratsfähiges Mitglied der Gemeinde in Verruf kommen. Neben den Müttern haben auch die Stammesoberhäupter und religiösen Führer ein kräftiges Wörtchen dabei mitzureden. Insgesamt besteht aber der Wunsch nach einer Beschneidung vorwiegend im traditionellen, ländlichen Dorf- und Familiengefüge. In den modernen Städten distanzieren sich Mütter und Familienverbände eher davon.

Obwohl die Genitalverstümmelung 1998 in Tansania verboten wurde, ist sie nach wie vor an der Tagesordnung, insbesondere bei den Maasai. Seit 1997 wird hauptsächlich im Norden Tansanias mit groß angelegten Kampagnen engagierte Aufklärungsarbeit geleistet, die teilweise von Erfolg gekrönt ist.

Religion

Als eine der Grundfesten der afrikanischen Existenz kann die Religion angesehen werden. Sie ist fester Bestandteil des Alltags und umfasst alle Bereiche des Lebens: der Imam, der die moslemische Bevölkerung zum Gebet ruft; der wöchentliche Kirchgang der christlichen Gemeinde; Aufschriften auf Daladalas; Missionare in den entlegensten Winkeln; Frauen, die wegen angeblicher Hexerei verbrannt werden; Tischgebete vor dem Essen. Oft wird man in Tansania mit dem Ausspruch *Mungu akipenda* („So Gott will") konfrontiert, um Krankheiten, Todesfälle, Kinderlosigkeit oder ähnliche Schicksalsschläge zu kommentieren und zu relativieren.

Um zu verhindern, dass die Religion in Tansania (wie in vielen Ländern Afrikas) zu einem Politikum wird, wird bei Volkszählungen seit 1967 nicht mehr nach der Religionszugehörigkeit gefragt. Man nimmt an, dass Christen unter den Festlands-Tansaniern die stärkste Gruppe bilden (etwa 40 %, jeweils zur Hälfte katholisch und protestantisch), während an die 30 % dem moslemischen Glauben angehören. Schätzungsweise an die 30 % der Bevölkerung sind Anhänger traditioneller Religionen und des Ahnenkults. Auf Sansibar stellen Moslems mehr als 95 % der Bevölkerung. Daneben existiert eine hinduistische Minderheit. Das Zusammenleben funktioniert weitgehend friedlich, obwohl auch in Tansania fundamentalistische islamische Tendenzen spürbar sind.

Das **Christentum** hat sich weiträumig über ganz Tansania verbreitet, während der **Islam** an der Swahili-Küste sowie auf den Inseln dominiert. Dort werden neben den staatlichen auch islamische Feiertage begangen, die jedoch in unserem (gregorianischen) Kalendersystem nicht genau datiert werden können, weil der islamische Kalender sich exakt nach dem Mond richtet (s. S. 49). Diese Feiertage gelten für alle Moslems, egal ob es sich um Sunniten (die in Ostafrika überwiegen), Ismaeliten, Schiiten oder Sikhs handelt.

Die **Missionierung** Afrikas und Tansanias ist noch lange nicht abgeschlossen. In den Kirchengemeinschaften der Industriestaaten gilt Afrika als der Kontinent mit dem größten Potenzial – und offensichtlich noch vielen verlorenen Seelen. Ob Moslems, katholische Missionare, die Zeugen Jehovas, Pfingstkirchen *(Pentecoastal Church)* oder Quäker, sie alle drängen nach Tansania, besonders in Gegenden, die von anderen Religionsgemeinschaften bis dato unberührt

Es ist paradox – adrett gekleidet, frisch gewaschen und mit reinem Herzen strömen sie Sonntag für Sonntag in die Kirchen. Doch auch die intensivsten Missionierungsversuche (von christlicher als auch von islamischer Seite) konnten nichts daran ändern, dass die meisten Tansanier böse Geister und Hexen noch immer als allmächtig ansehen.

Eines der am besten dokumentierten Beispiele aus früheren Tagen ist vielleicht der Maji-Maji-Aufstand (1905–1907) im südlichen Tansania, wo sich die Menschen gegen das Regime der Kolonialregierung erhoben (vgl. S. 239). Um den Kriegern im Kampf gegen die Kolonialtruppen Mut einzuflößen, verabreichte man ihnen ein **Zauberwasser** (*maji* bedeutet Wasser), das die Gewehrkugeln der deutschen Soldaten an ihnen abprallen lassen sollte. So gestärkt, traten Zehntausende der Rebellion bei – und bezahlten natürlich mit dem Leben.

Auch heute noch gehören böse Mächte, Geister und Hexen zum Alltag, wie schon vor Hunderten von Jahren. In der Shingyanga- oder Mwanza-Region werden beispielsweise noch immer ältere Frauen, die man für **Hexen** hält, brutal ermordet. In den meisten Fällen werden solche Vorkommnisse gar nicht bei der Polizei angezeigt, sondern die Täter werden von der Dorfgemeinschaft für ihre vermeintlich „gute Tat" auch noch fürstlich entlohnt.

Der Glaube an Hexen und Geister erlaubt es den Menschen, Schicksalsschläge zu erklären und jemand anderen dafür verantwortlich zu machen. Wenn jemand erkrankt, so tragen nicht Bakterien oder fehlende Schutzmaßnahmen daran Schuld, sondern der Nachbar, der mit den bösen **Geistern** unter einer Decke steckt. Die verdorbene Ernte wird dem Lehrer des Nachbardorfs angehängt. Die rüstige Seniorin von gegenüber muss dafür herhalten, wenn ein junger Mann seinen Job verloren hat (weil er wiederholt alkoholisiert zum Dienst gekommen

ist). Überführt werden die angeblichen Täter u. a. durch Träume.

Geistervertreiber und traditionelle Heiler genießen höchstes Ansehen in der Dorfgemeinschaft. Sie brauen fragwürdige Teemischungen (gegen Pechsträhnen), ziehen unsichtbare Kreise um Dörfer (um das Eindringen von Hexen zu verhindern) und lassen sich Zeremonien einfallen (um die Geister zu vertreiben). Sie besitzen natürlich auch die Gabe, Hexen zu erkennen, weshalb ihnen in den – ungesetzlichen – Hexentötungen eine gewichtige Rolle zufällt. Die Insel Pemba gilt als Hochburg sogenannter Geistervertreiber; von Kenia, Tansania und weiter reisen Menschen an, um Schuldige für ihr Schicksal zu finden und diese auszutreiben. Erst 2010 und 2011 hielt ein vermeintlicher Heiler aus der Ngorongoro-Region das Land in Atem, der behauptete, dass er Krankheiten heilen könnte, bei denen die Ärzte versagt haben. Abertausende Menschen reisten unter der Aufbringung ihrer letzten finanziellen und körperlichen Reserven an, um das Wundermedikament, das nur einmal im Leben genommen werden darf, verabreicht zu bekommen. Der hysterische Hype um den Heiler aus Samunge war sogar für Tansania einzigartig.

Die Grenze zu **Kräuterheilern** – und zu Quacksalbern – ist fließend. Viele Geisteraustreiber verfügen über enormes Wissen in Bezug auf Naturmedizin, doch besteht eine Behandlung meist aus der Kombination von Hokuspokus und Kräutern. Besonders das Volk der Maasai hat sich durch seine äußerst wirkungsvolle Kräuterheilkunde auch international einen Namen gemacht; Pharmakonzerne versuchen bereits, sich ihr Wissen zunutze zu machen. Auf Märkten sieht man oft die kleinen Verkaufsbuden der Maasai, wo diese ihre traditionellen Kräuter (z. B. gegen Malaria, Würmer, verdorbenes Wasser oder Ähnliches) in kleinen Glasbehältern an den Mann oder die Frau bringen.

blieben. Bibeln werden in die lokalen Sprachen übersetzt, Kirchen gebaut, Messen abgehalten, Bibel- und Koranschulen für Kinder initiiert. Oft unterhalten Missionen auch Schulen und Kran-

kenhäuser, was natürlich die Lebensqualität der Menschen im Busch verbessert. Andererseits sorgen diese Einrichtungen auch für eine starke Bindung zur jeweiligen Religionsgemeinschaft –

Land und Leute

und dafür, dass die lokale Bevölkerung die Bibel in der Stammessprache überhaupt lesen kann.

In Wahrheit ist die Sache mit den Religionen viel komplexer, denn die Grenzen zwischen Religionsgemeinschaften und den **afrikanischen Traditionen** sind fließend. Kaum ein Tansanier, egal ob katholisch, protestantisch oder moslemisch, glaubt nicht auch an Hexerei, Dämonen, Voodoo, die Ahnen und Naturgeister. Der Alltag einer durchschnittlichen Dorfgemeinschaft ist nach wie vor von Aberglauben, Beschneidungen und Hexenaustreibungen geprägt. Alle Naturreligionen werden mündlich überliefert und sind deshalb gegen moderne Einflüsse kaum resistent. Vielerorts geht dadurch jahrhundertealtes Wissen, z. B. in Naturheil- und Kräuterkunde, verloren – aber kaum jemand (schon gar nicht die Weltreligionen) hat ein Interesse daran, dieses Wissen zu erhalten und niederzuschreiben. Deshalb ist heutzutage der Grat zwischen echter Geistheilerei einerseits und Quacksalberei andererseits sehr schmal. Viele Quacksalber tingeln durch das Land und versprechen der gutgläubigen Bevölkerung Linderung ihrer Not – aus purer Geschäftemacherei. Selbst die Tansanier können echte, erfahrene Heiler nicht immer von effektvoll arbeitenden Quacksalbern unterscheiden.

Der vermutlich fundamentalste und am tiefsten verankerte Glaube ist jener an die **Ahnen**. Abstammung und Verwandtschaft – auch über Generationen hinweg – spielen bei allen Völkern eine bedeutende Rolle, denn sie definieren die Stellung eines Individuums innerhalb der Gesellschaft. Vergangenheit, Gegenwart und Zukunft fließen so ineinander über.

Entsprechend der Altershierarchie (S. 136) sind die Älteren – auf Swahili *mzee* (Männer) bzw. *bibi* (Frauen) genannt – zu verehren und zu achten, auch über den Tod hinweg. Die Verstorbenen sind nämlich nicht ausgelöscht, sondern allgegenwärtig – als Geister und geistige Kräfte. Die Ahnen und mythischen Urväter sowie -mütter greifen in die Geschicke der Lebenden ein, weswegen man um ihr Wohlwollen bemüht sein muss. Um sie gnädig zu stimmen, werden Tänze, Rituale und Zeremonien abgehalten. Oft sind auch die Ahnen auf die Lebenden angewiesen, denn durch ihre Opfergaben oder symbolischen Gesten können sie fortbestehen.

Daneben existiert der Glaube an gute und böse **Geister oder Dämonen**. Die umgebende Natur gilt häufig als beseelt. Bäumen, Quellen, Felsen, Bergen u. a. wird ein heiliges Wesen zugesprochen – wie etwa dem Ol Doinyo Lengai als heiligem Berg der Maasai. Im Zusammenhang mit diesen Vorstellungen stehen häufig strenge **Tabus** (z. B. dass bestimmte Tiere oder Pflanzen nicht verzehrt sowie bestimmte Orte nicht betreten werden dürfen).

Als Mittler zwischen den Menschen einerseits und den Ahnen, Geistern und der Natur andererseits fungieren zumeist ältere Personen. Damit erklärt sich auch der hohe Status, der den älteren Mitgliedern einer Gemeinschaft zukommt. Manche der Älteren verfügen dazu noch über hervorragende Kenntnisse der Heilkunde, des Wettergeschehens oder der Erzählkunst, und es werden ihnen besondere magische Fähigkeiten zugeschrieben. Im westlichen Sinne entsprechen diese Personen **Medizinmännern** oder Regenmachern.

Geschichte und Politik

Offizieller Name: *Jamhuri ya Muungano wa Tanzania* (Vereinigte Republik Tansania)
Regierungsform: Präsidialrepublik
Hauptstadt: Dodoma
Unabhängig seit: 1964

Frühzeit

Anthropologische Untersuchungen legen nahe, dass im Gebiet des östlichen Rifts des Afrikanischen Grabenbruchs **Frühformen der heutigen Menschen** lebten. In der Oldupai-Schlucht im Norden fanden Archäologen hominide Spuren, die über 3,5 Mio. Jahre alt sein dürften. Weitere Fundstellen, die sogar als älter gelten, liegen unweit davon, in Westkenia und Äthiopien. Deshalb wird der ostafrikanische Raum auch gerne als „Die Wiege der Menschheit" bezeichnet.

Die unermüdlichen Wissenschafter Mary und Louis Leakey legten im Laufe ihrer mehrere Jahrzehnte dauernden Arbeit in der Oldupai-

Schlucht zwei verschiedene Vorläufer der Spezies Mensch frei. Genauere Informationen dazu finden sich im Kapitel „Safaris im Norden", S. 416. Abgesehen von diesen Sensationsfunden gab es in Tansania noch weitere Entdeckungen, etwa Steinzeitfunde bei Isimila (unweit von Iringa), die darauf schließen lassen, dass die hominiden Vorläufer dort vor ca. 200 000 Jahren lebten. Auch die Felsmalereien von Kondoa Irangi (Zentraltansania) deuten darauf hin, dass die heutige Spezies Mensch dort schon vor etwa 10 000 Jahren existiert haben muss.

Vor der Ankunft der Europäer

Vor ca. 2500 Jahren muss es massive Völkerwanderungen gegeben haben. Bantu und Niloten (hierzu gehören z. B. die Maasai) zogen ins Gebiet des heutigen Tansania und brachten neben Viehwirtschaft auch den Bananen-, Hirse- und Knollenfrüchte-Anbau mit. Eine der ersten schriftlichen Aufzeichnungen über die ostafrikanische Küste wird ungefähr aufs das 1. Jh.n.Chr. datiert. Aus den Reise- und Handelsdokumentationen des griechischen Händlers Periplus geht hervor, dass zwei mächtige Siedlungen in Tansania, vermutlich das heutige **Kilwa** (damals Rhapta) und Kua auf **Mafia Island**, wichtige Stützpunkte auf dem Seeweg von Arabien nach Indien waren. Arabische Aufzeichnungen belegen, dass sich der Handelskontakt ab dem 9. Jh. intensivierte. Die Handelswaren wurden mit Segelschiffen (Dhows) transportiert. Arabische und indische Seeleute lieferten Datteln, Stoffe, Keramiken und Gewürze und nahmen dafür Mangrovenholz, Gold, Tierfelle und später auch Elfenbein und Sklaven mit zurück. Durch den regen Austausch entwickelte sich an der Küste und auf den Inseln eine hochstehende, moslemische afro-arabische Kultur, die **Swahili-Kultur**.

Etwa zur gleichen Zeit, im 10. und 11. Jh., legten **Araber und Shirazi** (aus Persien) die Grundmauern der ersten dauerhaften Siedlungen aus Stein. Von den bedeutenden Shirazi-Siedlungen existieren in Tansania heute nur mehr Ruinen, z. B. nahe Tanga, Mtambwe Mkuu auf Pemba, auf Mafia oder bei Kilwa, das im 14. Jh. seine Blütezeit erlebte.

Die portugiesische Herrschaft

Durch die arabisch-islamische Präsenz im Indischen Ozean war den Europäern der Seeweg nach Indien abgeschnitten, weswegen man verzweifelt nach Mitteln und Wegen suchte, die wirtschaftliche und religiöse Dominanz der Araber zu durchbrechen. Eines der Ziele war, Afrika von der westlichen Seite zu umschiffen, um über Südafrika und das Kap der Guten Hoffnung Ostafrika und schließlich Indien zu erreichen. 1488 gelang dem portugiesischen Seefahrer Bartolomeu Diaz die Umschiffung des Kaps, aber erst 1498 erreichte der erste Europäer, der ebenfalls portugiesische Seefahrer **Vasco da Gama**, die Ostküste. Er steuerte die kenianischen Häfen Mombasa und Malindi an, segelte beladen mit Gastgeschenken und exotischen Waren zurück nach Europa und sorgte damit in seiner Heimat für Furore. Bald war klar, dass die Seefahrermacht Portugal die Herrschaft in Ostafrika an sich reißen wollte, um sich den Seeweg nach Indien und den Zugang zu den exotischen Rohstoffen zu sichern.

Die portugiesische Expansion verlief aber nicht nach Wunsch. Sie entpuppte sich als **wirtschaftliches Desaster.** Die portugiesischen Waren standen in Ostafrika schlecht im Kurs; man musste in Europa teure Tauschware erwerben. Um dieses Verlustgeschäft zu kompensieren, mussten die Portugiesen die Küstenstädte und den Handel kontrollieren, und dabei ging man nicht zimperlich vor. Wenn Portugiesen eine Stadt enterten, dann wurde geplündert, gemordet und zerstört. Ihre durch Feuerwaffen gesicherte militärische Überlegenheit machte sie praktisch unbesiegbar und so gerieten die Küstenstädte bald unter ihre Kontrolle. Zudem führten die Portugiesen ein Steuersystem ein, das der wirtschaftlichen Stärke der Städte erheblich zusetzte.

Wegen der militanten Portugiesen verlegten die einheimischen Händler ihre Handelsrouten ins Landesinnere, der Küstenhandel brach fast vollständig zusammen. Die Zölle und der **Rückgang des Handels** führten zur Verarmung der Küstenstädte; die Ausbeute der Portugiesen sank rapide. Genau 200 Jahre sollte die Oberhoheit der Portugiesen in Ostafrika dauern, die in einem ökonomischen Supergau für die einst größte Seefahrernation endete. Da war es ein

Leichtes für die arabischen **Omani**, in den verarmten und verzweifelten Küstenstädten Verbündete zu finden und die Orte nach und nach einzunehmen. Nach mehreren kriegerischen Auseinandersetzungen fiel schließlich 1698 die letzte portugiesische Bastion Mombasa (Kenia) und die unbeliebten Europäer mussten sich zurückziehen. Im 18. Jh. versuchten sie erfolglos, weite Teile der Ostküste erneut unter ihre Herrschaft zu bringen, mussten sich aber schließlich mit Mosambik zufriedengeben.

Obwohl die portugiesische Herrschaft sang- und klanglos endete, hat sie in Tansania Spuren hinterlassen. Den Stierkämpfen auf Pemba wird nachgesagt, portugiesischen Ursprungs zu sein, ebenso wie einigen Swahili-Wörtern, z. B. *pesa* (Geld), *meza* (Tisch) oder auch *gereza* (Gefängnis, Befestigungsanlage). Von den Kangas nimmt man an, dass ihre Muster von den portugiesischen Taschentüchern stammen.

Das blutige Jahrhundert – Sklaverei und Elfenbein

Nach der Eroberung Mombasas, des wichtigsten Handelszentrums Ostafrikas, war der Weg für die arabischen Omani geebnet. Die Swahili-Kultur erblühte von Neuem, die Araber kontrollierten nun wieder die Handelswege, führten ein (von indischen Beratern entwickeltes) Steuerwesen ein und zählten um 1730 fast die gesamte Ostküste zu ihrem Einflussbereich. Primäre Handelsgüter stellten **Elfenbein**, Gold und andere Edelmetalle dar. Nach und nach erlangte Sansibar als Handelsmetropole Bedeutung, vor allem durch seinen natürlichen Tiefseehafen.

In Europa, Indien und China galten die Stoßzähne afrikanischer Elefanten als Luxusgut. Klaviergriffe, Billardbälle, Messerhefte, Schirmgriffe oder Kämme fanden reißenden Absatz unter den Wohlhabenden. Dem gestiegenen Bedarf musste mit veränderten Fangmethoden begegnet werden. So entwickelten sich Berufsjäger, die rund ums Jahr auf Elfenbeinjagd gingen, was die monetären Gewinne ins Unermessliche steigen ließ. Religiöse Bedenken – denn sowohl Elefanten als auch Elefantenfriedhöfe galten bei manchen Ethnien als heilig – wurden kommerzieller Gier geopfert. Laut einer Statistik eines deutschen Händlers wurden z. B. in den 1880er-Jahren an die 570 000 kg Elfenbein jährlich aus Ostafrika nach Deutschland importiert, was 3000–3500 getöteten Elefanten entspricht. Noch heute ist der illegale Handel mit Elfenbein kaum zu stoppen; Tansania gehört nach wie vor zu den Toplieferanten nach Deutschland, Italien, Arabien und China.

Bald aber wurde Elfenbein von einem anderen „Gut" überflügelt. Vom Verbot des **Sklavenhandels** im britischen Königreich im Jahre 1808 (das insbesondere den Sklavenhandel von Westafrika traf) profitierten nämlich die Händler Ostafrikas. Die Kultivierung der Gewürznelke ab 1818 und die Plantagenwirtschaft anderer exotischer Früchte wie Vanille, Kakao und Zucker auf Mauritius und La Réunion verlangten nach Arbeitskräften und brachten einen grausamen Wirtschaftsmotor in Gang, der Sansibars wirtschaftliche und politische Stellung festigte. 1832 verlegte **Sultan Sayyid** die Hauptstadt seines omanischen Sultanats Muskat (samt seinem gesamten Hofstaat) nach Sansibar. Damit avancierte die Insel zum wirtschaftlichen und politischen Zentrum Ostafrikas und des Oman. Mit dem Sultan zogen viele einflussreiche und wohlhabende Familien in die neue Hauptstadt. In den ersten paar Jahren vervierfachte sich die Population der reichen Handelsstadt auf 20 000 Einwohner.

Deutsche und britische Kolonialherren

Allmählich erwachte in Europa das Interesse am „schwarzen Kontinent". **Forschungsreisende und Geistliche** waren die Wegbereiter für die folgende Kolonialisierung Ostafrikas. Als erste Missionare setzten Ludwig Krapf und Johannes Rebmann 1846 ihren Fuß auf tansanischen Boden. Ihre Erzählungen über einen großen Binnensee in Ostafrika waren es schließlich, die Richard Francis Burton und John Hanning Speke 1857 zur ersten Ostafrika-Expedition starten ließen. Es folgten 1866 David Livingstone sowie 1871 – auf der Suche nach Livingstone – Henry Morton Stanley (s. Kasten S. 462).

Die Forschungsberichte aus dem Inneren Afrikas stießen bei den europäischen politischen Führern auf offene Ohren. **Rohstoffe** wurden für die fortschreitende Industrialisierung benötigt; man erkannte den Vorteil des Umstands, dass die für die europäische Versorgung wichtigen *cash crops* Sisal, Baumwolle, Kaffee, Weizen, Mais oder Ähnliches nicht mehr von Südamerika importiert werden mussten. Gerade die Briten, damals die führende Industrienation, bauten ihre Außenhandelsbeziehungen mit dem Sultanat von Sansibar und Ostafrika systematisch aus und unterstrichen ihre Vormachtstellung mit der Pacht von Sansibar. Sie rechtfertigten ihre Präsenz in Ostafrika vor allem mit ihrer Mission, die Sklaverei beenden zu wollen (was 1873 auch offiziell geschah). Primär hatten sie jedoch – wie alle anderen Interessenten auch – nicht humanistische, sondern ganz banale wirtschaftliche sowie politische Motive.

Der Rest von Europa sah das Engagement der Briten in Ostafrika natürlich kritisch, denn jede Nation wollte am Kuchen Afrika mitnaschen. Etwa zur gleichen Zeit – zu Beginn der 1880er-Jahre – versuchten mit Großbritannien, Spanien, Belgien, Frankreich, Italien und Deutschland gleich mehrere Länder ihre Fühler nach Afrika auszustrecken, doch am Streit über den strategisch wichtigen Kongo mit all seinen Bodenschätzen eskalierte die Situation schließlich. Otto von Bismarck, Reichskanzler von Deutschland, berief 1884 die **Kongo-Konferenz** ein, die im englischen Sprachraum auch als Berliner Konferenz bekannt ist. Sie sollte vor allem die Zuteilung des Kongo regeln. Westafrika ging an die Franzosen, der Kongo an Belgien, die Briten erhielten Südafrika. Das damalige Festland-Tansania, Tanganyika, wurde (neben anderen Territorien) den Deutschen zugeteilt, während *British East Africa* das heutige Kenia umfasste. Den Signatarstaaten des Vertrags wurde zudem Handelsfreiheit in den afrikanischen Territorien gewährt.

Dies intensivierte den Kampf um das „Niemandsland" Afrika. Ohne Wissen der Briten begannen die Deutschen, mit den Stammeshäuptlingen „Schutzverträge" abzuschließen. Es folgte die willkürliche Annexion mehrerer großer Gebiete in Tansania, und schließlich pachteten die Deutschen 1888 vom sansibarischen Sultan einen Küstenstreifen am Festland. Nach diesem anfänglichen Machtgerangel einigten sich

Deutschland und Großbritannien im **Helgoland-Sansibar-Vertrag** von 1890 letztendlich darauf, dass das Deutsche Reich Uganda und Sansibar als britisches Protektorat akzeptierte. Im Gegenzug erhielt Deutschland das bis dahin britische Helgoland sowie das Recht, dem sansibarischen Sultan die Tanganyika-Küste abzukaufen, die es zuvor schon gepachtet hatte.

Die **Kolonialherrschaft der Deutschen** in Tanganyika verlief natürlich nicht ohne Komplikationen. Rücksichtslos versuchten die Kolonialherren, das Land nach deutschem Vorbild umzukrempeln. Sie ignorierten die Hoheitsgebiete einheimischer Herrscher ebenso wie ethnische Zugehörigkeiten. So wurde bei der Grenzziehung zwischen Kenia und Tansania das Volk der Maasai zwei verschiedenen Ländern zugewiesen, was heute zur Folge hat, dass sich Verwandte nur durch Vorweisen eines Reisepasses besuchen können. Diese rigorose koloniale Inbesitznahme vollzog sich deshalb nicht ohne den erbitterten Widerstand seitens der einheimischen Bevölkerung. Dabei setzten sich die Kolonialherren aufgrund ihrer militärischen Überlegenheit aber stets durch. Trotzdem gelten der **Bushiri-Krieg** (1888–1889) bei Tanga (S. 221), der **Aufstand der Hehe** (1891–1894) bei Iringa (S. 488) sowie der **Maji-Maji-Aufstand** (1905–1907) in Südtansania (S. 239) als Meilensteine der Auflehnung gegen die deutschen Kolonialherren.

Nach der völligen Vereinnahmung Tansanias wurde versucht, dem Land deutsche Verwaltung und Effizienz überzustülpen. Schulen, Spitäler und Straßen wurden gebaut sowie Mais eingeführt. Die Kolonialherren trieben Steuern ein, die nicht etwa in Naturalien, sondern in Geld zu zahlen waren. Das zwang die Tansanier, als Lohnarbeiter auf den Plantagen (Sisal, Baumwolle, Kokosnüsse) der Weißen zu arbeiten. Andere mussten sich als Tagelöhner und Zwangsarbeiter bei den großen Eisenbahnprojekten verdingen, z. B. beim Bau der Usambara-Bahn von Tanga nach Moshi sowie der Central Line von Dar es Salaam nach Kigoma.

Der **Erste Weltkrieg** machte auch vor Deutsch-Ostafrika nicht halt; Schlachten wurden gefochten und Blut vergossen. Die Deutschen verloren nicht nur den Krieg, sondern durch den Vertrag von Versailles (1919) auch die ostafrikanischen Besitzungen an den Völkerbund. Damit gehörte das gesamte Ostafrika bis zur Unabhängigkeit zum britischen Imperium, allein der Status der Gebiete variierte: Kenia war ab 1920 britische Kronkolonie, Tanganyika stand als Mandat des Völkerbunds unter britischer Verwaltung, Uganda und Sansibar blieben unverändert Protektorate. Deutsche Siedler und Missionare wurden ausgewiesen; wegen des ökonomischen Niedergangs lud man stattdessen indische Kaufmänner und Investoren ein, sich in Tansania anzusiedeln. Nach dem Vorbild anderer Kolonien führten die **Briten** 1925 die sogenannte *indirect rule* ein, wobei die Verwaltung einzelner Distrikte dezentralisiert wurde. Dies gestattete den Stammesführern eine teilweise politische Selbstbestimmung auf kommunaler Ebene.

Die Unabhängigkeit

Da die Briten in Tansania kaum Siedler (und auch keine Siedlungsansprüche) hatten, verlief die Unabhängigkeitsbewegung weit weniger dramatisch als in anderen afrikanischen Ländern. Es gab kaum Konflikte um Grundbesitz, Farmen oder Ähnliches. Durch die *indirect rule* konnte sich früh eine politische Kultur entwickeln – und der langsame Wunsch nach Unabhängigkeit. 1928 formierte sich der erste Vorläufer einer politischen Partei, die *Tanganyika African Association* (TAA), die 1954 zur *Tanganyika African National Union* (TANU) und damit zur ersten von der UNO anerkannten Massenpartei des Landes wurde.

Als erster Parteiführer trat ein gewisser **Julius Nyerere** (1922–1999) an, der als einer der ersten Tansanier überhaupt das Privileg genoss, in London studiert zu haben. Nachdem die britische Verwaltung dem Land am 9. Dezember 1961 formal die Unabhängigkeit gewährte, wählte man den katholischen Lehrer (Swahili: *mwalimu*) vom Victoria-See schließlich 1962 zum Staatspräsidenten von **Tanganyika**, das sich zur Republik im britischen Commonwealth erklärte. Kurz nach der Unabhängigkeitserklärung von **Sansibar** am 10. Dezember 1963, der eine blutige Revolution vorangegangen war, verbanden sich die beiden Staaten Tanganjika *(Tan)* und Zanzibar *(Zan)* und gründeten die **Vereinigte Republik**

Tanzania. Mwalimu Julius Nyerere wurde erneut zum Staatspräsidenten der jungen Republik ausgerufen (und Abeid Karume aus Sansibar zum Vizepräsident ernannt) und seine Wiederwahl jeweils 1965, 1970, 1975 und 1980 bestätigt.

Nyereres Wahl läutete die **sozialistisch-kommunistische Ära** in Tansania ein. In der *Arusha Declaration* von 1967 stellte er die Weichen für ein neues, seiner Meinung nach gerechteres Tansania. Er verstaatlichte die Banken und andere Wirtschaftsunternehmen, forcierte die Neugründung sozialistischer Dorfgemeinschaften *(Ujamaa),* initiierte eine Reform des Schulwesens und schuf den Prototyp des **Afrikanischen Sozialismus** (S. 441). Schließlich aber scheiterte der Traum vom gerechteren Tansania an der Nichtfinanzierbarkeit des Systems, wie es auch gegen Ende des 20. Jhs. in Osteuropa zu erkennen war. Mit seinem bemerkenswerten Rücktritt im Jahre 1985 gestand Nyerere das Scheitern seiner Politik ein.

Tansania heute

Nach den wirtschaftlich ruinösen 20 Nyerere-Jahren galt es, das Land wieder auf Vordermann zu bringen – ein Prozess, der aufgrund mangelnder politischer und wirtschaftlicher Erfahrung der handelnden Personen äußerst chaotisch verlief. Der Internationale Währungsfonds (IWF) sowie die Weltbank waren sogleich mit Geld zur Stelle, doch anstatt die Finanzmittel in Straßenbau, Wasserversorgung oder Krankenhäuser zu investieren, verstrickte sich der Nachfolger Nyereres, **Ali Hassan Mwinyi** (geb. 1925), immer tiefer in Korruptionsaffären. Während die Oberschicht sich an den Entwicklungshilfegeldern bereicherte, sickerte kaum etwas davon zur einfachen Bevölkerung durch. Durch die kontinuierlich steigenden Zinsen der internationalen Kredite versank Tansania zudem immer tiefer in der **Schuldenspirale**. Fallende Weltmarktpreise für Agrarexporte und Mineralien in Verbindung mit steigenden Preisen für Importe von Industriegütern ließen Tansanias Wirtschaft nicht mehr konkurrenzfähig produzieren. Die Textilindustrie kollabierte, und eine lang anhaltende Trockenperiode sowie der Flüchtlingsstrom aus dem benachbarten Ruanda taten ihr Übriges, um die Situation der meisten Tansanier dramatisch zu verschlechtern.

Während die allgemeine Wirtschaft daniederlag, begann der **Tourismus** langsam zu wachsen. Mit der Privatisierung der Hotels und Tourunternehmen konnte man leichter auf die Anforderungen der internationalen Gäste reagieren, Privatinvestoren bauten Lodges und die ökologischen Herausforderungen in den Nationalparks wurden endlich zur Chefsache erklärt.

Auf Druck der internationalen Geldgeber kam es 1995 zu den ersten „freien" Mehrparteienwahlen, aus denen **Benjamin Mkapa** (geb. 1938) als Staatspräsident hervorging. Er führte die Politik der Privatisierung staatlicher Betriebe weiter, beispielsweise der National Bank of Commerce, der Telekommunikation, der Energieversorgung und von Teilen der Wasserversorgung. Allerdings half auch hier internationaler Druck, die Reformen rasch und möglichst effizient durchzuziehen. Als einer der ersten Präsidenten Afrikas sprach sich Mkapa gegen den gängigen Personenkult aus; konsequenterweise verzichtete er darauf, neue Geldnoten mit seinem Konterfei drucken zu lassen – was sonst in Afrika durchaus üblich ist.

Stolperstein Sansibar

Sansibar nimmt im **Unionsstaat Tansania** eine Sonderstellung ein, nicht zuletzt aufgrund der unterschiedlichen geschichtlichen Entwicklung. Formal agiert Sansibar selbstständig mit eigenem Parlament und Präsidenten, selbstständigen Regierungsaufgaben und eigenständiger Gesetzgebung.

Über 95 % der Bevölkerung sind Moslems, deren Weltbild sich nicht mit den Regierungszielen des tansanischen Festlands vereinen lässt. Seit dem Zusammenschluss Tansanias und Sansibars gibt es **Spannungen** zwischen den beiden Teilen der Union. Das halbautonome Sansibar stellt für den jeweiligen Unionspräsidenten seit jeher ein unkalkulierbares Risiko für die innenpolitische Stabilität und die internationale Akzeptanz dar.

Beide Parteien, CCM und CUF, sind sowohl auf dem Festland als auch auf Sansibar vertreten, allerdings jeweils mit anderen Zielsetzungen. Auf Sansibar streben beide nach noch mehr **Selbstbestimmung**, ja gar nach völliger Autonomie, denn – da sind sie sich einig – die Belange Sansibars würden in der Unionspolitik zu wenig berücksichtigt. Beide sind sich auch einig darüber, dass der westlichen Dekadenz und den ausländischen Sitten der Kampf angesagt werden muss. In der Erhaltung der moslemischen Moral- und Machtvorstellungen stellt die CUF eindeutig die radikalere Fraktion dar.

Neben den Querelen zwischen dem Festland und der Insel tobt im sansibarischen Parlament zudem eine erbitterte Schlammschlacht zwischen den zwei Parteien um politische und wirtschaftliche Inhalte. Gewaltsame Auseinandersetzungen, besonders im Wahlkampf, sind nicht ungewöhnlich. Wahlbetrug, sowohl bei der Wählerregistrierung als auch bei der Stimmenauszählung, darf als gesichert angenommen werden. Zusätzlich wirft die Oppositionspartei CUF der Regierungspartei vor, die Insel **Pemba**, CUF-Hochburg und Keimzelle des islamischen Fundamentalismus, systematisch auszuräumen und zu benachteiligen – ein Vorwurf, der in Hinblick auf die ökonomische Situation der Insel nicht von der Hand zu weisen ist.

Allerdings ist fraglich, ob Sansibar weiterhin so beliebt bei den Touristen wäre, wenn die radikaleren Moslems die Oberhand gewinnen würden. So gibt es immer wieder Forderungen nach einem Kopftuchzwang für Ausländerinnen, und Touristen erleben den Fastenmonat Ramadan in Stone Town als besonders rigide, wenn Essen und Trinken in der Öffentlichkeit selbst für Anhänger anderer Religionen verboten ist. Doch **Fundamentalisten** greifen auch eigene Landsleute an, verfolgen sansibarische Frauen, die sich „nicht adäquat" kleiden, und bedrohen Anhänger anderer Religionen, indem sie Kirchen anzünden. Die Furcht vor lokalem Extremismus wächst – auch auf dem Festland, wo man diese Entwicklung mit Besorgnis beobachtet, insbesondere im Lichte der massiven Werbekampagnen zur Steigerung der Touristenzahlen.

Trotz seiner Bemühungen zugunsten einer Politik der freien Marktwirtschaft konnte er die tief verwurzelte Korruption und die Steuerflucht nicht unterbinden. Und auch die Privatisierungswelle hat bei Weitem noch nicht zu den erwarteten und erhofften Verbesserungen geführt.

Die Einheitspartei CCM (*Chama Cha Mapinduzi*, dt. Revolutionspartei), die sich 1977 formierte, ist noch immer die alles beherrschende Partei. Obwohl **Oppositionsparteien** seit 1993 verfassungsmäßig erlaubt sind, spielen sie im Parlament nur eine Nebenrolle. Die bekannteste Partei ist dabei ohne Zweifel die CUF (Civic United Front), die ihre Anhänger überwiegend auf Sansibar findet. Insgesamt aber fehlen der Opposition klare Programme und Visionen, und afrikanische Traditionen sowie fehlende Demokratieerfahrung lasten auf dem schleppend verlaufenden Demokratisierungsprozess.

Dies erklärt auch, warum der charismatische **Jakaya Mrisho Kikwete** (geb. 1950), Mitglied der CCM, 2005 mit überwältigender Mehrheit von über 80 % der Stimmen an die Spitze der Republik Tansania gewählt und 2010 in seinem Amt bestätigt wurde. Er hat noch immer mit den ewigen Geißeln Afrikas zu kämpfen: Infrastruktur, Privatisierung, Korruption. Alle drei Problembereiche drängen auf eine rasche Lösung: Die Strom- und die Wasserversorgung sind größtenteils zusammengebrochen (da eine Privatisierung ohne Ermöglichung von Konkurrenz zahnlos ist), die Gesundheitsversorgung und die öffentlichen Schulen haben sich in den letzten Jahren verschlechtert, und Korruptionsskandale um hochrangige Regierungsmitglieder, darunter sogar Premierminister Edward Lowassa, kratzen am Saubermann-Image von Kikwete. Weitere innenpolitische Streitthemen sind der Drang Sansibars nach Unabhängigkeit, die Auswirkungen der Aids-Pandemie sowie die zunehmende organsierte Kriminalität von außen (hauptsächlich aus Kenia, Somalia und Ruanda). Umweltschutz wird von der Regierung Kikwete sehr ernst genommen – der Bann von Plastiktüten wurde bereits teilweise umgesetzt, andere Vorhaben liegen noch in der Schublade. Leider sprechen seine Taten in Zusammenhang mit der Pflege der Nationalparks nicht dieselbe Sprache: Der geplante Bau eines internationalen Flughafens, der geplante Serengeti-Highway und die massive Erhöhung der Bettenanzahl in der Serengeti lassen seine umweltpolitischen Beteuerungen in schalem Licht erscheinen. Die Unesco überlegt zudem, dem Selous Game Reserve den Status als Weltnaturerbe abzuerkennen, da der Ausverkauf des Reservats kein Ende nehmen will: Erdgasfelder oder Platinminen (im Reservat!) wurden an chinesische Investoren verkauft, und dies soll nur der Anfang sein.

Vieles spricht für Kikwete – vieles auch gegen ihn, und bis zum Ende seiner Amtszeit 2015 (der tansanische Präsident darf nur einmal wiedergewählt werden) harrt noch eine Vielzahl von Aufgaben ihrer Lösung.

Wirtschaft und Entwicklung

Wirtschaftswachstum: (real) 7,2 %
Inflation: 6–8 %
BIP pro Kopf: US$1400 (Deutschland: US$35 700)
Agrarsektor: 85 %
Zugang zu Elektrizität: 20 %
Mindestlohn: ca. 80 000 TSH pro Monat (ca. 36 €)
Arbeitslosigkeit: 30–40 % (geschätzt)

Seit der Marktöffnung des Landes ist in einzelnen Wirtschaftssektoren (sehr zur Freude der Investoren) ein Boom zu beobachten, jedoch spürt die breite Masse davon noch wenig. Tatsächlich haben sich die subjektiven Lebensbedingungen eines Großteils der tansanischen Bevölkerung eher verschlechtert als verbessert – was aufgrund der langen Tradition von Entwicklungshilfe, deren Zustrom eher noch steigt, verwundern mag.

Wirtschaftslage

Obwohl Tansania zu den reichsten Ländern des Kontinents gehört, was seine Ausstattung mit natürlichen Ressourcen anbelangt, zählt es weiterhin zu den ärmsten Ländern der Welt. Der

Human Development Index 2010 der Vereinten Nationen setzt Tansania auf Rang 148 von 162 Ländern – ein verheerendes Ergebnis angesichts milliardenschwerer Entwicklungshilfe, reicher Bodenschätze und des boomenden Tourismus. **Armut** ist und bleibt besonders in ländlichen Gegenden das zentrale Thema – jeder dritte Tansanier lebt von weniger als US$2 pro Tag. Hand in Hand mit Armut gehen unzureichende Schul- und Ausbildung, fehlendes Wissen um die beiden großen gesundheitlichen Geißeln des Landes, Malaria und Aids, sowie der weiter zunehmende Bevölkerungsdruck bei ständig sinkender Nutzfläche.

In den letzten Jahren haben zudem Teuerungswellen das Land erfasst, die alle Bereiche des täglichen Lebens betreffen. Alle **Preise** haben sich verdoppelt und -dreifacht, egal ob für Grundnahrungsmittel wie Reis, Mais oder Mehl, für Benzin/Diesel, Strom, Zement oder Holz. Gerade die Verteuerung alltäglicher Waren wie Holzkohle oder Grundnahrungsmittel wirkt sich dramatisch auf die Lebenssituation der Menschen aus.

Die Wirtschaft Tansanias ist überwiegend von **ausländischer Finanzhilfe** abhängig, insbesondere aus der EU, den Vereinigten Staaten, Südafrika, Indien und neuerdings auch China. Diese Geldgeber finanzieren vor allem große bis sehr große Projekte im Straßen- und Eisenbahnbau, im Bergbau und zu geringeren Teilen in der Agrarwirtschaft und dem Tourismus. Kleine und mittelgroße Investoren hingegen erachten Tansania noch immer als eines der für Unternehmungen kompliziertesten und kostenintensivsten Länder der Welt. Die Weltbank, 🖳 www. doingbusiness.org, setzt Tansania auf Platz 128 (von 183 Ländern), wenn es um das für eine Geschäftseröffnung günstige Klima geht. Kritisiert werden u. a. eine ausufernde Bürokratie, Schwierigkeiten beim Erwerb von Grund und Boden oder Immobilien oder beim Erhalt von Baugenehmigungen, Probleme beim Im- und Export sowie hohe Zölle. All diese Gründe machen Investitionen nur für solche Investoren interessant, bei denen Geld keine Rolle spielt – und die über die entscheidenden Beziehungen verfügen.

Korruption stellt eines der größten Hemmnisse für die Entwicklung des Landes dar. Ob in der Wirtschaft, der Politik oder sogar im privaten Bereich, sie terrorisiert und lähmt das Land. Dass Politiker Geld von Entwicklungsprojekten abzweigen oder Wahlen manipuliert sind, mag vielleicht nicht überraschen. Aber auch Wirtschaftstreibende müssen bestechen, um Waren importieren zu können, um Aufenthaltsgenehmigungen und Geschäftslizenzen zu erhalten oder um ein Fahrzeug anzumelden. Und selbst Reisende werden mit Korruption konfrontiert, wenn sie sich in einer Polizeikontrolle wiederfinden und die Polizisten aufgrund der Hautfarbe der Reisenden versuchen, sie um 50–100 € zu erleichtern. Neben der Korruptionsbekämpfung stellt auch die **Privatisierung** den Staat vor unlösbare Probleme. So wenig wie Fairness oder Gerechtigkeit herrscht ein echter Wettbewerb vor: Zwar wird versucht, staatliche Unternehmen in private Hände zu übertragen, doch ohne adäquate marktwirtschaftliche und Wettbewerbsstrukturen helfen Privatisierungen kaum. Es ändern sich lediglich die Eigentumsverhältnisse, nicht aber die Qualität der Leistungen. So ist die **Wasserversorgung** größtenteils zusammengebrochen, nachdem eine Privatisierung 2005 nicht nach Wunsch verlief und der Staat Tansania dem Unternehmen Biwater wieder die Lizenz entzog. Die **Stromkrise** hat das Land 2010 und 2011 mit voller Wucht getroffen, da Regenfälle ohne Vorwarnung ausblieben (um die Wasserkraftwerke mit Wasser zu versorgen) und viel vom veralteten Material nun endgültig seinen Geist aufgegeben hat. Tagelange Abschaltungen und Stromrationierungen waren die Folge. Stromausfälle unterbrechen die Industrieproduktion und schwächen die Gesamtwirtschaft. Ein Staat, der solch grundlegende infrastrukturelle Mängel aufweist, darf sich nicht wundern, wenn Investoren ausbleiben, Unternehmen abwandern und Klein- und Mittelbetriebe schließen müssen.

Schwer quantifizierbar ist der **informelle Sektor**, der sowohl in ländlichen Gegenden als auch in der Stadt das Wirtschaftsleben beherrscht und kulturell tief verwurzelt ist. So basiert nahezu die gesamte Grundversorgung der Bevölkerung auf informeller Wirtschaftsleistung, egal ob durch den Fischer von nebenan oder die Tomatenverkäuferin von der Straße. Dem **unter-**

nehmerischen **Mittelstand** hingegen macht die starke Abhängigkeit vom Import zu schaffen. Da nichts im eigenen Land produziert wird, muss faktisch alles, von Computern über Fahrzeuge, Brennstoffe und Kleidung bis hin zu Möbeln, Geschirr oder Büchern, eingeführt werden. Zölle, Schikanen bei der Einfuhr und andere Importbarrieren machen gerade den Mittelstand anfällig für behördliche Willkür.

Wirtschaftszweige

Den Hauptpfeiler der tansanischen Wirtschaft bildet nach wie vor eine weitgehend nicht mechanisierte **Agrar- und Viehwirtschaft**. Über 80 % der Erwerbstätigen sind in der Landwirtschaft tätig. Es handelt sich dabei um Kleinbauern, die mit traditionellen Werkzeugen und Bewässerungsmethoden per Hand ihre Felder bestellen und ernten. Sie tun dies hauptsächlich, um ihren Eigenbedarf zu decken und überschüssige Ware auf den lokalen Märkten zu verkaufen (Subsistenzwirtschaft). Auch die Einnahmen aus der **Fischerei und Holzwirtschaft** tragen erheblich zum Bruttoinlandsprodukt (BIP) bei. Bis auf wenige Devisenbringer (sogenannte *cash crops*) wie Kaffee, Tee, Sisal, Baumwolle, Tabak, Pyrethrum (ein Insektenvernichtungsmittel aus Chrysanthemen) oder Schnittblumen gibt es keine nennenswerten und konkurrenzfähigen Agrarprodukte für den Export. In der Summe hat die Landwirtschaft einen Anteil von etwa 42 % am BIP.

Mit 40 % Anteil am BIP steht der **Dienstleistungssektor** an zweiter Stelle. Das Schlusslicht **Industrie** macht hingegen nur knapp 18 % der Wirtschaftsleistung aus. Dabei spielt die Verarbeitung der Agrarprodukte (Hopfen, Tabak, Zucker, Sisal), Zement oder die Salzproduktion insgesamt eine untergeordnete Rolle. Es findet kaum Wertschöpfung im Land statt, zum einen weil die Investoren wegen der großen Wirtschaftshemmnisse fehlen, zum anderen weil die Wirtschaft kaum gegen die asiatische Billigkonkurrenz bestehen kann. Der Bergbau mit der Förderung von Tansanit, Diamanten, Gold, Erdgas, Uran und anderen Bodenschätzen erwirtschaftet erstaunlicherweise ebenfalls kaum Devisen, denn viele der Geschäfte mit Bodenschätzen

sind Kompensationsgeschäfte, d. h. die Rohstoffe werden nicht mit Geld vergütet, sondern mit Waren oder Dienstleistungen, und fast alle Bodenschätze Tansanias werden unbearbeitet exportiert. Zusätzlich schmälern auch der Schmuggel und Bestechungsgelder die Einnahmen aus den Minen.

Hoffnungsträger Tourismus

Der Tourismus boomt wie kein anderer Wirtschaftszweig in Tansania. Während in den 1970er-Jahren alle nach Kenia pilgerten, blieben im damals sozialistischen Tansania die Grenzen geschlossen. Erst Anfang der 90er-Jahre begann sich der Tourismus zu etablieren. Die Regierung setzte dabei auf gehobenen Öko-Tourismus; die Folgen dieser „Strategie" sind die höchsten Eintrittspreise im südlichen Afrika sowie Übernachtungspreise, die auch nach europäischen Maßstäben exorbitant sind.

Wirtschaftsexperten schätzen, dass der Tourismus heute für ein Drittel aller Deviseneinnahmen verantwortlich ist. Die **Besucherzahlen** verdeutlichen diese Entwicklung: Während im Jahr 2000 nur knapp 500 000 Touristen ins Land kamen, waren es 2006 bereits 644 000 – Tendenz stark steigend. Nach dem Krisenjahr 2009, wo die Tourismuszahlen einbrachen, werden aber nach Angaben des **Tanzania Tourist Board (TTB)** 2011 geschätzte 1 Mio. Besucher angepeilt. Die Touristen stammen hauptsächlich aus den USA, Großbritannien, Italien, Südafrika, Deutschland und Frankreich und ließen 2010 an die US$1,5 Mrd. im Land. Angesichts dieser imposanten Zahlen enttäuscht es, dass der Tourismus nur rund 200 000 Tansaniern Beschäftigung und Einkommen bietet. Wie die Studie *Tracing the tourist dollar* 2009 aufzeigt, fließen nur 18 % der Tourismuseinnahmen direkt an die Bevölkerung – zur echten, gebietsweisen Armutsbekämpfung taugt der Tourismus daher nicht.

Die Zeichen der Zeit sind jedoch unübersehbar: Der Bauboom in Sansibar hat im letzten Jahr an Intensität gewonnen, Fluglinien nehmen Tansania (zumindest Sansibar) in den Flugplan auf, und in den Nationalparks werden laufend neue Lodges eröffnet, neue Tour Operators versuchen ihr Glück. Im Interesse der Natur (jedenfalls den offiziellen Verlautbarungen zufolge) haben auch die Tanapa sowie das zuständige Ministerium auf die steigenden Besucherzahlen reagiert – mit erhöhten Eintrittsgebühren für einige Parks sowie völlig neuen Gebühren, z. B. für Boot-Safaris oder in Form sogenannter *conservation fees*. Die Regierung beteuert die Wichtigkeit der Einnahmen aus dem Tourismus, doch die Realität spricht eine andere Sprache. Der Disput um den Bau eines Highways in der Serengeti bewegt aktuell die Gemüter; im Selous Game Reserve gerät die Wilderei aus den Fugen und das zuständige Ministerium will kein Geld ausgeben, um die Klassifizierung nach dem internationalen Sternesystem zu finanzieren. Kurzsichtigkeit, Korruption und der fehlende politische Wille lassen also den Hoffnungsträger Tourismus zunehmend hoffnungslos werden.

Entwicklung

Tansania zählt zu den am wenigsten entwickelten Ländern der Welt – trotz Schuldenerlassen, Finanzspritzen, milliardenschwerer **Entwicklungshilfe** und Mega-Investitionen. Man kann sich des Eindrucks nicht erwehren, dass das Geld offensichtlich in die falschen Kanäle fließt.

Seitdem 2002 das Schulgeld abgeschafft wurde, ist das ohnehin marode **Schulsystem** zusammengebrochen. Die Grundschulen *(shule ya msingi)* platzen aus allen Nähten, die unterbezahlten und schlecht ausgebildeten Lehrer sind heillos überfordert. Während Prügelstrafen an der Tagesordnung sind, reichen die Englischkenntnisse der Schüler nach den sieben Grundschuljahren kaum weiter als bis zu einfachsten Vokabeln. Oftmals bleiben Kinder der Schule fern, weil Uniformen und Unterrichtsmaterialien von den Eltern nicht finanzierbar sind, jedes Paar Hände beim Ackerbau gebraucht wird oder Mädchen in Zwangsehen gedrängt werden. Die **Analphabetenrate** liegt im Durchschnitt um die 30 %, ein hoher Wert angesichts der Tatsache, dass allgemeine Schulpflicht herrscht und der Grundschulbesuch kostenlos ist.

Ebenso scheint das **Gesundheitswesen** zu kollabieren. Staatliche Krankenhäuser sind überbelegt und verfügen nur über mangelhaft entlohntes und ausgebildetes Personal sowie über eine unzureichende Ausstattung. Als Folge der Entwicklungshilfe, in deren Rahmen jährlich Freiwillige und Famulanten unentgeltlich in die Kliniken Tansanias drängen, sind die Löhne der Ärzte ins Bodenlose gesunken, und so entscheiden sich immer mehr qualifizierte Ärzte, das Land zu verlassen, um in Südafrika, Europa oder Amerika zu arbeiten. Bis jetzt hat der Staat auf diesen *brain drain* noch nicht reagiert; es wird wenig getan, um die noch verbleibenden Ärzte im Land zu halten. In den staatlichen Spitälern ist die Grundversorgung für gewisse Patienten gratis, z. B. für Kinder, Senioren oder Aids-Kranke. Der Rest der Bevölkerung muss für medizinische Dienste in einer Klinik tief in die Tasche greifen, sei es für echte Leistungen oder wegen der Korruption. Im Gesundheitswesen ist es gang und gäbe, dass Personal Geld von den Angehörigen für Medikamente, Versorgung und Pflege erpresst. Eine qualitativ wesentlich bessere Gesundheitsversorgung können da schon die kirchlichen und von Entwicklungsorganisationen geförderten Krankenhäuser anbieten. Zudem gibt es in den Städten eine Reihe von privaten Ärzten und Krankenhäusern, die sich jedoch nur die Oberschicht leisten kann. Je weiter man sich von den Ballungsräumen entfernt, desto schlechter wird die medizinische Versorgung. In ländlichen Gebieten kommt darum traditionellen Heilkundigen eine besondere Bedeutung zu. Sie kennen die Kräuter, Wurzeln und andere Naturmedizin und ersetzen so die Apotheken der Städte.

Verschärft wird die allgemeine Lage der Bevölkerung durch die Seuche **Aids**, die Kleinkinder zu Waisen macht und die Sozialeinheit der Familie in ihren Grundfesten erschüttert. Abgesehen von den gesellschaftlichen Herausforderungen, die Waisen- und Straßenkinder für einen Staat bedeuten, geht durch die Seuche auch wichtiges Humankapital verloren. Wozu also in Schulen und Bildung investieren, wenn ein Großteil der Investitionen sich langfristig gar nicht rentieren kann?

Schließlich können auch die **Naturkapriolen** unkalkulierbare Auswirkungen auf die Entwicklung haben. Der natürliche Kreislauf ist aus den Fugen geraten. Die Abholzung der Wälder beeinflusst das Mikroklima und die Regenfälle, was wiederum zur Ausbreitung von nicht urbarem

Land, Dürre und Hungersnöten führt. Fehlende Wälder verschlechtern die Qualität und den Ertrag der Böden und verursachen Erosion, was wiederum Überschwemmungen, Ernteausfälle und ähnliche Folgen hat.

Kunst und Kultur

In der westlichen Welt wird Kunst, Kunsthandwerk und Kultur anhand von ästhetischen Maßstäben gemessen. Man gibt Epochen Namen, Kritiker entscheiden über die Qualität (und den Preis) von Kunst, und die öffentliche Meinung hat gar das Recht, Kunst zu denunzieren. Diese Anmaßung hat es in Ostafrika (und auch in den übrigen Teilen Afrikas) nie gegeben, denn Kunst wird hier vielmehr als Ausdruck der Lebensweise, der Mythen und Glaubensbekenntnisse sowie der Tradition gesehen. Es kommt weniger auf stilsichere Verarbeitung oder makellose Schönheit als auf den symbolischen Wert eines Gegenstands an.

Aus diesem Grund sind die „schönen Künste" auch nicht Teil der tansanischen Kultur. Malerei, Skulpturen, Literatur oder Architektur haben wenig Platz im täglichen Leben, und die bescheidene Kunstszene im westlichen Sinn wurde entweder von Weißen initiiert oder wird von ihnen zumindest maßgeblich beeinflusst. Es herrscht im Allgemeinen keinerlei Verständnis dafür, dass ein Bild oder eine Skulptur mehr Geld einbringen kann als ein ganzes Jahr harter Feldarbeit. Der fehlende Sinn für kreative Ausdruckskraft mag auch die wenig spektakulären und ewig gleichen Souvenirs erklären.

Trommeln, Taarab und Musik

Die wohl eindrucksvollste Annäherung an die tansanische Volkskultur gelingt über die Musik. Obwohl es auch hier weniger um kreative als vielmehr um spirituelle und rituelle Ausdrucksformen geht, bietet Musik am ehesten einen emotionalen Zugang zu den Befindlichkeiten und dem Lebenspuls der tansanischen Bevölkerung. Tanz und Musik genießen einen außerordentlich hohen Stellenwert, was allein schon daran ersichtlich ist, dass praktisch jeder sich gekonnt zu Musik bewegen kann. Musik, Trommeln und Tanz werden unter dem Begriff *ngoma* zusammengefasst, obwohl dieses Wort ursprünglich nur für Trommeln stand, das Urinstrument der Afrikaner.

Traditionelle Zeremonien, Feste und Tänze sind ohne **Trommeln** wohl unvorstellbar. Vermutlich existieren so viele verschiedene Trommelarten, wie es Völker in Tansania gibt. Sie werden aus Naturmaterialien, vor allem Holz, hergestellt und mit Ziegen- oder Ochsenhäuten bespannt. Je nach Volumen und Bespannung erzeugen die Trommeln unterschiedliche Töne, und auch der Spielart – ob mit Händen oder Stöcken – sind nahezu keine Grenzen gesetzt. Alle Trommeln werden selbstverständlich in Handarbeit ohne mechanische Hilfsmittel hergestellt.

Die **Taarab**-Musik hingegen ist eine Besonderheit, die ausschließlich auf Sansibar praktiziert und gelebt wird. Als Kombination aus afrikanischen, arabischen und indischen Musikelementen schallt sie heute noch genauso wie vor Jahrzehnten durch die engen Gassen von Stone Town, ganz besonders im heiligen Monat Ramadan, wenn die Nächte zum Tag gemacht werden.

Historiker vermuten, dass etwa ab 1820 am Hof der Sultane Musik gespielt wurde, die der heutigen Taarab-Musik zuzurechnen ist. 1870 soll Sultan Barghash eine Gruppe von Musikern aus Ägypten an den Hof geladen haben, um die Musik zu verfeinern. Da Taarab traditionell von ganzen Orchestern gespielt wird, entstanden schon früh Taarab-Orchester nach dem Vorbild ägyptischer Musikgruppen. Einst als Hochzeits- und Zeremonienmusik gepflegt, ist Taarab heute ein fester Bestandteil der sansibarischen Alltagskultur.

Neben Trommeln besteht ein Taarab-Orchester aus Geigen, einer Art Zither *(kanun)*, arabischen Flöten *(nay)* sowie einem Akkordeon oder auch Xylophonen. Heutzutage werden auch moderne Instrumente wie Gitarren oder Bass eingebunden. Ohne Gesang wäre Taarab nicht denkbar, meistens werden die arabischen und Swahili-Texte von Frauenstimmen gesungen. (Mehr zu Sansibars Superstar der Taarab-Szene, Bi Kidude, im Kasten auf S. 271).

Die erste große Musikrevolution begann in den 1930er-Jahren, als kongolesischer Rumba, der irreführenderweise als Jazz bezeichnet wurde, nach Tansania einsickerte. 1932 wurde der erste Tanzclub in Dar es Salaam gegründet, und die daraus entstandene **Muziki wa Dansi**, also Tanzmusik, ist bis heute äußerst beliebt. Gitarren, Banjos, Mandolinen und Geigen erinnern tatsächlich ein wenig an die Karibik und kubanische Mojitos. Man kann diese Musik als typisch tansanische Popmusik beschreiben und wird sie bei einem Aufenthalt in Tansania mit Sicherheit hören, denn sie schallt lautstark aus dem Radio, wird bei Tanzveranstaltungen oder Hochzeiten eingesetzt und ertönt allabendlich aus den Bars.

Ein Phänomen der letzten Jahre stellt **Bongo Flava** dar, die tansanische Variante des amerikanischen Hip-Hop – inklusive des Macho-Gehabes, der Kleidung und der Statussymbole. Sie ist ein typisches Beispiel dafür, dass politische Verbote genau das Gegenteil dessen bewirken, was sie ursprünglich erreichen wollten. Im sozialistischen Regime von Julius Nyerere war amerikanische Musik verpönt oder gar verboten. Trotzdem gelang dem amerikanischen Hip-Hop durch den Einfluss reicher tansanischer Emigranten oder Tansanier, die im Ausland studierten, der Einzug in die tansanische Jugendszene – zuerst im Verborgenen, in den 1990er-Jahren dann auch öffentlich. Heute zählt Bongo Flava, dessen Name eine Anspielung darauf sein soll, dass man zum Überleben in Dar es Salaam sein Gehirn benutzen muss (*ubongo* = Gehirn, *flava* = Ableitung des engl. *flavour*, das wohl mit Sound oder Lebensart umschrieben werden kann), zu den angesehensten modernen Musikrichtungen in Afrika und wird sowohl international wahrgenommen als auch als eigenständig anerkannt. Swahili-Texte dominieren, kaum jemand singt auf Englisch. Musiker genießen Kultstatus, eigene Radiostationen haben sich auf Bongo Flava spezialisiert, und die Texte erlauben es den Musikern, sozialkritisch auf die täglichen Herausforderungen im Land aufmerksam zu machen – womit sie vermutlich mehr Zuhörer erreichen, als Entwicklungsorganisationen es je könnten. Sie singen über Aids, rappen gegen korrupte Polizisten und verurteilen die erbärmliche medizinische Versorgung.

Malerei

Außer in längst vergangenen Zeiten, in denen Felsmalereien entstanden, hatte Malerei in Tansania nie einen hohen Stellenwert. Doch von den Souvenirmärkten von heute sind die farbenfrohen, naiv anmutenden **Tingatinga**-Bilder gar nicht mehr wegzudenken. Die Entstehung dieser Kunstform ist eher einem Zufall als einer langen Entwicklung zu verdanken. Der arbeitslose **Edward Saidi Tingatinga** begann in den 1960er-Jahren in Ermangelung einer einträglichen Erwerbstätigkeit, auf quadratischen Hartfaserplatten mit Fahrradlack Dorfszenen und Tiere zu malen. Freunde und Verwandte kopierten die bunten Bilder und fingen ihrerseits an, buntе Lackbilder zu malen. Bald wurden skandinavische Entwicklungshelfer auf die Kunstwerke aufmerksam; sie organisierten eine Werkschau und schlagartig waren die quadratischen Bilder auf dem westlichen Markt salonfähig.

Zahlreiche tansanische Künstler haben sich eine namhafte internationale Reputation als ernst zu nehmende, eigenständige und ausdrucksstarke Tingatinga-Maler erarbeitet. Dazu zählt der 2005 verstorbene **George Lilanga**, der als renommiertester Maler Tansanias gilt. Natürlich existiert die Tingatinga-Malerei auch als *Airport Art*; nähere Infos dazu im Kapitel „Einkaufen" auf S. 42.

Holzschnitzerei

Holzschnitzereien sind vermutlich das bekannteste afrikanische Kunsthandwerk überhaupt, allerdings hat es – wie so viele andere Kunstformen – wenig Tradition in Tansania. Das mag man ob der Fülle der Holzschnitzereien auf den Souvenirmärkten kaum glauben, doch wie die Tingatinga-Malerei sind diese überwiegend ein Produkt der westlichen Nachfrage (vgl. *Airport Art*, S. 42).

Eine Ausnahme bilden hierbei die Schnitzereien der **Makonde**, einer Ethnie aus dem südlichen Küstenland. Vor der Kolonialisierung fertigten sie ausschließlich Masken mit grässlichen Fratzen, die satanische Geister- und Fabelwesen symbolisierten und das Böse fernhalten sollten. Die für die Makonde ebenfalls typischen

Familienbäume begannen erst nach der Unabhängigkeit Tansanias zu entstehen. Es handelt sich um bis zu mannshohe konvexe Skulpturen, die oft auf einer Ahnenfigur aufbauen, auf deren Kopf sich reliefartig hervortretende, ineinander verschlungene stilisierte Menschen stützen. Sie symbolisieren den Gemeinschaftsgedanken *Ujamaa* (s. S. 441). Makonde-Skulpturen sind immer aus einem einzigen Stück Holz gefertigt; zumeist lassen sich die Künstler von den Maserungen und der Form des Materials inspirieren und „beleben" das entsprechende Stück. Die „Beseelung" von irdischen Dingen ist tief in der Weltanschauung der meisten afrikanischen Völker verwurzelt und wird auch von den Makonde ernst genommen.

Literatur

Wie überall in Afrika existierte vor der Ankunft der Araber und Europäer keine Schriftsprache, die schriftliche Überlieferungen ermöglicht hätte. Geschichten, Weisheiten und Mythen wurden innerhalb einer Gemeinschaft ausschließlich **mündlich**, zum einen singend, zum anderen erzählend, weitergegeben. Diese Traditionen sind heute besonders im reichhaltigen Repertoire von **Rätseln**, **Gedichten**, **Parabeln** und **Sprichwörtern** erkennbar, die noch immer pointiert und spielerisch weitergegeben werden. Die Tansanier lieben ihre Rätsel und Wortspiele, die von Generation zu Generation weiterleben.

Mit der Ankunft der Araber und der Europäer kam die **Schriftsprache**, zuerst die arabische, später die lateinische. Doch es sollte bis in die 1950er-Jahre dauern, bis **Shaaban Robert**, der erste eigenständige Schriftsteller mit internationaler Reputation, auf der Literaturbühne erschien. Er verfasste seine Gedichte und Prosa auf Swahili und wurde vom ersten Präsidenten Julius Nyerere verehrt. Sein Stellenwert für das Selbstverständnis Tansanias lässt sich daran erkennen, dass in Dar es Salaam eine Straße nach ihm benannt wurde. Diese Ehre wird gewöhnlich nur großen afrikanischen Staatsmännern und Politikern zuteil. Heutzutage gibt es zwar einige tansanische Schriftsteller (s. S. 519), die aber mangels Verlagen oder gar Literaturförderung wenig Beachtung finden. Dass Schriftliteratur keinen Stellenwert in der Gesellschaft hat – auch nicht in ihrem gebildeten Teil –, lässt sich unter anderem daran erkennen, dass außer Läden für Schulbücher so gut wie keine Buchhandlungen existieren. Die wenigen Buchläden in Dar es Salaam, Arusha oder Stone Town sprechen in erster Linie Expats und Touristen an.

Theater und Tanz

Während die Lesekultur in Tansania wenig ausgeprägt ist, erreichen Theaterstücke, Tanz oder Ähnliches bei Weitem mehr Interessierte. Gerade Tanz ist in der Kultur und dem Alltag der Tansanier tief verwurzelt, die meisten Ethnien haben eigene Tänze für diverse Feierlichkeiten. Die fehlende Lesekultur erschwert es Hilfsprojekten, Zugang zu den Menschen zu finden. Während man bei uns einfach Broschüren zur Aufklärung verteilt, muss man in Tansania schon zu anderen Mitteln greifen, um sich Gehör zu verschaffen. Theaterstücke oder Tanztheater sind passende Ausdrucksformen, um die eigene Botschaft zu vermitteln. Die **Bagamoyo Players**, das staatliche Nationalensemble Tansanias, fühlt sich dieser Tradition verbunden und hat dafür auch international Anerkennung gefunden. Alle Mitglieder des Ensembles arbeiten neben ihren eigenen künstlerischen Engagements als Dozenten an der einzigen Kunsthochschule Afrikas, dem staatlichen **Institute of Arts and Culture Bagamoyo** oder auf Swahili TaSUBa (Taasisi ya Sanaa na Utamaduni Bagamoyo). Neben ihren Verpflichtungen als Lehrpersonal und Künstler und ihren internationalen Auftritten haben sie es sich auch zur Aufgabe gemacht, die Entwicklung Tansanias voranzutreiben und die Lebenssituation der Menschen zu verbessern. Deshalb touren sie mit aufklärerischen Aufführungen durch entlegene Gegenden des Landes, die für Entwicklungsorganisationen nur mühsam zu erreichen sind.

Dar es Salaam

Dar es Salaam

Stefan Loose Traveltipps

Kariakoo Hier lässt sich ostafrikanischer Alltag in Reinkultur erleben. S. 162

Fischmarkt Auf dem Fischmarkt Mzizima herrscht emsige Betriebsamkeit. S. 164

Mwenge Crafts Market Der Holzschnitzermarkt in Mwenge lädt zur Souvenirjagd ein. S. 167

1 **South Beach** Relaxen an palmengesäumten Sandstränden, z. B. am Mikadi Beach, Kipepeo Beach oder noch weiter südlich. S. 167

Die Metropole Tansanias präsentiert sich als bunter Schmelztiegel der Völker und Religionen – und als Ort der Gegensätze. Während in der Innenstadt das pralle Leben tobt, herrscht in den mondänen Villenvierteln am Meer gepflegte Ruhe. Obwohl es eine typisch afrikanische Metropole ist, besitzt Dar es Salaam vor allem eines: Strände, die zu den schönsten des ganzen Landes gehören.

Die heutzutage weniger attraktive als vielmehr praktische Stadt bietet nur wenige wirklich sehenswerte Attraktionen, aber sie ist für Langzeitreisende der einzige Ort weit und breit, an dem sie ausgiebig einkaufen, das Fahrzeug auf Vordermann bringen, nützliche Informationen einholen oder einfach nur mal wieder gut essen gehen können. Noch vor wenigen Jahrzehnten war Dar es Salaam ein kleines beschauliches Fischerdorf, heute ist es eine stetig wachsende Großstadt, das gesellschaftliche und wirtschaftliche Zentrum des Landes sowie das verwaltungstechnische Herzstück von Tansania (obwohl die offizielle Hauptstadt ja Dodoma heißt).

Trotzdem bleibt Dar – nicht zuletzt durch seine Lage am Indischen Ozean – eine der charmantesten afrikanischen Großstädte und hebt sich wohltuend von Nairobi, Kampala oder Johannesburg ab. Zwar sind die Straßen ein heißes Pflaster und Vorsicht ist zu jeder Tages- und Nachtzeit geboten, aber nach ein paar Tagen hat jeder herausgefunden, wie man sich am besten und sichersten durch das Straßenlabyrinth manövriert.

Geschichte

Als im Jahr 1862 der damalige Sultan von Sansibar, **Majid**, begann, das Dorf Mzizima (dt. für „gesunder Ort") sukzessive auszubauen, gab er der neu entstehenden Sultansresidenz den klingenden arabischen Namen *Band(u)r ul-Salâm*, zu Deutsch „Palast des Friedens". Vielerorts wird man aber auch auf die Übersetzung „Hafen des Friedens" stoßen, was auf eine falsche Übersetzung des arabischen Wortes *bandur* ins Swahili als *Bandari ya Salaam* (*bandari* bedeutet Hafen) zurückzuführen ist. Majid wollte sich einen Rückzugsort am Festland sichern, da er als schwacher, wenig rühmlicher Regent einen Aufstand in Stone Town befürchtete. Doch noch be-

vor der Palast fertiggestellt war, starb der Gründer Dar es Salaams 1870. Sein Nachfolger führte den Ausbau des ehemaligen Fischerdorfes nicht weiter. Ende der 1890er-Jahre verkaufte er einen Küstenstreifen an die **Deutsch-Ostafrikanische Gesellschaft**, die der Beschaulichkeit von Dar es Salaam endgültig ein Ende bereitete.

Die deutschen Kolonialherren zeigten sich vom optimalen **Naturhafen** von Dar begeistert und verlegten 1892 ihre Verwaltung von Bagamoyo in das unbedeutende Fischerdorf. Die große Bucht vor der Stadt eignete sich hervorragend für die Schifffahrt, vor allem für die neueste Errungenschaft der Industriellen Revolution, das Dampfschiff. Die schweren Dampfschiffe aus Europa konnten hier anlegen und Waren entladen, aber noch bedeutender war, dass endlich Rohstoffe wie Sisal, Edelsteine, Gewürze oder Kaffee in großen Mengen nach Europa verschifft werden konnten. Erst mit der Fertigstellung der Eisenbahn 1905 allerdings begann Dar es Salaam so richtig aufzublühen, denn die Bahn ermöglichte es, Rohstoffe aus dem Landesinneren zuverlässig an den Hafen zu bringen.

Die deutsche Handschrift lässt sich in der **Architektur des Stadtkerns**, rund um die *Waterfront*, noch gut erkennen. Die beiden Kirchen, St. Joseph's Cathedral und Azania Front Lutheran Church, der Bahnhof Central Railway Station oder die alte Post erinnern an alpenländische Architektur aus einem vergangenen Jahrhundert.

Nachdem der **Erste Weltkrieg** auch in Tansania (damals noch Tanganyika) zwischen deutsch-afrikanischen und britischen Truppen ausgefochten wurde, mussten die Deutschen 1918 die Oberherrschaft über das Land an die **Briten** abtreten. Diese trieben die Stadtplanung voran und unterteilten die Stadt gemäß ihren Glaubensgrundsätzen in nach Rassen getrennte Wohnviertel. Die weißen Wohnviertel lagen naturgemäß am schönsten Ende der Stadt, zwischen Ocean Road und Askari Monument und entlang der *Waterfront*. Die Wohnviertel der asiatischen Arbeitsimmigranten und der einheimischen Bevölkerung befanden sich westlich davon, wobei das heutige Viertel Kariakoo schon damals als afrikanisches Wohngebiet ausgewiesen wurde. Aus dieser Zeit stammen beispiels-

Zinga

Bagamoyo

Kerege

Mawajara

Bunju

Munoe

Tegeta

*s. Detailplan Dar es Salaam
S. 157*

MBUDYA ISLAND

North
Beach

BONGOYO ISLAND

Chalinze,
Morogoro,
Dodoma

Mpiji

Kunduchi

Msasani Peninsula

Mwenge

② ①

Dar es Salaam

Kibaha

Ubungo

① ② ③

④

Mjimwema

South
Beach

Indischer

Mpiji

Central Line

Pugu

③

Mbagala

Kibada

Gezaulole

⑤ ⑥

⑦

Ozean

Kisarawe

Ras Kutani

Tazara Line

Mwakanga

Yombo

Kola

Vibura

Kimbiji

Ras Kimbiji

Kilwa,
Lindi,
Mtwara

Mbezi

Buyuni

Ras Pembamnasi

Übernachtung:
① Ubungo Terminal Hotel
② Mikadi Beach Camp
③ Kipepeo Beach Village
④ Sunrise Beach Resort
⑤ Kim Beach Campsite
⑥ Amani Beach Hotel
⑦ Ras Kutani

Transport:
① Mwenge Bus Stand
② Ubungo Bus Terminal
③ Temeke Bus Terminal

---

weise die vielen Alleen, die in den schwülen Sommermonaten Schatten spenden.

Während Dar es Salaam nicht zuletzt wegen der vielen indischen Zuwanderer beständig wuchs, bescherte die gescheiterte Ujamaa-Politik (s. S. 441) seinen Einwohnern Armut und Perspektivlosigkeit. Auch die **Verlegung der Hauptstadt** nach Dodoma lähmte jeden weiteren Aufschwung, da natürlich alle verfügbaren Gelder in den Ausbau der Infrastruktur Dodomas flossen. Erst nach der Abdankung Präsident Nyereres 1985 und der nachfolgenden Liberalisierung des Landes verbesserten sich die wirtschaftlichen Perspektiven der Stadt langsam wieder.

Während der gesamten deutschen und britischen Kolonialzeit blieb Dar es Salaam **Verwaltungszentrum** des Landes, und auch nach der Unabhängigkeit 1961 änderte sich daran zunächst nichts. 1974 aber wurde Dodoma zur offiziellen Hauptstadt Tansanias erklärt, vor allem um die rückständigen, ländlichen Regionen im Hinterland aufzuwerten. Trotzdem befinden sich nach wie vor alle wichtigen Regierungseinheiten, Büros und Ministerien in Dar (wie es von den Einwohnern genannt wird), auch das State House des Präsidenten. Sämtliche Botschaften, die UN und alle großen Unternehmen haben ihren Sitz noch immer in der Metropole an der Küste.

So hat sich Dar es Salaam in den letzten Jahren zur **geistigen und wirtschaftlichen Metropole** des Landes entwickelt, weswegen es von den Tansaniern auch liebevoll *bongo* (Swahili für „Gehirn") genannt wird. Hier lebt und arbeitet die geistige Elite der Nation, auch die Universität befindet sich hier.

Die Swahili-Küste

Monsunwinde legten einst den Grundstein für den Aufschwung an der ostafrikanischen Küste. Bereits im 8. oder 9. Jh. wurden Gold, Elfenbein und Sklaven ins Ausland exportiert; im Gegenzug gelangten asiatischer Reis, Bananen, Hirse, Hühner und Ziegen aus dem südlichen Asien nach Afrika. Persische und arabische Händler siedelten sich an der Küste an. Sie kamen mit ihren Dhows, den traditionellen Booten mit bauchigen Lateinsegeln, und vermischten sich mit der einheimischen Bantu-Bevölkerung. Die arabischstämmigen Händler bauten Städte, heirateten afrikanische Frauen und begründeten so die moslemisch dominierte, maritime **Swahili-Kultur**. Der Terminus Swahili leitet sich dabei vom arabischen *sahil* ab, was einfach „Küste" bedeutet. Früh begann sich die **Verkehrssprache Swahili** zu entwickeln, eine um arabische Elemente angereicherte afrikanische Bantu-Sprache. Als Wiege der Swahili-Kultur und -Sprache gilt im Besonderen Sansibar, weshalb der dort gesprochene Dialekt als die reinste und korrekteste Form des Swahili im ganzen Kulturkreis anerkannt ist.
Da die Monsunwinde für die Entwicklung der Swahili-Kultur entscheidend waren, wird auch die gesamte von ihnen beeinflusste Küste als Swahili-Küste bezeichnet. Sie beginnt in Südsomalia und zieht sich über die Küsten und Inseln von Kenia und Tansania hinweg bis nach Nordmosambik, wo der Einflussbereich der Winde endet. Im ausklingenden 19. Jh. bildeten die Küstenstädte von Sansibar, die Häfen von Bagamoyo oder Pangani sowie später auch Tanga und Dar es Salaam bedeutende **Wirtschaftszentren**, von denen aus Waren aller Art in den Mittleren Osten, nach Asien oder Europa transportiert wurden.

Die Stadt heute

Als eine der am schnellsten wachsenden Städte Afrikas ist Dar es Salaam mit vielen drängenden Problemen belastet. In der letzten Volkszählung 2002 wurden knapp 2,5 Mio. Menschen registriert, die tatsächliche Einwohnerzahl liegt aber deutlich höher bei über 3,5 Mio., und jährliche **Wachstumsraten** von 2–4 % sind die Regel.

Jeder, der vom großen Geld träumt, zieht aus den Dörfern hierher. Viele werden natürlich herb enttäuscht, denn es fehlen nicht nur die nötigen Arbeitsplätze, sondern die Großstadt ist für diesen Menschenansturm auch schlecht gewappnet. Es mangelt an adäquatem Wohnraum. Der durch die rasante Entwicklung gesteigerte Strombedarf kann durch veraltetes Material und schlechte Wartung der Maschinen nicht mehr gedeckt werden, was täglich stundenlange Stromausfälle zur Folge hat. Die öffentliche Wasserversorgung ist zusammengebrochen, die Entsorgung der Abwässer und des Mülls funktioniert nicht, und mehrmals täglich kommt es zu einem Verkehrskollaps, weil die Straßen die vielen Fahrzeuge nicht mehr aufnehmen können (die unzähligen Daladalas gelten als Hauptverursacher der Staus). Obwohl es keine offiziellen Zahlen gibt, ist beim bloßen Hinsehen zu erkennen, dass der motorisierte Individualverkehr sprunghaft angestiegen ist. Das ist ein untrügliches Indiz dafür, dass sich in den letzten Jahren ein bescheidener Mittelstand gebildet hat, der sich Kleinwägen und Motorräder leisten kann, während noch vor fünf Jahren hauptsächlich schwere Geländewagen und Fahrräder das Stadtbild bestimmten. Neuerdings sieht man auch südostasiatische Autorikschas, die in Tansania – abgeleitet vom indischen Markennamen – *bajaji* (sprich *badschaschi*) heißen.

Ein weiteres drängendes Problem der Stadt ist **Aids**. Obwohl Aids auch in einer Großstadt eine unsichtbare Krankheit ist, sprechen Pessimisten von einer Infektionsrate, die bis zu einem Drittel der Bevölkerung betragen soll. Grund hierfür ist vor allem der Zuzug von Männern aus den ländlichen Gegenden, während die Frauen in ihren Dörfern bleiben. So boomt die Prostitution, die auch für Reisende nicht zu übersehen ist.

Trotz all seiner Schattenseiten bleibt Dar es Salaam für Tansanier der Ort, an dem sie am

Dar es Salaam

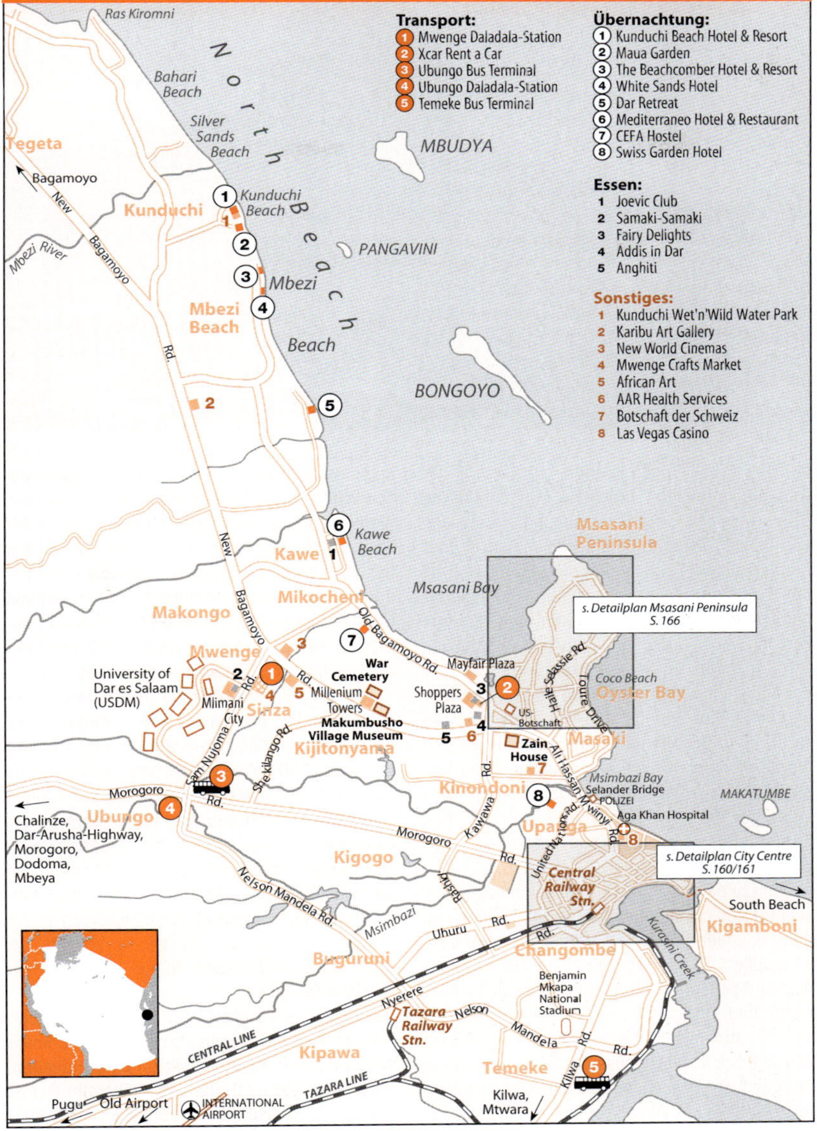
N
0
3 km
Transport:
1 Mwenge Daladala-Station
2 Xcar Rent a Car
3 Ubungo Bus Terminal
4 Ubungo Daladala-Station
5 Temeke Bus Terminal
Übernachtung:
1 Kunduchi Beach Hotel & Resort
2 Maua Garden
3 The Beachcomber Hotel & Resort
4 White Sands Hotel
5 Dar Retreat
6 Mediterraneo Hotel & Restaurant
7 CEFA Hostel
8 Swiss Garden Hotel
Essen:
1 Joevic Club
2 Samaki-Samaki
3 Fairy Delights
4 Addis in Dar
5 Anghiti
Sonstiges:
1 Kunduchi Wet'n'Wild Water Park
2 Karibu Art Gallery
3 New World Cinemas
4 Mwenge Crafts Market
5 African Art
6 AAR Health Services
7 Botschaft der Schweiz
8 Las Vegas Casino
Ras Kiromni
Bahari Beach
Silver Sands Beach
North Beach
MBUDYA
Tegeta
Bagamoyo
New Bagamoyo Rd.
Mbezi River
Kunduchi
Kunduchi Beach
PANGAVINI
Mbezi
Mbezi Beach
Beach
BONGOYO
Kawe
Kawe Beach
Msasani Peninsula
Msasani Bay
s. Detailplan Msasani Peninsula S. 166
Mikocheni
Makongo
Mwenge
Old Bagamoyo Rd.
War Cemetery
Mayfair Plaza
Haile Selassie Rd.
Toure Drive
Coco Beach
Oyster Bay
University of Dar es Salaam (USDM)
Mlimani City
Sinza
Millenium Towers
Makumbusho Village Museum
Shoppers Plaza
US-Botschaft
Zain House
Masaki
Kijitonyama
Sam Nujoma Rd.
Shekilango Rd.
Ali Hassan Mwinyi Rd.
Msimbazi Bay
Selander Bridge
POLIZEI
Aga Khan Hospital
MAKATUMBE
Morogoro Rd.
Kinondoni
Kawawa Rd.
Upanga
United Nations Rd.
Chalinze, Dar-Arusha-Highway, Morogoro, Dodoma, Mbeya
Ubungo
Kigogo
s. Detailplan City Centre S. 160/161
Central Railway Stn.
Nelson Mandela Rd.
Rashidi
South Beach
Kigamboni
Msimbazi
Uhuru Rd.
Kurasini Creek
Buguruni
Changombe
Benjamin Mkapa National Stadium
Nyerere
Tazara Railway Stn.
Nelson Mandela Rd.
CENTRAL LINE
Kipawa
Temeke
Kilwa Rd.
TAZARA LINE
Pugu
Old Airport
INTERNATIONAL AIRPORT
Kilwa, Mtwara

Dar es Salaam

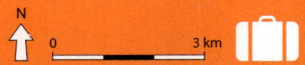

In der Samora Avenue reihen sich alte Kolonialhäuser aneinander.

ehesten Arbeit finden können, vor allem in der **Administration**, der **Industrie** (Textilindustrie, Brauereien und Getränkeerzeugung, Herstellung von Plastik, Zement, chemische Industrie oder Stahlerzeugung) und dem **Agrarsektor**. Das Gros der Bevölkerung versucht seinen Lebensunterhalt jedoch im informellen Sektor zu bestreiten. Fast flächendeckend bemühen sich entlang von Straßenzügen, an Straßenkreuzungen oder in der Nähe von Wohnsiedlungen illegale **Straßenverkäufer**, ihre Ware an den Mann oder die Frau zu bringen. Die Wamachinga, wie sie genannt werden (von *marching boys*, weil sie keine festen Verkaufsläden haben), sind typische Nahversorger, die von Bananen über Unterwäsche, Sonnenbrillen und Transistorradios bis hin zu Zeitungen alles verkaufen.

Für die nächsten Jahre (und vermutlich Jahrzehnte) sind große **Infrastrukturprojekte** geplant, die das Leben der Großstadtbewohner verbessern sollen. So ist vorgesehen, mit Hilfe ausländischer Sponsoren marode Straßenzüge zu reparieren und auszubauen, und auch das Busnetz soll (für afrikanische Verhältnisse) modernisiert werden. Nicht zuletzt muss die Stromversorgung dringend verbessert werden. Ob auch in Bezug auf die Abfall- und Abwasserentsorgung Ernst ge-

macht wird, lässt sich noch nicht erkennen. Von den 2600 t Müll, die allein in Dar täglich anfallen, werden nur 40–45 % (!) gesammelt – was in der Stadt deutlich zu sehen ist. Der Rest landet auf der Straße und gefährdet akut die Menschen – durch Seuchen, verschmutztes Wasser und mit Unrat verstopfte Kanäle. Zu allem Überdruss fließen die Industrie- und Haushaltsabwässer ungeklärt ins Meer oder sickern in den Boden ein.

Ob der Bau eines 60 000 Sitzplätze fassenden Fußballstadions daher der richtige Impuls für die Entwicklung der Stadt ist, sei dahingestellt. Das Millionenprojekt wurde von China finanziert; das im Herbst 2007 eröffnete Stadion erfüllt alle Fifa-Kriterien. Es steht außer Frage, dass das Geld sinnvoller hätte eingesetzt werden können, die Errichtung des Stadions ist aber Ausdruck der „Brot-und-Spiele"-Mentalität der tansanischen Politik.

Das Multikulti-Gesicht der Millionenstadt

Dar es Salaam zieht Menschen aus Nah und Fern an. Angehörige aller tansanischen Ethnien haben in der Stadt ein neues Zuhause gefunden. Hinzu kommen noch die vielen Bewohner aus fremden Ländern, die oft schon in der dritten oder vierten Generation im Land leben – Inder, Pakistani, Araber und nicht zuletzt Europäer machen gemeinsam mit den Afrikanern das bunte Gesicht der Millionenstadt aus.

Die Völkervielfalt spiegelt sich in der Stadtarchitektur wie auch im kulinarischen Kaleidoskop der Stadt wider. Oft werden einzelne Stadtteile überwiegend von einer Volksgruppe dominiert. So ist beispielsweise der Kariakoo das afrikanische Viertel, während sich rund um die India Street, wie der Name schon sagt, überwiegend indischstämmige Menschen ansiedeln. Positiv zu bewerten ist allerdings, dass sich trotz des unkontrollierten Zuzugs keine Slums vor den Toren der Stadt gebildet haben, wie sie in Südafrika oder Kenia überall anzutreffen sind.

Orientierung

Auf den ersten Blick erscheint Dar es Salaam wie ein verwirrendes Labyrinth aus verstopften Gassen und löchrigen Straßen. Doch beim zweiten Hinsehen fällt auf, dass die Hauptverbindungsrouten die Stadt wie ein Gitter durchqueren und zerteilen. Eine Art **Stadtautobahn** zieht sich durch die gesamte Stadt; sie beginnt beim Internationalen Flughafen, durchquert die hektische Innenstadt und schlängelt sich dann weiter in den Norden in Richtung Mwenge und Bagamoyo. Die Orientierung wird dadurch erleichtert, dass im Osten das Meer liegt.

Die meisten Behörden, der Geschäftsdistrikt, das Immigration Office, einige wenige Sehenswürdigkeiten, der Fährhafen sowie das afrikanische Viertel Kariakoo befinden sich im **City Centre**.

Die nördlich außerhalb der Stadt liegenden Vororte **Oyster Bay** und **Msasani Peninsula** sind Heimat vieler Botschaften und Konsulate, Nichtregierungs-Organisationen sowie zahlreicher großer Hotels und Einkaufszentren.

Am Rande des Großraums Dar es Salaam hat sich im 20 bis 25 km entfernten **Mbezi Beach** und **Kunduchi Beach** eine Hotelkolonie etabliert. Die Südstrände, **South Beach**, begann man hingegen erst vor kurzem zu erschließen – sie gehören mit Abstand zu den schönsten Tansanias. Ständig verkehrende Autofähren pendeln zwischen dem City Centre und Kigamboni, dem ersten Ort von South Beach, hin und her.

Zentrum

Das Stadtbild prägen verfallende Kolonialgebäude, mehrstöckige, verglaste Bürogebäude und nicht zuletzt der mörderische Verkehr. Ein Spaziergang tagsüber sollte im Normalfall kein Problem darstellen; Vorsicht vor Gaunereien ist trotzdem rund um den Fischmarkt, im Kariakoo und beim Fährhafen geboten. Wer auf Nummer sicher gehen will, lässt jegliche Wertsachen im Safe oder besichtigt die Stadt per Taxi. Viele Unterkünfte organisieren gerne Stadtrundfahrten mit zuverlässigen Taxifahrern.

Das historische Stadtzentrum erstreckt sich längs der geschützten Hafenbucht. Hauptschlagadern der Altstadt sind die beiden Straßenzüge Sokoine Drive und Samora Avenue.

Zwischen Askari Monument und Clock Tower

In der Mitte des stark frequentierten Verkehrskreisels an der Kreuzung von Azikiwe Street und Samora Avenue steht das **Askari Monument**. Denkmäler dieser Art gibt es in vielen tansanischen Städten; sie gedenken der unzähligen Soldaten (*askari* bedeutet „Soldat" oder „Wachmann" auf Swahili), die in Kriegen und Aufständen mit europäischer Beteiligung fielen. Jenes von Dar es Salaam wurde 1911 errichtet

Sicherheit

Dar es Salaam ist zwar eine Großstadt mit all ihren sozialen, gesellschaftlichen und wirtschaftlichen Spannungen, dennoch ist es in puncto Kriminalität keinesfalls mit Johannesburg oder Nairobi vergleichbar. Die größte Gefahr bei Tageslicht geht vom Verkehr und von Taschendieben aus, besonders in Menschenknäueln. In der Nacht besteht das größte Sicherheitsrisiko darin, von Autofahrern, die in Fahrzeugen ohne Licht und Bremsen unterwegs sind, übersehen zu werden. Vorsätzliche Überfälle sind selten, eher wird man Opfer eines Gelegenheitsdiebstahls. Türen müssen beim Autofahren gesperrt bleiben; Fenster sollten geschlossen sein, und defensives Verhalten im Straßenverkehr hat oberste Priorität.

Dar es Salaam City Centre

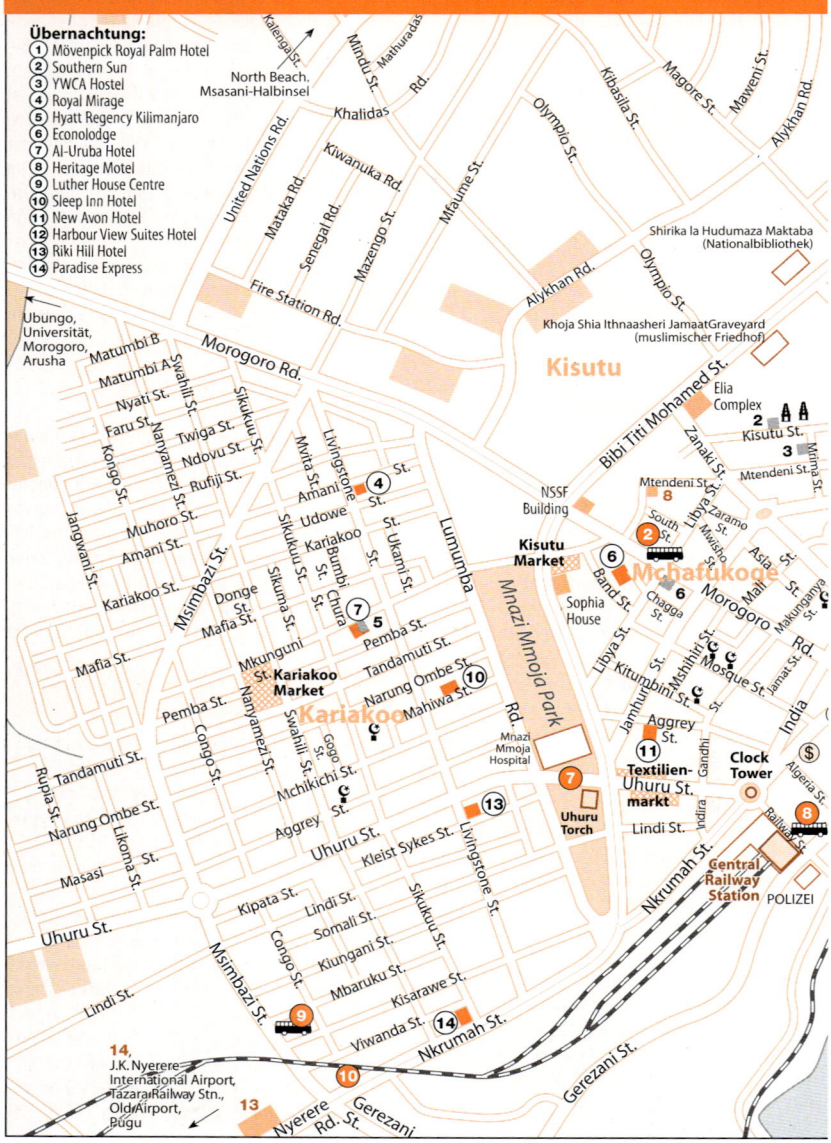

Übernachtung:
1. Mövenpick Royal Palm Hotel
2. Southern Sun
3. YWCA Hostel
4. Royal Mirage
5. Hyatt Regency Kilimanjaro
6. Econolodge
7. Al-Uruba Hotel
8. Heritage Motel
9. Luther House Centre
10. Sleep Inn Hotel
11. New Avon Hotel
12. Harbour View Suites Hotel
13. Riki Hill Hotel
14. Paradise Express

N
0   500 m

North Beach,
Msasani Peninsula,
Mwenge

Msasani Peninsula

Ocean Rd.

Gymkhana
Club House

TENNIS-
PLÄTZE

Gymkhana Club
Golf Course

Ghana Ave.

Uzunguni

Chinara St.

Ocean Road
Hospital

Ali Hassan Mwinyi Rd.

Vijibweni St.

Raha
Towers

TDFL
Building

Ohio St.

Makaba St.

Holiday
Inn

YMCA

Ghana

Ave.

World
Bank

Mirambo

Umoja
House

Botanical
Gardens

Shaban Robert St.

Ave.

UNHCR

Karimjee
Hall

Ocean Rd.

Vodacom
House

Garden Ave.

National Museum,
House of Culture

Upanga Rd.

HAUPT-
POSTAMT

PPF
Tower

Samora

Kivukoni

Azikiwe St.

Mafuta
House

Pension
Tower

Pamba

Ohio St.

Drive

Sukari
House

State
House

Haidery
Plaza

St.

Sirnu St.

Askari
Monument

New
Africa H.

Sokoine

Rd.

Madaraka St.

Luthuli St.

Jamhuri

Nyanza St.

Mkwepu
St.

Sewa St.

Gandhi

Ave.

Azikiwe St.

High
Court

Magogoni St.

Indira

Toyota
House

Old
Post Office

Bustani
ya Posta

Azania Front
Lutheran Church

Kivukoni Road

Kaluta

Bridge

Samora

Mansfield St.

Harbour
View
Towers

TTB

St. Joseph's
Cathedral

Fischmarkt
Mzizima

Mission St.

Old
City
Boma Hall

Drive

Sokoine

Kurasini Creek

Sansibar

South Beach

Kigamboni

Essen:
1   Bakers Basket
2   Chapan Bhog
3   Retreat
4   City Garden
5   Banadir
6   Mamboz
7   Archipelago Downtown
8   Albasha
9   New Africa Hotel (Sawasdee)
10   Luther House Centre
11   Alcove

Sonstiges:
1   Amref (Flying Doctors)
2   Three Crowns
3   Emslies Travels, Uniglobe Skylink
4   Mawazo Gallery and Artcafé
5   Immigration Office
6   Deutsche Botschaft
7   Supermarkt
8   Takims Holidays Tours & Safaris
9   Natural Therapies Centre
10   Club Bilicanas
11   Mansoor Daya Chemists
12   A Tent With A View Safaris
13   Shoprite Supermarket
14   Foxes African Safaris

Transport:
1   Posta Mpya
2   Kisutu Terminal
3   Posta Zamani
4   Fährhafen nach Sansibar
5   Fährhafen zum South Beach
6   Kivukoni
7   Mnazi Mmoja
8   Stesheni
9   Akamba Bus Terminal
10   Green Car Rentals

und stellte ursprünglich den schlagkräftigen deutschen Offizier Herrmann von Wissmann dar (selbstverständlich gedachte man seinerzeit vor allem der gefallenen deutschen Soldaten). Später wurde er aber durch einen afrikanischen Soldaten ersetzt, um fortan an die afrikanischen Gefallenen zu erinnern.

An der Stelle des heutigen **New Africa Hotel** stand zur Jahrhundertwende das erste Hotel Tansanias, das Hotel Kaiserhof. Hier genossen die Kolonialisten deutsches Bier, heimische Tanzkapellen und Schrammelmusik, bevor sie sich in ihre Villen mit Meerblick zur Nachtruhe zurückzogen.

An der Meeresfront erhebt sich linker Hand die **Azania Front Lutheran Church**. Die Kirche wurde gegen Ende des 19. Jhs. von bayrischen evangelisch-lutherischen Missionaren im typischen Kolonialstil erbaut. Ihre weithin sichtbaren, mit roten Schindeln gedeckten Dächer sind ebenso wie der Glockenturm zweifellos alpenländisch inspiriert. Gleich hinter der unübersichtlichen Kreuzung und der NBC Bank, in Richtung Südwesten, befinden sich am Sokoine Drive (ehemals Kaiserstraße) Gebäude aus der deutschen Kolonialperiode, beispielsweise der heute **Toyota House** genannte Bau und **The Old Post Office**.

Etwas weiter, noch vor dem Fährhafen, fällt rechter Hand der Blick auf die katholische **St. Joseph's Cathedral**, die 1902 von deutschen Missionaren nach fünfjähriger Bauzeit fertiggestellt wurde. Im Inneren der Kirche gibt es Gedenksteine in deutscher Sprache. Die nächste Wegmarke stellt die Anlegestelle für die Fähren nach Sansibar dar, deren Einzugsgebiet man aus Sicherheitsgründen schleunigst verlassen sollte, sofern man nicht auf dem Weg nach Sansibar ist.

Nur ein Stück weiter, etwas nach hinten versetzt, steht eines von Dar es Salaams ältesten noch erhaltenen Gebäuden. Die **Old Boma** geht auf die Gründungsjahre der Stadt zurück und sollte ursprünglich als Gästehaus für den Sultan dienen. Doch Majid verstarb frühzeitig, und man überließ sie lange Jahre ihrem eigenen Schicksal. Sie wurde mit UN-Geldern renoviert und beherbergt heute die Unesco-Vertretung. Die benachbarte **City Hall** wird heute von der Stadtverwaltung genutzt und war unter der deutschen Kolonialregierung das „Kaiserliche Bezirksamt".

Bei der 1906 errichteten **Central Railway Station**, einem der beiden großen Bahnhöfe der Stadt, biegt man rechts ab. Von 1905 bis 1914 erbaute die deutsche Kolonialregierung die 1254 km lange Eisenbahnlinie vom Tanganyika-See zur Küste, vor allem um Kupfer aus Kongo über Kigoma nach Europa verschiffen zu können.

Der **Clock Tower**, nicht weit davon, ist ebenso wie das Denkmal des Askari ein Phänomen, das man in jeder tansanischen Stadt antrifft. Meistens befindet sich der Uhrturm in der Mitte eines Verkehrskreisels an sehr exponierter Stelle (an der man sich übrigens gut orientieren kann).

Vom Clock Tower nur ein paar Gehminuten entfernt und allemal einen Abstecher wert ist der **Textilienmarkt** in der Uhuru Street (vorne an der Bibi Titi Mohamed). Hier präsentiert sich eines der buntesten und zugleich fröhlichsten Gesichter der Stadt, wenn lauthals rufende und wild gestikulierende Frauen farbenprächtige Stoffe aller Art, allen voran Kangas und Kitenge, feilbieten (ein Kanga kostet ca. 6000–10 000 TSH).

Kariakoo

Kariakoo wird gerne als „Afrikaner-Viertel" bezeichnet, weil sich hier noch am ehesten das typisch afrikanische Ambiente erhalten hat. Alte Lehmhütten mit Wellblechdächern, von der Decke herabhängende Ware, ein intensives Potpourri aus exotischen Gewürzen, Ziegen und Hühnern, Autoabgasen und marktschreierische Geschäftigkeit bestimmen die Atmosphäre.

Die Bezeichnung Kariakoo stammt aus dem Ersten Weltkrieg, als Tausende Tansanier als Träger für die Soldaten zwangsverpflichtet wurden. Die Wohnbaracken für jene Träger, sozusagen das tragende Korps *(carrier corps)*, wurden auf dem heutigen Gelände des Kariakoo im Schachbrettmuster aufgestellt und nach dem Krieg einfach sich selbst überlassen.

Mitten in Kariakoo befindet sich eine große, zweistöckige Markthalle, der **Kariakoo Market**, unter dessen Wellblechdach der größte Lebensmittelmarkt der Stadt (angeblich auch ganz Ostafrikas) untergebracht ist. Bereits kurz nach Sonnenaufgang herrscht hier Hochbetrieb. ⊙ tgl. 6–18 Uhr.

Ein Spaziergang durch das bunte Treiben ist in aller Regel völlig unproblematisch, sofern man

Wer weiß in unseren Breiten schon, dass gebrauchte Kleidung nicht nur karitativen Zwecken zugeführt, sondern in Entwicklungsländern auch kommerziell verwertet wird? Wer z. B. am Wochenende durch den Kariakoo spaziert, wird vielleicht seine eigene Lieblingsjeans, die vor einem Jahr in der Altkleidersammlung landete, wiederfinden. So erklären sich natürlich auch all die amerikanischen Embleme auf den T-Shirts, wie Colorado State University oder Kentucky Fried Chicken.

Infolge der schlechten Wirtschaftslage in den 1980er-Jahren konnte die Textilproduktion in Tansania nicht mehr die Nachfrage decken. Veraltete Maschinen, schlechte Textilqualität, Stromabschaltungen und immens hohe Produktionskosten trieben das Land dazu, auf gebrauchte Kleidung aus dem Westen auszuweichen. Heute deckt der überwiegende Teil der Bevölkerung seinen Kleidungsbedarf mit Secondhandware, *mitumba* genannt. Im Kariakoo beispielsweise gibt es große Kleiderlager, wo tagtäglich ballenweise gebrauchte Kleidung an Händler verkauft wird. Diese Händler verkaufen ihre Waren dann meist auf Märkten und auf der Straße. Oft bestreiten auch Frauen ihren Lebensunterhalt mit dem Kleiderverkauf im privaten Rahmen oder hinter Bürotüren. Die Altkleider werden in die entlegensten Dörfer gebracht, sie sind flächendeckend in Tansania erhältlich. Man lobt den günstigen Preis und die gute Qualität der Ware, die weit strapazierfähiger ist als die heimische Produktion.

Während der Altkleidermarkt für die Verbraucher ein Segen ist, stellt er für das Gewerbe ein großes Problem dar. Schon seit langem ist die eigene Textil- und Bekleidungsproduktion am internationalen Markt nicht mehr konkurrenzfähig, einmal abgesehen davon, dass es sie faktisch kaum noch gibt, obwohl der Rohstoff Baumwolle im Land selbst angebaut wird. Viele Menschen können es sich schlichtweg nicht mehr leisten, traditionelle Gewänder aus einheimischen Stoffen von Schneidern anfertigen zu lassen. Darunter leidet die Zunft der Schneider ebenso wie unter ihren schlechten Nähmaschinen und dem Druck, dem veränderten Konsumverhalten der Tansanier Rechnung zu tragen.

alle Wertsachen (inkl. Uhr und Mobiltelefon) zu Hause lässt. Wer mit den afrikanischen Gepflogenheiten noch nicht genügend vertraut ist, sollte sich einen Führer mitnehmen.

Das Stadtviertel wird vom verlotterten **Mnazi Mmoja Park** begrenzt, in dem oft Open-Air-Messen stattfinden. Der ungepflegte Grünstreifen ist Heimat zweier Monumente. Die **Uhuru Torch** („Freiheitsfackel") steht als Symbol für die Erlangung der Unabhängigkeit 1961, als auf dem Kilimanjaro als Zeichen der Freiheit eine Fackel angezündet wurde. Gegenüber befindet sich der **Republic Fountain** („Brunnen der Republik"), der an die Ausrufung der Republik 1962 erinnern soll.

Asiatisches Viertel

Im Dreieck zwischen Sokoine Drive, Zanaki Street und Bibi Titi Mohamed Road hat sich das bunte afro-asiatische Viertel etabliert. Den Straßennamen wie Libya Street, India Street, Zanaki Street (eine Volksgruppe Tansanias aus dem Norden) oder Mali Street kann man unschwer entnehmen, aus welchen Ländern die ersten Bewohner kamen. Die Trennung nach ethnischen Gruppen hat sich heute gelockert, vor allem da viele der oft wohlhabenden indischstämmigen Handeltreibenden längst in die Villenviertel am Meer oder die attraktiveren Vororte gezogen sind. Dennoch, gerade viele asiatischstämmige Menschen wohnen und arbeiten noch immer in diesem Stadtteil.

Das Labyrinth an Gassen hat neben seinen zahlreichen Händlern (Elektronik, Edelsteine oder Fahrzeuge) und einem attraktiven Kaleidoskop von Glaubens- und Bethäusern der verschiedensten Religionen auch eine unschlagbare kulinarische Vielfalt zu bieten. Besonders exotisch mutet das Viertel rund um die **Kisutu Street** an. Farbenprächtige Hindutempel wechseln sich mit kleinen Imbissstuben ab, die allerlei Köstlichkeiten servieren. Wer betriebsame Märkte mag, sollte dem überschaubaren **Kisutu Market** (Bibi Titi Mohamed Rd., zwischen Morogoro Rd. und

Dar es Salaam

Peacock Hotel) einen Besuch abstatten. Der kleine Markt führt alles, was die lokale Bevölkerung zum Kochen benötigt – Geschirr, Obst und Gemüse, Bohnen, Reis oder Geflügel. ⏱ tgl. 8–18 Uhr.

Zwischen Kivukoni Front und Ocean Road

Da die Straße von der Azania Front Lutheran Church schnurstracks zur Fähre über den Kurasini Creek führt, wurde sie Kivukoni Front getauft (*kivuko* ist das Swahili-Wort für „Fähre", die Flexionssilbe -ni markiert eine Bewegungsrichtung). Entlang der Uferpromenade passiert man zuerst das luxuriöse Hyatt Regency Kilimanjaro sowie weiter vorne einige bröckelnde deutsche Kolonialgebäude, die heute z. T. tansanische Regierungsbehörden beherbergen. An der Spitze der Bucht findet man, immer der Nase nach, den mit Mitteln der japanischen Regierung wiederbelebten **Fischmarkt Mzizima** sowie den Anlegeplatz der Autofähre zum South Beach. Dies ist die Gegend, wo sich einst das Fischerdorf Mzizima befand, aus dem Sultan Majid seine Residenzstadt erschaffen wollte. Geplant ist die Errichtung einer Brücke über die Meerenge, aber bis sie wirklich kommt, wird der dazugehörige Turm, in dem Teile der Hafenverwaltung sitzen, schon wieder zu bröckeln beginnen. Man will momentan lieber das Mega-Siedlungsprojekt Kigamboni (s. S. 168) abwarten. Auf dem Fischmarkt locken Souvenirstände mit allerlei Raritäten aus dem Meer, doch sollten Interessenten bei einem Kauf bedenken, dass die Ausfuhr der meisten Exponate illegal ist. Besuche des Fischmarktes sind in Begleitung eines Führers viel informativer.

Weiter auf der Ocean Road, die herrliche Blicke auf den Indischen Ozean freigibt, liegt das **State House**. Der Regierungssitz des Präsidenten ist in einem aufwändig restaurierten, stattlichen deutschen Kolonialpalast aus den späten 1890er-Jahren untergebracht, von dem aus einst auch der deutsche Kolonialregent regierte. Das im Ersten Weltkrieg fast gänzlich zerstörte State House wurde beim Wiederaufbau um afrikanische und arabische Elemente ergänzt. Wie alle von der Regierung genutzten Gebäude darf auch dieser Bau nicht fotografiert werden.

Die Ocean Road führt weiter am **Ocean Road Hospital** vorbei, offiziell 1897 als Missionskrankenhaus der Lutheranischen Kirche eröffnet, um vor allem die Gesundheit der deutschen Kolonialisten sicherzustellen. Das stattliche Gebäude im Kolonialstil mit arabischen Elementen wurde erst kürzlich mit deutschen Geldern renoviert und lässt erahnen, dass es einst eines der wichtigsten Hospitäler des Landes war. Als Hospital der Weißen gegründet, ist es heute das einzige Krankenhaus Tansanias, das sich mit der Krebsforschung und -behandlung beschäftigt.

Hinter dem Hospital biegt man links in die Chimara Street ein und hält sich bei der nächsten Weggabelung erneut links. An der Samora Avenue befinden sich der Botanische Garten (rechts) sowie das National Museum (links). Der **Botanische Garten** (Botanical Gardens) stammt aus der deutschen Kolonialzeit und ist Heimat farbenprächtiger einheimischer Blumen und seltener endemischer Pflanzen. Zwar ist er nicht überall besonders gut in Schuss gehalten, doch in jedem Fall bietet er einige lauschige, kühle Plätzchen zum Verweilen in der stickigen Millionenmetropole. ⏱ tgl. 7–18 Uhr, Eintritt frei. Bereits 1940, damals noch unter britischer Flagge, öffnete das **National Museum and House of Culture**, das versteckt auf der anderen Straßenseite liegt. Wichtige Artefakte des Landes sind hier ausgestellt, darunter auch der wichtigste prähistorische Fund des Landes, der Schädel des „Nussknacker-Menschen", den Mary und Louis Leakey in der Oldupai-Schlucht (s. S. 416) entdeckten. Mehrere Dauerausstellungen dokumentieren die Geschichte wie auch die biologische, ethnografische und kulturelle Vielfalt des Landes. Die massiven Renovierungen und die Erweiterung haben dem Museum zwar gutgetan, aber nur wirkliche Museumsliebhaber und Spezialisten werden vom Museum nachhaltig begeistert sein. ✆ 022-2117508, 🖥 www. houseofculture.or.tz, ⏱ tgl. 9.30–18 Uhr, Eintritt Erw. US$5 (6500 TSH).

Von der Selander Bridge bis zur Msasani Peninsula

Nördlich der Selander Bridge über den Msimbazi Creek, einen unscheinbaren, aber wichtigen Orientierungspunkt, beginnen die Wohn- und

Dar es Salaam

Ocean Road Hospital

Neben dem Franzosen Louis Pasteur gilt Robert Koch als Begründer und Wegbereiter der Bakteriologie. 1905 erhielt er in Anerkennung seiner Leistungen im Bereich der Tuberkuloseforschung den Nobelpreis für Medizin.

Der 1843 im Harz geborene Arzt spezialisierte sich seit Beginn seiner praktischen Tätigkeit auf die Erforschung von Infektionen und Seuchen sowie deren Vermeidung durch Desinfektion. Ihm gelangen revolutionäre Durchbrüche in der Erforschung von Tuberkulose und Cholera, zwei der größten Geißeln jener Zeit. Koch war 1885 Mitbegründer des ersten Hygienischen Instituts in Berlin, reiste zu Forschungsaufenthalten nach Ägypten oder Indien und lebte von 1896 an mehrere Jahre in Afrika, wo er Seuchen und Tropenkrankheiten erforschte, die die Kolonialisten von Deutsch-Ostafrika bedrohten, wie die Pest oder die Malaria. Im neu errichteten Kaiserlichen Hospital (dem heutigen Ocean Road Hospital) begann er seine Malariaforschungen, unternahm Forschungsreisen ins Landesinnere und brachte den Ärzten des deutschen Sanitätsdienstes den richtigen Umgang mit Chinin bei. Bis zu seinem Tod 1910 reiste er noch mehrmals nach Ostafrika, um seine Untersuchungen auch anderer Tropenkrankheiten, wie z. B. der Schlafkrankheit, voranzutreiben. Für seinen maßgeblichen Anteil an der Erforschung von Tropenkrankheiten wurde ihm im Muhimbili National Hospital eine Gedenktafel geweiht.

Geschäftsviertel der wohlhabenderen Einwohner von Dar es Salaam.

Westlich der Ali Hassan Mwinyi Road erstreckt sich der Bezirk **Kinondoni**, östlich liegen die Viertel **Masaki** und **Oyster Bay**. Wenn man erst der Kenyatta Road und später dem Toure Drive folgt, erreicht man schließlich die **Msasani Peninsula**.

Bei der Gegend östlich der Ali Hassan Mwinyi Road handelt es sich um die Top-Adresse für Diplomaten, hochrangige Regierungsbeamte und Mitarbeiter von Entwicklungsorganisationen; eine spektakuläre Villa reiht sich neben die andere, selbstverständlich gut gesichert durch hohe Elektrozäune und den unvermeidlichen *askari* (Wachmann).

Dar es Salaam

Übernachtung:
1. Sea Cliff Hotel
2. Alexanders Hotel
3. The Slipway
4. Q-Bar & Guest House
5. Oysterbay Hotel

Essen:
1. Coral Ridge Spur Steak House
2. Bella Napoli
3. Epi D'Or
4. Classico Café
5. Black Tomato
6. Nawabi Khana
7. Sweet Eazy Restaurant & Lounge
8. Osaka

Sonstiges:
1. JD Pharmacy
2. Trauma Centre & Well Woman Clinic Hospital
3. Garden Bistro Restaurant & Bar
4. Honorarkonsulat Österreich
5. Lemon Spa
6. O'Willies Irish Whisky Tavern
7. Morogoro Stores
8. New Maisha Club
9. Colosseum Health & Fitness Club
10. The Wonderwelders

Coral Beach Hotel
Coral Lane
Masaki Rd.
Sea Cliff Village
Halle
Mahando St.

Yacht Club
Yacht Club Rd.
Selassie

Masaki

Indischer
Ozean

Chole
Mwaya St.
Mahando St.
Rd.
Mtali
Bray Rd.
Rd.
Toure Drive

Doubletree Hilton Hotel

Rd.
Chake Chake Rd.

Chui Bay

Msasani Bay

Peninsula Seaview Hotel

IST Medical Clinic
Ruvu St.
Chole
Kaole
Lincon Rd.
Katoke Rd.
Rd.

Golden Tulip Hotel
POLIZEI

Msasani
Rd.
Selassie
Rd.
Mzinge Way
Kimweri
Ave.

Oyster Bay

Haile
Hotel Karibu
Ghuba
Mwara
Rd.
Toure Drive

Oyster Bay Shopping Centre

C
o
c
o

B
e
a
c
h

Old Bagamoyo Rd.
US-Botschaft
Old Bagamoyo Rd.
Nyumba ya Sanaa
Uganda
Guinea
Ave.
Ave.
Karume
Rd.
New Bagamoyo Rd.

Hier befinden sich zwei der westlichsten (und teuersten) Einkaufszentren der Stadt, das Sea Cliff Village und das Slipway, beide mit angeschlossenen Hotels. Dazwischen liegt der bei den Einheimischen beliebte, schöne **Coco Beach** von Oyster Bay. Vor allem jugendliche Einheimische drängen sich hier an den Wochenenden, um im Wasser zu tollen oder einen Drink am Imbissstand einzunehmen.

Anfang 2011 übersiedelte das renommierte **Nyumba ya Sanaa** vom Stadtzentrum (gleich neben dem Mövenpick Royal Palm Hotel an der Ohio Ave., Ecke Ali Hassan Mwinyi Rd.) in die Nähe der US-Botschaft an der Old Bagamoyo Road, gegenüber von der Oyster Bay Police. Beim 1972 installierten „Haus der Kunst", so die Übersetzung, handelt es sich um eine Dauerausstellung tansanischen Kunsthandwerks – das natürlich auch zum Verkauf steht. Ursprünglich ging dieses Zentrum, unterstützt vom Staatsmann Mwalimu Nyerere, aus einem Modellprojekt von Künstlern und behinderten Menschen hervor; heute präsentieren sich hier unzählige Künstler aus den Bereichen Malerei, Grafik, Batik, Mode, Weberei, Papierkunst und Töpferei. Es werden auch Kunstworkshops angeboten. Für Souvenirs und schöne Dinge wird man hier garantiert fündig.

In Richtung North Beach

Zurück auf der nach Norden führenden New Bagamoyo Road steht rechter Hand das **Makumbusho Village Museum** nur wenige Meter vor den LAPF Millennium Towers. Wie der Name besagt (*kumbusho* bedeutet „Erinnerung"), soll das bereits 1966 eingerichtete Freilichtmuseum an die Alltagskultur, die traditionelle Wohnsituation sowie Bautechniken verschiedener tansanischer Stämme erinnern, die aufgrund des Fortschritts in Vergessenheit zu geraten drohen. Es gibt regelmäßig Veranstaltungen, z. B. traditionelle Tänze oder Musik; insbesondere an den Wochenenden geht es hoch her, denn auch die Einheimischen erfreuen sich am lauschigen Park und der einheimischen Kultur. ⏲ tgl. 9.30–18 Uhr, Eintritt US$4.

Ein ungewöhnliches Highlight stellt der **Mwenge Crafts Market** dar. Etwas westlich der großen Kreuzung der New Bagamoyo Road mit der Sam Nujoma Road hat sich ein stattlicher Souvenirmarkt etabliert. Vieles ist wenig innovativ und nicht sonderlich kunstfertig, doch die Makonde-Holzschnitzer (vom Makonde-Plateau im Süden Tansanias), die noch immer traditionelles tansanisches Kunsthandwerk pflegen, produzieren hier. Wer tansanisch kaufen möchte, sollte sich genau erkundigen, wie die Ware hergestellt wurde. Aufgrund der gestiegenen Beliebtheit des Marktes werden leider oft völlig überhöhte Preise verlangt, deshalb ist Handeln und Vergleichen unabdingbar. Der Markt liegt 12 km vom Stadtzentrum entfernt, etwa 1 km westlich der Kreuzung auf der linken Seite. ⏲ tgl. 8–18 Uhr.

Eher bescheiden nehmen sich die nördlichen Strände aus. In jüngerer Zeit hat sich der **Kawe Beach** zu einer beliebten Gegend gemausert, nicht etwa wegen makelloser Sandstrände (die Küste ist hier eher ein wenig unansehnlich), sondern wegen der Lokale und der guten Vibes. Besonders das Mediterraneo Hotel ist als Oase zu erwähnen – perfekt, um in der schattigen Lounge zu relaxen, den Fischern bei der Arbeit zuzusehen oder einen Happen italienisch zu essen. Fast täglich wird hier Unterhaltung geboten, wie Livemusik oder Themenabende.

Die Strände des **Mbezi Beach** und seinen Hotels, z. B. des White Sands Hotel, ca. 21 km von der Stadt entfernt, sind neben denen des heruntergekommenen Silver Sands Hotel oder des frisch renovierten Bahari Beach Hotel noch am ehesten zu empfehlen (ca. 24 km von der Stadt). Bei Spaziergängen am Strand der beiden letztgenannten Hotels ist jedoch enorme Vorsicht geboten, denn gerade am **Kunduchi Beach** und **Bahari Beach** kommt es immer wieder zu Raubüberfällen auf ahnungslose Touristen. Hier empfiehlt es sich, einen *askari* anzuheuern.

South Beach

Viel paradiesischer – und bei weitem weniger frequentiert – sind die Strände südlich der Innenstadt. Dorthin gelangt man ausschließlich über die Autofähre Kigamboni Ferry, die von der

Kivukoni Front (neben dem Fischmarkt) täglich viele Male ans andere Ufer in **Kigamboni** pendelt (s. S. 185). Die Regierung hat mit dem bis vor kurzem noch verschlafenen Kigamboni bis 2030 Großes vor. So soll die komplette Halbinsel zu einem durchstrukturierten Vorzeige-Siedlungsprojekt avancieren, wo u. a. Wohnraum, Geschäfts- und Regierungsviertel, Schulbezirke mit Internationalen Schulen und Universitäten sowie Sportstätten nach einem für Tansania noch nie dagewesenen Bebauungsplan entstehen sollen. Der Plan ist ambitioniert, nur Geldgeber fehlen noch, und so ist der Zeitpunkt der Fertigstellung mehr als ungewiss. Solange die Kigamboni New City nur auf Papier existiert, sollten Besucher die schönen Strände und das authentische Dorfleben am South Beach noch genießen.

Die ersten Kilometer der Straße am South Beach sind asphaltiert, die hiesigen Strände heißen **Mikadi Beach** und **Barracuda Beach**. 2 km hinter der Fähre liegt das Mikadi Beach Camp, das sich für kontaktfreudige Tagesausflügler, Camper und Budget-Reisende lohnt (s. „Übernachtung"). Dann folgen weitere Abschnitte, wie z. B. der **Kijiji Beach** (auch mit Lodge), bis schließlich der **Kipepeo Beach** erreicht ist. Etwa 7,5 km südlich der Fähre zweigt man hierfür (an einem Schilderwald mit einigen Verkaufsständen) von der Teerstraße links ab. Der Strand ist genau so, wie man sich ihn am Indischen Ozean vorstellt: blütenweißer Sand, türkisblaues Wasser, romantische Palmenhaine – und Kühe, die samt Kuhhirten auf ihrer täglichen Runde am Strand promenieren. Zu Deutsch bedeutet *kipepeo* „Schmetterling", und je nach Jahreszeit schwirren sie auch zu Tausenden herum.

Weiter südlich, ca. 14 km von der Fähranlegestelle entfernt, liegt das Fischerdorf **Gezaulole** am **Kim Beach**, das sich lange Jahre mit seinem Kulturtourismusprogramm einen Namen machte. Zur Zeit der Recherche lag das Programm allerdings brach. Informationen dazu erteilen das Kipepeo Beach Village (s. S. 172), aber auch der Tour Operator Afriroots (s. S. 180).

Weiter südlich findet der Strandreigen seine Fortsetzung. Etwa 30 km von der Fähranlegestelle entfernt liegen die beiden gehobenen Lodges **Amani Beach Hotel** und **Ras Kutani**, die mit himmlischer Abgeschiedenheit und herrlichen Stränden werben können. In den letzten Jahren wurden die Strände südlich von Dar immer attraktiver für die Städter, die sich am Wochenende gerne hierher zurückziehen, weswegen Ferienwohnungen, Privathäuser und Unterkünfte entstanden sind. Diese werden auch gerne an Langzeitreisende oder Individualisten vermietet; viele Angebote finden sich im Gratismagazin *Advertising Dar*. Für Urlauber, die dem Trubel Sansibars entkommen möchten, hat der South Beach viel zu bieten.

Pugu

Wenige Touristen oder Expats verschlägt es in die Pugu Hills, obwohl der dichte Wald und die gute Luft sie für ein Naherholungsgebiet geradezu prädestinieren. Die Wälder der Pugu Hills sind Teil eines Millionen Jahre alten Ökosystems, des sogenannten küstennahen Urwalds *(coastal forest)*, der einst von Somalia bis nach Mosambik reichte. Es sind Wälder, die – beeinflusst von den Monsunregenfällen – eine unermessliche Vielfalt an Pflanzen und Tieren hervorgebracht haben, viele davon endemisch. Viel ist heute nicht mehr übrig von diesem Ökosystem, da die Wälder aufgrund des großen Nutzholzbedarfs überwiegend abgeholzt wurden – nur auf den Hügeln von Pugu hat sich ein letzter kleiner Rest erhalten. Der Großteil des Baumbestands in den Pugu Hills ist jedoch Tertiärwald.

Von offizieller Seite gibt es wenig Unterstützung für den Erhalt des Landstrichs, außer dass man für das Nature Reserve US$30 Eintritt pro Person und Tag eintreibt und längere, geführte Wanderungen beim Ministry of Natural Resources angemeldet (und fürstlich bezahlt) werden müssen. Es hängt an einer privaten Initiative, dem **Pugu Hills Nature Centre**, zu retten, was noch zu retten ist. Alle Aktivitäten sowie die Unterbringung müssen mit dem Pugu Hills Nature Centre arrangiert werden; eine Voranmeldung ist obligatorisch, ✆ 0754-565498 (SMS senden ist besser als E-Mailen), 🖥 www.puguhills.com, Eintritt US$30 plus 5000 TSH. Camping (US$7 p. P.) sowie vier rustikale Bandas aus Bambus, ❺, Restaurant und Naturpool.

Interessant ist Pugu Hills vor allem für Aktivitäten wie Wandern, Radfahren oder auch Joggen. Botanisch Versierte können sich an den etwa 120 Baumarten erfreuen, und auch ebenso viele Vogelarten leben dort. Größere Tiere können ebenfalls beobachtet werden, wenn auch nicht häufig, aber immer wieder einmal sieht man Ginsterkatzen (engl. *genet*), Suni-Antilopen oder Rüsselspringer (engl. *elephant shrew*). In den Wäldern leben Antilopen, Katzen (auch Löwen), verschiedene Affen und Mungos (engl. *mongoose*). Um den bürokratischen und finanziellen Aufwand zu minimieren, kann der hauseigene, 1 km kurze Nature Walk des Pugu Hills Nature Centre in Angriff genommen werden; es liegen Prospekte und Wegbeschreibungen dort aus.

Afriroots (s. S. 180) organisiert Ausflüge in die Pugu Hills, oder man bucht direkt beim Pugu Hills Nature Centre. Pugu Hills ist relativ schwer zu finden, deshalb immer Reservierungen zuerst machen und die Telefonnummer von Pugu Hills dabeihaben: Auf dem Weg zum Old Airport biegt man kurz vor Erreichen desselben rechts in die Pugu Road ein (Teerstraße), Abzweigung nach links an der Tankstelle (geradeaus geht es nach Kisarawe weiter), vor dem Bahnübergang rechts in die Schotterpiste abbiegen, ca. 15 km von der Abzweigung, rund 30 Min. Fahrzeit. Die Straße ist allgemein sehr schlecht, ein Geländewagen mit hoher Bodenfreiheit erleichtert die Anfahrt. Taxifahrern muss man die Route im Normalfall ansagen. Daladalas nach Kisarawe (Abfahrt Kariakoo oder Tazara) fahren nur bis zur Tankstelle, die letzten 2,5 km müssen zu Fuß zurückgelegt werden.

Übernachtung

Das Preisniveau in der Millionenmetropole ist generell hoch, wobei es beim Preis-Leistungs-Verhältnis oft hapert. Der Lärmpegel vieler Unterkünfte in Innenstadtlage ist beträchtlich. Hier liegen fast alle Low-Budget-Unterkünfte.

City Centre und Upanga
Wenn nicht anders angegeben, s. Karte S. 160.

Untere Preisklasse
Die meisten der Budget-Hotels in Dar haben schon bessere Tage gesehen; oft sind sie schmuddelig und abgewohnt. Die besseren Optionen finden sich weiter außerhalb des City Centre.

YWCA Hostel, Maktaba Street, vor Ort buchen. Nicht mehr als eine nützliche, zweckmäßige Unterkunft gleich neben einem Daladala-Stand. Die Zimmer sind zum Großteil mit Gemeinschaftsbad ausgestattet, wenige mit eigener Du/WC. Strom- und Wasserausfälle sind an der Tagesordnung. Im Gebäude des General Post Office untergebracht. ❶–❷

Al-Uruba Hotel, Mkunguni St., Ecke Sikukuu St., Kariakoo, ☎ 022-21801334, ✉ almaanac@gmail.com. Einfaches, sauberes Gästehaus im bunten Kariakoo-Viertel. Einige der über 50 Zimmer sind mit AC ausgerüstet, alle haben Du/WC im Zimmer. Frühstück muss im angeschlossenen Banadir Restaurant (s. „Essen") extra bezahlt werden. Der Eigentümer verlangt, dass Paare verheiratet sein müssen, gleichgeschlechtliche Zimmergenossen gehen aber in Ordnung. Tagsüber stellt der Kariakoo kein Problem dar, nach Sonnenuntergang ist Vorsicht angebracht. Gute Wahl. ❶–❷

Econolodge, Libya St., ☎ 022-2116048, 🖥 www.econohotel.8m.com. Das Budget-Hotel in zentraler Lage gehört zu den besseren Low-Budget-Unterkünften in der Stadt und hat 60 einfache Zimmer. Manche haben AC, andere Deckenventilatoren. Moskitonetze kontrollieren! Taxistand vor dem Hotel. ❷

Luther House Centre, Sokoine Dr., ☎ 022-2120734, ✉ luther@simbanet.net. Von Geistlichen geführte Unterkünfte sind in der Regel gut, wenngleich dieses Gästehaus preislich ein wenig überzogen ist. 16 funktionale, etwas abgewohnte Zimmer mit Du/WC und AC. Die Herberge liegt gleich neben der Kirche; das landestypische Restaurant ist zu empfehlen. ❸

Mittlere Preisklasse
Royal Mirage, Livingstone/Amani St., ☎ 022-2181462, 🖥 www.royalmiragetz.com. Das funktionale Budget-Hotel im Kariakoo bietet einfache und saubere Zimmer. Tagsüber stellt die Lage im Kariakoo keine Gefahr dar, nach Einbruch der Dunkelheit sollte man aber Taxis als Fortbewegungsmittel in Betracht

ziehen. Durch die nahe Moschee kann es früh morgens laut sein. 88 Zimmer, teilweise mit AC. ❸

Riki Hill Hotel, Kleist Sykes St., ☎ 022-2181820, 🖥 www.rikihotel.com. Einfaches, akzeptables Hotel mitten im geschäftigen Kariakoo-Viertel. Die Zimmer sind sauber und ansprechend, obwohl das Hotel von außen ein wenig düster aussieht. ❸

New Avon Hotel, Aggrey St., ☎ 022-2126721, 🖥 www.newavonhotel.com. Angenehmes, neueres Stadthotel mit Flatscreen-TV, Safe, WLAN und Fön im Zimmer zum attraktiven Preis. ❸

Sleep Inn Hotel, Lumumba Rd., Ecke Mahiwa St., ☎ 022-2183100, 🖥 www.sleepinnhoteltz.com. Das indisch geführte Haus befindet sich am südwestlichen Rand des Kariakoo (es kann mitunter etwas lauter zugehen!) und bietet zweckmäßige, abgewohnte Zimmer mit AC und Internetanschluss zu akzeptablen Preisen. Schon ein wenig in die Jahre gekommen. Es empfiehlt sich, auswärts zu essen, denn die Küche ist katastrophal. ❸–❹

Heritage Motel, Bridge/Kaluta St., ☎ 022-2117471, 🖥 www.heritagemotel.co.tz. Saubere Zimmer in Hochglanzoptik, zentral gelegen, und alle 50 Zimmer haben Kühlschrank, Safe, TV, Internet und AC. Gute Wahl, sowohl für Touristen als auch für Geschäftsreisende. Restaurant s. S. 174. ❹

Swiss Garden Hotel, Mindu St., Upanga, vor der Selander Bridge links in die United Nations Rd. abbiegen, danach an der IST rechts, Karte

---

Schlafen im Stadtzentrum

Wer in Dar es Salaam Erledigungen plant oder nur auf der Durchreise ist, sollte eine Unterkunft im Stadtzentrum bevorzugen. Fast alle für Reisende notwendigen Einrichtungen liegen im City Centre, z. B. der Fährhafen, das Einwanderungsbüro, Botschaften, Autovermietungen, Banken oder Wechselstuben. Die Strandhotels nördlich der Msasani-Halbinsel sind hier klar im Nachteil, da sie hohe Taxikosten und – noch viel unangenehmer – stundenlange Fahrten auf übervollen Straßen mit sich bringen.

S. 157, ☎ 022-2153219, 🖥 www.swissgardenhotel.net. Freundliches, sauberes Gästehaus in der Nähe der Innenstadt, in Schweizer Hand. Die 13 Zimmer mit Kühlschrank, AC, Ventilator, Safe und WLAN befinden sich rund um einen üppig bewachsenen Innengarten. ❹

Paradise Express (vormals Tansoma Hotel), Nkrumah St., an der Straße zum Airport, ☎ 022-2181810, 🖥 www.paradiseexpresshotel.com. Großes, seelenloses Geschäftshotel mit 90 Zimmern eines tansanisch-chinesischen Joint Venture, was die vielen chinesischen Produkte und Beschriftungen sowie den furchtbaren Kaffee am Morgen erklärt. Liegt ideal an der Einfahrtstraße zwischen Flughafen und Innenstadt. WLAN. ❹

Obere Preisklasse

Harbour View Suites Hotel, Samora Ave., ☎ 022-2124040, 🖥 www.harbourview-suites.com. Exzellente, preislich attraktive Adresse für Selbstversorger und Geschäftsreisende nahe dem Fährhafen. Die schick möblierten, riesengroßen Apartments, jedes mit kleiner Küche, Safe, TV und AC liegen zentral in der Stadt. WLAN, Pool auf dem Dach, Fitnesscenter. Essen gehen sollte man aber auswärts. Einige der Zimmer haben Blick auf die Bucht. Frühstück gegen Aufpreis erhältlich. ❹–❺

Southern Sun, Garden Ave., ☎ 022-2137575, 🖥 www.southernsuntz.com. Angenehmes Stadthotel im grüneren Teil der Innenstadt, ruhig und zentral gelegen. Aufgrund des guten Preis-Leistungs-Verhältnisses beliebt bei Expats, die in Tansania leben und für ein Wochenende in Dar es Salaam Zerstreuung suchen – auch wegen des üppigen Frühstücksbuffets. Gute Gerichte in der gehobenen Preisklasse, westliche Küche. 152 Zimmer mit Safe, TV und AC, außerdem Fitnessraum, Pool, Internet, Gartenanlage. Vom Pool und dem Outdoor-Café aus blickt man in den Botanischen Garten. ❺

Mövenpick Royal Palm Hotel, Ohio St., ☎ 022-2112416, 🖥 www.moevenpick-hotels.com. Klassisches Hotel, das von außen wie ein kommunistischer Klotz aussieht. Das Interieur ist altbacken, und alles glänzt und funkelt. Der ehemalige Platzhirsch in Dar es Salaam hat in den letzten Jahren an Qualität eingebüßt, sowohl im Service als auch bei den Restaurants, wird aber dennoch gerne von Geschäftsleuten und NGOs gebucht. Fitnessraum, Pool, Sauna, 18-Loch-Golfplatz, Gartenanlage, Internet. Mehrere Restaurants mit europäisch-kontinentaler Küche , gehobene Preise. 230 Zimmer. ❺–❻

Hyatt Regency Dar es Salaam, The Kilimanjaro, Kivukoni St., ☎ 0764-704704, 💻 daressalaam.kilimanjaro.hyatt.com. Es dominiert klares Design im schicken Ethno-Mix. Herrlicher Blick über die Hafenbucht. Das ausladende Frühstücksbuffet ist stadtbekannt. Spa, Massage, Fitnessraum, Pool, Internet. Ausgezeichnetes orientalisches Restaurant sowie Restaurant mit internatio-naler Küche in der gehobenen Preisklasse. 178 Zimmer. ❻

Nördlich der Stadt:
Kinondoni, Oyster Bay, Msasani Peninsula
Karte S. 166

Mittlere Preisklasse
Q-Bar & Guest House, Haile Selassie Rd., Oyster Bay, ☎ 022-2602150, ✉ qbar@cats-net.com, 💻 www.qbardar.com. Ein wenig abgewohnte Mittelklasse-Unterkunft mit großen Zimmern für Partytiger. In der bei Einheimischen und Expats gleichermaßen beliebten darunter liegenden Bar geht es lauter zu; der benachbarte Maisha Club trägt von Do–So seinen Teil zum Lärmpegel bei. Das Restaurant mit bodenständigen Steak- und Grillgerichten ist ganz okay; hat ein wenig Oktoberfest-Charakter, aber faire Preise. ❸

The Slipway, Msasani Bay, im Slipway Shopping Center, ☎ 022-2600893, 💻 www.hotelslipway.com. Dem Einkaufszentrum direkt angeschlossenes Hotel mit Zimmern auf mehreren Etagen, teilweise mit Blick aufs Meer. Gute Qualität zum fairen Preis. Hier zu nächtigen hat Vorteile, denn man hat alles unter einem Dach: Restaurants, Souvenirshops, Kaffeehäuser, ATMs und den Sonnenuntergang am Meer – so kann man vor und nach der Reise noch Mitbringsel erstehen. Zudem ist die Gegend für hiesige Verhältnisse sehr ruhig. Internet in den Zimmern. ❹

Obere Preisklasse
Alexanders Hotel, Nähe Slipway, ☎ 0754-343834, 💻 www.alexanders-tz.com. Komfortables, gemütliches Boutiquehotel mit 14 Zimmern und persönlicher Betreuung zum fairen Preis. In der luftigen Rooftop-Lounge schweift der Blick bis zum Meer und über die Dächer der Stadt. Schickes Ambiente, exzellentes Essen, WLAN, Pool, köstliches Frühstücksbuffet. Der gut sortierte Weinkeller ist der ganze Stolz der Eigentümer. ❺

Sea Cliff Hotel, Toure Dr., Msasani Peninsula, ☎ 022-2600380, 💻 www.hotelseacliff.com. Erstklassiges Hotel auf den Klippen mit Kasino, WLAN, Pool, Fitnesscenter, Frisör, Shops und dem Village Supermarket. Exquisites asiatisches Restaurant, falls einem die Lokale im Einkaufscenter zu simpel sind. Das Karambezi Café bietet unschlagbare Aussichten auf das Meer. ❻

Oysterbay Hotel, Toure Drive, ☎ +44 1932 260618 (Büro in Großbritannien), 💻 www.theoysterbayhotel.com. Direkt am Toure Drive mit bestechendem Blick aufs Meer liegen 8 geräumige Suiten im geschmackvollen Ethno-Design, wo modernes, klar strukturiertes Design mit lokalem Kunsthandwerk gewürzt wird. Besonders intimes Refugium, für das die Geldbörse weit geöffnet sein muss. ❼

Nördlich der Stadt:
Mikocheni, Kawe, North Beach
Wenn nicht anders angegeben, s. Karte S. 157.

Untere Preisklasse
Ubungo Terminal Hotel, direkt im Ubungo Bus Terminal, Karte S. 155, ✉ rikihotel@raha.com. Der einzige Grund, warum man hier übernachten möchte, ist die frühe Abfahrt mit einem Bus. Laut, aber praktisch. ❶

Mittlere Preisklasse
CEFA Hostel, Old Bagamoyo Rd., Mikocheni B, ☎ 022-2780425, ✉ cefahostel@gmail.com. Saubere, simple Unterkunft, die von einer italienischen Entwicklungshilfeorganisation betrieben wird. AC, WLAN, Blick aufs Meer, italienische Küche. Empfehlenswert. Buchung erforderlich. ❸

Dar es Salaam

Familiär und gemütlich

Maua Garden, Kunduchi Beach, ☎ 022-2650229, 🖥 www.maua-beach.ch. 7 einfache, gemütliche Zimmer inkl. Schlemmerfrühstück. Das familiäre Gästehaus des hilfsbereiten Schweizer Ehepaars Grob hat zwar keinen direkten Strandzugang, doch der Pool entschädigt dafür. Gutes Restaurant, das tgl. und durchgehend ab 11 Uhr bis spät abends geöffnet hat, untere bis mittlere Preisklasse. ❸

Mediterraneo Hotel, Old Bagamoyo Rd. stadtauswärts, rechts in den Kawe Beach abbiegen, ☎ 022-2618359, 🖥 www.mediterraneotanzania.com. Einladendes Hotel im mediterran-afrikanischen Stil mit Flair, aber wenig inspirierendem Strand. Jedes der 19 Zimmer hat eine gemütliche Veranda, ein Teil der Zimmer auch Meerblick. WLAN, Pool und ein Tennisplatz, der gefährlich nahe neben dem Restaurant liegt. Gemütliche Lounge und exzellente italienische Küche, garniert mit Blick aufs Meer und die Lichter der Stadt am Abend. ❹

Dar Retreat, Kawe Beach, Abzweigung auf der Old Bagamoyo Road beim Rainbow Club, der Sandpiste fast bis zum Ende folgen, nicht beschildert, ☎ 0783-213951, 🖥 www.retreat-africa.ch. Schickes, mit allerlei Antiquitäten und afrikanischen Artefakten dekoriertes Boutiquehotel für Individualisten am Meer mit nur 6 geräumigen Zimmern. Das Frühstück wird auf der Terrasse im 1. Stock mit Blick auf den gepflegten Garten eingenommen. Schön romantisch! ❺

Obere Preisklasse

The Beachcomber Hotel & Resort, Africana Rd., Jangwani Beach, ☎ 022-2647772, 🖥 www.beachcomber.co.tz. Obwohl der verspielte, bisweilen kitschige Stil nicht jedermanns Sache ist, hinterlässt das freundliche, ältere Hotel einen sympathischen Eindruck, das Personal ist äußerst zuvorkommend. Indische Führung. Alle 36 Zimmer verfügen über Meerblick. WLAN, Fitnessraum, Pool, Meerzugang. Akzeptable indische Küche zu moderaten Preisen. ❹–❺

White Sands Hotel, Africana Rd., Jangwani Beach, ☎ 022-2647620, 🖥 www.hotelwhitesands.com. Die großzügigen Appartements sind empfehlenswert, aber der Rest des einst besten Hotels an der Nordküste wirkt lieblos und schmuddelig. Pool, Fitnesscenter. Freier Eintritt in die angrenzende Water World (s. S. 178). WLAN. Tgl. Fähre zur romantischen Mbudya-Insel. 116 Zimmer. ❺

Kunduchi Beach Hotel & Resort, Kunduchi Beach, ☎ 022-2650050, 🖥 www.kunduchi.com. Großes, opulentes Hotel im afro-arabischen Stil für Liebhaber von Prunk und Pomp. 148 Zimmer mit Minibar und TV. Das Hotel, dem auch der Wild'n'Wet Waterpark angeschlossen ist, bietet guten Service zu gehobenen Preisen. Fitnessraum, Wassersport, Massage, Pool und Strandzugang, allerdings ohne Bademöglichkeit im Meer. ❺

South Beach
Karte S. 155

Mittlere Preisklasse

Kipepeo Beach Village, ☎ 0754-276178, 🖥 www.kipepeovillage.com. Legere, entspannte Anlage an einem der schönsten Strände Dar es Salaams. Die 20 auf Stelzen gebauten Chalets mit großen Betten im 1. Stock haben Meerblick. Rustikale und relaxte afrikanische Architektur. Auch Strand-Bandas um US$25 (DZ) mit Gemeinschaftsbad vorhanden. Spa und Massagen, viele Aktivitäten, z. B. Schnorchelausflüge zu den Sinda Islands oder Kitesurfing. Die Küche

Strandfeeling garantiert

Mikadi Beach Camp, ☎ 0754-370269, 🖥 www.mikadibeach.com. Nur 2 km hinter der Fähre liegt das einfache Camp für Overlander und kontaktfreudige Camper. Auch Familien sind willkommen. Mit Restaurant (Gerichte meist um 10 000 TSH), Bar, Lounge, Pool, viel Unterhaltung. Reservieren (per SMS und E-Mail) ist sinnvoll, da das Beach Camp oft ausgebucht ist. Sicheres Parken für Fahrzeuge, wenn man nach Sansibar möchte. DZ mit Gemeinschaftsbad ❶–❷, Campen s. rechts.

mit britischem Einschlag ist ganz akzeptabel, allerdings auf schwere Kost spezialisiert; mittleres Preisniveau. ❷, ❹, Campen s. u. **Sunrise Beach Resort**, Kipepeo Beach, ✆ 022-2820222, 🖥 www.sunrisebeachresort.co.tz. Wenn im Kipepeo Beach Village nichts mehr frei ist, die zweitbeste Wahl am Kipepeo Beach. Neben gemauerten kahlen Zimmern und Suiten (mit und ohne Meerblick) gibt es auch günstigere, rustikale Holzhütten am Strand. Leider lässt das Management an Kundenfreundlichkeit zu wünschen übrig. Das Hotel hat einen schlechten Ruf, was Sicherheit und Diebstahlhäufigkeit anbelangt; die Rechnung ist unbedingt eingehend zu kontrollieren. Und trotzdem: Das Hotel liegt am schönsten Strand von Dar es Salaam. ❸–❹

Obere Preisklasse
Die beiden folgenden Unterkünfte sind nur für gebuchte Gäste zugänglich. Beide liegen 30 km südlich der Stadt, in etwa eine Fahrstunde von der Fähranlegestelle in Kigamboni entfernt. Die Anreise erfolgt entweder per Flug (ca. US$300/Charterflug) oder auch mit dem Fahrzeug (ca. US$100/Fahrzeug).
Amani Beach Hotel, Ras Kutani, ✆ 0782-410033, 🖥 www.amanibeach.com. Familienfreundliches,komfortables Resort im sansibarischen Stil. 10 geräumige Bungalows mit Meerblick. Gute mediterranr Küche, aber weniger schick als der Nachbar Ras Kutani. Ausgedehntes Anwesen, Pool, viele Aktivitäten. Wunderbare, abgeschiedene Bucht. ❺
Ras Kutani, Ras Kutani, ✆ 022-2128485, 🖥 www.selous.com. Die charmante, liebevoll gestaltete Luxusherberge gehört zu den Geheimtipps am Indischen Ozean: wunderbare Lage, herrlicher Strand, romantische Robinson-Crusoe-Atmosphäre. Rustikale Bungalows sowie Suiten mit eigenem Minipool und ein Familienhaus in erhöhter Lage mit tollem Blick aufs Meer. Massagen, Aktivitäten, Schnorcheln. ❼

Camping
Die zweifellos schönsten Campingplätze der Millionenmetropole liegen am blütenweißen Sandstrand zwischen der Fähranlegestelle und Ras Kutani, z. B. **Mikadi Beach Camp** (7000 TSH/

Pers.), **Kipepeo Beach** (US$5/Pers.) oder **Kim Beach Campsite** südlich von Gezaulole (einfacher Campingplatz unter Palmen an einem abgelegenen Traumstrand, für echte Selbstversorger, US$5/Pers.).

Essen
Fast alle Hotels und Unterkünfte haben ein Restaurant angeschlossen. Sofern diese im Abschnitt „Übernachtung" nicht explizit genannt wurden, haben sie keinen Eindruck hinterlassen. Oft, vor allem wenn das Restaurant über eine abgetrennte Bar verfügt, gibt es Happy Hours.

City Centre und Upanga
Karte S. 161
Kaffee und Kuchen
Bakers Basket, im Mövenpick Royal Palm Hotel. Neben gutem Kaffee gibt es allerlei süße Köstlichkeiten wie Plundergebäck und Torten oder auch Sandwiches. ⏰ tgl. 7–19 Uhr.
Chapan Bhog, Kisutu St. Indischer Süßwarenladen mit bengalischen Spezialitäten, der auch einen indische Imbisse führt. Unbedingt einen Versuch wert! ⏰ tgl. 8.30–14.30, 17–20 Uhr

Indisch-afrikanisch
Retreat, Mrima St., zwischen Jamhuri St. und Kisutu St. Exzellente indische vegetarische Küche, z. B. vegetarisches Biryani, zum moderaten Preis. Mittags sollte man die Thalis nicht versäumen. ⏰ Mo geschl.
Alcove, Samora Ave. ✆ 022-2137444. Wer die beste indische Küche der Stadt genießen will, darf in puncto Ambiente und Sauberkeit nicht zimperlich sein. Das Restaurant hat sich in den Dekaden, die es besteht, nicht verändert, aber es ist einfach als das beste indische Lokal stadtbekannt. Es gibt Pläne, das Restaurant auf die andere Straßenseite zu verlegen. ⏰ Mo–Sa 12–15, tgl. 19–23 Uhr.
City Garden, Garden Ave., Ecke Pamba St, ✆ 022-2134211, 🖥 www.citygardentz.com. Beliebt für sein Mittagsbuffet von 12–15 Uhr (um 16 500 TSH). Leider ist das Ambiente schmuddelig und das Personal verschlafen. Die Qualität der Speisen variiert von Tag zu Tag. Gern besucht von Geschäftsleuten um die Mittagszeit. ⏰ Mo–Fr 8–22 Uhr.

Thailändisch

New Africa Hotel, Azikiwe St., Ecke Sokoine Dr., ☏ 022-2117050. Das Sawasdee rühmt sich, das beste Thai-Lokal der Stadt zu sein. Mit romantischem Blick über den Hafen. Ab US$20. ⏰ tgl. 19–23 Uhr.

Afrikanisch und Vorderer Orient

Die unzähligen tansanischen Restaurants in der Innenstadt servieren günstige swahilische Mittagsmenüs unter 5000 TSH. Einfach ausprobieren!

Luther House Centre, Sokoine Dr., neben der Azania Front Lutheran Church. Landestypische Küche mit Gerichten zwischen 3000 und 8000 TSH. ⏰ Mo–Sa 6.30–20, So 7–14.30 Uhr.

Banadir Restaurant, im Al-Uruba Hotel, Mkunguni St., Ecke Sikukuu St., Kariakoo. Hat in der Gegend einen guten Ruf. Das afrikanische Buffet variiert von 5500–6000 TSH, Hauptgerichte 4000–5000 TSH. ⏰ durchgehend von morgens bis abends.

Mamboz, Morogoro Rd., Ecke Libya St., gegenüber den Hadi Apartments. Unweit der Econolodge und dem Jambo Inn gelegen finden Fleischtiger schmackhafte Barbecue-Gerichte zum vernünftigen Preis. Die chinesischen Gerichte kann man sich sparen, aber der Ruf der Fleischspeisen (max. 8000 TSH) und des flotten Service eilen dem Lokal voraus. Gut und günstig. ⏰ Di–Mo, abends.

Albasha, Bridge/Kaluta St., im Heritage Motel. Libanesische Spezialitäten wie Falafel oder Tabouleit, um die 10 000 TSH, mittags beliebt bei den Expats, die in der Stadt arbeiten. Gute vegetarische Gerichte. ⏰ mittags und abends.

Westlich

Archipelago Downtown, Mkwepu St., ☏ 0778-717171. In einer kleinen Seitenstraße der Samora Ave. befindet sich in einem über 100-jährigen, atmosphärischen Kolonialbau die Schwester des beliebten Restaurants Archipelago in Stone Town. Auf der schwarz-weiß gefliesten, luftigen Veranda lässt es sich gut das Frühstück, einen Cappuccino oder einen leichten Mittagssnack genießen. Schneller Service, schmackhafte Salate um 7000 TSH,

Hauptgerichte um 12 000 TSH. Kein Alkoholausschank. ⏰ tgl. 8–22 Uhr.

Nördlich der Stadt:
Kinondoni, Oyster Bay, Msasani Peninsula
Karte S. 166

Sea Cliff Village, neben dem Seacliff Hotel, Toure Dr. Hier haben sich diverse kleinere und größere Restaurants (u. a. indisch, chinesisch, kroatisch italienisch, Fischspezialitäten) einquartiert. Niedriges bis mittleres Preisniveau, auch ideal für die Mittagszeit. Unterschiedliche Öffnungszeiten.

Kaffee, Kuchen und Snacks

Epi D'Or, s. S. 175.

Black Tomato, im Makutano House, Katoke Rd., Oyster Bay, ☏ 0787-866286. Sympathisches Kunst-Café in einem grünen Garten. Coffeeshop, Restaurant und Lounge mit Chill-out-Musik und angeschlossenem Kunst- und Kunsthandwerksverkauf. Auf der lauschigen Veranda gibt es gratis WLAN; auch Kunstkurse. Großer Kinderspielplatz. Sandwiches, Wraps, Salate. Smoothies ab 4500 TSH, Cocktails ab 8000 TSH. ⏰ Mo 7–19, Fr, Sa 8.30–23, So 8–16 Uhr.

Asiatisch

Nawabi Khana, Haile Selassie Rd., Oyster Bay, ☏ 0778-111111. Einer der neueren Sterne, die am Restauranthimmel über Dar aufgegangen sind. Im gehobeneren Restaurant mit üppigem indischem Interieur (samt plätscherndem Wasserfall) servieren wieselflinke Kellner im Livrée indische Hauptgerichte ab ca. 10 000 TSH. ⏰ tgl. mittags und ab 18.30 Uhr.

Osaka, Oyster Bay, Toure Dr./Chaza Ln., ☏ 0755-268 228. Exquisite japanische und koreanische Küche mit viel frischem Fisch und Meeresfrüchten in angenehmem Asia-Ambiente. Sushi, Sashimi, Teppanyaki; gehobene Preise ab US$20. ⏰ Di–So 12.30–14.30, 18.30–23 Uhr.

Sweet Eazy Restaurant & Lounge, Ghuba Rd./Toure Dr., OG des Oyster Bay Shopping Centre, Oyster Bay, ☏ 0755-754074. Zuerst in schöner Atmosphäre essen und chillen, dann tanzen und Musik hören. Gute Küche (Thai, Swahili, Meeresfrüchte und Fisch) in der gehobenen

Preisklasse. Bar und Lounge, Do und Sa Livemusik. Am Wochenende Reservierung erforderlich. ① tgl. 11–24 Uhr.

Afrikanisch und Vorderer Orient
Epi D'Or, Haile Selassie Rd., an der Kreuzung Chole Rd., ✆ 022-2601663. Wegen des krossen Gebäcks, der köstlichen Sandwiches (unter 10 000 TSH), Suppen und Mittagsgerichte, z. B. Taboule (8000 TSH) oder Falafel (6500 TSH), zählt das französisch-libanesische Café zu den beliebtesten Lokalen der Stadt. Das sonnengelbe Gebäude mit der lauschigen Veranda und den blühenden Bougainvilleen macht allein schon richtig Appetit. Frühstück bis 11.30 Uhr. Salate bis 10 500 TSH. Die frisch gepressten Säfte sind ein Gedicht, der Kaffee ist sehr charaktervoll und stark. Mit eigener Bäckerei. Mittlere Preisklasse. ① Di–So 7.30–22.30 Uhr.

Westlich
Bella Napoli, Haile Selassie Rd., neben Marry Brown, ✆ 0778-497749. Neuerer Italiener mit hausgemachter Pasta, vielen Gerichten mit Meeresfrüchten und natürlich Pizza. ① Di–Fr 18.30–23, Sa/So 12.30–23 Uhr.
Coral Ridge Spur Steak House, Sea Cliff Village. Bestes Steakhaus in Tansania. Die niederländische Franchise-Kette bietet Riesenportionen, ein klimatisiertes Restaurant und ein abwechslungsreiches Salatbuffet. Steaks ab 15 000 TSH, mexikanische Gerichte, Burger ab 10 500 TSH. Sehr familienfreundlich (Kinderspielplatz), beliebt für Kindergeburtstage. Mittlere Preisklasse. ① tgl. 11–23 Uhr.
Classico Café, Slipway-Komplex. Gute kontinentale Küche, Salate, Pizza, wechselnde Specials. Ausgezeichnetes Preis-Leistungs-Verhältnis und guter Espresso zum Nachtisch. Restaurant und Open-Air-Café, drinnen klimatisiert. Mittlere Preisklasse. ① tgl. 8–23 Uhr.

Nördlich der Stadt:
Mikocheni, Kawe, North Beach
Karte S. 157, Dar es Salaam

Kaffee, Kuchen und Süßes
Fairy Delights Bakery, Shoppers Plaza. Kuchen, Plundergebäck, Baguettes und anderes mehr.

Neben dem Epi D'Or eine weitere empfehlenswerte Bäckerei.

Indisch
Fairy Delights, Shoppers Plaza. Das kleine und unscheinbare, nicht unbedingt einladend wirkende Restaurant serviert täglich von 12–16 Uhr ein außerordentlich gutes indisch-tansanisches Mittagsbuffet für nur 9000 TSH. Mittags sind daher schnell alle Tische besetzt. ① Mo–Sa 8–20.30, So 9–16 Uhr.
Anghiti, New Bagamoyo Rd., ✆ 022-2701806. Wahrscheinlich das beliebteste indische Restaurant der Stadt. Großzügige Portionen, schmackhaft gewürzte Speisen. Am Wochenende ist Reservieren sinnvoll. Faires Preis-Leistungs-Verhältnis. Ab 8000 TSH. ① tgl. 12–14.30, 18–22.30 Uhr.

Italienisch
Mediterraneo, Kawe Beach. Empfehlenswertes Restaurant mit schönem Blick aufs Meer, mittlere Preisklasse. Am Wochenende mit Livemusik, z. B. Jazz-Abende. Mehr Infos s. Abschnitt „Übernachtung" S. 172.
Joevic Club, Kawe Beach, ✆ 0779-707070,. Die Expats lieben das rustikale Restaurant mit Bar für die dick belegte Pizza zur Pizza Night (Mi ab 19 Uhr, 10 000 TSH), andere wiederum mögen die Steaks und das Mittagsbuffet am Sonntag (10 000 TSH). ① tgl. mittags und abends.

Afrikanisch und Vorderer Orient
Addis in Dar, Ursino St., Regent Estate, ✆ 0713-266299. Stimmungsvolles Restaurant, in dem von der Atmosphäre über das Essen mit Fingern bis zur Kaffeezeremonie alles echt äthiopisch ist. Typische und traditionell äthiopische Eintöpfe mit Rind, Lamm oder vegetarisch, serviert mit Fladenbrot. Luftige, romantische, Veranda. Ab 20 000 TSH, gehobene Preisklasse. Liegt etwas abgelegen, man muss also ein Taxi nehmen. ① Mo–Sa ab 18 Uhr.

Fisch und Meeresfrüchte
Samaki-Samaki, Mlimani City, New Bagamoyo Road. Im urigen, rustikalen Ambiente werden fangfrische Fische und Meeresfrüchte serviert,

danach geht mit DJs und Livekonzerten bei viel Partystimmung die Post ab. ⏲ tgl. abends.

Unterhaltung und Kultur

Alle Unterkünfte der gehobenen Klasse verfügen über Bars, die alkoholische Getränke und auch Cocktails servieren.

Discotheken, Bars und Clubs verlangen Eintritt, der meist um die 10000–15 000 TSH beträgt. Oft gibt es Ladies Nights oder auch Herrenabende, wo entweder kein Eintritt bezahlt werden muss oder ein Getränk gratis serviert wird. Zudem lohnt es sich immer, nach der Happy Hour (verbilligte Getränke oder Speisen) zu fragen.

Für nächtliche Ausflüge empfiehlt es sich, Taxis oder das eigene Fahrzeug zu nutzen.

In den Bars und Clubs außerhalb der internationalen Hotels gibt es viele Prostituierte.

Nachtleben

Das Nachtleben in Tansania, insbesondere in Dar es Salaam, beginnt sehr spät. Die Diskotheken und Clubs bleiben meist bis Mitternacht spärlich besucht, die restlichen Ausgehlokale (oft als Bars oder Lounge bezeichnet) beginnen sich dagegen meist schon um 20 Uhr zum Abendessen zu füllen.

Level 8 Summit Bar, im Hyatt Regency Kilimanjaro, Kivukoni St. Bei herrlichem Blick auf die beleuchtete Hafenbucht werden Cocktails und andere Alkoholika kredenzt, gehobenes Preisniveau. Sa oft Konzerte oder DJs ab 21.30 Uhr. ⏲ tgl. 17–1 Uhr.

Club Bilicanas, Mkwepu St., Nähe Askari Monument. Eine der angesagtesten Discos in Dar-es-Salaam mit wöchentlichen Highlights. Bongo Flava, DJs, Konzerte, Ladies Nites etc.

Sundowner

Auch in Dar es Salaam beginnt der Abend mit einem Sundowner. Schön sind die **Sonnenuntergänge** in der Msasani Bay, z. B. im Slipway oder im O'Willies Irish Pub. Ein eisgekühlter Cocktail in der Level 8 Summit Bar im Hyatt Regency Kilimanjaro hat ebenfalls seinen Reiz.

Tansanier und Ausländer sind gleichermaßen vertreten, auch Prostituierte, jedoch oft in geringerer Zahl als in anderen Clubs. ⏲ Do–So ab 22 Uhr, Eintritt 5000–10 000 TSH.

California Dreamer, Ali Hassan Mwinyi Rd., im Gebäude des Las Vegas Casino. Ähnlich populär wie Club Bilicanas. Die Musik rangiert von amerikanischer Dance Music bis zu tansanischem Bongo Flava. Besonders voll Fr und Sa. ⏲ tgl. abends und nachts.

Runway Lounge, im Penthouse-Level des Shoppers Plaza. Hippe Lounge-Bar mit Chillout-Musik, von Do–So DJs, Konzerte und Partynights. ⏲ tgl. abends und nachts.

O'Willies Irish Whisky Tavern, Kimweri Ave., Chui Bay, im Peninsula Seaview Hotel, Msasani Bay, 🖳 www.owillies.com. Irish Pub, wo in puncto Nachtleben die Post abgeht; beliebter Treffpunkt der Expats. Für gemütliche Biertrinker und Irish-Stew-Liebhaber. Hier ist täglich was los: Speed Dating, Quiz Nights, Salsa lernen, Livemusik, südafrikanische Braai-Abende, Karaoke. Bier vom Fass. Pluspunkt: ausgezeichnete Küche. ⏲ tgl. 11 Uhr bis spät.

Q-Bar, Haile Selassie Rd., Oyster Bay. Beliebte Sportbar der Einheimischen und Ausländer, in der täglich etwas los ist, z. B. Billardturniere, Livekonzerte, Fußballübertragungen. Prostituierte warten hier mit Vorliebe auf die richtige Bekanntschaft, die passenderweise gleich im angeschlossenen Gästehaus bedient wird. Restaurant ganz okay; s. „Übernachtung" S. 171. ⏲ tgl. 9 Uhr bis spät.

Garden Bistro Restaurant & Bar, Haile Selassie Rd., Msasani Peninsula. Mehrere Restaurants und Bars sind unter einem Dach vereint. Pool-Tisch, Leinwände, Fr/Sa Party Nights. Hier kann man einen ganzen Abend (oder sogar eine Nacht) verbringen, ohne das Lokal wechseln zu müssen. ⏲ tgl. 17–23.30, So 12–15 Uhr.

Mediterraneo Hotel, s. S. 167. Laufend Musik-Events und fast täglich wechselnde Unterhaltung, einen Samstag pro Monat legendäre Disko- und Tanz-Nacht (15 000 TSH).

New Maisha Club, Haile Selassie Rd., gleich neben dem Karibu Hotel, Oyster Bay. Nach einem Brand 2010 wieder eröffnet, ist der Hotspot heißer denn je. Wechselnde DJs,

Bongo Nites, Shows etc. Eintritt ab 10 000 TSH. ⏰ Mo–Di 7–23, Mi–So 7–7 Uhr.

Festivals

East Africa Art Biennale, alle zwei Jahre im Nov/Dez, 🖥 eastafricabiennale.com. Erstmals 2003 ausgetragen, bietet das Festival ostafrikanischen Künstlern eine nationale und internationale Bühne. Geplant sind die nächsten Festivals im November 2011, 2013 und 2015. Soll 2012 auch nach Arusha und in weitere ostafrikanische Städte kommen.

Swahili Fashion Week, jedes Jahr im Nov., 🖥 www.swahilifashionweek.com. Die Modenschau bietet seit 2008 den langsam selbstbewusst werdenden ostafrikanischen Mode- und Accessoires-Designern eine Plattform. Der Catwalk sowie die Boutiquen befinden sich in der Karimjee Hall.

Galerien

Mawazo Gallery and Artcafé, Upanga Rd. im YMCA, 1. Stock, ✆ 0784-782770. Café, Galerie und Laden, mit wechselnden Ausstellungen. ⏰ Mo–Fr 10–17.30, Sa 10–14 Uhr.

La Petite Galerie, Oyster Bay Shopping Centre, Ghuba Rd., ✆ 0713-320566. Galerie des Bildhauers und Malers Yves Goscinny (Organisator der East Africa Art Biennale) und einer von wenigen Orten, an denen hochwertige Malerei von tansanischen und panafrikanischen Künstlern verkauft wird. ⏰ Mo–Sa 10–18 Uhr

Makutano House, Katoke Rd., Oyster Bay, ✆ 0787-866286. Kunst-Café (s. S. 174) und Projekt zur Förderung der Kunst- und des Kunsthandwerks. In mehreren Verkaufsräumen bietet eine Vielzahl von tansanischen Künstlern das ganze Jahr über Kunsterzeugnisse an. Zweimal pro Jahr werden zusätzlich Märkte abgehalten, wo Schnitzereien, Dhow-Möbel, Metallkunst, Holzspielzeug, Keramik, Textilkunst und noch vieles mehr zu fairen Preisen erstanden werden kann. ⏰ Mo 7–19, Fr, Sa 8.30–23, So 8–16 Uhr.

Wasanii Art Centre, im Slipway-Komplex, ✆ 0754-572503. Der tansanische Künstler Aggrey Mwasha veranstaltet unregelmäßig Ausstellungen von aufstrebenden Malern. ⏰ Mo–Sa 13–20 Uhr.

Kasinos

New Africa Hotel Casino, Azikiwe St., Ecke Sokoine Dr., im New Africa Hotel.

Le Grande Casino, Samora Ave., Harbour View Towers (die auch das Harbour View Suites Hotel beherbergen).

Las Vegas Casino, Palm Beach Hotel, Ali Hassan Mwinyi Rd.

Kilimanjaro Casino, Kivukoni St., im Hyatt Regency Kilimanjaro.

Kinos

Europäische und internationale Filme werden auch von den jeweiligen Kulturinstituten der Botschaften gezeigt, z. B. im Goethe-Institut und der Alliance Française. Sie organisieren auch das **European Film Festival** (EFF) jeweils im Oktober und November, wo europhile Filmliebhaber bei freiem Eintritt auf ihre Rechnung kommen. Location: New World Cinemas und Freiluftkino im Mnazi Mmoja Park.

Century Cinemax, im Mlimani Shopping Centre in Mwenge, ✆ 022-2773053, 🖥 www.cinema.co.tz.

New World Cinemas, an der New Bagamoyo Rd., bei Kijitonyama, ✆ 022-2772178, 🖥 www.cinema.co.tz.

Kulturinstitute

Nyumba ya Sanaa, s. S. 167. Es werden z. B. traditionelle afrikanische Tänze aufgeführt und Workshops, z. B. Batikkurse, abgehalten.

Goethe-Institut, Alykhan Rd., gegenüber der Jamatkhana Moschee, Upanga, ✆ 022-2134800, 🖥 www.goethe.de/tansania. Bereichert den Kulturkalender der Stadt und organisiert ein breites Spektrum an kulturellen Veranstaltungen, u. a. aus den Bereichen Film, Literatur, Design oder Theater. Um den interkulturellen Austausch zwischen Tansania und Deutschland zu forcieren, gibt es z. B. Workshops für Filmemacher, Filmvorführungen, Deutschunterricht (mit Hilfe von HipHop-Musik), Fotoausstellungen oder Tanzworkshops.

Alliance Française Cultural Centre, Ali Hassan Mwinyi Rd., hinter dem Las Vegas Casino, ✆ 022-2131406, ✉ cultural@afdar.com, Büro ⏰ Mo–Fr 10–13, 14–18, Sa 10–13 Uhr. Die Alliance Française hat neben Französischkursen auch regelmäßige Workshops, Seminare, Ausstellungen und Aufführungen im Programm, um den interkulturellen Austausch zwischen Ostafrika und Frankreich zu unterstützen. Oft Veranstaltungen in Kooperation mit dem Goethe-Institut.

Makumbusho Village Museum, s. S. 167. Aufführungen von traditionellen Tänzen und andere kulturelle Ereignisse, meist am Wochenende.

Vergnügungsparks

Kunduchi Wet 'n' Wild Water Park, Kunduchi Beach Hotel, ☎ 0688-915345, ✉ info@kunduchi. com. Der nach eigenen Angaben größte Wasser-Vergnügungspark Ostafrikas. ◷ tgl. 9–18 Uhr, Erw. 7500 TSH, Kinder 6500 TSH.

White Sands Hotel Water World, Jangwani Beach, ☎ 022-26476206. Wasserrutschen, Schwimmbecken, Wasservergnügen für Jung und Alt. ◷ Di–So 9–18 Uhr, Erw. 8000 TSH, Kinder 6000 TSH.

Beide Vergnügungsparks sind am Wochenende überfüllt und beliebt bei indischen Familien.

Einkaufen

Dar es Salaam kann in puncto Einkaufserlebnis nicht mit anderen afrikanischen Großstädten wie Nairobi, Maputo oder Kapstadt mithalten. Es gibt nur einige wenige Einkaufszentren (Malls), Supermärkte und Handwerksmärkte. Die Auswahl an Konsumgütern ist bescheiden.

Bücher

A Novel Idea, Ohio St./Samora Ave. (Steers-Komplex); Slipway; Sea Cliff Village; Shoppers Plaza. Die bestsortierte Buchladenkette mit mehreren Standorten in ganz Tansania. Anglo-amerikanische und südafrikanische Belletristik, aber auch viele Bildbände und Sachbücher zu Afrika und Tansania, Landkarten, Kinderbücher sowie Geschenkartikel in bescheidenem Umfang. ◷ unterschiedlich je nach Laden, meist Mo–Sa 9–19 Uhr, So 10–18 Uhr.

Kunsthandwerk und Souvenirs
City Centre und Upanga
Souvenirs gibt es vor allem in der Innenstadt rund um die Samora Avenue.

Edelsteinhändler, die mit Tanzanite (s. S. 321) und anderen **Edelsteinen** handeln, finden sich z. B. in der Samora Avenue und der Indira Ghandi Street. Auch in vielen Einkaufszentren und Hotels finden sich entsprechende Geschäfte.

Nördlich der Stadt: Kinondoni, Oyster Bay, Msasani Peninsula
Morogoro Stores, Haile Selassie Rd., Nähe Karibu Hotel. Hier wird nicht nur tansanisches Kunsthandwerk verkauft, sondern auch hausgemachte tansanische Spezialitäten, z. B. Käse, Wurst und Marmelade aus Lutoni Njombe. Spezialisiert auf Tingatinga-Malereien.

The Souk, im Slipway. Viele kleine, teilweise exklusive Läden im Slipway-Einkaufszentrum, die Souvenirs, Handwerk und andere schöne Dinge verkaufen. Kein Verhandlungsspielraum, dafür ordentliche Geschäfte. ◷ tgl. geöffnet (Zeiten variieren).

Nzito Furniture, im Slipway, ☎ 0754-578467, 🖥 www.nzitofurniture.com. Massive Möbel, aber auch kleinere Einrichtungsgegenstände wie Bilderrahmen und Tischschmuck werden aus altem Dhow-Holz mit Charakter gefertigt. Daneben sind im Laden noch weitere geschmackvolle Kunsthandwerkserzeugnisse diverser Künstlerinnen erhältlich.

Ngozee, Oyster Bay Shopping Centre, ☎ 022-2601961. Lederwaren , z. B. Handtaschen oder Gürtel, Buchcover, Bilderrahmen oder Schmuck.

The Wonderwelders, bei Blue Mango, Karume Rd., ausgeschildert von der Haile Selassie Rd., ☎ 0754-051417, 🖥 www.wonder welders.org. Hier produzieren poliogeschädigte Menschen kunstvolle Objekte wie kleine afrikanische Tiere aus entsorgten Metallteilen, z. B. aus Schrauben, Federn oder Ähnlichem. Auch handgeschöpftes Papier und Schmuck aus recyceltem Glas werden erzeugt. ◷ Mo–Fr 8.30–17, Sa 9–14 Uhr.

Nördlich der Stadt: Mikocheni, Kawe, North Beach
Karibu Art Gallery, New Bagamoyo Rd., nördlich von Mwenge, ☎ 022-2647587. Sehr große Auswahl an den verschiedensten

Souvenirs, angefangen von Tingatinga-Bildern über Makonde-Schnitzereien bis hin zu Masken und Instrumenten.

African Art, New Bagamoyo Rd., vor Mwenge stadtauswärts links, ☎ 022-2773717. Großer Souvenirshop mit viel Kunsthandwerk, Flechtwaren, Makonde-Exponaten, Maasai- und sansibarischen Souvenirs. ⏱ tgl. 10–18 Uhr.

Märkte

Waren aller Art, von Kangas und Kitenge über Autoreifen und Kühlboxen bis hin zu Aluminiumkisten, findet man im Afrikaner-Viertel Kariakoo.

Im **Textilienmarkt** an der Uhuru St, Ecke Bibi Titi Mohamed St., gibt es Kangas und Kitenge in Hülle und Fülle (s. S. 134).

Für Holz- und typische Afrika-Souvenirs lohnt die Fahrt zum Holzschnitzermarkt **Mwenge Crafts Market**, denn dort gibt es mit Abstand die größte Auswahl.

Optiker

Optiker, die Brillen, aber auch Linsenzubehör und Ähnliches verkaufen, finden sich im **Haidery Plaza** in der Innenstadt (Eye Care Centre, Kisutu St.) und im **Shoppers Plaza** (Opticzone).

Supermärkte und Einkaufszentren

Viele Einkaufszentren bieten eine bunte Vielfalt an Läden – Supermärkte, Buchhandlungen oder Apotheken findet man dort ebenso wie Bekleidungs- oder Fotogeschäfte.

City Centre und Upanga

Harbour View Towers (vormals JM Mall), Samora Ave. Hier gibt es neben einem kleinen Shoprite-Supermarkt u. a. auch einen Fotoladen und ein Elektronikfachgeschäft.

Shoprite-Supermarkt, Nkrumah St., auf der Straße von der Innenstadt zum Flughafen.

Nördlich der Stadt: Kinondoni, Oyster Bay, Msasani Peninsula

Oyster Bay Shopping Centre, Oyster Bay. Älteres Einkaufszentrum mit Lederwarenladen (Ngozee), Souvenirläden, einer Apotheke, einem Feinkostladen, einer Schreibwarenhandlung und anderen Geschäften.

Slipway, Toure Dr., Msasani-Halbinsel. Die beliebte Mall auf der westlichen Msasani-Halbinsel ist neben dem Sea Cliff Village das wichtigste Einkaufszentrum – für Touristen: Souvenir- und Kunsthandwerksgeschäfte, Bekleidungsläden, die Buchhandlung A Novel Idea, ein Supermarkt, ein Delikatessenladen, eine Apotheke, ein Barclays-ATM sowie Restaurants und Cafés.

Sea Cliff Village, Toure Dr., Msasani-Halbinsel. Zahlreiche überteuerte Boutiquen, der Buchladen A Novel Idea, eine Apotheke, der gut sortierte Village Supermarket (⏱ tgl. 8.30–21 Uhr) und die Restaurants sowie Cafés erinnern an eine amerikanische Mall. Vor dem Supermarkt hängt das am intensivsten genutzte schwarze Brett der Stadt für Kleinanzeigen. Treffpunkt der meisten Expats und Touristen.

Nördlich der Stadt: Mikocheni, Kawe, North Beach

Shoppers Plaza, Old Bagamoyo Rd., Mikocheni. Praktisches Einkaufszentrum mit dem Shoppers Supermarket, der Bäckerei Fairy Delights, Fastfood von Subway und anderen kleineren Geschäften. Besonders hervorzuheben ist hier das gute Foto- und Fotozubehörgeschäft Professional Photo Lab im 1. Stock sowie der bestens sortierte Optiker Vision Plus im Erdgeschoss. Im Obergeschoss hinten liegen ein iStore, das schicke Kaffeehaus The Art of Coffee sowie die Runway Lounge.

LAPF Millennium Towers, New Bagamoyo Rd., Kijitonyama. Bietet außer einem kleinen Supermarkt, Steers und der Wheatfield Bakery (mit akzeptablem Gebäck und Brot) auch ein gutes Internetcafé.

Mlimani City, Sam Nujoma Rd., Mwenge. Neben den beiden großen Supermärkten Shoprite und Game (empfehlenswert!) haben sich hier gute Bekleidungsläden, Fastfoodlokale und ein Kino angesiedelt. Im Fischrestaurant mit Bar Samaki-Samaki macht man die Nacht zum Tag.

Aktivitäten und Touren
Bootsausflüge

Die vorgelagerte, unbewohnte Insel **Bongoyo Island** kann als Tagesausflug angesteuert werden. Das Schöne an der Insel mit paradiesischen Sandstränden ist, dass man hier unabhängig von Ebbe und Flut baden kann, was an den meisten Stränden (außer am Kipepeo und an anderen Abschnitten von South Beach) nicht der Fall ist. Die Überfahrt erfolgt vom Slipway-Einkaufszentrum tgl. um 9.30, 11.30, 13.30, 15.30 Uhr für 25 000 TSH inkl. Eintrittsgebühren. Es gibt ein bescheidenes Restaurant und ausgeschilderte Pfade für alle, die sich die Beine vertreten wollen.

Beste Bedingungen zum Schnorcheln bietet die ebenfalls unbewohnte **Mbudya Island**, eine Insel, die etwa 3 km vor Kunduchi liegt. Für Tagesausflüge legen Boote u. a. vom White Sands Hotel oder dem Mediterraneo Hotel ab, Eintritt US$10 und Bootsfahrt ab 8000 TSH. Mehr Infos zu beiden Inseln findet man unter 🖳 www.marineparktz.com.

Fitness

Die meisten Hotels der gehobenen Klasse betreiben kleinere Fitnessstudios. Gegen eine Tagesgebühr, die zumeist 5000–10 000 TSH beträgt, kann man diese auch als Nicht-Hotelgast nutzen.

Colosseum Health & Fitness Club, Haile Selassie Rd., Masaki, 📞 0753-432584, 🖳 www.colosseumtz.com. Eindrucksvolles Fitnessstudio im pompösen römischen Stil, etwas außerhalb der Innenstadt. Fitnessgeräte, Gymnastikklassen, Sauna, Pool, Squash. Uneingeschränkt westlicher Standard und einer der besten Clubs in Dar es Salaam. Tagespass US$15, Mitgliedschaft 15 Tage US$70, ein Monat US$99.

Fitzone Health Club, Oyster Bay Shopping Centre, 📞 022-2601953. Yoga, Tanzen, Karate und andere Sportangebote.

Reiten

Ras Kutani Horse Club, Ras Kutani, 📞 0754-288062, 🖳 www.ras-k.com. Nur wenige Minuten zu Fuß von den beiden Luxusresorts Ras Kutani und Amani Beach Hotel entfernt, können Hotelgäste, aber auch Tagesgäste aus der Stadt, am weißen Sandstrand und durch den goldbraunen Busch reiten. Kostenpunkt: US$70 für 1 1/2 Std p. P. Begeisterte Reiter können sich gleich im hauseigenen Ras Kanyegwa Beach Resort (❹–❺) einquartieren. Sowohl der

Horse Club als auch das Resort stehen unter deutscher Leitung. Anreise nur mit Taxi oder eigenem Fahrzeug: hinter der Fähranlegestelle geradeaus halten, nach der Abzweigung zum Kipepeo Beach geradeaus weiter auf die Sandpiste, nach ca. 27 km Schild, hier links abbiegen.

Safariveranstalter

A Tent With A View Safaris, Zanaki St., Ecke Indira Gandhi St., im Zahra Tower neben der Habib African Bank, 📞 022-2110507, 🖳 www.saadani.com. Erfahrener Veranstalter mit eigenen Lodges im Selous und Saadani. Spezialisiert auf den Süden. Mittleres Preisniveau.

Afriroots, Kigamboni, 📞 0732-926350, 🖳 www.afriroots.co.tz. Engagiertes lokales Unternehmen, das Touren der anderen Art organisiert und das für Reisende interessant ist, die nicht nur Nationalparks abhaken wollen. Wandern, Mountainbiking, Kulturtouren. Lower-Budget (mit öffentlichen Verkehrsmitteln, Camping) möglich, mit hohem Erlebniswert.

Foxes African Safaris, Büro im Tazara-Areal, 📞 0754-237422, 🖳 www.tanzaniasafaris.info.

Ausflüge

Wer mal schnell zwei Tage in Dar es Salaam erübrigen kann, sollte sich unter keinen Umständen den **South Beach** (S. 167) entgehen lassen. Lohnend ist auch ein Ausflug nach **Bagamoyo** (S. 191), am besten mit dem Taxi – für Geschichtsinteressierte bei Weitem lohnender als ein Stadtrundgang in Dar es Salaam.

Für zwei- oder dreitägige Touren von Dar es Salaam aus bieten sich der **Mikumi National Park** (S. 482) oder der **Saadani National Park** (S. 202) an; beide sind von der Entfernung her noch einigermaßen zu bewältigen. Es empfiehlt sich, einen der hiesigen Touranbieter in Anspruch zu nehmen. In den **Selous** (S. 470) sollte man für so eine kurze Zeit nur fliegen.

In den **Uluguru Mountains** (S. 479) rund um Morogoro kann man auch wandern. Dieser Ausflug ist mit Überlandbussen und vor Ort mit Daladalas und Taxis machbar.

Verdienter und empfehlenswerter Safari-Veranstalter, der Camps und Lodges in mehreren Parks des Südens sein Eigen nennen. Mittleres Preisniveau.

Kearsleys Travel & Tours, mehrere Standorte, z. B. Makunganya St., Southern Sun (beide Innenstadt), Sea Cliff Village, ✆ 022-2115026, 🖳 www.kearsleys.com. Einer der ältesten Safari-Anbieter mit standardisierten Safaris im mittleren Preissegment.

Leopard Tours, im Mövenpick Royal Palm Hotel, ✆ 022-2119754, 🖳 www.leopard-tours.com. Solides Unternehmen mit standardisierten Safaris im unteren Preissegment.

Makomo Safaris, Kigamboni, ✆ 022-2125197, 🖳 www.makomo.com. Verlässliche Safari-Agentur, die Standard-Safaris im Süden anbietet und daneben seltene Kombinationen von Sambia, Malawi und Mosambik im Programm hat. Mittleres Preisniveau.

Takims Holidays Tours & Safaris, Mtendeni St., ✆ 022-2110347, 🖳 www.takimsholidays.com. Gut organisiertes Unternehmen mit Zweigstellen in Arusha und Stone Town. Eher Standard-safaris als innovative Abenteuer. Niedriges bis mittleres Preisniveau.

🌳 **Wild Things**, Kawe Beach Rd., Nähe Mediterraneo Hotel, ✆ 0773-503502 , 🖳 www.wildthingssafaris.com. Spezialisiert auf kreative Safaris im Süden in jeder Preisklasse, auch Camping-Safaris, Wandern in den Udzungwa Mountains oder Trips ins Kilombero Valley sowie in den tiefen Süden. Mittleres Preisniveau.

Wassersport

Das **White Sands Hotel** bietet eine Fülle von Aktivitäten, z. B. Windsurfen, Wasserskifahren oder Schnorcheln. Hochseeangeln auf Anfrage.
Sea Breeze Marine Dive Centre, im White Sands Hotel, ✆ 0754-783241, 🖳 www.seabreeze marine.org. PADI Open Water Certificate US$390, Doppeltauchgang US$80.

Wellness

Anantara Spa, im Hyatt Regency Kilimanjaro, Kivukoni St., ✆ 022-2131111. Wunderschönes Ambiente, aber wahnsinnig teuer und für die meisten Reisenden wohl unerschwinglich.

Wer länger unterwegs ist und vorhat, in entlegenere Gegenden zu reisen, sollte einen Swahili-Kurs in Erwägung ziehen. Viele Lang-zeitreisende nutzen dazu einen Aufenthalt in Stone Town (S. 277), doch auch in Dar es Salaam werden Kurse angeboten.
Die Veranstaltungsorte erhält man auf Anfrage.
Swahili Trainers, ✆ 0765-542020, 🖳 www.swahilitrainers.com.
Tanzania Swahili Language School, ✆ 0784-924723, 🖳 www.tanzaniaswahili.or.tz.

Anantara betreibt Schönheitstempel in Asien und Nordafrika und kann auf internationales Know-how und Personal zurückgreifen. Entspannung für alle Sinne! Nur mit Voranmeldung.
Lemon Spa, Haile Selassie Rd., Masaki, ✆ 0754-814531. Spa, Schönheitsbehandlungen und Massagen mit naturbelassenen Produkten.

Yoga

Satya, ✆ 0754-666010, 🖳 yogaindar.com. Der Yoga-Guru Satya hält nach einem Plan an unterschiedlichen Orten Yoga-Stunden ab, z. B. montags jeweils um 17 Uhr im Hotel Golden Tulip. Der genaue Wochenplan ist vor Ort zu klären. 8000 TSH/Einheit.

Sonstiges

Apotheken

In den meisten Stadtteilen steht fast an jeder Ecke eine kleinere Apotheke (klimatisierte sind zu bevorzugen!); die gut sortierten größeren befinden sich zumeist in den Einkaufszentren. Solche Apotheken führen in der Regel auch Damen-Hygieneartikel, Rasierschaum, Linsen-pflegemittel, Filme und Ähnliches. Noch um eine Spur besser bestückt sind die Apotheken der Kliniken, z. B. Trauma Centre oder IST Clinic (beide s. S. 184).
JD Pharmacy, im Cliffton Plaza, Masaki Rd. Schräg gegenüber dem Seacliff Village, eine gut sortierte Apotheke. ⏰ Mo–Sa 9–20, So 9.30–17.30 Uhr.

Mansoor Daya Chemists, Samora Ave., Ecke Azikiwe St., im IPS-Gebäude, 📞 022-2122517. Zentral und gut sortiert.
Medipharm, Samora Ave., 📞 022-2123375. 🕐 Mo–Fr 8.30–17, Sa 9–13 Uhr; und im Slipway-Einkaufszentrum, 📞 022-2123375. 🕐 Mo–Fr 10–18, Sa 10–17, So 10–14 Uhr.
Oyster Bay Pharmacy, Oyster Bay Shopping Centre, 📞 0784-266654. 🕐 Mo–Fr 8–18, Sa 8–14 Uhr.

Autoreparaturen

Eckhard Brandt, Bahari Beach, ca. 200 m nach der Tafel zum Bahari Beach Resort rechter Hand, 📞 0754-361240, ✉ eckhardidee2007@gmail.com. Eckhard lebt schon seit 1981 in Tansania und liefert ausgezeichnete und verlässliche Arbeit. Äußerst faires Preisniveau. Für 2 €/Tag kann man hier auch sein Fahrzeug vorübergehend unterstellen.
Andere, lokale Werkstätten befinden sich an der Nyerere Road in Richtung Flughafen oder in der Morogoro Road. Daneben gibt es die **Gerezani Area** des Kariakoo in der Makamba Street mit diversen Werkstätten. Man sollte sich aber einen erschöpfenden Kostenvorschlag machen lassen (all inclusive) und idealerweise den Mechanikern nicht von der Seite weichen – sonst kann es z. B. vorkommen, dass defekte Teile dringelassen, neue Ersatzteile aber berechnet und später auf dem Schwarzmarkt verkauft werden.

Autovermietungen

Für Stadtfahrten sind Mietwägen nur mit Fahrer zu empfehlen. Für Überlandfahrten sollte man prüfen, ob die Unterkünfte Transfers anbieten.
Avis Tanzania, Büros am Flughafen, im Hyatt Regency Kilimanjaro, gegenüber dem Mövenpick Royal Palm Hotel, 📞 022-2115381, 🖥 avistz.com. 4WD Landcruiser Hardtop US$215 pro Tag, 4WD Landcruiser Prado US$230 pro Tag mit Chauffeur, ab 121 km ab US$0,72 Kilometergebühr.
Green Car Rentals, Nkrumah St., 📞 0713-227788, 🖥 www.greencarstz.com. Ab US$80/Tag für einen Toyota Landcruiser Prado (nur mit einfacher Versicherung), US$0,65 Kilometergebühr ab 121 km/Tag.

Xcar Rent a Car, Old Bagamoyo Rd., vor Shoppers Plaza in Richtung stadtauswärts, 📞 0753-254660, 🖥 www.xcarrentals.com. Ab US$95/Tag für einen Toyota Landcruiser Prado (nur mit einfacher Versicherung), US$0,50 Kilometergebühr ab 101 km/Tag, Chauffeur US$30/Tag. Kleinwagen inkl. Fahrer US$40 (ohne Benzin).

Botschaften und Konsulate

Botschaft der Bundesrepublik Deutschland, Umoja House, Mirambo St., Ecke Garden Ave., 📞 022-211-7409 bis -7415, 🖥 www.daressalam.diplo.de. In zentraler Lage in der Innenstadt. 🕐 Mo–Fr 8–12 Uhr (außer an gesetzlichen Feiertagen).
Honorarkonsulat der Republik Österreich, Plot 1684/2, Slipway Rd., Msasani-Halbinsel, 📞 022-2601492, ✉ austrianconsulate@bol.co.tz. Nähe Jachtclub. Ohne Passbefugnis. 🕐 Mo, Mi, Do 10–12 Uhr.
Botschaft der Schweiz, Kinondoni Rd., links nach der Selander Bridge in Richtung Norden, 📞 022-2666008, ✉ dar.vertretung@eda.admin.ch. 🕐 Mo–Fr 8–12 Uhr.

Expressversand

DHL, Bibi Titi Mohamed St., Peugeot House, 📞 022-2113171, oder Nyerere Rd., Nähe Flughafen, 📞 022-2861000, 🖥 www.dhl.co.tz.
Fedex, vertreten durch Pax Couriers, Ali Hassan Mwinyi Rd., 📞 022-2199740, 🖥 www.fedex.com/tz.

Gratismagazine

In allen nennenswerten Lokalitäten der Stadt, vor allem in Hotels, Restaurants, Cafés, im Tourismusbüro und in vielen Geschäften, liegt das monatliche Gratismagazin *Dar Guide* aus, das einen guten Überblick über alles liefert, was in der Metropole los ist. Neben einem Stadtplan enthält es Infos über Spezialitätenwochen in Restaurants sowie Veranstaltungshinweise, aber auch die Abfahrtszeiten der Fähren nach Sansibar. Aktuelle Infos über Events, Restaurants, Freizeitgestaltung u. Ä. liefert auch das zweite Gratis-Magazin *Advertising Dar*.

UPS, Haidery Plaza, Kisutu St., ☎ 022-2122403, 🖳 www.ups.com.

Frisöre
Die guten Hotels bieten zumeist Coiffeur-Services an, z. B. im Seacliff Hotel, Slipway, Oyster Bay Shopping Centre oder im Hyatt Regency Kilimanjaro.

Geld
Banken in der Innenstadt
Barclays Bank, Ohio St., gegenüber vom Mövenpick Royal Palm Hotel, sowie Morogoro Rd., Ecke Libya St., und **Stanbic**, Sukari House, Ohio St., Ecke Sokoine Dr., für Abhebungen mit Master-, Visa- und Maestro-Card.
Exim Bank, Anfang Samora Ave. und Nähe Clock Tower sowie Hyatt Regency Kilimanjaro , für Abhebungen mit Master- und Maestro-Card.
NBC-Bank, Azikiwe St., Ecke Sokoine Dr., gegenüber vom New Africa Hotel oder Samora Ave./Mission St., für Abhebungen mit Visa-Card; weitere Visa-Bankomaten bei der **Standard Chartered Bank** im Nic Life House (Sokoine Dr./Ohio St.) oder Shabban Robert St./Garden Ave., sowie in den Harbour View Towers (Samora Ave.).

Banken weiter außerhalb
Barclays Bank (Peninsula Hotel in Msasani, Slipway-Komplex, Ubungo Plaza) für Master-, Visa- und Maestro-Card.
NBC-Zweigstellen im Slipway, Sea Cliff, Mlimani City oder Old Bagamoyo Road (Mbezi Industrial Zone, Nähe Kawe Beach) für Abhebungen mit Visa-Card; weitere Visa-Geldautomaten bei der **Standard Chartered Bank** im Shoppers Plaza (Old Bagamoyo Rd.).
Bei der **Exim Bank** in der Mlimani City und am Barclays-Geldautomaten an der **BP-Tankstelle** Mwenge kann man mit Master- und Maestro-Card abheben. Überhaupt existieren an vielen Tankstellen ebenso wie in allen großen Einkaufszentren Geldautomaten (ATM).

Wechselstuben
Jede Menge Wechselstuben (Bureau de Change, Forex) gibt es in der Samora Ave.

und in der restlichen Innenstadt, alle mit recht einheitlichen Kursen. Weiter außerhalb sind die Wechselkurse meist schlechter ebenso wie in den Banken. Achtung: Kein Geld auf der Straße wechseln! Es kann sich bei den Anbietern um Falschgeldtrickser oder andere Betrüger handeln.
Das Bureau de Change im **Mövenpick Royal Palm Hotel** zahlt anstandslos gegen Vorlage eines Reisepasses und der Visa- oder MasterCard höhere Summen aus. Denselben Dienst gibt es auch bei **Coastal Travels**, Upanga Rd., neben der Citibank. Am Schalter beim Eingang rechts können Geldbeträge von Visa- oder MasterCard für 10 % Gebühr abgehoben werden. Der Service wird immer mal wieder vorübergehend eingestellt.

Informationen
Tourism Information Centre, Samora Ave., unweit der Zanaki St., ☎ 022-2131555, 🖳 www.tanzaniatourism.go.tz. Das offizielle Tourismusbüro ist relativ gut organisiert und hilft freundlich weiter, die Aktualität der Informationen ist aber mangelhaft – unbedingt überprüfen! ⏰ Mo–Fr 8–16, Sa 8.30–12.30 Uhr.

Internet
Die Dichte an **Internetcafés** ist außerordentlich hoch, viele Verbindungen sind jedoch langsam und instabil.
Die schnellsten Verbindungen für iPhone und Laptop findet man in Hotels, Cafés und Einkaufszentren mit WLAN, u. a. im Southern Sun, Palm Beach Hotel, The Pub im Slipway, Seacliff Village, Makutano, Epi d'Or oder im iStore im Shoppers Plaza.
Millennium Towers Internet Café, New Bagamoyo Rd., LAPF Millennium Towers, neben Wheatfield Bakery. Gutes WLAN für Leute, die mit dem eigenen Laptop unterwegs sind, 1000 TSH pro Std. Hier kann man ungestört skypen, was in manch anderen Cafés nicht gern gesehen wird.

Medizinische Hilfe
City Centre und Upanga
Aga Khan Hospital, Ocean Rd./Ufukoni Rd., ☎ 022-2115151, 🖳 www.agakhanhospitals.org.

Malaria

In Dar es Salaam sollte man in besonderem Maße darauf achten, sich durch richtiges Verhalten vor Malaria zu schützen. Aufgrund der großen Menschenmengen und des feuchtheißen Klimas stellt die Stadt eine Hochburg der Malaria dar. Mehr zur Malaria s. S. 515.

Natural Therapies Centre, Nyanza, Ecke Chusi St., gegenüber dem Shree Hindu Mandal Hospital. Homöopathische Malaria-Prophylaxe und -Behandlung. ⏱ Mo–Fr 9–17 Uhr, Sa 9–13 Uhr.
Three Crowns, im Mövenpick Royal Palm Hotel, gegenüber vom Pool, ☎ 022-2136801. Schwedischer Zahnarzt.

Nördlich der Stadt: Kinondoni, Oyster Bay, Msasani Peninsula
IST Medical Clinic, Haile Selassie Rd., Ecke Ruvu St., ☎ 0754-783393, 🖥 www.istclinic.com. Klinik, die direkt am Campus der Internationalen Schule untergebracht ist.
Trauma Centre & Well Woman Clinic Hospital, Yacht Club Rd., ☎ 022-2602500 (Notruf), 🖥 www.amiplc.com. Röntgen, Ultraschall, Gebärstation, Notfälle. Gut sortierte Apotheke.

Nördlich der Stadt: Mikocheni, Kawe, North Beach
ZAM International, Ali Hasan Mwinyi Rd., Nähe Anghiti Restaurant, ☎ 022-2775958. Französische Zahnklinik.

Notfälle
AAR Health Services, Ali Hasan Mwinyi Rd., Chato St., Block 1 Regent Estate, ☎ 0754-760790, 🖥 www.aarhealth.com. Evakuierungen, Flugambulanz und medizinische Versorgung. Der Abschluss einer temporären Mitgliedschaft ist ratsam.
Flying Doctors, Ali Hasan Mwinyi Rd., schräg gegenüber vom Mövenpick Royal Palm Hotel, ☎ 022-2116610, ✉ flying.doctorstz@amref.org, s. S. 64.
Knight Support, Ali Hasan Mwinyi Rd., Nähe Mwenge, ☎ 0754-777073,

🖥 www.knightsupport.com. Evakuierungen, Flugambulanz und medizinische Versorgung. Der Abschluss einer temporären Mitgliedschaft ist ratsam.

Polizei
Police Selander Bridge, ☎ 022-2120818.
Central Police Station, am Sokoine Dr., Nähe Central Station, ☎ 022-2117362.
Oyster Bay Police Station, ☎ 022-2667322.

Post
Das neuere **Hauptpostamt** befindet sich an der Maktaba St., während die kleinere, **alte Post** am Sokoine Dr. neben dem Toyota House steht. Weitere kleinere Postämter finden sich in größeren Stadtteilen.

Reisebüros
In Reisebüros kauft man Flugtickets oder Reisearrangements, aber die meisten bieten auch Safaris an.
Emslies Travels, Ohio St., TDFL-Gebäude, gegenüber dem Mövenpick Royal Palm Hotel, ☎ 022-2114065, 🖥 www.emsliestravel.com.
Kearsleys Travel & Tours, Makunganya St., ☎ 022-2115026, 🖥 www.kearsleys.com. Weitere Büros befinden sich im Southern Sun Hotel und im Sea Cliff Village.
Uniglobe Skylink, Ohio St., TDFL-Gebäude, gegenüber dem Mövenpick Royal Palm Hotel, ☎ 022-2115381, 🖥 www.skylinktanzania.com. Weitere Standorte in der Innenstadt finden sich im Hyatt Regency Kilimanjaro, im Zahra Tower (Zanaki St., Ecke Makunganya St.) oder weiter im Norden im Mayfair Plaza (Old Bagamoyo Rd.).

Telefon
In der Stadt gibt es mehrere **TTCL-Münzautomaten** bei den TTCL-Ämtern, z. B. an der Nyerere Rd. neben National Batteries, in der Samora Ave. oder an der New Bagamoyo Road in Kijitonyama im Celtel-Gebäude. Die Telefonkarten sind in den jeweiligen Ämtern zu kaufen. **Skypen** (Internet-Telefonie) mit eigenem Laptop kann man am besten an allen Orten mit leistungsfähigem WLAN (s. S. 183). Siehe auch Traveltipps von A bis Z, S. 69.

Visumsangelegenheiten
Immigration Office, Ghana St., Ecke Ohio St., ☎ 022-2126811, 🖂 2113297.

Nahverkehr

In der Innenstadt bewegt man sich am besten zu Fuß, besonders in dem Bereich, der von Sokoine Drive, Bibi Titi Mohamed Street und Ohio Street begrenzt wird. Selbst Busse oder Taxis stehen hier den Großteil des Tages im Stau.

Daladalas
Daladalas verkehren flächendeckend im gesamten Großraum Dar es Salaam von Sonnenaufgang bis weit nach 22 Uhr. Ortsunkundige werden meist Taxis bevorzugen. Wichtige Verkehrsknotenpunkte für Daladalas sind folgende **Busbahnhöfe:**
Posta Zamani (Old Post Office), Sokoine Dr./ Bustani ya Posta. im Zentrum; **Posta Mpya** (New Post Office), Maktaba St., im Zentrum: Bei beiden Postämtern halten fast alle wichtigen Daladala-Linien in die unterschiedlichsten Fahrtrichtungen.
Mnazi Mmoja, Uhuru St., Kariakoo: Die Linien in westliche Stadtteile, z. B. Ilala, TAZARA Railway Station oder Flughafen, halten entlang dieser Route.
Stesheni, Nähe Central Station: Daladalas in den Süden (Kilwa Rd., Mgulani, Temeke) fahren meist über Stesheni.
Kivukoni, bei der Fähre nach Kigamboni. Die Linien zur Fähre nach Kipepeo fahren nach „Kivukoni".
Mwenge, im Norden von Dar es Salaam: Busse in den Norden, z. B. nach Kunduchi oder Mbezi Beach, fahren immer über den Busbahnhof Mwenge, wo man einen der Anschlussbusse erwischen muss.
Nach Bagamoyo steigt man am besten beim Freilichtmuseum Makumbusho (einige Kilometer vor Mwenge) um.
Ubungo, gegenüber vom Ubungo Bus Terminal für Überlandbusse: Hier muss man in Daladalas in die westlichen Stadtteile und zur Universität umsteigen. Daladalas auf die Msasani-Halbinsel tragen Aufschriften wie Msasani, Masaki oder Kinondoni.

Um herauszufinden, welche Linie man nehmen muss, fragt man am besten Passanten, die gerne mit einer Auskunft weiterhelfen. Bustickets innerhalb der Stadt kosten ca. 250 TSH, längere Distanzen außerhalb von Dar es Salaam geringfügig mehr.

Fähren
Die Autofähre nach South Beach pendelt tgl. zwischen 5–18 Uhr viele Male zwischen der Kivukoni Front und Kigamboni am Südstrand. 100 TSH p. P., Fahrzeug 1000 TSH.

Taxis
Eine riesige Flotte an Taxis (erkennbar am farbigen Band) steht in Dar es Salaam zur Verfügung. Richtpreise: innerhalb der Innenstadt 7000 TSH; von der Innenstadt zur Seacliff Village 15 000 TSH; vom Flughafen zu den Strandhotels im Norden 50 000 TSH; von der Innenstadt zum Bahnhof 10 000 TSH; vom Flughafen in die Innenstadt bis zu 30 000 TSH. Für Taxis, die vom Flughafen abfahren, gibt es kaum Verhandlungsspielraum, hier gelten feste Preise.
Wissenswertes zum Taxifahren findet sich in den Traveltipps von A bis Z, S. 100.

Transport
Überlandbusse
Die Überlandbusse der verschiedenen Busunternehmen haben alle in der Nähe der Innenstadt ihre Busdepots, aber wer am Ubungo Bus Terminal zusteigt, geht auf Nummer sicher. Auch im City Centre (Kariakoo und Libya St.) gibt es Busbahnhöfe bzw. Ticket Offices; es ist jeweils mit der Buslinie vor Ort zu klären, welchen Busterminal sie anfährt.
Ubungo Bus Terminal, Morogoro Rd., Ecke Sam Njoma Rd., ca. 8 km außerhalb des Stadtkerns. Viele Busse fahren bereits vor 6 Uhr morgens ab, weshalb ein Taxi dorthin genommen oder gleich in der Nähe übernachtet werden sollte (s. S. 171). Erhöhtes Sicherheitsrisiko! In Ubungo halten alle Überlandbusse, die in Richtung Norden oder Westen unterwegs sind. Der beste Ort, um verlässliche Informationen bezüglich der Abfahrts- und Ankunftszeiten sowie der verschiedenen Buslinien zu erhalten.

Kisutu Terminal, Libya St. Dar Express, Kilimanjaro Express, Royal Coach und Mtei Express haben ihre Verkaufsstellen auch in der Innenstadt in Kisutu; die Busse starten von Kisutu und Ubongo. Diese Linien fahren hauptsächlich Moshi und Arusha und noch einige weitere Ziele im Norden an.

Akamba Bus Terminal, Msimbazi St., im Kariakoo. Akamba verbindet Dar es Salaam mit Moshi und Arusha und weiter mit Nairobi (und anderen Städten in Kenia) sowie Mwanza und Kampala (sowie weiteren Städten in Uganda).

Temeke Bus Terminal, Kilwa Rd., Nähe National Stadium, auf dem Weg nach Kilwa. Hier stoppen die Busse, die in den Süden (Richtung Nangurukuru, Lindi oder Mtwara) unterwegs sind. Früh aufstehen ist notwendig, da die meisten bereits um 5 Uhr morgens starten.

Welche **Buslinien** als sicher gelten, kann sich sehr schnell ändern. Grundsätzlich sind Luxury Buses zu bevorzugen, sie sind zwar immer teurer, man darf aber mehr Service erwarten (Snacks, Wasser) und sie haben in puncto Verkehrstüchtigkeit und -sicherheit im Vergleich mit den Billiglinien die Nase vorn. Zur Zeit der Recherche zählten Akamba, Dar Express, Kilimanjaro Express, Royal Coach, Mtei Express, Shabiby (Morogoro, Dodoma) und Sumry (Morogoro, Iringa, Mbeya, Songea, Sumbawanga) zu den besseren Linien, dennoch ist vor Ort bei den Einheimischen immer ihr Ruf zu überprüfen.

Busse nach:

ARUSHA, siehe Moshi.
IRINGA, ab Ubongo Bus Terminal, z. B. mit Chaula, Sumry, Upendo, ca. 6–7 Std., max. 18 000 TSH.

LUSHOTO, ab Ubongo Bus Terminal, z. B. mit Ibariki (beste Wahl), Africa One, Shambalai, Jengatta, 6–7 Std., ca. 15 000 TSH.
MBEYA, s. Iringa, ca. 10 Std., um 30 000 TSH, Umstieg in Mbeya in die Busse nach Tunduma, Sumbawanga, Kyela etc.
MOROGORO, ab Ubongo Bus Terminal, z. B. mit Chaula, Sumry, Hood, Abood, ca. 3 Std., um 8000–10 000 TSH.
MOSHI, ab Ubongo Bus Terminal, Kisutu Terminal oder Akamba Bus Terminal, z. B. mit Dar Express, Mtei Express, Kilimanjaro Express, Metro Coach, Akamba, 8–10 Std., 25 000–28 000 TSH in den „Luxusbussen".
NANGURUKURU, ab Temeke Bus Terminal, z. B. mit Sumry oder Saibaba, 5–7 Std., 10 000 TSH; in Nangurukuru muss meistens umgestiegen werden, für die Strecke nach Kilwa, Lindi oder Mtwara.
SONGEA, ab Ubongo Bus Terminal via NJOMBE, ca. 15 Std., 37 000 TSH.
TANGA, ab Ubongo Bus Terminal, z. B. mit Simba Video Coach, ca. 6 Std., 12 000–15 000 TSH.

Eisenbahn

Detaillierte Informationen zu den Bahnlinien unter Traveltipps von A bis Z, S. 97.
Tickets müssen rechtzeitig gekauft werden, am besten mehrere Tage vor der Abfahrt. Die Züge haben regelmäßig massive Verspätungen. Nur zu zweit reisen, da speziell bei der maroden Central Line schon Übergriffe auf alleinreisende Touristen vorgekommen sind.

Central Railway Station, Railway St., Ecke Sokoine Dr., ○ 8–17 Uhr. Anfang 2011 wurde der Zugverkehr zwischen Dar es Salaam und KIGOMA wieder aufgenommen, allerdings nur mit 3.-Klasse-Kabinen. Sie kosten 20 000 TSH, Abfahrt ist momentan freitags am Abend. Dauer: ca. 40 Std. Die Northern Line nach Mwanza ist zurzeit eingestellt. Vor Ort Auskünfte einholen.

Tazara Railway Station, Nyerere Rd., Ecke Mandela Rd., stadtauswärts, auf dem Weg zum Flughafen. Die Tazara-Bahnlinie fährt nach MBEYA und von dort weiter an ihr Endziel NEW KAPIRI MPOSHI in Sambia. Abfahrt: Di und Fr 15.50 Uhr, max. 37 000 TSH in der

Es ist ratsam, die Tickets im Voraus zu kaufen, da sich die Fähren gerade in der Hauptsaison schnell füllen. Achtung: Alle Formalitäten müssen unbedingt an den Schaltern erledigt werden, niemals auf der Straße durch Mittelsmänner.

Beim Kauf der Tickets ist große Vorsicht angeraten (Reisepass nicht aus der Hand geben, nur Geld gegen Ticket, keine dubiosen Extragebühren wie z. B. Hafensteuern bezahlen, sich keine „Deals" aufschwatzen lassen etc.)!

1. Klasse bis nach Mbeya. Dauer: ca. 24 Std. Der Zug fährt weiter nach SAMBIA (61 000 TSH). Taxi vom Flughafen zur Tazara-Station ca. 10 000 TSH.

Fähren nach Sansibar

Es gibt eine Vielzahl von Fährgesellschaften (z. B. Azam Marine) und Fähren, u. a. *Sea Star*, *Sea Bus*, *Sea Express*, *MS Sepideh* oder *Flying Horse*. Die Büros der unterschiedlichen Unternehmen befinden sich alle am Fährhafen, dem **Ferry Terminal**, Sokoine Dr. Die Fähren legen in Stone Town gegenüber der Old Dispensary im nördlichen Teil der Altstadt an (S. 280).
Abfahrtszeiten und Preise der Schnellboote: 7.30, 9.30, 10.30, 12, 14.00, 15.45 Uhr; Überfahrt ca. 2 Std., US$35 Economy Class bzw. US$40 First Class. Bisweilen sind nicht

alle Fähren in Betrieb oder Fahrpläne ändern sich, also unbedingt vorher nachfragen!
Abfahrtszeit und Preis der langsamen Flying Horse und Seagull: 12 und 12.30 Uhr; 3–4 Std., US$25. Diese Boote sind wesentlich angenehmer für Leute, die leicht seekrank werden.

Andere Fähren und Dhows

Das Schnellboot *MS Sepideh* fährt 3x wöchentl. über Sansibar nach PEMBA, allerdings an wechselnden Abfahrtstagen, unbedingt vor Ort klären, Abfahrt ca. 7 Uhr, US$45–55 je nach Klasse. Um sicherzugehen, nimmt man eine beliebige Fähre nach Stone Town und steigt in die viel häufiger verkehrenden Fähren ab Sansibar ein.
Ob und wann genau die *MS Sepideh* oder andere Fähren wieder nach TANGA fahren, ist

am Schalter zu erfragen. Die Fahrpläne ändern sich häufig. Derzeit ist der Verkehr eingestellt. Nach MAFIA fahren keine Dhows von Dar es Salaam aus. Abfahrten allenfalls ab Kisiju, fast 100 km südlich der Stadt, aber es nicht zu empfehlen, mit ihnen zu fahren, da die Segelboote unsicher und gefährlich sind.

Flüge
International
Der **Mwalimu Julius K. Nyerere International Airport** (Terminal 2) wird hauptsächlich von internationalen Airlines angeflogen. Von den nationalen Fluggesellschaften haben u. a. Air Tanzania und Precision Air Landelizenzen. Mehr Infos dazu unter Traveltipps von A bis Z, S. 99.
Zwischen Terminal 1, 2 und dem City Terminal (Pamba Rd., hinter dem ATC House, gegenüber NBC Club) verkehrt mehrmals am Tag ein preislich attraktiver Airport Shuttle, 10 000 TSH, ✆ 022-2124770.
British Airways, Ohio St., im Mövenpick Royal Palm Hotel, ✆ 022-2113820, 🖥 www.british airways.com.
Egypt Air, Ohio St., im Mövenpick Royal Palm Hotel, ✆ 022-2136663, 🖥 www.egyptair.com.
Emirates, Kisutu St., Haidery Plaza, 6. Stock, ✆ 022-2116100, 🖥 www.emirates.com.
Ethiopian Airlines, Ohio St., TDFL-Gebäude neben Barclays Bank, ✆ 022-2117065, 🖥 www.ethiopianairlines.com.
Fly540, Samora Ave., Upanga, ✆ 022-2125912, 🖥 www.fly540.com. Der kenianische Low-Cost-Carrier verbindet Kenia mit Tansania, Uganda und Burundi. Die in Tansania junge Airline ist zwar für ihre notorische Unpünktlichkeit

und die chaotische Informationspolitik bekannt, aber sehr billig.
KLM, Bibi Titi Mohamed St., Peugeot House, ✆ 022-2163914, 🖥 www.klm.com.
Qatar Airways, Zanaki St., Ecke Bibi Titi Mohamed Rd., Elia Complex, Erdgeschoss, ✆ 022-2198300, 🖥 www.qatarairways.com.
Swiss, Sokoine Dr., Luther House, ✆ 022-21188702, 🖥 www.swiss.com.
Turkish Airlines, Hyatt Regency Kilimanjaro, Kivukoni St., ✆ 022-2000016, 🖥 www.turkish airlines.com.

Inlandflüge
Die restlichen Inlandflüge starten vom kleineren sogenannten **Old Airport** (Terminal 1), der sich unweit vom heutigen internationalen Flughafen stadtauswärts an der Nyerere Road befindet. Es ist trotzdem immer ratsam zu überprüfen, von welchem Flughafen der gebuchte Flieger startet. Detaillierte Infos zu Inlandflügen unter Traveltipps von A bis Z, S. 99.
Coastal Aviation, Upanga Rd., neben Citibank, ✆ 022-2117959, 🖥 www.coastal.cc, oder alternativ in The Slipway bei The Coastal Travel Services, ✆ 022-2117960, ✉ safari@coastal.cc. Coastal Aviation bietet seinen Gästen kostenlosen Shuttledienst zwischen Terminal 1 und 2.
Precision Airlines, Samora Ave., Ecke Pamba Rd., NIC-Gebäude, ✆ 022-2130800, 🖥 www.precisionairtz.com.
Fly540, Samora Ave., Upanga, ✆ 022-2125912, 🖥 www.fly540.com. Flüge zum Kilimanjaro Airport US$137, nach Sansibar US$43. Siehe auch Internationale Flüge weiter oben.
ZanAir, Kisutu St., Haidery Plaza, ✆ 022-2124553, 🖥 www.zanair.com.

Die nördliche Küste

Stefan Loose Traveltipps

2 **Bagamoyo** Das geschichtsträchtige Fischerdorf, nur eine Stunde von Dar es Salaam entfernt, ist ein Zentrum der traditionellen Künste. S. 191

Saadani National Park Bei der Boot-Safari auf dem Wami-Fluss sind prickelnde Tierbegegnungen garantiert. S. 202

3 **Ushongo Beach** Ein Besuch dieses paradiesischen Strands ist mit einem Hauch von Abenteuer verbunden, da die Anreise über den Pangani River nicht immer ganz einfach ist. S. 222

N

0   50 km

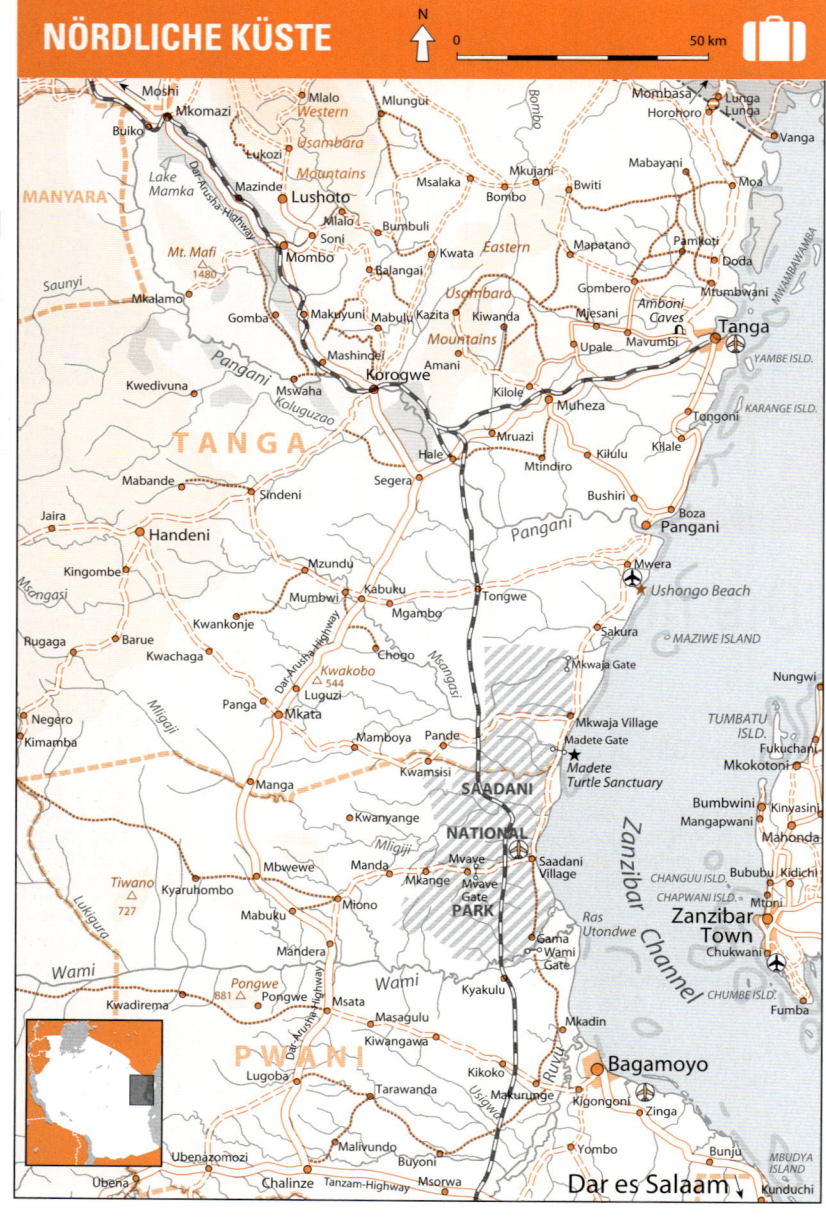

Die nördliche Küste

Wer die Küstengegend nördlich der Metropole besucht, wird überrascht sein, wie schnell man den Großstadttrubel in Afrika hinter sich lassen kann. Nur wenige Kilometer außerhalb der Stadtgrenze beginnt eine Welt, die von verschlafenen Dörfern, langsam dahinzuckelnden Ochsenkarren, endlosen Palmenhainen und dem typischen Swahili-Lebensgefühl beherrscht wird.

Die Nordküste hat für fast jeden Geschmack etwas zu bieten. Geschichtsinteressierte können sich an den verschlafenen Ortschaften Bagamoyo, Pangani und Tanga erfreuen, die einem großen Freilichtmuseum gleichen. Safari-Liebhaber kommen im Saadani National Park auf ihre Kosten, und schließlich locken herrliche Strände die Sonnenanbeter an, beispielsweise im Saadani National Park oder bei Ushongo Beach.

Dennoch – und obwohl die nördliche Swahili-Küste vergleichsweise gut erschlossen ist – verirren sich nur wenige Besucher in diese Gegend. Die Einheimischen hoffen, dass die Isolation des Küstenstreifens nachlässt, wenn die versprochenen Infrastrukturmaßnahmen endlich in die Tat umgesetzt werden. Bis der Staat die geplante Küstenstraße (samt Brücke über den Wami River) von Dar es Salaam über Bagamoyo, den Saadani National Park und Tanga bis nach Mombasa in Kenia in Angriff nimmt, werden aber wohl noch einige Kokosnussernten ins Land ziehen. So müssen sich die Menschen vorerst noch auf traditionelle Überlebensstrategien verlassen: Fischfang, Landwirtschaft für den Eigenbedarf, Sisal, Kokospalmen und den Anbau von Cashewnüssen für den Export. Das fruchtbare Hinterland mit den drei großen Flüssen Ruvu, Wami und Pangani bietet dafür die idealen Voraussetzungen.

2 HIGHLIGHT

Bagamoyo

Die kurzzeitige Hauptstadt von Deutsch-Ostafrika ist heute ein unscheinbarer, staubiger Ort von rund 41 000 Einwohnern, der kaum vermuten lässt, dass er vor über 100 Jahren einer der wichtigsten wirtschaftlichen, religiösen und politischen Schauplätze Ostafrikas war. Heute spürt man die fast überall an der Küste gelebte nonchalante Swahili-Beschaulichkeit, die Bagamoyo zu einem lohnenden Ausflugsziel macht.

Im Gegensatz zu Dar es Salaam ist Bagamoyo leicht zu Fuß zu erkunden, die Luft ist von Salz- und Fischgeruch (statt Autoabgasen) geschwängert, und eine selige Lethargie liegt über dem Ort.

Geschichte

Überregionale Bedeutung erlangte Bagamoyo nicht erst dadurch, dass die deutschen Kolonialbeamten den Ort Anfang 1891 zur ersten Hauptstadt ihres ostafrikanischen Kolonialabenteuers machten. Vielmehr kreuzten sich hier jahrhundertelang die Wege von Elfenbeinhändlern, Jägern und Sklavenfängern aus Indien, Arabien und Europa. Schon Ende des 18. Jhs. ließen sich muslimische Familien aus dem Oman in Bagamoyo nieder. Sie lebten vom Salzanbau im 3 km nördlich gelegenen Nunge und von Steuern, die sie auf Fischfang und Viehhaltung erhoben.

Spätestens seit der Sultan von Oman 1832 die in Sichtweite vor der Küste liegende Insel Sansibar zum Herrschersitz auserkoren hatte, verhalf der **Sklavenhandel** Bagamoyo zu trauriger Berühmtheit. Im 19. Jh. galt Bagamoyo als einer der bedeutendsten Umschlagplätze für den Sklavenhandel. Männer und Frauen, die die wochenlangen Fußmärsche vom Inneren des Kontinents bis an die Küste überstanden hatten, sahen ihre Hoffnung auf ein freies Leben beim Anblick der Galeeren auf dem Meer endgültig schwinden. Wer aus Bwaga-Moyo (Swahili für „Leg dein Herz nieder") deportiert wurde, hatte wenig Hoffnung, seine Heimat und seine Familie je wiederzusehen. Nachts verließen die voll beladenen Schiffe das Festland und nahmen Kurs auf Sansibar, wo die Menschen auf dem Sklavenmarkt (s. S. 192) wie Vieh gehandelt wurden.

Nachdem sich 1868 die ersten **Missionare** Afrikas (!) hier niedergelassen hatten, bemühten sie sich um das Ende des unwürdigen Menschenhandels. Sie kauften nicht nur die Sklaven frei (wenn es ihnen finanziell möglich war), sondern engagierten sich auch intensiv für die Abschaffung der Sklaverei. Viele abenteuerlustige

Missionare folgten, und ausgehend von Bagamoyo wurden fortan Ostafrika und die angrenzenden Länder missioniert.

Neben den Missionaren prägte besonders ein pakistanischer Philanthrop die Geschicke der Stadt, der unermesslich reiche Händler **Sewa** **Haji**. Das große Geld machte er als Karawanenausrüster, Elfenbein- und Nashornhändler, nicht ohne auch die Allgemeinheit zu bedenken. So schenkte er den Missionaren Land für den Bau der Kirche, spendete die Schule (s. S. 196) und das Krankenhaus.

Blutiges Geld – Sklavenhandel in Ostafrika

Sklaverei ist kein Phänomen der Neuzeit, sondern – vermutlich wie die Prostitution – eines der **ältesten Gewerbe der Welt**. Es existieren Aufzeichnungen darüber bei den alten Griechen, aus dem Römischen Reich oder gar aus dem biblischen Mesopotamien. Auch im Mittelalter war der Sklavenhandel in Mitteleuropa, vornehmlich für Italiener und Spanier, ein einträgliches Geschäft. Damals verpflichteten die Adelshäuser überwiegend unfreie Arbeiter vom Balkan als Feldarbeiter, Hausangestellte oder gar Soldaten. Besonders begehrt waren hellhäutige Sklaven aus Europa in den arabischen Ländern.

Araber waren es auch, die den Sklavenhandel in Afrika einfädelten. Über die jahrhundertealten Handelsrouten gelangten nicht nur Edelsteine, Gold und Elfenbein nach Arabien, sondern auch Menschen vom afrikanischen Kontinent. Der Höhepunkt des ostafrikanischen Sklavenhandels fiel in das 19. Jh., vor allem bedingt durch die Eroberungszüge der europäischen Länder im Indischen Ozean, die zu einem hohen Bedarf an Arbeitskräften u. a. für Plantagen und den Straßenbau führte.

Über bestimmte **Handelsrouten** reisten die Händler mit ihren Karawanen durch Tansania. Die zwei wichtigsten Routen führten von Bagamoyo über Tabora zum Städtchen Ujiji am Lake Tanganyika (und weiter in den Kongo) sowie von Kilwa durch Südtansania zum Malawi-See. Solche Karawanen waren teure Unternehmungen mit schwer bewaffneten Söldnern, arabischen Händlern und zahlreichen Trägern. Ganze Dörfer wurden dabei niedergebrannt und als „ungeeignet" erscheinende Alte, Kranke, Schwangere oder Kinder massakriert. Die jungen, kräftigen Männer und Frauen wurden in wochenlangen Gewaltmärschen unter Peitschenhieben an die Küste getrieben, in Ketten und durch hölzerne Halsjoche aneinander gefesselt. Diejenigen, die den Strapazen nicht gewachsen waren, verblieben hilflos, geschwächt und geschunden im Busch und wurden schließlich von Wildtieren gefressen. Oft aber spielten auch die Stammeshäuptlinge eine entscheidende Rolle, indem sie ihre eigenen Leute an die Sklavenhändler verkauften.

Während die Sklaven aus Westafrika hauptsächlich auf die Plantagen der Karibik, Südamerikas und der amerikanischen Südstaaten verkauft wurden, gelangten die ostafrikanischen Sklaven über die Drehscheibe Sansibar überwiegend auf die Inseln im Indischen Ozean. Nachdem die Franzosen im beginnenden 19. Jh. Zuckerrohrfelder auf Mauritius und La Réunion anlegen ließen, stieg ihr Bedarf an Arbeitskräften sprunghaft an. Sansibar lag da strategisch günstig und wuchs in den 1840er-Jahren zum größten Sklavenmarkt der Welt heran. Zu Beginn des 19. Jhs. wurden bis zu 10 000 Sklaven jährlich auf den **Sklavenmärkten** von Stone Town „umgesetzt"; später stieg diese Zahl durch den gestiegenen Bedarf womöglich auf bis zu 50 000 Sklaven pro Jahr. Dies sind natürlich nur Schätzungen, da genaue Zahlen zu diesem dunklen Kapitel der Menschheitsgeschichte fehlen.

1873 verfügten die zu dieser Zeit bereits einflussreichen Briten das **Ende des Sklavenhandels** in Ostafrika, allerdings setzte sich der illegale Handel noch bis weit ins 20. Jh. hinein fort. Die deutschen Kolonialisten selbst sahen sich erst 1904 bemüßigt, die Sklaverei in ihrer Kolonie offiziell zu verbieten. Man vermutet, dass zwischen dem 16. und dem späten 19. Jh. insgesamt mindestens 20 Mio. Menschen aus Afrika in die Plantagen der Karibik, des Indischen Ozeans und der amerikanischen Südstaaten verschleppt wurden.

Die nördliche Küste

1880 war Bagamoyo vermutlich eine bunte, multikulturelle Stadt mit rund 1000 Einwohnern. Ihr weltweiter Ruf und die gute Infrastruktur lockten **Abenteurer und Forscher** aus aller Welt an, die Bagamoyo als Ausgangspunkt ihrer Expeditionen nutzten. Livingstone, Burton und Speke oder Stanley – sie alle schätzten die Vorzüge einer gut entwickelten Stadt, um sich angemessen für monatelange Expeditionen auszurüsten.

Nach der „Entdeckung" Afrikas durch die Europäer begann das Gerangel um die **koloniale Inbesitznahme**. 1888 pachtete das Deutsche Reich vom Sultan von Sansibar einen 16 km breiten Küstenstreifen und ernannte die Hafenstadt Bagamoyo zum militärischen und verwaltungstechnischen Hauptquartier seiner neuen Kolonie, die aber erst am 1.1.1891 offiziell ausgerufen wurde. Anfang 1892 übertrug man diesen Status wegen des tieferen Hafenbeckens auf Dar es Salaam. Nicht nur deswegen, sondern vor allem durch die offizielle Abschaffung des Sklavenhandels 1873 verlor die einst boomende Stadt ihre Wirtschaftsgrundlage und verfiel alsbald wieder in ihren einstigen beschaulichen Zustand. Trotz des gut gemeinten Baus der Schule hinterließ das feudale System der arabischen Elite vor allem ungelernte Kräfte und Analphabeten. Unternehmergeist und Bildung fehlen den Bewohnern der nördlichen Küste bis heute, weswegen der Landstrich zu den ärmsten in Tansania zählt.

Bagamoyo heute

Seit die Asphaltstraße Dar es Salaam mit Bagamoyo verbindet, ist der Ort vor allem an den Wochenenden zum Naherholungsgebiet der Großstädter avanciert. Trotzdem lässt der lukrative Tourismus auf sich warten, wohl auch, weil die Strände zwar idyllisch sind, ihnen aber das tropisch-romantische Flair von Sansibar fehlt. Und so verdienen die Hotels in Bagamoyo ihr Geld weniger mit ausländischen Touristen als vielmehr mit den einheimischen Teilnehmern an **Tagungen und Konferenzen**. Deswegen sind sie hier auch auffallend groß und mit Konferenzräumen ausgestattet.

Seit Jahren warten die Stadtväter auf die Ernennung Bagamoyos zum Weltkulturerbe als **Ausgangspunkt für die Ostafrikanische Sklavenroute**. Neben Bagamoyo sollen auch Ujiji am Tanganyika-See, Tabora und andere Orte an der Karawanenroute unter Denkmalschutz gestellt werden. Dazu soll ein 10 m breiter Korridor eingerichtet werden, der durch 13 Distrikte führt und u. a. wichtige Gebäude und Orte schützt. Obwohl kein Zweifel daran besteht, dass die Ereignisse rund um den Sklavenhandel von weitreichender Bedeutung waren, gibt sich die Unesco zögerlich. Mehrere Anträge und Ergänzungen mussten bereits eingebracht werden, aber wie beim Debakel in Kilwa (s. S. 238) bemängelt man auch im Falle Bagamoyos fehlende Nutzungsstrategien und Managementpläne sowie vor allem die mangelnde Bereitschaft Tansanias, sich mit seiner eigenen – teilweise grausamen und fremdbestimmten – Geschichte auseinanderzusetzen.

In den vergangenen Jahren wurde immerhin eine Handvoll Gebäude unter großem finanziellem Aufwand renoviert. Zu verdanken ist dies dem Engagement europäischer Organisationen, allen voran der schwedischen **Entwicklungshilfe** Sida, aber auch deutschen Initiativen, darunter Kirchen sowie der Freundeskreis Bagamoyo e. V. (⌨ www.bagamoyo.com). Dennoch könnten die Stadtväter die prestigeträchtige Ernennung zum Unesco-Welterbe mit dem unsensiblen Umbau des Postamts verspielt haben.

Der erhoffte Aufschwung nach der Wahl von Jakaya Kikwete zum Präsidenten hat sich schon in seiner ersten Amtszeit zerschlagen. Das Straßenbauprojekt, das Dar es Salaam mit dem Saadani National Park verbinden soll, liegt noch immer auf Eis. Um den Tiefseehafen von Kaole, der Bagamoyo an den Linienschiffsverkehr zwischen Dar es Salaam und Sansibar anbinden soll, ist es auch still geworden. Die Grundstücke am Meer entlang der geplanten Straße sind zwar längst alle verkauft und die Pläne für mehrere Hotels warten in den Schubläden, aber ob einer der ärmsten Distrikte des Landes jemals aus der Abwärtsspirale gelangt, ist ungewiss.

Sehenswürdigkeiten

Ein Spaziergang sollte nur in Begleitung eines ortskundigen Führers unternommen werden. Der Ortskern lässt sich gut zu Fuß erkunden, da alles auf engem Raum beisammen liegt. Nur die Kaole-Ruinen müssen mit dem Fahrzeug besucht werden, wobei ebenfalls ein Guide mitzunehmen ist.

Die nördliche Küste

Rund um das Old Fort

Die imposante Festung **Old Fort** (Altes Fort) am südlichen Ende der Stadt wurde im 19. Jh. von den Sultanen nach und nach zu einer Befestigungsanlage ausgebaut. Vorher war es das private Wohnhaus eines arabischen Händlers, wo sich auch ein Sklavenbunker befand. Die deutschen sowie die englischen Kolonialherren nutzten es als Garnisonsquartier mit Gefängnis, und bis 1990 war hier die lokale Polizei untergebracht. Heute finden hier nur mehr Tagungen der Denkmalbehörde statt. Es dürfte sich um das älteste Steingebäude von Bagamoyo handeln. ☉ tgl. 8–18 Uhr, Eintritt US$2/2000 TSH.

Obwohl der **Hanging Tree** beim Eingang des Badeco Hotels (zur Zeit der Recherche geschlossen), wo angeblich die Bushiri-Aufständischen gehängt wurden, vermutlich nie wirklich dort gestanden hat, sondern in der Nähe des Old Fort, erinnert das Denkmal an alle Widerstandskämpfer, die während der deutschen Kolonialzeit ermordet wurden.

Weiter südlich den Strand entlang liegt versteckt hinter Palmenhainen der **Deutsche Friedhof**. 20 gut erhaltene und gepflegte Gräber mit deutschen Inschriften erinnern u. a. an die Gefallenen der Wissmann-Einheit, die in der großen Schlacht während des Bushiri-Aufstands (s. S. 221) 1888 ihr Leben lassen mussten. Der Friedhof wurde zwischen 1889 und 1894 genutzt.

Rund um die Boma

Die heutige **India Street**, die dereinst die prachtvolle Kaiserstraße war, zieht sich vom Alten Fort Richtung Norden stadteinwärts. Erst 2006 wurde sie mit europäischen Geldern gepflastert.

Südlich der Boma steht das **Liku**- oder **Emin-Pasha-Haus**, das wohl weniger geschichtliche Bedeutung als eher anekdotischen Wert hat. Emin Pasha hieß ursprünglich Eduard Schnitzer, war gebürtiger Schlesier und regierte als Gouverneur von Equatoria (heutiger südlicher Sudan) unter der Krone Großbritanniens. Nachdem er 1889 heil von einer Forschungsreise zurückgekommen war, wurde zu seinen Ehren ein feucht-fröhlicher Empfang in ebenjenem Haus gegeben. Dabei schaute er zu tief ins Glas, stürzte aus dem Fenster des 1. Stocks und zog sich ernsthafte Verletzungen zu.

Linker Hand steht die weithin sichtbare **Boma**. Das monumentale ehemalige Bezirkshauptquartier von Deutsch-Ostafrika wurde 1895–1897 errichtet und erfüllte diese Funktion auch bis zum Ende der Kolonialherrschaft. Danach diente es als Distriktverwaltungsgebäude. Seit 2009 renoviert man die Boma.

Vor der Boma an der Kaiserstraße, dem Meer zugewandt, liegt ein Platz (erkennbar an den halbrunden Mauern), wo früher das **Wissmann-Denkmal** stand. Es sollte an die deutschen Soldaten erinnern, die in den Schlachten von Deutsch-Ostafrika zu Tode gekommen waren. 1946 demontierten die britischen Kolonialisten es; die Bronzeplatten des Denkmals befinden sich heute im Nationalmuseum in Dar es Salaam. An jenem Platz stand lange Zeit eine etwas verwahrlost wirkende Tafel zum Gedenken an die Entdecker **Burton und Speke**. Sie wurde aber im Zuge der Renovierungsarbeiten der Boma demontiert; möglicherweise wird sie wieder aufgestellt.

Weiter vorne, auf der linken Seite, erhebt sich ein großes, imposantes Gebäude mit dicken, runden Pfeilern, die einen herrlichen Balkon stützen. Das **Arabische Teehaus** (Arab Teahouse), das einst einen Laden und im 1. Stock ein Hotel beherbergte, wurde in den 1860er-Jahren erbaut. Später, in der deutschen Kolonialzeit, wurde es als Offiziers-Krankenhaus genutzt, wobei 1913 zwei neue Flügel angebaut wurden. Mittlerweile wurde das herrschaftliche Gebäude revitalisiert; heute sind Behörden darin untergebracht.

Entlang der ehemaligen Kaiserstraße stehen noch einige andere historische Gebäude, die sich aber – wie fast alle Bauten – in einem beklagenswerten Zustand befinden. Hier und da stößt man beim Flanieren auf eine jener alten, verwitterten **Swahili-Türen**, die zwar zur typischen Swahili-Kultur gehören, jedoch nur mehr in Stone Town von der örtlichen Bevölkerung gepflegt werden.

Am Kreuzungspunkt mit dem Weg zum Dhow- und Fischereihafen steht die **Alte Deutsche Post** (Old Post Office). Ursprünglich gehörte sie dem pakistanischen Kaufmann Sewa Haji, der übrigens viele Bauten und karitative Projekte in Bagamoyo und Dar es Salaam finanzierte. Er übergab das Gebäude 1896 den deutschen Kolonialisten, die darin das erste Post- und Telegra-

Bagamoyo

N
0 — 500 m

Kathedrale
Missionsmuseum
Holy Ghost Catholic Mission
Paradise Holiday Resort
Oceanic Bay Resort
Salzfelder ★ Denkmal des Christentums
Livingstone Church
ISLAM FOUNDATION CENTER

Übernachtung:
① Travellers Lodge
② Millenium Sea Breeze Resort
③ Moyo Mmoja Guesthouse
④ Francesco's Hostel
⑤ Bagamoyo Country Club
⑥ Lazy Lagoon Island Lodge

Essen:
1 Travellers Lodge Restaurant
2 Toplife Bar & Restaurant
3 Dizi Restaurant
4 Francesco's Restaurant

Mangesani Road
School Street
India Street (ehem. Kaiserstraße)
Strand
George Street
Deutsche Schule
Fischmarkt
Usagara House
Dhow-Hafen
Old Post Office
Customs Road
Customs House
Bunda Road
Arabisches Teehaus
Dhow-Werft
Runumbe Road
Bomani Road
Boma mit Appellplatz
Hanging Tree
Uhuru Road
Emin-Pasha-Haus
Badeco Beach Hotel (geschl.)
Msta Road
Boma Street
Badeco Beach
Alte Karawanserei
Old Fort
Deutscher Friedhof
Msata (66 km), ehemalige Karavanenroute nach Ujiji (1200 km)
Institute of Arts and Culture Bagamoyo
Indischer Ozean
Kaole Road
POLIZEI
Kaole-Ruinen

Sonstiges:
1 Apotheke
2 Bagamoyo District Hospital
3 New Market
4 Apotheke
5 Bagamoyo Living Art & Handicraft Design Centre (BLACC)

Transport:
① Busbahnhof

Dar es Salaam Kunduchi Beach (45 km)

fenamt in Ostafrika einrichteten. Bis 1995 wurde es als Postamt genutzt, an der Außenwand sind noch gut die Postfächer zu erkennen. Leider hat ein Geschäftsmann der Stadtverwaltung genug Geld geboten, um die historischen Mauern in ein überteuertes Hotel zu verwandeln und gleich nebenan ein kolossartiges Nebengebäude hinzustellen – mitten in ein zugegeben noch verfallenes historisches Ensemble. Dabei wurden die Auflagen des Denkmalschutzes verletzt; außerdem ist die Lage neben dem Brennpunkt Fischerhafen nicht die beste Adresse für ein Hotel dieser Preisklasse. In der Rezeption, in der sich zugleich ein kleines Café befindet, hängen zahllose Schwarzweißfotografien, die die alten Zeiten anschaulich dokumentieren.

Im Einzugsgebiet des Dhow-Hafens

Von der India Street führt eine schmale staubige Straße zum **Fischmarkt**, wo nach dem Eintreffen der Fischerboote das halbe Dorf auf den Beinen ist, um den Fang gleich an Ort und Stelle zu ersteigern oder zumindest einen gebratenen Happen davon zu ergattern. Früher verfrachteten die Händler hier ihre Sklaven ins Schiff. In dieser Gegend ist besondere Vorsicht mit Wertsachen geboten!

Am Meer vorne steht rechter Hand das 1895 errichtete und teilweise renovierte **Customs House** (Zollhaus), das heute die Hafenverwaltung beherbergt. Hier wurden die Sklaven in die Boote verladen, nicht ohne vorher noch Steuern pro Kopf zu erheben. Der südliche Flügel ist komplett kollabiert, der Nordflügel noch in Benutzung.

Gleich nördlich davon stehen die mächtigen Fundamente des vormals deutschen **Usagara House** aus dem Jahr 1889. Die merkwürdig anmutenden Stützen fungierten als Stelzen für ein deutsches Fachwerkhaus, das hier einst thronte und dem Direktor der Deutsch-Ostafrikanischen Gesellschaft gehörte. Es soll der gesellschaftliche Mittelpunkt der in Bagamoyo lebenden Deutschen gewesen sein. Rund um die Pfeiler waren einst Schalen mit Petroleum gruppiert, die das Ungeziefer am Eindringen und Vernichten der Lebensmittelvorräte gehindert haben sollen.

Im **Dhow-Hafen**, der sich südlich und nördlich befindet, liegen mehrere Dutzend alter traditioneller Dhows vor Anker, die heute noch als Fischerboote im Einsatz sind. Nebenan (zwischen Fischerhafen und dem geschlossenen Badeco-Gästehaus) werden in der **Dhow-Werft** noch auf traditionellem Wege und mit einfachsten Werkzeugen ebenjene schnittigen Boote gefertigt.

Zurück auf der India Street in Richtung Norden findet man sich an der nächsten Weggabelung an einem ausgedehnten Gebäude wieder, das die **erste deutsche Schule** Deutsch-Ostafrikas beherbergte. Sewa Haji schenkte das Gebäude der deutschen Kolonialverwaltung – mit der Auflage, es müssten in dieser Schule alle Rassen unterrichtet werden. Nach Stockwerken getrennt wurden dann auch wirklich afrikanische, indische und europäische Kinder unterrichtet. Mittlerweile erstrahlt die Mwambao Primary School mit ihrem blitzweißen Anstrich und den blauen Fensterläden in neuem Glanz, was dem unermüdlichen Engagement einer deutschen Partnerschule und anderen deutschen Einrichtungen zu verdanken ist.

Die katholische Mission mit Museum

Vorbei an der Travellers Lodge in Richtung Norden erreicht man die kleine **Livingstone Church**, wo 1874 Livingstones Leiche aufgebahrt wurde. Die Legende erzählt, dass 600 freigelassene Sklaven bei seinen sterblichen Überresten Totenwache gehalten hätten. Die Kirche versteckt sich hinter einer Reihe von Souvenirständen. Entgegen der Behauptung auf dem Schild „Through this door Dr. David Livingstone passed" hat der berühmteste Forschungsreisende Afrikas zu Lebzeiten niemals einen Fuß nach Bagamoyo gesetzt. Gleich dahinter zweigt ein Weg in Richtung Meer ab, an dessen Ende sich das **Denkmal des Christentums** befindet, ein großes Kreuz, das an die Ankunft der ersten christlichen Missionare in Ostafrika erinnern soll.

Links davon führt eine prächtige Allee zur ersten **katholischen Mission Ostafrikas**, der Mission der Brüder zum Heiligen Geist (Holy Ghost Catholic Mission). Obwohl an der Küste von jeher der Islam klar dominierte, überließen die Stadtverantwortlichen der katholischen Glaubensgemeinschaft 1868 ein Stück Land. Ursprünglich fungierte die Mission als Zufluchtsort für befreite Sklavenkinder.

Zuerst erblickt man rechter Hand das Missionsdenkmal sowie das 1873 erbaute, heute einsturzgefährdete Old Fathers' House, das bald renoviert werden soll. Daneben strahlt die fein säuberlich gepflegte Kathedrale (Holy Ghost Church, gebaut 1910–1915), und schräg dahinter blitzt der weiße Livingstone Tower. Der Kirchturm war einst Teil der ersten Kirche, doch diese wurde mittlerweile abgerissen. Links außen, im ehemaligen, 1876 errichteten Sisters' House (Nymba ya Masista), befindet sich das **Missionsmuseum**, das unbedingt einen Besuch wert ist. Hier finden sich interessante Exponate aus der Sklavenära ebenso wie aus der Kolonialzeit und den ersten zaghaften Anfängen der Missionierung, darunter Ketten, Folterutensilien, Ausrüstungsgegenstände der kolonialen Armeen, eine deutschsprachige Zeitung aus Tanga aus dem Jahr 1913 und

Insgesamt sieben Stätten in Tansania wurden von der Unesco für würdig befunden, den Titel eines Welterbes zu tragen – eine Auszeichnung, die die historische und kulturelle Bedeutung Ostafrikas untermauert. Doch mit der Auszeichnung sind nicht nur Lorbeeren und Reputation verbunden, sondern die Nominierung verpflichtet auch dazu, bestimmten Aufgaben zur Erhaltung und Restaurierung nachzukommen.

Bereits 1979 wurde die **Ngorongoro Conservation Area** in Tansania in die Liste des Weltnaturerbes aufgenommen. Es folgten 1981 die **Serengeti** und die **Ruinen von Kilwa**, 1982 das **Selous Game Reserve**, 1987 der **Kilimanjaro** und 2000 schließlich **Stone Town**. Zuletzt wurden 2006 die wenig bekannten **Felsenmalereien von Kondoa** zum Welterbe erklärt. Bagamoyo (als Teil der ostafrikanischen Sklavenroute) wartet hingegen bislang vergeblich auf die Ernennung.

Die Unesco stellt zwar fachliche, aber nur wenig finanzielle Hilfe zum Erhalt ihrer Kultur- und Naturdenkmäler zur Verfügung. Denn mit einer Aufnahme verpflichten sich die betreffenden Länder, selbst die **Verantwortung für den** kontinuierlichen **Schutz** der Stätten zu übernehmen – ein schier aussichtsloses Unterfangen in einem Land wie Tansania, dessen Wirtschaft größtenteils von ausländischen Geldgebern abhängt. Ausgebildetes Personal fehlt ebenso wie das notwendige Bewusstsein, von Geldmitteln ganz zu schweigen.

Ohne internationale Hilfe kämen die wenigsten Denkmäler in Tansania aus; deutsche, schweizerische oder amerikanische Organisationen engagieren sich intensiv für deren Erhalt. Hinzu kommen weitere Herausforderungen – Klimawandel, Naturkatastrophen, der Abbau von Bodenschätzen, Bevölkerungsdruck oder fehlende Managementpläne.

Eine weitere Bedrohung stellt ironischerweise der Hoffnungsträger **Tourismus** dar. Zwar spielt die Unesco mit einer Ernennung dem betreffenden Land ein marketingpolitisches Instrument in die Hände, doch bei fehlendem Know-how können Naturräume durch ein Zuviel an Tourismus unwiderruflich geschädigt werden. Über kurz oder lang würden dann Touristen ausbleiben und wichtige Deviseneinnahmen entfielen.

Freibriefe von Sklaven. Viele der Museumsstücke sind in deutscher Sprache gehalten und lassen deutlich erkennen, wie sehr die Geschichte der Küste von den deutschen Kolonialherren dominiert wurde. ⊙ tgl. 10–17 Uhr, Eintritt 1500 TSH.

Alte Karawanserei

Dieses Sklavenlager war bereits im Jahre 1800, also lange vor der Ankunft der Deutschen, in Gebrauch – als Endpunkt der Sklavenkarawanen aus dem Landesinneren. Hier, westlich der Boma und in Nachbarschaft des heutigen Marktes, warteten die versklavten Menschen auf den Abtransport nach Sansibar, denn in Bagamoyo selbst existierte kein Sklavenmarkt. Ein großer Zaun schützte das kostbare „Gut" vor Angriffen von Tieren. Auch die Träger lebten in diesem Camp. Später, in den 1870er-Jahren, wurde es von der Deutsch-Ostafrikanischen Gesellschaft neu erbaut, um Lagerräume für Elfenbein und andere Waren zu schaffen. Heute ist hier ein Museum über Sklaverei untergebracht; eine kleine Fotoausstellung dokumentiert zudem die Geschichte des Gebäudes. ⊙ tgl. 9–18 Uhr, Eintritt 2000 TSH.

Institute of Arts and Culture Bagamoyo

Weniger geschichtsträchtig als vielmehr gesellschaftspolitisch interessant ist die knapp außerhalb von Bagamoyo gelegene staatliche Kunsthochschule – die einzige Ostafrikas! Seit über 30 Jahren wird hier Tanz, Musik, Kunst, Schauspiel, Akrobatik und noch vieles mehr unterrichtet. Seit 2008 nennt man sich TaSUBa (Taasisi ya Sanaa na Utamaduni Bagamoyo). Als Heimat des staatlichen Nationalensembles (Bagamoyo Players) und Veranstalter des International Bagamoyo Arts Festival hat die Hochschule sich über die Grenzen hinweg einen Namen gemacht und verfügt (laut eigenen Angaben) über das größte Theater Ostafrikas mit einem Fassungsvermögen von 1800 Personen.

Die nördliche Küste

Nördlich von Bagamoyo finden sich alte, große Salzfelder, die noch heute neben der Fischerei die Haupteinnahmequelle der Bevölkerung von Bagamoyo darstellen. Schon zu Beginn des 18. Jhs. lieferten die Nunge-Salzfelder erhebliche Erträge, die zum Reichtum der Siedlung beitrugen. Das Meersalz wurde in großflächigen Salzgärten aus Meerwasser gewonnen. Auch jenseits des Wami River, südlich des Saadani NP, wird heute noch Salz erzeugt.

Kaole-Ruinen

Händler aus der persischen Stadt Shiraz waren die ersten Siedler von Bagamoyo. Sie erbauten 5 km vor den Toren des heutigen Bagamoyo eine Moschee sowie Grabmäler, die dem Zahn der Zeit getrotzt haben. Möglicherweise handelt es sich dabei um die erste Moschee auf dem ostafrikanischen Festland überhaupt. Datierungen sind schwierig, doch der nördliche Teil der Moschee dürfte aus dem 13. Jh. stammen, während einige der Grabsteine nicht vor dem 14. Jh. errichtet wurden. Auf einem Grabstein ist die 2. Sure aus dem Koran zu lesen, was eindrucksvoll die jahrhundertelange Präsenz des Islam in Ostafrika beweist. ⏱ tgl. 8–16 Uhr, Eintritt US$2/2000 TSH.

Übernachtung und Essen

Untere Preisklasse

Moyo Mmoja Guesthouse, unweit der neuen Post am Ortseingang, ☎ 0754-978628, 🖥 moyommoja.org. Das kleine Gästehaus mit nur 3 einfachen, aber großen Zimmern mit Gemeinschaftsbad sowie 3 kleinen Bungalows mit Du/WC ist Teil eines karitativen Projekts. Gemeinschaftsküche, Strandnähe. Beliebt bei Freiwilligen, Studenten und Backpackern, daher rechtzeitig buchen. Interessante Tarife für Langzeitaufenthalte. ❶

Francesco's Hostel, an der Straße nach Kaole rechts, ☎ 0657 602328, ✉ benjamin@ bmoyo.com. Das einfache Gästehaus mit insgesamt 17 sauberen Zimmern wird von dem Spanier Benjamin Ojeda geführt, der sich für die Künstlerszene von Bagamoyo engagiert: Er organisiert Konzerte lokaler Musiker an den Wochenenden sowie Trommel-, Tanz- und Malkurse für Besucher. Außerdem arrangiert er Ausflüge zu einer Sandbank, verleiht Räder (5000 TSH pro Tag) und sorgt für Abholung vom Busbahnhof mit dem Moped oder *bajaji*. Internet, kleiner Pool, sicheres Parken. Nur 5 Min. zum Strand. Kann Fischerboote (mit verlässlichen Fischern) nach Sansibar organisieren. ❷

Mittlere Preisklasse

Bagamoyo Country Club, Kaole Rd, 2,5 km südlich von Bagamoyo, ✆ 0769-816804, 🖥 www.bagamoyocountryclub.com. Einfache, in den Hang gebaute Ferienanlage mit zehn zweckmäßigen Zimmern samt Veranda mit traum-haftem Meerblick (AC, Ventilator, Moskitonetze, Warmwasser inklusive). Fantastische Sonnenuntergänge. Das Restaurant und die Lounge befinden sich auf Meereshöhe. Gutes Essen, kaum Beachboys. Spezielle Tarife für Langzeitaufenthalte, Transfers werden arrangiert. ❸

Travellers Lodge, Nordstrand, ✆ 0754-855485, 🖥 www.travellerslodge.com. Eindeutig die beste Wahl in der Stadt. Sehr gepflegte, sympathische Anlage, die einem deutsch-südafrikanischen Gespann gehört. 12 der 25 Cottages stehen am Strand. Gemütliches Restaurant mit Makuti-Dach und Lounge-Charakter. Die kleinen Cottages sind zwar schon etwas in die Jahre gekommen, aber noch immer tadellos in Ordnung. Äußerst beliebt, daher unbedingt reservieren. Bestes Restaurant in Bagamoyo. WLAN in der Lounge. ❸

Millenium Sea Breeze Resort, Südstrand, Nähe Kunsthochschule, ✆ 023-2440201, 🖥 www.millennium.co.tz. Abgewohntes, schmuckloses Hotel an einem schönen Strandabschnitt, das gerne für Konferenzen und auch von einigen europäischen Reiseagenturen gebucht wird. Liegt ideal für den Besuch von Veranstaltungen der Kunsthochschule, ist aber für den gebotenen Standard weit überteuert. ❹

Obere Preisklasse

Die beiden abgebrannten Hotels, Paradise Holiday Resort und Oceanic Bay Hotel, wurden zur Zeit der Recherche gerade instandgesetzt; ihre Wiedereröffnung ist für 2011 angekündigt.

Lazy Lagoon Island Lodge, Südstrand, Abzweigung 13 km vor Bagamoyo Richtung Osten, zu buchen über Foxes African Safaris, ✆ 0713-237422, 🖥 www.tanzaniasafaris.info. Die 12 Cottages mit Makuti-Dach und großer Veranda, alle im rustikalen, luftigen tropisch-

maritimen Stil erbaut, liegen malerisch auf einer 2 km vor dem Festland befindlichen, langgezogenen Halbinsel, die nur per Boot zu erreichen ist. Alle Cottages schauen direkt aufs türkisblaue Meer. Am Abend glitzern die Lichter von Bagamoyo am Horizont. Pool, blütenweißer Sandstrand, Korallenriff zum Schnorcheln. Viele Freizeit- und Wassersport-aktivitäten. ❺ – ❻ mit Vollpension

Camping

Travellers Lodge (s. o), 8 € p. P. (die Besitzer sind Deutsche). Herrlicher Campingplatz in Strandnähe, behagliches Ambiente, akzeptable Sanitäranlagen.

Essen

Zum Abendessen bleibt man entweder in der Unterkunft oder geht in eines der umliegenden Hotels. Selbst landestypische Swahili-Lokale sind dünn gesät.

Franceso's Hostel, an der Straße nach Kaole rechts, ✆ 0657 602328, ✉ benjamin@bmoyo.com. Landestypische Speisen, die mit westlichen Details aufgepeppt werden. Gute Pizzen.

Travellers Lodge, Nordstrand. Viel Fisch, Meeresfrüchte und internationale Küche. In der angeschlossenen heimeligen Lounge schmeckt das eiskalte Bier gleich doppelt so gut. Mittlere Preisklasse, Hauptgerichte um 10 000–12 000 TSH.

Toplife Bar & Restaurant, Uhuru Rd . Einfaches Gasthaus mit traditioneller Landesküche. Beliebt am Wochenende, wenn die Erholung suchenden Großstädter aus Dar es Salaam Lust auf eine gut gekühlte Coca Cola mit *chipsi na kuku* (Hühnchen mit Pommes frites) verspüren.

Dizi Restaurant, gegenüber vom Markt. Neueres, landestypisches *hoteli* mit täglich wechselnden Gerichten und Entertainment-Faktor, da man gut das Treiben auf dem Markt beobachten kann.

Unterhaltung und Kultur

Aufführungen

Im TaSUBa Theatre des Institute for Arts and Culture Bagamoyo, 🖥 tasubatheatre.weebly.com, finden immer wieder Theater-, Tanz- und

Musikaufführungen der **Bagamoyo Players** statt, die sich aus Lehrenden der Kunsthochschule zusammensetzen. Das staatliche Nationalensemble von Tansania genießt international einen ausgezeichneten Ruf.

Festivals

International Bagamoyo Arts Festival, September/Oktober (das Datum wird auf den Ramadan abgestimmt, damit das Festival nicht während der Fastenzeit stattfindet), 🖥 bagamoyofestival.weebly.com. Das 5 Tage dauernde Festival hat sich als panafrikanisches Musik- und Tanzfestival über die Landesgrenzen hinaus einen Namen gemacht und zieht Künstler vom ganzen Kontinent an. Tanzaufführungen, Konzerte, Workshops und vieles mehr. Eintritt 3000 TSH.

Exponate der Abgänger der hiesigen Kunsthochschule werden überall angeboten.

Bagamoyo Living Art & Handicraft Design Centre (BLACC), gegenüber der neuen Post beim Ortseingang. Projekt zur Ausbildung und Beschäftigung von Frauen in den Bereichen Nähen, Stoffbearbeitung und anderen künstlerischen Tätigkeiten. Verkauft werden hauptsächlich Textilien, Korbwaren und Tonerzeugnisse.

Ausflüge

Alle Aktivitäten sind bei den Unterkünften zu arrangieren: Angeboten werden Besuche in traditionellen Fischerdörfern, Bootsausflüge zur Lagune von Ras Luale zur Vogelbeobachtung (ca. US$20 p. P.), auf dem Ruvu River, wo neben Vögeln auch Schildkröten zu sehen sind (ca. US$25 p. P.), oder gar die Besichtigung von Bagamoyo per Fahrrad (Francesco's Hostel, 5000 TSH).

Stadtführungen

Jede Unterkunft organisiert dem Gast gerne autorisierte Führer für einen Stadtspaziergang (ca. 20 000 TSH p. P. inklusive aller Eintrittsgebühren). Vorsicht vor nicht anerkannten Guides, die wenig hilfreich sind und zudem ein Sicherheitsrisiko darstellen.

Wassersport

Die **Strände** sind bei Weitem nicht so makellos wie angepriesen, und die Wasserqualität, besonders um den Fischereihafen und die Dhow-Werft, ist fraglich. Zumindest sind die Strände an diesen Abschnitten oft mit Unrat und Abfällen verschmutzt. Am Strand liegen ist prinzipiell möglich, doch in einem islamischen Umfeld fühlt man sich als sonnenbadender Tourist mitunter deplatziert.

Einige **Hotelpools** dürfen gegen Bezahlung benutzt werden; die Preise sind generell verhandelbar.

Die vorgelagerte Sandbank ist ein Schnorchelparadies, ca. US$20 für einen **Bootsausflug** dorthin. Zu buchen über die Unterkünfte, z. B. Francesco's Hostel.

Apotheken

In der katholischen Mission existiert eine recht gut bestückte Apotheke. Eine weitere befindet sich in der Nähe der Karawanserei.

Geld

In der **NBC Bank** (neben der Oilcom-Tankstelle) kann Geld gewechselt werden und es existiert ein Automat für Visa-Cards.

Informationen

In den Unterkünften sowie im Missions-museum erhält man gute Auskünfte. Ausgezeichnete Informationen liefert die Website ⌨ www.bagamoyo.com.

Internet

Die großen Konferenzhotels verfügen über mehr oder weniger gutes Internet, zumeist in den hauseigenen Internetcafés. Gutes WLAN empfängt man in der **Travellers Lodge** (2000 TSH einmalig); Cafés mit Computern und Internet finden sich in der **Kunsthochschule** (1000 TSH/30 Min.) und im **Millenium Old Post Office Hotel** in der alten Post (1500 TSH /30 Min.). Mehrere kleinere Internetcafés mit verseuchten Computern liegen in der Nähe des Marktes.

Medizinische Hilfe

Das **Bagamoyo District Hospital** liegt an der India Street.

Polizei

An der Straße nach Kaole, Nähe Francesco's Hostel.

Post

Gegenüber der Oilcom-Tankstelle am Ortseingang.

Sicherheit

Die an den Stränden postierten *askaris* sind ernst zu nehmen. Nach Einbruch der Dunkelheit sind Spaziergänge am Strand oder im Ort unbedingt zu unterlassen, auch am Morgen in der Dämmerung. Bei Stadtbesichtigungen ist auf die Mitnahme von Wertgegenständen zu verzichten. Bagamoyo ist für Überfälle auf Touristen bekannt.

Im Ortsgebiet verkehren keine Busse, auch nicht zu den Kaole-Ruinen oder der Kunst-hochschule.
Aus Sicherheitsgründen sollte man für die Strecke zu den Kaole-Ruinen ein **Mopedtaxi** oder *bajaji* nehmen. Vom Busbahnhof zum nächstgelegenen Strand des Hotels Travellers Lodge sind es immerhin 1,8 km, ohne Taxi geht es also auch hier nicht. Die Unterkünfte arrangieren meist gerne Transfers.

Selbstfahrer

Zwischen DAR ES SALAAM und Bagamoyo (45 km von der Abzweigung Kunduchi Beach bis zur Ortseinfahrt) verläuft eine ausgezeichnete geteerte Straße. Eine Weiterfahrt nach MSATA (66 km), wo man auf die Asphaltstraße Richtung Norden (Saadani, Tanga) stößt, ist nur mit Allradfahrzeug empfehlenswert. Der Zustand der Piste variierte in den letzten Jahren zwischen schlecht und teuflisch schlecht, chinesische Investoren haben aber den Ausbau zu einer Teerstraße in den nächsten Jahren versprochen. Trotzdem ist die Fahrt recht idyllisch; sie führt durch typisch afrikanische Straßendörfer und ausgedehnte Ananasplantagen, mit denen ein großer Teil des inländischen Bedarfs gedeckt wird.

Busse

Der Ort ist bequem mit öffentlichen Verkehrs-mitteln von DAR ES SALAAM (Fahrtdauer ca. 1 1/2 Std. je nach Anzahl der Stopps) aus zu erreichen, entweder ab Daladala-Busbahnhof Mwenge oder Makumbusho, beide an der New Bagamoyo Road. Der **Busbahnhof** von Bagamoyo liegt in derselben Straße wie die NBC und die NMB Bank. Verbindungen nach MSATA (in der Trockenzeit zumindest 1x tgl., ca. 1 1/2 Std.) erfragt man am besten dort.

Taxis

Wer keinen Mietwagen zur Verfügung hat, kann stattdessen in DAR ein Taxi buchen

Die nördliche Küste

(US$50–70 pro Tag). Tagesausflüge werden auch von Reisebüros und Tour Operators in Dar es Salaam angeboten.

Boote

Von Überfahrten mit Dhows auf die Inseln wird generell abgeraten; Näheres s. Kasten S. 98. Wer sich dennoch an das Abenteuer wagt, fragt am besten in Franscesco's Hostel nach.

Saadani National Park

- **Zugang:** Der Park ist von drei Seiten aus erreichbar: Vom Arusha-Highway erfolgt der Zugang zum Mvave Gate über Mandera Village. Weiter nördlich zweigt man in Mkata rechts vom Highway ab oder man fährt über Pangani zum Madete Gate im Norden.
- **Eintritt:** Erw. US$20 für 24 Std.

Als jüngster aller tansanischen Nationalparks fristet der erst 2002 aus der Taufe gehobene, 1062 km² große Saadani National Park ein unbeachtetes Dasein. Dabei ist er der einzige Nationalpark des Landes, der bis ans Meer reicht. Besonders spannend ist es, am Strand frühmorgens im Sand die Fußspuren vieler Tiere auszumachen. Der Park, der von der Tourismusindustrie kaum beachtet wird, bietet die ideale Symbiose aus Safarifreuden und wahren Bilderbuchstränden. In welchem Park kann man sich schon nach einer staubigen Safari im sanft dahinplätschernden, paradiesischen Indischen Ozean abkühlen?

Die beiden Hauptorte des Parks, **Saadani Village** im Süden und **Mkwaja** im Norden, liegen etwa 35 km voneinander entfernt direkt an der schnurgeraden Hauptroute.

Allgemeines

Bereits seit 1969 bestand der heutige Nationalpark als Game Reserve. Ursprünglich standen für das Tierreservat 200 km² bereit, die sich nördlich und südlich von Saadani Village bis etwa zur Eisenbahnlinie erstreckten. Im Laufe der Jahre wurde nach und nach weiteres Land hinzugefügt, wobei man 2002 anlässlich der Umwidmung zum Nationalpark die Parkfläche auf einen Schlag verdoppelte.

In den frühen Jahren des Reservats half man dem **Tierbestand** etwas nach: Ein bescheidener Zoo wurde errichtet und u. a. mit Büffeln, Gnus, Elenantilopen, Zebras und Löwen bestückt. Mangels finanzieller Mittel wurden diese in den späten 1970er-Jahren kurzerhand ihrem eigenen Schicksal überlassen.

Der Widerstand der ortsansässigen Bevölkerung war natürlich vorprogrammiert, da die im Reservat lebenden Tiere einen Teil der Ernten vernichteten, die Errichtung von Plantagen war dadurch nicht mehr lukrativ. Auch der Raubbau an der Natur durch Abholzung, Abwässereinleitungen oder Wasserverschwendung setzte (und setzt noch immer) dem fragilen Ökosystem zu. Noch heute ist die **Kooperation** mit den umliegenden Dörfern eine der größten Herausforderungen für den Park. 1998 schließlich rief das Landwirtschaftsministerium das inzwischen abgeschlossene Saadani Conservation and Development Programme (SCDP) ins Leben, das von der Deutschen Gesellschaft für Technische Zusammenarbeit (GTZ) finanziell und inhaltlich unterstützt wurde.

Bis vor wenigen Jahren litt das Reservat stark unter der **Wilderei**, die auch heute noch nicht vollständig unter Kontrolle ist. Deshalb sind die Tiere im Saadani scheuer als anderswo.

Fauna und Flora

Bemerkenswert am Saadani-Nationalpark ist der Umstand, dass er sowohl maritime als auch festlandtypische Fauna und Flora in sich vereint. Staubtrockene **Savannenlandschaften** und **Akazienhaine** dominieren an Land, während entlang der Küste und des Wami Rivers genügsame **Mangroven** gedeihen. Das maritime Ökosystem kann mit Garnelen, Shrimps sowie über 40 Fischsorten aufwarten, darunter kleine **Haie** und sogar **Stachelrochen**. Gelegentlich werden auch **Buckelwale** und **Delfine** vor der Küste gesichtet. Die saisonal gefangenen **Garnelen** aus der Gegend gelten in allen namhaften Restaurants Tansanias als begehrte Delikatesse.

Ansonsten kann der junge Nationalpark, der gerne mit dem passenden Slogan *Where bush meets beach* wirbt, allerdings nicht mit seinen nördlichen oder südlichen Konkurrenten mithalten. Von den Big Five fehlt das Nashorn, doch

Löwen, Büffel, Leoparden und Elefanten können – mit außerordentlich viel Glück – gesichtet werden. Andere Säugetiere, wie Dikdiks, Elenantilopen, Kudus, Wasserböcke, Buschböcke, Zebras, Gnus, Hyänen oder Warzenschweine, findet man zur Genüge; eine stattliche Anzahl von Giraffen lebt ebenfalls innerhalb der Parkgrenzen. Unter Kennern ist der Park für seine Lichtenstein-Antilopen und die seltenen Roosevelts-Rappenantilopen bekannt. Letztere existieren übrigens nur mehr im Saadani und im Shimba Hills National Reserve in Kenia.

Impalas wird man hingegen vergeblich suchen, denn sie finden sich interessanterweise nicht unter den Einwohnern. Da ein Kolonialdokument aus dem Jahr 1911 belegt, dass Impalas damals in der Gegend um Bagamoyo heimisch waren, gibt ihr Verschwinden den Biologen Rätsel auf.

Saadani Village

Saadani Village, das bescheidene Fischerdorf am südlichen Parkeingang, lässt kaum vermuten, dass es im historischen Kontext der ostafrikanischen Swahili-Kultur eine Sonderstellung einnimmt.

Obwohl seine Entwicklung derjenigen aller anderen Swahili-Städte an der Küste gleicht, blieb Saadani als einziger Hafenort bis zur Kolonialzeit unabhängig regiert und von den Herrschaftsansprüchen der Omanis verschont. Kein omanischer Statthalter des Sultans wurde jemals im Dorf stationiert. Stattdessen regierte ab ca. 1870 Bwana Heri bin Juma, ein sagenumwobener Herrscher. 1882 schlug er die Truppen des Sultans bei einem seiner Versuche, das Land an sich zu reißen, gar in die Flucht. Als Endpunkt der Sklaven- und Elfenbeinkarawanen drohte Saadani Bagamoyo fast den Rang abzulaufen, besonders in den letzten 30 Jahren des 19. Jhs., als indische Händler im Dorf ansiedelten und den Handel belebten. Während sich nach dem britischen Verbot der Sklaverei alle Augen auf Bagamoyo richteten, ging der Sklavenhandel in Saadani fast unbehelligt weiter.

Es gibt Hinweise darauf, dass auch vor der Ankunft der Deutschen schon europäische Missionare, Handelsreisende und Expeditionen durch Saadani zogen. Bwana Heri hieß sie mit

Das Erlebnis, gähnende Flusspferde aus unmittelbarer Nähe oder Krokodile auf der Jagd zu beobachten, bleibt jedem Reisenden in unvergesslicher Erinnerung. Im mangrovengesäumten Wami-Fluss tummeln sich eine große Auswahl von Meeres- und Flussvögeln, wie z. B. der Mangroven-Eisvogel, der Kleine Flamingo oder der Pelikan, während die Strände eine der letzten großen Brutstätten für Suppenschildkröten auf dem tansanischen Festland darstellen. Die Preise reichen je nach Länge des Anreisewegs von US$60 (Saadani Safari Lodge) bis US$90 inklusive Pirschfahrten (A Tent with a View Safari Lodge) und alle Nationalparkgebühren.

offenen Armen willkommen, solange sie seinen ökonomischen und gesellschaftlichen Forderungen nachkamen. Als charismatischer, intelligenter Führer erkannte er die Bedrohung, die von den deutschen Kolonialisten und ihren betrügerischen Schutzverträgen ausging. Als der sansibarische Sultan den Deutschen 1888 den Küstenstreifen verkaufte und ihnen das Recht einräumte, Steuern einzutreiben, tat Bwana Heri sich schließlich mit Abushiri bin Salim al-Harth zusammen, um den Widerstand zu organisieren (s. S. 221, „Der Bushiri-Krieg"). Der Aufstand wurde vom deutschen Militär jedoch 1889 beendet, nachdem Saadani im selben Jahr bombardiert und fast völlig zerstört worden war. Mit dem Aufstieg der Dampfschiffe verlor Saadani genauso wie Bagamoyo an Bedeutung. Heute leben die etwa 3000 Einwohner hauptsächlich von der Kokospalmenzucht (die Wildtiere lassen kaum Landwirtschaft zu) und vom saisonalen Garnelenfang (prawns), der jeweils in den Regenmonaten März, April und Mai (Kaskazi) über die Bühne geht. Mangels Kühlmöglichkeiten werden die begehrten Garnelen fangfrisch an Restaurants und Hotels in Sansibar, Bagamoyo und Dar es Salaam verkauft.

Einige wenige Ruinen existieren noch; die Unterkünfte organisieren Village Tours – ohne kundige Führer sind die Ruinen nämlich nur halb so attraktiv.

Die nördliche Küste

Übernachtung und Essen

Alle Unterkünfte haben von April–Mai geschlossen.

Südeingang

Tanapa Saadani Guesthouse, nördlich der Saadani Safari Lodge, anzumelden beim Gate, ohne Verpflegung. Funktionale Unterkunft der Nationalparkverwaltung, aber nur im Notfall zu empfehlen.

Saadani Safari Lodge, ☎ 022-2773294, 🖥 www.saadanilodge.com. Inspirierende, verträumte Safari-Lodge mit 9 Standard-Cottages und 6 neuen Suiten direkt am Strand und viel Liebe zum Detail. Zwei Pools, einer direkt am Meer. Exzellente Küche, spezialisiert auf Fisch und Meeresfrüchte. ❼ all inclusive. Die noch exklusivere (und auch teurere) **Saadani River Lodge**, 🖥 www.saadaniriver lodge.com, hat 2011 eröffnet. Sie wird von den gleichen Leuten betrieben wie die Saadani Safari Lodge.

Camping

Public Campsite der Tanapa, nördlich der Saadani Safari Lodge, anzumelden beim Eingang, US$30. Weitere Campsites gibt es beim Wami River (Kinyonga Campsite), südlich der Salzfelder, im Zaraninge Forest (Anfahrt Kisampa Camp) oder zentral im Park (Tengwe Campsite). Man sollte sich auf bescheidene sanitäre Anlagen einstellen.

Nordeingang

A Tent with a View Safari Lodge, Buchungen über A Tent with A View Safaris, ☎ 022-2110507, 🖥 www.saadani.com. Herrlich gelegene, ältere Lodge im Rustikal-Chic mit 14 fantasievollen Bandas. Die meisten ruhen auf Holzplattformen mit großem Balkon, wo man in der Hängematte

---

🏵 **Kisampa Camp – ein echtes Ökocamp**

Das **Kisampa Camp** liegt außerhalb des Nationalparks – vor dem Mvave Gate rechts auf die Sandpiste abzweigen und durch den Zaraninge Forest fahren –, ☎ 0769-204159, 🖥 www.afrika afrikasafaris.com.

Hier, in der Kisampa Conservation Area, widmen Rob Barbour und seine Familie ihre ganze Energie der Nachhaltigkeit und dem echten Ökotourismus – ein Vorzeigebeispiel in Tansania. Gemeinsam mit dem benachbarten Dorf Matipwili betreiben sie die Conservation Area, um Abholzungen (zwecks Feuerholzgewinnung) den Riegel vorzuschieben, dem Wildern Einhalt zu gebieten und den Naturraum in seinen ursprünglichen Zustand zurückzuversetzen. Ein Teil der Einnahmen des Camps geht ans Dorf, dessen Gremium penibel über die Mittelverwendung wacht. Lebensmittel und Anschaffungen für das Camp werden von lokalen Händlern gekauft; das Camp selbst ist fast gänzlich kerosinfrei (Solarlampen). Die totale Unabhängigkeit von fossilen Rohstoffen (für die Fahrzeuge und die Küche) wird in den nächsten Jahren erfolgen, wenn die Jatropha-Plantagen genügend Früchte für die Ölgewinnung liefern. Die sechs komfortablen, rustikalen Bandas aus lokalen Materialien (Holz, Gras, Stein, Zement) sind möglicherweise nicht jedermanns Sache – mit effizienter Buschtoilette und Buschduschen unter freiem Himmel. Plastik ist verpönt; Honig und andere Lebensmittel stammen aus der eigenen Produktion. Echte Naturliebhaber, die vor oder nach einer Safari ein paar Nächte im Busch relaxen möchten, werden sich genauso wie Familien mit Kindern pudelwohl fühlen. Herzliche Gastgeber, unterschiedlichste Aktivitäten (z. B. Besuch von Matipwili, Fluss- und Vogelwanderungen, Fährtenleskurse und andere Aktivitäten für Kinder). Die Stiftung Tuende Pamoja (dt. „Sich gemeinsam auf den Weg machen") koordiniert und finanziert unter Einbeziehung der Entscheidungsträger Dorfprojekte, z. B. die Errichtung der Secondary School, einer Bibliothek etc. Hier werden keine leeren Phrasen gedroschen, sondern angepackt, um der lokalen Bevölkerung Perspektiven zu geben und den Naturraum zu erhalten. ❼ all inclusive (Vollpension, Getränke, Aktivitäten)

---

den Blick aufs Meer genießen kann. Gute Küche. ⑥ Vollpension, ⑦ All-inclusive-Safari-Package

Sofern man sich nicht auf einer organisierten Safari befindet, kann man bei den Lodges Aktivitäten buchen.

Tierbeobachtung

Pirschfahrten und **Walking Safaris**
Alle Unterkünfte verfügen über gut gewartete Fahrzeuge, man ist also nicht auf Tourveranstalter angewiesen. Halbtags-Pirschfahrten oder Walking Safari US$40–60.

Meeres-Safari

Schnorcheln an der Mafui-Sandbank; Anfragen an die Saadani Safari Lodge.

Boot-Safari

auf dem Wami River: s. Kasten S. 203.

Selbstfahrer

Die Zufahrtspiste zum **Mvave Gate im Südwesten** über Mandera Village ist je nach Saison in mehr oder minder passablem Zustand. Ein 4WD-Fahrzeug ist unbedingt erforderlich (160 km von Dar es Salaam nach Mandera Village via Chalinze auf Teer, ab Mandera Village nur mehr Sand- und Schotterpiste, 4–6 Std.). Die versteckte Abzweigung nach rechts auf dem Arusha-Highway befindet sich vor dem rot-weiß-roten Mobilfunkmast 3,5 km nach dem Wami-River-Elektrizitätswerk, das in einer Talsohle liegt. 2 km hinter Mandera liegt rechter Hand die alte, doch gut gepflegte Mandera Mission. Die Anfahrt aus dem **Norden (Madete Gate)** ist besonders spektakulär: Zuerst muss man mit der Fähre über den Pangani River, danach geht es 45 km ab Pangani River bis Mkwaja Village, ca. 2–3 Std.). Nach Mkwaja muss man sich an der Abzweigung links (südlich) halten. Von Mkata aus am Highway ist der Park ebenfalls erreichbar; vor Mkwaja biegt man rechts zum Madete Gate ab. Die Zufahrt über den **Wami River (Wami Gate)** ist momentan nicht machbar, da die

Brücke über den Fluss bis dato nur auf Papier existiert.
Die Pisten im und um den Park variieren in der Qualität je nach Saison und Dienstauffassung der Parkverantwortlichen. 2010 wurden Allwetterpisten angelegt, doch ihr Ablaufdatum hängt in hohem Maße von der Bereitschaft zur Instandhaltung ab.

Transfers

Alle Unterkünfte arrangieren Transfers, z. B. Saadani Safari Lodge (US$300 einfach ab Dar es Salaam) oder Kisampa Camp (US$250).

Busse und Daladalas

Die Anreise mit großen Überlandbussen funktioniert bis Mandera Village problemlos (Abholung von dort durch die Lodges). Nur bei trockenen Straßenverhältnissen verkehren Busse und Daladalas von DAR ES SALAAM nach Saadani Village (4–6 Std.) bzw. von TANGA nach Mkwaja (3–4 Std.).

Flüge

Die meisten Gäste fliegen in den Saadani-Nationalpark, mit Linienflügen von DAR ES SALAAM (US$240 p. P. einfach, 30 Min.) oder von SANSIBAR (US$295, 15 Min.), z. B. mit Airlink. Die Camps arrangieren auch Charterflüge in 5-Sitzer-Maschinen, die für Kleingruppen preislich attraktiver sind.
Die beiden Flugfelder liegen wenige Kilometer von den Dörfern Mkwaja und Saadani entfernt. Das Kisampa Camp hat seinen eigenen Airstrip.

Boote

Die Fähre über den Wami River ist in Betrieb, wenn es der Wasserstand zulässt. Das Auto muss dann auf der anderen Seite des Flusses geparkt werden (Wachmann US$10/Tag). Mit den Lodges kann eine Abholung von der Fähranlegestelle arrangiert werden (entweder per Fahrzeug oder – zur Saadani Safari Lodge – mit dem Boot bis zur Mündung des Wami River, dann weiter übers Meer). Das Kisampa Camp kann ebenfalls über den Wami River erreicht werden (Parken nahe Kiwangwa Village, Wachmann US$10/Tag; eine detaillierte Anfahrtsbeschreibung muss angefragt werden).

Die nördliche Küste

Tanga

Im äußersten Nordzipfel der tansanischen Swahili-Küste – durch eine Teerstraße bestens sowohl mit Dar es Salaam (355 km) als auch mit Arusha (440 km) verbunden – liegt Tanga am Indischen Ozean. Dass es sich um eine **Hafen- und Industriestadt** handelt, sieht man ihr auf den ersten Blick nicht an, obwohl viele der geschätzten 300 000 Einwohner in der Zement- und Sisalindustrie beschäftigt sind. Diese Industriezweige profitieren ebenso wie Betriebe aus der Holzverarbeitung, der Düngemittel-, Mehl-, Seifen- und Kunststoffproduktion von dem gut ausgebauten Hafen, der in puncto Größe gleich hinter Dar es Salaam rangiert. Der Großteil der Menschen lebt wie auch im restlichen Tansania von der Landwirtschaft, während sich an der Küste viele als Fischer verdingen. Wirtschaftlich kontrolliert die indische Elite alle wichtigen Unternehmen, was der Entwicklung der Stadt nicht immer dienlich ist. Die Geschäftsleute sorgen beispielsweise seit Jahren erfolgreich dafür, dass der Straßenbau rund um Tanga vernachlässigt wird, um weiterhin massig Geld mit Geländewagen, Autoersatzteilen und Werkstätten scheffeln zu können. Solcherlei Eigeninteressen ersticken Versuche einer touristischen Erschließung meist schon im Keim – ob zum Vorteil oder Nachteil

Von Tanga zu Tanganyika

Zu Beginn der Kolonialisierung war Tanga der wichtigste Verbündete der Deutschen bei der Eroberung des Hinterlands. Deshalb führten sie den Namen Tanganyika in den allgemeinen Sprachgebrauch ein, um das unerforschte Land zwischen dem Meer und dem damals noch namenlosen Lake Tanganyika zu benennen (*nyika* bedeutet „Wildnis"). Unter der britischen Herrschaft wurde der Name erstmals für das Territorium Deutsch-Ostafrika verwendet – und somit von einem See auf das ganze Land ausgedehnt. Woher der Name Tanga stammt, ist nicht ganz klar; möglicherweise aus der persischen Zeit oder aber aus dem Swahili, wo *tanga* „segeln" oder „Segel" heißt. Seit jeher lagen nämlich in Tanga zahllose Dhows vor Anker.

Tangas, da mag sich jeder Reisende sein eigenes Urteil bilden. Wenigstens ziehen die wichtigsten Tourismustreibenden seit kurzem durch die Vereinigung Tatona an einem Strang; vielleicht verhilft sie dem Großraum Tanga zu mehr touristischer Aufmerksamkeit.

Obwohl Industrie und Inder die Stadt beherrschen und außer alten Kolonialbauten kaum touristische Substanz vorhanden ist, punktet das kleine, entspannte Städtchen mit Swahili-Charme, Verschlafenheit und reichhaltiger Geschichte. Zahlreiche Gebäude aus kolonialen Zeiten dominieren das Stadtbild, viele davon vorbildlich wiederbelebt. Für Reisende, die sich gerne in der Sonne räkeln, lohnt sich ein Abstecher an die einige Kilometer südlich der Stadt gelegenen, recht ordentlichen Strände.

Geschichte

Über die frühe Geschichte der Stadt ist wenig bekannt, doch stand auch dieser Küstenort über Jahrhunderte hinweg unter der Dominanz der Shirazi. Nur wenig erinnert allerdings daran, außer einigen Überresten auf Toten Island und südlich der Stadt.

Im Schatten der großen, traditionellen Häfen wie Mombasa, Pangani oder Bagamoyo mauserte sich Tanga erst spät, während der Ära des Sklaven- und Elfenbeinhandels, zu einem reichen **Handelsstützpunkt**. Von hier wurde die weiße und schwarze „Ware" zum großen Markt nach Sansibar verschifft. Angezogen vom Glanz der Stadt und der wirtschaftlichen Blüte kamen zuerst die deutschen Missionare und später auch die deutschen Kolonialherren. Die Deutschen bevorzugten die hiesige tiefere Bucht als Ankerplatz für ihre schweren Dampfschiffe, wodurch Pangani, bis dahin der Hauptort der nördlichen Küste, in die Bedeutungslosigkeit versank. Durch diesen strategischen Vorteil avancierte Tanga 1889 zum **militärischen Außenposten für Deutsch-Ostafrika** und zum Ausgangspunkt für die weitere Landnahme im Hinterland.

Als der Sklavenhandel durch das Verbot von 1873 nach und nach an Bedeutung verlor, begannen die deutschen Kolonialherren 1893 mit dem Bau der **Usambara-Bahn** von Tanga nach Moshi und später nach Arusha, die vor allem den Transport von Exportgütern wie Kaffee, Baumwolle

Die Naturfaser Sisal *(Agave sisalana,* Swahili *katani)* stammt ursprünglich aus Süd- und Zentralamerika und zählt neben anderen Agavenarten, wie Manilahanf oder Jute, zu den Hartfasern. Als der deutsche Botaniker **Richard Hindorf**, der in Amani auf einer Plantage arbeitete, in einem botanischen Fachmagazin einen Artikel über Sisal sah, ließ er – nach einem Fehlversuch mit mexikanischen Pflanzen – 1000 Bulbillen aus Florida kommen. Nur 62 Stecklinge überlebten 1892 die Seefahrt über Hamburg nach Tanga. Der Rest ist Geschichte: Im trockenen, sonnenintensiven Klima Ostafrikas gediehen die ersten Stecklinge bestens und legten den Grundstein für den mächtigsten Wirtschaftszweig der ersten Hälfte des 20. Jhs. Nachdem die Stecklinge per Hand gepflanzt werden, steht nach ca. drei Jahren das erste Mal eine **Ernte** an. Die Erntehelfer schneiden einmal im Jahr die bis zu 1,5 kg schweren Blätter am unteren Ansatz ab und müssen dabei vorsichtig sein, denn die spitzen Stachel der Blätter bohren sich leicht in die Haut. Die stachelige Spitze wird gekappt und die Blätter fein säuberlich in Lagen gestapelt, bevor sie weitertransportiert und -verarbeitet werden. In einem maschinellen

Vorgang trennen sich die trockenen Fasern vom Blattgewebe, werden hernach bis zu 12 Stunden in Wasser eingeweicht, um unerwünschte Stoffe auszuwaschen, und abschließend bis zu 10 Stunden an der Sonne getrocknet. In Bündel sortiert folgt dann der Export.

Noch heute stellt Sisal eine der weltweit wichtigsten Naturfasern dar, die als Alternative zu erdölbasierten Kunstfasern eine Renaissance erlebt. Traditionell wurde Sisal für Taue, Seile, Garne, Teppiche oder Fischernetze verwendet. Heutzutage findet es **Verwendung** als Verbundwerkstoff, Füllstoff für Matratzen, Dämmstoff für Häuser oder Isolierungen für Luxuswagen. Außerdem greifen moderne Biogasanlagen zur Stromproduktion auf die Abfälle aus der Sisalproduktion zurück. In Brasilien experimentiert man sogar an einem Verbundwerkstoff aus Sisal und Zement, der Asbest ersetzen soll.

Eine ausgewachsene Pflanze, die wie eine überdimensionale Ananas-Staude aussieht, wiegt bis zu 150 kg und kann bis zu 15 Jahre alt werden. Wenn die Lebensdauer einer Sisalpflanze erschöpft ist, erwächst ihr aus der Mitte ein Stab, der in Tansania als billiges Baumaterial für Dächer beliebt ist.

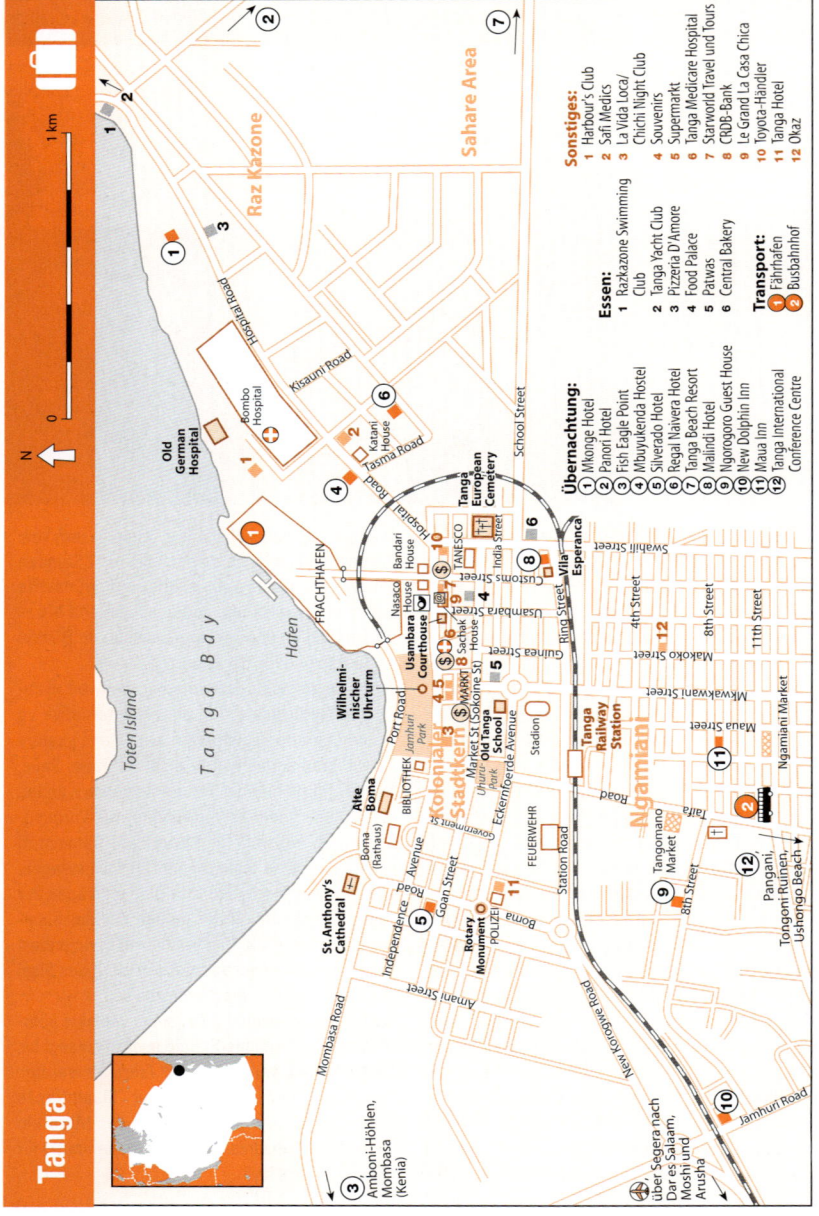

Tanga

oder Holz und später Sisal zum Hafen gewährleisten sollte. Der Plan bestand darin, die Kilimanjaro-Region mit dem Meer und somit einem wichtigen Hafen zu verbinden. 1895 erreichte die Bahntrasse Muheza, doch wurden die Bauarbeiten aufgrund der wirtschaftlichen Misserfolge im Kaffeehandel anschließend eingestellt.

Nachdem 1892 erstmals **Sisal** in Pangani gepflanzt worden war, entwickelte sich dieser Rohstoff zum Exportschlager; in der Folge gewann auch Tanga an Größe und Bedeutung. An die 5000 Einwohner soll der Ort damals gezählt haben. Der Eisenbahnbau wurde vorangetrieben und erreichte 1902 Korogwe, 1905 Mombo am Fuße der westlichen Usambara-Berge. Diese Verbindung zum Hinterland bewahrte Tanga vor dem wirtschaftlichen Verfall, der viele andere Küstenorte nach der Einstellung des Sklavenhandels ereilte.

In dieser Zeit siedelte auch eine erkleckliche Anzahl von **Griechen** in der Stadt, die vor allem von der deutschen Regierung für den Bau der Eisenbahnlinie nach Deutsch-Ostafrika entsandt worden waren. Nach Beendigung des Eisenbahnbaus bewirtschafteten sie das Land und spielten über lange Zeit als Landwirte eine beherrschende Rolle in der Region.

Als tansanische Küstenstadt, die Kenia am nächsten liegt, musste Tanga im **Ersten Weltkrieg** als Bollwerk an der Front zwischen Deutschland und Großbritannien herhalten. Der legendäre britische Angriff vom 3. November 1914 konnte von der deutsch-afrikanischen Truppe unter **General von Lettow-Vorbeck** sowie einem riesigen Schwarm von Bienen abgewehrt werden. Die Bienen attackierten erbost die britischen Angreifer, da ihre Bienenstöcke von deren Gewehrsalven vernichtet wurden. Es dauerte noch anderthalb Jahre, bis Tanga im Juli 1916 schließlich doch von den Briten eingenommen wurde. Diese Episode fand sogar Eingang in die Literatur: William Boyds Roman *An Ice Cream War* (dt.: *Zum Nachtisch Krieg*) ist ein tragikomischer Antikriegsroman über die Wirren des Ersten Weltkriegs in Tansania und Kenia.

Unter den Briten wurde der Hafen angesichts der guten Wirtschaftsprognosen für **Sisal** ausgebaut. Bis zum Ende des Zweiten Weltkriegs war Tanga der größte Sisal exportierende Hafen der Welt. 1959 erreichte man den Höchststand mit 205 273 t produzierten Sisals; zur Zeit der Unabhängigkeit 1961 war Tanga die zweitgrößte Stadt des Landes. Noch 1966 galt Tansania mit 35 % des weltweiten Exportvolumens als führender Sisalproduzent. Dem afrikanischen Sozialismus unter Nyerere und der Verstaatlichung der Betriebe sowie der Erfindung synthetischer Materialien ist es zuzuschreiben, dass Sisal und der Hafen von Tanga zunehmend an Bedeutung verloren. Langsam verfiel Tanga, wie zuvor schon der Großteil der einst boomenden Swahili-Küste, in einen Dämmerzustand.

Während Sisal in den 1990er-Jahren gerade mal US$150 pro Tonne am Weltmarkt erzielte, waren es Mitte 2007 bereits wieder knapp US$1000. Grund für den **Aufschwung** ist das wachsende ökologische Bewusstsein, gestiegene Erdölpreise und die daraus resultierende Abkehr von künstlichen Produkten. In der Folge werden nun die brachliegenden Sisalplantagen rund um Tanga (und auch in anderen Landesteilen) wieder zum Leben erweckt und mit massiven Investitionen aufgerüstet. In den nächsten Jahren will man in Tansania jährlich 200 000 t Sisal produzieren. Zum Vergleich: Ende der 1990er-Jahre wurden gerade einmal 20 000 t produziert. Der Weg ist das Ziel, denn über Nacht lassen sich die Produktionszahlen nicht verzehnfachen, schon gar nicht, wenn Wetterkapriolen die ambitionierten Pläne kreuzen. 2010 hat die Sisalwirtschaft aber immerhin wieder 24 677 t produziert.

Erst 2005 wurde Tanga trotz seiner langjährigen wirtschaftlichen Bedeutung für Tansania in den Rang einer Stadt erhoben.

Sehenswürdigkeiten

Die Bahnlinie teilt Tanga in zwei Hälften: Der koloniale Stadtkern liegt dem Meer zugewandt, mit teilweise in Schuss gehaltenen historischen Bauten und dem östlich davon auf einer Halbinsel gelegenen Villenviertel Raz Kazone. Jenseits der Eisenbahn liegt das lebhafte, im Schachbrettmuster angelegte Afrikaner-Viertel Ngamiani mit landestypischen Verkaufsbuden, dem großen Markt und dem zentralen Busbahnhof. Ein kleiner Streifzug durch die Stadt lohnt sich allemal, denn so kann man den Charme von Tanga am besten erspüren.

Das **alte Stadtzentrum** ist geprägt von seiner großzügig angelegten Architektur, die an sorgfältig geplante Reißbrettstädte erinnert. Die breiten Alleen sowie einige hübsche Wohn- und Verwaltungsgebäude mit hohen Räumen und luftigen Veranden verdeutlichen den typischen Tropen-Baustil der Kolonialzeit. Die gepflegt wirkende Innenstadt kann man gut zu Fuß besichtigen, die sehenswerten Gebäude befinden sich in den drei parallel zum Meer verlaufenden Hauptstraßen (Independence Avenue, Market Street und Eckernfoerde Avenue).

Einige koloniale Relikte aus deutschen Zeiten stehen an der Waterfront in der heutigen Independence Avenue. Nur 150 m hinter der Abzweigung von der Boma Road liegt die **Boma**, wo ab 1901 das deutsche, kaiserliche Bezirksamt untergebracht war (und heute das Rathaus). Gleich nebenan stehen die **Alte Boma** (Büros der Militärverwaltung bis 1901), die derzeit renoviert und zum geplanten Tanga-Museum umfunktioniert wird, sowie die blitzweiße Bibliothek *(library)*, die erst in der britischen Zeit errichtet wurde.

Im angrenzenden **Jamhuri Park** steht ein Denkmal, das an die deutschen Marinesoldaten erinnert, die im Bushiri-Krieg ihr Leben lassen mussten. Der **Wilhelminische Uhrturm** aus dem Jahr 1901 im selben Park ist noch vollständig erhalten. Schräg gegenüber, neben der CRDB-Bank, befand sich einst das beste Hotel der Stadt und lange Zeit das einzige Hotel Tanganyikas, das legendäre Hotel Kaiserhof. Bis zur Eroberung der Stadt 1916 markierte es das gesellschaftliche Zentrum der deutschen Siedler. Heute ist das Gebäude in Privatbesitz. Ein paar Schritte weiter östlich kreuzt die Independence Avenue die Usambara Street, an der nach 50 m zu rechter Hand das **Usambara Courthouse** liegt. Das schmucke, zweistöckige Gebäude wurde erst kürzlich vom hiesigen Denkmalschutzverein renoviert und beherbergte lange Zeit das Gericht. Während der deutschen Zeit residierte der Bezirkshauptmann von Tanga, Walter von Saint Paul-Illaire, in diesem Haus. Er gilt übrigens als Entdecker des **Usambaraveilchens** (s. S. 360).

Auf dem gepflegten **Soldatenfriedhof** (Tanga European Cemetery) am Ende der Market Street liegen unter zwei großen Baobab-Bäumen gemeinsam deutsche Soldaten und Askari-Krieger begraben, die 1914 in einer Schlacht gegen die Briten den Tod fanden.

Auf der Hospital Road stadtauswärts Richtung Raz Kazone findet man das große Bombo Hospital und gleich dahinter, direkt am Meer, ein herrlich stattliches Gebäude mit Arkadengängen, Erker und roten Schindeln. Es handelt sich um das erste **Deutsche Krankenhaus** in Afrika, das 1902 errichtet wurde. Noch heute spricht man vom *German Hospital*, obwohl sich über die Jahre der Name Cliff Block etablierte. Bis vor wenigen Jahren wurde der Bau noch vom Krankenhaus genutzt, doch mittlerweile ist er so baufällig, dass ein Verweilen darin lebensgefährlich wäre. Unweit davon befinden sich weitere Kolonialrelikte, wie das britische **Katani House**, das dem größten Sisalunternehmen Tansanias, Katani Ltd., als Headquarter dient, oder das weiter stadtauswärts liegende **Mkonge Hotel**, in dem sich einst die europäischen Sisalpflanzer zu Clubabenden trafen.

Ebenfalls aus der englischen Zeit stammen der **Bahnhof** an der Station Road und die unweit davon in derselben Straße gelegene wunderbare **Vila Esperanca** („Villa der Hoffnung"). Beide wurden 1930 erbaut und reflektieren recht gut die Aufbruchstimmung, die Tanga auf dem Weg zur führenden Sisal produzierenden Stadt erfasst hatte. Die Villa symbolisiert auch die ethnischen Verstrickungen, welche die Kolonialpolitik erzeugte. Aus ihren indischen Kolonien heuerten die Briten Arbeiter an, die in den folgenden Jahren zu Händlern wurden. Dabei musste sich England den indischen Subkontinent mit Portugal teilen, und in Goa, heute ein Bundesstaat, herrschten die Portugiesen noch bis 1961. So erklärt sich der portugiesische Name einer goanisch-indischen Villa in Tansania.

Zurück an der Eckernfoerde Avenue, gegenüber vom Stadion, errichtete die deutsche Kolonialregierung 1895 die erste Schule Tanganyikas, die **Old Tanga School**. Noch heute wird in der Secondary School unterrichtet, die man dank großzügiger Unterstützung des Städtepartners Eckernförde 2004 renovierte. Überhaupt ist die seit 1963 existierende Städtepartnerschaft mit Eckernförde an der Ostsee äußerst fruchtbar. Die Partnerschaft besteht vor allem in der kontinuierlichen Finanzierung kleinerer und größerer

Obwohl Reichskanzler Bismarck neuen Kolonien skeptisch gegenüberstand, schloss er sich dem europäischen Rennen um die besten Startplätze für die Eroberung Afrikas an. So erhielt der Pastorensohn **Dr. Carl Peters**, der später als Schöpfer von Deutsch-Ostafrika in die Geschichtsbücher einging, den Auftrag, im Namen der Deutsch-Ostafrikanischen Gesellschaft Gebiete in Besitz zu nehmen, was er von 1884 an auch tat. Mit faulen „Schutzverträgen", die von den Häuptlingen nicht einmal verstanden wurden, kaufte er sukzessive die Rechte für die Landnutzung an, was einer **Landenteignung** gleichkam. Deutsche Unternehmer verdienten sich mit ihren **Kolonialgesellschaften** eine goldene Nase. Deutsche Plantagen, z. B. für Kaffee, Nelken, Sisal oder Bananen, wurden gegründet; Import-Export-Unternehmen handelten mit Kolonialwaren (Elfenbein, Kopal, Ebenholz) aus der ostafrikanischen Kolonie. Als neuer **Absatzmarkt** war Ostafrika ebenfalls interessant, wenn auch – gemessen an anderen Außenhandelspartnern – nur am Rande.

Um ein Wirtschaftswachstum zu ermöglichen, musste Deutschland die **Infrastruktur** aufbauen. So verlegte man die Usambara-Bahn und die Zentraleisenbahn (heutige Central Line), investierte in Häfen und Straßen und errichtete Verwaltungsgebäude sowie Telegrafenlinien und -ämter. Um das Leben der deutschen Kolonialisten zu erleichtern, wurden Krankenhäuser gebaut und massiv in die Ungezieferbekämpfung investiert. Während die Privatunternehmen satte Profite mit dem Kolonialhandel einfuhren, blieb die Kolonie für das Kaiserreich aufgrund der hohen Investitionen bei relativ geringen Steuereinnahmen ein Verlustgeschäft.

Abgesehen von finanziellen Interessen ging es auch darum, der Bevölkerung die angeblich höherwertigen deutschen Tugenden beizubringen. Dazu dienten u. a. Schulen, eine straffe Verwaltung sowie die Einführung der Lohnarbeit.

Mit der Niederlage Deutschlands gegen England im Ersten Weltkrieg ging 1918 das Kapitel Deutsch-Ostafrika zu Ende. Doch damit war das **rassistische Gedankengut** in vielen deutschen Köpfen noch lange nicht ausgelöscht – nicht umsonst wurden die als besonders brutal bekannten deutschen Kolonialisten, wie z. B. Dr. Carl Peters, vom NS-Regime als Nationalheilige verehrt.

Entwicklungsprojekte. Als Dank dafür haben die Stadtväter nicht nur eine Schule, sondern auch eine der wichtigsten Hauptstraßen nach der Partnerstadt benannt.

Übernachtung

Zentrum

Ngorogoro Guest House, 8th St., westlich der Pangani Rd., ✆ 027-2643512. Landestypische Unterkunft. ❶

Malindi Hotel, Ring St., 4 Blöcke östlich des Bahnhofs, ✆ 027-2642791. Anspruchsloses landestypisches Gästehaus, das aber noch zu den akzeptableren Unterkünften gehört. ❶–❷

Maua Inn, Barabara ya Nane, ✆ 027-2646242. Einfaches mehrstöckiges Gästehaus zu einem attraktiven Preis im geschäftigen Stadtteil rund um den Busbahnhof. ❷

New Dolphin Inn, ein wenig außerhalb vom Stadtzentrum in der Chuda Area, östl. der Gleise, von der Einfahrtsstraße ausgeschildert, ✆ 027-2646061, ✉ dolphinhotel2000@yahoo.com. Großes, dreistöckiges Hotel mit blitzweißer Fassade und recht komfortablen Zimmern im landestypischen Stil. Es gibt keinen Garten, aber dafür ein Restaurant im Erdgeschoss. Das Hotel hat einen guten Ruf, liegt aber ein wenig abseits für ein Stadthotel. ❷

Silverado Hotel, Boma Rd., ✆ 027-2646054. Älteres Mittelklasse-Gästehaus mit 8 Zimmern in landestypischer Qualität. Obwohl es direkt an der Straße steht, kann es leicht übersehen werden. ❸

Bombo, Raz Kazone, Sahare

Mbuyukenda Hostel, Nähe Bombo Hospital, ✆ 027-2640094. In der alten Mission gibt es

Die nördliche Küste

zweckmäßige, ordentliche Zimmer rund um einen angenehmen Garten. Günstiges Restaurant. ❶

Panori Hotel, Raz Kazone, ✆ 027-2646044, ✉ panorihotel@yahoo.com. Betagte, aber sympathische und saubere Unterkunft auf der grünen, ruhigen Raz-Kazone-Halbinsel. Ratternde AC und TV mit Schneetreiben inklusive, deshalb sollte man unbedingt nach einem der 4 Zimmer mit Meerblick fragen! Liebenswürdiges Personal, passable indische Küche, aber schlecht beschildert. Es besteht die Möglichkeit, gegen Gebühr (Preis ist Verhandlungssache) das eigene Fahrzeug sicher für einige Tage zu parken, z. B. um einen Ausflug nach Pemba zu unternehmen. ❷

Regal Naivera Hotel, Raz Kazone Bombo, Nähe Bombo Primary School, ✆ 027-2645669, 🖳 www.regalnaiverahotel.com. Eines der besseren Geschäftshotels der Stadt in einer ruhigen Gegend im landestypischen Stil. ❸

Mkonge Hotel, Bombo Hospital Rd., nach dem Krankenhaus links, ✆ 027-2643440, 🖳 www.mkongehotel.com. Dem altehrwürdigen Haus, früher Verwaltungsgebäude und Club von Sisalpflanzern, ist leider durch eine unsensible Renovierung sein kolonialer Charme abhanden gekommen. Es herrscht ein bizarrer Mix aus kolonialer Bausubstanz und indischer Hochglanzarchitektur. 50 Zimmer, alle mit TV und AC. Pool. Liegt direkt am Strand, trotzdem kein Strandzugang. ❸–❹

Tanga Beach Resort, Oststrand von Tanga bei Sahare, der Eckernfoerde Avenue nach Osten folgen, ✆ 027-2645424, 🖳 www.tangabeachresort.com. Nicht unbedingt, was man sich unter einem Beach Resort vorstellt, denn die Mangroven behindern den Zugang zum Meer. Beliebtes, überteuertes Konferenzhotel mit 46 Zimmern im Stil eines typischen Geschäftshotels an der Küste, Pool und weitläufigem Garten in ruhiger Lage. ❹–❺

Außerhalb der Stadt

Tanga International Conference Centre (TICC), 12 km südlich in Mwambani, an der Straße nach Pangani, ✆ 0716-666617, 🖳 www.meetingpointtanga.net. Wer nicht unbedingt in Stadtnähe übernachten, aber dennoch nah genug

sein möchte (Taxi ca. 15 000–20 000 TSH), muss rechtzeitig beim TICC buchen (eigentlich ein Konferenzzentrum). Die erschwinglichen, sauberen und simplen Zimmer befinden sich in einer weitläufigen, gepflegten Anlage, und das Rahmenprogramm kann sich für kulturinteressierte Besucher sehen lassen: Trommel- und Tanzworkshops, Maasai-Besuche, Swahili-Kurse und vieles mehr, um Land und Leute besser verstehen zu lernen. Zudem gibt es nirgends in Tanga mehr Aktivitäten: Dhow-Ausflüge, Schnorcheln, Beachvolleyball, diverse Spiele und Schwimmen. Das Restaurant zählt zu den besten der Stadt. ❷–❸, ❺

Fish Eagle Point, Mkadini Beach, 40 km nördlich von Tanga an der Mombasa Rd., ✆ 0784-346006, 🖳 fisheaglepoint.com. Rustikale, luftige Cottages am Strand. Hier kann man sich weit weg vom Trubel erholen. Pool, Bootsausflüge, Schnorcheln, Fischen. ❺ Vollpension

Camping

Wer ein paar Tage am Meer ausspannen möchte, sollte lieber im weiter südlich gelegenen Peponi Beach Resort (s. Pangani, S. 220) oder im The Beach Crab (s. Ushongo Beach, S. 223) campen.

(s. Pangani, S. 220) oder im The Beach Crab (s. Ushongo Beach, S. 223)

Essen

Patwas, Mkwakwani St., zwischen Markt und Stadion. Beliebtes und alteingesessenes Restaurant, bekannt für seine Säfte und Lassis sowie exzellente indische Küche. Günstig. ◷ Mo–Sa 8–20 Uhr.

Food Palace, Market St. Die Institution in Tanga für indische Küche, Pizza und Snacks mit zahlreichen vegetarischen Gerichten. Gut und günstig, ab 2500 TSH. ◷ tgl. 8–18 Uhr.

Tanga Yacht Club, Raz Kazone, Hospital Rd. Beliebt bei den Einwohnern aus dem Westen an den Wochenenden, um der Hitze der Stadt ein Schnippchen zu schlagen, am Strand zu liegen, bei einem Glas Bier aufs plätschernde Wasser zu schauen und gut zu speisen. Westliche, indische und Swahili-Küche, ab 4000 TSH. Die Tagesgebühr von 2500 TSH ist zusätzlich zu bezahlen. ◷ Mo–Fr 10–14, 17–22, Sa und So 10–22 Uhr.

Razkazone Swimming Club, Raz Kazone, Hospital Rd. Schmackhafte indische Küche zum günstigen Preis, ab 5000 TSH. ☺ mittags und abends ab 18 Uhr.
Panori, Raz Kazone, siehe „Übernachtung". In einem offenen Rondeau mit Blick auf einen lauschigen Garten wird gute, solide indische Küche serviert. Ab 7000 TSH. ☺ tgl. mittags und abends.
TICC, siehe „Übernachtung". Nach einem Tag in der stickigen Stadt ist ein köstliches Abendessen an der Küste unter Palmen genau das Richtige. Wirklich gutes Essen, gemütliche Atmosphäre, ideal zum Relaxen.
Pizzeria D'Amore, Hospital (Bombo) Rd. Einziges italienisches Lokal in der Stadt mit schmackhafter Pizza. Schöner Garten, wo sich abends ein Glas Wein trinken lässt. Ab 7000 TSH. ☺ Di–So mittags und abends ab 18.30 Uhr.

Sich am Abend zu langweilen, ist in Tanga tabu. Das Nachtleben mit Konzerten und viel Alkohol spielt sich vorwiegend in lokalen Bars in der Innenstadt und im Afrikaner-Viertel Ngamiani ab. Diese Gegenden sind am Abend und in der Nacht nicht unbedingt sicher, manchmal nicht einmal in einheimischer Begleitung. Für Weiße empfehlen sich die Nachtclubs in der Independence Ave.
Le Grand La Casa Chica, Independence Ave., Obergeschoss im Sachak House. Von 21 Uhr bis früh morgens geht Mi–So in der beliebten Disko nach westlichem Vorbild die Post ab. Viel Bongo Flava, R&B, Hiphop, lokale Gerichte und Billard. Eintritt um 4000 TSH.
La Vida Loca/Chichi Night Club, Independence Ave., neben Sea View Hotel. Zweiter Hotspot von Tanga, wo bis in die frühen Morgenstunden getanzt wird. Meist Eintritt von 3000–5000 TSH. Bar/Disko, teilweise draußen, am ehesten gut besucht an den Wochenenden.
Harbour's Club, Bombo/Hospital Rd., zwischen Hafengelände und Hospital. Bekannt für seine Livekonzerte am Freitag oder Samstag, meist Eintritt 3000 TSH. Schöne Lage am Wasser.
Tanga Hotel, Eckernfoerde Ave., neben der Polizei. Äußerst beliebte Bar mit Live-Bands freitags und samstags, angenehme Atmosphäre.

Durch die Polizei in der Nachbarschaft seriöses Publikum und viele Frauen, die sich hier sicher fühlen können. ☺ Mi–So ab 20 Uhr.

Im kolonialen Stadtkern gibt es einen **Obst- und Gemüsemarkt** (Central Market), gleich gegenüber liegt der kleine **SD Supermarket**. Weitere kleine Nahversorger befinden sich im Ngamiani-Viertel, z. B. **Okaz** (Makoko St./6th Street), oder in der Swahili Street zwischen School Street und den Gleisen, z. B. **Central Bakery**. Im Ngamiani-Viertel, 12th St., liegt auch der **Ngamiani Market**, der Lebensmittel und andere Dinge des täglichen Bedarfs verkauft. Gebrauchte Kleider *(mitumba)* und andere Gegenstände des täglichen Lebens findet man auf dem **Tangamano Market** in der Pangani Road (Di, Do, Sa, jeweils vormittags). Rund um den Central Market in der Innenstadt werden auch Souvenirs verkauft. Zudem wird man in puncto Souvenirs bei der **Endelevu Cultural Group** (4th Street), bei **BlueMango Expeditions** (Sachak House, Independence Ave.) und bei **TICC** (siehe Übernachtung) fündig.

Safaris und Ausflüge
BlueMango Expeditions Tours & Safaris, Sachak House, Independence Ave., ☎ 0717-032496, 🖥 www.bluemangoexpeditions.com.
Ilya Tour, Ocean Breeze Hotel, Central Market, ☎ 0786-671163, 🖥 www.ilyatours.com.
Beide Veranstalter haben viele Aktivitäten im Programm: Safaris in den Saadani National Park, Wandern in Lushoto, Bootsexkursionen zu Inseln oder Ausflüge zu Ruinen. Die Veranstalter organisieren gerne Touren zu den Sehenswürdigkeiten der Umgebung, z. B. Tongoni-Ruinen, Amboni Caves oder Toten Island. Buchungen sind auch über TICC möglich (s. S. 212).

Wassersport
Schwimmen ist im **Tanga Yacht Club** (Eintritt 2500 TSH) oder im **Razkazone Swimming Club** (Eintritt 500 TSH) möglich. Beide liegen auf der Halbinsel Raz Kazone in unmittelbarer Nähe zueinander.

Die nördliche Küste

Sonstiges

Apotheken
Es gibt mehrere Apotheken, z. B. in der Swahili St. oder Market St.

Expressversand
DHL, Market St., gegenüber dem Food Palace.

Geld
NBC Bank mit Visa-ATM, Market St., Ecke Bank St., **Exim Bank** und **Barclays Bank** mit MasterCard- und Visa-ATM, Independence Ave., gegenüber vom Bandari House.
Geldwechsel ist nur bei der NBC Bank nahe dem Markt möglich.

Informationen
Erhältlich bei den Safariveranstaltern, s. Aktivitäten.

Internet
Blue Mango Cybercafé, Independence Rd., Sachak House. 1 Std. 1500 TSH.

Kleidung
Tanga ist sehr traditionell muslimisch und verschlafen, ordentliche Kleidung wird erwartet.

Medizinische Hilfe
Die besten Adressen sind **Safi Medics** an der Hospital Rd. neben dem Katani House, ✆ 027-2643938, und **Tanga Medicare Hospital** an der Independence Ave. gegenüber der Hauptpost, ✆ 027-2646920.
Das staatliche Krankenhaus **Bombo Hospital** in der Hospital Rd. ist nur im äußersten Notfall zu empfehlen.

Polizei
Hauptwache beim Rotary Monument in der Boma Road.

Post und Telefon
Hauptpostamt und TTCL, Independence Ave., neben Nasaco House, ◷ Mo–Fr 9–16 Uhr.

Reisebüros
Starworld Travel & Tours, Independence Ave., gegenüber der Hauptpost;

RH Travels, 4th St., Nähe Mkwakwani Lodge im Ngamiani-Viertel.
Bei beiden können Tickets von lokalen und internationalen Airlines gekauft werden.

Nahverkehr

Daladalas
Daladalas verkehren mehrmals täglich in alle Richtungen: nach Pangani, zur Grenze nach Kenia und nach Muheza.

Taxis
Taxis sind vorhanden und können auch für Ausflüge gemietet werden (hart verhandeln!). Vom Stadtzentrum nach Raz Kazone sollten sie nicht mehr als 5000–8000 TSH kosten, zum Busbahnhof in Ngamiani max. 5000 TSH und zum Flughafen um 8000–10 000 TSH.

Fahrräder
Das Fahrrad ist ein beliebtes Nahverkehrsmittel, was gerade in Tanga kaum zu übersehen ist. Der Fahrradverleih läuft eher informell ab, es gibt keine offiziellen Verleihstellen. 3000 TSH pro Tag müssen einkalkuliert werden.

Mopeds und Bajaji
Innerhalb der Stadt kosten Mopedtransporte *(pikipiki)* und *bajaji*-Transfers 3000–4000 TSH.

Transport

Selbstfahrer
In Richtung Süden führt eine holprige Schotter-piste nach PANGANI (48 km, 1–1 1/2 Std.) und weiter in den SAADANI NATIONAL PARK (vgl. Saadani National Park, S. 205).
In Richtung **Norden** s. Infokasten „Grenzverkehr nach Kenia", S. 215.
Auf der ausgezeichneten Teerstraße Richtung **Westen** (nach Dar und Arusha) kann die Region der Western Usambara Mountains bequem angefahren werden. Nach Muheza, der Abzwei-gung nach Amani, sind es 37 km. Bei KM 72 hat man den Ort Segera erreicht (Abzweigung nach DAR ES SALAAM oder MOSHI/ARUSHA).
In den nächsten Jahren sollen insbesondere die beiden wichtigen Ausfahrtsstraßen nach Horohoro und Pangani ausgebaut und verbessert werden.

Busse

Der **Busbahnhof** sowie die Büros der Buslinien liegen südlich der Bahnlinie an der Pangani Road in der 11th Street. Rund um den Busbahnhof treiben sich allzu aggressive Flycatcher und Straßenverkäufer herum, Wertsachen nicht aus den Augen lassen!

Überlandbusse fahren (meist früh morgens) von Tanga in alle Landesteile:

Busse nach:

ARUSHA, z. B. mit Mtei Express oder Simba Video Coach, 8 Std., 12 000 TSH.

DAR, z. B. mit Simba Video Coach, 6 Std., 12 000–15 000 TSH.

LUSHOTO, z. B. Makadiri, Airbus, Tashrif, 4 Std., 7000 TSH; die Busse halten auf Wunsch auch in Muheza und Mombo.

MOMBASA, Abfahrten mehrmals tgl., z. B. mit Tahmeed, Falcon, Emirates, 4 1/2 Std., 10 000–18 000 TSH.

MOSHI, z. B. mit Mtei Express oder Simba Video Coach, 6 1/2 Std., 10 000 TSH.

PANGANI, Abfahrt um 7.30 Uhr mit Raha Leo, 1 1/2 Std., 2000 TSH. Auch die Daladalas nach Pangani starten am Busstand in Ngamiani.

Boote

Der Tanga Harbour besteht zum größten Teil aus dem Frachthafen. Die Passagierboote legen am äußersten Nordostzipfel des Geländes ab. Einmal pro Woche verkehrt eine Fähre von Tanga nach PEMBA (Wete) und weiter nach SANSIBAR, zzt. Di um 8 Uhr. Die genauen Abfahrtszeiten sind vor Ort im Tanga Harbour zu prüfen, Preis etwa 21 000 TSH. Die Fährtickets kann man rechts von der Hauptpost, auf dem Weg runter in den Hafen, in einer kleinen Holzhütte kaufen (am besten am Abend vorher, dann erfährt man auch die genaue Abfahrtszeit). Zu illegalen Überfahrten in Dhows s. Kasten S. 98.

Flüge

Nach DAR ES SALAAM (US$190 p. P.) via PEMBA (US$95 p. P.) und SANSIBAR (US$115 p. P.), jeweils einfach, Abflug 16 Uhr. Ankunft in Tanga von Dar es Salaam (via Sansibar und Pemba) tgl. 15.35 Uhr. Das Flugfeld liegt weniger als 5 km westlich der Innenstadt in Richtung Muheza/Segera. Coastal-Büro am Flugfeld, ☎ 0713-566485, Ticketverkauf auch in örtlichen Reisebüros, z. B. RH Travels.

Die Umgebung von Tanga

Etwa 8 km nördlich von Tanga, bei **Amboni**, befinden sich 14 Mio. Jahre alte Tropfsteinhöhlen. Entgegen der angeblichen Ausdehnung von über 200 km sind die Ausmaße des unterirdischen Höhlensystems aus Kalkstein und Karst *(limestone)* in Wirklichkeit viel bescheidener und betragen höchstens wenige Kilometer. In den **Amboni Caves** gibt es kein elektrisches Licht, sodass es erst einmal einige Minuten dauert, bis sich das Auge an die Dunkelheit gewöhnt hat und man die mächtigen Stalagmiten und Stalaktiten sehen kann. Mehrere Höhlen, benannt nach Ähnlichkeiten der Kalksteinformationen, z. B. Statue of Liberty oder Kilimanjaro, sind begehbar. Der größten Höhle namens Mabavu (Swahili für „mächtig") werden von den Einheimischen magische Kräfte nachgesagt.

Guides warten vor den Höhlen, um sich als Begleiter einer Besichtigungstour anzubieten. Um zu den Amboni Caves zu gelangen, folgt man zunächst über 6 km der Straße nach Mombasa

Grenzverkehr nach Kenia

Die 66 km lange Allwetterpiste zur kenianischen Grenze ist in relativ gutem Zustand, soll aber bis Ende 2011 in eine Teerstraße umgewandelt sein. Die Abfertigung am Grenzübergang **Horohoro** (kenianisches Touristenvisum US$50) funktioniert reibungslos, man ist zuvorkommend und hilfsbereit. Eine gute Teerstraße führt weiter bis Mombasa. Weder in Horohoro noch in **Lunga Lunga**, dem Grenzort auf kenianischer Seite, existieren Unterkünfte oder Infrastruktur. Es lohnt sich, nach Diani Beach oder Tiwi Beach weiterzufahren (71 km bis zur Abzweigung nach Ukunda, weitere 2,5 km bis nach Diani Beach; die Abzweigung von der Hauptstraße in Richtung Tiwi Beach folgt wenig später).

und biegt dann am Amboni Village links ab. Nach weiteren 2 km sind die Höhlen erreicht. ☉ tgl., Erw. US$3, Guide 5000–10 000 TSH. Vor dem Eingang werden in einem kleinen Kiosk Erfrischungen angeboten.

Ruinen der Shirazi, eines ehemaligen persischen Herrschergeschlechts des 13. und 14. Jhs., gibt es in **Tongoni**, ca. 17 km südlich von Tanga an der Pangani Road. Man vermutet dass Tongoni lange vor Tanga als Siedlung Bedeutung hatte, denn schon Vasco da Gama soll 1498 und 1499 den prosperierenden Handelsort Tongoni besucht haben. Die Shirazi dominierten zu jener Zeit auch andere Küstenabschnitte wie Kilwa oder auf Mafia Island. Erhalten sind Überreste einer Moschee samt Gräbern, eines Verteidigungswalls und von Wohnhäusern, die allesamt auf das 14. und 15. Jh. datiert werden. Die Ruinen liegen versteckt gegenüber der Abzweigung nach Pongwe. Daladala-Benutzer steigen dort aus und fragen sich durch.

Wer einen Ausflug in die Geschichte mit Badefreuden verbinden möchte, muss die vorgelagerte **Toten Island** besuchen. Sie empfiehlt sich für sonnenhungrige Schnorchel- und Badeausflügler, denn mit schönen Stränden ist Tanga wahrlich nicht gesegnet. Auf der mit Mangrovenwäldern gesäumten Insel finden sich die Ruinen einer alten Moschee sowie einiger Gräber aus Shirazi-Zeiten. Zudem existiert dort ein fast vergessener deutscher Friedhof. Der Name der winzigen Insel stammt aus der deutschen Kolonialzeit, als die Insel eine Quarantänestation – und angeblich auch Hinrichtungsstätte – war, und erinnert an all die „Toten". Bis 1884 war die Insel bewohnt, danach wurden die Einwohner nach Tanga umgesiedelt.

Weitere kleinere Inseln, wie **Yambe Island** oder **Ulenge Island** (wo sich ebenfalls Ruinen aus der deutschen Kolonialzeit befinden), eignen sich ebenfalls für Sonnenanbeter und Tagesausflügler.

Erst ca. 30 km südlich auf dem Weg nach Pangani beginnen die schöneren Strandabschnitte, zweifellos angeführt von Ushongo Beach (s. S. 222).

Neuer Meerespark im Großraum Tanga?

2003 gab es den ersten Bericht eines Coelancath, der den Fischern an der Südküste von Tansania ins Netz ging. Bis zu diesem Zeitpunkt war von aufsehenerregenden, fossilen Quastenflossern nur auf den Komoren, in Südafrika und Indonesien berichtet worden. Zwischen 2004 und 2007 sollen weitere 40 **Quastenflosser** zwischen 40 und 200 m Tiefe vor der Küste Tangas gefangen worden sein, was das bisherige Auftreten in den anderen Gebieten zahlenmäßig bei Weitem übersteigt.

Quastenflosser sind sogar älter als die Dinosaurier, denn man nimmt an, dass sie vor etwa 409 Mio. Jahren entstanden. Lange Zeit glaubten die Wissenschafter, dass der Quastenflosser das Massenaussterben zu Ende der Kreidezeit vor 65 Mio. Jahren nicht überlebt habe. Nach dem Washingtoner Artenschutzabkommen (CITES) zählt das Urzeittier zu den meistbedrohten Tierarten, weswegen die tansanische Regierung erwägt, einen **Coelancath Marine Park** zwischen der Tanga Bay und Pangani einzurichten. Toten Island, Mwambani Bay, Yambe und Karange sollen dann als Marine Park ausgewiesen werden. Von dieser Maßnahme werden nicht nur die „Dinosaurier" der Meere profitieren, sondern die Unterwasserwelt der Region im Ganzen. Dynamitfischen wird (hoffentlich) der Vergangenheit angehören, die zerstörten Riffe können sich erholen (und exzellente Tauchspots darstellen), und die Schildkröten können wieder natürlich brüten. Dass die Besucher der Küstenlinie mit Eintrittspreisen von kolportierten US$30–50 zur Kasse gebeten werden, steht außer Frage, wenngleich die Aussicht, beim Tauchen einen Coelancath zu sehen, denkbar gering ist. Ob die eingenommenen Mittel wirklich für den Schutz des Marine Parks verwendet werden, ist fragwürdig. Denn wie auch andere Beispiele zeigen, z. B. auf Mafia Island, lässt sich die Bevölkerung nicht so leicht überzeugen. Sie ziehen keinerlei Vorteile aus dem Marine Park und müssen täglich ums Überleben und um jeden Fisch kämpfen.

Die nördliche Küste

Alle Ausflüge sind über die lokalen Veranstalter (s. S. 213) bzw. über die Unterkünfte zu organisieren.

Pangani

Mit seinen einsturzgefährdeten Ruinen, der historischen Bedeutung im Sklaven- und Elfenbeinhandel und seiner heutigen Verschlafenheit unterscheidet sich Pangani kaum von seinen Nachbarstädten. Trotzdem ist der 48 km südlich von Tanga gelegene Ort ein liebenswertes Stück Afrika abseits der ausgetretenen Touristenpfade, das besonders mit seinen Stränden punkten kann – und mit einem empfehlenswerten Kulturtourismusprogramm.

In Pangani leben heute rund 10 000 Menschen, der Großteil davon islamisch. Panganis Haupteinnahmequellen stellen forst- und landwirtschaftliche Produkte dar. Viele Familien leben auch vom Fischfang und von der Jagd, obwohl infolge der Errichtung des Saadani National Park mittlerweile Fangquoten eingeführt wurden. Nach wie vor verdienen sich viele Menschen ihren Lebensunterhalt mit der Kultivierung von Kokosnüssen, die ausschließlich in den Export gehen, sowie mit der Arbeit auf den weitläufigen Sisal-Plantagen.

Weniger rühmlich ist die jüngste Vergangenheit des Fischerdorfes, das sich als Hauptumschlagplatz für den **Schmuggel** an der Küste einen Namen gemacht hat. Angeblich sind auch die Beamten der Zoll- und Steuerbehörde in den illegalen Handel mit Gütern aller Art verwickelt. So werden die im Land relativ teuren Waren Benzin, Kerosin oder Zement nach Pangani geschmuggelt und unter dem Marktwert bis nach Sansibar und Dar es Salaam verkauft.

Der **Tourismus**, in den sehr viele Hoffnungen gesetzt wurden, scheint nicht so recht auf Touren zu kommen. Pangani ist geografisch abgelegen, und die Straßen sind in bescheidenem bis beklagenswertem Zustand. Der im Süden von Pangani gelegene Ushongo Beach ist zwar paradiesisch, für die meisten Touristen mit engem Zeitbudget scheint Sansibar mit seiner gut ausgebauten Infrastruktur jedoch verheißungsvoller. Und viele Reisebüros und Tour Operators wissen schlichtweg nicht Bescheid.

Geschichte

Über die frühe historische Entwicklung des Ortes gibt es nur Mutmaßungen, sie ist aber nicht durch Aufzeichnungen oder Funde belegt. Lange wurde vermutet, dass es sich bei Pangani um das sagenhafte Rhapta handelt, doch neuere Forschungen lassen den Schluss zu, dass Rhapta eine Stadt am Rufiji River im Süden gewesen sein muss (s. Kilwa, S. 235).

Vom 8. bis 10. Jh. machten sich unweit des heutigen Pangani die **Shirazi** sesshaft, die auch Tanga, Bagamoyo und andere Küstenorte besiedelten. Als die **Portugiesen** im frühen 17. Jh. die Küsten kontrollierten, wurde die Siedlung dem Erdboden gleichgemacht. Heute existieren nicht einmal mehr Ruinen.

Als mit der Ankunft der omanischen **Araber** im beginnenden 19. Jh. andere Küstenorte zu florieren begannen, setzte auch für Pangani eine Blütezeit ein. Der Pangani River bot den Kaufleuten für den Handel mit **Elfenbein und Sklaven** einen strategisch wichtigen Transportweg ins Landesinnere. Als einer der reichsten und einflussreichsten Araber galt Said Abraik, der u. a. 1810 die erste Moschee sowie die Boma in Pangani erbauen ließ. In der zweiten Hälfte des 19. Jhs. entwickelte sich Pangani zum Nabel des Sklaven- und Elfenbeinhandels und damit zu einem der größten Häfen zwischen Bagamoyo und Mombasa. Zusammen mit Tanga war Pangani einer der ersten Orte, wo deutsche Kolonialbeamte die ausbeuterischen „Schutzverträge" von den Stammeshäuptlingen unterschreiben ließen.

Pangani war jedoch – so wie das nahe Bagamoyo – eine ostafrikanische Handelsmetropole auf Zeit. Die immer größeren und schwereren Dampfschiffe konnten die Sandbänke des Pangani River nicht mehr passieren. So wichen die Händler auf die neuen Häfen Tanga und Dar es Salaam mit ihren tieferen Becken aus.

Mit dem Ausbleiben der Handelsschiffe standen nun selbst die geschäftstüchtigen Araber vor dem Ruin, und die Kaufleute verließen die Stadt. Nur für kurze Zeit erhielt Pangani durch den Sisal-Boom im beginnenden 20. Jh. wieder Oberwasser.

Auch während der von 1916 bis 1961 dauernden Herrschaft Großbritanniens hielt der stetige Niedergang Panganis an. Der Ort war aufgrund seiner Unzugänglichkeit vom Meer her wirtschaftlich nutzlos und strategisch irrelevant geworden, woran sich bis heute nichts geändert hat.

Sehenswürdigkeiten

Als Tourist kann man die kleine, kompakte Stadt getrost auf eigene Faust erkunden. Der Großteil des Städtchens wurde Anfang des 19. Jhs. errichtet, wobei der arabische Einfluss architektonisch dominiert. Weniger beherrschend, doch ebenfalls gut erkennbar, sind die indischen und kolonialen Einflüsse.

Das wohl augenfälligste – und noch am besten gepflegte – Bauwerk ist die **Boma**, die 1810 vom reichen Araber Said Abraik als privates Wohnhaus erschaffen wurde. Sie wird als ältestes Haus in Pangani gehandelt. An der Boma klebt viel Sklavenblut, denn die Legende erzählt, dass der arabische Bauherr sogar lebendige Sklaven unter den Säulen der Boma begraben ließ, um das Gebäude von bösen Geistern freizuhalten. Später wurde es von den Deutschen zum Distriktbüro umfunktioniert und erhielt 1880 ein neues, europäisches Dach, was der Boma ihr einzigartiges Aussehen verleiht. Sie fungiert noch heute als Verwaltungsgebäude. Besonders gut erhalten und nach wie vor eindrucksvoll ist die imposante blaue Swahili-Tür.

Das ehemalige **Slave Prison** (Sklavengefängnis) liegt schräg hinter der Boma und wurde von den Deutschen nach deren Machtübernahme erbaut. Später wurde es als Krankenhaus und nachfolgend als Verwaltungsbüro genutzt. Heute sind wieder ein Gefängnis und öffentliche Ämter darin untergebracht.

Ein Spaziergang entlang der Straße am Wasser Richtung Osten führt am Memorial Garden vorbei zum **Customs House**. Das von den Deutschen um 1910 errichtete Zollhaus diente seinerzeit gleichzeitig als Postamt und als Warenlager. Der Bau dieses gewaltigen Gebäudes, das zu den wichtigsten Hinterlassenschaften der Deutschen zählt, dauerte ganze vier Jahre. Heutzutage werden hier Kokosnüsse, die Haupteinnahmequelle der Einheimischen, gelagert und gehandelt.

Im **Slave Depot** (Sklavenlager) gleich nebenan, das in der Mitte des 19. Jhs. von einem Sklavenhändler errichtet wurde, haben sich vermutlich dramatische Szenen abgespielt. Dieses Gebäude soll sowohl über einen Platz, wo die Sklaven ausgepeitscht wurden *(whipping platform)*, als auch über einen unterirdischen Tunnel verfügt haben, durch den die Sklaven zu den

Einst wichtiges Handelszentrum, bröckelt Pangani heute langsam vor sich hin.

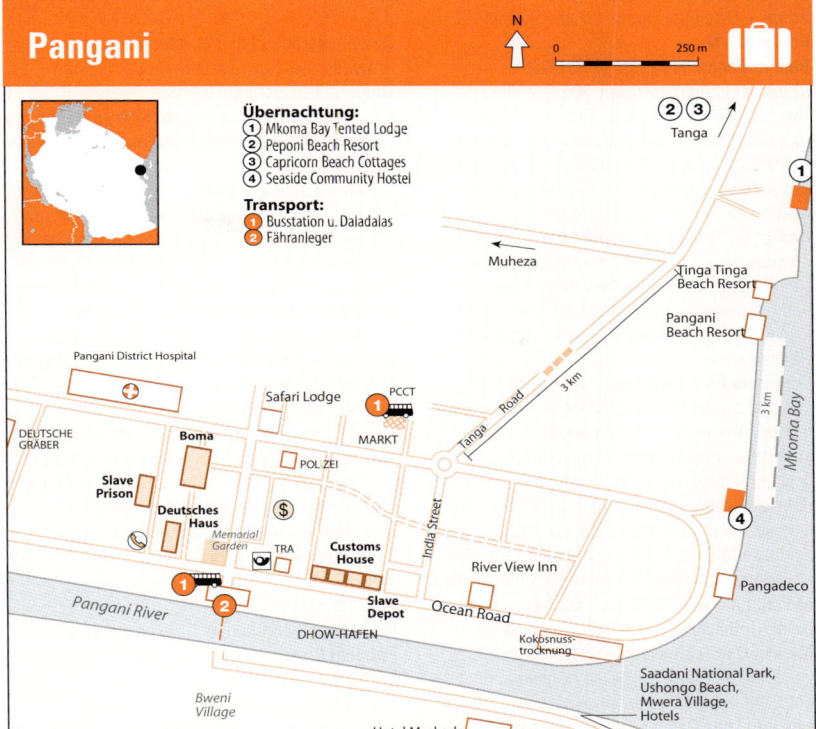

Pangani

N
0 — 250 m

Übernachtung:
1 Mkoma Bay Tented Lodge
2 Peponi Beach Resort
3 Capricorn Beach Cottages
4 Seaside Community Hostel

Transport:
1 Busstation u. Daladalas
2 Fähranleger

Muheza

Tanga

Tinga Tinga Beach Resort

Pangani Beach Resort

Pangani District Hospital

Safari Lodge

PCCT

MARKT

DEUTSCHE GRÄBER

Boma

POLIZEI

Slave Prison

Deutsches Haus

$

TRA

Memorial Garden

Customs House

River View Inn

Pangani River

Slave Depot

Ocean Road

DHOW-HAFEN

Kokosnuss-trocknung

Pangadeco

Bweni Village

Hotel Mashado

Saadani National Park, Ushongo Beach, Mwera Village, Hotels

Tanga Road

3 km

India Street

Mkoma Bay

3 km

wartenden Booten am Fluss gebracht wurden, die sie dann weiter nach Sansibar oder in den arabischen Raum verfrachteten. Heute ist außer einigen tragenden Wänden vom einstigen Hauptgebäude nicht mehr viel übrig.

Einen Block weiter erreicht man die **India Street**, die als eine der ältesten Straßen von Pangani aus dem 19. Jh. gilt. Der indische Charakter der Häuser ist heute noch überaus gut sichtbar. Indische Gebäude zeichnen sich durch große Balkone aus, die mit kunstvollen und aufwendigen Holzschnitzereien verziert sind. Die vorderen, straßenseitigen Räume sind immer den geschäftlichen Interessen gewidmet, die Wohnräume befinden sich im hinteren Teil des Hauses. Auch heute noch bildet die India Street die wichtigste Einkaufsstraße der Stadt.

Übernachtung und Essen

Die nachfolgenden Unterkünfte befinden sich alle nördlich des Pangani River. Daneben gibt es noch landestypische Unterkünfte im Zentrum von Pangani, wie das River View Inn oder die Safari Lodge, die aber allesamt nicht wirklich empfehlenswert sind.

Seaside Community Hostel, neben Pangadeco Hotel direkt in Pangani, ✆ 027-2630318, ✉ alcposs.spiritualcentre@yahoo.com. 10 zweckmäßige, simple Zimmer mit Ventilator stehen beim Beach Retreat der katholischen Holy Spirit Fathers zur Auswahl. Sauberes und gepflegtes Anwesen, Zugang zum Strand, preiswertes Restaurant mit lokalen Spezialitäten. Oft Geistliche und Missionare zu Gast, die sich am Strand von Pangani erholen. Eine gute Option für alle Budget-Reisende. ❷

Peponi Beach Resort, ☏ 0784-202962, 🖥 www.peponiresort.com. 30 km südlich von Tanga und etwa 15 km nördlich von Pangani (gut beschildert) liegt diese beliebte, familiär geführte Budgetunterkunft direkt an den Ufern des Indischen Ozeans. Saubere und zweckmäßige Bandas zu akzeptablen Preisen. Großer Campingplatz mit überdachten Unterständen, brauchbare Sanitäranlagen. Legeres Ambiente, das insbesondere unter Overland- und Rucksacktouristen geschätzt wird. Tadellose Küche. Viele Freizeitaktivitäten, Pool. ❹ Halbpension

Capricorn Beach Cottages, ☏ 0784-632529, 🖥 www.capricornbeachcottages.com. Kleines, intimes Anwesen in unmittelbarer Nachbarschaft zum Peponi Beach Resort. Jedes der drei geräumigen, gemütlichen Cottages verfügt über eine komplett eingerichtete Küche, daher sind sie ideal für Selbstversorger. Das angeschlossene Café & Deli serviert Holzofen-Pizza, hausgemachte Köstlichkeiten und guten Kaffee. Modeboutique, WLAN (das einzige weit und breit). Grillplatz für Selbstversorger. ❹

Mkoma Bay Tented Lodge, 4 km nördlich von Pangani, ☏ 027-2630000, 🖥 hmkomabay. com. Auf hohen Klippen gelegen, bietet das sympathische Camp einen wunderbaren Ausblick auf die Mkoma Bay. Es gibt 7 schicke Safari-Zelte, 5 günstigere Bandas und ein herrlich großes Familienhaus. Pool sowie Bar/Lounge und Restaurant mit Blick aufs Meer, Internet, gute Küche. Über Treppen gelangt man zum Meer und zum wunderbar einsamen Strand. ❺

Camping ist im Peponi Beach Resort für US$5 p. P. möglich.

Außer kleineren Obst- und Gemüseständen und afrikanischen Straßenbuden ist in Pangani nicht viel geboten. Spätestens in Tanga sollte man sich mit dem Notwendigsten ausrüsten. Gleiches gilt für Benzin. In Pangani existieren zwei Tankstellen, die jedoch laut Angaben der hiesigen Autobesitzer minderwertiges Benzin verkaufen.

Aktivitäten

Alle nachstehenden Freizeitangebote können entweder bei PCCT (s. unten) oder bei den Unterkünften gebucht werden.

Um den Schutz der bedrohten Riffe zu gewährleisten, sind die Tourismusunternehmen selbst aktiv geworden und haben die informelle Initiative **Friends of Maziwe** gegründet. Neben der Eintrittsgebühr für das Marine Reserve um Maziwe Island (US$10) wird eine zusätzliche Schutzgebühr (US$2/2000 TSH) erhoben, mit der die täglichen Patrouillen gegen illegale Fischer und Dynamitfischer sowie Kompensationszahlungen an die Fischer finanziert werden. Seit der Gründung der Initiative hat das Dynamitfischen merklich nachgelassen.

Eine der beständigsten Kulturtourismusinitiativen in Tansania ist **Pangani Tourist Information Centre (PCCT)**, ☏ 027-2630006. Ihr Programm umfasst u. a. eine Historical City Tour (US$10), Pangani River Cruise (US$20), Bootsfahrt nach Maziwe Island (US$42 inkl. Gebühren), Fahrradtouren, Wanderungen etc.

Bootsausflüge

Flussfahrten und Sunset Cruises auf dem **Pangani River** sind interessant für Tierfreunde. US$20 p. P.

Ungefähr 10 km vom Strand entfernt und unbedingt einen Ausflug wert ist **Maziwe Island**. Die kleine Sandbank im Nature Reserve bietet ideale Voraussetzungen zum Schnorcheln, auch wenn das Korallenriff sich erst langsam wieder von der bis vor Kurzem üblichen Praxis der Dynamitfischerei erholt. Ausflüge organisieren das PPCT sowie die Unterkünfte; US$30 für den Ausflug, Eintritt US$10, 2000 TSH zusätzliche Gebühr (s. o.).

Fischen

In traditionellen Dhows kann auf Fischfang gegangen werden, ca. US$150 pro Boot und Tag (3 Pers.), zu buchen bei den Unterkünften.

Golf

Im Zuge des Megaprojekts Pangani Beach & Gold Resort, wo eine komplette Feriensiedlung mit Privathäusern entsteht, soll in den nächsten Jahren ein 18-Loch-Golfplatz gebaut werden.

Abushiri bin Salim al-Harthi war Plantagenbesitzer arabisch-afrikanischer Abstammung in der Nähe von Pangani. Als Händler und Grundbesitzer 1888 gegen die Machtübernahme der Deutschen zu protestieren begannen, schloss sich Abushiri dem Aufstand an.

Die Deutschen wollten erstmals in der Geschichte der Swahili-Küste die Registrierung von Land und Eigentum einführen. Zudem beabsichtigten sie, den Sklavenhandel zu verbieten. Man fürchtete zu Recht um Einnahmen und den Verlust von Grund und Boden. Zeitgleich wurden in mehreren Küstenorten des Nordens Revolten angezettelt. Abushiri avancierte bald zum Anführer, da er schon bei Tabora Erfahrung im Krieg gegen die Deutschen gesammelt hatte. Dank der Unterstützung von **Bwana Heri**, dem Häuptling von Saadani, war der Aufstand anfangs auch erfolgreich, zumal die Deutschen sich kaum zu verteidigen wussten. Die Kolonialisten wurden aus den Orten vertrieben und mussten ins Hinterland ausweichen.

Rasch waren die europäischen Verbündeten mit Schiffen zur Stelle, um die Versorgung der Rebellen zu blockieren. Die deutsche Regierung beauftragte **Hermann von Wissmann**, den Aufstand niederzuschlagen. Als tropenerfahrener Kämpfer wusste er, dass die europäischen Soldaten die Schlachten in der Tropensonne nicht aushalten würden, also rekrutierte er mit Hilfe der Briten sudanesische und südafrikanische Krieger. An die 1000 Soldaten im deutschen Dienst kämpften vom Mai 1889 an gegen die etwa 8000 Mann starke Truppe der Küstenbewohner. Nach mehreren Schlachten schlug die deutsche Schutztruppe schließlich den Aufstand nieder. Nachdem nach und nach alle Küstenstädte erobert worden waren, blieb den Aufständischen kaum noch Terrain für Verstecke und Hinterhalte. Als auch Pangani fiel, wurde es für Abushiri schwierig. Seiner Truppe wurden empfindliche Verluste zugefügt, er verlor die Unterstützung seiner Soldaten und wurde schließlich von einem Dorfbewohner, bei dem er sich verschanzt hatte, verraten – immerhin hatten die Kolonialisten eine Belohnung von 10 000 Rupien auf seinen Kopf ausgesetzt. Abushiri wurde im Dezember 1889 in Pangani gehängt, das gleiche Schicksal ereilte andere Anführer.

Radtouren
Das PCCT organisiert Fahrradtouren durch die Sisalplantagen und das Hinterland, Halber Tag US$25 p. P.

Stadtführungen
Das PCCT und die Unterkünfte vermitteln Guides, US$10 p. P.

Sonstiges
Geld
Die **NMB** (gegenüber der Polizei, hinter der Post) wechselt US$ und €, aber verweigert Reiseschecks.

Medizinische Hilfe
Das kleine lokale **Krankenhaus** liegt nördlich der Boma. Eine **Apotheke** befindet sich gegenüber der Safari Lodge.

Polizei
Die Polizeistation liegt gegenüber der Safari Lodge (etwas nach hinten versetzt).

Post
Unweit vom Fährhafen.

Sicherheit
Spaziergänge an einsamen Stränden sind nicht ratsam. Im Städtchen selbst kann man tagsüber bedenkenlos umhergehen.

Nahverkehr
Die Unterkünfte im Norden Panganis sind mit öffentlichen **Bussen** leicht erreichbar, einfach dem Fahrer das Fahrtziel mitteilen. Zu den Unterkünften im Süden besteht keine öffentliche Anbindung, hier muss man eine Abholung arrangieren oder mit **Taxis/Mopeds** weiterfahren.

Boote

Für die Überfahrt über den Pangani River sorgen eine **Autofähre** für 6–8 Fahrzeuge (5000 TSH/Auto plus 200 TSH p. P.) und **kleine Holzboote** (mit Motor) für die Personenbeförderung (200 TSH p. P.). Sie operieren allerdings ohne Fahrplan und setzen mehr oder minder willkürlich über. Die reine Personenbeförderung mit den kleinen Dhows funktioniert relativ reibungslos, allerdings wird erst abgelegt, wenn das Boot voll ist.

Wenn die offizielle Fähre defekt ist oder aus anderen Gründen gerade nicht verkehrt, wird die private Fähre einer Sisalplantage eingesetzt, die höhere Preise pro Überfahrt verlangt. Es sind längere Wartezeiten einzuplanen! Fährverkehr tgl. 7–19.30 Uhr.

Von Mbweni, dem Fähranleger auf der anderen Seite des Pangani-Flusses, verkehren Taxis (US$30) oder Mopeds (*pikipiki*, 5000 TSH, nur empfehlenswert mit leichtem Gepäck) nach Ushongo Beach.

Transport

Selbstfahrer

Die Anreise nach Pangani erfolgt entweder über eine holprige Piste von TANGA aus (48 km, ca. 1 Std.) oder über MUHEZA (34,5 km, 1 1/2–2 Std.), wobei diese Sand- und Schotterpiste nur bei trockenen Verhältnissen zu wählen ist. Die Weiterfahrt nach USHONGO BEACH südlich des Pangani-Flusses erfolgt dann auf dem Wasserweg (Fähre). Wer nur nach Ushongo Beach fährt und Pangani auslässt, kann auch am Arusha-Highway bei Mkata in Richtung Mkwaja und Ushongo Beach abzweigen.

Daladalas

Mehrmals am Tag verkehren Daladalas von TANGA (Busbahnhof in der Pangani Rd./11th Street) nach Pangani (2000 TSH, 1 1/2–2 Std.). Die meisten Busse kommen beim großen Busterminal am Markt an, manche fahren bis zum Fährhafen. Es empfiehlt sich, rechtzeitig einen Sitzplatz zu ergattern, denn mehrere Stunden in einem voll bepackten Kleinbus zu stehen kann ungemütlich sein. Auf Zuruf stoppen die Busse bei den Unterkünften entlang der Strecke.

Rote Erde, grüner Busch

Wenn die Witterungsverhältnisse es erlauben, sollte man die 42 km lange Piste über Muheza wählen, wenn man vom Dar-Arusha-Highway kommt. Die herrliche, zu jeder Jahreszeit sattgrüne Gegend und idyllische Landstriche entschädigen für die holprige Fahrbahn. Besonders eindrucksvoll ist der kraftvolle Kontrast zwischen der roten Erde und der dunkelgrünen Vegetation.

Taxis

Von TANGA nach Pangani fahren Taxis für 80 000–100 000 TSH (US$80–90) einfach.

Boote nach Sansibar

Das Schnellboot von Ushongo Beach nach SANSIBAR (s. S. 224) macht auch in Pangani Halt und nimmt Passagiere auf. Buchungen unter ☎ 0784-134056 oder ☎ 0782-457688, ✉ T2ZonC@gmail.com.

Flüge

Das nächstgelegene Flugfeld befindet sich auf der anderen Seite des Flusses in Ushongo (s. S. 224). Abholungen sind bei den Lodges zu organisieren, für Buchungen sollten diese ebenfalls direkt kontaktiert werden. Der Flughafen von Tanga liegt 52 km nördlich von Pangani (s. S. 215).

3 HIGHLIGHT

Ushongo Beach

Ein Hauch von Abenteuer kommt bei der Überquerung des Pangani-Flusses auf, nicht nur weil die Überfahrt mit der Fähre so abenteuerlich wirkt, sondern weil man nie genau weiß, wann sie ablegt. Das kann genauso gut erst am nächsten Tag sein. Für den paradiesischen Ushongo Beach nimmt man aber solche Unwägbarkeiten gerne in Kauf, denn der palmengesäumte Strand gehört zu den schönsten des Landes. Wer mehr Planungssicherheit möchte, muss vom Arusha-

Highway bei Mkata abzweigen und über Mkwaja Village anreisen.

Südlich des Flusses in Richtung Saadani National Park führt die rostrote Sandpiste durch riesige Sisalplantagen. Die großen Plantagen der mächtigen Amboni-Gesellschaft links und rechts der Straße bieten ein imposantes Bild.

Nach ca. 12 km ab der Fähranlegestelle zweigt man beim Schilderwald links in Richtung Ushongo Beach ab und nach weiteren 7 km ist Ushongo Beach erreicht (30–40 Min. ab Bweni Village). In Tansania lebende Ausländer empfehlen Ushongo gerne als Alternative zum überlaufenen Sansibar.

Die nachstehend genannten Unterkünfte sind klassische Lodges. Daneben gibt es zahlreiche Privathäuser und Cottages für Selbstversorger, weil ein Gesetz vorsieht, dass Häuser am Strand touristisch genutzt werden müssen. Privatpersonen vermieten daher gerne ihre Häuser. Weil es keine ausgewiesenen Restaurants am Ushongo Beach gibt, ist es sinnvoll, Halbpension zu buchen.

The Beach Crab Diving & Sports Center, am südlichen Ende des Ushongo Beach, ☎ 0784-543700, 🖥 www.beachcrab.de. Sympathische Unterkunft mit angeschlossenem Aktivsportcenter direkt am Ushongo Beach: Tauchen, Windsurfen, Kayaking, Ausflüge in ein Maasai-Dorf oder nach Pangani, Safaris nach Saadani. Es gibt Übernachtungsoptionen für jedes Budget: in den Bungalows, in den günstigeren Zelt-Bandas oder auch im eigenen Zelt auf dem Campsite. Für preisbewusste, aktive und gesellige Urlauber eine gute Adresse. Transfers werden arrangiert. ❷, ❹ mit Halbpension, Zelten 4500 TSH (2,50 €) p. P.

Tulia Beach Lodge, neben Emayani Beach Lodge, ☎ 027-2640755, 🖥 www.tuliabeach lodge.com. 7 zweckmäßige Cottages am Strand (mit Kaltwasser) in direkter Nachbarschaft zur Emayani Beach Lodge, für preisbewusste Reisende. ❹ mit Halbpension

Emayani Beach Lodge, ☎ 027-2640755, 🖥 www.emayanilodge.com. Die 10 urigen, aus traditionellen Materialien wie Sisal und Palmenblättern erbauten Bandas stehen direkt an dem von Kokospalmen gesäumten Strand. Jedes geräumige Banda verfügt über eine eigene malerische Veranda, von wo aus man den Ozean überblicken kann. Viel rustikaler als The Tides. Highlight: die farbenfrohe Lounge, die Lust auf viele Cocktails macht. Einziges WLAN-Internet am Ushongo Beach, US$5/Std. ❺ mit Halbpension

The Tides Lodge, ☎ 0784-225812, 🖥 www. thetideslodge.com. Komfortable Romantik-Lodge mit Stil und exzellenter Küche. Gute Adresse für Anspruchsvolle. 7 geschmackvolle Cottages und eine Honeymoon-Suite im arabischen Swahili-Stil direkt am rauschenden Meer. Pool, Internet. Verschiedene Massagen US40–80 je nach Art. Mit Sicherheit die exklusivste, aber auch die teuerste Unterkunft weit und breit. ❻

Jede Lodge bietet eine Vielzahl von Aktivitäten an, die vor Ort gebucht werden sollten. Schnorcheln bei Maziwe Island (US$45), Ausflug nach Pangani (US$25), Sundowner mit der Dhow (US$100/Boot), Windsurfing, Kayakfahren, Boogieboarding, Hochseeangeln, z. B. Tides Lodge 4 Std. US$300/Boot. Für weitere Freizeitangebote s. auch Pangani, S. 220.

The Beach Crab, s. „Übernachtung": Pangani River Cruise (mit Transfer) US$30 p. P. (bei 4 Pers.), Camping-Safari im Saadani

Die NGO Sea Sense von Kasa Divers hat es sich 2001 zum Ziel gesetzt, die Dugongs sowie die fünf in Tansania vorkommenden Schildkrötenarten zu schützen und ihre Zahl wieder zu vermehren. Die Eier werden auf Maziwe Island gesammelt und zum Strand der Kasa Divers verfrachtet. Auf Maziwe Island schlüpfen die Schildkröten nicht, da die Insel bei Flut täglich unter Wasser steht. Mit viel Glück erlebt man, wie Schildkrötenbabys nach 55 Tagen schlüpfen und in Richtung Wasser huschen. 2010 sind am Strand der Kasa Divers an die 5000 Schildkröten geschlüpft.

Die nördliche Küste

National Park US$350 p. P. (bei 2 Pers.), eigenes Tauchcenter unter deutscher Leitung (Doppeltauchgang US$105, Minimum 3 Pers. im Boot), Schnorcheln US$29 p. P. (bei 4 Pers.). **Kasa Divers**, Emayani Beach Lodge, ✉ kasadivers@gmail.com, 🖥 www.kasa-divers.com. Doppeltauchgang US$105, PADI Open Water US$500, Schnorcheln US$50 p. P. inklusive Gebühren für Maziwe Island (bei 4 Pers.).

Selbstfahrer

Die Allwetterpisten zum Ushongo Beach sind in ordentlichem Zustand, der jedoch je nach Saison und Regenfällen variieren kann.

Boote nach Sansibar

Nach KENDWA verkehren regelmäßig Boote unterschiedlicher Geschwindigkeiten: Emayani verfügt über das schnellste Boot (2 Std., US$250 für bis zu 5 Pers., ab 6 Pers. US$45 p. P., einfache Fahrt, Fahrten momentan Mo, Mi, Fr, Abfahrt jeweils 7.30 Uhr morgens von Ushongo

Beach). Gewöhnliche Fischerboote mit Außenbordmotor verlangen US$120–150 pro Boot (bis zu 4 Pers., 3 1/2 Std.). Zu buchen über die Unterkünfte oder direkt bei der unter ☎ 0784-134056, ☎ 0782-457688 oder ✉ T2ZonC@gmail.com.

Man darf nicht auf Sansibar übernachten (da man nicht offiziell eingereist ist). Mit einem Taxi ist ein Transfer nach Stone Town (und wieder zurück) zu arrangieren.

Flüge

Es gibt zwei Flugfelder in Ushongo Beach; eines gehört zur Emayani Beach Lodge (Kwa Joni), das andere, Mashado, liegt in den Sisalfeldern. Flüge ab ARUSHA (US$396 p. P.) können bei Regional Air gebucht werden, die auf dem Weg nach Sansibar oder Dar es Salaam als Zwischenstopp Pangani anfliegen. Flüge ab DAR ES SALAAM gibt es bei Spears Air (US$189 p. P. bei 3 Pers. Minimum) oder bei Safari Air Link (US$300 p. P.). Safari Air Link verbindet Pangani auch mit Bagamoyo (US$280 p. P.) oder mit Sansibar (US$300 p. P.).

Dar es Salaam

Mtwara

Die südliche Küste und Mafia Island

Stefan Loose Traveltipps

4 **Tauchen im Mafia Island Marine Park** Die Korallenformationen und Steilwände des Parks zählen zu den besten Tauchgründen Tansanias. S. 231

Ruinen von Kilwa Die beeindruckenden Zeugnisse vorkolonialer Kultur sind seit 1981 Teil des Unesco-Weltkulturerbes. S. 235

Hochseefischen In Kilwa und weiter südlich locken kaum befischte, artenreiche Gewässer. S. 237

The Old Boma at Mikindani Dieses Hotel ist einzigartig in Tansania: Vor 100 Jahren noch ein Fort, kann hier heute genächtigt werden. S. 244

Ähnlich wie die nördliche Küste erlebte auch diese Region ihre Blütezeit in vergangenen Jahrhunderten. Geschichtsträchtige Ruinen, das Rufiji-Delta oder die herrlich unberührten weißen Sandstrände des Mnazi Bay-Ruvuma Estuary Marine Park begeistern heute vor allem Individualisten, denn das Gebiet südlich von Kilwa bis nach Mtwara und östlich davon gilt als besonders rückständig: Die Infrastruktur liegt im Argen und die Entwicklung hinkt derjenigen anderer Gebiete weit hinterher. Obwohl die Region am Meer liegt, mit wunderbaren Stränden gesegnet ist und über einen Hafen (Mtwara) verfügt, ist der Durchschnittsverdienst der Einwohner nur rund halb so hoch wie weiter nördlich.

Als Hauptgrund für die Rückständigkeit wird gerne angeführt, dass die Landstriche des Südens im Unabhängigkeitskrieg von Mosambik als Sperrgebiet galten. Doch es spricht vieles dafür, dass vor allem der politische Wille die Entwicklung dieser Region verhinderte. Erst mit dem Amtsantritt des zweiten Präsidenten Benjamin Mkapa, der aus Masasi im tiefsten Süden stammt, wurden die Belange des Südens auf die politische Agenda gesetzt. Sein bescheidenes Vermächtnis verblasst aber bereits wieder.

Bis vor kurzem war die gesamte südliche Region völlig unzugänglich. Erst 2003 wurde die Brücke über den Rufiji River fertiggestellt; seit 2006 wird am **Coastal Highway**, der Teerstraße zwischen Dar es Salaam und Mtwara, gearbeitet, die 2011 (oder vielleicht doch 2012) fertig sein soll. Seit 2010 verbindet die **Unity Bridge** Tansania über den Ruvuma River mit Mosambik (Anfahrt über Newala, nicht wie früher Kilambo). Für Overland-Reisende dürfte die künftige Route von Kenia über Tansania nach Mosambik und Südafrika jedenfalls hoch interessant sein, obwohl beide Seiten der Brücke noch meilenweit von Teerstraßen und guter Infrastruktur entfernt sind.

Bis eine nennenswerte Zahl von Touristen die Südroute einschlägt, werden noch viele Jahre ins Land ziehen. Einstweilen wird die Bevölkerung weiterhin von der Agrarwirtschaft leben, die hauptsächlich dem Eigenbedarf dient; als *cash crops* in den Export gehen lediglich Cashew- und Kokosnüsse.

Viel stärker als an der Nordküste ist hier die **Swahili-Kultur** ausgeprägt. Ein Großteil der Bevölkerung ist moslemisch und tief in den tansanischen Traditionen verwurzelt. Die christlichen Missionare mussten nach intensiven, aber erfolglosen Bemühungen in den vergangenen Jahrhunderten unverrichteter Dinge in andere Landesteile weiterziehen.

Mafia Island

Kokospalmen, wohin das Auge reicht, Cashewnuss-Haine, weiße Sandbänke und die farbenprächtigsten submarinen Korallengärten Tansanias – erstaunlich daher, dass die nur 48 km lange und bis zu 17 km breite Insel Mafia vom Tourismusboom noch nicht voll erfasst wurde. Mit ihrer Beschaulichkeit stellt die Insel einen liebenswürdigen Flecken Tansanias dar, wo als Hauptattraktionen himmlische Ruhe, unverdorbenes Inselleben und Aktivitäten im Wasser, allen voran Tauchen und Schnorcheln, winken.

Geschichte

Das im Mündungsdelta des Rufiji River gelegene und nur 20 km vom tansanischen Festland entfernte Mafia war wie die gesamte Küste in früheren Jahrhunderten ein wichtiger Handelsstützpunkt im Indischen Ozean. Aufgrund der geografischen Nähe weist die Entwicklung Parallelen zu Kilwa, der einstigen Handelsmetropole Rhapta (s. Kilwa, S. 238), auf.

Bereits der griechische Astronom und Geograf Claudius Ptolemäus (85–165 n. Chr.), der vermutlich in Ägypten lebte, verzeichnete in seinem Monumentalwerk *Geographia*, einem der ersten Atlanten der Welt, eine Insel namens Menouthesias, von der heute angenommen wird, dass es sich um Mafia handeln könnte. Damals kontrollierten die **Sabäer** (heute Jemen) von Mocha aus den Handel im Indischen Ozean bis hinunter nach Menouthesias. In dieser Zeit dürfte es bereits die Siedlung Kua auf Juani Island gegeben haben. Als 957 n. Chr., wie in der Kilwa-Chronik verzeichnet, eine persische Familie aus der Stadt Shiraz Kilwa dem ortsansässigen König abkaufte, wurde die Insel Mafia aus strategischen Gründen dem **Sultanat Kilwa** einverleibt. Aus dieser Zeit stammt die Stadt

Die südliche Küste und Mafia Island

LATHAM ISLAND

Msua
Mafisi Mzenga
Ruvu
Kibaha
South Beach
Kisarawe
Dar es Salaam
Kifuru
Vibura
Ras Kimbiji
Masaki
Mbezi
Buyuni
Ras Pembamnasi
Maneromango
Lake Mansi
452
Binga
Lukanga
Kisiju
KWALE ISLAND
Mazomora
Kidunda Station
Kilimahera
Bungu
Kibiti
Nyamisati
Ruhoi
NYORORO ISLAND
BARAKUNI ISLAND
Bweni
Kirongwe
MAFIA
Nzasa Plains
Lake Tagalala
Mtemere Gate
Nyera
Mkongo
Ilkwiriri
Rufiji
Kilindoni
Chole Bay
Utende
JUANI ISLAND
Utete
Nyamwage
Mtondo
Msomemi
Mafia Island Marine Park
s. Detailplan Mafia Island S. 229
Ndundu
Mohoro
616
Mohoro Bay
OKUZA ISLAND

Selous
Game
Reserve

Ngarimbi
741
Somanga
Matumbi Caves
Matapatapa
SONGO SONGO ISLAND
Kandawale
Matandu
Kilwa Kivinje
868
686
Njinjo
Nangurukuru
Nalwangaa
Kilwa Masoko
KILWA KISIWANI ISLAND
SONGO MNARA ISLAND
Zinga
Kiwatama
Kiwawa
Mitumbati
Mtole
503
Kimambi

Liwale
Mkunya
Lake Mkoe
Tendaguru
Kitamanga
Mchinga
Mchinga Bay
Chindundu
Matambare
Mandawa
Rutamba
Mbanja
Lindi Bay
Nambungu
Ruangwa
Rondo Plateau
911
Mingoyo
Lindi
Nangano
Mnero
915
Nyamba
Mtama
747
Nachingwea
Nanganga
Ndanda
Mnyambe
945
Makonde Plateau
Mtwara
Mnazi Bay-Ruvuma Estuary Marine Park
MONGO ISLAND
Mikindani
Msimbati
Nanguruwe
Lake Chidya
Kilambo
Ruvuma Bay
Mwambo
Quionga
Kitaya
Kongwelle
930
Msangesi Game Res.
Masasi
Songea
Nangomba
Mikangaula
748
Mwamba
Palma
Capo Delgado
Nassoro
Baia de Maiapa
ILHA TECOMAJI
ILHA RONGUI
Lukwila-Lumesule Game Reserve
Newala
605
Lago Nangade
Lago Lunique
Tartibo
Nangade
Injama
ILHA VAMIZI
ILHA METUNDO
ILHA QUIFUGUI
566
Masunguru
775
Baia Mocimboa da Praia
Mocimboa da Praia
Negomano
246

MOSAMBIK

Indischer

Ozean

Mafia Channel

Kisimani Mafia, von der heute noch überwucherte Relikte zu besichtigen sind. Beiden historischen Handelszentren wird nachgesagt, mit Hilfe von Kilwa einst den Silberhandel aus den Minen von Simbabwe kontrolliert zu haben.

Das persische Königsgeschlecht herrschte auch in den folgenden Jahrhunderten, und seine Handelsrouten reichten bis nach Indonesien und dem von der Ming-Dynastie beherrschten China, wie Funde von chinesischem Porzellan oder indischen Münzen belegen. Ebenso florierte Mafia später unter den **arabischen Händlern**, die sich an den Küsten ansiedelten; langsam entstand die Swahili-Kultur. In den 200 Jahren ihrer offiziellen Herrschaft schafften es die **Portugiesen** jedoch, die florierenden Siedlungen auszubluten und dem Niedergang zu weihen. Die folgende wirtschaftliche Renaissance durch die omanischen Araber, die im 17. Jh. die Festlandküste und Sansibar unter ihre Herrschaft stellten, erfasste Mafia kaum mehr.

Nach der Annexion durch die Deutschen setzte 1892 der erste deutsche Kolonialist seinen Fuß auf Mafia. 1915 schließlich nahmen britische Truppen die Insel ein und errichteten dort eine **Militärbasis**, als am Rufiji River Delta die Schlacht um das Kriegsschiff *Königsberg* (s. Kasten „Verhängnisvoller Rufiji River", S. 236) entbrannte. 1922 ging die Herrschaft über Mafia

vom sansibarischen Sultanat auf das Festland Tanganyika über, in dessen politischem Einflussbereich es sich noch heute befindet.

Bevölkerung und Wirtschaft

So wechselvoll die Geschichte der Insel ist, so heterogen stellt sich heute auch ihre **Bevölkerung** dar. In den nördlichen Teilen der Insel leben überwiegend Wambwera (sie stammen ursprünglich von der gegenüberliegenden Festlandküste) und die Nachfahren des ehemaligen persischen Adelsgeschlechts der Shirazi, die Washirazi. Der Süden hingegen sah sich besonders zur Zeit der Kolonialplantagen mit dem Zuzug vieler Sklaven vom Festland und von Menschen der unterschiedlichsten Ethnien konfrontiert, sodass eine eindeutige Stammeszuordnung heute oft gar nicht mehr möglich ist.

Die rund 40 000 Einwohner bestreiten ihren Lebensunterhalt zum überwiegenden Teil mit Fischfang (weniger zum Eigenverbrauch, sondern um die Fische in Dar es Salaam auf dem Markt zu verkaufen), dem Fang von Krustentieren für den Export, Agrarwirtschaft (Maniok, Reis, Ananas, Erbsen, Bohnen, Mangos, Kokosnüsse) und in kleinerem Umfang mit Handwerk (Bootsbau, Segelmacherei etc.). Frauen verdienen ein kleines Taschengeld, indem sie Matten *(mkeka)* aus Rhapia-Palmen flechten, um sie auf dem Kariakoo Market in Dar feilzubieten. Das fruchtbare Mafia eignet sich gut für den **Ackerbau**. Große Flächen der Insel wurden während der deutschen Herrschaft und des britischen Völkerbundmandats in Kokosplantagen (sogenannte Estates) umgewandelt, und noch heute dienen diese fünf Plantagen mit etwa 200 000 Palmen den Inselbewohnern als Einkommensquelle, vor allem in der Trockenzeit, wenn die Kokosnüsse erntefähig, viele der restlichen Agrarerzeugnisse aber knapp sind.

Von der **Tourismusindustrie** vielleicht auch wegen der weniger spektakulären Strände vernachlässigt, ist Mafia nach wie vor ein Geheimtipp – für Leute mit prall gefülltem Geldbeutel. Low-Budget-Reisen auf Mafia ist nur eingeschränkt möglich, die Auswahl an Unterkünften und Verkehrsmitteln beschränkt; die Pisten befinden sich vor allem nach den Regenzeiten in haarsträubendem Zustand. Von Tomaten über Milch bis zum Bier wird restlos alles vom Festland ein-

---

Ein Name, drei Erklärungen

Schon portugiesische Seefahrerkarten aus dem 16. Jh. weisen die Insel als *Monfia* aus, doch die Herkunft des Inselnamens Mafia ist umstritten. Oberflächlich betrachtet scheint die Erklärung plausibel, wonach sich der Name von der Swahili-Bezeichnung *mahali pa afya* oder *maafya* (dt.: Platz der Gesundheit) ableitet. Andere Historiker vermuten, dass der Name eher von den frühen arabischen Siedlern herrührt, die die Insel schlicht *morfieyeh* (dt.: Inselgruppe, Archipel) nannten. Die dritte Erklärung erscheint jedoch die logischste: Als jemenitische Adelsgeschlechter noch lange vor der Ankunft der Perser den Indischen Ozean kontrollierten, gab das jemenitische Himyariten-Geschlecht der *Ma'afir* auf der Insel den Ton an.

N

0   10 km

Riff
Mangroven
Sand
Land

SHUNGI MBILI
ISLAND

MBARAKUNI
ISLAND

Ras
Mkumbi

Strand   Strand

Bweni

Kanga

Ras
Murundo

Jimbo

Kirongwe

SEFO
ISLAND

① Tumbuyu

Ras
Mbisi   Strand

Baleni

Sefo Reef

AL-HADJIRI
ISLAND

Al-Hadjiri
Reef

Ndagoni

Ras
Kilicapani

Mlola
Forest

@ ✉ Kilindoni
HAFEN, POLIZEI

②
③
④

JINA
ISLAND

BWEJUU ISLAND

Bwejuu
Reef

Ras
Kisimani   Ruinen von
Kisimani Mafia

⑥ ⑦ ⑧

Chole
Bay

Chole

CHOLE
ISLAND

JUANI
ISLAND

Utende
⑤   Kilole Strand

⑨ ⑩   Kua

MAFIA ISLAND MARINE PARK

MANGE ISLAND

Mange
Reef

MZINI ISLAND

Jibondo
JIBONDO ISLAND

KITUTIA ISLAND

Kitut'a
Reef

Übernachtung:
① Ras Mbisi Lodge
② Whale Shark Lodge
③ New Lizu Hotel,
    Harbour View Hotel
④ Butiama Beach
⑤ Shamba Kilole
⑥ Blue House Mafia
⑦ Mafia Island Lodge
⑧ Polepole Resort
⑨ Kinasi Lodge
⑩ Chole Mjini

geflogen; dieselfressende (teure) Generatoren sorgen für die Stromversorgung. Mit willkürlichen Gebühren macht sich die Inselverwaltung bei den Gästen und Reisebüros keine Freunde, denn neben den Eintrittsgebühren für den Marine Park ist die Einführung einer einmaligen Whaleshark Fee von 15 000 TSH p. P. angedacht. Wenn man in die Erschließung der Insel nur ebenso viel Energie stecken würde wie in die Erfindung neuer Gebühren für die Touristen …

Mafia Island gehört heute wie der ganze Süden zu den **ärmsten Gegenden Tansanias**. Von der Festlandregierung, der Mafia ja untersteht, kommt wenig Hilfe; es existieren keine Teerstraßen, die Wasser- und Stromversorgung ist mangelhaft, und nicht einmal das Mobilfunknetz entspricht der Qualität auf dem Festland. Da die Insel relativ isoliert liegt, profitiert sie weder vom Tourismusboom (allein schon, weil sie wesentlich teurer als Sansibar ist) noch vom wirtschaftlichen Aufschwung Tansanias.

Fauna

Durch die isolierte Lage der Insel haben sich einige Tierarten erstaunlich gut gehalten. Im Einflussbereich des Rufiji-Delta sowie im Marine Park leben beispielsweise die vom Aussterben

bedrohten **Dugongs**. Diese Meeressäuger, eine Art Seekuh, ernähren sich streng vegetarisch von Seegras und erreichen das beachtliche Gewicht von durchschnittlich 400 kg bei 3 m Länge. Eine Besonderheit sind auch die ebenfalls vom Aussterben bedrohten **Flughunde**, die – während sich die Tropensonne in sattem Rosa-Orange zur Ruhe begibt – zu Dutzenden ausschwärmen. Sie stammen ursprünglich von den Komoren (deshalb auch der englische Name Comoro Flying Fox) und sind heute nur noch dort und auf Mafia zu sehen. Daneben brüten **Meeresschildkröten** an gewissen Strandabschnitten, deren sensibler Fortpflanzungsrhythmus auf Mafia offensichtlich kaum gestört wird.

Neben den genannten Tieren stellen die **Walhaie** *(whale shark)* wahrscheinlich die Hauptattraktion des Marine Parks dar. Weil zwischen September und März die Gewässer rund um Mafia den Walhaien Plankton und Algen im Überfluss bieten, kehren die sanften Riesen des Meeres – übrigens mit an die 10 m Länge und bis zu 12 t Gewicht die größten Fische der Welt –, alljährlich zurück. Taucher haben vor ihnen nichts zu befürchten, und mit ihnen zu tauchen oder auch nur zu schnorcheln ist ein überwältigendes Erlebnis. Abgesehen davon leben in den

Bis ins 20. Jh. hinein war die vorgelagerte Insel Chole Mjini (hier von Utende aus betrachtet) die Hauptstadt von Mafia Island.

Gewässern rund um Maf a **Delfine**, die imposanten **Mantarochen** und von August bis November
auch **Buckelwale**. Da erscheint eine Begegnung
mit den zahlreichen **Unterwasserschildkröten**
schon fast unspektakulär.

Kilindoni

Der Hauptort Kilindoni ist ein kleines verschlafenes Fischerdorf, man empfängt Gäste hier aber
viel überschwänglicher als auf Pemba. Als Ver-
kehrsdrehscheibe (Flughafen, Hafen) und Ort mit
der einzigen nennenswerten Infrastruktur, z. B.
einer Bank, dem Markt, einigen lokalen Gästehäusern und *hoteli* (Restaurants), ist das Dorf
eher von praktischem Nutzen als sehenswert.

Übernachtung und Essen

Das landestypische **Harbour View Hotel**
(Nähe Hafen) und das älteste Gästehaus im
Dorf, das **New Lizu Hotel** (zentral), haben ihre
besten Tage schon hinter sich und sind nur im
Notfall zu empfehlen, beide ❶–❷.
Whale Shark Lodge, 1,5 km nordöstlich von
Kilindoni, ☎ 0755-696067, ✉ carpho2003@
yahoo.co.uk. Auf Klippen etwas außerhalb des
Dorfes gelegen, überschaut man vom Panorama-
restaurant den Ozean – und mit etwas Glück zur
richtigen Jahreszeit jede Menge Walhaie.
Einfache, saubere und erschwingliche Bandas
unter italienischer Leitung; Camping um US$7
p. P. Aktivitäten können arrangiert werden.
Schwimmen ist vom hauseigenen Bilderbuch-
strand (bei Flut) möglich. Bestes Essen in
Kilindoni. Im April/Mai geschlossen. ❷

Sonstiges

Geld, Reiseapotheke, geladene Akkus sollten
Besucher nach Mafia Island mitbringen.
An der Airport Road liegt eine **NMB-Bank**,
die nur in Ausnahmefällen Geld wechselt, es
gibt aber keine Barabhebungsmöglichkeit auf
Mafia Island. Auf Chole Island existiert eine
recht gute, kleine **Klinik**, für komplizierte
Gesundheitsprobleme muss man aber nach
Dar es Salaam ausweichen. Wenn es Strom
gibt, könnte das **Internet** im New Lizu Hotel
vielleicht funktionieren.

Transport

Boote

Von den günstigen, aber abenteuerlichen
Überfahrten mit der Dhow ab KISIJU
(90 km südlich von Dar es Salaam, erreichbar
mit Daladala ab Kilwa Road), die je nach Wind
zwischen 5 und 15 Std. dauern können, ist
Abstand zu nehmen.
Ab NYAMISATI (ebenfalls südlich von Dar,
erreichbar mittels Daladala ab Kilwa Road)
verkehrt im Laufe des Nachmittags eine Fähre
(8000 TSH), die *MV Potwe*, nach Kilindoni, die
erst nach Einbruch der Dunkelheit anlegt und
entweder eine Abholung seitens der Unterkunft
oder eine Übernachtung in Kilindoni mit sich
bringt. Für die gesamte Anreise auf dem Seeweg
(samt Übernachtung und Verspätungen) müssen
mindestens 1 1/2 Tage in den Terminplan
eingerechnet werden.

Flüge

Außerhalb der Regenzeiten wird Kilindoni
täglich von kleinen Maschinen angeflogen,
z. B. von Coastal Aviation ab DAR ES SALAAM
(US$120), ARUSHA (US$350) oder SELOUS
GAME RESERVE (US$250 p. P. einfach) oder
von Tropical Air. Eine einmalige Landegebühr
von 10 000 TSH p. P. ist im Gespräch.

4 HIGHLIGHT

Mafia Island Marine Park

Wer einmal in die Unterwassergründe des
822 km² großen Mafia Island Marine Park abge-
taucht ist, wird die enthusiastischen Berichte der
Taucher verstehen. Mit knapp 50 Arten von farbenfrohen Korallenformationen und über 460 dokumentierten Fischarten zählen die Tauchgebiete
zu den vielfältigsten der Welt. Mehr als die Hälfte
des Parks ist weniger als 20 m tief, speziell rund
um die Chole Bay. Nur der Kinasi Pass, der Chole
Channel und westliche Teile rund um das Kitutia
Reef reichen bis zu 40 m. Wissenschafter haben
bestätigt, dass es sich um eines der **artenreichsten Gewässer im tropischen Raum** handelt. Nur
der Mnazi Bay-Ruvuma Estuary Marine Park bei

Mtwara dürfte noch artenreicher sein. Im Marine Park sind Dynamitfischen sowie gewerbliches Fischen offiziell verboten; auch der unseligen Praxis der Kalk- und Baumaterialgewinnung aus Korallen wurde damit der Riegel vorgeschoben. Leider erholen sich die Korallengärten von den invasiven Fischfangmethoden der 1970er- und 1980er-Jahre nur sehr langsam.

Die besonderen Charakteristika der **Unterwasserwelt** entstehen durch die einzigartige Lage von Mafia. Der Archipel besteht aus mehreren bewohnten Inseln und unbewohnten Korallenatollen und liegt im Mündungsdelta des Rufiji River an der Südküste. Dadurch werden die Gewässer rund um Mafia zu einem artenreichen Treffpunkt von großen, ozeanischen Fischen und den kleineren, bunten Rifffischen der Korallengärten.

Der Park, der nur den süd- und nordöstlichen Teil von Mafia Island samt den Inseln Chole, Juani, Jibondo und Bwejuu sowie das Mange Reef und das Kitutia Reef umfasst, wurde 1995 eingeweiht; jeder Reisende muss pro Tag (ebenso wie in den Nationalparks auf dem Festland) eine **Eintrittsgebühr** von US$20 berappen. Doch was des einen Freud, ist des anderen Leid: Taucher mögen sich zwar an der prachtvollen Unterwasserwelt erfreuen, für die ansässigen Fischer bedeutet das Schutzgebiet aber einen Eingriff in ihre Lebensgrundlage. Obwohl der Marine Park einst als Projekt konzipiert war, das der lokalen Gemeinde ein gewisses Mitspracherecht sowie einen Anteil an den Einnahmen aus dem Tourismus versprach, ist Mitbestimmung im Gesellschaftsverständnis Tansanias nur ein schwammiger Begriff. Und so geschah das wohl Unvermeidliche: Die Regierung kassiert zwar mit offenen Händen die Einnahmen aus dem Park, stellt aber nicht genügend Mittel zur Verfügung, um gegen das illegale, gewerbliche Fischen vorzugehen. Die lokalen Fischer haben das Nachsehen und die Stimmung der Einheimischen wandte sich folglich zunehmend gegen den Park. Das Dynamitfischen geht weiter (wenn auch in eingeschränkter Form). Durch den Bevölkerungsdruck steigt der Bedarf an Nahrung und Geld, und Lösungen sind nicht in Sicht.

Juani Island, Chole Island und Kisimani Mafia

Eine der zwei ältesten Siedlungen, **Kua**, liegt auf **Juani Island**. Die Bedeutung der Insel wurde erst in jüngerer Zeit dramatisch unterstrichen, als ein tansanischer Archäologe bedeutende Funde auf der Insel freilegte. Diese Funde – Höhlen, Keramik aus Griechenland und Syrien, Glas aus Persien – bestätigen eindeutig, dass Tansania und seine Inseln schon lange vor der islamischen Besiedlung, also etwa zu der Zeit von Claudius Ptolemäus im 2. Jh., bedeutende Handelszentren gewesen sein müssen. Die Relikte werden auf ca. 600 v. Chr. datiert! Die Shirazi-Ruinen aus späterer Zeit, wahrscheinlich aus dem 14. Jh., bestehen aus Grabmälern, Überresten mehrerer Häuser – eines davon sogar mit Bad – und zweier Moscheen. Britische Archäologen legten in den 1950er-Jahren auch Münzen aus dieser Zeit frei, die die wirtschaftliche Blüte dieser Jahrhunderte bekräftigen. Neben Ruinen können auf der spärlich besiedelten Juani Island mit viel Glück auch ungewöhnliche Tiere, z. B. Wildschweine, Affen oder Blaue Duiker, eine kleine Antilopenart, beobachtet werden.

Der Untergang von Kua verursachte gleichzeitig den Aufschwung von **Chole** auf **Chole Island**, als der Sklavenhandel auf den Maskarenen (Mauritius, La Réunion) und Madagaskar seinem Höhepunkt zustrebte. Sklavenhändler und -besitzer errichteten Steinhäuser, Brunnen und Moscheen und siedelten sich in Chole an.

Mangrovenwälder in der Chole Bay

Obwohl Mafia Island ein Paradies für Taucher ist, können die Strände, an denen sich die bescheidene touristische Infrastruktur konzentriert, unglücklicherweise nicht dasselbe Prädikat in Anspruch nehmen. Die hiesigen Mangrovenwälder spielen zwar eine entscheidende Rolle bei der Vermeidung von Bodenerosion, sind aber nicht sonderlich ansehnlich. Doch zum Glück gibt es paradiesisch schöne, vorgelagerte Sandbänke, die sich allerdings durch den bis zu 4 m hohen Tidenhub nur bei Ebbe ansteuern lassen …

Der ostafrikanischen Küste ist ein mehrere hundert Kilometer langes Riff vorgelagert, in dessen bunten Korallengärten eine faszinierende Unterwasserwelt angesiedelt ist. Kristallklares Wasser, herrlich angenehme Wassertemperaturen und ein einzigartiger Fischreichtum lassen die Herzen von Tauchern höher schlagen.

Viele der Fische haben ihr Zuhause in einem der reichhaltigsten Ökosysteme der Welt, dem **Korallenriff**. Das Gerüst des Riffs besteht aus wasserunlöslichem Kalziumkarbonat. Bei idealen Voraussetzungen wachsen diese Hartkorallen um maximal 4 cm pro Jahr. Das Riff vor der ostafrikanischen Küste benötigte also etwa zwei Millionen Jahre, um seine heutige Gestalt anzunehmen.

In diesem Aquarium schwimmen über 2000 verschiedene Arten von Fischen, dazu kommen über 1500 Muschel- und Krustentiere, mehr als 100 Arten von Korallen sowie 150 verschiedene Seegräser. Seesterne, Schwämme, Fächerfarne, Anemonen und Mangroven machen den Unterwasserdschungel komplett. Hier sind einige Spezies das ganze Jahr über zu finden, andere nur zu bestimmten Zeiten. Während des Nordost-Monsuns, der zwischen Dezember und März die See auf bis zu 30 °C erwärmt, bestehen die besten Chancen, auf größere Meeresbewohner wie Hai, Marlin, Thunfisch, Blaufisch, Delfin oder Königs- und Goldmakrele zu treffen. Die meisten der stromlinienförmigen **Hochseefische** haben eine stark ausgebildete Schwanzflosse, durch deren schnelle seitliche Bewegungen sie auch in ungeschützten Gewässern nicht von der Strömung abgedrängt werden.

Im Gegensatz dazu sind bei den kleineren Fischarten die Rücken- und Brustflossen besser ausgebildet, was ihnen im Gewirr der Korallenbänke große Wendigkeit verleiht. Die meisten der **kleineren Fische** *(reef fish)* sind das ganze Jahr über am Riff zu sehen. Einige werden allerdings von der Strömung des Südost-Monsuns, der zwischen April und Oktober bläst und die Wassertemperatur auf 23 °C sinken lässt, nach Nordosten in Richtung Malediven getragen.

Zu den kleineren Fischen gehören Igelfische und Puffer, die sich bei Bedrohung mit Wasser zu einer Kugel aufpumpen; ihre Stachel sind hochgiftig. Einige Fische treten in riesigen **Schwärmen** auf, wie viele der bunten Korallenfische, Schnapper, Süßlippenfische, die gelbschwarzen Borstenzähner, die prächtigen Juwelenfische und die bunten Papageienfische. Riffbarsche glänzen in verschiedenen Farben und Größen.

Zu den besonders empfehlenswerten **Tauchgründen** in Tansania zählen neben den Riffen vor Mafia Island auch manche Abschnitte auf Pemba, Sansibar und bei Mikindani im Süden. Selbst vor der Metropole Dar es Salaam lässt es sich herrlich tauchen.

Später, in den 1890er-Jahren, kamen die deutschen Kolonialisten, fügten ein Gefängnis (von dem noch Zellen sichtbar sind) hinzu und bauten den Sklavenmarkt zu einem Zollhaus um. Trotzdem wurde die Administration bald darauf nach Kilindoni verlegt, weil die schweren Schiffe nicht mehr in die Chole Bay einfahren konnten. Die Ruinen von Chole sind zwar nicht sonderlich ansehnlich, belegen aber eindrucksvoll, dass das Fischerdorf einst strategisch wichtig gewesen sein muss. Die mit üppigem Grün überwachsenen Bauten stehen in pittoreskem Kontrast zu dem einfachen Landleben, das die Fischer und ihre Familien im Dorf führen. Derzeit leben knapp 1400 Personen auf der recht dicht besiedelten Insel, deren Wohlergehen von mehreren NGOs betreut wird. Die Dhow-Werft ist allemal einen Besuch wert. Zugang nur per Boot, die Dorfgemeinschaft erhebt US$5 p. P.

Von der zweitältesten Siedlung auf Mafia ist heute nicht mehr viel übrig. Die **Ruinen von Kisimani Mafia**, nahe Kilindoni im Südwesten der Insel, wurden im Laufe der Zeit größtenteils vom Meer verschluckt, doch Archäologen vermuten, dass eine Siedlung dort bereits im 10. oder 11. Jh. existierte. Als gesichert darf aber angesehen werden, dass die ersten Siedler aus dem Dorf Mbwera, nahe dem Delta auf dem Festland, das

Die südliche Küste und Mafia Island

genau gegenüber von Kisimani liegt, kamen. Nach vielen Jahrhunderten prosperierenden Handels wurde die Stadt 1872 schließlich durch einen Zyklon vollständig zerstört.

Alle Unterkünfte sind im April/Mai geschlossen.

Innerhalb des Marine Parks

Bis auf den Strand der Mafia Island Lodge sind die Strände von Mangroven durchwachsen und gezeitenabhängig. Zusätzlich zum Übernachtungspreis werden täglich US$20 p. P. an Gebühren für den Park fällig – egal ob man ins Wasser geht oder nicht.
The Blue House Mafia, Utende, Chole Bay, ☎ 0755-828825, ✉ bluehousemafiay@yahoo. com, 🖳 bluehousemafiaisland.blogspot.com. Erste und bislang einzige Low-Budget-Unterkunft im Marine Park; sie gehört einem engagierten, ehemaligem Fischer. Zweckmäßige Zimmer im landesüblichen Stil, Fisch und Meeresfrüchte als Dinner und zahlreiche Aktivitäten, die über das Big Blu Mafia Dive Centre mit italienischen Tauchlehrern abgewickelt werden. ❷
Mafia Island Lodge, Utende, Chole Bay, ☎ 0786-303049, 🖳 www.mafialodge.com. Dass dieses Mittelklassehotel einst in staatlicher Hand war, sieht man ihm noch immer an, obwohl es schon länger privatwirtschaftlich geführt wird. Einfacher Standard, das kasernenartige Flair der sozialistischen Ära lässt sich nicht leicht kaschieren. Schöner Strand, eigene Tauchbasis (PADI Open Water US$390, 1 Tauchgang US$40), Wassersport-Aktivitäten, Angeln, Internetcafé, Souvenirshop. 34 Zimmer. ❺ mit Vollpension
Kinasi Lodge, Utende, Chole Bay, ✉ kinasi@zanlink.com, 🖳 www.mafiaisland.com. Geschmackvolle Lodge inmitten eines Kokospalmenwaldes an der Chole Bay, und glücklicherweise nicht die teuerste. Wunderschönes Ambiente im marokkanisch-arabischen Stil. Heimelige Lounge und gediegenes Restaurant mit Blick auf die türkisblaue Chole Bay. Pool, Spa mit Thai-Massagen, Internet. Eigenes Tauchcenter. 12 Cottages. ❻ mit Vollpension

🔶 **Chole Mjini**, Chole Island, zu buchen über AfrikaAfrika Safaris, ☎ 0769-204159,

🖳 www.afrikaafrikasafaris.com. Rustikale, familiäre, authentische Ökolodge ohne Strom mit minimalem CO_2-Fußabdruck. Die offenen Baumhäuser stehen idyllisch in einem Baobab-Wald mit Blick auf Mangrovenhaine. Diese Lodge empfiehlt sich nur für Naturfreunde, die allen modernen Annehmlichkeiten für kurze Zeit entsagen möchten. Die lokale Bevölkerung von Chole Island ist intensiv in den Alltag der Lodge eingebunden und profitiert direkt davon. Viel Ruhe, aber jede Menge Aktivitäten wie Bootsausflüge, Angeln, Inselführungen, Massagen. Zugang nur per Boot. 6 Baumhäuser, 1 Cottage am Boden. ❼ mit Vollpension
Polepole Resort, Utende, Chole Bay, ☎ 022-2601530, 🖳 www.polepole.com. Rustikale, intime Lodge am Mangrovenstrand von Utende, doch bei Weitem nicht so schick wie der Nachbar Kinasi Lodge. Eigenes Tauchcenter (PADI Open Water US$390, 10 Tauchgänge US$300), viele Aktivitäten. 7 Bungalows. ❼ mit Vollpension

Außerhalb des Marine Parks

Shamba Kilole, Nähe Utende, ☎ 0786-903752, 🖳 www.shambakilolelodge.com. Neuere, sympathische Lodge in einem Wald voller Mangobäume mit Blick auf die Chole Bay in der Ferne. Äußerst liebenswürdige, kundige italienische Besitzer, die die Unterkunft mit Herz führen. Innovative Italo-Swahili-Küche, die sich auf der Insel schon herumgesprochen hat. Hauseigenes Tauchcenter. Ein wenig billiger als die Lodges im Marine Park. ❺–❻ mit Vollpension

Alle Lodges organisieren Ausflüge gegen Entgelt, da entweder ein Boot oder ein anderes Fahrzeug in Anspruch genommen werden muss.

Bootsausflüge

Bootsausflüge mit den traditionellen Dhows zu Sandbänken, Lagunen, vorgelagerten Inseln oder besonders schönen Strandabschnitten können gebucht werden. Oft sind Picknicks inbegriffen. Sundowner-Ausflüge werden ebenfalls angeboten. Je nach Saison werden Boottrips zu den Walhaien (Okt–April), den

Steckbrief: Tauchen vor Mafia

- **Tauchtiefe**: max. 30 m, meistens weniger
- **Sicht**: generell schlechter als auf Pemba (durch die Sedimente des Rufiji River), in Idealfall bis zu 40 m im März/April
- **Beste Zeit zum Tauchen**: Sep./Okt.–März/April
- **Tauchspots**: Kinasi Pass (Chole Bay), Dindini Wall, Jina Wall (außerhalb der Chole Bay)
- **Spezialitäten**: Walhai *(whale shark)*, Mantarochen *(manta ray)*, Suppenschildkröte (green sea turtle) und Meeresschildkröten *(sea turtle)*, Zackenbarsch *(grouper)*, Napoleon-Lippfisch *(humphead wrasse)*, Dickkopf-Makrele *(giant trevally)*, Barrakuda

Walen (Juli–Sep, Okt–Nov) und auch zu den Schildkröten geboten (wenn sie gerade Eier legen oder schlüpfen).

Touren zu den Ruinen
Halbtagestrips zu den Ruinen von Kua oder nach Chole Island werden von den Unterkünften gerne arrangiert.

Wassersport
Es gibt mehrere PADI-**Tauchbasen**, die an Lodges gekoppelt sind. Jede Lodge hat ihr eigenes Hausriff zum **Schnorcheln**. Alle diese Reviere sind empfehlenswert und artenreich. **Fischen** ist bei fast allen Unterkünften im Angebot, z. B. Mafia Island Lodge (US$450 pro Boot pro Tag) oder Chole Mjini (US$450 pro Boot pro Tag).

West- und Nordküste

An diesen Küsten existieren erst seit kurzer Zeit Unterkünfte. Die Strände sind hier viel paradiesischer als an der Chole Bay. Vorwiegend Fischerdörfer, Mangrovenwälder und Plantagen dominieren diese Abschnitte. Urlaubern, die nicht unbedingt tauchen möchten, bieten sich somit ideale Rückzugsmöglichkeiten an gänzlich unberührten Stränden und paradiesischen Sandbänken.

Übernachtung und Essen
Alle Unterkünfte sind im April/Mai geschlossen. Die Abholung ist bei den Lodges zu buchen.
Butiama Beach, 10 Min. südlich von Kilindoni, ☎ 0784-575720, 💻 www.butiamabeach.com. Gute Laune verbreiten nicht nur die bunten Farben in der intimen Anlage, sondern auch der makellose Strand und das gemütliche Ambiente. Tolle Sonnenuntergänge, familiäre Betreuung. ⑥ mit Vollpension

Ras Mbisi Lodge, nördliche Westküste, 16 km von Kilindoni entfernt, ☎ 0754-663739, 💻 www.mafiaislandtz.com. Wunderbar rustikal-elegantes Ambiente mit dem gewissen Etwas, erbaut und geführt von den britischen Eigentümern. Alle 9 Bandas liegen am unberührten, herrlichen Sandstrand ohne Mangroven. Nachhaltigkeit in ökologischer Hinsicht und die Einbindung der lokalen Bevölkerung sind keine Marketingslogans, sondern gelebter Alltag. Viele Aktivitäten, exzellente Küche. ⑥

Die drei Kilwas

Einst in aller Munde, heute von Gott und der Welt vergessen – so oder ähnlich könnte man das Schicksal von Kilwa zusammenfassen. Kilwa, etwa auf halbem Weg zwischen Dar und Mtwara gelegen, besteht aus drei Orten, der Name wird aber als Synonym für alle drei verwendet, denn die Dreiteilung erfolgte erst im 18. Jh. Meist ist das historische **Kilwa Kisiwani** (dt.: Kilwa auf der Insel) gemeint, wenn man von Kilwa spricht. Reisende passieren zunächst **Kilwa Kivinje**, das an der Abzweigung etwa 7 km südöstlich des markanten Kreisverkehrs von Nangurukuru liegt. Als Nächstes erreicht man **Kilwa Masoko**, das administrative Zentrum der Region und Hauptort der touristischen Infrastruktur.

Kilwa Kivinje

Kilwa Kivinje (dt.: Kilwa beim Kasuarinen-Baum) entstand erst, als die Araber den Haupthandelsplatz für Sklaven und Elfenbein im 18. Jh. auf das

Festland verlegten. In der Folgezeit kam dem Ort als regionales Verwaltungszentrum im kolonialen Deutsch-Ostafrika eine wichtige Rolle zu. Aus der deutschen Kolonialzeit sind heute noch ein Fort, eine Markthalle sowie zwei Denkmäler erhalten. Eines erinnert daran, dass hier Aufständische des Maji-Maji-Krieges (s. Kasten S. 239) gehängt wurden. Das andere würdigt die in diesem Aufstand getöteten deutschen Händler. Da keine ordentlichen Unterkünfte vorhanden sind, empfiehlt sich die Buchung eines Tagesausflugs von Kilwa Masoko aus.

Kilwa Masoko

Kilwa Masoko (dt.: Kilwa der Märkte) ist ein Versorgungszentrum mit Unterkünften, Lebensmittelgeschäften und Tankstellen. Außerdem ist es Ausgangspunkt für eine Bootsfahrt zu den historisch sehenswerten Inseln Kilwa Kisiwani und Songo Mnara, ohne selbst historisch bedeutsam oder gar besonders charmant zu sein. Neben einigen lokalen Gästehäusern gibt es in der Sandbucht auch Strand-Lodges mit westlichem Standard. Ein kaltes Bier findet sich also in Kilwa Masoko allemal.

Östlich vom Dorfkern liegt in einer langgezogenen Bucht der recht schöne **Jimbiza Beach** mit drei Lodges nach westlichem Standard. Weit attraktiver ist aber der lange, palmengesäumte **Masoko Pwani Beach** etwa 4 km nördlich, wo sich eine weitere Unterkunft befindet, die am besten mit einem Taxi erreicht wird (ca. 8000 TSH).

Übernachtung und Essen

Die Lodges bekommen Strom vom Generator, der meist nur in den Abendstunden angeworfen wird. Es gibt mehrere äußerst bescheidene lokale Gästehäuser, wie z. B. das **New Mjaka Guest House**, das **Hilton Guest House** oder das **Mikumi Guest House**, die alle in etwa denselben landestypischen Standard aufweisen (heruntergekommen mit sporadischer Wasser- und

Verhängnisvoller Rufiji River

Als 1914 alle Anzeichen auf den Ausbruch des Ersten Weltkriegs hindeuteten, wurde der Kleine Kreuzer *S. M. S. Königsberg* (S. M. S. steht für „Seiner Majestät Schiff") nach Dar es Salaam überstellt. Nach Kriegsbeginn am 4. August 1914 war er in den Gewässern zwischen dem heutigen Tansania und Sansibar für Seeschlachten vorgesehen. Bis Ende September kaperte der zuständige Kommandant, Max Looff, mit seiner Mannschaft nicht nur den britischen Frachter *City of Winchester*, sondern versenkte auch den britischen Kreuzer *Pegasus* im Hafen von Sansibar. Daraufhin wurde der deutsche Kreuzer samt der 322 Mann starken Besatzung erbittert von den Briten gejagt.

Aufgrund dringend notwendiger Reparaturmaßnahmen sah sich der Kapitän gezwungen, nach einem Versteck vor den Briten zu suchen, und verfiel auf die kühne Idee, den Rufiji River so weit wie möglich hinaufzufahren. Die tonnenschweren Teile wurden ausgebaut und zur Reparatur nach Dar es Salaam gebracht. Versorgungsgüter für die Seeleute wurden herangeschafft. Indessen hatte die britische Navy bereits Schiffe in den Indischen Ozean geschickt, um die *Königsberg* aufzuspüren.

Einem dummen Zufall ist es zu verdanken, dass die Briten den Deutschen schließlich auf die Spur kamen. Bei der Durchsuchung eines deutschen Handelsschiffes im Hafen von Lindi fand man eine Quittung für eine Kohlenlieferung an die *Königsberg*. Sogar der Ort der Lieferung im nördlichen Delta war genau vermerkt. Ende Oktober wurde die *Königsberg* dann von den Briten im dichten Mangrovenwald des Rufiji River entdeckt, hauptsächlich deshalb, weil man vergessen hatte, die Masten zu kürzen.

Nach mehreren Monaten Belagerung und Bombardement entschloss sich Kapitän Looff, die *Königsberg* aufzugeben und zu sprengen. Kurze Zeit nach der Sprengung versank sie bis zum Oberdeck. Bis weit in die 1980er-Jahre war das Wrack der *Königsberg* bei Ebbe sichtbar, es versank aber mit der Zeit so tief in den Sand und Schlick des Rufiji, dass es heute von der Bildfläche verschwunden ist.

Stromversorgung) und sich an den Haupt-
straßen befinden. **❶**
Gäste müssen auswärts essen, z. B. im
Joy Junction, Road Side Classic Park, auf dem
atmosphärischen **Night Market** oder in den
Lodges am Strand.
Sunset Camp, gegenüber NMB Bank, ☏ 0787
112055. Eine der besseren landestypischen
Unterbringungsmöglichkeiten. Camping erlaubt
(5000 TSH p. Zelt). **❷**
Kilwa Dreams, Masoko Pwani, ☏ 0784-
585330, 🖳 www.kilwadreams.com.
Zweckmäßige, spartanische Unterbringung
ohne Strom und mit kaltem Wasser, die für das
Gebotene etwas überteuert ist. Trotz des
grellblauen Anstrichs der Häuschen und des
Restaurants wirkt die Anlage direkt am Strand
karg, aber für erholungsbedürftige Budget-
reisende, die gerade eine mehrstündige
Busfahrt hinter sich haben, fühlt es sich wie
das Paradies an. **❸**
Kimbilio Lodge, Jimbiza Beach, ☏ 0785-991681,
🖳 www.kimbiliolodges.com. Die geräumigen
pinkfarbenen Cottages mit Makuti-Dach
sind den traditionellen Rundhütten Tansanias
nachempfunden und im rustikalen, gemütlichen
Swahili-Stil eingerichtet. Idyllische Bar/Lounge/
Restaurant mit gutem italienischem Essen (dank
der italienischen Betreiber). Eigenes Tauchcenter, sympathisches Ambiente. **❹**
Kilwa Ruins Lodge, Jimbiza Beach,
☏ 0715-703029, 🖳 www.kilwaruinslodge.com.
Drei unterschiedliche Kategorien zur Auswahl.
Komfortable Ausstattung, rustikal-romantisch.
Beste Option in Kilwa und sehr interessant
für Hochseefischer. Eigene hochseetaugliche
Boote. Pool, ausgezeichnete Küche. 14 Bandas.
❹ – ❺

Camping
Kilwa Seaview Resort, Nordoststrand des
Jimbiza Beach, ☏ 0784-613335, 🖳 www.
kilwa.de. Campingplatz mit wenig Schatten und
guten Sanitäranlagen. US$5 p. P. Die dazu-
gehörige Lodge samt Restaurant hat aufgrund
der recht eigenwilligen Betreiber einen
zweifelhaften Ruf.
Kilwa Dreams, s. o. US$10 p. P. Alternative,
wenn im Kilwa Seaview Resort kein Platz ist.

Ruinenbesichtigungen
Kilwa Kivinje
Die Unterkünfte organisieren Ausflüge inkl.
Führer: Kilwa Kivenje US$30–40 p. P.

Kisiwani s. S. 238, **Songo Mnara** s. S. 242.

Wassersport
Die vorgelagerten Korallenriffe entlang des
Masoko Pwani Beach eignen sich gut zum
Schnorcheln. Zu arrangieren über die Resorts,
inkl. Bootsmiete ab US$30 p. P.

Hochseeangeln
Zur Kilwa Ruins Lodge gehören drei Hoch-
seeboote. Boots-Charter inkl. Skipper pro Tag
US$700–850 pro Boot, je nach Größe des
Bootes. Lokale Dhows für Angelausflüge
können ebenso angemietet werden, z. B. ab
US$120 pro Boot und Tag.

Tauchen
Die Kimbilio Lodge verfügt über ein eigenes
Tauchcenter, 10 Tauchgänge oder PADI Open
Water US$450.

Polizei, Post, Tankstellen sowie landestypische
Geschäfte und Märkte sind vorhanden, ebenso
ein bescheidenes Krankenhaus mit *dispensary*
(Apotheke). In der NMB an der Hauptstraße
kann man zwar Geld wechseln, aber keines
abheben.

Selbstfahrer
Zur Zeit der Recherche war der Coastal
Highway zwischen Dar es Salaam und Mtwara
kurz vor der Fertigstellung; einzelne Abschnitte
fehlten noch (wegen sumpfigen Erdreichs),
sollen aber spätestens 2012 geteert sein.
Von DAR ES SALAAM aus erreicht man Kibiti,
einen strategisch wichtigen Ort zum Auftanken
und Einkaufen, nach 138 km auf Asphalt und
ausgebessertem Asphalt. Bis zur neuen Brücke
(KM 180) über den Rufiji-Fluss kommt man flott
voran. Am Kreisverkehr der Ortschaft
Nangurukuru (KM 310) hält man sich links und

Die südliche Küste und Mafia Island

erreicht nach 7 km die Abzweigung nach Kilwa Kivinje und nach weiteren 22 km Kilwa Masoko (339 km ab Dar es Salaam, 5–6 Std.).

Busse

Der Flug in den Süden oder ein Privattransfer sind definitiv zu bevorzugen, denn die Busfahrer sind nicht erst seit Fertigstellung der gut ausgebauten Teerstraße als rücksichtslose Rabauken bekannt. Der Bus kostet zwar nicht mehr als US$15, aber Reisende setzen sich einem großen Unfallrisiko aus.

Von Dar es Salaam nach Kilwa

Frühmorgens, meist um 5 Uhr, verlassen die täglichen Überlandbusse (z. B. Sumry oder Saibaba) den Temeke-Busterminal (Kilwa Rd., in der Nähe des National Stadium) in DAR ES SALAAM (Richtung Nangurukuru, Lindi oder Mtwara). Von Nangurukuru (erkennbar am Kreisverkehr) fahren Daladalas und Pick-ups weiter nach Kilwa Masoko. Fahrtzeit nach Nangurukuru ca. 5–7 Std. In Nangurukuru muss meistens umgestiegen werden.

Von Kilwa nach Dar es Salaam, Lindi oder Mtwara

Täglich verkehren Überlandbusse von Nangurukuru (per Daladala oder Taxi von Kilwa aus erreichbar) nach Norden in

---

Ungewisse Zukunft

Zwar wurde Kilwa zum Unesco-Weltkulturerbe erklärt, doch dies allein reicht nicht aus, um eine bedeutende historische Stätte zu schützen (vgl. auch „Welterbe in Ostafrika", S. 197). Nachdem die historischen Gebäude zunehmend zu kollabieren drohten und die Regierung keine Maßnahmen einleitete, wurden 2002 mit Hilfe französischer, japanischer und Unesco-Gelder dringliche Ausbesserungsarbeiten vorangetrieben sowie Techniken der Denkmalpflege und Restaurierung unterrichtet. Trotzdem hat das Welterbekomitee am 5. Juli 2004 auf die **Rote Liste des gefährdeten Welterbes** gesetzt. Ob diese Geste reicht, um die Verantwortlichen unter Druck zu setzen, wird die Zukunft zeigen.

Richtung Dar es Salaam oder in den Süden nach Lindi und Mtwara. Abfahrt jeweils in den Morgenstunden, Dauer in beide Richtungen ca. 5–7 Std., um 10 000 TSH p. P.

Flüge

Das Flugfeld befindet sich wenig nördlich des Ortskerns von Kilwa Masoko. Coastal fliegt tgl. von DAR ES SALAAM (US$250 p. P.) oder von SANSIBAR (US$300 p. P.).

Kilwa Kisiwani

Eine der ersten schriftlichen Erwähnungen findet Kilwa in *Periplus Maris Erythraei* („Küstenfahrt am Roten Meer"), in dem der weit gereiste Händler Periplus aus Ägypten im 1. Jh. n. Chr. die Handelsrouten und Warenströme der nordostafrikanischen, arabischen und indischen Küste akribisch analysiert. Die wichtigste Route ging vom Haupthandelsplatz Mocha im heutigen Jemen aus und endete in **Rhapta**. Viele Indizien deuten darauf hin, dass Rhapta mit dem heutigen Kilwa identisch ist.

In der Kilwa-Chronik ist nachzulesen, dass 957 n. Chr. eine persische Adelsfamilie aus der Stadt **Shiraz** Kilwa dem ortsansässigen König abkaufte. Seine fruchtbare Erde, ausreichende Trinkwasservorkommen und seine isolierte Lage schienen für eine Besiedlung perfekt. Von da an florierte Kilwa, besonders durch den Handel mit Gold und Elfenbeinen, Zöllen und dem Schiffsbau. Kilwa lag am Ende der Silberroute von Mosambik und Simbabwe. Auch Perlen, Parfums, persische Keramik und chinesisches Porzellan verhalfen dem Ort zu Reichtum und politischem Einfluss. In seinem Reisebericht von 1331 zeigt sich der marokkanische Gelehrte Ibn Battuta vom Prunk, der Schönheit und der Macht der Stadt außerordentlich angetan. Vom 13. bis ins 16. Jh. hinein erlebte Kilwa vermutlich seine Blütezeit und die **Swahili-Kultur** erreichte ihren präkolonialen Zenit. Historiker sind der Auffassung, dass Kilwa zu dieser Zeit die mächtigste Stadt der Swahili-Küste war. Selbst eigene Münzen wurden in Kilwa geprägt. Es gibt allerdings keine Aufzeichnungen darüber, dass der Reichtum auf Sklaverei oder Sklavenhandel gründete.

Die deutsche Kolonialregierung war unter Druck geraten. Immerhin sollte die Kolonie ja rentabel bleiben, doch die riesigen, ökologisch nicht an die tropischen Bedingungen angepassten Plantagen (Sisal, Kautschuk, Kaffee, Baumwolle) hatten durch Seuchen und Ungeziefer empfindliche Einbußen erlitten. Um das System möglichst profitabel zu halten, begann man mit der **Eintreibung von Steuern**. Dies zwang die Tansanier zu harter, unmenschlicher Lohnarbeit auf den Plantagen, während ihre eigenen Felder unbestellt blieben. Eine weitere Erhöhung der Steuern, die zu Versorgungsengpässen der Dorfgemeinschaften mit Feldfrüchten geführt hätte, sowie die immer schlechteren Bedingungen auf den Plantagen brachten das Fass schließlich zum Überlaufen. Unter der Federführung der indischen und arabischen Händler vereinigten sich über 20 Ethnien gegen das ungeliebte Regime. Es entwickelte sich daraus die **größte Rebellion der deutschen Kolonialzeit** in Deutsch-Ostafrika, die nachhaltige Folgen nicht nur für die Regierung, sondern auch für das Sozialgefüge der Tansanier hatte. Schätzungen zufolge sollen bis zu 300 000 Menschen – ein Drittel der Bevölkerung des Südens – den Tod gefunden haben.

Der Krieg nahm seinen Anfang westlich von Kilwa. Hauptverantwortlich für das anfängliche Massaker war ein Mann aus dem Matumbi-Gebiet namens **Kinjikitile**, der aufgrund besonderer Vorkommnisse im Dorf als Prophet und Zauberer galt: Er versprach den Einwohnern, dass sie nach der Einnahme des Maji-Zaubers (*maji* bedeutet „Wasser"), einem Gebräu aus Hirse und Wasser, die Gewehrkugeln der Kolonialisten in Wasser verwandeln könnten und dadurch unverwundbar würden. Die Kunde verbreitete sich rasch, und gestärkt durch die Zauberkräfte erlebte der Aufstand großen Zulauf aus dem ganzen Süden, von Kilwa bis zum Lake Malawi.

Die **Antwort der Kolonialisten** auf die Rebellion war brutal. Nach den ersten verlustreichen Kampfhandlungen änderten die Tansanier ihre Strategie, da der Zauber nicht zu wirken schien. Sie starteten einen Guerillakrieg, der von den Deutschen mit der Taktik der „Verbrannten Erde" beantwortet wurde: Sie bestraften die Bewohner in den aufständischen Gebieten mit Todesurteilen und dem Abbrennen ihrer Häuser und Felder. So starben als unmittelbare Folge des Krieges, nämlich durch Verhungern, mehr Menschen als in allen anderen deutschen Kolonialkriegen. Die menschenverachtende und selbstherrliche Grundhaltung der Kolonialherren erregte Unmut in Deutschland, was schließlich zu einer Verbesserung der Lebensbedingungen vor Ort und zum Austausch der Kolonialadministration führte.

In Tansania wird der Maji-Maji-Krieg als prägendes Ereignis für die eigene **nationale Identität** angesehen. Er gilt im Land sogar als Auslöser für die nationale Vereinigung, die 1964 in der Staatsgründung gipfelte.

Aus dieser Ära stammen die meisten imposanten Prunkbauten aus Stein, deren Ruinen heute zu den aufschlussreichsten Zeugnissen vorkolonialer Kultur gehören und deshalb von der Unesco 1981 zum Weltkulturerbe erklärt wurden.

Als 1502 der portugiesische Seefahrer Vasco da Gama seinen Fuß auf Kilwa Kisiwani setzte, hatte die Stadt bereits über 500 Jahre Handel und Wohlstand hinter sich, auch aufgrund der isolierten Lage, die die Insel vor Angreifern schützte. Nachdem die **Portugiesen** (vgl. „Die portugiesische Herrschaft", S. 141) die Küste gewaltsam an sich gerissen hatten, bluteten sie die Stadt, die unter den Portugiesen als Quiloa bekannt war, regelrecht aus. In nur kurzer Zeit ließen sie ein Fort errichten, den Urbau des heutigen Gereza. Nach acht Jahren Besatzung aber verließen sie Kilwa wieder, da die großen Handelsstädte Malindi und Mombasa in Kenia strategisch wichtiger waren. Innerhalb kurzer Zeit schwand die wirtschaftliche Bedeutung der ostafrikanischen Küste. Die arabischen **Omanis** hatten also leichtes Spiel, als sie 1700 die Stadt besetzten. Im Zuge der Eroberung rief der Gouverneur alle Einwohner von Kilwa Kisiwani dazu auf, die Insel zu verlassen, um auf dem Festland zwei neue Siedlungen zu gründen, nämlich Kilwa Kivinje und Kilwa Masoko.

1770 erlangte Kilwa wieder seinen unabhängigen Status und wurde von nun an von den

Die südliche Küste und Mafia Island

Die südliche Küste und Mafia Island

Je nachdem, ob man eine islamische oder christliche Quelle um Zahlenmaterial zur Religionsverteilung in Tansania bittet, fällt die Antwort unterschiedlich aus. Schätzungen zufolge sind an die 30 % der Bevölkerung moslemisch, während 40 % dem katholischen Glauben anhängen. Auf Sansibar und den Inseln ist der Islam jedoch unbestritten mit mehr als 95 % die dominierende Religion.

Vor allem in den Küstenregionen Ostafrikas und entlang alter Handelsrouten, wo jahrhundertelang arabische Händler ins Hinterland reisten, festigte sich der moslemische Glaube. So ist der **Islam** eigentlich – neben den Naturreligionen – die tiefer verwurzelte Religion. Mit der Ankunft der Europäer erhielten die Imame Konkurrenz durch das **Christentum**. Es gelang den katholischen und protestantischen Missionaren jedoch kaum, die moslemische Phalanx an der Küste zu durchbrechen; bis auf ganz wenige Ausnahmen scheiterten alle Missionierungsversuche. Deswegen zogen sich die christlichen Gemeinden ins Hinterland zurück und starteten von hier aus den Versuch, die Seelen zum Christentum zu bekehren.

Die Missionierung trug nach wenigen Dekaden spürbare Früchte. Durch die **Missionsschulen** entstand so etwas wie eine privilegierte, christliche Bildungselite, die nach der Unabhängigkeit viele wichtige Ämter in der Administration übernahm. Auch der erste Präsident, Julius Nyerere, war Schüler und später Lehrer einer christlichen Schule. Dieses Ungleichgewicht schürte Unzufriedenheit innerhalb der moslemischen Gemeinschaft, die vehement darauf pochte, dass der Islam zur Staatsreligion erklärt würde. So wurde beispielsweise in den späten 1960er-Jahren diskutiert, ob in Teilen der Rechtsprechung (z. B. beim Familienrecht) der Scharia der Vorzug zu geben sei. Die Diskussionen um eine stärkere gesellschaftspolitische Verankerung des Islam in der **Politik** sind bis heute nicht vom Tisch. Viele Moslems fühlen sich und ihre Anliegen in Tansania unterrepräsentiert. Zudem ist ihnen der wachsende Tourismus mit all den dekadenten Besuchern aus dem Westen ein Dorn im Auge. Fundamentalistische Tendenzen sind vor allem auf Sansibar spürbar, gehen aber auch von Splittergruppen auf dem Festland aus. Das trotzdem relativ friedliche Nebeneinander von Moslems und Christen ist dem weitsichtigen **Julius Nyerere** zu verdanken, der stets darauf bedacht war, Politik von Religion zu trennen. Sein ideologisches Vermächtnis über Religions-

Sultanen von Sansibar regiert. Diese sorgten durch Sklaven- und Elfenbeinhandel dafür, dass die Stadt im 18. und 19. Jh. wieder aufblühte, wozu der Umstand beitrug, dass Kilwa am Ende der südlichen Karawanenroute lag. Über Kilwa gelangten Abertausende versklavte Menschen aus Südtansania, Malawi und Mosambik auf die Zuckerplantagen der Maskarenen. An den Glanz alter Tage konnte Kilwa jedoch nie mehr anknüpfen.

Sehenswürdigkeiten

Die einstige Dominanz der Ruinenstadt Kilwa Kisiwani an der ostafrikanischen Küste lässt sich heute anhand ihrer eindrucksvollen Architektur nachvollziehen. Die besonders beeindruckenden Bauten liegen hauptsächlich im Westen der vorgelagerten Insel.

Gleich bei der Ankunft sticht den Besuchern das **Gereza** (Fort, im eigentlichen Wortsinn Gefängnis) ins Auge. 1505 von den Portugiesen erbaut, wurde es von den Omanis im frühen 19. Jh. in ein quadratisches Fort umgewandelt. Weil sich die Bezeichnung vom portugiesischen Wort für Kirche, nämlich *igreja*, ableitet, nimmt man an, dass dies der ursprüngliche Verwendungszweck war. Die große imposante Tür des Forts, die mit arabischen Inschriften und Schnitzereien versehen ist, soll aus dem Jahre 1807 stammen.

Südlich davon gelangt man zur **Malindi Mosque** und dem Malindi-Friedhof. Wie mehrere andere Bauten auch wurde die Moschee im 15. Jh. errichtet, um im 18. Jh. renoviert zu werden. Sie soll von einer einflussreichen Familie aus Malindi im heutigen Kenia erbaut worden sein, die dem Freundeskreis des herrschenden

grenzen hinweg lässt sich heute noch gut erkennen, etwa durch die Wahl des moslemischen **Jakaya Kikwete** zum Präsidenten im Jahr 2005 mit über 80 % Zustimmung.

Obwohl das Nebeneinander der Religionen akzeptiert wird, kommt es hin und wieder zu spektakulären Aktionen, wie z. B. 2004 in Stone Town, als eine Reihe von Brandanschlägen auf katholische Kirchen verübt wurde. Zwangsislamisierungen von jungen Mädchen sind hier ebenso gang und gäbe. Nicht umsonst werden Sansibar – und insbesondere Pemba – als die Hochburgen des **islamischen Fundamentalismus** angesehen, wobei sogar vermutet wird, dass politische Führungskräfte Kontakte zur Al-Qaida pflegen.

Sultans angehörte. Auf dem **Friedhof** nebenan können einige ehemals großartige Grabmäler besichtigt werden.

Südwestlich des Gereza liegt die **Große Kuppelmoschee** (*The Great Mosque*, auch *Friday Mosque* genannt). Sie stammt ursprünglich aus dem 11. Jh.; als größte Freitagsmoschee Ostafrikas wurde sie stets gepflegt und mehrmals renoviert sowie erweitert, weshalb sie fast noch in ihrem gesamten majestätischen Erscheinungsbild zu bewundern ist. Aktiv als Gebetshaus diente die Moschee bis ins beginnende 19. Jh.

Südlich an die Moschee grenzt das **Jumba Kuu**, das große Haus (*The Great House*), an. Heute sind nur mehr Grundmauern erhalten, aber im 15. Jh. und danach dienten die Gebäude als Wohnhäuser, u. a. auch für den Imam, den Vorbeter, der die Gläubigen zum Gebet ruft und

in der Gesellschaft als Gelehrter großes Ansehen genießt.

In unmittelbarer Nähe befindet sich die **Small Domed Mosque**, die noch am besten erhaltene Moschee von Kilwa Kisiwani. Die Kuppeln, die Ornamente und arabischen Inschriften sind gut zu sehen.

Die dreieckige Anlage **Makutani** (Swahili für „Platz der großen Mauern") steht am westlichen Ende. Erbaut im 18. Jh., als die Omanis der Stadt zu neuer Blüte verhalfen, diente das Herzstück des Baus dem Sultan als Palast. Er wohnte nicht nur hier, sondern führte von hier aus auch die Regierungsgeschäfte.

Historiker nehmen an, dass derselbe Baumeister, der die Freitagsmoschee im 14. Jh. erweiterte, etwa zeitgleich auch den Sultanspalast **Husuni Kubwa** (Swahili für „großer Palast") errichtete. Dieses prächtigste Gebäude der Stadt liegt ein wenig außerhalb des ehemaligen Stadtzentrums. Hier residierte im 14. und 15. Jh. der jeweilige Sultan mit seiner Familie. Imposante Relikte legen Zeugnis ab von unermesslichem Prunk. So soll der Palast aus über 100 teilweise gewölbten und mit Friesen dekorierten Räumen bestanden haben. Neben einer Moschee und dem Dienstbotenquartier gab es einen Audienzraum, mehrere Innenhöfe, einen Pavillon sowie einen eindrucksvollen achteckigen Pool (mit Sitzgelegenheiten). Handelsreisende beschrieben den Palast als größtes Steingebäude im südlichen Afrika. Man kann sich leicht vorstellen, was für einen herrlichen Blick der Sultan aufs glitzernde Meer gehabt haben muss!

Gleich nebenan befindet sich der sogenannte **Husuni Ndogo**, der „kleine Palast", dessen Art der Nutzung nicht eindeutig festgestellt werden konnte.

Die Ruinen sind nur per **Boot** ab KILWA MASOKO (Motorboot, Dhow, ca. 30–60 Min. je nach Wind) erreichbar, was auf Wunsch von den Lodges organisiert wird. Ausflug inkl. Guide und Genehmigung um US$30 p. P. Der Pier für die Abfahrt der Boote liegt direkt am Ende der Hauptstraße. Hier, am kleinen Hafen, kann man sich auch selbst ein Dhow-Boot organisieren (und den Preis aushandeln, 10 000–20 000 TSH hin und zurück). Zusätzlich ist eine **Erlaubnis** vom Antiquities Department im District Commissioner's Office (Halmashauri ya Wilaya ya Kilwa, Ofisi ya Utamaduni) direkt an der Hauptstraße, gegenüber der Post, einzuholen, ⏰ Mo–Fr 7.30–15.30 Uhr, US$2/ 1500 TSH p. P. Die Boote legen beim Gereza an, wo mehr oder weniger kundige Begleiter für max. 20 000 TSH pro Gruppe auf Kundschaft warten. An den jeweiligen Gebäuden stehen zudem Informationstafeln.

Songo Mnara

Während auf Kilwa Kisiwani auch weniger Geschichtsinteressierte auf ihre Rechnung kommen, lohnt sich der Besuch der etwa 10 km südlich gelegenen Ruinen auf der Insel Songo Mnara (mit den vorgelagerten kleinen Inseln Sanje Majomo und Sanje ya Kate) nur für sattelfeste Historiker. Gemeinsam mit Kilwa Kisiwani wurde Songo Mnara zum Weltkulturerbe ernannt (und auch auf die Rote Liste gesetzt).

Erst seit 2009 wird auf Songo Mnara intensiv geforscht, zuvor sind alle Mittel nach Kisiwani geflossen. Man fand die aufschlussreichen Ruinen einiger Moscheen und Grabmäler sowie von rund 40 privaten Wohnhäusern aus dem 14. und 15. Jh.

Wer die Ruinen besichtigen will, muss bei den Unterkünften in Kilwa Masoko einen Bootsausflug buchen, ca. US$100 pro Boot. In Eigenregie ist Songo Mnara schwer machbar, da die Ruinen nicht ohne weiteres zugänglich sind und Beschilderungen fehlen.

Die südliche Küste

Lindi

Je weiter südlich man fährt, desto stärker wird das Gefühl, in einem längst vergessenen Niemandsland unterwegs zu sein.

Von den beiden wenig sehenswerten Hauptorten Lindi und Mtwara bietet ersterer zumindest historische Melancholie und unverfälschte Swahili-Lethargie. 166 km von Nangurukuru entfernt und 461 km südlich von Dar liegt der Hauptort der Region Lindi an der Mündung des Lukuledi River. Gegründet wurde er im 18. Jh., als arabisch-sansibarische Händler den Ort als strategisch günstigen Endpunkt ihrer Sklaven- und Elfenbeinkarawanen von Lake Nyasa (heute Lake Malawi) nutzten. Die deutschen Kolonialisten verlegten den Hauptsitz des Bezirks Lindi hierher. Von den ehemals vermutlich prunkvollen Villen aus Korallenstein entlang der Bucht oder auch vom Bezirksamt stehen heute nur mehr Ruinen. In der Umgebung von Lindi legten die Deutschen ertragreiche **Sisalplantagen** an, doch mit dem Untergang des Sisalhandels versandeten die Einnahmen.

Heute gibt es in der Gegend von Lindi weder Industrie noch eine nennenswerte Agrarwirtschaft – nicht einmal die von Briten angelegten Cashewnuss-Plantagen bringen genug Ertrag ein, zumal der Weltmarktpreis eingebrochen ist. Die Briten erschufen schließlich in den 1940er-Jahren Mtwara – zum Leidwesen von Lindi, das immer mehr in die Bedeutungslosigkeit versank. Mittlerweile leben die Menschen hauptsächlich von der Landwirtschaft für den Eigenbedarf, dem Fischfang und der **Salzproduktion** (hauptsächlich für den industriellen Gebrauch). Der kleine, einst bedeutende Hafen stellte besonders in der Regenzeit, wenn die Straßen vor der Fertigstellung des Highway für LKWs unpassierbar war, die Versorgung der Stadt sicher. Einige Missionare, Lehrer oder Ärzte von karitativen Organisationen halten unbeirrt die Stellung.

Bedeutung für die tansanische Wirtschaft hat Lindi durch die **Erdgasvorkommen** auf der vorgelagerten Insel Songo Songo gewonnen, die einen Teil der Stromversorgung des Landes bestreiten. Via Pipelines wird das Gas nach Dar es Salaam geleitet, wo es die Generatoren der Umspannwerke antreibt. Weitere Erdgasvorkommen werden vermutet, weswegen der Süden Tansanias, insbesondere auch das Selous Game Reserve, in den Blickpunkt des internationalen Interesses geraten ist.

Für Touristen hat der Ort kaum Bedeutung, außer als Zwischenstopp zum Einkauf von Gemüse. Ein Spaziergang durch das entspannte, staubige Städtchen, vorbei an bröckelnden Ruinen und typischen indischen oder arabischen Läden, erinnert an die Zeit, als Lindi eines der wichtigsten Handelszentren des Südens war. Einige der Strandabschnitte sind idyllisch und blütenweiß, doch angesichts der moslemischen Bevölkerung ist Schwimmen, Sonnenbaden oder gar allzu freizügige Kleidung fehl am Platz. Am ehesten kann man noch am **Mtema Beach**, ca. 6 km nördlich der Stadt, baden und sich sonnen. Achtung: Überfälle an einsamen Stränden können vorkommen; man sollte sich dort nur gemeinsam mit anderen Sonnenhungrigen aufhalten.

Tendaguru

1907 entdeckte ein deutscher Ingenieur in den Hügeln von Tendaguru auf der Suche nach Edelsteinen **Dinosaurierknochen**. Von 1909 bis 1913 fanden weitere Grabungen statt. Die Funde wurden umgehend nach Deutschland verbracht, wo sich herausstellte, dass es sich um das größte intakte Saurierskelett der Welt handelte. Der bis zu 15 m hohe Brachiosaurus wog 50 t, lebte vor rund 150 Mio. Jahren und gilt als eines der größten Landwirbeltiere aller Zeiten. Bis heute ist Tendaguru die einzige gut bearbeitete Fundstelle eines Dinosauriers. Das Berliner Naturkundemuseum hat 2005–2007 das Skelett neu aufgebaut und es kann ebendort bewundert werden. Der Brachiosaurus und zahlreiche weitere Funde der Tendaguru-Expedition stehen nach wie vor im Zentrum des wissenschaftlichen Interesses des Naturkundemuseums Berlin.

In den Hügeln von Tendaguru hingegen sind noch jede Menge weniger spektakuläre, wenn auch nicht weniger wichtige Knochen zu besichtigen. Dies gestaltet sich leider alles andere als unbürokratisch: Man muss bei der Distriktverwaltung (Uhuru Ave., Nähe Hafen) vorstellig werden und diverse Fragen über sich ergehen lassen. Ein Führer wird beigestellt, der aber auch unbedingt notwendig ist, da der Fundort (60 km westlich von Lindi, ca. 6 Std. Fahrzeit) allein kaum auszumachen ist – nur in der Trockenzeit und mit gutem Geländefahrzeug machbar.

Übernachtung und Essen

Die Unterkünfte sind entsprechend der abgeschiedenen Lage einfach, die Restaurants ebenso. Es stehen überwiegend Fisch, *ugali* und Reis auf der Speisekarte. Gute Optionen sind **Muna's Restaurant** (Ghana St., nahe der Moschee) und **Nankolowa Guest House** (Rutamba St., Nähe Markt).
Malaika Hotel, Nähe Markt und CRDB Bank, ℘ 023-2202880. Einfache, alteingesessene Unterkunft im landestypischen Stil mit sauberen, zweckmäßigen Zimmern und gemeinschaftlich genutzten Sanitäranlagen. ❶
Weitere landestypische Häuser sind das **Gift Guest House**, Market St. Nähe Malaika Hotel, ❶, und das **Adela II Hotel**, Ghana St., südlich des Ortszentrums, das auch unter dem Namen Adela Kubwa bekannt ist und solide Mittelklassezimmer bietet. ❶–❸
Lindi Oceanic Hotel, nördlich des Hafens und der Mündung des Lukuledi, ℘ 023-2202829.

Das größte, beste und teuerste Hotel von Lindi
direkt am blütenweißen Strand von Lindi.
Beliebt für Konferenzen, bei Geschäftsleuten
und Entwicklungshelfern. Pool, komfortable
Zimmer mit AC und ein übeteuertes Restaurant
mit verschlafenem Service. ❹–❺

Geld
NBC Bank, Nähe Anglican Church an der
Waterfront, **CRDB Bank**, am großen Kreisverkehr beim Markt. Wegen der Mangel-
versorgung mit Strom eignen sich beide Filialen
eher zum Geldwechsel als zur Geldabhebung
mit Visa-Karte.

Internet
Internetcafés gibt es in der Jamhuri Street,
z. B. **Lindi Favourite Business**, oder in der
Amani Street nahe dem Hafen.

Medizinische Hilfe
Wenige Meter vom Markt und dem Kreisverkehr entfernt, auf der Ausfahrtsstraße
nach Kilwa, liegt das **Distriktkrankenhaus**
von Lindi.
Brigita Dispensary, eine kleine Klinik mit
westlichem Standard (und deutschem Arzt),
befindet sich in der Makonde Street nahe
dem Markt um die Ecke vom Malaika Hotel,
✆ 023-2202679.

Nachtleben
Unter der Woche werden die Bürgersteige
früh hochgeklappt, aber von Fr–So kommt
Leben in die Bars und Pubs, z. B. in den
Magereza Social Club und den **Santolin Club**
am nördlichen Ende der Makongoro Road in
unmittelbarer Nähe zum Strand. Der Santolin
Club eignet sich auch prächtig für ein kühles
Bier am Nachmittag am puderweichen Strand
mit Blick über die Lindi Bay.

Post und Telefon
In der Baraza Street in Hafennähe.

Polizei
In der Baraza Street in der Nähe der Post.

Selbstfahrer
Zwischen NANGURUKURU und Lindi (166 km)
wurde der Coastal Highway zur Gänze
fertiggestellt. Zwischen Lindi und MTWARA
(103 km) existiert eine ältere, aber gute
Teerstraße.

Busse
Der Busbahnhof liegt zwei Blöcke südlich des
Stadions an der Makongoro Road. Zwischen
DAR und Lindi verkehren (via Nangurukuru)
Überlandbusse (Abfahrt immer jeweils in den
frühen Morgenstunden, etwa eine Tagesreise).
Nach MTWARA bzw. MIKINDANI fahren auch
Daladalas (2 1/2–4 Std.).

Flüge
Lindi wurde 2x wöchentl. von Precision Air
(Büro Nähe Busbahnhof) von DAR ES SALAAM
aus angeflogen, doch zur Zeit der Recherche
gab es keine Flugverbindung. Das Flugfeld liegt
etwa 20 km nördlich des Ortskerns.

Mikindani

Ein kleines Juwel tief im Süden ist Mikindani,
das – wie alle Häfen an der Küste – das unaus-
weichliche Schicksal aller Swahili-Städte ereilte,
nämlich der Niedergang, nachdem die Bedeutung als Umschlagplatz für Elfenbein, Sklaven
und andere Waren sank. Jahrhundertelang war
die geschützte Bucht ein ausgezeichneter **Naturhafen** für arabische und indische Handelsschiffe.
Livingstones letzte Reise auf der Suche nach den
Quellen des Nils begann 1866 in Mikindani, eine
Gedenktafel erinnert daran. In den 1880er-Jahren
erreichten die Deutschen Mikindani, bauten ein
Verwaltungsgebäude (Boma) und verschifften
die Agrarerzeugnisse des Umlands, vor allem
Sisal, Kokosnüsse, Kautschuk sowie Ölfrüchte,
nach Deutschland. Sie begannen auch mit der
Ernte und dem Export von Austernperlen. 1916
wurden die Gebäude am Hafen durch einen britischen Angriff schwer beschädigt. Noch bis 1947
unter den Briten war Mikindani das Verwaltungszentrum der Südregion, doch mit dem Bau von

Mtwara wurden alle wichtigen Einheiten dorthin verlegt. Mikindani verfiel in einen seligen Dornröschenschlaf.

Heute ist Mikindani in erster Linie ein **Fischerdorf**, das man gut zu Fuß erkunden kann. Ruinen erinnern an seine ehemaligen Bewohner: arabische Händler, deutsche Kolonialisten und indische Kaufleute – eine typische Swahili-Stadt also. Die engen Gässchen und ehemals weiß getünchten, heute verfallenden zweistöckigen Häuser mit ausladenden Balkonen und alten Sansibar-Türen vermitteln Swahili-Melancholie; wenn man so will, ist Mikindani ein Stone Town im Taschenformat. Während Übernachtungen in Lindi oder Mtwara für Reisende eher Notlösungen sind, kann man in Mikindani leicht einige Tage verbringen. Ein Spaziergang durch die Stadt, Bootsausflüge in den Mnazi Bay-Ruvuma Estuary Marine Park (S. 251), Tauchgänge in verschiedenen Revieren und Ausflüge sorgen für Kurzweil.

Sehenswürdigkeiten

Das von Touristen kaum besuchte **Lukwila-Lumesule Game Reserve** liegt am Grenzfluss Ruvumu River, etwa 100 km südwestlich von Masasi. Das Reservat, das vom Lukwila River durchkreuzt wird, liegt im Migrationskorridor zwischen dem Selous Game Reserve und dem Nyassa Reserve in Mosambik, daher ähnelt die Tierpopulation auch jener des Selous Game Reserve, z. B. jede Menge Flusspferde, Krokodile und Vögel bei den Wasserläufen, Löwen, Leoparden, Wild Dogs, Elefanten oder Kudus. Die Trockenmonate Juni bis Dezember gelten als die beste Saison für Tierbeobachtungen.

Auf eigene Faust ist das Game Reserve schwer erreichbar, da es nicht beschildert ist und die Pisten generell in schlechtem Zustand sind. Im Reserve selbst existieren kaum Pisten, Offroad-Fahren ist die Regel. Spontane Besuche sind nicht möglich, da eine Erlaubnis (*permit*) vom Office of Natural Resources in Mtwara oder Masasi vonnöten ist, die mit einigem bürokratischen Aufwand verbunden ist. Es kann sein, dass der Zugang verweigert wird, da das Game Reserve immer wieder an Jagdgesellschaften „vermietet" wird. Die Anfahrt erfolgt über die Piste von Mtwara nach Tunduru, wo man bei Machinga (ca. 2 Std. westlich von Masasi) gegen Süden abzweigt. In Mpombe Village muss man sich beim Office ins Gästebuch eintragen. Von Mikindani aus sind mindestens 3 Tage für den Ausflug ein-

Seit Jahrhunderten ist die geschützte Bucht von Mikindani ein idealer Hafen für Fischer und Händler.

zuplanen, da allein die Anreise von Mikindani aus schon fast einen Tag in Anspruch nimmt. Selbstversorger müssen alle Lebensmittel und die Camping-Ausrüstung selbst mitbringen.

Die südliche Küste und Mafia Island

Übernachtung und Essen

Die beiden Unterkünfte organisieren zahlreiche Aktivitäten und Ausflüge, arrangieren die Abholung vom Flughafen Mtwara (20 000 TSH) und sind eindeutig die kompetentesten und besten Optionen im gesamten Süden.
Ten Degrees South Lodge, ☏ 0784-855833, 🖥 www.tendegreessouth.com. Kleine, intime Pension in einem alten arabischen Haus, teilweise mit Gemeinschaftsbad. 5 einfache Zimmer im Swahili-Stil sowie 4 neuere, komfortablere Zimmer mit Meerblick und Du/WC. Ausgezeichnetes Restaurant. Beliebt bei Rucksacktouristen und Tauchern. ❷–❸
The Old Boma at Mikindani, ☏ 0756-360110, 🖥 www.mikindani.com. Das über 100 Jahre alte deutsche Verwaltungsgebäude (Boma) wurde im Zuge eines Entwicklungsprojektes revitalisiert. Der Kolonialcharme sowie die herrliche Aussicht aufs Meer blieben erhalten. Pool. Die Küche genießt einen ausgezeichneten Ruf. Internet. 8 Zimmer. ❹–❺

Aktivitäten

Ausflüge in die Berge

Tagesausflüge auf das **Rondo-Plateau** (bekannt für seine Biodiversität und Wandermöglichkeiten) oder zum **Makonde-Plateau** (Holzschnitzer) werden von den Lodges arrangiert.

Bootsausflüge

Bootsausflüge und Dhow-Fahrten in die Mikindani-Bucht oder in den Mnazi Bay-Ruvuma Estuary Marine Park mit seinen paradiesischen Stränden werden von den beiden Lodges organisiert. Weitere Infos unter 🖥 www.marineparktz.com.
Auch Hochseeangeln ist in Absprache mit den beiden Lodges möglich.

Safaris

Camping-Safaris zum Lukwila-Lumesule Game Reserve werden auf Anfrage bei

The Old Boma in Mikindani organisiert; Preise auf Anfrage.

Stadtführungen

The Old Boma at Mikindani bietet Führungen durch den historisch bedeutsamen Ortskern an.

Tauchen und Schnorcheln

eco2, in der Ten Degrees South Lodge, ☏ 0783-279446, 🖥 www.eco2tz.com, ist nicht nur das einzige Tauchcenter weit und breit, sondern auch ein Unterwasserforschungszentrum. Die beste Zeit zum Tauchen ist Juli–Jan, getaucht wird in der Mikindani-Bucht oder im Mnazi Bay-Ruvuma Estuary Marine Park, der etwa 1 Std. entfernt ist. PADI Open Water US$400, PADI Advanced Diver US$350, 2 Dives US$125. Viele andere Aktivitäten, z. B. Kayaking oder Nature Walks.
Schnorcheln ist ebenfalls möglich, aber nur an einigen wenigen Stellen, nachzufragen bei eco2.

Walbeobachtung

Eine Garantie gibt es nicht, aber mit einiger Wahrscheinlichkeit erspäht man von Aug–Nov Buckelwale (US$40 p. P. bei eco2).

Transport

Selbstfahrer

Auf dem Weg von Lindi nach Mtwara kommt man automatisch durch Mikindani. Die Straße von LINDI führt über MINGOYO (KM 25), wo man sich östlich (links) hält. Die alte Teerstraße ist in gutem Zustand. Bei KM 69 ab der Abzweigung erreicht man Mikindani, 9 km weiter liegt der große Kreisverkehr von MTWARA.

Busse und Daladalas

Die Überlandbusse von und nach MTWARA halten in Mikindani. Mehrmals am Tag verkehren Daladalas zwischen Mtwara und Mikindani (300 TSH, ca. 20 Min.).

Bajajis und Taxis

Von Mikindani nach MTWARA müssen per *bajaji* etwa 5000 TSH einkalkuliert werden. Von Mikindani zum Flughafen von Mtwara verlangt ein Taxi mind. 20 000 TSH.

Flüge

Das nächste Flugfeld liegt in Mtwara, Flüge nur mit Precision Air.

Mtwara

Wenig Sehenswertes bietet die erst im 20. Jh. gegründete Stadt Mtwara. Die 103 km südlich von Lindi und 564 km von Dar gelegene Siedlung mit ihren knapp 100 000 Einwohnern verströmt das Flair einer ganz und gar vergessenen Stadt. Staubige, löchrige Teerstraßen, schaurige Sandpisten und eine kollabierte Infrastruktur erschweren es Reisenden, Gefallen an der größten Stadt Südosttansanias zu finden.

Das heutige Mtwara entstand auf dem Reißbrett der britischen Verwaltungsbeamten, und genau diese künstliche, unausgegorene Atmosphäre, die im Gegensatz zu all den natürlich gewachsenen Swahili-Städten steht, lastet auf der Stadt. Vor 1947 lag an den Ufern des heutigen Mtwara nur ein unbedeutendes Fischerdorf. Doch Mitte der 1940er-Jahre ersannen die britischen Kolonialisten ein folgenschweres Experiment: Das britische Ernährungsministerium startete mit dem sogenannten **Tanganyika Groundnut Scheme** (dt.: Tanganyika-Erdnuss-Plan, 1946–1951) ein agrarindustrielles Großprojekt, das Großbritannien mit Erdnüssen zur Herstellung von Erdnussbutter und Erdnussöl versorgen sollte. Das teuerste und größte Projekt der britischen Kolonialregierung sollte riesige Flächen im Hinterland (bis nach Dodoma in Zentraltansania und Tabora im Nordwesten) urbar machen, Zehntausende Arbeitsplätze schaffen und auch der Nahrungsmittelknappheit in Tansania entgegenwirken. Stattdessen endete es in einer grandiosen Pleite – hauptsächlich wegen eklatanter Planungsmängel. So wurde beispielsweise außer Acht gelassen, dass zur Kultivierung von Erdnüssen in vielen Teilen Tansanias zu wenig Regen fällt und es nicht überall Trinkwasserreservoirs gibt, um die benötigten Arbeitersiedlungen zu versorgen. Der lehmige Boden ist für die Agrarwirtschaft ungeeignet; zudem schienen die Planer die Tücken des Transports ignoriert zu haben: Ein kräftiger Regen reicht schon aus, um Straßen unpassier-

bar zu machen oder Bahngleise zu unterspülen. Nicht zuletzt kämpfte das Projekt mit Löwen- und Nashorn-Attacken, mit Traktoren, die dem Boden nicht gewachsen waren, und mit ausbleibenden Regenfällen, was die ohnehin geringe Ernte zerstörte. Als die Hafenanlagen von Mtwara 1950 fertiggestellt waren, stand der Groundnut Scheme bereits vor dem Bankrott. Das fehlgeschlagene Projekt verschlang Gelder im heutigen Gegenwert von 950 Mio. Euro, ohne auch nur im Entferntesten etwas erreicht zu haben. Noch heute wird im englischen Sprachgebrauch das geflügelte Wort *Groundnut Scheme* verwandt, um die Vergeudung öffentlicher Gelder in der Entwicklungshilfe anzuprangern.

Heute ist Mtwara der wichtigste **Verkehrsknotenpunkt** in Südosttansania mit einem neu belebten Hafen, einem Flughafen sowie weiter südlich einem Grenzübergang zu Mosambik. Die Hoffnungen ruhten auf der Fertigstellung der durchgehenden Teerstraße von Dar es Salaam bis zur Grenze sowie auf dem Neubau der Unity Bridge über den Ruvuma River; ob der erhoffte Aufschwung kommt, bleibt abzuwarten. Bis es so weit ist, haben die zahlreichen Entwicklungsorganisationen und Missionare, die Mtwara sowie den Süden versorgen, noch alle Hände voll zu tun, um die medizinische Versorgung sowie die Bildung und das Seelenheil zu gewährleisten. Die meisten Ausländer, die in Mtwara halten, sind Geschäftsreisende, die vor allem die Gas- und Erdölvorkommen der Region inspizieren.

Dass die Stadt in den Köpfen von britischen Architekten entstand, erkennt man auf Anhieb: weite, ausladende Grünflächen, alleenartige Straßen und für afrikanische Städte unüblich viele Freiflächen. Die Stadt eignet sich wenig für eine Erkundung zu Fuß, da alles relativ weit auseinander liegt.

Übernachtung und Essen

Untere Preisklasse

Relativ viele anspruchslose Unterkünfte buhlen um die Gunst der Gäste. Dazu zählen die **Bondeni Lodge** und die **Korosho Lodge** in der Tanu Road oder auch das **Mtwara Lutheran Centre** nur wenig südlich vom Kreisverkehr (alle ❶).

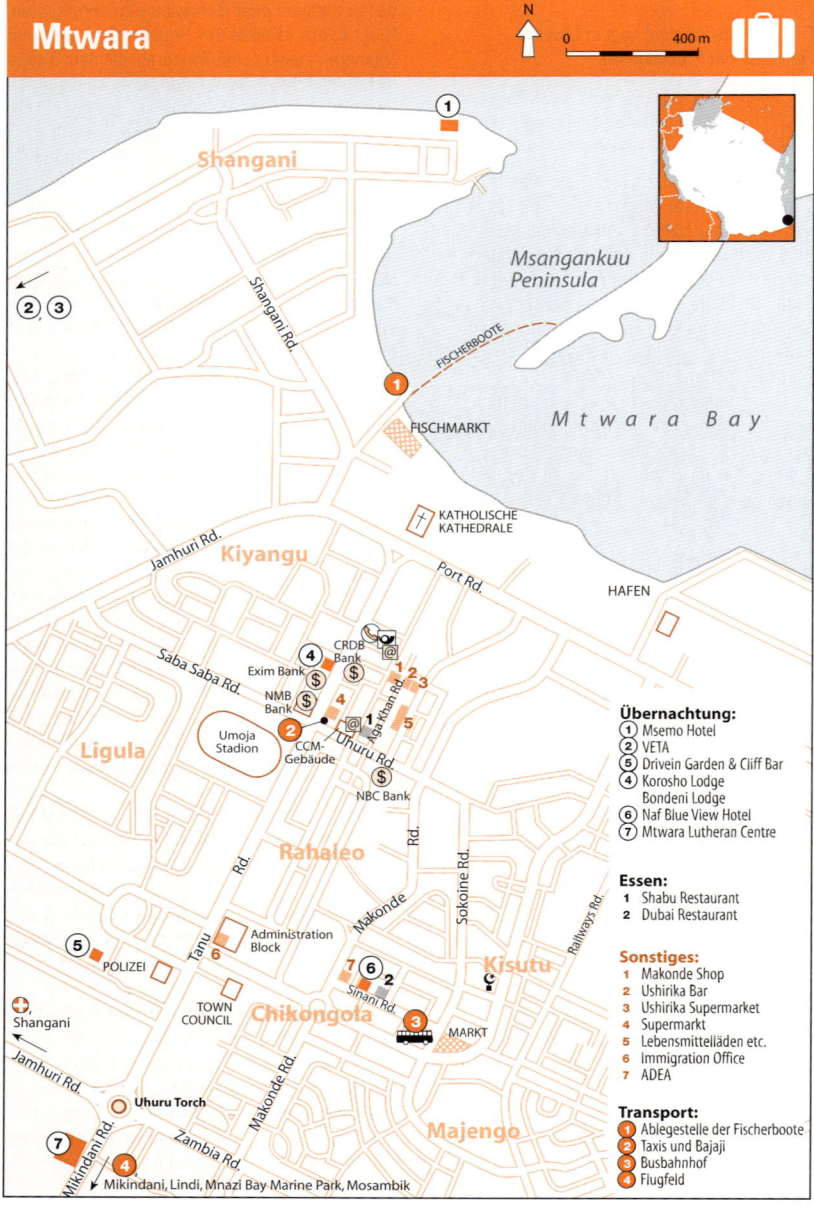

N

0   400 m

Die südliche Küste und Mafia Island

Shangani

Msangankuu
Peninsula

FISCHERBOOTE

Mtwara Bay

FISCHMARKT

KATHOLISCHE
KATHEDRALE

Shangani Rd.

Jamhuri Rd.   Kiyangu

Port Rd.

HAFEN

Saba Saba Rd.   Exim Bank   CRDB
Bank

NMB
Bank

Umoja
Stadion   CCM-
Gebäude   Uhuru Rd.

Aga Khan Rd.

NBC Bank

Ligula

1 2 3

1

5

Rahaleo

Tanu
Rd.

Makonde

Sokoine Rd.

Railways Rd.

POLIZEI   Administration
Block   Kisutu

TOWN
COUNCIL   Chikongola   Sinani Rd.   MARKT

Shangani

Jamhuri Rd.

Makonde Rd.

Uhuru Torch

Zambia Rd.

Mikindani Rd.

Majengo

Mikindani, Lindi, Mnazi Bay Marine Park, Mosambik

Übernachtung:
1 Msemo Hotel
2 VETA
3 Drivein Garden & Cliff Bar
4 Korosho Lodge
  Bondeni Lodge
6 Naf Blue View Hotel
7 Mtwara Lutheran Centre

Essen:
1 Shabu Restaurant
2 Dubai Restaurant

Sonstiges:
1 Makonde Shop
2 Ushirika Bar
3 Ushirika Supermarket
4 Supermarkt
5 Lebensmittelläden etc.
6 Immigration Office
7 ADEA

Transport:
1 Ablegestelle der Fischerboote
2 Taxis und Bajaji
3 Busbahnhof
4 Flugfeld

VETA, Shangani, Abzweigung von der Shangani Rd. beim Safina Shop nach links und noch 2 km weiter, ☎ 023-2334094. Zweckmäßige Zimmer in einem von Mauern umgebenen Gebäude, das zu einem Schulungszentrum gehört. Nicht direkt am Meer, aber Blick aufs Wasser. Schwimmen ist nicht möglich, dafür ist es zu felsig. Bodenständige Küche. ❷

Naf Blue View Hotel, Nähe Markt und Busbahnhof, ☎ 023-2334465. Neueres Stadthotel in der Nähe des Busbahnhofs mit beengten Zimmern und moderner elektronischer Ausstattung, z. B. Flatscreen und sogar in einigen Zimmern Computer und Internet. Kleines Fitnesscenter und Restaurant, aber es wird kein Alkohol ausgeschenkt. ❷
An landestypischen Restaurants mangelt es nicht, z. B. **Dubai Restaurant**, nahe Busbahnhof und Naf Blue View Hotel, sowie **Shabu Restaurant** in der Aga Khan Road.

Mittlere Preisklasse

Msemo Hotel (vormals Southern Cross), Shangani, am Safina Shop rechts, ☎ 023-2333206, 🖥 www.msemo.org. Das einzige Hotel mit wirklich westlichem Standard liegt direkt am Meer, doch wirkt der Strand nicht unbedingt einladend. Einfache Zimmer und neuere Bungalows ohne viel Schnickschnack. Im lauschig gelegenen Restaurant mit Blick aufs Meer werden internationale Gerichte (um 15 000 TSH), Fisch und Meeresfrüchte (um 15 000 TSH) und Pizza (ab 10 000 TSH) angeboten. Nicht billig, aber wer sich nach ein paar Tagen einfacher Unterbringung und Streetfood etwas gönnen möchte, muss im Msemo Hotel absteigen. Mit Souvenirladen und Minigolf. ❸–❺

Camping

Msemo Hotel, 10 000 TSH pro Zelt.
Drivein Garden & Cliff Bar, Shangani, Abzweigung von der Shangani Rd. beim Safina Shop nach links. 5000 TSH p. P., mit einfachen Sanitäranlagen, aber schöner Lage am Meer und bodenständigem Restaurant. Beliebtestes Gericht: *chipsi na kuku* (Hähnchen und Pommes frites)

Mtwara bietet kein ausschweifendes Nachtleben; die beliebtesten Kneipen finden sich hauptsächlich in der Tanu Road und deren Seitenstraßen, z. B. **Le Pub** in der Bondeni Lodge oder die **Ushirika Bar** in der Mindu Road (Nähe Postamt). In den vorher genannten Unterkünften, z. B. im Msemo Hotel oder im Drivein Garden & Cliff Bar, lassen sich die Abende ebenfalls angenehm ausklingen.

Neben Gemüsemärkten und landesüblichen Läden gibt es den bescheidenen **Ushirika Supermarket** in der Aga Khan Road, in der Nähe der Post, und einen neueren **Supermarkt** gegenüber der NMB Bank in der Tanu Road. Der **Markt** liegt unweit vom Busbahnhof. Mit etwas detektivischem Einsatz finden Interessierte echte Makonde-Schnitzereien in Mtwara. Die Hendricks Family ist die bekannteste der lokalen Makonde-Schnitzer; sie lebt im Dorf Ziwani, das auf dem Weg zur mosambikanischen Grenze liegt. Wer sich den Weg sparen möchte, probiert es am besten am **Carving Stand** in der Nähe der Post oder im **Makonde Shop** in der Aga Khan Road. Im Büro von **ADEA**, Sinani Rd., einer amerikanischen NGO, die lokales Kunsthandwerk und Kulturprojekte unterstützt und Künstlern Ausbildung und Einkommen gibt, ist ebenfalls Kunsthandwerk und Souvenirs erhältlich.

Für Ausflüge in den Mnazi Bay-Ruvuma Estuary Marine Park, Tauchen oder Fischen s. Mikindani, S. 246.
Für Einblicke in den Swahili-Alltag empfiehlt sich ein Besuch auf dem lebhaften **Fischmarkt** (Shangani, nahe der Katholischen Kathedrale). Angesichts der moslemischen Bevölkerung sind **Schwimmen und Sonnenbaden** in Mtwara eher seltene Aktivitäten (und nur bei Flut möglich), denen allenfalls Expats und indische Familien am Wochenende nachgehen. Alternativ kann man nach Msimbati fahren (z. B. mit eco2 in Mikindani) oder die Msangankuu-Halbinsel ansteuern, wo man nicht nur schnorcheln, sondern auch abseits neugieriger Augen in

Die südliche Küste und Mafia Island

der Sonne brutzeln kann. Hin gelangt man von Shangani aus mit einem lokalen **Fischerboot**. Dazu mit den Fischern einen Preis aushandeln, der aber 8000–10 000 TSH (hin und zurück) nicht überschreiten sollte.

ADEA organisiert **kulturelle Veranstaltungen**, z. B. das MaKuYa-Musikfestial. Ob und wann es wieder stattfindet, muss vor Ort erfragt werden.

Sonstiges
Apotheken
Es gibt mehrere kleine Apotheken, z. B. in der Nähe des Marktes und des Busbahnhofs oder beim Postamt.

Geld
Exim Bank, Tanu Rd., für Abhebungen mit Master- oder Maestro-Card, **NBC Bank**, Uhuru Rd., und **CRDB Bank**, Tanu Rd., für Abhebungen mit Visa-Card.

Internet
Internetzugang gibt es in der **Post** (langsam) und im **CCM-Gebäude** in der Uhuru Rd.

Medizinische Hilfe
Ein lokales Krankenhaus befindet sich in der Jamhuri Road, westlich vom Kreisverkehr.

Post und Telefon
Tanu Rd., unweit der großen Kirche.

Visaangelegenheiten
Die Einwanderungsbehörde liegt unweit nördlich des Kreisverkehrs im **Administration Building**. Wenn möglich, sollte notwendiger Papierkram aber in Dar es Salaam erledigt werden.

Nahverkehr
Durch die weitläufige Bauweise der Briten sind innerhalb der Stadt große Distanzen zu überwinden, die man am besten mit dem **Taxi** (ca. 4000 TSH für eine Stadtfahrt, z. B. 15 000 TSH zum Flughafen von Mtwara), dem **Bajaji** (ca. 2000 TSH, z. B. zum Msemo Hotel) oder einem **Moped-Taxi** (ca. 1000 TSH) absolviert. Mietfahrräder stehen ebenfalls zur Verfügung (3000 TSH/Tag).

Daladalas und Pickup-Taxis in Richtung Grenze hängen stark von der Fahrbahnbeschaffenheit und dem Wetter ab.

Transport
Busse
Der **Busbahnhof** für Daladalas und Überlandbusse liegt am südlichen Ortseingang auf der rechten Seite, gleich neben dem Markt. Mehrmals tgl. verkehren Überlandbusse nach LINDI und KILWA (Nangurukuru) sowie weiter nach DAR, z. B. Sumry, Saibaba oder Ngitu, ca. 18 000 TSH, 10 Std. In Nangurukuru muss der Bus meist gewechselt werden. Außerdem tgl. Verbindungen über NEWALA und MASASI nach NACHINGWEA.

Es ist zu befürchten, dass die ohnehin katastrophale Fahrweise der Busfahrer durch den Ausbau der Teerstraße noch verschärft wird und sich damit für Busreisende auch das persönliche Risiko erhöht, zumal die Busse in viel schlechterem Zustand als anderswo sind.

Flüge
Das Flugfeld liegt etwa 6 km südlich des Kreisverkehrs von Mtwara. Wer nach Mtwara oder Mikindani will, muss ein Taxi nehmen

Grenzverkehr nach Mosambik

Seit der Fertigstellung der Unity Bridge 2010 fallen Reisende nicht mehr den Unwägbarkeiten des Fährverkehrs über Kilambo (s. S. 252) zum Opfer, für den der alte Grenzübergang berüchtigt war.

Über Newala erfolgt die Anfahrt zur Unity Bridge, wo nun die Grenzformalitäten erledigt werden müssen. Wer nach Mosambik fährt, sollte sich nach Möglichkeit bereits in Dar es Salaam oder zu Hause um ein **Visum** gekümmert haben. Das Single-Entry-Visum kostet momentan offiziell US$82. Reisende berichten aber immer wieder, dass auch höhere Visumsgebühren gefordert werden; die Visapolitik der mosambikanischen Behörden unterliegt also der Laune der diensthabenden Beamten.

Mosambik liegt in einer anderen **Zeitzone**, die Uhr muss um eine Stunde vorgestellt werden.

(ca. 20.000–30 000 TSH nach Mikindani, ca. 15 000 TSH in die Stadt) oder bei der Unterkunft einen Transfer buchen.
Precision Air, im gleichen Gebäude wie die CRDB, ✆ 022-2168000, 🖥 www.precisionairtz.com, fliegt momentan tgl. von DAR nach Mtwara (260 000 TSH p. P.).

Mnazi Bay-Ruvuma Estuary Marine Park

- **Zugang**: Auf der Piste nach Kilambo, dem Grenzübergang nach Mosambik, kann der Park entweder über das Dorf Ziwani (Ziwani–Strand 17 km) oder das Dorf Madimba (Madimba–Msimbati 18 km) betreten werden. Hinweisschilder existieren nicht, man muss in den Dörfern nachfragen.
- **Eintritt**: US$20 p. P. pro Tag, zahlbar entweder beim Veranstalter, mit dem man die Bootsausflüge unternimmt (s. u.), oder beim Gate in Msimbati.

Im Jahr 2000 wurde der Mnazi Bay-Ruvuma Estuary Marine Park eingerichtet, der sich von Mtwara bis an den Grenzfluss Ruvuma River erstreckt. Mehr als 200 km² im Meer und 464 km² an Landfläche wurden damit geschützt – nicht zuletzt dank der Arbeit von eco2-Besitzer und Meeresbiologe Martin Guard.

Angesichts der Fläche und der begrenzten Finanzmittel ist noch längst nicht alles über das **Artenvorkommen** unter Wasser bekannt. Mehr als 400 Fischarten wurden bereits dokumentiert, ebenso wie 258 Korallenarten (die höchste Anzahl von Korallen in ganz Ostafrika!), eine bedeutende Anzahl von Delfinen und Walen sowie vier Arten von Meeresschildkröten. Der Unterwasserreichtum ist vor allem darauf zurückzuführen, dass sich dank der Strömungen und der Unterwassergeografie ozeanischer Bestand mit den Lebewesen des Riffs vereint. Die intakten alten Mangrovenwälder stellen eine ostafrikanische Rarität dar. Für Reisende ebenfalls von Bedeutung ist, dass die unberührten, blütenweißen Strände zu den herrlichsten des Landes zählen, insbesondere jene von **Msimbati** und **Ruvula** auf der Msimbati Peninsula. Allerdings ist die

Gegend touristisch noch völlig unerschlossen, weshalb sich Erkundungsfahrten auf eigene Faust (wegen fehlender Hinweisschilder und der erbärmlichen Sandpisten) äußerst schwierig gestalten.

Vorgesehen ist, den gesamten Küstenstreifen von Mafia Island über Mtwara und den Ruvuma-Fluss bis hinunter nach Pemba (Mosambik) im Laufe der kommenden Jahre zu einem einzigen großen Marine Park zusammenzuführen. Aber wie so oft in Tansania scheint keine Klarheit darüber zu herrschen, welche Kuh man melken möchte. Einerseits will man an die Devisen der Touristen heran, indem man Eintrittsgebühren verlangt und gleichzeitig so wenig wie möglich in Patrouillen gegen die Fischer investiert. Andererseits will man auch auf die Millionen der Öl- und Gasmultis nicht verzichten, denn im Marine Park selbst (!) wurden Bohr- und Schürfrechte an Artumas, ein internationales Bohrkonsortium mit Sitz in Kanada, verkauft, das auch ein Gasturbinenkraftwerk dort betreibt.

Übernachtung und Essen

Ruvula Sea Safari Camp, ✆ 0787-339699. Einfaches Camp unter Kokospalmen gelegen mit gemauerten Rundhütten und kühlenden Makuti-Dächern, leider erschien es zur Zeit der Recherche etwas heruntergekommen (was sich aber schnell wieder ändern kann). Viele Aktivitäten im Angebot: Fischen, Tauchen, Schnorcheln, Lehrwanderungen. Herrliche, glutrote Sonnenuntergänge! 5 Bungalows. Campen ca. 12 € pro Person. Übernachtung und VP. ❸–❹

Aktivitäten

Um die Schönheit des abgelegenen Gebiets kennenzulernen, empfiehlt es sich, die beiden in Mikindani gelegenen Unterkünfte (s. S. 246) als Basis und Veranstalter zu nutzen, da sie über die entscheidenden Ortskenntnisse verfügen. Auch im Ruvula Sea Safari Camp kann man Ausflüge und Aktivitäten buchen.

Bootsausflüge

Von Mikindani aus werden Bootsausflüge (mit Schnellboot, 1–1 1/2 Std. Überfahrt) angeboten, z. B. zum Schnorcheln, ca. US$80 p. P.

Steckbrief: Tauchen in Mnazi Bay

- **Tauchtiefe**: max. 32 m, meistens weniger
- **Sicht**: durch die Sedimente des Ruvuma River im Normalfall 30 m, in der Regenzeit 5–15 m
- **Beste Zeit zum Tauchen**: Juli–Jan
- **Spezialitäten**: Königsdorsch *(kingfish)*, Gelb-finnen-Thunfisch, Zackenbarsch *(grouper)*, Dickkopf-Makrele *(giant trevally)*, Dunkel-flossen-Barrakuda *(darkfinn barracuda)*, Na-poleon-Lippfisch *(humphead wrasse)*, Was-serschildkröten *(sea turtle)*, Stechrochen *(sting ray)*.

Schwimmen und Sonnenbaden

Beides ist möglich, es sollte aber weit weg von den Fischerdörfern geschehen, da die Aufmerk-samkeit der Männer für Frauen unangenehm ist. Das Gebiet ist für seine tückischen Strömungen bekannt, besonders im Einzugsgebiet der Flussmündung. Vorsicht ist daher geboten – es gibt keinerlei Möglichkeiten, Menschen hier draußen zu retten oder medizinisch zu versorgen.

Tauchen

S. Mikindani, S. 246.

Nahverkehr und Transport

Das Dorf **Ruvula** liegt ca. 7 km von Msimbati Village entfernt. Bis **Msimbati** fährt (je nach Saison) mindestens ein Daladala pro Tag von MTWARA aus. Ebenfalls fahren täglich mehrere Busse von Mtwara nach MADIMBA, für die restlichen 18 km zum Strand muss man dann auf eine Mitfahrgelegenheit hoffen. Zwischen Msimbati und Ruvula existiert kein öffentlicher Verkehr (Mitfahrgelegenheit suchen oder Abholung vereinbaren).
Am unkompliziertesten ist die Inanspruchnahme der beiden Veranstalter in Mikindani, da die Anreise dann per Boot erfolgt.

Selbstfahrer

Nach dem Kreisverkehr in MTWARA fährt man 900 m nach Süden und biegt dort links ab. An der nächsten Abzweigung (KM 4,4) biegt man wiederum links in die Sandpiste ab und fährt bis MADIMBA (KM 21). Hier geht es an der Abzweigung links in Richtung Msimbati (KM 38,5). Anfangs ist die Sandpiste holprig und löchrig, ab Madimba wird sie tief (doch der Pistenzustand verändert sich je nach Jahres-zeit). Nach einem weiteren Kilometer erreicht man das Meer und bei KM 45 das Ruvula Sea Safari Camp. Mit dem eigenen Fahrzeug ist die 1 1/2 Std. lange Anreise nach Msimbati zwar beschwerlich, aber gut machbar.
Wer sich an der Hauptstraße bei Madimba geradeaus hält, kommt bei KM 29 an eine Abzweigung nach links, der man folgt. Bei KM 41,5 ab Kreisverkehr Mtwara ist KILAMBO, der alte Grenzübergang nach Mosambik, erreicht. Bis auf weiteres ist die Fähre (20 000 TSH pro Fahrzeug) über den Ruvuma River ausgesetzt, man muss über Newala zur Unity Bridge fahren, um nach Mosambik zu gelangen.

Zanzibar Town
Dar es Salaam

Sansibar und Pemba

Stefan Loose Traveltipps

5 **Stone Town** In den engen Gassen stehen alte Korallensteinhäuser mit viel Geschichte; orientalische Basare erinnern an die alten, pompösen Sultanszeiten. S. 259

ZIFF-Festival Hier pulsiert der inseleigene Rhythmus – intensiver kann der Kontakt mit Sansibar nicht werden. S. 272

Kunsthandwerk Swahili-Türen, Sansibar-Truhen und -Himmelbetten, leuchtende Kikoy-Stoffe oder traditionelle Fliesen – das Kunsthandwerk sucht auf dem Festland seinesgleichen. S. 273

Spice Tour Gewürze haben die Insel berühmt und ehemals reich gemacht und sind integraler Bestandteil der Alltagskultur. S. 276

6 **Strände an der Ostküste von Sansibar** Kilometerlange Palmenstrände – genau der richtige Ort, um nach einer staubigen Safari die Seele baumeln zu lassen. S. 293, 298

Misali Island Das unberührte Kleinod vor der Küste Pembas lässt die Herzen von Tauchern, Schnorchlern und Sonnenanbetern höher schlagen. S. 309

Der Sansibar-Archipel hält alle Zutaten für einen exotischen Urlaub bereit – Orte voller mysteriöser Geschichte, Erinnerungen an Prinzessinnen und Abenteurer, Düfte von Nelken und Frangipani, palmengesäumte Strände und azurblaues Meer bis zum Horizont. Kein Wunder, dass viele die Inseln als ideales Kontrastprogramm zu einer staubigen Safari auf dem Festland betrachten.

Geschichte

Seit jeher waren die Inseln leicht erreichbar, sei es vom afrikanischen Festland oder sogar von Europa oder Asien aus. Schriften belegen, dass griechische Händler von Ägypten aus bereits 60 n. Chr. mit Sansibar Handel trieben. Seit dem 7. Jh. etwa siedelten sich **arabische Händler** und später, um 1200, die persischen **Shirazi** auf Sansibar an. Diese bevölkerten vor allem den südlichen Teil der Insel, nämlich Kizimkazi, die Tumbatu-Inseln oder Wambaa. Ob sie der Insel ihren Namen gaben – *Zangh barr* bedeutet so viel wie „Land der Schwarzen" – oder ob sich der Name aus dem arabischen *Zayn Za'l Barr* ableitet, was so viel wie „Schön ist die Insel" heißt, darüber scheiden sich noch immer die Geister.

Araber und Shirazi sorgten dafür, dass der Islam die Oberhand über die Naturreligionen der afrikanischen Bewohner gewann. Funde belegen, dass die erste Moschee auf sansibarischem Boden bereits 1107 in Kizimkazi (Süd-Unguja) eingeweiht wurde.

Als im 15. Jh. die **Portugiesen** die Inseln (und auch das Festland um Kilwa) überrannten, fanden sie prosperierende Städte vor, die regen Handel mit Persien, Arabien oder Indien trieben (s. „Die portugiesische Herrschaft", S. 141). Sie errichteten die ersten Steinbauten auf der Insel, die auch heute noch vereinzelt in Mvuleni oder Shangani zu sehen sind.

Nach der Niederlage der Portugiesen erlangten die **Omanis** immer größeren Einfluss in Ostafrika (s. „Das blutige Jahrhundert – Sklaverei und Elfenbein", S. 142), auch weil die natürlichen Tiefseehafen Sansibars ideale Ankerplätze für die immer größeren Handelsschiffe bot. Nachdem um 1820 Gewürznelken aus Mauritius, Kakao aus Westafrika und andere Sonderkulturen eingeführt wurden, erkannten die Omanis das ökonomische Potenzial Sansibars, und 1832 verlegte Sultan **Sayyid Said** die Hauptstadt seines omanischen Sultanats Muskat hierher. Sayyid Said, der erste Sultan von Sansibar, prägte die Geschicke der Insel maßgeblich. Er lockte wohlhabende Familien in die neue Hauptstadt, indem er ihnen große Ländereien auf der Insel zuteilte. Für diese Gewürzplantagen wurden immer mehr Arbeitskräfte gebraucht, infolgedessen florierte der Sklavenhandel. Um 1840 wurden pro Jahr etwa 40 000 bis 50 000 Sklaven „vermarktet", wovon etwa die Hälfte in der sansibarischen Nelkenproduktion verblieb, die andere Hälfte war für den Verkauf nach Arabien, Persien und an die französischen Landbesitzer im heutigen Mauritius und La Réunion bestimmt. Der mächtigste und berüchtigtste Sklavenhändler dieser Zeit, **Tipu Tip**, wurde beispielsweise so wohlhabend, dass er sich einen Harem von über 30 Konkubinen samt Kindern nebst seiner Erstfrau und deren Kindern leisten konnte.

Der geschäftstüchtige Sultan führte intensive Handelsbeziehungen mit europäischen Ländern, darunter auch Deutschland und Österreich-Ungarn. So wurden die exotischen Gewürze der mitteleuropäischen Küche u. a. aus Sansibar importiert – was wäre der österreichische Apfelstrudel ohne Zimt oder Nürnberger Lebkuchen ohne Gewürznelken und Kardamom?

Als Sultan Sayyid Said 1856 starb, hinterließ er seinen Söhnen ein florierendes Reich. Wegen Erbstreitigkeiten brach es allerdings auseinander; das Sultanat Muskat fiel an den Sohn Thuwein, und **Majid** übertrug man die Führung Sansibars sowie der ganzen ostafrikanischen Küste. Majid, und ab 1870 sein Sohn **Barghash**, regierten als fortschrittliche Sultane; die wirtschaftliche Blüte hielt an, vor allem dank der Fertigstellung des Suezkanals 1869, der den Handel zwischen dem Mittelmeer und dem Indischen Ozean erleichterte. Unter Barghash wurde nicht nur ein Großteil der pittoresken Gebäude in Stone Town erbaut, sondern vor allem die Stadt modernisiert. Der Sultan ließ elektrische Straßenbeleuchtung installieren; mithilfe eines Aquädukts wurde sauberes Trinkwasser in die Stadt geleitet, der Straßenbau wurde forciert und eine Polizeieinheit zum Schutz der Bevölkerung gebildet. Barghash finanzierte daneben auch die jährliche Pilgerfahrt der Moslems nach Mekka.

SANSIBAR UND PEMBA

N

0   30 km

Bwiti
Mwele
Mapatano
Yirihini
Gombero
Mjesani
Kiwanda
Misoswe   Upale
Mangubu   Mlingoti
Kilole
Muheza
Mruazi   Kilulu   Kilale
Mtindiro
Kigombe
Bushiri
Boza
Pangani
Mwera
Tongwe
Sakura   **Ushongo Beach**
MZIWE

Manza
Subutuni
Msingu
Doda
Mtumbwani
Chongoleani
Amboni
Caves   **Tanga**
Mavumbi   Range
Pongwe   Mwakidila
Katipeni
Tongoni

MWAMBAWAMBA

YAMBE

KARANGE

P e m b a   C h a n n e l

s. Detailplan Pemba
S. 304

U p e m b e   P a s s a g e

Ras Kigomasha   Ras Kiuyu
Verani
Makangale   Msuka
Ngezi Forest   Konde   Kiuyu
Reserve   Wingwi
NJAO
Kisiwani
FUNDO   **Wete**   KOJANI
Nyala   Chwale
UVINJE
Kangagni
Ras Mukumbu
MISALI   Wesha   Vitongoji
Tundaua
Wambaa   **Chake Chake**
Mkoani   **PEMBA**
Mtambile
KWATA   Kengeja   MITANGANI
MATUMBINI   KIWENI
PANZA   Fas Upempe

I n d i s c h e r

O z e a n

UNGUJA (SANSIBAR)

s. Detailplan
Unguja (Sansibar)
S. 257

Mkwaja
**Madete
Turtle Sanctuary**

SAADANI

NATIONAL

Saadani
Village

PARK

Kyakulu

Nungwi
Kendwa   Ras Nungwi
Kidoti
TUMBATU   MNEMBA
Fukuchani   Kigomani
Mkokotoni   Matemwe
Pwani Mchangani
Mangapwani   Kinyasini
Mahonda   Kiwengwa
**Kichwele   Pongwe
Forest**   Ras Uroa
Bububu   Uroa
CHANGUU   Kidichi
CHAPWANI   Mtoni   Dunga
BAWE   Ras Michamwi
**Zanzibar   Michamwi
Town   Chwaka   Dongwe**
Chukwani   Tunguu
**Jozani
Forest**
Unguja   Paje
**Chumbe   Fumba   Ukuu
Island   FUMBA   Kitogani   Jambiani**
Coral Park   Kiwani
KWALE   Bay   UZI
FUNGUME   Kufile
Kizimkazi   **Makunduchi**
Ras Kizimkazi

Z a n z i b a r   C h a n n e l

Pass of

Ras
Utondwe

Kikoko
Bagamoyo
Kigongoni
Makurunge   Kitopeni
Matimbwa   Zinga
Kerege
Yombo   Mawajara
Munoe
Bunju   MBUYA
Mlandiz   Kunduchi   BONGOYO
Kumba
Mpidji
Dar es Salaam

Pangani

Ruvu

Kiwengwa

Sansibar und Pemba

Als die aggressive Afrikapolitik der deutschen **Kolonialherren** in den 1870er-Jahren das Reich der Sansibaris, das sich mittlerweile bis zum Tanganyika-See sowie nach Kenia und Mosambik ausgebreitet hatte, bedrohte, begann der schleichende Untergang des Sultanats. Schritt für Schritt musste der Sultan seine Ländereien auf dem Festland abgeben, im Jahr 1890 bestand das Reich de facto nur mehr aus Unguja und Pemba. Ab 1885 unterstand das Sultanat dem Deutschen Reich, 1890 wurde es an das britische Kolonialreich abgetreten. Zwar wurde Sansibar weiterhin bis 1964 von (insgesamt acht) Sultanen regiert, jedoch standen diese bis zum Ende des Sultanats unter der Aufsicht der Kolonialverwaltung.

Der politischen Entmachtung folgte die wirtschaftliche auf dem Fuß. Obwohl der **Sklavenhandel** offiziell bereits 1873 durch die Briten abgeschafft worden war, brachte der Handel im Verborgenen der omanischen Oberschicht weiterhin hohe Einnahmen. Erst 1897 griff die Kolonialregierung hart gegen den Sklaven-Schwarzmarkt durch. Neue Tiefseehäfen in Mombasa und Dar es Salaam sowie die schwindende Bedeutung des Nelkenexports versetzten der Wirtschaft Sansibars endgültig den Todesstoß.

Nachdem die britische Kolonialherrschaft im Dezember 1963 endete, stürzte man im Januar 1964 den letzten Sultan in einer blutigen Revolte. Mehr als 17 000 wohlhabende Araber und Inder wurden dabei von aufständischen Afrikanern massakriert. Nach kurzer Übergangszeit als „Volksrepublik" vereinigte sich Sansibar am 26. April 1964 mit dem Festlandsstaat Tanganjika zu einem neuen Staat Tansania (Tanganyika + Zanzibar = Tanzania).

Seitdem ist der Verwaltungsbezirk Sansibar, also Unguja und Pemba, ein **Teilstaat der Republik Tansania**; allerdings wurde dem Archipel ein halbautonomer Status eingeräumt (s. „Tansania heute", S. 144, und Kasten „Stolperstein Sansibar", S. 145).

Der erste Präsident Sansibars, **Sheikh Abeid Karume**, war wie sein Kollege vom Festland, Julius Nyerere, ein Vertreter des Afrikanischen Sozialismus und unterhielt gute Kontakte zu Kuba, Russland, China und der DDR. Mit ihrer Unterstützung ließ er die Infrastruktur der Insel aufpolieren, z. B. mit Plattenbauten, die Zanzibar Town prägen.

Bevölkerung und Religion

Die über 1 Mio. Einwohner des Archipels, ein buntes Bevölkerungsgemisch aus Afrikanern, Indern, Persern und Arabern, sind zu über 95 % **Moslems**, was im Alltag nicht zu übersehen ist. Der Großteil der Frauen trägt *buibuis* – lange schwarze Umhänge – über der Kleidung; auch die Männer zeigen sich in ihrer traditionellen Tracht – lange, weiße Hemden *(khanzu)* und kunstvoll verzierte Kopfbedeckungen *(kofia)*. Fünfmal pro Tag hallt der lautstarke Ruf des Imam zum Gebet über die Inseln; Freitag ist der wichtigste Gebetstag der Moslems. Polygamie wird praktiziert, Schweinefleisch ist tabu.

Trotzdem unterscheidet sich der auf Sansibar praktizierte gemäßigte Islam von demjenigen anderer moslemischer Gesellschaften. Das mag daran liegen, dass in Sansibar moslemische Praktiken aus verschiedenen Teilen der Welt zusammengetroffen sind. Man respektiert andere Glaubensrichtungen, denn kaum ein anderer Ort der Welt vereint drei große Weltreligionen – Islam, Hinduismus, Christentum – auf so engem Raum.

Auch wenn die Sansibaris zu Recht stolz auf ihre Toleranz gegenüber Andersgläubigen sind, genießt der Islam klaren Vorrang. Vor allem in Stone Town sollten Frauen auf Miniröcke, Shorts oder ärmellose Tops verzichten. Für Touristen kann der heilige Monat **Ramadan** mitunter unangenehm werden, denn Essen, Trinken und Rauchen sind dann tagsüber in der Öffentlichkeit tabu. Das Tourismusministerium fordert seit einigen Jahren die Hoteliers auf, während des Ramadans kein Frühstück zu servieren (betrifft vor allem Stone Town, nicht die Resorts an der Küste), und auch tagsüber haben kaum Restaurants geöffnet.

Die Insel Unguja (Sansibar)

43 km östlich vom Festland auf Höhe des Saadani National Park liegt die Insel Unguja mit ihren 622 000 Einwohnern (Stand der Volkszählung 2002); sie ist etwa 87 km lang und bis zu 39 km

N

0   10 km

Sansibar und Pemba

Ras Nungwi Strand
Strand
Nungwi
Kendwa
DALONI
ISLAND
TUMBATU
ISLAND
Kidoti
Fukuchani
Gomani
POPO
ISLAND
MNEMBA
ISLAND
Potowa
Kigomani
Mkokotoni
Kivunge
Matemwe
Strand
Ras Uso Wa Membe
Chaani
Ndogo
Pwani
Mchangani
Makoba
Donge
Strand
Bumbwini
Kinyasini
Strand
Mahonda
Kiwengwa
Mangapwani
Kazole
Ndagaa
Pangani
Sklavenkammern
von Mangapwani
Kichwele
Forest Reserve
Mchangani
Pongwe
Strand
Bondeni
Mwakaje
Kama
Kiboje
Chuini
Kizimbani
Uroa
Chuini Ruinen
Fuji Beach
Persische
Bäder
Mpapa
Strand
Bububu
Kidichi
Machui
Ras Michamvi
Strand
CHANGUU ISLAND
Koani
Dunga
Michamvi
CHAPWANI ISLAND
Mtoni
Pingwe
BAWE ISLAND
Mtoni Ruinen
Dunga
Ruinen
Chwaka
Bay
Strand
FÄHRHAFEN
Maruhubi Ruinen
Chwaka
Dongwe
Zanzibar Town
Stone Town
Fuoni
Charawe
Ukongoroni
Strand
MUROGO
ISLAND
Tunguu
JOZANI-
CHWAKA
BAY NP
Bwejuu
Mbweni
Ruinen
Bungi
Chukwani
Kombeni
Jozani
Paje
CHUMBE
ISLAND
UKANGA
ISLAND
Pete
Kitogani
Strand
Chumbe Island
Coral Park
Bweleo
Kiwani
Unguja
Ukuu
Muungoni
Jambiani
Fumba
SUME
ISLAND
Uzi
Strand
Ras Mkita
Bay
UZI
ISLAND
NIAMEMBE
ISLAND
Muyuni
KWALE
ISLAND
Makunduchi
Kufle
Strand
Dar es Salaam
PUNGUME
ISLAND
Kizimkazi
Strand
Shirazi-
Moschee

Indischer Ozean

Zanzibar Channel

Zanzibar Channel

Kibonge

Zingwe Zingwe

Männer in *kanzu* (weißes Gewand) und *kofia* (Kopfbedeckung) gehören zum Stadtbild von Stone Town.

breit. Der Name Sansibar steht streng genommen für den gesamten Archipel, der aus Unguja (sprich Ungudscha), Pemba und rund 50 weiteren kleinen Inseln besteht. Die größte Insel dieser Gruppe ist Unguja, das als Sansibar bekannt ist. Hingegen gehört die dritte größere Insel Tansanias, Mafia Island (s. S.226), politisch gesehen zur Küstenregion des Festlands und nicht zum Archipel, wie man meinen könnte.

5 | HIGHLIGHT

Stone Town

An der Westküste liegt die Hauptstadt des Archipels, Zanzibar Town (geschätzte 450 000 Einwohner), deren historisches Herzstück Stone Town heißt. Vor über 300 Jahren begannen die Araber Häuser aus Korallenstein zu bauen – eine für Afrika untypische Bauart. Durch die dichte, Schatten spendende Bauweise installierten sie sozusagen flächendeckend eine Klimaanlage. Die meisten Gebäude entstanden im 19. Jh., aber heutzutage sind kaum mehr als 10 % der Häuser in gutem Zustand. Ein Großteil der historischen Häuser müsste dringend renoviert werden, wenn die Altstadt erhalten bleiben soll. 18 000 Menschen wohnen heute noch im historischen Kern.

Die Steinstadt bezaubert durch ihre scheinbar wild aneinander gereihten Häuser, zwischen denen unzählige enge Gassen verlaufen. Hier pulsiert das Leben, überall duftet es nach kulinarischen Spezialitäten, kleine Läden (duka, Mehrzahl maduka) bieten von der Zahnpasta über getrocknete Gewürze bis hin zu Stoffen eine bunte Warenmischung an, und aus den Häusern dringt arabische Taarab-Musik. Für Autos sind die meisten Gassen zu schmal; am besten kommt man zu Fuß voran, doch nicht immer ist es einfach, sich in dem Straßengewirr zurechtzufinden. Selbst mit einem Stadtplan wird man bald an seine Grenzen stoßen …

Rund um den Hafen

Besonders beeindruckend sind die Bauten entlang der Meeresfront, dem vormals strategisch wichtigen Teil der Stadt, in der Nähe des

Nach der Ankunft am Flug- oder Fährhafen ist es ratsam, sich zunächst eine Unterkunft in Stone Town oder Umgebung zu suchen und dort ein oder zwei Tage zu verbringen.

Reisende, die Stadt und Strand möglichst optimal zu verbinden suchen, sollten sich in einem der Hotels in den Vororten, z. B. Mbweni, Fumba, Mtoni oder Bububu, einquartieren. Diese Resorts punkten vor allem mit der relativen Nähe zu Stone Town – ideal für Urlauber, denen Sonnenbaden nach dem dritten Tag zu eintönig wird – und mit herrlichen Sonnenuntergängen, die den Resorts an der Ostküste fehlen.

Wer mehr als drei oder vier Tage auf Sansibar verbringen will, kann die weiter entfernten Resorts und Lodges an der restlichen Küste im Norden, Osten und Süden aufsuchen. Im Durchschnitt sind eine Stunde Fahrt zu veranschlagen.

Hafens. Vom heutigen geschäftigen Hafen, der 1925 fertiggestellt wurde, führt die Mizingani Road direkt am Meer entlang in die Altstadt. Östlich vom Hafen liegen der alte Dhow-Hafen und der große **Fischmarkt** im Malindi-Viertel, wo besonders am Morgen reges Treiben herrscht, wenn die Fischer ihren Fang gleich nach der Rückkehr lautstark feilbieten. Nur mit Guide empfehlenswert!

Nach kurzer Wegstrecke in Richtung Altstadt tun sich die ersten Schönheiten auf, z. B. die **Old Dispensary** (Alte Apotheke). Viele Jahrzehnte lang war in diesem Gebäude, das gegen Ende der 1880er-Jahre erbaut wurde, eine kleine Klinik samt Apotheke einquartiert. Sir Tharia Topan, einer der einflussreichsten indischen Geschäftsmänner der damaligen Zeit, wollte mit diesem Gebäude ein Denkmal zu Ehren des goldenen Thronjubiläums von Queen Victoria setzen. Nach der Revolution von 1964 stand das Haus jahrzehntelang leer. Um den gänzlichen Verfall des architektonischen Juwels zu verhindern, restaurierte die Aga-Khan-Stiftung es in den 1990er-Jahren so weit wie möglich originalgetreu. Heute beherbergt die Old Dispensary ein Kulturzentrum mit Ausstellungen und Veranstaltungen.

Sultansviertel

Ein paar Schritte westlich des Big Tree steht das **Old Customs House**, der Palast einer der Töchter des ersten Sultans, der von 1928 bis Ende der 1980er-Jahre als Zollhaus diente. Gleich nebenan befindet sich hinter Mauern der heute verfallene, ehemalige **Friedhof der Sultane**. Weiter entlang der Meeresfront steht das **Palace Museum**. Der einst prachtvolle Palast, der den Namen *Bait al-Sahel* ("Haus an der Küste") trug, diente der Sultansfamilie von den 1830er-Jahren an als Zweitwohnsitz. Die meiste Zeit lebte sie ja im Palast bei Mtoni, wenige Kilometer außerhalb der Stadt, direkt am Meer. 1911 verlegte der regierende Sultan die offizielle Sultansresidenz in den Stadtpalast. Der *Sultan's Palace* wurde nach der Revolution 1964 in *People's Palace* umbenannt. Heute beherbergt er ein Museum, das die Geschichte der Sultane dokumentiert. Es enthält einmalige Preziosen aus dem Schatz der Sultane, darunter kostbare Möbel, Gemälde und handgeschriebene Verträge. Ein Raum ist Prinzessin

---

Der kürzeste Krieg der Geschichte

Nachdem am 25. August 1896 Sultan Sayyid Said verstorben war, sahen die deutschen Kolonialisten ihre Stunde gekommen und katapultierten mittels eines von ihnen unterstützten Staatsstreichs dessen Neffen Barghash an die Macht. Die britischen Protektoren hatten jedoch einen anderen Nachfolger im Sinn und wollten Barghash zur Abdankung zwingen. Der Sultan verweigerte die Gefolgschaft und stellte binnen zweier Tage ein kleines Heer zusammen, um einen Angriff der Briten abwehren zu können. Nachdem alle diplomatischen Versuche gescheitert waren, ließ dieser auch nicht lange auf sich warten. Am 27. August 1896, um Punkt 9 Uhr, begann das Bombardement des Palastes und des House of Wonder. Das kleine Heer konnte gegen die Kriegsschiffe der britischen Seemacht wenig ausrichten. Um 9.38 Uhr war der Spuk vorbei, die Briten sicherten sich die Herrschaft über Sansibar, und der ungeliebte Sultan Barghash ersuchte bei der deutschen Kolonialregierung um politisches Asyl, in dessen Schutz er die nächsten 15 Jahre zubrachte.

Salme (1844–1924, s. Kasten S. 264) gewidmet. Auf dem Balkon des obersten Stockwerks spürt man noch einen Hauch von 1001 Nacht, wenn die Palmen sich sanft im Wind wiegen, man das Plätschern des Wassers an der Hafenmole hört und vielleicht die gleiche Aussicht genießt wie vor 100 Jahren die Sultansfamilie. ⊙ tgl. 9–18 Uhr, Eintritt 5000 TSH/US$3.

Wenige Schritte weiter sticht das **House of Wonders** ins Auge, das Sultan Barghash 1883 erbauen ließ und das einst durch Übergänge mit dem Palast verbunden war. Der opulente Bau erinnert an viktorianische Kolonialarchitektur: Gewaltige weiße Säulen stützen die enormen Balkone; Balustraden und Galerien im Inneren erinnern an alte Herrenhäuser. Der Name leitet sich von dem Umstand ab, dass dieses Gebäude das erste auf Sansibar war, das über Elektrizität und sogar einen Fahrstuhl verfügte. Im kürzesten Krieg der Welt 1896 (s. Kasten) wurde das Gebäude bombardiert, doch blieben die Schäden glücklicherweise marginal. Nur der Uhrturm, der ursprünglich vor dem als Zeremonienstätte genutzten Bau stand, wurde dabei zerstört. Aus diesem Grund integrierte man den Uhrturm bei der Renovierung in die vordere Fassade. Nach der Jahrhundertwende waren bis 1964 die Büros der britischen Protektoren darin untergebracht. Ab 1977 fungierte der Bau als Zentrale der CCM, der Revolutionspartei. Seit 2002 ist im Prachtbau das Nationalmuseum untergebracht. Draußen vor der massiven Sansibar-Tür stehen zwei Kanonen, die vermutlich von den Portugiesen zurückgelassen wurden. Ein Besuch lohnt sich, denn man erhält einen komprimierten Überblick über die Geschichte sowie über Kultur, Religion, Wirtschaft und Traditionen des sansibarischen Volkes. ⊙ tgl. 9–18 Uhr, Eintritt 5000 TSH/US$3.

Allabendlich ab etwa 18 Uhr erlebt der **Forodhani Food Market** in den gegenüber liegenden Forodhani Gardens, seine Renaissance, selbst während des Ramadan. Ein exotisches Potpourri aus gegrilltem Tintenfisch, Sansibar-Pizza und samtweichem Gewürztee lässt einem nach Einbruch der Dunkelheit das Wasser im Mund zusammenlaufen. In kleinen Garküchen brutzeln *samosas* (dreieckige Teigtaschen mit herzhafter Fleisch- oder Gemüsefüllung), *kachori* (herzhafte Kartoffelbällchen), afrikanische *chapati* (eine Art

Eine der augenscheinlichsten Manifestationen der Swahili-Kultur ist die typische, wuchtige und reichhaltig verzierte Tür, deren Tradition heute fast ausschließlich auf Sansibar gepflegt wird. Sie stammt ursprünglich aus Persien und Afghanistan, was Aufzeichnungen aus dem 12. Jh. belegen. Schon in den mittelalterlichen Handelsmetropolen Mombasa und Kilwa verzückte sie die europäischen Reisenden. Doch erst der weit gereiste Sultan Barghash perfektionierte im 19. Jh. dieses Kunsthandwerk bis zu seiner heutigen Form, indem er seine Eindrücke aus einem Indien-Aufenthalt einfließen ließ.

Früher war es üblich, die Tür anzufertigen, bevor mit dem Hausbau begonnen wurde. Sie zeigte demonstrativ, welche soziale Stellung die Bewohner innehatten. Je kunstvoller verarbeitet und größer die Tür war und je wuchtiger das Vorhängeschloss, desto einflussreicher war der Eigentümer des Hauses. Ursprünglich wurden die Türen aus dem termiten- und wasserresistenten Teakholz gefertigt, heute wird hauptsächlich afrikanisches Mahagoni *(mninga)* verwendet.

Eine typische Swahili-Tür hat eine nahezu quadratische Form und besteht aus zwei Flügeln, die in der Mitte von einem senkrechten Balken gestützt werden. Rahmen und Stützbalken sind aufwendig verziert, wobei verschiedene **Symbole** immer wieder auftauchen: der Fisch und die Wellenlinien, die bedeutende Elemente im Leben der Küstenbewohner darstellen; stilisierte Lotusblumen als Symbol für Fruchtbarkeit und Frieden; die Blätter der Dattelpalme, mit denen Reichtum und Gesundheit assoziiert werden. Eine geschnitzte Kette, die um den gesamten Rahmen führt, soll den Bewohnern Sicherheit bescheren. Weitere Schnitzereien, wie Pfauen-

augen, Löwen oder Nelken, symbolisieren einen bestimmten Charakterzug des Hausbesitzers. In den oberen Rahmen wurden häufig **Koransprüche** eingearbeitet, die das Haus und seine Bewohner segnen sollen. Zusätzlich sind die Türflügel mit hölzernen oder bronzenen Messingbeschlägen und dekorativen **Schlössern** besetzt, denen man die Kraft zuspricht, Unheil vom Haus abzuhalten.

Laut einem Gesetz von 1960 werden originale Sansibar-Türen von einer Historikerkommission geprüft und mit laufender Nummerierung in ein **Register** eingetragen. So will man sicherstellen, dass die etwa 1400 noch erhaltenen antiken Türen aus der Sultanszeit nicht aufs Festland oder nach Übersee verkauft werden.

Crêpe, aber ungesüßt) oder sansibarische Pizzen. *Mishkaki* (gegrillte Fleisch- oder Fischspießchen), *spice tea* (Gewürztee) oder frisch gepresster Zuckerrohrsaft stehen ebenfalls zum Verkauf. Einmal durch die pulsierende Menge zu streifen ist für jeden Stone-Town-Besucher ein Muss. In letzter Zeit häufen sich allerdings die Beschwer-

den gutgläubiger Reisender über Wucherpreise. Die kleinen Häppchen sollten jeweils nicht mehr als 2000–3000 TSH kosten, egal ob Fisch, Fleisch oder Sansibar-Pizza. Werden für eine Mahlzeit mehr als 10 000 TSH p. P. verlangt, ist eines der Restaurants zu bevorzugen – hier wird man garantiert satter. Vorsicht vor Taschendieben!

Indischer Ozean

Sansibar und Pemba

Dar es Salaam

Dar es Salaam
(kein Personenverkehr)

Zanzibar Port

FÄHRHAFEN

FISCHMARKT

Nelken-
verarbeitung

Funguni

Cine Afrique

Funguni Rd.

Mizingani Rd.

Malindi Rd.

Malindi
Police

Benjamin Mkapa
(Creek) Rd.

Malindi

Old Dispensary

BIG TREE

Old Customs House

Dhow Country
Music Academy

Friedhof der Sultane

Palace Museum

Kiponda

Malindi St.

Kokoni St.

Zanzibar
Tourist
Corporation
(ZTC)

Mizingani Rd.

Nyumba ya Moto St.

Jamatini Rd.

Forodhani
Gardens

National Museum
(House of Wonders)

Old Fort

Shiva Shakti Tempel

Emmerson
Spice Inn

Kokoni

Kiponda St.

Darajani
Market

Old British
Consulate

Orphanage
House

Hurumzi St.

Changa
Bazar

The Swahili
House

TEMBO HOTEL

Shangani St.

Mercury
House

Freitagsmoschee

Gizenga St.

Hamamni St.

Hamamni
Persian Baths

Kajificheni St.

Thara St.

Darajani
Market

Kelele
Square

Shangani

Mazons
Hotel

House of
Tippu Tip

St. Josephs
Cathedral

Cathedral St.

Anglican
Cathedral

No'ambo

Shangani St.

Suicide Alley

Baghani St.

Soko Muhogo St.

New

Mkunazini Rd.

Ehemaliger
Sklavenmarkt

Karume
Monument

Africa
House
Hotel

Kenyatta Rd.

Pipalwadi St.

Vuga

Haile
Selassi
School

Karume Rd.

Jamhuri
Gardens

Kiswandui Street

Kisiwandui

PORTUGIESISCHES TOR

Kawawa (Vuga) Rd.

Zanzibar
Medical and
Diagnostic
Centre

Kibokoni

The State University
of Zanzibar

HIGH COURT
OF JUSTICE

Victoria Street

Victoria
Gardens

Mtoro Rd.

Kalifa
Hall

Benjamin Mkapa
(Creek) Rd.

Mapinduzi Rd.

House of
Representatives

STATE
HOUSE

Kaunda Rd.

Victoria Hall

Museum Rd.

Karume
House

Natural
History
Museum

Mnazi Mmoja
Sports Ground

Mnazi
Mmoja
Hospital

Peace Memorial
Museum (Bait al-Amani)

Zanzibar International Airport, 34

Al-Rahma Hospital

Transport:
1 Verkaufsstellen Fährtickets
2 Fährhafen
3 Taxistand
4 Daladala-Busbahnhof

Übernachtung:
1. Warere Town House
2. Zenj Hotel
3. Safari Lodge
4. Kiponda Hotel
5. Zanzibar Palace Hotel
6. Asmini Palace
7. Mashariki Palace Hotel
8. House of Spices
9. Clove Hotel
10. 236 Hurumzi
11. Zanzibar Coffee House Hotel
12. Beyt al-Chai
13. The Zanzibar Serena Inn
14. Chavda Hotel
15. Kisiwa House
16. Dhow Palace Hotel
17. Flamingo Guesthouse
18. Garden Lodge
19. Hiliki House

Essen:
1. Zenj Café
2. Passing Show
3. Forodhani Food Market
4. Monsoon Restaurant
5. Tower Top Restaurant
6. House of Spices
7. Archipelago
8. Livingstone Beach Restaurant
9. Zanzibar Coffee House
10. Silk Route
11. Lazuli
12. Beyt al-Chai
13. Stone Town Café
14. Sunrise Restaurant
15. Amore Mio
16. La Fenice
17. Pagoda Restaurant
18. Camlurs
19. Les Spices Rendez-Vous
20. Green Garden Restaurant

Sonstiges:
1. Komba Discotheque
2. Kwality Supermarket
3. Mercury's
4. Zayaa Gallery
5. Moto Handicraft/Dada
6. A Novel Idea
7. Zanzibar Curio Shop
8. Sasik
9. One Ocean
10. Bahari Divers
11. Shamshu & Sons Pharmacy
12. Surti & Sons
13. Kanga-Straßenmarkt
14. Upendo
15. Zanzibar Secrets
16. The Gallery Bookshop
17. United Travel Agency
18. Cash & Carry
19. Memories of Zanzibar
20. Izmir Pharmacy
21. Mrembo Traditional Spa
22. Kikoy
23. Oneway
24. DHL
25. Tatu
26. Saifa Shop
27. Kanga Kabisa
28. Afya Medical Hospital
29. Musical Club
30. Dharma Lounge
31. Zanzibar Medical Group
32. Maha Travel & Tours
33. Majestic Cinema
34. Migoz

Wo heute kleine Garküchen stehen, dürfte vor 1920 der alte Hafen gelegen haben. Man kann sich vorstellen, welch herrliche Aussicht die Sultansfamilie genoss, wenn bunte Segelschiffe mit fremdartigen Menschen hier anlegten.

Das **Old Fort** wurde gegen Ende des 18. Jhs. von den Omanis an der Stelle einer alten portugiesischen Kapelle erbaut (weswegen manchmal auch vom Portugiesischen Fort die Rede ist) und fungierte als militärische Schutzanlage. Heute finden hinter den dicken Mauern Konzerte, Theater- oder Tanzaufführungen statt; es gibt Souvenirläden und ein kleines Restaurant mit Bar. Tagsüber kann die Anlage auch von innen besichtigt werden. ⏰ tgl. 8 Uhr bis spät, Eintritt frei.

Ein Stück weiter die Straße hinunter gelangt man in einen Tunnel, der unter einem mächti-

gen Gebäude hindurchführt. Es hat im Laufe der Jahre u. a. den Englischen Club sowie eine Schule beherbergt. Heute bietet das **Orphanage House** den Waisenkindern von Sansibar ein neues Zuhause.

Shangani

Man erreicht nun den Stadtteil Shangani. Das Viertel ist heute als Souvenir-Mekka für Touristen bekannt, doch auch die feinen Balkone, filigranen Holzverzierungen an Fenstern und Türen oder die schönen Swahili-Türen stechen ins Auge. Dieser Teil der Stadt zählt nicht zum ursprünglichen Stadtkern, denn erst mit der Ankunft der indischen Händler entwickelte sich hier ein eigenes Stadtviertel. Die Herkunft der zugezogenen Händler vornehmlich aus Goa, der ehemals portugiesischen Kolonie in Indien, ist an den Häusern im typisch indischen Stil zu erkennen: Das Erdgeschoss war Geschäftsraum, das Obergeschoss mit den zur Straße ausgerichteten Balkonen diente als Wohnraum. Auch die Swahili-Türen werden dem indischen Kulturkreis zugeschrieben.

Am **Kelele Square**, wo sich heute das elegante Zanzibar Serena Inn befindet – zu Zeiten der Sultane war hier das Postamt –, war einst der haarsträubende Schauplatz des Sklavenmarktes. Der Lärmpegel an diesem Ort, wo die Sklaven lautstark wie auf dem arabischen Basar feilgeboten wurden, muss ohrenbetäubend gewesen sein, denn auf Deutsch bedeutet *kelele* „Lärm". Beklemmend ist auch der Name einer kleinen Gasse unweit davon, an der Rückseite des Africa House Hotel. Viele Sklaven wählten offenbar in der *Suicide Alley*, der Selbstmordgasse, lieber den Freitod, als auf dem Markt wie Ware verhökert zu werden.

Entlang der Gizenga Street

Zurück am Beginn der Kenyatta Road zweigt beim (vermeintlichen) **Geburtshaus von Freddie Mercury** eine kleine Gasse ab. An den wohl berühmtesten Sohn der Stadt, den Sänger der britischen Rockgruppe Queen, erinnert außer einer kleinen Tafel (und einem Restaurant an der Meeresfront) nichts mehr; auch für die meisten Sansibaris hat der Name keinerlei Bedeutung und die Stadtväter verbitten sich gar jegliche Assoziation mit ihm (s. Kasten S. 265). Über die

Sansibar und Pemba

Geboren wurde sie am 30.8.1844 als Tochter des ersten sansibarischen Sultans Sayyid Said und einer seiner 75 Nebenfrauen. Im Palast Bait al-Mtoni am Meer wuchs **Prinzessin Salme** unbeschwert in Luxus auf. Wissbegierig und ganz im Stile ihres späteren unkonventionellen Lebens brachte sie sich selbst das Schreiben bei, denn moslemischen Mädchen war nur das Lesen erlaubt. Nach dem Tod ihres Vaters 1856 und ihrer Mutter 1859 wurde sie (im Alter von 12 Jahren) für volljährig erklärt und als Erbin mehrerer Plantagen und eines Geldvermögens umgehend in die **Intrigen am Hof** unter der Führung ihres Bruders Majid hineingezogen. In einem Putschversuch ihres Halbbruders Barghash nahm sie eine Schlüsselrolle als seine Sekretärin ein, da sie als einzige Frau lesen und schreiben konnte. Nach dem fehlgeschlagenen Manöver wurde sie auf einer ihrer Besitzungen unter **Hausarrest** gestellt. Während des Hausarrests lernte sie 1866 den Kaufmann **Heinrich Ruete**, Agent des Hamburger Handelshauses Hansing & Co, kennen. Er trieb Handel mit Gewürzen und Nelken und zog in ein benachbartes Landgut. Die Beziehung zum christlichen Kaufmann wurde am Hof zwar geduldet, aber keineswegs gutgeheißen. Als Salme schwanger wurde, blieb ihr keine andere Wahl, als an Bord eines britischen Handelsschiffes nach Europa zu fliehen. Nur so konnte sie der nach islamischer Tradition drohenden Steinigung entgehen.

Ihr Leben in Europa stand jedoch unter keinem guten Stern. In Spanien, der ersten Station ihrer Reise, konvertierte sie zum Christentum, wurde auf den Namen Emily getauft und heiratete Heinrich 1867. Ihr erster gemeinsamer Sohn starb, doch dem sansibarisch-deutschen Ehepaar wurden drei weitere Kinder geboren. Im August 1870 starb Heinrich unter tragischen Umständen. Die repressiven deutschen Ehegesetze brachten Emily um ihr Erbe, die Hinterlassenschaften des gemeinsamen Haushalts waren bald aufgezehrt. So schlug sie sich als **Arabischlehrerin** durch und vagabundierte mit ihren Kindern zwischen mehreren deutschen Städten hin und her, ohne irgendwo heimisch zu werden. Emily Ruete litt unter den gesellschaftlichen Zwängen und der menschlichen Kälte in Deutschland und fand kaum Anschluss. Die beengende Kleidung, das Essen mit Messer und Gabel, die Enge in den Häusern – all das stellte sie vor große Probleme.

Vergeblich versuchte sie, ihre enteigneten Besitzungen auf Sansibar zurückzuerlangen, doch ihr Halbbruder **Barghash** lehnte jeden Kontakt zu ihr ab. Durch ihre Konvertierung zum Christentum wurde sie als Schande für die Familie betrachtet. Barghash wollte Emily, als sie 1885 und 1888 in Begleitung von deutschen Beamten nach Sansibar reiste, nicht einmal empfangen. Von den deutschen Behörden wurde sie Anfang der 1890er-Jahre wie eine heiße Kartoffel fallen gelassen, nachdem sie den Behörden jahrelang als Beraterin zur Seite gestanden hatte. Die deutsch-britischen Auseinandersetzungen um Ostafrika hatten sich ja ohne ihr Zutun geklärt.

Mit den Einnahmen aus ihrer **Biografie** verdiente sie sich ihren Lebensunterhalt. *Memoiren einer arabischen Prinzessin* (1886), die erste Autobiografie einer Araberin in der Literaturgeschichte, wurde ein beachtlicher Publikumserfolg. In mehreren zeitgenössischen Zeitschriften wurden ausführliche Berichte über sie und ihre authentische Beschreibung des Lebens am Hof gedruckt. 1924 starb Emily in Jena. Die revolutionäre Prinzessin gilt als einzige wahre Chronistin des sansibarischen Sultanats, was angesichts der Rolle der Frau im Islam besonders bemerkenswert ist.

Nicht nur beim Streifzug durch ihr Geburtshaus, den Mtoni-Palast, wird die Geschichte lebendig. Interessierte sollten sich die „Princess Salme Spice Tour" von Zanzibar Different (s. S. 274) nicht entgehen lassen, die sich auf die Suche nach Spuren der Prinzessin begibt.

Frage, wo Freddie Mercury und seine Familie nun tatsächlich gewohnt haben, gibt es unterschiedliche Meinungen, vermutlich haben sie in mehreren Häusern entlang der Kenyatta Road gelebt, darunter auch in jenem Haus weiter südlich an der Kenyatta Road, wo sich heute das Restaurant Camlurs befindet.

In der Gizenga Street beginnt ein besonders liebenswürdiger Teil der Altstadt, mit vielen Souvenirgeschäften, der katholischen **St. Josephs Cathedral** sowie weiter östlich dem farbenfrohen **Shiva Shakti Hindu Temple** an der Hurumzi Street. Diese Straße, in der heute das 236 Hurumzi (vormals Emerson & Green) steht, weiß viele Geschichten zu erzählen. Als 1873 der Sklavenhandel verboten wurde, weigerten sich die Sklavenbesitzer, ihre Sklaven freizulassen. Die Briten sahen sich daher gezwungen, die Sklaven freizukaufen. In dem heutigen Komforthotel soll ebenjene ausführende Behörde einquartiert gewesen sein. Aus dieser Zeit stammt auch der Name der Straße, der auf den Ausspruch *Huru-Muuze* („Lass ihn frei!") zurückzuführen ist.

Mkunazini und Darajani

Im Labyrinth von Mkunazini befinden sich die **Hamamni Persian Baths**, die aber ohne Führer nicht leicht zu finden sind. Eher wird man zufällig bei einem Streifzug auf die verfallenden Ruinen des einst prächtigen Bades im persischen Stil treffen. *Hamamni* kann als „Ort der Bäder" übersetzt werden. Obwohl Sultan Barghash es als öffentliches Bad vorgesehen hatte, konnten sich nur wohlhabende Menschen die Eintrittsgebühr leisten. Frauen und Männer waren nicht nur räumlich, sondern auch zeitlich getrennt – die Frauen durften morgens, die Männer abends ein ausgedehntes Bad nehmen. Ursprünglich waren die Bäder noch viel größer, doch nachdem sie geschlossen wurden, nahmen Anrainer einen Teil als Wohnraum ein. Heute sind die Bäder leider unansehnlich geworden, doch mit ein bisschen Fantasie kann man sich vorstellen, wie das soziale Leben der Mittelschicht sich hier, im Vorläufer der heutigen Therme, zugetragen hat. Das Bad ist öffentlich zugänglich, doch zumeist geschlossen. Am besten fragt man einen der Menschen auf der Straße nach dem *caretaker*. Eintritt 5000 TSH/US$3.

Auf dem Weg zum Darajani Market sollte man sich nun in Richtung Südosten halten (freundliche Stadtbewohner werden mit Sicherheit gern den Weg weisen). In der Tharia Street (der Verlängerung der Mkunazini Street), unweit vom Darajani Market, lädt das **Zanzibar Coffee House** zur Rast bei köstlichem Kaffee und herzhaftem Kuchen ein. ⏰ tgl. 9–18 Uhr.

In unmittelbarer Nähe zum Coffee House zweigen Gässchen in Richtung Osten (links) ab und führen zum **Darajani Market**. Der an der Benjamin Mkapa Road gelegene lebendige Markt existiert seit dem frühen 20. Jh. In der überdachten Markthalle, aber auch nebenan bei

Sansibar und Pemba

Die Legende Freddie Mercury

Obwohl Mercury als einer der charismatischsten und unvergesslichsten Rocksänger gilt, möchte Sansibar, die Insel seiner Geburt, ihn am liebsten aus ihren Annalen streichen. 1946 wurde Mercury als Farrokh Bulsara in Sansibar im Mnazi Mmoja Hospital geboren; seine Eltern, ursprünglich aus Indien, wurden zur britischen Kolonialregierung nach Sansibar entsandt.

Farrokh blieb nicht lang, denn schon 1955 wurde er ins indische Panchgani in die Schule geschickt. Hier wurde sein Talent erkannt und von einem aufmerksamen Lehrer gefördert. Erst 1963 kehrte er im Alter von 17 Jahren nach Sansibar zurück, doch infolge der sansibarischen Revolution im Januar 1964 flüchteten seine im Dienste der Majestät stehenden Eltern mit ihren Kindern nach Großbritannien.

Nach einer schillernden, exzentrischen und arbeitsintensiven Karriere als Musiker starb er am 24. November 1991 an den Folgen von Aids. Freddie Mercury gilt als eines der ersten prominenten Opfer dieser noch immer unheilbaren Immunkrankheit.

Zum 60. Geburtstag von Freddie Mercury am 5. September 2006 wollte man ihm zu Ehren eine Strandparty organisieren. Strenggläubige Moslems wussten dies zu verhindern. Mercurys Lebensstil passe nicht zu den islamischen Sitten der Insel, betonten sie in einer Petition. Mercury-Souvenirjäger werden in Stone Town also herb enttäuscht werden.

den dicht gedrängten Marktständen, wird alles verkauft, was die Erde und das Land hergeben: rote Bananen, grüne Kochbananen, Mangos, Ananas, Anonen (schmecken wie Erdbeeren mit Sahne), Jackfrüchte (grüne, unförmige Früchte), *mchicha* (Blätter von Maniokstauden, die wie Spinat aussehen und schmecken) oder Maniok, dazu Gewürze oder Tee. Wer hier etwas erstehen will, muss sich aufs Handeln einlassen, was aber ohnehin fast überall unerlässlich ist. Nichts für schwache Nerven und feine Nasen ist der intensiv riechende Fisch- und Fleischmarkt am südlichen Ende des Markttreibens. Abends ab 17.30 Uhr, wenn die Sonne langsam im Meer versinkt, werden die ersten Feuerstellen der Garküchen in Betrieb genommen. Man sieht eifrige Sansibaris beim Kartoffelschälen und -schneiden, und in den überdimensionalen Woks beginnt das Fett zu brutzeln. In den Garküchen wird traditionelle Swahili-Küche angeboten, u. a. *chipsi*, *mishkaki*, *pilau*, *chapati*, *samosas* oder frittierte Hähnchen. Diese Garküchen werden hauptsächlich von Einheimischen frequentiert, doch Touristen sind willkommen.

Entlang der Benjamin Mkapa Road, die unter den Einheimischen als **Creek Road** bekannt ist, geht es zurück in die Altstadt. Der einstige Flussarm trennte Stone Town, früher eine kleine dreieckige Halbinsel, von Ng'ambo („Die andere Seite") noch bis 1935, als man begann, den Wasserlauf langsam zuzuschütten.

Weiter südlich, an der nächsten großen Kreuzung, lohnt sich ein Abstecher nach rechts zur **Anglican Cathedral** mit dem letzten Sklavenmarkt Afrikas. Erst in den 1860er-Jahren wurde der Haupt-Sklavenmarkt vom Kelele Square hierher verlegt, und als 1873 der Sklavenhandel offiziell verboten wurde, ließ der anglikanische Bischof Steere, ein vehementer Gegner der Sklaverei, die Kirche auf dem Gelände des Sklavenmarktes errichten. An der Stelle des heutigen Altars befand sich einst der Platz, wo die Sklaven ausgepeitscht wurden. Damit wurde ihre Zähigkeit und Belastbarkeit getestet. Wer dabei zu weinen oder schreien begann, verlor an Wert, und folglich sank der Preis, den der Sklavenhändler erzielen konnte. Das Rot des Altars symbolisiert das vergossene Blut. Dahinter befindet sich, eingelassen im Boden, eine Gedenktafel an Edward Steere. Der Zugang zur Kirche ist außer zur sonntäglichen Frühmesse um 8 Uhr kostenpflichtig. ⏱ tgl. 8–18 Uhr, Eintritt 3500 TSH/US$3.

Die Vorstadt Vuga

Wer noch nicht müde ist, kann der Benjamin Mkapa/Creek Road nach Süden in den Stadtteil Vuga folgen. Am südlichsten Zipfel, gegenüber vom ungepflegten Mnazi Mmoja Park, war einst im imposanten weißen Kuppelbau das Peace Memorial National Museum untergebracht. Alle Exponate wurden vor einiger Zeit ins House of Wonders transferiert und das Gebäude in **Bait al-**

Amani (Haus des Friedens) umbenannt. Momentan gibt es keine Verwendung für den äußerst attraktiven weißen Kuppelbau, und so verfällt er leise, aber stetig. Er ist nur von außen zu besichtigen, man muss also nicht unbedingt den Weg entlang der stark befahrenen Straße nehmen.

Wer sich hier an der Kreuzung rechts hält, gelangt vorbei an der **Victoria Hall** mit den Victoria Gardens (einst von Sultan Barghash für seine Haremsdamen errichtet), dem State House und dem High Court wieder in die Kenyatta Road. Am Kreuzungspunkt Vuga/Kawawa Road mit der Kaunda Road steht direkt hinter dem auffälligen, rostroten Uhrturm (Clock Tower) die kleine **Portuguese Arch**, ein kurioser Torbogen, für den es weder Verwendung noch eine verbriefte Geschichte gibt. Das Viertel südlich der Vuga Road wurde erst Anfang des 20. Jhs. bebaut, zuvor waren hier die Siechhäuser und Friedhöfe der Stadtbewohner angesiedelt. Heute steht hier das größte Hospital der Insel, das Mnazi Mmoja Hospital.

Übernachtung

Besonders in den Low-Budget-Unterkünften sollte man unbedingt versuchen zu handeln, denn je nach Saison und Belegung sind oft Ermäßigungen drin. Bei Bezahlung mit TSH werden zumeist günstigere Preise berechnet. Stone Town ist generell eine laute Stadt; es gibt kaum Winkel, wo man dem ratternden Verkehrslärm und dem Ruf des Imam entgehen kann.

Untere Preisklasse

Die meisten Budget-Gästehäuser sind völlig überteuert – für den gebotenen Standard. Wer bereit ist, zehn, zwanzig Dollar mehr auszugeben, erhält gleich einen ganzen Quantensprung mehr an Qualität, Sauberkeit und Service (siehe Mittlere Preisklasse).
Warere Town House, neben Princess Salme Inn, Malindi, ☎ 024-2233835. Einfaches, etwas abgewohntes Gästehaus in einem nach hinten versetzten, üppig mit Bougainvilleen überwachsenen Haus. Die 10 Zimmer auf 3 Stockwerken sind zweckmäßig eingerichtet mit traditionellen großen Sansibar-Betten, Du/WC, AC oder Ventilator, TV. Die besten

House of Spices, Kiponda St., ☎ 0773-573727, 🖥 www.houseofspiceszanzibar.com. Geheimtipp und Juwel in einem: Hier haben sich Anna und Cesare ihren Lebenstraum erfüllt. In liebevoller Kleinarbeit schufen sie ein farbintensives, stilvolles Refugium für Genießer mit vier Zimmern und einem der besten Restaurants der Stadt. WLAN. Attraktives Preis-Leistungs-Verhältnis für Individualreisende. ❸–❹

Zimmer haben Balkon. Auf der blitzblauen Dach-terrasse wird bei attraktiver Aussicht das Frühstück serviert. ❷
Flamingo Guesthouse, Mkunazini St., ☎ 024-2232850. Einfaches Gästehaus für anspruchslose Traveller, mit Moskitonetz und Ventilator. Der Besitzer angelt sich gerne Gäste über *papaasi*. Frühstück auf der Dachterrasse im 3. Stock. Zentral und leicht erreichbar. ❷
Garden Lodge, Kaunda Rd., ☎ 024-2233298, ✉ gardenlodge@zanlink.com. Der mit Bougainvilleen verwachsene Eingangsbereich und die zahlreichen Blumentöpfe im Haus machen dem Namen alle Ehre – hier dominiert Gartenatmosphäre. Die simplen Zimmer im oberen Stockwerk sind geringfügig größer und neuer, einige haben Balkon. Nach Möglichkeit ein Zimmer mit Blick nach hinten wählen, da die Kaunda Road sehr laut ist. Das Frühstück wird auf dem Dach serviert. ❷–❸
Kiponda Hotel, Kiponda, ☎ 024-2233052, 🖥 www.kiponda.com. Einfaches, freundliches Gästehaus mit 15 sauberen Zimmern (mit Ventilator und Netz) und fantasievoll drapierten Handtüchern auf den Betten. Du/WC im Zimmer. Highlight ist die luftige Dachterrasse mit Blick über Stone Town, wo das Frühstücksbuffet serviert wird. ❸
Safari Lodge, Malindi, Nähe Fährhafen, hinter der Malindi-Polizeistation geradeaus, ☎ 024-2236523, 🖥 www.safarilodgetz.com. Landestypisches Gästehaus mit Hang zu Hochglanzfliesen. 28 saubere Zimmer, schöne Dachterrasse. Wird gerne von Tourveranstaltern gebucht. ❸

Sansibar und Pemba

Mittlere Preisklasse

Zenji Hotel, Malindi, schräg gegenüber Cine Afrique, ☎ 0776-705592, 🖥 www.zenjizanzibar.com. Am Rand der historischen Altstadt liegt das freundliche und unprätentiöse, im Swahili-Stil eingerichtete Gästehaus mit 9 einfachen Zimmern verteilt auf 2 Stockwerke. Die Lage an der stark befahrenen Malawi Road stört nur geringfügig, in der Nacht wird es wesentlich ruhiger. Das leckere Frühstück (selbst gemachtes Brot, Marmelade, Schokokuchen) gibt es auf der Roof-Top-Terrasse. WLAN. Super Preis-Leistungs-Verhältnis! ❸

Hiliki House, Vuga, ☎ 0777-410131, 🖥 www.hilikihouse-zanzibar.com. Sympathisches, intimes Gästehaus mit Wohlfühlfaktor. Geschmackvolles Interieur, ruhige Lage in der Nähe der Victoria Gardens. ❸–❹

Clove Hotel, Hurumzi St., ☎ 0777-484567, 🖥 www.zanzibarhotel.nl. Beschwingtes Qualitäts-B&B mit 9 Zimmern und einer einladenden Dachterrasse, die morgens zum Frühstück und abends als Lounge genutzt wird. Wunderbarer Blick über die Dächer von Stone Town und aufs 236 Hurumzi. Ausgezeichnetes Preis-Leistungs-Verhältnis. Unbedingt reservieren! ❹

Zanzibar Coffee House Hotel, Mkunazini St., ☎ 024-2239319, 🖥 www.riftvalley-zanzibar.com. Kleines, intimes Gästehaus mit 8 einfühlsam und individuell gestalteten Zimmern in einem alten Stadthaus aus dem Jahr 1885. Ausgezeichneter Kaffee aus eigener Produktion und herrliches Frühstück auf der Dachterrasse nach Swahili-Art auf Polstern am Boden. Exzellentes Preis-

Zentrale Lage, köstliches Essen

Kisiwa House, Baghani St., ☎ 024-2235654, 🖥 www.kisiwahouse.com. Hinter dem Dhow Palace Hotel versteckt sich in einer ruhigen Seitenstraße in zentraler Lage ein gemütliches, gut geführtes Stadthotel mit attraktivem Preis-Leistungs-Verhältnis. Tolle Atmosphäre verteilt auf 4 Stockwerke, 11 hübsche weitläufige Zimmer mit Safe, Flatscreen, AC. WLAN. Im Darini Restaurant lässt es sich fantastisch schmausen (zu moderaten Preisen). ❹–❺

Regenzeit ist Schnäppchenzeit

Während der Monate der stärksten Regenfälle, von April bis Juni, schließen viele der Strand- und Stadthotels. Sofern dies nicht der Fall ist, werden sogenannte **Green Season Rates** angeboten, die bis zu 40 % unter dem Normalpreis liegen. Für Schnäppchenjäger ideal! In dieser Zeit kann das Wetter durchaus angenehm warm sein, mit täglichen Regenschauern, die den Urlaub nicht beeinträchtigen. Allerdings kann es bisweilen auch durchgehend wie aus Kübeln regnen, wobei der Wind durch die luftigen Häuser bläst.

Leistungs-Verhältnis in den geschichtsträchtigen Gassen von Stone Town. WLAN. ❹–❺

Dhow Palace Hotel, Kenyatta Rd., ☎ 024-2233012, 🖥 www.dhowpalace-hotel.com. Älteres Open-Air-Hotel, einst ein Stadthaus aus den späten 1870er-Jahren, ist mit allerlei alten schweren Holzmöbeln und sansibarischen Utensilien eingerichtet. 28 große, etwas farblose Zimmer, TV, Internet. Pool in der Lobby, Restaurant und Frühstück auf der Dachterrasse. Typisches sansibarisches Ambiente. Kein Alkoholausschank. Wird gerne von Reiseveranstaltern gebucht. ❹–❺

Asmini Palace, Kiponda, ☎ 0774-276464, 🖥 www.asminipalace.com. 13 geräumige Zimmer auf 3 Etagen sind rund um einen Innenhof verteilt. Gutes Mittelklassehotel, das stellenweise ein wenig verstaubt und betagt erscheint. Zimmer mit TV, AC, Kühlschrank. Internet. ❹–❺

Chavda Hotel, Shangani, ☎ 024-2232115, 🖥 www.chavdahotel.co.tz. Vom Roof-Top-Restaurant hat man einen schönen Blick über die Stadt – eine gute Alternative zum Sundowner im Africa House Hotel. Typisches tansanisches Mittelklassehotel im sansibarischen Stil. Dunkle Zimmer mit TV und AC, für den gebotenen Standard etwas überteuert. ❹–❺

Obere Preisklasse

236 Hurumzi (vormals Emerson & Green), Hurumzi St., ☎ 0777-423266, 🖥 www.236

hurumzi.com. Der einstige Palast eines der reichsten Männer der Swahili-Küste ist heute eine komfortable Herberge – ein zauberhaftes Labyrinth aus Stiegen, Aufgängen, überhängenden Bougainvilleen und hellen, charaktervollen Zimmern. Gutes Preis-Leistungs-Verhältnis für so viel Klasse! Jedes der 24 Zimmer ist individuell gestaltet und romantisch verwinkelt in den alten Palast integriert. Infos zum Tower Top Restaurant s. „Essen". Im Mai geschlossen. ❺

Beyt al-Chai, Shangani, Kelele Sqare, gegenüber dem Zanzibar Serena Inn, ✆ 0774-444111, 🖥 www.stonetowninn.com. Untergebracht in einem historischen Teehaus. 5 großzügige, individuell gestaltete Zimmer im sansibarischen Stil. Schönes Ambiente, gemütliche Lounge, aber für den gebotenen Standard und Service überteuert. Das hauseigene Restaurant zählt zu den besten der Stadt. ❺

Mashariki Palace Hotel, Nyumba ya Moto St., ✆ 024-2237232, 🖥 www.masharikipalacehotel. com. Stylishes Design und die Magie alter Palastmauern vereinen sich hier zu einem Sinnenfest in Creme und Beige. Blick auf den Hafen und das Palace Museum. Aufmerksamer Service, effizientes Management und himmlische Cookies zur Tea Time. Für Puristen, Designliebhaber und Romantiker ist das erst Ende 2010 eröffnete Hotel ein absolutes Muss! ❺ – ❻

Zanzibar Palace Hotel, Kiponda, ✆ 024-2232230, 🖥 www.zanzibarpalacehotel.com. Schön renoviertes Stadthaus mit Sansibar-Chic, allerdings muten die Flatscreen-Fernseher und die Vollklimatisierung in dem historischen Ambiente ein wenig kurios an. Jede der 9 Suiten ist individuell und farbenfroh gestaltet, aber die steilen Stufen in die oberen Stockwerke haben es in sich. Gutes Frühstück und auf Wunsch Abendessen, heimelige Bar mit Lounge-Charakter, Spa für Hotelgäste. WLAN. Toller, persönlicher Service der holländisch-belgischen Besitzer. Etwas überteuert. ❺ – ❻

The Zanzibar Serena Inn, Shangani, Kelele Square, ✆ 024-2233587, 🖥 www.serenahotels. com. Historisches Gebäude, das einst Abenteurern, Fürsten, Botschaftern und berühmten Ärzten als Heimstatt diente. Heute ist es ein gediegenes, größeres Hotel mit 51 Zimmern,

in dem romantische Geschichten aus der Vergangenheit wieder wach werden. Eines der wenigen Hotels in Stone Town direkt am Meer. Pool, Internet. ❻

Essen

Indisch

Camlurs, Shangani, Kenyatta Rd., Nähe Les Spices Rendez-Vous. Kleines, einfaches Restaurant, das schmackhafte Currys und goanische Gerichte zubereitet. Mittlere Preisklasse. ⊙ Mo–Sa 18.30–22 Uhr.

Silk Route, Shangani St., beim Orphanage House. In üppigem Rot dekoriertes, indisches Restaurant im Obergeschoss mit schmackhaften Hauptgerichten ab 10 000 TSH und viel Tütü: kühlendes Handtuch zum Empfang, Vorspeise auf Kosten des Hauses und Kellner in glitzernden und wallenden indischen Gewändern. ⊙ tgl. 18–23 Uhr.

Les Spices Rendez-Vous, Shangani, nahe der Abzweigung der Vuga Rd. direkt an der Kenyatta Rd. Das indische Gourmetrestaurant befindet sich in französischer Hand. Gute indische und sansibarische Küche in gepflegtem Ambiente, gehobenere Preisklasse. ⊙ Di–So 11.30–15 Uhr, 18.30–23 Uhr.

Westliche Küche

Archipelago, Forodhani St., ✆ 0778-717171. Solide sansibarische und internationale Küche mit Blick aufs Meer in nüchternem Ambiente. Das Augenmerk liegt eindeutig auf Fischgerichten. Kein Alkoholausschank, aber guter Espresso und Kuchen zum Nachtisch. Mittlere Preisklasse, Hauptgerichte ab 9000 TSH. ⊙ tgl. 8–23 Uhr.

Green Garden Restaurant, Mkunazini St., ✆ 0773-849636. Das versteckt gelegene Restaurant in Vuga erinnert im Design an ein Boot, und auf dem Oberdeck lässt es sich gut chillen. Passable Pizza und libanesische Speisen (max. 10 000 TSH), WLAN. Weniger wegen des Essens als wegen der Atmosphäre empfehlenswert. ⊙ tgl. 10–22 Uhr.

La Fenice, Shangani St., neben Africa House Hotel. Italienisches Restaurant mit großer Open-Air-Terrasse, dem architektonische Klasse fehlt. Die Qualität der italienischen und sansibarischen Gerichte schwankt – einige Gäste finden die Küche (insbesondere die Pizza) schmackhaft, anderen sagt sie weniger zu. Mittlere Preisklasse. ⏲ tgl.10–22 Uhr.

Livingstone Beach Restaurant, Kenyatta Rd. Das Lokal liegt direkt am Meer und hat zudem noch historische Bedeutung. Stilvolles, behagliches Ambiente, die Tische draußen am Strand (zwischen Fackeln) zu Füßen der sanften Wellen sind besonders beliebt. Manchmal lange Wartezeiten, die Qualität variiert. Di DJs, Do Cocktail-Night, Fr Live-Konzerte, wo zu später Stunde die Post abgeht. Oberes Preisniveau. ⏲ tgl. 10 Uhr bis spät.

House of Spices, Kiponda St., ✆ 0773-573727. Zur Zeit der Recherche eines der besten Restaurants der Stadt, mit mediterranen Köstlichkeiten samt fantasievoller Garnierung, über den Dächern von Stone Town. Pizza 6000–12 000 TSH, Salate ab 7500 TSH, Pasta ab 13 000 TSH. ⏲ Mo–Sa 10–22 Uhr.

Tower Top Restaurant, im 236 Hurumzi, Hurumzi St., ✆ 024-223017. Herzhafte Snacks (Wraps, Sandwiches, Pizza etc.) mit Aussicht werden hier von 11.30–16 Uhr serviert. Abends ab 19.30 Uhr kommt ein 5-Gänge-Menü auf der höchsten Dachterrasse von Stone Town auf den Tisch. Nach arabischem Vorbild kann man dann auf Kissen am Boden sitzen. Preise ab US$30 p. P., Hummer und Meeresfrüchte sind teurer. Die Qualität des Essens variiert, aber allein das Ambiente ist es schon wert. Reservierung abends unbedingt notwendig.

Beyt al-Chai, Shangani, Kelele Sqare. Eine der Top-Adressen in Stone Town. Schöne, arabisch-sansibarische Atmosphäre, gehobenes Ambiente. Ausgezeichnete Küche, v. a. Fisch und Meeresfrüchte, leider in geschlossenen, klimatisierten Räumen ohne laue Brise. Obere Preisklasse. ⏲ tgl. 12–15, 19–22 Uhr.

Swahili-Küche

Forodhani Food Market, in den Forodhani Gardens, Nähe Old Fort. Fingerfood mit Atmosphäre, wenn die kleinen Garküchen landestypische Spezialitäten zubereiten (s. S. 260). ⏲ tgl. ab 18 Uhr.

Passing Show, Malawi St., Nähe Fährhafen. Schmackhafte landestypische und indische

Spezialitäten, die auch bei den Einheimischen sehr beliebt sind. Kein Alkohol. Günstig. ⏲ tgl. ab 7 Uhr, Essen solange der Vorrat reicht

Sunrise Restaurant, Kenyatta Rd. Für Reisende, die gute tansanische Küche im lokalen Ambiente schmausen möchten. Günstig. ⏲ tgl. von früh bis spät.

Monsoon Restaurant, bei den Forodhani Gardens. Lauschiges Restaurant im Swahili-Stil, wo das Essen auf Polstern am Boden eingenommen wird. Während Einrichtung und Ambiente recht angenehm sind, kann das Essen bestenfalls als durchschnittlich bezeichnet werden. Mittwochs und samstags mit Taarab-Musik, an diesen Tagen muss man reservieren. ⏲ tgl. 12–15, 19–22 Uhr.

Chinesisch

Pagoda Restaurant, gegenüber vom Africa House Hotel. China-Restaurant im traditionellen China-Ambiente, die Speisen schmecken vorzüglich. Mittleres Preisniveau. ⏲ tgl. 12–14.30 Uhr, 19–22.30 Uhr.

Kaffee, Kuchen und Süßes

Die Auswahl an Kaffeehäusern scheint zwar groß zu sein, aber an die Qualität des Zanzibar Coffee House kommt kaum ein anderes Café heran.

Zanzibar Coffee House, Mkunazini, 🖥 www.riftvalley-zanzibar.com. Unbestreitbar das beste Kaffeehaus in Stone Town. Herzliches Personal, exzellenter Kaffee und leckere Süßspeisen, zu Mittag Lunch. Klein, aber fein – und das Ambiente ist unvergleichlich. Eigene

Kaffeeröstung, Kaffeebohnen von der hauseigenen Farm in Mbeya. ⏰ tgl. 9–18 Uhr.

Stone Town Café, Kenyatta Rd., hinter Oneway.
Das kleine Lokal an der geschäftigen Kenyatta
Road bietet Kaffee, Milchshakes, Säfte und
Kuchen, außerdem mittags Snacks und abends
Dinner. Hätte angesichts der zentralen Lage
noch einiges Potenzial, das Personal wirkt
nicht immer sonderlich motiviert. Kein Alkohol-
ausschank. ⏰ Mo–Sa 8–22, So 8–17 Uhr.

Zenj Café, Malindi, schräg gegenüber Cine
Afrique, 🖳 www.zenjizanzibar.com. Vor der
Kulisse der geschäftigen Ausfahrtstraße beim
Hafen lässt es sich in angenehmer Atmosphäre
guten Kaffee trinken und Brownies naschen.
WLAN. ⏰ durchgängig von früh bis 18 Uhr.

Amore Mio, Shangani St., zwischen Zanzibar
Serena Hotel und La Fenice. Herausragend ist
der Espresso sowie die köstliche hausgemachte
Eiscreme für 2000 TSH/Kugel (die einzige auf
Sansibar!). Kleine Snacks, Salate (7000 TSH)
und Nudelgerichte sowie Pizza (ab 10 000 TSH)
erhältlich, leider aber nicht so gut wie das Eis.
Garten mit Blick aufs Meer. Die Bierbänke aus
Holz laden nicht gerade zum längeren Verweilen
ein. ⏰ tgl. 10–22 Uhr.

Unterhaltung und Kultur

Bars

Mercury's, Mizingani Rd. Warum die Touristen
scharenweise in dieses Restaurant pilgern,
erscheint unverständlich, denn die Qualität der
Pizza, Pasta und indischen Gerichte ist äußerst

Sundowner von oben

Es muss nicht immer das Africa House Hotel
sein, obwohl der Sonnenuntergang von dort
zugegebenermaßen herrlich anzusehen ist und
die Stimmung unvergleichlich ist. Viele Hotels
und Restaurants haben Roof-Top-Bars, die eine
gute Alternative zum überfüllten Africa House
Hotel darstellen, z. B. das Chavda Hotel oder
die Terrasse des Zanzibar Serena Inn.

---

bescheiden. Schön hingegen ist die Lage am
Wasser, weswegen es sich gut für ein kaltes
Bier oder ein Gläschen Wein zum Ausklang des
Abends anbietet. Die regelmäßigen Konzerte
(meist samstags) sind ebenfalls hörenswert.
⏰ tgl. ab 8.30 Uhr.

Tatu, Shangani St. Essen, trinken, chillen –
so lautet das Motto von Tatu. Die einzige
Whiskeybar Sansibars mit Restaurant und Pub-
Atmosphäre auf drei Etagen (deswegen Tatu,
was so viel wie „drei" bedeutet). Viel Atmosphäre, gutes Essen, große Auswahl an
Alkoholika und gehobene Preise, z. B. Steak
ab 22 000 TSH. ⏰ Di–So ab 12 Uhr.

Clubs

Dharma Lounge, neben dem Florida Guesthouse, Vuga Rd. Vor 22 oder 23 Uhr braucht
man hier nicht vorbeizuschauen, aber für Nacht-
schwärmer ist die zentrale Lage ideal. Discorhythmen und Cocktails. ⏰ Di–So ab 20 Uhr.

Bi Kidude

Freddy Mercury ist nicht das einzige musi-
kalische Wunderkind Sansibars: Bi Kidude,
die Queen des Taarab (s. „Kunst und Kultur",
S. 150), wurde 2005 mit dem renommierten
WOMEX Award für ihr Lebenswerk ausgezeichnet. Keiner weiß genau, wann sie geboren
wurde, man schätzt ihr Alter auf weit über
90 Jahre. Bereits in den 1920er- und 1930er-
Jahren tingelte sie mit Taarab-Orchestern
und der legendären Siti Binti Saad, der ersten
Taarab-Sängerin der Welt (!), durch Ostafrika.
Später hatte sie ihr eigenes Orchester, und in

den 1980er- und 1990er-Jahren tourte sie fast
über den gesamten Erdball. Bi Kidude war so
etwas wie ein Enfant Terrible der moslemischen
Welt: Sie flüchtete im Alter von 13 Jahren vor
einer Zwangsheirat, ignorierte die Schleier-
pflicht, und noch heute raucht und tanzt sie für
ihr Leben gern. Ihr ganzes Leben konzentrierte
sich auf das, was sie am meisten liebt: das
Singen. Heute genießt Fatuma Binti Baraka, wie
sie mit bürgerlichem Namen heißt, trotz ihrer
westlichen Eskapaden großes Ansehen auf
Sansibar – und in der Weltmusik sowieso.

Komba Discotheque, Bwawani Hotel. Immer den Ohren nach … Heiße Discorhythmen, Alkohol und auch Prostituierte. ⏰ tgl. ab 23.30 Uhr.

Livemusik

Von Do–So stehen die Chancen gut, in einem der zahlreichen Restaurants und Bars Livemusik (von Taarab bis Pop und Bongo Flava) zu hören. Im Mercury's, im Livingstone Beach Restaurant, im Monsoon Restaurant oder auch im alten Fort finden regelmäßig Konzerte statt.
Musical Club, Vuga Rd., neben Dharma Lounge. Übungslokal und Zentrale des beliebtesten Taarab-Orchesters von Sansibar. Gelegentlich Konzerte.

Feste

ZIFF-Festival, Juni/Juli, 🖥 www.ziff.or.tz. Laut eigenen Angaben das größte Kunst-, Kultur- und Musikfestival Afrikas, das die Kultur und Traditionen aller Dhow-Länder des indischen Ozeans zelebriert. Herzstück der Veranstaltung ist das Filmfestival, das hauptsächlich Kurz- und Dokumentarfilme zeigt. Daneben werden Ausstellungen und Musik- sowie Tanzaufführungen präsentiert. Das 8 Tage dauernde Festival spielt sich auf allen wichtigen Plätzen der Stadt ab; z. B. werden im Alten Fort Filme gezeigt, während in den Forodhani-Gärten Tanz- und Performancekünstler auftreten. Weitere Veranstaltungsorte sind das Palace Museum, das House of Wonders sowie die Old Dispensary. Eintritt ca. US$5 pro Veranstaltung. 45 000 ausländische und 150 000 einheimische Besucher wurden 2010 gezählt.
Sauti za Busara Music Festival, Februar, 🖥 www.busaramusic.com. 5-tägiges Musikfestival für die verschiedensten afrikanischen Musikrichtungen, von Bongo Flava über Taarab, Gospel bis hin zu Hip-Hop und Jazz. Die meisten Musiker stammen aus afrikanischen Ländern, doch auch interkulturelle Bands aus Europa finden ihren Weg hierher. Tagespass US$20, Festivalpass US$52.
Mwaka Kogwa, dritte Juliwoche, 🖥 www. mzuri-kaja.or.tz. Mit diesem Fest wird in einigen Dörfern der Beginn des neuen Jahres gemäß dem Shirazi-Kalender gefeiert. Besonders

ausgeprägt und bekannt sind die Feierlichkeiten in Makunduchi im Süden der Insel. Hier siedelten nämlich die ersten Shirazi-Siedler im 11. und 12. Jh., und die Traditionen sind noch immer tief in der Lebensweise verwurzelt. Die 4 Tage anhaltenden Feiern werden von zahlreichen Ritualen dominiert. So werden Schaukämpfe durchgeführt, die das Austreiben des alten Jahres und die freudige Begrüßung des neuen Jahres symbolisieren. Während die Männer kämpfen, ziehen die Frauen mit Gesängen durch das Dorf und über die Felder. Das Fest wurde von der sansibarischen Regierung offiziell anerkannt und kann auf besondere Nachfrage mit einem der Tourveranstalter besucht werden. Auch Unterkünfte an der südlichen Ostküste organisieren Exkursionen. Besucher sind herzlich willkommen, denn jedem Dorfbewohner, der das Fest ohne Gäste begeht, wird das Glück im nächsten Jahr abhold sein.

Galerien

Zayaa Gallery, Hurumzi St., Nähe 236 Hurumzi, 📞 0777-777242, ✉ zayaagallery@gmail.com. Kleine Galerie mit wechselnden Ausstellungen, hauptsächlich Malerei. Im oberen Stockwerk wird auch Malerei unterrichtet, Informationen unter der genannten Telefonnummer. ⏰ Mo–Sa 10–18 Uhr.

Einkaufen

Typische Souvenirs von Sansibar sind vor allem Gewürze, Holztruhen mit kunstvollen Messingbeschlägen, Teppiche, Messingwaren, Stoffe und Textilien. Außerdem ist Stone Town ein Paradies für alle, die Trödelläden lieben.

Bücher

The Gallery Bookshop, Gizenga St. Buchladen mit guter Auswahl an Tansania-, Sansibar- und Afrika-relevanter Literatur. Ableger des Gallery-Imperiums von Javed Jafferji. ⏰ Mo–Sa 9–18, So 9–12 Uhr.
A Novel Idea, Hurumzi St., im 236 Hurumzi. Seit Anfang 2011 ist der Buchladen im 236 Hurumzi. Gut sortiert mit viel Afrika-bezogener Literatur und anspruchsvollen Bildbänden, die zur Abwechslung einmal nicht von Javed Jafferiji stammen.

Gewürze

Bei Gewürzen wird man auf dem **Darajani Market** fündig, unbedingt hart verhandeln!

Schuhe

Surti & Sons, Gizenga St. Echte sansibarische Ledersandalen, die man auch nach dem Urlaub zu Hause bedenkenlos tragen kann. Geruchsneutralität garantiert!

Souvenirs

Souvenirjäger werden sicherlich in der Gizenga St./Changa Bazaar, in der Hurumzi St., im Old Fort oder der Kenyatta Rd. reiche Beute machen, wo es viele gut sortierte Läden gibt. Viel Standardware – es wird alles angeboten, was nur im Entferntesten afrikanisch sein könnte. Die meisten Souvenirs werden aus Kenia billig importiert. Hier werden nur besondere Souvenirläden angeführt, die lokale Ware anbieten.

Memories of Zanzibar, Kenyatta Rd. Viele schöne Mitbringsel im Herzen der Altstadt, aufbereitet für die Augen und Geldbeutel von Touristen aus Übersee. Keine Schnäppchen, aber gut sortiert. Mit großer Auswahl an Kikoys, die zu den farbenprächtigsten und qualitativ hochwertigsten von Stone Town zählen. ⊙ Mo–Sa 9–19, So 9–18 Uhr.

Moto Handicrafts und Dada, Hurumzi St. Kaltgerührte, handgemachte Seifen mit Mustern von Zanzibari-Türen; Flechtwaren aus traditionell überlieferten Mustern und Textilien. Alles hergestellt im Rahmen von Frauenprojekten.

Saifa Shop, Kelele Square, südlich des Serena Inn. Der Sansibari Omar Mrisho produziert seit 1993 handbedruckte T-Shirts und Produkte aus lokalen Textilien, z. B. Taschen, Seesäcke und Kappen.

Zanzibar Curio Shop, Gizenga St. Auf den ersten Blick mutet der Shop wie ein gewöhnlicher Souvenirladen an, doch in den Hinterzimmern tun sich wahre Schätze auf – alte Tauchglocken, echtes Kolonialmobiliar oder alte gusseiserne Sicherheitsschlösser. ⊙ tgl. 9–18 Uhr, freitags eingeschränkt.

Zanzibar Secrets, zentral, Kenyatta Rd. Viel Kitsch und Ramsch aus Indien und aller Welt, aber teilweise findet man (auf hartnäckige Anfrage) tansanisch-sansibarisches (Kunst)Handwerk, z. B. Glaserzeugnisse von Shanga, Keramik oder Schmuck. ⊙ Mo–Sa 9–19, So 9–15 Uhr.

Zenj Hotel, Malindi, gegenüber Cine Afrique. Schöne, nicht alltägliche Souvenirs, z. B. echte Vanille, handgemachte Perlen, Souvenirs aus Alteisen. Viele der Erzeugnisse stammen aus Hilfsprojekten der Gegend.

Supermärkte

Cash & Carry, westlich vom Darajani Market. Der kleine Supermarkt führt Konserven, Milchprodukte und Käse, Balsamico-Essig und ähnliche Produkte, die die kleinen *maduka* für gewöhnlich nicht anbieten. ⊙ Mo–Sa 9–19 Uhr außer während der Gebetszeiten in der Moschee, So 9–13.30 Uhr.

Rund um den Darajani Market gibt es weitere **kleine Läden**, die oft ein erstaunliches Sortiment an westlichen Lebensmitteln führen. Man sollte genau wissen, wonach man sucht, denn oft sind die Produkte gut im hinteren Lagerraum versteckt.

Größere Supermärkte, nämlich **Migoz** in der Airport Road und **Kwality Supermarket** in der Mlandege Street, befinden sich relativ weit von der Altstadt entfernt.

Textilien

Kikoys, Kangas und Kleidung gibt es in fast allen großen Souvenirgeschäften an der Kenyatta Rd. Die hier genannten Läden haben sich darauf spezialisiert.

Kanga Kabisa, Kenyatta Rd., vor dem Africa House Hotel. 🖳 www.kangakabisa.com. Kinder-, Damen- und Herrenbekleidung aus Kanga, Kitenge und Batik. Die Schwedin Lotta ist die Pionierin auf Sansibar, was die Fusion von ostafrikanischen Stoffen und westlichem Styling-Verständnis anbelangt. Andere folgten dem von ihr kreierten Trend. ⊙ tgl. 9–18.30 Uhr.

Kikoy, Kenyatta Rd. Farbenprächtige Kikoys (aus Kenia) und Kikoy-Produkte wie Handtücher, Seesäcke oder Bikinis. ⊙ Mo–Sa 8.30–19.30, So 10–16 Uhr.

Oneway, Kenyatta Rd. Jede erdenkliche Art von Kleidung und Accessoires, aus den farbenprächtigen Kikoys (aus Kenia) hergestellt. Umfangreiches T-Shirt-Sortiment. ⊙ Mo–Sa 9–19.30, So 9–18 Uhr.

Sasik, Gizenga St., Nähe 236 Hurumzi. Seit 1994 existiert die Sasik-Frauen-kooperative, in der rund 50 Frauen Kissen-schoner, Wandteppiche und ähnliche Objekte basierend auf arabischen und swahilischen Designs nähen. Kissenschoner z. B. US$8. ⊙ Mo–Sa 9–17.30 Uhr.

Upendo, Nähe Silk Route Restaurant. Sansibarische Frauen erlernen in diesem Ausbildungsprojekt einen Beruf und fertigen gleichzeitig Mode aus Kanga-, Kikoy- und Kitenge-Stoffen. ⊙ Mo–Sa 9–16 Uhr.

Um die Ecke vom Zanzibar Coffee House Hotel in Mkunazini gibt es den **Kanga-Straßenmarkt**, wo Kangas und Kitenge günstiger als in den Geschäften erworben werden können. Die Preise variieren je nach Druck, Qualität und Art des Stoffes und beginnen bei etwa 5000 TSH. Weitere **Textilien- und Stoffmärkte** befinden sich auf der dem Darajani Market gegenüber-liegenden Straßenseite, im Stadtteil Ng'ambo, entlang der Straße nach Mlandege.

Aktivitäten und Touren

Safari-Veranstalter

Tanzania Adventure, Chukwani Rd., Mbweni, ☎ 0786-019944, 🖳 www.tanzania-adventure. com. Renommiertes Safari- und Tour-Unter-

---

Die besten Bootsausflüge der Insel

Safari Blue, Fumba Village, ☎ 0777-423162, 🖳 www.safariblue.net. Seit 1996 bietet Elea-nor Griplas die Originalbootsexkursionen auf Sansibar an. Von 9.30 bis 17 Uhr am Abend dreht sich der ganze, türkisblaue Tag nur um Wasser, Sandbänke, Essen (Lobster Lunch, Verkostung von Früchten), Trinken (Kaffee, Amarulla, frische Säfte), geführte Schnorchel-touren, Sonnenbaden und Delfine beobachten in der Menai Bay Conservation Area. Einer der Höhepunkte ist das Schwimmen in einer Mangrovenlagune. Der Transfer (US$30 pro Fahrzeug) wird arrangiert, US$55 p. P. Profes-sionell und herrlich entspannend.

---

nehmen mit Hauptsitz in Arusha. Exzellent organisierte Safaris im Norden, verlässliches Personal. Deutsch-tansanisches Joint Venture; Corina auf Sansibar legt viel Wert auf persön-liche Kundenbetreuung. Keine Gruppen und keine Touren von der Stange, sondern nur nach individuellen Wünschen zusammengestellte Trips. Oberes Preisniveau.

Exkursionen auf der Insel

Unzählige Ausflüge können unternommen werden: zum Urwald **Jozani Forest** (US$30–50 plus US$8 Eintritt), auf die lauschige Insel **Prison Island** oder zu den **Delfinen von Kizimkazi** (US$60–100). Anfragen bei den Tour-veranstaltern. Je mehr Personen im Fahrzeug sitzen, desto günstiger wird der Einzelpreis. Zur **Spice Tour** s. Kasten S. 276.

Eco & Culture Tours Zanzibar, Hurumzi St., Nähe 236 Hurumzi, ☎ 024-2233731, 🖳 www. ecoculture-zanzibar.org. City Tour, Spice Tour, Schnorcheln, Ausflug nach Prison Island oder zur Chumbe Island.

Zantours, Nähe Polizeistation Malindi, ☎ 024-2233116, 🖳 www.zantours.com. Gehört zu Zanair und organisiert auf Sansibar alles für den Urlaub: Hotels, Flüge, Exkursionen, z. B. City Tour, Dhow Cruise, Bootsausflug nach Menai Bay etc. Zuverlässiges Unternehmen mit gutem Ruf. Mittleres bis oberes Preisniveau.

Zenith Tours, hinter dem Old Fort in Ngome Kongwe, ☎ 024-2232320, 🖳 www.zenithtours. com. Historic Stone Town Tour um US$30, Spice Tour für US$30 oder Trip zum Jozani Forest für US$35, jeweils p. P.

Zanzibar Different, Mtoni Marine (außerhalb der Stadt), ☎ 0777-430117. Die etwas anderen Ausflüge auf Sansibar bieten ungewöhnliche Eindrücke von der Insel: Auf den Spuren von Prinzessin Salme (s. S. 264) mit Kaffeezeremonie und Spice Tour (US$80 p. P.), Sunset-Boots-fahrten mit Taarab-Konzert in den Palastruinen des Mtoni Palace und Stranddinner (US$175 p. P.) oder Tingatinga-Malworkshops (US$35 p. P.). Der Transfer wird arrangiert.

Musikunterricht

Dhow Country Music Academy, im Old Customs House, Mizingani Rd. Musikunterricht in

---

Der Großteil der Kurzzeitbesucher nimmt die Dienste von Guides in Anspruch. Oft sind alle Touren samt Guides bereits im gebuchten Urlaubspaket inbegriffen oder werden vom Reiseleiter vor Ort organisiert. Wer auf eigene Faust unterwegs ist, muss sich selbst einen Fremdenführer suchen, wobei es nicht ratsam ist, **selbst ernannte Guides** anzuheuern. Diese werden *papaasi* genannt und gehören wie die Moscheen zum Straßenbild von Stone Town. Sie verkaufen superbillige Touren, „wissen", welche Hotels ausgebucht sind und welche „viel besser" sind als das anvisierte. Schon bei der Ankunft mit der Fähre werden Gäste von ihnen begrüßt und in jene Etablissements geführt, von denen sie die höchste *commission* erhalten – auch wenn die Gäste ganz woanders gebucht haben.

Papaasi können einfache, anständige Männer sein, doch im Zweifelsfall ist damit zu rechnen, dass sie unangenehm auftreten und betrügerische Absichten hegen, vor allem wenn Drogen im Spiel sind. Organisierte Raubüberfälle auf Touristen, abgekartete Spiele mit Drogen und der Polizei, Taschendiebstähle, Betrügereien – all dies ist möglich. Meistens verliert man „nur" Geld, wenn man sich mit einem *papaasi* einlässt, aber auch das kann einem den Urlaub schon gründlich vermiesen.

In den letzten Jahren wurde das Verhalten der *papaasi* und Beachboys zunehmend aggressiver. Die Einheimischen sind selbst nicht glücklich über diesen Umstand, da sie wissen, dass sich Besucher unwohl in ihrer Haut fühlen.

Selbst Reisende, die jeden Urlaubsdollar zweimal umdrehen, tun gut daran, sich an folgenden **Verhaltensregeln** zu orientieren:

■ Am besten hält man an der eigenen Planung (und einer Buchung sowieso) fest und lässt sich nicht durch Geschichten verunsichern. *Papaasi* erhalten die höchsten *commissions* von jenen Etablissements, die am schlechtesten ausgelastet sind. Viele der Unterkünfte, die mit *papaasi* auf Kundenfang gehen, sind ruchlose Halsabschneider, die lieber den *papaasi* eine *commission* geben als das Geld in die Renovierung ihrer Unterkunft zu stecken.

■ Im schlimmsten Fall sind die *papaasi* zu ignorieren, indem man sich mit gesenktem Haupt durch die Masse schiebt und kein Wort wechselt.

■ Auch wenn Fotos lügen können und Tripadvisor-Einträge gefälscht sind, empfiehlt es sich für weniger Afrika-erfahrene Besucher für die erste Nacht in Stone Town eine Unterkunft per E-Mail zu buchen (und gleich die Abholung dazu). Danach kann man sich in aller Ruhe (und ohne verräterisches Gepäck) auf die Suche nach einer billigen oder ansprechenden Bleibe machen.

■ Ausflüge bucht man bei einer der zahlreichen Agenturen (mit Büros oder Verkaufsständen) oder direkt im Hotel. Die Qualität der Exkursionen unterscheidet sich vor allem hinsichtlich der Informationstiefe und der Verpflegung, aber auch im Hinblick auf die Pünktlichkeit und Verlässlichkeit der Guides. Einige sind des Deutschen mächtig, und alle müssen bei der **Zanzibar Tourism Commission** registriert sein. In jedem Fall ist eine bei einem *papaasi* gebuchte Tour auf der Straße ein Reinfall.

Sansibar und Pemba

traditioneller Swahili-Musik, z. B. Taarab oder Ngoma, 45 Min. um 80 000 TSH. Anmeldung vor Ort.

Rundflüge

ZRP Ultralight, Zanzibar International Airport, ☏ 0784-311104, 🖥 www.zrp1.com. Der einzige Anbieter von Ultraleichtflügen für Rundflüge über Sansibar und die Festlandküste, z. B. Inselrundflug ab US$315, Rundflug zur Menai Bay ab US$125.

Schnorcheln

Viele kleine Inseln sind vorgelagert, die sich für herrliche Schnorchelausflüge eignen. Bei den Tour-Unternehmen ab US$30 zu buchen.

Zugegeben, mit einer Busch-Safari oder einem Tauchgang ist die Spice Tour nicht vergleichbar, wenn man mit unzähligen anderen Touristen aus aller Herren Länder in einen Bus gepfercht und auf eine der zahlreichen **Gewürzfarmen** gekarrt wird. Doch immerhin erlaubt die Spice Tour einen Einblick in die sansibarische Geschichte und Kultur, und viele Reisende erfahren hier zum ersten (und oft auch zum letzten) Mal etwas über tansanische Speisen und Esskultur.

Auf den Spice Farms im Inselinneren werden Anbau und Ernte verschiedener inseltypischer Gewürze und Früchte gezeigt und bisweilen auch erklärt, z. B. von Nelken, Zimt, Vanille, Muskatnuss, Kardamom, Pfeffer oder Zitronengras, ebenso wie Kaffee und Kakao oder die bei uns gänzlich unbekannte Jack-Frucht. Blätter werden gerieben, Knospen aufgebrochen, es wird an Baumrinden gekratzt oder Seifenschaum aus kleinen Kirschen gezaubert. Vielleicht werden auch grüne Kokosnüsse geköpft und der erfrischende Saft unreifer Kokosnüsse *(dafu)* verkostet.

Neben Lebensmittelkunde kommt auch der Geschichtsunterricht nicht zu kurz. **Abstecher zu historischen Stätten**, wie z. B. zu den Sklavenkammern von Mangapwani oder den Persischen Bädern von Kidichi, demonstrieren eindrucksvoll die gar nicht so weit zurückliegende, schillernde Vergangenheit des ehemaligen Sultanats. Inbegriffen ist auch ein **Mittagessen** im Swahili-Stil, das in einem traditionellen afrikanischen Haus – am Boden sitzend – eingenommen wird. Üblicherweise klingt die Tour mit einem **Strandbesuch** aus.

Überall zu buchen, zwischen US$20–60 p. P. je nach Gruppengröße und Unternehmen.

Schwimmen

Rund um Zanzibar Town ist von einem Bad im Meer abzuraten, da die Abwässer größtenteils ungereinigt ins Meer fließen. Die nächstgelegenen Strände, die sich zum Baden eignen, sind **Fuji Beach**, etwa 10 km nördlich, oder der Strand bei den **Mbweni Ruins**, einige Kilometer südlich der Stadt. Tagesausflug nach Mbweni Ruins um US$15 US inkl. köstliches Lunch und Abholung vom Old Fort, Poolnutzung inkl. Reservierungen unter ✆ 024-2235478.

Stadtführungen

Halbtägige Stadtführungen werden von allen Unternehmen angeboten, auch alle Hotels vermitteln Guides. Ein Pflichtbesuch wird stets dem Darajani Market abgestattet, was für all jene ganz angenehm ist, die sich im marktschreierischen Gedränge allein nicht wohl fühlen. Je nach Gruppengröße US$20–40 p. P.

Tauchen

One Ocean, Kenyatta Rd., gegenüber dem Livingstone Beach Restaurant, ✆ 024-2238374, 🖥 www.zanzibaroneocean.com. Platzhirsch auf Sansibar und renommiertes Tauchcenter mit gutem Ruf. Hat zahlreiche Tauchbasen auf der Insel, die Preise variieren je nach Resort. Am günstigsten sind Tauchausflüge vom Headquarter in Stone Town aus. PADI Open Water US$500, PADI Advanced Open Water US$450, 10 Tauchgänge US$475.

Bahari Divers, Shangani St., beim Tunnel, ✆ 0777-484873, 🖥 www.baharidivers.com. Kleiner, erfahrener Diveshop, der von der deutschsprachigen Marjon, einer niederländischen Tauchlehrerin, geleitet wird. Sympathischer Laden, gute Reputation. PADI Open Water US$500, PADI Advanced Open Water US$450, Double Dive US$115, Schnorcheln US$35. Zweite Basis im Tanzanite Beach Resort (Nungwi).

Wellness

Mrembo Traditional Spa, Cathedral St., schräg gegenüber der St. Josephs Cathedral, ✆ 0777-430117, 🕐 tgl. 10–18 Uhr. Während betörende Taarab-Klänge den Raum erfüllen, lässt man sich ganz in den traditionellen Schönheitsbehandlungen mit handgemachten Gewürz- und Pflanzenelexieren fallen. So erhält frau hier z. B. ein *singo*, ein Körperpeeling aus frischem Jasmin, Ylang-Ylang, Rosenblüten, Nelken und noch vielen Zutaten mehr, das ursprünglich sansibarischen Bräuten als Vorbereitung auf die Hochzeit vorbehalten war. Massage mit heißem Sand und Aromatherapie-Behandlungen. Ab US$40.

Apotheken

Viele relativ gut sortierte Apotheken gibt es rund um den Darajani Market.
Shamshu & Sons Pharmacy, hinter dem Darajani Market, ✆ 0777-411487. Ausgezeichnet sortierte Apotheke mit vielen Medikamenten, Hygieneartikeln, Kosmetika und Parfums. Beste Auswahl in Stone Town. ☉ Mo–Sa 9–20 Uhr außer während der Gebetszeiten in der Moschee, So 9–13.30 Uhr.
Izmir Pharmacy, am südlichen Ende des Darajani Market, ✆ 024-2232137. Neuere, gut sortierte und klimatisierte Apotheke für Medikamente, Hygieneartikel und Ähnliches. ☉ tgl. 9–21 Uhr.

Autovermietungen

Auf Sansibar gibt es keine offiziellen Agenturen. Halblegale Autovermietungen finden z. B. bei den Forodhani Gardens, beim Big Tree und am Darajani Market statt. Auch wenn der Preis von US$40–50 pro Tag (je nach Saison) verlockend klingt, sind Schwierigkeiten mit hoher Wahrscheinlichkeit vorprogrammiert. Am besten mietet man ein Fahrzeug von einem der renommierten Tourveranstalter (s. S. 274).

Botschaften und Konsulate
Deutsches Honorarkonsulat, Kiembe Samaki Kijijini, ✆ 024-2234062, ✆ 0777-410045 (mobil),

Sansibar, die Wiege des Hoch-Swahili, ist ein guter Platz, um sich Sprachkenntnisse anzueignen. Man kann sich entweder durch Herumfragen selbst einen Lehrer suchen (5000–10000 TSH/Std.) oder aber gleich das **Institute of Kiswahili and Foreign Languages** ansteuern (State University of Zanzibar, am östlichen Ende der Vuga Rd., neben dem Majestic Cinema), ✆ 024-2230724, ✉ takiluki@zanlink.com, US$4/Std., Intensivkurse tgl. Mo–Fr 8–12 Uhr.

- **Tauchtiefe**: durchschnittlich 20–25 m, einige Korallenwände gehen bis auf 40 m
- **Sicht**: 20–25 m, am Mnemba Atoll 40 m
- **Beste Zeit zum Tauchen**: Okt–Dez und Feb–April
- **Spezialitäten**: Wracktauchen vor Stone Town, im Westen Hartkorallen, im Allgemeinen keine Großfische, aber Rifffische, Blaupunktrochen *(blue dotted sting ray)*, Schildkröten, Riesen-Zackenbarsch *(giant grouper)*, Barrakuda, Marlin, Delfine
- **Bester Tauchspot**: Westküste und die vorgelagerten Inseln, Mnemba Island (Weichkorallen, Rifffische), Menai Bay. Vor Nungwi gibt es Riffe, die hauptsächlich die ansässigen Tauchbasen nutzen. Die Westküste ist besonders für Schnuppertaucher, Anfänger und Schnorchler geeignet (kein Wind und ruhige See), Nungwi ist für Strömungen bekannt.

PADI-Tauchbasen findet man auf der ganzen Insel, der Großteil ist bestens ausgerüstet, mit erfahrenen, zumeist europäischen oder südafrikanischen Instruktoren.

✉ sepetu_family@yahoo.com. Ansprechperson ist Frau Angelika Sepetu, die schon seit vielen Jahren auf Sansibar lebt.

Expressversand
DHL, Kelele Square, Shangani, ✆ 024-2238281.

Geld
Banken
Barclays Bank für Maestro-, Master- und Visacard-Abhebungen: Kenyatta Rd. im Mazons Hotel; Karume Rd. neben Karume Monument; Guli[o]ni Rd. im ZSTC Building, östlich von Stone Town auf dem Weg in den Norden.
Exim Bank für Maestro-, Master- und Visacard-Abhebungen beim Kwality Supermarket in der Mlandege Rd., nächste doppelspurige Querstraße nach Mkapa Rd.
FBME Bank für Visacard-Abhebungen: Kenyatta Rd., bei Bazaar@Zanzibar Gallery; Kisiwandui St., hinter Jamhuri Gardens.

Sansibar und Pemba

NBC Bank für Visacard-Abhebungen: Kenyatta Rd., neben Karibu Inn.

Geldwechsel

In Stone Town gibt es zahlreiche Wechsel-stuben, diejenigen in der Kenyatta Road bieten allerdings schlechte Kurse. Besser sind die Wechselstuben **Eagle Bureau de Change** in der Gizenga Street, **Shivangi Bureau de Change** in der Hurumzi Street, oder **Adams Exchange** in Malindi nahe dem alten Fährhafen.

Informationen

Zanzibar Tourist Corporation, Livingstone House, Bububu/Malawi Rd. (neben Barclays Bank), ✆ 024-2238630, 🖳 zanzibartourist corporation.net, ⏲ Mo–Fr 7.30–15.30 Uhr. Das Tourismusbüro von Sansibar betreibt neben der Zentrale ein kleines Büro in der Stadt an der Benjamin Mkapa Road nahe der Polizei. Ein Besuch lohnt sich allerdings kaum, denn das Informationsmaterial ist veraltet und das Personal wenig engagiert.

Das **Gratismagazin** *The Swahili Coast* ist zwar eine zweimonatlich erscheinende Werbe-zeitschrift, enthält aber interessante Artikel, viele hilfreiche Telefonnummern und aktuelle Infos aller Art.

Die Schwarzen Bretter, die es z. B. im Alten Fort gibt, sind nicht immer aktuell. Wer nach aktuellen Informationen sucht, erkundigt sich am besten in den gut besuchten Lokalen, wie dem Livingstone Beach Restaurant oder dem Africa House Hotel. Manche Veranstaltun-gen, wie die Kendwa Full Moon Partys, werden in der ganzen Stadt plakatiert.

Internet

Mehrere **Internetcafés** befinden sich in der Kenyatta Road rund um das Shangani Post Office, in der Forodhani Street oder der Hurumzi Street, doch die Qualität der Leitungen reicht nicht an diejenige in Dar es Salaam oder Arusha heran. Das **Shangani Post Office** selbst hat immerhin gute Computer, akzeptable Internet-verbindungen und gut funktionierende Klimaanlagen.

Zahlreiche Hotels und Lokale bieten inzwischen Kunden mit eigenem Computer WLAN-Verbindungen an, zumeist gratis, manchmal gegen Bezahlung, wie z. B. im **Zanzibar Serena Inn**.

Medizinische Hilfe

Von offizieller Seite heißt es, die Malaria sei ausgerottet auf Sansibar. Dennoch sind Vorsichtsmaßnahmen sinnvoll, z. B. unter dem Moskitonetz schlafen und Mückenlotion verwenden.

Zanzibar Medical and Diagnostic Centre, Nähe Majestic Cinema, ✆ 024-2233113. Beste ärztliche Versorgung auf Sansibar mit europäischen Ärzten.

Al-Rahma Hospital, an der Straße zum Flughafen, ✆ 024-2236715. Privatkrankenhaus für Expats, genießt aber bei diesen einen zweifelhaften Ruf. Bei schwerwiegenden Erkrankungen sollte man ohnehin nach Dar es Salaam ausweichen.

Zanzibar Medical Group, Kenyatta Rd., schräg gegenüber dem Les Spices-Rendez-Vous Restaurant, ✆ 024-2233134. Einfachere Klinik mit guter Medikamentenausstattung. ⏲ Mo–Sa 9–13 und 17–20, So 9–14 Uhr.

Afya Medical Hospital, Kenyatta Rd., in zweiter Reihe gegenüber Zanzibar Medical Group. Einfache landestypische Klinik, für kleinere Blessuren durchaus ausreichend. Gut bestückte Apotheke, ein wenig schlechter ausgestattet als Zanzibar Medical Group. ⏲ Mo–Sa 8–21, So 8–15 Uhr.

Polizei

Polizeistation Malindi, ✆ 024-2230772. Die größte Polizeistation von Stone Town, was allerdings keine Rückschlüsse auf die Motivation des Personals zulässt.

Post

Shangani Post Office, Kenyatta Rd., Shangani. Für Touristen ist dieses sogenannte Old Post Office optimal gelegen. (Das größere General Post Office befindet sich weiter außerhalb.) Postlagernde Briefsendungen *(Poste Restante)* sind ausdrücklich mit „Old Post Office, Kenyatta Road, Shangani" zu adressieren. ⏲ Mo–Do 8–13 und 14–16.30, Fr 8–12 und 14–17, Sa 9–12 Uhr. Das Internetcafé ist tgl. bis 20 Uhr besetzt.

Reisebüros

Die Tourveranstalter der Stadt können in den meisten Fällen auch Buchungen von Inlandflügen und Zimmerreservierungen übernehmen.

Maha Travel & Tours, Vuga St., nahe Majestic Cinema, ✆ 024-2235721, 🖳 www.mahatraveltz.com. Booking Agent für Condor-Flüge.

United Travel Agency, Gizenga St. nahe Gallery Bookshop, ✆ 024-2232258. ⏲ Mo–Fr 8.15–12.30 und 14.15–16.30, Sa 8.15–12.30 Uhr.

Sicherheit

Anders als in allen anderen afrikanischen Städten sind die Straßen von Stone Town relativ sicher, auch in der Nacht. Nächtlichen Zerstreuungen, wie einem Besuch der Forodhani Gardens oder Livekonzerten in den Bars, kann man sich also bedenkenlos hingeben. Trotzdem kommt es besonders in dunklen oder unbelebten Gassen gelegentlich zu Überfällen auf Touristen, vor allem am späten Abend. Im Zweifelsfall sollte ein Taxi als Transportmittel in Erwägung gezogen werden, Taxifahrer begleiten ihre Gäste gerne auf den letzten Metern bis zum Hotel. Grundsätzlich gilt: Menschenleere oder schlecht beleuchtete Gassen sind zu meiden; je mehr Menschen, desto sicherer kann man sich fühlen. Unter keinen Umständen ratsam sind nächtliche Spaziergänge entlang des Strandes (z. B. beim Tembo Hotel), im Einzugsgebiet des Fährhafens sowie jenseits der Benjamin Mkapa Road oder in Richtung Bwawani.

Telefon

Internationale Telefongespräche zum günstigen Internettarif können beispielsweise vom namenlosen **Internetcafé** neben dem Shangani Post Office getätigt werden. ⏲ tgl. 9–21 Uhr. Ebenfalls in unmittelbarer Nähe befindet sich das Büro von **TTCL**, wo internationale Telefonate nach Europa mehr als US$3 pro Min. kosten. ⏲ tgl. 8–21 Uhr.

Visumsangelegenheiten

Obwohl es in Stone Town ein **Immigration Office** gibt, lassen sich Visumsangelegenheiten besser in Dar es Salaam erledigen. In besonderen Fällen kann auch die deutsche Honorarkonsulin, Frau Sepetu, kontaktiert werden (s. „Botschaften und Konsulate", S. 42).

(s. „Botschaften und Konsulate", S. 42).

Nahverkehr

Daladalas

Der Busbahnhof für Daladalas liegt am Darajani Market an der Benjamin Mkapa Road. Mit ihnen kann man sich in Zanzibar City und auf der ganzen Insel fortbewegen. Die **Route A** führt ins östliche Zanzibar City (zum Amaani Stadium); mit Bussen der **Route B** erreicht man Bububu und Fuji Beach; **Route U** verkehrt in südliche Stadtteile rund um den Flughafen.

An den meisten offenen Minibussen für Fahrten außerhalb der Stadt prangt vorne eine dreistellige Nummer und das Fahrtziel, z. B. **101 Mkokotoni**. Mit max. 2000 TSH ist die Fahrt überaus günstig, aber man braucht sehr viel Zeit.

Leider verleiten die guten Teerstraßen viele Busfahrer zum Rasen. Es gibt zahlreiche Straßenabschnitte, die schnurstracks durch die Landschaft verlaufen, mit der Folge, dass die Fahrer hier das Gaspedal durchtreten. Deshalb sind Daladalas für Langstrecken, z. B. nach Nungwi oder in den Osten, nur bedingt empfehlenswert. Wer auf Nummer sicher gehen möchte, sollte sich lieber ein **Share Taxi** leisten (max. US$10). Für kurze Strecken, z. B. nach Bububu oder Mbweni, sind Daladalas aber praktisch und weitgehend gefahrlos zu nutzen.

Taxis

Standplätze befinden sich überall in der Altstadt, z. B. vor dem Livingstone Beach Restaurant, entlang der Kenyatta Road, beim House of Wonders und den Forodhani Gardens, am Fährhafen, am Vorplatz von Zanair (bei der Malindi Police) oder am Darajani Market.

Alle **Fahrpreise** sind bereits vor der Abfahrt fest zu vereinbaren. Stadtfahrten (die meisten Unterkünfte liegen innerhalb der Altstadt) kosten im Normalfall max. 5000–6000 TSH (in der Nacht sind sie um 2000–4000 TSH teurer). Nach Mtoni Marine oder Mbweni Ruins müssen an die 15 000 TSH veranschlagt werden. Für die Strecke von Stone Town nach Nungwi oder an die Ostküste (Bwejuu, Paje, Jambiani)

Sansibar und Pemba

werden stolze US$80–90 verlangt. Mit etwas Verhandlungsgeschick kann man diesen Preis um etwa ein Drittel mindern, mehr als US$50–60 sollten in keinem Fall bezahlt werden. Eine bessere Alternative für die zuletzt genannten Orte sind **Share Taxis**, die von einigen Tour Operators betrieben werden. Der Tarif beläuft sich einheitlich auf US$10 p. P., wobei man sich vor Abfahrt – wenn möglich – mit anderen Touristen zusammentun sollte, um etwaige überhöhte Tarifforderungen abzuwehren. Der im Old Fort ansässige Tour Operator **Hamoup Company**, ✆ 0777-878737, beispielsweise fährt tgl. um 8 und 13 Uhr vom Old Fort an die Strände. Wer ein Strandhotel im Vorhinein gebucht hat, wird ohnehin meist abgeholt (bei den Unterkünften nachfragen).

Wer die Insel erkunden möchte, aber keine Lust hat, selbst am Steuer zu sitzen, kann sich auch ein Taxi mieten. Mit Preisen von US$70–100/Tag ist zu rechnen.

Fahr- und Motorräder

Bei den Autovermietern in den Forodhani Gardens oder beim Darajani Market sowie bei einigen Tour Operators können halblegal Motorräder oder Vespas gemietet werden; US$25–30 pro Tag. Räder werden ebenso verliehen (US$10–15 pro Tag). Wer auf Nummer sicher gehen möchte, mietet lieber von einem renommierten Tour Operator (s. S. 274).

Transport

Fähren

Nach Dar es Salaam

Zwischen Dar es Salaam und Stone Town verkehren täglich mehrere Fähren. Ihre **Anlegestelle** liegt direkt gegenüber der Old Dispensary, unweit vom Mercury's Restaurant und dem Big Tree.

Eine Armada von **Taxis** steht nach Ankunft jeder Fähre bereit (s. auch „Nahverkehr" sowie Infokasten „Guides und *papaasi*", S. 275). Der Fährhafen in Stone Town ist bekannt für unangenehme Beamte und starkes Gedränge.

Tickets von Stone Town nach Dar sind rechtzeitig zu buchen (mind. am Vortag), vor allem in der Hochsaison, wenn sich die Boote schnell füllen.

Die Büros und Verkaufsstände der Fähren und **Fährenbetreiber**, z. B. Sea Star, Sea Bus, Sea Express, MS Sepideh oder Flying Horse, liegen in der Nähe des Kreisverkehrs Malindi, entweder innerhalb oder außerhalb des Hafengeländes. Die Fähren Kilimanjaro I und II verfügen über eine Lounge; die Tickets sind geringfügig teurer (US$45). Weder telefonisch noch elektronisch lassen sich Tickets reservieren.

Abfahrtszeiten der Schnellboote: 7, 9, 10, 12, 15 und 15.30 Uhr.

Abfahrtszeiten der langsamen Flying Horse: 21 Uhr. Sie liegt nach der Ankunft im Hafen von Dar es Salaam über Nacht vor Anker, Low-Budget-Reisende ersparen sich also eine Übernachtung im Stadthotel, Ausstieg 6 Uhr morgens.

Preise p. P. einfach: US$35 Economy Class bzw. US$40 First Class in den Schnellbooten, US$20 in der langsamen Fähre.

Autofahren auf Sansibar

Abgesehen von Rüttelschwellen, zahlreichen Schlaglöchern und einigen tieferen Sandpisten im Osten und Süden ist auf Sansibars Straßen kaum mit Problemen zu rechnen. Man sollte sich aber darauf einstellen, als weißer Autofahrer an den zahlreichen **Straßenblockaden** überprüft zu werden. Die **polizeiliche Überprüfung** kann von oberflächlichem Geplänkel bis zu handfesten Geldforderungen reichen. Ordentliche Papiere (Internationaler Führerschein) und ein guter Allgemeinzustand des Fahrzeugs sind unabdingbar. Polizisten müssen eine Anstecknadel mit ihrer Dienstnummer tragen, ansonsten ist ihr Eingreifen illegal. Bei Schwierigkeiten tut man gut daran, nach dem Namen und der Dienstnummer zu fragen, um den Vorfall am nächsten größeren Polizeiposten zu melden.

Im Großraum Zanzibar City ist besonders auf die vielen Rad- und Mopedfahrer zu achten.

Nach Pemba

Die Schnellboote legen momentan Mo, Mi, Do, Fr jeweils um 7 und 9 Uhr ab (Fahrdauer 2 1/2 Std., US$45). Vor einer Fahrt unbedingt in den Büros der Fährenbetreiber nach dem aktuellen Fahrplan erkundigen, da sich dieser oft ändert.

Nach Tanga

Einmal pro Woche verkehrt eine Fähre über Pemba nach Tanga, die Abfahrtszeiten sind vor Ort zu erfragen, US$50–65 je nach Klasse.

Flüge

Der **Zanzibar International Airport** liegt knapp 7 km südlich der Stadt. Hier landen sowohl Flüge aus Übersee als auch zahlreiche Inlandflüge. Für alle, die nicht ohnehin vom Hotel abgeholt werden, stehen ausreichend **Taxis** zur Verfügung. Die von vielen Taxifahrern geforderten US$300 für einen Transfer in die Innenstadt sollte man tunlichst auf mindestens US$10–15 herunterhandeln. Der übliche Fahrpreis liegt bei 10 000 TSH, vor allem in die Gegenrichtung, von der Stadt in Richtung Flughafen. **Daladalas** mit der Nummer 505 (Uwanje wa Ndege oder U/Ndege) oder der Route U fahren zum Darajani Market.

Fluggesellschaften

Coastal Air, am Flughafen, ℡ 0713-670815, 🖳 www.coastal.cc.
Condor, 🖳 www.condor.de, Ticketverkauf über Maha Travel & Tours, s. S. 279.
Emirates, Nähe Malindi Police Station, ℡ 024-2233322, 🖳 www.emirates.com.
Fly540, im Cine Afrique, ℡ 0762-540540, ✉ resvns.znz@fly540.com.
Kenya Airways, Malindi, Nähe Big Tree, gegenüber der Freitagsmoschee, ℡ 024-2232042.
Precision Air, Shangani, neben Mazons Hotel, 🖳 www.precisionairtz.com.
Zanair, Nähe Polizeistation Malindi, ℡ 024-2233670, 🖳 www.zanair.com.

Flüge nach:

ARUSHA, mit Coastal Air, US$230
DAR ES SALAAM, mit Coastal Air oder Safari Air Link US$70, mit Fly540 US$43
KILIMANJARO INTERNATIONAL AIRPORT, mit Fly540, US$137
MOMBASA, mit Fly540, US$123
NAIROBI, mit Fly540, US$187
RUAHA, mit Safari Air Link, US$350
SELOUS GAME RESERVE, mit Coastal Air oder Safari Air Link, US$190

Die Umgebung von Stone Town

Maruhubi Ruins

3,5 km nordöstlich der Stadt auf der Straße nach Nungwi zweigt links eine kleine Schotterstraße zu den Maruhubi Ruins ab. Das Hinweisschild ist leicht zu übersehen.

Der Palast wurde zu Beginn der 1880er-Jahre vom dritten Sultan von Sansibar, Barghash (1870–1888), zur Belustigung für sich und seine 99 Zweitfrauen gebaut (mit seiner Hauptfrau wohnte er im Palast in Stone Town). Herausragende Elemente des angeblich prachtvollsten Herrscherhauses der Insel stellten die mächtigen Persischen Bäder im hinteren Teil dar. Die Legende erzählt, dass der Sultan es liebte, seinen zahlreichen Haremsdamen beim Nacktbaden in den drei Bädern zuzusehen, um dann schließlich die verlockendste Frau des Tages in sein Privatbad zu bitten. Unglücklicherweise brannte der vordere Teil des Palastes 1899 nieder; der hintere Teil des ehemaligen Sultanspalastes, in dem sich die Haremsbäder befinden, blieb verschont und ist noch heute gut erhalten.
🕐 tgl. 8–18 Uhr, Eintritt 3500 TSH (US$3).

Mtoni Ruins

Nur knapp einen halben Kilometer weiter nördlich liegen die Mtoni-Ruinen, in deren unmittelbarer Nachbarschaft heute ein Hotel steht. Der einst prachtvolle Palast – er soll der älteste der Insel sein – diente dem ersten Sultan Sayyid Said (1804–1856) von 1840 an als Hauptwohnsitz.

Der Prachtbau erhielt den Namen Bait al-Mtoni, was so viel wie „Haus am Fluss" bedeutet, und bestand seinerzeit aus einer Moschee, dem feudalen Hauptpalast mit überdimensionalen verspiegelten Wandelhallen, etlichen Badehäusern und Quartieren für über 1000 Lakaien. In den gepflegten Gärten sollen der Überlieferung nach sogar Pfaue herumstolziert sein. Bäder waren ein Privileg der Reichen und mit Gemälden und Mosaiken kunstvoll dekoriert. Hier verbrachten die Auserwählten viele Stunden – beim Lesen, Koran rezitieren, Ausruhen und natürlich beim Baden.

Man sagt dem Herrscher nach, dass er jede Woche drei bis vier Tage in seinem Palast am Meer verbracht habe. Die restlichen Tage pendelte er zwischen seinen Stadtresidenzen, den anderen kleineren Herrenhäusern und den Plantagen. In seinem Lieblingspalast wuchs auch seine Tochter Salme auf, deren Ruhm sich später bis nach Europa erstreckte (s. Kasten S. 264). Aufgrund mangelnder Sorgfalt brannte der Prunkbau 1914 fast gänzlich ab, übrig blieben nur das Haupthaus, die Moschee sowie kümmerliche Überreste der einst feudalen Haremsbäder. Das auf dem Gelände befindliche Mtoni Marine Hotel hat das Mtoni Palace Con-

servation Project ins Leben gerufen, um die ältesten Ruinen der Insel vor dem Verfall zu retten. ⏱ tgl. 8–18 Uhr, Eintritt 3500 TSH (US$3).

Übernachtung und Essen

Mtoni Marine, Mtoni Ruins, ✆ 024-2250140, 🖥 www.mtoni.com. Mittelgroßes, älteres Hotel direkt bei den Ruinen. 41 geräumige Zimmer und 4 Familienapartments sowie ein zweigeschossiges Familienhaus stehen zur Auswahl. Sie sind mit einem Mix aus sansibarischen und arabischen Elementen eingerichtet und verfügen alle über Veranda oder Balkon. Safe in den Zimmern. Mit romantischer Honeymoon-Suite. Auf dem Gelände befinden sich ein Restaurant, das beliebte Sport-Café Mcheza sowie Sansibars einzige Sushi-Bar. Internet, Mrembo Traditional Spa mit echt sansibarischen Behandlungen (s. S. 276), Tauchen (One Ocean Dive Centre), Souvenirshops und schöner Infinity Pool mit Kinderbecken. Ideal für Leute, die die Nähe zu Stone Town schätzen, aber gleichzeitig weit weg vom Lärm und der stickigen Luft sein wollen. Interessant für Geschichtsinteressierte! Als Strandaufenthalt hingegen nicht empfehlenswert – da sind die Strandhotels im Osten oder Norden besser. ❹–❺

Die Überreste der Persischen Bäder sind in den Maruhubi Ruins außerhalb von Stone Town noch gut zu erkennen.

Bububu

Der kleine, 10 km außerhalb von Stone Town gelegene Ort Bububu kann keine großartigen Attribute für sich beanspruchen. Der Checkpoint an der Polizeistation könnte allerdings die erste große Hürde für Selbstfahrer darstellen. Für Reisende interessant sind der (am Wochenende belebte) öffentliche Strand **Fuji Beach** und die **Chuini-Ruinen**.

Chuini Palace Ruins

Bei dem 1872 vom dritten Sultan Barghash erbauten Palast muss es sich um seinen Hauptpalast gehandelt haben, denn er wurde unter großem technischem Aufwand mit fließendem Wasser versorgt. In einer komplizierten Konstruktion wurde der Palast mittels eines Aquädukts, das heute noch sichtbar ist, gespeist. Die Palastanlage lag zu beiden Seiten der kleinen Mangrovenbucht. Nördlich der Bucht stand das Haupthaus, hoch über dem Meer auf Klippen; im südlichen Teil des herrschaftlichen Anwesens errichtete man den Aquädukt. Barghash hatte auch schon den nicht weit entfernten Maruhubi-Palast für seine Haremsdamen errichten lassen. 1914 allerdings brannte der Chuini Palace aus unbekannter Ursache nieder.

Heute ist außer ein paar kleineren Ruinen und den Überresten des Aquädukts leider nicht mehr viel zu sehen, und über die Jahre geriet die Stätte in Vergessenheit. Die Ruinen stehen heute unmittelbar auf dem Anwesen der Hakuna Matata Beach Lodge, d. h., der Zugang ist nur über die Lodge möglich. Die deutschen Erbauer der Lodge, Rosi und Fritz Geuen, legten die Ruinen 2006 in monatelanger, mühevoller Kleinarbeit frei und integrierten die Chuini Ruins in ihre Beach Lodge. Sie liegt etwa 12 km von Stone Town entfernt. Um ihre Hotelgäste vor allzu großem Andrang zu schützen, müssen hotelfremde Besucher US$25/Tag an Strandnutzungsgebühr zahlen.

Vielerorts wird behauptet, dass der Ortsname Bububu von der alten fauchenden und tutenden Dampflok stamme, die zwischen 1905 und 1928 Stone Town mit der „Vorstadt", in der die Sultanspaläste standen, verband. Aufzeichnungen aus jener Zeit beweisen aber, dass der Name schon lange vor dem Bau der Eisenbahnlinie in Gebrauch war. Viel wahrscheinlicher ist nämlich, dass sich der Name von den sprudelnden Süßwasserquellen ableitet, die sich unweit des Dorfes befinden. Noch heute kommt ein Großteil des Trinkwassers aus dieser Quelle.

Die ehemalige Eisenbahn wurde von der amerikanischen Firma Arnold Cheney & Co. errichtet und verband die Nelkenplantage von Sultan Hamud, dem 8. Sultan (reg. 1902–1911), mit dem Hafen. Sie führte über 10 km von Bububu über Malindi (und dem heutigen Hafen) bis zum Palast, wo der ehemalige Hafen lag. Die Eisenbahn diente der einheimischen Bevölkerung natürlich auch als Transportmittel, und für Expats und westliche Besucher wurde ein 1.-Klasse-Abteil eingerichtet – sozusagen die erste Zugsafari Ostafrikas. 1928 wurde die Bahn geschlossen sowie ein Großteil der Gleise entfernt. An manchen Stellen jedoch kann man noch das eine oder andere Bahnrelikt erkennen.

Ausstattung umfassen. Es gibt gratis WLAN und Rasta-Vibes hängen in der Luft. Die Besitzer sind Italiener und dementsprechend auch viele ihrer Gäste. Schöner Strand, das Abendessen wird bei Kerzenschein am Strand serviert. ❸
Hakuna Matata Beach Lodge, ✆ 0777-454892, 🖳 www.hakuna-matata-beach-lodge.com. Die familiäre Lodge liegt verträumt an einer kleinen Bucht, harmonisch in die Chuini-Ruinen integriert. Von den 13 großen Bungalows sind 6 geräumige Suiten, mit extra Wohnraum, AC und großer Veranda. Das Restaurant auf einer Plattform über dem Meer zählt zu den besten der Insel: Erlesene Fischgerichte, erstklassig zubereitete Meeresfrüchte, ausgefallenes Wild, z. B. Krokodil, und exotische Süßspeisen –

Mangrove Lodge, Chuini, ✆ 0777-436954, 🖳 www.mangrovelodge.com. Eingebettet in einen schattigen Palmenwald liegen 5 Bungalows, die jeweils 2 große, zweckmäßige Zimmer mit Heißwasser, Ventilator und einfacher

Sansibar und Pemba

der geräucherte Fisch als Vorspeise ist einfach ein Gedicht! Im Laufe der Woche verschiedene Themenabende, z. B. Barbecue Night, Swahili Night und afrikanischer Abend. Ausgezeichnete Weinkarte, große Rumselektion, guter Café Latte. ⏱ tgl. 13–14.30 sowie ab 19 Uhr. Die Lodge bietet außerdem ein Open-Air-Kino, Planetarium und die schönsten Sonnenuntergänge. In der Ferne glitzern nachts die Lichter von Stone Town. Spa, Pool, Internet gegen Gebühr. Transfers werden organisiert (Stone Town US$15, Airport US$25). Baden nur bei Flut möglich, Badeschuhe nicht vergessen! ❺

Transport

Daladalas (Nr. 502, Route B) fahren auf der Hauptstraße von STONE TOWN bis nach Bububu. Ausstieg bei den diversen Ruinen möglich. Die Chuini Ruins erfordern einen längeren Spaziergang, sind aber ohne Weiteres mit öffentlichen Verkehrsmitteln erreichbar.

Die Sklavenkammern von Mangapwani

Wenige Kilometer nördlich von Bububu folgt eine versteckte Abzweigung Richtung Meer, auf der man über Stock und (Korallen-)Stein die Sklavenkammern von Mangapwani erreicht (Abzweigung nach Bumbwini). Der Name Mangapwani stammt aus der Zeit nach der Abschaffung der Sklaverei 1873, als die Sklavenkammern illegalerweise von arabischen Sklavenhändlern erbaut und geführt wurden. Das Wort *manga* bezeichnet die Araber, der Ausdruck *pwani* bedeutet so viel wie „am Strand". Mangapwani steht also für „Araber am Strand", die sich im ausklingenden 19. Jh. dort zu Geschäftszwecken aufhielten. Um die Sklaven weit weg von Stone Town, vor den Behörden und den Briten, zu verstecken, wurden diese unterirdischen Kammern zudem noch durch dichtes Buschwerk geschützt. Die Ruinen sind oft in die Spice Tour integriert; sie sollten nicht alleine, d. h. ohne Guide, in Angriff genommen werden, da es in dem einsamen, unwegsamen Gelände schon zu Überfällen auf Touristen gekommen ist.

Kidichi Ruins

Das kleine Dorf Kidichi liegt inmitten ausgedehnter Gewürzplantagen. Ebendort, unweit von seinem feudalen Palast Bait al-Mtoni, ließ der erste Sultan Sayyid Said Badehäuser für seine persische Lieblings-Zweitfrau Sherehezade errichten. Der Stuckdekor in den Bädern wird auf 1832 datiert, also nehmen die Historiker an, dass der Sultan das Bad im selben Jahr erbaute. Neben den eigentlichen Bädern sind auch noch ein Massageraum bzw. ein Ruheraum erkennbar. Der Sultan soll sich dort nach einem anstrengenden Tag auf seinen zahlreichen umliegenden Plantagen mit seiner Konkubine vergnügt haben. Auch Sherehezade erfrischte sich hier gerne nach ihren ausgedehnten Ausfahrten ins Landesinnere oder nach der Jagd, die sie leidenschaftlich betrieb, was für eine moslemische Frau damals äußerst ungewöhnlich war.

Das Besondere an den Bädern sind die noch gut erhaltenen Wandornamente mit naiven Abbildern von Blumen und Vögeln, obwohl die islamische Lehre die Darstellung von Lebewesen eigentlich untersagt.

Wer die Kidichi Ruins besuchen will, biegt bei Bububu am Wegweiser nach Kizimbani rechts ab; die weiß gekalkten Bäder befinden sich oben auf dem Hügel. Meist sind sie fester Bestandteil der Spice Tour (S. 276).

Mbweni

In der südlichen Vorstadt Mbweni, einem beliebten Siedlungsgebiet der in Stone Town ansässigen Ausländer und wohlhabenden Sansibaris, stehen die **Mbweni Ruins**, in deren Anlage heute das Mbweni Ruins Hotel Besucher beherbergt.

Die heutigen Mbweni-Ruinen sind die Überreste der St. Mary's School for Freed Slave Girls. Als nämlich 1873 offiziell die Sklaverei per Vertrag mit den Briten untersagt wurde, entwickelte sich rasch rund um die Mission der Heiligen Maria ein kleines Dorf, in das sich jene Sklaven flüchteten, die von den Briten aus den Händen der illegal tätigen Händler befreit wurden. Erzählungen belegen, dass in der Schule mitunter mehr als 250 befreite Sklaven lebten. Verwaiste

Sansibar und Pemba

Mädchen und die Töchter der befreiten Sklaven wurden an der Schule unterrichtet und selbst zu Lehrerinnen ausgebildet, um aufs Festland entsandt zu werden. Der Bau der Schule, die aus Schlafsälen, Klassenräumen und einer kleinen Kapelle bestand, wurde von Edward Steere geleitet, jenem Geistlichen, der auch die anglikanische Kirche in Stone Town entwarf und das erste Swahili-Englisch-Wörterbuch verfasste. Um 1917 wurde die Lehranstalt geschlossen.

Südlich vom Mbweni auf derselben Straße liegen die kaum besuchten **Chukwani Ruins**, die mit dem achten Sultan Hamud (1902–1911) in Verbindung gebracht werden. Es soll sich um ein Bade- und Ferienhaus gehandelt haben.

Übernachtung und Essen

Mbweni Ruins Hotel, ☎ 024-2235478, 🖳 www.mbweni.com. Älteres, liebevoll geführtes Hotel mit 13 Zimmern im sansibarischen Stil inmitten eines prachtvollen botanischen Gartens. Pool, exklusives Spa in den Ruinen. Der Strand ist blütenweiß; an manchen Stellen wurde der Mangrovenwald belassen. Auf dem erhöht gelegenen Restaurant mit Meerblick schmeckt die hervorragende Küche doppelt so gut. Ruhig und doch nah an Stone Town, eignet sich auch für einen Strand-Kurzurlaub für Leute, die die Zerstreuungen der Stadt nicht missen möchten. Gratis-Shuttles nach Stone Town. ❺–❻ mit Halbpension

Transport

4,5 km südlich der Altstadtgrenze rechts von der Airport Road abzweigen (keine Beschilderung, aber ca. 350 m vor der großen Kreuzung nach Fumba Village). Nach 700 m erneut Abzweigung nach rechts, danach ist es noch knapp 1 km nach Mbweni. Wer mit dem Daladala unterwegs ist (Nr. 509 nach Chukwani), muss an der zweiten Kreuzung aussteigen und den Rest zu Fuß gehen.

Fumba

Das Fischerdorf Fumba hat keine geschichtliche Bedeutung, doch die fantastischen Strandbuchten sind allemal einen Abstecher wert.

Die Bootsausflüge von Safari Blue (s. S. 274) starten hier.

Direkt am Strand befindet sich die weitläufige, komfortable **Fumba Beach Lodge**, ☎ 0777-860504, 🖳 www.fumbabeachlodge.com, ❻. Das farbenprächtige Interieur in den 26 Cottages garantiert paradiesisches Ambiente zum Wohlfühlen. Der Pool blickt auf das türkisblaue Meer, in der Lounge auf einem Holzdeck ebenfalls direkt am Strand lässt es sich hervorragend chillen. Tauchen in der Menai Bay Conservation Area kostet US$440 (PADI Open Water), US$430 (PADI Advanced Open Water) bzw. US$540 (10 Tauchgänge).

Normalerweise wird der Transport von und nach Stone Town von der Lodge oder von Safari Blue gegen Aufpreis übernommen. Daladalas (Nr. 407) verkehren häufig. Die neue Teerstraße macht die knapp 25 km Anfahrt von Stone Town, egal ob mit Bus oder Auto, sehr angenehm.

Die vorgelagerten Inseln

Eine Vielzahl von Inseln liegt in unmittelbarer Nähe zur Hauptinsel, neben den hier erwähnten u. a. Bawe Island, Grave (Chapwani) Island oder Tumbatu Island (weiter im Norden in Richtung Nungwi). Die Lodge auf Bawe hat momentan geschlossen (ebenso wie jene auf Changuu), auf Grave Island gibt es gar keine Infrastruktur und Tumbatu Island ist dafür bekannt, dass hier ausländische Besucher nicht gern gesehen sind. Am besten für einen Besuch eignet sich Changuu Island.

Changuu (Prison) Island

Zu Zeiten der Sultane gehörte die knapp 5 km vor Stone Town liegende Insel einem arabischen Sklavenhändler. Von der Insel konnten die Sklaven kaum fliehen, bevor sie auf dem Sklavenmarkt von Stone Town verkauft wurden. Später, 1893, als das Sultanat unter britischem Protektorat stand, begann man auf Geheiß des geschäftstüchtigen britischen Generals Lloyd Mathews mit dem Bau eines Gefängnisses, das aber nie als solches genutzt wurde. Stattdessen fungierte es bis Mitte der 1930er-Jahre als Quarantänestation, in der aus dem indischen Raum einreisende Personen erst einmal ein bis zwei Wochen zubringen mussten, bevor sie nach Stone Town weiterreisen durften. Aus dem alten Wohnhaus von General Mathews machte der jetzige Besitzer ein Restaurant, die ehemalige Quarantänestation beherbergt nun eine kleine Bar, und in den Gemäuern der alten Quarantäne-Wohnhäuser sind heute Zimmer unterbracht.

Bedeutsam ist die Insel zudem als Heimat für 108 Aldabra-Riesenschildkröten, die 1920 als Gastgeschenk der Seychellen an den Sultan ins Land gebracht wurden. Dikdiks und Pfaue lustwandeln ebenso im dichten Wald wie eine Vielzahl anderer Vögel. Am vorderen Ende der Insel kann man auf der kleinen Sandzunge herrlich sonnenbaden.

Die Insel ist öffentlich zugänglich und kann mit einem lokalen Veranstalter besucht werden. ⏲ tgl., Eintritt US$4 p. P.

Chumbe Island

6 km vor dem Festland der Fumba-Halbinsel liegt der **Chumbe Island Coral Park**. Die 1 km lange, überwiegend aus Korallen bestehende Insel – mit unberührten Korallengärten – ist heute ein vollständig geschütztes Naturreservat, das nur den Gästen der Lodge zugänglich ist. Von Dynamitfischen und Schiffsankern verschonte Riffe sind an der tansanischen Küste ansonsten kaum zu finden. Der Unterwasserpark rund um die kleine Insel ist Heimat von 90 % der in Ostafrika bekannten Korallenarten und über 350 Fischsorten. Delfine, Schildkröten und riesige Krabben, die auf Bäume klettern, sind oft zu sehen.

🌳 **Chumbe Island Coral Park**, ✆ 024-2231040, 🖥 www.chumbeisland.com. Die zweistöckigen Hütten aus Naturmaterialien sind im rustikalen Schick gehalten. Umweltfreundlichkeit wird hier großgeschrieben. Schnorcheln, Spaziergänge, Natur pur. Getaucht wird aus Naturschutzgründen nicht auf Chumbe, sondern in den benachbarten Riffen. Für Naturliebhaber, die sich in der Abgeschiedenheit erholen, hervorragendes Essen und familiäre Gastfreundschaft genießen wollen. ❻–❼

Die Nordküste

Wer von der Nordküste spricht, meint im Allgemeinen die Strände von Nungwi und Kendwa, die etwa 60 km von Stone Town entfernt liegen. Der Hauptort der Nordküste ist **Nungwi**, der lange Jahre zum erklärten Lieblingsziel vieler Rucksacktouristen, Overlanders und Italiener zählte. Östlich von Nungwi liegen die ruhigeren Strandhotels, deren Küstenabschnitte durch starke Gezeitenunterschiede und eine felsige Küste charakterisiert sind. **Kendwa**, westlich von Nungwi, galt einst als ebenso ruhig, aber wegen des anhaltenden Baubooms, der Partys und ständig steigenden Besucherzahlen ist es mit der Beschaulichkeit längst vorbei.

Nungwi

War Nungwi noch vor fünf Jahren ein liebenswertes, authentisches Stück Sansibar, das seine Reputation als Partydestination dank der zahlreichen Backpacker erfolgreich verteidigte, so ist all das definitiv Geschichte. Busladungen von knapp bekleideten, italienischen Gästen (mit dem obligaten Club-Handbändchen), ungezügelte Bautätigkeit (in zweiter, dritter und gar vierter Reihe) und die fast vollständige Verbauung des wunderschönen Strandes haben aus Nungwi einen sterilen Ort gemacht. Die Ochsenkarren wurden längst aus dem Ortskern verbannt, da im komplett verbauten Zentrum kein Platz mehr für die einheimischen Bauern und Fischer ist. Wer hier nicht Italienisch spricht, scheint auf verlorenem Posten. In den Nächten fegt laute Discomusik den Strand entlang, und wer will, kann sich abends von Bar zu Bar hangeln. Unwillkürlich erinnert das Szenario an Mombasa im Taschenformat. Falsche Maasai werben um weiße Frauen, und Beachboys wollen in ihren aufdringlichen Verkaufstouren alles zu Geld machen, was Land und Meer im Überfluss hergeben.

Das ist die schlechte Nachricht, doch die gute folgt auf dem Fuß: Nungwi hat dennoch seinen Reiz. An den Hauptstränden spielen Ebbe und Flut eine geringere Rolle; man hat Bade- und Schnorchelspaß in idyllischen Sandbuchten, ohne durch die Gezeiten merklich beeinträchtigt zu werden.

Urlauber können wählen, ob sie Partys feiern oder sich doch lieber zurückziehen möchten. Wer zentrumsnah nächtigt, kann das Dorf bequem zu Fuß erkunden. Schließlich können dank der Kaplage sowohl Sonnenauf- als auch -untergang beobachtet werden. Es gibt – für viele Reisende die Krönung eines Urlaubs am Meer – glutrote Sonnenuntergänge, die den Himmel entflammen.

Die Unterkünfte weiter östlich vom Dorfzentrum hingegen sollten nur von ruhebedürftigen Besuchern gebucht werden. Die Distanzen sind zu weit, um sie (bei der Hitze) zu marschieren. Der Strand ist größtenteils unwegsam mit vielen Korallen, was die Beachboys fernhält. Gewisse Abschnitte sind nur bei Ebbe vom Meer aus zu erreichen. Bei Flut reicht das Wasser bis zu den Klippen, was bedeutet, dass die Hotels vom Strand abgeschnitten sind. Außer wenn man ein Taxi organisiert oder Touren bucht, ist man auf das Resort und die Hälfte des Tages wiederum auf den Pool beschränkt. Wo man sich einquartiert, hängt also wesentlich von der Art des geplanten Urlaubs ab: Entspannen und Nichtstun (besser östlich von Nungwi) oder aktiv die Gegend kennenlernen bei gleichzeitiger maximaler Flexibilität (besser Nungwi Village).

Übernachtung

Viele der Budget-Hotels öffnen und schließen wieder, solche Unterkünfte werden hier nicht erwähnt.

Dorfzentrum

Jambo Brothers, beim Dorfplatz rechts, hinter dem East Africa Diving Center, kein Telefon. Zur Zeit der Recherche wurden die einfachen, geräumigen Bungalows im landestypischen Stil an einem schönen Strandabschnitt gerade wieder aufgebaut, nachdem sie von einem Feuer zerstört worden waren. Für Low-Budget-Reisende durchaus empfehlenswert, denn es handelt sich noch um eine der billigsten – und nun wieder neuesten – Unterkünfte. ❷

James Guesthouse, 3 Min. vom Strand entfernt, Abzweigung nach links von der Hauptstraße vor der Einfahrt ins Dorf, ✆ 0772-525484, 🖥 www.jamesguesthouse.com. Kleines Gästehaus in zweiter Reihe mit landestypischer Ausstattung. Engagierter Besitzer, der sich rührend um die Gäste kümmert. Immer nach „promotions" fragen! ❷

Paradise Beach Bungalow, Dorfzentrum, ✆ 024-2240050. Beliebter Treffpunkt aller Backpacker und Partylöwen, an dem seit Jahren nicht die kleinste Schraube erneuert wurde, also sollten die geforderten US$50 oder gar US$60 für ein DZ mit Frühstück nicht klaglos gezahlt werden. 18 einfache, abgewohnte Zimmer, keine AC. Es kann sehr laut zugehen, da rund um die Unterkunft das bewegte Nachtleben tobt. Ein Dorm für 8 Personen für US$20 p. P. Großes Plus: die Lage direkt am Meer. ❸

The Nungwi Inn Hotel, am westlichen Dorfende von Nungwi, ✆ 0777-432833, 🖥 www.nungwiinnhotel.co.tz. Wenn alle Stricke reißen und alle anderen Budget-Unterkünfte besetzt sind, bleibt nur mehr der Gang ins Nungwi Inn Hotel. Zwar liegt es schön an einem der Hauptstrände und inmitten der Action, aber die 24 mehr als einfachen Zimmer sind viel zu teuer für den gebotenen Standard. ❸–❹ Selbiges gilt auch für die **Amaan Nungwi Beach Resort**, ✆ 0775-044719, 🖥 www.amaanbungalows.com. ❹

Dafu (vormals Smiles Beach Hotel), östlich des Dorfzentrums in Spaziernähe zum Dorf, ✆ 024-2240472, 🖥 www.smilesbeachhotel.com. Etwas versteckt gelegenes, ruhiges Hotel mit 16 Zimmern. Große, freundliche Zimmer mit AC, TV und adäquaten Sanitäranlagen. Eine der besseren Alternativen in Nungwi. Leider verfügt das Hotel über keinen besonders schönen Strandabschnitt, aber der Hauptstrand liegt nur wenige Gehminuten entfernt. ❹

Flame Tree Cottages, östlich des Zentrums in Spaziernähe zum Dorf, ✆ 024-2240100, 🖥 www.flametreecottages.com. Eine Art Bungalowanlage mit recht ordentlichen, geräumigen Cottages in einer ausgedehnten, ein wenig kahlen Gartenlandschaft. Leider ist der Strand an diesem Abschnitt besonders unansehnlich. Der paradiesische Hauptstrand ist ungefähr 7–10 Min. entfernt. Aktivitäten (z. B. Yoga auf Anfrage). Pool. ❺

Langi Langi, Dorfzentrum, ✆ 024-2240470, 🖥 www.langilangizanzibar.com. Die üppige Gartenanlage wirkt gepflegt, die 34 zweck-

Täglich aufs Neue zieht sich das Meer bei Ebbe so weit zurück, dass die Boote für wenige Stunden auf dem Trockenen liegen.

mäßigen, komfortablen Zimmer sind in Ordnung, alle mit AC. Kein Meerzugang, aber Pool. Ausgezeichnetes Panoramarestaurant mit Meerblick gleich gegenüber (siehe „Essen") und Liegeplatz auf einem Deck erhöht über dem Meer. Wird gerne von Veranstaltern gebucht. ❹–❺

Z-Hotel, im Dorfzentrum, ✆ 0774-266266, 🖥 www.thezhotel.com. Kleines schickes Boutique-Hotel am großen Hauptstrand, wo Gäste sich entweder mitten in den Trubel werfen oder aber sich dezent an den Pool zurückziehen können. Möglicherweise ist es nicht jedermanns Sache, aber wer ein zentral gelegenes Hotel mit westlichem Essen, Service, Cocktailbar und Preisen mitten im Dorf sucht, ist im Z-Hotel goldrichtig. WLAN, Tauchschule im Haus (East African Diving), Spa. ❻

In Richtung Osten

Mnarani Beach Cottages, ✆ 024-2240494, 🖥 www.lighthousezanzibar.com. Auf Klippen gelegen, hat man wunderschöne Ausblicke auf die azurblauen Ozean. Es gibt einen neueren (US$170/DZ mit HP) sowie einen älteren Teil (US$120/DZ mit HP), aber die 37 Zimmer (alle mit Safe) in beiden Kategorien sind bestenfalls als zweckmäßig-rustikal einzustufen. Sympathisches Ambiente, schöner Liege-bereich auf den Klippen, Pool. Viele Aktivitäten und Ausflüge. Restaurant. ❹–❺ mit Halbpension

The Zanzibari, östlich von Nungwi, ✆ 0772-222919, 🖥 www.thezanzibari.com. 18 angenehme Zimmer und Suiten (mit AC) in einem bestens geführten, familiären Resort mit Infinity Pool, Spa, Internet und guter Küche. Abseits vom Trubel auf Klippen gelegen, doch Pool und Garten entschädigen für die felsige Küste. Viele Aktivitäten, attraktives Preis-Leistungs-Verhältnis. ❺ mit Halbpension

Ras Nungwi Beach Hotel, östlich vom Zentrum, ✆ 024-2233767, 🖥 www.rasnungwi.com. Wohltuend abseits gelegen vom Trubel bietet das charmante Tropen-Resort mit 32 Zimmern mit Safe und AC allen erdenklichen Komfort. Erhöhte Lage auf Klippen, aber eher weniger, um im Meer zu baden, sondern um es von oben zu bewundern. Spa (ab US$40), Pool mit

Meerblick. Tauchkurse (Zanzibar Watersports): PADI Open Water US$550, zehn Tauchgänge US$460. Tagestrip zum Hochseefischen ab US$550 (für 4 Pers). Windsurfen und Wasserskifahren möglich. ❻ mit Halbpension

Essen

Fast alle Hotels haben Restaurants angeschlossen, die meisten bieten anspruchs- und ideenlose Italo-Swahili-Küche an.
Paradise Beach Bungalow, Dorfzentrum. Gehört noch zu den besseren Optionen. Obwohl es hauptsächlich Pasta, Pizza und sonstige anspruchslose Gerichte gibt, sind sie geschmacklich wesentlich besser als in anderen Restaurants. Mittleres Preisniveau. ⏰ tgl. von früh bis spät.
Union Restaurant, unweit von den Jambo Brothers. Günstige Fischgerichte von fangfrischem Fisch. ⏰ von früh bis spät.
Manduka, am Strand nahe Paradise Beach Bungalows, neben Cholo's. Spanisch inspirierte Speisen, z. B. Gazpacho ab 8000 TSH oder Paella ab 16 000 TSH. ⏰ tgl. 11–24 Uhr.
Marhaba Restaurant & Coffeeshop, gegenüber vom Langi Langi (s. „Übernachtung"). Schmackhafte Swahili-Gerichte, Pizzen ab 10 000 TSH, die Currys ab 10 000 TSH werden auf Wunsch scharf gewürzt. Die Spezialität des Hauses sollte man sich nicht entgehen lassen: Seafood Curry Massala. Besser als jedes Gewürz: die betörende Aussicht auf den türkisblauen Indischen Ozean. ⏰ tgl. von früh bis spät.
Cinnamon, im Z-Hotel, traditionell im Dorfzentrum. Die Preise sind in US$ angeschrieben, was schon viel über das Restaurant aussagt. Burger und Sandwiches um US$12, Fleischgerichte ab US$12 und Desserts ab US$5. ⏰ ab 17 Uhr.

Unterhaltung

Wer gern feiert, kommt mit Sicherheit nicht zu kurz. Viele kleine informelle Open-Air-Bars und Strand-Bistros erwachen nach Sonnenuntergang zum Leben.
Cholo's, direkt am Strand, Nähe Paradise Beach Bungalows. Eine Strandbar in einer Art aufgeschnittenem Schiffsrumpf. Besonders beliebt unter den trinkfesteren Urlaubern, aber

Sansibar und Pemba

auch empfehlenswert, wenn man nur einen Cocktail trinken möchte.

Bwana Willy's, zwischen Jambo Brothers und Cholo's in Strandnähe. Lokale, einfache Strand-Sand-Bar, die ab 19, 20 Uhr öffnet – oder auch nicht. Die Chancen stehen höher am Wochenende und in der Hochsaison. Kaltes Bier, gute Vibes, die Expats der Gegend treffen sich gerne hier.

Mang's Bar, am Hauptstrand beim Z-Hotel. Beliebte Bar bei Touristen, falschen Maasai, einheimischen Glücksrittern und Expats, wo bis früh am Morgen die Partysause abgeht.

Einkaufen

Souvenir-Shopping sollte idealerweise in Stone Town erledigt werden, da die Auswahl in Nungwi bescheiden ist. Das Gros der Souvenirverkäufe wird von mobilen Verkäufern mit Bauchladen und Beachboys abgewickelt. Kleine **Lebensmittelläden** für Getränke, Eis und Knabbereien sind sowohl am Strand als auch im Dorfzentrum vorhanden.

Aktivitäten

Bootsausflüge, Wasserski und Schnorcheln

Alle Hotels bieten Bootsausflüge, Schnorcheltrips, Sunset Cruises und Ähnliches an. Auch Beachboys am Strand verkaufen Bootstouren (siehe Anmerkungen zu *papaasi*, S. 275). Die Spanne der Angebote reicht von 15 000 TSH bis US$50–60 p. P.

Zanzibar Watersports, s. „Tauchen". Wasserskifahren, Wakeboarding, Dhau-Exkursionen nach Tumbatu (US$35 p. P), Schnorcheln in Kendwa (US$15 p. P.), Mnemba inkl. Lunch und Gebühren (US$40) etc.

Catamaran Julia, ✆ 0774-441234, 💻 www. dive-n-sail.com. Laut eigenen Angaben der größte Catamaran in Sansibar; er kann bis zu 15 Gäste aufnehmen. Das vollständig ausgestattete „schwimmende Hotel" kann samt Skipper für diverse kurze oder längere Trips gebucht werden – zum Tauchen, zum Fischen oder für mehrtägige Segeltörns.

Hochseeangeln

Fishing Zanzibar, ✆ 0773-875231, 💻 www. fishingzanzibar.com. Halbtags- oder Ganztags-

charter möglich, ab US$500–800 pro Boot, Nachtfischen US$1100 pro Boot (4–6 Pers.).

Zanzibar Big Game Fishing, Ras Nungwi Beach Hotel, ✆ 0777-415660, 💻 www.zanzibarfishing. com. 3 Boote zur Auswahl, Halbtags- und Ganztagscharter wird angeboten, Tagestrip US$550–950, halber Tag US$400–650 (pro Boot).

Kitesurfen

Dare2Fly, neben Jambo Brothers, 💻 www. dare2flyzanzibar.com. Deutscher Kitesurfing-Anbieter mit Anfänger-Unterricht in Kendwa.

Schwimmen

Der Reiz von Nungwi besteht darin, dass man (bis auf wenige Tage im Monat bei Vollmond) gezeitenunabhängig baden kann. Hier gibt es mehrere Sandbuchten, die beiden schönsten beim East Africa Diving Centre und beim Z-Hotel Zanzibar. Allerdings kann von seliger Ruhe keine Rede sein, vielmehr muss man schauen, dass einem nicht die Volleybälle und Bierkapseln um die Ohren fliegen. Baden im Bikini stellt absolut kein Problem dar. Während des Kazkazi-Monsuns von Januar bis Mai wird vielerorts der Sand weggespült.

Tauchen

East Africa Diving, am Dorfplatz rechts, bei den Jambo Brothers Bungalows und im Z-Hotel, ✆ 0777-416425, 💻 www.sansibar-tauchen.de. Empfehlenswertes Tauchzentrum mit sympathischer Betreuung, Tauchgänge auch auf Deutsch. PADI Open Water US$450, PADI Advanced Open Water $370, 10 Tauchgänge US$380.

Zanzibar Watersports, Paradise Beach Bungalows, Dorfzentrum, ✆ 0773-528248, und im Ras Nungwi Beach Resort, ✆ 024-2233615, 💻 www.zanzibarwatersports.com. Ursprüngliches Tauchcenter des Ras Nungwi Beach Resorts mit Niederlassungen im Dorf Nungwi und im Kendwa Rocks. Ausgezeichnete Reputation, kompetentes Personal, starkes Augenmerk auf Sicherheit. Aktivitäten, gebucht von den Paradise Beach Bungalows aus, sind billiger, z. B. 1 Tauchgang US$55, 10 Tauchgänge US$400, PADI Open Water

US$480, PADI Advanced Open Water US$380. Mit ein wenig Handeln kann man die Preise auch noch nachjustieren, unbedingt nach „good deals" fragen!

Sonstiges

Im Dorf können Fahrräder gemietet werden.

Geld

Noch immer gibt es keinen ATM, die vier **Wechselstuben**, z. B. neben den Paradise Beach Bungalows oder dem Dhow Coffee Shop, beide zentral im Dorf gelegen, bieten erschreckend schlechte Wechselkurse. Der beste Rat an Besucher lautet daher: Mit ausreichend Bargeld nach Nungwi reisen!

Internet

Einige Resorts bieten WLAN oder stationäre Computer mit Modems. Im Dorf existierten zur Zeit der Recherche zwei **Internetcafés**, eines neben dem Amaan Nungwi Beach Resort und eines neben dem Nungwi Inn, doch auf keines der beiden ist in puncto Elektrizität, Virenschutz und Internetbandbreite Verlass.

Transport

Seit die Teerstraße bis hinein nach Nungwi führt, ist die Anfahrt um einiges bequemer und kürzer geworden. Vom Darajani Market in STONE TOWN nach Nungwi verkehren häufig **Daladalas** (Nr. 116), Fahrzeit an die 1 1/2 Std., 1500 TSH. Mit dem **Share Taxi** (US$10) ist mit einer Fahrzeit von 1 Std. zu rechnen. Reguläre **Taxis** berechnen mind. US$50 pro Strecke.

Kendwa

Kendwa wird der Strandabschnitt westlich von Nungwi genannt. Beide Orte sind zwar nur knapp 3 km (20–30 Min.) Fußmarsch voneinander entfernt, doch ist ein Spaziergang nur bei Ebbe möglich (Achtung: Berichte von brutalen Überfällen häufen sich, insbesondere in der Nacht ist von einem Spaziergang unbedingt abzusehen). Das Wahrzeichen von Kendwa ist der breite, mehrere Kilometer lange Sandstrand, der – anders als bei den restlichen Stränden im Osten,

Süden oder Westen – kein ausgeprägtes vorgelagertes Korallenriff hat und ebenso wie Nungwi relativ gezeitenunabhängig ist. Neben den Stränden von Nungwi galten jene von Kendwa gemeinhin als die schönsten Sansibars, doch mit der Erschließung anderer Abschnitte, wie Matemwe, Uroa oder Bwejuu, bekam Kendwa ernstzunehmende Konkurrenten.

Im Vergleich zu Nungwi war Kendwa traditionell eher das Mekka der erholungssuchenden Rucksacktouristen, doch hat die Atmosphäre in den letzten beiden Jahren durch den Sansibar-Boom, die Partys an den Wochenenden und die ungezügelte Bautätigkeit enorm gelitten – ebenso wie die Preise. Vom Mythos als Low-Budget-Paradies hat sich Kendwa (genau wie Nungwi) mit Schallgeschwindigkeit verabschiedet. Auch wenn Kendwa bei Weitem nicht mehr so ruhig und preisgünstig ist wie noch vor wenigen Jahren, haben die Sonnenuntergänge nicht an Romantik verloren.

Übernachtung und Essen

Sunset Kendwa, ☎ 0777-413818, 🖥 www.sunsetkendwa.com. Einfaches, intimes Resort mit Zimmern in mehreren Kategorien (von Bungalows bis zu einfachen Strandhütten mit farbenfrohen *kangas* dekoriert). Gutes Essen, legere Atmosphäre, direkt am Sandstrand. Top-Qualität zum vernünftigen Preis: Das Doppelzimmer ist schon ab US$45 zu haben. ❷–❸
Kendwa Rocks, ☎ 0777-415475, 🖥 www.kendwarocks.com. Recht schöne Anlage auf einem Felshügel mit Bungalows und Bandas in unterschiedlichen Kategorien: gemauerte Häuser oben auf den Klippen, mit guter Aussicht aufs Meer, und einfachere Hütten aus lokalen Materialen (Kokosnussholz und Bananenblätter) unten direkt am Strand. Internet. Lockere Atmosphäre. Bekannt durch die Full Moon Partys, also nichts für Ruhebedürftige. ❷–❹
White Sands Kendwa, 🖥 whitesandhotelznz.com. Wenn im Sunset Kendwa und Kendwa Rocks nichts mehr frei ist, dann ist das White Sands die drittbeste Alternative. Die kahle, lieblose Anlage überzeugt nicht ganz, die Zimmer sind einfach und zweckmäßig und Reservierungen werden öfters verschlampt. Vor Ort unbedingt die Preise verhandeln. ❸

Diamonds La Gemma dell'Est, ✆ 024-2240087,
🖳 lagemmadellest.diamonds-resorts.com.
Großes All-inclusive-Luxusresort mit insgesamt
138 geräumigen Zimmern, komfortablem
Ambiente, AC, Safe und Fitnesscenter. Club-
atmosphäre mit Animation und Unterhaltung;
viele Wassersportaktivitäten, eigene Tauchbasis, Spa, Tennisplatz, Souvenirshop, großer
Swimmingpool und attraktive Sunset Lounge
Bar auf dem Pier. ❻–❼ all inclusive
Das zum Konzern gehörende **Star of the East**
nebenan mit 11 noch exklusiveren Villas,
✆ 024-2240175, 🖳 staroftheeast.diamonds-
resorts.com, nutzt die Infrastruktur des
La Gemma dell'Est. ❼
Kilindi Zanzibar, zu buchen über Elewana,
✆ 027-2500630, 🖳 www.elewana.com.
Von Architekturkritikern hochgelobt als eines
der ungewöhnlichsten und schicksten Strand-
resorts der Küste, hatte das Kilindi seit seiner
Geburt eher mit Managementproblemen zu
kämpfen als mit Überbuchungen. Ohnehin ist
das Traumresort nur Reisenden vorbehalten,
die ihr ganzes Reisebudget nicht schon zuvor
auf Safari aufgezehrt haben. DZ ab US$1300
(all inclusive). ❼

Full Moon Parties: Jeden Monat zu Vollmond
(oft samstags, aber nicht immer) geht im legeren
Kendwa Rocks (seit 1996) die Post ab. Von der
ganzen Insel kommt dann das Partyvolk, um
sich eine mondhelle Nacht am Strand um die
Ohren zu schlagen. Jede Menge Beachboys
suchen sich hier auch gerne ihre willigen Opfer.

Scubado Divers, direkt bei den Sunset Kendwa
Bungalows, ✆ 0784-415179, 🖳 www.scuba-
do-zanzibar.com. Professionelle Tauchbasis in
britisch-amerikanischer Hand. Ausgezeichnete
Reputation, erfahrene Instruktoren und
modernste Sicherheitsvorkehrungen sprechen
für sich.
Zanzibar Watersports, im Kendwa Rocks,
✆ 0773-528248, 🖳 www.zanzibarwatersports.
com. Mehr Informationen siehe Nungwi.
PADI Open Water US$499, PADI Advanced
Open Water US$450, Doppeltauchgang US$115.

Vom Darajani Market in STONE TOWN fahren
Daladalas (Nr. 116) nach Nungwi. Ausstieg beim
Kendwa Bus Stop vorne an der Hauptstraße.
Von hier sind es noch 1,5 km bis nach Kendwa.
Taxis können entweder selbst organisiert oder
bei den Hotels gebucht werden. Der Fahrpreis
liegt bei mind. US$50.
Nach USHONGO BEACH bei Pangani verkehren
regelmäßig **Boote** der Emayani Lodge,
derzeit Mo, Mi, Fr um 10.30 Uhr ab Kendwa
(2 Std., US$250 für bis zu 5 Pers., ab 6 Pers.
US$45 p. P., einfach,). Zu buchen direkt bei der
Lodge unter ✆ 0784-134056, ✆ 0782-457688
oder ✉ T2ZonC@gmail.com.

Mnemba Island

Der Vollständigkeit halber muss Mnemba Island
erwähnt werden, auch wenn sich vermutlich nur
wenige Reisende den Luxus einer Übernachtung
in der exklusiven und öffentlich nicht zugänglichen **Mnemba Island Lodge**, 🖳 www.mnemba-
island.com, leisten können. Bei Kennern löst
der Name Mnemba Island ein sehnsüchtiges
Augenglänzen aus, handelt es sich dabei doch
um das luxuriöseste und zweifellos teuerste
Strandresort Sansibars, mit Übernachtungsprei-
sen jenseits US$1115 pro Doppelzimmer in der
Nebensaison.

Taucher können sich, auch ohne Übernachtung in der Lodge, an den Schönheiten des
Mnemba Island Marine Park erfreuen, eines der
besten Tauch- und Schnorchelspots von Unguja.
Der Eintritt für den Marine Park ist immer in den
Bootstrips eingerechnet, die von jeder Tauchbasis an der Ost- und Nordküste aus organisiert
werden können.

Die nördliche Ostküste

Die große Bucht bei Chwaka teilt die Ostküste in
zwei Hälften. Wie überall – mit Ausnahme von
Nungwi und Kendwa – ist die Küste sehr flach,
daher ist Schwimmen bei Ebbe nicht möglich. Bei
Flut aber verwandeln sich die Ufer in paradie-

sische Tropenstrände mit türkisblauem Wasser und sanft plätscherndem Wellengang.

Für die einheimischen Frauen ist die seichte Küste ein Segen. Sie pflanzen im lauwarmen Wasser in abgesteckten Feldern Seegras und Algen an, die bisweilen auch an den Strand gespült werden. In mühevoller Kleinarbeit wird so ein wichtiger Rohstoff für die Kosmetikindustrie gezüchtet. An vielen Küstenabschnitten ist gerade auch die flache Küste die eigentliche Attraktion, wenn man lange Spaziergänge hinaus auf die Korallenbänke voller fantastischer Lebewesen unternehmen kann.

6 HIGHLIGHT

Matemwe

Obwohl der Großteil der Orte an der Ostküste Tropenstrände wie aus dem Bilderbuch für sich beanspruchen darf, ist jener von Matemwe herausragend. Der nördlichste Ort an der Ostküste liegt 51 km von Stone Town, aber scheinbar noch viel weiter vom Trubel und den typischen Touristenbelustigungen à la Nungwi entfernt. Das Schöne an Matemwe ist der kilometerlange, breite, saubere Sandstrand; die Fischerdörfer haben trotz der touristischen Erschließung nichts an Authentizität und Einfachheit verloren. Gleichzeitig gibt es ein gewisses Maß an Zerstreuung für Besucher, z. B. in Form von Wassersport, aber gerade genug, um dem Ort nichts von seiner Beschaulichkeit zu nehmen. Partys und Bars sucht man vergebens. Zum Ausspannen einfach ideal! Im Vergleich zu anderen Touristenmekkas leidet Matemwe weniger unter Müll, was der unermüdlichen Initiative einiger Hoteliers zu verdanken ist. Ebenfalls scheint Matemwe für Beachboys nicht sonderlich lukrativ zu sein, da diese weiter südlich (Kiwengwa) und nördlich (Nungwi) wohl bessere Geschäfte machen.

Übernachtung und Essen

Ausgewiesene Restaurants gibt es in Matemwe Village keine, weswegen fast alle Resorts Halbpension anbieten. Wer nur Übernachtung mit Frühstück bucht, kann in einem der umliegenden Resorts gegen Voranmeldung zu Abend speisen. Nur die Unterkünfte im Matemwe Village sind zu Fuß zu erreichen, alle anderen liegen zu weit weg oder auf Klippen. S. 40 unten.

Matemwe Kigomani
(nördlich von Matemwe Village)

Che Che Vule, ☎ 0776-199855, 🖥 www.cheche vule.com. Bis zu 8 Erwachsene finden in der großen, zweistöckigen Tropenvilla mit 4 Schlafzimmern mit Ventilatoren Platz, die genau an der puderweißen Bucht von Matemwe Kigomani liegt. Ein Pool, der tolle Garten, Hausangestellte und eine eigene Managerin sorgen für unbeschwerte Ferien. Ideal für Familien, Freunde und Honeymooners. Attraktiver Preis (US$500 pro Tag für bis zu 4 Personen Vollpension) für die mehr als komfortable Unterbringung! ❻

Kasha, ☎ 0776-676611, 🖥 www.kasha-zanzibar. com. Ausgedehnte Anlage mit 11 geräumigen Villen (je über 120 m²) hoch über dem Meer auf Klippen. Alle Villen haben Meerblick, große Terrassen, einen Plunge Pool und die typische Tadelakt-Atmosphäre. Infinity Pool, wuchtiges Restaurant direkt am Eingang, der Garten braucht noch ein paar Jahre, um zu gedeihen. ❻–❼

Matemwe Lodge, ☎ 0777-425788, 🖥 www. asilialodges.com. 12 luftige, offene und komfortable, zweigeschossige Cottages auf Klippen, die in einer weitläufigen, tropisch grünen Anlage liegen, geschmackvoll gebaut und afrikanisch dekoriert. Exklusives, familiäres Refugium mit 2 Pools, Wassersportcenter und exquisiter Küche. Super romantisch, unvergesslich. ❼ **Matemwe Retreat**, ☎ 0777-425788, 🖥 www.asilialodges.com. Drei Villen, die keine Wünsche offen lassen: luxuriöses, arabisch-sansibarisches Interieur, private Cocktailbar, Dachterrasse mit Pool, Butler-Service, Privatkoch, Privatstrand und vieles andere mehr. Einzige Voraussetzung: ein gut gefüllter Geldbeutel. ❼

Matemwe Village

Seles Bungalows, ☎ 0777-413449, 🖥 www. selesbungalowsznz.com. Zweckmäßige Zimmer direkt am Strand und im Garten, wobei Letztere nicht in den Genuss der kühlenden Brise vom

Matemwe Beach Village, ☎ 0777-437200, 🖥 www.matemwebeach.net. Nicht ohne Grund ist das Matemwe Beach Village der Klassiker am Matemwe Beach und oft ausgebucht. Ungekünstelte Atmosphäre und gute Vibes, simple Zimmer im reduzierten Afro-Schick, gemütliche offene Lounge direkt vor dem blütenweißen Sandstrand. Außerordentlich gutes Essen, das mal im Restaurant, mal in der Boma – einem afrikanischen Dorf nachempfunden – eingenommen wird. Herrlicher Pool, Top-Tauchbasis One Ocean. Insgesamt eine exzellente und preisgünstige Wahl für die gebotene Qualität. ❺.

Meer kommen. Gemütliche Bar samt Restaurant in Strandnähe mit einer Lounge im Obergeschoss – perfekt zum Chillen und Relaxen. Einfache, aber schmackhafte Küche, gut sortierte Bar. ❸–❹.

Zanzibar Retreat, ☎ 0776-108379, 🖥 zanzibar retreat.com. Simple, gepflegte, familiäre Anlage unter skandinavischer Führung mit schönem, weitläufigem Pool, großem Platzangebot und vielen Ruheoasen. Einfach nur zum Relaxen! ❺.

Sunshine Hotel, ☎ 0774-388 662, 🖥 www. sunshinezanzibar.com. Charmante, schicke Strand-Lodge mit luftigem Tropenstil am dicht verbauten Teil des Matemwe Beach, die clever geplant wurde. Trotz eines vergleichsweise kleinen Grundstücks verfügen alle Zimmer über Meerblick. Die 12 Standard-Zimmer (mit großen Balkonen) liegen weiter nach hinten versetzt, die beiden geräumigen Suiten ebenso wie der Pool und das schicke Restaurant direkt am Meer. Rührender Service, angenehme Atmosphäre. WLAN. ❺.

Tauchen

One Ocean, Matemwe Beach Village und Azanzi Beach Resort, ☎ 0777-473128, ✉ oneocean matemwe@zanlink.com, 🖥 www.zanzibar oneocean.com. Eine der Niederlassungen von One Ocean, Top-Tauchbasis mit Renommee. PADI Open Water US$500, PADI Advanced

Open Water US$470, Double Dive US$125. Der Vorteil von Matemwe liegt in der Nähe zum herrlichen Mnemba-Atoll, die Eintrittsgebühren sind in den Preisen bereits enthalten.

Transport

Busse der Linie 118 verkehren zwischen Matemwe und dem Darajani Market von STONE TOWN. Ein Taxi zur nördlichen Ostküste kostet ca. US$60. Die Teerstraße wurde endlich 2008 verlängert und reicht nun über Matemwe bis nach Chwaka.

Pwani Mchangani

Während weiter nördlich der sanfte Wellengang den Ton angibt, stehen in den hiesigen großen, italienischen All-inclusive-Resorts – mit wenigen Ausnahmen – eher die vielen Freizeitangebote im Vordergrund. Hier, 45 km von Stone Town entfernt, dominieren überdimensionierte Buffets, Pool-Animation und Gerangel um kalte Alkoholika.

Übernachtung und Essen

Next Paradise, ☎ 0773-822206, 🖥 www.next-paradise.com. Effizientes, gut geführtes kleines Resort unter Palmen mit Pool, AC in den Zimmern und puderweichem Sandstrand direkt vor dem Fenster. Entspannung pur, gutes Essen, unprätentiös, für Ruhebedürftige. ❺

Mchanga Beach Lodge, ☎ 0773-569821, 🖥 www.mchangabeachlodge.com. Weit weg von den großen Resorts, an einem friedlichen Strandabschnitt, den Gäste nur mit Fischern und Seegras anbauenden Frauen teilen müssen, liegt die Mchanga Beach Lodge. Familiäres, kleines Resort mit simplen Zimmern im Swahili-Schick und großen Sansibari-Betten. Hier wird es nur absolut Erholungsbedürftigen gefallen. Ein wenig teurer als andere Optionen in Matemwe. ❺–❻

Tauchen

One Ocean, Ocean Paradise Resort, ☎ 0777-453892, 🖥 www.zanzibaroneocean.com. Eine der Niederlassungen von One Ocean, Top-Tauchbasis mit Renommee.

Während der Ebbe waten die Frauen der Fischer ihren Männern entgegen, um den Fang zu übernehmen. Dabei kühlen sie sich gerne im Wasser ab.

Die Zufahrt mit öffentlichen Verkehrsmitteln ist umständlich, da man zuerst mit Bus Nr. 117 von STONE TOWN nach Kiwengwa fahren muss, um hier in lokale Daladalas nach Pwani Mchangani umzusteigen. Am besten ist die Anreise per Taxi.

Kiwengwa

Blütenweiße Sandstrände und türkisblaues Meer bilden auch in Kiwengwa die Zutaten für einen unvergesslichen Urlaub, wenngleich das Fischerdorf sich mittlerweile in Italien einen großen Namen als Clubparadies gemacht hat. Ein gigantischer All-inclusive-Club reiht sich an den nächsten, doch es gibt einige exzellente Alternativen. Wegen abschnittsweise hoher Klippen haben nicht alle Hotels direkten Strandzugang. Unten am Meer, in großen „Gärten", ernten die Frauen von Kiwengwa Seegras im großen Stil.

Übernachtung

Aufgrund der italienischen Clubs promenieren viele Beachboys am Strand. Einige Hotels sind deswegen dazu übergegangen, Wach-männer am Strand zu postieren. Das Zamani Zanzibar (vormals von Kempinski gemanagt) wird seinem makellosen, internationalen Ruf auf Sansibar nicht gerecht.

Mvuvi Resort, ☏ 0777-425669, 🖥 www.mvuvi-resort.com. Kleines, einfaches Resort, fest in italienischer Hand, aber eine der erschwinglichsten Optionen am blütenweißen Nordoststrand. Zimmer mit AC, Safe. Internet, Hochseefischen, Kitesurfen, One Ocean Dive Centre. ❹–❺

Shooting Star Lodge, ☏ 0777-414166, 🖥 www.shootingstarlodge.com. Edles, familiäres, aber übertuertes Gästehaus hoch über dem Meer auf den Klippen. Einfache, geräumige Zimmer zum Wohlfühlen, gemütliche offene Lounge. Infinity Pool am vorderen Ende der Klippen mit Blick auf das türkisfarbene Meer. Bunt blühender Garten. 11 Sea View Cottages, 3 kleinere Zimmer, 2 dreigeschossige Villas mit Privatpool und Schlafen auf der Dachterrasse unter dem Sternenhimmel. Spa, Beach Bar am Strand, Internet. ❺–❼

Blue Bay Beach Resort, ☏ 024-2240240, 🖥 www.bluebayzanzibar.com. Großes, älteres, gehobeneres Resort, das zu den Klassikern auf Sansibar zählt. Entspannte Atmosphäre, freundliches Personal, 112 geräumige Zimmer, gutes Essen, schöner Strandabschnitt. Gepflegter, üppiger Garten mit (angeblich) über 1000 Kokospalmen. Pool, Spa, Internet, Tauchbasis One Ocean. ❻

Aktivitäten

Kitesurfen

Kite Zanzibar, ✆ 0773-114976, 🖥 www.kite zanzibar.com. 90–240 € für Kurse von 1–3 Tagen. Je nach Windverhältnissen werden Spots von Nungwi bis hinunter nach Jambiani gewählt.

Tauchen

One Ocean, Blue Bay Beach Resort, ✉ dive@bluebayzanzibar.com, 🖥 www. zanzibaroneocean.com. Eine der Niederlassungen von One Ocean, Top-Tauchbasis mit Renommee. PADI Open Water US$620, PADI Advanced Open Water US$530, Double Dive US$150. Der Eintritt für den Mnemba Atoll Marine Park ist immer in den Preisen der Tauchtrips eingerechnet.

Transport

Hier ist die Abholung vom Hotel zu bevorzugen, da die Unterkünfte vom Dorf relativ weit entfernt sind. Bus Nr. 117 fährt von STONE TOWN ins Dorf, doch kaum ein Tourist wählt diese Option.

Pongwe, Uroa und Chwaka

Die kleinen Fischerdörfer haben genau das, wonach sich stressgeplagte Menschen sehnen: Ruhe, Ruhe und nochmals Ruhe.

Übernachtung

Pongwe Beach Hotel, Pongwe, ✆ 0784-336181, 🖥 www.pongwe.com. 16 Cottages mit zweckmäßiger Ausstattung und großer Veranda, aber wer sitzt schon im Zimmer herum, wenn vor der Haustür schönster blütenweißer Strand liegt? Exzellente kulinarische Genüsse sind garantiert. Schöner Infinity Pool mit Meerblick. Familiäre Atmosphäre, ideal zum Ausspannen. Die Gäste sind jedenfalls mehr als zufrieden, rechtzeitig buchen! ❺

Samaki Lodge, Uroa, ✆ 0772-633063, 🖥 www.samakilodge.com. Liebevoll geführtes italienisches Refugium mit simplen Zimmern im typischen Insel-Stil, aber mit aufmerksamem Service und vorzüglichem italienischen Essen. Pool. ❺

Transport

Nach Chwaka und Uroa verkehren Daladalas der Linie 214 von STONE TOWN, doch insgesamt empfiehlt sich hier die Abholung vom Hotel. Der öffentliche Verkehr nach Pongwe ist eingeschränkt, Bus Nr. 209 fährt nur wenige Male pro Tag von Stone Town.

Die südliche Ostküste

Ähnlich wie an der nördlichen Ostküste prägen blütenweiße, feine Sandstrände und leuchtend türkisblaues Wasser die Szenerie. Während sich dort aber viele größere Hotels, teilweise All-inclusive-Resorts, angesiedelt haben, wurde die südliche Ostküste von Anfang an eher von Individualtouristen geschätzt. Große Clubs gibt es hier nur vereinzelt, dafür viele familiäre, kleine Gästehäuser. Wie die Strände von Nungwi sind diejenigen von **Bwejuu**, **Paje** und **Jambiani** besonders beliebt bei Low-Budget-Touristen. Luxuriöse Hotels fehlen aber keineswegs, sodass für jeden Geldbeutel ausreichend Unterkünfte zur Verfügung stehen – vorausgesetzt, man wünscht sich Ruhe und Abgeschiedenheit. Einziges Manko: Die Strände sind je nach Windrichtung und Strömungsverhältnissen durch menschlichen Unrat verunstaltet, besonders im Einzugsgebiet der größeren Hauptorte.

Jozani-Chwaka Bay National Park

Auf dem Weg zu den südlichen Abschnitten der Ostküste passiert man den Jozani-Chwaka Bay National Park, den letzten tropischen Urwald der Insel, der einst die ganze Insel bedeckte. Der Rest der Waldfläche fiel in den letzten Jahrhunderten den Gewürzplantagen zum Opfer, aber auch den

Swahili-Türen, den Dhows oder der Holzkohleproduktion. Forscher glauben, dass es im Jozani Forest mindestens sieben endemische Tierarten gibt, darunter der Rote Sansibar-Stummelaffe und die Syke's Blue Monkeys (Weißkehlmeerkatzen). Daneben bietet das 10 km² große Areal Unterschlupf für an die 40 Vogelarten, kleine Antilopen, Buschschweine und Insekten (viele Schmetterlinge). Der scheue Sansibar-Leopard soll aber schon ausgerottet sein. ○ tgl. 7.30–17 Uhr, Eintritt US$8 oder 10 000 TSH inkl. einer Führung von einer Stunde und Trinkgeld für den Guide.

Paje

Paje, 52 km von Stone Town entfernt, ist der Verkehrsknotenpunkt für die südliche Ostküste, da Fahrzeuge am großen Kreisverkehr von Paje vorbei müssen. Paje war einer der ersten Orte an der Ostküste, der sich touristisch entwickelte, und noch heute spricht er vornehmlich die Backpackerszene an. Der Nachteil der meisten Unterkünfte ist ihr beschränktes Raumangebot, da die unzähligen Resorts eng beieinander liegen.

In vielen englischsprachigen Reiseführern hieß es lange, Paje sei drauf und dran, Nungwi in Sachen All-Night-Party den Rang abzulaufen, weswegen ruhebedürftige Low-Budget-Reisende sich künftig von Paje abwenden würden. Doch das stimmt nicht – es ist fast immer genauso ruhig und verschlafen wie die meisten Orte an der südlichen Ostküste. Paje ist jedoch recht verbaut, die älteren Lodges im Dorfzentrum liegen dicht aneinander gedrängt. Vom Seegrasanbau und Fischen lebt der Großteil der Dorfbevölkerung; Schwimmen (oder Plantschen) ist nur bei Flut möglich. Im dicht besiedelten Gebiet darf es nicht verwundern, dass es im Dorf und manchmal auch am Strand viel Unrat und Müll gibt. Aufklärungsprojekte einiger Lodge-Betreiber konnten daran nichts ändern.

Übernachtung und Essen

Lokale Gästehäuser kommen und gehen, sie werden daher an dieser Stelle nicht erwähnt. Es gibt durchaus billigere Unterkünfte, doch können sie nur auf gut Glück aufgesucht werden. Sicherheit ist in solchen Häusern immer ein Thema (Stichwort: Diebstähle).

Henna-Tattoos

Seit Jahrhunderten lassen sich Frauen aus Afrika, Arabien und Indien mit kunstvollen Henna-Bemalungen (Swahili: hina) an Händen, Füßen und Fußsohlen schmücken. Sie bringen die Schönheit der Frauen und Lebensfreude zum Ausdruck. Damals wie heute ist dieser Hautschmuck vornehmlich Bräuten oder verheirateten moslemischen Frauen vorbehalten, denn das andere Geschlecht soll damit betört werden. Doch ein Aufweichen dieser Tradition ist auf den Straßen von Stone Town zu beobachten, wo bereits Kinder solche Bemalungen tragen.
Besonders zu religiösen Feierlichkeiten, etwa dem Ende des Ramadan oder zur Hochzeit, dekorieren sich die Frauen. Henna-Malereien gelten einer sansibarischen Braut als Glücksbringer in der Ehe. Einige Bräute gehen sogar so weit, den Rücken und die Schultern zu schmücken, um ihren Ehemann in der Hochzeitsnacht zu überraschen. Die kunstvollen rotbraunen bis

schwarzen Henna-Malereien werden in tagelanger mühevoller Kleinarbeit oft in mehreren Schichten aufgetragen und halten viele Tage. Die Intensität und Haltbarkeit hängt von der Mischung des Henna-Pulvers, von den Zutaten (Zitrone z. B. lässt die Farbe rötlicher werden) oder von der Art sowie der Anzahl der Auftragungen ab. Nach sansibarischer Tradition sind die frisch vermählten Bräute so lange von jeglicher Hausarbeit entbunden, bis ihr Hochzeits-Henna gänzlich verblasst ist.
Die filigranen, floralen, orientalisch und indisch inspirierten Ornamente werden von den sansibarischen Frauen anhand ihrer symbolischen Bedeutung ausgewählt. Bei ausländischen Reisenden hingegen spielt vielmehr die Ästhetik eine Rolle, und so haben in die Musterkataloge der am Strand arbeitenden Henna-Bemalerinnen keltische oder auch chinesische Zeichen Einzug gehalten.

Viele Hotels auf Sansibar werden exklusiv von italienischen Reiseveranstaltern gebucht, sodass keine anderen Gäste aufgenommen werden. Diese Hotels und Clubs werden hier nicht genauer beschrieben; die Zahl derartiger Anlagen ist aber im Steigen begriffen. Der italienische Hunger nach Sansibar ist noch lange nicht gestillt ...

Teddys Place, ℡ 0776-110850, 🖥 www. teddys-place.com. Echte Backpacker werden diese S(tr)and-Unterkunft lieben: urige Bandas (Hütten) aus *mikeka* (aus Palmblättern geflochtene Matten), einfache Betten (mit Moskitonetz), Sand statt Beton (auch in den Zimmern), farbenfroher Garten und ungekünstelte Rasta-Atmosphäre. Mittwochs laufen bei den *hakuna kulala* („Du drückst kein Auge zu")-Partys Gäste und Angestellte zur Hochform auf. ❷–❸

Kilima Kidogo, ℡ 0777-201 088, 🖥 www. kilimakidogo.co.za. Kleines, effizient geführtes Resort im typischen, simpel-rustikalen Swahili-Stil in mehreren Preiskategorien, weit genug weg vom Dorf Paje, um himmlisch ruhig zu sein. Ungezwungene, persönliche Atmosphäre, Spa, WLAN. In keiner Weise luxuriös, aber außerordentliche Qualität für relativ wenig Geld. ❸–❹

Paje by Night, ℡ 0777-460710, 🖥 www.pajeby night.net. Das bei trinkfesten Urlaubern beliebte Gästehaus im rustikalen Tropenstil in zweiter Reihe ist für das Nachtleben und die Partys bekannt, meist am Wochenende oder zu Ferienzeiten. Kein Strandzugang, aber entspannte Atmosphäre. Coole Lounge ganz in Schwarz gehalten, gut sortierte Bar. Spa, Pool, WLAN. Nichts für Honeymooners, aber richtig für gesellige Reisende ohne große Ansprüche. ❹

Arabian Nights Hotel, ℡ 024-2240190, 🖥 www. zanzibararabiannights.com. Ordentliches Mittelklassehotel mit 16 großen, einfachen Zimmern mit AC, TV, Kühlschrank und kleiner Veranda. Gemütliche Lounge, kleiner Pool, Tauchcenter, WLAN, kein Alkoholausschank. Zwar ist der Sandstrand herrlich anzusehen,

doch die Anlage selbst liegt äußerst beengt zwischen anderen Resorts. ❹

Dhow Inn, ℡ 0777-525828, 🖥 www.dhowinn. com. Neueres, komfortables Hotel mit Charme. Einfache, etwas zu klein geratene Zimmer, wahlweise mit AC oder Ventilator, die vom Innenhof aus zugänglich sind. Einladender Pool. Familiär geführt, ein paar Schritte vom Strand entfernt. Liegt nicht direkt im Dorf, also etwas ruhiger. Panoramarestaurant im Obergeschoss. WLAN. ❹–❺

In den meisten Fällen isst man in einem der Hotels, doch wem nach lokaler Küche ist, der muss ins **Jambos Bar & Restaurant** oder ins **Cham's**, die beide in der Nähe vom Dhow Inn liegen. Lokale Spezialitäten und frischer Fisch sowie Meeresfrüchte werden (nicht ganz zum lokalen Preis) serviert.

Für Partys und Nightlife eignet sich das **Paje by Night** (s. „Übernachtung") bestens.

Seit 2005 hat sich Paje zum Kitesurf-Mekka von Sansibar gemausert, obwohl es auch an anderen Stränden, z. B. Matemwe oder Jambiani, entsprechende Angebote gibt. In Paje existieren 3 Kitesurfzentren in direkter Nachbarschaft: Das älteste und erste Center war das **Kitecenter Zanzibar**, 🖥 www.kitecentre zanzibar.com, danach kamen das **Airborne Kite Centre**, 🖥 www.airbornekitecentre.com, und das italienisch geführte **Haraka Kite**, 🖥 www.harakakite.com. Die Unterkünfte wissen Bescheid, an der Rezeption hilft man gerne weiter.

6 HIGHLIGHT

Bwejuu

Während Paje in den englischen Reiseführern als Partydestination denunziert wurde, stilisierte man Bwejuu zum Nonplusultra der friedlichen Strandorte – mit dem Ergebnis, dass alle ruhebedürftigen Backpacker nach Bwejuu strömten.

In den letzten Jahren haben sich zu den zahlreichen Low-Budget-Unterkünften mittelklassige und gar exklusivere Hotels gesellt, was Bwejuu nunmehr eine besondere Note verleiht. Seitdem die Teerstraße bis nach Ras Michamvi verlängert wurde, ist Bwejuu, das 4 km nördlich der großen Kreuzung liegt, noch leichter zu erreichen. Trotzdem sind hier abseits der großen Clubs noch immer ruhige Ferien ohne Club-Animation und viel Nightlife garantiert.

Übernachtung

Die Auswahl an Low-Budget-Unterkünften im Bungalow-Stil ist groß, allerdings stimmt das Preis-Leistungs-Verhältnis oft nicht. Da lohnt es sich, US$10 mehr zu zahlen und eine der nachstehenden Unterkünfte zu bevorzugen.

Twisted Palm Village, ℰ 0776-130275, 🖥 twistedpalms.zanzibarone.com. Alteingesessener Backpacker-Klassiker seit 2008 unter italienischer Leitung. Einfache Bungalowanlage mit 5 Zimmern weiter hinten und 5 Zimmern in Strandnähe. Das Restaurant liegt erhöht auf einer Holzplattform direkt im puderweißen Sand, ungezwungene Atmosphäre, liebevoll geführt von Laura und Renato. Exzellente Küche! ❷–❸

Kilimani Kwetu, ℰ 0777-214133, 🖥 www.kilimani.de. Mit nur 4 einfachen Zimmern klein und familiär präsentiert sich das attraktive Gästehaus unter deutscher Führung. Herrlich einsam und persönlich, ideal zum Entspannen, schön angelegter Liegebereich mit Hängematten und viel Schatten und ein einladendes Strandcafé. Gekocht wird vom Chef, was die Gäste wünschen. ❸

Robinsons Place, ℰ 0777-413479, 🖥 www.robinsonsplace.net. Eingebettet in einen schattigen Garten findet hier garantiert jeder sein ganz persönliches Refugium – allerdings ohne Strom (d. h. keine Ventilatoren, kein Internet, kein kaltes Bier), dafür viel familiäre Atmosphäre. Ausgezeichnetes Abendessen, das auf sansibarisch, also am Boden auf Polstern sitzend, eingenommen wird. Die beiden Besitzer Ann und Edi eröffnen ihr ungewöhnliches Resort Ende 2011 neu, bis dorthin nehmen sie sich eine Auszeit. ❸–❹

Bellevue, ℰ 0777-209576, 🖥 www.bellevuezanzibar.com. Herrlich relaxtes Gästehaus unter holländischer Führung. In den rustikalen Standardzimmern steht nur Kaltwasser zur Verfügung, in den Deluxe-Zimmern sowie der Honeymoon Suite gibt es auch Warmwasser. Alle Zimmer überblicken das Meer, aber das Gästehaus liegt nicht direkt am Strand, sondern etwas weiter hinten auf einer Anhöhe. WLAN. Das Kitecenter Zanzibar gehört zum Bellevue dazu. Kitesurfer werden gratis zur Kitesurfschule in Paje gebracht. ❸–❹

Echo Beach Hotel, ℰ 0773-593260, 🖥 www.echobeachhotel.com. Unaufgeregtes, simples Resort mit 13 farbenfroh dekorierten Zimmern in zweistöckigen Häusern, die rund um einen Pool gruppiert sind. Spa, Tauchcenter und ein gutes Restaurant, in das sogar die Gäste der umliegenden Resorts zum Abendessen kommen, denn die britischen Besitzer sind erfahrene Lodge-Betreiber. ❺

The Palms und **Baraza**, 🖥 www.thezanzibarcollection.com. Zwei luxuriöse Villenresorts nebeneinander, die seit Jahren zum Besten zählen, das Sansibar zu bieten hat. ❼

Transport

Taxis von STONE TOWN nach Bwejuu sollten nicht mehr als US$60 kosten, die Variante mit Share Taxis ist bedeutend billiger (US$10). **Daladalas** (Nr. 324) verkehren vom Darajani Market bis ins Dorf, die meisten Unterkünfte sind allerdings einige Kilometer vom Dorf entfernt.

Nördlich von Bwejuu

Knappe 17 km nördlich der Kreuzung von Paje und 69 km von Stone Town entfernt, liegt **Michamvi** sozusagen am Ende der Teerstraße. Auf dem Weg in den nördlichsten Zipfel der schmalen Halbinsel passiert man zahlreiche Clubs, kleinere gemütliche Resorts und luxuriöse Anlagen mit dem gewissen Etwas; Low-Budget-Unterkünfte hingegen sind Mangelware.

Bootsausflüge, Exkursionen auf Sansibar, Radverleih und ähnliche Aktivitäten werden von fast allen Unterkünften angeboten.

Übernachtung und Essen

Die großen Clubs wie Vacanze, Karafuu Beach Resort oder Breezes Beach Club werden zumeist von Pauschalurlaubern gebucht und sind daher im Folgenden nicht aufgeführt.

Kichanga Lodge, ☎ 0773-175124, 💻 www.kichanga.com. 23 großzügige, allein stehende, gemütliche Cottages in Hanglange mit viel Privatsphäre, sodass man von fast überall auf dem Anwesen Blick aufs Meer hat. Der schöne, weiße Strand der Kichanga Lodge beschränkt sich auf eine einsame, abgeschiedene Bucht (ohne große Gezeitenunterschiede), wo man sich in aller Ruhe sonnen und unbeschwert faulenzen kann. Spricht ruhebedürftige Reisende an, denn die nächsten Zerstreuungen sind kilometerweit entfernt. Gute Qualität zum attraktiven Preis. ❺

Michamvi Watersports Resort, am Ende der Straße, ☎ 0777-878136, 💻 www.michamvi.com. Für Leute, die im Urlaub nicht nur Faulenzen im Sinn haben, denn die gebotenen Aktivitäten sind vielfältig: Wasserski, Parasailing, Windsurfen und vieles mehr. Neueres familienfreundliches Hotel mit 20 gut ausgestatteten Zimmern direkt am Strand mit riesigem Pool. Durch Kaplage schöne Sonnenuntergänge, südafrikanisches Management. ❺

Anna of Zanzibar, ☎ 0773-999387, 💻 www.annaofzanzibar.com. Fünf große Privatvillas mit Holzveranda und Meerblick im eleganten Kolonialambiente, das mit sansibarischen Elementen aufgepeppt ist. Absolut geschmackvolles Haus für Individualisten. Pool, WLAN, Spa. ❼ inkl. Vollpension und Getränke

Essen und Unterhaltung

Upendo Lounge & Café, nähe Karafuu Hotel, ☎ 0777-224492, 💻 www.upendolounge.com. Im stylischen Ambiente am Meer gibt's an den Wochenenden Partys. Sonntagsbrunch von 11–22 Uhr, DJs. Reservierungen werden erwartet.

Kae Funk, Michamvi Kae, ☎ 0777-439059. Schön gelegene Bar am Strand am nördlichen Ende der südlichen Ostküste mit tollem Blick auf die Chwaka Bay, glutrote Sonnenuntergänge, entspannte Atmosphäre. Es ist geplant, die Bar um ein ganztägig geöffnetes Restaurant zu erweitern, vor Ort erfragen!

The Rock, Pingwe, ☎ 0779-90985. Spektakuläres Restaurant auf einem Korallenfelsen mitten im türkisblauen Ozean. Bei Flut steht ein Boot bereit, was aber nicht ganz vor nassen Füßen bewahrt. Gehobene, italienische Küche mit entsprechenden Preisen, hauptsächlich Meeresfrüchte und Fisch. Exklusive Weine. Reservierung erbeten.

Transport

Da die hier genannten Unterkünfte alle abseits von Dörfern liegen, ist die Anreise mit Daladalas schwierig. Nach Michamvi Village fährt die Daladala-Linie 340, danach muss man sich abholen lassen. Weitere Alternativen stellen Taxis und arrangierte Abholungen dar.

Jambiani

Seitdem die Teerstraße 2007 bis nach Makunduchi verlängert wurde, hat sich die Anreise nach Jambiani nicht nur enorm verkürzt, sondern ist auch bedeutend bequemer geworden. Das Dorf liegt 9 km südlich von Paje und hat eine lange Tradition in der Beherbergung von Gästen. In den letzten Jahren hat es seinen Ruf als Backpacker-Mekka abgestreift, denn neuere, qualitativ hochwertige Hotels und Lodges bringen zahlungskräftige Gäste in den Ort. Das relativ große Fischerdorf ist an Gäste mit blasser Hautfarbe gewöhnt und einige engagierte Dorfbewohner haben eine bescheidene touristische Infrastruktur aufgebaut, die ein Internetcafé, einen Tour Operator sowie kleine Bars und Restaurants umfasst.

Übernachtung und Essen

Die zahlreichen landestypischen Unterkünfte von Jambiani haben sich auf Budget-Reisende spezialisiert, doch kaum eine tut sich in puncto Ausstattung oder Service sonderlich hervor. Es gibt allerdings ein paar erfreuliche Ausnahmen.

Blue Oyster Hotel, ☎ 0784-432911, 💻 www.zanzibar.de. Zweckmäßiges Gästehaus für Budget-Reisende mit 15 Zimmern. Einfache Ausstattung, aber gutes Preis-Leistungs-Verhältnis. Die größeren, schöneren Zimmer haben Meerblick, die kleineren sind um den Innenhof gruppiert. Das gemütliche Restaurant im Obergeschoss bietet herrliche Ausblicke auf den Ozean. Bindet die lokalen Anbieter ein, z. B. für Touren und Aktivitäten. ❸–❹

Casa del Mar, ✆ 0777-455446, 🖥 www.casa-delmar-zanzibar.com. Der artenreiche Tropengarten erfreut die Sinne, ebenso die 14 liebevoll dekorierten, hübschen Zimmer mit Möbeln aus Kokosnussholz sowie der blütenweiße Strand. Einladender Pool, gepflegte Anlage, kein Alkoholausschank. Wird gerne von deutschen Reiseveranstaltern gebucht. ❹

Kiddos Cafe, ✆ 0773-498949, 🖥 www.mango-beachhouse.com. In einem künstlerisch gestalteten Privathaus mit nur 3 Zimmern hat sich Lisa Stern mit Kiddo, ihrem sansibarischen Ehemann, ein kleines Paradies geschaffen. Die persönliche Betreuung der Gäste hat oberste Priorität. Gekocht wird, was die Gäste wünschen. Familien oder Freunde können auch das ganze Haus mieten. 100 % individuell für Leute, die den Puls Sansibars wollen. ❸–❹

Coral Rock Hotel, ✆ 0776-031955, 🖥 www.coralrockhotelzanzibar.com. Einfaches Gästehaus auf den Korallenklippen, also ohne Sandstrand (es führen aber Stiegen zum Strand herunter), dafür mit kleinem, sensationellem Infinity Pool mit Blick auf den türkisblauen Ozean. 15 zweckmäßige, kleine Zimmer ohne viel Schnickschnack (Safe, AC und Kühlschrank), doch der Außenbereich mit Liegewiese, Beach- und Poolbar wirkt sympathisch. Im Restaurant hat man eine tolle 180-Grad-Aussicht übers Meer. Beliebt bei partyfesten südafrikanischen Gästen, regelmäßig Abendunterhaltung. ❹

Bahari View Lodge, ✆ 0776-716020, 🖥 www.bahari-view-lodge.de. 14 zweckmäßige Zimmer mit Ventilator und kleiner Veranda am südlichen Ende von Jambiani. Die Betreiber haben weitere Lodges am Eingang des Arusha National Park. ❺

Spice Island Hotel, ✆ 0777-512512, 🖥 www.spice-island-hotel-resort.com. Neues, weitläufiges Hotel unter deutscher Führung. Große Zimmer in typischer Swahili-Dekoration; der riesengroße Pool und der unvergleichliche Tropengarten suchen ihresgleichen. Vorzügliche Küche, tolles Frühstücksbuffet. ❺

Kikadini Villas, ✆ 0777-707888, 🖥 kikadinivillas.com. Wohl das luxuriöseste Boutique-Hotel von Jambiani mit atemberaubenden Villas und Suiten im afro-arabischen Stil mit Butler-Service und allen erdenklichen Annehmlichkeiten. ❻–❼

Unterhaltung

Im **Coral Rock Garden** (siehe „Übernachtung") gibt es Unterhaltungsangebote und Partys, ansonsten bleibt es abends in den Resorts meist ruhig.

Aktivitäten

Alle Unterkünfte organisieren die insel-typischen Touren zu den Delfinen, zum Jozani-Chwaka Bay National Park oder zu den Gewürzplantagen. Zudem gibt es im Dorf ein bescheidenes **Kulturtourismusprogramm**, in dessen Rahmen das Dorf und der Alltag der Dorfbewohner vorgestellt wird (in den Unterkünften nachfragen).

Weitere Aktivitäten: Tauchen mit **Bucaneer Diving**, ✆ 0777-853403, 🖥 www.buccaneerdiving.com, oder Dive Centre Easy Blue Divers, ✆ 0777-422488, ✉ easybluedivers@yahoo.com, Ausflüge mit Kemi Tours & Travel, ✆ 0782-214127, 🖥 www.kemitours-zanzibar.com.

Transport

Daladalas (Nr. 309) fahren vom Darajani Market in STONE TOWN nach Jambiani, Share Taxis verkehren ebenfalls (je nach Saison) 2x tgl. Taxis verlangen an die US$50 für eine Fahrt.

Der Süden

Wenn man sich auf dem Weg zur Ostküste, vorbei an Jozani-Chwaka Bay National Park, bei Kitogani geradeaus hält, gelangt man in den südlichsten Teil Sansibars mit den beiden Hauptorten **Kizimkazi** und **Makunduchi**. Bis vor einigen Jahren gab es hier außer landestypischen Gästehäusern noch keinerlei Infrastruktur, doch langsam entwickelt sich (auch infolge der nun von Kitogani und Paje durchgehenden Teerstraße bis Makunduchi) eine kleine touristische Szene. Bekannt ist Kizimkazi vor allem wegen der beliebten Delfin-Touren.

Auf dem Weg in den Süden passiert man weitere Ruinen aus der Sultans- und Kolonialzeit, z. B. die **Bikhole Ruins** oder die **Unguja Ukuu Ruins**, doch ohne ortskundige Begleitperson sind sie nur schwer zu finden.

Kizimkazi

Kizimkazi besteht eigentlich aus zwei Ortschaften: Kizimkazi Dimbani (gleich zu Beginn der Dorfeinfahrt) und Kizimkazi Mkunguni (3 km weiter südlich). Kizimkazis Bekanntheit rührt von den Delfin-Touren her, doch auch seine historische Bedeutung ist bemerkenswert, denn bei der **Moschee** von Kizimkazi Dimbani soll es sich um die älteste Moschee der Shirazi auf Sansibar handeln. Sie wurde im frühen 12. Jh. errichtet und ist heute noch in Gebrauch, obwohl man das unscheinbare Gebäude auf den ersten Blick nicht als Moschee erkennt.

Die Koranverse in der Moschee werden auf das Jahr 1107 datiert, was belegt, zu welch frühem Zeitpunkt der Islam bereits auf Sansibar Einzug hielt. Um 1770 fanden Restaurierungsarbeiten statt, und vor kurzem wurden ein wenig

Ausflug ins Paradies

Unguja Resort, Kizimkazi Mkunguni, ☎ 0774-477477, 🖥 www.ungujaresort.com. 11 geschmackvolle, riesengroße Villas mit Lounge-Bereich, Obergeschoss und Veranda in luftiger, tropischer Bauweise. Da es kaum Ecken in der Anlage gibt, wirkt die ganze Anlage sehr harmonisch, Feng-Shui lässt grüßen. Exzellente Gaumenfreuden und Gastgeber, die das Herz am rechten Fleck haben, machen das Paradies perfekt. Das Hotel hat eine eigene Tauchbasis. Liegt auf Klippen, und die beiden Sandbuchten können nur bei Ebbe zum Sonnenbaden genutzt werden. Pool. **❻** mit Halbpension

schmeichelhaftes Blechdach sowie weitere Wände hinzugefügt. Im Außenbereich finden sich einige Gräber von einflussreichen arabischen Kaufmännern.

Übernachtung und Essen

Karamba Resort, Kizimkazi Dimbani, ☎ 0773-166406, 🖥 www.karambaresort.com. Gemütliches Resort auf Klippen mit 22 farbenfrohen Zimmern und Suiten. Einige Zimmer sind mit fantasievollen Open-Air-Duschen ausgestattet. Die Chill-Out-Lounge ist ein schöner Platz, um die herrlichen Sonnenuntergänge zu genießen. Viele Aktivitäten, Sandstrand gleich nebenan. WLAN, Pool. **❹**

Aktivitäten

Delfinbeobachtung

Je nachdem, von wo aus man die Tour bucht, fällt der Preis unterschiedlich hoch aus. Er reicht von US$40 pro Boot über US$45 p. P. bei einer Buchung direkt in Kizimkazi (entweder bei den Hotels oder den Fischern) bis zu US$60–100, wenn von Stone Town aus gebucht und angereist wird. Eintritt US$5 p. P. (Menai Bay Conservation Fee).

Tauchen

Hauseigene Tauchbasis **Unguja Divers** im Unguja Resort mit 2 Booten. PADI Open Water US$520, PADI Advanced Open Water US$420, Double Dive US$120, 10 Tauchgänge US$470.

Das Unguja Resort holt seine Gäste normalerweise von STONE TOWN ab. Organisierte Transfers zum Karamba Resort kosten US$450 pro Fahrzeug, Taxis verlangen ungefähr dasselbe. Auf eigene Faust gelangt man mit Daladala Nr. 326 nach Kizimkazi (Dimbani und Mkunguni), 1 Std., 2000 TSH.

Makunduchi

Das kleine verschlafene Fischerdorf liegt am Ende der Teerstraße im äußersten Südosten der Insel. Einmal im Jahr kommt Schwung ins beschauliche Dorfleben, wenn in der dritten Juliwoche das persische Neujahr Mwaka Kogwa (s. S. 272) nach alter Tradition gefeiert wird. Ansonsten wird sich kaum jemand in diesen Winkel verirren – außer italienischen All-inclusive-Urlaubern, für die Club-Hotels errichtet wurden. Die knapp 70 km von Stone Town können mit Daladala Nr. 310 in ca. 1 1/2 Std. zurückgelegt werden.

Die Insel Pemba

Sattgrüne Reisfelder, Ochsenkarren auf staubigen Straßen, Mangobäume bis zum Horizont, sanfte Hügel und der Duft von Nelken – so könnte eine Kurzbeschreibung von Pemba lauten, das wegen seiner dichten tropischen Vegetation auch als „grüne Insel" bekannt ist. Zu der 68 km langen und zwischen 15 und 25 km breiten Insel gehören unzählige kleine, unbewohnte vorgelagerte Eilande – ideale Refugien zum Segeln, Tauchen und Sonnen.

Auch wenn Pemba durchaus das Potenzial hätte, Sansibar den Rang abzulaufen, führt die 56 km vom Festland entfernte und nur 45 km nordöstlich von Unguja gelegene, hügelige Insel mit ihren 362 000 Einwohnern politisch wie touristisch ein Schattendasein. Die gesamten Ressourcen des Verwaltungsbezirks werden schließlich in die Hauptinsel Unguja gesteckt, und statt vom Boom der letzten Jahre zu profitieren, hat sich Pemba nur noch tiefer in die Armutsspirale manövriert.

Es gibt wenig Infrastruktur und kaum Fahrzeuge, die meisten Inselbewohner sind mit dem Fahrrad unterwegs. Stromausfälle sind an der Tagesordnung, und Tankwagen müssen nicht selten für das öffentliche Leitungssystem einspringen, um die Wasserversorgung der Bevölkerung sicherzustellen. Ein Mann, der etwas Geld übrig hat, leistet sich in der Regel eher eine Zweitfrau, als das Geld in die Anhebung seines Lebensstandards zu investieren. Es überrascht nicht, dass Pemba als Hochburg der Partei CUF, der **Civic United Front**, gilt, die vehement eine Loslösung von Tansania fordert und radikalislamische Ansichten vertritt. Moderne Entwicklungen sind mit den Parolen der CUF nicht kompatibel.

Die drei wichtigsten urbanen Zentren sind **Wete**, **Mkoani**, wo die Fähren aus Sansibar anlegen, und die Hauptstadt **Chake Chake**. 80 % der Nelkenproduktion des gesamten Archipels findet noch immer auf Pemba statt. Besonders zur Erntezeit der Gewürznelken im September bietet sich dem Besucher ein prachtvolles Bild: Die rot glänzenden Nelken werden per Hand gepflückt und dann am Straßenrand zum Trocknen ausgelegt. Ihr Duft hängt überall in der Luft.

Dass die Insel vor Jahrhunderten strategisch wesentlich wichtiger als heute war, belegen überwucherte **Ruinen** von Moscheen, Häusern oder Gräbern, zum Teil noch aus der Shirazi-Zeit. Später, unter den Omanis, wurde Pemba zur

Hexenzauber und Geister

Wenn schrille Gesänge oder Trommeln in der Ferne erklingen, werden gerade irgendwo böse Geister ausgetrieben. Von weit her, sogar aus Kenia oder den Komoren, kommen „verwunschene" Menschen, um von den als besonders erfahrenen und kraftvoll bekannten *waganga*, den Hexendoktoren, Heilung zu erfahren. Besonders für hartnäckige und zerstörerische Hexenzauber, die *uchawi*, nehmen viele den beschwerlichen (und teuren) Weg nach Pemba auf sich. Ausführliche Informationen zum Glauben an Geister gibt es im Kapitel „Land und Leute", S. 139.

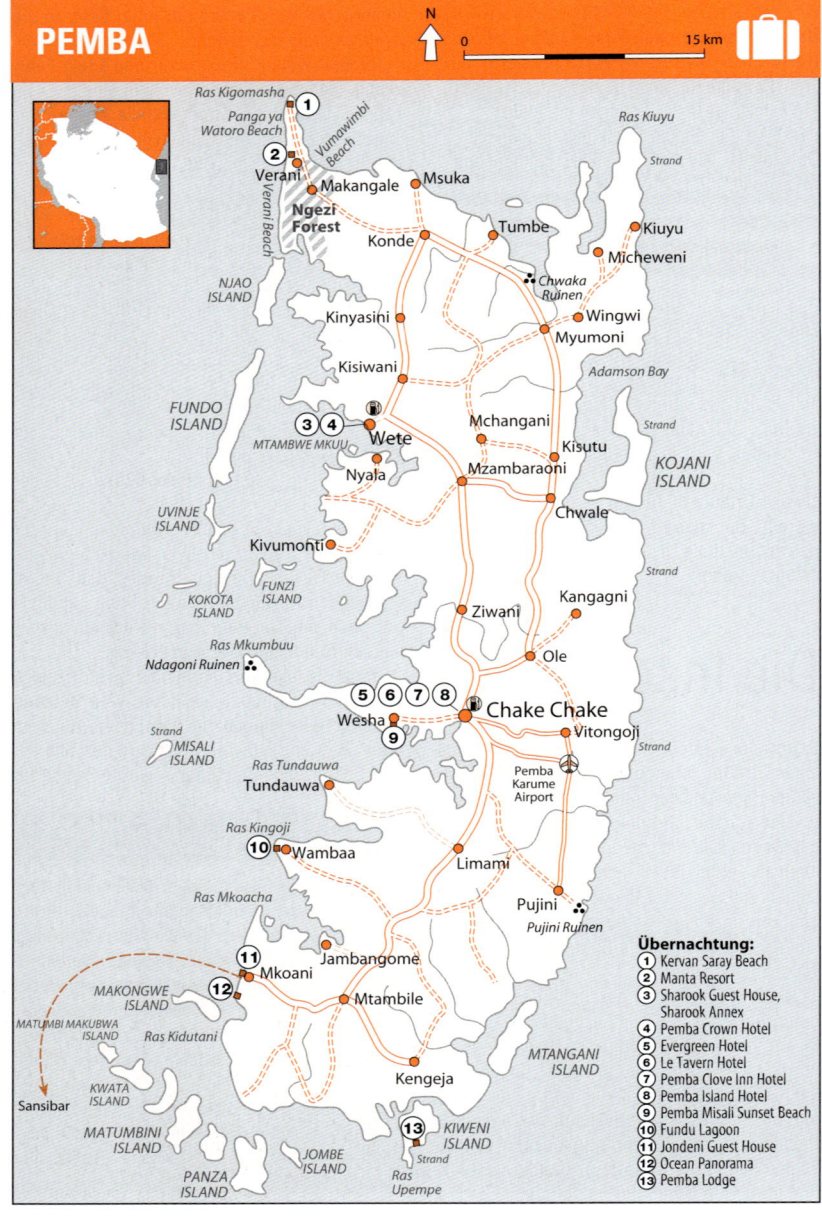

N

0   15 km

Sansibar und Pemba

Ras Kigomasha
① Panga ya Watoro Beach
Verani
② Makangale
Ngezi Forest
Verani Beach
Vumawimbi Beach
Msuka
Konde
Ras Kiuyu
Strand
Tumbe
Kiuyu
Micheweni
NJAO ISLAND
Kinyasini
Chwaka Ruinen
Wingwi
Myumoni
Kisiwani
Adamson Bay
FUNDO ISLAND
③ ④ Wete
Mchangani
Kisutu
KOJANI ISLAND
Strand
MTAMBWE MKUU
Nyala
Mzambaraoni
UVINJE ISLAND
Kivumoni
Chwale
FUNZI ISLAND
KOKOTA ISLAND
Strand
Ziwani
Kangagni
Ras Mkumbuu
Ndagoni Ruinen
Ole
⑤ ⑥ ⑦ ⑧ Chake Chake
Wesha
⑨
Vitongoji
Strand
MISALI ISLAND
Ras Tundauwa
Pemba Karume Airport
Strand
Tundauwa
Ras Kingoji
⑩ Wambaa
Limami
Ras Mkoacha
Pujini
Pujini Ruinen
⑪ Mkoani
Jambangome
MAKONGWE ISLAND
⑫
MATUMBI MAKUBWA ISLAND
Ras Kidutani
Mtambile
MTANGANI ISLAND
Sansibar
KWATA ISLAND
Kengeja
MATUMBINI ISLAND
PANZA ISLAND
JOMBE ISLAND
Ras Upempe
⑬
KIWENI ISLAND
Strand

Übernachtung:
① Kervan Saray Beach
② Manta Resort
③ Sharook Guest House, Sharook Annex
④ Pemba Crown Hotel
⑤ Evergreen Hotel
⑥ Le Tavern Hotel
⑦ Pemba Clove Inn Hotel
⑧ Pemba Island Hotel
⑨ Pemba Misali Sunset Beach
⑩ Fundu Lagoon
⑪ Jondeni Guest House
⑫ Ocean Panorama
⑬ Pemba Lodge

Drehscheibe im Sklavenhandel. Die historische Bedeutung kann heute kaum mehr nachvollzogen werden, da die Überreste der vielen Ruinen immer weiter schrumpfen, verwenden doch die Inselbewohner die alten Steine, um daraus ihre Eigenheime zu bauen. Dabei gab es Zeiten, wo hier sogar eigene Münzen geprägt wurden.

Die zutiefst moslemische Gesellschaft verhält sich Touristen gegenüber zurückhaltend. Pioniergeist ist ein Muss für alle, die die Insel auf eigene Faust erkunden möchten. Reisende verbinden mit Pemba (so sie es überhaupt kennen) eher herrliche Strände, z. B. auf **Misali Island**. Grandiose Naturlandschaften prägen die Insel aber nicht nur zu Lande, sondern vor allem zu Wasser: Pemba ist bekannt für seine **Tauchgründe** in den vorgelagerten Korallenriffen; die Sicht ist generell besser als auf Sansibar. Viele Tauchspots weisen starke Strömungen auf und sind nur für gute Taucher geeignet. Die Meeresenge zwischen Pemba und dem Festland, der Pemba Channel, bietet optimale Möglichkeiten zum Fischen.

Auf Pemba können Reisende getrost einige Gänge zurückschalten, der Charme der Insel liegt in ihrer Ursprünglichkeit. Der Puls des Lebens wird von den Gezeiten des Meeres bestimmt, Instant-Touren von der Stange wird man vergeblich suchen. Das Hauptaugenmerk der Reisenden richtet sich auf das Erleben tropischer **Natur**. Strände und Sandbänke, Mangrovenwälder, Schnorchel- und Tauchspots, Urwälder und Pemba Flying Foxes (Pemba-Flughunde) sind die Hauptattraktionen – die man kaum einem anderen Reisenden teilen muss. Die Pemba-Flughunde stehen allerdings seit 1988 auf der Roten Liste der UN für bedrohte Tierarten, da ihr natürlicher Lebensraum durch das Abholzen der Wälder akut bedroht ist.

Der Großteil der **Unterkünfte** ist landestypisch, außer den vereinzelten luxuriösen Strandhotels liegen die meisten Gästehäuser nicht am Meer. Alle Unterkünfte helfen gerne beim Organisieren von Ausflügen, Rad- oder Bootstouren.

Der **Nahverkehr** verläuft über den Hauptverkehrsknotenpunkt Chake Chake; alle öffentlichen Transportmittel, zumeist Daladalas mit abenteuerlichen Holzaufbauten, fahren vom und zum Hauptort. Die Orientierung fällt leicht, da

auf den Bussen oder Trucks jeweils vorne das Fahrtziel ausgewiesen ist. Von Mkoani führt eine neuere Teerstraße bis zum Flughafen in Chake Chake. Wie überall in Tansania scheint man auch auf Pemba alle verlorene Zeit des Tages beim Busfahren aufholen zu wollen. Neben den öffentlichen Transportmitteln existieren einige wenige Privatfahrzeuge, z. B. Taxis oder die Geländewägen der Tourismusunternehmen. Die gehobeneren Hotels holen ihre Gäste ohnehin an der Fähre oder am Flughafen ab. Alternativ zu den klapprigen Bussen bieten sich für das hügelige Gelände und die tiefen Sandpisten auch Fahrräder als Fortbewegungsmittel an – aber nur für sportliche Typen, die gerne bergauf und -ab fahren. Wegen des tiefen Sandes kann das Radfahren eine schweißtreibende Angelegenheit sein, aber man gelangt dorthin, wo kein Fahrzeug mehr hinkommt. Für echte Individualisten mehr als empfehlenswert! Als Alternative bleiben noch immer die Daladalas.

Mkoani und der Süden

Das am Südzipfel gelegene Mkoani ist der kleinste der drei Hauptorte und gleichzeitig jener, an dem Bootsreisende die Insel betreten. Die Fähren von Sansibar legen nämlich hier an. Durch die Errichtung des Piers, der in den frühen 1990er-Jahren von der EU finanziert wurde, ist der Hafen relativ gezeitenunabhängig und stellt deshalb die wichtigste Verbindung zum restlichen Tansania dar. Einige Teile des Ortes liegen erhöht auf einem Hügel, von wo aus die idyllische Landebucht eingesehen werden kann. Links und rechts vom Pier legen täglich die Fischer in ihren Dhows an, deren Fang anschließend auf Ochsenkarren abtransportiert wird. Wegen der Aussicht und Swahili-Romantik kommen Besucher gerne nach Mkoani, nicht wegen der Infrastruktur, die eher der eines Dorfes mitten im tansanischen Busch entspricht.

Übernachtung und Essen

Jondeni Guest House, knapp 1 km nördlich der Anlegestelle, erhöht gelegen, ☎ 024-2456042 oder ☎ 0777-460680. Landestypische, sympathische Unterkunft mit großer Veranda, wo die phänomenalen Sonnenuntergänge bewundert werden können. Schmackhafte Fisch- und Meeresfrüchtegerichte. Abholung von der Fähre und Tickets dafür werden organisiert. ❷

Ocean Panorama, Nähe Hafen, ☎ 024-2456166, 💻 www.zanzibaroceanpanorama.com. Sympathisches, kleines, einfaches Gästehaus in erhöhter Lage mit schönem Blick aufs Wasser. Gute Küche, vor allem Fisch und Meeresfrüchte, ruhig gelegen, umsorgendes Betreiberehepaar. Liegt bequem für Leute, die mit dem Boot kommen. Der dazugehörige Strandabschnitt taugt zwar nicht zum Schwimmen, aber allemal um entspannende Spaziergänge entlang der Mangroven zu machen. ❸

Pemba Lodge, ☎ 0777-415551, 💻 www.pembalodge.com. Auf einer Insel im äußersten Süden gelegen, ist die neuere Öko-Lodge eine Bereicherung für Pemba. Für Naturfreunde, Erholungsbedürftige und Individualisten ideal. Man wandert in 3 Std. um die Insel, erfreut sich an den Geräuschen und Gerüchen der Mangrovenwälder und erlebt im benachbarten Fischerdorf traditionellen Swahili-Alltag. Die rustikalen Bungalows sitzen auf Stelzen, die Möbel stammen aus gebrauchtem Bootsholz, es gibt Solarlampen und Komposttoiletten. Zugang nur per Boot. ❻

Fundu Lagoon, Wambaa, nördlich von Mkoani, zu buchen über ☎ +44 1 923 437 634 oder ☎ 0763-592820, 💻 www.fundulagoon.com.

An einem herrlichen Sandstrand gelegen, schafft das exklusive kleine Hotel den Spagat: geschmackvoller Luxus bei naturverbundenem, rustikalem Ambiente. 18 große offene Canvas-Zelte auf Holzplattformen, kühlende Makuti-Dächer, je nach Kategorie mit kleinem Pool vor der Hütte. Infinity Pool, Spa. Inspiriert alle Sinne. Tauchen: PADI Open Water US$650, 6 Tauchgänge US$395. Hochseefischen auf Anfrage. Geschlossen Mitte April–Mitte Juni. Erhält laufend Auszeichnungen und Awards. Die Anlage ist nur per Boot zu erreichen. ❼

Sonstiges

Alle wesentlichen Einrichtungen liegen entlang der Hauptstraße nach Chake Chake. Vom Pier aus gesehen kommt zuerst die **Post**, dann die **Polizei** und schließlich weiter östlich das **Krankenhaus**.
Mkoani dient als gute Basis für **Ausflüge** auf die nahe gelegenen Eilande, z. B. Misali Island, Matumbi Makubwa oder Kwata. Die Gästehäuser organisieren Bootsausflüge zu den Inseln (US$25–35 p. P.), Dhowtrips (US$20 p. P.) und Angeltrips, Fahrräder können gemietet werden.

Transport

Der Busbahnhof befindet sich unübersehbar mitten im Ort.

Fähren
Derzeit verkehren die Fähren nach STONE TOWN am Mo, Mi, Do, Fr jeweils um 11 und 12 Uhr (Fahrzeit ca. 3 Std., Schnellboot US$45), doch sollte man unbedingt im Hafen nach dem aktuellen Fahrplan fragen. Die Schnellboote fahren jeweils nach DAR ES SALAAM weiter (oder kommen von dort).

Chake Chake

Relativ zentral auf der Insel, knapp 28 km nördlich von Mkoani und 30 km südlich von Wete, liegt der Hauptort und Verwaltungssitz Chake Chake. Hier, um den größten Ort der Insel (schätzungsweise 40 000 Einwohner), gruppiert sich die Infrastruktur: Das Stromkraftwerk liegt westlich, ein wenig nördlich befindet sich das einzige

Fußballstadion der Insel und mitten im Ort, beim arabischen Fort, steht das größte Krankenhaus, Anfang der 1990er-Jahre mit EU-Mitteln errichtet. Der 7 km westlich gelegene offizielle Hafen ist für die Insel relativ unbedeutend, da er stark von den Gezeiten abhängig ist.

Das Wohnhaus des Präsidenten von Sansibar, wenn er auf Pemba weilt, steht bezeichnenderweise im Stadtteil **Tibirinzi**. Der Name soll sich von *deep breeze* ableiten und gibt Aufschluss darüber, dass die Brise in diesem Stadtteil die Hitze viel erträglicher macht. Die historische Bedeutung von Pemba ist am ehesten noch hier sichtbar. In der Nähe des Fischerhafens stehen die Reste eines alten **arabischen Forts**, das vermutlich im 18. Jh. errichtet wurde. Genaue Daten sind nicht verfügbar, doch portugiesische Baustrukturen, z. B. der rechteckige Turm, deuten darauf hin, dass bereits die Portugiesen hier eine Befestigungsanlage errichteten, die von den Omanis später erweitert wurde. Teile des Forts wurden über die letzten Dekaden abgetragen, um die umliegenden Gebäude, u. a. auch das Krankenhaus, zu erbauen. Heute ist ein kleines Museum im Fort untergebracht. ⏲ tgl. 9–16 Uhr, Eintritt 2000 TSH.

Bei einem Streifzug durch die überschaubare Altstadt kann man noch mehrere historische Gebäude entdecken, beispielsweise die Bibliothek, das Zollhaus oder das alte **Gerichtsgebäude** *(court house)* mit seinem Uhrturm.

Der **Basar** von Chake Chake kann sich zwar mitnichten mit Stone Town messen, doch die engen Gassen und kleinen *maduka* haben ihren Charme.

Übernachtung und Essen

Während des Ramadan nach Pemba zu reisen, bedeutet Einschränkungen in der Versorgung, insbesondere weil kein Frühstück serviert wird.
Evergreen Hotel, gegenüber People's Bank of Zanzibar, ✆ 024-2452633, ✉ pembaevergreen@hotmail.com. In einem vierstöckigen, weißen Gebäude neueren Datums direkt an der Hauptstraße von Chake Chake untergebracht, ist die Qualität der Zimmer bescheiden. Zimmer mit Balkon sind allein schon wegen der Luftzirkulation zu bevorzugen. Exkursionen werden organisiert. ❸

Le Tavern Hotel, ✆ 024-2452660. Einfache, abgewohnte Unterkunft mit 6 kleinen Zimmern, das Frühstück wird auf der Dachterrasse mit Blick auf die Dächer von Chake Chake serviert. Zentral am Anfang der Straße nach Wesha gelegen. ❸

Pemba Island Hotel, an der Hauptstraße von Chake Chake, ✆ 024-245 2215. Funktionales Mittelklassehotel im typischen Inselstil mit AC-Zimmern. ❹

Pemba Clove Inn Hotel, Nähe Evergreen Hotel, ✆ 024-2452795. Neueres, zweckmäßiges Mittelklassehotel mit 13 Zimmern, jedes mit AC und Warmwasser. Die Preise erscheinen dennoch zu hoch. Exkursionen aller Art werden organisiert. ❹

Pemba Misali Sunset Beach, Wesha, ✆ 0763-586712, 🖥 www.pembamisalidivers.com. Neuere, sehr gepflegte Hotelanlage mit Zimmern in knallgrünen Cottages, die Blick auf Misali Island haben. Gutes Restaurant auf Holzstelzen über dem Wasser. Schöne Sonnenuntergängen und angeschlossene Tauchbasis. ❹

Unterhaltung und Kultur

Pemba Bull Fights, Sep–Feb. Ob die Portugiesen den Stierkampf wirklich nach Pemba brachten, ist mittlerweile umstritten, aber im Gegensatz zum spanischen Pendant fließt hier unter keinen Umständen Blut, so wie es die Lehre des Islam fordert. Die unregelmäßig stattfindenden Kämpfe (meist nach der Ernte) – sie heißen *mchezo ya ngombe* – haben Volksfestcharakter, Hauptaustragungsort ist Chake Chake.

Aktivitäten

Einige wenige Unternehmen haben sich auf Exkursionen spezialisiert. Nach Möglichkeit sollte man eine Tour bei offiziellen Firmen oder bei den Unterkünften buchen, da die selbst ernannten Guides nicht die erwartete Qualität und Verlässlichkeit bieten.

Coral Tours, ✆ 24-2452045, ✉ coralnasa@yahoo.com. Herr Nassor Haji Nassor ist ein bemühter Veranstalter mit viel Wissen über Land und Leute.

Pemba Clove Tours, im Pemba Clove Inn. Recht zuverlässiger Veranstalter, höheres Preisniveau.

Pemba Island Reasonable Tours & Safaris, im Evergreen Hotel, 🖳 www.pembareasonable tours.com. Etwas günstiger als Pemba Clove Tours, doch auf E-Mail-Antworten darf man sich nicht verlassen, am besten ist es, den Veranstalter vor Ort aufzusuchen.

Sonstiges

Geld

Am besten ist es, mit ausreichend Barmitteln auf die Insel zu kommen. Die **NMB** sowie die **Barclays Bank** im ehemaligen Government Hotel (beide an der Hauptstraße) verfügen zwar theoretisch über ATMs (Visa- bzw. Mastercard), aber diese funktionieren häufig nicht. Geldwechsel ist möglich, Reiseschecks werden hingegen nicht mehr entgegengenommen.

Internet

Internet gibt es u. a. im **Adult Training Centre** an der Hauptstraße (30 Min. für 500 TSH) und im **Internetcafé** im alten Government Hotel (1 Std. für 1000 TSH).

Medizinische Hilfe

Das staatliche Krankenhaus in Chake Chake hat keinen guten Ruf, besser ist das staatliche Hospital von Mkoani. Die Apotheke im Erdgeschoss des Le Tavern Hotel mit einer englischsprachigen Apothekerin ist gut sortiert.

Polizei

Die Polizei liegt direkt an der Hauptstraße in Richtung Mkoani im Stadtteil Madungu.

Post und Telefon

Die Post liegt stadtauswärts in Richtung Mkoani.

Transport

Busse

Der Busbahnhof liegt zentral in der Ortsmitte, hinter dem Markt. Von WETE fährt die Linie 606 und von MKOANI die Linie 603, 1000 TSH.

Flüge

Die zuverlässigste Anreise erfolgt per Flug. Der **Karume Airport** von Pemba befindet sich ca. 6 km östlich der Stadt. Manchmal warten bei Ankunft des Flugzeugs Daladalas (mit der Aufschrift U/Ndege), doch darauf sollte man sich nicht verlassen. Einige Taxis stehen hingegen immer bereit und fahren für 8000–12 000 TSH nach Chake Chake.
Coastal Air, am Flughafen, ✆ 0777-418343, 🖳 www.coastal.cc. Von DAR ES SALAAM (via Sansibar) US$130, von TANGA US$95, von SANSIBAR US$95. **Zanair**, neben NMB-Bank, ✆ 024-2452990. Von SANSIBAR US$95.

Die Umgebung von Chake Chake

Etwa 10 km südöstlich von Chake und 5 km südlich des Flughafens liegt Pujini Village mit den **Pujini Ruins** (alternativ auch Mkama Ndume genannt). Die Befestigungsanlage soll einst vom berüchtigten Mohammed bin Abdul Rahman erbaut worden sein, der Pemba vor der Ankunft der Portugiesen regierte. Noch heute steht sein Name bei den Einwohnern von Pemba für Schrecken und Pein, da Mkama Ndume, so sein Spitzname (der so viel wie „Menschen-Melker" bedeutet), seine Untertanen besonders hart arbeiten ließ und jene, die sich weigerten, grausam bestrafte. Mit dem Taxi oder dem Fahrrad gelangt man leicht bis nach Pujini Village; dort sollte man einen lokalen Führer anheuern, da die Ruinen ansonsten nicht zu finden sind. Allerdings spricht im Dorf kaum jemand Englisch.

Westlich von Chake Chake, am äußersten Nordzipfel der Halbinsel **Ras Mkumbuu**, liegen Reste einer Moschee, von Hausfundamenten sowie 14 Gräbern. Diese Siedlung, von der größere Teile inzwischen unter dem Meeresspiegel liegen, soll im 11. Jh. eine der größten Siedlungen an der Ostküste Afrikas gewesen sein. Die Ruinen stammen vermutlich aus dem 13. oder 14. Jh., doch aus welchen Gründen die Siedlung im 16. Jh. aufgegeben wurde, ist nicht bekannt. Sie ist wohl die besterhaltene historische Stätte auf Pemba. Die Anreise erfolgt am besten per Boot, die Straße dorthin ist nämlich äußerst holprig und die Taxifahrer verweigern die Anfahrt.

Misali Island

Eines der Highlights eines Aufenthalts auf Pemba ist Misali Island. 17 km westlich von Chake Chake und 14 km nordwestlich von Mkoani liegt dieses Juwel Pembas. Es vereint alles auf kleinstem Raum, was Pemba so besonders macht: paradiesische Strände, aufregende Schnorcheltrips, reichhaltige Fauna und Flora zu Wasser und zu Lande sowie exzellente Tauchausflüge. Die dichten Mangrovenwälder, Urwälder und mysteriösen Baobab-Bäume bieten zahlreichen Vogelarten, die man auf den Lehrpfaden beobachten und hören kann, einen geschützten Lebensraum. Auch die vom Aussterben bedrohten **Pemba-Flughunde** sind neben zahlreichen anderen Spezies hier zu entdecken. Seit einiger Zeit nisten an bestimmten Strandabschnitten zudem **Suppenschildkröten** *(green turtles)*. Unter Wasser existieren über 40 Korallenarten sowie über 300 Fischgattungen – ein buntes Potpourri also für passionierte Taucher und Schnorchler. Sonnenanbeter finden mit Sicherheit ihren Lieblingsplatz an den zahlreichen blütenweißen Sandstränden, z. B. beim **Mbuyuni Beach**.

Die **Eintrittsgebühr** von US$10 ist in den Preisen für Exkursionen (oder fürs Tauchen) zumeist nicht enthalten und muss beim kleinen Visitor Centre an der Anlegestelle entrichtet werden. Die Insel ist nur für Tagesgäste zugänglich, Übernachten ist verboten. Die Anreise erfolgt per Boot, entweder von Chake Chake (US$50–60) oder Mkoani (ca. US$40) aus.

Um die Insel ranken sich verschiedene Legenden. Eine davon handelt von dem Piraten Captain Kidd, der angeblich einen Schatz auf Misali Island vergrub. Einer anderen Legende zufolge legte einst der moslemische Prophet Hadhara auf der Insel an. Als die Fischer keine Gebetsmatte (auf Swahili *msala*) auftreiben konnten, wählte er einen der Strandabschnitte, der dem Vernehmen nach gen Mekka ausgerichtet ist. Seitdem heißt die Insel Misali, abgeleitet von *msala*.

Die **Bendera-Höhle** der ansonsten unbewohnten Insel gilt als Heimstätte von Orakeln und Ahnen, die gegen Opfergaben Gesundheit garantieren.

Wete und Umgebung

Als zweitgrößtes urbanes Zentrum von Pemba ist Wete bedeutend beschaulicher als Chake Chake. Reisende kommen hier vor allem auf dem Weg zu den Lodges durch und wenn sie den Ngezi Forest besuchen. Über den zweitgrößten Hafen der Insel wird der Großteil der Nelkenernte verschifft, hier kommt auch ein Großteil des Fischfangs herein, der bedeutend reichhaltiger als auf Unguja ist. Dhows und Boote aus Tanga legen für gewöhnlich in Wete an.

Gegenüber vom Hafen befindet sich die kleine Insel **Mtambwe Mkuu**, auf der sich einst ein bedeutender Handelsort der Shirazi befand. Auf der ganzen Insel verstreut liegen Reste von Ruinen, und Funde von Silbermünzen beweisen eindrucksvoll, dass der Handelsort in der Tat äußerst wichtig war. Bei Ebbe ist die Insel zu Fuß erreichbar, normalerweise erfolgen die Exkursionen dorthin aber per Boot.

Der Urwald, mit dem vor 300 Jahren weite Teile der Insel überzogen waren, fiel den Nelkenplantagen zum Opfer. Ein letzter trauriger Rest kann im **Ngezi Forest** erlebt werden. Das immergrüne Dickicht, das heute als Naturschutzraum ausgewiesen ist, birgt endemische Fauna und Flora. Kleine Säugetiere wie Grüne Meerkatzen, Blauducker oder Zwergantilopen kommen vor; für die endemischen Baum- und Palmenarten *Odyendea zimmermannii* oder *Chrystalido Pembanus* existieren bislang noch nicht einmal englische oder deutsche Begriffe, was ihre Seltenheit unterstreicht. Zum Meer hin im Westen gehen die Baumbestände in Mangrovenwälder über. ⏲ tgl. 8–16 Uhr, Eintritt 6000 TSH, kein Eintritt für den Zugang zum Vumawimbi Beach. Am besten erfolgt der Besuch im Rahmen einer organisierten Tour.

Im Norden des Ngezi Forest erstreckt sich ein wunderbarer, blendend weißer und breiter Strand, der **Vumawimbi Beach**, der von allen Stränden noch am einfachsten zu erreichen ist. Weitere empfehlenswerte Strände sind der **Verani Beach** (an dem es eine einfache Bungalowanlage gibt, ☎ 0777-414408, 🖥 veranibeach. com, ❷, oder der **Panga ya Watoro Beach** (beide westlich des Ngezi Forest).

Übernachtung und Essen

Sharook Guest House und Sharook Annex, zentral gelegen, ☎ 024-2454076, 🖳 pembaliving. com. Beliebtes, einfaches Gästehaus samt Neubau mit sauberen Zimmern und hilfsbereiten Besitzern, die einfach alles organisieren können, was Reisende brauchen. Die 6 Zimmer (mit Warmwasser und Klimaanlage) im neuen Gebäude, das in einer ruhigen Seitenstraße liegt, sind zu bevorzugen. Abends ist man nach Vorbestellung auf der Dachterrasse mit Blick auf den Hafen und beobachtet tausende Flughunde (Pemba Flying Fox) beim Ausschwärmen. ❷

Pemba Crown Hotel, Nähe Hafen, ☎ 024-2454191, 🖳 www.pembacrown.com. Landestypisches Mittelklassehotel ohne viel Schnickschnack mit 15 Zimmern. Es ist nicht zu übersehen – der 3-stöckige wuchtige Bau wurde in typisch ostafrikanischer Sansibar-Manier errichtet. Internetzugang. ❷–❸

Kervan Saray Beach, Makangale (Norden), ☎ 0773-176737, 🖳 www.kervansaraybeach. com. Die Swahili Divers sind von Chake Chake hierher übergesiedelt. Gemütliche Zimmer in einer gepflegten Anlage mit guter Küche, aber die Hauptrolle spielt hier das Tauchen. Die Besitzer Raf und Cisca sind bekannt für spektakuläre Tauchgänge. Sie wissen enorm viel über die Riffe. Tauchkurs PADI Open Water US$450, Doppeltauchgang US$130, interessante Tauchspecials. ❻ mit Vollpension

Manta Resort, Kigomasha (Norden), ☎ 0776-718852, 🖳 www.themantaresort.com.

Unterbringung in komfortablen Bungalows mit Klimaanlage und Meerblick oder Zimmern in zweiter Reihe. Typisches rustikales Ambiente im luftigen Tropenstil – aber elegant. Tauchen: PADI Open Water US$400, Doppeltauchgang US$65. ❻ Vollpension, Getränke, Spa

Sonstiges

Polizei und **Post** liegen an der Hauptstraße Richtung Chake Chake. Das **Krankenhaus** ist zentral im Ort, gleich nebenan befindet sich eine **Apotheke**.
Manta Resort und Swahili Divers im Kervan Saray Beach organisieren **Tauchgänge**. Beide Resorts sind auch Ansprechpartner fürs **Hochseefischen**.

Transport

Die zentrale Busstation liegt neben dem Markt und in der Nähe des Sharook Guest House. Es fahren mehrmals tgl. **Daladalas** von und nach CHAKE CHAKE (Linie 606, 1000 TSH, 1 Std.).
1x wöchentl. fährt eine **Fähre** von Wete nach TANGA, zzt. So (6–7 Std.). Die genauen Abfahrtszeiten sind vor Ort im Hafen zu prüfen, Preis etwa 21 000 TSH. Wer von Tanga aus nach Pemba möchte, hat derzeit 4 Tage Aufenthalt (Ankunft von Tanga Di, Abfahrt So). Wer leicht seekrank wird, sollte von dieser Überfahrt aber absehen. Aus Sicherheitsgründen ist von einer Überfahrt mit Dhows von Pemba aus abzuraten.

Das nördliche Bergland

Stefan Loose Traveltipps

Moshi Im herrlich weitläufigen, sauberen Städtchen zu Füßen des Kilimanjaro lässt es sich gut ein paar Tage verbringen. S. 313

7 **Kilimanjaro** Der erste Blick auf den größten Berg Afrikas ist einer der ergreifendsten Momente jedes Tansania-Urlaubs. S. 330

Mkomazi National Park Der vielfältige Naturraum bietet, was anderen schon abhanden gekommen ist – rauen, faszinierenden Busch ohne Trubel. S. 342

8 **Usambara Mountains** Die Bergdörfer Lushoto und Amani zählen zu den Geheimtipps des sanften Tourismus in Tansania. S. 344

Mtae Weitab vom Schuss, dafür umso näher an Panoramen, die einem die Sprache verschlagen. S. 356

N

0   50 km

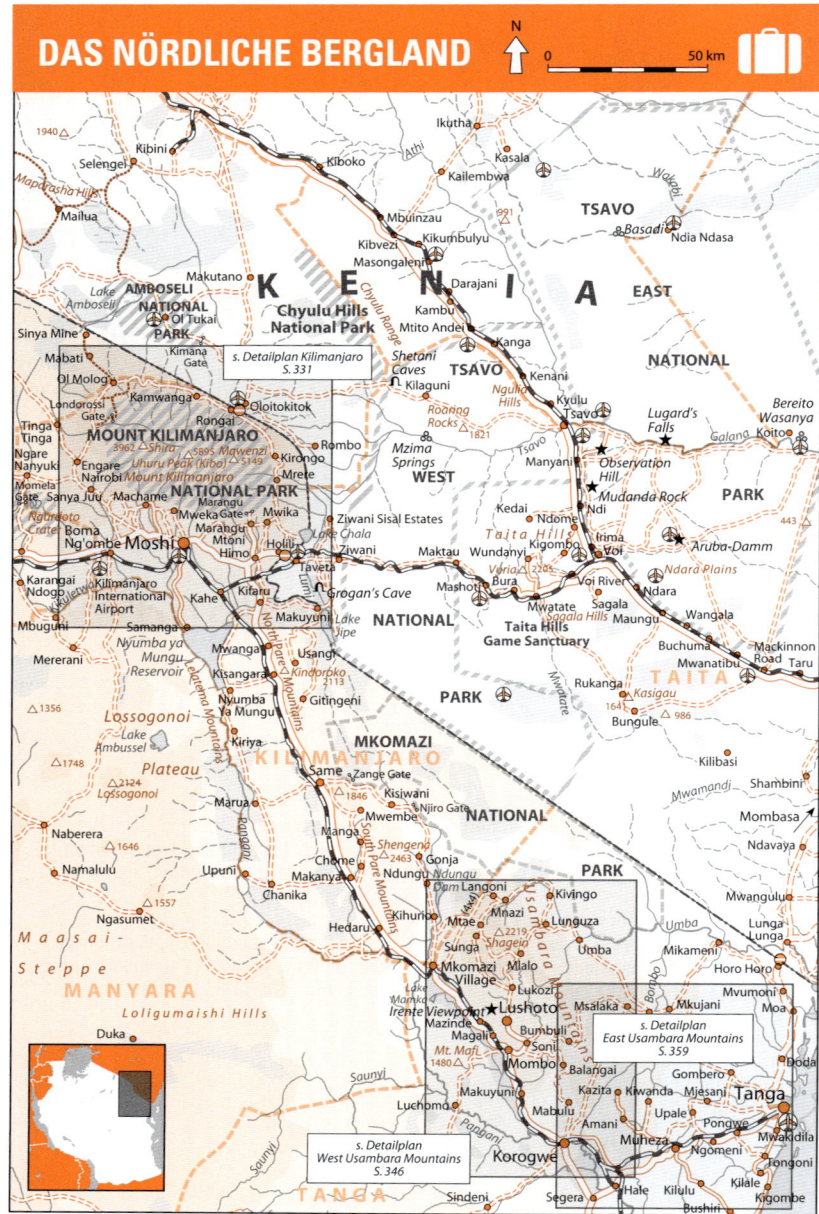

So stellt man sich Afrika wohl am allerwenigsten vor: schroffe Bergmassive, rauschende Wasserfälle, tiefgrüne Berghänge und ein Fernblick, der süchtig macht. Manche Landstriche erinnern stark an die Tiroler Bergwelt, wenn da nicht Bananenhaine, Kaffeeplantagen und der bunte Alltag Afrikas wären.

Das milde, niederschlagsreiche Klima, besonders rund um den Kilimanjaro und in den Usambara-Bergen, sorgt für fruchtbare Böden und bietet den hier ansässigen Menschen gute Lebensbedingungen. Kein Wunder also, dass die nördlichen Bergregionen (zu denen im weiteren Sinne auch Arusha sowie das Gebiet um den Mount Meru gehören, s. S. 366) äußerst dicht besiedelt sind.

Schon die ersten Missionare und Siedler wussten, wo es sich in Tansania gut leben lässt, was die Dichte an Kirchen und Religionsgemeinschaften im Norden und Nordosten erklärt. Ihnen ist es auch zu verdanken, dass die Region besser als andere Landesteile erschlossen ist und die Menschen eine vergleichsweise gute Grundbildung genießen.

Am Kilimanjaro

Weithin sichtbar erhebt sich die Silhouette des 5895 m hohen Kilimanjaro über dem endlosen Buschland. Er bildet mit Sicherheit einen Höhepunkt jeder Ostafrikareise, egal ob man ihn nun besteigt oder nur aus der Ferne betrachtet.

Moshi

In den Ausläufern des Kilimanjaro-Massivs, auf 800 m Höhe, liegt die sympathische, für afrikanische Verhältnisse saubere Stadt Moshi, die sich trotz ihrer Rolle als Drehscheibe für den Kilimanjaro-Tourismus ihre Leichtigkeit und Freundlichkeit erhalten hat. Moshi zieht die Touristenscharen an, weil alle wenigstens einen Blick auf das „Dach Afrikas" werfen möchten – wenn sie den Berg nicht ohnehin besteigen wollen. An unzähligen Plätzen in der Stadt und ihrer Umgebung kann man die atemberaubende Kulisse des Kili-

manjaro bestaunen, und die Menschen sind stolz darauf, dass der höchste Berg Afrikas (übrigens vollständig) in ihrem Land steht.

Wer den Aufstieg zum Gipfel anderen überlassen möchte, findet auch in der Umgebung reichlich Gelegenheit, sich an der üppigen Vegetation und den Naturwundern, wie z. B. Wasserfällen, zu erfreuen. Einen entscheidenden Vorteil hat Moshi überdies: Das Leben hier ist bedeutend günstiger als in Arusha.

Man weiß nicht genau, ob der aus dem Swahili stammende Name Moshi (zu Deutsch „Rauch") nun auf die letzte vulkanische Tätigkeit des Berges im 17. Jh. oder auf den Rauch der Dampfzüge zurückzuführen ist. Einigkeit besteht hingegen darüber, dass der relative Wohlstand der Gegend wohl nur durch das Zusammenspiel von deutschen Siedlern, britischer Verwaltung und den hier ansässigen, als geschäftstüchtig und fleißig geltenden Chagga zustandekommen konnte. Geschätzte 165 000 Menschen leben in Moshi, weit über 400 000 bevölkern die Hänge des Kilimanjaro insgesamt. Der größere Teil der Bevölkerung ist nach wie vor nach alter Tradition in der Landwirtschaft tätig. Das gemäßigte, niederschlagsreiche Klima macht das Kilimanjaro-Gebiet zu einer der ertragreichsten Regionen Tansanias, deren Feldfrüchte, z. B. Mais und Bananen, im ganzen Land verkauft werden. Zuckerrohr wird in weitläufigen Plantagen kultiviert, Kaffee und Sisal in großen Mengen exportiert.

Geschichte

Das ursprüngliche Dorf Moshi (heute als Old Moshi bekannt), auf das die ersten Missionare in den 1860er-Jahren stießen, lag etwas nordöstlich der heutigen Stadt. Damals regierten einzelne Chiefs (Häuptlinge) ihre Territorien, die jeweils – angepasst an die geografischen Bedingungen – durch Täler voneinander getrennt waren. Die durchziehenden Sklaven- und Elfenbeinkarawanen samt Händlern und Abenteurern mussten mit ihnen verhandeln und hohe Wegezölle abliefern. Dabei tat sich besonders der diplomatisch gewandte Häuptling **Chief Rindi** hervor, der 1891 auch den Vertrag mit den Deutschen über die Errichtung ihres Hauptquartiers unterzeichnete.

Wenig später, im Jahr 1893, wurden deutsche **Missionare** der Leipziger Mission in Moshi sesshaft und begannen die erste Mission namens Kidia zu erbauen. Die erste Kirche am Kilimanjaro wurde 1901 ebenda errichtet. Der Philanthrop und Missionar **Bruno Gutmann** lebte und arbeitete von 1909 bis weit in die 1930er-Jahre hinein in dieser Mission am Fuße des Kilimanjaro. Aus jener Zeit stammen über 20 Bücher und 400 Fachartikel über den Alltag und die Traditionen der **Chagga** (s. Kasten), die vermutlich eines der am besten dokumentierten Völker in Tansania sind. Noch heute gehören Gutmanns Schriften zum Standardrepertoire aller Afrikanistikstudenten und Ostafrika-Ethnologen.

Erst mit der Ankunft der **Usambara-Eisenbahn** im Jahr 1912, die den Hafen Tanga mit dem Hinterland verbinden sollte, wurde der Grundstein für das heutige Moshi gelegt, das näher am Bahnhof liegen musste. Im Laufe der Jahre wuchs Moshi zum wichtigen Geschäftszentrum heran. Dank des günstigen Hochlandklimas gediehen **Kaffeepflanzungen** hier ausgezeichnet, und als Kaffee noch Tansanias Devisenbringer Nummer eins war, zählte Moshi zu den reichsten Städten Ostafrikas. Nach dem Ausbau der Straße von der Küste nach Moshi und Arusha verlor die Eisenbahn an Bedeutung, dafür hat die Fernstraße der Stadt u. a. den Weg für den Tourismus geebnet.

Die Chagga – die Herren des Kilimanjaro

Mit geschätzten 1,5 Mio. Angehörigen stellen die Chagga eine der zahlenmäßig größten Ethnien des Landes dar. Sie leben überwiegend am Kilimanjaro und in dessen Umgebung, doch man trifft sie auch in allen anderen Landesteilen an, denn oft sind es Chagga, die gut gehende Geschäfte, Mittelklassehotels oder Safari-Unternehmen leiten. Ihr geschäftlicher Erfolg und sprichwörtlicher Fleiß wird von anderen Ethnien des Landes oft neidvoll und misstrauisch beäugt.

Da die ersten Missionare sich gezielt im gemäßigteren Teil Tansanias niederließen, waren die Chagga eines der ersten Völker, die christlich missioniert wurden und so Zugang zu **Bildung** erhielten. Dieser Umstand allein zeichnet aber nicht für ihren Erfolg verantwortlich, vielmehr bestellen sie schon seit vielen hundert Jahren mit althergebrachten, ausgeklügelten Methoden erfolgreich ihr Land. Die neuzeitliche Bildung wiederum verhalf ihnen zu den nötigen Fertigkeiten, um auch in der Geldwirtschaft zu brillieren.

Orientierung

An der nordöstlichen Stadteinfahrt (aus Richtung Dar es Salaam kommend) liegt der **Askari Monument Roundabout**. In südwestlicher Richtung verläuft die Teerstraße weiter nach Arusha, unterbrochen durch einen weiteren Kreisverkehr, den **Arusha Roundabout**. Nördlich des Highway befinden sich die besseren Wohnviertel der Stadt, wie **Shanty Town**, herrlich idyllisch mit Blick auf den Kilimanjaro, ebenso wie die teureren Unterkünfte, das KCMC-Krankenhaus und mehrere westliche Restaurants. Auch die Moshi International School hat ihren Sitz in Shanty Town.

Südlich des Highway liegt die Innenstadt mit ihrem wichtigsten Orientierungspunkt, dem **Clock Tower Roundabout**, an dem sich die Post sowie die NBC Bank befinden. Die meisten Budget-Unterkünfte, der Busbahnhof, das Handelszentrum sowie landestypische Gasthäuser und der Markt sind im Zentrum anzutreffen – ebenso wie typisch afrikanische Wohngegenden.

Sehenswürdigkeiten

Moshi bietet an sich wenig Sehenswertes, doch die Atmosphäre ist entspannt und die Stadt herrlich weitläufig. Die breiten, alleenartigen Straßen, kolonialen Fronten und markant voneinander abgegrenzten Wohnviertel sind ein Erbe der britischen Kolonialisten. So wurde das einstige Villenviertel der Kolonialisten, Shanty Town (auch

Manche sagen, es sei leicht, eine blühende Landwirtschaft hervorzubringen, wenn man die Gewässer des Kilimanjaro zur Verfügung habe. Doch dies stimmt nur bedingt, denn ohne die effektiven **Bewässerungssysteme** und unterirdischen Kanäle wäre der Lebensstandard der Chagga nur halb so hoch. Das Gefälle der oft nur 30–40 cm schmalen, in die Erde gegrabenen oder in den Fels gehauenen Kanäle ist so gering, dass das menschliche Auge es nicht wahrnehmen kann. So entstand zu Zeiten Vasco da Gamas im 15. Jh. die Legende vom Wasser am Kilimanjaro, das bergauf fließe. Man sieht sie kaum, doch allerorten hört man es leise plätschern und gurgeln – die Kanäle führen zu fast jedem Haushalt der Chagga. Ein faires Entnahmesystem regelt die Zufuhr zu den Häusern, sodass alle regelmäßig Wasser anzapfen können und das fragile System nicht zusammenbricht. Grellbunte Wasserkübel auf den Köpfen und den Händen von Frauen sind ein seltener Anblick am Kili, und die Hände bleiben frei für das Sammeln von Grünfutter für die Rinder, die zu Hause im Stall warten. Den Mist der Kühe verwendet man fürs Düngen, was erklärt, warum trotz saftiger Weiden keine einzige Kuh auf den Almen zu sehen ist. So entwickelte sich ein ausgeklügeltes Plantagensystem, das auf Bewässerungsanlagen, ausreichend Dünger und dem gemäßigten Klima beruht.

Kaffee zählt zu den *cash crops* (Agrarprodukte für den Export), doch anders als in Arusha oder Mbeya, wo riesige Plantagen in westlicher Hand Kaffeebohnen produzieren, wird der Kaffeeanbau am Kilimanjaro von Familienverbänden und Dörfern betrieben. Vor jedem Haus stehen Kaffeesträucher und die ganze Familie ist in die Produktion eingebunden. Solche Kleinplantagen mögen vielleicht nicht so effizient wie die Großplantagen des Nachbarn Arusha sein, doch sie dienen den Chagga dazu, sich ihre Eigenständigkeit zu erhalten.

Um die Chagga ranken sich auch zahlreiche **Legenden**. Sie erzählen von früheren Kriegen mit anderen Stämmen, von den ersten Weißen und natürlich den Wassergeistern und Ungeheuern. Es liegt auf der Hand, dass diese eine bedeutende Rolle in der lokalen Mythologie spielen, da sich die Chagga der Bedeutung des Wassers vollauf bewusst sind. Im Lake Chala soll beispielsweise ein Seeungeheuer leben, das zur Besänftigung Menschenopfer fordert, vorzugsweise Jungfrauen. Beim Lagerfeuer (da es am Abend empfindlich kalt wird) und einem Gläschen *mbege* werden solche alten Legenden gerne erzählt. Ob man sich bei dem gewöhnungsbedürftigen Geschmack des Gebräus von vergorenen Bananen in Hirsesuppe auf die Geschichten konzentrieren kann, bleibt allerdings fraglich.

Moshi

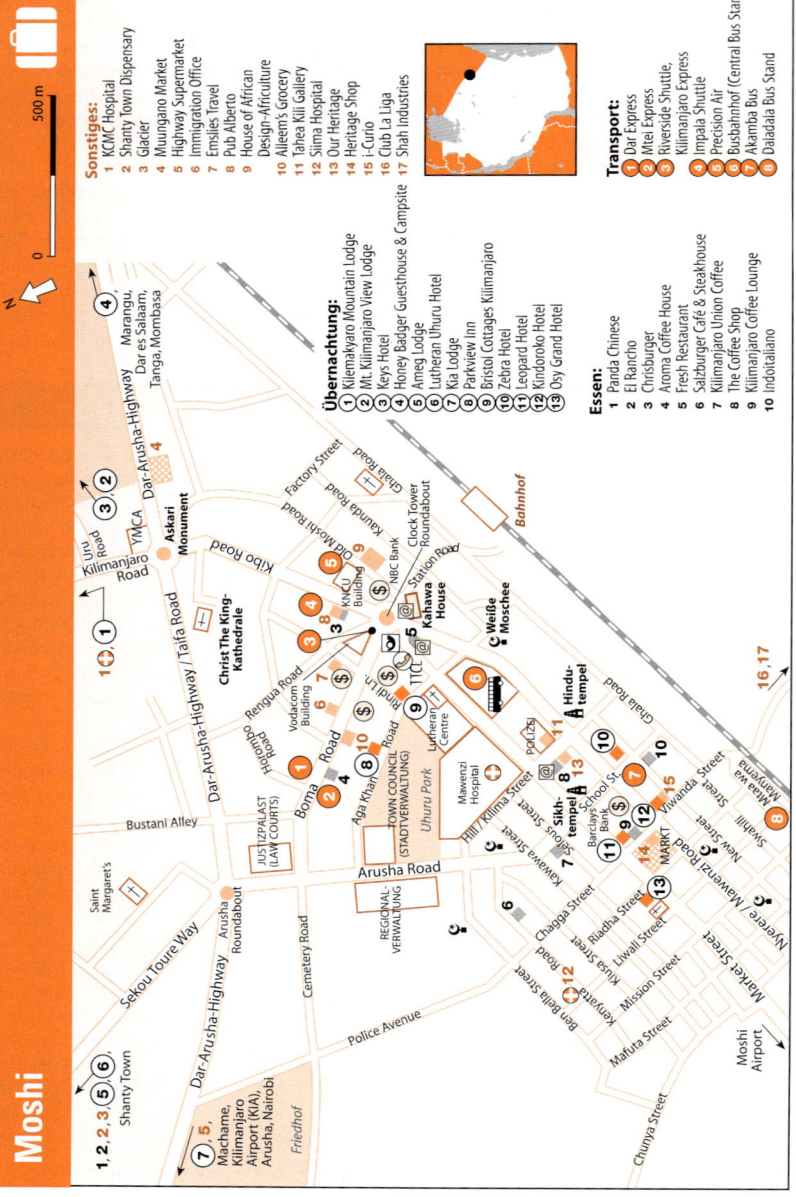

Sonstiges:
1 KCMC Hospital
2 Shanty Town Dispensary
3 Glacier
4 Muungano Market
5 Highway Supermarket
6 Immigration Office
7 Emslies Travel
8 Pub Alberto
9 House of African Design-Africulture
10 Aileem's Grocery
11 Tahea Kili Gallery
12 Siima Hospital
13 Our Heritage
14 Heritage Shop
15 i-Curio
16 Club La Liga
17 Shah Industries

Übernachtung:
1 Kilemakyaro Mountain Lodge
2 Mt. Kilimanjaro View Lodge
3 Keys Hotel
4 Honey Badger Guesthouse & Campsite
5 Ameg Lodge
6 Lutheran Uhuru Hotel
7 Kia Lodge
8 Parkview Inn
9 Bristol Cottages Kilimanjaro
10 Zebra Hotel
11 Leopard Hotel
12 Kindoroko Hotel
13 Osy Grand Hotel

Essen:
1 Panda Chinese
2 El Rancho
3 Chrisburger
4 Aroma Coffee House
5 Fresh Restaurant
6 Salzburger Café & Steakhouse
7 Kilimanjaro Union Coffee
8 The Coffee Shop
9 Kilimanjaro Coffee Lounge
10 Indoitaliano

Transport:
1 Dar Express
2 Mtei Express
3 Riverside Shuttle, Kilimanjaro Express
4 Impala Shuttle
5 Precision Air
6 Busbahnhof (Central Bus Stand)
7 Akamba Bus
8 Daladala Bus Stand

heute noch beliebtes Wohngebiet der besser situierten Einwohner), typischerweise vom Handelszentrum der Inder und den Wohngegenden der Afrikaner getrennt.

Auffällige Gebäude in der Innenstadt sind die **Weiße Moschee** und gleich anschließend ein **Hindutempel** in der Nyerere/Mawenzi Road. Überhaupt sind in der ganzen Stadt zahlreiche – vor allem christliche – Gotteshäuser zu finden, z. B. die **Christ The King-Kathedrale** direkt am zentralen Kreisverkehr mit dem **Askari Monument**. Im Süden von Moshi, an der Ghala Road, befindet sich der **Bahnhof**, ein Relikt aus der deutschen Kolonialzeit.

Ein Spaziergang durch die geschäftigen Gassen zwischen dem **Markt** (Chagga St.) und dem Busbahnhof ist in jedem Fall lohnend.

Übernachtung

Zentrum

Im Zentrum von Moshi gibt es Budget-Unterkünfte an jeder Straßenecke, meist in der Preisklasse von US$30–40 pro DZ. In jedem Fall sollte man sich das Zimmer vorher ansehen, da einige Häuser (und Zimmer) recht heruntergekommen sind. Aufgrund des Verkehrs und der Moschee ist der Lärmpegel im Zentrum hoch.

Kindoroko Hotel, Nyerere/Mawenzi Rd., ☎ 0753-377795, 🖳 www.kindorokohotels.com. Alteingesessener Platzhirsch in Moshi. Mehrstöckiges Hotel mit zweckmäßigen, in die Jahre gekommenen Zimmern. Frühstück auf der Dachterrasse mit Blick auf Moshi und den Kilimanjaro. Internet, Massagen (ab US$20). Sichere Parkmöglichkeit. ❷

Zebra Hotel, New St., ☎ 027-2750611. Das neuere, mehrstöckige Hotel mit 70 recht großzügigen Zimmern, teilweise mit Blick auf den Kili, befindet sich in einer ruhigeren Seitenstraße. ❷

Osy Grand Hotel, Riadha St., gegenüber Akiba Commercial Bank, ☎ 0658-266744, 🖳 www.osygrandhotel.com. Neueres, einfaches Stadthotel (28 Zimmer) mit unübersehbarer, rotbrauner Fassade und kleinen Zimmern. DZ ab US$40. ❷

Leopard Hotel, Market St., ☎ 027-2750884, 🖳 www.leopardhotel.com. Landestypisches Hotel in Hochglanzfliesen-Optik mit 47 kleinen

Kilimanjaro-Sonnenuntergänge

Die weitläufigen Kaffeeplantagen im Norden von Moshi, z. B. nördlich des KCMC-Krankenhauses, bieten bei Sonnenuntergang eine traumhafte Kulisse. Um Schwierigkeiten insbesondere mit den Angestellten der Plantagen zu vermeiden, sollte man allerdings mit einer einheimischen Person unterwegs sein.

Zimmern und AC, das zentral an der Hauptstraße und in Marktnähe liegt. Restaurant und Bar auf der Dachterrasse. ❸

Parkview Inn, Aga Khan Rd., ☎ 027-2750711, 🖳 www.pvim.com. Absolut tadelloses Hotel mit gutem Preis-Leistungs-Verhältnis, leider hat das Personal nicht den besten Ruf. WLAN. Die neuen Zimmer sind zu bevorzugen. Das Restaurant gehört allerdings nicht zu den besten der Stadt. Sichere Parkmöglichkeit. ❸–❹

Bristol Cottages Kilimanjaro, Rindi Lane, Ecke Aga Khan Rd., ☎ 027-275083, 🖳 www.bristolcottages.com. Freundliches Gästehaus in der Stadt. Die 8 Cottages und 3 Suiten sind äußerst geräumig und heimelig, während die Zimmer im neuen Anbau kleiner und weniger charmant sind. Bewachter Parkplatz. Eine kleine grüne Oase zum Wohlfühlen mitten in der Stadt. Die geringfügig teureren Cottages sind unbedingt zu bevorzugen! WLAN. Im Eingangsbereich befindet sich ein gut sortierter Souvenirladen (Old Africa Gallery). ❹

Nördlich des Highway

Hier finden sich überwiegend Mittelklassehotels und gehobenere Unterkünfte in ruhiger Grünlage. Das YMCA (am Askari Monument Roundabout) hat seine besten Zeiten bereits hinter sich und ist derzeit nicht empfehlenswert.

Lutheran Uhuru Hotel (vormals Lutheran Uhuru Hostel), Sekou Toure Way in Richtung Shanty Town, 3 km vom Zentrum entfernt, ☎ 027-2754512, 🖳 www.uhuruhotel.org. Weitläufige, schöne Parkanlage. 60 saubere, zweckmäßige Zimmer auf zwei Flügel verteilt, die teureren Zimmer im neuen Flügel (Kilimanjaro und Kibo Wing) sind zu bevorzugen. Einige der überteuerten Zimmer haben atemberaubende

Das nördliche Bergland

Aussicht auf den Kilimanjaro. Das Frühstück hält allerdings nicht, was die Ankündigung verspricht („The best breakfast in Tanzania!"). Das Restaurant kocht salzarme, bodenständige Küche, doch die Grillabende *(nyama choma)* sind lecker. Äußerst ruhig. ❸

Keys Hotel, Uru Rd., ✆ 027-2752250, 🖥 www.keys-hotels.com. Alteingesessenes Hotel und unbestrittener Platzhirsch mit dem Charme eines alpinen Berggasthauses. Das angeschlossene Tour-Unternehmen hat schon große Namen auf den Gipfel geführt. Ein neueres Stadthotel der Keys-Gruppe mit 48 Zimmern liegt ganz in der Nähe an der Mbokomu Rd. ❸

Ameg Lodge, Lema Rd., Shanty Town, ✆ 027-2750175 , 🖥 www.ameglodge.com. Gehört zu den empfehlenswertesten Optionen in Moshi. Komfortable Lodge mit 20 großen, recht schick eingerichteten Zimmern. Weitläufiger Garten, der etwas kahl wirkt, aber tolle Panoramen auf den Kilimanjaro ermöglicht. Schöner Pool und gut ausgestattetes Fitnesscenter. WLAN. Gutes Preis-Leistungs-Verhältnis. Bieten Kilimanjaro-Besteigungen an. Sicheres Parken. ❸–❹

Mt. Kilimanjaro View Lodge, Shimbwe Juu, ✆ 0784-392862, 🖥 www.mtkilimanjaroview lodge.com. Urige kleine Berglodge mit einfachen Hütten (8 Zimmer) im traditionellen Chagga-Stil auf 1950 m Höhe am Fuße des Kilimanjaro. Die besten Sonnenauf- und -untergänge in ganz Moshi! Viele Aktivitäten, Wanderungen, Kulturtourismus, Kilimanjaro-Besteigungen (s. Kasten). Die Lodge sollte man nur mit einem leistungsstarken Geländewagen selbst anfahren, denn nicht nur das Panorama verschlägt einem die Sprache, sondern auchdie hier

Bei den Chagga am Fuße des Kilimanjaro

In keiner Hochglanzbroschüre findet man, was der Chagga Philip Kilewo seinen Gästen während der (empfohlenen) zwei Tage Aufenthalt in der **Mt. Kilimanjaro View Lodge** bietet: Chagga-Folklore, romantische Wanderungen und authentisches afrikanisches Leben. Wer Luxus sucht, ist bei Philip falsch; die Unterbringung ist einfach, dafür sind die Erinnerungen unbezahlbar.

Im Vordergrund steht natürlich die herrliche Landschaft, die ausgiebig erkundet wird. Während einer kurzen Wanderung im nahen **Regenwald** beispielsweise sichtet man mit etwas Glück Guereza-Affen, wobei der Führer allerdings mit viel Geschick beim Nachahmen der Laute ein wenig nachhilft. Eine weitere Wanderung führt zum eindrucksvollen **Manambe Waterfall** (4–5 Std. hin und zurück). Die Begleiter teilen ihr Wissen um die lokale Flora und Fauna begeistert mit den Besuchern, ein Chamäleon wird mit Leichtigkeit im Dickicht erspäht. Schüchterne Dorfkinder mit verschmitztem Lächeln sind immer mit von der Partie.

Neben den Wanderungen spielt die Begegnung mit der **Kultur der Chagga** eine große Rolle. Gäste werden mit traditionellen Chagga-Tänzen und melodischen Liedern begrüßt – und jeder, der sich vom Rhythmus der stampfenden Füße anstecken lässt, ist herzlich zum Mitmachen eingeladen. Die Abende klingen jeweils gemütlich aus – am wärmenden Lagerfeuer. Philip erzählt uralte Chagga-Legenden, sagenumwobene Gestalten werden zum Leben erweckt und mitreißende Lieder angestimmt.

Frühmorgens steht dampfender Kaffee oder Tee vor der Hütte, denn der leuchtende **Sonnenaufgang** mag zwar das Herz erwärmen, die Finger bleiben jedoch um diese Tageszeit noch kalt. Es lohnt sich, früh aufzustehen, denn die aufgehende Sonne lässt das Dach Afrikas in besonders intensiven Farben erstrahlen.

Für dieses Abenteuer muss unbedingt **warme Kleidung** ins Gepäck, u. a. eine Goretex-Jacke mit Innenfutter, lange Jeans und festes Schuhwerk. Die Nächte können eisig kalt werden, besonders von Juni bis Oktober.

Philip Kilewo verfolgt mit dem Betrieb der Lodge einen lang gehegten Traum: den Chagga aus dem nahe gelegenen Dorf Arbeit und Bildung zu vermitteln. Die Angestellten danken es mit herzerwärmendem und umsorgendem Service. Kulturtourismus der besonderen Art also! Mehr Informationen sowie Infos zur Anfahrt s., „Übernachtung".

heraufführende Straße. Die Lodge sorgt gerne für den Transfer (US$30/Fahrzeug von Moshi). Philip organisiert auch Homestays in Shimbwe (US$10/Pers. pro Nacht). Anfahrt:Uru Rd., im Dorf Rau rechts, dann immer links bergauf halten, 16 km von Moshi entfernt. Philip bietet den Lesern des Stefan-Loose-Reiseführers reduzierte Preise – unbedingt bei der Buchung erwähnen. ❹ mit Vollpension

Kilemakyaro Mountain Lodge, Mweka Rd., ☎ 027-2754925, 🖥 www.kilimanjarosafari.com. Eingebettet in ausgedehnte Kaffeeplantagen in absoluter Ruhelage und weit weg vom Stadtzentrum liegt das alte deutsche Kolonialhaus, das einst als Wohnhaus für die Plantagenbesitzer diente und in dem heute die Rezeption sowie das Restaurant und die Bar untergebracht sind. Die meisten Bandas bieten eine phänomenale Aussicht auf den Kilimanjaro. Die Zimmer sind geräumig, äußerst sauber und komfortabel. Pool, Kilimanjaro-Besteigungen, recht gutes Restaurant. ❹

Am Flughafen KIA

Kia Lodge, zu buchen über Moivaro, ☎ 027-2506315, 🖥 www.moivaro.com. Für Reisende, die bei der Ankunft oder vorm Rückflug in Flughafennähe übernachten wollen, bietet sich diese Lodge an. Schicke Atmosphäre in 40 Zimmern mit Pool im trockenen Maasai-Land. Kein typisches Flughafenhotel, sondern eher eine atmosphärische Busch-Lodge mit farbintensiven Bougainvilleen und afrikanischem Interieur. ❺

Essen

Kaffee und Kuchen

Fresh Restaurant, am Clock Tower, gegenüber dem Postamt. Gute Chapatis und andere lokale Köstlichkeiten sowie starker Kaffee zum günstigen Preis. Zentraler Treffpunkt vieler Touristen und Expats. ⊙ tgl. 7–18.30 Uhr.
The Coffee Shop, Hill/Kilima St. Kleines, alteingesessenes Kaffeehaus mit Sitzmöglichkeit im Garten. Eine der besten Adressen für Snacks, Sandwiches, Kaffee, Tee, Milchshakes, Kuchen und Eiscreme, Preise von 3000–6000 TSH. Verwenden und verkaufen die köstlichen Produkte der Irente Farm in Lushoto.

Beliebt bei Overlandern

Honey Badger Guesthouse & Campsite, am Dar-Arusha-Highway, ca. 6 km östlich des Askari Monument Roundabout, ☎ 027-2754608, 🖥 www.honeybadgerlodge.com. Schöner, gepflegter Garten, angenehme Atmosphäre, Pool. US$5 p. P., US$10 p. P. samt Zelt. Auch einfache Zimmer (US$50/DZ mit Frühstück) sind vorhanden. Viele Kulturtourismus-Aktivitäten (Minimum 5 Pers.), z. B. Wanderung im Moshi Forest (US$25 p. P.), Exkursion zum Marangu Waterfall (US$40) oder ein Kochkurs (US$25).

Für Individualreisende ist das Schwarze Brett mit Privat- und Werbeanzeigen interessant. ⊙ Mo, Sa 8–17, Di–Fr 8–22 Uhr.
Aroma Coffee House, Boma Rd. Kilimanjaro-Kaffee, Burger, Sandwiches – Snacks, guter Kaffee und Tee zum Frühstück, Lunch und Abendessen. ⊙ Mo–Sa 7–20 Uhr.
Kilimanjaro Coffee Lounge, Chagga St. Erquickende Oase im amerikanischen Retrostil mit Kaffeespezialitäten, Bagels, Muffins und Kuchen mitten im geschäftigen Handelsviertel. Seit dem Besitzerwechsel 2008 stagniert die Qualität, max. 6000 TSH. ⊙ Mo–Sa 8–20, So 8–17 Uhr.
Kilimanjaro Union Coffee, Arusha Rd., Ecke Selous St. Die Pizza (bis max. 7500 TSH) stammt aus einem echten Pizzaofen. Guter (starker) Kaffee, Snacks und Kuchen, der sich draußen auf der Veranda des sorgfältig restaurierten Kolonialhauses am besten genießen lässt, 4000–6500 TSH. ⊙ tgl. 8–22 Uhr.

Restaurants
Zentrum
Salzburger Café & Steakhouse, Kenyatta St. Uriges Lokal mit einer limitierten Auswahl an schmackhaften Hauptspeisen unter 7000 TSH, z. B. Suppen um 3000 TSH, Pfeffersteak und Wiener Schnitzel um 7000 TSH. Der Besitzer verliebte sich während seines Studienaufenthalts in Salzburg in die Mozartstadt – und in VW-Käfer. Sein Restaurant ist proppenvoll mit Salzburg-Memorabilien und VW-Käfer-Artikeln. Gut und günstig. ⊙ tgl. 8–24 Uhr.

Chrisburger, Kibo Rd., Nähe Clock Tower. Der „McDonalds von Moshi" mit knackigen Hamburgern, Sandwiches und Frittiertem für alle, die Lust auf schnelle Küche haben. Ideal für Frühstück und Lunch, das man auf der Veranda im Innenhof einnimmt. Am Abend verwandelt sich das Restaurant in den Pub Alberto mit Billardtisch und Tanzfläche. Viele weiße Männer und etliche leichte Mädchen. ⏲ tgl. von früh bis spät.

Indoitaliano, New Street, gegenüber vom Buffalo Hotel. Das Restaurant ist für seine schmackhafte Pizza (ab 7000 TSH), italienische Spezialitäten und indische Gerichte (ca. 10 000– 15 000 TSH) bekannt. ⏲ tgl. mittags und abends.

Shanty Town

El Rancho, Zufahrt über Lema Rd. (in einer Seitenstraße). Mexikanisch ist nur der Name, denn das El Rancho ist das beste indische Restaurant weit und breit, mit Schwerpunkt auf vegetarischen Gerichten. Eines der beliebtesten Restaurants der Stadt, ausgezeichnetes Preis-Leistungs-Verhältnis, Hauptgerichte 6000– 10 000 TSH. ⏲ Di–So 12.30–22 Uhr.

Panda Chinese, Zufahrt über Lema Rd. Überaus beliebtes chinesisches Restaurant. Gut und günstig. ⏲ tgl. mittags und abends.

Unterhaltung und Kultur

Es ist nicht ratsam, nachts allein durch Moshi zu laufen, auch wenn die Stadt einen recht sicheren Eindruck macht. Nightlife-Fans sollten mit eigenem Fahrzeug oder Taxi unterwegs sein.

Nachtleben

Glacier, Sekou Toure Way/Lema Rd. Open-Air-Lokal im weitläufigen Garten eines alten Kolonialhauses. Kühles Bier, *nyama choma* (Spießchen) und am Wochenende Livemusik. ⏲ Fr–So 12–24 Uhr.

Pub Alberto, Kibo Rd., am Clock Tower. Laute Discorhythmen, Billardtische und viele willige Mädchen. Tagsüber firmiert das Lokal als „Chrisburger". ⏲ Di–So.

Club La Liga, südlich der Gleise im Industrieviertel. In der In-Disco wird heiße Discomusik gespielt, DJs legen auf. Gemischtes Publikum, Eintritt ca. 5000 TSH. ⏲ Di–So ab 22 Uhr.

Veranstaltungen

Kili[Man]jaro, jeweils Ende Feb/Anfang März, 🖥 kilimanjaro-man.com. Der Ironman auf Tansanisch sozusagen: Besteigung des Kilimanjaro, Radmarathon (246 km) und Laufmarathon (42,2 km), beide am Fuße des Kilimanjaro. Nur für die Härtesten unter den Harten! Veranstalter ist Chagga Tours, 🖥 www.chagga-tours.com.

Kilimanjaro-Marathon, jeweils Ende Feb/ Anfang März, 🖥 www.kilimanjaromarathon. com. Dieses Sportereignis, das seit 2002 jährlich veranstaltet wird, kann sich zwar nicht mit den Marathonläufen in unseren Breiten vergleichen, doch es werden ordentliche Preisgelder vergeben und humanitäre Projekte gefördert. Neuerdings als Teil des Kili[Man]jaro ausgetragen.

Einkaufen

Kunsthandwerk und Souvenirs

Die Auswahl ist recht groß, und kaum anderswo in Tansania lässt es sich günstiger Souvenirs einkaufen. Souvenirläden findet man in der ganzen Stadt.

Das **House of African Design – Africulture**, Old Moshi Rd., bietet ein großes Sortiment an Mitbringseln; **Our Heritage** neben dem The Coffee Shop, Hill/Kilima St., oder **Tahea Kili Gallery** gleich gegenüber haben ebenso gute Ware im Angebot.

i-Curio unter dem Kindoroko Hotel, Nyerere/ Mawenzi Rd., bietet verhältnismäßig viel Auswahl zu fairen Preisen.

Shah Industries, Karakara St., jenseits der Bahngleise, Nähe La Liga Nachtclub, 🖥 www.shahleather.com, produzieren ungewöhnliche Souvenirs, z. B. aus Leder oder Kuhhorn. Zusätzlich erhält man bei Interesse eine kostenlose Führung durch die Werkstatt.

Muungano Market, am Dar-Arusha-Highway, schräg gegenüber vom YMCA. Hier werden Makonde-Skulpturen, Holzschnitzereien und andere typische Souvenirs angefertigt.

Heritage Shop, Chagga St., gegenüber der Kilimanjaro Coffee Lounge. Große Auswahl an Souvenirs, erschwingliche Preise, auch Sonderanfertigungen sind möglich.

Der seltene violette Edelstein **Tansanit** (s. Kasten S. 321), der nur hier in der Gegend

Das nördliche Bergland

Diamanten gibt es in Südafrika, Russland oder Kongo, Rubine lagern in Thailand, Pakistan oder Tansania. Doch der Tansanit wurde bislang nur in einem einzigen Gebiet weltweit gefunden – in den **Merelani Hills** (auch Mererani Hills), 16 km südlich des KIA International Airport, der etwa auf halber Strecke zwischen Moshi und Arusha liegt. Die Anfahrt erfolgt über die Zufahrtsstraße zum Kilimanjaro International Airport (Abzweigung nach rechts kurz vor dem Flughafen).

Dass der Tansanit so rar ist (1000 Mal seltener als Diamanten!), macht ihn zu einem der wertvollsten **Edelsteine** überhaupt. 1967 erst wurde der zart violett bis leuchtend blau schimmernde Stein entdeckt. 585 Mio. Jahre benötigt er, um seinen vollen Glanz zu entfalten. Geologisch eigentlich eine Zoisit-Variante, taufte man ihn später wegen der semantischen Ähnlichkeit zum englischen Wort *suicide* (dt.: „Selbstmord") in Tanzanite um, wohl auch um die Einzigartigkeit des Steins zu untermauern.

Förderung, Verkauf und Export verlaufen seit jeher chaotisch. Auf Irrwegen erfuhr **Tiffany**, der weltberühmte Schmuckhändler aus New York, von seiner Entdeckung und nahm ihn zwei Jahre danach in seine Premium-Kollektion auf. Da aber der Nachschub an Steinen so unberechenbar war, Lieferzeiten nicht eingehalten wurden und Kunden immer wieder auf unbestimmte Zeit vertröstet werden mussten, nahm Tiffany ihn bald wieder aus dem Sortiment.

Wegen seiner leichten Spaltbarkeit muss der Stein in unterirdischen Stollen per Hand abgebaut werden. **Handel und Export** verlaufen – vielleicht gerade deshalb – in unkontrollierten Bahnen, die

die internationale Vermarktung des Steins massiv erschweren. Pessimisten vermuten, dass in den letzten Jahren 90 % aller Funde illegal, meist über Nairobi, ins Ausland geschmuggelt worden sind, vorbei am Ministerium und der Steuer, aber mit dem Segen hochrangiger Regierungsbeamter ... Alle Funde wurden im Ausland weiterverarbeitet, in vielen Fällen in Jaipur (Indien), wo angeblich 250 000 Menschen damit beschäftigt sind, Tansanite zu veredeln.

Nach dem Krisenjahr 2009, als der Tansanit-Markt infolge der Weltwirtschaftskrise zusammengebrochen war und Schätzungen zufolge 200 Tansanitminen schließen mussten, erließ die Regierung im Juli 2010 ein Gesetz, dass den Export von Rohtansanit komplett stoppte. Dadurch sollen US$100 Mio. an Wertschöpfung in Tansania geschaffen werden. Allein auf dem US-Markt, der 85 % der Steine erhält, erzielt der Tansanit Umsätze von US$500 Mio. jährlich. Zudem wurde verfügt, dass keine Abbaulizenzen mehr an Ausländer vergeben werden. Ob der Plan aufgeht, Wertschöpfung und Know-how nach Tansania zu transferieren, wird bezweifelt, allein schon weil kundige Edelsteinschleifer fehlen. Glaubt man den Einschätzungen der Experten, so könnte der Tansanit-Abbau in einigen Jahren ohnehin passé sein, wenn die unterirdischen Depots aufgebraucht sind. Dann wird der Tansanit höchstens im Museum zu begutachten sein.

2003 wurde der bislang größte Rohtansanit gefunden: Er wog 16 839 Karat, also etwas mehr als 3 kg. Vermutlich weil er genauso zerfranst aussah wie der Gipfel **Mawenzi** des Kilimanjaro, gab man ihm ebendiesen Namen.

Das nördliche Bergland

abgebaut wird, hat seinen Preis, und vor einem Kauf sollte man sicher sein, dass es sich nicht um Synthetik-Imitate handelt. Händler befinden sich in der Boma Road oder in der Rindi Lane.

Lebensmittel

Große Supermärkte à la Shoprite gibt es nur in Dar es Salaam und Arusha, doch Moshi hat eine

Reihe kleiner, recht gut sortierter Lebensmittelmärkte.

Highway Supermarket, am Dar-Arusha-Highway Richtung Arusha. Gut sortiert, aber sehr teuer.

Alleem's Grocery, Boma Rd. Fleisch- und Wurstwaren, Käse, Wein, Delikatessen. Obst und Gemüse kauft man am besten auf dem **Central Market** in der Chagga Street.

Kulturtourismus

Die Kulturtourismus-Szene ist in Moshi nicht besonders ausgeprägt, obwohl das Leben und die Errungenschaften der Chagga einige Aufmerksamkeit verdienen, ebenso wie die der beiden anderen Volksgruppen, der Maasai und der Pare. In der weiteren Umgebung von Moshi gibt es einige Programme, z. B. in Machame (S. 329) und Marangu (S. 326). Gute Anlaufstellen für Kulturtourismusinitiativen sind **Afromaxx** (s. unten) oder **Honey Badger Guesthouse & Camping** (S. 319).

Kahawa Shamba Coffee Tour, ✆ 0874-793969, ✉ info@kahawashamba.co.tz. Kaffeeliebhaber wird die Tour erfreuen, die vom Anbau an den Flanken des Kilimanjaro bis zur lokalen Röstung die einzelnen Arbeitsschritte der Kaffeeproduktion zeigt. Die Tour startet in Uru North Msuni, doch die Vorabbezahlung muss im KNCU-Gebäude (Kilimanjaro Native Cooperative Union) in Moshi getätigt werden. Von dort nimmt man ein Daladala nach Uru (Haltestelle Timberini), wo Gäste zu Fuß abgeholt werden. Involviert viel Marschieren und dauert den ganzen Tag. Afromaxx (s. unten) hilft bei den Arrangements (45 € p. P.), oder man organisiert alles auf eigene Faust (Tour ca. US$15 plus Transport und Verpflegung).

Zwischen Moshi und Arusha, in West Kilimanjaro, befindet sich das Maasai-Museumsdorf **Olpopongi** (s. S. 393), das einen Tagesausflug oder gar eine Übernachtung wert ist. Mehr Informationen zu anderen Kulturtourismusprogrammen finden sich im Kapitel Arusha, S. 377.

Reiten

Siehe unter Machame, S. 329.

Safari- und Trekking-Veranstalter

Man möchte meinen, dass Moshi das Zentrum des Kilimanjaro-Tourismus sein müsste, doch de facto ist dies Arusha. Deswegen ist die Zahl der professionell agierenden Veranstalter hier vergleichsweise klein. Die renommierten Hotels können zur Organisation von Besteigungen durchaus in Betracht gezogen werden, doch auch hier ist sorgfältig auf Qualität zu achten,

z. B. Ameg Lodge, Kindoroko Hotel oder Kilemakyaro Lodge.

Afromaxx, Basecamp Rose Home, Bustani Alley, ✆ 0684-4500458, 🖳 www.afromaxx. com. Deutschsprachiges Unternehmen mit Kilimanjaro-Besteigungen im mittleren Preissegment, am liebsten über weniger begangene Routen, z. B. die Lemosho-Route. Angeboten werden auch maßgeschneiderte Safaris und Kulturtourismusaktivitäten, z. B. Exkursionen nach Olpopongi (s. S. 393), Kaffeetouren oder Ausflüge zu den Chagga. Deutschsprachige Betreuung vor Ort.

Ahsante Tours & Safaris, Karanga Dr., direkt am Dar-Arusha-Highway, ✆ 027-2750248, 🖳 www.ahsantetours.com. Sympathisches, engagiertes Team mit Erfahrung, empfehlenswert für Kilimanjaro, Ol Doinyo Lengai, Mt. Meru, Crater Highlands und natürlich Safaris. Cuthbert und seine Frau Stella sind gebildete Menschen mit internationaler Erfahrung und dennoch tief in ihrem Land verwurzelt. Der Lebemann Cuthbert lässt auch den Spaßfaktor nicht zu kurz kommen. Mittleres Preisniveau.

Mauly Tours & Safaris, Mawenzi Rd., ✆ 027-2750730, 🖳 www.mauly-tours.com. Zuverlässige Standardtouren und Safaris; das Unternehmen hat einen guten Ruf in Moshi. Mittleres Preisniveau.

ZARA International, Rindi Ln., ✆ 0784-451000, 🖳 www.zaratours.com. Eines der größten Tourismusunternehmen in Moshi, das durchschnittliche Standardtouren in verschiedenen Preissegmenten anbietet. Hat einen tadellosen Ruf und deckt die komplette Standardpalette ab. Mittleres bis gehobenes Preisniveau.

Schwimmen

YMCA Youth Hostel, Askari Monument Roundabout, Dar-Arusha-Highway. Bester und größter Swimmingpool in Moshi, wo man ordentliche Züge schwimmen kann. Benutzung des Pools nur gegen Gebühr (3000 TSH).

Impala Hotel, Lema Rd., in Shanty Town. Poolbenutzung 3000 TSH.

Tagesausflüge

Ausflüge mit dem Auto können zum **Lake Chala** (z. B. mit Afromaxx), zum **Nyumba ya Mungu**, einem wichtigen Wasserreservoir (S. 340), oder zu den heißen Quellen **Maji Moto** (auch Chemka Springs) bei Sanya Chini (S. 394) arrangiert werden. Das historische **Old Moshi** mit der halbverfallenen ehemaligen Mission sowie dem ersten deutschen Fort kann ebenso besucht werden. Buchungen sind über Veranstalter (lokale, kleinere Veranstalter organisieren ausgezeichnete Tagestrips!) oder in den Hotels zu tätigen.

Wandern
Kilimanjaro-Besteigungen, s. S. 332. Auch die Ausläufer des Kilimanjaro-Massivs eignen sich hervorragend sowohl für gemütliche als auch für anspruchsvolle Tageswanderungen. Die meisten dieser Wanderungen starten in Marangu (z. B. zu den Marangu Waterfalls) oder Machame, aber auch von Moshi aus sind Wanderungen möglich, z. B. in den **Rau Forest**, ins **Kilimanjaro Forest Reserve**, nach **Kibosho**, zu Wasserfällen oder in die Umgebung von **Shimbwe Juu** (s. Mt. Kilimanjaro View Lodge, S. 318). Buchungen sind über Veranstalter (lokale, kleinere Veranstalter organisieren ausgezeichnete Tagestrips!) oder in den Hotels zu tätigen.

Sonstiges

Apotheken
In der Stadt gibt es mehrere Apotheken, z. B. in der Hill/Kilima St. oder Market St. Für Malariatests und Medikamente empfehlen sich das **Siima Hospital** sowie die **Shanty Town Dispensary** (s. „Medizinische Hilfe").

Autoreparaturen
Autowerkstätten befinden sich in der Rindi Ln. sowie in der Rengua Rd.

Expressversand
DHL-Büro im Kahawa House am Clock Tower, ℘ 027-2754030.

Geld
Banken
Bargeldabhebungen mit Visa-Card bei der **NBC Bank** (Clock Tower) und bei **Standard Chartered** (Rindi Ln.). Eine Abhebung mit der Visa-Card

ist auch bei **Chase Forex** (Rindi Ln.) möglich, allerdings gegen hohe Gebühren. Abhebungen mit der Master/Maestro-Card sind bei der **Stanbic Bank**, der **Exim Bank** (beide Boma Rd. Nähe Clock Tower) und der **Barclays** (Nyerere/Mawenzi Rd.) möglich.

Geldwechsel
Den besten Kurs bietet **Chase Forex**, Rindi Ln., weitere Wechselstuben wie **Executive Bureau de Change**, Boma Rd., **Trust Bureau de Change**, gegenüber Kilimanjaro Coffee Lounge, sind nur zweite Wahl.

Informationen
In Moshi gibt es keine offizielle Touristeninformation, auch wenn diverse Safari-Veranstalter dies mittels irreführenden Schildern glauben machen wollen. In einigen Cafés gibt es Schwarze Bretter, z. B. im The Coffee Shop oder in der Kilimanjaro Coffee Lounge.

Internet
Es gibt zahlreiche Internetcafés in der Stadt, z. B. **Kicheko Dot.Com**, Nyerere Rd. in Fahrtrichtung zum Clock Tower, **Easy.Com**, Kahawa House am Clock Tower, **Duma** (Kilima St.), neben dem Coffee Shop. Kosten: 1000–1500 TSH/Std.

Medizinische Hilfe
KCMC, Mweka Rd., beim YMCA-Kreisverkehr in Richtung Norden, ℘ 027-2754377–80, 🖳 www.kcmc.ac.tz. Hier, in einem der größten Hospitäler des Nordens, arbeiten viele westliche Ärzte, z. B. als Freiwillige oder Famulanten. Es kann zu langen Aufnahmezeiten kommen. Das Krankenhaus ist für tansanische Verhältnisse gut bestückt und erhält als kirchliches Spital genügend ausländische Spendengelder. Konsultation ca. US$50.
Siima Hospital, Kenyatta St., Ecke Liwali St., ℘ 027-2751272. Privatklinik im Stadtzentrum mit rund um die Uhr geöffneter Notfallstation für Malariapatienten sowie einer kleinen Apotheke.
Shanty Town Dispensary und Dr. Makupa, am Beginn der Lema Rd., Shanty Town, ℘ 027-2751606. Ausgezeichnete Versorgung. Medikamentenausgabe *(dispensary),* äußerst kundiger Arzt.

Sicherheit

Moshi gilt als recht sicherer Ballungsraum, aber Taschendiebe haben überall Hochsaison. Besonders rund um den Busbahnhof können die Flycatcher ganz schön lästig werden. Wer neu in der Stadt ist, sollte eine Taxifahrt (mit einem lizenzierten Fahrzeug) in Erwägung ziehen, auch wenn das Hotel zentral liegt. So kann man den Horden von aufdringlichen selbst ernannten Guides am besten entkommen und langsam ein Gespür für die Stadt aufbauen. Ansonsten gilt: Keine Spaziergänge in der Nacht!

Kibosho Hospital, ca. 16 km nördlich von Moshi, in den Ausläufern des Kilimanjaro, ☎ 027-7500861. Zufahrt über die Lema Rd. (Shanty Town), ca. 30 Min. Fahrt. Kirchliches und u. a. auch von deutschen Spendengeldern finanziertes Krankenhaus.

Polizei
Die größte Polizeistation von Moshi befindet sich im Zentrum in der Market St. zwischen Busbahnhof und The Coffee Shop.

Post
Hauptpostamt, Clock Tower Roundabout.

Reisebüros
Emslies Travel, Kibo Towers, Rindi Lane, ☎ 027-2752701, 🖥 www.emsliesglobal.com.

Telefon
TTCL beim Postamt am Clock Tower Roundabout, Internettelefonie in einigen Internetcafés möglich.

Visumsangelegenheiten
Immigration Office, Boma Rd., ☎ 027-2751557. ⏰ Mo–Fr 7.30–15.30 Uhr.

Nahverkehr
Daladalas
Am Daladala-Bahnhof und am zentralen Busbahnhof fahren laufend kleine Busse ab (erkennbar an den bunten Streifen), die jede Ecke von Moshi und seiner näheren Umgebung, z. B. **Machame**, **Marangu**, **Himo**, **Shimbwe** oder **Holili**, anfahren. Zusteigemöglichkeiten sind überall vorhanden (Winksignal!); beliebte Haltestellen sind der Clock Tower sowie das YMCA am Askari Monument Roundabout bei der Stadteinfahrt.

Taxis
Taxis (erkennbar am blauen Streifen) warten am Clock Tower, beim Busbahnhof oder beim Askari Monument Roundabout an der Stadteinfahrt. Stadtfahrten 3000–5000 TSH, Transfers vom Flughafen ca. 70 000–90 000 TSH, Fahrten nach Marangu 40 000 TSH. Wer in illegale, nicht lizenzierte Taxis steigt, ist selbst schuld.

Transport
Selbstfahrer
Die Straßen in der Stadt sind geteert, für Ausflüge außerhalb der Stadt sind ausnahmslos immer leistungsfähige 4WD notwendig. Achtung: Die Teerstraßen in Tansania verleiten generell zum Rasen, doch das Highway-Teilstück zwischen Moshi und Arusha gehört zu den tödlichsten Strecken in Tansania – auch weil das Verkehrsaufkommen zwischen den beiden wichtigen Tourismusstädten ständig im Steigen begriffen ist.

Busse
Akamba, New St., gegenüber von Indoitaliano. **Central Bus Stand**, mitten in der Stadt, einen Block südlich des Clock Tower Roundabout. Die meisten Buslinien haben ihre Verkaufsschalter in dem Gebäude, während die Büros der preislich etwas teureren, sichereren „Luxury Buses" in der Stadt verstreut liegen.
Dar Express, Boma Rd., gegenüber Aroma Coffee House.
Kilimanjaro Express, Clock Tower Roundabout, Vodacom House.
Mtei Express, Boma Rd., neben Aroma Coffee House.

Ziele in Tansania
Moshi liegt auf der Strecke Arusha–Dar es Salaam und ist entsprechend gut angebunden.

ARUSHA, stdl. u. a. mit Akamba, Dar Express, Kilimanjaro Express ab ihren eigenen Terminals oder Royal Coach sowie Fresh ya Kamba ab Central Bus Stand; zudem stdl. Daladalas, 1 Std.; 2000 TSH; mit Riverside Shuttle und Impala Shuttle 1–2 x tgl., US$10.

DAR (Ubungo), u. a. mit Dar Express, Mtei Express, Kilimanjaro Express, von 6.30 Uhr bis mittags von den eigenen Bus Terminals; weniger sichere Standard-Busse ab Central Bus Stand tgl. bis 11.30 Uhr, 7–9 Std., ca. 22 000–25 000 TSH. Dar Express bietet einen Super-Luxury Bus mit Klimaanlage um 28 000 TSH.

LUSHOTO, u. a. mit Fasaha und Chaikito ab Central Bus Stand, 5–6 Std., 12 000–15 000 TSH, Fasaha fährt nach Mtae, Chaikito nach Mlalo weiter, 2–3 Std., 6000 TSH.

MOMBO, siehe Verbindungen nach Dar, Umstieg in Daladalas nach Lushoto, 1 Std., 1500 TSH.

Mehrere Busse pro Tag fahren nach TANGA. Daneben gibt es Buslinien nach MOROGORO, DODOMA, IRINGA und MBEYA, die Moshi alle zumeist vor 10 Uhr morgens verlassen. Mehr Auswahl in die verschiedenen Landesteile hat man ab Arusha.

Nach Kenia

Shuttles verkehren von/nach NAIROBI und zum dortigen Jomo Kenyatta Airport. 7 1/2 Std., US$10 von/nach Arusha, US$35 von/nach Nairobi. Das Ticket einen Tag vor der Abfahrt reservieren.

Grenzverkehr nach Kenia

34 km östlich von Moshi befindet sich der **Grenzübergang Taveta** nach Kenia. Touristenvisa in beide Länder (je US$50) werden anstandslos ausgestellt, der Import von Fahrzeugen ist ebenfalls kein Problem, da die Damen und Herren vom Zoll täglich damit befasst sind (Taveta ist der Grenzübergang für alles, was über den Hafen von Mombasa in den Norden Tansanias importiert wird). Erhöhte Vorsicht ist allerdings geboten, denn nach dem Grenzübergang fährt man mehrere Stunden durch Niemandsland, wo es vereinzelt zu Überfällen kommt.

Kilimanjaro Express und **Akamba** (s. S. 324) verkehren beide nach Nairobi.

Impala Shuttle, Kibo Rd., gegenüber dem KNCU-Gebäude, ✆ 027-2751786 oder ✆ 0754-360658. Abfahrt tgl. 6.30 und 11.30 Uhr vom Büro.

Riverside Shuttle, am Clock Tower Roundabout, Vodacom Building, 1. Stock, Zimmer 132, ✆ 0754-885521. Abfahrt tgl. 6.30 und 11.30 Uhr vom Büro.

Die Fahrt in die Nachbarländer erfolgt am besten über Nairobi.

Flüge

Moshi und Arusha teilen sich den **Kilimanjaro International Airport (KIA)**, 35 km westlich von Moshi und 47 km östlich von Arusha am Dar-Arusha-Highway. Er wird nicht nur von internationalen Fluglinien ab Europa angeflogen, sondern auch von lokalen Fluggesellschaften.

Eine Wechselstube mit akzeptablem Kurs ist vorhanden, Autovermieter fehlen hingegen. Die Airlines bieten oft einen kostenlosen Shuttle-Service nach Moshi/Arusha (30 Min.) an, aber nur für eigene Kunden, ansonsten sind US$10 fällig. Ein Taxi kommt auf 70 000–90 000 TSH.

Wer lange Transfers am Tag der Ankunft oder des Abflugs vermeiden möchte, kann in der nahe (und ruhig) gelegenen, äußerst empfehlenswerten KIA Lodge übernachten. In jedem Fall ist es sinnvoller, ein Hotel für die erste Nacht zu reservieren, als sich gleich zu Beginn der Reise mit der anstrengenden Suche nach einer Unterkunft abzumühen, insbesondere bei nächtlicher Ankunft.

Precision Air, KNCU Building, Old Moshi Rd., ✆ 027-2753498, fliegt nach DAR ES SALAAM oder SANSIBAR für US$150 einfach.

Für Flüge mit anderen Airlines kontaktiert man am besten das Reisebüro Emslies (s. S. 324).

Lake Chala

Gottverlassen liegt der tiefblaue Kratersee zu 70 % auf tansanischem und zu 30 % auf kenianischem Gebiet. Ganze 100 Meter soll der See unbestätigten Gerüchten zufolge tief sein. Geologisch gesehen handelt es sich um die Caldera eines Berges, der vor 600 000 Jahren bei einer Eruption weggesprengt wurde. Gespeist wird er unterirdisch von den Gletschern des Kilimanjaro, den man hier aus einer ungewohnten Perspektive betrachten kann – mit dem zerfransten **Mawenzi** im Vordergrund. Für die holprige Anfahrt auf Sandpiste entschädigen wunderbare Panoramablicke auf die endlose, goldbraune Weite von Kenia (und des Tsavo-Nationalparks) sowie freundliche Begegnungen mit den Einheimischen im dünn besiedelten Gebiet.

Seit Jahren beobachtet man ein Absinken des Wasserspiegels, was einerseits mit dem Rückgang der Gletscher zu tun hat, aber andererseits auch daher rührt, dass sowohl Tansania als auch Kenia dem See Wasser entnehmen, um die Siedlungen in diesem trockenen Landstrich mit Wasser zu versorgen.

Erst seit 2010 hat das **Camp** am Lake Chala geöffnet, nachdem die einst geplante und nie fertiggestellte Lodge lange Jahre als Bauruine den Kraterrand verunstaltete.

Der Weg zum Lake Chala ist schwierig zu finden und erfordert unbedingt einen leistungsstarken Geländewagen. Wer es auf eigene Faust versuchen möchte (anstatt den Tagesausflug bei einem Tour Operator zu buchen), sollte ein paar Brocken Swahili sprechen, um nach dem Weg fragen zu können. Das Hinweisschild zum Lake Chala Camp kann möglicherweise verschwunden sein (die Einheimischen verwenden Straßenschilder gerne als Brennholz oder zum Bauen). Man nimmt also die gute Teerstraße von Moshi ostwärts zum Grenzposten Holili bzw. Taveta (36 km von Moshi entfernt). 14 km hinter der Abzweigung vom Highway nach Dar (oder 10 km östlich von der Himo-Kreuzung) links in die Sandpiste abbiegen. Die Abzweigung kann leicht übersehen werden, sie liegt nach dem Kilometerstein „Holili 6 km" und einem kurvigen Abschnitt. Stellenweise ist die Piste in schlechtem Zustand, bei Zweifel müssen Passanten nach dem Weg gefragt werden und tendenziell ist immer der linke Pistenteil zu wählen. Nach ca. 9,5 km folgt eine Kreuzung, wo man sich rechts hält. Solange man hier auf sanft abfallendem Terrain bleibt und die Stromleitungen im Blick hat, ist man noch richtig. Nach etwa 5 km folgt eine scharfe Kurve/

Abzweigung nach links (vor dem Chala Hill), und sofern keines der Hinweisschilder zum Lake Chala Camp mehr zu sehen ist, lohnt es sich bei den Bewohnern der Siedlung nachzufragen. Nach rund 50 km ab Moshi (ca. 1 Std.) liegt der Lake Chala in seiner ganzen Pracht vor einem.

Übernachtung und Essen

Lake Chala Camp, ✆ 0786-111177, 🖥 www.lakechalacamp.yolasite.com. Idyllisch unter Akazien gelegener Campingplatz mit sauberen Toiletten, einem Grillplatz und Restaurant. Camping US\$7, Zeltleihe US\$14. Die Betreiber planen den Bau von neuen Luxury Tents, die eine komfortablere Unterbringung garantieren sollen.

Aktivitäten

Baden auf eigene Verantwortung ist möglich, die Krokodile, die früher die Netze der Fischer zerstörten, sollen angeblich alle getötet worden sein. Spaziergänge am Kraterrand (mit geschlossenen Schuhen wegen der Schlangen) und Wanderungen eröffnen herrliche Aussichten bei himmlischer Ruhe – keine andere Menschenseele verirrt sich dorthin. Gut für Vogelliebhaber und Tierbeobachtung: Elefanten, Primaten und Antilopen wurden schon gesehen. Das Lake Chala Camp arrangiert Aktivitäten, z. B. geführter Spaziergang (5000 TSH), Guide zum See (1000 TSH). Eintritt für das Gebiet 2000 TSH.

Marangu Village

Die einfachste und lange Zeit beliebteste Route auf den Kilimanjaro, die deshalb auch ein wenig spöttisch als Coca-Cola-Route bezeichnet wird, beginnt am Marangu Gate (1840 m). Aus diesem Grund ist das Dorf Marangu (eigentlich Marangu Mtoni, was „Marangu am Fluss" bedeutet) Ausgangsbasis für die meisten Bergsteiger. Nur 30 km von Moshi entfernt, ist es auf guter Teerstraße erreichbar. Wenn man sich ab Marangu Mtoni geradeaus hält, erreicht man das Marangu Gate. Die Abzweigung in Marangu nach rechts führt zu einigen Unterkünften und schließlich nach Rombo, während die Straße nach links im

Kaffeesträucher gehören zum Kilimanjaro wie seine berühmte weiße Schneehaube. Und trotzdem ist der hiesige Kaffee in unseren Breiten nicht dem Namen nach bekannt, wohl aber in aller Munde: Kaum eine Kaffeemischung in den deutschsprachigen Ländern kommt ohne ihn aus, denn diese zählen neben Japan und den USA zu den Hauptabnehmern.

Tansanische Erde ist der ideale Boden für **Arabica-Kaffee**, die Königin unter den Kaffeebohnen. Nur in Ostafrika und Kolumbien gedeihen ebenfalls die speziellen Bohnen der Sorte *Colombia Mild* (auch *Mild Arabica*), die zu den besten und begehrtesten Kaffeebohnen der Welt zählen. Voll im Aroma, mit geringer Säure und einem fruchtig-süßlichen Geschmack, werden sie vielfach zur Qualitätssteigerung von Kaffeemischungen verwendet.

Über 90 % der Kaffeeproduktion liegt in der Hand von **Kleinbauern**, was besonders am Kilimanjaro offensichtlich ist. Oft stehen Kaffeesträucher im Schatten von Bananenstauden, um sie vor der unbarmherzigen Hitze zu schützen. Aufgrund der fehlenden Technisierung und den althergebrachten Anbaumethoden fällt der Hektarertrag mit max. 200 kg vergleichsweise bescheiden aus. Auch die Entwicklung der Weltmarktpreise für Kaffee verheißen den Kleinbauern keine rosige Zukunft. Obwohl Kaffee neben Erdöl zu den meistgehandelten Rohstoffen der Welt zählt, sinken die Preise aufgrund der weltweiten Überproduktion tendenziell immer weiter.

Die Kleinbauern organisieren sich in **Kooperativen**; die KCNU (Kilimanjaro Native Cooperative Union) mit über 150 000 Bauern gilt als die älteste und ist eng mit Fair Trade-Organisationen liiert.

Neben **Moshi** und **Arusha** gibt es weitere Kaffeeanbaugebiete, vor allem rund um **Mbeya** und **Mbinga** (im Süden, Nähe Lake Malawi) sowie in der **Kagera-Region** beim Lake Victoria. Interessant ist dabei, dass die Tansanier selbst kaum Kaffee konsumieren. Die einzige verfügbare Sorte ist Africafe, ein recht kräftig schmeckender Pulverkaffee. Bis vor wenigen Jahren war es auch für Reisende und Expats schwierig, guten Bohnenkaffee zu bekommen, da es weder eine Kultur des Röstens (alle Bohnen werden im Rohzustand nach Übersee transportiert) noch eine des Zubereitens und Trinkens (außer auf Sansibar, s. S. 266) gab. Mittlerweile hat sich dieser Umstand jedoch geändert, und so kommen Touristen aus Europa oder Amerika heute auch in Tansania in den Genuss ihres Lieblingsgetränks – oft aus Bohnen vom Kilimanjaro.

Das nördliche Bergland

Dorf zum Kibo Hotel und zu weiteren Unterkünften führt.

Nicht jeder Reisende muss gleich den Kilimanjaro besteigen. Ihn aus der Ferne zu betrachten, ist genauso reizvoll – und man kann lohnende **Tageswanderungen** durch dichte Bananen- und Kaffeeplantagen zu tiefen Schluchten oder rauschenden Wasserfällen, z. B. dem Marangu Waterfall, unternehmen. Die Luft ist klar und kühl, fast erinnert sie an die Gegebenheiten eines Luftkurorts. Darüber hinaus bieten sich auch ein- oder mehrtägige Wanderungen entlang der Marangu-Route an, wobei die üppige Bergvegetation ohne Eile und Höhenprobleme genossen werden kann.

Der Kilimanjaro-Tourismus ist der Grund für die Entwicklung Marangus zu einem wichtigen Stützpunkt, doch außer Unterkünften gibt es hier keine nennenswerte Infrastruktur. Wer nicht als Hotelangestellter oder Bergführer sein Auskommen findet, arbeitet in der Landwirtschaft, als Viehbauer oder auf seiner eigenen kleinen Kaffee- und Bananenplantage.

Übernachtung und Essen

In und um Marangu Mtoni leben die Hotels ausschließlich vom Kilimanjaro-Tourismus und von der Organisation der Besteigungen. Für die gebotene Qualität sind alle Hotels weit überteuert.

Babylon Lodge, Rombo Rd., in Marangu Mtoni rechts abzweigen, nach 800 m in Richtung Norden halten, ☎ 027-2756355, 🖥 www.babylonlodge.com. Für die gebotene Qualität ist der Preis weit überhöht, doch die 18 einfachen, zweckmäßigen, teilweise schmuddeligen

Zimmer gehören noch zu den günstigsten Optionen. Möglicherweise erfährt die Lodge eine Aufwertung, denn zur Zeit der Recherche waren Bauarbeiten in Gange. **❸**

Nakara Hotel, auf der Straße zum Marangu Gate, 2 km vor dem Gate an der Hauptstraße, 📞 027-2756571, 🖥 www.nakarahotels.com. Unspektakuläres, düsteres Mittelklassehotel mit wenig Atmosphäre. Kleine Zimmer, aber mangels Alternativen noch eine der besseren Optionen. **❹**

Kibo Hotel, 1,5 km westlich von Marangu Mtoni, an der Kreuzung in Marangu Village links halten, 📞 027-2751308. Vieles im Kibo Hotel erinnert an seine große Vergangenheit, als es das beste Luxushotel im Norden war. Das große, alte Haus im Kolonialstil mit 40 geräumigen Zimmern hat mit Sicherheit schon bessere Tage gesehen, und trotzdem hat es sich seinen eigenen Charme erhalten. Die Aussicht von den Balkonen ist grandios. Das Restaurant und die kleine Bar sind einladend und gemütlich. **❸–❹**

Marangu Hotel, direkt an der Marangu Rd. noch vor dem Dorf, 📞 027-2756594, 🖥 www.maranguhotel.com. Gut gebuchter Platzhirsch für anspruchslose Bergsteiger. Das alte Anwesen aus der Kolonialzeit hatte zwar einmal Charme, doch heute wirkt es abgewohnt und verblasst. Schöner, weitläufiger Garten. Der Pool sowie die 25 geräumigen Zimmer in den kolonialen Chalets rechtfertigen nicht die weit überzogenen Preise. **❹–❺**

Capricorn Hotel, 2,5 km vor dem Gate an der Straße dorthin, 📞 027-2751309, 🖥 www.thecapricornhotels.com. Der riesige Rundbau, der als Haupthaus und Restaurant dient, wirkt erdrückend; die Inneneinrichtung altbacken. Die 37 neuen und 16 alten Zimmer sind zweckmäßig und sauber, einige davon sind allerdings etwas zu klein geraten. Wird gerne von deutschsprachigen Veranstaltern gebucht. Internetcafé. Schöne Lage, aber zu teuer. **❺**

Kilimanjaro Mountain Resort, 3 km westlich von Marangu Mtoni, vorbei am Kibo Hotel, 📞 027-2758950, 🖥 www.kilimountresort.com. Das im Besitz einer örtlichen Chagga-Familie befindliche Hotel verfügt über 42 geräumige Zimmer mit dunklen Holzvertäfelungen, Hochglanzfliesen und Goldornamenten. Alle Zimmer

Empfehlenswertes Basecamp

Kimori House, Mshiri Village, Anfahrt wie Nakara Hotel, danach folgt eine steile Auffahrt auf einen Hügel, oben rechts, anschließend der Straße folgen, 📞 0754-312086, 🖥 www.kimorihouse.com. Kleines, feines Gästehaus mit nur 4 Zimmern und vielen Kulturtourismusaktivitäten. Herzlicher Empfang, sauber und geräumig und garantiert westlicher Standard. **❺** mit Vollpension

punkten mit Balkon und Flatscreen. Pool, Sauna, Massage. Pluspunkt: der tiefgrüne, tropische Garten mit reicher Vegetation, in dem auch der idyllische Campingplatz liegt (nur für Fahrzeuge ohne Aufbauten geeignet). Internet. **❺**

Camping

Chem-Chem Campsite, nördlich von Marangu Mtoni, noch vor Mshiri Village, aber nicht beschildert, am besten genaue Wegbeschreibung anfragen, 📞 0754-312086, 🖥 www.kimorihouse.com. Teil des Kimori House. Die Einnahmen des kleinen, gut ausgestatteten Campingplatzes gehen an ein hiesiges Sozialprojekt. Warmwasser-Duschen, schöne Lage am Hang direkt an einem Bach, empfehlenswert. 10 000 TSH p. P., Frühstück 3000 TSH, Abendessen 8000 TSH.

Coffee Tree Village Campsite, 2 km vor dem Gate, 📞 0754-691433, 🖥 www.alpinesafari.com. Schöne Lage, gute Infrastruktur. Camping US$8 p. P., Bandas/einfache Zimmer für US$12 p. P. werden ebenso vermietet. Nur für Fahrzeuge ohne Aufbauten.

Kilimanjaro Mountain Resort, Details s. links Herrlich lauschiger Campingplatz im tropischen Garten mit geräumigen Sanitäranlagen. US$7,50 p. P., Frühstück für US$10 p. P. erhältlich.

Wanderungen

Die Hotels sind gerne bei der Buchung von lokalen Guides behilflich. Es ist nicht ratsam, Wanderungen in der Umgebung oder Aktivitäten auf eigene Faust zu unternehmen, da die zahlreichen ungebetenen Begleiter, die ihre Dienste anbieten wollen, schnell lästig werden.

Das nördliche Bergland

Zudem kommt es immer wieder zu Überfällen auf Touristen, die allein unterwegs sind, auch wenn das Dorf im Regelfall einen sicheren Eindruck macht. Nur akkreditierte Führer von renommierten Unternehmen garantieren Aktivitäten ohne böses Erwachen. Als Trinkgeld für Guides werden 20 000–30 000 TSH pro Gruppe erwartet.

Viele Daladalas pendeln tgl. zwischen MOSHI und Marangu, aber ab Marangu Village wird es schwierig mit dem öffentlichen Verkehr.

Machame Village

Die zweitbeliebteste Route auf den Kilimanjaro (nur Aufstieg möglich!), liebevoll „Whiskey-Route" getauft, verläuft vom Machame Village aus, einem größeren Dorf an den Westhängen des Berges. Es ist bequem auf der Teerstraße von Moshi aus erreichbar: 12 km westlich der Stadt führt die Stichstraße 15 km Richtung Norden nach Machame. Das auf 1524 m gelegene Bergdorf eignet sich gut zum Akklimatisieren oder auch für Erkundungstouren durch die malerischen Ausläufer des Kilimanjaro, der imposant und von weither sichtbar über allem thront.

Übernachtung und Essen

Das Übernachtungsangebot ist beschränkt, es gibt nur zwei gehobene Unterkünfte auf dieser Seite des Massivs.
Protea Hotel Aisha Machame, Machame Rd., ☎ 027-2756948, 🖥 www.proteahotels.com. Kleineres Hotel der südafrikanischen Hotelkette Protea mit garantiert südafrikanischem Standard. Die 30 Zimmer sind komfortabel und wohnlich, mit Safe und TV. Pool, Fitnessraum. Organisation von Exkursionen oder Touren, z. B. zu Wasserfällen oder heißen Quellen; auch Ausritte sind im Angebot. ❺
Makao Farm, Machame Rd., 5 km hinter dem Rombo Primary School links, ☎ 0754-312897, 🖥 www.makaoa-farm.com. Renovierte Kaffeefarm aus kolonialen Tagen. Kleine, intime Lodge mit 2 Cottages im „Jenseits-von-Afrika"-Stil auf Holzplattformen, 2 geräumige Hauszelte

und 1 Gästehaus im Maisonette-Stil sowie spektakulärem Blick auf den Kilimanjaro. Alle Zimmer verfügen über Bad/WC und weitläufige Veranden. Ausgezeichnete Küche mit Produkten von der eigenen Farm. Reiterhof (genaue Beschreibung s. u.). Eine gute Wahl nicht nur für Reiter, sondern auch für Wanderer, Tierliebhaber und Erholungssuchende. Ideal für Familien mit Kindern, da die Eigentümer eine Art Arche Noah für Tiere auf dem Bauernhof betreiben. ❼ mit Vollpension

Aktivitäten

Die oben genannten Hotels sowie die Safari-Veranstalter in Moshi und Arusha organisieren Besteigungen des **Kilimanjaro** in jeder Preisklasse.

Reiten
Reitsafaris, die bis zu 8 Tage dauern können, werden von der **Makao Farm** angeboten. Sie führen u. a. in das Gebiet zwischen Kilimanjaro und Mt. Meru, die West Kilimanjaro Area, durch die Maasai-Steppe oder zu den Kukuletwa-Quellen. Besonderes Highlight: Die große Migration der Gnus vom Pferderücken aus gesehen! Für passionierte Reiter (oder solche, die es noch werden wollen) ist das Erleben des weitgehend unberührten Naturraums Nordtansania und das Zusammentreffen mit den noch traditionell lebenden Menschen, z. B. den Maasai, unvergesslich. 8 Tage/7 Nächte auf der Farm inkl. Ausritte schlagen mit 1890 € p. P. zu Buche, eine 4-Tage-Safari zu den Quellen kostet 1620 € p. P., der 8 Tage dauernde Ausritt in die West Kilimanjaro Area samt Fly Camping und Übernachtung in Luxus-Camps kommt auf 3700 € p. P., natürlich inklusive Vollverpflegung durch die Makoa Farm.

Wandern und Kulturtourismus
Unzählige Wanderungen führen durch dichte Wälder, vorbei an Wasserfällen, Schluchten und Höhlen. Wanderungen auf dieser Höhe sind zum Akklimatisieren ideal. Anfragen entweder bei den Unterkünften oder beim **Machame Cultural Tourism Programme** (am Ende der Teerstraße im Dorf Kyalia rechts halten, kleines Büro mit der Aufschrift „FODA"). Zur Zeit der Recherche lag

das wunderbare Programm weitgehend brach, doch könnte es künftig durchaus wiederbelebt werden. Bislang wurden Wanderungen und Trekkingtouren im Machame-Gebiet organisiert, Touren zu Chagga-Dörfern unternommen, traditionelle Anbaumethoden vorgestellt, Kaffeeplantagen erkundet und das Geheimnis so mancher Chagga-Legende gelüftet. Buchungen am besten über lokale Veranstalter – oder vorab Informationen unter ☏ 027-2753033 bzw. ✉ fodamachame@yahoo.com einholen.

Transport

Daladalas pendeln mehrmals tgl. zwischen MOSHI und Machame. Auch Überlandbusse lassen Reisende gerne an der Machame Junction aussteigen, Weiterfahrt mit Daladalas.

7 HIGHLIGHT

Mount Kilimanjaro National Park

- **Zugang**: Machame Gate, Marangu Gate, Londorossi Gate, Umbwe Gate, Rongai Nalemoru Gate.
- **Eintritt**: US$60 pro 24 Std.
- **Weitere Gebühren**: US$50 Camping bzw. Hütte/Tag, US$20 Rescue Fee (einmalig).
- **Besteigung**: Die Hotels in Machame, Marangu und Moshi sowie die Safari-Veranstalter in Moshi und Arusha organisieren Besteigungen in jeder Preisklasse.
- **Beste Reisezeit**: Dez–Feb oder Juli–Okt (s. S. 333)

Bereits der griechische Astronom und Geograf, Claudius Ptolemäus (85–165 n. Chr.), der vermutlich in Ägypten lebte, beschrieb in seinem Monumentalwerk *Geographia*, einem der ersten Atlanten der Welt, einen mit Schnee bedeckten Berg landeinwärts 23 Segeltage südlich von Opone in Somalia. 1519 verzeichnete der Spanier Fernandes de Enciso die Entdeckung eines hohen Bergs, der westlich von Mombasa lag und dem er den Namen „Äthiopischer Olymp" gab. Die deutschen Missionare Johannes Reb-

mann und Johann Ludwig Krapf waren vermutlich die ersten Europäer, die den Kilimanjaro mit seiner markanten Schneehaube 1848 aus der Nähe sahen. In den intellektuellen Zirkeln ihrer Heimat wurden ihre Berichte als völlig unglaubwürdig abgetan, denn nur 3 Grad südlich des Äquators konnte es nach damaliger Ansicht gar keinen Schnee geben. 41 Jahre und mehrere Fehlversuche später wurde das Dach Afrikas schließlich von der ersten Expedition unter Hans Meyer 1889 bezwungen.

1973 erhielt der Kilimanjaro den Status eines Nationalparks und 1989 – 100 Jahre nach der Erstbesteigung – wurde er zum Weltnaturerbe der Unesco ernannt. Der erloschene Vulkan mit seinem charakteristischen weißen Schneehäubchen ist bei klarem Wetter sowohl von Tansania als auch von Kenia aus zu sehen, wobei die typischen Bilder mit dem Elefanten im Vordergrund im kenianischen Amboseli National Park aufgenommen werden.

Allgemeines
Bei näherer Betrachtung erkennt man deutlich, dass die Spitze aus drei Gipfeln besteht, die alle auf vulkanische Aktivitäten im Ostafrikanischen Grabenbruch zurückgehen. Der westlichste Gipfel ist der 3962 m hohe **Shira**. Im Osten zieht das gezackte Profil des **Mawenzi** mit dem Hans-Meyer-Peak (5149 m), der nur echten Bergsteigerprofis vorbehalten ist, das Augenmerk auf sich. Im Zentrum – umgeben von ewigem Eis – ragt der Gipfel des **Kibo** (5895 m) heraus, dessen höchster Punkt übrigens Uhuru Peak („Freiheitsgipfel") genannt wird. Der Kibo ist die jüngste Formation; schwefelhaltige Gase im Kraterinneren deuten auf latente vulkanische Aktivität, wobei aber nicht davon auszugehen ist, dass er in der nächsten Zeit ausbricht. Messungen eines deutschen Forscherteams 1999 belegen, dass der Kibo eigentlich „nur" 5893 m hoch ist und dass die Messergebnisse von 1952 angepasst werden müssten.

Flora und Fauna
Durch seine freistehende Lage, seine imposante Höhe und seine unzähligen unterirdischen Quellen erzeugt der Kilimanjaro an seiner tansanischen Südseite ein fruchtbares Mikroklima. (Die

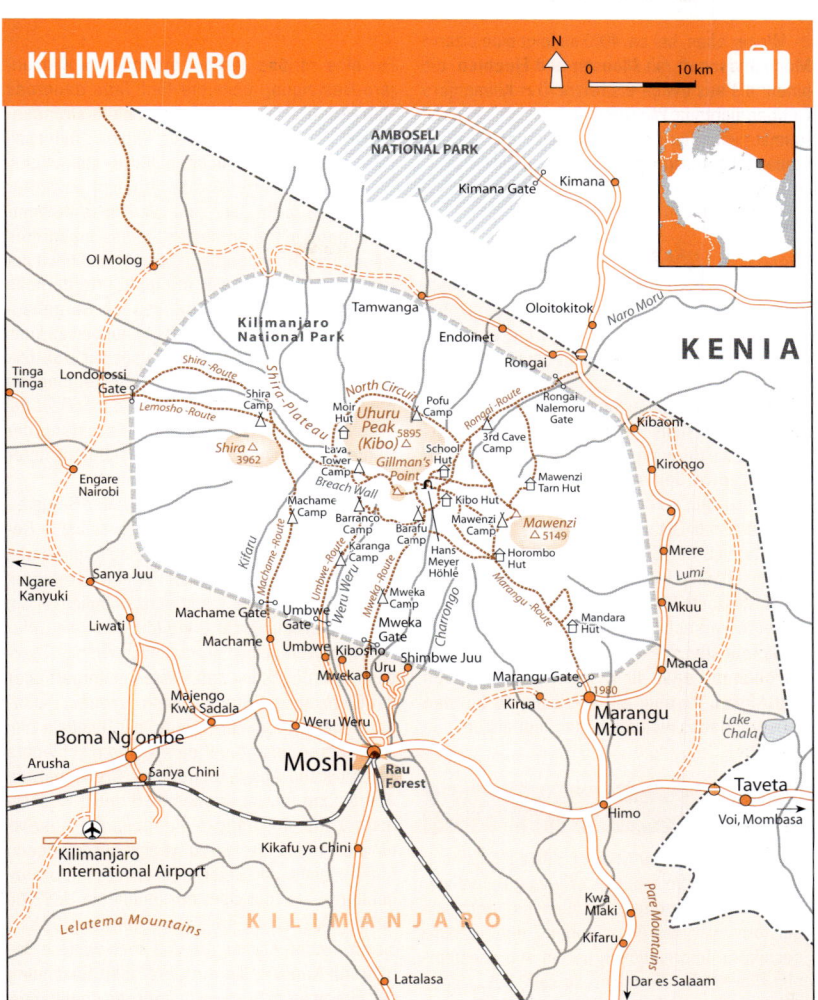

N   0   10 km

AMBOSELI
NATIONAL PARK

Kimana Gate   Kimana

Ol Molog

Tamwanga   Oloitokitok

Kilimanjaro
National Park   Endoinet

Naro Moru

Rongai   KENIA

Tinga
Tinga   Londorossi
Gate   Shira-Route   Pofu
Camp   Rongai
Nalemoru
Gate   Kibaoni

Lemosho-Route   Shira
Camp   North Circuit   Moir
Hut   Rongai-Route   3rd Cave
Camp   Kirongo

Engare
Nairobi   Shira △
3962   Uhuru
Peak
(Kibo) △   5895   School
Camp   Mawenzi
Tarn Hut

Lava
Tower
Camp   Gillman's
Point   Kibo Hut   Mawenzi
△ 5149

Machame
Camp   Breach Wall   Mawenzi
Camp

Barranco
Camp   Barafu
Camp   Hans
Meyer
Höhle   Mrere

Ngare
Kanyuki   Karanga
Camp   Horombo
Hut   Lumi

Sanya Juu   Mweka
Camp   Mkuu

Liwati   Machame Gate   Umbwe
Gate   Mweka
Gate   Mandara
Hüt

Machame   Umbwe
Gate   Kibosho   Shimbwe Juu   Manda

Mweka   Uru   Marangu Gate   1980

Majengo
Kwa Sadala   Weru Weru   Kirua   Marangu
Mtoni

Boma Ng'ombe   Lake
Chala

Arusha   Sanya Chini   Moshi   Rau
Forest   Taveta

Himo   Voi, Mombasa

Kilimanjaro
International Airport   Kikafu ya Chini

Lelatema Mountains   KILIMANJARO   Kwa
Mlaki

Kifaru

Latalasa   Dar es Salaam

Das nördliche Bergland

nördlichen Ausläufer in Kenia hingegen bleiben knochentrocken, was vor allem damit zu tun hat, dass sich die Monsunwolken vornehmlich an der Südseite abregnen.) Während die Ausläufer des Massivs mit dichtem **Regenwald** und üppigem **Kulturwald** (Bananenstauden und Kaffee) bedeckt sind, dominieren in höheren Regionen zwischen 1500 und 2500 m schnellwüchsige **Eukalyptus- und Nadelhölzer**. Bis etwa 3000 m Seehöhe gedeiht im niederschlagsreichen Mikroklima der **Berg- und Nebelwald**, der durch Bärlapp- und Moosfarnarten charakterisiert ist und dessen gespenstische Flechten herrliche Fotomotive abgeben. Ab 3000 m beginnt das **afroalpine Grasland** – eine Hochmoorlandschaft mit meterhohen Erikas, Senezien und Lobelien.

Weiter oben, bei ca. 4000 m, folgt eine bizarre Mondlandschaft mit **Moosen und Flechten**, die hinauf bis ans ewige Eis reicht. Der Kilimanjaro ist aber nicht nur Pflanzenhabitat, sondern auch Heimat vieler Tiere, u. a. von **Elefanten**, **Büffeln**, **Elenantilopen**, **Duckern**, **Leoparden** und **Pavianen**. In den dichten Regenwäldern leben außerdem Hunderte von Vogelarten.

Die Kilimanjaro-Besteigung

Der höchste Berg Afrikas, zugleich der höchste freistehende Berg der Welt, lockt seit Jahrzehnten Abenteurer und Bergsteiger an. Erst beim dritten Versuch gelang es dem deutschen Geografen und Forschungsreisenden Hans Meyer und dem erfahrenen österreichischen Alpinisten Ludwig Purtscheller 1889 erstmals, den Gipfel des Kibo zu bezwingen. Angeführt von Yohani Kinyala Lauwo, der vom Häuptling von Marangu zum Führer auserkoren worden war, erreichte der Tross am 6. Oktober jenes Jahres den Gipfel. Bis 1918 hieß der Gipfel „Kaiser-Wilhelms-Spitze". Es sollte noch weitere 20 Jahre dauern, bis eine erste Route über Marangu angelegt wurde.

Heute versuchen sich jedes Jahr mehr als 15 000 Touristen am Kilimanjaro, doch vermutlich erreichen nur etwa 40 % auch tatsächlich den Uhuru-Peak – wobei die Erfolgsquote bei den Frauen übrigens weitaus höher liegt als bei den Männern.

Der Name Kilimanjaro

In den Legenden der Chagga, des am Kilimanjaro lebenden Volkes, gibt es wenig Hinweise auf die Entstehung des Namens, und so geistern zwar viele Vermutungen, aber wenig gesicherte Informationen herum. Am ehesten plausibel dürfte die Erklärung sein, dass *kilemanjaare* (oder *kilemanyaro*) in der Sprache der Chagga „für eine Karawane unmöglich zu überqueren" bedeutet, in Anspielung auf die unbezwingbaren Höhen. Diese Bezeichnung wurde von den vorüberziehenden Sklaven- und Elfenbeinkarawanen aufgenommen und in die an der Küste gesprochene Sprache, das Swahili, übernommen. Dabei wurde die Bezeichnung sozusagen „swahilisiert".

Kosten

Für eine seriöse und gut organisierte Kilimanjaro-Besteigung über die fünf Tage dauernde **Marangu-Route** muss man (je nach Gruppengröße und ausgehend von Moshi) mit rund US$1300–1500 p. P. rechnen. Für Besteigungen, die in Arusha ihren Ausgang haben sowie für alle weiteren Routen, sind die Preise dementsprechend höher. In dieser Summe inbegriffen ist auch die Hotelübernachtung vor und nach der Bergtour. Vor allem der dringend erforderliche Ruhetag nach dem anstrengenden Bergabenteuer kommt in vielen Urlaubsplanungen zu kurz. Jeder Zusatztag am Berg schlägt mit US$160–180 zu Buche. Eine Kilimanjaro-Besteigung mit genügend Ruhetagen davor und danach ist bei ordentlichen Leistungen, guter Bezahlung der Guides und zuverlässigem Management unter US$1000 p. P. nicht möglich!

Es muss klar gesagt werden: Jeder Bergsteiger, der am Berg spart, bringt sich selbst in **Gefahr** und unterstützt unprofessionell agierende, betrügerische Geschäftsmänner und Bergführer. Für sie gibt es viele Einsparungsmöglichkeiten: lausige Bezahlung der Crew (die dann die Differenz zum Normallohn durch unverschämte Trinkgeldforderungen bei den Gästen einfordert oder gar Diebstahl in Betracht zieht); zu wenig Personal für den Trek; die Crew muss per Daladala zum Gate fahren anstatt mit dem Wagen; schlechte Kleidung und Ausrüstung für die Crew; marode Ausrüstung für die Kunden, z. B. nicht wasserfeste Zelte und längst ausrangierte Ausrüstungsgegenstände; viel zu wenige ausgewogene Mahlzeiten für alle Beteiligten; unbezahlte Lizenzgebühren als Tour Operator (immerhin US$2000 für die TALA-Lizenz pro Jahr, zusätzlich US$2000 Lizenz für den Kilimanjaro und noch weitere Gebühren); Kunden, die am Gate ohne Bezahlung der Eintrittsgebühren vorbei geschmuggelt werden; und vieles mehr. Übrigens: Nur gut bezahlte Mitarbeiter eines Unternehmens bringen gute Leistungen und sparen nicht mit guter Laune.

Den Löwenanteil der Kosten nehmen die tansanischen **Behörden** ein – über Eintrittsgebühren (US$60 pro Tag und Person), Übernachtung oder Camping (US$50 pro Tag und Person) sowie den einmaligen Rettungsbeitrag, um nur die großen Brocken zu nennen. Ohne Berücksichtigung der

Die legendäre Eiskappe

So charakteristisch die Eiskappe des Kilimanjaro auch sein mag, sie wird nach Meinung der Wissenschaftler vielleicht nur noch bis 2030 halten. Der einst mächtige Gletscher von teilweise über 100 m Dicke schmilzt durchschnittlich im Rekordtempo von einem halben bis einem Meter pro Jahr. Ende der 1970er-Jahre wurde die Gletscherfläche mit 12 km² vermessen. Heute soll nur mehr eine Fläche von etwa 2 km² mit ewigem Eis bedeckt sein.

Den Rückzug des Eises konnte man schon seit Ende des 19. Jhs. nach dem Ende der „Kleinen Eiszeit" beobachten, doch seit den 1980er-Jahren schmelzen die Gletscher mit Lichtgeschwindigkeit. Seit einigen Jahren herrscht Konsens unter den Forschern, dass aber nicht so sehr die Erwärmung der Erdatmosphäre als vielmehr das Ausbleiben der Regenfälle den Gletschern zusetzt. Letzteres hängt u. a. mit den Mikroklimaveränderungen der Region zusammen, die wiederum durch massives Abholzen ausgelöst werden. Durch die hohen Niederschläge im Jahr 2006 wuchs die Eiskappe zum ersten Mal seit Beginn der Aufzeichnungen wieder um bis zu 0,8 m. Leider, so vermuten die Forscher, ist das Aufbäumen des Berges aber nicht von Dauer.

Eintrittsgebühren für die Crew, der Kosten für Träger, verpflichtende Guides, Koch und Verpflegung sowie des obligatorischen Trinkgelds ist man bei einer Sechs-Tage-Tour bereits bei US$680 angelangt.

Gerade das sogenannte **Trinkgeld**, eine fest einzuplanende finanzielle Zusatzleistung an die Träger und Führer, vergessen viele, in ihre Kostenkalkulation einzubeziehen. Da kommen gut und gerne weitere US$200 pro Person, je nach Begleitmannschaft und Gruppe, zusammen: US$5 pro Tag und Gruppe je Träger, US$10 pro Tag und Gruppe für den Koch und die Assistant

Guides und US$15 pro Tag und Gruppe für den Head Mountain Guide. Ausführliche Informationen dazu im Kapitel „Geld" in den „Traveltipps von A bis Z", S. 55. Auch gebrauchte Ausrüstungsgegenstände sowie Bekleidung sind immer willkommene Geschenke.

Reisezeiten

Die klimatisch günstigsten Monate sind **Dezember bis Februar**. Die Vorteile liegen auf der Hand: keine Niederschläge, gute Fernsicht und höhere Temperaturen am Berg. Zahlreiche Gleichgesinnte machen sich die guten klimatischen

Das nördliche Bergland

Bedingungen zunutze, und so bilden diese Monate die absolute Hauptsaison. Durch die Menschenmassen wird das Berg- und Naturerlebnis natürlich stark beeinträchtigt.

Für jene, die mehr Ruhe bevorzugen, bieten sich daher eher die Monate **Juli bis Oktober** an.

Es ist dann zwar etwas kühler und der Weg zum Gipfel oft verschneit, doch das Wetter zeigt sich stabil und unerfahrenere Bergsteiger scheuen den Weg zum Gipfel. Für Bergbegeisterte mit ausreichend hochalpiner Erfahrung sind daher besonders der Juli und der August zu empfehlen.

☒ Packliste für die Kilimanjaro-Besteigung

- [ ] Tagesrucksack mit 20–30 l Volumen
- [ ] Wasserfester Seesack oder eine große Sporttasche (ca. 90 l)
- [ ] Trinkflasche (1 l) oder Camelback-Trinksystem
- [ ] Thermosflasche (1 l)
- [ ] Trekkingstöcke (Teleskopstöcke)
- [ ] Plastiksäcke (als Wasserschutz für Seesackinhalt)
- [ ] Schlafsack (bis mind. -10 °C Grad im Komfortbereich)
- [ ] Isomatte (nur bei Zelttour)
- [ ] Taschenlampe oder Stirnlampe samt Ersatzbatterien
- [ ] Gamaschen (für den Abstieg, als Schutz vor Stein und Sand im Schuhwerk)
- [ ] Sportschuhe (zum Gehen bis auf 4000 m geeignet)
- [ ] Trekkingschuhe (stabile Ausführung)
- [ ] Taschenmesser (Achtung: nicht ins Flug-Handgepäck!)
- [ ] Ski- oder Sportbrille (mit hohem UV-Schutz)
- [ ] Reepschnur 3 mm und 5 mm, je 5 m (z. B. als Ersatzschuhband)
- [ ] Wasserentkeimungstabletten
- [ ] Toilettenpapier sowie feuchte Toiletten-tücher
- [ ] Sonnencreme ab Lichtschutzfaktor 25
- [ ] Lippensalbe
- [ ] Kleines Handtuch
- [ ] Sonnenhut oder Kappe
- [ ] wasserdichte, leichte Windjacke, am besten mit Kapuze
- [ ] Regenschutz (ein Poncho bietet zugleich Schutz für den Rucksack)
- [ ] Regenhose mit seitlichem Reißverschluss (als Kälte- und Windschutz beim Gipfel-gang)
- [ ] Trekking- oder Berghose
- [ ] Trekkingshorts
- [ ] leichte lange und kurze Baumwollhose
- [ ] Trekking- oder Bergjacke
- [ ] Fleecejacke
- [ ] Rollkragenpulli
- [ ] Trekkingsocken oder -strümpfe
- [ ] 6 T-Shirts
- [ ] Unterwäsche
- [ ] Langarmshirts (Funktionswäsche)
- [ ] lange Unterwäsche (z. B. Ski-Unterwäsche)
- [ ] Halstuch
- [ ] Fleecehaube und Stirnband (evtl. auch noch eine Sturmhaube)
- [ ] Handschuhe dünn
- [ ] Handschuhe warm
- [ ] Überhandschuhe
- [ ] Hygienebeutel mit Zahnputzzeug, Nagel-schere, Seife
- [ ] kleines Handtuch
- [ ] Zusatznahrung (ca. 5–10 Energieriegel, Brausetabletten, Lutschbonbons, einige Kräuter- oder Früchteteebeutel)
- [ ] Kleine Hausapotheke mit Aspirin-Tabletten, Halsschmerzmittel-Lutschtabletten, Mitteln gegen Magenprobleme, Schmerzen, Durch-fall, Nasentropfen, Blasenpflaster, Gel oder Salbe gegen Verstauchungen und Zerrun-gen, Alu-Rettungsdecke, Dreieckstuch, Hansaplast, Leukoplast, elastische Binde
- [ ] Wichtige Adressen und Telefonnummern
- [ ] Mobiltelefon
- [ ] Foto- und Videoausrüstung plus Ersatzakku oder -batterien samt ausreichend Spei-chermedien (Aufladen ist unterwegs nicht möglich)
- [ ] Regenschutz für die Kameras

Alle Unterkünfte bewahren überschüssiges Gepäck in ihren Gepäckräumen auf.

Das nördliche Bergland

Ausrüstung

Bei der Ausrüstung sollte man sich an einer Winterwanderung in den Alpen orientieren, da es am Kilimanjaro schon mal kälter als -15 °C werden kann. Extreme Wetterverhältnisse, z. B. Stürme, kommen vor, dann wird es noch eisiger. Durch den Sauerstoffmangel verändert sich jedoch das Kälteempfinden: Finger und Zehen frieren dadurch schon bei geringen Minusgraden ab, weshalb warme, erprobte Funktionskleidung (Handschuhe, Strümpfe, Socken) unbedingt ins Gepäck muss.

Vorbereitung und Organisation

Eine Besteigung kann entweder von zu Hause aus oder vor Ort gebucht werden. Wer bei einem europäischen Veranstalter (s. auch S. 78, „Reiseveranstalter") bucht, braucht sich um die Organisation nicht zu kümmern, da diese Firmen mit renommierten tansanischen Unternehmen zusammenarbeiten und alle notwendigen Schritte erledigen.

Weitaus schwieriger gestaltet sich die Planung für jene, die es auf **eigene Faust** probieren möchten. Eine Buchung übers Internet von zu Hause aus ist problematisch, da Anzahlungen geleistet werden müssen, ohne dass man die Bedingungen vor Ort kennt. Daher sollte man sich wirklich nur an renommierte Unternehmen wenden, z. B. an solche, die in diesem Buch aufgeführt sind oder z. B. vom Kilimanjaro Porters Assistance Project. Wer zwei oder drei Urlaubstage übrig hat, kann die Besteigung auch vor Ort in Moshi oder Arusha organisieren. Hier hat es sich bewährt, mehrere Angebote einzuholen, sich mit anderen Bergsteigern auszutauschen und vor Abreise in einschlägigen Foren im Internet zu recherchieren. Wer sich für eine Agentur entschieden hat, sollte nicht nur nach einer schriftlichen Buchungsbestätigung verlangen, sondern auch von einer vollständigen Bezahlung bereits die Vertragsabschluss absehen. Viel besser ist es, die Bezahlung zu splitten – etwa die Hälfte bei Vertragsabschluss, den Rest unmittelbar vor der Abreise zum Gate. Die Lizenz der Bergführer ist unbedingt zu überprüfen, am besten bei einem persönlichen Gespräch, wo man sich auch ein Bild von seinem Gegenüber machen und herausfinden kann, ob die Chemie stimmt. Name und Telefonnummer des Führers muss man sich in jedem Fall notieren.

Entscheidend in der Planungsphase ist die Frage nach der **Dauer der Tour**. Hier am falschen Ende zu sparen, wäre fatal. Je länger die Tour dauert, desto größer die Wahrscheinlichkeit, den höchsten Punkt, den Kibo, auch wirklich zu erreichen. Aus diesem Grund sollten Touren, die sechs Tage oder länger dauern, auf jeden Fall bevorzugt werden, da durch den langsameren Aufstieg der Körper sanfter an die extremen Höhenlagen herangeführt wird. Nur wirklich höhentauglichen und -erprobten Bergsteigern ist eine Fünf-Tage-Besteigung anzuraten.

Es ist natürlich im Vorfeld schwierig, sich zu vergewissern, ob die Organisation professionell ist. Ausreichend motivierte Träger, erfahrene Guides und ordentliche Verpflegung sind ein Muss, ebenso wie Vertrauen, Kameradschaftsgeist und Toleranz innerhalb einer Gruppe. Man muss sich darüber im Klaren sein, dass günstigere Angebote in irgendeinem Punkt einsparen müssen – die meisten tun es beim Essen, durch zu niedrige Bezahlung der Begleitmannschaft oder mit fragwürdiger Ausrüstung.

Guides, Köche und Träger

In der Region gibt es zurzeit an die 1000 Führer und mehr als 12 000 Träger, fast alle von ihnen Chagga. Viele davon sind gute und ehrliche Kräfte, die ihr Bestes für ihre Kunden geben. Wer seine Tour sorgfältig geplant hat, wird kaum in den zweifelhaften Genuss der verschwindend geringen Anzahl von Scharlatanen kommen, die wenig vom Bergsteigen und noch weniger vom Führen verstehen.

Alle Wanderer sind verpflichtet, einen Guide, also einen kundigen Führer, mitzunehmen. Im Normalfall rechnet man pro Bergsteiger außerdem mit zwei bis drei Trägern *(porters)*, die jeweils an die 15 kg auf den Berg schleppen.

Unter den Begleitleuten gibt es eine ganz klar definierte Hierarchie, die sich auch in der Bezahlung niederschlägt. So sollte ein Guide offiziell an die US$20 pro Tag verdienen, während Köche sich mit US$15 und Träger mit US$10 begnügen müssen. Assistant Guides werden mit US$15 pro Tag entlohnt. Die Reallöhne sehen oft anders aus. Die Non-Profit-Organisation **Kilimanjaro Porters**

Assistance Project, 🖳 www.kiliporters.org, hat es sich zum Ziel gemacht, gegen die Ausbeutung von Trägern vorzugehen, d. h. gegen zu wenig Lohn, zu wenige Träger pro Gruppe, schlechte Ausrüstung, zu große Lasten oder schlechte Verpflegung. De facto speisen viele Anbieter ihre *porters* mit weniger als US$5 ab. Hochgerechnet kommt ein Träger auf einen Lohn von 150 000 TSH im Monat – doch kein Träger kann 30 Tage im Monat am Berg unterwegs sein! Auf der Webseite sind die Partnerunternehmen aufgelistet, die sich dem Codex der Organisation unterwerfen, dazu zählen z. B. Ahsante Tours, Good Earth Tours, Hoopoe Safaris, Summits Africa oder Tanzania Experience. Auch Bergsteiger können beitragen, indem sie benutzte Ausrüstung und Kleidung spenden oder nach der Besteigung im Büro neben The Coffee Shop (Hill St., Moshi) einen Fragebogen ausfüllen.

Körperliche Vorbereitung

Grundsätzlich kann sch jede gesunde Person mit Ausdauer und Willenskraft am Kilimanjaro versuchen. Dennoch lohnt sich eine gewissenhafte Vorbereitung, die wenigstens sechs Monate vor der Abreise beginnen sollte. **Ausdauertraining** bereitet Muskulatur, Lungen und die Sauerstoffsättigung im Blut am besten auf das Bergabenteuer vor. Laufen, Radfahren oder Skilanglauf eignen sich besonders gut. An den Wochenenden können längere Bergwanderungen von 5–7 Std. mit leichtem Rucksack eingeplant werden, auch um die Trittsicherheit und das eigene Schritttempo zu schulen. Klettersteige oder schwieriges Terrain erhöhen das Vertrauen in das eigene Können. Zwei oder drei Wochenenden vor der Abreise kann man sich an eine ausgedehnte Wanderung in größerer Höhe wagen. Um auf Nummer sicher zu gehen, empfiehlt

Die Besteigungsrouten im Überblick

Marangu-Route
- **Dauer und Unterkunft:** 5 oder 6 Tage, Hüttencamps
- **Zugang:** Südwestseite, Marangu Gate
- **Gangrichtung:** Aufstiegs- und Abstiegsroute
- **Besonderheiten:** Schöne Landschaft, herrliche Natur
- **Vorteil:** gut ausgebaute Wege, nicht mehr die meistbegangene Route
- **Nachteil:** langer Gipfelweg

Machame-Route
- **Dauer und Unterkunft:** 6 oder 7 Tage, Zeltcamps
- **Zugang:** Westseite, Machame Gate
- **Gangrichtung:** nur Aufstieg, Abstieg über Mweka-Route; seit Anfang 2008 ist auch der Aufstieg zum Kraterrand über das Arrow Camp und die Great Western Breach wieder möglich (nur mit befugtem Guide und Ausrüstung)
- **Besonderheiten:** abwechslungsreicher Aufstieg
- **Vorteil:** 7-tägige Besteigung möglich, was mehr Bergabenteuer vermittelt

- **Nachteil:** momentan die meistbegangene Route, Camps und Wege sind stark verschmutzt

Rongai-Route
- **Dauer und Unterkunft:** 5 oder 6 Tage, Zeltcamps
- **Zugang:** Ostseite, Rongai Nalemoru Gate
- **Gangrichtung:** nur Aufstieg, Abstieg über Marangu-Route
- **Besonderheiten:** Kilimanjaro und Mawenzi von der Ostseite
- **Vorteil:** relativ einfache Besteigung, kurze Tagesetappen
- **Nachteile:** kein Bergurwald, da er der Plantagenwirtschaft geopfert wurde, langer Gipfelweg, beim Abstieg über die Marangu-Route müssen die Bergsteiger neben den Hütten im Zelt schlafen (auch bei Schlechtwetter)

Umbwe-Route
- **Dauer und Unterkunft:** 6 Tage, Zeltcamps
- **Zugang:** Westseite, Umbwe Gate
- **Gangrichtung:** Aufstieg 2 Tage über die steile Umbwe-Route, danach weiter über

sich ein rechtzeitiger **Fitness- und Gesundheits-check** bei einem kundigen Sportarzt.

Besteigungsrouten

Es bestehen mehrere Zugangsrouten. Als beliebteste gilt momentan Machame, während der Ansturm auf die Marangu-Route in den letzten Jahren stark zurückgegangen ist, denn durch die Hüttencamps sind die Schlafplätze (auf max. 90 Personen pro Tag) beschränkt. Auf den Touren mit Zeltcamps hingegen können die Anbieter mehr Kunden und größere Gruppen unterbringen.

Alle weiteren Routen werden aufgrund der mit ihnen verbundenen höheren bergsteigerischen Anforderungen weitaus weniger frequentiert. Grundsätzlich kann sich ein trittsicherer Bergwanderer in guter körperlicher Verfassung aber an allen sechs Aufstiegsrouten versuchen.

Sie unterscheiden sich hauptsächlich in ihrer Steilheit und der Ausstattung der Camps. Egal für welche Route man sich entscheidet, die Besteigung des Kilimanjaro ist und bleibt ein gewaltiges, unvergessliches Naturerlebnis, das für Hobbysportler zu den großartigsten Bergerfahrungen unseres Planeten zählt.

Übernachtung und Verpflegung

Berghütten gibt es nur auf der Marangu-Route, die mit je vier oder sechs Schlafplätzen ausgestattet sind. Für die Mahlzeiten hat man Hütten mit Tischen und Bänken für ewta 60 Personen aufgestellt. Bergunerfahrene Trekker schätzen den „Komfort" der einfachen Berghütten, der erholsamen Schlaf garantiert.

Die anderen Routen gelten als **Zeltrouten**. Auf der Machame- sowie der Mweka-Route wurden zwar auf Höhe des Regenwaldgürtels

Machame-Route, Abstieg über Mweka-Route; seit Anfang 2008 ist auch der Aufstieg zum Kraterrand über das Arrow Camp und die Great Western Breach wieder möglich (nur mit befugtem Guide)
- **Besonderheiten:** wunderschöner Bergregenwald, etwas steilerer Anstieg
- **Vorteil:** echtes Bergabenteuer, Route wird sehr wenig begangen
- **Nachteile:** kleine Campsites, am ersten Tag Wasserknappheit

Lemosho-Route
- **Dauer und Unterkunft:** 6 bis 8 Tage, Zeltcamps
- **Zugang:** Nordwestseite, Londorossi Gate
- **Gangrichtung:** Aufstieg 3 Tage über Lemosho-Route, danach weiter über Machame-Route, Abstieg über Mweka-Route
- **Besonderheiten:** schöner Bergurwald, möglicherweise Tierbegegnungen
- **Vorteil:** an den ersten 2 Tagen wenig Bergtouristen
- **Nachteile:** lange Anfahrtszeit zum Gate, ab 2. oder 3. Tag weiter über die stark begangene Machame-Route

Londorossi-Route
- **Dauer und Unterkunft:** 7 oder 8 Tage, Zeltcamps
- **Zugang:** Nordwestseite, Londorossi Gate
- **Gangrichtung:** Aufstieg 2 Tage über Londorossi-Route, danach weiter über Machame-Route, Abstieg über Mweka-Route
- **Besonderheiten:** sehr naturbelassene Waldwege
- **Vorteil:** in den ersten 2 Tagen wenig Bergtouristen
- **Nachteile:** lange Anfahrtszeit zum Gate, ab 2. oder 3. Tag weiter über die stark begangene Machame-Route

Mweka-Route (Westseite) ab Barafu-Camp
- **Dauer und Unterkunft:** 2 Tage, Zeltcamps
- **Zugang:** Westseite, Mweka Gate
- **Gangrichtung:** Abstiegsroute
- **Besonderheiten:** schöner Ausblick auf den Kibo am Rückweg
- **Vorteile:** kurze Tagesetappen, gut ausgebauter Weg
- **Nachteile:** sehr viele Bergtouristen von all jenen Routen, die über die West- und Nordwestseite führen

Das nördliche Bergland

Durch die zunehmende Höhe nimmt der Luftdruck ab und mit ihm auch der Sauerstoff-Partialdruck (der anteilige Sauerstoffdruck) unserer Atemluft. Dadurch atmen wir automatisch weniger Sauerstoff in unsere Lunge. Die ersten Auswirkungen davon machen sich ab einer Höhe von 3000–4000 m bemerkbar – erhöhter Puls, tiefere Atmung, leichtes Druckgefühl im Kopf. Schnelle Bewegungen führen bereits in diesem Stadium sofort zu **Atemnot**, da die Menge der roten Blutkörperchen im Blut nicht mehr ausreicht, um das Gehirn mit genügend Sauerstoff zu versorgen.

Beim Auftreten dieser ersten Symptome ist es ratsam, sich zunächst zu akklimatisieren, längere Pausen einzulegen oder gar einige Tage auf der erreichten Höhe zu verbringen. Der menschliche Organismus hat für derartige Belastungsspitzen die wundersame Gabe entwickelt, zusätzlich rote Blutkörperchen zu bilden, um sich für kommende Anstrengungen zu wappnen. Diese sogenannte Adaptationsfähigkeit des Körpers macht Bergsteiger in einer solchen Situation wieder leistungsfähig. Erst dann kann ans langsame Weitersteigen gedacht werden.

Ausreichend **Flüssigkeitszufuhr**, nämlich mindestens 3–4 l pro Tag, ist unabdingbar. Viele Bergsteiger, die vorzeitig umkehren müssen, haben den Flüssigkeitsbedarf ihres Körpers sträflich vernachlässigt.

Drei Stadien von Höhenkrankheit werden medizinisch unterschieden: die akute Höhenkrankheit AMS *(Acute Mountain Sickness)*, das Höhenhirnödem HACE *(High Altitude Cerebral Edema)* und das Höhenlungenödem HAPE *(High Altitude Pulmonary Edema)*. Alle drei kommen am Kilimanjaro immer wieder vor.

AMS-Symptome treten zumeist ab 3000 m auf. Typische Beschwerden sind hartnäckige Müdigkeit, Übelkeit und Erbrechen, Kopfschmerzen, Schwindel oder Schlafstörungen. Wer eines oder mehrere dieser Symptome verspürt, muss in jedem Fall eine Pause einlegen; sollte innerhalb von 24 Std. keine Besserung eintreten, ist der Rückzug anzutreten

Ab 4000 m Höhe können **HACE**-Symptome den Aufstieg behindern. Sie sind bedeutend schwerwiegender und äußern sich in Körperfunktionsstörungen, Verwirrtheit, Halluzinationen, unsicherem Stand oder gar Bewusstlosigkeit. Der Betroffene muss ins Tal gebracht und unter medizinische Aufsicht gestellt werden.

Noch dramatischer gestalten sich die sogenannten **HAPE**-Symptome, die ebenfalls ab 4000 m auftreten können: Blaue Lippen, trockener Husten, blutiger Auswurf, Apathie und brodelnde Atemgeräusche sind kritische Warnsignale – hier muss auf der Stelle umgedreht und der Betroffene unter kompetente ärztliche Aufsicht gestellt werden!

Von der Höhenkrankheit können auch Spitzensportler betroffen sein, während scheinbar Untrainierte spielend den Weg auf den Gipfel schaffen. Patentrezepte gibt es keine – manche Menschen sind anfällig für die Höhenkrankheit, andere nicht. Jede Person reagiert anders, ebenso wie die Symptome je nach Person in unterschiedlichen Höhenlagen einsetzen können. Wesentliche **Voraussetzungen** für eine Kilimanjaro-Besteigung sind in jedem Fall ausreichende sportliche Fitness, ein guter allgemeiner Gesundheitszustand sowie ein gewisses Maß an Höhenerprobtheit. Für niemanden gibt es eine Garantie, den Uhuru Peak auch tatsächlich zu erreichen.

Hütten errichtet, doch sie dienen eher als Übergangsschutz vor Regen und Kälte, bis das Zeltlager aufgestellt ist.

Im Normalfall ist die **Trinkwasserversorgung** auf allen Routen gesichert, dennoch muss das Wasser oftmals über weite Strecken von den Trägern in Plastikkanistern mitgeführt werden.

Es muss vor dem Trinken unbedingt abgekocht oder mit Entkeimungsmittel behandelt werden. Da Wasser in großen Höhen schon bei weniger als 100 °C zu kochen beginnt (pro 1000 m sinkt der Siedepunkt des Wassers um 3,3 °C), kommt es beim Abkochen nicht zu einer vollständigen Keim- und Erregerabtötung.

Leider musste der Kilimanjaro in den letzten Jahren einen Massenansturm an Bergsteigern hinnehmen, vor allem infolge der fälschlichen Behauptung, wonach der Aufstieg über die Marangu-Route nicht mehr als eine anspruchsvolle Bergwanderung in größere Höhen sei. In der Hochsaison werden Dutzende Gruppen zeitgleich auf den Kilimanjaro getrieben. Wenn man bedenkt, dass jede Gruppe aus mehreren Wanderern sowie doppelt so vielen Trägern und Guides besteht, kann man sich ausmalen, wie stark die Menschenmassen Tier- und Pflanzenwelt belasten – zumal die Müllbeseitigung und die Entsorgung menschlicher Exkremente ungelöste Probleme darstellen, was an manchen Routenabschnitten durchaus zu sehen und zu riechen ist.

Natürlich ist eine Besteigung des höchsten Bergs von Afrika reizvoll. Viele Menschen benötigen dazu auch nur eine gute körperliche Verfassung sowie die Lust am Wandern. Die größte Herausforderung für viele Bergsteiger ist aber weniger die technische Seite der Kilimanjaro-Besteigung als vielmehr der stetig abnehmende Sauerstoffgehalt der Luft. Die meisten europäischen Bergsteiger leiden am Kilimanjaro zum ersten Mal an der Höhenkrankheit, denn in Europa liegen die meisten Gipfel unter 3000 m Höhe. Deshalb sollte eine Kilimanjaro-Besteigung trotz der technischen Anspruchslosigkeit wohlüberlegt sein, denn sie ist mit Sicherheit kein Sonntagsspaziergang, und erfahrungsgemäß fällt es den meisten Bergsteigern schwer, kurz vor dem Gipfel umzudrehen, zumal von den bereits gezahlten Gebühren im Falle eines Scheiterns kein Cent erstattet wird. Auch wenn die Behörden oder die Safari-Veranstalter es nicht gern erwähnen, finden doch jedes Jahr an die zehn Personen am Kilimanjaro den Tod, weil sie den Berg unterschätzen – und sich selbst überschätzen.

Die Waschmöglichkeiten am Berg sind begrenzt; nur beim Mandara Camp (Marangu-Route) und beim Horombo Camp stehen Waschbecken und einfache Duschen zur Verfügung. Meist stellen die Träger kleine Plastikschüsseln mit warmem Wasser vor das Zelt. Analog dazu handelt es sich bei den Toiletten um einfache Plumpsklos mit Holzverkleidung. Nur auf der Marangu-Route verfügen die Toiletten über einen etwas besseren Standard.

Das **Essen** am Berg wird vom jeweiligen Gruppenkoch immer frisch zubereitet. Das bedeutet, dass die gesamte Verpflegung für alle Teilnehmer von den Trägern auf den Berg getragen wird. Das Frühstück besteht aus Pulverkaffee und Tee sowie Weißbrot, Marmelade, Honig, Eiern, Würstchen und Früchten. In die Lunchbox wird zumeist ein Sandwich, ein hart gekochtes Ei, ein Stück Hühnchen, Fruchtsaft und Obst gepackt. Bei der Hauptmahlzeit am Abend wird üppig geschlemmt – mit deftigen Suppen, Fleisch und Geflügel, wohlschmeckenden Gemüsesaucen sowie Reis und Nudeln. Üblicherweise reicht die Verpflegung aus. Wer etwas Abwechslung in den Menüplan bringen möchte, kann Müsliriegel, Energieriegel oder Bonbons mitnehmen, die es in Tansania nicht zu kaufen gibt. Wer Kräuter- oder Früchtetees bevorzugt, muss sie ebenfalls von zu Hause mitbringen. Bier ist schwer erhältlich, auch auf der Machame- und Marangu-Route; wer Jagatee und Hüttengaudi am Abend liebt, sollte den eigenen Flachmann nicht vergessen. (Auf übermäßigen Alkoholkonsum sollte dennoch verzichtet werden, denn man bewegt sich am Kilimanjaro schließlich auf Höhen, die für den Körper eine erhebliche Belastung bedeuten.)

Notfälle

Die Verwaltung des Nationalparks betreibt zur Versorgung von Verletzungen und anderen Gesundheitsproblemen einen Bergrettungsdienst, der vom jeweiligen Guide angefordert werden muss. Die Rettungs- und Transportmethoden sind allerdings nicht mit denjenigen in Europa vergleichbar. Wenn schwere Verletzungen oder Krankheiten am Berg auftreten, muss eine Notfallevakuierung durchgeführt werden (s. S. 62, „Medizinische Versorgung"). Wer eine Kilimanjaro-Besteigung plant, sollte deshalb schon im

Das nördliche Bergland

Vorfeld klären, ob die Reiseversicherung einen Rettungseinsatz am Berg abdeckt oder ob ein zusätzlicher Versicherungsschutz notwendig ist. Gute Veranstalter bieten automatisch eine Notfallevakuierung an, z. B. mit FAR (First Air Responder) oder AMREF. US$20 oder US$25 für eine einmalige Kurzmitgliedschaft von 14 Tagen sind weise investiert, denn sie sichern eine Notfallversorgung am Unfallort und eine Evakuierung per Flugzeug in ein internationales Krankenhaus. Die dortigen Behandlungskosten werden hingegen nicht übernommen.

Dieses Kapitel entstand in enger Zusammenarbeit mit dem Kilimanjaro-Experten Rudi Stangl, einem österreichischen Abenteurer und Bergführer, der den Kilimanjaro schon über 70 Mal bestiegen hat. Er organisiert Kilimanjaro-Besteigungen und führt jährlich drei bis vier Touren persönlich. Mehr Informationen unter „Empfehlenswerte Reiseveranstalter" in den „Traveltipps von A bis Z", S. 80.

Pare Mountains

Während im Rückspiegel noch das Kilimanjaro-Massiv thront, beginnt im Grenzland zu Kenia ein Landstrich der Gegensätze – staubtrockenes Grasland zu Füßen der im Osten aufragenden Pare Mountains, ausgedehnte Sisalplantagen und landwirtschaftlich genutzte Flächen, je weiter man nach Süden vorstößt.

Die North und South Pare Mountains gehören zu den Eastern Arc Mountains (s. Kasten S. 345), einer alten Bergkette, die sich vor über 30 Mio. Jahren formierte. Auf der Westseite ist sie karg, die Ostseite hingegen ist sattgrün mit herrlich tropisch-üppiger Natur. Das Gebiet ist schlecht erschlossen, es gibt nur wenige Pisten und kaum touristische Infrastruktur. Wanderer und Vogelliebhaber, die einige Tage erübrigen können, finden an den Pare Mountains mit Sicherheit Gefallen. Wer mit dem eigenen Fahrzeug und Campingausrüstung unterwegs ist, kann getrost einen Abstecher in die Berge machen, alle anderen müssen sich für einen Ausflug an einen Tour Operator in Moshi oder Arusha wenden. Sowohl im nördlichen als auch im südlichen Teil gibt es Kulturtourismusprogramme. Ein echtes Highlight in dieser abgelegenen Region ist der östlich der Bergkette gelegene **Mkomazi National Park**.

Lake Jipe und Nymba ya Mungu

Ein 77 km langer Abstecher in die North Pare Mountains führt zum nicht mehr als 3 m seichten **Lake Jipe**, wobei man sich von dem Gedanken leiten lassen sollte, dass der Weg das Ziel ist. Malerisch flankiert von den Pare Mountains im Süden, haben Verwegene an klaren Tagen Blick auf den Lake Chala (s. S. 325) und sogar den flimmernden Kilimanjaro im Nordwesten. Wie alle Seen der Gegend bezieht der Lake Jipe sein Wasser hauptsächlich aus den unterirdischen Quellen des Kilimanjaro. Für die Stromversorgung des Landes ist der See unverzichtbar, denn er speist den Pangani River, an dem wiederum ein Wasserkraftwerk steht, das für über 20 % der Stromproduktion in Tansania sorgt. Zu großer Besorgnis haben in den letzten Jahren die Zunahme des Schilfbewuchses, die Versandung sowie der Rückgang des Wasservolumens geführt, denn diese Entwicklung gefährdet nicht nur die Stromversorgung des Landes, sondern auch die Existenz der Fischer und Dorfbewohner (die schon scharenweise zum Nyumba ya Mungu-Staudamm abgewandert sind). Das Absinken des Wasserspiegels um 50 % in den letzten zehn Jahren bedroht gleichzeitig auch die beiden angrenzenden Naturräume, Mkomazi in Tansania und Tsavo West in Kenia. Pessimisten befürchten, dass der See bereits in zehn Jahren ausgetrocknet sein könnte, weswegen seit 2010 von allerhöchster Stelle abgesegnete Maßnahmen getroffen werden, um das Schlimmste zu vermeiden. Es ist anzunehmen, dass die sinkenden Wasserpegel direkt auf den Rückgang des Niederschlags auf dem Kilimanjaro, z. B. wegen der großflächigen Abholzungen, zurückzuführen sind (s. Kasten „Die legendäre Eiskappe", S. 333).

Unterkünfte gibt es auf tansanischer Seite keine; von Kenia aus ist der Lake Jipe besser erschlossen. Interessierte können mit den noch verbliebenen Fischern eine Bootstour (5000–10 000 TSH) unternehmen. Zum Schwimmen ist der See gänzlich ungeeignet, doch wen kümmert das, wenn im Migrationskorridor zwischen Mkomazi National Park und Tsavo in der Trockenzeit Elefanten oder Antilopen (vor allem an den nördlichen Ufern) beim Trinken beobachtet werden können? Vereinzelt werden Löwen oder Geparden gesichtet; Krokodile und Flusspferde suhlen sich gerne im Wasser. Tagsüber wird es brütend heiß, daher ist ein Ausflug in den Morgen- oder Abendstunden zu bevorzugen.

Anfahrt: 15 km nach der Abzweigung vom Moshi-Taveta-Highway erreicht man das Dorf Kifaru, gleich hinter der Eisenbrücke über den kleinen Flusslauf Ruvu (der weiter südlich den Staudamm Nyumba ya Mungu passiert und schließlich zum Pangani River wird). Hier zweigt man nach links in Richtung Osten ab. Anfangs fährt man auf akzeptabler Piste an den Biegungen des Ruvu River entlang, bevor nach ca. 14 km (direkt vor einem steil aufragenden Hügel) eine scharfe Biegung nach links folgt. Nach ein paar weiteren Kilometern ist das Dorf Makuyuni und der See erreicht. Den gleichen Weg geht es am besten wieder zurück.

Etwas südlich von Kifaru führt eine Piste nach Westen zum Nyumba ya Mungu-Staudamm, jenem Ort, an den es die Fischer verschlägt, die Jipe verlassen. Der Staudamm eignet sich gut für einen erfrischend untouristischen Ausflug für Vogelliebhaber, aber auch Bootstouren werden angeboten. Der Rundkurs auf recht guter Piste führt weiter entlang des Ostufers des Stausees bis zur Staumauer, von wo man über eine gut ausgebaute Piste nach Kisangara und zum Highway kommt.

North Pare Mountains

15 km südlich von der Abzweigung zum Lake Jipe ist die Distrikthauptstadt **Mwanga** erreicht, eine an sich wenig charmante Ansiedlung von Häusern im kargen Niemandsland. Von hier führt eine Sandpiste ins 25 km entfernte idyllische, fruchtbare **Usangi**, Ausgangsort für Wanderungen und Aktivitäten in den North Pare Mountains. Hier geht es sehr informell zu: Beste

Anlaufstelle für Informationen und Guides ist die Lomwe Secondary School, wo man auf dem Campingplatz das Zelt aufschlagen oder aber auch sich in der Cafeteria/Bar verpflegen kann. Wer nicht kampieren möchte, übernachtet im Mhako Hostel ❶ (hart verhandeln!). Auf dubiose Gebühren zur „Dorfentwicklung" (Guide Fee, Coordination Fee) werden Reisende hier allenthalben stoßen. Um einige, wie die Eintrittsgebühren für das **Kindoroko Rainforest Reserve** (verhandelbar, aber üblicherweise US$10), wird man nicht herumkommen.

Die Hauptattraktion der Gegend stellen die Wanderung durch den Kindoroko Rainforest sowie die Besteigung des Mount Kindoroko (2113 m) dar. Eine Dorfführung ermöglicht Einblicke in die Traditionen der Pare; ein paar historische Relikte aus der Zeit der großen Königreiche lassen die präkoloniale Zeit aufleben.

Die Anfahrt von Moshi oder Arusha aus ist relativ problemlos: Überlandbusse stoppen in Mwanga (mit Umstieg in lokale Daladalas nach Usangi, 1 1/2 Std.), andere Daladalas fahren direkt von Arusha/Moshi nach Usangi.

Same

Der größte Ort der South Pare Mountains, Same, direkt am Highway (und auf der Route der Überlandbusse), ist ein trostloses Straßendorf. Einige staubige Kneipen, die Bier und *chipsi mayai* (Omelette mit Pommes frites) servieren, ein kleiner Bauernmarkt und das wöchentliche Großereignis des Marktes – mehr Infrastruktur gibt es nicht. Der neue, vergrößerte Busterminal, die kürzlich fertiggestellte Kirche sowie die neuen Überlandleitungen lassen aber erkennen, dass sich in Same etwas tut. Das einfache **Elephant Motel**, ☎ 027-2758193, 🖳 www.elephant motel.com, ❶–❷, erscheint fast wie eine kleine Oase. Die zweckmäßige, freundliche Unterkunft mit einigen großen „Suiten" (mit extra Wohnzimmer) liegt direkt am Highway und serviert auch Snacks und tansanische Hauptgerichte. Camping möglich. Das Hotel organisiert gerne Kulturtouren durchs Dorf, zu Bauernhöfen, zu den Maasai oder zum sonntäglichen Markt sowie Wanderungen in die Berge.

Mkomazi National Park

- **Zugang**: Über das **Zange Gate**, 7 km von Same entfernt. An den anderen Gates, Njiro, Kivingo und Umba, existieren keine Zahlstellen, der Zutritt ist dort nur mit Sonderarrangement möglich.
- **Eintritt**: US$20 pro 24 Std.
- **Informationen**: Am Zange Gate liegen die Park Headquarters, wo man Erkundigungen bezüglich der Straßen und der Camping-möglichkeiten einholen sollte.
- **Beste Reisezeit**: Für Tierbeobachtung Juni–Sep, während von März–Juni die Landschaft besonders attraktiv ist.

Über den geteerten Dar-Arusha-Highway (81 km ab der Abzweigung vor Himo, östlich von Moshi) erreicht man bequem das größere Straßendorf Same. Von dort ist es ein Katzensprung (ca. 7 km) zum Mkomazi National Park. Abseits des Highway können die Sandpisten stellenweise schlecht und in der Regenzeit mitunter unpassierbar sein.

Das Gebiet, das bereits seit 1951 als Wildreservat besteht, ist praktisch die Verlängerung des kenianischen Tsavo West National Park und ähnelt diesem hinsichtlich seiner Fauna und Flora. Schon der Name verrät, dass die typisch ostafrikanische Trockensavanne mit braun-goldener Busch- und Strauchlandschaft dominiert: In der Sprache der Pare bedeutet *mko* „Holzlöffel" und *mazi* „Wasser" – damit ist gemeint, dass es hier nur so viel regnet, um einen Schöpflöffel zu füllen. Vereinzelte Baobab-Bäume und unzählige steinige Hügel und Bergketten (bis auf 1600 m Seehöhe) machen das Landschaftsbild abwechslungsreich. Daneben finden sich offenes Savannenland mit Wäldern von Schirmakazien und flache Wiesentäler mit ausgedehnten Grasflächen.

Auf über 3200 km² tummeln sich u. a. Elefanten, Büffel, Giraffen, Zebras, Grant- und Thomsongazellen und in großen Konzentrationen die seltenen Gerenuk-Antilopen und Beisa-Antilopen sowie weitere Antilopenarten. Auch Löwen, Geparden und Leoparden leben und jagen im grenzüberschreitenden Tsavo-Ökosystem, einem großen und bedeutenden Ökosystem Afrikas. Ebenso vielfältig ist die Vogelwelt, die weit über 450 Spezies umfasst.

1988 lag Mkomazi bildlich gesprochen nahezu am Boden – ein klassisches Beispiel dafür, wie unkontrollierte Wilderei, Überweidung und Abholzung einem Ökosystem schaden können. Die Elefanten des Reservats wurden beinahe und die Spitzmaulnashörner sogar vollständig ausgerottet, ganze Landstriche drohten zu versteppen. Nur der Vision von Tony Fitzjohn, einem leidenschaftlichen Umweltschützer und Weggefährten des ermordeten, legendären George Adamson („The Lion Man of Africa"), ist es zu verdanken, dass sich Mkomazi heute langsam wieder erholt. Seit 1989 gibt es das Mkomazi-Schutzprogramm, mit dessen Umsetzung Fitzjohn von der Regierung beauftragt wurde.

Internationale Reputation bei Naturschützern erlangte das noch viel zu wenig besuchte Reservat durch seine Versuche sowohl die gefährdeten **Afrikanischen Wildhunde** als auch das in Tansania fast ausgerottete Spitzmaulnashorn zu schützen und deren Population wieder zu vermehren. Das Spitzmaulnashorn-Schutzgehege **Black Rhino Sanctuary** ist einzigartig in Tansania: Hierher wurden über eine Luftbrücke aus dem südafrikanischen Addo National Park Nashörner gebracht, die nach und nach in den Mkomazi-Naturraum integriert werden sollen. 2011 lebten neun Nashörner in dem eingezäunten und bewachten Schutzgehege. Man vermutet, dass es heute in Tansania nur noch an die 70 Spitzmaulnashörner gibt, die in freier Wildbahn leben. Erst Mitte 2010 wurde in der Serengeti ein Nashorn-Ansiedlungsprogramm lanciert (s. S. 424).

Die Eindämmung der Wilderei ist somit nach wie vor die größte Herausforderung für das Mkomazi-Schutzprojekt. Denn obwohl Ranger ausgebildet, Pisten gebaut und Überwachungsflüge geflogen werden, ist das Gebiet einfach zu groß und sind die Mittel zu beschränkt, um der Bedrohung Herr zu werden. Und dennoch gibt es auch Erfolge zu vermelden: Nachdem in den 1980er-Jahren nur noch wenige **Elefanten** im Reservat lebten, zählt man heute weit über 1000 Exemplare, darunter erfreulicherweise viele Elefantenkühe und Jungtiere.

Übernachtung und Essen

Babu's Camp, 11 km nordöstlich des Zange Gate, ☎ 027-2503094, 🖳 babuscamp.com. Schönes, stimmungsvolles Buschcamp mit 10 großen, luxuriös ausgestatteten Zelten, absolut buschnah und unaufdringlich. Die Zelte, weit voneinander entfernt aufgestellt, garantieren Intimität, das Restaurant-Zelt liegt malerisch unter einem imposanten Baobab-Baum. ❻ mit Vollpension

Es gibt verschiedene öffentliche **Campingplätze**, z. B. das Ibaya Campsite im nordwestlichen Sektor des Parks und ein weiteres am Njiro Gate. Informationen bei den Parkwächtern am Gate, US$30 p. P.

Aktivitäten

Pirschfahrten mit dem Fahrzeug sind die übliche Fortbewegungsart im Mkomazi. Im Babu's Camp stehen Fahrzeuge zur Verfügung (US$295 pro Fahrzeug inkl. Guide, max. 4 Pers.). Wer mit dem eigenen Auto unterwegs ist, erhöht durch Mitnahme eines Guides (US$40 pro Gruppe) den Erlebnisfaktor einer Safari. Über das Elephant Motel in Same können ebenfalls Safaris arrangiert werden.

Walking Safaris sind möglich, entweder organisiert (beim Camp) oder auf eigene Faust. In letzterem Fall muss am Gate Bescheid gesagt und ein Ranger für US$20 pro Tag mitgenommen werden.

Babu's Camp unternimmt nach Voranmeldung auch **Night Safaris**.

Transport

Selbstfahrer

Die Sandpisten sind je nach Jahreszeit recht passabel, in der Regenzeit allerdings unpassierbar. Mit genügend Treibstoff, Wasser und Lebensmitteln muss man sich spätestens in Same versorgen.

Busse

Bis nach SAME ist der Transport leicht zu bewerkstelligen, ab Same fahren entweder Daladalas nach Gonja oder Mkomazi (Ausstieg erbitten beim Zange Gate) oder man arrangiert die Abholung durch das Babu's Camp.

Flüge

In der Nähe des Njiro Gate gibt es das Kisima-Flugfeld. Regional Air legt auf dem Weg nach PANGANI und SAADANI im Mkomazi einen Zwischenstopp ein.

South Pare Mountains

Schon die Missionare erkannten die Vorzüge dieser Gegend: Die South Pare Mountains mit dem Hauptort **Manga** (auch bekannt als Manka oder Mbaga, da die umgebenden Hügel „Mbaga Hills" heißen) verfügen über ein angenehmes Hochlandklima sowie sattgrüne Berge mit steilen Hängen (die mehr an Europa als an Afrika erinnern) und sind weniger von Malaria betroffen als andere Landesteile. Die Missionare christianisierten erfolgreich das ansässige Volk der Pare, sozusagen mit der Konkurrenz vor der Haustür: Nur wenige Kilometer weiter unten in der Ebene, im Ort Kisiwani, einem der Durchzugsorte der Karawanen, dominiert bereits wieder der Islam. Viele der ehemals deutschen missionarischen Strukturen sind noch heute intakt. Das kleine Postamt, wo einst deutsche Siedler wohnten, soll dem Vernehmen nach das älteste Gebäude im Dorf sein. Die alte Kirche am Ortsende ist längst nicht mehr im Einsatz, steht aber noch wacker da. Das hiesige Gästehaus war früher die Residenz des Missionars Jakob Dannholz, der 1908 die Missionsstation im Namen der Leipziger Mission gründete. Sein Manuskript über die Traditionen und den Alltag der Pare konnte auf wundersame Weise aus seiner Kriegsgefangenschaft in Ägypten (wo er 1918 starb) gerettet werden und wurde von seiner Familie veröffentlicht. Die Schrift ist auf Deutsch und Englisch erhältlich, zum Gedenkjahr 2008 erschien sie im Dorf auch auf Swahili.

In Manga kann man es gut und gerne ein paar Tage aushalten. Hauptgrund für einen Besuch ist das hiesige ausgezeichnete **Kulturtourismusprogramm**, mit vielen Wanderungen in die South Pare Mountains, die von wenigen Stunden, z. B. zum **Mpepera Viewpoint** mit Blick auf den Mkomazi, bis zu drei Tagen dauern können, etwa wenn man die abenteuerliche und kräftezehrende Besteigung des **Shengena**

Peaks (2463 m) in Angriff nehmen möchte. Vogelliebhabern werden die South Pare Mountains ein Leuchten in die Augen zaubern, denn besonders im bedrohten **Chome Forest Reserve** leben zahlreiche (ebenso bedrohte) Vogelarten. Wer abseits vom oberflächlichen Tourismus Land und Leute kennenlernen will, wird ebenfalls auf seine Kosten kommen.

Übernachtung und Essen

Tona Lodge, ✆ 0754-852010, ✉ tona_lodge@hotmail.com. Einfache Unterkunft und Basis des Kulturtourismusprogramms. Es gibt mehrere Cottages mit einigen Zimmern. Strom vom Generator, fließendes Wasser, Panoramasicht aufs Dorf und die Umgebung. Frühstück inkl., Mahlzeiten um 5000 TSH auf Vorbestellung, Camping für 10 000 TSH p. P. möglich. ➋

Aktivitäten

Alle Aktivitäten (Wandern, Dorfführungen, Ausflüge zu einem traditionellen Heiler und anderes mehr) können beim engagierten Besitzer der Tona Lodge, Herrn Elly Kimbwereza, gebucht werden.

Fantastische Panoramastrecke

Als Alternative zur eintönigen Fahrt auf der Teerstraße hat die knapp 100 km lange Piste von Same über Gonja ins Dorf Mkomazi ihren Reiz. Ödland wechselt sich mit fruchtbaren Reis- und Maisfeldern ab; dabei hat man rechts die Pare Mountains und links die Usambara Mountains ständig im Blickfeld. Nach ca. 62 km ab dem Zange Gate tauchen die fruchtbaren Ebenen des Ndungu-Staudamms links Richtung Osten auf, die kurz danach wieder in trostloses Ödland übergehen. Die vielen verschiedenen Vegetationszonen machen die Fahrt abwechslungsreich, wenn auch die Piste zwischendurch holprig ist. An der Kreuzung im Dörfchen Mkomazi hält man sich ostwärts (links), wenn man die steile Anfahrt nach Mtae (s. S. 356) in Angriff nehmen möchte (nur mit gutem 4WD zu empfehlen); rechts endet die Piste am Dar-Arusha-Highway.

Transport

Selbstfahrer

4,5 km südlich von Same geht nach Osten eine Piste ab. Nach ca. 10 km gabelt sich die Piste, hier links gen Osten halten und das Dorf Mwembe durchqueren. Die (ab Highway) ca. 40 km lange, äußerst kurvige Anfahrt durch die Berge dauert je nach Jahreszeit und Pistenzustand mind. 1 1/2–3 Std. und wird in den Trockenmonaten auch von Daladalas absolviert.

Daladalas

Von SAME verkehren Daladalas nach Manga, zumeist um 14 Uhr, wenn die Straßenverhältnisse es zulassen.

 HIGHLIGHT

Usambara Mountains

Nach knapp 220 km Fahrt ab Moshi erreicht man den lebhaften Ort Mombo, von wo eine Teerstraße ins 33 km entfernte Lushoto abzweigt. Die Straße schlängelt sich nun die Berglandschaft hinauf, vorbei an Wasserfällen (darunter die Soni-Wasserfälle, S. 349), herrlichen Aussichten und üppiger Hochlandflora.

Auf dem Weg nach Mombo, der Abzweigung nach Lushoto, liegt die idyllische **Pangani River Campsite** (68 km südlich von Same, 40 km nördlich von Mombo), eingebettet zwischen dem Fluss und den Eisenbahngleisen. Allerdings sind die Moskitos zu mancher Jahreszeit wirklich eine Plage – also viel Mückenschutzmittel verwenden oder früh in den Schlafsack!

Mombo ist die verkehrstechnische Drehscheibe der **West Usambara Mountains**, ein Marktflecken mit Tankstellen, Garküchen und Marktständen, der hauptsächlich von den zahlreichen Überlandbussen lebt, die täglich aus allen Landesteilen vorbeikommen. Von hier starten viele Daladalas in die Berge. Die Anreise nach Mombo und Lushoto mit öffentlichen Verkehrsmitteln stellt also kein Problem dar.

Dass die wunderbaren West Usambara Mountains noch nicht von der Tourismusindustrie ent-

Das nördliche Bergland

Die Eastern Arc Mountains sind eine uralte, kristalline Gebirgskette, die sich von den Taita Hills in Kenia über die Pare und Usambara Mountains bis in den Südwesten Tansanias zieht. Die wunderschönen Uluguru Mountains bei Morogoro sind ebenso Teil der Gebirgsmasse wie die einmaligen Udzungwa Mountains, heute ein Nationalpark. Wissenschaftler vermuten, dass die Eastern Arc Mountains sich vor über 30 Mio. Jahren formierten, was insofern erstaunlich ist, als beispielsweise der weltberühmte erloschene Vulkan Kilimanjaro „nur" um die 2 Mio. Jahre auf dem Buckel hat. Noch gibt die wenig erforschte Gebirgskette zahllose Rätsel auf; über ihre Entstehung, die vor rund 100 Mio. Jahren begann, existieren kaum gesicherte Fakten.

Einzigartig ist aber nicht nur ihr Alter, sondern auch der enorme **Artenreichtum** insbesondere der endemischen Gattungen (s. Abschnitt „Flora und Fauna"). Er konnte sich zum einen aufgrund der isolierten Lage der Berge entwickeln, zum anderen sorgten die Monsunwinde durch die Nähe zur Küste für ausreichend Regen und Feuchtigkeit. So entwickelten sich neben dem heute fast ausgerotteten küstennahen Regenwald auch Pflanzen, die für die moderne Medikamentenproduktion von höchster Bedeutung sind. An die 100 Tier- und über 830 Pflanzenarten, die sonst in keiner Region der Welt vorkommen, wurden im Gebiet der Eastern Arc Mountains bislang gefunden. Davon stehen 71 bereits auf der **Roten Liste** bedrohter Arten. Botaniker, Ornithologen und Biologen geben sich in den Bergen und den zahlreichen Forschungsstationen regelrecht die Türklinke in die Hand. Die Usambara-Berge werden als ökologisch bedeutsam eingestuft und ihre Forschung sowie Erhaltung von internationalen NGOs und Geberländern, u. a. auch der EU, finanziert. Ob die zahlreichen Forschungsvorhaben und ihre Publikationen wirklich dazu beitragen können, den extrem bedrohten Lebensraum zu schützen, wird die Zukunft weisen. Papier ist auch in Afrika als besonders geduldig bekannt.

Für Tansania geht es beim Schutz der fragilen Ökosysteme aber um weit mehr als um den Erhalt seltener Spezies. Alle Berge der Eastern Arc Mountains stellen für die hier ansässigen Menschen und ganz Tansania **lebensnotwendige Naturräume** dar, die unter allen Umständen schützenswert sind. Viele wichtige Flüsse, an denen Städte und Dörfer oder gar agrarwirtschaftliche Plantagen liegen, werden von den Eastern Arc Mountains gespeist; man schätzt, dass so bis zu 25 % der Bevölkerung mit Wasser und Lebensmitteln versorgt werden. Noch drastischer ist die Abhängigkeit bei der Energiegewinnung: Mehr als 80 % der Stromversorgung Tansanias hängen von den Regenfällen in den Eastern Arc Mountains ab.

Das nördliche Bergland

---

deckt wurden, verwundert eigentlich angesichts der guten Erreichbarkeit, der atemberaubenden Panoramen und des angenehmen Klimas. Sie liegen ideal auf dem Weg vom Northern Circuit über den Kilimanjaro zum Indischen Ozean (s. Pangani, S. 217, sowie Ushongo Beach, S. 222).

Alle Reisenden, die es hierher verschlägt, zeigen sich hellauf begeistert (außer in den trüben und kalten Winter- und Regenmonaten, denn da sind die tief hängenden Nebelschwaden wirklich unwirtlich). Unberührte Naturlandschaften, pittoreske Bergdörfer in sattgrüner Vegetation, die die bunten Kangas der Dorffrauen noch farbenprächtiger erscheinen lässt – all das spricht für die westlichen Usambara-Berge mit ihrem Hauptort **Lushoto**, wohin eine kurvenreiche, asphaltierte Straße führt. Alle anderen kleinen und großen Dörfer sind durch breite Schotter- und Sandpisten miteinander und mit Lushoto verbunden.

Wanderungen, Radtouren und eines der aktivsten Kulturtourismusprogramme Tansanias sorgen für Kurzweil.

Geschichte

Vom 17. Jh. an waren die Usambara-Berge ein Königreich. **Mbega**, ein junger Mann aus dem Tal, wurde von seiner Familie um den ihm rechtmäßig zustehenden Thron im Dorf beraubt. Er flüchtete in die Berge, ließ sich in der Ortschaft Kilindi nieder und erwarb sich den Ruf eines

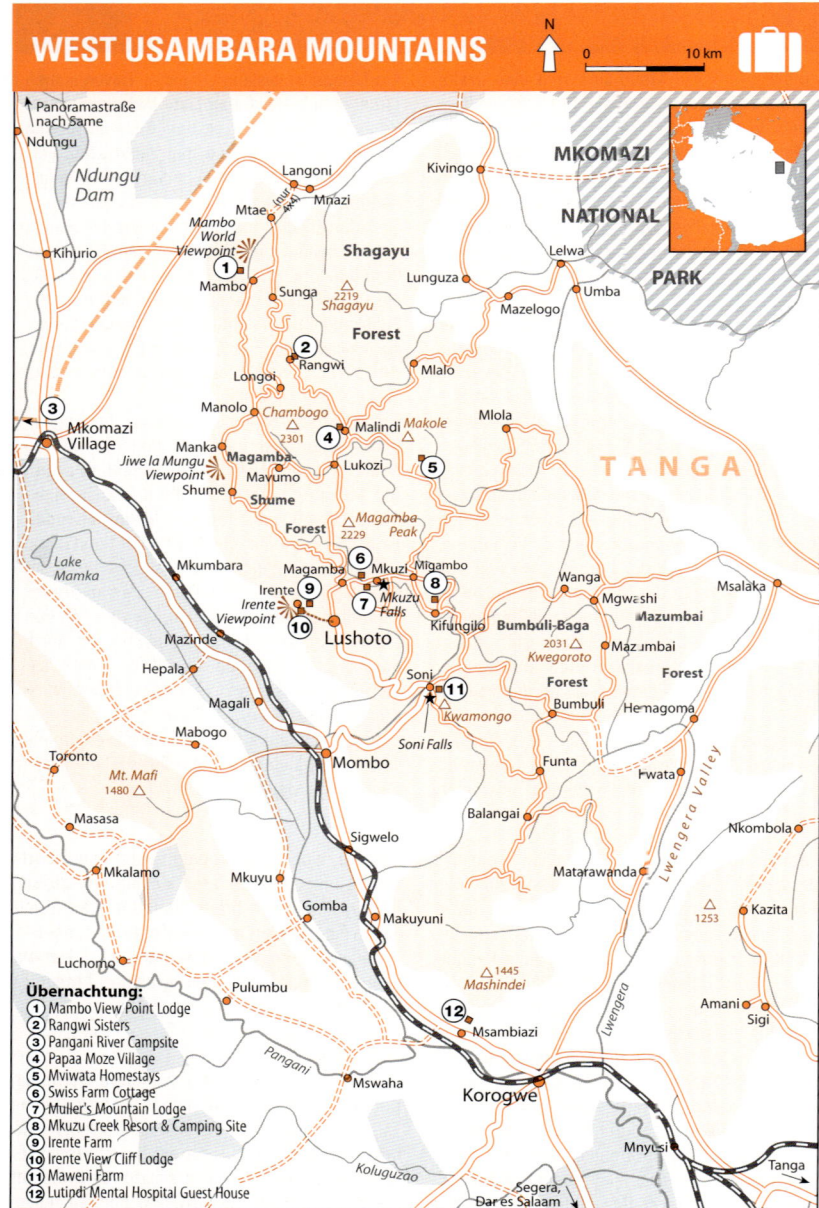

N

0   10 km

↑ Panoramastraße
  nach Same
Ndungu

Ndungu
Dam

MKOMAZI

NATIONAL

PARK

Langoni
Mtae   Mnazi
Kivingo

Mambo
World
Viewpoint
(1)
Mambo   Sunga

Shagayu

Lunguza

Lelwa

Umba

△ 2219
Shagayu

Mazelogo

Forest

Kihurio

(2)
Longoi   Rangwi

Mlalo

Manolo   Chambogo
△ 2301
(4) Malindi   Makole

Mlola

(3)
Mkomazi
Village

Manka
Jiwe la Mungu
Viewpoint
Mavumo
Shume

Magamba

Lukozi
(5)

T A N G A

Shume

Forest

△ Magamba
2229 Peak

Lake
Mamka

Mkumbara

Magamba   (6) Mkuzi Migambo
(9)   (8)
Irente   (7) Mkuzu
Irente   Falls
Viewpoint (10)
Lushoto   Kifungilo

Wanga
Mgwashi

Msalaka

Mazumbai

Bumbuli-Baga
△ Kwegoroto
2031

Mazumbai

Forest

Mazinde

Hepala

Magali

Mabogo

Soni
(11)

Kwamongo

Forest

Bumbuli

Forest

Hemagoma

Toronto

Mt. Mafi
1480 △

Soni Falls

Funta

Fwata

Masasa

Mombo

Mkalamo

Mkuyu

Balangai

Nkombola

Sigwelo

Matarawanda

△
1253

Kazita

Luchomo

Gomba
Makuyuni

Pulumbu

△ 1445
Mashindei

Amani

Sigi

Pangani

(12)
Msambiazi

Mswaha

Korogwe

Mnyusi

Tanga →

Koluguzao

Segera,
Dar es Salaam

www.stefan-loose.de/tansania

Das nördliche Bergland

Übernachtung:
(1) Mambo View Point Lodge
(2) Rangwi Sisters
(3) Pangani River Campsite
(4) Papaa Moze Village
(5) Mviwata Homestays
(6) Swiss Farm Cottage
(7) Müller's Mountain Lodge
(8) Mkuzu Creek Resort & Camping Site
(9) Irente Farm
(10) Irente View Cliff Lodge
(11) Maweni Farm
(12) Lutindi Mental Hospital Guest House

furchtlosen, stolzen Jägers. Als die Sambaa, das Volk der Usambara-Berge, von ihm hörten, ließen sie sogleich nach ihm schicken, denn das Volk und seine landwirtschaftlichen Flächen wurden von einer Wildschweinplage heimgesucht. In der Hoffnung, der mutige Jäger könne sie von der ihre Ernte bedrohenden Plage befreien, hießen sie ihn willkommen. Mbega jedoch erwies sich nicht nur als erfolgreicher Jäger, sondern auch als weiser, guter Mann, der Streitigkeiten diplomatisch schlichten konnte und in der Region für Ruhe und Ordnung sorgte. Als Dank für seine heldenhaften Taten ernannte man ihn zum König und die Kilindi zur Königsfamilie. Das herrschende Geschlecht der **Kilindi** stellte von da an alle wichtigen Funktionsträger im Königreich: den König, die Regions- und Bezirksvorsteher und die Bürgermeister. Zur Hauptstadt des Königreichs wurde Vuga ausgerufen, das in den Bergen südlich von Soni liegt. Über drei Jahrhunderte regierte die Königsfamilie, bis der letzte König schließlich 1947 den Thron bestieg. Dem Vernehmen nach soll seine Regentschaft noch bis ins Jahr 2000 gedauert haben, doch sein politischer Einfluss verringerte sich stetig.

Mbegas besonderes Verdienst war es, das bunte Völkergemisch in den Usambara-Bergen zu einer starken Nation zu verschmelzen, die im 19. Jh. unter dem **König Kimweri** zum mächtigsten Stamm zwischen Sansibar und den Königreichen in der Region der Großen Seen aufstieg.

Von Pangani aus verlief die stark frequentierte **Handelsroute** südwestlich der Usambara-Berge in Richtung Kilimanjaro. Viele der vorbeiziehenden arabischen Händler trieben Handel mit den Sambaa, wobei vornehmlich Kleidung und Schusswaffen den Besitzer wechselten. Auch die wichtigsten europäischen Forscher, wie z. B. Johann Krapf 1848 und 1852 oder Burton und Speke 1857, machten Bekanntschaft mit König Kimweri, den sie in ihren Aufzeichnungen beschrieben, und so sind noch heute akkurate Darstellungen seiner Persönlichkeit vorhanden.

Als Kimweri 1862 verstarb, erhob mangels rechtmäßiger Nachfolger der weit entfernt Verwandte **Semboja** Anspruch auf den Thron. Der als gewalttätig und ehrgeizig beschriebene neue König widersetzte sich mit gewieften Strategien erfolgreich allen Versuchen der Deutschen, das

Land zu annektieren. Die Expedition von Hans Meyer und Oscar Baumann (zur Vorbereitung der Landnahme) 1888 scheiterte nicht zuletzt am Herrscher der Usambara-Berge, aber auch an den Wirren des Bushiri-Aufstands, dessen Anführer Semboja als Verbündeten zu gewinnen suchten. Nach der Niederschlagung der Rebellion konnten die Deutschen Semboja auf ihre Seite ziehen, aber auch nur, weil sie ihm ein fürstliches Monatsgehalt anboten. Als er 1895 starb, war der Weg in die Usambara-Berge für die deutschen **Kolonialisten** frei.

Mit den Usambara-Bergen verbanden die Siedler melancholisch-heimatliche Gefühle. Das angenehme Klima, der Überfluss an Lebensmitteln und die liebliche hügelige Gegend, die die meisten Deutschen an zu Hause erinnerte, war ausschlaggebend dafür, dass die Berge als Siedlungsgebiet besonders begehrt waren. Zudem gab es im kühlen Höhenklima keine Malaria. In der Nähe von Korogwe, heute ein Straßendorf am Highway, wurde 1904 das Höhensanatorium von Wugiri in Betrieb genommen, wo gesundheitlich angeschlagene Städter aus Dar es Salaam oder gar Deutschland zur Kur gingen. Viele Siedler bauten in den westlichen Usambara-Bergen gutgehende Plantagen auf und führten dort ein reges gesellschaftliches Leben – auch, weil hier viele Reisende durchkamen, die in den Häusern der Deutschen gern gesehene Gäste waren. Diesen frühen Tourismus hat nicht zuletzt die **Usambara-Bahn** begünstigt, deren

Das nördliche Bergland

Bahnhof Korogwe nur wenige Stunden mit der Kutsche von den Plantagen und Gutshöfen entfernt war. Auch die **Missionare** ließen sich bevorzugt in dem angenehmen Höhenklima nieder, was an der Vielzahl von Kirchen verschiedener Konfessionen noch heute erkennbar ist.

Land und Leute

Bei einem Streifzug durch die Hügel der Usambara-Berge überrascht die **Fruchtbarkeit** der Gegend. Jedes Fleckchen wird für den Anbau von Lebensmitteln genutzt; bis zu dreimal im Jahr können Gemüseernten eingefahren werden. Der Großteil der Ernte geht in den Verkauf in die großen Ballungszentren. Pflaumen, Äpfel, Kirschen, Erdbeeren und andere feine Köstlichkeiten, die üblicherweise nicht in Tansania wachsen, werden hier kultiviert. Solcherlei Früchte auf einem beliebigen Markt in Dar es Salaam, Arusha oder Stone Town stammen mit hoher Wahrscheinlichkeit aus den Usambara-Bergen. Diese wichtige landwirtschaftliche Rolle erklärt teilweise auch den erstaunlich guten Zustand der Straße nach Lushoto. Wen es wundert, dass östlich des Marktes eine nagelneue, breite Teerstraße in die Berge führt: Dem Altpräsidenten Benjamin Mkapa zuliebe verlängerte man die Teerstraße 2006

direkt bis zur Einfahrt seiner stattlichen Residenz, die unweit der Muller's Mountain Lodge liegt.

Drei **Ethnien** leben in den Bergen, deren zahlenmäßig größte die Sambaa darstellen. *Shambaa* bedeutet "Feld" oder "Acker" auf Swahili, und so deutet bereits der Name darauf hin, dass das fruchtbare Land der Usambara-Berge seit Generationen bewirtschaftet und kultiviert wird. Weitere, kleinere Volksgruppen sind die Buga und die Pare. Sie alle leben hauptsächlich von der Landwirtschaft, die ausschließlich in traditioneller Form betrieben wird. Großflächige Dauerbewässerungsanlagen existieren nicht, stattdessen hat sich die sogenannte *local irrigation* (lokale Bewässerungstechnik) erhalten, wo jede einzelne Pflanze jeweils am Morgen und am Abend mit dem Eimer gegossen wird.

Das kühlere Klima sorgt nicht nur für fruchtbare Böden, sondern auch dafür, dass es den Moskitos zu kühl zum Fliegen ist. Lushoto und seine Umgebung sind *fast malariafrei*, Vorsicht ist in den Tropen trotzdem immer geboten.

Flora und Fauna

Das gemäßigte Klima sowie die Abgeschiedenheit der Bergwelt haben dazu beigetragen, dass die Usambara-Berge aufgrund ihres enormen

Die Ebenen des Mkomazi National Park, die Pare Mountains und in ihren Ausläufern der Ndungu Dam

Pflanzenreichtums und vor allem ihrer vielen endemischen Pflanzen und Tiere zu den interessantesten botanischen Gebieten weltweit zählen. Mit Sicherheit wird man beim Wandern auf ungewöhnliche Amphibien, Reptilien und Vögel stoßen.

Einige Flächen sind als tropischer **Regenwald** ausgewiesen, so z. B. der Magambo-Regenwald oder der Mazumbai-Regenwald. Heimisch fühlen sich hier in den Bergen vor allem der Schwarzweiße Stummelaffe *(Black and White Colobus Monkey)*, die Grüne Meerkatze *(Vervet Monkey)* sowie Chamäleons und Schmetterlinge. Besonders Ornithologen schätzen die Gegend als Garanten für aufregende Vogelbeobachtungen.

Auch als Laie kann man erahnen, dass das stetige Bevölkerungswachstum und der damit verbundene steigende Bedarf an Ackerland eine **Bedrohung des Ökosystems** darstellen. Zusätzlich führen Monokulturen zur Degeneration der Böden, Rodungen bewirken eine Verödung der Landschaft und sorgen für Erosion – mit dramatischen Auswirkungen für die an den steilen Hängen gelegenen Bergdörfer. Besonders wichtig sind die Berge und ihre Vegetation für die Wasserversorgung der in der Region lebenden Menschen. Die größte ökologische Herausforderung besteht darin, die Rodungen ganzer Landstriche zu verhindern und den Wald wieder aufzuforsten, um das derzeitige Mikroklima mitsamt den häufigen Regenfällen zu erhalten.

Soni

Auf dem Weg nach Lushoto passiert man direkt an der Hauptstraße den geschäftigen Marktflecken Soni. Das ganze Dorf scheint ein einziger Markt zu sein: Zu bewundern sind eimerweise knallrote Tomaten, Säcke von Zwiebeln oder je nach Saison auch Kirschen oder Pflaumen. Dazwischen spielen Kinder Fangen und bunt gekleidete Frauen bieten ihre Ware feil. Die Augen müssen sich erst langsam wieder an die satten, prächtigen Farben der Vegetation, der Menschen und ihrer landwirtschaftlichen Produkte gewöhnen, denn all dies steht in auffallendem Kontrast zur trostlosen Trockenheit, die unten im Tal, am Fuße der West Usambara Mountains, herrscht.

Einen Abstecher wert sind die Soni-Wasserfälle, **Soni Falls**, die zwar fast das ganze Jahr über Wasser führen, naturgemäß aber in und nach der Regenzeit (April bis August) am imposantesten sind. Wanderungen zu den Wasserfällen oder zum Bangala River können über die Veranstalter in Lushoto oder über die Unterkünfte gebucht werden.

Übernachtung und Essen

Maweni Farm, ✆ 0787-279371, 🖥 www.maweni. com. Großes Anwesen aus der Kolonialzeit zu Füßen eines überdimensionalen Felsens mit üppiger Blumenpracht und einem künstlich angelegten Teich. Ausgiebige Mahlzeiten, die Lebensmittel kommen aus dem eigenen Garten. Ein Paradies für Vogelliebhaber, Bird Walks werden angeboten. Ausflüge in die Berge, zu Wasserfällen oder nach Sakarani, dem nahe gelegenen Benediktinerkloster, werden auf Wunsch ebenfalls organisiert. Anfahrt: Erste Abzweigung rechts in Soni, 2,5 km immer in Richtung großer Felsen fahren, Schilder weisen den Weg. ❸–❹

Lushoto

Nach etlichen scharfen Kurven und verdächtig schmalen Straßenstücken erreicht man den Hauptort Lushoto, malerisch eingebettet in die Berge. Unwillkürlich fühlt man sich angesichts der üppig grünen Pracht und der schroffen Bergmassive an die Schweizer Alpen erinnert.

Nachdem König Semboja 1895 starb, begannen die Deutschen alsbald mit dem Ausbau der Siedlung. Wenige Jahre später entwickelte sich Wilhelmstal, wie Lushoto in der Kolonialzeit hieß, zur beliebten **Sommerfrische**. Während der äußerst unangenehmen Sommermonate an der Küste führten die Kolonialbeamten ihre Regierungsgeschäfte von Wilhelmstal aus. Kurzfristig überlegte man sogar, die Hauptstadt wegen des viel bekömmlicheren Klimas hierher zu verlegen. 1913 war Wilhelmstal eine deutsche Kleinstadt wie aus dem Bilderbuch: Es gab ein Bezirksamt, eine 64 Mann starke Polizeitruppe und andere administrative Einrichtungen wie das Forstamt oder ein Vermessungsamt. Alle

Das nördliche Bergland

zwei Wochen kam „Europapost", wofür das hiesige Postamt zuständig war. Vier europäische sowie zwei indische Firmen versorgten die deutschen Siedler mit dem Nötigsten, zwei Gasthäuser hielten gesellschaftliche Traditionen aufrecht. Seit 1905 verkehrte die Usambara-Bahn von Tanga nach Mombo, von wo eine „Automobilstraße" nach Wilhelmstal führte. Zu dieser Zeit lebten an die 420 deutsche Siedler in den Usambara-Bergen (den ganzen Bezirk nannte man auch Wilhelmstal), verteilt auf insgesamt 17 Missionsstationen, knapp 20 Plantagen und zahlreiche Gewerbebetriebe.

Überall im Dorf Lushoto und in den Bergen finden sich **Relikte aus der Kolonialzeit**. Das größte Gebäude, das ehemalige deutsche Bezirksamt, steht linker Hand, bevor die Hauptstraße durch den Marktflecken nach der alten Post (auf der rechten Seite) eine Rechtskurve macht. Es dient heute noch als Verwaltungssitz. Auch alte Wohnhäuser und Kirchen tragen unverkennbar die deutsche Handschrift. Es existieren zudem noch zahlreiche alte Gräber.

Heute leben Lushoto und sein Umland ausschließlich von der Agrarwirtschaft. Der **sanfte Tourismus** treibt zögerliche Blüten, was vor allem dem vorbildlichen Kulturtourismusprogramm zu verdanken ist. Die Usambara-Berge rund um seinen Hauptort Lushoto werden vermutlich trotzdem noch länger ein Geheimtipp unter wanderbegeisterten Reisenden bleiben – und das ist gut so.

Die beste Reisezeit, um Lushoto zu erkunden, ist definitiv der tropische Sommer von November bis März, wo das tagsüber gemäßigte Klima Wanderungen zu einem Genuss macht. Es wird selten heißer als 25 °C. Zur Standardausrüstung für die West Usambara Mountains gehören feste, knöchelhohe Wanderstiefel sowie eine wärmende Fleecejacke. In den Regenmonaten ist ein Regenponcho ratsam.

Übernachtung

Im Winter und Frühling, also von Juni bis September, kann es nachts ganz schön abkühlen, bisweilen sinken die Temperaturen bis auf den Gefrierpunkt. Für diese Jahreszeit sind warme Pullover empfehlenswert, da es keine Heizungen in den Unterkünften gibt.

Lushoto

In der Nähe der Busstation gibt es jede Menge billige, schmuddelige lokale Gästehäuser. Dazu gehören u. a. die **Kakakuona Lodge**, ❷, das **Kimunyu Guest House** oder das **White House Annex**, beide ❶. Sie bieten wenig Komfort und sind bisweilen auch unsicher.

Tumaini Hostel, ✆ 027-2640094, ✉ tumaini@ elct-ned.org. Einfache Backpacker-Herberge unweit vom Busbahnhof und dem Zentrum mit mehreren Arten von Zimmern, auch ein Dorm ist vorhanden. Recht gute lokale Küche. Sicheres Parken. ❶–❷

Kanaani Resthouse, Kialilo, Abzweigung am Ortsanfang links, vorbei am Hospital, ✆ 0756-189123, ✉ kanaaniRest@hotmail.com. Sabine Mmole, verheiratet mit einem Tansanier und seit 1992 in Tansania, hat ein einfaches, aber herzlich geführtes Gästehaus errichtet. Moderate Preise bei gleichzeitig hohem Erlebnisfaktor. Gutes Essen, viele Aktivitäten. ❶–❷

Highland Park Hotel, am nördlichen Ortsende von Lushoto nach der Post, ✆ 0716-112132, ✉ lushotohighlandparkhotel@yahoo.com. 22 einfache, aber saubere Zimmer in erhöhter Lage ein wenig außerhalb des Zentrums mit schönem Blick auf Lushoto. Es gibt mehrere Kategorien von Zimmern, die kleineren Zimmer sind billiger, Zimmer mit Balkon und die Suiten ein wenig teurer. Nach der Ankunft mit dem Bus sollte man ein Taxi nehmen (2000 TSH), aber ansonsten kann man ganz leicht ins Zentrum spazieren. ❷

St. Eugene's Hostel, Ubiri, 3 km vor Lushoto direkt an der Hauptstraße (ca. 30 Min. Spaziergang in die Stadt), ✆ 0763-623210, 💻 www. st-eugenes-hostel.com. Die von katholischen Montessori-Schwestern geführte Unterkunft verfügt über 14 Zimmer mit Bad/WC und Balkon. Gemütlich, sauber und mit ausgezeichnetem Frühstück (Marmelade, Käse und Säfte aus eigener Produktion). Gute lokale Küche. Als Montessori Training Centre ausgeschildert, aber de facto machen die Schwestern keinen Dienst an der Gemeinschaft. Sicheres Parken. ❷

Außerhalb

Homestays rund um Lushoto, Büro hinter den Friends of Usambara, ✆ 0783-527010,

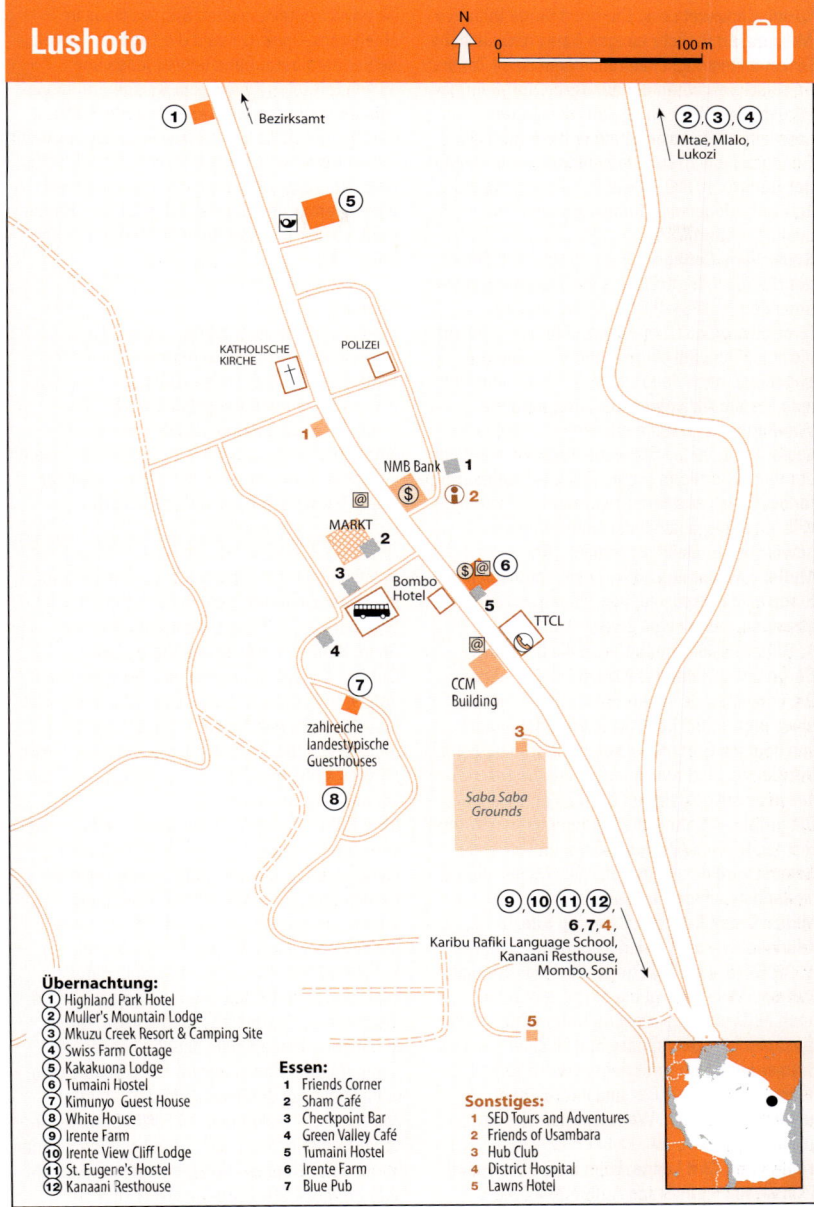

Lushoto

N

0   100 m

① → Bezirksamt

②,③,④ ↑
Mtae, Mlalo,
Lukozi

⑤

KATHOLISCHE
KIRCHE

POLIZEI

1

NMB Bank **1**

$ **2** ⓘ

MARKT **2** @

3

Bombo
Hotel

$ @ **6**
5

TTCL ☎

4

@

CCM
Building

⑦

zahlreiche
landestypische
Guesthouses

⑧

3

Saba Saba
Grounds

⑨⑩⑪⑫,
6,**7**,**4**,
Karibu Rafiki Language School,
Kanaani Resthouse,
Mombo, Soni

5

Das nördliche Bergland

Übernachtung:
① Highland Park Hotel
② Muller's Mountain Lodge
③ Mkuzu Creek Resort & Camping Site
④ Swiss Farm Cottage
⑤ Kakakuona Lodge
⑥ Tumaini Hostel
⑦ Kimunyo Guest House
⑧ White House
⑨ Irente Farm
⑩ Irente View Cliff Lodge
⑪ St. Eugene's Hostel
⑫ Kanaani Resthouse

Essen:
1 Friends Corner
2 Sham Café
3 Checkpoint Bar
4 Green Valley Café
5 Tumaini Hostel
6 Irente Farm
7 Blue Pub

Sonstiges:
1 SED Tours and Adventures
2 Friends of Usambara
3 Hub Club
4 District Hospital
5 Lawns Hotel

✉ info@mviwata.org. Die recht junge Initiative Mwiwata ermöglicht einigen Bauern zusätzliche Einkommensmöglichkeiten, indem diese Zimmer an Gäste vermieten und für deren Verpflegung sorgen. Besucher sollten an reduziertem Landleben interessiert sein und erhalten im Gegenzug unverfälschte Einblicke in den Alltag der Bauern. 10 000 TSH p. P., Verpflegung extra. Teilweise liegen die Homestays weit von Lushoto entfernt.

Swiss Farm Cottage, Mkuzi, 15 km nordöstlich der Stadt, an der Kreuzung von Magamba rechts abbiegen, ✆ 0784-469292, 🖳 www.swiss-farm-cottage.co.tz. In den gemütlichen Zimmern, die in alpinem Stil eingerichtet sind, duftet es angenehm nach Zedernholz. Schönes Anwesen, jede Menge Aktivitäten, darunter geführte Wanderungen, Bäume pflanzen, Dorfbesuche. Leider hat sich das Schweizer Urgestein Kiboko, der das Swiss Farm Cottage wiederbelebt und renoviert hat, aus dem Projekt zurückgezogen. Wie lange die Qualität der Unterbringung gewährleistet bleibt, ist fraglich. ❸

Muller's Mountain Lodge, 17 km nordöstlich der Stadt, an der Kreuzung von Magamba rechts abbiegen, unweit vom Swiss Farm Cottage, ✆ 0782-315666. Eingebettet in die herrlichen Berge und Wälder des Mkuzu Forest Reserve. Die Lodge wurde in den 1930er-Jahren im Stil eines englischen Landsitzes errichtet und ist von üppigen Gärten und saftigem Grün umgeben. Die Zimmer sind zweckmäßig, was angesichts des liebevoll gestalteten Gartens enttäuscht. Die größeren Cottages verfügen über ein Wohnzimmer. Großes Areal zum Campen vorhanden. Geleitet wird die Lodge von Rudy Müller, einem deutschstämmigen Tansanier. ❸

Mkuzu Creek Resort & Camping Site, in Kifungilo-Kwagoa, 27 km östlich von Lushoto, ✆ 027-2640247. Direkt gegenüber der Kifungilo Catholic Mission liegt die ältere, einfache, doch äußerst sympathische Unterkunft mit viel tansanischer Atmosphäre und 16 Zimmern. Die Häuser aus roten Backziegeln wirken ziemlich heimelig. Sogar mit Bar und interes-sant gestaltetem Garten. Wanderungen werden gerne organisiert. ❸

Irente View Cliff Lodge, beim Irente Viewpoint, 6 km westlich der Stadt, ✆ 027-2640026,

🖳 www.irenteview.com. Steriles Haus in Hochglanz-Optik. Obwohl die Lage des Hotels schier atemberaubend ist und jedes der 16 komfortablen Zimmer mit Balkon grandiose Ausblicke auf die Maasai-Ebenen gewährt, würde man sich als Afrikareisender etwas mehr herzerwärmenden afrikanischen Stil wünschen. Das Panorama ist jedoch unvergesslich, vor allem wenn frühmorgens zwischen den Hängen der Usambara-Berge noch der Morgennebel hängt. ❸

Camping

In einigen Unterkünften um Lushoto kann man campen. Am idyllischsten ist es in der **Muller's Mountain Lodge** (US$5 p. P.), gefolgt vom **Swiss Farm Cottage** (US$6 p. P.), der **Irente View Cliff Lodge** (US$6) – durch die Nähe zu einer Siedlung ist es laut und es spielen viele Kinder auf dem Campingplatz – und der **Irente Farm** (siehe „Essen", 5000 TSH).

Essen

In Lushoto gibt es viele günstige Restaurants, besonders in der Nähe des Busbahnhofs und des Marktes, z. B. die **Checkpoint Bar**, das **Sham Café** oder das **Green Valley Café**. Gut und beliebt ist das **Friends Corner** (neben den Friends of Usambara). Gute Küche serviert insbesondere das **Tumaini Hostel**. In den teureren Lodges außerhalb des Ortszentrums lässt es sich natürlich aus europäischer Sicht am besten schmausen.

Blue Pub, auf dem Weg zur Irente Farm, serviert schmackhafte lokale Küche und hat zudem immer wieder Specials auf der Speisekarte.

Irente Farm, vor Lushoto links in Richtung Westen abzweigen, dann in Richtung Irente Viewpoint und Irente View Cliff Lodge folgen, ✆ 0784-502935. Hier sollte man unbedingt die exzellenten, selbst fabrizierten Speisen kosten (Roggenbrot, Marmelade, Säfte, Käse, Quark-aufstriche). Diese Köstlichkeiten können von Campern oder Selbstfahrern auf Vorbestellung auch leicht zum Frühstück umfunktioniert werden. Sehr lecker und mit 5000 TSH unwahr-scheinlich günstig. Es gibt zweckmäßige Zimmer (ab 17 000 TSH p. P.), die aber düster und feucht sind. ⏰ Mo–Fr 8–16, Sa–So 10–16 Uhr.

Langzeitreisende und Selbstversorger können bei den Montessori-Schwestern des **St. Eugene's Hostel** (s. „Übernachtung") Bananenwein, Käse und Marmeladen kaufen, bei den **Benediktinern** in Sakarani (nahe Soni) Rot- und Weißwein sowie Macademianüsse und Nussöl.

Unterhaltung

Das Nachtleben ist in einem Bergdorf naturgemäß beschränkt. Außer zahlreichen lokalen Bars rund ums Zentrum, z. B. **Friends Corner** (neben Friends of Usambara) und in den Unterkünften, z. B. **Highland Park Hotel** (Nähe Post), gibt es kaum Angebote. Hoch her geht es hingegen oft in der Bar des **Lawns Hotel**. Die Bar ist urig und proppenvoll mit Fotos, Wimpeln und Bierdeckeln, das Bier erfrischend kalt. Das Highlight der Woche ist die samstägliche Disco im **Hub Club** bei den Saba Saba Grounds.

Einkaufen

Jeden Donnerstag und Sonntag finden sich in und vor den Türen der großen Markthalle im Zentrum von Lushoto Händler aus der ganzen Region zu einem bunten **Markt** ein. Verkauft wird von frischem Obst und Gemüse über Secondhandkleidung, lokale Töpferwaren oder Kangas alles, was Tansanier im Alltag benötigen.

Aktivitäten

Fast so wie in Moshi oder Arusha wird man nach der Ankunft mit dem Bus von Männern umringt, die einem Touren oder Ausflüge verkaufen wollen. Aus vielerlei Gründen ist es nicht ratsam, solche Begleiter zu wählen, denn nur die beiden nachstehend aufgeführten Organisationen verfügen über seriöse Guides und sorgen für ein Mindestmaß an Sicherheit.

Radfahren

Die **Friends of Usambara** haben einige recht gut gewartete Mountainbikes im Fundus. Individuell zusammengestellte Touren führen z. B. von Lushoto nach Moshi (US$20/Tag). Man kann auch nach den billigeren chinesischen Fahrrädern fragen.

Swahili lernen

Karibu Rafiki Language School, ☎ 0713-734460, ✉ KaribuRafikiLS@web.de. Die Initiatorin der Sprachschule Sabine Mmole (Betreiberin des Kanaani Resthouse) lebt seit 1992 in Tansania. Einwöchiger Intensivkurs samt Unterbringung,

Das nördliche Bergland

Auf dem Markt von Lushoto versorgen sich die Leute mit dem Nötigsten.

Verpflegung und 21 Std. Unterricht US$210 (250 000 TSH).

Tourveranstalter

Der Kulturtourismusveranstalter Tayodea kann nicht mehr uneingeschränkt empfohlen werden, da die Einnahmen nicht, wie vollmundig behauptet, in soziale Projekte gehen und die Guides unprofessionelles Flycatching betreiben.
Friends of Usambara, nach dem Markt vor der NMB Bank rechts, ✆ 027-2640132, 💻 www.usambaratravels.com. Das mitten in Lushoto gelegene Tourist Information Centre ist Heimat eines der ältesten Kulturtourismusprogramme in Tansania, das seine Tätigkeit 1997 mit Hilfe einer holländischen Organisation aufgenommen hat, aber mittlerweile eigenständig agiert. Das 89 Mitglieder starke Projekt investiert einen Teil der Einnahmen in Gemeinschaftsprojekte, z. B. Waisenhäuser, Bewässerungssysteme oder Naturschutzinitiativen.
SED Tours and Adventures, an der Hauptstraße im Lushoto Sun Hotel, ✆ 0784-689848, 📧 anna@sedadventures.com. Anna, die gute Seele des professionell agierenden Tourveranstalters in

---

Wandern in und um Lushoto

Auf Schusters Rappen rund um Lushoto unterwegs zu sein, ist die charmanteste Art, die Gegend kennenzulernen – am besten mit einem Guide. Die aufgeführten Tourveranstalter sowie die Unterkünfte vermitteln gerne Begleitpersonen. Die hier genannten Touren zählen zu den beliebtesten, aber es gibt unzählige Möglichkeiten mehr, die Gegend zu entdecken.

Eine leichte Wanderung führt von Lushoto mitten durch kleine Dörfer zum grandiosen **Irente Viewpoint** und wieder zurück über die Irente Farm mit schmackhaftem Imbiss. Dieser auf 1425 m Höhe gelegene Aussichtspunkt bietet einen herrlichen Blick auf die Maasai-Ebenen, das Städtchen Mazinde und die weitläufigen Sisalplantagen (4–5 Std., ca. 13 km, US$30 p. P., Eintritt 2000 TSH p. P.).

Ein etwas anstrengenderer Marsch, vor allem zu Anfang, wenn die ersten Kilometer steil bergauf durch Felder und Wiesen führen, hat den **Magamba-Regenwald** zum Ziel, wo man nicht nur im königlichen Dorf Kwembago, sondern mit viel Glück auch bei den Schwarz-weißen Stummelaffen vorbeikommt. Die Aussicht vom 1845 m hohen Magamba Peak ist sagenhaft schön; man sieht weit in die Täler der Usambara-Berge hinein. Der mitgebrachte Snack wird auf einer Aussichtsplattform eingenommen (5–6 Std., ca. 13 km, US$35 p. P.).

Wer nach dem Aufstieg im Regenwald noch Energie hat, kann den **Mkuzu-Wasserfällen** einen Besuch abstatten. Diese recht kräftezehrende Wanderung nimmt den ganzen Tag in Anspruch, doch die üppige Fauna und Flora sind so faszinierend, dass die Wanderung wie im Fluge vergeht (5–7 Std., US$35 p. P.).

Reisende, die genug Zeit im Gepäck haben, können sich ins 65 km entfernte Bergdorf **Mtae** (s. S. 356) aufmachen, wo sie für die Strapazen der 3-Tage-Tour (können aber auch 5 Tage sein, je nach Routenführung) mehr als entschädigt werden (ca. US$70–90/Tag mit Vollpension, Transport und allen Gebühren). Die Wanderung kann noch verlängert werden, z. B. um das für seine Töpferei bekannte Bergdorf Mlalo zu besuchen. Auf der Standardtour übernachtet man u. a. bei Papaa Moze (s. S. 356) in der Nähe von Lukozi und bei den Rangwi Sisters (s. S. 357).

Eine weitere mehrtägige Tour führt über Soni und die Bumbuli-Mission, eine ehemals deutsche Siedlung und Tee- sowie Kaffeeanbaugebiet, in den **Mazumbai-Regenwald**, das Paradies für Vogelliebhaber schlechthin (4 Tage, ca. 80 km, US$300 p. P. mit Vollverpflegung, Transport und allen Gebühren).

Während der mehrtägigen Touren wird entweder in lokalen, sehr einfachen Gästehäusern oder auf Wunsch im Zelt übernachtet. Zudem können auch Ausflüge zu traditionellen Heilern oder zu Keramik produzierenden Dörfern unternommen werden. Zwar folgen viele Touren einem festen Ablauf, doch jede erdenkliche Kombination ist möglich. Teilstrecken können auf Wunsch auch mit dem Bus gefahren werden.

Lushoto, ist eine effiziente Kraft, die sogar auf E-Mails antwortet ... Fahrradtouren von wenigen Stunden bis 5 Tagen, Wanderungen nach Mtae, Safaris nach Mkomazi und Amani sowie den nördlichen Circuit. Effizient und gut organisiert, mit Büro in Arusha.

Wandern
S. Kasten S. 354.

Sonstiges

Apotheken
Entlang der Hauptstraße gibt es mehrere Apotheken.

Autovermietungen
Fahrzeuge können bei den **Friends of Usambara** gemietet werden, z. B. US$100/Tag für 6 Personen und inkl. Benzin, solange die Usambara-Berge nicht verlassen werden. Ein Taxi für den ganzen Tag kostet etwa 80 000 TSH.

Geld
NMB Bank im Zentrum, aber nur zum Geldwechsel. Das **Forex-Büro** am Tumaini Hostel wechselt auch – aber zu denkbar schlechtem Kurs. Der beste Rat ist daher, ausreichend Barmittel in die West Usambara Mountains mitzubringen.

Informationen
S. „Aktivitäten".

Internet
Lushoto besitzt nur wenige **Internetcafés** mit eher langsamer Verbindung. Das akzeptabelste, Usambara Communication Centre, befindet sich in der Nähe der NMB, ein weiteres neben dem Tumaini Hostel und noch eines in Nachbarschaft des CCM-Gebäudes zu Beginn des Dorfes. Einige Unterkünfte haben ebenfalls Internetanschluss.

Medizinische Hilfe
Das **District Hospital**, ☎ 0784-459118, liegt direkt an der Asphaltstraße kurz vor dem Ortseingang von Lushoto. Die bessere Alternative ist das von der lutherischen Kirche

Sicherheit

Die Menschen in und um Lushoto sind äußerst zuvorkommend und freundlich, grundsätzlich sind Wanderungen ohne Guide möglich. Seitdem die Kulturtourismusveranstalter Tayodea und Friends of Usambara einen Teil des eingenommenen Geldes an Sozialprojekte spenden, sind die Übergriffe auf allein gehende Touristen zurückgegangen. Vorsicht ist dennoch geboten, im Zweifelsfall ist ein Guide anzuheuern.

geführte **Bumbuli Hospital**, ☎ 027-2640361, 40 km südöstlich von Lushoto in Bumbuli.

Polizei
Gegenüber der Kirche im Ortszentrum.

Post und Telefon
Das TTCL-Büro liegt kurz vor dem Tumaini Hostel, die Post am nördlichen Dorfende.

Taxis
Taxis sind vereinzelt unterwegs, am besten man fragt am Busbahnhof oder bei den Unterkünften danach, z. B. 15 000 TSH zu Mullers Mountain Lodge und Swiss Farm Cottage. Eine Fahrt innerhalb des Ortes kostet um 5000 TSH.

Transport

Selbstfahrer
Lushoto kann bedenkenlos auch während der Regenzeit auf der Teerstraße angefahren werden. Will man allerdings weiter in die Berge hinein, wird es problematisch, da die Zufahrtstraßen mehr oder weniger gute Sand- und Schotterpisten sind, die in den Regenmonaten aber gemieden werden sollten. Tankstellen in Mombo und Lushoto.

Daladalas
Der Busbahnhof – auch für die Überlandbusse – befindet sich neben dem Markt. Von Mombo und Lushoto aus fahren mehrmals tgl. Daladalas in die entlegensten Regionen (in der Regenzeit eingeschränkte Verbindungen), u. a. nach LUKOZI, MTAE, MLALO oder SONI (mit Anschluss nach Bumbuli).

Busse

Die meisten Busse (in Richtung Arusha bzw. Moshi, Tanga und Dar es Salaam) verlassen Lushoto morgens bis spätestens 10 Uhr, meist aber schon früher. Nach Tanga fahren aber Busse bis 15 Uhr. Die Busse nach Mtae oder Mlalo hingegen fahren erst am frühen Nachmittag (14, 15 Uhr) ab.

Die **Preise** sind einheitlich 12 000–15 000 TSH bzw. 10 000 TSH nach Tanga. Die Weiterfahrt nach Mlalo/Mtae kostet um die 6000 TSH. Wer die besseren Buslinien Kilimanjaro Express oder Dar Express nach Dar es Salaam oder Arusha (Moshi) nehmen möchte, muss per Daladala zuerst nach **Mombo** und dort in den Bus umsteigen. Es ist notwendig, im Vorhinein bei dem jeweiligen Ticketbüro in Dar oder Arusha (je nachdem, von wo die Buslinien abfahren) einen Platz zu reservieren. Zu- und ausgestiegen wird nicht bei der Kreuzung, sondern nördlich von Mombo (in Mombo nachfragen!).

Wie überall in Tansania ist auf dem Busbahnhof besondere **Vorsicht** walten zu lassen – lieber auf die Empfehlungen anderer Reisender und des Reiseführers hören als auf die „verlockenden" Angebote der Flycatcher.

Busse nach:
ARUSHA, mit Fasaha und Chaikito, 7 Std.
DAR ES SALAAM (Ubungo Bus Terminal), mit Ibariki, Jengatta, Mbaraku, Shambalai und Saibaba, 7–8 Std.
MLALO, mit Chaikito und Saibaba, 2–3 Std.
MTAE, mit Fasaha, Mbaraku, Tashrif oder Shambalai, 2–3 Std.
MOSHI, mit Fasaha und Chaikito, 5 Std.
TANGA via Muheza, mit Makadiri, Tashrif und Airbus, 4–5 Std.

Mlalo

Mit Zustimmung des lokalen Häuptlings gründeten deutsche Bethel-Missionare im Mai 1891 eine Missionsstation in Mlalo, die sie auf den Namen Hohenfriedeberg tauften. Die Missionare bauten das Schulwesen sowie die medizi-nische Versorgung in diesem abgelegenen Dorf auf. Heute ist Mlalo das größte Dorf der Gegend und hat mit seinen alten, verfallenden Kolonial-bauten, in den Berg gebauten Steinhäusern, den roten Staubpisten und den sattgrünen Bäumen einen gewissen Reiz.

Mlalo kann im Zuge der mehrtägigen Touren von Lushoto oder Mtae aus zu Fuß angesteuert werden. Die hiesige, empfehlenswerte Unter-kunft, **Papaa Moze Village**, ☎ 0784-599019, ✉ lucasshem@yahoo.com, ❶, ist bescheiden, doch das Lachen der Angestellten ist echt. Sie liegt auf dem Weg nach Mlalo (15 km vor Mlalo) in Malindi an der Kreuzung der Mlalo und der Mtae Road, ca. 4 km östlich von Lukozi. Herr Shemndolwa, ein umtriebiger, liebenswerter Gastgeber, arrangiert gerne die Abholung von Lukozi und bietet auch noch fantastisch gute, traditionelle Gerichte. Mittlerweile ist Mlalo an das Stromnetz angeschlossen, sodass man am Abend vielleicht sogar ein kühles Bier findet.

Mtae

Wer mindestens drei Tage in seiner Reiseplanung erübrigen kann, muss ins malerische Mtae kommen. Das kleine beschauliche Bergdorf ohne Anbindung ans Stromnetz liegt am äußersten westlichen Zipfel der West Usambara Mountains auf 1670 m Höhe, wo die Inselberge schlagartig abfallen und sich dahinter weites Land erstreckt. Kilometerweit reicht die grandiose Aussicht in alle Richtungen, u. a. auf die Maasai-Steppe, auf den Mkomazi National Park und die benachbarten Pare Mountains bis weit nach Kenia hinein. An klaren Tagen lugt sogar der Kilimanjaro unter seiner Wolkendecke hervor. Dramatische Sonnenuntergänge voller intensiver Farbspiele runden das Erlebnis ab. Nicht umsonst genießt Mtae auch das Prädikat „The End of the World View Point".

In Mtae wurde 1893 die zweite Bethel-Mission in den Usambara-Bergen errichtet, wobei die alte Kirche noch heute steht. Das ehemalige Neu-Bethel kann auf mehrere Arten erreicht werden. Am schweißtreibendsten und emotional intensivsten ist die mehrtägige **Trekkingtour von**

Lushoto aus, wobei die Dauer der Wanderung erheblich verkürzt werden kann, wenn man einige Teilstrecken mit dem Bus fährt. Egal ob man die ganze Strecke per pedes durchhält oder ein wenig schummelt, in jedem Fall sollte Mtae zusammen mit einem Guide besucht werden. Doch nicht nur auf Schusters Rappen, auch per Fahrzeug ist ein Abstecher nach Mtae lohnenswert.

Die beste Zeit für uneingeschränkte Fernsicht sind die Monate November bis April. In den Wintermonaten Juli bis September kann es hingegen bis auf 5–10 °C in der Nacht abkühlen; oft hängen hartnäckige Wolken in den Bergen, die einen Aufenthalt ungemütlich machen.

Übernachtung und Essen

Die Infrastruktur im abgeschiedenen Bergdorf ist bis auf die Berglodge bescheiden. Landestypisch übernachten kann man im Dorf für weniger als 10 000 TSH (ohne Frühstück). Campen ist bei der Mission möglich (5000 TSH/Zelt).

Rangwi Sisters, auf dem Weg nach Mambo und Mtae, direkt an der Straße, ☎ 0789-528129. Einfache Unterkunft, die von Nonnen geführt wird. ❶–❷

🌳 **Mambo View Point Lodge**, Mtae (gut beschildert), ☎ 0785-272150 oder ☎ 0774-272150, 🖥 www.mamboviewpoint.org. Kaum ein anderer Ort in den Bergen von Tansania kann mit der Aussicht der Berglodge Mambo View Point auf 1900 m konkurrieren. Frühmorgens um 6 Uhr, noch bevor sich die ersten Wolken bilden, reicht das Panorama bis zum 160 km entfernten Kilimanjaro. Die Lodge mit 6 zweckmäßigen Canvas-Zelten und 2 gemauerten, komfortableren Cottages operiert unter Einbindung der Dorfgemeinschaft und bietet unverfälschten Kulturtourismus unter ökologischen Gesichtspunkten. Camping US$7,50 p. P., Grillplatz für Selbstversorger. Internet, Generator. ❸–❹

Aktivitäten

Die Betreiber der Mambo View Point Lodge haben in Mtae unzählige Wanderungen und andere Aktivitäten erarbeitet, organisiert und dokumentiert. Zahlreiche **Wanderungen** können unternommen werden, z. B. zum Ndungu

Dam unten in der Ebene, zu Wasserfällen, Regenwäldern, Dörfern und Höhlen, oder für anthropologisch Interessierte zu 1,5 Mio. Jahre alten hominiden Abdrücken, den **Mambo Footprints**, 🖥 www.mambofootprints.com. Gewisse Wanderungen, z. B. nach Mambo oder zum Töpferdorf (Sunga Pottery) können ohne Guides gemacht werden, andere erfordern die Zuhilfenahme von Führern, US$15/halber Tag, US$25/Tag. Auch **Mountainbikes** sind zur Ausleihe erhältlich.

Transport

Selbstfahrer

Selbstfahrer halten sich hinter Lushoto in Magamba links in Richtung Norden und folgen der **Hauptpiste** von Lushoto nach Mtae (ca. 60 km, 2–3 Std. Fahrzeit). Dabei kommt man an fruchtbaren kleinen Tälern mit Obst- und Gemüsefeldern sowie an Maisfeldern und Apfelplantagen vorbei.

Abenteurer können eine Alternativroute nach Mtae wählen. In der Nähe des **Mkomazi Village**, ca. 83 km südlich von Same am Dar-Arusha-Highway zweigt eine unscheinbare Piste in Richtung Nordosten ab (erkennbar am Hinweisschild zum Mkomazi National Park, zum Chome Nature Reserve und zur Mambo View Lodge; ist ebenfalls die südliche Zufahrt zur auf S. 344 beschriebenen Panoramastrecke). Zuerst führt die Piste an der Bahnlinie entlang, und an der Weggabelung nach 4 km hält man sich rechts (links geht es zum Mkomazi National Park über die Panoramastrecke). Nach weiteren 40 km auf Sand in der Ebene ist das Dorf **Langoni** erreicht, wo die Abzweigung nach rechts (Süden) erfolgt. Ab hier wird es haarig, denn in schmalen Haarnadelkurven schraubt sich die 12 km lange Piste in nur wenigen Kehren von 520 m auf 1600 m Seehöhe. Ausnahmslos nur mit einem leistungsstarken Geländewagen und bei trockenen Bedingungen zu empfehlen, am besten man erfragt vorher bei der Mambo View Lodge den Pistenzustand.

Busse

Mit öffentlichen Verkehrsmitteln ist die Anfahrt etwas mühsam, aber die Mambo View

Lodge organisiert gerne den Transport von Lushoto oder Lukozi (gratis bei mindestens drei Übernachtungen), denn bis dorthin geht es recht flott mit dem Bus.

Von Mtae (über Lushoto) brechen die Überlandbusse äußerst zeitig ab 4 Uhr morgens auf:
ARUSHA, mit Fasaha, 8 Std., 18 000–21 000 TSH
DAR ES SALAAM (Ubungo Bus Terminal), mit Mbaraku und Shambalai, 8 Std., 18 000–21 000 TSH
TANGA, mit Makadiri, Airbus und Tashrif, 7 Std., 15 000 TSH.

Rund um Korogwe

Flexible Reisende, die garantiert unverfälschten Kulturtourismus suchen, werden in Korogwe und seiner Umgebung auf ihre Rechnung kommen. Der Besuch von Lutindi erfordert aber entweder, dass man Selbstfahrer ist oder ein Fahrzeug (Taxi, Tour Operator) gemietet hat. 9 km nördlich von **Korogwe**, der Hauptverkehrsdrehscheibe zwischen dem Norden, Tanga und Dar es Salaam (mit einem Visa- und Mastercard/Maestro-ATM bei der CRDB Bank, Tankstellen und einfachen Unterkünften), zweigt im Dorf Msambiazi eine Piste nach rechts (Osten) ab, auf der nach 13 km (steil bergauf!) **Lutindi** erreicht ist.

Ausgehend vom **Lutindi Mental Hospital**, wahrscheinlich die wichtigste und beste psychiatrische Klinik landesweit, wurde ein Projekt initiiert, das dem Spital und den Bewohnern von Lutindi gleichermaßen Einkünfte beschert. Zahlreiche Wanderungen durch Bergregenwälder, auf Gipfel und zu Teeplantagen werden ebenso geboten wie Einblicke in die professionelle Arbeit der Klinik und in ein echtes tansanisches Dorfleben. Das Lutindi Mental Hospital, das 1896 von deutschen Missionaren gegründet wurde, ist heute noch eng mit deutschen Kliniken durch fachliche Kooperationen verbunden und wird mittels deutschen Spenden teilfinanziert. Zimmerreservierungen und Informationen beim Lutindi Mental Hospital Guest House unter ☎ 027-2641040 oder 0763-695541 oder ✉ lutindi-hospital@elct.org, ❷. Camping möglich.

Amani Forest Nature Reserve (East Usambara Mountains)

- ■ **Zugang**: Sigi Gate, 25 km ab Muheza
- ■ **Eintritt**: US$30 (einmalige Gebühr, unabhängig davon, wie viele Tage man in den östlichen Usambara-Bergen bleibt). In Tansania zugelassene Fahrzeuge: 10 000 TSH, alle anderen Fahrzeuge bis 2 t: US$50. Guide: US$15 p. P. pro Tag.
- ■ **Informationen**: Unmittelbar hinter dem Sigi Gate steht links auf einer Anhöhe das Amani Nature Reserve Information Centre, das seinen Besuchern in kleinen Ausstellungen die Artenvielfalt der Region anschaulich erläutert. Hier werden auch kleine Broschüren und Bücher über Bäume oder die verschiedenen Wanderwege zum Verkauf angeboten. Das Information Centre ist übrigens im Wärterhaus der alten Eisenbahnstation von Sigi untergebracht, das während der deutschen Kolonialzeit errichtet wurde.
- ■ **Beste Reisezeit**: Okt–April, im tansanischen Winter (Juni–Sep) kann es in dieser Höhe empfindlich kalt werden.

Mühsam schraubt sich die holprige Schotterpiste über viele Kehren in die East Usambara Mountains hinauf. Stellenweise ragt blanker Fels aus dem Schotter heraus, der ein Weiterkommen bei Regen äußerst schwierig macht. Schwaden von Düften aus Alm, Kräutern und Kuhdung begleiten die Fahrt und geben einen Vorgeschmack auf das, was man erwarten darf: absolute Abgeschiedenheit und unberührte Natur.

Neben riesigen Teeplantagen, so weit das Auge reicht, sind die östlichen Usambara-Berge (höchste Erhebung: Mt. Nilo mit 1507 m) vor allem als Heimat unzähliger teilweise endemischer Tiere und Pflanzen und als Mekka für Botaniker und Biologen bekannt. Für gewöhnliche Touristen ist die Gegend besonders dann interessant, wenn man eine Leidenschaft für die weniger spektakulären Wunder der Natur hegt, z. B. für seltene Amphibien und Vogelarten sowie ungewöhnliche Pflanzen. Zahlreiche Wanderungen sorgen für Kurzweil, und die Abende sind von einer beruhigenden Geräuschkulisse aus dem Wald begleitet.

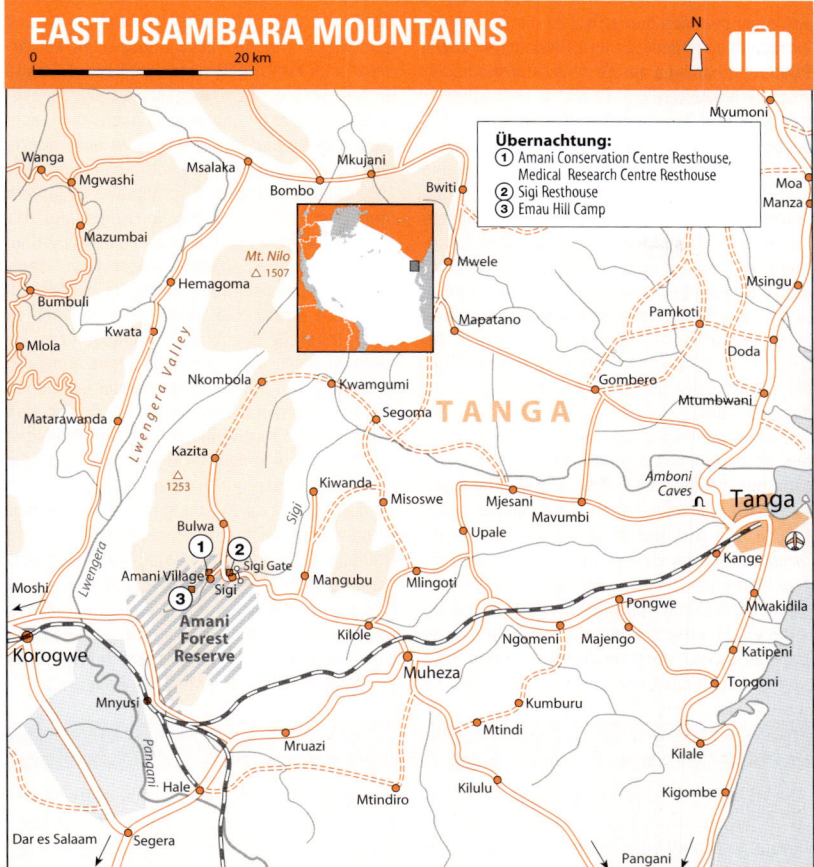

Übernachtung:
① Amani Conservation Centre Resthouse,
   Medical Research Centre Resthouse
② Sigi Resthouse
③ Emau Hill Camp

Myumoni
Wanga
Mgwashi
Msalaka
Mkujani
Bwiti
Moa
Bombo
Manza
Mazumbai
Mt. Nilo
△ 1507
Mwele
Hemagoma
Msingu
Bumbuli
Mapatano
Pamkoti
Kwata
Doda
Mlola
Nkombola
Kwamgumi
Gombero
Mtumbwani
Segoma
T A N G A
Matarawanda
Kazita
△ 1253
Amboni
Caves
Tanga
Kiwanda
Misoswe
Mjesani
Mavumbi
Bulwa
Upale
① ②
Sigi Gate
Kange
Moshi
Amani Village
Sigi
Mangubu
Mlingoti
③
Pongwe
Mwakidila
Amani
Kilole
Forest
Ngomeni
Majengo
Katipeni
Korogwe
Reserve
Muheza
Tongoni
Mnyusi
Kumburu
Mtindi
Kilale
Mruazi
Hale
Mtindiro
Kilulu
Kigombe
Dar es Salaam
Segera
Pangani

Lwengera Valley
Sigi
Lwengera
Pangani

Geschichte

Saftige Almen, grüne Wiesen, dichte Urwälder und ein angenehm kühles Höhenklima stehen in auffälligem Kontrast zur Landschaft im Tal. Das Bergdorf **Amani** liegt auf etwa 950 m Höhe – und hält, was seine Bedeutung in Swahili verspricht: Frieden. Umgeben ist es vom **Amani Nature Reserve** (ANR), das erst 1997 eingerichtet wurde, nachdem zu Beginn der 1990er-Jahre die Auswirkungen der menschlichen Zivilisation dramatisch sichtbar wurden. Die Ausbeutung des küstennahen Urwalds begann aber schon

ein Jahrhundert früher, als die deutschen Kolonialisten erste Plantagen und botanische Gärten anlegten. 1896 wurde in Kwai (West Usambara Mountains) die erste Forschungsstation eröffnet, wo Robert Koch einige Jahre lang Heilmittel gegen diverse Tropenkrankheiten erforschte, insbesondere gegen die Malaria, die die europäischen Siedler am meisten bedrohte. Hier verfasste Koch seine bahnbrechende Arbeit über den Einsatz von Chinin gegen Malaria. 1902 schließlich errichtete man in Amani das **Biologisch-Landwirtschaftliche Institut**, das

vor allem dem Ziel dienen sollte, die Plantagenwirtschaft zu optimieren und Tierseuchen sowie
Pflanzenschädlinge auszurotten. Angesichts der
Tropenkrankheiten, die weiterhin viele Kolonialisten dahinrafften, bestand die Mission auch
darin, diverse Heilmittel zu erforschen. Man
legte Plantagen und Gärten an, errichtete eine
große Forschungsanstalt mit Laboratorien und
modernster Ausrüstung und schickte die besten
Köpfe nach Amani. Die Eukalyptus- und Kamp-
ferbäume beispielsweise stammen noch aus dieser Zeit. Nebenbei kam man auf die wahnwitzige
Idee, den größten **botanischen Garten** der Welt
anlegen zu wollen. So wurden wahrscheinlich an
die 1000 neue Tier- und Pflanzenarten eingeführt,
die aufgrund des günstigen Klimas ausgezeichnet gediehen.

Fast gleichzeitig begannen die Kolonialisten, die dicht gewachsenen Urwälder zu roden,
nicht nur um Platz für **Kaffee- und Teeplantagen**
zu schaffen, sondern auch zur Holzgewinnung.
1910 wurde die **Sigi-Bahn** fertiggestellt, eine
Zweigstrecke der Usambara-Bahn, die von Ten-
geni über knapp 24 km nach Sigi führte. Vorrangig diente sie dem **Abtransport von Holz**, das direkt nach Tanga verfrachtet wurde, um dort in die
Transportschiffe nach Deutschland verladen zu
werden. Nach der Übernahme Tansanias durch

die Briten verlegten diese die botanische und
landwirtschaftliche Forschungsanstalt kurzerhand nach Kenia. 1931 wurde die heutige Straße
angelegt und die Bahn eingestellt. Doch die ökologische Bedrohung war damit noch lange nicht
gebannt. Um die Teeplantagen zu vergrößern,
wurde weiterhin gerodet, und bis hinein in die
1980er-Jahre existierte ein profitables **Sägewerk**
(teilfinanziert von der finnischen Regierung), das
Holz produzierte. Nachdem die Finnen begriffen
hatten, welchen Schaden sie den East Usambara Mountains zufügten, verlegten sie sich auf
den Naturschutz. Sie gehören heute noch zu
den größten Geldgebern von Initiativen zum Erhalt und zur Erforschung des Lebensraums. So
unterstützten und forcierten sie die Errichtung
des Amani Nature Reserve, das nicht nur eine
Artenvielfalt aufweist, die in Afrika ihresgleichen
sucht, sondern zudem für die Küstenregion die
wichtigste Wasserquelle darstellt.

Zu Beginn des 21. Jhs. konnte man erfolgreich einen vermeintlichen Edelstein- und
Goldboom abwenden, als aufgrund eines entsprechenden Gerüchts Abertausende Tansanier
in die Berge strömten und Wälder zu schlagen
sowie Löcher in die Erde zu graben begannen.
Daneben hat sich im Dorf Amani das **Tanzania
National Institute for Medical Research** nie-

Usambara-Veilchen

Die wohl bekannteste internationale Botschaf-
terin der östlichen Usambara-Berge ist eine
kleine, samtige Pflanze, die ihren Siegeszug um
die Welt als *African Violet* oder zu Deutsch
Usambara-Veilchen angetreten hat.

Als sich Baron **Walter von Saint Paul Illaire**,
der Bezirksvorsteher von Tanga, 1892 in den
Usambara-Bergen aufhielt, entdeckte er zufällig eine ihm unbekannte Pflanze. Die ursprünglichen Blütenfarben blau und violett inspirierten
ihn, die Blume „Afrikanisches Veilchen" zu
nennen. Seinem Vater in Schlesien, einem
leidenschaftlichen Orchideenzüchter, schickte
er von der damals völlig unbekannten Blume
sogleich einige Samen. Nachdem der Vater
sie mit seinem Gärtnergeschick zum Blühen

gebracht hatte und das Usambara-Veilchen
bei einer Blumenschau vorgestellt worden
war, war sein Siegeszug in Mitteleuropa nicht
mehr aufzuhalten. Während seine Heimat für
den deutschen Namen Pate stand, ehrte man
seinen Entdecker mit dem botanischen Namen
Saintpaulia ionantha. Heutzutage gehören die
Saintpaulien zu den beliebtesten Topfpflanzen
in unseren Breiten, zieren Fensterstimse und
Küchentische. In den Usambara-Bergen hingegen sind sie schwer zu finden, höchstens
tief drinnen in Wald, wohin sich kaum eine
Menschenseele verirrt. Acht verschiedene
Gattungen wurden isoliert; sie wachsen vornehmlich in den feuchten Wintermonaten Juni
bis September.

dergelassen, das hier oben Malariaforschung betreibt und u. a. an der Entwicklung eines Malariaimpfstoffs arbeitet.

Flora und Fauna

Die östlichen Usambara-Berge zählen laut WWF zu den sogenannten Hot Spots der Welt, Orten mit hoher Biodiversität, deren Artenvielfalt jedoch bedroht ist. Man schätzt, dass an die 25 % der **Pflanzen** endemisch sind, also nur in den Eastern Arc Mountains gedeihen. Der Großteil davon steht auf der Roten Liste gefährdeter Arten der Weltnaturschutzunion IUCN. Dazu zählen neben den Usambara-Veilchen auch Wolfsmilchgewächse *(Euphorbiaceae)* sowie Annonengewächse *(Annonaceae).*

In den Wäldern sind hauptsächlich **kleinere Tiere** wie Schnecken, Schmetterlinge oder andere Insekten beheimatet. Fast 350 Vogelarten wurden dokumentiert; mehrere davon sind von der Ausrottung bedroht, beispielsweise der Usambara-Uhu *(Usambara eagle owl)*, der Nicollweber *(Usambara weaver)* oder der Amaninektarvogel *(Amani sunbird)*. Zahlreiche Amphibien und Reptilien konnten sich in den dichten, schützenden Wäldern entwickeln, u. a. die kleinen Stummelschwanzchamäleons oder das seltene Ostafrikanische Dreihornchamäleon, jede Menge Laubfrösche sowie Schleichenlurche (überdimensionale Tausendfüßler). In der **Schmetterlingsfarm** (The Butterfly Project) 2 km hinter dem Headquarter werden in einem international gefördertem Hilfsprojekt Schmetterlinge gezüchtet – aus Naturschutzgründen und zur Armutsbekämpfung (Eintritt 2500 TSH).

Größere Tiere sind eher selten zu beobachten, oft aber turnen Schwarz-weiße Stummelaffen oder Diademmeerkatzen *(blue monkeys)* durch das Geäst. Auf Wanderungen trifft man vielleicht auf kleine Ducker oder andere Zwergantilopen. Das Rüsselhündchen *(elephant shrew)* hingegen steht auf der Roten Liste der gefährdeten Arten – ein kleiner, lustig anzusehender mausähnlicher Geselle mit einer spitzen Nase.

Die Unterkünfte in der Region sind einfach und landestypisch, mit bodenständiger Swahili-Küche. Camping (zu akzeptablen Preisen) ist an mehreren Orten möglich (bei den Unterkünften nachfragen). Wer tiefer im Reserve campen möchte (US$30 p. P.), muss beim Gate nachfragen.

Das Amani Nature Reserve betreibt zwei einfache, etwas schäbige, fast identische Gästehäuser. Das **Sigi Resthouse** liegt direkt am Eingang des Amani Nature Reserve und das **Amani Resthouse** direkt im Dorf Amani. Offizielle Preise: 10 000 TSH p. P., Frühstück 2000 TSH, Dinner 4000 p. P. Reservierungen möglich, ☎ 027-2640313, aber besser ist es, sich die Unterkunft anzusehen und vor Ort zu buchen. Definitiv besser ist das **Medical Research Centre Resthouse**, ebenfalls direkt im Amani Village, ein sympathisches Gästehaus im alten Forschungszentrum der deutschen Kolonialisten mit geräumigen, recht komfortablen Schlafzimmern, einer gemütlichen Lounge samt Kamin und akzeptablem Essen. Man muss explizit nach dieser Unterkunft fragen, ansonsten wird man ins Resthouse des Reserve gelotst. Mit Vollpension US$30 p. P. ➋ – ➌

🏠 **Emau Hill Camp**, durch Amani Village hindurch bis zum Reserve Headquarter (ANR), 3 km weiter rechts abzweigen, ☎ 0782-656526, 🖥 www.emauhill.com. Urige Unterkunft geführt von einer dänischen NGO mit typischen, mit Makuti überdachten Canvas-Zelten. Gemütliches Restaurant mit großer Terrasse, Strom aus Solarenergie, kompostierbare Toiletten und Recycling-Programme. Herrlicher Garten, angenehme Atmosphäre, Camping möglich (US$7 p. P.). ➍ mit Vollpension

Die Gegend rund um Amani ist vom Tourismus noch kaum berührt. Freundliche, neugierige Menschen helfen gerne weiter, Kriminalität ist kaum ein Thema. Trotzdem empfiehlt sich die Zuhilfenahme eines *Guides*, da die Wanderwege nicht ausreichend beschildert sind und die Guides mit gutem Wissen über Fauna und Flora aufwarten können. Offizielle Guides (US$15 p. P. und Tag) können bei den Unterkünften oder am Gate organisiert werden. Vielleicht hat man auch Glück und kann sich einer Studentengruppe anschließen.

Wandern im Amani Nature Reserve

Insgesamt zwölf mehr oder weniger gut beschilderte Trails führen durch das Reservat, wobei für den Großteil eine Anfahrt mit dem Fahrzeug erforderlich ist.

Eine Walking Tour (ca. 2–3 Std.) führt durch den **Amani Botanical Garden**, 1902 von den Deutschen angelegt und noch heute in Betrieb. Er diente einst der Erforschung von Pflanzen allgemein, insbesondere ihrer medizinischen Wirksamkeit. Ein Guide ist erforderlich, da die Pflanzennamen nicht angeschrieben sind.

Eine wenig anspruchsvolle Halbtagestour, der **Derema Trail** (12 km), führt durch Wälder, zu Flüssen, weitläufigen Teeplantagen und deutschen Gräbern. Die speziell für die Wanderwege ausgebildeten Guides geben Auskunft zu Vögeln, Amphibien, Schmetterlingen und natürlich auch Pflanzen.

Der **Kwamkoro Forest Trail** führt zunächst über 9 km durch Wälder, Nelken-, Kardamom- und Teeplantagen, diese Strecke wird mit dem Fahrzeug befahren. Dann geht es per pedes einige Kilometer weiter durch den Kwamkoro Forest, wo man mit viel Glück vielleicht Usambara-Veilchen entdeckt – wie weiland Baron Walter von Saint Paul Illaire, der angeblich hier erstmals fündig wurde (s. Kasten S. 360).

Sportliche Besucher können sich an steilen und anstrengenden **Sigi Mountain Trail** (6 km) versuchen, der durch dichten Regenwald, kleine Dörfer und entlang rauschender Bäche hoch auf den Sigi Mountain führt. Einige Kolonialrelikte säumen die Strecke. Für diese Tour sollte unbedingt ein Führer angeheuert werden!

Beim Information Centre und am Gate erhält man erschöpfende **Informationen** zu weiteren Wanderungen sowie Broschüren.

Autovermietungen und Fahrradverleih

Beim ANR Headquarter ein wenig außerhalb des Dorfes stehen Mietfahrzeuge für saftige US$300/Tag (mit 80 km Limitierung) zur Verfügung. Ebenso können hier Fahrräder geborgt werden (US$5 p. P.).

Internet

Internet gibt es im **ANR Headquarter** ein wenig außerhalb von Amani für 3000 TSH/Std.

Veranstalter

Veranstalter in Dar es Salaam organisieren Trips, z. B. **Wild Things** (s. S. 181) und **Afriroots** (s. S. 180).

Alternativ dazu organisieren auch **Blue Mango Expeditions** (s. Tanga, S. 213) sowie **SED Tours and Adventures** (s. Lushoto, S. 354) Ausflüge nach Amani.

Transport

Ausgangsort ist **Muheza**, 37 km südwestlich von Tanga.

Jeder, der mit dem Auto nach Amani kommt, muss damit rechnen, nach einer Mitfahrgelegenheit in die Berge gefragt zu werden. Umgekehrt können auch Reisende gegen Bezahlung Mitfahrgelegenheiten in Anspruch nehmen.

Selbstfahrer

In die East Usambara Mountains führt eine Schotterpiste, die zunächst Sigi passiert (25 km ab Muheza) und nach weiteren 10 km Amani erreicht. Von der Hauptstraße in Muheza (von Tanga aus kommend) rechts abbiegen, dann nach Überqueren der Gleise der Hauptpiste folgen und bei der nächsten Abzweigung rechts halten. Auf dem ersten Teilstück bis zum Sigi Gate, dem Zugang zum Amani Nature Reserve (Eintritt), steigt die Straße kaum an. Ab Sigi verwandelt sie sich in eine kurvenreiche Bergstraße mit teilweise blankem Stein. Nur mit 4WD und in der Trockenzeit empfehlenswert! Letzte Tankstelle in Muheza.

Daladalas und Überlandbusse

Von MUHEZA aus verkehren täglich in der Trockenzeit Daladalas oder kleine Pickup-Trucks nach Sigi und Amani (mind. 2 Std. Fahrtzeit). Abfahrt meist um die Mittagszeit. Daladalas zurück nach Muheza verlassen Amani Village früh um 6 Uhr. Die Chancen stehen gut, dass man Anschluss an einen der Überlandbusse hat, die auf ihrem Weg zwischen DAR ES SALAAM und ARUSHA in Muheza halten.

Das nördliche Bergland

Safaris im Norden

Stefan Loose Traveltipps

9 **Kulturtourismus um Arusha**
Für Reisende, die nach der Safari noch gut zu Fuß sind, gibt es keinen Grund zu faulenzen, denn in der Umgebung von Arusha laden verschiedene Dörfer zum Besuch. S. 378

10 **Mount Meru** Die Besteigung des vierthöchsten Gipfels in Afrika ist anspruchsvoll, lohnt aber allein schon wegen des Blicks auf den Kilimanjaro. S. 388

West Kilimanjaro Area Unberührt vom Tourismus liegt der Landstrich eingebettet zwischen den beiden höchsten Gipfeln Tansanias – ein unvergleichlicher Anblick. S. 393

11 **Ol Doinyo Lengai** Der heilige Berg der Maasai und aktive Vulkan thront inmitten einer überwältigenden Landschaft. S. 407

12 **Ngorongoro Crater** Durch die Kraterwand geschützt, präsentiert sich die reiche Wildtierpopulation wie in einem überdimensionalen Zoo. S. 414

13 **Serengeti National Park** Das wohl berühmteste Naturschauspiel der Welt: Millionen von Tieren machen sich mit Beginn der Trockenzeit auf die Suche nach saftigem Gras und frischem Wasser. S. 421

Die meisten Touristen, die auf Safari gehen, zieht es in den Norden. Kein Wunder, liegen hier doch alle Sensationen dicht beieinander und sind größtenteils auch noch bequem zu erreichen. Seitdem 2005 die Teerstraße von Arusha bis zum Ngorongoro-Schutzgebiet fertiggestellt wurde, haben sich die Anfahrtszeiten für die Safaris enorm verkürzt. Außer der Serengeti ist kein Park mehr weit entfernt – in tansanischen Dimensionen gemessen.

Die einzelnen Naturschutzgebiete könnten trotz ihrer relativen Nähe zueinander unterschiedlicher nicht sein. Der hügelige **Arusha National Park** erstaunt einerseits durch seine landschaftliche und botanische Vielfalt, andererseits durch seine Giraffen- und Büffelherden. Nur zwei Stunden entfernt breitet sich im **Tarangire National Park** die für Afrika typische goldbraune Gras- und Strauchsavanne aus, wo Baobab-Bäume, riesige Elefantenpopulationen und Scharen von Vögeln für Ahs und Ohs sorgen. Eine Dreiviertelstunde weiter an der Teerstraße liegt der kleine **Lake Manyara National Park** malerisch am Fuße des Ostafrikanischen Grabenbruchs, dessen unterirdische Wasseradern für immergrüne Vegetation sorgen. Nur eine Stunde weiter nordwestlich befindet sich in den Höhen der Crater Highlands die bewaldete, hügelige **Ngorongoro Conservation Area** mit dem Weltwunder **Ngorongoro Crater**. Nicht nur die gigantische Kulisse lohnt, sondern vor allem die reiche Tierwelt. Und schließlich lockt die geheimnisvolle und viel zitierte **Serengeti**, ein Naturschutzgebiet der Superlative: unermesslich groß, mit baumleeren Ebenen, lebenspendenden Flüssen, markanten Findlingen und Wildtieren sonder Zahl. In der Serengeti keine Löwen, Leoparden oder Geparden zu sehen, ist fast ein Ding der Unmöglichkeit.

Nach der intensiven weltweiten Vermarktung im letzten Jahrzehnt steigen die Besucherzahlen nun kontinuierlich, was bei Touristen und Naturschützern gleichermaßen Bedenken aufwirft. Zum einen stehen zu wenige Unterkünfte zur Auswahl, was zu langen Vorlaufzeiten bei der Reservierung und zu Überbuchungen führt. Zum anderen stellt sich die Frage, wie viel Tourismus die Naturschutzräume vertragen, ohne dass das empfindliche Ökosystem gestört

DER NORDEN

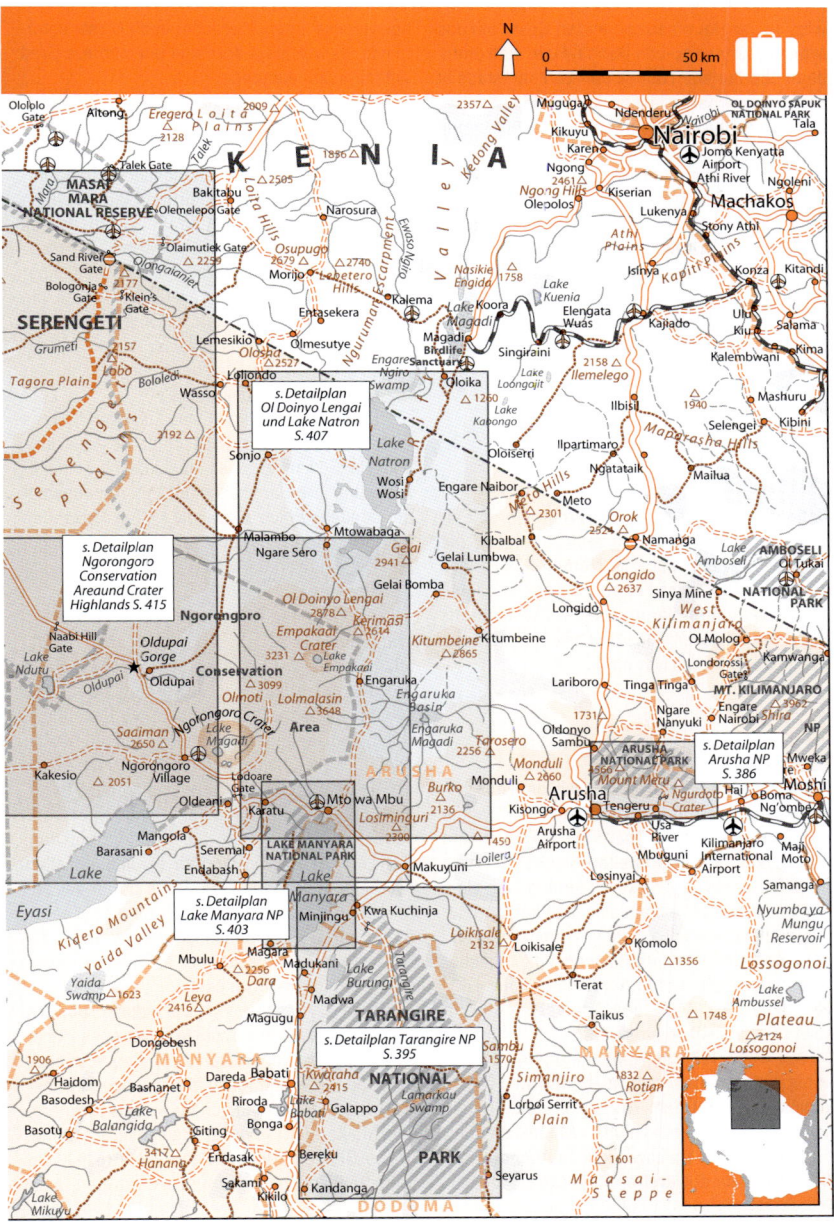

N

0   50 km

KENIA

Ololplo Gate
Aitong
Eregero Loita Plains
2009
2128
2357△
Mugugs
Ndenderu
OL DOINYO SAPUK NATIONAL PARK
Tala
1856△
Kikuyu
Kedong Valley
Karen
Nairobi
Jomo Kenyatta Airport
Athi River
Ngoleni

Bakitabu
Talek Gate
MASAI MARA NATIONAL RESERVE
△2505
Narosura
Ngong
2461△
Ngong Hills
Olepolos
Kiserian
Lukenya
Machakos

Sand River Gate
Olelmelepo Gate
Olaimutiek Gate
△2229
Osupugo
2679△
△2740
Morijo
Lchetero Hills
Kalema
Nasikie Engida
1758
Lake Koora
Isinya
Kapiti Plains
Konza
Kitandi

SERENGETI
Bologonja Gate
Klein's Gate
2177
Lemesikio
Olosha
Olemusutye
Engare Sanctuary
Birdlife
Lake Magadi
Elengata Wuas
Athi Plain
Kajiado
Uliu
Kiu
Salama

2157
Wasso
Loliondo
Ngiro swamp
Oloika
Singiraini
Ilemelego
2158△
Selengei
Kalembwani
Kima

Grumeti
Tagora Plain
3192△
s.Detailplan Ol Doinyo Lengai und Lake Natron S. 407
△1260
Lake Loongajit
Ilbisi
1940
Maparasha Hills
Selengei Hills
Mashuru
Kibini

Serengeti
Sonjo
Lake Natron
Oloiseri
Ilpartimaro
Ngatataik
Mailua

Wosi Wosi
Engare Naibor
Meto
Orok
Namanga
AMBOSELI NATIONAL PARK

s.Detailplan Ngorongoro Conservation Areaund Crater Highlands S. 415
Malambo
Ngare Sero
Mtowabaga
Gelai
2941△
Gelai Lumbwa
Kibalbal
2524△
Longido
2637△
Sinya Mine
West Kilimanjaro
Ol Tukai

Ngorongoro
Ol Doinyo Lengai
Empakaai
2878△
Kerimasi
2614△
Gelai Bomba
Kitumbeine
△2865
Longido
Ol Molog
MT. KILIMANJARO
3962△
Shira
NP

Naabi Hill Gate
Oldupai Gorge
3231△
Crater
△3099
Engaruka
Enganuka Basin
Laribero
Tinga Tinga
Londorossi Gate
Kamwanga

Lake Ndutu
Oldupai
Conservation
Olmoti
Lolmalasin
△3648
Engaruka Magadi
Tarosero
2256△
1731△
Ngare Nanyuki
Engare Nairobi
Moshi

Saaiman
2650△
Ngorongoro Crater
Area
ARUSHA
Monduli
2660△
Oldonyo Sambu
Mount Meru
4566△
Arusha
s.Detailplan Arusha NP S. 386
Mweka
Boma Ng'ombo

Kakesio
△2051
Ngorongoro Village
Ledoare Gate
Olmoti
Burko
2136
Monduli
Kisongo
ARUSHA NATIONAL PARK
Tengeru
Ngurdoto Crater
Hai
Usa River
Moshi

Mangola
Oldeani
Karatu
Mto wa Mbu
Losimingori
1450
Loilera
Arusha Airport
Mbuguni
Kilimanjaro International Airport
Maji Moto

Barasani
Seremal
Endabash
LAKE MANYARA NATIONAL PARK
Makuyuni
Losinyai
Samanga

Eyasi
s.Detailplan Lake Manyara NP S. 403
Minjingu
Kwa Kuchinja
Loikisale
2132
Loikisale
Komolo
Nyumbaya Mungu Reservoir

Mbulu
Magara
Madukani
Lake Burungi
Terat
△1356
Lossogonoi

Yaida Valley
△2256
Dara
Madwa
Tarangire
Taikus
△1748
Lake Ambussel
Plateau
2124△
Lossogonoi

Yaida Swamp
1623
Leya
2416△
Magugu
TARANGIRE
s.Detailplan Tarangire NP S. 395
Samba
1570△
Simanjiro Plain
1832△
Rotian
MANYARA

1906
Haidom
Bashanet
Dareda
Babati
Kwaraha
2415
NATIONAL
Lamarkau Swamp
Lorboi Serrit
1601△

Basodesh
Lake Babati
Galappo
Seyarus

Basotu
Lake Balangida
Giting
Bonga
Bereku
PARK
Maasai-Steppe

3417△
Hanang
Endasak
Kikilo
Kandanga

Lake Mikuyu
Sakami
DODOMA

wird. In der Hauptsaison werden Gäste um das erhoffte Jenseits-von-Afrika-Flair betrogen, denn überlaufene Lodges und Verkehrsstaus in den Nationalparks lassen kaum romantisches Busch-Feeling aufkommen. Mit Erhöhungen der Eintrittsgebühren lassen sich die Besucherströme anscheinend nicht lenken, denn die Serengeti ist trotz allem der meistbesuchte Park Tansanias. Eine Safari sollte jedoch nicht aus reinem Abhaken der Sensationen bestehen, sondern aus der Würdigung der unermesslichen Vielfalt der Wildnis Tansanias. In diesem Sinne wäre es auch vermessen, den einen oder anderen Park zu empfehlen – sie alle sind einzigartig und einen Besuch wert.

Northern Circuit

Safaris im Norden

Unter dem Begriff Northern Circuit werden alle Naturschutzgebiete zusammengefasst, die ausgehend von Arusha im Norden des Landes erreichbar sind. Der Einfachheit halber zählen aber auch alle anderen Gebiete, die nicht als Parks ausgewiesen sind, dazu, wie z. B. der Lake Eyasi oder der Lake Natron.

Arusha

Nicht zuletzt durch die steigenden Touristenzahlen wuchs Arusha im letzten Jahrzehnt rapide und ist inzwischen mit über 510 000 Einwohnern (Schätzung 2010) das zweitgrößte Ballungszentrum Tansanias. Mit diesem Status gehen viele Vor- und Nachteile einher: eine gute Infrastruktur (die zweitbeste des Landes) und große Auswahl bei Hotels und Restaurants einerseits, täglicher Verkehrskollaps zu den Stoßzeiten, hohe Luftverschmutzung, Müll- und Abwasserprobleme sowie Kriminalität andererseits.

Auf 1400–1500 m Höhe gelegen und geschützt durch den 4566 m hohen Mt. Meru, kommt der Großraum Arusha in den Genuss eines ganzjährig angenehmen Mikroklimas mit trockenen Sommern sowie kühlen Abenden und Nächten nach der großen Regenzeit. Wer beispielsweise einen Abstecher nach Moshi unternimmt, dem schlägt dort eine um mehrere Grad wärmere Luft entgegen.

Damals und heute

Ursprünglich als **Garnisonsstadt** der Deutschen gegründet, errichtete die Kolonialregierung Ende der 1880er-Jahre ein Fort und läutete somit das allmähliche Wachstum des Örtchens ein. Benannt wurde der damalige Bezirksamtssitz nach den bis heute hier lebenden Arusha, einer Volksgruppe, die sich in den 1850er-Jahren von den Maasai abspaltete und sesshaft wurde. Von den Meru, die ebenfalls in dieser Region zu Hause sind, erhielt der Hausberg von Arusha, der Mt. Meru, seinen Namen.

Dank des fruchtbaren, vulkanischen Bodens konnte sich die Landwirtschaft bestens entwickeln. So kam es, dass die deutsche Kolonialregierung ihre Garnisonsstadt zum Anbaugebiet für veredelte Pflanzungen wie Kaffee, Pyrethrum (eine Wucherblume, aus der das gleichnamige Insektizid gewonnen wird), Bananen, Mais und Sisal machte.

Vor allem der Anbau von **Kaffee** (s. Kasten „Hochlandkaffee", S. 327), einst das Hauptausfuhrprodukt Tansanias, ließ Arusha – Hand in Hand mit Moshi – in der ersten Hälfte des 20. Jhs. boomen. 1912 erreichte die Usambara-Bahn (von Tanga aus kommend) endlich Moshi, nachdem die Kolonialregierung massiven Druck auf das deutsche Mutterland ausgeübt hatte. Vorrangig erhoffte man sich davon einen Aufschwung, besonders in der Kaffeeproduktion. Der Erste Weltkrieg machte schließlich allen ambitionierten Plänen, die Bahn durch die Serengeti zum Victoriasee zu verlängern, einen Strich durch die Rechnung. 1929 erreichte die Bahnlinie zwar Arusha, aber an eine Verlängerung war nicht mehr zu denken.

Heute ist Arusha das größte **Industriezentrum** Nordtansanias. Schwerpunkte liegen noch immer auf der Rohstoffverarbeitung, z. B. Kaffee, Zucker, Getreide, Sisal und Kokosfasern, sowie auf der Nahrungsmittelproduktion (u. a. eine Brauerei und Molkereien) und der Fleischverarbeitung. Große Blumenfarmen östlich von Arusha, die Schnittblumen nach Europa exportieren, sind ebenso wichtige Arbeitgeber wie die Insektizid-Industrie. Mit Abstand der größte Arbeitgeber für die lokale Bevölkerung ist aber der **Tourismus**. Weit über 200 Safari-Unternehmen (manche davon illegal), Hotels, Restaurants, Souvenirgeschäfte oder auch Autowerkstätten profitieren von geschätzten 850 000 Touristen im Jahr (Stand 2010), von denen der Großteil Arusha passiert.

In die weltweiten Nachrichten gelangte Arusha 1995, als das internationale UN-Tribunal zur Verhandlung des Genozids in Ruanda, 🖥 www.ictr.org, in das **Arusha International Conference Center (AICC)** zog. Das fragwürdige Spektakel verursachte horrende Kosten, obwohl bis Mitte 2010 insgesamt nur 50 Anklagen und 31 Berufungen verhandelt wurden. Juristen verweisen gerne darauf, dass das Tribunal dazu dienen soll, afrikaweit ein Exempel zu statuieren. Ob dies Ausgaben von über US$250 Mio. pro Jahr (für vier involvierte Gerichtshöfe) rechtfertigt, sei dahingestellt. An die 700 Mitarbeiter aus allen Teilen der Welt arbeiten bei der UN in Arusha, was natürlich auch der städtischen Wirtschaft zugute kommt. Bis zum Jahr 2011 sollen die verbleibenden elf Fälle abgeschlossen sein; es werden noch weitere zwei Jahre für Berufungen angehängt. Die Prozesse sind übrigens öffentlich zugänglich (Personalausweis reicht zur Anmeldung).

Das gigantische Konferenzzentrum, in dem das Tribunal tagt, wurde anlässlich eines Wirtschaftsabkommens, der **East African Community**, gebaut. Von 1967 bis 1977 war Arusha Sitz dieses Wirtschaftspaktes nach dem Muster der EU, doch bevor der Mammutbau 1978 überhaupt fertiggestellt wurde, war die Union schon wieder zerbröckelt. So zogen in den 1980er-Jahren Safari-Unternehmen ein. Erst seit 1995 bestreitet die Uno den Großteil der Mietkosten. Vor allem wegen der UN-Präsenz hat sich Arusha international einen Namen als afrikanischer Konferenzstandort gemacht.

Dass es mit der Ostafrikanischen Gemeinschaft offensichtlich wieder bergauf geht, beweist der geplante Bau eines neuen Hauptquartiers in Arusha (hinter dem AICC), wobei ein deutsches Unternehmen den Zuschlag für dessen Errichtung bekam (wohl weil die veran-

Klima

Fast der gesamte Northern Circuit liegt auf über 1000 m Seehöhe und ist sehr hügelig, weswegen es in den Wintermonaten (Juni–Sep) auch empfindlich kalt sein kann. Temperaturen zwischen 10–18 °C in der Nacht sind dann keine Seltenheit, vor allem um den hoch gelegenen Ngorongoro-Krater. Für die Abende oder die Morgen-Pirschfahrten muss unbedingt warme Kleidung (z. B. eine Fleece-Jacke) ins Gepäck. Sobald die Sonne lacht, erwärmt sich die Luft, und gerade die Wintermonate sind tagsüber angenehm trocken und heiß.

schlagten Kosten von 14 Mio. € zur Gänze aus der deutschen Staatskasse stammen). Die Bauarbeiten haben 2010 begonnen und sollen Ende 2011 abgeschlossen sein.

Orientierung

Der Stadtkern liegt südlich vom Dar-Arusha-Nairobi-Highway, mehrere Abzweigungen führen dorthin. Das Zentrum konzentriert sich um den Clock Tower, von wo die wichtigen Straßenzüge Boma Road, Sokoine Road und Old Moshi Road wegführen. Westlich vom Zentrum befinden sich die Geschäftsviertel, östlich beginnen die Wohnviertel der Privilegierten, wo sich höchstens noch Restaurants oder Hotels für Reisende auftun.

Stadtbummel rund um den Uhrturm

An echten Sehenswürdigkeiten hat Arusha nicht viel zu bieten, doch die Straßen rund um den kleinen Clock Tower lohnen allemal einen Bummel. Aber Vorsicht: Lästige Flycatcher versuchen, ihre vermeintlich billigen Safaris zu verkaufen, Souvenirhändler können ganz schon dreist werden, und Taschendiebe haben immer Hochsaison.

Als Ausgangs- und Endpunkt eines Rundgangs bietet sich das alte deutsche Fort, auch **Boma** genannt, am Ende der Boma Road an, nicht zuletzt wegen des gemütlichen Cafés Via Via, in dem man sich mit einer guten Tasse Kaffee oder einem leckeren Snack verwöhnen kann. Mit dem Bau des Forts wurde 1886 begonnen; in den 1990er-Jahren wurde es mit EU-Geldern

Safaris im Norden

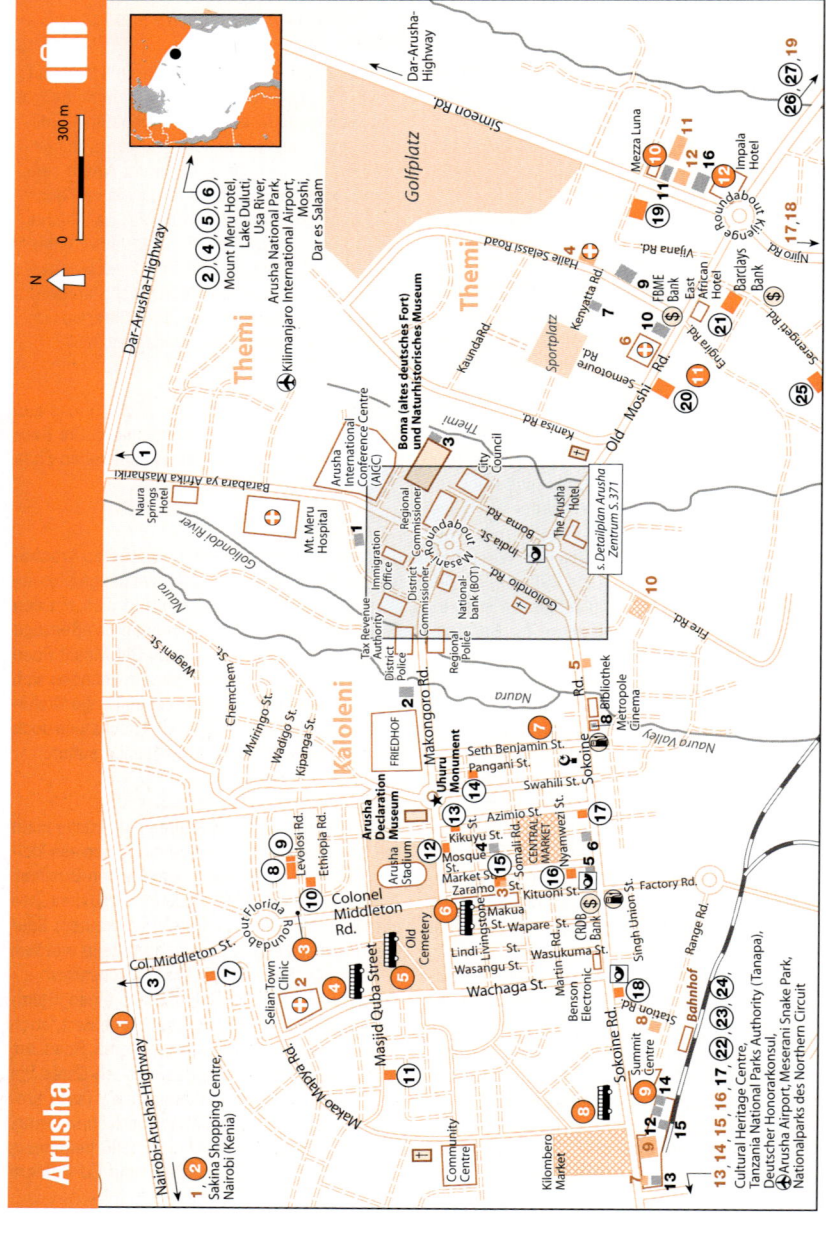

N

0   300 m

Themi

Mount Meru Hotel,
Lake Duluti,
Usa River,
Arusha National Park,
Moshi,
Dar es Salaam

Kilimanjaro International Airport

Dar-Arusha-Highway

Dar-Arusha-Highway

Simeon Rd.

Golfplatz

Themi

Halle Selassi Road

Mezza Luna

Impala Hotel

Roundabout Kijenge

Njiro Rd.

Serengeti Rd.

Barclays Bank

East African Hotel

FBME Bank

Engira Rd.

Sportplatz

Kenyata Rd.

Vijana Rd.

Sekei Rd.

Semcoure Rd.

Old Moshi Rd.

Karisa Rd.

Kaunda Rd.

Themi

Boma (altes deutsches Fort)
und Naturhistorisches Museum

Arusha International Conference Centre (AICC)

Barabara ya Afrika Mashariki

Naura Springs Hotel

Golondoi River

Mt. Meru Hospital

Wageni St.

Naura

Immigration Office

Regional Commissioner

District Commissioner

Tax Revenue Authority

District Police

Regional Police

National-bank (BOT)

City Council

The Arusha Hotel

India St. Roundabout

Golondoi Rd.

Boma Rd.

s. Detailplan Arusha
Zentrum S. 371

Fire Rd.

Makongoro Rd.

Naura

FRIEDHOF

Kalaleni

Arusha Declaration Museum

Uhuru Monument

Seth Benjamin St.

Pangani St.

Swahili St.

Sokoine

Bibliothek

Metropole Cinema

Naura Valley Rd.

Kikuyu St.

Azimio St.

Somali Rd.

CENTRAL MARKET

Nyamwezi St.

Market St.

Zaramo St.

Kituoni St.

Mosque

Arusha Stadium

Colonel Middleton Rd.

Makua St.

Wapare St.

Livingstone St.

Lindi St.

Wasukuma St.

Wasangu St.

Wachaga St.

Martin Benson Electronic

CRDB Bank

Singh Union St.

Factory Rd.

Range Rd.

Bahnhof

Station Rd.

Sokoine Rd.

Summit Centre

Mturingo St.

Wadigo St.

Kipanga St.

Chemchem St.

Levolosi Rd.

Ethiopia Rd.

Old Cemetery

Masjid Quba Street

Makao Mapya Rd.

Col. Middleton St.

Florida St. Roundabout

Sellan Town Clinic

Sakina Shopping Centre, Nairobi (Kenia)

Nairobi-Arusha-Highway

Kilombero Market

Community Centre

Cultural Heritage Centre,
Tanzania National Parks Authority (Tanapa),
Deutscher Honorarkonsul,
Arusha Airport, Meserani Snake Park,
Nationalparks des Northern Circuit

restauriert, sodass es wieder in weißer Farbe erstrahlt. Der gut gepflegte Garten hält für müde Beine ein schattiges Plätzchen bereit. Hier befindet sich auch das bescheidene **Naturhistorische Museum**, ⏱ 9–18 Uhr, Eintritt US$5, geführte Tour US$15 p. P.

Das alte **koloniale Viertel** im Gebiet zwischen Sokoine Road, Goliondoi Road und Boma Road birgt zwar wenig architektonische Highlights, aber dafür umso mehr Souvenirshops, Edelsteinläden, Wechselstuben, Banken und die Post sowie jede Menge Filialen von Fluggesellschaften. Auch unzählige Safari-Unternehmen haben hier ihre Büros.

Westlich des Goliondoi River beginnen die typischeren **afrikanischen Stadtteile**, wo der Central Market und andere Märkte, landestypische Gästehäuser und viele Geschäfte, z. B. für Elektronik, Autoersatzteile oder den täglichen Bedarf, angesiedelt sind.

Östlich von Arusha

Malerisch eingebettet in Kaffeepflanzungen, wilde Blumenfelder und einen dichten Kranz von Bäumen liegt der Kratersee **Lake Duluti** etwa 14 km östlich von Arusha entfernt (in Tengeru beim Schild *Mountain Village Lodge* nach Süden abbiegen). Scharen von Schmetterlingen und Vögeln fühlen sich im Gehölz wohl, und ein schmaler, teilweise steiler Pfad bringt Besucher ganz nahe an diese zarten Geschöpfe heran. Der See ist zum Schwimmen nicht geeignet, weil er mit Bilharziose-Erregern verseucht ist, aber Kanufahren kann arrangiert werden. Eintritt für Spaziergänger US$12. Exkursionen zum Lake Duluti werden von vielen Kulturtourismusprogrammen und Safariagenturen (Anfragen im TTB Arusha, s. S. 381) oder vom Via Via Café (s. S. 374) organisiert (Halbtagesausflüge ca. US$35 inkl. Eintritt und Transport). Wayo Africa (s. S. 380) führt auch Kanufahrten durch, die für Vogelliebhaber interessant sind, ca. US$40 p. P. (Buchungsmöglichkeit über Agenturen und Unterkünfte, z. B. Karama Lodge, S. 372, oder direkt bei Wayo Africa, S. 380). Tipp: Wem die hohen Gebühren ungerechtfertigt vorkommen, der kann sich für weit weniger Geld in der Serena Mountain Village Lodge einen Drink genehmigen und bequem von oben die herrliche Aussicht genießen.

Safaris im Norden

Zentrumsnah

Billige Gästehäuser gibt es zuhauf, z. B. rund um den Central Market oder die Busbahnhöfe. Nördlich vom Stadion, zwischen Selian Bus Terminal und der Kaloleni Area finden sich jede Menge Unterkünfte, z. B. das **Kitundu Guest House**, **Monje's A und B** oder **Levolosi Guest House**, alle ❶. In der Azimio Street liegen u. a. das frisch renovierte **Coyote Guest House** sowie das **Kilimanjaro Villa Guest House**, beide ❶.

Kutetere Motel, Masjid Quba St., Nähe Selian Busstand, ✆ 0732-971356, 🖳 www.kutetere motel.com. In einem eingeschossigen Gebäude mit verspiegelten Fenstern und einer Mini-Veranda sind 10 kleine Zimmer mit einfacher, aber sauberer Ausstattung untergebracht. Restaurant vorhanden, aber kein sicheres Parken vor dem Haus. Auch wenn es nur einen Katzensprung entfernt ist, empfiehlt es sich, vom Selian Busstand (Dar Express) ein Taxi (2000 TSH zu nehmen). ❷

Green Leaf Lodge, vom Nairobi-Arusha-Highway in die Col. Middleton St. einbiegen, nach 200 m rechts, das Hotel liegt links, ✆ 0755-742409. Sympathisches, sauberes Gästehaus mit 12 aparten Zimmern mit Bad und Restaurant; gut erkennbar am grünen Außenanstrich. Zum/vom Busterminal 2000 TSH fürs Taxi. ❷

Pallsons Hotel, Market St., ✆ 0784-899294. Anspruchsloses, aber sauberes Gästehaus mit 30 Zimmern unweit vom zentralen Busbahnhof und dem Markt. Gute Wahl für Budget-Reisende. ❷

Individuell und kosmopolitisch

The Bay Leaf, Vijana Rd., Nähe Kijenge Roundabout, ✆ 027-2543055, 🖳 www.thebayleaf hotel.com. Intimes, stilvolles Boutiquehotel mit erfrischend kosmopolitischem Styling. Nach einer geruhsamen Nacht in einer der 6 individuell gestalteten Suiten (5 weitere sollen bald folgen) macht einen das wohl kreativste Frühstück des Landes (mit griechischem Einschlag) richtig munter. Fine Dining der Extraklasse. Ruhige Lage und doch relativ zentral. ❺–❻

Arusha Tourist Centre Inn, Pangani St., ✆ 027-2500421. Landestypische Unterkunft der Mittelklasse zum guten Preis, passables indisches Restaurant. Zuweilen kann es in der Nacht etwas lauter zugehen, da das Inn im Stadtzentrum und in der Nähe einer Moschee liegt. ❷

Arusha Backpackers, Sokoine Rd., ✆ 0715-377795, 🖳 www.arushabackpackers.co.tz. Kostenbewusste Reisende finden im Arusha Backpackers einfache, saubere Zimmer und ein behagliches Ambiente vor. Liegt westlich vom Zentrum direkt an der Sokoine Road, daher kann es lauter zugehen; der öffentliche Verkehr geht direkt vor der Haustür vorbei. Informatives Schwarzes Brett (Mitreise- und Tauschbörse) für Individualreisende. Gemeinschaftsräume US$7 p. P. ❷

Aquiline, Zaramo St., Nähe Busbahnhof, ✆ 027-2546061. Unübersehbar thront das mehrstöckige Gebäude mit den markanten, blau verspiegelten Fenstern gegenüber vom Busbahnhof. Typisches Mittelklasse-Stadthotel in zentraler Lage mit guter Schalldämpfung, denn nicht einmal die Disco Club AQ im 8. Stock hört man in den Zimmern. WLAN, Safe im Zimmer, Massagen 30 000 TSH/Std. ❸

The Outpost, Serengeti Rd., ✆ 027-2548405, 🖳 www.outposttanzania.com. Einfache, rustikale, farbenfrohe Unterkunft mit hellen, sauberen Zimmern inmitten eines sattgrünen Gartens. Die familiär geführte Unterkunft ist sympathisch, zur Zeit der Recherche eines der besseren unter den günstigen Gästehäusern. Schöner Pool, WLAN in den öffentlichen Bereichen. Im Café Mambo werden guter Kaffee sowie Kuchen und günstige Gerichte serviert. Ruhige Stadtlage, etwa 15 Min. Fußweg ins Zentrum. ❸

Arusha Crown Hotel, Makongoro Rd., ✆ 027-2544161, 🖳 www.arushacrownhotel.com. Steriles Stadthotel mit 38 Zimmern in zentraler Lage (nahe Busbahnhof und Stadion), wenig Flair, aber zweckmäßig und sauber. TV und Safe im Zimmer, Internet. ❸

Kibo Palace Hotel, Old Moshi Rd., ✆ 027-2544472, 🖳 www.kibopalacehotel.com. Unübersehbar im Backstein-Stil mit wuchtigem Rondeau und weißer Kuppel liegt das Kibo

Arusha Zentrum

N

0   100 m

Tax Revenue Authority

District Police

Immigration Office

District Commissioner

Boma (altes deutsches Fort) und Naturhistorisches Museum

Makongoro Road

Regional Police

Regional Commissioner

Makongoro Rd.

Makongoro Rd.

National-bank (BOT)

New Safari Hotel

Boma Road

City Council

Golondoi Road

India Street

CRDB Bank $

Equator Hotel

Lutheran Church

Joel

Maeda

Themi

Standard Chartered Bank $

Toyota Automobile

Subzali Building

Sokoine Road

Clock Tower

Fire Road

Old Moshi Road

NBC Bank $

Exim Bank

Stanbic Bank $

Übernachtung:
1 The Arusha Hotel

Essen:
1 Via Via Café & Restaurant
2 Africafé Coffee House
3 Café Bamboo & Restaurant

Sonstiges:
1 TTCL
2 Meat King
3 The Tanzanite Experience
4 TTB Arusha (Informationsstelle)
5 Kase Book Shop
6 Ngorongoro Conservation Area (Informationsstelle)
7 Vision Perfect
8 Soni Gems
9 Uniglobe Skylink Reisebüro
10 Western Union
11 Clock Tower Supermarket
12 Hot Bread Shop
13 Modern Supermarket
14 DHL

Transport:
1 KLM
2 Ethiopian Airlines
3 Precision Air/Kenyan Airways
4 Fly 540
5 Coastal Aviation
6 Arusha Naaz Rent a Car
7 Air Excel

Safaris im Norden

Palace Hotel direkt an der Old Moshi Road. Das landestypische Geschäfts- und Konferenzhotel mit 77 Zimmern galt mehrere Jahre neben dem The Arusha Hotel als der Platzhirsch der gehobenen Hotellerie, wo sogar der Präsident abstieg. Solide Zimmer, ein wenig pompös im Stil und ein reichhaltiges Zusatzangebot, wie Fitnessraum, Pool, Frisör, Wechselstube etc. Internet. ❺–❻
The African Tulip, Serengeti Rd., ✆ 027-2543004, 🖥 www.theafricantulip.com. Gediegenes Stadthotel, das architektonisch das afrikanische Thema sehr strapaziert, mit 29 großen Zimmern bzw. Suiten und allen erdenklichen Annehmlichkeiten: Flatscreen, WLAN, Pool, Souvenir-

shop und mehr. Angenehmes, elegantes Ambiente in Ruhelage und Spaziernähe zur Innenstadt (ca. 15 Min. Gehzeit). ❺–❻
The Arusha Hotel, am Clock Tower, Old Moshi Rd., ✆ 027-2507777, 🖥 www.thearushahotel. com. Ausgezeichnetes, altehrwürdiges Hotel mit 86 komfortablen Zimmern direkt im Zentrum. Eines der ältesten Hotels Tansanias (1894 errichtet!), das vor wenigen Jahren modernisiert und in ein gediegenes Hotel mit internationalem Standard verwandelt wurde. Konferenzhotel für Geschäftsleute mit Zimmern in unterschiedlichen Kategorien, exklusives Ambiente, gutes Restaurant, riesiger Pool. WLAN, Kasino. ❺–❻

Außerhalb der Stadt

Sariko Olasiti Garden, 1,3 km westlich von der Nairobi Rd. in Richtung Süden auf die Oljoro Rd. abzweigen, ☎ 0754-425875, 🖳 www.olasitilodge.com. 32 zweckmäßige Zimmer in einem weitläufigen, schönen Garten mit der reizenden Gastgeberin Mama Vicky Grace Sariko; einige Zimmer mit Veranda. Ruhige Lage im Grünen. Nur empfehlenswert für Leute mit eigenem Fahrzeug, da das Gästehaus weit draußen liegt. WLAN. Interessant auch für Langzeitaufenthalte. Wird gerne für Hochzeiten und Konferenzen gebucht, also vorher über-prüfen. ❸

L'Oasis Lodge, 800 m nördlich des Dar-Arusha-Highway, Einfahrt schräg gegenüber dem Mount Meru Hotel, ☎ 027-2507089, 🖳 www.loasistanzania.com. Freundliche Mittelklasse-Lodge am ruhigen Stadtrand von Arusha mit exzentrischer Lounge. Pool, Internet, tropischer Garten und hauseigener Kronenkranich inkl. Im älteren Komplex nebenan gibt es günstigere, wenn auch weniger komfortable Zimmer für Budget-Reisende (US$20 p. P.). Ausgezeichnete, nicht übersteuerte mediterran inspirierte Küche mit selbstgemachten Nudeln. Attraktives Preis-Leistungs-Verhältnis. ❹

Karama Lodge, Suye Hills, unmittelbar nach dem Masai Camp (Old Moshi Rd.) links in die Hügel abbiegen, ☎ 0754-475188, 🖳 www.karamalodge.com. Lokale Materialien und afrikanische Rustikalität dominieren; die

---

Gästehaus mit persönlicher Betreuung

Onsea House Country House, ab der Simeon Rd. 5 km auf dem Dar-Arusha-Hwy. nach Osten, dann Abzweig in Richtung Süden (700 m, knapp hinter einer Brücke), ☎ 0784-833207, 🖳 www.onseahouse.com. Für Individualisten, die sich im Urlaub „wie zu Hause" fühlen möchten. In-times Gästehaus mit 4 Zimmern, schick einge-richtet mit viel Liebe zum Detail. Die Zimmer im Garten sind zu bevorzugen, denn im Haupthaus kann es durch das Restaurant lauter sein. Bes-te Küche in Arusha in der gehobenen Preis-klasse. Pool, Internet, Jacuzzi. Eine besondere Adresse in Arusha. DZ ab US$210. ❺

---

22 Chalets stehen an einem Hang auf Stelzen. Vorzügliche Küche. Genießerische Ausblicke auf den Mt. Meru und – an klaren Tagen – bis zum Kilimanjaro. Pool, Spa. Sehr gute Qualität für vergleichsweise wenig Geld. ❹

Ilboru Safari Lodge, westlich von der Kreuzung mit der Barabara Afrika ya Mashariki nach Norden abzweigen, ☎ 0754-270357, 🖳 www.ilborusafarilodge.com. In ruhiger Grünlage, nördlich vom Zentrum, bietet die Ilboru Safari Lodge einfache, rustikale Zimmer in einem schattigen, üppigen und gut gepflegten Garten. 2 Zimmer je Rundhaus, Pool, Camping-platz. ❹

Ahadi Lodge, Morovia Mianzini, nördlich des Dar-Arusha-Hwy., ☎ 0682-183108, 🖳 www.ahadilodge.com. Draußen vor dem großen Eisentor pulsiert das Stadtleben, aber dahinter gleicht die Ahadi Lodge einer wohltuenden Oase. 12 Zimmer in warmen Erdfarben, einfache, aber allumfassende Ausstattung, WLAN, Pool. Ausgesprochen gute Küche. ❺

Kigongoni Lodge, ab der Simeon Rd. 8 km auf dem Dar-Arusha-Hwy. nach Osten, dann Abzweig in Richtung Süden, ☎ 027-2553087, 🖳 www.kigongoni.net. Inspirierende Lodge mit 19 Cottages und einer Villa für 8 Personen auf einer Anhöhe mit Blick auf den Mt. Meru und den Kilimanjaro. Kamin in jedem Zimmer. Einladender Pool. Wanderungen und Ausflüge werden arrangiert. Kigongoni unterstützt das in der Nachbarschaft angesiedelte Thera-piezentrum Sibusiso für geistig behinderte Kinder. ❺

Arusha Coffee Lodge, 4 km westlich von Arusha auf der Dodoma Rd. links stadtaus-wärts, Nähe Flughafen, zu buchen über Elewana, ☎ 027-2500630, 🖳 www.elewana.com. Koloniales Ambiente mit roten Backstein-ziegeln, viktorianischen Ledersesseln und gepflegtem Garten erwartet Gäste in der Lodge, die romantisch in eine noch bewirtschaftete Kaffeeplantage eingebettet ist. 30 weitläufige Zimmer in 15 schindelgedeckten Bungalows mit Kristallluster, knarrenden Holzböden, Lounge und schöner Veranda. Pool, Spa. Ausgezeich-netes Restaurant, Dinner US$45. ❻

Lake Duluti Lodge, ab der Simeon Rd. 9 km auf dem Dar-Arusha-Hwy. nach Osten, dann

Abzweig in Richtung Süden, ✆ 0759-356505, ⌨ www.lakeduluti.com. Das schicke Hideaway mit 18 großzügigen, niveauvollen Cottages in einem weitläufigen Garten mit Kaffeesträuchern und Pool bietet höchsten Komfort an den Ufern des Lake Duluti. Absolute Ruhelage. Im saftigen All-inclusive-Preis eingeschlossen: Butler, Getränke, Ausflüge, Blick auf den Mount Meru. ⓖ

Camping

Masai Camp, Old Moshi Rd., Kijenge, südöstlich vom Zentrum, ✆ 027-2505578. In der großzügigen Anlage finden viele Camper Platz, Reservierung ist also nicht nötig, US$5 p. P. einfache Bandas US$10 p. P. Restaurant und Bar ⌚ tgl. 7–20 Uhr. An den Wochenenden sollte man hier nicht campen, denn da ist Party bis 4 Uhr morgens und die Gäste spazieren zwischen den zeltenden Gästen hindurch.

Meserani Snake Park, 25 km westlich von Arusha an der Dodoma Rd., ✆ 027-2538282, ⌨ www.meseranisnakepark.com. Beliebter Treffpunkt geselliger Overlander und Langzeitreisender, die mit dem eigenen Fahrzeug unterwegs sind. Gemütliche Bar, Souvenirladen, Maasai Cultural Centre, Camel Safaris. Hier hört man viele bunte Geschichten, die das Leben schrieb. Campen US$5 p. P.

Weitere Campingplätze finden sich am **Lake Duluti** (schön gelegen, aber sehr rudimentär und am Wochenende laut, weil der Lake Duluti ein beliebtes Naherholungsgebiet ist) oder bei der **Ilboru Lodge**, wo man im gepflegten, grünen Garten kampiert und Zugang zum Pool hat (US$10 p. P.).

Essen

Zentrumsnah

Babylon Club, Sokoine Rd. Oberhalb des Metropole Cinema befindet sich ein landestypisches Lokal, das bekannt für sein *nyama choma* (gegrillte Fleischspießchen) ist. Günstig. ⌚ von früh bis spät.

Khan's Barbecue, Mosque St. Versteckt in einem unscheinbaren, bescheidenen Lokal (das tagsüber eine Autowerkstatt ist), gibt es leckere Grill- und Fleischgerichte. Das Lokal ist an seinem roten Logo und den offenen

Garstellen auf der Straße zu erkennen. Günstig. ⌚ tgl. ab 18.30 Uhr.

Arusha City Park, Makongoro Rd., in der Nähe zweier Polizeistationen. Angenehmes, weitläufiges Open-Air-Restaurant, wo typisch tansanisches Essen mit täglich wechselnden Hauptgerichten gekocht wird. Beliebt bei der Mittelschicht von Arusha, da es für tansanische Verhältnisse ein gehobeneres Lokal darstellt. Hauptgerichte max. 5000 TSH. ⌚ tgl. von mittags bis spät abends.

Café Bamboo & Restaurant, Boma Rd. Alteingesessenes Lokal in Arusha. Guter Kaffee, selbst gemachter Kuchen. Auch Snacks (Samosas, Kebabs) und indische oder tansanische Gerichte, 6000 TSH. Gut und günstig. ⌚ Mo–Sa 7.30–22 Uhr.

Arusha Masai Café, gegenüber vom Haupteingang des AICC zweigt man auf die Piste ab, 100 m weiter hinten links, ⌨ www.warmheartart.com. Lauschiges, simples Restaurant unter ausladenden Bäumen mit großen Holzofen-Pizzen und Pasta (jeweils unter 11 000 TSH). In der kleinen, angeschlossenen Galerie stellen heimische Künstler aus. ⌚ Mo–Sa 12–21, So 12–20 Uhr.

Africafé Coffee House, Boma Rd. Einladendes Café und Restaurant direkt neben der Touristeninformation. Auf wuchtigen, dunkelroten Lederbänken schmecken die Burger, Sandwiches, Salate und herzhaften süßen Versuchungen (Muffins, Kuchen) fast wie in Amerika. Exzellenter Kaffee – trotz des irreführenden Namens, der so wie der allseits beliebte, herbe Pulverkaffee lautet. 6000–15 000 TSH. ⌚ Mo–Fr 7.30–21, Sa und So 8–21 Uhr.

Westlich des Zentrums

McMoodys, Sokoine Rd. Ein alteingesessenes Fastfood-Restaurant mit großer Auswahl an All-Time-Favorites, wie z. B. Burger (5000 TSH), Pizza, Samosas, chinesische Gerichte, Smoothies und Eiscreme (3000–5000 TSH). ⌚ tgl 8.30–22 Uhr. Filiale im Njiro Shopping Centre, ⌚ tgl. 7.30–23 Uhr, Fr–So bis 1 Uhr morgens.

Raw, im Shoprite (TFA) Shopping Complex, auf der Woolworth-Seite. Wem nach gesunden

Snacks und Säften ist, der muss im Raw eine Pause einlegen. Frisch gepresste Säfte, vegetarische Gerichte, Salate, Smoothies, alles aus frischen Zutaten, sowie Kaffee, Tee, Desserts. Alle Gerichte/Getränke unter 10 000 TSH. Interessierte an Yoga und Meditation erhalten gute Infos. ☉ Mo–Sa 9–17 Uhr.

Chocolate Temptations, im Ostflügel des Shoprite (TFA) Shopping Complex. Schokoholics und Schleckermäulchen werden das Kaffee/Restaurant lieben, denn die Süßspeisen, importierten Schokoladen und die Schwarzwälder Kirschtorte erfreuen die Geschmackssinne. ☉ Mo–Do 19.30–18, Fr und Sa 9.30–18.30 Uhr.

Stiggy's, im Shoprite (TFA) Shopping Complex. Legeres Restaurant im Ostflügel des großen Shoprite-Komplexes. Serviert Sandwiches, internationale Küche, Snacks und Kaffee samt Desserts. Ausreichend Parkmöglichkeiten vorhanden. ☉ Mo–Sa 10 Uhr bis spät.

Vama, Shoprite (TFA) Shopping Complex Ostflügel. Liebhaber der indischen Küche stellen dem Restaurant ein gutes Zeugnis aus; von vielen wird es als bestes indisches Lokal der Stadt gehandelt. Gehobenere Preise. ☉ Mi–Mo 12–14.30, 19–22 Uhr.

🌳 **Shanga River House**, Dodoma Rd., auf dem Weg zum Arusha Airport rechts, ✆ 0689-759067, ✉ info@river-house.org. Zwar ist unbedingt eine Reservierung notwendig, aber der Aufwand lohnt sich. Tolles Essen und romantisches Ambiente im Garten oder im stimmungsvollen, überdachten Patio; die Einnahmen fließen einem Sozialprojekt zu. Mittagsmenü US$20. ☉ tgl. 10–17 Uhr.

Östlich des Zentrums

Flame Tree, Kenyatta Rd. Im grünen Garten werden gute, solide europäische Gerichte oder chinesische Küche serviert. Günstigere Preisklasse. ☉ tgl. 10.30–11.30 Uhr.

Everest Inn, Old Moshi Rd., neben AICC Hospital. Bekannt als bester „Chinese" von Arusha. ☉ tgl. mittags und ab 18 Uhr.

Spices & Herbs, Simeon Rd., Nähe Kijenge Roundabout. Das äthiopische Restaurant, das aber vielmehr für seine Schweinskoteletts

Kultur zum Kaffee

Via Via Café & Restaurant, Boma Rd. Kultur- und Musikcafé mit leckeren Speisen und viel Atmosphäre hinter der Boma in den Gärten des kleinen Naturhistorischen Museums. Für all jene, die dem Trubel des Stadtzentrums bei einer guten Tasse Kaffee, Kuchen oder Essen entfliehen möchten. Herrliche Grünlage, entspanntes Ambiente. WLAN. 6000–12 000 TSH. Do abends Livekonzerte. Wirklich eine Oase in Arusha (auch für den strapazierten Geldbeutel)! ☉ Mo–Sa 9.30–23 Uhr.

(pork chops) und seine vegetarischen Gerichte bekannt ist, existiert schon seit vielen Jahren. Indische, äthiopische, europäische Küche für max. 12 000 TSH. ☉ tgl. 7–23 Uhr.

Picasso's Café, Simeon Rd., Nähe Kijenge Roundabout. Beliebtes Café der gehobenen Kategorie mit schmackhaften internationalen Gerichten, z. B. Sandwiches, Salate, Pasta, Crêpes für max. 15 000 TSH. Ideal für ein kräftiges Frühstück bis 12 Uhr (max. 9000 TSH) oder leichtes Mittagessen. ☉ Mo–Sa 9–17 Uhr.

Blue Heron, Haile Selassie Rd. In der hübschen Lounge mit Dhow-Möbeln und dem gepflegten, lauschigen Garten samt Frangipani-Baum werden leckere ofenfrische Pizza, Pasta, Salate und Steaks serviert. Fr abends Konzerte und Candlelight-Dinners. 10 000–18 000 TSH. ☉ Mo–Do 9–17, Fr und Sa 9–22.30 Uhr

Außerhalb der Stadt

Wer wirklich exquisit essen möchte, muss in die Hotels ausweichen. In der Nähe des Kijenge Roundabout kommen Genießer im **Bay Leaf** auf ihre Rechnung, nördlich des Zentrums speist man gut in **The Lounge** im L'Oasis Hotel, östlich von Arusha liegt das **Onsea House**, dessen französische Küche die vorzüglichste der ganzen Stadt ist. Westlich der Stadt kann man in der **Arusha Coffee Lodge** außergewöhnlich schmausen. Nähere Angaben finden sich in der Rubrik Übernachtung.

Bars und Pubs

Via Via Café & Restaurant, Boma Rd. Einer der angenehmsten Orte, um den Tag ausklingen zu lassen. Mit guten Drinks, Do Via Via Night mit Livemusik. ⏲ Mo–Sa 9.30–23 Uhr.

Damascus, Simeon Rd., Nähe Kijenge Roundabout und Restaurant Spices & Herbs. Lounge im arabischen Stil mit Shisha-Pfeifen, tief hängendem Baldachin, gutem Essen (Tapas, Meze), Cocktails und mitreißender Musik. WLAN. Beliebter In-Treff der Expats. ⏲ Di–So 10–23 Uhr.

Masai Camp, Old Moshi Rd., Kijenge. Rustikale Atmosphäre und immer viel los. An den Wochenenden geht es heiß her. ⏲ tgl. bis spät.

Lively Lady, Station Rd., Nähe Bahnhof. Die Inhaber, ein indisches Brüderpaar samt ihren Söhnen, heizen den Nachtschwärmern so richtig ein: Zuerst schafft man sich eine gute Unterlage, und dann sucht man sich aus der (nach eigenen Angaben) größten Auswahl an Alkoholika in Arusha das beste raus.

Kasinos

Safari Casino, im Arusha Hotel, am Clock Tower. ⏲ tgl. ab 20 Uhr.

Kinos

Im alten **Metropole Cinema** in der Sokoine Rd. werden Bollywood-Schinken gezeigt.

Njiro Cinemas, im Njiro Shopping Centre, zeigt Bollywood- und Hollywood-Filme, hauptsächlich Neuerscheinungen, 7000–9000 TSH.

Nachtclubs

Vor 22 Uhr ist nirgends was los, meist ist Eintritt zu bezahlen (5000–10 000 TSH).

Triple-A, Sakina, Kreuzung Nairobi Rd. Noch immer einer der angesagtesten Nachtclubs (mit DJs) in Arusha, was sich aber schnell ändern kann. Spielt Bongo Flava, regelmäßig Livekonzerte. ⏲ tgl. ab 21 Uhr.

Colobus Club, Old Moshi Rd., Kijenge, Nähe Masai Camp. Einer der zahlreichen In-Clubs, wo am Wochenende ein Mix aus R'n'B, Reggae, Pop, Bongo Flava und natürlich Bob Marley gespielt wird. Getanzt wird mindestens bis 6 Uhr morgens.

Club AQ, Hotel Aquiline, 2. Stock, Zaramo St. Einer der neueren Zugänge in der Nachtclubszene mit DJs und heißen Rhythmen an den Wochenenden.

Bücher

Kase Book Shop, Joel Maeda St. Kleinerer Buchladen, in dem man ein bisschen stöbern muss, bevor man fündig wird. Bücher auf Englisch.

A Novel Idea, Shoprite (TFA) Shopping Complex. Gut sortierter Laden der erfolgreichen Handelskette mit hauptsächlich englischsprachigen Titeln sowie vielen Bildbänden und Büchern zur tansanischen und afrikanischen Geschichte

Einkaufszentren und Lebensmittel

Shoprite (TFA) Shopping Complex, Sokoine Rd., auf dem Weg in die Nationalparks. Die beste Shopping-Adresse von Arusha, wo mit einem Stopp gleich vieles erledigt werden kann. Links und rechts vom Shoprite, einem gut bestückten Lebensmittel-Supermarkt der großen südafrikanischen Supermarktkette, hat sich ein ansehnliches Potpourri u. a. aus Läden, Restaurants und Cafés, mehreren Tour Operators, einem Outdoor-Ausstatter, Internetcafés, Souvenirshops und Art Galleries entwickelt. Exim Bank und Barclays-ATM. ⏲ Shoprite: Mo–Fr 9–19, Sa 8–17, So 9–13 Uhr.

Njiro Shopping Centre, Njiro Area, südöstlich vom Zentrum. Einkaufszentrum mit Cafés, Restaurants, verschiedenen Läden, dem Village Supermarket, WLAN-Verbindung (1 Std. für 1500 TSH) und mehreren Geldautomaten, z. B. Barclays und NBC. Nicht so gut besucht wie TFA, deshalb wechseln die Mieter auch häufiger.

Sakina Shopping Centre, Nairobi Highway, westlich der Stadt. Gute Lebensmittel-Auswahl zu günstigen Preisen.

Zentraler in der Stadt liegen die kleinen Lebensmittel-Supermärkte **Modern Supermarket** (beim

Safaris im Norden

Naaz Hotel), der **Clock Tower Supermarket** direkt am Clock Tower, der **Kijenge Super-market** (Nähe Impala Hotel, selbe Einfahrt wie Picasso's Café) sowie **Mr. Price Supermarket** in Njiro (auf dem Weg zum Njiro Shopping Centre).

Meat King, am oberen Ende der Goliondoi Rd. Gute Wurst- und Fleischerzeugnisse sowie andere Delikatessen, darunter Käse und Milchprodukte. ⏰ Mo–Fr 8–16.30, Sa 8–13 Uhr. Gutes Brot findet man bei **Chocolate Temptations** (Shoprite TFA Shopping Complex), im **Shoprite-Supermarkt** und in der **Dollies Patisserie** (Sokoine Rd., Nähe McMoodys).

Kunsthandwerk und Souvenirs

Viele kleine Souvenirgeschäfte befinden sich in der Boma St., Goliondoi St. oder in der Joel Maeda St. Dort stößt man mit Sicherheit auf das passende Mitbringsel.

Arusha Curio Market, Fire Rd., südwestlich des Clock Tower. Unterm großen Baum sitzen Maasai-Frauen und fabrizieren ihren typischen Perlenschmuck. Zusätzlich wird in den zahlreichen Verkaufsbuden von Holzschnitzereien über Textilien bis hin zu Specksteinfiguren oder Lederwaren fast alles angeboten, was in Ostafrika an Souvenirs erhältlich ist. Nur für Leute empfehlenswert, die gut im Handeln sind, denn mit allen Tricks wird hier versucht, die hohen Preise zu rechtfertigen. ⏰ tgl. 8–18 Uhr.

 Shanga Shangaa, Dodoma Rd., auf dem Weg zum Arusha Airport rechts. Das Sozialprojekt Shanga schlägt zwei Fliegen mit einer Klappe: Es beschäftigt behinderte Menschen und recycelt Glas. Die soziale Gesinnung fordert aber ihren Preis. Geschmackvolle Glasperlen, tragbarer Schmuck, einzigartige Deko. ⏰ Mo–Sa 10–17 Uhr.

Blue Heron, Haile Selassie Rd. Hochwertige, lokal erzeugte Waren, z. B. Kerzen, Dekorationsgegenstände, Kleidung, Weihnachtsschmuck. ⏰ Mo–Sa 9–16 Uhr.

Cultural Heritage Centre, westlich von Arusha, Dodoma Rd. Im gewaltigen Touristenmekka findet man Mitbringsel zu stolzen Preisen. Große Auswahl an allen erdenklichen Souvenirs. Die Chancen stehen gut, dass man nach einer Safari hier einkehrt, denn die Fahrer erhalten fette Provisionen für jeden Kunden, der hier einkauft. ⏰ tgl. 9–18 Uhr.

Märkte

Kilombero Market, gegenüber dem Shoprite Shopping Complex am Westende Arushas. Der Markt wird hauptsächlich von Einheimischen aufgesucht. Hier findet man alles, was man so zum Leben braucht, vor allem Lebensmittel, aber auch Kitenges, Kangas, Schuhe usw. ⏰ tgl. 6–18 Uhr.

Safari-Ausrüstung

Safari Care, Shoprite Shopping Complex, Sokoine, Ecke Dodoma Rd. Kleiner, feiner Laden für Safari-Ausrüstung und Berg-Equipment.

Tansanit

Ist in vielen Geschäften rund um den Clock Tower erhältlich. Vorsicht beim Kauf: Arusha ist die Fälscherhochburg des Tansanits! Am besten, man versucht es bei **Tanzanite Experience**, India St., mit Schauraum und Museum, **Swala Gem Traders** im Arusha Hotel, Clock Tower Roundabout, oder **Soni Gems**, Joel Maeda St., Nähe Clock Tower Roundabout. Mehr Infos zu diesem Stein auf S. 321.

Mehr Infos zu diesem Stein auf S. 321.

Aktivitäten

Alle Veranstalter organisieren sowohl Safaris als auch Bergbesteigungen und Kulturtourismusprogramme. Kleinere Anbieter haben sich auf Nischen spezialisiert, wie Trekking

---

Ausrüstung

Auf Anfrage vermieten fast alle Tour Operators Ausrüstung, z. B. Schlafsäcke (ca. US$10–15 pro Trip) für die Camping-Safari oder die Kilimanjaro-Besteigung (wenn die Utensilien nicht ohnehin bereits im Preis inbegriffen sind) oder gar Handschuhe. Die Zelte werden ohne Aufpreis zur Verfügung gestellt. Die meisten ordentlichen Hotels in Arusha und Moshi verfügen über Gepäckräume, wo die Koffer während der Bergbesteigung untergestellt werden können. Hin und wieder kommt es da zu Diebstählen, sie sind aber nicht die Regel.

Für die Maasai ist der wöchentliche Markt in ihrem Dorf oft die einzige Möglichkeit, sich mit dem Notwendigsten einzudecken: Ziegen, Kühe, Geschirr, Sandalen aus alten Autoreifen, Secondhand-Uhren, klapprige Mobiltelefone, Mais oder Bohnen. Die Märkte finden draußen im staubigen Maasai-Land statt, ohne Ladentische oder Unterstände. Die Handelsware wird einfach auf dem Boden ausgebreitet und lautstark feilgeboten. Selbst gelegentliche Windhosen beeinträchtigen das quirlige Trei-

ben nicht. Maasai-Märkte finden fast täglich irgendwo im Umland von Arusha statt, z. B. am Mittwoch in Kisongo (15 km westlich) und Longido (80 km nördlich), donnerstags und sonntags in Ngaramtoni (12 km nördlich), sonntags in Monduli (30 km nordwestlich). Unerlässlich ist die Anheuerung eines Guides – so kann man gelassen dem Markttreiben zuschauen und sogar unbehelligt Fotos schießen. Anfragen an das TTB Arusha oder an die einzelnen Kulturtourismusprogramme (s. u.).

abseits der Massen. Wer an einer **Stadtführung** interessiert ist, kann sich an das Via Via Café wenden.

Kulturtourismusprogramme
Ausführliche Informationen erhält man in der Touristeninformation (TTB) von Arusha in der Boma Rd. und bei einigen Tour Operators. Zahlreiche Initiativen bieten z. B. Dorf-, Markt- oder Schulbesuche, Wanderungen zu Wasserfällen oder durch Kaffeeplantagen, Touren zu Medizinmännern und vieles mehr (siehe Kasten Kulturtourismusprogramme, S. 378) oder **Peace Matunda**, ⌨ peacematunda.org. Man

darf für die einzelnen Programme keine fixen Preise erwarten, denn wie fast alles in Tansania obliegen sie dem individuellen Verhandlungsgeschick. Richtpreise: Für Halbtagstouren im gewöhnlichen Rahmen US$20–40, für Ganztags- und mehrtägige Touren dementsprechend mehr (um die US$50–70), je nachdem, ob Verköstigung und Übernachtung inbegriffen sind. Vorsicht ist vor selbst ernannten Guides geboten, die interessierte Gäste auf Kulturtouren begleiten wollen.
Einige Programme sind auch für Individualisten passend, die mit öffentlichen Verkehrsmitteln anreisen möchten.

Safaris im Norden

Kulturtourismusprogramme

Longido im Maasai-Land

Tief im kargen Maasai-Land, ca. 80 km nördlich von Arusha, auf dem Weg nach Kenia, liegt Longido, dessen Maasai-Gemeinschaft gerne Besucher empfängt. Neben Führungen durch das Dorf, die traditionellen Maasai-Bomas und vielleicht einem Abstecher zum Viehmarkt (jeden Mittwoch) ist die Besteigung des Longido (2638 m) besonders attraktiv. Früh am Morgen zieht man mit einem Maasai los und folgt kleinen Büffel-Trampelpfaden nach oben. Während man zu Anfang noch im dichten Akazienwald wandert, lichtet sich die Vegetation nach einiger Zeit und gibt wunderschöne Aussichtspunkte frei. Von ganz oben (4–5 Std.) sieht man an klaren Tagen bis zum Kilimanjaro und zum Mt. Meru. Wie die anderen Berge in der Umgebung ist auch der Longido ein steiler Vulkankegel, dessen Besteigung nur von fitten Sportlern angetreten werden sollte. Übernachtung auf dem Campingplatz (Ausrüstung mitbringen) oder im einfachen Gästehaus. Auf Wunsch werden Gäste gegen Gebühr verköstigt. Kosten: Für die Besteigung sollten nicht mehr als 60 000 TSH p. P. (inkl. Übernachtung) verlangt werden, bei größeren Gruppen weniger. Longido ist auch mit Daladalas gut erreichbar. Infos unter ☎ 0787-855185, ✉ touryman1@yahoo.com.

Monduli Juu

Das kleine Maasai-Dorf liegt etwa 50 km nordwestlich von Arusha an der Dodoma Road in Richtung Serengeti. Besucher werden durch Regenwald, an Dörfern und Dorfprojekten vorbei, auf die Monduli Mountains begleitet, wo herrliche Aussichten auf die Ebenen bis hin zum Ol Doinyo Lengai locken. Besonders schön (und anstrengend) ist die Tour auf die Kona Saba (dt.: „Sieben Ecken"), wo eine Wand des Ostafrikanischen Grabenbruchs (Great Rift Valley) erklommen wird. Besuche bei Naturheilern oder die Teilnahme an Maasai-Zeremonien können arrangiert werden. Anfragen zum Programm können auch an den Meserani Snake Park (S. 373) gerichtet werden. Mehr Infos finden sich unter 🖥 www.monduli-juu.org.

Mto wa Mbu

Zu den besten Initiativen weit und breit zählt das Kulturtourismusprogramm von Mto wa Mbu mit den verschiedensten Aktivitäten, angefangen von einfachen Village Tours (2 Std. ca. 35 000 TSH p. P.) und Mountainbiketouren von 2 Std. bis zu einem halben Tag (US$35 plus Fahrradmiete) bis hin zu den unterschiedlichsten kurzen und längeren Wanderungen (ca. 35 000 TSH) reicht die Angebotspalette. Herr Wesley Hans Kileo, ☎ 0784-606654, im Red Banana Café (s. S. 402), organisiert auch 3-tägige Wanderungen zum Lake Natron samt Begleitfahrzeug. Gut in Eigenregie machbar, da Überlandbusse von Arusha nach Mto wa Mbu fahren und sich entlang der Hauptstraße zahlreiche Unterkünfte finden.

Wer nicht in Eigenregie unterwegs sein möchte, kann Touren auch über Safariagenturen buchen, z. B. jenen, die im vorliegenden Reiseführer empfohlen werden, siehe „Traveltipps von A bis Z", S. 80.

Meserani Snake Park

25 km westlich von Arusha an der Dodoma Road. Für Liebhaber von Schlangen und Reptilien lohnt sich ein Abstecher hierher. Eintritt: US$5 p. P. Als krönender Abschluss empfiehlt sich ein kaltes Bier an der Bar. Maasai-Museum und Souvenirshop gleich nebenan.

Mountainbiken

Nur wenige ausgesuchte Unternehmen bieten qualitativ hochwertige, gut gewartete Mountainbikes für Bike Safaris, z. B. **Adventure Sport and Leisure**, 🖥 www.tanzaniabiking.

com. Im Shoprite (TFA) Shopping Complex haben sie eine Reparaturwerkstatt samt Verkauf von Ersatzteilen und Rädern.

Reiten

Eine Handvoll Anbieter hat sich auf Horse Safaris spezialisiert, so z. B. die **Makao Farm** (S. 329), die **Manyara Ranch Conservancy** (S. 400), **Tanzania Saddle Safaris**, 🖳 www. tanzania-saddle-safaris.com, und **Equestrian Safaris**, 🖳 www.safaririding.com. In jedem Fall sind Reit-Safaris kein ganz preiswertes Unterfangen und setzen immer Reit-Erfahrung voraus – bei Begegnungen mit Wildtieren oder unerwarteten Ereignissen muss der Reiter sein Pferd fest im Griff haben.

Safari-Veranstalter

Mehr Informationen zur Organisation einer Safari und zu Reiseveranstaltern finden sich in den „Traveltipps von A bis Z", S. 80. Üblicherweise wird man vom Hotel oder Flughafen abgeholt.

Untere Preisklasse

Gerade bei den Safari-Veranstaltern in der günstigeren Preisklasse kommt es häufig vor, dass sich auf Standardtouren viele Besucher ein Fahrzeug teilen müssen – selbst wenn man eine Privatsafari gebucht hat. In dieser Preisklasse darf man keine ausgefallenen Touren oder Engagement für Sozialprojekte erwarten.

Sunny Safaris, Colonel Middleton Rd., gegenüber von KLM Express, ✆ 027-2508184, 🖳 www.sunnysafaris.com. Seit über 20 Jahren Anbieter von günstigeren Safaris und Berg-besteigungen.

Bobby Tours, Goliondoi Rd., ✆ 027-250349, 🖳 www.bobbytours.com. An und für sich organisiert das Unternehmen empfehlenswerte Camping- und Lodge-Safaris (und Kombina-tionen), aber der Ruf hat in den letzten Jahren etwas gelitten.

Jackpot Tours & Safaris, Seth Benjamin Rd., Silk Club, OG, ✆ 0732-971636, 🖳 www.jackpot safaris.com. Spezialisiert auf Budget-Camping-Safaris, Kilimanjaro-Besteigungen und Standard-Safaris im günstigeren Preissegment.

Leider hat sich die Praxis eingebürgert, dass die Eintrittsgebühren, die ja für 24 Stunden gelten, von den Safari-Veranstaltern nicht voll ausgenutzt werden. Da kann es schon mal passieren, dass man z. B. im Lake Manyara Park nur 2 Stunden verbringt. Stattdessen wird man noch am selben Tag in den Tarangire-Nationalpark gebracht und noch einmal zur Kasse gebeten.

Touristen können etwas dagegen tun, indem sie die Veranstalter darauf aufmerksam machen, dass sie keine Safari-Ralley wün-schen – ohne Druck werden die Tour Operator diese gewinnbringende Praxis sicher nicht ändern. Eine Safari ist übrigens dann am angenehmsten, wenn man jeweils 2 Nächte in einer Unterkunft bleibt, anstatt täglich ein- und auszuchecken und die Nationalparks zu wechseln.

Safarimakers, Kijenge, Nähe School of St. Jude, nördlich der Old Moshi Rd., ✆ 027-2544446, 🖳 www.safarimakers.com. Erfahrener, bemühter Safari-Veranstalter mit persönlicher Betreuung. Barbara Cole, seit 1998 im Geschäft, hat sich auf Semi-Luxury-Camping-Safaris spezialisiert und bietet zudem preiswerte, gut organisierte Standard-Safaris durch den Norden.

Mittlere Preisklasse

Roy Safaris, Serengeti Rd., ✆ 027-2502115, 🖳 www.roysafaris.com. Verlässliches, renom-miertes Unternehmen mit großem Fuhrpark. Standard-Safaris, kombinierte Camping- und Lodge-Safaris, anständiges Personal und ordentlicher Kundenservice.

Tanzania Experience, ✆ 0786-413334, 🖳 www. tanzania-experience.com. Deutschsprachiges Unternehmen mit Sitz in Arusha und Büro in Moshi, das seit 2007 von Tansania aus operiert, Camping- und Lodge-Safaris, Bergbesteigungen.

Good Earth Tours, Arusha Municipality Rd., Moshono Area, ✆ 0732-902655, 🖳 www.good earthtours.com. Für Reisende, die mehrere afrikanische Länder verbinden möchten, bietet

Safaris im Norden

Green Season Rates

Wenig bekannt ist der Umstand, dass die Safari-Preise in den Regenmonaten (April–Mai) stark rabattiert bzw. verhandelbar sind. Aufgrund des Wasserreichtums bleiben die Tiere dann in ihren angestammten Revieren, was enorm viele Tiersichtungen ermöglicht. Viele Straßen sind zwar zugegebenermaßen unpassierbar, doch wo die Verhältnisse es erlauben, wird man mit einer Fülle von Wildtieren belohnt. Solcherlei reduzierte Tarife – oft als Green Season Rates bezeichnet – können um bis zu 30 oder 40 % günstiger als normal liegen.

Good Earth Tours recht günstige Touren. Macht zahlreiche Community-Projekte. Safaris und Bergbesteigungen, z. B. in Tansania, Kenia, Uganda, Ruanda und auch weiter südlich.

Maasai Wanderings, ☏ 0755-984925, 🖥 www.maasaiwanderings.com. Jüngerer australisch-tansanischer Safari-Veranstalter mit individuellen Touren, dessen Philosophie auf den Eckpfeilern Nachhaltigkeit, Fairness und Miteinander gründet.

Hoopoe Safaris, India St., ☏ 027-2507011, 🖥 www.hoopoe.com. Erfahrener, verlässlicher Tour Operator mit ausgezeichneter Reputation und Verantwortung für Land und Leute. Eines der ältesten Unternehmen im Safari-Zirkus und für seine Beständigkeit und Qualität bekannt. Für nachhaltige Umwelt- und Sozialprojekte erhielt es sogar Auszeichnungen. Gute Adresse für Kulturtourismusprogramme. Eigene Lodge am Lake Manyara (Kirurumu) und Camps im Tarangire und der Serengeti.

Summits Africa, ☏ 0784-522090, 🖥 www.summits-africa.com. Auf Bergbesteigungen (Kilimanjaro, Mt. Meru, Mt. Kenya) spezialisiertes Unternehmen. Der Betreiber, Ake, ist ein Sprössling jener Pionierfamilie im Safaritourismus, die seinerzeit Hoopoe Safaris gründete. Ausgezeichnete Qualität, arbeitet nach den Grundsätzen der Nachhaltigkeit und Fairness.

Bush2Beach, Sakina, Nairobi-Arusha-Hwy., ☏ 0784-757321. Verlässliche Top-Agentur für Individualisten mit sympathischem Management, bestens gewarteten Fahrzeugen und viel Fingerspitzengefühl.

Tanzania Adventure, Sekei, gegenüber vom Big Y Club, am Dar-Arusha-Highway, ☏ 073-2975210, 🖥 www.tanzania-adventure.com. Renommiertes, deutschsprachiges Safari- und Tour-Unternehmen mit einem Büro in Stone Town. Bieten jede Art von Safaris an, aber wer keine Touren von der Stange sucht, ist bei Corina und ihrem Team goldrichtig.

Wayo Africa, Sekei Village Rd., Einfahrt schräg gegenüber vom Mount Meru Hotel, ☏ 0784-203000, 🖥 www.wayoafrica.com. Neben klassischen Safaris haben sie als einziges Unternehmen die Lizenz für Nacht-Pirschfahrten im Lake Manyara National Park (mit romantischem Busch-Dinner) und Kanufahrten, z. B. auf dem Little Momela Lake, Lake Duluti oder Lake Manyara. Auch im Programm: Mountainbiken oder verschiedenste Wanderungen, z. B. mehrtägige Wanderungen durch die Serengeti. Für Reisende, die im Urlaub möglichst aktiv sein möchten.

Obere Preisklasse

Die Luft in der absoluten Safari-Luxusklasse ist dünn. Nur eine Handvoll Unternehmen erbringt wirklich Spitzenleistungen, wie z. B. **AndBeyond**, ☏ in Deutschland 0049-2131-1533991, 🖥 www.andbeyondafrica.com, **Sanctuary Retreats**, ☏ 027-2509817, 🖥 www.sanctuaryretreats.com, oder **Nomad Tanzania**, 🖥 www.nomad-tanzania.com. Diese Unternehmen haben ihre eigenen Fahrzeuge und bequemerweise ihre eigenen Luxus-Camps an den schönsten Orten Tansanias.

Schwimmen

The Arusha Hotel, 8000 TSH, **Friedkin Recreation Center** (TGT, Tanganyika Game Trackers), auf dem Weg zum Arusha Airport rechts bei Shanga Shangaa abzweigen und der Straße folgen, US$10 Tagespass, **Ilboru Lodge**, 5000 TSH.

Wandern

Im Rahmen der diversen Kulturtourismusprogramme (s. S. 378) oder Touren der Safari-Veranstalter gibt es viel zu entdecken. Dazu zählen Wanderungen in den Ausläufern des

Mount Meru (z. B. Ilkiding'a, Ng'iresi, Mulala), bei Monduli Juu, Longido oder rund um Arusha. Informationen erhält man bei der Touristeninformation TTB, bei den Unterkünften und den Tour Operators.

Apotheken

Im ganzen Stadtgebiet finden sich zahlreiche gut sortierte Apotheken; klimatisierte sind immer zu bevorzugen.

Al-Hakimi Pharmacy, im Westflügel des Shoprite (TFA) Shopping Complex. Klein, aber für westliche Bedürfnisse gut sortiert. Drogerie- und Apothekenprodukte.

Moona's Pharmacy, Sokoine Rd., westlich der NBC Bank, neben dem Bata-Shop, ☎ 027-2505101. Eine der besten Apotheken in Arusha, sogar mit Linsenpflegeprodukten.

Autoreparaturen

TFSC, Dodoma Rd., gegenüber vom Cultural Heritage Centre, ☎ 027-2548587, ✉ tfsc@habari.co.tz. Manfred Lieke firmiert unter dem Kürzel „TFSC" (Tanzania Farmers Service Center), weil er früher Landmaschinen an Großfarmer verkauft und gewartet hat. Beste Werkstatt in Arusha und darüber hinaus für Landcruiser, Landrover und andere Fabrikate.
Eine verlässliche und äußerst bemühte **Bosch-Vertretung** für die Auto-Elektrik befindet sich direkt am Nairobi-Arusha-Highway , neben dem Eland Hotel und dem Akamba Terminal.

Autovermietungen

Arusha Naaz Rent a Car, Sokoine Rd., Arusha Naaz Hotel, ☎ 027-2502087, 🖥 www.arushanaaz.net. Landcruisers um US$120, auf 120 km am Tag limitiert, jeder weitere Kilometer US$0,68.
Travel Partner, Seth Benjamin Rd., Silk Club Building, 1. Stock, ☎ 0754-897997, 🖥 www.travelpartner.co.tz. Kleine preiswerte Autovermietung, die Kunden auch vom Flughafen abholt.

Botschaften und Konsulate

Deutscher Honorarkonsul, Ulf A. Kusserow, stadtauswärts auf der Dodoma Rd., nach der Flughafeneinfahrt (Arusha Airport) rechts, ☎ 0754-789603, ✉ kusserow@habari.co.tz, ⏱ Mi 10–12, Do 15–17 Uhr. In Notfällen unbedingt telefonisch kontaktieren.

Expressversand

DHL, Sokoine Rd., neben NBC Bank, ☎ 027-2506749, 🖥 www.dhl.co.tz.
UPS, Shoprite (TFA) Shopping Complex, ☎ 0787-090910.

Geld

Banken

Barclays Bank, Serengeti Rd., südöstlich des Clock Tower, Hotel Aquiline sowie im Shoprite (TFA) Shopping Complex; **Exim Bank**, Goliondoi Rd., und **Stanbic Bank**, Sokoine Rd., für Abhebungen mit Master-, Visa- und Maestro-Card.
NBC Bank, Sokoine Rd., und **Standard Chartered Bank**, Goliondoi Rd., für Abhebungen mit Visa-Card.
Weitere Abhebungsmöglichkeiten im Njiro Shopping Centre und bei der **FBME Bank**, Old Moshi Rd.

Geldwechsel

Rund um den Clock Tower und in dem Viertel zwischen Boma Rd. und Goliondoi Rd. gibt es mehrere Wechselstuben mit guten Kursen . Auch die **NBC Bank** wechselt zu guten Konditionen. **Sanya Forex**, Sokoine Rd., neben Metropole Cinema, war zur Zeit der Recherche die Wechselstube mit den besten Wechselkursen.

Informationen

Tanzania Tourist Board (TTB), Boma Rd., ☎ 027-2503842, 🖥 www.tanzaniatouristboard.com. Stadtpläne, Informationen und Buchungen der Kulturtourismusprogramme, Abfahrtspläne der Busse, Hotels und Safari-Veranstalter und die sog. (leider nicht aktuelle) Blacklist der schwarzen Schafe der Safari-Szene. Die Angaben der Angestellten, vor allem in Bezug auf Safari-Veranstalter, sind mit Vorsicht zu genießen. ⏱ Mo–Fr 8–16, Sa 8.30–13 Uhr.
Büro der Ngorongoro Conservation Area, Boma Rd., gleich neben dem TTB, ☎ 027-

Safaris im Norden

2544625, 🖳 www.ngorongorocrater.org.
Alle Infos über die Ngorongoro Conservation
Area (Unterkünfte, Camping, Aktivitäten).
⊙ Mo–Fr 8–16, Sa 8–13 Uhr.
Tanzania National Parks Authority (Tanapa),
Dodoma Rd., ca. 5 km westlich des Zentrums,
📞 027-2503471, 🖳 www.tanzaniaparks.com.
Obwohl die Tanapa für alle Nationalparks
verantwortlich ist, konzentriert sie sich in
Arusha hauptsächlich auf den Northern Circuit,
da hier das Gros der Touristen durchkommt.
Zum Verkauf stehen Broschüren und Landkarten
ausgesuchter Parks. Zusätzlich erfolgt hier die
Reservierung und Vorauszahlung der Special
Campsites, US$50 p. P. (s. Camping, S. 109).
Detaillierte Ortsangaben müssen erfragt
werden. Die angebotenen Rest Houses sind
zweckmäßig. Public Campsites müssen nicht
reserviert werden, für einige ist es jedoch
ratsam. ⊙ Mo–Fr 8–17 Uhr.
Wertvolle Informationen über politische und
gesellschaftliche Neuigkeiten in der Region
liefert die **Zeitung** The Arusha Times,
🖳 www.arushatimes.co.tz, die wöchentlich
erscheint.

Internet

Im Geschäftsviertel zwischen AICC und Clock
Tower gibt es haufenweise **Internetcafés**
(1000–2000 TSH pro Std.), die meisten Unter-
künfte haben ebenfalls Internet, oft gratis
WLAN . Auch in der TTCL (Boma Rd.) gibt es
Internet.
Hot Bread Shop, Sokoine Rd., Nähe Clock
Tower. Gute WLAN-Verbindung, für eigenen
Laptop, Computer vorhanden, 1500 TSH/Std.
⊙ Mo–Fr 7–18.30 Uhr, Sa vormittags.
Nama Zone, Shoprite (TFA) Shopping
Complex, Ostflügel OG. WLAN, Flatscreen-
Computer, 2000 TSH/Std. ⊙ Mo–Sa 8.30–18.30,
So 9–17.30 Uhr.

Medizinische Hilfe

AICC Hospital, Old Moshi Road, 📞 027-2544113.
Nicht uneingeschränkt empfehlenswert,
doch es verfügt über eine 24-Std.-Hotline, die
in Notsituationen wirklich hilft.
AAR Arusha Medical Centre, Haile Selassie Rd.,
📞 027-2501593.

Sicherheit

Arusha hat sich in den letzten Jahren von
einem unbedeutenden Stopover zum wichtigsten Touristenort Tansanias gemausert. Krasse
Gegensätze prallen hier aufeinander: auf der
einen Seite wohlhabende Touristen, die ihren
Reichtum sorglos zur Schau stellen, auf der
anderen Seite Tansanier ohne Aussicht, jemals auch nur annähernd so viel Wohlstand zu
erlangen. Konflikte sind also vorprogrammiert.
Mit Taschendieben und Gelegenheitsgaunern
muss in Arusha gerechnet werden. Sogar
Straßenkinder können u. U. sehr dreist und
fordernd sein. Am besten, man trägt möglichst
wenige Wertsachen mit sich herum und hält
die Tasche gut fest (Rucksack nach vorne!).
Fahrzeuge werden aufgebrochen, also entweder bewachen lassen oder Wertsachen aus-
räumen. Nächtliche Spaziergänge unbedingt
meiden!

Selian Town Clinic (Arusha Lutheran Medical
Center), Wachagga St., Nähe Selian Bus
Terminal, 📞 027-2548030. Seit 2008 das neueste
und modernste Spital von Arusha.

Notfall

Bei Diebstählen von Dokumenten ist umgehend
die konsularische Vertretung anzurufen.
Flying Doctors, Shoprite (TFA) Shopping
Complex, Westflügel, 📞 0784-240500,
✉ flyingdocs@habari.co.tz.
First Air Responder, Knight Support Office,
Dodoma Rd. stadtauswärts links,
📞 0732-972283, 🖳 www.firstairresponder.com.
14 Tage Mitgliedschaft US$20 p. P., 30 Tage
US$35 p. P.

Optiker

Vision Perfect, Joel Maeda, Ecke India St.,
📞 0732-975479. Brillen, Sonnenbrillen,
Kontaktlinsen, Kontaktlinsenprodukte.
⊙ Mo–Sa 9–13, 14–17.30 Uhr.

Polizei

Central Police, Makongoro Rd.,
📞 027-2503641.

Post

Die Hauptpost ist am Clock Tower, Zweigstellen befinden sich an der Sokoine Rd. und im AICC. ① Mo–Fr 8–13, 14–16.30, Sa 9–12 Uhr.

Reisebüros

Rickshaw Travels, Engira Rd., ✆ 027-2545955, ▢ rickshawtz.com.
Uniglobe Skylink, Goliondoi Rd. gegenüber vom Toyota-Händler, ✆ 027-2509108, ▢ www.skylinktanzania.com.

Telefon

TTCL an der Boma Rd., ebenso Telefonkarten. Internet-Telefonie wird in einigen Internetcafés angeboten, z. B. im **The Hot Bread Shop**.

Visumsangelegenheiten

Immigration Office Arusha, Barabara Afrika ya Mashariki, gegenüber vom AICC. ① Mo–Fr 7.30–15 Uhr.

Nahverkehr

Selbstfahrer

Parkgebühren – 200 TSH pro Std. oder 1000 TSH pro Tag – werden grundsätzlich für das gesamte Stadtgebiet einkassiert, die Parkwächter sind unbarmherzig.

Daladalas

Mit den kleinen Daladalas (mit Farbleitsystem) kommt man gut vorwärts, auch außerhalb von Arusha, z. B. fährt gelb nach Sakina und Ngaramtoni, schwarz nach Njiro, grün in Richtung Usa River, blau nach Majengo oder rot nach Kijenge. Der Stand befindet sich ein wenig westlich vom Stadion an der Stadium Rd.

Taxis

Am Abend ist unbedingt auf Taxis zurückzugreifen, sofern man nicht mit dem eigenen Fahrzeug unterwegs ist. Taxis warten am ehesten vor den Lokalen und Hotels, z. B. vor dem Arusha Hotel am Clock Tower, in der Joel Maeda Street, beim Msasani Roundabout oder beim Impala Hotel (Kijenge Roundabout). Von den Busterminals zu den nahe liegenden Gästehäusern 2000 TSH, Fahrt innerhalb der Stadt 10 000 TSH.

Transport

Selbstfahrer

Nach Osten (Moshi und weiter nach Dar es Salaam) und nach Westen (bis zu den Toren der Ngorongoro Conservation Area) verlaufen ausgezeichnete, geteerte Straßen.
Vor Fahrten in den Süden des Tarangire National Park, zum Lake Natron oder in die Serengeti sollte man aber sicherstellen, dass man (als Individualtourist) ausreichend Lebensmittel, Wasser und Benzinvorräte dabeihat. Tankstellen finden sich in allen größeren Orten entlang der Hauptstraße und in den Hauptorten am Kraterrand in der NCA und der Serengeti (zu stark erhöhten Preisen). Das Fahrzeug muss in einem Top-Zustand sein; Sandblech, Schaufel und ähnliche Utensilien sind in diesen Gegenden ein Muss.
Der Ausbau des Nairobi-Highway wurde endlich 2010 in Angriff genommen und wird eine flotte Verbindung von Arusha bis zur kenianischen Grenze garantieren (s. Kasten S. 384).

Busse

Mit den neuen Teerstraßen, z. B. von Arusha nach Dodoma, oder von Babati nach Singida, werden sich die Busverbindungen ändern. Bis auf Weiteres ist der Dienst von Scandinavia ausgesetzt.

Busbahnhöfe

Akamba Bus Terminal, Nairobi-Arusha-Hwy., neben Bosch Service Station und Eland Motel.
Daladala-Busbahnhof, Selian Area, Nahe Selian Bus Terminal.
Central Bus Terminal, zwischen Makongoro Rd. und Zaramo St., Nähe Markt. Hier halten alle „non-luxury", also landestypischen Busse aus dem Osten, Dar es Salaam, Moshi und Nairobi.
Kaloleni Bus Terminal, Colonel Middleton Rd. Die Luxury Buses KLM Express und Ngorika haben ihre Haltestelle am nördlichen Ende der Colonel Middleton Road.
Kilombero Bus Terminal, Sokoine Rd., westlich der Stadt beim Shoprite-Einkaufszentrum. Hier halten alle „non-luxury", also landestypischen Busse aus dem Westen, z. B. von Babati oder Dodoma.

Safaris im Norden

Selian Bus Terminal, Wachagga St.
Die Überlandbusse (Luxury Buses) Dar Express,
Mtei Express, Coastline, Sumry, Metro Coach
oder Abood fahren nahe der Selian Town
Clinic ab.

Busse nach:
BABATI, s. Kondoa und Singida.
DAR (Ubungo), u. a. mit Dar Express, Mtei
Express, Kilimanjaro Express, Metro Coach
von 5.30–11 Uhr vom Selian Bus Terminal und
Kaloleni Terminal, weniger sichere Standard-
Busse ab Central Bus Terminal tgl. bis 11 Uhr,
8–10 Std., ca. 25 000 TSH; Dar Express bietet
einen Super-Luxury Bus mit Klimaanlage um
28 000 TSH.
DODOMA, u. a. mit Hood tgl. ab 6.45 Uhr
ab Selian Bus Terminal, 8 Std., 27 000 TSH.
IRINGA, u. a. mit Sumry oder Hood tgl. ab
5.45 Uhr ab Selian Bus Terminal, 12 Std.,
34 000–36 000 TSH.
KARATU, tgl. mehrere Busse ab Central Bus
Terminal, 3 Std., ca. 5000 TSH.
KIGOMA, u. a. mit Mohammed Trans oder
Air Jordan, tgl. früh ab Kilombero und Central
Bus Terminal bis Kahama, 10–11 Std., 35 000 TSH,
am Folgetag Weiterfahrt u. a. mit Sumry oder
Saratoga ab 6 Uhr, 9–10 Std., 28 000 TSH.
KONDOA, tgl. am Vormittag, z. B. 7.30 Uhr,
ab Kilombero Bus Terminal; ab 6 Uhr bzw.
6.30 Uhr ab Selian Bus Terminal, 4–5 Std.,
12 000 TSH.
LUSHOTO, mit Bussen Richtung Dar bis Mombo,
Weiterfahrt mit Daladalas, oder mit Fasaha
und Chaikito ohne Umsteigen tgl. zeitig am
Morgen ab Central Bus Terminal, weitere Busse
fahren bis 10 Uhr ab Central Bus Terminal ab,
6–7 Std., 12 000–15 000 TSH. Mit Fasaha
Direktverbindung nach Mtae, mit Chaikito nach
Mlalo (sonst Umstieg in Lushoto, beide je
6000 TSH ab Lushoto, 2–3 Std.)
MBEYA, via Dar, u. a. mit Sumry oder Hood,
ab 5 Uhr; 46 000–48 000 TSH; ab DAR nochmals
8–10 Std. Aus Sicherheitsgründen empfiehlt
sich die Übernachtung in Dar, anstatt die
Strecke auf einmal in Angriff zu nehmen.
MIKUMI, s. Iringa, 10 Std., 27 000–30 000 TSH.
MOROGORO, siehe Iringa, zudem mit Hood
ab 6.45 Uhr, 9 Std., 20 000–23 000 TSH.

MOSHI, siehe Dar, zudem stdl. Daladalas und
Überlandbusse ab Central Bus Terminal und
dem Daladala-Busbahnhof, 1 Std., 2000 TSH;
mit Riverside Shuttle und Impala Shuttle
(beide Nähe Kijenge Roundabout) 1–2 x tgl.,
US$10.
MTO WA MBU, siehe Karatu, 2 Std.,
4000 TSH.
MWANZA, mit Akamba über Nairobi
(durchgehend auf Teer) ab Akamba Terminal,
tgl. am Nachmittag mit Übernachtung in Nairobi,
1 1/2 Tage, 33 000 TSH zzgl. US$20 Transitvisum
für Kenia, evtl. US$50 neues Visum für Tansania;
mit Takrim oder NBS über SINGIDA, mehrmals
wöchentl. von 7–9 Uhr ab Central Bus Terminal,
1–1/2 Tage, 37 000 TSH; mit Coast Line oder
Kimotco über die Serengeti, tgl. ab 4–6 Uhr,
10–12 Std., 37 000 TSH, zzgl. US$100 Eintritts-
gebühren für die NCA und die Serengeti
(Tierbeobachtung ist aufgrund der Geschwindigkeit nicht möglich).
NAIROBI, mit Akamba ab Akamba Terminal oder
Dar Express ab Selian Bus Terminal, Abfahrt
am Nachmittag (15 Uhr), 22 000–25 000 TSH,
zzgl. US$50 fürs Kenia-Visum; s. auch „Shuttles
nach Nairobi".
SINGIDA, tgl. am Vormittag, z. B. 7.30 Uhr,
ab Kilombero Bus Terminal; ab 6 Uhr bzw.

Grenzverkehr nach Kenia

Von Arusha führt eine Straße (mit deren Ausbau wurde 2010 begonnen) nach Kenia, wo
nach 109 km, im Dorf Namanga, der Grenzbalken steht. Aus- und Einreiseformalitäten funktionieren reibungslos. Für ein dreimonatiges
Touristenvisum für Kenia sind US$50 zu berap-
pen (bzw. US$20 für ein Transitvisum). Fotos
werden vor Ort gemacht. Achtung: Die Gangart
in Kenia ist um einiges härter; vor allem an den
Grenzübergängen lungern gerne Kleinkrimi-
nelle herum: Kein Geld auf der Straße oder im
Bus wechseln; möglichst die herumlungernden
Typen nicht nach dem Weg fragen, denn so
manche Touristen wurden schon in Hinterhalte
gelockt. Kameras, Uhren, Handys unter Ver-
schluss halten und das gesamte Gepäck unter
keinen Umständen aus den Augen lassen!

6.30 Uhr ab Selian Bus Terminal, 4–5 Std.,
12 000 TSH.
TANGA, u. a. mit Mtei Express tgl. um 9.15 Uhr
ab Selian Bus Terminal, weniger sichere
Standard-Busse tgl. bis 11 Uhr ab Central Bus
Terminal, 5–7 Std., max. 13 000 TSH.

Shuttles nach Nairobi
Shuttles verkehren nach Nairobi und zum Jomo
Kenyatta Airport Nairobi; Preise einheitlich
US$30, 5 1/2 Std.; mehr Infos unter „Traveltipps
von A–Z" (s. S. 40).
Impala Shuttle, Impala Hotel, Simeon Rd.,
beim Kijenge Roundabout, ✆ 027-2508448
bis 51. Abfahrt tgl. 8 und 14 Uhr.
Riverside Shuttle, Simeon Rd., Mezza Luna
(Hotel 77, Nähe Hotel Impala), ✆ 027-2502639.
Abfahrt tgl. 8 und 14 Uhr.

Flüge
International
Der Kilimanjaro International Airport ist 47 km
entfernt, Näheres s. Moshi S. 313.
Ethiopian Airlines, Boma Rd.,
✆ 027-2506167, 🖥 www.ethiopianairlines.com.
KLM, New Safari Hotel, Boma Rd.,
✆ 027-2508062, 🖥 www.klm.com.

Inlandflüge
Der Arusha Airport liegt 8 km westlich von
Arusha; hier werden hauptsächlich Inland-
flüge abgewickelt. Umbauarbeiten und eine
Vergrößerung sind aber bereits geplant.
Air Excel, Goliondoi Rd., Subzali Building,
im Gebäude der Exim Bank, ✆ 027-2501595,
✉ reservations@airexcelonline.com. Bedient
die wichtigsten Airstrips im Northern Circuit
und fliegt nach Dar und Sansibar.
Coastal Aviation, Boma Rd., ✆ 0784-317806,
✆ 027-2508038 (Flughafen), 🖥 www.coastal.cc.
Eines der dichtesten Streckennetze in Tansania.
Nach DAR ES SALAAM oder SANSIBAR
US$230, SELOUS US$350, SERONERA US$175,
RUAHA US$330, TANGA US$320, jeweils
einfach.
Regional Air, Technical College Area, Sakina,
Nähe Nachtclub Triple-A, ✆ 027-2502541,
🖥 www.regionaltanzania.com. Fliegt die
wichtigsten Airstrips im Northern Circuit und

zudem Dar und Sansibar an. Nach DAR ES
SALAAM US$231, SANSIBAR US$231,
SERONERA US$191, jeweils einfach.
Precision Air, neben New Safari Hotel, Boma
Rd., ✆ 027-2502836, 🖥 www.precisionairtz.com.
Im gleichen Büro ist auch Kenya Airways
untergebracht. Neben Coastal Aviation das
größte Streckennetz Tansanias.
Zanair, Summit Centre, ✆ 027-2548877 oder
✆ 0784-320818, 🖥 www.zanair.com. Verbindet
hauptsächlich die Swahili-Küste mit Arusha
und Mombasa, z. B. nach SANSIBAR US$211.

Arusha National Park

- ■ **Zugang**: Von Arusha aus ist das **Ngongongare Gate** am besten zu erreichen
  (7 km nördlich des Dar-Arusha-Highway).
  Der zweite Zugang, das **Momela Gate**
  (24 km vom Highway entfernt, 1514 m hoch),
  liegt im Norden des Parks (Parkverwaltung).
  Von hier starten die Meru-Besteigungen
  und können bewaffnete Ranger angeheuert
  werden. Theoretisch kann man sich hier
  auch seine eigene Meru-Besteigung organisieren – wenn man alle notwendigen Uten
  silien dabeihat, denn Träger aus dem Dorf
  sind schnell bei der Hand (US$7–10 pro
  Träger).
- ■ **Eintritt**: US$35 für 24 Std.
- ■ **Beste Reisezeit**: Der Nationalpark kann
  ganzjährig besucht werden, außer während
  der Regenzeit von April bis Mai/Juni.
  Für Besteigungen eignen sich am besten die
  Monate Sep–März (obwohl es im November
  regnen kann); die Wintermonate Juni–Aug
  sind eisig kalt. In der großen Regenzeit kann
  es schon passieren, dass man durch eine
  mit Schnee gepuderte Winterlandschaft
  auf den Gipfel steigt. Die beste Aussicht auf
  den Kilimanjaro genießt man vom Dezember
  bis Februar. Im Durchschnitt liegt der Park
  über 1600 m Höhe und das Gebiet gilt als
  malariafrei.

Dieser Nationalpark, keine 30 km von Arusha
entfernt, ist mit knapp 300 km² einer der kleins-
ten – und trotzdem einer der landschaftlich viel-

Safaris im Norden

ARUSHA NATIONAL PARK

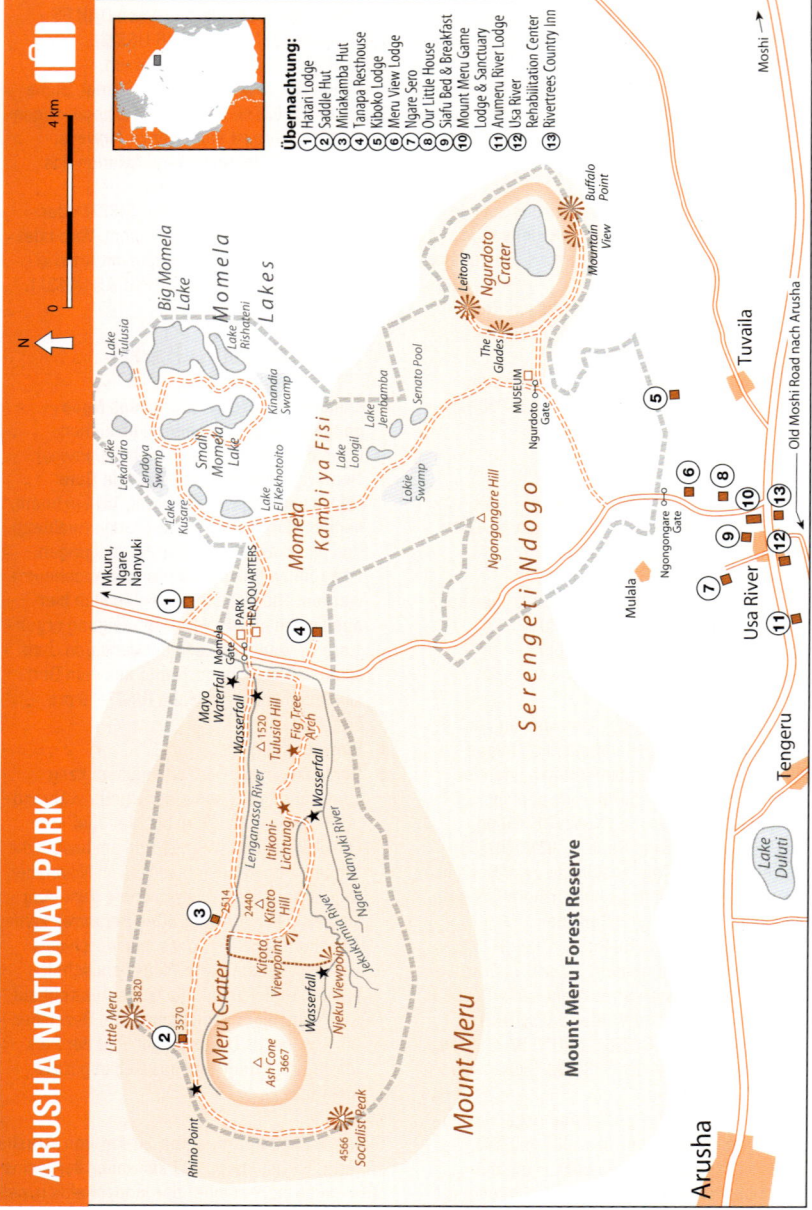

Übernachtung:
1 Hatari Lodge
2 Saddle Hut
3 Miriakamba Hut
4 Tanapa Resthouse
5 Kiboko Lodge
6 Meru View Lodge
7 Ngare Sero
8 Our Little House
9 Siafu Bed & Breakfast
10 Mount Meru Game Lodge & Sanctuary
11 Arumeru River Lodge
12 Usa River Rehabilitation Center
13 Rivertrees Country Inn

4 km

N

0

Moshi

Old Moshi Road nach Arusha

Tuvaila

Usa River

Tengeru

Lake Duluti

Arusha

Mount Meru

Mount Meru Forest Reserve

Serengeti Ndogo

Ngongongare Hill

Mulala

Ngongongare Gate

Lokie Swamp

Lake Longil

Momela

Kambi ya Fisi

Senato Pool

Lake Jembamba

MUSEUM
Ngurdoto Gate

The Glades

Leitong

Ngurdoto Crater

Mountain View

Buffalo Point

Lake Rishateni

Momela Lakes

Big Momela Lake

Lake Tulusia

Lake Lekandiro

Lendoya Swamp

Lake Kusare

Small Momela Lake

Lake El Kekhototo

Lake Kinandia Swamp

Mkuru, Ngare Nanyuki

PARK HEADQUARTERS
Momela Gate

Mayo Waterfall
Wasserfall
△ 1520 Tulusia Hill
Fig Tree Arch
Wasserfall

Lenganassa River
Itikoni-Lichtung

Ngare Nanyuki River
Jekukumia River

2440 Kitoto Hill
△ 2514

Kitoto Viewpoint
Njeku Viewpoint
Wasserfall

Meru Crater

Little Meru △ 3820

△ 3570

Ash Cone △ 3667

Rhino Point

4566 Socialist Peak

fältigsten und artenreichsten des Landes. Und das, obwohl das Nationalparkgebiet den zweithöchsten Berg Tansanias einschließt. Touristen (oder Tour Operators) vernachlässigen das Kleinod sträflich. Vielleicht liegt es daran, dass die Landschaft an die Alpen zu Hause erinnert und das beliebteste Safari-Tier, der Löwe, hier fehlt. Im deutschsprachigen Raum wurde der Park in den 1960er-Jahren bekannt, als der Schauspieler Hardy Krüger die Momella Lodge betrieb.

Dabei spricht vieles für den Park. Er liegt bequeme 40 Minuten Fahrt von Arusha entfernt. Er beheimatet eine artenreiche Flora, die von Schatten- und Waldgewächsen über tropische Palmenarten bis zu alpiner Hochlandvegetation reicht, sowie über 500 Vogelspezies. Darüber hinaus sind hier zahlreiche Säugetiere vertreten, wenn auch nicht in großen Herden, z. B. Kaffernbüffel, Flusspferde, Zebras, Dikdiks, Wasser- und Riedböcke und sogar Elefanten. Rekordverdächtig ist die Anzahl der Giraffen, die daher auch auf kaum einem Foto vom Arusha-Nationalpark fehlen. Leoparden und Tüpfelhyänen können sich gut vom hiesigen Wildbestand ernähren, nur Löwen fehlen eben, denn sie bevorzugen Beutetiere, die auf offenem Land grasen. Dafür tummeln sich in den dichten Bergwäldern Primaten, darunter Grüne Meerkatzen, Colobus-Affen und Stummelaffen, sowie Buschböcke und Ducker. Die abwechslungsreiche, dichte Vegetation trägt zum besonderen Reiz des Parks bei, erschwert allerdings bisweilen die Tierbeobachtung.

Das Areal besteht aus mehreren markanten Teilen. Im Westen thront unübersehbar der **Mount Meru**, der gegen Osten und Südosten hin in einer flachen **Grassavanne**, der „Little Serengeti" (Serengeti Ndogo), ausläuft, wo die Hauptpiste durchführt und wo sich die beiden wichtigen Gates befinden. An diesen schmalen Streifen schließen im Nordosten die **Momela-Seen** sowie im Südosten der **Ngurdoto Crater** an.

Ngurdoto Crater und Serengeti Ndogo

Nach einer Vielzahl von Serpentinen, die sich durch einen Dschungel aus Farnen, Flechten und Baumgiganten schlängeln, erreicht man den **Ngurdoto Crater** im äußersten Osten des Parks. Der „Kleine Ngorongoro-Krater", wie er genannt wird, ist geologisch gesehen ein Nebenschlot

des Mt. Meru, dessen Spitze vor etlichen tausend Jahren in sich zusammenfiel und eine Caldera bildete.

Neben weiteren Aussichtspunkten bietet der **Leitong** (1853 m) als höchster Punkt des Kraterrands herrliche Panoramen, mit den Momela-Seen in der Ferne. Bei klarem Wetter glänzt der Kilimanjaro im Hintergrund (je nachdem, wo man sich genau befindet) und macht die Idylle perfekt. An den Hängen gedeiht dichter Regenwald, u. a. Wilde Mangos, Würgefeigen, Baumfarne und der wegen seines Holzes begehrte Ostafrikanische Olivenbaum (dessen Früchte sich aber nicht zur Ölherstellung eignen). Im Urwald leben u. a. Kaffernadler, Geierraben und auch Wanderfalken – für Vogelliebhaber ein kleines Paradies.

Der Kraterboden auf 1474 m Höhe, der größtenteils saisonal bedingt versumpft, ist unberührter Lebensraum von Kaffernbüffeln, Giraffen, Elefanten und Warzenschweinen. Denn die im Durchmesser etwa 2,5 km große, etwa 200 m tiefer liegende Kraterschüssel darf von Menschen nicht betreten werden; stattdessen führen zwei holprige Pisten jeweils ein Stück weit rechts und links am Rand entlang (eine Umrundung mit dem Fahrzeug ist nicht möglich). Der Rest des Rundwegs lässt sich aber gut gemeinsam mit einem Wildhüter begehen.

Westlich davon, gleich hinter dem Ngongongare Gate, beginnt die wegen ihrer optischen Ähnlichkeit zur Serengeti auch **Little Serengeti** (oder Swahili: Serengeti Ndogo) genannte Grassavanne, in der große Herden von Steppenzebras grasen.

Momela Lakes

Sieben Seen, von denen der eine oder andere saisonal austrocknet, durchziehen die hügelige Gegend im Nordosten, die von Akazien und Buschsavanne bewachsen ist. Durch die Eruptionen des Mt. Meru vor 250 000 Jahren flossen enorme Massen von glutheißem Material den Osthang hinab und bildeten Mulden. Das poröse, vulkanische Gestein ließ Quellwasser von unten die Mulden füllen, und auch heute werden die Seen so gespeist. Durch die fehlenden Zu- und Abflüsse sind die Gewässer größtenteils alkalisch, der ideale Lebensraum für bestimmte Algenarten. Je nach Art schimmern die Seen in unterschiedlichen Schattierungen, die von Blau über Türkis und Moosgrün bis zu Rotbraun reichen. Der Big und der Little Momela Lake, beide etwa 4 km lang, zählen zu den imposantesten Seen.

Die Seeufer, die durchschnittlich auf 1400 m liegen, sind Lebensraum für viele Vogelarten, von denen manche nur eine Zwischenstation vor dem Weiterflug nach Südafrika oder Kenia (Okt–April) einlegen. Es nisten z. B. verschiedene Gänse- und Entenarten, Reiher, Pelikane, Kormorane, Kraniche, Störche hier, und zu manchen Zeiten treten an den stärker alkalischen Seen große Schwärme von Flamingos und Zwergflamingos auf. Natürlich finden sich auch viele Säugetiere hier ein, um ihren Durst zu löschen und sich zu erfrischen. Die bis zum Bauch im Wasser watenden Giraffen sind ein beliebtes Fotomotiv.

10 HIGHLIGHT

Mount Meru

Westlich vom **Momela Gate**, dem Ausgangspunkt der Besteigung, liegt der Mt. Meru, mit 4566 m der vierthöchste Berg Afrikas. Ursprünglich war er höher als der Kilimanjaro, doch vor rund 250 000 Jahren sprengten gewaltige Ausbrüche den östlichen Kraterrand weg, wobei im Übrigen auch die Momela-Seen entstanden. So ist der Vulkankegel zur Ostseite hin offen. Forscher betrachten ihn momentan als schlafend; die letzte kleinere Eruption wurde 1910 verzeichnet.

Moosbedeckte Baumkronen, von Lianen umschlungene Urwaldriesen, zarte Orchideen und plätschernde Gewässer prägen die ersten Kilometer des sanften Anstiegs. Zunächst folgt man dem „braunen Fluss", dem **Ngare Nanyuki**, nach rund einer Stunde durch Wald ist die kuriose **Fig Tree Arch** erreicht, wo die Luftwurzeln einer Würgefeige zwei Bäume umwunden haben. Der mit einem Gewehr bewaffnete Ranger erinnert daran, dass man sich mitten in der Wildnis befindet. Auf der **Itikoni-Lichtung**, nur 20 Minuten weiter, lugen Kaffernbüffel gelangweilt herüber. Grüne Meerkatzen beobachten neugierig das Geschehen. Ein wenig weiter oben liegen die **Mayo-Wasserfälle**, die über einen kurzen Abste-

cher von der Hauptroute erreicht werden. Den märchenhaften Kitoto Forest hinter sich lassend, offenbaren sich am **Kitoto Viewpoint** (ca. 2500 m Höhe) zum ersten Mal herrliche Fernsichten – auf die Momela-Seen und den Kilimanjaro.

Nach Erreichen des Kraterbodens (mit gut 3,5 km Durchmesser), dort wo Strauchwerk die Bäume ablöst, läuft man noch 45 Minuten weiter bis zur **Miriakamba Hut** (2514 m), und der erste Tag geht zu Ende (1000 m Höhendifferenz, 4–5 Std.). In der Ferne trompeten Elefanten.

Die Hauptroute bahnt sich am folgenden Tag ihren Weg stetig bergauf durch märchenhaften Bergwald, streckenweise über steile Holztreppen. Entlang des serpentinenreichen Wegs geben viele Lichtungen ungeahnte Panoramen frei, auf den Kilimanjaro, den Mt. Meru, die Momela-Seen und den darunter liegenden Kraterboden. Auch der **Ash Cone**, der von einer kleineren Eruption in den 1880er-Jahren herrührt, erscheint regelmäßig im Blickfeld (er kann in 4–6 Std. über einen Seitenpfad erklommen werden, der kurz vor der **Miriakamba Hut** links abgeht; der Aufstieg ist aber durch den weichen Vulkansand stellenweise sehr kraftraubend). Durch dichten Bergwald mit Bartflechten und Moosen ist nach 2–3 Std. ab der Miriakamba Hut der 3200 m hohe „Elefantenrücken" (Mgongo wa Tembo) erreicht. Nach weiteren 1–2 Std. Aufstieg (insgesamt 1000 Höhenmeter) kommt man um die Mittagszeit bei der **Saddle Hut** (3570 m) an, dem zweiten Nachtlager – ausreichend Zeit also, um sich an den **Little Meru** (3820 m) zu wagen. Der steile Weg hat es in sich (hin und zurück 1 1/2 Std.), die wunderbaren Lichtverhältnisse der langsam untergehenden Tropensonne, die den Grabenbruch bis weit nach Kenia hinein in samtweiches Licht tauchen, entschädigen aber für die Anstrengung.

Früh beginnt am dritten Tag die letzte Etappe bis zum Gipfel. Wer pünktlich zum Sonnenaufgang oben sein möchte, tut gut daran, bis spätestens zwei Uhr morgens aufzubrechen. Aber auch Langschläfer kommen in den Genuss eines spektakulären Sonnenaufgangs, der sich vom 45 Minuten entfernten **Rhino Point** (3800 m) bietet – auf den erwachenden Kilimanjaro, den in orangefarbenes Licht getauchten Ash Cone oder den noch zu bezwingenden Mt. Meru.

Beglückender Ausblick nach einer anspruchsvollen Wanderung auf den Gipfel des Mount Meru

Stetig aufwärts verläuft der Pfad, über lockeren schwarzen Lavasand und Geröll; exponierte Stellen verlangen ganzen Körpereinsatz. Eine letzte steile Felspassage noch und der **Socialist Peak** (4566 m), der Gipfel des Mt. Meru, ist erklommen. Von den Crater Highlands rund um den Ngorongoro Crater bis zum 80 km entfernten Kilimanjaro reicht der gigantische Rundumblick. Eine kurze Rast zum Verschnaufen, und schon geht es wieder nach unten. Erst der Abstieg (nun bei Tageslicht) gibt die wahren Dimensionen der Route frei, die teilweise dicht am steilen Abbruch der Kraterwand verläuft. Beeindruckend ist der Blick auf den Ash Cone, dem man von oben in den Schlot schaut, und die permanente Aussicht auf den Kilimanjaro in der Ferne.

Passionierte Bergsteiger mit guter Kondition können den Berg noch am selben Tag verlassen, was natürlich die Kosten senkt. Gemütlicher ist der Abstieg aber mit einer weiteren Übernachtung in der Miriakamba Hut, von wo man dann am vierten Tag ausgeruht zur kurzen Schlussetappe aufbricht, vermutlich unter Begleitschutz von Büffeln oder Elefanten.

Landschaftlich und sportlich betrachtet ist die Besteigung des Mt. Meru weit reizvoller als die des Kilimanjaro. Der Mt. Meru steht zwar im Schatten seines berühmten Nachbarn, aber das ist wiederum ein Vorteil für alle, die abseits der Massen eine Herausforderung suchen. Zudem spielt die gefürchtete Höhenkrankheit hier weit weniger eine Rolle. Einzige Voraussetzung: Trittsicherheit und Schwindelfreiheit.

Übernachtung und Essen

Alle Unterkünfte bieten ein gutes Rahmenprogramm, meist in Zusammenarbeit mit den lokalen Gemeinden und den benachbarten Kulturtourismusprogrammen. Die meisten organisieren auch Mount-Meru-Besteigungen.

Außerhalb des Parks

Siafu Bed & Breakfast, in Usa River nördlich des Highway, ☎ 0713-339873 oder ☎ 0754-185050, 🖥 www.siafutanzania.org. Kleine Frühstückspension eines Frauenprojekts, das vom Rivertrees Country Inn unterstützt und von 22 Witwen gemeinsam betrieben wird. Inmitten des Dorfes, mit 3 einfachen, aber sauberen Zimmern (eins mit Bad/WC). Herzlicher Empfang, gemütliche Atmosphäre. Gut und günstig. ❷
Our Little House, an der Straße zum Park ca. 1 km vor der Meru View Lodge rechts, ☎ 0787-248666, 🖥 www.schimann.info. Kleines Gäste-

haus mit 2 separaten, gut ausgestatteten Cottages. Das Gästehaus der tansanisch-deutschen Familie Schimann ist ideal für Leute, die gerne invidiuell unterwegs sind. Angeschlossen ist die kleine Safari-Agentur Wazungu Travel, die sich vor allem auf günstige Camping-Safaris spezialisiert hat, auf denen Reisende selbst mit anpacken müssen. ❸

🏠 **Kiboko Lodge**, an der Straße zum Park vor dem Gate rechts abzweigen und 4 km den Schildern folgen (nur mit gutem Geländewagen), ✆ 0784-659809, 🖥 www.wfkibokolodge.com. Idyllisch zu Füßen des Mt. Meru gelegene, rustikale Lodge mit 19 Zimmern verteilt auf 7 Rundhäuser. Die Mitarbeiter der Lodge werden aus einem Sozialprojekt rekrutiert, das Straßenkindern eine Ausbildung und Perspektive gibt. Wer professionellen Hotelservice erwartet, wird enttäuscht, für wen aber Engagement und guter Wille zählen, der wird sich wohl fühlen. Das abwechslungsreiche Frühstück nehmen die Gäste auf einer Plattform im Sumpf vor der Kulisse des Mt. Meru ein – und mit ganz viel Glück zeigen sich die beiden Flusspferde, die der Lodge den Namen gaben. ❸

Kulturtourismusprogramme am Mount Meru

Mulala

In den südöstlichen Ausläufern des Mount Meru, 30 km von Arusha entfernt, liegt das Dorf Mulala auf ungefähr 1600 m Seehöhe. Üppige Vegetation, Bananenhaine, Kaffeefelder und dichter Tropenwald empfangen wanderbegeisterte Besucher. Das Programm wird ausschließlich von Frauen aufrechterhalten, die mit dem Erlös u. a. einen Kindergarten und eine kleine Buschklinik aufbauen wollen.

Ausgangspunkt ist eine kleine lokale Käserei, etwas ungewöhnlich für tansanische Verhältnisse, denn Käse steht gewöhnlich nicht auf dem Speiseplan. Vielmehr wird er an Hotels und Restaurants der Umgebung geliefert. Ausflüge führen durch dichten Tropenwald zum Marisha River, Vogel- und Primatenkunde sowie botanische Hinweise sind selbstverständlich inbegriffen. Ein zweiter Ausflug geht zu den Lemeka-Hügeln, wo herrliche Aussichten auf den Kilimanjaro, den Mt. Meru und die Maasai-Steppe locken, natürlich nur bei entsprechendem Wetter. Weitere Wanderungen, z. B. in das Mount Meru Forest Reserve, wo überwältigende Vogelkonzerte zu hören sind, stehen ebenfalls auf dem Programm. Für die Wanderungen werden gutes Schuhwerk und Sonnenschutz vorausgesetzt. Warme Kleidung wird empfohlen. Anreise per Daladala Richtung Usa River, Ausstieg an der Dik Dik Junction, von dort Abholung. Preise 50 000–65 000 TSH für 2 Pers. Voranmeldung, ✆ 0784-747433, 🖥 www.agapetourism.com.

Mkuru

Unweit vom Momela-Zugang des Arusha National Park wurden mit Unterstützung italienischer Sponsoren Mitte der 1990er-Jahre Kamele für die ansässige Maasai-Gemeinschaft gekauft. Das Projekt sollte den Maasai zeigen, dass die genügsamen Kamele für ihre traditionelle Weidewirtschaft weitaus besser geeignet wären als die wenig Dürre-resistenten Kühe – offensichtlich ohne Erfolg. Die Kamele wurden gar nicht in der Landwirtschaft eingesetzt, sondern im Tourismus. Sie werden schon seit geraumer Zeit für Kamel-Safaris genutzt.

Eine dreitägige Kamel-Safari führt z. B. nach Longido (ca. 55 km). Zebras, Giraffen oder Antilopen können dabei genauso den Weg kreuzen wie Elefanten. Landschaftlich eindrucksvoll, aber sehr abenteuerlich und körperlich anstrengend ist die einwöchige Safari zum Lake Natron, vorbei an spitzen Vulkankegeln und stets den Ostafrikanischen Grabenbruch im Visier. Ausrüstung: Campingausrüstung sowie Schlafsäcke, ausreichend Wasser und Lebensmittel. Man muss sich selbst um die An- und Rückreise sowie Verpflegung kümmern. Die Anfahrt mit einem leistungsfähigen Geländewagen (ausschließlich in den Trockenmonaten) erfolgt über die Nairobi Rd. ca. 45 km ab Arusha, 1 km hinter Oldonyo Sambu Village führt eine Piste nach Osten (rechts), wo nach weiteren 14 km Fahrt das Dorf Mkuru erreicht ist. Informationen und Anmeldung unter ✆ 0784-724498 oder 🖥 www.mkurucamelsafari.com.

Meru View Lodge, 6,5 km nördlich von Usa River, ℡ 0784-419232, 🖵 www.meru-view-lodge.de. Familiäre, rustikale Unterkunft in herrlich ruhiger Lage mit deutschen Besitzern. Die 15 Zimmer sind zweckmäßig, doch der weitläufige Garten und der Pool sind ideal zum Erholen. Selbst gemachte Spezialitäten. Organisation von Mt.-Meru- und Kilimanjaro-Besteigungen. Internet. ➍–➎

Von den gleichen deutschen Besitzern wird die komfortablere **Ngurdoto Lodge** in unmittelbarar Nähe betrieben. ➏

Arumeru River Lodge, in Tengeru 700 m südlich des Dar-Arusha-Highway, Nähe Usa River und 4 km westlich der Einfahrt zum Arusha National Park, ℡ 0764-502225, 🖵 www.arumerulodge.com. Gemütliche Lounge-Area mit massivem Kamin und beeindruckenden Holzschnitzereien. 21 große Zimmer sowie ein großes Familien-haus mit schickem Ambiente im modernen Safari-Stil. Ausgedehnter Pool, in dem man ordentliche Längen schwimmen kann. Internetcafé, WLAN. Viele Aktivitäten, z. B. Tour durch eine Biokaffeeplantage, Rainforest Walk, Wanderungen und eine City Safari (Stadtbesichtigung von Arusha). Ebenfalls deutsche Betreiber. ➎

Rivertrees Country Inn, Usa River, südlich des Highway, ℡ 027-2553894, 🖵 www.rivertrees.com. Charmante Unterkunft in einem alten Kolonialhaus im rustikalen afrikanischen Landhaus-Stil mit viel Liebe zum Detail. 10 individuell eingerichtete Zimmer, 2 größere Cottages (alle mit gemütlicher Veranda) sowie das äußerst geschmackvolle River House (für den größeren Geldbeutel, US$1440 pro Tag für 4 Pers.). Der Usa River plätschert durchs bezaubernde Anwesen und sorgt das ganze Jahr über für ein tiefgrünes Ambiente. Ausgezeichnete Küche, Pool, Internet. ➎–➐

Mount Meru Game Lodge & Sanctuary, Usa River, am Highway in Richtung Norden, ℡ 027-2553643, 🖵 www.mountmerugamelodge.com. Komfortable Lodge mit langer Geschichte im Stil eines kolonialen alten Anwesens – ein Klassiker in Arusha. Von den 15 gemütlichen Zimmern und 2 Suiten sind einige im ursprünglichen Gebäude aus den 1960er-Jahren untergebracht. Mit kleinem angeschlossenen

Behaglich und sozial

Usa River Rehabilitation Center, in Usa River südlich des Dar-Arusha-Highway, 3,5 km westlich (hinter) der Einfahrt zum Arusha National Park, ℡ 027-2553427, 🖵 www.rehabilitation-center-tanzania.org. Die Einnahmen aus dem einfachen, aber gemütlichen Gästehaus fließen in eine Ausbildungseinrichtung für behinderte Jugendliche. Ideal für Reisende ist die gut sortierte Bücherei, auf der behaglichen Veranda klingt der Tag lauschig aus. Zum Anwesen gehört ein kleines Café, wo leckerer Kaffee, Kuchen und warme Mahlzeiten serviert werden. Zimmer nur auf Voranmeldung. WLAN. Frühstück 8000 TSH, Abendessen 10 000 TSH. ➋ ohne Verpflegung

Tiergehege, wo Zebras, Elands oder Wasserböcke leben. Die beiden Suiten liegen zu nah am Highway. WLAN. ➎

Im Park
Die Hatari Lodge sowie Momela Wildlife Lodge liegen zwar nördlich außerhalb der Parkgrenzen, doch um zu ihnen zu gelangen, sind reguläre Eintrittsgebühren zu bezahlen. Die **Miriakamba Hut** sowie die **Saddle Hut** (je US$30 p. P. ohne Verpflegung), die bei der Mt.-Meru-Besteigung als Schlafstätte dienen, sind zweckmäßig mit den in Wanderhütten üblichen Stockbetten ausgestattet. Buchen über die Tanapa Arusha, s. S. 382, oder beim Park-Gate anmelden.
Tanapa Rest House, Nähe Momela Gate, zu buchen über die Tanapa Arusha, s. S. 382, oder

Eine Farm in Afrika …

Ngare Sero, Dar-Arusha-Hwy., Abzweig nach Norden 2,5 km westlich der Einfahrt zum Arusha National Park, ℡ 0732-978931, 🖵 www.ngare-sero-lodge.com. Die Lodge mit 12 Zimmern auf einer ehemals deutschen Farm punktet mit Charme, exzellentem Essen und einem romantischen Garten samt Teich und eigenem kleinen Kraftwerk. Yoga, Pool, Fischen. ➏ mit Halbpension

Safaris im Norden

beim Parkgate anmelden, US$30 p. P. ohne Verpflegung.

Hatari Lodge, Momela Rd., nördlich des Arusha National Park, es fallen Parkgebühren an, ☎ 027-2553456, 💻 www.hatarilodge.com. Wem architektonische Experimente vor afrikanischer Kulisse gefallen, der ist hier gut aufgehoben – das Design ist jedenfalls einzigartig in Tansania. Die herrliche Lage und permanente Sichtung von Wildtieren zeichnen die Lodge mit deutschen Besitzern aus, aber das Afro-Retro-Design ist möglicherweise nicht jedermanns Geschmack. Highlight: Die Aussichtsplattform, wo der Sundowner beim Tierebeobachten eingenommen wird. ❻

Camping ist auf den öffentlichen Campingplätzen möglich, US$30 p. P. Für Special Campsites s. Tanapa Arusha, S. 382.

Wer ohne Fahrzeug oder Tour Operator unterwegs ist, kann Fahrzeuge samt Guide auch völlig problemlos bei den Unterkünften anheuern, ca. US$70–80 p. P.

Besteigung des Mt. Meru

Sie ist entweder von den Safari-Veranstaltern in Arusha oder Moshi oder den Hotels in der Umgebung zu organisieren (oder bereits von zu Hause aus zu buchen). Campingausrüstung – außer einem warmen Schlafsack – muss keine mitgenommen werden, da in Hütten übernachtet wird. Der Schlafsack kann u. U. von den Tour Operators ausgeliehen werden. **Kosten** für eine 4-Tage-Besteigung: um die US$600–800 p. P. (eingerechnet sind hier US$20 Rescue Fee, Ranger-Gebühren, Eintrittsgeld, Übernachtung, Essen, Guides und Träger, jedoch exklusive Trinkgelder, s. S. 55, „Traveltipps von A bis Z"). Start und Ende ist das Momela Gate.

Bootsausflüge

Als einer von wenigen Parks sind im Arusha National Park **Kanu-Safaris** erlaubt, die Lizenz dazu hat **Wayo Africa** (s. S. 380, Arusha). Sie veranstalten Bootsfahrten auf dem Little Momela Lake. Am 4 km langen See, entlang kleiner Inseln und vorbei an lauschigen Buchten, sieht man aus nächster Nähe Wasservögel im

Schilf, trinkende Büffel am Ufer, scheue Wasser- und Riedböcke im ufernahen Gebüsch, prustende Flusspferde oder Giraffen, die sich bis zum Bauch ins Wasser wagen. Flamingos fühlen sich hier besonders wohl. Das Tüpfelchen auf dem „i" ist der grandiose Kilimanjaro im Hintergrund. US$50 plus US$20 p. P. Conservation Fee (zzgl. Parkeintritt).

Walking Safaris

Wer den Mt. Meru nicht besteigen will, für den lohnen sich auch Tagesausflüge in den Park, wobei man sich auf ein bestimmtes Areal konzentrieren sollte. In Begleitung eines Rangers der Parkverwaltung (US$20, auch in Eigenregie machbar, die Unterkünfte helfen bei der Organisation) oder eines erfahrenen Safari-Veranstalters (der den Transport, den Ranger und den Guide organisiert) sind Walking Safaris möglich, z. B. am Rand des Ngurdoto Crater oder rund um die Tululusia Waterfalls.

Selbstfahrer

Abseits der Nord-Süd-Achse verlaufen genügend Pisten, die eine Erkundung des Parks zulassen, allerdings nur mit einem guten, allradbetriebenen Fahrzeug. Alle Attraktionen sind während der Trockenzeit gut erreichbar, selbst zur Miriakamba Hut kann man notfalls mit dem Auto fahren. Die Piste führt an der Hatari Lodge vorbei weiter nach Ngare Nanyuki. Wer hier der Piste geradeaus in Richtung Nordwesten folgt, kommt an den Nairobi Hwy.; wer sich rechts hält, gelangt in die West Kilimanjaro Area und schließlich wieder an den Dar-Arusha-Hwy. Safaris können möglicherweise nur mit Safari-Veranstaltern oder einem Mietwagen (samt Driver) gemacht werden (s. Hinweise zu Selbstfahrer-Safaris S. 86 und 102).

Transfers

Am bequemsten ist es, einen Transfer zu einer der angeführten Unterkünfte (ca. US$70–100) zu arrangieren.

Busse und Daladalas

Öffentlicher Transport vom Kilombero Bus Terminal in ARUSHA 1x tgl. um die Mittagszeit bis **Ngare Nanyuki** nördlich des Momela Gate (1 1/2 Std., 2000 TSH). Umgekehrt verlässt der Bus Ngare Nanyuki morgens um 7 Uhr. Auf Wunsch stoppen Überlandbusse der Strecke zwischen MOSHI und Arusha in **Usa River**. Von dort muss die Abholung mit den Unterkünften arrangiert werden.

West Kilimanjaro Area

Obwohl sie gut erreichbar zwischen Moshi und Arusha liegt, scheint die West Kilimanjaro Area Lichtjahre von einer touristischen Vermarktung entfernt. Die authentische Busch-Atmosphäre lässt sich leicht mit dem Arusha National Park oder Arusha kombinieren und kommt Reisenden, die die tansanische Natur abseits des Trubels des Northern Circuit erleben wollen, entgegen. Durch die relative Nähe zum Flughafen bietet sich die Ndarakwai Ranch oder Olpopongi als Startpunkt einer Safari durch den Norden oder als Einstieg für eine Kilimanjaro-Besteigung an, vor allem über die Lemosho/Londorossi-Route.

Besucher der West Kilimanjaro Area zweigen bei Boma Ng'ombe vom Dar-Arusha-Hwy. Richtung Norden und Sanya Juu ab. Nach 27 km ist Sanya Juu erreicht und 15 km weiter folgt eine Abzweigung nach links (zur Ndarakwai Ranch und Olpopongi), geradeaus geht es zum Londorossi Gate.

Die Panoramastrecke lohnt sich: Die Teerstraße, die später zur Piste wird, führt durch typische Dörfer, vorbei an Maisfeldern, Flammenbäumen und Kuhherden, die von Maasai gehütet werden. Wenn das Wetter mitspielt, könnte die Kulisse eindrucksvoller nicht sein: rechts Richtung Osten der Kilimanjaro, links Richtung Westen der Mount Meru.

Interessant ist die recht trockene Savannenlandschaft der West Kilimanjaro Area, weil aus dem im Norden angrenzenden Amboseli National Park (Kenia) Tiere hierher kommen, besonders die großen Elefantenherden.

Olpopongi

Im Takt ihrer monotonen Gesänge hüpfen blau und rot gewandete Maasai dem Eingangstor entgegen. Der heiße Wüstenwind wirbelt eine Windhose auf. Die sanften Hügel der West Kilimanjaro Area verschmelzen mit dem klimpernden Schmuck der Maasai-Krieger und dem strengen Geruch von Kuhdung zu einer Erfahrung für alle Sinne.

Nach dem tanzenden Begrüßungsritual geleiten die Maasai-Männer ihre Gäste vorbei am typischen Dornenzaun ins Dorf, den *kral*. Alles in Olpopongi ist echt, wenn auch für Besucher nachgebaut. Die Hütten *(engaji)* sind nach traditioneller Art mit Ästen, Lehm, Kuhdung und Wasser errichtet worden. In Kreisform angeordnet, stehen in der Mitte, wo die Maasai normalerweise das Vieh hinter Dornenbegrenzungen unterbringen, Bänke und Tische. Olpopongi ist das erste (wenn auch nachgebaute) Maasai-Dorf, in dem Gäste übernachten können. Geschlafen wird in den traditionellen Hütten, auf rustikalen Gestellen aus Akazienholz, auf denen Kuhfelle und dünne Decken liegen. Trotz Isomatte, Schlafsack und Petroleumlampe wirkt die Bettstatt karg. Die Gemeinschaftstoiletten und -duschen liegen ein paar Schritte entfernt.

In Olpopongi wird den Besuchern ein reichhaltiges, abwechslungsreiches Programm geboten. Ans Thema führt das kleine **Museum** heran, wo anhand von Abbildungen, Artefakten und deutschen sowie englischen Beschreibungen der Alltag der Maasai erklärt wird. Danach führen Maasai die Besucher durchs Dorf, durch die Hütten, erzählen vom traditionellen Hüttenbau, von der Arbeitsaufteilung, ihrer Medizin und ihren Traditionen und Zeremonien.

Bei aller Anpassung an die Touristen ist die Authentizität größtenteils erhalten geblieben. Die umliegenden Dörfer sind am Projekt beteiligt und betreuen abwechselnd die Besucher; die Erlöse werden aufgeteilt. Das Projekt sichert den Maasai Einkünfte in diesem Landstrich, der vom Tourismus ansonsten nicht profitiert.

Übernachtung und Essen

Olpopongi, Nähe Ndarakwai Ranch beim Tinga Tinga Village, ☎ 0785-4811655, 🖥 www.olpopongi-maasai.com. 24 Stunden mit den Massai zu verbringen, ist ein mystisches Erlebnis. Olpopongi kann auch gut von Individualisten erreicht werden, da Transfers von Arusha oder Moshi arrangiert werden.

Safaris im Norden

9 Zimmer, US$79 p. P. (Vollpension und nicht alkoholische Getränke), mit Transport von Moshi US$129 p. P., von Arusha US$149 p. P. ❺ **Ndarakwai Ranch**, Nähe Olpopongi, ✆ 027-2502713, 🖥 www.ndarakwai.com. Aufwachen mit Blick auf den Kilimanjaro können nicht viele Camps in Tansania bieten. Stilvolles Camp mit 14 großzügigen Zelten und Lounge samt Kamin. Vorzügliche Küche. ❼ mit Vollpension

Aktivitäten

Safaris

Auf der Ndarakwai Ranch sind neben den üblichen Pirschfahrten Safari-Aktivitäten möglich, die in den offiziellen Parks nicht erlaubt sind: **Walking Safaris** und **Night Drives**. Besonders eindrucksvoll ist das Beobachtungsdeck der Ndarakwai Ranch mitten im Busch – ein herrlicher Ort, um den Tag bei einem Sundowner ausklingen zu lassen.

Kulturtourismus

Ein Besuch in Olpopongi (samt Führung und Lunch) kostet US$45 p. P., mit Transport von Moshi US$109, von Arusha US$135. Transport kann unter 🖥 www.olpopongi-maasai.com arrangiert werden. Die Buchungen für eine Tagestour oder Übernachtungen erfolgen direkt bei Olpopongi (s. „Übernachtung") oder bei einem lokalen Tour Operator in Moshi oder Arusha. Eine Voranmeldung ist notwendig.

Transport

Nach Sanya Juu oder Engare Nairobi gehen in der Trockenzeit **Pick-up-Taxis** und **Daladalas** von Boma Ng'ombe am Dar-Arusha-Highway aus, aber nach Olpopongi oder zur Ndarakwai Ranch gelangt man nur mit dem Geländewagen (eigenes Fahrzeug oder organisierte Transfers).

Maji Moto

Wer hier in der Gegend ist und noch einen oder zwei Tage Zeit hat, kann an einer echten Wasseroase ausspannen. Mitten im Maasai-Farmland, ca. 15 km südlich vom Dar-Arusha-Highway (Abzweigung nach Süden bei Mr. Price in Boma Ng'ombe) befinden sich unterirdische warme

Quellen, die mehrere Bäche sowie einen natürlichen Pool speisen. An klaren Tagen sieht man von den Quellen direkt auf den Kilimanjaro – eine wunderbare Kulisse! Der Pool liegt direkt in einem Wald voller monumentaler Maulbeerfeigen *(Ficus sycomorus)*, die in der vor Hitze flimmernden Öde kühlen Schatten spenden. Unter den ausladenden Bäumen kann kampiert werden; Selbstversorger müssen ausreichend Vorräte und Wasser mitführen. Das Wasser der Quellen ist nicht als Trinkwasser geeignet.

Allein die Anfahrt ist den Abstecher wert. Nach der Abzweigung auf eine zusehends schlechter werdende Sandpiste quert man zunächst Eisenbahnschienen. Je weiter weg die Hauptstraße liegt, desto undeutlicher werden die Pisten. Es wird sich nicht vermeiden lassen, öfters bei Passanten nach den *chem chem maji moto* zu fragen. Nach gut 45–60 Minuten sind die Quellen erreicht. Die Maasai-Gemeinde erhebt von den Besuchern Gebühren für ihre Quelle, momentan belaufen sie sich auf 2000 TSH für einen Wachmann pro Nacht, 10 000 TSH p. P. für eine Übernachtung im Zelt sowie 5000 TSH für das Schwimmen im Pool. Freundliche Dorfbewohner führen Gäste herum. Die Quellen sollten an den Wochenenden gemieden werden, da die Städter unter den Maulbeerfeigen gern ihre Wochenenden verbringen – teilweise in großen Gruppen.

Tarangire National Park

- ■ **Zugang**: Anfahrt über die Dodoma Rd., bei Kwakuchinja (etwa 100 km ab Arusha auf geteerter Straße) links in Richtung Süden abbiegen. Am Minjingu Gate im Norden des Parks, übrigens dem einzigen öffentlichen Zugang, gibt es ein Informationszentrum.
- ■ **Eintritt**: US$35 für 24 Std.
- ■ **Beste Reisezeit**: Für die Beobachtung der riesigen Elefantenherden sind die Monate Juli bis Dezember am besten.

Von Arusha aus kommt man nun tiefer und tiefer ins Maasai-Land. Maasai in ihren typischen Gewändern, den *shuka*, hüten ihre Rinderherden. Da und dort gibt es kleine Wasserstellen, die

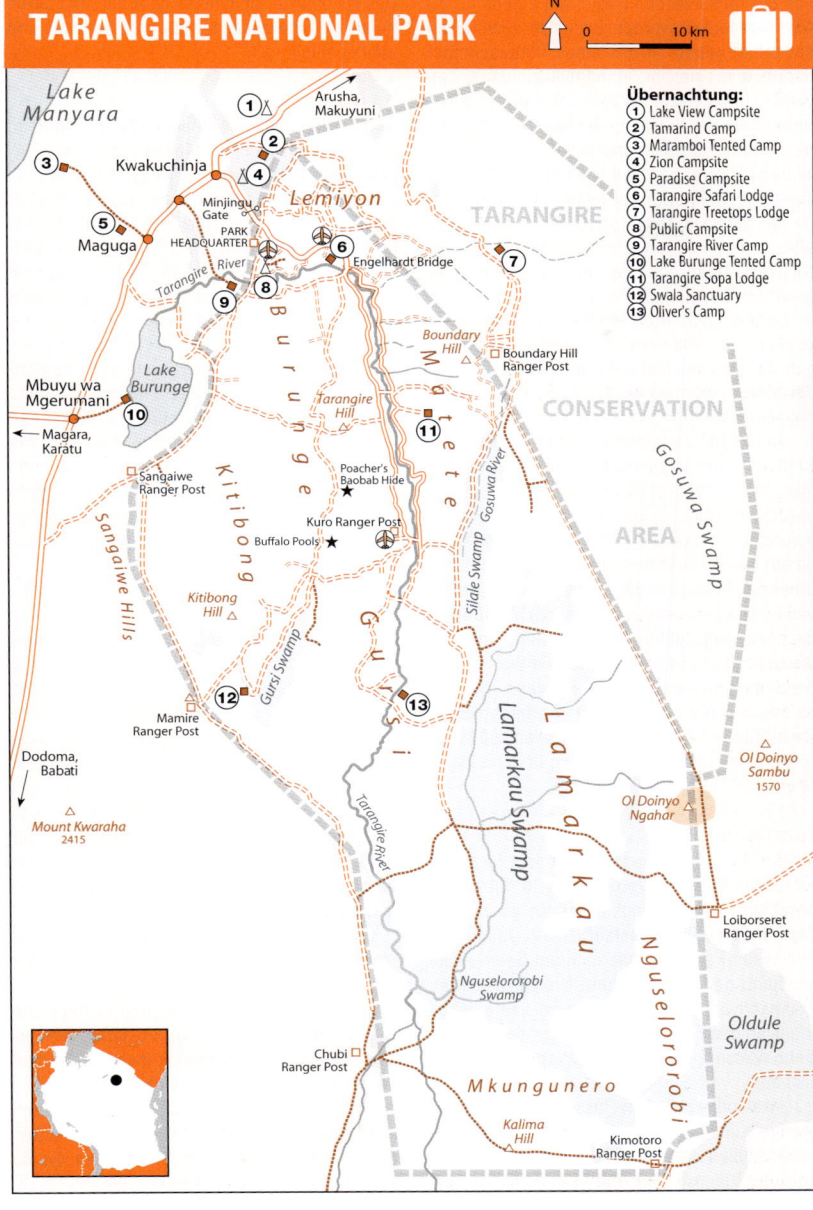

TARANGIRE NATIONAL PARK

N

0   10 km

Lake Manyara

Arusha, Makuyuni

① Lake View Campsite

Kwakuchinja

③

② Tamarind Camp

④

Lemiyon

Minjingu Gate

PARK HEADQUARTER

⑤ Maguga

Tarangire River

⑧

⑥

Engelhardt Bridge

TARANGIRE

⑦

⑨

Burunge

Lake Burunge

Mbuyu wa Mgerumani

⑩

← Magara, Karatu

Kitibong

Maatete

Boundary Hill

☐ Boundary Hill Ranger Post

Tarangire Hill

⑪

CONSERVATION

Sangaiwe Ranger Post

Poacher's Baobab Hide ★

Kuro Ranger Post

Buffalo Pools ★

Gosuwa River

Silale Swamp

AREA

Gosuwa Swamp

Kitibong Hill △

Sangaiwe Hills

Gursi Swamp

Gursi

Mamire Ranger Post

⑫

⑬

Tarangire River

Dodoma, Babati
↓

△ Mount Kwaraha 2415

Lamarkau Swamp

Lamarkau

Nguselororobi

△ Ol Doinyo Sambu 1570

Ol Doinyo Ngahar

☐ Loiborseret Ranger Post

Oldule Swamp

Chubi ☐ Ranger Post

Nguselororobi Swamp

Mkungunero

Kalima Hill

Kimotoro Ranger Post

Übernachtung:

① Lake View Campsite
② Tamarind Camp
③ Maramboi Tented Camp
④ Zion Campsite
⑤ Paradise Campsite
⑥ Tarangire Safari Lodge
⑦ Tarangire Treetops Lodge
⑧ Public Campsite
⑨ Tarangire River Camp
⑩ Lake Burunge Tented Camp
⑪ Tarangire Sopa Lodge
⑫ Swala Sanctuary
⑬ Oliver's Camp

Safaris im Norden

von der tansanischen Regierung eigens für die Maasai angelegt wurden. Die goldbraunen Grassavannen geben bereits einen Vorgeschmack darauf, was einen im Tarangire National Park erwartet. Gemeinsam mit dem Lake Manyara National Park hat er den undankbaren Status, für den Großteil der Touristen nur Zwischenstation zwischen Serengeti und Ngorongoro Crater zu sein. Dabei bietet er auf einer gewaltigen Größe von 2600 km² (etwa die Größe Luxemburgs) alles, was das Safari-Herz begehrt: stachelige Akazienwälder, endlose hügelige Weiten und unverfälschtes Busch-Feeling.

Bereits 1970 wurde das Gebiet zum Nationalpark erklärt, auch deshalb, weil es seit jeher wegen der lästigen Tsetse-Fliege nicht Weideland der Maasai war und es folglich kaum Einwände dagegen gab.

An die 100 Säugetierarten tummeln sich im Park, darunter Impalas, Warzenschweine, Dikdiks, Wasserböcke, Kaffernbüffel, Kudus, Geparden, Hyänen, Löwen, Paviane und Diademmeerkatzen. Gerade Giraffen lieben die Akazien, da sie sich primär von deren kleinen Blättern ernähren. Weit über 500 Vogelarten, einige davon endemisch, wurden hier beobachtet. Besonders heimisch fühlen sich hier Elefanten, kein Wunder also, dass das Gebiet mit die höchste Elefantendichte in Tansania aufweist. Je nach Saison vergrößert sich der Tierbestand um Gnus, Burchell-Zebras, Grantgazellen und andere Tiere, die dem Wasser folgen (s. „Die kleine Migration", S. 397).

Tarangire River

Seinen Namen verdankt der Park dem Tarangire River, der sich von Nord nach Süd durch den gesamten Park schlängelt und das ganze Jahr Wasser führt. Der Flusslauf ist von Doum- und Borrassus-Palmen sowie dichtem Galeriewald gesäumt, der vielen Vögeln Nistplätze bietet. Praktisch alle Tiere kommen im Laufe eines Tages an den Fluss, wenn es nirgendwo anders mehr Wasser gibt. Ein wenig Warten zahlt sich also aus.

Links und rechts vom Fluss erstreckt sich ein wenige Kilometer breiter Saum von Grasland. Daran schließt sich die offene, zumeist knochentrockene Baumsavanne mit Akazienwäldern an.

Das weitläufige, sanft hügelige Areal wirkt durch diese Vegetationszonen besonders weit und übersichtlich.

Im Norden

An der Nordspitze des Parks, also gleich nach dem Eingang, stechen Massen von ausladenden Baobab-Bäumen ins Auge. Manche von ihnen sehen mitgenommen aus: Elefanten können vom saftigen Holz des Affenbrotbaums nicht genug bekommen. Sie lieben es, am wasserspeichernden Gewebe zu nuckeln, obgleich die so aufgenommenen Wassermengen nicht ausreichen, um ihren täglichen Wasserbedarf von bis zu 200 l zu decken. Mit den Stoßzähnen brechen sie zunächst die Rinde auf und höhlen danach die riesigen Stämme richtiggehend aus. Nicht nur Elefanten, auch die fliegenden Bewohner des Parks schätzen die knorrigen Giganten. Flughunde oder Fledermäuse suchen tagsüber Schatten in den ausgehöhlten Stämmen, Schleiereulen bevorzugen die stabilen Äste als Nistplatz, und auch Nashornvögel leben gerne in ihnen.

Im Süden

Den Süden bekommen nur wenige Besucher zu Gesicht, da man dazu – wegen der Größe des Parks – mindestens eine zweitägige Safari einplanen oder in den dortigen Luxus-Camps übernachten müsste. Er versumpft saisonal, was Tierbeobachtern in den Trockenmonaten August bis Oktober nahezu paradiesische Bedingungen beschert: jede Menge Vögel, Zebras, Büffel- und Elefantenherden. Dann werden Safari-Liebhaber auch Zeuge einer der größten Tierkonzentrationen in ganz Tansania, der „kleinen Migration" (s. S. 397).

Einziger Wermutstropfen: Die Pisten, egal ob in den Trockenmonaten oder während der Regenzeit, sind in haarsträubendem Zustand. In der Regenzeit kann der schwarze, vulkanische Lehmboden (black cotton soil) wegen kontinuierlicher Regenfälle kein Wasser mehr aufnehmen und verwandelt sich in schlickigen Sumpf, der ein Weiterkommen nicht möglich macht. Wenn die Oberfläche wieder trocknet, bleibt unwegsames, ruppiges Terrain mit Trockennarben, die bis zu 2 m tief sein können, zurück.

Die kleine Migration

Jeder kennt sie, die sensationelle „Great Migration" in der Serengeti, doch nur wenige wissen, dass sich ein ähnliches Schauspiel im kleineren Rahmen auch im Tarangire National Park beobachten lässt.

Weil der Tarangire River das ganze Jahr über Wasser führt, ziehen gegen Ende der Trockenmonate (Aug–Okt) viele Tiere aus den umliegenden Ökosystemen zum Fluss und zu den zahllosen Sumpflöchern, um am Wasser ihr Überleben zu sichern. Zu dieser Zeit kann nur der Ngorongoro Crater mit einer höheren Konzentration an Wildtieren aufwarten. Unzählige Elefanten, Gnus, Zebras, Thomsongazellen, Grantgazellen, ganze Büffelherden, Elenantilopen, Kuhantilopen und die seltenen Beisa-Antilopen tummeln sich dann am Wasser. Mit ihnen kommen die Raubtiere, u. a. Löwen, Leoparden und Geparden, für die der Migrationstross ein (wenn auch nur vorübergehendes) Festmahl darstellt.

Mit dem Einsetzen der ersten Regenfälle im November ziehen die Tiere wieder zurück in ihre angestammten Reviere im Norden. Diese Tierwanderung erreicht ihren Höhepunkt im April oder Mai, wenn die Wildtiere bis nach Kenia gekommen sind. Dann beginnt der jährliche Zyklus wieder von Neuem.

Vogelhochzeit

Während und zwischen den Regenzeiten, also von Oktober bis Mai, ist die Hochsaison für Vogelliebhaber. In der Tarangire Conservation Area wurden bis dato an die 550 Vogelarten aufgezeichnet, wovon einige vom Aussterben bedroht sind. Einige Arten kommen nur hier vor, z. B. das Schwarzköpfchen, eine auch als African Lovebird (wegen ihres zärtlichen Miteinanders) bekannte Papageienart. Der größte Vogel der Welt, der Maasai-Strauß, ist hier ebenso heimisch wie einige Gattungen des wegen seines auffälligen Schnabels leicht erkennbaren Nashornvogels (u. a. Gelbschnabeltoko). Besonders im europäischen Winter wird man viele gefiederte Freunde wiedererkennen, die den kalten Temperaturen davongeflogen sind.

Übernachtung

Im Park

Tarangire Safari Lodge, 10 km vom Nordeingang, ℡ 027-2544752, 🖥 www.tarangiresafari lodge.com. Mittelgroße, gemütliche Lodge mit Unterbringung in 35 typischen Safari-Zelten und Bungalows auf einer Anhöhe unter stattlichen Akazien. Herrliche Aussicht auf den Tarangire River. Pool. Vernünftiges Preis-Leistungs-Verhältnis. ❻ mit Vollpension

Tarangire Sopa Lodge, 30 km südlich des Nordeingangs, Buchungen über Sopa Lodges, ℡ 027-2500630, 🖥 www.sopalodges.com. Ausgedehnte, in die Jahre gekommene Lodge im Stil der späten 1980er-Jahre. Wenig Safari-Schick, die 75 Zimmer werden aber gerne von den Safari-Veranstaltern gebucht. ❻–❼ mit Vollpension

Swala Sanctuary, Nähe Gursi Swamp, 67 km südlich des Nordeingangs, zu buchen über Sanctuary Lodges, ℡ 027-2509817, 🖥 www.sanctuaryretreats.com. 12 todschicke Safari-Zelte auf Holzplattformen, die alle mit hervorragenden Ausblicken auf ein gut frequentiertes Wasserloch gesegnet sind. Ausladende Schirmakazien spenden Schatten. April–Mai geschlossen. ❼ mit Vollpension

Oliver's Camp, östlich der Silale Swamps im Süden des Parks, Buchungen über Asilia Südafrika, 🖥 www.asiliaafrica.com. Exklusives, unprätentiöses Buschcamp weit ab vom Schuss, weswegen mindestens 2, besser noch 3 Nächte eingeplant werden müssen. Hier spielt die Natur die erste Geige. Lagerfeuer am Abend, Open-Air-Badezimmer und äußerst kompetente Guides. Mit ihnen kann man Walking Safaris und zweitägige Buschwanderungen mit Fly Camping unternehmen. Bestes Camp im Tarangire! April–Mai geschlossen. ❼
Die **Public Campsite** liegt wenige Kilometer vom Nordtor entfernt, US$30 p. P. Es gibt mehrere **Special Campsites**, s. Tanapa Arusha, S. 382.

Außerhalb des Parks

Lake Burunge Tented Camp, auf dem Dodoma Hwy. 28 km südwestlich von der Einfahrt bei Kwakuchinja links (Richtung Osten) abzweigen, Buchungen über TWC, ℡ 0767-333223, 🖥 www.tanganyikawildernesscamps.com.

Im Schatten von Akazien

Tamarind Camp, 20 km hinter Makuyuni vom Hwy. links abzweigen, ca. 5 km südwestlich des Hwy., Buchungen über Hoopoe Safaris, ☎ 027-2507011, 🖥 www.hoopoe.com. Schönes, einfacheres Zeltcamp mit 8 Zelten in malerischer Lage unter Akazienbäumen, wo auch Walking Safaris und Besuche im Maasai-Dorf geboten werden. Sehr gutes Preis-Leistungs-Verhältnis, unweit vom Gate. April–Mai geschlossen. ❻ mit Vollpension

Einfaches Buschcamp in schöner Lage am Lake Burunge. Die geräumigen Zelte (alle am Ufer des Sees) stehen auf Holzplattformen, teilweise mit Blick auf den See. Busch-Walks, Kulturtourismusprogramme und Sundowner Cocktail auf einem Hügel. Liegt ein wenig ab vom Schuss und sollte deswegen mindestens für 2 Nächte gebucht werden. Im April geschlossen. ❻ mit Vollpension

Maramboi Tented Camp, auf dem Dodoma Hwy. 6 km hinter der Einfahrt bei Kwakuchinja (nach Kigongoni) rechts abzweigen, Buchungen über TWC, ☎ 0767-333223, 🖥 www.tanganyikawildernesscamps.com. In einem Wald voller wilder Palmen steht ein ansprechendes Zeltcamp mit 24 geräumigen Zelten auf Holzplattformen und gemütlicher Lounge. Toller Blick auf den Lake Manyara und den Ostafrikanischen Grabenbruch. Pool. Busch-Walks. Im April geschlossen. ❻ mit Vollpension

Tarangire River Camp, Abzweigung hinter Kwakuchinja links nach Süden, ca. 10 km bis zur Überquerung des Tarangire River, Buchungen über Mbali Mbali Safaris, ☎ 0732-978879, 🖥 www.mbalimbali.com. Älteres Camp mit 20 Zelten. Nicht luxuriös, aber einladende, rustikale Ausstattung. Der Blick auf den Tarangire River ist einfach herrlich. Reichlich Tierbestand von Juli–Nov, den man gemütlich von der Veranda aus beobachten kann. Im April geschlossen. ❻ mit Vollpension

Tarangire Treetops Lodge, hinter Makuyuni links, 37 km vom Highway, Buchungen über Elewana, ☎ 027-2500630, 🖥 www.elewana.com. Stimmungsvolles Luxus-Camp auf Stelzen

rund um alte Baobab- und Feigenbäume. Fast Rundum-Panorama von jedem der 20 rustikalen Baumhäuser sowie von der Bar und dem Restaurant. Pool, Wasserloch zur Tierbeobachtung. Absolut buschnah und wunderbar inspirierend. April–Mai geschlossen. ❼

Auf dem Weg zum Nordeingang befinden sich zwei zweckmäßige Campingplätze für jeweils rund US$5–10 p. P.: **Zion Campsite** und **Lake View Campsite**. Auf dem Weg zum Maramboi Tented Camp liegt die **Paradise Campsite** (vulgo Wild Fig Campsite). Keine der Campsites ist sonderlich gut geführt und alle wirken heruntergekommen, aber es handelt sich noch immer um die billigste Möglichkeit, im Einzugsgebiet des Tarangire National Park zu übernachten.

Aktivitäten

Mit **Pirschfahrten** *(game drives)* verbringen Besucher den Großteil ihres Tages im Tarangire. Außerhalb der Parkgrenzen werden von allen Camps **Walking Safaris**, **Vogelbeobachtung**, **Nachtpirschfahrten** oder **Kulturtourismusprogramme** angeboten. Im Park haben nur wenige ausgewählte Veranstalter die Erlaubnis dafür.

Walking Safaris und Nachtpirschfahrten
Nur das **Oliver's Camp** und **Swala Sanctuary** haben die Lizenz für Walking Safaris im Tarangire National Park. Besonders schön gestalten sich die Walking Safaris nach den Regenmonaten, wenn die Wildblumen blühen und Schmetterlinge sowie unzählige Vögel durch die Lüfte schwirren. Nachtpirschfahrten, d. h. Tierbeobachtung von nachtaktiven Tieren mit großen Scheinwerfern, dürfen von Swala Sanctuary durchgeführt werden, US$80 p. P. **Wayo Africa** (S. 380) arrangiert eine mehrtägige Wandersafari um und im Tarangire National Park – etwas ganz Besonderes! Preise auf Anfrage.

Ballonfahrten
Adventure Aloft, zu buchen über Mada Hotels Kenia, ☎ 027-25433 00, ✉ tarangire@madahotels.com, US$450 p. P. Seit 2010 werden Ballonsafaris geboten, Buchungen auch über die Tour Operator und Unterkünfte.

Selbstfahrer

Bei Kwakuchinja (ca. 100 km ab der Stadt-grenze von Arusha auf der Dodoma Road) führt eine 7 km lange Allwetterpiste nach links bis zum Nordeingang. Das Wegenetz im National-park selbst ist dicht, vor allem im Norden; ohne Ortskenntnisse oder ein GPS-Gerät kann man sich allerdings leicht verirren. Der südliche Teil sollte in der Regenzeit gemieden werden. Der Dodoma Highway wurde 2011 geteert, nun gibt es durchgehend von Arusha über Makuyuni bis nach Babati und Dodoma eine nagelneue Teerstraße. Die einzige Tankstelle befindet sich in Makuyuni.

Flüge

Zentral im Park (Kuro) sowie beim Nord-eingang (Makumira) gibt es kleine Flugfelder. Coastal Aviation fliegt für rund US$110 einfach von ARUSHA. Weitere Fluglinien: Regional Air, Air Excel.

Magara Waterfalls und Mbulu Plateau

Wer mit dem Fahrzeug unterwegs und der Sa-faris überdrüssig ist oder für einige Tage das Reisebudget entlasten möchte, kann über eine Panoramastrecke nach Karatu fahren und dabei gut und gerne zwei Nächte bei den Magara Wa-terfalls verbringen. Als Alternative zur weniger reizvollen Teerstraße bietet sich ausschließlich in der Trockenzeit die Fahrt über das fruchtbare und intensiv bewirtschaftete Mbulu Plateau nach Karatu an.

Südwestlich von Kwakuchinja zweigt vom Dodoma Hwy. im Dorf **Mbuyu wa Mgerumani** in westliche Richtung eine Piste ab. Durch zahl-reiche Dörfer, vorbei an Reis- und Maisfeldern und malerischen Granitblöcken führt die teils gute, teils schmale Piste, die man sich mit Rad-fahrern, Ochsenkarren und Kühen teilen muss, immer näher an den Grabenbruch.

Nach 21 km muss der Magara River überquert werden, was nur in den Trockenmonaten möglich ist. Danach zweigt links ein sandiger Pfad zu den je nach Saison imposanten **Magara Waterfalls**

ab, wo unter riesengroßen Wild Fig Trees idyl-lisch kampiert werden kann. Einer der Dorfvertre-ter wird um die Bezahlung von Campinggebühren bitten, aber mehr als US$10 p. P. sollten es nicht sein. Man muss ausreichend Proviant, Wasser und Diesel/Benzin dabeihaben. Outdoor-Spaß ist hier garantiert. So können Wanderungen auf den Grabenbruch (Escarpment) und Ausflüge ins na-he Dorf unternommen, in den Pools der Wasser-fälle (je nach Wasserstand) geschwommen oder gefischt werden. Die Dorfbevölkerung hilft gerne weiter, vermittelt Guides (10 000 TSH) und orga-nisiert auch Wachen für das Zelt (max. 5000 TSH pro Nacht). An den Wochenenden sollte man sich darauf einstellen, dass erholungsbedürftige Städter aus Arusha hier kampieren.

Kurz danach beginnt sich die Piste den Ost-afrikanischen Grabenbruch von 990 m auf über 1500 m hinauf zu schrauben. Oben angekommen führt die Piste weiter stetig bergauf und erreicht nach ca. 27 km ab dem Fluss das Dorf **Mbulu**, wo eine Abzweigung nach rechts (Norden) erfolgt. Die Durchschnittshöhe des Plateaus beträgt 1800–2000 m. Das Dorf wurde einst von den deut-schen Kolonialisten als Verwaltungssitz Neu-Trier gefühlt, denn hier im Hochland befanden sich zahlreiche deutsche Plantagen. Noch heute ist das Plateau dicht besiedelt und man passiert viele quirlige Dörfer. Die Piste schlängelt sich durch Felder, um Hügel herum und in Serpentinen darüber hinweg. Rechts davon befindet sich der Ostafrikanische Grabenbruch, und wenn es die Vegetation erlaubt, reicht der Blick weit bis zum Lake Manyara und ins Maasai-Land.

Ab **Endabash** geht es wieder bergab bis auf 1400 m. Nach 75 km ab Mbulu bzw. 123 km ab Mbuyu wa Mgerumani ist nach insgesamt 3–5 Stunden Fahrt (je nach Pistenzustand) schließlich Karatu erreicht.

Babati

Südwestlich vom Tarangire National Park lohnt sich für Individualisten der Abstecher ins land-schaftlich reizvolle Babati, wenn man an typisch afrikanischem Dorfleben, Besteigungen des Mt. Hanang (3418 m), Kanutouren auf dem Lake Babati und Begegnungen mit den Volksgrup-

Safaris im Norden

pen Barbaig und Sandawe interessiert ist. Babati (175 km von Arusha, ca. 2 Std. Fahrt), ein aufstrebendes, staubiges Städtchen entlang der 2011 fertiggestellten Teerstraße nach Dodoma, liegt in einem hügeligen Landstrich, der intensiv landwirtschaftlich genutzt wird.

Das empfehlenswerte **Kulturtourismusprogramm** organisiert zahlreiche Aktivitäten, die sich auch gut für Reisende mit öffentlichen Verkehrsmitteln eignen. Die Busse nach Babati fahren um 7.30 Uhr vom Kilombero Bus Terminal in Arusha ab. Ansprechpartner ist Herr Joas Kahembe, ☎ 0784-397477, 🖥 www.kahembeculturalsafaris.com, der gleichzeitig der Initiator des Programms ist. Das Büro befindet sich im gleichnamigen Kahembe's Guest House, ❶. Abgesehen davon kann man auch im Royal Beach Hotel ❷ übernachten. Neuerdings gibt es sogar Geldautomaten (Exim Bank) in Babati.

Durch die Teerstraße lässt sich der Süden viel besser mit dem Northern Circuit verbinden. Von Dodoma sind es nur mehr 250 km bis Iringa, dem Tor zum Ruaha National Park. Auf dem Weg dorthin können die wenig erforschten und selten besuchten **Kolo Rock Paintings** (80 km südlich von Babati auf Teer), die 2006 in die Liste des Unesco-Weltkulturerbes aufgenommen wurden, besichtigt werden. In einigen Hunderten Höhlen und an Felsüberhängen im Bezirk Kondoa, an den westlichen Hängen des Great Rift Valley, wurden Felsmalereien entdeckt, die vermutlich älter als 1500 Jahre sind. Einige Wissenschaftler gehen sogar so weit, sie auf ein Alter von 10 000–30 000 Jahren zu schätzen. Die Höhlen spielen heute noch eine bedeutende Rolle in den Ritualen der Hadza und der Sandawe.

Nur wenige Höhlen sind für Besichtigungen freigegeben, wobei man dafür ein Fahrzeug benötigt, da die einzelnen Höhlen einige Kilometer voneinander entfernt sind. Das Kulturtourismusprogramm von Babati organisiert Exkursionen zu den Felsmalereien.

Mto wa Mbu

Mto wa Mbu hat sich in den letzten Jahren als Basis für den Besuch des Lake Manyara etabliert. Wortwörtlich übersetzt bedeutet der Name „Fluss der Moskitos", und die kleinen Quälgeister machen hier ihrem Namen auch alle Ehre. Der Mto wa Mbu River selbst mündet in den Lake Manyara.

Der Ort hat sich mit der Ankunft der Asphaltstraße rasant entwickelt und den Wünschen der Touristen angepasst. Jede Menge Souvenirläden, neuere landestypische Gästehäuser und Mittelklasse-Unterkünfte sowie der alteingesessene **Maasai Central Market** säumen die Straße. Außerdem kann man sich in den hiesigen Läden und auf dem Markt gut mit Lebensmitteln, Obst, Gemüse, Wasser etc. eindecken.

Mto wa Mbu ist bekannt für sein Angebot an verschiedenen Bananensorten, wobei z. B. die Rote Banane hier ganz typisch ist. Sie schmeckt süßer und buttriger als die üblichen Bananen.

Safaris im Norden

Buschwanderung und Ausritt zu den Flamingos

Das Beste aus zwei Welten vereint das neue Naturschutzprojekt **Manyara Ranch Conservancy**, Haile Selassie Road, Arusha, ☎ 027-2545284, 🖥 www.manyararanch.com. Östlich des Lake Manyara und des Ostafrikanischen Grabenbruchs und nördlich des Tarangire-Nationalparks hat eine private Initiative Land gekauft und im Kwakuchinja Corridor eine Pufferzone eingerichtet, damit die Wildtiere unbehelligt zwischen den beiden Parks wandern können. Da es sich um keinen ausgewiesenen Nationalpark handelt, sind die Verhältnisse für Reisende fantastisch buschnah. Die Aktivitäten gehen weit darüber hinaus, was in staatlichen Nationalparks möglich ist – Reitsafaris, Buschwanderungen und Nachtpirschfahrten. Basis für alle Aktivitäten ist das stilvolle, intime Buschcamp mit nur sechs Zelten, die unter ausladenden Akazien stehen.

So viel Individualität und Abenteuer hat seinen Preis: ab US$500 p. P. all-inclusive (Getränke, Aktivitäten, Unterbringung, Safaris etc.), doch jeder Cent ist das Erlebnis wert. Nur für erfahrene Reiter zu empfehlen!

Die Bevölkerung ist ein buntes Kaleidoskop aus vielen verschiedenen Ethnien, was vielleicht für den Durchreisenden auf den ersten Blick nicht unbedingt erkennbar ist. Während der Zeit von Julius Nyerere und seiner Vision des afrikanischen Sozialismus wurden Menschen aus ganz Tansania nach Mto wa Mbu zwangsumgesiedelt, da hier viel fruchtbares Ackerland zur Verfügung stand. Das Projekt *Ujamaa* ist zwar gescheitert (s. S. 441), aber die bunt zusammengewürfelten Menschen aus allen Landesteilen leben heute noch in Mto wa Mbu.

Übernachtung

Mto wa Mbu ist ein Straßendorf. Die meisten landestypischen Unterkünfte befinden sich jeweils links und rechts der Straße in dritter, vierter Reihe. Alle Angaben beziehen sich auf die Zufahrt von Süden aus.

New Zanzibar Lodge, im Ortszentrum links. Landestypisches Gästehaus mit sicherer Parkmöglichkeit und Gemeinschaftsbad. Ruhig. ❶ ohne Frühstück

New Sunlight Lodge, im Ortszentrum direkt an der Teerstraße rechts, unweit vom Lilac Internet Café, ☎ 0785-060324. Einfaches Gästehaus direkt an der Straße; es kann lauter zugehen. ❷ ohne Frühstück

Twiga Campsite & Lodge, mitten im Ort links, ☎ 0754-264828. Die Zauberformel lautet: 34 funktionale Zimmer verschiedener Kategorien, attraktiver Campingplatz samt Pool zu adäquaten Preisen. Sauberes, ordentliches Restaurant. Immer viel los. Beliebter Campingplatz der Camping-Safaris und Overlander. ❷–❸

Marowiwi Guest House, unweit vom Parkeingang rechts an der Teerstraße, gleich nach dem Lutheran Hospital, ☎ 027-2539273, ✉ marowiwi@yahoo.com. Einfache,spartanisch möblierte Zimmer für schmalere Geldbörsen. Abendessen kann organisiert werden. ❸

Nsya Lodge & Campsite, am Ortseingang rechts, ☎ 0752-271009, 💻 www.nsyalodge.com. 5 attraktive Cottages und 5 große Zelte in einem weitläufigen, noch etwas kahlen Garten. Freundliche Ausstattung, Pool, ruhige Lage. Camping ist möglich (US$10 p. P.). ❺ mit Vollpension

Ol Mesera Tented Camp, an der Piste zum Lake Natron, ☎ 0784-4428332, 💻 www.ol-mesera.com. Rustikales, einfaches Zeltcamp, bestehend aus nur 6 Zelten, mit Blick auf das Selela Valley. Besuche im Maasai-Dorf, Walking Safaris, Kochkurse etc. ❺ mit Vollpension.

Migunga Tented Camp, am Ortseingang links, gut beschildert, zu buchen über Moivaro Lodges & Tented Camps, ☎ 027-2506315, 💻 www.moivaro.com. Rustikales Zeltcamp in einem Wald von Fieberakazien vor üppig grüner Dschungelkulisse am Fluss Mto wa Mbu. Gemütliches Restaurant. Bird Walks, Mountainbiken, Dorf-Besuche. ❻ mit Vollpension

Kirurumu Tented Camp, auf dem Escarpment rechts abzweigen, noch weitere 6 km nordwestlich, zu buchen über Hoopoe, ☎ 027-2507011, 💻 www.hoopoe.com. Das ansprechende, komfortable Camp mit 22 Zelten – ein Klassiker am Lake Manyara – liegt auf der Bruchkante des Great Rift Valley inmitten von stacheligen Akazienhainen. Geräumige 28 Zelte mit Veranda. Highlight: die heimelige Bar mit fantastischem Blick auf den Lake Manyara und die goldbraune Maasai-Steppe. Vogel-Safaris, Ausflüge zu Maasai-Dörfern, ethno-botanische Exkursionen, Massagen. ❻ mit Vollpension

Lake Manyara Hotel, auf dem Escarpment links abzweigen, noch weitere 2 km südöstlich, zu buchen über Hotels & Lodges Ltd, ☎ 027-2544595, 💻 www.hotelsandlodges-tanzania.com. Die älteste Lodge der Gegend mit 150 recht kleinen Zimmern wurde 2010 general-

Safaris im Norden

saniert, für authentisches Safari-Flair ist die Lodge aber viel zu groß. Sie hat aber unbestritten das beste Panorama auf den Lake Manyara. Pool, Fitnesscenter, Panorama-Restaurant. ❻ mit Vollpension

Camping
Direkt im Ort befinden sich **Twiga Campsite**, **Jambo Lodge Campsite**, **Nsya Lodge & Campsite** (jeweils US$10 p. P.). **Panorama Campsite** liegt oben auf der Bruchkante rechts wenige Kilometer hinter Mto wa Mbu, 7000 TSH p. P., Zelte mit Holzbetten und Überdachung 10 000 TSH p. P., ☎ 0765-379641. Der letztgenannte Platz liegt in einer üppig grünen Anlage, hat den schönsten Ausblick auf den Lake Manyara sowie das Great Rift Valley und ist deshalb unbedingt zu bevorzugen!

Essen
Red Banana Café, direkt im Ort am Highway. Einfache tansanische Gerichte – und dazu hat man einen wunderbaren Überblick über das lebhafte Treiben im Ort. ⏲ tgl. durchgehend. *Nyama choma* (Fleischspieße) und andere traditionelle Gerichte gibt es im **Micasa es su cas** sowie im **Fiesta Complex** (beide links von der Hauptstraße weiter nach hinten versetzt). ⏲ tgl. durchgehend.

Einkaufen
Der größte Souvenirmarkt ist sicherlich der **Maasai Central Market**, ⏲ tgl. 8–18 Uhr, aber auch die umliegenden Verkaufsbuden oder die Stände entlang des Highways bieten teilweise identische Ware. Unbedingt handeln! Jeden Donnerstag ist Markttag in Mto wa Mbu.

Aktivitäten und Safari-Veranstalter
Die Basis des hiesigen **Kulturtourismusprogramms** ist im Red Banana Café, ☎ 0784-606654, angesiedelt; Herr Wesley Hans Kileo führt die Unternehmung. Im Vordergrund stehen die Vermittlung der lokalen Kultur, Traditionen und Exkursionen ins Umland. Village Tour für 2 Pers. 61 000 TSH, Besuch einer Maasai Boma 81 000 TSH für 2 Pers. Geführte Spaziergänge führen z. B. zum Lake Miwaleni oder auf den Grabenbruch (beide je 61 000 TSH für 2 Pers.).

Mountainbiken ist ebenfalls möglich, ab 50 000 TSH p. P. Mehrtägige Wanderungen zum Lake Natron können arrangiert werden. Achtung: Unternehmungen sollten nur mit akkreditierten Führern des Projekts erfolgen. **Wayo Africa** (s. S. 380) bietet Mountainbiken oder Wanderungen den Grabenbruch hinunter (jeweils US$35, 3 Std.).

Sonstiges
Geld
Bei Twiga Campsite & Lodge befindet sich ein NBC-Geldautomat (Visa-Card).

Internet
Lilac Internet, rechts von der Hauptstraße im Dorfzentrum, 3000 TSH/Std.
Twiga Campsite & Lodge 5000 TSH/Std.

Medizinische Hilfe
Am Ortsausgang liegt rechts der Teerstraße das **Lutheran Hospital**.

Transport
Busse
Überlandbusse von und nach ARUSHA (ca. 2 Std.) stoppen in Mto wa Mbu. Weitertransport mit Daladalas. Lodges organisieren gerne die Abholung von der Bushaltestelle.

Flüge
In der Nähe der Lake Manyara Serena Lodge befindet sich ein Flugfeld. Linienflüge werden u. a. von Air Excel und Regional Air angeboten, von ARUSHA einfach um US$81.

Lake Manyara National Park

- **Zugang**: Der einzige öffentliche Zugang (mit Zahlstelle und Informationszentrum) erfolgt im nördlichen Teil von Mto wa Mbu über den Highway (links abzweigen).
- **Eintritt**: US$35 für 24 Std.
- **Beste Reisezeit**: Ganzjährig bis zum Endabash River befahrbar, Trockenzeit (Juli–Okt) ideal für große Säugetiere, Regenzeit (Nov–Juni) für Vogelexpeditionen.

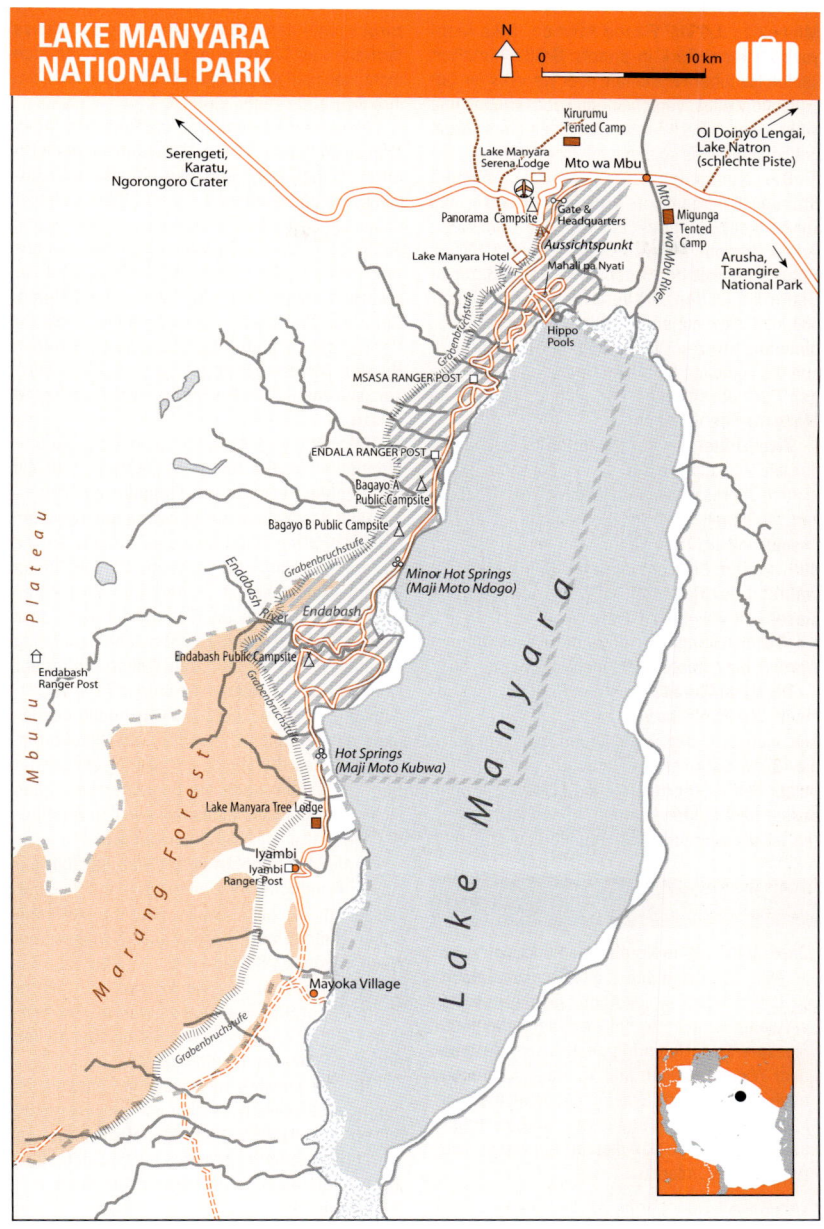

N

0   10 km

Serengeti,
Karatu,
Ngorongoro Crater

Ol Doinyo Lengai,
Lake Natron
(schlechte Piste)

Kirurumu
Tented Camp

Lake Manyara
Serena Lodge

Mto wa Mbu

Panorama Campsite

Gate &
Headquarters

Migunga
Tented
Camp

Lake Manyara Hotel

Aussichtspunkt

Mahali pa Nyati

Arusha,
Tarangire
National Park

Hippo
Pools

Grabenbruchstufe

Mto wa Mbu River

MSASA RANGER POST

ENDALA RANGER POST

Bagayo A
Public Campsite

Bagayo B Public Campsite

Grabenbruchstufe

Minor Hot Springs
(Maji Moto Ndogo)

Endabash River

Endabash

Mbulu   Plateau

Endabash
Ranger Post

Endabash Public Campsite

Grabenbruchstufe

Lake   Manyara

Hot Springs
(Maji Moto Kubwa)

Lake Manyara Tree Lodge

Marang   Forest

Iyambi

Iyambi
Ranger Post

Mayoka Village

Safaris im Norden

Mit seinen 330 km² Fläche kann der Lake Manyara National Park in puncto Größe nicht mit seinen Nachbarn mithalten, aber wenn es um botanische Vielfalt, verschiedene Lebensräume und nicht zuletzt Tierreichtum auf kleinstem Raum geht, nimmt er es spielend mit ihnen auf.

Der Nationalpark liegt knapp eineinhalb Stunden Fahrtzeit von Arusha (113 km) – das Tor befindet sich direkt am Highway – am westlichen Ufer des Manyara-Sees auf etwa 1000 m Höhe, unterhalb der Bruchstufe des großartigen Ostafrikanischen Grabenbruchs. Von dieser 500 bis 600 m hohen, dramatisch schönen Grabenwand stürzen Wasserfälle ins Tal und speisen die von allen Seiten murmelnden Bäche, die den Park durchziehen und sich schließlich im Manyara-See vereinen.

Zwei Drittel des gesamten Parkareals nimmt der leicht alkalische **See** ein, wobei seine Größe je nach Jahreszeit variiert. Während der Trockenzeit, zwischen Juni und September, ist er fast ausgetrocknet, Tiere können ihn mit Leichtigkeit durchwaten. Ein ganz anderes Bild bietet sich während der Regenzeit im März oder April: In dieser Zeit steigt der Wasserpegel stark an und die Bäche können zu reißenden Wasserläufen werden, die mitunter nicht mehr passierbar sind.

Die **Baumlöwen** haben den Park bekannt gemacht. Ihr atypisches Verhalten, auf Ästen zu ruhen, mag darin begründet liegen, dass hier bis in die 1970er-Jahre große Elefanten- und Büffelpopulationen existierten, die die Löwen von oben besser beobachten konnten. In den letzten Jahren ist die Sichtung der Baumlöwen drastisch zurückgegangen; möglicherweise starb dieses Verhalten im Manyara aus, da die Löwen sich nicht mehr auf die Bäume bemühen müssen, um ihre Beute zu sehen.

Große Familien von frechen Pavianen leben ebenso im Park wie Grüne Meerkatzen. Auch Giraffen, Büffel, Impalas, Kudus, Dikdiks, Warzenschweine, Schakale und Zebras fühlen sich hier heimisch. Seit wenigen Jahren werden – wenn auch noch selten – **Geparden** gesichtet, da das Wasser des Sees sich größtenteils so weit zurückzieht, dass sie ausreichend jagen können. Geparden brauchen flaches Gelände, damit ihr Überraschungsangriff auf Beute nach wenigen Hundert Metern Sprint gelingt, ansonsten müssen sie vor lauter Erschöpfung ihr Vorhaben lassen.

Bekannt ist der Park für seine große Elefantenpopulation. Die dichte Vegetation stellt ein regelrechtes Festessen für **Elefanten** dar. Immerhin zählt das Naturschutzgebiet zu den Gebieten mit der größten Elefantendichte Afrikas. So wie im Tarangire-Park oder im Ruaha-Park im Süden können Besucher mit Sicherheit viele Herden beobachten. Es liegt natürlich auf der Hand, dass zu viele Elefanten den Baumbestand nachhaltig schädigen, was auch in den 1980er-Jahren der Fall war. Doch Wilderer lösten das Problem, indem sie mit schweigender Zustimmung der Tanapa einige hundert Elefanten abschlachteten. Heute ist das Gleichgewicht wieder einigermaßen hergestellt, doch als Besucher kann man sich immer noch ein gutes Bild von den zerstörerischen Kräften der Elefanten machen.

An die 400 **Vogelarten** hat man gezählt, darunter Flamingos, Watvögel, Reiher, Pelikane, Ibisse, Afrikanische Löffler, Störche (Afrikanischer Nimmersatt), Kormorane, Nilgänse und Nashornvögel. Während und kurz nach der Regenzeit, wenn der See viel Wasser führt, ist er Treffpunkt großer Flamingoschwärme. Das restliche Jahr verbringen die rosa Vögel aber an den anderen Sodaseen Nordtansanias.

Wie die meisten Gewässer in Tansania ist auch der Lake Manyara akut bedroht, was nicht nur auf die ausbleibenden Regenfälle zurückzuführen ist, sondern vor allem auf die sich ständig ausdehnende Landwirtschaft im Hochland,

Leichtfüßig wie ein Hippo

Die Hippo Pools im Norden des Parks sind zwar zu jeder Tageszeit sehr beeindruckend, doch ganz besonders in der Abenddämmerung. Da verwandeln sich die schwerfällig wirkenden Flusspferde in leichtfüßige Grazien, die aus dem Wasser steigen und sich auf die Suche nach Gras machen. Erst am nächsten Morgen kehren sie ins kühlende Nass zurück. Frühaufsteher können das gleiche Spektakel also zweimal bewundern.

z. B. in Karatu. Entwicklungsprojekte, in deren Rahmen die Bauern im Hochland über ihre wasserintensiven Produkte aufgeklärt und zu neuen Anbaumethoden angeleitet werden, sind bereits initiiert worden.

Im nördlichen Teil

Gleich hinter dem Parkeingang beginnt die saftig grüne Zone, die von unterirdischen Quellen aus den Ngorongoro Highlands ganzjährig bewässert wird. Im dichten **Grundwasserwald**, der mit seinen unbekannten Geräuschen und exotischen Düften viel mehr an einen tropischen Regenwald erinnert, finden sich verschiedenste Baumarten, darunter der vertraute *Ficus benjaminii*, Wilde Feigenbäume, Tamarinden-Bäume, Baobabs, Mahagoni-Bäume und nicht zu vergessen die bizarr aussehende Leberwurstbaum.

Auch die bei den Maasai als Emanyara bekannte Euphorbien-Art – eine genügsame Sukkulenten-Spezies, die mit ihren vielen dünnen Armen an einen Kaktus erinnert – gedeiht hier prächtig.

Wenige Kilometer nach dem Eingang weisen Schilder den Weg zum **Mahali pa Nyati** (dt.: Platz der Büffel), von wo aus die **Hippo Pools** zugänglich sind, Heimat einer Vielzahl von Flusspferden. Viele Wasservögel schätzen die Gesellschaft dieser prustenden Giganten, wobei der faszinierende Kontrast zwischen zierlich und behäbig ein lohnendes Fotomotiv abgibt. Jenseits der kleinen schlammigen Wasserlöcher breitet sich fruchtbares Grasland aus; in der ferne sieht man Büffel grasen oder Zebras springen, und an vielen Tagen im Jahr reicht der Blick bis zu den Hügeln des Tarangire-Parks und zum spektakulären Great Rift Valley.

Südlich des Grundwasserwalds

Wenige Kilometer hinter dem Gate, auf der Hauptstraße in den Süden, gelangt man unvermutet in eine vollkommen andere Vegetationszone. Hier beginnt die für Afrika so typische **Gras- und Akazienlandschaft**. Am mitunter steil aufragenden Escarpment (dt.: Bruchstufe) dominieren jahrhundertealte Baobab-Bäume die Szenerie, noch weiter südlich leisten Palmen und Feigenbäume den Akazien Gesellschaft.

Nach ca. 25 km ist der breite **Endabash River** erreicht, dessen Durchquerung der Pirschfahrt einen Hauch von Abenteuer verleiht. Während der Regenzeit muss hier kehrtgemacht werden, da kein Fahrzeug den reißenden Wassermassen gewachsen wäre. Südlich des Endabash sprudeln **heiße Quellen** (Maji Moto Kubwa) an die Oberfläche, die über 60 °C heiß sind und aufgrund ihres hohen Schwefelgehalts übel riechen. Die kleineren Quellen (Maji Moto Ndogo) befinden sich 3 km vor dem Endabash, sprudeln aber aufgrund des niedrigen Wasserpegels des Sees schon seit längerem nicht mehr.

Übernachtung

Lake Manyara Tree Lodge, 45 km südlich vom Parkeingang, zu buchen über andBeyond Deutschland, ☎ +49-2131-1533991, 🖥 www.andbeyondafrica.com. Ultimative Safari-Eleganz zum stolzen Preis. Man schläft in romantischen Baumhäusern, die Duschen sind unter freiem Himmel. Schicke Zeltcottages Sonnenuntergänge mit einem Cocktail auf der eigenen Veranda mit Zimmerservice. Nachtpirschfahrten US$85 p. P. April/Mai geschlossen. ❼
Die **Public Campsites** liegen in der Nähe des Haupteingangs, US$30 p. P. Für die **Special Campsites** s. Tanapa Arusha, S. 382.
Tanapa Resthouse, neben den öffentlichen Campingplätzen, zu buchen über Tanapa Arusha, s. S. 382 (je nach Saison notwendig), US$30 p. P. ohne Verpflegung.
Aus Kostengründen empfiehlt sich das Campen außerhalb in Mto wa Mbu.

Aktivitäten

Start der **Nachtpirschfahrten** um 19.30 Uhr beim Gate. Kosten: neben dem Eintritt zusätzlich US$50 sowie US$20 p. P. Conservation Fee. Die nachtaktiven Tiere stehen im Fokus einer Nachtsafari, allen voran die Großkatzen Löwen und Leoparden, aber auch Flusspferde, Warzenschweine oder Buschbabys können beobachtet werden, während die nächtliche Geräuschkulisse den Sternenhimmel erfüllt. Der Lake Manyara National Park ist der einzige Park im Norden, in dem Nachtpirschfahrten erlaubt sind. Zu buchen bei Wayo Africa (S. 380).

Safaris im Norden

Im Großen und Ganzen sind die Schotterpisten im Park in ausgezeichnetem Zustand und sogar in der Regenzeit befahrbar. Links und rechts gehen von der Hauptroute immer wieder Rundwege (Circuits) ab, die alle wieder zurück zur Hauptstraße führen. Es sind ausreichend Schilder vorhanden, Verirren ist praktisch ausgeschlossen.

Ol Doinyo Lengai und Lake Natron

- **Zugang:** Der Zugang erfolgt über Mto wa Mbu und Engaruka.
- **Eintritt:** Die Maasai-Gemeinschaft erhebt offiziell für das Natron Nature Reserve folgende Gebühren: In Engaruka US$5–10 p. P. (und US$20 für ausländische Fahrzeuge), in Ngare Sero am Lake Natron US$15 p. P. und US$20 pro Fahrzeug mit ausländischem Kennzeichen. In letzter Zeit gab es einen „Wildwuchs" von willkürlichen und illegalen Gates (samt utopischen Gebühren); als weißer Autofahrer muss man sich darauf einstellen, dass man viel mehr als einheimische Fahrer (mit ausländischen Gästen) bezahlen muss. Reisende erzählen von Forderungen von US$150 pro ausländischem Vehikel. An weiteren illegalen Gates dazwischen können Zahlungen zwischen US$20–40 fällig werden.
- **Beste Reisezeit:** Außerhalb der Regenzeiten, am besten Juli–Okt und Dez–Feb.

Der äußerste Norden des Landes wird von Vulkanen geprägt und ist ein Landstrich voller bizarrer Schönheiten: dem aktiven Vulkan Ol Doinyo Lengai (was übersetzt so viel wie „Der Berg Gottes" heißt), dem flimmernden Lake Natron, dem zerfurchten Ostafrikanischen Grabenbruch sowie endlosen Sand- und Steinwüsten.

Außer den Maasai, ihren Rinder- und Ziegenherden und Abertausenden von Flamingos weiter nördlich scheint der glühend heiße Lebensraum den meisten Lebewesen zu feindselig zu sein – auch Touristen. Viele Monate im Jahr ist dieses Gebiet durch großflächige Überschwemmungen und tiefe, Hochwasser führende Flüsse

nicht erreichbar, und auch in Trockenzeiten stellt die wilde (teilweise nicht erkennbare) Piste eine Herausforderung für Fahrzeug und Fahrer dar. Sie führt zuerst durch endlose Grassteppen, später durch karge Geröllwüsten und zwischen Vulkangipfeln hindurch (125 km von Mto wa Mbu bis Ngare Sero, 4–6 Std.). Ständige Begleiter sind Zebraherden, Gnus, Giraffen, Gazellen und Riesentrappen.

Die Fahrt in den äußersten Norden des Landes beginnt recht idyllisch auf einer unscheinbaren, anfangs passablen Schotterpiste (Abzweigung kurz vor Mto wa Mbu beim großen Hinweisschild zur Lodge E Unoto Retreat). In der knochentrockenen Dornstrauchsavanne säumen mächtige Baobab-Bäume die Piste. Links davon erstreckt sich die 300 m hohe Wand des Ostafrikanischen Grabenbruchs, rechts davon gewährt die großflächige Maasai-Steppe sporadische Einblicke. Von Weitem schon ist der 2865 m hohe Mount Kitumbeine sichtbar.

Engaruka

Nach 48 km ab Mto wa Mbu passiert man den Ort Selala, bei KM 64 ist Engaruka erreicht. Das staubige, wenig ansehnliche Dorf liegt am Talboden des Rift Valley Escarpment. Wasserläufe vom Escarpment speisen den Ort mit Wasser, weswegen sich dort überhaupt erst so etwas wie eine Ansiedlung breitmachen konnte. Am Rande der Stein- und Sandwüste erheben sich immer wieder kleinere Windhosen, die hier als „Teufelsfinger" bezeichnet werden und den Menschen Unglück bringen sollen, wenn sie von ihnen berührt werden.

Die wenig besuchten **Steinruinen von Engaruka** sind ein bemerkenswertes Zeugnis des erstaunlichen Wissens alter tansanischer Stämme. Auf einer Größe von ungefähr 20 km² stehen Ruinen von vermutlich sieben Dörfern, die alle durch ein komplexes Bewässerungssystem aus steinernen Kanälen, Drainagen und Dämmen verbunden sind. Allerdings ist über diese alte Gemeinde nur wenig bekannt. Experten schätzen die Entstehung der Dörfer auf das 15. Jh.; auch über die Auflassung der Siedlung in der Mitte des 18. Jhs. gibt es nur Vermutungen. Die wahrscheinlich 5000 Personen fassende Siedlung wurde nicht von den Maasai erbaut, da in ihren Überlieferungen von solch einem Ort keine Rede ist. Sie dürften die verlassenen Gemäuer allerdings übernommen haben. Aufgrund von heute noch sichtbaren Affinitäten glauben Archäologen, dass die Iraqw, die heute rund um Karatu leben, oder die Sonjo, die gegenwärtig in der Nähe des Lake Natron sesshaft sind, die Erbauer sein könnten.

Das hiesige **Kulturtourismusprogramm** bietet Führungen durch die Ruinen und das Dorf und öffnet die Türen einer Maasai-Boma. Sonntags und donnerstags findet der Maasai-Markt statt, wo sich die Maasai mit allen notwendigen Dingen des Lebens eindecken – mit Sicherheit ein eindrucksvolles Erlebnis. Wanderungen sowie die Besteigung des Escarpment werden ebenfalls organisiert; Ansprechpartner hierfür ist Herr Benjamin unter ☎ 0787-228653, ✉ engaruka@ yahoo.com.

Bescheidene Campsites existieren; Obst und Gemüse gibt es auf dem Markt von Engaruka. Maasai-Frauen kochen auf Anfrage Abendessen.

Je weiter nördlich man gelangt, desto karger wird die Landschaft. Zuerst dominiert Grassteppe mit niedrigen Akazien und Buschgewächs, bald aber bestimmen Geröll- und Steinwüsten sowie endlose Sandlandschaften vulkanischen Ursprungs das Bild. Mit zunehmender Entfernung von Mto wa Mbu verschlechtert sich auch die Piste.

Die Fahrt nach Ol Doinyo Lengai geht über wilde Schotter- und Sandpisten, durch Schlaglöcher und tiefe Flussbetten – oft ist die Piste gar nicht deutlich erkennbar. Es bedarf schon eines routinierten und ortskundigen Off-Road-Fahrers, um in diesem schwierigen Terrain sicher ans Ziel zu gelangen.

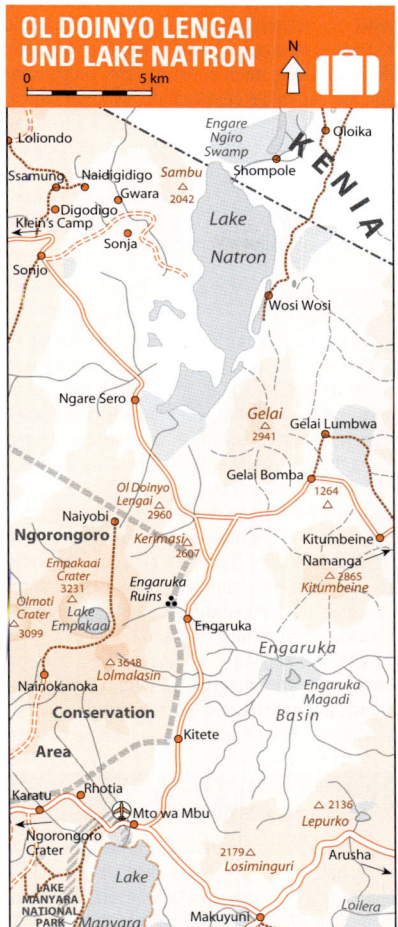

11 HIGHLIGHT

Ol Doinyo Lengai

Von allen Vulkanen entlang des Great Rift Valley, in den sogenannten Crater Highlands, ist der Ol Doinyo Lengai (2960 m) der einzige, der noch aktiv ist. Der perfekt kegelförmige heilige Berg der Maasai bricht seit 2006 in regelmäßigen Abständen aus und spuckt Asche sowie schwarze, „kalte", sehr dünnflüssige Lava. Je nach Intensität sind die umliegenden Maasai-Dörfer bedroht. Vor einem Besuch ist deshalb unbedingt mit einem Tour Operator in Arusha oder sachkundigen Leuten in Mto wa Mbu Rücksprache zu halten, ob ein Zugang möglich ist.

Für Wissenschaftler ist der Ol Doinyo Lengai ungemein interessant, weil er nämlich eine geologische Besonderheit aufweist. Wie nur wenige andere Vulkane weltweit speit er **Natrokarbo-**

natit, ein Gemisch aus Natrium-, Kalium- und Kalzium-Karbonatiten, aus. Gewöhnlich kommen diese Minerale auch in Kreide oder Backpulver vor. Sie haben die Eigenschaft, nicht nur binnen kurzer Zeit zu erhärten, sondern sie verfärben sich auch noch grau-weißlich, was dem Vulkan das Aussehen eines schneebedeckten Gipfels verleiht. Zusätzlich sind sie für die Säure im Lake Natron verantwortlich, die vom Regenwasser nach unten ausgewaschen wird.

Besteigung des Ol Doinyo Lengai

Zur Zeit der Recherche war die Besteigung wegen der verstärkten vulkanischen Aktivität zu gefährlich. Die neueren, steileren Routen zum Gipfel nehmen 8–10 Std. in Anspruch und erfordern meist eine Übernachtung auf dem Gipfel. Berichte über Verletzungen und Verbrennungen (die schwarze, kalte Lava hat 500 °C) kursieren. Mit Kosten von etwa US$100–150 p. P. ist zu rechnen, wenn man die Besteigung ohne Tour Operator in Eigenregie organisiert. Am besten ist es jedoch, den Trek mit einem Tour Operator zu unternehmen, denn da werden bergerfahrene, „dolmetschende" Guides gestellt. Einige der Maasai sprechen kein Englisch.

Eine Besteigung ist momentan wirklich nur erfahrenen, **trittsicheren**, **schwindelfreien und eigenverantwortlichen Wanderern** mit ausgezeichneter Kondition und ohne Knieprobleme zu empfehlen. Auf den Rat eines Maasai darf man in dieser Angelegenheit nicht vertrauen; sie schätzen Gefahren anders ein als westliche Besucher, denn immerhin besteigen sie diesen Berg bei jeder Witterung und mit (in unseren Augen) bescheidenem Schuhwerk. Das nächste kompetente Krankenhaus liegt im etwa acht Stunden entfernten Arusha.

Lake Natron

Zu Füßen des Ol Doinyo Lengai liegt der seichte, sodahaltige Lake Natron, der nur über wenige Zuflüsse und keinen einzigen Abfluss verfügt. Während und nach den Regenzeiten speisen die Flüsse aus den umliegenden Hochländern den See, allen voran der Ngare Sero River aus dem Ngorongoro-Hochland. Deshalb schwankt die Fläche des Sees zwischen über 1000 km² am Ende der Regenzeit und wenigen Quadratkilometern gegen Ende der Trockenzeit.

Oftmals trocknet der flache See gänzlich aus. Übrig bleiben Salzkristalle, die Schicht für Schicht **weiße Krusten** auf dem Lake Natron bilden. Wenn diese in besonders regenarmen Jahren aufreißen, setzen sich in den Erdspalten Mineralien ab. Aus der Vogelperspektive erscheinen diese Risse dann wie eine gigantische Wabenfläche. Purpurbakterien färben die Wasserflächen zwischen den Sodarändern blutrot – ein faszinierendes Naturschauspiel.

Lake Natron – ein See in Not

Schon zu Zeiten der deutschen Kolonialverwaltung gab es Stimmen, die für eine Eisenbahnlinie bis zum Lake Natron zum Abtransport des Salzes eintraten. Mangels Wirtschaftlichkeit wurde das Projekt aber nie umgesetzt. Jetzt, über ein Jahrhundert später, scheint dieser Plan in abgewandelter Form Gestalt anzunehmen. Ein indisch-tansanisches Konsortium will mit tatkräftiger Unterstützung der tansanischen Regierung eine US$400 Mio. schwere Sodaasche-Fabrik am Lake Natron bauen. Hand in Hand damit sollen eine breite Teerstraße, eine Eisenbahnlinie, ein Kraftwerk, Pipelines sowie Wohnsiedlungen für die Bauarbeiter und Angestellten errichtet werden.

Staaten aus aller Welt laufen Sturm gegen diese Pläne. Ein weltweit einzigartiges Ökosystem, die Brutstätte von bis zu 2,5 Mio. Zwergflamingos, steht vor der Vernichtung. Nicht nur die Tierwelt, sondern auch die Maasai sind (erneut) die Verlierer dieses Großprojekts, denn wie schon in anderen Fällen, z. B. Ngorongoro Crater, sollen sie aus ihrem angestammten Lebensraum brutal und ohne staatliche Entschädigung vertrieben werden. Doch alle Proteste verhallen ungehört, denn Präsident Kikwete hält unbeirrbar daran fest, dass der wirtschaftliche Aufschwung seines Landes vorgeht. 500 000 t Sodaasche sollen pro Jahr produziert werden – als Rohstoff für die Glaserzeugung oder in der chemischen Industrie.

Für die **rosarote Färbung** des Sees, die allerdings nur saisonal sichtbar ist, zeichnen einzellige Algen, die Spirulinas, verantwortlich. Diese mit Purpurbakterien versetzten Algen sorgen nicht nur für die partielle Kolorierung des Sees, sondern auch für die charakteristische Färbung der **Zwergflamingos**, deren natürliches Habitat dieses ansonsten lebensfeindliche Milieu darstellt. Hier können die Vögel ohne Angst vor ihren Jägern nisten und brüten, weshalb der Lake Natron auch zu einem der weltgrößten Brutgebiete für Zwergflamingos zählt. Irrtümlicherweise wird oft angenommen, dass die Flamingos sich von Fischen ernähren, die hätten jedoch im Sodawasser kaum Überlebenschancen. Richtig ist vielmehr, dass sie das Wasser durch ihren siebähnlichen Schnabel seihen und so die darin enthaltenen Algen aussondern.

Da die Uferregion sehr schlickig und matschig ist, kann man sich dem See nur unter äußerst schwierigen Umständen nähern. Die Flamingos sind nur von Weitem auszumachen, ein Fernglas ist hier unbedingt erforderlich!

Übernachtung

Lake Natron Tented Camp & Campsite, zu buchen über Moivaro, ☎ 027-2506315, 🖥 www.moivaro.com. Das nach dem Fluss gleich rechts, ca. 1 km nördlich vom Gate gelegene Camp mit 9 Zelten wirkt wie eine Oase in der sonst so trostlosen Steinwüste. Man schläft in typischen Safari-Zelten – nicht ganz so luxuriös, aber es herrscht ein familiäres Klima. Spaziergänge, Besteigungen des Ol Doinyo Lengai (wenn möglich) und Wanderungen an den Grabenbruch werden organisiert. Günstiger als das Ngare Sero Camp. ❻ mit Vollpension, Camping US$10 p. P.

Ngare Sero Lake Natron Camp, zu buchen über Ngare Sero Lodge, ☎ 073-2978931, 🖥 www.ngare-sero-lodge.com/natron_camp.htm. Einfaches Buschcamp, das aus typischen Safari-Zelten mit riesigen Moskitonetzen besteht. Die Ausstattung und der Service rechtfertigen aber nicht den Preis, der mehr als doppelt so hoch wie beim Moivaro-Camp ist. ❼ mit Vollpension

Kamakia Waterfall Campsite, beim Gate links abzweigen. Der Campingplatz liegt zu Füßen eines saisonalen Wasserfalls, in dessen Pools auch gebadet werden kann. Im Hintergrund ragen imposante Ausläufer des Escarpment auf. Die Zeltplätze liegen im Schatten großer Bäume, was in der Gluthitze ein wenig Abkühlung bringt. Einfache Toilettenanlagen mit Duschmöglichkeiten. US$10 p. P.
Es gibt noch weitere einfache Campingplätze, nach Möglichkeit ist aber jener vom Lake Natron Tented Camp zu bevorzugen, weil er grüner und einladender ist.

Wandern

Wanderungen auf den Grabenbruch und zum Lake Natron (Beobachtung der Zwergflamingos), Wanderungen zu einem Wasserfall, Maasai Cultural Visit, zu buchen über die Tour Operator in Arusha und Moshi (s. S. 322) oder über das Lake Natron Tented Camp. Zum Crater Highland Trek s. S. 420.

Transport

Die Anfahrt erfolgt entweder mit dem eigenen Fahrzeug oder mit einem erfahrenen Tour Operator. Für einen Ausflug ins Niemandsland sollte der Veranstalter sorgsam gewählt sein. Es muss ein Funkgerät an Bord sein, und für eine Besteigung des Ol Doinyo Lengai hat der Tour Operator auf alle Fälle einen kletterererfahrenen Guide zu stellen. Achtung: genügend Wasser und Erste-Hilfe-Kasten mitnehmen! Reisende ohne Rücken- und Bandscheibenprobleme können in der Trockenzeit die in den Nordwesten verlaufende Piste über Loliondo in die Serengeti (Kleins' Gate) nehmen – aber das Fahrzeug muss im Topzustand und hart gefedert sein (ca. 130 km, 4–6 Std.).
Öffentliche Verkehrsmittel (4x4-Taxis) fahren von MTO WA MBU maximal bis Engaruka – und das nicht immer verlässlich.

Hier im Hinterland besteht die Gefahr von Überfällen, besonders durch organisierte Banden aus Kenia oder Somalia. Für die lokale Polizei ist dieses Gebiet aufgrund der Unzugänglichkeit schwer zu kontrollieren.

Karatu

Nachdem man den Aufstieg auf die Bruchkante des Great Rift Valley geschafft hat, folgt eine sanft hügelige Landschaft, die an heimische Gefilde erinnert. Riesige Mais- und Weizenfelder, Kaffeeplantagen oder gar Sonnenblumen wiegen sich im Fahrtwind der vielen Safari-Fahrzeuge, weswegen die Bezeichnung „Kornkammer Tansanias" auch durchaus gerechtfertigt ist. Auf dem Mbulu-Plateau, das auf durchschnittlich 1800–2000 m Seehöhe liegt, machen die meisten Besucher in Karatu, etwa 25 km westlich von Mto wa Mbu und 146 km ab Arusha, halt. Als Tor zum Ngorongoro Crater hat es sich zu einem wichtigen Stopover für Touristen entwickelt.

Während der Tourismus heute einen nicht unbedeutenden Wirtschaftszweig darstellt, leben die meisten der hier ansässigen Iraqw nach wie vor von der Landwirtschaft. So wie zahlreiche deutsche Siedler, die in den 1920er-Jahren hierher – vor allem in die Gegend von Oldeani – emigrierten und im regenreichen Hochland große Farmen aufbauten. Manche ehemaligen Farmen haben sich den neuen Gegebenheiten hervorragend angepasst, weswegen es in dem Gebiet auch überdurchschnittlich viele „Farm"-Unterkünfte gibt.

Wenn auch anderes behauptet wird, ist das Gebiet nicht moskitofrei. Obwohl es in den höher gelegenen Bergregionen (über 1500 m) weniger Moskitos gibt, sollte man dennoch auf Vorsichtsmaßnahmen wie lange Hosen, leichte Jacken oder Anti-Moskito-Spray nicht verzichten. Rund um Karatu ist es übrigens das ganze Jahr über kühl, besonders in den Nächten (warme Fleecejacke unbedingt einpacken).

Safaris im Norden

Übernachtung und Essen

Die Anfahrtsbeschreibungen beziehen sich auf die Anreise von Arusha.
Jema Inn, links von der Hauptstraße im Dorf weiter nach hinten versetzt, ☏ 0769-963225. Landestypisches Gästehaus mit kleinen Zimmern mit Bad/WC, aber ohne Frühstück. ❶
Reedbuck Resort, links von der Hauptstraße im Dorf weiter nach hinten versetzt, ☏ 0786-486473. Landestypisches Gästehaus mit einfacher Ausstattung, aber nicht so lieblos gestaltet wie andere Hotels, z. B. durch bunte Wände. Sicheres Parken möglich, liegt zentral in der Nähe von Bars und Restaurants. ❷
Country Lodge, gleich ums Eck von der Bougainvillea Lodge, ☏ 027-2534622, 🖥 country lodgekaratu.com. Das einfache, im typischen Hochland-Farmstil errichtete Schwesterhotel der Bougainvillea Lodge wurde 2010 eröffnet. Die 22 funktionalen Zimmer in gemauerten Cottages waren zur Zeit der Recherche die günstigste Mittelklasse-Unterkunft in Karatu. ❸ – ❹
Crater Rim View Inn, Mbulu Rd., 500 m vom Highway, ☏ 0755-656502, 🖥 www.crater rimview.com. 14 geräumige und zweckmäßige Zimmer mit großen Betten, aber für den gebotenen Standard zu teuer. Sauber, die Zimmer im Obergeschoss haben ein schönes Panorama. ❹ mit Halbpension
Eileen's Trees Inn, Mbulu Rd., ☏ 0754-276881, 🖥 www.eileenstrees.com. Für Liebhaber schöner, gepflegter Gärten ist das einfache Gästehaus mit 9 Zimmern ein Muss. Ein Pool wird gerade gebaut, im angeschlossenen Restaurant/Café gibt es recht gute Küche. ❹ mit Halbpension
Bougainvillea Safari Lodge, nach dem Ortszentrum rechts, gut beschildert, ☏ 027-2534083, 🖥 www.bougainvillealodge.net. 24 freundliche, geräumige Chalets im etwas kahlen Ethno-Look. Gute Küche, Pool, herzliches Personal. ❺
🌳 **Rhotia Valley Tented Lodge**, vor Karatu rechts, ☏ 0784-446579, 🖥 www.rhotia valley.com. 15 rustikale Safari-Zelte wurden auf Holzplattformen in den Hang gebaut und bescheren traumhafte Blicke auf das Rhotia Valley. Gutes Essen, behagliche Atmosphäre. Die Einnahmen gehen an das benachbarte Kinderheim. ❺ mit Vollpension
Crater Forest Tented Lodge, nach Karatu links (ca. 10 km von der Teerstraße entfernt), ☏ 027-2506315, 🖥 www.craterforesttentedlodge.com. Von den 15 Safari-Zelten (jedes mit kleinem Kamin!) auf Holzplattformen bieten sich von der eigenen Veranda unvergessliche Ausblicke auf den dichten Wald des Ngorongoro Forest und die Oldeani Mountains. Das rustikale Ambiente, geschaffen durch viel Holz und Naturmaterialien, wird von typisch afrikanischen Farben und

Mustern perfekt abgerundet. Familiäre Atmo-
sphäre auf 1800 m, viele Aktivitäten – und
absolute Ruhe. April/Mai geschlossen. ❺
Ngorongoro Farm House, am Ortsende links,
zu buchen über TWC, ✆ 0767-333223,
🖥 www.tanganyikawildernesscamps.com.
Sehr sympathische Lodge mit 50 Zimmern auf
einer Farm mit Blumen- und Gemüsegarten,
Kaffeeplantagen und Feldern. Exzellente
Küche, Pool. Führungen durch Kaffeeplantage,
Massagen, schönes Panorama. Gutes Preis-
Leistungs-Verhältnis. ❺–❻ mit Vollpension
Endoro Lodge, gleiche Anfahrt wie Gibb's Farm,
✆ 0767-190007, 🖥 www.endorolodge.com.
18 geräumige, gemütliche Cottages mit Kamin,
Lounge-Area und allerlei Annehmlichkeiten.
Man sollte gut zu Fuß sein, denn durch die
Lage auf einem Hügel sind die gepflasterten
Gehwege steil. ❺–❻ mit Vollpension
Plantation Lodge, nach Karatu rechts,
✆ 027-2534364, 🖥 www.plantation-lodge.
com. Das weitläufige Anwesen mit gepflegtem
Garten liegt eingebettet in Kaffeeplantagen.
Das koloniale Mobiliar, Antiquitäten und
afrikanisches Kunsthandwerk prägen die
22 geräumigen Zimmer und sorgen für unver-
wechselbare Eleganz. Mit Pool, Aktivitäten und
einer der vorzüglichsten Küchen Tansanias. ❻

Drei Gänge zurückschalten

Gibbs Farm, Abzweigung rechts vor dem
Ortskern, ✆ 027-2534040, 🖥 www.gibbsfarm.
net. Der traditionsreiche Klassiker im Norden
will mehr sein als nur ein Stopover auf einer
staubigen Safari: Die Lodge mit 21 Cottages
und Zimmern auf einer 1929 errichteten Kaffeefarm versteht sich als Oase für Geist,
Körper und Gaumen. Romantische Cottages,
köstliche Küche mit Zutaten aus der eigenen
Produktion, paradiesischer Garten, viele
Aktivitäten (Wanderungen, Kaffee rösten, Dorf-
besuche etc.) und – einzigartig in Tansania –
das African Living Spa mit traditionellen, tansanischen Wellnessbehandlungen. Fazit: Viel
zu schade, um auf Safari zu gehen! Zimmer ❺,
Cottages ❼

Camping

Kudu Campsite, Mbulu Rd., 1 km nach der
Octagon Safari Lodge, ✆ 027-2534055,
🖥 www.kuducamp.com. Schönes Areal zum
Campen, US$10 p. P. Die dazugehörige Lodge
ist für den gebotenen Standard zu teuer.
Karatu Bushman Camp, Mbulu Rd., vor der
Kudu Lodge, kein Telefon. Schöner Campingplatz unter Akazien. US$10 p. P.
Ngorongoro Safari Resort & Camping, direkt
an der Hauptstraße, ✆ 027-2534287. Camping
um US$7 ist empfehlenswert, aber nur wenn
nicht zu viele Campingsafaris und Overlander
angemeldet sind. Ein breites Spektrum an
(überteuerten) Dienstleistungen wird angeboten: Tankstelle, Supermarkt, Bar, Internet,
Telefon-Service, TV.

Essen

Happy Days Pub, Mbulu Rd., ✆ 0786-777717.
Das vormals als „Bytes" bekannte Lokal ist
das einzige seiner Art in Karatu, wo westliche
Gerichte wie Burger, Pizza, Pasta und Ähnliches
in gemütlichem westlichem Ambiente serviert
werden. Die Preise liegen bei 8000–10 000 TSH
pro Hauptgericht. 🕐 tgl. 10–20.30 Uhr, Bar länger.

Einkaufen

Souvenirgeschäfte säumen die Hauptstraße.
Viele der Shops haben den Vorteil, dass sie
Kreditkarten akzeptieren (was im übrigen
Tansania kaum der Fall ist). Mit Sicherheit
lassen sich aber in Arusha, Moshi oder Dar es
Salaam günstigere Schnäppchen machen.
Es gibt Obst- und Gemüsemärkte, kleinere
Lebensmittelläden und (überteuerte) Super-
märkte – ideal um sich vor der Serengeti
noch einmal einzudecken.

Aktivitäten

Kulturtourismus
Die Unterkünfte in Karatu organisieren
informative Touren, z. B. zu Iraqw-Dörfern,
traditionellen Maasai-Bomas oder Maasai-
Märkten.

Wandern
Die meisten Unterkünfte bieten kurze Wanderungen rund um Karatu an. Eine ausgedehnte

Safaris im Norden

Wanderung führt zu den Elephant Caves, Erdhöhlen, die von Elefanten gegraben wurden; für weitere längere Wanderungen s. Ngorongoro-Schutzgebiet, S. 413.

Autovermietungen
Die günstigeren Lodges organisieren Mietwagen. Ab US$150 pro Tag mit Fahrer und Benzin.

Geld
NBC Bank (Visa), **Exim Bank** (Visa, Maestro, Mastercard) und **Wechselstube** (alle direkt am Highway).

Internet
Das digitale Zeitalter hat Karatu noch nicht mit voller Wucht erreicht. Viele Unterkünfte haben zwar Computer, einige wenige haben sogar WLAN-Verbindungen, doch insgesamt ist das Internet ziemlich langsam.

Transport

Selbstfahrer
Von Karatu zweigen in Richtung Süden zwei wichtige Pisten ab: Die **Mbulu Road** (mitten im Ort, erkennbar an den Schildern für die Kudu Lodge oder die Octagon Lodge) führt über das Mbulu Plateau und Magara (s. S. 399, Magara Waterfalls) zum Dodoma Hwy. und dem Tarangire National Park. Die zweite Piste zweigt bei der Ortsausfahrt links vom Highway beim

Unbedingt buchen

Wie bereits mehrfach erwähnt, ist Tansania kein klassisches Selbstfahrerland. Das merkt man auch daran, dass man hier im Norden kaum unangemeldet an eine Pforte klopfen kann. Die Unterkünfte füllen sich rasch, teilweise mit Vorlaufzeiten von bis zu einem Jahr. Zeltplätze sind da noch die beste Alternative, obwohl bestimmte Plätze besonders beliebt und daher ebenfalls überlaufen sind.
Wer kann, sollte die Monate Juli und August meiden.

Schild „Anna Gamazo Secondary School" ab und führt zum **Lake Eyasi** (s. u.).
Safaris können ausnahmslos nur mit Safari-Veranstaltern oder einem Mietwagen (samt Driver) unternommen werden (s. Hinweise zu Selbstfahrer-Safaris S. 86 und 102).

Busse
Mit Überlandbussen ist Karatu von ARUSHA aus bequem in ca. 3 Std. erreichbar. Dar Express oder Saibaba starten nahe der NBC Bank (5000 TSH).

Lake Eyasi

Nirgendwo sehen der Ostafrikanische Grabenbruch und die Vulkane der Crater Highlands malerischer aus als vom Lake Eyasi aus betrachtet. Relativ unberührt (auch von Touristen) liegt knapp 50 km (ca. 2 Std. Autofahrt) westlich von Karatu der größte der leicht alkalischen Great Rift Valley-Seen. Der in Regenzeiten bis zu 70 km lange See hat für Tansania insofern Bedeutung, als hier das Volk der **Hadzabe** lebt, die als letzte echte Jäger und Sammler Tansanias gelten. Die kleine Gruppe von Buschmännern jagt noch mit Pfeil und Bogen, sammelt Früchte und gestaltet ihren Alltag wie unsere Vorfahren im Steinzeitalter.

Der Bevölkerungsdruck der letzten Jahre hat das Jagdgebiet der Hadzabe massiv eingeschränkt. Mehr und mehr Menschen lassen sich im einst unwirtlichen Hinterland von Karatu nieder und erwirtschaften durch den Anbau und Verkauf von roten Zwiebeln bescheidenen Wohlstand. Die hier sesshaften Datoga, ein den Maasai ähnliches Volk von Viehhütern, pochen auf ihr Vorrecht an Weideland. Die Lebensweise der Buschmänner gelangt so unter enormen Druck. Einige Familienverbände, besonders in der Nähe des Dorfes Man'gola, haben sich den Touristen geöffnet, nehmen sie mit auf die Jagd und verkaufen ihnen Souvenirs. Andere haben sich weit weg von den Siedlungen niedergelassen und möchten ihre Traditionen nicht mit Fremden teilen. Die Gruppe der letztgenannten Hadzabe wird auf 800–1200 Menschen geschätzt; in Summe soll es noch an die 2000 geben. Mehr Informationen, im Besonderen über die Bedrohung ihres Lebensraums, finden sich im Kapitel „Land und Leute", S. 130.

Kisima Ngeda Tented Camp, 🖳 www. kisimangeda.com. Intimes, schönes und persönlich geführtes Zeltcamp am Ufer des Sees inmitten einer immergrünen Oase aus Akazien- und Feigenbäumen und Wilden Palmen. Die deutsch-argentinischen Besitzer führen das Camp nach ökologischen und Fair-Trade-Prinzipien. Pool, zahlreiche Aktivitäten. Ideal als Safari-Ausklang, wenn man nicht unbedingt ans Meer will. Tipp: Beim Sundowner auf dem Felsen überblickt man den ganzen See bis zum Rift Valley und zu den perfekten Vulkankegeln der Ngorongoro Highlands. ❻ mit Vollpension Man kann beim Kisima Ngeda auch campen. Weitere Campingplätze stehen zur Verfügung, z. B. das **Bushman Camp** (US$10 p.P.).
Das **Tindiga Tented Camp**, ein wenig südlich davon, ist einfach und rustikal. ❺ mit Vollpension

Kulturtourismus

Die Attraktion besteht darin, mit den **Hadzabe** auf die Jagd zu gehen. Weiters kann ein Dorf der **Datoga** besucht werden und den Datoga-Schmieden bei der Arbeit zugesehen werden. Nur vom Dorfkomitee akkreditierte **Guides** (mit Namensschild) sollten angeheuert werden, die eine Rechnung ausstellen können (und die Gelder auch wirklich weiterleiten). Das Kisima Ngeda Tented Camp vermittelt akkreditierte Führer; einige der Tour Operator hingegen nehmen es nicht so genau. Jene Hadzabe, die Touristen empfangen, haben keine Berührungs-ängste und sind westlichen Einflüssen nicht abgeneigt. Jeweils 25 000 TSH (bis zu 5 Pers.) für die einzelnen Aktivitäten, Guide ebenfalls 25 000 TSH. Am besten man gibt das Geld direkt (nicht über eines der zahlreichen Offices).

Transport

Daladalas fahren in der Trockenzeit mehrmals pro Tag zwischen KARATU und dem See hin und her, Anfahrt s. Karatu, S. 412.

Das Ngorongoro-Schutzgebiet

- **Zugang und Informationen**: Der Zugang erfolgt über Karatu und den Serengeti Highway. Am Lodoare Gate, dem südlichen Zugang, gibt es ein bescheidenes Informationszentrum sowie eine Zahlstelle. Infos findet man unter 🖳 www.ngorongorocrater. org. Weitere Zahlstellen: Naabi Hill Gate von der Serengeti-Seite, Headquarter im Ngorongoro Village.

- **Eintritt**: US$50 pro 24 Std. für die NCA plus US$200 Kraterbenutzungsgebühr pro Fahrzeug. **Beste Reisezeit**: Außerhalb der großen Regenzeit von Juli–März. Von Okt–Feb bestehen die besten Chancen, den Krater wolkenfrei zu genießen. Am tiefsten sinken die Temperaturen im Juli–Aug (um den Gefrierpunkt in der Nacht), bis zu 22 °C warm wird es von Jan–März.

Die Ngorongoro Conservation Area (NCA) umfasst ein Schutzgebiet von 8300 km², wovon der Ngorongoro-Krater ein kleiner, wenn auch äußerst bedeutender Teil ist. Neben dem Ngorongoro Crater finden sich auf dem Areal, das so groß wie Kreta ist, geologische, botanische und nicht zuletzt paläontologische Attraktionen dicht an dicht.

Aufgrund seiner beachtlichen Größe und seiner immensen Höhenunterschiede von 1020 m (Lake Eyasi) bis zu 3648 m (Lolmalasin) ist die NCA ein **Mikrokosmos** für sich. Wüstenartige Savannen (z. B. die Ausläufer der Serengeti und Salei Plains oder Oldupai Gorge) werden an den Kraterrändern von immergrünen, dichten Bergwäldern abgelöst, und fruchtbare, mit Flüssen, Sümpfen und Seen durchsetzte Kraterböden sind ideale Lebensräume für Wildtiere. Je nachdem, in welchem Teil und zu welcher Jahreszeit man sich in der NCA aufhält, zeigt sich dem Besucher ein anderes Bild.

All diese Besonderheiten auf engstem Raum waren Grund genug, das Ngorongoro-Schutzgebiet 1979 als **Weltnaturerbe der Unesco** anzuerkennen. Zuvor aber gab es Auseinandersetzungen mit den hier ansässigen Maasai, die auf ihr Recht zur Landnutzung pochten. Deshalb trennte

Safaris im Norden

die Regierung die NCA vom Serengeti National Park ab – zuvor waren beide Gebiete eine Einheit – und stellte sie 1959 den Maasai als Conservation Area (nicht als Nationalpark) wieder als Weideland zur Verfügung. Man vermutet, dass heute an die 60 000 Maasai in diesem Gebiet leben, und nur ihnen ist es erlaubt, sich in der Schutzzone – den Krater ausgenommen – anzusiedeln. Ihr Vieh dürfen sie allerdings auf den Kraterboden zum Weiden treiben.

Die Erhaltung dieses einzigartigen Naturschutzgebiets ist vor allem dem Engagement des ehemaligen Frankfurter Zoodirektors Professor **Bernhard Grzimek** und seinem Sohn Michael zu verdanken. Sie leisteten Pionierarbeit in der Erforschung und ebneten den Weg zum Schutz der Serengeti sowie der NCA. Der noch junge Michael kam bei den Dreharbeiten zum Film *Die Serengeti darf nicht sterben* 1959 auf tragische Weise um, als ein Geier in den Propeller des Flugzeugs flog. Die Parkverwaltung setzte den Grzimeks ein Denkmal am Kraterrand, direkt an der Straße.

Ngorongoro Crater

Vom Lodoare Gate (166 km ab Arusha) im Süden führt eine Allwetterpiste im Halbkreis um den südlichen Teil des Ngorongoro-Kraters. An einigen Stellen erlaubt der dichte, saftige Bergwald einen spektakulären Blick in die überdimensionale Kraterschüssel. Oftmals kreuzen Wildtiere den Weg, weswegen man die Geschwindigkeit drosseln sollte (auch wenn die Fahrer der Safari-Fahrzeuge dies nur sehr widerwillig tun). Drei offizielle Rampen verbinden den Kraterboden mit dem Kraterrand, der durchschnittlich auf über 2300 m Höhe liegt. Sobald die Besucher den Boden des Kraters erreicht haben, können sie verstehen, warum Kenner vielfach vom „Achten Weltwunder" sprechen: Seelenruhig – vom großen Safari-Zirkus um sie herum vollkommen unbeirrt – leben 25 000 bis 30 000 Tiere, darunter auch die **Big Five**, in diesem riesigen Amphitheater, das scheinbar nur ihnen zu Ehren von der Natur erschaffen wurde. Der weltgrößte, nicht mit Wasser gefüllte Krater der Erde misst 19,2 km im Durchmesser und weist eine Fläche von 304 km² auf. Vom Kraterboden (auf ca. 1700 m Seehöhe) führen 600 m steile Wände zum Kraterrand hinauf.

Auf den ersten Blick sticht der bis zu 3 m tiefe **Lake Magadi** ins Auge, der die tiefste Stelle des Kraters bildet. Seine Größe wird von Regenfällen bestimmt; in der Trockenzeit kommt es regelmäßig vor, dass seine seichteren Uferbereiche austrocknen. Wenn genügend Wasser vorhanden ist, halten sich hier gerne riesige Gnu- und Zebra-Herden auf, außerdem auch Gazellen, Elenantilopen, Wasserböcke, Marabus oder Warzenschweine. Löwen, Schakale oder Tüpfelhyänen liegen hier gern auf der Lauer nach Beute. Besonders Flamingos und andere Wasservögel schätzen das leicht sodahaltige Wasser.

Flankiert wird der See von zwei mehr oder weniger erkennbaren Sümpfen, den **Mandusi Swamps** im Norden und den **Gorigor Swamps** im Süden, Lebensraum unzähliger gefiederter Freunde und Wasserstelle für die Tiere. Die Gorigor Swamps beherbergen auch eine Vielzahl von Flusspferden. Entlang des Munge-Bächleins halten sich gern Leoparden, Büffel und Elefanten auf.

Außer einer bescheidenen Erhebung im Norden, dem **Engitati Hill**, prägen flache, bräunlichgoldene Grassavannen das Bild des Kraterbodens in der Trockenzeit. Das hohe Gras macht es mitunter schwierig, Tiere auszumachen. Spitz-

Einfahrt über die Lemala-Route

Die meisten Safari-Fahrzeuge fahren über das Seneto Gate im Nordwesten in den Krater und verlassen ihn über den Lerai-Ausgang; beide sind nur in eine Richtung befahrbar. Seltener frequentiert, landschaftlich abwechslungsreicher und vor allem weniger steil ist der Zugang im Osten bei der Sopa Lodge (Lemala-Route). Wer hier in den Ngorongoro Crater fährt, weicht dem Safari-Stau (an Spitzentagen angeblich an die 350 Safari-Fahrzeuge) aus. Als Ausfahrt eignet sich aber trotzdem die Lerai-Route, wo sich um den Lake Magadi am späten Nachmittag gerne Löwen oder Geparden sehen lassen.

NGORONGORO CONSERVATION AREA UND CRATER HIGHLANDS

N

0   20 km

Serengeti Plains

Piaya

Lake 610
Natron

Ngare Sero

LOLIONDO GAME RESERVE

SERENGETI
NATIONAL PARK

Ol Doinyo
Lengai
△
2960

Naabi Hill Gate

Salei Plains

Naiyobi

Kerimasi
2607

Empakaai Crater
3231

Engaruka
Ruins

Engaruka

Oldupai
Schlucht

Shifting
Sands

Oldupai
Visitor
Centre

Olbalbal
Swamp

Olmoti
Crater △
3099

Nainokanoka

Lake
Ndutu

Lake
Masek

Engitati
Hill

Ngorongoro
Crater

Lolmalasin
3648

Übernachtung:
1. Lake Masek Tented Camp
2. Lemala Ndutu Camp
3. Ndutu Safari Lodge
4. Lemala Ngorongoro Camp
5. Ngorongoro Sopa Lodge
6. Ngorongoro Serena Lodge
7. Simba Campsite
8. Ngorongoro Crater Lodge
9. Rhino Lodge
10. Tindiga Tented Camp

NGORONGORO
CONSERVATION AREA

Lemagrut
△
3130

Sadiman
△
2870 △

Laetoli

Mandusi
Swamp

Lake
Magadi

Lerai
Forest

Gorigor
Swamp

Ngoitokitok Springs

Kitete

Endulen

Ngorongoro Village
NCA
HEADQUARTERS
Oldeani △
3219

Ngorongoro
Wildlife Lodge

Loodare
Gate

Lake Manyara
Serena
Lodge

Mto Wa Mbu

Losiminguri
△
2300

Kakesio

Oldeani

Karatu

Kisima
Ngeda
Camp

Lake Manyara
Hotel

Mangola

Seremal

LAKE MANYARA
NATIONAL PARK

Makuyuni

Lake Eyasi
1020

Jungo
1783 △

Endabash

Lake
Manyara
960

Arusha
Dodoma

Safaris im Norden

---

maulnashörner (dank der intensiven Schutzmaßnahmen der Zoologischen Gesellschaft Frankfurt ist ihr Bestand auf 33 angewachsen), Riesentrappen, Strauße, Kronenkraniche, aber auch Geparden – sie alle verschmelzen farblich mit ihrem Lebensraum.

Hingegen ist die einzige Grünfläche im Krater, der **Lerai Forest**, schon aus der Ferne zu erkennen. Viele Besucher stoppen hier, um ihre Lunchbox zu leeren (der zweite öffentliche Picknickplatz befindet sich beim Gorigor-Sumpf im Osten, beide mit WC). Fieberakazien, die leicht an ihrer gelben Rinde zu erkennen sind, und Wilde Feigenbäume bieten sowohl Singvögeln als auch Greifvögeln ein ideales Zuhause. Au

ßerdem leben im Lerai Forest Paviane, Servalkatzen, Elefanten und Büffel. Vor allem gegen die Grünen Meerkatzen oder einige dreiste Vögel, z. B. Schwarzmilane, muss man sein Mittagessen verteidigen. Sie sind nämlich oft schneller als wir – und schnappen einem mit zielgenauer Sicherheit die Leckerbissen aus der Hand. Die willentliche Tierfütterung ist übrigens strengstens untersagt.

Giraffen, Impalas und Topis wird man im Krater vergebens suchen, denn während den beiden Letztgenannten die vorherrschenden Grasarten nicht schmecken, brauchen Giraffen zum Überleben ausreichend Akazien. Auch Elefantendamen glänzen durch Abwesenheit –

am Kraterboden leben ausschließlich Bullen. Dies mag daran liegen, dass die Elefantenmütter den Krater meiden, weil die Jungen die Kraterwand nicht emporklettern könnten. Vielfach wird auch kolportiert, dass die Bullen sich in den Krater zurückziehen, weil hier am wenigsten Gefahr von Wilderern droht. Denn um den Bestand nicht unnötig zu gefährden, werden vornehmlich männliche Elefanten gejagt.

Crater Highlands und Shifting Sands

Der Ngorongoro-Krater, ein eingefallener Vulkankegel, gilt wohl als eindrucksvollster Beweis für enorme vulkanische Urkräfte, die vor rund 10 bis 15 Mio. Jahren walteten. Dadurch entstanden mehrere Vulkane, Erdrisse und Seen, die heute das Landschaftsbild in der Ngorongoro-Schutzzone prägen. Zu den imposantesten Formationen zählen u. a. der üppig grüne **Olmoti** (3099 m), der **Lolmalasin** (3648 m) mit seinen herrlichen Fernsichten und der **Empakaai** (3231 m), in dessen Caldera sich ein See gebildet hat, der wie ein Juwel im Sonnenlicht glänzt.

Der jüngste aller Vulkane ist der **Ol Doinyo Lengai** (s. S. 406) im Norden. Dieser war mit seinen früheren Ausbrüchen auch schuld daran, dass sich unweit der Oldupai-Schlucht eine Wanderdüne bildete. Der feine Aschesand der Eruption wurde vom Wind hierher getragen und formierte sich in der offenen Ebene zu einer sichelförmigen Düne, die vom ständig wehenden Wind bewegt wird, weshalb man ihr den Namen **Shifting Sands** gab. Betonmarkierungen mit Jahreszahlen machen deutlich, wie schnell sich die Düne weiterbewegt. Sie liegt weit abseits der Hauptstraße. Um zu ihr zu gelangen, muss man die Oldupai-Schlucht durchwandern; ihr Besuch setzt also einen längeren Aufenthalt in der NCA voraus.

Die Oldupai-Schlucht

Als paläontologisch bedeutende Fundstelle wird die Oldupai Gorge (oder auch Olduvai Gorge, wie sie bis 2005 genannt wurde) gerne als **Wiege der Menschheit** bezeichnet. Immerhin stießen Archäologen hier auf hominide Funde, die über 3 Mio. Jahre alt sein dürften. Das Synonym für uralte menschliche Fußabdrücke ist eine schwer zugängliche, steile Schlucht von knapp 50 km Länge und im Durchschnitt 100 m Tiefe. Der Oldupai River schnitt sich tief in die Landschaft ein und legte so über Jahrtausende unterschiedliche Gesteinsschichten mit Relikten menschlicher Existenz frei.

Angespornt durch einen zufälligen Fund von fossilen Knochen begab sich das Archäologenpaar **Mary und Louis Leakey** 1931 auf eine Expedition in die Schlucht. Bereits nach einigen Stunden hatten sie prähistorische Steinwerkzeuge gefunden. Es sollten aber noch fast 30 Jahre vergehen, bis sie schließlich 1959 auf erste menschliche Fossilien stießen, den Schädel des *Zinjanthropus*, der heute *Australopithecus boisei* genannt wird. Dieser 1,2 Mio. Jahre alte Schädel weist riesige Backenzähne auf, die darauf schließen lassen, dass die Spezies sich vegetarisch ernährte, was dem Schädel auch den Spitznamen „Nussknackermensch" einbrachte. Ein Jahr später legten die Leakeys weitere Relikte frei, die dem *Homo habilis*, dem „geschickten Menschen", zugeordnet werden (geschätztes Alter: ca. 1,75 Mio. Jahre).

1978 machte das Team rund um Mary Leakey einen weiteren sensationellen Fund: Es legte Fußabdrücke von drei Menschen frei, die vor 3,7 Mio. Jahren 25 km südlich der Schlucht – in Laetoli – in offensichtlich aufrechtem Gang über frische Vulkanasche liefen. Es muss sich dabei um Hominide der Art *Australopithecus afarensis* gehandelt haben, die als Vorfahr des *Homo sapiens* gilt. Man nimmt an, dass die Fußabdrücke in der weichen Ascheschicht eines soeben ausgebrochenen Vulkans durch die heiße Sonne erhärteten und dann von nachfolgenden Asche-Niederschlägen überdeckt wurden. So blieben sie der Nachwelt erhalten.

Ob es sich bei den Funden um die ältesten menschlichen Überreste handelt, mag die Zukunft zeigen. 2001 wurden im Tschad Fossilien eines angeblich 7 Mio. Jahre alten Hominiden freigelegt, im Jahr zuvor hatten Forscher in Kenia den 6 Mio. Jahre alten „Millenium-Menschen" entdeckt. Bewiesen ist mit all diesen Funden aber, dass sich im Zeitraum von mehreren Millionen Jahren verschiedene Arten von Hominiden entwickelten, wobei sich offensichtlich die robusteste durchsetzte. Die Evolution des Menschen verlief also nicht linear. „Fehlversuche" der Natur, wie der *Australopithecus boisei*, wurden schließlich durch natürliche Auslese ausgemerzt.

Die Ausgrabungen in der Olduvai-Schlucht und in Laetoli werden in einem kleinen **Museum**, das beim Olduvai Visitor Centre liegt, anschaulich dokumentiert. Vom Aussichtspunkt gleich neben dem Museum hat der Besucher einen ausgezeichneten Blick auf die Schlucht sowie auf die sieben durch Verwitterung freigelegten Gesteinsschichten *(beds)*. Das kleine Museum bietet eine willkommene Pause auf der holprigen Fahrt in die Serengeti (Arusha–Naabi Hill Gate: 270 km). Allerdings zeigt es nicht die wichtigsten Relikte, die Schädelfragmente des *Australopithecus boisei* (sie sind im Nationalmuseum in Dar es Salaam ausgestellt) und die Laetoli Footprints (zu sehen sind Gips-Imitate; die Originale im 25 km entfernten Laetoli sind nicht frei zugänglich). Die Schlucht selbst kann man besuchen, entweder zu Fuß oder mit einem Fahrzeug, aber nur in Begleitung eines Museumsangestellten. Das Visitor Centre liegt ca. 5 km von der Hauptroute in die Serengeti entfernt. ⏱ tgl. 8–17 Uhr, 3000 TSH inkl. Museumseintritt.

Lake Ndutu und Lake Masek

Lake Ndutu und Lake Masek sind zwei flache Seen, in denen sich das Wasser der leicht erhöhten umliegenden Gegend sammelt. Da es weder Abfluss noch Zufluss gibt, ist das Wasser sodahaltig, also für den menschlichen Konsum gänzlich ungeeignet – wie fast alle Seen im Rift Valley.

Von November bis Mai kommen die Herden auf der Migration in die Ndutu Area, deren kurze Gräser und Wälder zugleich Nahrung und Schutz bieten. Raubtiere haben hier folglich ebenfalls beste Lebensbedingungen, weswegen das Gebiet für die hohe Dichte an Raubkatzen, allen voran Geparden, bekannt ist. Zusätzlich machen Abertausende Zugvögel Rast, die dem Winter in Europa entfliehen. Riesige Schwärme von Flamingos färben die Uferpartien der Seen pink.

In diesem an die Serengeti angrenzenden Gebiet darf off-road gefahren werden, was die Tierbeobachtung erleichtert, aber für die Tiere selbst nicht unbedingt von Vorteil ist. Im Sinne des Tierschutzes ist es zu begrüßen, wenn

Fahrer während der Beobachtung den Motor abstellen und die Besucher lautes Sprechen vermeiden. Die anderen Verhaltensregeln lassen sich ohnehin kaum durchsetzen: Fast alle Driver halten den Sicherheitsabstand von 25 m nicht ein und weit mehr als die erlaubten fünf Fahrzeuge scharen sich um ein sensibles Geparden-Grüppchen.

Am Krater

Fürstlich sind nicht nur die Preise, sondern auch die Aussicht. Alle Preisangaben für Übernachtung mit Vollpension.
Rhino Lodge, Nähe Ngorongoro Village, ☎ 0762-359 055, 🖥 www.ngorongoro.cc. Günstigste Option für alle, die bei den kalten Nächten auf Camping verzichten möchten. Einfache, aber gemütliche Lodge auf 2432 m ohne Ausblick, in einer kasernenartigen Anlage, aber schön ist das Restaurant mit dem knisternden Kamin in der Mitte. ❺
Ngorongoro Sopa Lodge, beim Lemala Gate, zu buchen über Sopa Lodges, ☎ 027-2500630, 🖥 www.sopalodges.com. Weitläufige, ältere Lodge mit 96 Zimmern und wenig Flair. Nur ein paar der Zimmer haben wirklich Sicht auf den Krater. Pool, Internet. ❻
Ngorongoro Serena Lodge, am westlichen Kraterrand, zu buchen über Serena Hotels, ☎ 027-2545555, 🖥 www.serenahotels.com. Mit ihren 75 Zimmern schon etwas in die Jahre

---

Zimmer mit Aussicht?

Die Zahl der Betten am Kraterrand ist beschränkt und daher oft ausgebucht. Doch es gibt kaum einen Grund, am Kraterrand zu übernachten – außer wenn es gerade in die Routenführung passt. Die Unterkünfte sind für den gebotenen Standard und Service überteuert. Die Aussicht ist zwar atemberaubend – doch meist nur bei Sonnenuntergang, denn am Morgen hängen aufgrund der Höhe mindestens acht Monate im Jahr dicke Wolken über dem Krater. Viele Besucher sehen aber nicht einmal den Sonnenuntergang kurz nach 18 Uhr, da sie noch irgendwo im Fahrzeug sitzen.

gekommen, das Innere wirkt altbacken und abgewohnt. Internet. Nicht die inspirierendste Lodge der Serena-Hotelkette, doch sie wird gerne von Tour Operators und Gruppen gebucht. ⑥

Lemala Ngorongoro Camp, Lemala Area, ✆ 027-2548966, 🖳 www.lemalacamp.com. Exklusives Zeltcamp im dezenten Kolonialstil in einem Akazienwald am Kraterrand, bestehend aus nur 9 luxuriösen Zelten. Mit außergewöhnlichen

Die Maasai im Aufbruch

Kaum jemand denkt bei Ostafrika nicht an die groß gewachsenen, stolzen Maasai, die vermutlich die bekannteste Ethnie Afrikas sind. Mit ihren roten und blauen Gewändern, ihrem traditionellen Schmuck und ihren archaischen Werkzeugen, die von der Taille baumeln, geben sie ein stattliches, oft romantisiertes Bild ab. Nicht zuletzt durch TV-Filme und Trivialliteratur in jüngster Zeit sind sie wieder vermehrt ins Rampenlicht gerückt.

Herkunft

Das Volk von nomadischen Kriegern und Hirten lebt ausschließlich in Tansania und Kenia. Ab 1550 kamen die Maasai aus dem Sudan entlang des Nils in ihr heutiges Siedlungsgebiet.

Altersklassen

Das soziale Miteinander in einer Maasai-Gemeinschaft wird vom Altersklassensystem bestimmt. Jeder männliche Maasai durchläuft im Laufe seines Lebens verschiedene Altersränge, die mit unterschiedlichen Aufgaben, Rechten und Pflichten verbunden sind. Der Wechsel in die hierarchisch organisierten Altersklassen vollzieht sich im Abstand von einigen Jahren. Die Anzahl der Lebensjahre ist dabei sekundär, vielmehr zählt das geistige Reife. Jungen *(laiyoni)*, die das Vieh hüten müssen, werden durch die Initiationsriten (Beschneidung bzw. das Ziehen der mittleren Schneidezähne) zu Jungkriegern *(moran)* gemacht. In dieser Klasse dürfen sie sich erstmals der Autorität des Vaters entziehen, gehen Beziehungen mit unbeschnittenen Mädchen ein und sollten zum Viehhüten eine Weile das Heimatdorf verlassen, um auswärts Erfahrungen zu sammeln. Außerdem ist es ihre Aufgabe, den Kral *(enkang)* zu beschützen. Es folgen die Altersklassen der Vollkrieger *(senior warrior)*, Älteren *(junior elders)*

und des Ältestenrat *(senior elders)*. Erst als *senior warrior* darf ein Maasai-Mann heiraten und beispielsweise Kuhmilchprodukte verzehren. Die Älteren und der Ältestenrat brauchen nicht mehr das Dorf zu verteidigen und zu kämpfen, sondern erhalten rituelle Vollmachten. Rechtschaffene Krieger, die sich bewährt haben, steigen zu den politischen Machthabern einer Gemeinschaft auf und unterrichten die Krieger.

Rinder als Statussymbol

Das Ansehen eines Mannes steigt mit der Anzahl seiner Frauen, die selbst keiner Altershierarchie unterliegen. Der Brautpreis besteht aus einer bestimmten Anzahl von Rindern, die noch immer als traditionelles Zahlungsmittel gelten. Manche besitzen über 1000 Rinder – ihr Prestige entspricht damit etwa dem eines wohlhabenden Bankiers in monetären Gesellschaften. Aus diesem Grund stehen die Rinder auch im wirtschaftlichen Zentrum der Maasai-Gemeinde. Die Herden werden sorgsam gehütet und nachts in einem Gehege gehalten, um sie vor Dieben und Wildtieren zu schützen. Das Weiden und Gedeihen der Rinder hat allerhöchste Priorität, weswegen die halbnomadische Lebensweise der Maasai von täglichen Wanderungen mit ihren Viehherden geprägt ist. Wenn das Land nicht mehr genug Futter und Wasser für die Herden hergibt, muss es verlassen werden.

Maasai und Moderne

Die beiden genannten Eckpfeiler der Maasai-Lebensweise sind in der tansanischen Moderne stark bedroht. Zum einen schränken die willkürliche Landnahme der tansanischen Regierung zugunsten von Nationalparks und der Verkauf von Großflächen den benötigten Lebensraum massiv ein. Zum anderen kollidiert die allgemeine Schulpflicht mit der Altersklasse der *moran*.

Aktivitäten wie Crater Walks oder Bush Lunch im Krater. Häufig besuchen Elefanten das Camp. April/Mai geschlossen. ➐
Ngorongoro Crater Lodge, am westlich Kraterrand, zu buchen über andBeyond Deutschland, ✆ +49-2131-1533991, 🖳 www.andbeyond africa.com. Architektonisch eine der spektakulärsten Lodges in Tansania. Pompös und mit persönlichem Butler. Von diversen Hochglanzmagazinen für die oberen

Viele junge Männer brechen die Schule ab, da der Lebensabschnitt als Jungkrieger als weit wichtiger und lohnender als ein Schulbesuch angesehen wird. Maasai-Mädchen werden ohnehin früh verheiratet, somit bleibt auch ihnen meist ein Schulbesuch verwehrt.

So ist monetäre Armut unter Maasai häufig, da sie keinen Zugang zu gut bezahlten Jobs haben. Durch den Verlust von Land dezimiert sich die Zahl der Rinder, die ein Maasai besitzt: Während es in den 1960er-Jahren noch an die 30 pro Mann waren, sind es heute geschätzte 5. Am ehesten sieht man Maasai-Männer noch als *askari*, als Wachpersonal, da sie wegen ihres Muts und ihrer Ehrlichkeit gerne für solche Posten gewählt werden. Einige wenige engagieren sich im Handel, andere suchen ihr Glück auf Sansibar, doch fast alle kehren nach einer bestimmten Zeit wieder in ihr Dorf zurück.

Vielerorts partizipieren Maasai-Dörfer neuerdings an den Einnahmen von Unterkünften; damit werden vor allem Gemeinschaftsprojekte wie Schulen oder Kliniken finanziert. Dennoch darf die triste Situation vieler Maasai nicht darüber hinwegtäuschen, dass es zahlreiche Stammesvertreter gibt, die durch geschicktes Verhandeln und teilweise skrupellose Geschäftemacherei zu Wohlstand gekommen sind. Für Außenstehende ist übrigens nicht erkennbar, welche Maasai finanzkräftig sind; entlang der Touristenrouten wird manchmal allzu schäbige Kleidung auch gerne als „Lockmittel" für gutherzige Touristen eingesetzt.

Das Gefüge der Maasai wird auch durch Aids immens bedroht. Zwar wird dies offiziell geleugnet und Aids als Seuche der „Zivilisation" abgetan, doch der polygame Lebenswandel der Maasai hat die Krankheit zu ihrem täglichen Begleiter gemacht. Männer haben das Recht, mit den Frauen von Männern derselben Altersklasse außereheliche Beziehungen einzugehen, und es spielt auch keine Rolle, wer letztendlich der biologische Vater eines Kindes ist. Männer bringen die Seuche aus der Stadt ins Dorf und übertragen sie auf ihre Frauen.

Das hartnäckige Festhalten der Maasai an ihrer Lebensweise ist ihrer prekären Situation nicht sehr dienlich. Selbst progressive Maasai, die sich beispielsweise für die Einführung neuer, robusterer und ertragreicherer Rindergattungen aus Europa einsetzen, scheitern am Widerstand des Ältestenrates.

Maasai und Staatsmacht

Der tansanischen Regierung sind die Maasai seit der sozialistischen Ära, als die nationale Einheit über Stammesgrenzen hinweg propagiert wurde, ein Dorn im Auge. Weil sie seit jeher eine Eingliederung ins System verweigern, werden sie von offiziellen Stellen, ebenso wie die Hadzabe (s. S. 130), als rückständig und minderwertig eingestuft und können auf keinerlei Unterstützung zählen. Ihre Siedlungsgebiete sind infrastrukturell benachteiligt, es gibt kaum Schulen, Kliniken und Straßen, ganz zu schweigen von Strom oder Internet.

Die Zukunft der Maasai

Viele Maasai sind zwar für ein Festhalten an den alten Strukturen, doch es regt sich auch Widerstand, vor allem unter den Jungen, die u. a. im Zuge von Entwicklungshilfeprojekten Schulbesuche finanziert bekommen. Zahlreiche Organisationen konzentrieren sich dabei speziell auf die Maasai-Mädchen, um so auch der Praxis der Beschneidung Einhalt zu gebieten. Unabhängig davon, was die Maasai letztendlich aus ihrer Ausbildung machen werden, in allen Schulen zeigt sich dasselbe Bild: Die Maasai zählen immer zu den Klassenbesten.

Ndutu Safari Lodge, ca. 21 km von der Hauptpiste entfernt, ☎ 0736-501045, 🖳 www.ndutu.
com. Seit 1967 existiert hier ein Camp, und seit
damals gehen die renommiertesten Naturfotografen in der Ndutu Safari Lodge ein und aus.
Ausladende Akazien bilden den Rahmen dieser
naturverbundenen Lodge mit 34 Zimmern am
Sodasee Lake Ndutu. Rustikales, gemütliches
Ambiente auf 1646 m Seehöhe. Im Vordergrund
steht die Tierwelt, denn von Dez–Mai läuft
hier praktisch die Migration durch. Attraktives
Preis-Leistungs-Verhältnis in einem der besten
Tierkorridore. ❺ – ❻

Zehntausend überschwänglich als „Versailles
meets Maasai" gepriesen. ❼
Der einzige **öffentliche Campingplatz** Simba
liegt am Kraterrand, US\$30 p. P. Für die zahl-
reichen **Special Campsites** (US\$50 p. P.)
s. Ngorongoro-Touristeninformation in Arusha
S. 381. **Achtung**: Camping auf dem Kraterboden
ist strengstens untersagt!

Um den Lake Ndutu und Lake Masek
Zwei Luxus-Zeltcamps existieren in diesem
Großraum, das **Lake Masek Tented Camp**,
🖳 www.tanganyikawildernesscamps.com,
und das **Lemala Ndutu Camp**, 🖳 www.lemala
camp.com, beide ❼. Das Original mit dem
erfahrensten Personal ist aber die Lake Ndutu
Safari Lodge (s. Kasten). Zusätzlich zu den
permanenten Camps und Lodges gibt es mobile,
temporäre Camps, die meist im Großraum des
Lake Ndutu und des Lake Masek von Dezember
bis April aufgebaut werden, z. B. **Serengeti
Savannah Camps**, 🖳 serengetisavannah
camps.com, **Nasikia Luxury Camps**, 🖳 www.
nasikialuxurycamps.com, **Nomad Camps**,
🖳 www.nomad-tanzania.com, **Serian Camps**,
🖳 www.serian.net, oder **Olakira Camp**,
🖳 www.asiliaafrica.com, alle ❻ – ❼.

Wandern in den Crater Highlands
Ein Fußmarsch durch die faszinierende
Landschaft aus Vulkankegeln, Kratern und

Sodaseen bleibt in unvergesslicher Erinnerung.
Es empfiehlt sich, Wanderungen mit einem
Safari-Veranstalter zu unternehmen. Alles ist
möglich, von einfachen Tagestouren bis hin zu
mehrtägigen Treks über mehrere Gipfel oder
von See zu See – Maasai-Guide und Packesel
inklusive. Wie auch bei Safaris ist dem **Preis**
nach oben hin keine Grenze gesetzt, aber als
Untergrenze muss je nach Ausrüstung und
Komfortniveau mit Kosten ab US\$200 p. P. pro
Tag gerechnet werden. Zu bedenken ist, dass
bereits die Fixkosten pro Tag (Eintritt US\$50,
Ranger US\$20, Camping US\$30–50, Maasai
samt Packesel US\$30–50) relativ hoch sind.
Meist startet der **Crater Highlands Trek** in der
Nähe des Ngorongoro Crater beim Nainokanoka
Village und endet nach 4–5 Tagen Wanderung
am Lake Natron. Fast alle renommierten Safari-
Agenturen haben den Crater Highlands Trek
mittlerweile im Programm.
Tageswanderungen zu dem einen oder anderen
Vulkan werden auch von den hiesigen Lodges
organisiert.

Vogelbeobachtung
Die dichten Wälder sind Heimat einer Vielzahl
von Vögeln; an die 400 Arten wurden in der NCA
identifiziert. 1–2-stündige Bird Walks können auf
Wunsch von den Lodges organisiert werden.

Walking Safaris
Sie sind in der NCA, z. B. beim Lake Ndutu,
grundsätzlich erlaubt, aber nur mit einem
bewaffneten Ranger (US\$20 pro Gruppe).
Anfragen bei den Safari-Veranstaltern oder dem
Rangerposten in der Nähe des Lake Ndutu.

Bis zum Lodoare Park Gate reicht die Teerstraße, ab da wird es holprig. Rund um den
Krater ist die Piste in gutem Zustand, je näher
die Serengeti kommt, desto mehr Anforderungen werden ans eigene Sitzfleisch gestellt.
Die Piste im Ngorongoro Crater ist sandig und
stellenweise tief.

Flüge
In der NCA gibt es ein Flugfeld. Flug mit
Coastal von ARUSHA US\$200 einfach. Wegen

der zeitweise dicken Wolkendecke ist Manyara aber der verlässlichere Airstrip. Auch in der Nähe des Ndutu-Sees gibt es ein Flugfeld, z. B. US$230 einfach von Arusha mit Regional Air. Je nach Lage der Lodge können auch die Flugfelder der Serengeti (Seronera, Kusini) genutzt werden.

13 **HIGHLIGHT**

Serengeti National Park

- **Zugang**: Der Zugang zur Serengeti erfolgt über Mto wa Mbu, Karatu und die NCA. Zahlstellen befinden sich am Naabi Hill Gate im Osten, am Ndabaka Gate im Westen, am Klein's Gate im Nordosten sowie am Ikoma Gate nördlich des Seronera Village.
- **Eintritt**: US$50 für 24 Std.
- **Informationen**: Ein Informationszentrum mit Schautafeln und Tierfilmen ist im Seronera Village angesiedelt. Mehr Infos auf der ausführlichen Website 🖥 www.serengeti.org.
- **Beste Reisezeit**: Ganzjährig, außer während der Regenzeiten von März–Mai.

Bei den Maasai, die für ihre Rinder- und Ziegenherden jahraus, jahrein auf der Suche nach saftigem Weideland sind, ist die Serengeti seit Jahrhunderten als *siringet* bekannt, als „große, endlose Weite". Und es sind genau jene unendlich scheinenden Grassavannen, die die einzigartige Faszination der Serengeti ausmachen. Wenn unvorstellbar riesige Herden von Wildtieren je nach Jahreszeit den saftigen Gräsern und dem Wasservorkommen folgen und somit ein- bis zweimal jährlich eine lange Wanderung unternehmen, wird die wahre Bedeutung der Serengeti offenbar, nämlich als Schauplatz der einzigen verbliebenen intakten Tierwanderung der Welt.

Um die Serengeti für die Nachwelt zu erhalten, wurde sie von der Unesco als **Weltnaturerbe** unter besonderen Schutz gestellt. Für den Mythos in unserem Teil der Welt sind vor allem Walt Disneys *König der Löwen* und Bernhard Grzimeks Film und Buch *Serengeti darf nicht sterben* aus den 1950er-Jahren verant-

wortlich, ganz zu schweigen von unzähligen Dokumentarfilmen, die einem selbst vor dem Bildschirm die Sprache verschlagen.

Erst Anfang 2011 setzte Reinhard Radke dem unvergleichlichen Naturraum mit seiner Dokumentation *Serengeti* ein opulentes, filmisches Denkmal.

Das Serengeti-Ökosystem

Im engeren Sinn erstreckt sich die Serengeti über eine Fläche von 14 763 km². Damit gehört sie neben dem Ruaha National Park (Tansania), dem Kruger National Park (Südafrika) und dem Ethosha National Park (Namibia) zu den größten Parks in Afrika.

Im Norden stellt die kenianische Masai Mara die natürliche Verlängerung der Serengeti dar, im Osten reicht sie bis an die Ngorongoro Conservation Area und im Westen bis auf 8 km an den Lake Victoria heran. Um den Tieren weit weg vom Menschen genügend Naturraum entlang ihrer Migrationspfade zu lassen, hat man zusätzlich ausgedehnte Pufferzonen eingerichtet. Sie zählen zwar nicht direkt zur Serengeti, gehören aber zum Serengeti-Ökosystem, wie z. B. die Loliondo Game Controlled Area im Nordosten, Maswa Game Reserve im Westen, Grumeti und Ikorongo Game Reserve im Nordwesten. In diesen Gebieten kann man der unvergleichlichen Migration ebenso gut beiwohnen und Tiere beobachten, weswegen sich hier (auch aufgrund weit weniger strenger gesetzlicher Auflagen) zahlreiche Camps und Lodges (s. „Übernachtung") etabliert haben.

Durch die Serengeti

Mehr Mythos als Wahrheit hängt den endlosen Weiten der Serengeti an, denn eigentlich machen die goldbraunen Grasebenen nur einen kleineren Teil des Nationalparks aus, nämlich die Serengeti Plains im **Southern Corridor** und einige Zipfel im Norden. Die Plains, die nahtlos in das Ngorongoro-Schutzgebiet übergehen, sind durch kurzes, weiter nördlich durch langes, aber sehr nährstoffreiches Gras charakterisiert. Der Ausbruch des Kerimasi vor ca. 150 000 Jahren bedeckte die heutigen Grasebenen mit Asche, sodass der lehmhaltige Boden in der Folge nur mehr Grasbewuchs hervorbrachte.

In der Regenzeit leuchten die Gräser saftig grün und bieten reichlich Futter für Elefanten, Büffel, Gazellen und andere Vegetarier. In der Trockenzeit allerdings fängt das strohige Gras schnell Feuer und verwandelt die Ebene in eine tiefschwarze, leblose Fläche. Bei den ersten Regentropfen beginnen im mineralreichen Boden zartgrüne Halme zu sprießen.

Ursprünglich gehörte auch die Ngorongoro Conservation Area (NCA) zum Parkgebiet, wurde aber 1959 – nicht zuletzt durch den unermüdlichen Einsatz von Bernhard Grzimek – den ansässigen Maasai in eingeschränktem Maße wieder als Nutzfläche zur Verfügung gestellt.

Als einzige Unterbrechungen des endlosen Horizonts stechen kuriose Steinformationen ins Auge. Diese **Kopjes** (Niederländisch für „kleines Köpfchen") sind Felsen aus Gneis und Granit, die wie kleine Steininseln aus dem Grasmeer auftauchen und über die gesamte Serengeti verstreut sind. Von Erosion und Witterung wurden sie im Laufe der Zeit freigelegt. Manche Steine spalteten sich, wenn kalter Regen auf die von der Sonne aufgeheizten Felsen fiel. So entstanden teilweise bizarre Gesteinsformationen. Die Felsen bieten hervorragenden Unterschlupf für Klein- und Kriechtiere, wie Dikdiks, Klippschliefer (Hyrax), Klippspringer, Mangusten, aber auch Kobras, Puffottern sowie Siedler- und Fliederagamen, die durch ihre hübsche metallische Blau-Rosa-Färbung auffallen. Löwenrudel dösen ebenso gerne im Schatten der Felsen.

Natürlich ist die Große Migration *das* Aushängeschild der Serengeti. Es gibt Erfahrungswerte, wie die Migrationsrouten verlaufen, doch Tiere halten sich nicht immer an menschliche Kalender. Aber mit etwas Glück und großzügiger Planung kann man dem atemberaubenden Spektakel beiwohnen. Doch auch die Tiere, die in ihren angestammten Revieren bleiben, begründen den Ruf der Serengeti als wildreichster Nationalpark der Welt. Neben den üblichen Tieren eines jeden Nationalparks in Afrika versetzen vor allem die zahlreichen Raubkatzen die Besucher in Entzücken.

Vielleicht haben früher auch Menschen in den Felsen Schutz gesucht, denn in den **Moru-Kopjes**, unweit vom Seronera Valley, wurden menschliche Spuren entdeckt: Felsmalereien, die den Maasai zugeschrieben werden. Da man zur Besichtigung der Moru-Kopjes das Fahrzeug verlassen muss, dürfen sie nur mit einem Parkranger besichtigt werden.

Das Seronera Valley bildet das gut besuchte Zentrum des Parks, also **Central Serengeti**. Hier befindet sich auch der Hauptort der Serengeti, das **Seronera Village**, mit einem Informationsbüro, einem Rangerposten und einer kleinen Tankstelle. Die typische Savannenlandschaft ergänzen stachelige Akazien, und die zahlreichen kleinen Flussläufe, die das Gebiet im Norden durchschlängeln, säumen Palmen und Leberwurstbäume. Die Galeriewälder sowie die permanenten Gewässer sind Heimat vieler Tierarten. Die Wahrscheinlichkeit, Leoparden, Impalas, Schakale, Wasser- und Riedböcke sowie Paviane zu sichten, ist groß, und auch die schwarzmähnigen Löwen, für die Seronera bekannt ist, kann man erspähen. Nördlich der Seronera Lodge kühlen sich schnaufende Flusspferde im **Retima Hippo Pool** ab. Viele kleine Rundwege (Circuits) erlauben eine optimale Erkundung der Gegend – auch wenn starker Verkehr hier zuweilen wenig afrikanisches Busch-Feeling aufkommen lässt. Das Gros der touristischen Infrastruktur konzentriert sich in dieser Ecke, und zum unaufhörlichen Touristenstrom gesellen sich noch an die 500 Mitarbeiter des Serengeti Research Institute.

Nordöstlich der Banagi Hills bis hinauf zur Grenze mit Kenia reicht der **Northern Corridor**. Sanfte Hügellandschaften, mitunter dichte Baumsavanne und die gefürchtete, aber sehr fruchtbare Black Cotton Soil geben dem Gebiet sein charakteristisches Gesicht. Größere Fließgewässer, wie der Grumeti River oder der Mara River, halten (noch) ständig Wasser für die Tiere bereit. Entlang der Wasserläufe wachsen riesige Feigen- und Mahagonibäume. In den Galeriewäldern hat sich eine bunte Vogelwelt eingenistet. Unüberhörbar tönen die Turakos, nicht zu übersehen sind die bunt schillernden Dreifarbenglanzstare *(superb starling)* und die großen Schreiseeadler. Außerdem bietet der

SERENGETI NATIONAL PARK

N

0   30 km

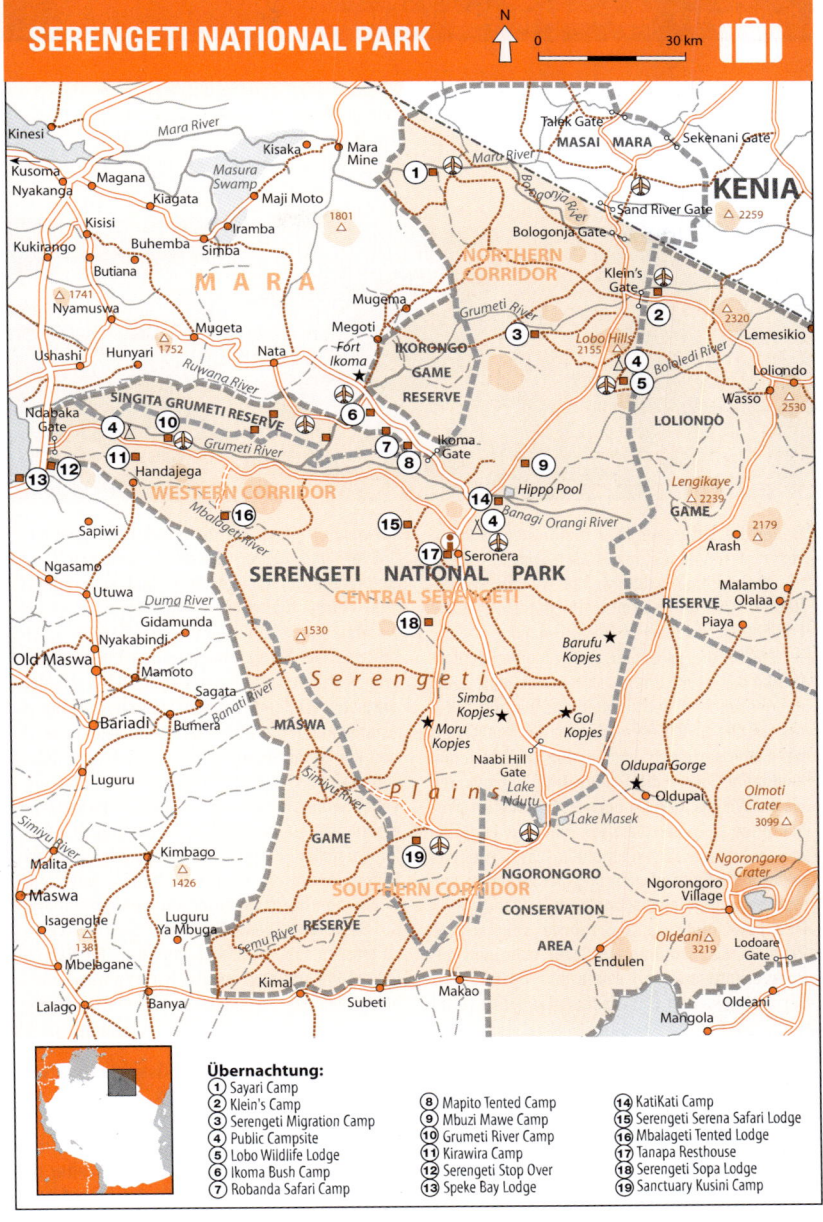

Kinesi

Kusoma
Nyakanga

Magana

Kisisi
Kukirango
Butiana

Mara River

Kisaka

Kiagata
Iramba

Buhemba   Simba

△ 1741
Nyamuswa

Mugeta

Maji Moto

Masura
Swamp

△ 1801

M A R A

Mara
Mine

Talek Gate

MASAI   MARA

Sekenani Gate

Mara River

KENIA

Sand River Gate

△ 2259

Bologonja Gate

NORTHERN
CORRIDOR

Klein's
Gate

(2)

△ 2320

Lemesikio

Ushashi

Hunyari

△ 1752

Nata

Ruwana River

Mugema

Megoti

Fort
Ikoma

IKORONGO

GAME

RESERVE

Grumeti River

(3)

Lobo Hills
2155

(4)
(5)

Bololedi River

Loliondo

△ 2530

Wasso

Ndabaka
Gate

(4) (10)

Handajega

Grumeti River

SINGITA GRUMETI RESERVE

(6)

Ikoma
Gate

LOLIONDO

(13)

(12)

(11)

(16)

(7)

(8)

(9)

Hippo Pool

Lengikaye
△ 2239

GAME

△ 2179

Arash

WESTERN CORRIDOR

Mbalageti River

(15)

(14)

(4)

Banagi Orangi River

Seronera

Sapiwi

Ngasamo

Utuwa

Duma River

(17)

SERENGETI   NATIONAL   PARK

CENTRAL SERENGETI

RESERVE

Malambo
Olalaa

Piaya

Gidamunda

Nyakabindi

△ 1530

(18)

Old Maswa

Mamoto

Sagata

Bariadi
Bumera

Banati River

MASWA

S e r e n g e t i

Barufu
Kopjes

Luguru

Simyu River

P l a i n s

Simba
Kopjes

Moru
Kopjes

Gol
Kopjes

Oldupai Gorge

Oldupai

Olmoti
Crater
3099 △

Malita

Simiyu River

Maswa

Kimbago

△ 1426

GAME

(19)

Naabi Hill
Gate

Lake
Ndutu

Lake Masek

NGORONGORO

Ngorongoro
Village

Ngorongoro
Crater

Isagenghe

△ 1381

Luguru
Ya Mbuga

RESERVE

SOUTHERN CORRIDOR

CONSERVATION

AREA

Oldeani △
3219

Lodoare
Gate

Mbelagane

Kimal

Endulen

Oldeani

Lalago

Banya

Subeti

Makao

Mangola

Safaris im Norden

Übernachtung:
(1) Sayari Camp
(2) Klein's Camp
(3) Serengeti Migration Camp
(4) Public Campsite
(5) Lobo Wildlife Lodge
(6) Ikoma Bush Camp
(7) Robanda Safari Camp

(8) Mapito Tented Camp
(9) Mbuzi Mawe Camp
(10) Grumeti River Camp
(11) Kirawira Camp
(12) Serengeti Stop Over
(13) Speke Bay Lodge

(14) KatiKati Camp
(15) Serengeti Serena Safari Lodge
(16) Mbalageti Tented Lodge
(17) Tanapa Resthouse
(18) Serengeti Sopa Lodge
(19) Sanctuary Kusini Camp

www.stefan-loose.de/tansania

Serengeti National Park 423

Bevor die Serengeti 1929 zum ersten Wildtierreservat Tansanias ausgerufen wurde, nutzten die Viehnomaden der Maasai sie als Weidefläche. 1892 durchstreifte der österreichische Forschungsreisende Dr. Oscar Baumann als erster Weißer dieses Gebiet, und von da an bediente sich die weiße Oberschicht hemmungslos am unermesslichen Tierreichtum des elitären Jagdreviers. Bis zu 100 Tiere erlegten die Hobbyjäger bei einem einzelnen Jagdausflug, sodass schon bald mehr Löwen die Salonwände schmückten als die Wildnis. Glücklicherweise wurde die alarmierende Situation bald erkannt und 1929 das erwähnte Reservat eingerichtet; 1951 schließlich erklärte die Kolonialregierung die Serengeti zum ersten und größten Nationalpark Tanganyikas.

Das über mehrere Jahrzehnte schwelende Problem der **Trophäenwilderei** scheinen die Parkverantwortlichen sowie ihre Berater von der Zoologischen Gesellschaft Frankfurt (ZGF)

inzwischen gut im Griff zu haben. In den blutigen 1970er- und 1980er-Jahren wurden Großtiere gnadenlos gejagt und dabei fast ausgerottet. 1990 wurde kein einziges Nashorn mehr in der Serengeti gesehen (20 Jahre zuvor waren noch mehr als 65 000 in Tansania und Kenia unterwegs), stattdessen zierten ihre Hörner entweder arabische Dolchgriffe oder sollten die Potenz asiatischer Männer stärken. Gleichzeitig wurden die Elefanten auf ein Grüppchen von etwa 300 dezimiert; auch der Großteil der Büffel war verschwunden. Das dichte Netz der Patrouillen macht es heute für Wilderer schwierig, ihre Fallen zu stellen. Knapp 3700 **Elefanten** und 32 000 **Büffel** leben nun in der Serengeti, auch die Population der **Nashörner** hat sich geringfügig auf 30 erhöht. Diese Tiere sind beispielsweise so empfindlich, dass sich der Lärm der Safari-Fahrzeuge negativ auf ihr Fortpflanzungsverhalten auswirkt. Gemeinsam mit der ZGF wurde

Wald Schutz und Nahrung für eine Vielzahl von Laubfressern, allen voran den Elefanten. Viele weitere Tiere, die nicht an der Migration teilnehmen, sind hier permanent ansässig, darunter Büffel, Löwen, Leoparden, Geparden, Giraffen, Zebras, Warzenschweine oder Antilopen, die

rund um die ganzjährigen Flüsse gut mit Nahrung und Wasser versorgt sind.

Die Hauptroute nach Norden geht über die Lobo Wildlife Lodge, von deren Terrasse man einen traumhaften Ausblick auf die weiter unten liegenden Ebenen genießt, bis hinauf nach

2010 ein Rhino-Projekt initiiert, das im Laufe der nächsten Jahre die Wiederansiedlung von insgesamt 32 Spitzmaulnashörnern in der Serengti vorsieht. Von den ersten fünf 2010 angesiedelten Nashörnern wurde eines wenige Monate später von Wilderern getötet, dafür brachte eines der Nashörner einige Monate später, im Februar 2011, ein Junges zur Welt.

Massiv setzt der Serengeti der **Bevölkerungsdruck** in den Randzonen, besonders im Westen der Serengeti, zu. Hier siedeln überdurchschnittlich viele Menschen, da das Gebiet fruchtbar ist und es ausreichend Regenfälle gibt. Viele leben in Armut, sie wildern Tiere, um selbst nicht zu verhungern, aber auch um das Fleisch zu verkaufen. Zudem werden immer mehr landwirtschaftliche Flächen genutzt, das Verkehrsaufkommen steigt – Schwierigkeiten zwischen Tier und Mensch sind vorprogrammiert.

Am meisten ist die Serengeti jedoch durch **ausbleibendes Wasser** bedroht; durch den Klimawandel und lokale Klimaveränderungen. Die Pläne eines Wasserkraftwerks auf der kenianischen Seite des Mara-Flusses sind zwar vorläufig ad acta gelegt, aber nicht zuletzt die Bewässerung landwirtschaftlicher Großflächen zieht Wasser aus den Flüssen. Über 2 Mio. Tiere hängen während der Trockenzeit einzig und allein vom Mara-Fluss ab – doch es gibt deutliche Anzeichen dafür, dass er zu versiegen droht. Auch die Pegelstände der anderen beiden Hauptgewässer, des Orangi-Grumeti sowie des Mbalageti River, sinken zunehmend.

Der **unkontrollierte Tourismus** stellt ebenfalls eine Gefahr für das Ökosystem dar. Noch mehr Gäste als jetzt würden das Gleichgewicht empfindlich stören. Auch wenn die tansanische Regierung ständig versichert, die Serengeti genieße obersten Schutz, so lässt der angekündigte Bau eines internationalen Flughafens zusammen mit mindestens 3000 Betten für Touristen derlei Beteuerungen in einem fahlen Licht erscheinen. Der gewünschte wirtschaftliche Aufschwung scheint den Politiker wichtiger zu sein als der Naturschutz. So wird der geplante Bau des **Serengeti-Highway** als wirtschaftlich unerlässlich erachtet, um den isolierten Nordwesten aufzuwerten und eine Transitstrecke von Ruanda, Burundi, Uganda und dem Osten Kongos bis zu den Häfen von Tanga und Dar es Salaam einzurichten. Die Zoologische Gesellschaft Frankfurt und die internationale Gemeinschaft befürchten die Zerstörung der letzten intakten Tiermigration der Welt und eines einzigartigen Lebensraums. Denn nicht nur die Serengeti selbst, sondern auch die Zwergflamingos am Lake Natron wären bedroht, wenn die von der Regierung geplante Streckenführung von Arusha über Mto wa Mbu und Lake Natron und weiter über den nördlichen Zipfel der Serengeti bis nach Musoma umgesetzt wird. Von der weit sinnvolleren Südroute über Makuyuni und Shinyanga durch dichter besiedeltes Land würden viel mehr Menschen profitieren, doch die Politik schaltet auf stur. Kritiker befürchten, dass der tägliche Schwerverkehr Tiere tötet; zudem öffnet die Teerstraße der Wilderei Tür und Tor und gefährdet die Wasserversorgung der Tiere. Der Bevölkerungsdruck würde sich erhöhen und das sensible Ökosystem stören. Ebenso glauben die Tourismustreibenden, dass die Besucherzahlen einbrechen werden, denn eines der Highlights eines Tansania-Besuchs ist unbestritten die – unberührte – Serengeti. Ob man sich dem Druck der internationalen Gebergemeinschaft beugt oder den Bau ohne Rücksicht auf Verluste durchzieht, wird die Zukunft weisen.

Kenia. Links und rechts führen kleinere und größere Rundwege tiefer in den Park. An der Grenze zu Kenia (Bologonja Gate) ist dann aber Endstation, da der Grenzposten aufgelöst wurde (und ein Grenzübertritt nicht immer möglich ist) – man fährt denselben Weg wieder zurück.

Der **Western Corridor** endet kurz vor dem Viktoriasee. Die weiten Ebenen werden vor allem entlang des Grumeti River und am Fuße der kleinen Hügel von Wäldern durchzogen. Charakteristisch sind die beiden Flüsse, Grumeti River und Mbalageti River, die für die unzähligen

Wasserlöcher, Sümpfe und den Schilfbewuchs sorgen. Während der Regenfälle (es regnet hier aufgrund der klimatischen Nähe zum Viktoriasee fast doppelt so viel wie im Osten der Serengeti) versumpft dieser unzugängliche Landstrich völlig; der schwarze Lehmboden, die Black Cotton Soil, wird rutschig wie eine Eisfläche und unpassierbar. Vor der Fahrt in den Western Corridor sollte man sich deshalb unbedingt über den aktuellen Straßenzustand informieren.

Wenn die wenigen bescheidenen Pisten und das Wetter zusammenpassen, sind die Monate Mai bis Juli im Western Corridor geradezu perfekt für eine Safari, denn dann quälen sich Millionen Weißbartgnus über den Grumeti River. Lohnend ist dieses Gebiet aber auch das restliche Jahr über, denn durch die beiden Flussläufe gibt es hier große Populationen von sesshaften Tieren: Giraffen, Büffel, Kuhantilopen, Elenantilopen, Impalas, Wasserböcke und auch Leoparden. Grunzende Flusspferde und sich in

Auf Ballon-Safari

Bei einer Safari in einem Heißluftballon sanft über die Serengeti zu schweben und im goldenen Schein der aufgehenden Sonne Abertausende Zebras und Gnus aus der Vogelperspektive zu beobachten, ist kein ganz billiges Unterfangen. Auch wenn die von der Parkverwaltung vorgeschriebene Flughöhe oberhalb der Baumwipfel (um die Tiere nicht zu stören) nicht alle Details erkennen lässt, so erhält man doch beeindruckende Bilder eines der größten Naturwunder. Kosten: Inklusive Sekttaufe, Buschfrühstück und fantastischem Sonnenaufgang US$499 p. P. Bevor man die Ballon-Safari in Betracht zieht, sollte man in Erfahrung bringen, wo sich der Tier-Trek gerade befindet und ob die Flugroute damit übereinstimmt. Zu buchen über 🖥 www. balloonsafaris.com und bei den Lodges. Start und Landung in der Seronera Area. Abholung durch den Veranstalter von allen Lodges und Campsites in der Zentral-Serengeti. Seit 2010 werden Ballonfahrten auch im Tarangire National Park (s. S. 394) angeboten.

der Sonne badende **Krokodile** säumen die Flussufer. Besonders abenteuerlich ist es, die außergewöhnlich großen Krokodile am Grumeti River beim Beutefang zu beobachten. Sie überraschen ihr Opfer, packen es mit ihren messerscharfen Zähnen und ertränken es entweder oder zerstückeln es gleich genussvoll.

Übernachtung und Essen

In den Regenmonaten April–Mai haben die meisten Unterkünfte geschlossen. Lodges werden nur mit Vollpension angeboten.

Mobile Camps

Die Zahl der mobilen Camps in der Serengeti und den Pufferzonen steigt, um dem Touristenaufkommen Rechnung zu tragen und stets nahe an den Tieren zu sein. Mittlerweile gibt es Camps in allen Variationen – von funktionalen Camps bis hin zum ultimativen Bush Retreat. Zumeist orientieren sie sich an der Migration und wechseln ein-, zweimal pro Jahr den Standort. Camps außerhalb der Nationalparkgrenzen bieten Walking Safaris und Nachtpirschfahrten. Die Preise beginnen bei US$200 pro Person und Nacht.
Empfehlenswerte Anbieter sind **Kirurumu Camps**, 🖥 www.hoopoe.com, **Savannah Camps**, 🖥 www.serengetisavannahcamps.com, **Nomad Tanzania**, 🖥 www.nomad-tanzania.com, die hochpreisigen **Asilia Camps**, 🖥 www. asiliaafrica.com, sowie **Lemala Camps**, 🖥 www. lemalacamp.com. Die restlichen hier genannten Unterkünfte sind permanent an einem Ort.

Southern Corridor

Sanctuary Kusini Camp, Nähe Moru-Kopjes und Ndutu, zu buchen über Sanctuary Lodges, 📞 027-2509817, 🖥 www.sanctuaryretreats. com. Unterbringung in 12 luxuriösen Zelten in einer von Felsformationen durchzogenen Buschlandschaft. Absoluter Busch-Schick mit persönlichem Butler und inmitten unzähliger Großkatzen. Empfehlenswert Jan–April. ❼

Central Serengeti

Tanapa Resthouse, beim Seronera Village, muss frühzeitig in Arusha gebucht werden, s. S. 382, US$30 p. P. ohne Verpflegung.

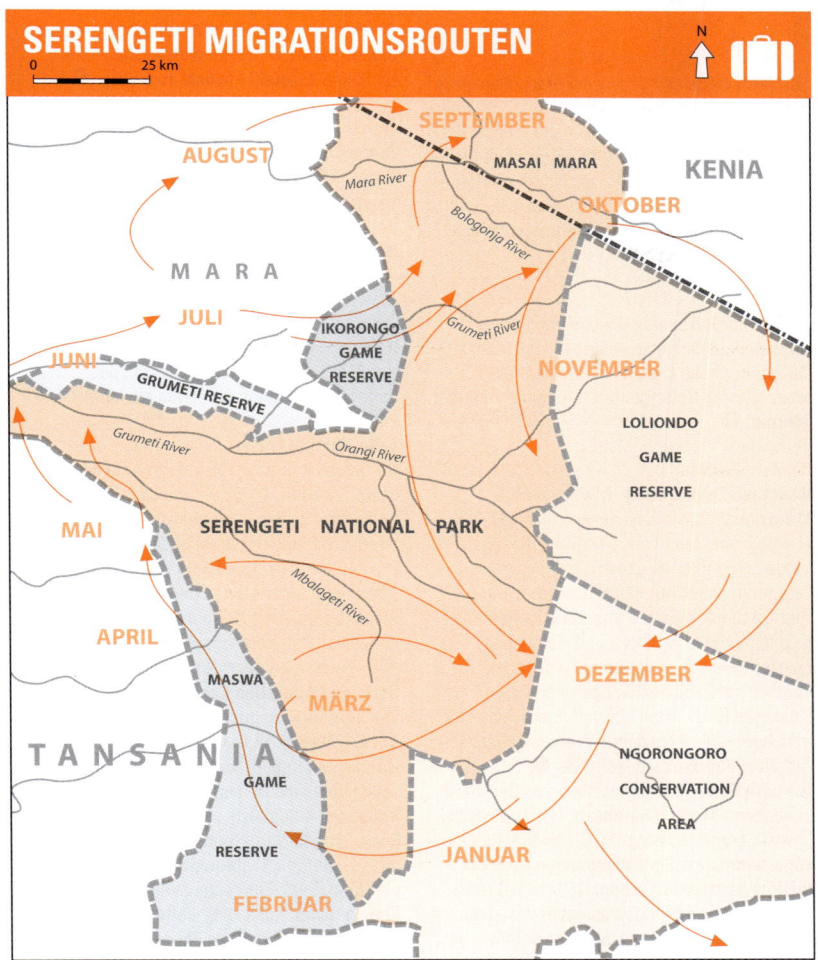

SEPTEMBER

AUGUST

MASAI MARA

KENIA

Mara River

OKTOBER

Bologonja River

M A R A

JULI

IKORONGO
GAME
RESERVE

Grumeti River

NOVEMBER

JUNI

GRUMETI RESERVE

LOLIONDO

Grumeti River

Orangi River

GAME

RESERVE

SERENGETI NATIONAL PARK

MAI

Mbalageti River

APRIL

MASWA

DEZEMBER

MÄRZ

T A N S A N I A

GAME

NGORONGORO

CONSERVATION

AREA

RESERVE

JANUAR

FEBRUAR

Safaris im Norden

Serengeti Sopa Lodge, 38 km südwestlich von der Hauptpiste, zu buchen über Sopa Lodges, ☎ 027-2500630, 🖥 www.sopalodges.com. Das Monstrum mit 79 Zimmern hat wenigstens exzellente Aussichten. Pool. Empfehlenswert Dez–Mai. ❻

Serengeti Serena Safari Lodge, 27 km nordwestlich vom Seronera Airstrip, über Serena Hotels, ☎ 027-2545555, 🖥 www.serenahotels.

com. Einer traditionellen afrikanischen Siedlung nachempfunden, liegt die ältere, weitläufige, sympathische Anlage auf einem Hügel. Von den Zimmern im Obergeschoss hat man eine tolle Aussicht. Pool. Empfehlenswert Jan–März. ❻

Mbuzi Mawe Camp, 45 km nordöstlich von Seronera, zu buchen über Serena Hotels, ☎ 027-2545555, 🖥 www.serenahotels.com. Typisch ostafrikanisches Zeltcamp mit 16 guten

KatiKati (Medium Camp), mehrere Standorte in der Central Serengeti, zu buchen über TWC, ☎ 0767-333 223, 🖳 www.tanganyika-wilderness camps.com. Wer ein simples Camp mit brüllenden Löwen in der Nacht und rauer Lagerfeuerromantik sucht, ist hier goldrichtig. Super Preis-Leistungs-Verhältnis für die Serengeti! ❻

Zelten, herrlich in eine Gruppe von Kopjes hineingebaut. Nicht so stilsicher wie andere Camps, doch die Lage ist zentral und die interessanten Safarigebiete sind gut erreichbar. Internet. ❼

Western Corridor

Mbalageti Tented Camp, Mwanyeni Hill, 80 km westlich von Seronera, ☎ 028-2622387, 🖳 www.mbalageti.com. Herrlich gelegene Lodge im rustikal-eleganten Design. Drei Kategorien von Unterkünften werden angeboten, von gemauerten Standardzimmern bis zu stimmungsvollen Stein-und-Canvas-Chalets. Exzellente Küche, nicht enden wollender Horizont mit Blick auf die Ebene und den Mbalageti River. Pool, Internet. Empfehlenswert April–Juli. Exzellentes Preis-Leistungs-Verhältnis für die Serengeti! ❻–❼

Kirawira Camp, 100 km westlich von Seronera, zu buchen über Serena Hotels, ☎ 027-2545555, 🖳 www.serenahotels.com. Die Lodge auf einem Hügel bietet einen hervorragenden Ausblick auf den westlichen Korridor. 25 Luxus-Canvas-Zelte auf Holzplattformen spiegeln das elegante, gediegene Ambiente der viktorianischen Kolonialzeit wider. Pool. Empfehlenswert Juni–Aug. ❼

Grumeti River Camp, knapp 50 km östlich vom Ndabaka Gate, zu buchen über andBeyond Deutschland, ☎ +49-2131-1533991, 🖳 www.andbeyondafrica.com. Unter stattlichen immergrünen Bäumen platziert, an einem Seitenarm des Grumeti River. 10 Zelte mit luxuriöser, für den Busch übertrieben üppiger Inneneinrichtung direkt am Fluss und mit Blick auf die Hippos. Retro-Farben wie Violett, Grün und Rot dominieren in den öffentlichen Bereichen, in den Zelten sieht man westafrikanische Einflüsse. Empfehlenswert Juni–Aug. ❼

Northern Corridor (und nördlich davon)

Robanda Safari Camp, nördlich des Ikoma Gate, ☎ 027-2506315, 🖳 www.robanda-safari-camp.com. Freundliches, zweckmäßiges Zeltcamp. Nicht luxuriös, aber für die Serengeti ein vernünftiges Preis-Leistungs-Verhältnis. Unweit vom Grumeti River. Empfehlenswert Mai–Aug. ❺

Ikoma Bush Camp, Nähe Ikoma Gate außerhalb der Serengeti, zu buchen über Moivaro, ☎ 027-2506315, 🖳 www.moivaro.com. Einfaches Zeltcamp für etwas kleinere Reisekassen. ❻

Lobo Wildlife Lodge, 75 km nördlich von Seronera, zu buchen über Hotels & Lodges Ltd, ☎ 027-2544595, 🖳 www.hotelsandlodges-tanzania.com. Ein alteingesessener Klassiker, aber vom Standard bestenfalls Mittelklasse. Bekannt für herrliche Panoramen auf die östlichen Plains. Architektonisch imposant, weil die Lodge mit 75 Zimmern in einen überdimensionalen Kopje hinein gebaut wurde. Pool. Empfehlenswert Nov–Dez. ❻

Serengeti Migration Camp, 85 km nördlich von Seronera, zu buchen über Elewana, ☎ 027-2500630, 🖳 www.elewana.com. In eine Gruppe von Kopjes hineingebautes, geschmackvolles Camp mit Reminiszenz an den alten, britischen Kolonialstil und Blick auf den Grumeti River. Wunderbare Sonnenuntergänge von der offenen Bar mit Restaurant auf einer Holzplattform. Pool. Empfehlenswert im Okt–Nov. ❼

Klein's Camp, Kuka Hills, außerhalb der Parkgrenzen, zu buchen über andBeyond Deutschland, ☎ +49-2131-1533991, 🖳 www.andbeyondafrica.com. Auf einer Hügelkette mit Blick ins Tal, in einem eigenen Privat-Reservat. 10 Stein-Cottages in klassischem Safari-Ambiente mit hellen Farben, viel Holz und Stein – exklusiv, luxuriös durchgestylt. Pool. Walking Safaris und Bush Dinners. Empfehlenswert Juli/Aug–Okt/Nov. ❼

Sayari Camp, nördlichstes Camp von allen, zu buchen über Asilia Südafrika, 🖳 www.asilia africa.com. Intim und exklusiv, abseits von

Jedes Jahr aufs Neue, wie schon in Tausenden Jahren zuvor, machen sich mehr als 2 Mio. Tiere auf den 1000 km langen Rundweg. 1,5 Mio. Weißbartgnus sind beim jährlichen Massenspektakel auf den Beinen, begleitet von 500 000 weiteren Tieren, darunter Zebras und Thomsongazellen. Die einzige Motivation hinter der unvorstellbar großen Tierwanderung im Uhrzeigersinn ist die **instinktive Suche nach Wasser** und ausreichend Nahrung für sich und die Nachkommen.

Der Rundkurs – jedes Jahr in etwa dieselbe Route – beginnt in den **Serengeti Grass Plains** im Süden, wo die Gnus in der Regenzeit von Dezember bis Mai für **Nachwuchs** gesorgt haben. Die Region bietet ihnen und ihren Jungen saftiges Gras und genügend Wasser. Wenn im Mai die Trockenzeit beginnt und die Jungen einigermaßen kräftig sind, zwingt Mutter Natur die Gnus, sich woanders Nahrung zu suchen. Die Grasfresser machen sich also allmählich auf den Weg in Richtung Nordwesten; zu ihnen gesellen sich Zebras, Thomsongazellen und Topis. Obwohl allesamt Grasfresser, kommen die verschiedenen Tierarten einander nicht ins Gehege: Zebras fressen längeres Gras, während Gnus das mittelhohe bevorzugen, „Tommys" wiederum knabbern die bodennahen Halme ab, die die Gnus übrig lassen.

Der große Trek zieht ab Mai in den nun grasreichen **Western Corridor** der Serengeti, wo er die erste Hürde – die Überquerung des **Grumeti River** – nehmen muss. Von August bis Oktober geht es langsam nordwärts, wo der Zug die zweite Hürde, den **Mara River**, überwindet. Die 40, 50 km langen gigantischen Herden ziehen bis November in die kenianische **Masai Mara** weiter. Wenn hier das Gras abgeweidet ist und die ersten Regenfälle in der Serengeti einsetzen, schlagen sie über den östlichen Flügel der Serengeti den Rückweg ein, um im Dezember oder Januar wieder im Süden der Serengeti anzukommen.

In der Zwischenzeit sind die Wasserläufe zu reißenden Flüssen angeschwollen, viele Tiere – vor allem die Schlusslichter der Herde – schaffen nicht mehr den Sprung über die Flüsse, ertrinken oder werden von Krokodilen gefressen.

Ebenso wittern andere Raubtiere wie Löwen, Geparden und Hyänen ihre Chance auf reiche Beute. Ihre Opfer sind vor allem langsame, kranke oder alte Tiere. Bei ihren Angriffen bringen sie die ganze Herde in Bewegung, dichte Staubwolken wirbeln auf – ein atemberaubendes Naturschauspiel, das auf fesselnde Weise die Gesetze der Wildnis demonstriert.

Safaris im Norden

allen gängigen Touristenrouten am Mara River gelegen. Ideal, wenn die Migration von Aug–Nov den Mara River überquert. 15 geschmackvoll eingerichtete, riesengroße Zelte auf Holzplattformen, Panorama-Pool. Ein echtes Camp der Superlative! ❼

Außerhalb
Serengeti Stop Over, 1 km südwestlich vom Ndabaka Gate, ☏ 0784-406996, 🖥 www.serengetistopover.com. Einfache, rustikale Unterkunft im typischen Sukuma-Stil mit gemauerten Rundhütten und Makuti-Dächern, sehr sympathisch und engagiert. Campen ist möglich (US$10 p. P.). Mit Restaurant, Bar und jeder Menge Aktivitäten. Organisieren auch Safaris in die Serengeti. ❹

Speke Bay Lodge, am Viktoriasee, ca. 15 km vom Ndabaka Gate entfernt, ☏ 028-2621236, 🖥 www.spekebay.com. Es gibt 8 komfortable, weitläufige Bungalows direkt am See. Man kann auch in günstigeren, einfachen Zeltunterkünften (mit Gemeinschaftsbad) schlafen. Interessant für Vogelliebhaber (250 aufgezeichnete Gattungen). ❺ – ❻

Für Selfmade-Millionäre dürften die drei exklusiven Unterkünfte im Grumeti Game Reserve, **Faru Faru Lodge**, **Sabora Tented Camp** und **Singita Sasakwa Lodge**, gerade gut genug sein (Preise: US$850–1700 p. P. und Nacht).

Camping
Mehrere **Public Campsites** stehen zur Verfügung, z. B. in der Nähe des Seronera

Mapito Tented Camp, Nähe Ikoma Gate außerhalb der Serengeti, ☎ 0732-975210, 🖥www.mapito-camp-serengeti.com. Komfortables Zeltcamp mit 10 geräumigen Zelten sowie Outdoor-Duschen und spektakulären Sonnenuntergängen. **❻**

Visitor Centres, bei Kirawira, am Ndabaka Gate oder in Lobo, US$30 p. P. Für **Special Campsites** s. Tanapa Arusha, S. 382.

Aktivitäten

Während in der Serengeti selbst hauptsächlich **Game Drives** (mit Tour Operator) gemacht werden, können in den Pufferzonen, z. B. Ikoma Game Controlled Area oder Loliondo Game Reserve, **Walking Safaris** oder auch **Night Drives** unternommen werden, die auch von der Lodge organisiert werden können.
Ein besonderes Erlebnis ist eine mehrtägige **Buschwanderung** durch die Serengeti mit Camping-Übernachtungen, ab US$2100 p. P., bei Wayo Africa, S. 380.

Sonstiges

Die meisten Lodges sind mit Satellitentelefon und -Internet (nicht billig, US$5 pro 15 Min.) ausgestattet, einige haben auch schon auf mobiles Internet umgestellt (aber die Verbindung ist sehr langsam).

Im Seronera Village gibt es eine kleine Dispensary mit den wichtigsten Medikamenten, eine teure Tankstelle und eine Post.

Transport
Selbstfahrer

Die Qualität der Pisten in der Serengeti hängt grundsätzlich stark vom Wetter ab, aber an der Allwetterpiste wird von der Parkverwaltung laufend gearbeitet. Die Hauptdurchzugsroute vom Süden in den Westen zum **Ndabaka Gate** (vom Naabi Hill Gate 194 km) wird vom Schwerverkehr (Busse, LKWs) genutzt.
Vor einem Besuch in der Serengeti ist es unerlässlich, sich genau zu informieren (z. B. bei einem Safari-Veranstalter), welche Abschnitte empfehlenswert bzw. befahrbar sind.

Busse

Eine Busfahrt von Karatu nach MWANZA durch die Serengeti ist technisch machbar, aber nicht zu empfehlen. Neben dem Ticket sind der Eintritt in die NCA und in die Serengeti zu bezahlen.

Flüge

Es existieren mehrere Flugfelder, die täglich angeflogen werden: Seronera, Kusini, Grumeti, Klein's und Lobo Airstrip. Auch in den angrenzenden Pufferzonen gibt es Flugplätze.
Von ARUSHA z. B. mit Coastal Aviation (nach Seronera US$175, nach Lobo US$230), von DAR mit Coastal Aviation nach Seronera US$390, jeweils einfach und p. P.

Mwanza

Dar es Salaam

Lake Victoria

Stefan Loose Traveltipps

Ukerewe Island   Auf der größten Insel im See lässt sich Tansania in Reinkultur erleben. S. 436

Mwanza   Von vielen Orten in der weitläufigen, luftigen Stadt hat man Panoramablicke auf den Lake Victoria. Hier lässt es sich gut ein paar unbeschwerte Tage verbringen. S. 436

Bukoba   Die sympathische Kleinstadt am Westufer des Sees versprüht ländlichen Charme. S. 448

LAKE VICTORIA

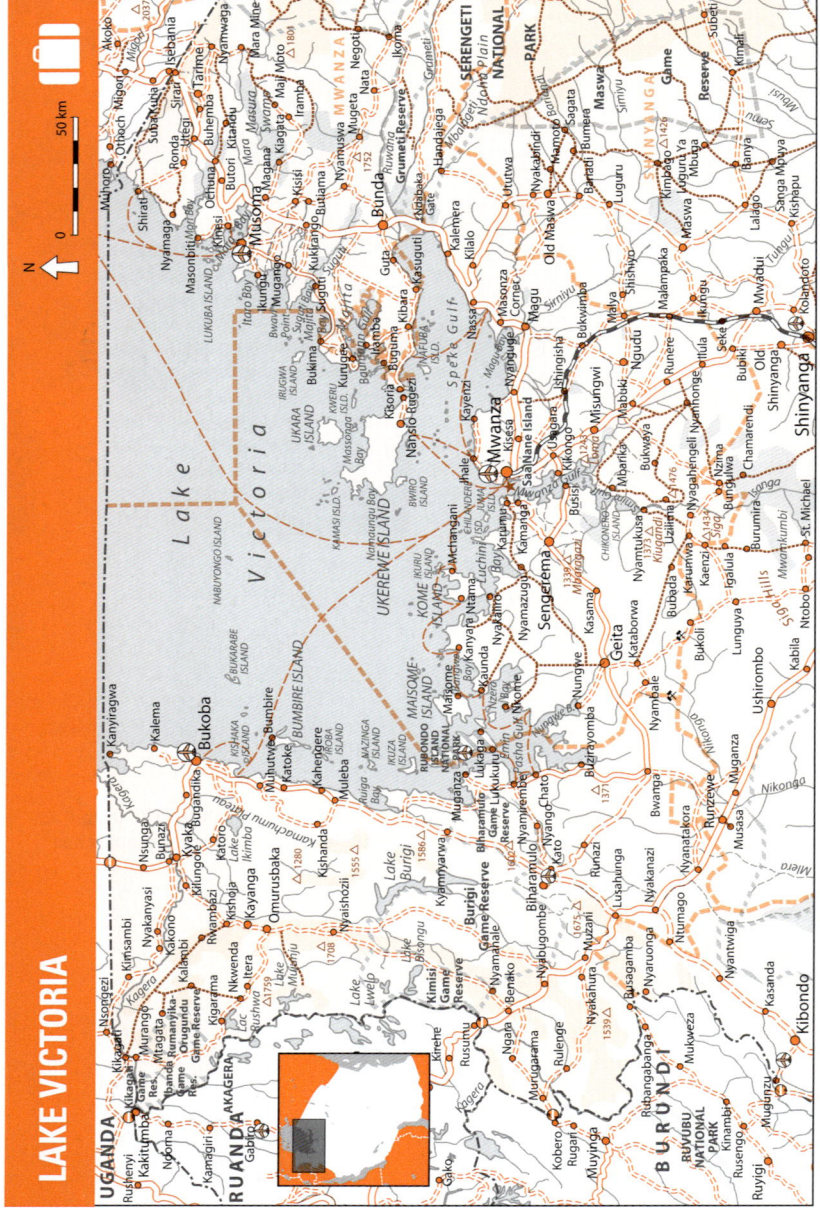

Das Gewässer der Superlative in Tansania ist der Lake Victoria, das „Mittelmeer Ostafrikas", der bekannteste und größte unter den Seen des Ostafrikanischen Grabenbruchs. Die Hälfte der Seefläche wird Tansania zugerechnet, die beiden anderen Anrainerstaaten sind Kenia und Uganda.

Seit jeher ranken sich Legenden um den mit rund 69 400 km² zweitgrößten Süßwassersee der Welt, denn die Suche nach den Quellen des Nils hielt die Forscher und Entdecker jahrhundertelang in Atem. Heute weiß man, dass der See (er ist doppelt so groß wie die Niederlande!) in den Viktoria-Nil abfließt, der wiederum den Weißen Nil speist – sein Wasserstand hat somit dramatische Auswirkungen auf die flussabwärts gelegenen Länder.

Die Region um den See, der auf 1134 m Seehöhe liegt, ist geprägt von einem eigenen, äußerst niederschlagsreichen, milden Mikroklima und infolgedessen einer spezifischen Flora und Fauna sowie fruchtbarem Agrarland: Teepflanzungen, Bananen- und Zuckerrohrfelder hüllen das Hochplateau das ganze Jahr über in saftiges Grün. Erstaunliche 85 % des Seewassers stammen aus Niederschlägen! Es ist daher kein Wunder, dass das Seengebiet zu den besonders dicht besiedelten Gebieten Tansanias zählt.

Neben der Landwirtschaft ist der See selbst die Haupterwerbsquelle der Anrainer: Jährlich werden 160 000 t Fisch allein auf tansanischer Seite gefangen – und größtenteils exportiert. Dem See ordnet man den Afrikanischen Lungenfisch zu, sozusagen ein lebendes Fossil, das über 300 Mio. Jahre alt sein soll. Er atmet durch die Lunge und nicht, wie bei der modernen Spezies üblich, über Kiemen.

Wegen der **Bilharziose-Erreger** eignet sich das Gewässer nur an ganz wenigen Stellen zum Baden. Überhaupt hat der See mit vielen Problemen zu kämpfen, insbesondere mit dem Überfluss an Nilbarschen (s. Kasten „Nilbarsche, Hyazinthen und andere unliebsame Nilbewohner", S. 443), der starken Wasserverschmutzung aufgrund dichter Besiedelung und schließlich der wuchernden Wasserhyazinthe, die versehentlich eingeschleppt wurde und die Lebewesen im See beeinträchtigt.

Am Ostufer

Musoma

Musoma, schön an der Mara Bay gelegen, hat eher praktischen Nutzwert als touristischen Reiz. Dennoch, das Städtchen liegt malerisch auf einer spitz zulaufenden Halbinsel und ist von sanften Hügeln und zahlreichen Granitfindlingen umgeben Der Mara-Fluss, eine markante Hürde für die Große Migration in der Serengeti, mündet in die Bucht vor der Stadt, der zweitgrößten der Victoria-Region. 130 000 Menschen leben nach letzten Schätzungen in der Distrikthauptstadt von Mara; mit 1,6 Mio. Menschen ist die gesamte Mara-Region, die bis weit in die Serengeti reicht, relativ dicht besiedelt. Obwohl die Stadt am See liegt und das Potenzial für einige eindrucksvolle Fotos (besonders bei Sonnenuntergang) hat, kann man wegen der Bilharziose-Erreger im Wasser nirgends baden.

Wegen der guten Teerstraße in alle Richtungen ist Musoma für Reisende zumeist nur ein Ort der Rast auf dem Weg nach Kenia (112 km in Richtung Norden) oder in die Serengeti (87 km in Richtung Süden).

Trotz der Nähe zur Serengeti spielt der Tourismus hier keine Rolle; vielmehr leben die Menschen, die hauptsächlich dem Volk der Haya angehören, von der Fischerei und der Landwirtschaft, die ausschließlich für den Eigenbedarf betrieben wird. Früher hatte die Stadt noch als Binnenhafen Bedeutung, doch die Schifffahrt mit Kenia (Kisumu) oder Mwanza ist vollständig zum Erliegen gekommen.

Ein Abstecher nach Butiama, etwa 45 km südöstlich von Musoma (30 Min. auf Teerstraße, Abzweigung links nach dem Ortsschild „Butiama"),

Lake Victoria

Ikoma Gate

Selbstfahrer haben die Möglichkeit, über das Ikoma Gate in die Serengeti zu reisen. Die reizvolle Landschaft entschädigt für eine sehr holprige Piste. Bei Regen und generell in der Regenzeit ist diese Option jedenfalls vorzuziehen, denn dann sind die Pisten im Western Corridor unpassierbar.

ins **Mwalimu Julius K. Nyerere Memorial Museum** lohnt sich nur, wenn man profundes zeitgeschichtliches Wissen über Tansania mitbringt. Das Geburtshaus, die Bibliothek und das Mausoleum sind zugänglich, mit etwas Glück speist man mit Nyereres Sohn zu Mittag. ⏱ tgl. 9.30–18 Uhr, Eintritt 6500 TSH. Vom Bus Stand in Musoma fahren alle 30 Min. Daladalas nach Butiama.

Übernachtung

Landestypische kleine Gästehäuser finden sich im Zentrum, z. B. das **Mujungu Annex Inn** (Nähe Hospital) oder das **Erey's Annex** (Nähe NBC Bank), beide ❶.
Tembo Beach Hotel, nördlich des Zentrums auf der Landzunge, ✆ 028-2622887. Sieben einfache Zimmer (alle mit Blick auf den See) in einem düsteren Gebäude, aber die Lage am silbergrauen Strand entschädigt dafür. Beliebt an den Wochenenden bei den Einheimischen, die auf eine Cola und *chipsi na kuku* vorbeikommen. Sonntags gibt es oft Buffets (16 000 TSH). Beste Wahl in Musoma, deswegen ist es auch oft ausgebucht. ❷
Hotel Matvilla, Mkendo Street, ✆ 028-2622445, ✉ mwakazi@yahoo.com. 25 zweckmäßige Zimmer mit TV und AC, Open-Air-Restaurant im Garten. Unbedingt vor dem Einzug die Zimmer checken und notfalls auf einem besseren bestehen! ❷
Hotel Afrilux, Karume Street, ✆ 028-2620031, ✉ afriluxhoteltz@yahoo.com. Großes, mehrstöckiges Hotel in zentraler Lage im typischen indisch-tansanischen Stil mit unkonventionellen runden Fenstern. Große Zimmer mit TV und Du/WC, bestes Restaurant der Stadt. Von den oberen Stockwerken hat man einen schönen Blick auf die Bucht. Sicherer Parkplatz. ❷–❸
Peninsula Hotel, direkt am Seeufer gelegen, ✆ 028-2642526. Gutes Mittelklassehotel, beliebt bei Geschäftsreisenden. Die Zimmer haben TV, AC und Bad/WC. Sicherer Parkplatz und recht gute indische Küche. ❷–❸

Camping
Tembo Beach Campsite, nördlich des Zentrums auf der Landzunge, ✆ 028-2622887. Herrlicher Campingplatz direkt am Strand des Lake Victoria inmitten von Palmen und unter Schatten spendenden Bäumen. Einfach nur „a tent with a view"! Wird gerne von Overlandern und Campern benutzt. 8000 TSH p. P.

Essen

Bodenständige Restaurants und Kioske, die *ugali*, *matoke* (Bananen) und *chipsi* servieren, gibt es im Zentrum, z. B. das beliebte **Mara Dishes** in der Kivukoni Street. An einigen Orten wird auch frischer Fisch aufgetischt, z. B. im **Hotel Orange Tree**, Kawawa Rd., Nähe Afrilux Hotel, und im **Salamander Hotel** in Marktnähe. Ansonsten gibt es gehobenere, zumeist indische Restaurants in den oben genannten Mittelklassehotels.

Aktivitäten

Exkursionen und Bootsausflüge, z. B. auf die Lukuba Island und ihre Nachbarinseln oder zu Fischerdörfern, können nur informell arrangiert werden. Am besten man fragt am Fischerhafen (Nähe Markt) nach; mehr Informationen s. Lukuba Island.

Sonstiges

Einkaufen
In den kleinen Supermärkten **Flebs Traders**, Mkendo Rd., und **Katros**, 2,5 km außerhalb der Stadt in Richtung Mwanza, kann man sich mit dem Notwendigsten ausstatten.

Geld
Beide Banken, **NBC** (Bargeldabhebung mit Visa- und Master-Card) und **CRDB** (nur Visa), liegen an der Mkendo Road. Die **Barclays Bank** liegt gegenüber dem Hotel Matvilla (Abhebungen mit Maestro- und MasterCard).

Internet
Mehrere Internetcafés befinden sich in der Mkendo Road., das **Musoma Communications Centre Internet Café** liegt neben Barclays an der Ecke zur Gandhi St., 1500 TSH/Std.

Medizinische Hilfe
Das staatliche Krankenhaus direkt im Ort ist weniger empfehlenswert, deshalb sollte man

Lake Victoria

besser ins **Shirati Hospital** ausweichen, das im nördlichsten Ort am tansanischen Ufer des Lake Victoria liegt (125 km nördlich von Musoma).

Post und Telefon
Post und TTCL (zum Telefonieren) befinden sich in der Boma Road.

Transport

Busse
Nur Busse verkehren regelmäßig von und nach Musoma. Der **Bus Stand** liegt ein wenig abseits der Einfahrtsstraße zentral in der Stadt. Nach MWANZA tgl. ab 6 Uhr morgens alle 30–60 Min, 3–4 Std. Wer nach NANSIO (Ukerewe Island) fahren möchte, muss in Bunda umsteigen.

Nach Arusha
Die Route über die SERENGETI (z. B. mit Coast Line, Kimotco oder Serengeti Bus Service Company) ist nur bedingt empfehlenswert, da sie erstens sehr beschwerlich ist und zweitens neben den Ticketkosten (rund 32 000 TSH) noch US$100 an Eintrittsgebühren für die Serengeti sowie für die NCA anfallen. Abfahrt tgl., meist um 5 oder 6 Uhr morgens. Über Nairobi s. u.

Nach Kenia
Mehrere Daladalas und größere Busse fahren tgl. über die Grenze nach KISII und KISUMU. Akamba fährt über NAIROBI (Kivukoni St.) nach Arusha, aber billiger wird es deswegen nicht (siehe Kasten „Grenzübertritt nach Kenia").

Flüge
Das Flugfeld liegt westlich des Zentrums relativ zentral in der Stadt, zwischen Nyerere Rd. und Lakeshore Rd. Momentan fliegt Precision Air 2x wöchentl. zwischen DAR und MWANZA mit Zwischenstopp Musoma. Im Reisebüro Global Travel Services, Ghandi St. gegenüber Barclays, können Tickets für Precision Air erworben werden.
Coastal Aviation fliegt zudem von den Airstrips in der Serengeti, in Mwanza und Musoma nach

---

Grenzübertritt nach Kenia

Nördlich von Musoma und ca. 156 km nördlich des Ndabaka Gate (Strecke ist vollständig geteert) liegt der Grenzübergang **Sirari**. Ein Touristenvisum (US$50) oder ein Transitvisum (US$20) für Kenia ist zu erstehen, evtl. auch ein neues Visum für Tansania (US$50) beim Wiedereintritt. Vorsicht vor Übergriffen – in abgelegenen Gegenden regieren organisierte Banden.

TARIME, einem Ort an der Grenze zu Kenia. Von hier kann man leicht mit dem Shuttledienst nach Kenia weiterreisen. Buchungen direkt unter 🖳 www.coastal.cc oder bei Reisebüros.

Lukuba Island

13 km nordwestlich von Musoma und wunderbar eingebettet in malerische Granitformationen liegt das von zahlreichen kleineren Inseln flankierte Lukuba Island. Es muss nicht immer Sansibar sein – der Abstecher auf die Lukuba-Insel kann ebenso den krönenden Abschluss einer staubigen Safari oder einen willkommenen Zwischenstopp auf einer Safari zwischen Kenia und Tansania markieren.

Gleich neben großen Steinblöcken, in der Lukuba Bay befindet sich die nicht besonders luxuriöse, aber exklusive **Lukuba Island Lodge**. Gäste werden vom Tembo Beach Hotel in Musoma mit dem hauseigenen Motorboot abgeholt (abenteuerliche Überfahrt ca. 1 Std.). Alle fünf Stein-Cottages haben Seeblick, zu den beliebtesten (und erholsamsten) Aktivitäten zählen das Sonnenbad am beige-grauen Sandstrand, Schwimmen im Pool, Inselwanderungen, Bird Walks, Angeln, Sunset Cruises und Bootsausflüge. Mehr Infos bei George Mavroudis Safaris unter ☎ 027-2548840, 🖳 www.lukuba.com.

Tagesgäste sind ebenso willkommen; entweder man heuert ein Boot am Tembo Beach Hotel an (ca. US$80 pro Boot) oder man arrangiert einen Tagesausflug samt Lunch direkt mit der Lodge (60 000 TSH p. P., mind. 3 Pers.).

Lake Victoria

Ukerewe Island

Auf der größten Insel im Lake Victoria (50 km lang und zwischen 25 und 35 km breit) leben rund 150 000 Einwohner, die als Fischer und Subsistenzbauern ihr Auskommen finden. Damit handelt es sich um das am dichtesten besiedelte Gebiet in Tansania. Touristische Highlights fehlen, dafür entschädigen aber tiefgrüne Reisfelder und stachelige Cassavafelder, eine authentische, unverfälschte Lebensart, fantastische Steinformationen und einsame Sandstrände. Einige Abschnitte, besonders im Westen bei Rubya Beach, sind frei von Bilharziose; dort kann gebadet werden. An den restlichen Stränden mögen zwar die sanften Wellen des Lake Victoria plätschern, doch man sollte im Gegensatz zu den Inselbewohnern das Baden unterlassen. Neben Faulenzen, Swahili lernen und langen Spaziergängen (da es kaum motorisierten Verkehr gibt) lässt es sich hier wunderbar Vögel beobachten. Zur Erkundung der Insel mietet man sich eines der vielen Fahrräder.

Auf Ukerewe Island ist sprichwörtlich die Zeit stehen geblieben – und tatsächlich wird die Zeit (außer für die Fährenabfahrten) hier nicht gemessen.

Im Hauptort **Nansio** legen die Boote und Fähren an. Dort existiert noch am ehesten eine einfache Infrastruktur mit einem Markt, Marktständen, Lebensmittelgeschäften und sogar einer Post und einer Bank.

Übernachtung und Essen

Einige lokale Gästehäuser in Nansio bieten sehr einfache Zimmer, z. B. das **Kazoba Inn** ❶. Die beste Unterkunft der Insel ist das **Monarch Gallu Beach Hotel** ❷, gefolgt vom **La Bima** hinter der Post ❷, beide in Nansio. **Camping** ist am Gallu Beach Hotel möglich.

Transport

Boote verkehren tgl. zwischen MWANZA (North Port) und Nansio, momentan das Passagierschiff *MV Butiama* sowie die *MV Clarias*. Kosten: 4500–6500 TSH je nach Klasse zzgl. Port Tax, Dauer ca. 3 Std. Abfahrt Mo–Fr 9, 14 Uhr, Sa 14 Uhr, So 9 Uhr ab Mwanza.

Rückfahrt von Nansio Mo–Fr 9, 14 Uhr, So 9 Uhr. Die Abfahrtszeiten sind vor Ort zu verifizieren.

Eine holprige Piste führt von BUNDA bis nach KISORIA, wo eine Autofähre mehrmals täglich in Richtung Ukerewe Island ablegt. Kosten: 200 TSH p. P., 5000 TSH für Fahrzeuge. Bei der Ankunft in Rugezi stehen Daladalas für den Weitertransport bereit.

Am Südufer

Mwanza und Umgebung

Der größte Binnenhafen Tansanias befindet sich in Mwanza, dem zweitgrößten Ballungszentrum des Landes, zentral in der Mitte des Südufers gelegen. Das wirtschaftliche und industrielle Zentrum des Nordwestens mit geschätzten 850 000 Einwohnern (Stand 2009) konnte sich erst durch die gute verkehrstechnische Anbindung entwickeln. Zum einen spielte der Frachthafen, wenige Kilometer vom Zentrum entfernt, eine wichtige Rolle – so wird z. B. das westliche Ufer des Lake Victoria um Bukoba ausschließlich von Mwanza aus versorgt. Zum anderen hatte auch der Ausbau des Schienennetzes bis nach Mwanza wesentliche Auswirkungen auf die Stadtentwicklung.

Wirtschaftliche Hauptstandbeine der Stadt sind die Fischverarbeitung, die Baumwoll- und Textilproduktion sowie die Seifenherstellung. Zudem profitiert Mwanza von der größten Goldmine Tansanias in Geita und den zahlreichen Hilfsorganisationen, die sich im Umland angesiedelt haben. Insgesamt zählt die Region Mwanza mit der gleichnamigen Hauptstadt zu den am dichtesten besiedelten Gebieten Tansanias.

Mwanza

Das entspannte Städtchen hat außer schönen Seepanoramen, einigen kolonialen Gebäuden, bizarren Steinformationen zu Wasser und zu Land und seiner malerischen Lage wenig zu bieten.

Das Herz Mwanzas kann bequem zu Fuß erkundet werden, die Ränder erstrecken sich über mehrere von Granitfelsen übersäte Hügel. Einige Häuser wurden sogar in diese Felsen hineingebaut.

Der markante **Bismarck Rock** am Capri Point gleich neben dem Kamanga Ferry Port verdankt seinen Namen einer Statue, die während der deutschen Kolonialära zu Ehren des Deutschen Reichskanzlers Otto von Bismarck angeblich auf dem Felsen stand. Für die zahlreichen Sonntagsausflügler ist der Park davor einfach ein lauschiger Ort am See.

Der alte Teil der Stadt liegt im Dreieck zwischen Posta Street, Uhuru Street und Clock Tower Roundabout. Beim Spaziergang (speziell rund um die Gandhi Hall) können niedrige Kolonialgebäude aus den 1930er- und 1940er-Jahren entdeckt werden, die in ihrer Bauweise ein wenig an den Wilden Westen erinnern. Die **Gandhi Hall** soll dem Vernehmen nach von indischen Geschäftsmännern in den 1950er-Jahren gestiftet worden sein. Sie steht mitten im traditionellen **Inder-Viertel**, das sich einst von der Bantu über die Uhuru Street und Nkrumah Street bis zur Posta Street erstreckte. Prächtige Villen, Moscheen, hinduistische Tempel und stattliche alte Verwaltungsgebäude reihen sich hier aneinander.

An der Kenyatta Road stadtauswärts thront hinter dem monumentalen NSSF-Gebäude (mit dem Nyumbani Hotel) auf dem Hügel malerisch das **Robert-Koch-Haus**. Obwohl es kurz vor dem Ersten Weltkrieg gebaut wurde, war es nie als Labor in Verwendung. Vielmehr diente es einige Jahrzehnte als Verwaltungsgebäude. Heute steht es leer, aber man hofft auf eine einträgliche touristische Nutzung in den nächsten Jahren.

Nördlich des Clocktower Roundabout auf dem Weg zum Malaika Beach Resort wurde den knapp 800 Opfern der Schiffskatastrophe von 1996 ein Denkmal gesetzt. Der Ausflug lohnt aber nicht unbedingt wegen des **MV Bukoba Monuments**, das an die wegen völliger Überladung gesunkene Fähre erinnert, sondern vielmehr wegen des Panoramas auf den See und auf Mwanza von einem der Basaltsteine.

Etwa 19 km östlich von Mwanza bei Kisesa (an der Straße nach Musoma) lohnt der Besuch des **Sukuma Museum and Bujora Cultural Cen-**tre. Die Sukuma, die in der Region rund um den Lake Victoria bis hinunter nach Shinyanga zu Hause sind, stellen mit etwa 15 % der Gesamtbevölkerung die größte Volksgruppe Tansanias (s. S. 131). Das 1952 von kanadischen Missionaren ins Leben gerufene Museumsdorf dokumentiert die Geschichte und die Lebensweise der Sukuma. So wird nicht nur der Alltag der Menschen in ihren traditionellen Hütten gezeigt, sondern auch ein Palast der Art, wie sie früher von den Sukuma-Königen erbaut wurden. Artefakte wie Trommeln, Hausrat und Kunsthandwerksgegenstände sind ebenfalls ausgestellt. Unregelmäßig, zumeist an Wochenenden der Touristenhochsaison, finden Tanz- und Trommelvorführungen statt. Solche Vorführungen werden auf Wunsch auch arrangiert. ⊙ Mo–Sa 8.30–18, So 13–18 Uhr, Eintritt 8000 TSH.

Saa Nane Island

Die Insel vor den Toren von Mwanza, deren Name wortwörtlich übersetzt so viel wie „Acht-Uhr-Insel" bedeutet, bietet sich für einen beschaulichen Tagesausflug an, obwohl Besucher, die gerade von der Serengeti kommen, die bescheidene Tierwelt wohl kaum nachhaltig begeistern wird. Lange Zeit fristeten zahlreiche Tiere in Käfigen auf der Insel ihr Dasein. Sie waren einst auf der Insel ausgesetzt worden, um als Attraktion für ein geplantes Game Reserve zu dienen. Die Käfige sind mittlerweile verschwunden, und die Tiere wurden umgesiedelt. Immerhin können Impalas, Klippschliefer *(rock hyrax)*, Grüne Meerkatzen *(vervet monkey)*, Fingerotter *(African clawless otter)*, kleinere Reptilien, Echsen, Krokodile und unzählige Vögel gesichtet werden, wenn man die Insel auf den kleinen Gehwegen erkundet. Man sollte nicht zu viel erwarten, aber wer Mwanza für einige Stunden entkommen möchte, kann hier die üppige tropische Flora genießen und Vögel beobachten. Überall auf der pittoresken Insel finden sich große Gesteinsbrocken, die wunderbare Plätze zum Rasten und Beobachten abgeben. Der Blick nach Mwanza von einem der Blöcke ist malerisch.

Anfahrt und Preise: Im Saa Nane (und Tanapa) Headquarters an der Station Road muss

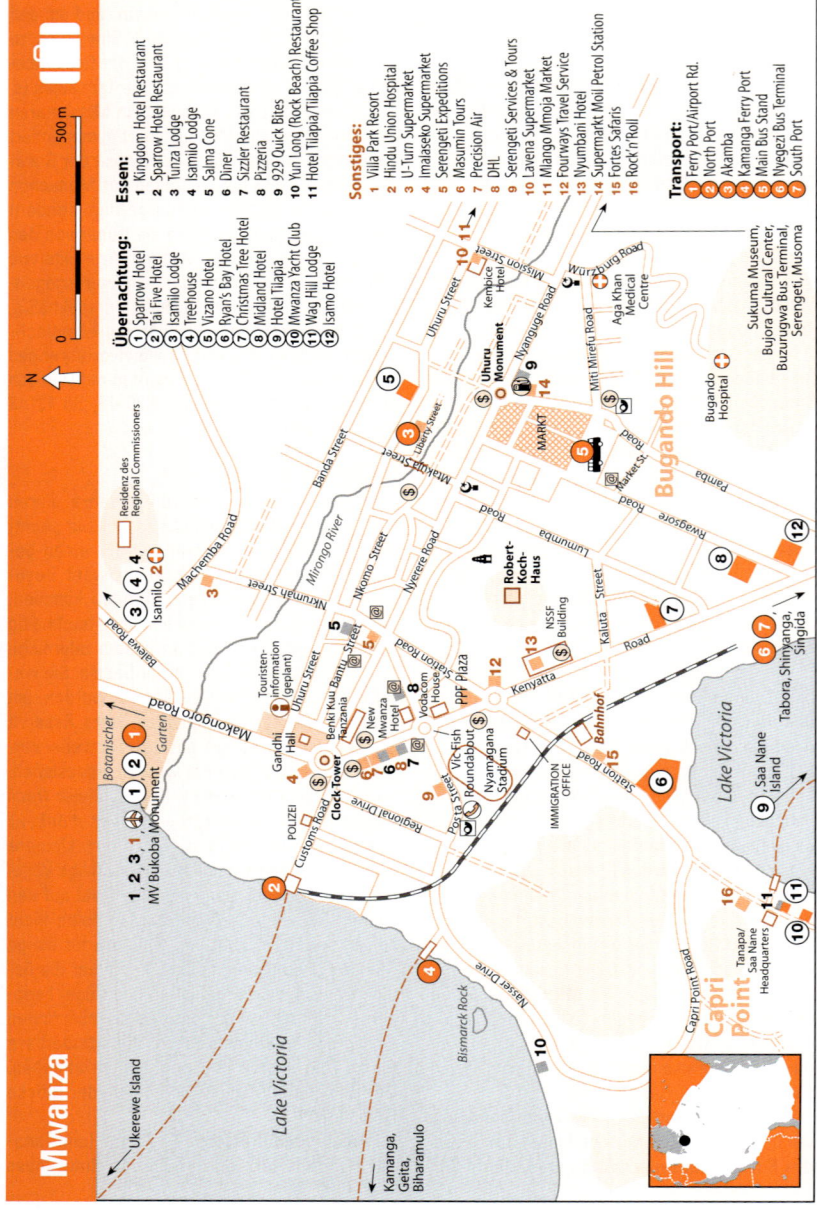

Essen:
1 Kingdom Hotel Restaurant
2 Sparrow Hotel Restaurant
3 Tunza Lodge
4 Isamilo Lodge
5 Salma Cone
6 Diner
7 Sizzler Restaurant
8 Pizzeria
9 929 Quick Bites
10 Yun Long (Rock Beach) Restaurant
11 Hotel Tilapia/Tilapia Coffee Shop

Übernachtung:
1 Sparrow Hotel
2 Tai Five Hotel
3 Isamilo Lodge
4 Treehouse
5 Vizano Hotel
6 Ryan's Bay Hotel
7 Christmas Tree Hotel
8 Midland Hotel
9 Hotel Tilapia
10 Mwanza Yacht Club
11 Wag Hill Lodge
12 Isamo Hotel

Sonstiges:
1 Villa Park Resort
2 Hindu Union Hospital
3 U-Turn Supermarket
4 Imaiseko Supermarket
5 Serengeti Expeditions
6 Masumin Tours
7 Precision Air
8 DHL
9 Serengeti Services & Tours
10 Lavena Supermarket
11 Mlango Mmoja Market
12 Fourways Travel Service
13 Nyumbani Hotel
14 Supermarkt Moil Petrol Station
15 Fortes Safaris
16 Rock'n'Roll

Transport:
1 Ferry Port/Airport Rd.
2 North Port
3 Akamba
4 Kamanga Ferry Port
5 Main Bus Stand
6 Nyegezi Bus Terminal
7 South Port

nach einem Boot gefragt werden; die Überfahrt dauert 15–20 Min. Übliche Aufenthaltsdauer auf Saa Nane: 2 Std. Wegen der geplanten Einrichtung eines Nationalparks sind Änderungen zu erwarten (sowohl in der Frequenz der Boote als auch im Preis der Überfahrt). Momentan muss im Headquarter nachgefragt werden, ob offizielle Boote (800 TSH p. P. inkl. Eintritt) verkehren oder ob ein Privatboot (10 000 TSH) angeheuert werden muss. Die Boote sind nicht immer in einwandfreiem Zustand. Wenn die Insel demnächst den Status eines Nationalparks erhält, muss mit Eintrittsgebühren von US$20 (oder gar US$30) p. P. gerechnet werden, möglicherweise werden dann sogar extra Gebühren für die Überfahrt erhoben.

Übernachtung

Landestypische Unterkünfte bietet Mwanza in rauen Mengen, doch eilt diesen der Ruf einer fragwürdigen Sicherheitslage voraus. Zu den empfehlenswerten zählen u. a. das **Christmas Tree Hotel**, Kaluta St., Eingang Kenyatta Rd., ✆ 028-2502942, das **Isamo Hotel**, Rwagasore Rd., das **Sparrow Hotel** und das **Tai Five**, beide in der Makongoro Rd. Richtung Flughafen, alle ❷. Für Benutzer von öffentlichen Verkehrsmitteln sind die Hotels außerhalb der Stadt (Isamilo, Makongoro Rd.) nur per Taxi erreichbar.

Vizano Hotel, Uhuru St., ✆ 028-2541790, ✉ vizano@yahoo.com. Freundliches Hotel in unmittelbarer Nähe des Akamba Bus Terminal. Die Zimmer bieten viele Annehmlichkeiten, wie AC, Satellitenfernsehen und Warmwasser. Gute Lage für Busreisende. ❷–❸

🌳 **Treehouse**, Isamilo, ✆ 028-2541160, ✉ treehouse@streetwise-africa.org. Nettes Gästehaus eines Straßenkinder-Hilfsprojekts mit 2 DZ, 2 EZ und einem Cottage 2 km außerhalb des Zentrums (Taxi 2500–3000 TSH). Internet. Ruhige Lage, aber kein Restaurant, nur B&B. ❸

Midland Hotel, Rwagasore Rd., ✆ 028-2541509. Großes, neueres Geschäftshotel mit Konferenzräumen, Restaurants, Bars, das durch seine zentrale Lage und die vielen Angebote besticht (Internet, Beauty-Salon, Apotheke etc.). ❸

Isamilo Lodge, Isamilo Hills, nördlich des Zentrums auf dem Weg zum Flughafen, ✆ 028-

2541627, 🖥 www.isamilolodge.com. Einfache, kleine Zimmer mit AC, TV, Internet. Gutes Restaurant, Bar. Zur Zeit der Recherche wurde gerade an einem neuen Flügel gebaut, der 67 größere Zimmer, Nightclubs, Restaurants, ein Casino sowie einen Pool fassen soll. ❹

Hotel Tilapia, Capri Point, ✆ 028-2500517, 🖥 www.hoteltilapia.com. Als alteingesessener Klassiker, malerisch am Lake Victoria gelegen, hat das Mittelklasse-Haus schon Federn lassen müssen, dennoch wird es noch immer gerne gebucht. 40 Zimmer mit AC, Internet, TV und Safe. Mit Pool und ausgezeichneter Küche; netter Coffeeshop mit Kuchen und Torten, Reisebüro, Beauty Salon und Tour Operator. ❹

Ryan's Bay Hotel, Capri Point, Station Rd, ✆ 028-2541702, 🖥 www.ryansbay.com. Zur Zeit der Recherche das beste Hotel der Stadt, mit freundlichen, großen Zimmern samt Balkon, WLAN, AC und Flatscreen, einem einladenden Pool und einer tollen Lage direkt am Wasser. Sauber und sympathisch. Bequemerweise sind die Betreiber gleichzeitig Tour Operators (Fortes Safaris). Bestes Preis-Leistungs-Verhältnis der Stadt. ❹

🌳 **Wag Hill Lodge**, westlich von Mwanza, per Boot vom Mwanza Yacht Club aus zu erreichen, ✆ 0767-991245, 🖥 www.waghill.com. Die wohl ungewöhnlichste Unterkunft in Mwanza. 5 rustikale Chalets auf Stelzen, in den Berg hinein gebaut, mit Blick auf den dichten Wald sowie den See. Ökofreundlich durch Einsatz von Solarenergie; es gibt weder Generator noch Steckdosen. Idyllischer Pool. Klein, intim, wirklich etwas Besonderes. Ein Muss für passionierte Angler und Vogelliebhaber, Angelausrüstung zu mieten. ❼

Camping

Mwanza Yacht Club, Capri Point, neben Tilapia Hotel, ✆ 0713-527550, ✉ mwanzayc@gmail.com. Schönster (und einziger) Campingplatz in Mwanza direkt am See, 10 000 TSH p. P., Essen ab 6000 TSH. Mit Bar und Squash-Court.

Essen

In den meisten Hotel-Restaurants, z. B. im **Hotel Tilapia** (indische und westliche Küche), in der **Isamilo Lodge** (italienisch, indisch,

chinesisch), im **Kingdom Hotel**, im **Sparrow Hotel** und in der **Tunza Lodge** (alle liegen in Richtung Flughafen), kann man gut essen. Indische Snacks gibt es im **929 Quick Bites**, Moil Petrol Station am Uhuru Monument.
Salma Cone, Bantu St. Günstige Snacks, Burger und Eiscreme sowie Kaffee. ⊕ tgl. 7–22 Uhr.
Yun Long Restaurant (Rock Beach), Nasser Drive, südlich des Bismarck Rock. Vorzügliche Lage am See, gute chinesische Küche, nettes Ambiente. ⊕ tgl. ab 11 Uhr.
Pizzeria, Posta St., ☎ 028-2500955. Lohnt hauptsächlich wegen der Pizza und der frischen Säfte. Außerdem Sandwiches, Kaffee und Kuchen zu fairen Preisen. ⊕ tgl. 9–21 Uhr.
Sizzler Restaurant, Kenyatta Rd., schräg gegenüber vom New Mwanza Hotel. Das Ambiente mag zwar nicht sonderlich einladend wirken, doch die Auswahl ist groß, neben bodenständigen Gerichten (BBQ-Huhn!) wird auch indisch und chinesisch gekocht. ⊕ tgl. 10–15, 18–22 Uhr.
Diner, Kenyatta Rd., zwischen DHL und Precision Air. Die Atmosphäre des kleinen, unscheinbaren Gasthauses lädt zwar nicht zum Bleiben ein, aber die indischen Gerichte sind vorzüglich. ⊕ tgl. ab 18 Uhr.
Tilapia Coffee Shop, siehe Hotel Tilapia. Einziges Kaffeehaus im westlichen Stil mit akzeptablen Kaffees sowie Süßspeisen.

Lake Victoria

Auf den zahlreichen mehrstöckigen Hotels hat man bei Sonnenuntergang einen tollen Blick auf den See und die Stadt, z. B. im **Nyumbani Hotel** oder im **Midland Hotel**.
New Mwanza Hotel, Posta St., Glücksspiel im Kings Casino, heiße Discorhythmen im Stone Club ab 23 Uhr.
Tunza Lodge, 4 km außerhalb von Mwanza in Richtung Flughafen am Ilemela Beach, 2 km vor dem Flughafen. Die rustikale Bar und der schöne dazugehörige Strand sind am Wochenende besonders bei den Städtern aus Mwanza beliebt.
Rock'n'Roll, Station Rd., gegenüber Tilapia Hotel. In der momentan angesagtesten Bar mit Blick auf den See und die Stadt treffen sich an

den Wochenenden gerne trinkfeste Bierliebhaber und Partytiger.
Villa Park Resort, Kirumba-Area. Nachtclub, Bar und Disco mit Hip-Hop, Bongo Flava und Livekonzerten. Fr und Sa geht heir die Post ab.

Es gibt mehrere gut sortierte Supermärkte mit westlichen Waren, z. B. **U-Turn**, Nkrumah St., Ecke Machemba Rd., **Imalaseko** beim Clock Tower oder **Lavena**, Kembice Hotel, Uhuru St. Der Supermarkt in der **Moil Petrol Station** beim Kreisverkehr am Uhuru Monument hat rund um die Uhr geöffnet.
Im Mlango Mmoja Market am südöstlichen Ende der Uhuru Street ist Secondhandkleidung und vieles mehr erhältlich (unbedingt hart verhandeln).

Beliebte Freizeitaktivitäten sind Ausflüge zu den Inseln Rubondo, Saa Nane, Lukuba. Des Weiteren können Safaris in die Serengeti oder Exkursionen in das Sukuma Village Museum arrangiert werden. Mwanza ist außerdem ein guter Ausgangspunkt für Gorilla-Trekking in Ruanda, das nur eine Tagesreise entfernt liegt. Bei den Preisen der einzelnen Veranstalter herrschen große Unterschiede, unbedingt vorher Angebote einholen.
Masumin Tours, Kenyatta Rd., ☎ 028-2500192, 🖥 www.masumintours.com. Verlässlicher Veranstalter mit gutem Ruf, verleiht auch Fahrzeuge.
Serengeti Expeditions, Nyerere Rd., bei der Ampel, ☎ 028-2542222, 🖥 www.serengeti expedition.com. Gut und günstiger als viele seiner Mitbewerber.
Fortes Safaris, Station Rd., neben dem Bahnhof, ☎ 028-2500561, 🖥 www.fortes-africa.com. Safaris und Mietfahrzeuge.

Apotheken

Besonders empfehlenswert sind die Apotheke im **New Mwanza Hotel**, Kenyatta Rd.,. und die **Sunpharm Pharmacy** im Midland Hotel, Rwagasore Rd.

Er träumte davon, die Klassen- und Stammes-unterschiede zu eliminieren und Tansania nach Dekaden der kolonialen Fremdbestimmung endlich auf einen selbstbestimmten Weg zu führen. Sein Land sollte unabhängig von Europa und den USA werden und den inneren Frieden festigen.

Zielstrebig verfolgte Mwalimu („Lehrmeister") **Julius K. Nyerere**, der erste Präsident des unabhängigen Tansania, seinen Traum von einem gerechten Staat. Der Sohn eines Häuptlings aus Butiama am Lake Victoria, der sich in Europa zum Lehrer ausbilden ließ, proklamierte 1967 die **Arusha Declaration**, die die Ideen seiner gesellschaftlichen Neuordnung enthielt.

Sein Traum beruhte auf traditionellen Formen des tansanischen Gemeinschaftslebens (der Großfamilie), die er mit staatlicher Lenkung und Planung verbinden wollte. Weit im Busch verstreute Familien sollten sich (nach Kibbuz-Vorbild) zu neuen *Ujamaa*-Gemeinschaften (Swahili für Familie, Gemeinde) zusammenschließen, die nach drei Prinzipien zu leben hatten: gegenseitiger Respekt, gemeinschaftliches Eigentum und die Pflicht zur Arbeit. Den neuen Dorfgemeinschaften entstünden dadurch Vorteile: Es ließe sich leichter flächendeckend Schulbildung und Gesundheitsversorgung gewährleisten, die Arbeitsteilung würde das Dorfleben erleichtern und das Fehlen von Hierarchien die Stabilität fördern. Wirtschaftlich träumte Nyerere vor allem davon, dass auch ohne Technisierung Produktionssteigerungen in der Landwirtschaft (in der weit über 90 % der Bevölkerung ihr Auskommen fand) erreicht werden könnten und Tansania auf dem afrikanischen Markt wettbewerbsfähig würde.

So wurden in den Folgejahren **neue Dorfgemeinschaften** aus dem Boden gestampft. Die neuen Dörfer waren ethnisch bunt gemischt, denn die nationale Einheit über Stammesgrenzen hinweg stellte einen Grundpfeiler des Systems dar. Dennoch mussten zwischen 1973 und 1977 11 Mio. Menschen gewaltsam, teilweise unter Einsatz des Militärs, umgesiedelt werden. In den neuen Dörfern mangelte es an der versprochenen Infrastruktur, weder Wasser- noch Stromleitungen noch Straßen wurden jemals angelegt. Darüber waren die Menschen verbittert, denn unter diesen Umständen hätten sie ebenso gut in ihrem angestammten Lebensraum bleiben können. Es gibt viele solcher Dörfer in Tansania, z. B. Mto wa Mbu am Northern Circuit oder Gezaulole am South Beach in Dar es Salaam.

In der Bevölkerung regte sich wegen der **Zwangsumsiedlungen** Widerstand. Durch die anhaltenden Öl- und Wirtschaftskrisen in den 1970er-Jahren und einer allgemeinen verfehlten Agrarpolitik der korrupten Eliten lohnte sich der Verkauf der landwirtschaftlichen Produkte nicht; es gab für die Bauern also keinerlei Produktionsanreize mehr. Sie kehrten zu der seit Generationen praktizierten Subsistenzwirtschaft für den Eigenverbrauch zurück. **Produktionsrückgänge**, schmerzhafte Exporteinbußen und schließlich Versorgungsengpässe für die eigene Bevölkerung waren die Folge.

Letztlich scheiterte Nyerere daran, dass er seine eigene moralische Integrität zum Maßstab erhob und dabei die gesellschaftliche Realität im Lande falsch einschätzte. Denn die politischen Eliten in Dar es Salaam hatten keinerlei Interesse am Gleichheitsideal Nyereres; ihnen lag – dem traditionellen Herrschafts- und Großfamiliensystem entsprechend – viel mehr die eigene Bereicherung am Herzen. So zerschellte die gut gemeinte Umstrukturierung an überbordender Bürokratie, unproduktiven Beamten und grassierender Korruption. Tansania schlitterte in eine **Wirtschaftskrise**, die paradoxerweise – ganz entgegen Nyereres Zielsetzung – in eine noch größere Abhängigkeit von den Geberländern mündete.

Doch obwohl die wirtschaftlichen Erfolge ausblieben, führte Nyereres Politik immerhin zu einem Anstieg der Alphabetisierungsrate und einer Verbesserung der Gesundheitsversorgung. Ganz sicher hat er mit seinem Traum die **nationale Einheit** sowie die Wahrung des inneren Friedens erreicht – und damit den Ausbruch ethnisch motivierter Unruhen auf Dauer verhindert.

Lake Victoria

Autovermietungen

Bei den meisten Safariagenturen können Fahrzeuge gemietet werden, z. B. **Masumin Tours** oder **Fortes Safaris**.

Expressversand

DHL, Kenyatta Rd, neben Precision Air.

Geld

NBC Bank, Kenyatta Rd. im Nyumbani Hotel, **Standard Chartered Bank**, Clock Tower, und **Stanbic**, Uhuru Monument, Nyerere Rd., für Abhebungen mit Visa-Card.
Exim Bank, Kenyatta Rd., und **Barclays**, Pamba Rd. neben der Post, für Abhebungen mit Master- und MaestroCard.
Geldwechsel bei **Serengeti Services & Tours** und im New Mwanza Hotel im **Victoria Bureau de Change** (beide Posta St.) sowie in den Banken.

Informationen

Zur Zeit der Recherche planten einige engagierte Touristiker, eine Touristeninformation einzurichten (neben Gandhi Hall).

Internet

Es gibt eine große Auswahl an Internetcafés, die besten Anbieter sind u. a. **Avionics**,

---

> ### Vorsicht Überfälle!
>
> Das Gebiet zwischen Biharamulo und der Grenze zu Ruanda und Burundi ist für Überfälle bekannt, die organisierte Banden verüben. Insbesondere das **Biharamulo Game Reserve** ist als Versteck für Banditen bekannt. Die holprige Piste zwischen Nyakanazi und Kasulu bzw. Kigoma entlang der Grenze zu Burundi war in der zweiten Jahreshälfte 2010 Schauplatz einiger schwer bewaffneter Raubüberfälle, teilweise sogar mit Toten. Reisende sollten dieses Gebiet nur nach genauer Erkundung der aktuellen Lage durchqueren (möglichst im Konvoi) oder es vollständig meiden. Notfalls muss die Strecke geflogen werden. Sicherer sind Grenzübertritte von Uganda nach Ruanda und die Weiterreise nach Burundi.

Market St., und **Karibu Corner Internet** direkt am Kreisverkehr Kenyatta Rd., Ecke Posta St.

Medizinische Hilfe

Bugando Hospital, Bugando Hill, am Ende der Würzburg Rd. Staatliches Krankenhaus mit deutschen Ärzten und Famulanten.
Aga Khan Medical Centre, Miti Mirefu St., ☎ 028-2502474.
Hindu Union Hospital, Machemba Rd., ☎ 028-2500382. Gemeinsam mit dem Aga Khan Medical Centre die beste medizinische Versorgung in der Stadt.
Hope Dental Clinic, Posta St. im New Mwanza Hotel, ☎ 028-2500732. Zahnklinik nach internationalem Vorbild.

Polizei

Customs Rd., unweit vom Clock Tower.

Post

Posta St., eine weitere Zweigstelle befindet sich in der Pamba Rd., in der Nähe vom Busbahnhof.

Reisebüros

Fourways Travel Service, Station Rd., Ecke Kenyatta Rd., am Kreisverkehr, ☎ 028-2502620, 🖥 www.fourwaystravel.net. Erfahrenes Reisebüro und Tour Operator.
Serengeti Services & Tours, Posta St., ☎ 028-2500061, 🖥 www.serengetiservices.com. Reisebüro und Tour Operator.

Schwimmen

Im großen Pool der **Isamilo International School** möglich.

Sicherheit

Die Kleinkriminalität stellt ein ernstes Problem in Mwanza dar, auf Taschendiebe muss man gefasst sein. Dass man unter keinen Umständen nachts unterwegs sein sollte, ist selbstverständlich, aber auch tagsüber lässt man im Menschengewühl besser Vorsicht walten, besonders am Busbahnhof.
Malaria ist ebenso verbreitet wie Bilharziose – unbedingt aufpassen!

Berühmt ist der Lake Victoria nicht nur wegen seiner imposanten Größe, sondern vor allem wegen seiner vielfältigen Fischwelt. Er soll Hunderte – vielfach endemische – Buntbarscharten beherbergen, von denen noch nicht einmal die Hälfte wissenschaftlich erfasst ist. Klingt wie ein kleines Fischparadies, wenn es nicht eklatante Schönheitsfehler hätte. Das nährstoffreiche, warme und lichtdurchflutete Gewässer bot den Viktoriasee-Buntbarschen seit jeher eine ideale Lebensgrundlage. Für die ansässige Bevölkerung stellte der See nicht nur eine wichtige Nahrungs- und Erwerbsquelle dar, sondern auch das wichtigste Trinkwasserreservoir. Doch folgenschwere menschliche Eingriffe haben das Ökosystem des Sees nachhaltig geschädigt. So wurde in den 1960er-Jahren der bis zu 200 kg schwere **Nilbarsch** bewusst ausgesetzt, damit ein kommerziell einträglicher Fisch die Fischernetze füllte. Die Ansiedlung erwies sich als Katastrophe, denn für den gefräßigen Raubfisch eröffnete sich ein Schlaraffenland – die viel kleineren **Tilapia** (so der zusammenfassende Name für die verschiedenen Buntbarscharten) hatten dem übermächtigen Feind nichts entgegen zu setzen. Die Fischbestände wurden drastisch dezimiert – Experten sprechen davon, dass mittlerweile an die zwei Drittel der Buntbarscharten ausgerottet sein dürften.

Die erhofften Gewinne für die einfachen Fischer blieben allerdings aus: Der als Viktoriabarsch gehandelte und weltweit äußerst beliebte Nilbarsch erzielt auf dem Markt einen viel geringeren Preis als der Tilapia, gleichzeitig verlangt er höhere Investitionen. Er kann nicht in der Sonne getrocknet werden, sondern muss für die Konservierung geräuchert werden, was wiederum Rodungen erfordert, die für das ökologische Gleichgewicht dringend erforderliche Waldflächen zerstören. Außerdem werden besonders starke und folglich teure Netze benötigt, die sich die kleinen Fischer nicht leisten können – zu den ökologischen gesellen sich also ökonomische und soziale Probleme. So verlagerte sich das Geschäft mit dem Viktoriabarsch von der Subsistenzwirtschaft einzelner Fischer zu einem lukrativen Geschäft für einige große Unternehmen. Ihre fischverarbeitenden Fabriken liegen u. a. in der näheren Umgebung von Mwanza.

Der international prämierte Film *Darwin's Nightmare* des österreichischen Filmemachers Hubert Sauper dokumentiert eindrucksvoll, wie für den Profit einiger weniger Unternehmer, korrupter Beamter und gewissenloser Eliten abertausende Menschen ihre Erwerbsgrundlage verlieren. Trostlose, teils düstere Bilder zeigen den Alltag jener Menschen, die einst selbst Fischer waren und nun mit schlecht bezahlten Jobs in den Fabriken nicht genug zum Leben verdienen und oft in unmenschlichen Verhältnissen arbeiten und leben. Es wird auch angedeutet, dass die mit Fischen beladenen Flüge mit Waffen aus Europa zurückkehren.

Da mag es schon fast nebensächlich klingen, dass noch eine Reihe weiterer Einflüsse das ökologische Gleichgewicht bedroht. Ohne ihre natürlichen Feinde, die Tilapia, konnten sich u. a. Wasserschnecken, die Zwischenwirte der Bilharziose-Würmer, kräftig vermehren, mit dem Resultat, dass die Seuche heute den kompletten See erfasst hat. Neben der allgemeinen Verschmutzung des Sees, hervorgerufen durch die dichte Besiedelung der Küstenregionen, erwies sich auch die Einschleppung der **Wasserhyazinthe** in den 1980er-Jahren als gravierend: Buchstäblich beim Zuschauen überwuchert sie die Buchten des Lake Victoria, denn innerhalb von nur zwei Wochen kann sie ihre Wucherfläche verdoppeln! Über 90 % der ufernahen Gewässer, besonders in Kenia und Uganda, sollen damit schon bedeckt sein, was für die ohnehin malträtierte Fischfauna zusätzlich verheerend ist: Durch den Lichtmangel sterben die heimischen Wasserpflanzen und die noch verbliebenen Buntbarsche. Neben anderen Folgeerscheinungen behindert der Hyazinthenteppich besonders die Schifffahrt sowie die Fischerei. Der Handlungsbedarf am Lake Victoria ist also groß, und nicht umsonst wurde er vom Global Nature Fund zum „bedrohten See des Jahres 2005" erklärt. Doch seitdem ist es wieder ruhig geworden um den See.

Lake Victoria

Viele Straßenkinder und Leprakranke betteln an den Kreuzungen – statt Geld lieber Essen geben.

Telefon
TTCL-Büro in der Posta Street.

Visumsangelegenheiten
Immigration Office, Station Rd.

Transport

Wer auf bequeme Weise den Lake Victoria besuchen will, dem bietet sich nur eine einzige Möglichkeit für die An- und Abreise: das Flugzeug. Alles andere ist zeit- und nervenraubend.

Selbstfahrer
Nach Westen: Nach BIHARAMULO (via Geita und Nyamirembe) ca. 4–5 Std. für 300 km überwiegend auf Teer, teilweise wird an der Straße noch gearbeitet, bei Kigongo/Busisi (ca. 35 km südwestlich) Fähre über den Mwanza Gulf (5000 TSH/Fahrzeug, 300 TSH p. P., 500 TSH Steuer, 30 Min.). Von Biharamulo nach BUKOBA (überwiegend Teerstraßen, 3 Std.), nach Ruanda oder Burundi ebenfalls Teerstraße.
Nach Osten: Nach MUSOMA durchgehend Teerstraße (220 km, 3–4 Std.).
Nach Süden: Bis NGEZA (über Shinyanga) durchgehend Teerstraße (240 km, 3–4 Std.).

Busse
Der **Main Bus Stand** befindet sich zentral neben dem Markt. Der **Nyegezi Bus Terminal** liegt an der Straße nach Shinyanga etwa 10 km südlich der Stadt. Busse, die nach Süden (Arusha über Shinyanga, Singida, Tabora, Dodoma, Mbeya, Dar es Salaam) unterwegs sind, sollten hier theoretisch abfahren, doch in der Praxis verfügen viele Busunternehmen über Büros am Main Bus Stand. Im Zweifelsfall muss man sich vorher erkundigen, von wo der Bus abfährt. Erreichbar per Daladala vom Main Bus Stand oder per Taxi (ca. 10 000 TSH). Der alte Busbahnhof **Buzurugwa**, 5 km östlich der Stadt, wird auf dem Weg nach Osten angefahren.

Akamba, Uhuru St., Nähe Vizano Hotel, ✆ 028-2500272. Momentan die beste Buslinie in dieser Ecke. Innerhalb des Landes fährt sie (über Nairobi) nach Namanga, Arusha, Moshi und Dar es Salaam. Außerdem Busse nach Uganda (Kampala), Ruanda (Kigali) und diverse Städte in Kenia.

Nach Dar es Salaam
Die empfehlenswerteste Route auf Teerstraße führt über NAIROBI, doch es fallen zusätzliche Visumsgebühren an (siehe Kasten „Grenzverkehr nach Kenia", S. 325). Abfahrt der Akamba-Busse tgl. 6 Uhr, Ankunft in Dar es Salaam 20 Uhr, 78 000 TSH.
Die zweite Route (zum Großteil auf Teer) führt über SINGIDA, DODOMA und MOROGORO, z. B. mit Golden Intercity Express, ca. 45 000 TSH, 12–14 Std. Auf dieser Strecke sind viele kleinere Busunternehmen mit schlecht gewarteten Bussen und verantwortungslosen Busfahrern unterwegs. Im großen Bürogebäude neben dem Main Bus Stand sind die Büros der Linien untergebracht. Vom Nyegezi Bus Terminal starten tgl. um 6 Uhr Luxury Coaches von Saibaba oder Shabiby, ca. 45 000 TSH.

Weitere Ziele
ARUSHA, mit Akamba über NAIROBI (auf Teerstraße) ab Akamba Terminal (Uhuru St.), tgl. am Nachmittag mit Übernachtung in Nairobi, 1 1/2 Tage, 33 000 TSH, zzgl. US$20 Transitvisum für Kenia, evtl. US$50 neues Visum für Tansania; mit Takrim oder NBS über SINGIDA ab Nyegezi Bus Terminal, mehrmals wöchentl., Abfahrt 4–6Uhr, 1–1 1/2 Tage, 37 000 TSH; mit Coast Line oder Kimotco ab Main Bus Stand über die Serengeti, tgl., Abfahrt 4–6 Uhr, 10–12 Std., 37 000 TSH, zzgl. US$100 an Eintrittsgebühren für die NCA und die Serengeti (Tierbeobachtung ist aufgrund der Geschwindigkeit nicht möglich).
BUKOBA, zuerst nach Biharamulo, dann umsteigen, mind. 1x tgl., s. auch „Fähren".
KIGOMA, mit Golden Intercity Express oder Saratoga (s. Reisesicherheitshinweise für Biharamulo und Geita S.442), je nach Zustand der Pisten ca. 2 Tagesreisen, 25 000 TSH.

NAIROBI, mit Akamba oder Spider, eine Tagesreise, ca. 22 000 TSH.

Eisenbahn

Der Bahnhof liegt südwestlich vom Zentrum in der Station Road. Die Northern Line fuhr früher Di und Do jeweils um 8.50 Uhr nach DAR ES SALAAM, 53 600 TSH in der 1. Klasse, Dauer ca. 39 Std. Der Bahndienst ist aber bis auf Weiteres ausgesetzt, da nach starken Regenfällen die Gleiskörper im Landesinneren weggespült wurden. Eine Wiederaufnahme der Linie ist geplant und vor Ort zu erfragen.

Fähren

Zuverlässige Angaben über den Bootsverkehr können nicht gemacht werden; die Häfen, Linien und Routen ändern sich ständig, oder Boote quittieren einfach ihren Dienst. Leider gibt es keine zentrale Anlaufstelle für Boots-auskünfte.

Ferry Port (Airport Rd.)

Momentan legt von hier die *MV Victoria* Di, Do und So, jeweils 21 Uhr, nach BUKOBA (Zwischenstopp Kemondo Bay) ab. Ankunft Bukoba am nächsten Morgen. Jeweils Mo, Mi und Fr fährt die Fähre von Bukoba zurück nach Mwanza (ebenfalls über Nacht). Kosten: 1. Klasse um 35 000 TSH, 2. Klasse (in einer 6er-Kabine) 25 500 TSH.

North Port (Customs Rd.)

Vom North Port zentral in der Stadt, unweit der Polizei und des Clock Tower Roundabout, verkehren Fähren nach UKEREWE ISLAND, s. S. 436. Kosten: 1. Klasse um 25 000 TSH. In der Nähe des Fischmarkts, ca. 1 km nördlich des Kreisverkehrs beim Clock Tower, legen Frachtfähren nach Bukoba ab, wo man unter Umständen mitgenommen werden könnte.

South Port oder Mwanza Port (Kenyatta Rd.)

Hier, vom Haupthafen von Mwanza südlich der Stadt, legen die Fähren nach KAMPALA (Uganda) ab – allerdings erst, wenn das Boot voll ist und sich die Fahrt für die halbstaatlichen Betreiber lohnt.

Kamanga Ferry (Nasser Drive)

Stdl. Pendelverkehr (7–18.30 Uhr) zwischen Mwanza und KAMANGA (Straße nach Sengerema und weiter nach Geita, Alternative zur Kigongo/Busisi-Fähre).
Nach RUBONDO s. Rubondo Island, S. 446.

Flüge

Der Flughafen liegt 9 km nördlich des Clock Tower. Flugtickets werden am besten über die Reisebüros in Mwanza reserviert.
Air Auric, Airport Office, ✆ 0754-540382, 🖥 www.auricair.com. Täglich mehrere Charterflüge nach BUKOBA (115 000 TSH zzgl. Steuern) via Rubondo Island (US$160) oder Karagwe sowie nach KIGOMA (285 000 TSH zzgl. Steuern). Schlechter Kundenservice und notorisch unpünktlich und unzuverlässig, aber eine der wenigen täglichen Verbindungen. Flüge immer rückbestätigen!
Coastal Aviation, am Flughafen, ✆ 028-2560441, 🖥 www.coastal.cc. Nach ARUSHA US$300 einfach, nach SANSIBAR US$490 einfach.
Precision Air, Kenyatta Rd., gegenüber der KCB-Bank, ✆ 028-2500819, 🖥 www.precision airtz.com. Nach KIA (Moshi) 161 500 TSH einfach, dichtes Flugnetz in viele andere Städte, günstige Tarife.
Fly540, 🖥 www.fly540.com. Low-Cost-Carrier, der Mwanza mit NAIROBI, ARUSHA und DAR ES SALAAM (US$150) verbindet.

Am Westufer

Rubondo Island National Park

- **Eintritt**: US$20 p. P., obligatorischer bewaffneter Guide (US$20 pro Gruppe).
- **Beste Reisezeit**: In der Trockenzeit von Juni bis Oktober, doch wer Schmetterlinge, Orchideen und andere Blumen sehen will, muss während der Regenmonate (Okt–Dez, März–Mai) kommen. Ab Okt/Nov sind auch die europäischen Zugvögel zu beobachten.
- **Aufenthaltsdauer**: Mit An- und Abreise sollten mindestens 3 Tage eingeplant werden.

Lake Victoria

Der Rubondo Island National Park mit einer Fläche von 457 km² liegt westlich von Mwanza im südwestlichen Zipfel des Lake Victoria. Er besteht aus der Hauptinsel, elf kleineren Inseln und zusätzlich 150 km² an umgebenden Gewässern, wo Fischfang verboten ist. Der ungewöhnliche Park besticht vor allem durch seine grandiosen Urwaldlandschaften mit unzähligen kleinen Sümpfen, seine vielfältige **Flora**, darunter allein 40 Orchideen-Arten, und die herrlichen Sandstrände des Sees: ein erfrischendes Kontrastprogramm nach einer staubigen Safari.

Doch auch die **Fauna** ist überwältigend. Dass der Park von über 400 Vogelarten bevölkert ist, darunter Fischadler, Graupapageien, die imposanten Schreiseeadler oder Paradiesschnäpper, mag angesichts der Waldlandschaften vielleicht nicht überraschen. Doch auch Säugetiere wie Ginsterkatzen, Diademmeerkatzen, Guereza-Affen, Buschböcke, Antilopen, Klippschiefer, Elefanten oder Giraffen sind hier heimisch geworden – dank dem Einsatz des Zoologischen Instituts Frankfurt, das die Insellage als Chance erkannte, vom Aussterben bedrohte Tiere zu retten und ihren Bestand auszuweiten. Mit der Einführung von Schimpansen versuchte man die Attraktivität des Parks weiter zu erhöhen. Schon vor dem Tierimport waren Flusspferde, Krokodile und die seltenen zotteligen, im Wasser lebenden Sitatunga (Sumpfantilopen) auf der Insel ansässig. Letztere verfügen über Schwimmhäute zwischen ihren Paarzehen, was ihnen das Schwimmen ermöglicht. Sie sind nur auf Rubondo Island zu sehen.

Übernachtung und Essen

In Muganza, der Bootsanlegestelle für Rubondo Island, gibt es nur ein bescheidenes Gästehaus und keinen Strom.

Tanapa Resthouse, beim Headquarter. Einfache Bungalows für Selbstversorger direkt am Ufer, es ist ausnahmslos alles selbst mitzubringen. Wer Mahlzeiten wünscht, muss dies ein paar Tage im Vorhinein bekanntgeben (Frühstück US$8, Mittagessen US$12, Abendessen US$15 p. P.). US$50 p. P., die Bungalows um US$20 sind weniger empfehlenswert.

Rubondo Island Camp, zu buchen über Kiroyera Tours, ☎ 028-2220203, 🖥 www.kiroyeratours.

com. Älteres, renoviertes Zeltcamp in malerischer Lage am See. Das Ambiente der 10 typischen Safari-Zelte ist rustikal. Pool. ❻

Camping ist nach Anweisung der Ranger möglich, US$30 p. P., Special Campsite US$50 p. P.

Aktivitäten

Das Camp oder das Parkheadquarter organisiert gegen Aufpreis die verschiedensten Aktivitäten. Auf Safari geht es entweder zu Fuß oder per Boot; gutes, knöchelhohes Schuhwerk ist unerlässlich. Schimpansen-Tracking US$25 p. P. Für passionierte Angler ist der Lake Victoria ein Muss (Angelgebühr: US$50 pro Woche).

Sicherheit

Bilharziose ist allgegenwärtig. Nicht nur Baden im Wasser, sondern Spritzwasser reicht schon, um infiziert zu werden. Da das Brauchwasser zumeist auch aus dem See stammt, muss mit einer Infektion gerechnet werden. Bei schneller medikamentöser Behandlung entstehen aber keine langfristigen Probleme. Menschen, die so nah am Wasser leben, unterziehen sich alle sechs Monate einer Bilharziose-Behandlung.

Nahverkehr

Außer den Fahrzeugen der Parkverwaltung und des einzigen Camps existieren keine Transportmittel auf der Insel, der eigene Wagen darf nicht mit auf die Insel genommen werden und muss sicher geparkt werden, z. B. in Mwanza oder bei der Kirche 2 km vor Muganza.

Transport

Es kann mühsam sein, das Game Reserve auf eigene Faust zu bereisen. Aus diesem Grund empfiehlt sich die Organisation durch einen lokalen Veranstalter oder das Rubondo Island Camp selbst.

Busse und Boote

Per Bus und Boot ist die Anreise nur zu empfehlen, wenn man es nicht eilig hat. 2–3 Daladalas tgl. fahren von Bukoba, Geita oder Biharamulo nach MUGANZA, danach muss in Eigenregie ein Fischerboot für die Überfahrt (30 Min.) angeheuert werden (hart verhandeln ist notwendig, überzogene Preise von US$100 sind üblich). Die Abholung muss man arrangieren, z. B. mit der Tanapa (Tanzania National Park Authority, u. a. Headquarter in Mwanza) oder dem Camp. Am einfachsten ist es, die Organisation Kiroyera Tours in Bukoba oder dem Rubondo Island Camp in die Hand zu geben.

Ob und wann die Bootsverbindung von Mwanza nach Maisome Island oder Nyamirembe wieder ihren Dienst aufnimmt, muss vor Ort erfragt werden. Von dort kann man auch nach Rubondo reisen.

Flüge

Am bequemsten erfolgt die Anreise per Charterflug von BUKOBA, GEITA oder MWANZA, sie ist aber auch von der SERENGETI aus möglich, z. B. mit Air Excel oder Air Auric. Die Landebahn liegt unweit vom Rubondo Island Camp bei der Parkverwaltung.

Geita und Biharamulo

Auf dem Weg von Mwanza nach Bukoba passiert man zwei Orte mit interessanter Entstehungsgeschichte. In **Geita** befindet sich die ertragreichste Goldmine Tansanias. Bereits Ende der 1890er-Jahre wurde hier, etwa 120 km westlich von Mwanza, eine Goldader entdeckt, die aber mangels Rentabilität von der deutschen Kolonialregierung nicht weiter ausgebeutet wurde. Erst Ende der 1930er-Jahre begann die britische Kolonialregierung, Minen anzulegen, die bis 1966 betrieben wurden. Nach der Privatisierung der Wirtschaft in den 1990er-Jahren wurden die Minen mit Millionen-Investitionen wiederbelebt. 2009 förderte Tansania 50 t Gold und teilt sich damit in den jährlichen Rankings mit Ghana den dritten oder vierten Platz der afrikanischen Goldproduzenten. Die Goldmine von Geita, die dem südafrikanisch-ghanaischen Joint Venture AngloGold Ashanti Limited gehört, gilt als zweitgrößte Goldmine Afrikas außerhalb von Südafrika.

Tausende Tansanier strömen jährlich in die Minenstadt, um am Goldrausch mitzuverdienen. So wurde aus dem unbedeutenden Dorf eine der am schnellsten wachsenden Siedlungen Tansanias, wo heute geschätzte 150 000 Menschen leben.

Seit der Eröffnung der Mine im Jahr 2000 begleitet sie schlechte Publicity, denn Umweltschützer fürchten, dass die hochtoxischen Zyanide, die im Goldgewinnungsprozess verwendet werden, durch unsachgemäße Entsorgung in den nur 20 km entfernten Lake Victoria gelangen und das Wasserreservoir von 30 Mio. Menschen vergiften. Berichte von Anrainern, deren Tiere verenden, nachdem sie angeblich kontaminiertes Wasser getrunken haben, tauchen regelmäßig in den Zeitungen auf. Auch Geschichten über gefährliche Abbaupraktiken und nicht erhaltene Löhne kursieren.

Touristen haben eigentlich keinen Grund, nach Geita zu fahren, es sei denn, sie nutzen die landestypischen Gästehäuser als Stopover für eine Nacht. Empfehlenswerte Unterkünfte sind z. B. das Lake View Hotel, das Africa Inland Church Hostel oder das neuere Goldbelt Hotel.

59 km weiter, bei Bwanga, folgt die Abzweigung nach rechts in Richtung Norden nach Muganza, der Anlegestelle der Boote nach Rubondo Island (s. S. 445). 180 km weiter, über Chato und Nyamiremba und an der südlichen Grenze des Biharamulo Game Reserve entlang, ist **Biharamulo** erreicht. In der deutschen Kolonialzeit diente es als Sitz einer Verwaltungseinheit; sein weitläufiger, geordneter Grundriss mit einigen bröckelnden Kolonialhäusern erinnert an andere Orte mit kolonialer Vergangenheit. In der alten deutschen Boma oben auf dem Hügel ist heute ein einfaches Gästehaus unter französischer Leitung einquartiert.

Weitere 18 km nördlich entlang der Straße nach Bukoba steht der Rangerposten des **Biharamulo Game Reserve**, das für die seltenen Pferdeantilopen bekannt ist. Wer das Game Reserve besuchen möchte, muss beim Headquarter in Biharamulo vorsprechen und eventuell sogar eine Polizeieskorte (wegen der Banditen, die sich im Reservat verstecken) anheuern. Leider ist das Game Reserve und die geringe Tierpopulation den Aufwand nicht wert.

Lake Victoria

Knapp 125 km westlich von Biharamulo steht der Grenzbalken in Rusumu, **Ruanda**. Die Fahrt mit Bussen nach Rusumu ist beschwerlich und kann je nach Verbindung eine Übernachtung erfordern, z. B. in Benako, einem Dorf 13 km vor der Grenze. In Benako heuert man ein Taxi an, das einen zur Grenzstelle bringt. Visa (US$50) werden direkt an der Grenze ausgestellt (s. „Visa", S. 114); deutsche Staatsbürger können visumsfrei reisen. Nach Kigali sind es dann nur noch flotte 3–4 Std. im Minibus. Die Reise kann auch länger dauern, wenn man sich länger als geplant an den schönen Rusumu Waterfalls ergötzt. Es verkehren Busse von Biharamulo oder sogar von Mwanza nach Benako.

Nicht viele Reisende verschlägt es nach **Burundi**, denn noch ist das Land nicht zur Ruhe gekommen. Überfälle und Verkehrsunfälle stehen vielerorts an der Tagesordnung. Die deutsche Botschaft in Bujumbura rät dringend dazu, sie vor einem Besuch anzurufen und die Sicherheitslage auszukundschaften. Busse, z. B. von Mwanza, fahren ins Grenzdorf Kabanga, wo eine Übernachtung notwendig wird. Per Taxi geht es danach zum tansanischen und danach weiter zum burundischen Grenzposten (nicht laufen!). An der Grenze ist nur ein Visum für 3 Tage erhältlich, danach muss man nach Bujumbura, um sich ein ordentliches Visum ausstellen zu lassen (s. auch Reisehinweise bei Kigoma, S. 460).

Lake Victoria

Transport

Die Hauptdurchzugsstraße ist nun fast vollständig geteert. **Daladalas** verkehren zwischen MWANZA und Biharamulo via Geita und Nyamirembe (ca. 10 Std., knapp 300 km). Ob die **Fähre** zwischen Mwanza und Nyamirembe wieder ihren Dienst aufgenommen hat, ist vor Ort zu klären.

Bukoba

175 km nördlich von Biharamulo oder Nyamirembe an der Teerstraße von Geita gelangt man schließlich ins verschlafene Bukoba, die Bezirkshauptstadt von Kagera. Ihre Einwohnerzahl wird auf knapp 100 000 geschätzt. Als Bischofssitz ist Bukoba Anziehungspunkt für viele westliche Missionare.

Wenn viele Expats bekunden, dass Bukoba das schönste Städtchen Tansanias sei, ist dies vor allem seiner entspannten Atmosphäre zu verdanken. Der auffälligste Bau in Bukoba ist wohl die neue katholische Kathedrale, ein riesiges Gotteshaus, das jedoch seit Jahren unvollendet und schon wieder baufällig ist. Geld dürfte bei dem opulenten Bau keine Rolle gespielt haben, doch die Architekten errichteten das Fundament auf Sand, und so muss die Kirche

jetzt abgestützt werden. Sand prägt auch das Stadtbild und verleiht Bukoba einen Hauch von Wildem Westen, mit roten Fahrpisten und jeder Menge Schlaglöchern.

Einen starken Kontrast zu den tiefroten Farben der Stadt bilden die zahlreichen „Bleichgesichter", die in Bukoba leben. Neben den Missionaren tummeln sich ausnehmend viele **Entwicklungshelfer und Freiwillige** in der Gegend, die – nicht zuletzt wegen der hohen Aids-Rate – alle Hände voll zu tun haben. Umso erstaunter wird empfangen, wer nur auf der Durchreise ist, denn Reisende sind im Gegensatz zu den Entwicklungshelfern hier eher Exoten.

Landschaftlich ist Bukoba allemal sehenswert, da es zwischen immergrünen Hügeln, Bananenstauden und den weißen Sandstränden des Lake Victoria eingebettet liegt. Die regenreichen, gemäßigten klimatischen Bedingungen machen es nicht nur bei Expats beliebt, sondern vor allem ideal zum **Kaffeeanbau**. Hier stehen die größten Kaffeeverarbeitungsbetriebe des Landes, Tanica und Bukop, die den minderwertigeren Robusta-Kaffee zu Pulverkaffee verarbeiten. Während die Chagga am Kilimanjaro den Kaffee ausschließlich für den Export anbauen, genießen ihn die Haya auch selbst, jedoch nicht als Gebräu: Vielmehr kauen sie auf den Bohnen – mit dem gleichen Effekt.

Geschichte und Sehenswürdigkeiten

Seit den 1890er-Jahren ist Bukoba auf den in Europa gedruckten Landkarten verzeichnet; es wurde aber von der anderen Seite her „entdeckt", als der aus Schlesien stammende Afrikaforscher und Gouverneur von Äquatoria (dem heutigen südlichen Sudan), Emin Pascha, Bukoba zum Außenposten seiner Provinz erkor. Erst zur Jahrhundertwende erreichte die deutsche Kolonialregierung das Dorf, machte daraus einen Verwaltungssitz, errichtete eine **Boma** und siedelte einen Statthalter an. Zu sehen gibt es heute noch einige alte Häuser aus deutscher Zeit, besonders zwischen dem Hafen und dem **Lake Hotel**, das seinerzeit das Wohnhaus des letzten deutschen Bezirksamtmanns war. Neben der unscheinbaren Boma, die nicht fotografiert werden sollte, blieben auch drei Steinsäulen am Strand in der Nähe des Lake Hotel erhalten, die ursprünglich als Stützen der Antennen für die Schutztruppen-Funkstation dienten. Ein paar Schritte stadteinwärts vom Lake Hotel steht das bröckelnde, verlassene **Duka Kubwa** (das „große Geschäft"), eines der ältesten Steinhäuser der Stadt, das den deutschen Siedlern angeblich auch wirklich als Laden diente. Im Süden der Stadt befindet sich die neugotische **Bunena Church**, die 1913 durch die katholische Mission errichtet wurde.

In der britischen Kolonialzeit mauserte sich Bukoba zur wohlhabenden Stadt, nicht nur dank des Kaffeeanbaus, sondern auch durch das ausgeklügelte Steuer- und Verteilungssystem der Könige der Haya: Im Siedlungsgebiet der **Haya** gab es mehrere Königreiche mit feudaler Gesellschaftsordnung. Die Könige wurden jeweils als gottähnliche Instanz verehrt, lebten in prunkvollen Palästen mit einem riesigen Hofstaat – und finanzierten das alles durch Steuerzahlungen der arbeitenden Landbevölkerung. Bis weit ins 20. Jh. hinein basierte der Reichtum der Königreiche vorwiegend auf dem Bananen- und Kaffeeanbau. Erst nach der Unabhängigkeit (als Präsident Nyerere die Königreiche auflöste), dem Verfall des Kaffeepreises und den Kriegen mit Uganda 1971/72 und 1978/79 fielen die Stadt und der Landstrich der Vergessenheit und der wirtschaftlichen Bedeutungslosigkeit anheim. 1996 ging der Name Bukobas durch die Weltpresse, als die **MV Bukoba** sank und mehr als 1000 Menschen in den Tod riss (s. MV Bukoba Monument in Mwanza, S. 437).

Vor wenigen Jahren wurde die Stadt durch ein kleines sehenswertes Museum bereichert. Das **Kagera-Museum**, ein Stück weit hinter dem Airstrip, stellt lokale Exponate und Artefakte der alten Königreiche der Kagera-Region aus. Besonderer Hingucker: traumhafte Naturfotografien von Dick Persson. ⏱ tgl. 9.30–18 Uhr, Eintritt US$2.

Übernachtung

Spice Beach Hotel, etwas nördlich vom Hafen an der Shore Rd., direkt am See, ✆ 0713-451904. Ein Klassiker, dessen Glanz ein wenig verblasst ist. Freundliches Gästehaus in schöner Lage mit direktem Zugang zum Wasser. Alle Zimmer mit TV, heißem Wasser und AC. ❶

New Upendo Lodge, Rwaijumba St., ✆ 028-2220620. Neueres Gästehaus ohne viel Schnickschnack, aber mit sauberen Zimmern und großen Betten sowie Kabel-TV, Bar und Restaurant. Sollte der Flughafen über kurz oder lang ausgebaut werden, dann wäre die Upendo Lodge wohl das Airport Hotel. ❶

ELCT Lutheran Church Center, neben dem Lake Hotel an der Aerodrome Rd., ✆ 028-223121, 🖥 www.elctbukobahotel.com. Einfache und saubere Zimmer mit TV, heißem Wasser und AC, faires Preis-Leistungs-Verhältnis. Kein Alkohol. Sicheres Parken möglich. ❷

Victorious Perch Hotel, Uganda Rd., gegenüber von Lina's Nightclub, ✆ 028-2220115, 🖥 victoriousperchhotel.com. Neueres Hotel mit einfachen Zimmern und Internet. ❷

Grenzübertritt nach Uganda

Der Grenzübergang befindet sich 80 km nordwestlich von Bukoba in Mutukula. Die Visumserteilung (US$50 für alle deutschsprachigen Länder) funktioniert problemlos. Der Grenzposten auf tansanischer Seite ist berühmt-berüchtigt für die von den Beamten unterschlagenen Visumsgebühren (s. „Visa", S. 114), aber mit der Einführung der EDV wird das hoffentlich bald der Vergangenheit angehören.

Lake Victoria

Yaasila Top Hotels, 2 km südlich der Stadt, ✆ 028-2221251. Mit Blick auf den See und auf Musila Island; schöne Sonnenaufgänge. Nahe dem Fährhafen gelegen. Das Ambiente ist einfach und landestypisch, aber sauber und das Personal ist bemüht. Immer die Zimmer mit Seeblick verlangen. ❷ – ❸

Walkgard Hotel, 3 km südlich der Stadt, ✆ 028-220935, 🖥 www.walkgard.com. Opulent wirkendes Mittelklassehotel mit 42 Zimmern, das von einheimischen Geschäftsreisenden frequentiert wird. Jedes Zimmer hat TV und Mini-Bar. Phänomenales Panorama auf den See. Der große Pool kann für 3000 TSH auch von Tagesgästen benutzt werden. ❷

Balamaga Bed & Breakfast, Maruku Rd., 3 km südlich der Stadt, vor dem Hafen in Richtung Balamaga Hill abbiegen, neben Walkgard Hotel, ✆ 0787-757289, 🖥 www.balamagabb. com. Sympathische Unterkunft mit 4 geräumigen Zimmern in einem bunten Garten mit unvergleichlichem Blick vom Escarpment auf den Lake Victoria. Holländischer Besitzer. ❸

Camping

Kiroyera Campsite, Shore Rd., am südlichen Strand von Bukoba, ✆ 028-2220203, 🖥 www. kiroyeratours.com. Malerischer Campingplatz (US$4 p. P.), wo auch in einfachen Bandas (US$ 10 p. P.) übernachtet werden kann. Beliebter Treffpunkt der Expats in Bukoba, mit Bar und Restaurant sowie Abendunterhaltung. Ausflüge, Bus- oder Flugtickets werden organisiert, allerdings sind die Preise für Bukoba ein wenig überzogen.

Bukoba hat eine große Auswahl an Restaurants mit lokaler Küche, z. B. **ELCT Café** beim ELCT-Buchladen, **Rose Café**, Jamhuri Rd., neben Cosmopolitan, oder **Maendeleo Café**, Sokoine St., neben Kiroyera Tours.

Die Mittelklassehotels verfügen alle über Restaurants, z. B. das **Walkgard Hotel** (mit guten chinesischen und indischen Gerichten), das **Victorious Perch Hotel**, Uganda Rd., nähe Lina's Nightclub, oder das **Spice Beach Motel** 2 km südlich des Zentrums.

Das Restaurant des **Kiroyera Campsite** ist ein beliebter Treffpunkt.

Bukoba ist abends alles andere als ruhig, und landestypisches Nachtleben mit *mishkaki, chipsi* und lauter Musik bzw. TV findet man fast an jeder Ecke. Fr, Sa und So finden häufig Discos statt. Beliebtester Treffpunkt der *wazungu* und Einheimischen in Bukoba ist **Lina's Nightclub**, Uganda Rd., mit Disco und Livekonzerten an den Wochenenden und einer gut sortierten Bar.

Die **Beach Bar** auf dem Kiroyera Campsite direkt am Strand ist ein idyllischer Ort, um den Tag ausklingen zu lassen.

Im schön am See gelegenen **Spice Beach Motel** findet man sich ein, wenn es nach dem Essen noch ein paar Bier sein sollen. Einheimische bevorzugen die Disco sonntags im **Casino**, das auf der Ausfahrtstraße nach Süden (Richtung Biharamulo) liegt.

Der zentrale **Markt** *(soko kuu)* ist groß und hat reichlich Obst und Gemüse zu bieten. Westliche Waren, z. B. Käse, verkaufen u. a. der **Blue Shop**, Kawawa St., auf der Straße zum ELCT Bookshop, **Dolly's Cash and Carry**, Fupi St., Ecke Market St., gegenüber vom Markt, oder **Fido Dido Supermarket**, Jamhuri Rd., gegenüber vom Markt. Die Spezialität der Region sind *matoke* (grüne Bananen), die überall erhältlich sind.

Beste Anlaufstelle für Informationen und Exkursionen sind Mary und William von **Kiroyera Tours** neben dem Markt, Jamhuri Rd., ✆ 0713-568276, 🖥 www.kiroyeratours.com. Sie organisieren Bootsausflüge zur Musila Island (mit Start an ihrem Campingplatz) und unternehmen kulturelle Touren in Bukoba sowie Wanderungen zum Rubale Forest samt Wasserfall oder zu den Felsmalereien. Radtouren, begleitete Spaziergänge und vieles mehr. Engagiertes Unternehmen, das die unaufdringliche Schönheit von Bukoba und Kagera vermitteln möchte.

Lake Victoria

Safaris

Ausflüge nach **Rubondo Island**, aber auch in die **Serengeti** oder nach **Uganda** (Gorilla Tracking) mit Kiroyera Tours.

Schwimmen

Am **Ntoma Beach**, 20 km südlich von Bukoba, am **Maruku Beach** in Stadtnähe oder im Pool des **Walkgard Hotel** möglich. Schön zum Relaxen (weniger zum Schwimmen) ist der **Bunena Rock Beach** in Stadtnähe. Bilharziose ist allgegenwärtig!

Sonstiges

Apotheken

MK Pharmacy, gegenüber von Rose Café in der Jamhuri Rd., oder **Net Pharmacy**, Sokoine St., Nähe Mosque St.

Geld

NBC Bank und **NMB Bank** befinden sich bei der katholischen Kathedrale, zum Geldwechsel und Eintausch von Reiseschecks. Geldabhebungen mit Visa-Card sind bei der NBC und **CRDB**, Jamhuri Rd., Nähe Busstation, möglich.

Informationen

Kiroyera Tours betreibt ein Informationsbüro in der Nähe des Marktes, ☉ Mo–Sa 8–18 Uhr.

Internet

Beste Option ist das **Post Office Internet Café**, Kawawa, Ecke Barongo St., ☉ Mo–Fr 8–20 Uhr, Sa/So zu wechselnden Zeiten. Wer den eigenen Laptop dabei hat, sollte das **Bukoba Cyber Centre**, Kashozi Rd., gegenüber der CRDB Bank, ansteuern.

Medizinische Hilfe

Bestes Krankenhaus ist das **St. Therese's Bukoba Medical Center** an der Zamzam St., nicht zu verwechseln mit dem Government Hospital. Ebenfalls empfehlenswert: **N'dolage Town Clinic**, Nähe NBC Bank und NBC Club.

Post

Nahe der NBC Bank, Kawawa, Ecke Barongo St.

Reisebüros

Kiroyero Tours reserviert Bus-, Flug- und Fährtickets. Siehe „Aktivitäten".

Telefon

TTCL, Uganda Rd., beim Roten Kreuz.

Visumsangelegenheiten

Immigration Office, Uganda Rd.

Transport

Taxis innerhalb von Bukoba sollten nicht mehr als 3000 TSH pro Fahrt kosten. Schön langsam wird der komplette Nordwesten geteert. Von Nyamirembe (Geita, Mwanza) nach Bukoba fehlt noch ein kurzer Abschnitt vor Muleba, an dem zzt gearbeitet wird. Die Straße nach Uganda (Mutukula) ist vollständig geteert.

Busse

Der **Bus Stand** liegt an der Kawawa Rd. (Nähe Kreisverkehr am Eingang der Stadt). Kiroyera Tours hilft beim Kauf der Bustickets. Nur das Büro von Mohammed Trans liegt ein wenig außerhalb auf der Straße nach Uganda, alle anderen Buslinien haben ihr Büro in der Nähe der Busstation.

Busse nach:

ARUSHA, mit Kimotco nach Mwanza (s. unten) und weiter durch die Serengeti, 2x wöchentl., (Tagesreise), ca. 35 000 TSH.Es fallen US$100 an Eintrittsgebühren für die Serengeti und die Ngorongoro Conservation Area an. Mit Kimotco über Nzega, Singida und Babati nach Arusha (ohne Nationalparks), ca. 14 Std., um 37 000 TSH.
BIHARAMULO, mehrere Busse tgl., z. B. mit Mohammed Trans, 3 Std., ca. 10 000 TSH (s. Sicherheitshinweise, S. 442), von hier weiter nach Lusahunga und zur Grenze nach Ruanda und Burundi.
DAR ES SALAAM, entweder über Nairobi, ca. 65 000 TSH (s. Kasten „Grenzverkehr nach Kenia", S. 325), 2 Tage, oder über Nzega, Singida und Dodoma, ca. 50 000 TSH mit Tashrif, Mohammed Trans oder Classic Bus (Übernachtung in Dodoma), jeweils 3x wöchentl.

Lake Victoria

KAMPALA (Uganda), tgl. um 6 od. 7 Uhr, z. B. Dolphin Bus, Gateway Buses, Falcon, ca. 6 Std., 15 000 TSH.
KIGOMA, 2x wöchentl., z. B. mit Visram, Abfahrt 5.30 Uhr, 17 Std., ca. 30 000 TSH, s. Sicherheitshinweise S. 442.
MWANZA, z. B. mit Kimotco (ohne Umsteigen) oder mit Mohammed Trans oder Daladalas nach Biharamulo, dann weiter nach Mwanza (Tagesreise, 32 000 TSH). Die Option mit der *MV Victoria* (s. „Fähren") ist eindeutig zu bevorzugen. Mit der Fertigstellung der Teerstraße nach Mwanza ist eine Verbesserung der Direktverbindungen zu erwarten.
NAIROBI, mit Dolphin oder Falcon 3x wöchentlich via Kampala, zwei Tage, Übernachtung in Kampala, 44 000 TSH.

Fähren
Der **Hafen** von Bukoba liegt 3 km südlich vom Stadtzentrum. Tickets (selbst wenn sie „ausverkauft" sind) können bei Kiroyera Tours erworben werden, s. „Aktivitäten".

Die Nachtfähre *MV Victoria* verkehrt Mo, Mi, und Fr jeweils um ca. 21 Uhr nach MWANZA, Ankunft am nächsten Morgen zwischen 6 und 8 Uhr, Kosten: 1. Klasse um 35000 TSH, 2. Klasse (in einer 6er-Kabine) 25 500 TSH.

Flüge
Das Flugfeld liegt am Ende der Aerodrome Road, nordöstlich vom Stadtzentrum. Momentan wird Bukoba ausschließlich von Auric Air angeflogen; das Büro, das sich Auric Air und Precision Air teilen, ist in der Nähe der Busstation. Möglicherweise nimmt Precision Air den Dienst mit Bukoba wieder auf.
Auric Air/Precision Air, ☏ 028-2220545, ⌨ www.auricair.com, ⌨ www.precisionairtz. com. Täglich mehrere Charterflüge mit Auric Air nach MWANZA (US$70) via Rubondo Island oder Karagwe. Schlechter Kundenservice und notorisch unpünktlich und unzuverlässig, aber die einzige, tägliche Verbindung. Flüge immer rückbestätigen! Ab Mwanza Weiterflug mit Precision Air oder Fly540.

Lake Victoria

Zentraltansania und Lake Tanganyika

Stefan Loose Traveltipps

Kigoma Entspanntes Städtchen mit viel Geschichte. S. 458

Schimpansen Liebhaber dieser Primaten kommen am Lake Tanganyika auf ihre Kosten – im Gombe Stream und im Mahale Mountains National Park. S. 463 und 464

Katavi National Park Ein unentdecktes Juwel mit gesunder Tierpopulation. S. 465

Am Strand Es muss nicht immer Sansibar sein, denn neuere Unterkünfte am südlichen Ende Lake Tanganyika versprechen idyllischen Urlaub abseits des Trubels. S. 467

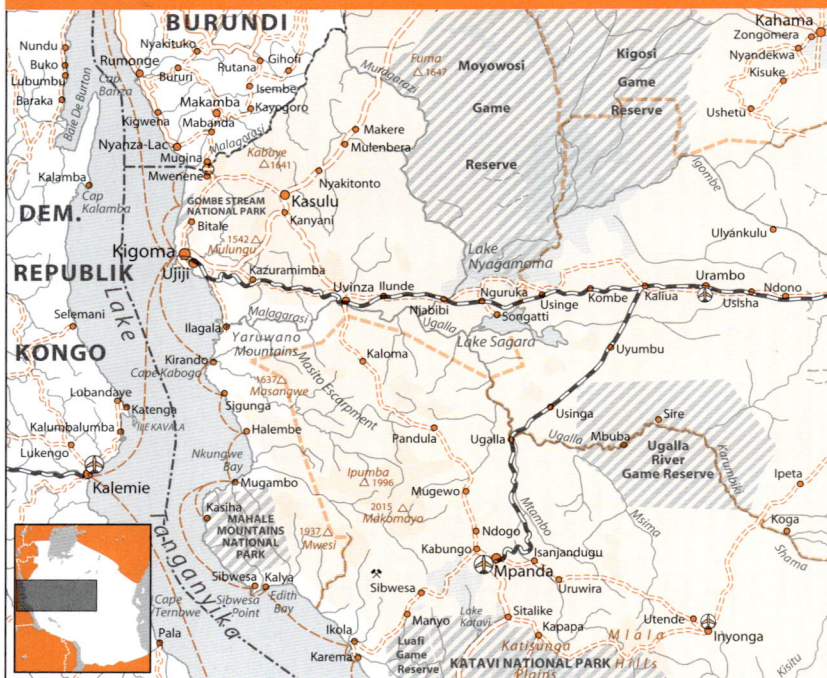

Wer sich von Dar es Salaam in den äußersten Westen aufmacht, passiert die Hauptstadt **Dodoma** und andere Ballungszentren wie Tabora, Singida oder Shinyanga. Nur wenige Reisende besuchen dieses dünn besiedelte Gebiet. Bis vor kurzem befanden sich die Verbindungswege in schlechtem Zustand, doch seit Fertigstellung der Teerstraße von Dodoma nach Singida und weiter nach Shinyanga und Mwanza ist Zentraltansania besser erschlossen. Sobald auch die Teerstraße nach Arusha (die schon begonnen wurde) vollendet ist, wird Dodoma wirklich gut erreichbar sein. Möglicherweise erscheint die Gegend den meisten Reisenden nicht attraktiv genug, denn markante Highlights fehlen, die Nationalparks sind sündhaft teuer und noch immer können die meisten Gebiete nur mit beschwerlichen Reisen

erreicht werden. Doch gerade die verschlafenen alten Karawanenstädte **Kigoma** und **Ujiji** versprühen Swahili-Charme, und der Anblick des Binnenmeeres **Lake Tanganyika** mit seinen tiefgrünen Bergketten beeindruckt selbst erfahrene Afrika-Reisende.

Dodoma

Seit 1973 ist Dodoma die Hauptstadt des Landes, ohne dadurch sonderlich an Charme gewonnen zu haben. Weder die deutschen Kolonialherren, die Dodoma Anfang des 19. Jhs. gerne als Hauptstadt gesehen hätten, noch Julius Nyerere, der den Regierungssitz schließlich 1973 hierhin verlegte, erkannten, dass der Ort für eine

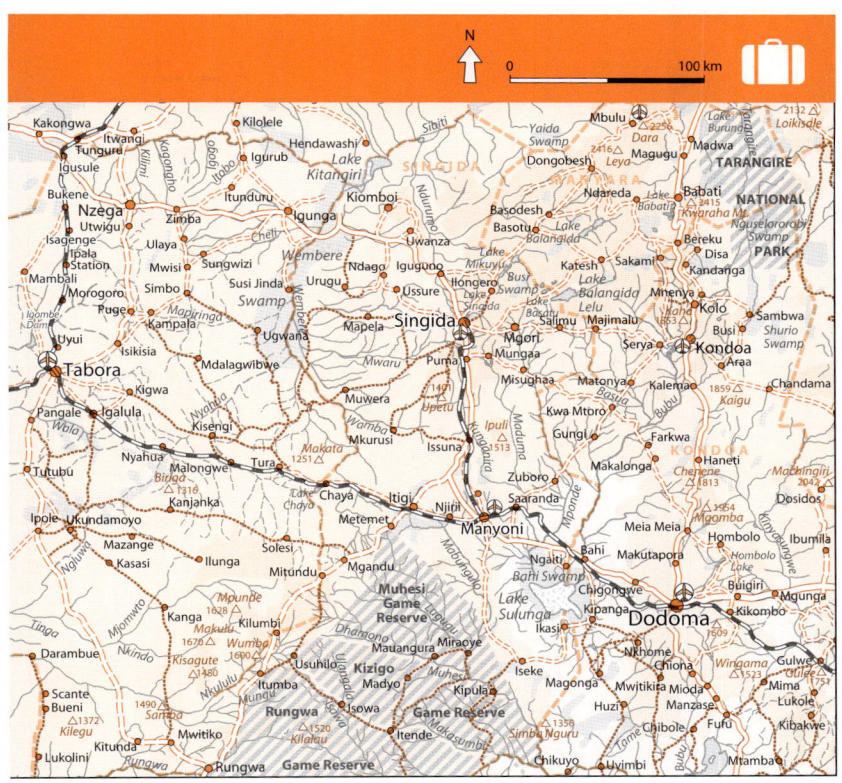

Metropole denkbar ungeeignet ist. Das wüsten-
ähnliche Klima ist die meiste Zeit des Jahres
unangenehm, die Wasserversorgung stellt seit
jeher ein Problem dar, und die Parlamentarier
sind froh, wenn sie Dodoma nach ihren Sitzungen wieder verlassen können. Heute ist Dodoma
mit seinen 160 000 Einwohnern deshalb nicht
viel mehr als ein Verkehrsknotenpunkt, der zwar
viele Entwicklungshelfer und Missionare, aber
kaum Touristen anzieht. Dodoma ist eine unan-
sehnliche, künstlich vergrößerte Reißbrettstadt
auf staubigem Terrain, der jegliches hauptstäd-
tisches Flair fehlt.

Übernachtung und Essen

Die besseren Hotels sind bei Parlaments-
sitzungen ausgebucht.

Christian Council of Tanzania (CCT) Hostel,
am Roundabout in der Kuu St., ☎ 0713-475741.
Etwas betagte, aber sehr beliebte Unterkunft
mit einfachen, kleinen Zimmern. Bodenständige
Küche, kein Alkohol. Günstige Lage unweit
vom Busbahnhof. ❶–❷

Dear Mama Hotel, Arusha Rd., ☎ 0715-262054,
🖥 www.dearmamahoteltz.com. Einfaches,
landestypisches Hotel in einem zweistöckigen
Haus, einige der Zimmer verfügen über Balkone.
Mit Internet und kleinem Restaurant. ❷

Nam Hotel, Area C, Arusha Rd., ☎ 026-2352263.
Einfacheres Mittelklassehotel mit 32 sauberen
Zimmern, Satelliten-TV und einem recht guten
Restaurant. ❷

**Vocational Education and Training Authority
(VETA) Guest House**, Bunge Rd, ☎ 026-2322181.

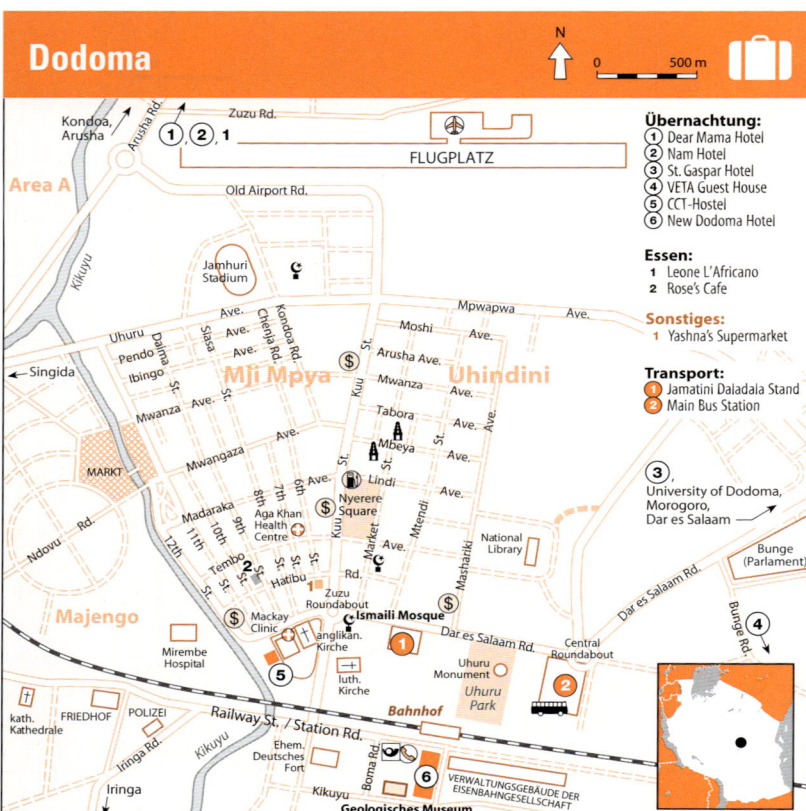

Dodoma

N ↑   0 ——— 500 m

Kondoa, Arusha
Zuzu Rd.
①②, 1
FLUGPLATZ
Old Airport Rd.

Area A

Jamhuri Stadium

Mpwapwa Ave.
Moshi Ave.
Arusha Ave.
Mwanza Ave.
Tabora
Mbeya St.
Lindi
Nyerere Square
Aga Khan Health Centre
Mtendi
National Library

Uhindini

Kikuyu
Uhuru
Pendo Ave.
Ibingo
Daima Ave.
Sisa Ave.
Kondoa Rd.
Chenja Rd.
Kuu St.

Mji Mpya

Mwanza Ave.
Mwangaza Ave.
MARKT
Madaraka
7th 6th 5th
8th 10th 9th
12th 11th
Tembo
Hatibu
Zuzu Roundabout
Ismaili Mosque
Market

Ndovu Rd.

Majengo
Mackay Clinic
Mirembe Hospital
anglikan. Kirche
⑤ luth. Kirche
Mashariki
Dar es Salaam Rd.
Uhuru Monument
Uhuru Park
Central Roundabout
②
Bunge (Parlament)
④ Bunge Rd.

Singida

kath. Kathedrale
FRIEDHOF
POLIZEI
Railway St. / Station Rd.
Bahnhof
Ehem. Deutsches Fort
⑥
VERWALTUNGSGEBÄUDE DER EISENBAHNGESELLSCHAFT
Geologisches Museum
Iringa Rd.
Iringa
Kikuyu
Boma Rd.

Dar es Salaam Rd.
University of Dodoma, Morogoro, Dar es Salaam →
③

Übernachtung:
① Dear Mama Hotel
② Nam Hotel
③ St. Gaspar Hotel
④ VETA Guest House
⑤ CCT-Hostel
⑥ New Dodoma Hotel

Essen:
1 Leone L'Africano
2 Rose's Cafe

Sonstiges:
1 Yashna's Supermarket

Transport:
① Jamatini Daladala Stand
② Main Bus Station

Einfache, saubere Zimmer ein wenig außerhalb des Zentrums, nahe dem Parlament. Parlamentarier steigen hier gerne ab. Angenehme und beliebte Bar. ❷
St. Gaspar Hotel and Conference Centre, Dar es Salaam Road, 7 km östlich des Zentrums, ☎ 0732-960202, ⌨ stgasparhotel.co.tz. Zur Zeit der Recherche definitiv das beste (und größte) Hotel der Stadt, ein wenig außerhalb der Stadt. Gut ausgestattet mit Konferenzzentrum, Restaurant, Bar und großem Parkplatz. ❸–❺
New Dodoma Hotel, Railway St., ☎ 026-2321641. Hält sich noch immer für das beste Hotel in Dodoma, aber das einstige „Bahnhofshotel" ist heruntergekommen, das Personal zweifels-

frei nicht das freundlichste und zudem sind die Zimmerpreise überteuert. Durch die Lage an der Straße sehr laut. Pool, akzeptables Restaurant mit chinesischen und indischen Spezialitäten. Gut gebucht durch Parlamentarier und Konferenzteilnehmer, weswegen in nächster Zeit auch keine Verbesserung in der Qualität zu erwarten ist. ❹

Essen

Roses's Cafe, 9th St., nahe Cana Lodge. Gute, indische Gerichte und Snacks, max. 6000 TSH. ⓧ Mo–Sa 8–16 und 18–22 Uhr.
Leone L'Africano, Area C, nördlich vom Flugfeld, ☎ 0754-073573. Das Restaurant, das

Zentraltansania und Lake Tanganyika

tatsächlich von einem Italiener geführt wird, gilt als das beste westliche Restaurant der Stadt. Neben Pizza und Pasta steht typisches *nyama choma* (Fleischspießchen) auf der Speisekarte. Weitläufiger Garten mit Kinderspielplatz und Minigolfanlage ⏲ Di–Fr 17–23, Sa–So 12–15 und 17–23 Uhr.

Sonstiges

Geld
NBC Bank, Kuu St. und Universität, und **CRDB Bank**, Kuu St., beim Parlament (Bunge) und der Universität, beide für Abhebungen mit der Visacard, **Barclays Bank**, 12th St. und Madukani Rd., mit Master- und MaestroCard. Geldwechsel im **New Dodoma Hotel**.

Einkaufen
Yashna's Supermarket, hinter der Gapco-Tankstelle (Nähe Zuzu Roundabout), für Importlebensmittel wie Pasta, Käse, Schokolade, Konserven, Kaffee, Wein etc.

Internet
Mehrere Internetcafés befinden sich am zentralen Kreisverkehr, weitere im New Dodoma Hotel (samt einem angeschlossenem Business Centre), im Dear Mama Hotel und in anderen Hotels.

Medizinische Hilfe
Aga Khan Health Centre, 6th St., unweit des Kreisverkehrs, ✆ 026-2321789, **Mackay Health Clinic** mit Apotheke nahe der Anglican Church.

Schwimmen
Im Pool des **New Dodoma Hotel** (5000 TSH).

Transport

Busse
Main Bus Station, Dar es Salaam Rd., direkt an der Einfahrtsstraße. Hier befindet sich auch der Terminal von Shabiby.

Busse nach:
ARUSHA, tgl. mehrmals über Kondoa und Babati, Abfahrt von 6 bis ca. 12 Uhr, mind. 10 Std.

(der Ausbau der Teerstraße wird die Reisezeit massiv verkürzen), 27 000 TSH.
DAR ES SALAAM via Morogoro, Busse im Stundentakt, am sichersten sind Shabiby, ca. 7 Std. je nach Verkehr in Dar, max. 13 000 TSH.
IRINGA via Mtera, 1x tgl., Kings Cross/Upendo/Urafiki,, 9 Std., 10 000 TSH; via Morogoro 2x tgl, Sumry oder Hood, 7 Std., 20 000 TSH; von Iringa Weiterfahrt nach MBEYA.
MWANZA via Singida, tgl. bis zur Mittagszeit, z. B. mit Shabiby oder Golden Intercity Express, eine Tagesreise, ca. 25 000 TSH.
TABORA, 1x tgl., z. B. mit Rainbow Coach auf teilweise schlechter Piste, 8 Std., 20 000 TSH; von hier Weiterfahrt nach KIGOMA.

Eisenbahn
Bahnhof in der Station Rd., unweit vom Zentrum. Anfang 2011 wurde der Zugverkehr zwischen Dar es Salaam und Kigoma wieder aufgenommen, allerdings nur mit 3.-Klasse-Wagen. Die Northern Line nach Mwanza (mit Umstieg in Tabora) ist derzeit ganz eingestellt. Die Fahrpläne ändern sich häufig, daher unbedingt vor Ort Auskünfte einholen und nur zu zweit reisen!
Nach DAR dauert die Fahrt über 14 Std. Aus Kosten- und Zeitgründen sollte man Busse bevorzugen.
Nach KIGOMA Abfahrt Mi und Sa, jeweils um 8 Uhr, ca. 15 000 TSH.

Flüge
Von ARUSHA nach Dodoma mit Coastal Aviation US$ 250 (mit Weiterflug in den Selous oder Ruaha).
Air Zara, 🖥 www.airzara.com, und **MAF**, 🖥 www.maf.org, haben Charterflüge nach DAR ES SALAAM (und Linienflüge sind in Planung).

Am Lake Tanganyika

An die natürliche Grenze, die Tansania von Sambia, Burundi und Kongo trennt, verschlägt es vornehmlich Liebhaber von Primaten oder Fischen. Der zweitgrößte See Afrikas auf 773 m

Seehöhe, im „Western Rift" des Ostafrikanischen Grabenbruchs, ist unter Kennern für sein breites Spektrum an Zierfischen bekannt, die in alle Welt exportiert werden. 676 km lang, 50 km breit und bis zu 1470 m tief, so lauten die Olympiamaße des laut World Conservation Union (IUCN) artenreichsten Ortes der Welt. 2000 Spezies sind hier heimisch, über 40 % davon endemisch. Wie im Malawi-See überwiegen Buntbarsche, es gibt aber auch Nilhechte, Karpfenfische, Welse oder Afrikanische Lungenfische – allerdings nur bis in ca. 200 m Tiefe.

Aufgrund des Klimawandels und der Überfischung ist die Naturidylle in Gefahr. Der Pegelstand des Wassers sinkt, der See erwärmt sich zusehends. Der Fischbestand geht dramatisch zurück, nicht zuletzt weil jährlich 200 000 t Fisch gefangen werden (hauptsächlich Sardinen, die als getrocknete *dagaa* nach ganz Tansania geliefert werden).

Wie in allen tansanischen Seen verhindert Bilharziose vielerorts das Baden; ob eine Verseuchung vorliegt oder nicht, ist jeweils vor Ort zu klären.

Kigoma

Wer zu den Schimpansen-Parks reist, wird am Provinzstädtchen Kigoma (mit geschätzten 160 000 Einwohner), einer wichtigen Drehscheibe des Handels zwischen Ost- und Zentralafrika, kaum vorbeikommen. Bedeutung erlangte Kigoma als Endpunkt der Central Line, der zentralen Eisenbahnlinie, die quer durch Tansania nach Dar es Salaam führt.

Heute ist es in erster Linie eine Hafenstadt, die den Handel zwischen Tansania und Burundi und dem Kongo abwickelt – und in den letzten zehn Jahren auch als Auffanglager für zentralafrikanische Flüchtlinge diente.

Die deutsche Kolonialregierung hatte anscheinend viel vor mit Kigoma, dessen Ausbau 1912 begann. Aus dieser Zeit stammt der überdimensionale, dreistöckige **Bahnhof** mit gewaltigen Rundbögen, der 30 Züge pro Tag hätte abfertigen können. Er markierte den Endpunkt der Mittellandbahn, die die Größe Deutschlands und die vollkommene Erschließung Deutsch-

Ostafrikas symbolisieren sollte. Man erwartete als Fahrgast sogar Kaiser Wilhelm II. höchstpersönlich. Ihm zu Ehren errichtete man sogar ein feudales Jagdschloss, den **Kaiserhof** (wo heute das Büro der Regionalverwaltung untergebracht ist). Doch seine Reise zum westlichen Ende von Deutsch-Ostafrika wurde durch den Ausbruch des Ersten Weltkriegs vereitelt.

Das entspannte Städtchen an einer Bucht und zu Füßen sanfter Hügel bietet außer alten Kolonialbauten kaum touristische Attraktionen. Neben den Einheimischen beleben Geschäftsreisende und die Mitarbeiter der zahlreichen Hilfsorganisationen die Straßen. Die Bevölkerung lebt von der traditionellen Landwirtschaft und dem Fischfang. Einträgliche Einkünfte erzielen viele auch mit dem Warenschmuggel von Tansania in den Kongo.

Übernachtung und Essen

In Unterkünften in zentraler Lage muss man damit rechnen, dass der Imam um 5 Uhr morgens zum Gebet ruft.
Zanzibar Lodge, Ujiji Rd., 2 km südöstlich von Kigoma, ✆ 028-2803306. Sauberes, landestypisches Gästehaus mit Ventilatoren in den Zimmern. Gute Wahl. ❶
Nzimano Hotel, nahe dem Bahnhof etwas außerhalb, ✆ 028-2802276, 🖥 tourism.kigoma diocese.org. Freundliches Gästehaus der katholischen Diözese von Kigoma. Kleine Zimmer, aber einige davon mit Aussicht auf den See. Gutes Essen mit landestypischen Spezialitäten ❶ – ❷
Coast View Hotel, südwestlich der Stadt, ✆ 028-2803434. Neueres Hotel ein wenig außerhalb des Städtchens im Grünen. In erhöhter, ruhiger Lage, aber mit Ausblicken auf den See wird gegeizt. Zimmer mit AC, Restaurant, Bar und Internet. ❷
Diplomatic Villa Hotel, 2,5 km südwestlich der Stadt, hinter dem Umspannwerk von der Bangwe Rd. Abzweigung nach links, ✆ 028-2804597. Das Kolonialhaus schaut imposant aus, die einfachen Zimmer sind sauber und zweckmäßig. ❷
High-Tech Lodge, hinter dem Umspannwerk von der Bangwe Rd. links abzweigen, dann noch ca. 200 m , ✆ 028-2803216. Größeres, zweck-

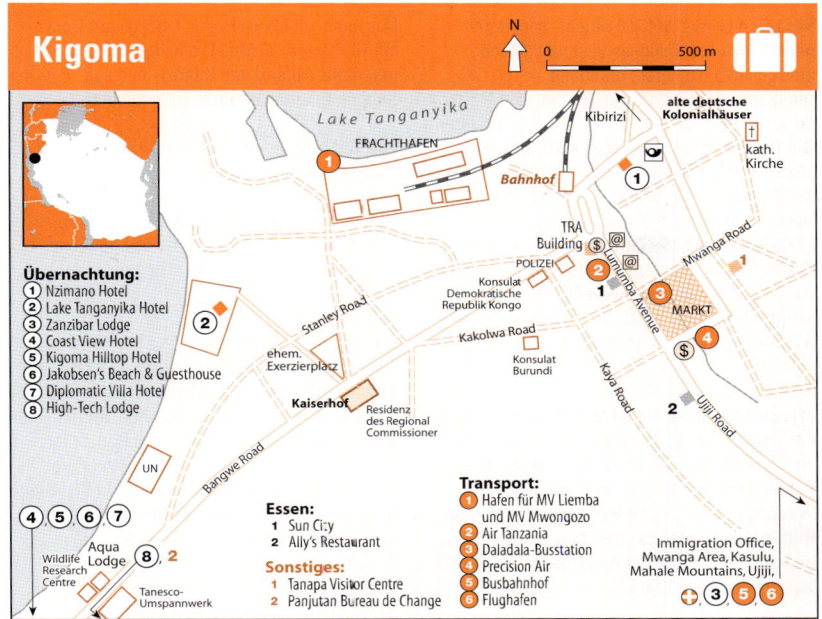

Kigoma

N
0   500 m

Lake Tanganyika

FRACHTHAFEN

Kibirizi

alte deutsche
Kolonialhäuser

Bahnhof

kath.
Kirche

TRA
Building

POLIZEI

Mwanga Road

MARKT

Konsulat
Demokratische
Republik Kongo

Stanley Road

Kakolwa Road

Lumumba Avenue

Konsulat
Burundi

Kaya Road

Ujiji Road

Übernachtung:
1 Nzimano Hotel
2 Lake Tanganyika Hotel
3 Zanzibar Lodge
4 Coast View Hotel
5 Kigoma Hilltop Hotel
6 Jakobsen's Beach & Guesthouse
7 Diplomatic Villa Hotel
8 High-Tech Lodge

ehem.
Exerzierplatz

Kaiserhof

Residenz
des Regional
Commissioner

Bangwe Road

UN

Aqua
Lodge
Wildlife
Research
Centre

Tanesco-
Umspannwerk

Essen:
1 Sun City
2 Ally's Restaurant

Sonstiges:
1 Tanapa Visitor Centre
2 Panjutan Bureau de Change

Transport:
1 Hafen für MV Liemba
und MV Mwongozo
2 Air Tanzania
3 Daladala-Busstation
4 Precision Air
5 Busbahnhof
6 Flughafen

Immigration Office,
Mwanga Area, Kasulu,
Mahale Mountains, Ujiji

---

mäßiges Hotel in erhöhter Lage. Das typische
Geschäftshotel hat den Ruf, dass man beim
Essen lange Wartezeiten in Kauf nehmen
muss. **2**

Lake Tanganyika Hotel, 028-2803052,
www.laketanganyikahotel.com. Das neuste
(und momentan beste) Hotel der Stadt liegt
zentral und nicht weit vom Bahnhof entfernt,
aber dennoch direkt am Strand. Geräumige,
komfortable Zimmer mit Balkon, die Speisekarte
ist übersichtlich, das Essen gut. Pool, freundliche Belegschaft, Bar mit Blick auf den Strand
und Sonnenuntergänge. Ausflüge werden
arrangiert. **4**

Kigoma Hilltop Hotel, 4 km südwestlich der
Stadt, zu buchen über Mbali Mbali, 028-
2804437, www.mbalimbali.com. Das bereits
in die Jahre gekommene, aber gut geführte
Hotel mit 50 Zimmern liegt malerisch auf einem
Felsvorsprung mit Blick auf die Bucht. Restaurant mit guter Küche. Pool, Badestrand, Fitnesscenter. Ausflüge und Safaris (Mahale, Gombe)
werden arrangiert. **4**

Camping

Jakobsen's Beach & Guesthouse, südlich
von Kigoma, www.kigomabeach.com.
Camping für 6000 TSH p. P. am fantastischen
Strand. Es gibt auch Selbstversorger-Zimmer
für 40 000 TSH.

Essen und Unterhaltung

Die Restaurants der oben genannten Hotels
gehören zu den gehobeneren der Stadt.
Seit Jahren beliebt ist auch das bodenständige
Ally's Restaurant an der Straße nach Ujiji.
Essen und trinken lässt es sich gut im **Sun City**
zu Beginn der Lumumba Avenue.

Aktivitäten

Das neue **Büro des Gombe National Park**
(Tanapa Visitor Centre) liegt östlich des Markts
in Kigoma; wer auf eigene Faust (ohne
Veranstalter) in den Park hineinfahren möchte,
muss sich vorher dort anmelden und informieren
(Transport, aktuelle Preise o. Ä. können sich
schnell ändern). Das Mahale Mountains Wildlife

Zentraltansania und Lake Tanganyika

Research Centre ist für Besucherangelegenheiten nicht zuständig, es beschäftigt sich ausschließlich mit der Forschung.

Safaris

Nach Informationen zu Bootsausflügen, Motorbooten nach Gombe, Angeltouren oder Stadtführungen fragt man am besten bei den Unterkünften. In der Kigoma Hilltop Lodge können über **Mbali Mbali Safaris** Trips in die Schimpansen-Parks oder nach Katavi gebucht werden. In der **Lakeshore Lodge** (S. 467) können ebenfalls Safaris und Trips gebucht werden.

Schwimmen

Wer sich zuvor per Nachfrage davon überzeugt hat, dass weder Bilharziose noch Krokodile drohen, findet mit Sicherheit bei **Jakobsen's Beach** (Eintritt 4000 TSH) ein lauschiges Plätzchen am Strand. In den Pools des **Kigoma Hilltop Hotel** oder des **Lake Tanganiyka Hotel** kann man ebenfalls an heißen Tagen im kühlen Nass planschen (5000 TSH pro Tag).

Sonstiges

Geld

NBC Bank, Lumumba Rd. gegenüber vom Markt, und **CRDB Bank**, beim TRA-Gebäude am großen Kreisverkehr, für Abhebungen mit der Visa-Card, Geldwechsel im **Panjutan Bureau de Change**, Lumumba Rd.

Internet

Baby Come N' Call Internet Café, Lumumba Rd. Auch einige Hotels verfügen über Internet, z. B. **Coast View Hotel**.

Medizinische Hilfe

Das **Baptist Hospital** in Mwanga (Nähe Flughafen), ℰ 028-2802244, ist dem staatlichen **Maweni Hospital** an der Ujiji Rd. vorzuziehen. Eine **Apotheke** befindet sich beim Markt an der Lumumba Rd.

Nahverkehr

Charterboote in den Gombe National Park fahren nicht direkt vom Hafen in Kigoma ab, sondern 2 km nördlich davon in Kibirizi

(Anfragen im Mkuzi Hotel). US$300 pro Boot mit 10 Plätzen, 30 Min. Die billigen Lake Taxis (ebenfalls Abfahrt von Kibirizi) sind aus Sicherheitsgründen nicht zu empfehlen.

Transport

Nach Kigoma zu gelangen, ist weder ein einfaches noch ein müheloses Unterfangen. Individualisten müssen große Pufferzeiten einrechnen, und für Leute, die es bequemer mögen, kommt sowieso nur Fliegen in Frage.

Selbstfahrer

Die Piste von Kigoma südwärts über Mpanda (kaum befahrbar) und Sumbawanga nach Tunduma (Tanzam-Highway) ist in schlechtem Zustand, doch soll in den nächsten Jahren eine Teerstraße angelegt werden. Mit Baustellen muss gerechnet werden. Die katastrophale Piste über Kasulu nach Biharamulo in Richtung Norden ist bekannt für Bandenüberfälle (s. S. 442) – unbedingt vor Ort klären.

Busse

Der Busbahnhof liegt ca. 4 km südöstlich vom Zentrum. Aufgrund der sehr schlechten Straßenverhältnisse existieren nur wenige

Grenzverkehr

Burundi und **Kongo** unterhalten in Kigoma Konsulate, die vor einer Weiterreise unbedingt zu kontaktieren sind, um die Einreiseformalitäten zu klären.

Von Kigoma fahren mehrmals täglich Daladalas zum Grenzübergang nach Burundi auf einer guten Teerstraße (ca. 1 1/2 Std.). Reisende erzählen, dass die Visa (US$20) anstandslos an der Grenze ausgestellt werden. Ca. 20 km hinter der Grenze werden Busse gewechselt, um nach Bujumbura weiterzureisen. Dort müssen bei der zuständigen Botschaft Visa für **Ruanda** beantragt werden.

Visa für **Sambia** sind an Bord oder nach Ankunft in Mpulungu zu erwerben (US$50 für drei Monate). Visa für Tansania sind in Kasanga (erster Stopp in Tansania auf der Bootsfahrt) mühelos erhältlich.

Die Mittellandbahn brachte 1914 über 5000 Kisten voller Nieten, Einzelteile und sogar Toiletten und Liegestühle bis knapp vor die Tore von Kigoma. Die restlichen Kilometer bis zur eigens eingerichteten Werft am See mussten von Kompanien von Trägern geschleppt werden. Bis zum Stapellauf am 15. Februar 1915 waren über 200 afrikanische und 20 indische Arbeiter unter der Leitung von drei erfahrenen deutschen Ingenieuren damit beschäftigt, das weltweit erste Schiff im Baukastensystem, ein Wunderwerk zeitgenössischer Technik, zusammenzubauen.

In Auftrag gegeben hatte die *Graf von Götzen* Kaiser Wilhelm II. im Jahre 1913, als sich Belgien, England und Deutschland in ihrer Kolonialpolitik in die Quere kamen. Als Beweis für deutsche Stärke und Überlegenheit wurde das Schiff in Deutsch-Ostafrika stationiert. Im Juli 1916, als die deutschen Truppen Kigoma aufgeben mussten, widersetzten sich die Ingenieure dem Befehl von Lettow-Vorbeck, die „Götzen"

zu zerstören. Ihnen lag ihr Schiff so am Herzen, dass sie es stattdessen an einer seichten Stelle versenkten, sodass es die Belgier Monate später leicht wieder heben konnten.

1927 tauften die Briten die *Graf von Götzen* in *MV Liemba* um, was auf Swahili so viel wie Tanganyika-See bedeutet. Das Schiff inspirierte Cecil Scott Forester zu seinem Buch *African Queen*, dessen Verfilmung mit Katharine Hepburn und Humphrey Bogart in den Hauptrollen 1951 in die amerikanischen Kinos kam. Bei dem im Film vorkommenden Schiff *Louisa* handelt es sich tatsächlich um die ehemalige *Graf von Götzen*.

Heute verkehrt die *MV Liemba* als weltweit ältestes Passagier- und Frachtschiff. So wie die *MV Songea* auf dem Lake Malawi stellt sie für die Anliegerdörfer des Sees manchmal die einzige Verbindung zur Außenwelt dar in einer Region, wo es auf Hunderten von Kilometern nicht einmal eine Piste gibt.

Busverbindungen, u. a. tgl. nach BIHARAMULO und BUKOBA, TABORA, MWANZA, KAHAMA (von dort Weiterfahrt nach Arusha, z. B. mit Mohammed Trans oder Air Jordan, insg. 2 Tage, ca. 63 000 TSH) und in alle Orte entlang der Dar-es-Salaam-Route (SHINYANGA, DODOMA, MOROGORO). In Tabora muss man meist umsteigen bzw. übernachten.

Solange die Teerstraße nicht existiert, ist der Busverkehr nach Mpanda und Sumbawanga und insgesamt rund um Kigoma eingeschränkt.

Eisenbahn
Anfang 2011 wurde der Zugverkehr zwischen DAR ES SALAAM und Kigoma mit der Central Line wieder aufgenommen, allerdings nur mit 3.-Klasse-Abteilen, Abfahrt nach Dar es Salaam So/Mo morgens, 20 000 TSH, Dauer mind. 36 Std.

Boote
Die *MV Liemba* verkehrt noch immer (alternativ wird auch die *MV Mwongozo* eingesetzt), aber nur der Kapitän weiß, wann genau. Zur Zeit der Recherche fuhr das Schiff alle

zwei Wochen. Genaue Informationen sind vor Ort einzuholen. Mit viel Zeit im Gepäck kann man „Lakeshore Hopping" machen, also mit dem Boot von Anlegeplatz zu Anlegeplatz schippern. Südlich von Mahale Mountains liegen insgesamt vier Orte, die angesteuert werden: IKOLA, KALEMA, KIPILI und KASANGA. Verkehrstechnisch am günstigsten sind Ikola (mit Anschluss an Mpanda) und Kasanga (mit Anschluss an Sumbawanga und Mbeya). Hier befindet sich auch die Liemba Beach Lodge, wo man gut ein paar Tage entspannen kann (s. S. 468). In Kipili liegt eine weitere empfehlenswerte Beach Lodge, die Lakeshore Lodge (s. S. 467). Abfahrt (wenn im Plan): Mi 16 oder 17 Uhr.

Nach Sambia (Mpulungu): Kosten: US$65 in der 1. Klasse (Schlafkabine, ausschließlich in US$ zu bezahlen), Essen an Bord ca. 5000–10 000 TSH, mind. 40 Std., meist mehr.

Flüge
Es gibt einen kleinen Flughafen 6 km östlich von Kigoma. Linienflüge verkehren fast

täglich, z. B. Air Tanzania oder Precision Air von und nach DAR ES SALAAM, US$250 einfach.
Auric Air unterhält Flüge von MWANZA, 285 000 TSH. Zur Zeit der Recherche (Sommer 2011) gab es Probleme mit dem Flugverkehr nach Kigoma, man muss mit Verspätungen und Ausfällen rechnen.

Air Tanzania, Lumumba Rd., New Nation House, ☎ 028-2803286.

Precision Air, beim Markt, ☎ 028-2804436, 🖳 www.precisionairtz.com.

Auf den Spuren von mutigen Abenteurern und gierigen Kolonialmächten

Bereits die alten Römer suchten die Quellen des Nils, dessen Unterlauf ja in ihrem Reich lag. So wurde die Metapher „Caput Nili quaerere" (nach der Quelle des Nils fragen) geprägt, um auszudrücken, dass man vor einem schier unlösbaren Problem stand. Bis zum 19. Jh. wusste man nicht genau, wo der Nil entsprang. Die von Europa finanzierten Expeditionen sollten diese Frage klären.

Federführend in der „Afrikaerforschung" waren zweifellos die Briten, deren Neugier an (und Gier nach) fremden Ländereien durch die Gründung der **Royal Geographic Society** 1788 nachhaltige Impulse erhielt. Zuerst war man getrieben von der Suche nach den Ursprüngen der drei größten Flüsse – des Kongo, des Niger und des Nils. Aber bald überlagerten wirtschaftliche und politische Interessen die innerafrikanischen Forschungsreisen.

Als 1848 dann die Berichte des deutschen Missionars **Johannes Rebmann** über Schnee am Äquator die Gemüter erregten, rückte auch Ostafrika ins Zentrum des Interesses. Von Wissensdurst, Handelsinteressen und Sendungsbewusstsein getrieben, entsandten die Briten daraufhin Forschungsreisende nach Ostafrika. Unter dem Deckmantel der Wissenschaft versuchten sie herauszufinden, welche nutzbaren Ressourcen sich im Landesinneren verbargen und welche politischen und wirtschaftlichen Möglichkeiten bestanden, sich diese anzueignen.

Zu den Pionieren gehörten **John Hanning Speke** und **Richard Burton**. Ihr offizielles Ziel war es, die Quellen des Nils zu erkunden. Die beiden Forscher machten sich 1857 mit mehreren Dutzend Trägern, Köchen und Dolmetschern auf den Weg. Dabei folgten sie alten Karawanenrouten von Bagamoyo bis nach Ujiji am Tanganyika-See. Diese Wege wurden bereits seit Jahr-hunderten von afrikanischen Händlern und arabischen Sklaventreibern genutzt. Am Lake Tanganyika erkrankte Burton an einer schweren Malaria und Speke setzte die Reise ohne seinen Gefährten fort. Er erreichte schließlich den Viktoria-See und ortete ihn als Quelle des Nils, was 1862 bei einer erneuten Forschungsreise von Speke bestätigt wurde. Vier Jahre später stieß **Samuel Baker** weiter im Westen beim Albert-See (Uganda) auf die zweite Nilquelle.

1866 wurde einer der erfahrensten Afrikaforscher, der schottische Missionar und Mediziner **David Livingstone**, nach Ostafrika entsandt. Von Mikindani aus trat er zu seiner letzten Expedition an, die sieben Jahre dauern sollte. Er ging zu Fuß zum Lake Malawi und anschließend nach Ujiji am Tanganyika-See. Heimtückische Krankheiten quälten ihn, er verlor nicht nur seine Zähne, sondern auch die Bindung zu Europa. Er wurde Zeuge der brutalen Sklavenfänger, die im Namen der Weißen handelten, und verdammte daraufhin die Ausbeutungspolitik der Europäer. Nachdem die westliche Welt lange nichts von ihrem verschollenen Forscher gehört hatte, setzte sie ihm **Henry Morton Stanley** auf die Fersen.

Stanley war eher ein sensationslüsterner Journalist als ein Forschungsreisender. 1871 fand er den vermissten Livingstone bei Ujiji (s. S. 463). Damit hatte er seine Aufgabe erfüllt und kehrte nach Europa zurück, wo seine Abenteuerberichte in Zeitungen und Büchern für Furore sorgten. Manche der Schilderungen befriedigten die Sensationslust der Leser, andere aber dienten durchaus als aufschlussreiche Quellen für Politiker, Händler und Missionare, die in der Folgezeit (ab etwa 1880) aus jeweils unterschiedlichen Motiven über den ostafrikanischen Kontinent herfielen (s. Geschichte und Politik, S. 142).

Ujiji

Weit wichtiger als Kigoma war seit jeher der nur wenige Kilometer südlich gelegene Ort Ujiji. Im 19. Jh. marschierten die großen **Sklaven- und Elfenbeinkarawanen** auf dem Weg an die Küste – mit dem Endziel Sansibar – hier durch. An die 1200 km Fußmarsch hatten die Gefangenen noch vor sich; viele überstanden die Strapazen nicht. An diese wenig rühmliche Zeit erinnern einige Gebäude im typischen Swahili-Stil, erbaut von den damaligen Drahtziehern und Nutznießern der Sklaverei, den arabischen Händlern. Auch die Einwohnerschaft des Örtchens scheint stärker von der Swahili-Kultur beeinflusst als das Umland: Muslimische Kofias oder Kanzus, sonst eher in Sansibar heimisch, werden gern getragen.

In unseren Breiten ist Ujiji eher durch das Wirken des Forschungsreisenden **David Livingstone** ein Begriff. 1871 stieß der Journalist **Henry Morton Stanley** hier endlich auf den vermissten Afrikaforscher. Nachdem Stanley sich seit Wochen durch den Busch geschlagen hatte und schließlich auf den einzigen Weißen im Umkreis von mehreren hundert Kilometern traf, brachte der Journalist nur ein trockenes „Doctor Livingstone, I presume" („Dr. Livingstone, nehme ich an") über die Lippen. Ein nüchternes Zitat, das in die Geschichtsbücher eingehen sollte. Stanley wollte den von Krankheit geschwächten Livingstone davon überzeugen, mit ihm nach Europa zurückzukehren. Doch Livingstones Herz hing an diesem Kontinent, und ihm war die Afrikapolitik der Europäer verhasst. Daher blieb er in Afrika, wo er am 1. Mai 1873 in Chitambo (Sambia) an der Ruhr starb. Sein Herz wurde an Ort und Stelle begraben, seinen einbalsamierten Körper schickte man nach England.

Vor Livingstone hatten bereits 1858 die Forscher Richard Burton und John H. Speke den See auf den Landkarten vermerkt. Zwei Gedenksteine sowie das kleine **Livingstone-Museum** erinnern an die ersten europäischen Erkundungsreisenden. Das Museum, in dem ein lokaler Künstler die Geschichte in Gemälden nachzuempfinden versucht, befindet sich in der Livingstone Street, kurz vor der kleinen Bootswerft. ○ tgl. 8–18 Uhr, Eintritt 5000 TSH.

Gombe Stream National Park

■ **Zugang**: Bei Kasakela liegt das Park Headquarter, das Tanapa Gombe Stream Visitor Centre liegt in Kigoma. Nur maximal 20 Touristen dürfen täglich in den Park, bevor man sich auf den Weg macht, sollte man bei der Tanapa oder beim Gombe-Büro in Kibirizi nachfragen.
■ **Eintritt**: US$100 pro 24 Std., US$10 für den obligatorischen Ranger.
■ **Beste Reisezeit**: Juni–Nov sowie Jan–Feb in der Trockenzeit.

Nur 16 km nördlich von Kigoma liegt der Gombe Stream National Park, der aufgrund der Bemühungen der weltberühmten Primatologin **Jane Goodall** 1968 eingerichtet wurde.

Der 16 km schmale Landstreifen – ein bewaldetes Gebiet mit hohen Bergkämmen, die bis auf 1500 m emporragen, und plätschernden Wasserläufen – reicht vom See bis zur Abbruchkante des Ostafrikanischen Grabenbruchs. Der mit knapp 50 km² Fläche kleinste aller tansanischen Parks bildet das Refugium für rund 100 Schimpansen sowie eine Reihe weiterer Affenarten wie Anubispaviane, Rote Stummelaffen, Diademmeerkatzen oder Grüne Meerkatzen.

Jane Goodall setzte sich u. a. dafür ein, dass der Park nur von wenigen Touristen besucht wird, um den Schimpansen ein ungestörtes Leben zu garantieren – zum Wohle der Schimpansen, zum Leid der Besucher, die pro Tag US$100 für den Parkbesuch berappen müssen (und möglicherweise in Zukunft zusätzlich ca. US$150 p. P. und Tag für Trekking-Permits).

Im Park gibt es keine Straßen; auf **Walking Safaris** ist man in unmittelbarer Tuchfühlung mit der Natur. Eine Safari im Schimpansen-Land kann allerdings mitunter ernüchternd sein, weil die Tiere – anders als in den anderen Parks – eher verhalten auf Menschen reagieren. Einen Schimpansen beobachten zu können, setzt daher einiges Glück voraus. Mindestens zwei Tage sollte man einplanen, um seine Chancen zu erhöhen. Man muss auch gut zu Fuß sein, denn die Suche nach den Primaten bringt höchstwahrscheinlich lange Wanderungen durch den Urwald mit sich.

Zentraltansania und Lake Tanganyika

Tanapa Resthouses, Kasakela, zu buchen im Tanapa-Büro in Kigoma, s. S. 459. Einfache Resthouses für Selbstversorger, US$25 p. P., US$10 Frühstück, US$15 Lunch bzw. Abendessen.

Gombe Luxury Tented Camp, Nordufer am Tanganyika-See, zu buchen über Chimpanzee Safaris, ☏ 022-2130553, 🖥 www.mbalimbali.com. Einziges, sehr familiäres Camp im Gombe Park mit nur 8 typischen Safari-Zelten, das im dichten Wald direkt am Ufer steht. Geschlossen März–April. ❼

Die Ranger des Headquarters weisen ausgesuchte **Campingplätze** zu (US$20 p. P.).

Der Transport nach Gombe erfolgt ausschließlich per **Boot**. Entweder man zwängt sich in die abenteuerlichen Lake Taxis von KIBIRIZI aus, organisiert in Kibirizi ein Motorboot – oder lässt einen Veranstalter die gesamte Organisation erledigen (entweder das Kigoma Hilltop Hotel oder Tour Operators aus Arusha, Dar es Salaam, Mbeya oder Mwanza).

Mahale Mountains National Park

- **Zugang**: Beim Headquarter in Bilenge ist der Eintritt zu bezahlen.
- **Eintritt**: US$80 pro 24 Std., US$40 zusätzlich Konzessionsgebühr, für Wanderungen ist ein Ranger für US$20 p. P. anzuheuern.
- **Beste Reisezeit**: In der Trockenzeit von Mai–Okt.

Der Mahale Mountains National Park zählt zu den unbekannten Juwelen unter den tansanischen Nationalparks, weit weg von jeglicher Zivilisation. Weniger als 200 Menschen im Jahr verirren sich hierher. 120 km südlich von Kigoma an den feinsandigen Ufern des Lake Tanganyika gelegen, ist er eine der Heimstätten der gefährdeten Schimpansen, die das 1613 km² große, bergige (höchste Erhebung: 2462 m) und mit dichtem Urwald bewachsene Areal mit Warzenschweinen, Buschschweinen, Buschböcken,

Ginsterkatzen oder gar Leoparden, Elefanten oder Büffeln teilen müssen. Über 1000 Schimpansen in 20 Familien sollen im Park leben; sie werden peinlich genau von Wissenschaftlern der University of Kyoto in Langzeitstudien überwacht.

Kungwe Beach Lodge, Mahale, zu buchen über Mbali Mbali Safaris, ☏ 022-2130553, 🖥 www.mbalimbali.com. Am Sandstrand des Lake Tanganyika. Typisch afrikanisches Zelt-Safari-Camp mit 10 Zelten, komfortabel und urig. 🕐 März–Mai geschlossen. ❼

Greystoke Mahale, Kangwena Beach, zu buchen bei Nomad Tanzania, 🖥 www.nomad-tanzania.com. Absolute Robinson-Atmosphäre vor der dramatischen Kulisse der Mahale-Berge. In den A-Frames (Nurdachhäusern) aus lokalen Materialien herrscht rustikale Eleganz. Geschlossen März–Mai. ❼

Der **Tanapa-Campingplatz** liegt beim Headquarter Mahale. Nur für Selbstversorger, US$30 p. P.

Neben Walking Safaris bieten die Camps auch Fischen (US$85 p. P.), Vogel-Safaris, Wanderungen, Schnorchelausflüge oder Sundowner-Bootsfahrten an. Den Tsetse-Fliegen weicht man am besten aus, indem man sich in den Wald oder die Unterkünfte zurückzieht. Hinweise zur Schimpansenbeobachtung s. S. 463, Gombe Stream National Park.

Während eine Safari in den Gombe Stream National Park unter Umständen noch auf eigene Faust unternommen werden kann, sollte Mahale am besten auf einer **organisierten Tour** besucht werden. Ausgesuchte Safari-Veranstalter finden sich in Arusha, Dar es Salaam, Mbeya oder Mwanza. Das Kigoma Hilltop Hotel organisiert ebenfalls Safaris nach Mahale. Es ist weder besonders einfach noch besonders billig, den Mahale National Park anzusteuern (je nach Unterkunft ab US$800/900 p. P. und Nacht inkl. Eintrittsgebühren, aber ohne Transport und Ranger).

Flüge

Der Park ist am besten per Flug erreichbar, es existiert ein Flugfeld. Mahale wird ausschließlich von Chartermaschinen aus Arusha, Mwanza, Katavi und Ruaha angeflogen, z. B. von RUAHA US$675 mit Airlink. Für Flüge siehe Kigoma S. 461.

Katavi National Park

- ■ **Zugang**: Bei Sitalike im Norden liegen das Gate und das Headquarter.
- ■ **Eintritt**: US$20 pro 24 Std., plus US$40 Konzessionsgebühr *(concession fee)*
- ■ **Beste Reisezeit**: Während der Trockenzeiten (Juni–Jan).

Wer sich schon mal in diese Gegend verirrt, sollte sich auch das dritte große Highlight nicht entgehen lassen, das am besten per bequemem Charterflug erreicht wird – außer man nimmt es mit den Pisten auf, weil man sowieso an den Lake Tanganyika möchte. Ursprüngliche afrikanische Wildnis ist charakteristisch für den Katavi Park, der von drei Gewässern beeinflusst wird: im Norden vom Lake Katavi und dessen Grasland, im Südosten vom palmengesäumten Lake Chada sowie dem Katuma River und dessen Sumpflandschaften.

Zusammen mit seinen Wildreservaten und Pufferzonen nimmt das Katavi-Ökosystem eine Fläche von über 20 000 km² ein und ist zudem mit dem Ruaha/Rungwa-System, dem Mahale National Park und dem Ugalla Game Reserve verbunden. Die Pufferzonen sowie die Wildtierkorridore sorgen für eine gesunde genetische Vielfalt der Tierpopulationen. In den Überschwemmungsebenen leben bis zu 1000 Tiere starke Büffelherden. Hunderte von Zebras und Topis pilgern täglich zur Wasserquelle in Ikuu. Dort wird man fast unweigerlich auf Löwen treffen, die zur Mittagsstunde gerne auf Bäumen liegen. Wer ein wenig Glück hat, kann die vom Aussterben bedrohten Afrikanischen Wildhunde am Ufer des Katavi-Sees bei der Wasserbockjagd beobachten. Die Krönung eines Besuchs stellt vermutlich eine Leopardensichtung in der Morgen- oder Abenddämmerung dar. Die majestäti-

schen Rappen- und Pferdeantilopen bevölkern die Waldsavannen im Osten des Parks (Ilumbi, Mlele), die zahlreichen Gewässer sind Lebensraum unzähliger Flusspferde und Krokodile. Jede Tiergattung, die man üblicherweise dem afrikanischen Kontinent zurechnet, existiert im Katavi Park weitgehend unbehelligt von menschlichen Einflüssen (woran die hier ebenfalls verbreitete Tsetse-Fliege nicht unschuldig ist). Er ist einer der wenigen Naturräume Tansanias, der (noch) größtenteils unerforscht ist.

Übernachtung und Essen

Im Park

Tanapa Bandas, Nähe Headquarters in Sitalike, Buchung über Tourism Warden, ✉ katavinp@yahoo.com, ✆ +8821-621-277242 (über Satellitentelefon), 🖥 www.katavipark.org. 6 einfache Gästehäuser (jeweils für bis zu 4 Personen) und 9 Zimmer, mit Bad und Toilette, Terrasse und Gemeinschaftsküche. Inklusive Giraffen direkt vor dem Fenster um US$30 p. P.
Katavi Wildlife Camp, Kitasunga Plains, zu buchen über Foxes African Safaris, ✆ 0713-237422, 🖥 www.tanzaniasafaris.info. Komfortables Zelt-Camp mit 8 Zelten in einer tierreichen Ecke. Feb–Mai geschlossen. ❼
Katuma Bush Camp, zentral gelegen, Buchung über Mbali Mbali Safaris, ✆ 022-2130553, 🖥 www.mbalimbali.com. Eine herrliche Lage (mit Blick auf die Kitasunga Plains) und 10 komfortable, geschmackvolle Zelte machen das Safarierlebnis perfekt. ◷ Feb–Mitte Mai geschlossen. ❼
Chada Katavi, Chada Plain, 🖥 www.nomad-tanzania.com. Romantisches Busch-Camp mit nur 6 weit verstreuten Zelten auf Plattformen – die schickste Variante im Park. ❼
Tanapa Public Campsite, Nähe Headquarters, zu buchen über Tourism Warden, siehe Tanapa Bandas, US$30 p. P. Special Campsites (ohne Sanitäranlagen) US$50 p. P.

Außerhalb des Parks

Sowohl in Sitalike als auch im größeren Mpanda gibt es landestypische Verpflegung wie *nyama choma* (gegrilltes Fleisch) oder *chipsi mayai* (Fritten-Omelette) sowie saisonales Obst und Gemüse. Kalte Getränke und Alkohol

werden ebenfalls serviert, z. B. im **Super City Hotel**, ☎ 028-2820459, ❶.
In Sitalike gibt es mehrere Gästehäuser, wie z. B. das **Marula House & Campsite**, die **Riverside Campsite** oder die einfachen Unterkünfte **Riverside Lodge** und **Katavi Hippo Garden Hotel**; alle ❶, zudem zahlreiche Gästehäuser in Mpanda.

Aktivitäten

Im Migrationskorridor des Katavi National Park, dem flachen Sodasee **Lake Rukwa**, leben große Tierherden, seltene Vögel und jede Menge Krokodile und Flusspferde. Die Anfahrt erfolgt über Katavi, Sumbawanga oder Mbeya (Chunya, S. 494). Nur Selbstversorger (mit Zelt, Wasser, Nahrungsmitteln und Offroad-

Dunkle Wolken über Kitasunga Mbuga

von **Britta Meyer**, Beraterin für ökologisches Monitoring und GIS sowie Gründungsmitglied der Friends of Katavi, ⌨ www.friendsofkatavi.org

Es ist wieder Oktober, die Temperaturen sind drückend im heißesten Monat im Katavi National Park. Die Flusspferde liegen zu Hunderten im fast völlig ausgetrockneten Schlamm des Katuma River und rühren sich kaum, um so wenig Energie wie möglich zu verbrauchen. Auch alle anderen Tiere leiden, besonders die Wasserböcke und Büffel, wenn der Regen auf sich warten lässt und alles Gras verbrannt oder aufgefressen ist.
Jeden Tag warten die Wildhüter und Dorfbewohner sehnsüchtig auf Regen. Schließlich fallen die ersten Tropfen auf die staubtrockene rote Erde, bis das Wasser in Strömen die Hänge herabläuft und das Matschloch der Flusspferde ein wenig wohnlicher macht. Ihre von der Sonne geplagten Rücken glänzen im Regen. Doch der hält nicht lange an: Schon am nächsten Tag offenbart sich am Hippo-Pool wieder dasselbe traurige Bild.
Flusspferde brauchen Gebiete mit permanentem Oberflächenwasser und nur sehr kurzer Trockenphase, denn ihre Haut ist sehr empfindlich und verträgt keine direkte Sonne. Daher verbringen die Flusspferde den Tag im Wasser und grasen nachts in der näheren Umgebung. Trotzdem ist Katavi das angestammte Habitat von bis zu 4000 Hippos – denn früher war es hier viel feuchter.
Katavis Wasserlöcher, Seen und die riesigen Überschwemmungsebenen werden nicht nur direkt vom Regen gespeist, sondern vor allem von den höher gelegenen Mwese Mountains 60 km nördlich des Parks. In den letzten Jahren jedoch wurden in den Flussbetten viele kleine Dämme und Blockaden errichtet, um Wasser in riesige Reisfelder umzuleiten. Dieser Eingriff in den Wasserhaushalt hat die Abflussmenge flussabwärts in den Park enorm reduziert. Als Reaktion darauf haben die Behörden einige Dämme aufgebrochen, um den Wasserfluss wieder zu erhöhen.
Für die Behörden ist die Gratwanderung zwischen Naturschutz und Wohlergehen der Bevölkerung schwierig. Die wachsende Bevölkerung hat großen Hunger nach mehr und mehr Land. Der Mpanda-Distrikt verzeichnet überdurchschnittlich hohe Zuwachsraten, vor allem bei den Sukuma, die aus Mwanza und Shinyanaga südwärts drängen und deren große Rinderherden und Landbau wasserintensiv sind. Der Kreislauf beginnt: Bäume werden für die Landwirtschaft, als Brennholz und für Möbel gefällt, Holzkohle wird geköhlert – auch als zusätzliche Erwerbsquelle für die stark wachsenden Ballungszentren Tansanias.
Doch auch wenn der Park unter dem Bevölkerungsdruck, der ökonomischen Entwicklung Tansanias, Wasserknappheit und Wilderei leidet, muss so wohl das Paradies für Safari-Liebhaber aussehen. Garantiert mit keiner Menschenseele muss man sich den hohen Wildtierbestand und die artenreiche Flora teilen.
Besonders fantastisch ist der Park nach dem ersten Regen im Oktober, wenn zartes Grün die rote Erde überzieht und Abertausende Blumen unter dem noch offenen Dach der Waldsavanne aufgehen.

Erfahrung) sollten sich in das Gebiet vorwagen, und auch nur in der Trockenzeit (April–Okt). Oder man bucht einen Abenteuertrip über einen Tour Operator, z. B. in Mbeya oder über eine Lodge im Katavi, die Camping-Safaris dorthin unternehmen.

Transport

Selbstfahrer
Letzte Möglichkeit zum Tanken in Mpanda. 36 km weiter südlich, in Sitalike, gabelt sich die Piste, die Nebenpiste nach Mpimbwe (Kibaoni) führt ebenso wie die Hauptpiste durch den Park. Das Wegenetz im Park wird laufend ausgebaut, doch weite Gebiete sind nach wie vor unerschlossen.

Eisenbahn
Eine Anreise mit der Central Line ist möglich, Umstieg in Tabora, Ausstieg MPANDA (s. Dar es Salaam, S. 186). Verlässlich ist diese Anreise aber nicht. Von da kann ein Weitertransport organisiert werden.

Flüge
Es gibt ein kleines Flugfeld für Chartermaschinen, z. B. von/nach DAR ES SALAAM mit Airlink für US$711 einfach p. P.

Kipili

Wer unverfälschtes Landleben und Abenteuer sucht, macht sich auf den Weg an die südliche Küste des Lake Tanganyika. Idyllische Fischerdörfer wechseln sich mit tiefen Sandpisten, satter Vegetation und glasklarem Wasser ab.

Als Zwischenstopp zwischen Mpanda und Sumbawanga (oder eigentlich genau umgekehrt, denn die Zufahrt zum Gebiet des südlichen Lake Tanganyika sollte über Mbeya/Tunduma erfolgen) eignet sich Kipili nur, wenn man in der Lakeshore Lodge bleiben oder auf die historische *MV Liemba* warten möchte.

Kipili ist über Namanyere (160 km von Mpanda, 90 km von Sumbawanga, jeweils auf schlechter Piste) erreichbar. Von Namanyere, Drehscheibe des öffentlichen Transports, muss man sich in Richtung Katongolo (56 km, ca. 1 Std. als Selbst-

fahrer) halten und fährt über eine malerische Bruchstufe hinunter an den See. Die letzten 8 km bis Kipili sind nach dem Aufwand zuvor nur noch ein Katzensprung.

Übernachtung und Essen

Lakeshore Lodge, ☎ 0763-993166, 🖥 www.laketanganyikaadventuresafaris. com. Abgeschiedener und abenteuerlicher geht's nicht mehr, dabei braucht man bei Louise und Chris auf nichts zu verzichten. Unterbringung in 4 Kategorien (Luxus-Chalets, einfachere Bandas, Campingplatz und „Adventure Camping am Strand"). Nahrungsmittel von der eigenen Farm, jede Menge Aktivitäten und Internet stehen den Gästen, die sich hier bestens erholen können, zur Verfügung. Tauchen, Quadbike fahren, Kajak-Safaris, Fischen, Bootsausflüge – Langeweile kommt keine auf. Die Betreiber organisieren auf Wunsch alles – auch Anreise oder Safaris. ❹–❻

Lupita Island, Buchungen bei Firelight Expeditions, ☎ 027-2508773, 🖥 www.firelight expeditions.com. Wer sich nach einer Safari im Western Circuit nach Wasser sehnt, muss nicht unbedingt nach Sansibar schielen. Lupita Island, eine private Insel, ist ein wahrer Schatz inmitten des Lake Tanganyika, deren extravagante Luxus-Lodge keine Wünsche offen lässt. Der Blick auf den türkisfarbenen Lake Tanganyika ist wahrlich erhebend. ❼

Transport

Die Anfahrt erfolgt (solange die Teerstraße nicht fertiggestellt ist) mit einem leistungsfähigen Geländewagen, der *MV Liemba* oder Bussen von MBEYA aus (Umstieg in Sumbawanga, Weiterfahrt in Richtung Kirando, Ausstieg Katangolo, Abholung von dort durch die Lodge. Von und nach Kipili fliegen Chartermaschinen, z. B. Airlink von DAR ES SALAAM (US$925 p. P.) oder von den umliegenden Nationalparks.

Kasanga

Wer in Kipili nicht Halt gemacht hat, stoppt spätestens in Kasanga – ebenso abgeschieden und fruchtbar, ebenso abenteuerlich. Von der Distrikthauptstadt Sumbawanga geht die Piste nach Kasanga (knapp 100 km) direkt zum Lake Tanganyika ab, wo die Liemba Beach Lodge liegt. Als südlichster Stützpunkt am Tanganyika-See war das Dorf – es hieß damals Bismarkburg – den deutschen Kolonialisten sogar den Bau eines Hauptquartiers *(boma)* wert.

Übernachtung und Essen

Liemba Beach Lodge, zwischen Kasanga und Muzi, ✆ 0784-327464, ✉ oscarmangwangwa@yahoo.com. Traumhaft gelegene, rustikale Strand-Lodge mit Lizenz zum Chillen. Gutes, frisches Essen und viele Aktivitäten. Oscar Mangwangwa, der Betreiber, ist äußerst umtriebig, stellt lokale Projekte auf die Beine und möchte sogar die alte, deutsche Boma zur Touristenattraktion umfunktionieren. Auf Anfrage organisiert Herr Mangwangwa die Abholung von der *MV Liemba* (per Boot); Abholung vom Bus wird ebenfalls von Oscar arrangiert. Camping möglich (US$20), Übernachtung in Cottages ❹.

Aktivitäten

Es gibt kaum etwas, was Oscar nicht arrangieren kann: Bootsfahrten zum Mahale National Park und zu den Kalambo Waterfalls, angeblich mit 211 m die höchsten Wasserfälle des afrikanischen Kontinents (Preis auf Anfrage) im tansanisch-sambischen Grenzgebiet, Angeln (US$50).

Transport

Sumbawanga liegt genau auf halbem Weg zwischen Mpanda (230 km in Richtung Norden) und Tunduma am Tanzam-Highway (218 km in Richtung Südosten, 5 Std. Fahrt mit dem Geländewagen in jede Richtung).

Selbstfahrer

Für Selbstfahrer ist die Anfahrt nach Kasanga über Mbeya am empfehlenswertesten; sie müssen in Tunduma (130 km westlich von Mbeya) das Fahrzeug auftanken (nächste Tankstelle Sumbawanga).

Busse

Nach Kasanga verkehren Pick-up-Taxis und Busse ab SUMBAWANGA, die alle in Marktnähe abfahren. Um die Mittagszeit verlassen Hekima Coach oder Sumry Sumbawanga, Ankunft gegen 16 Uhr (Ausstieg Primary School von Muzi), 10 000 TSH. Ein Bus fährt 1x tgl. von Sumbawanga weiter nach MPANDA, außerdem mehrere Busse pro Tag nach MBEYA via Tunduma (ca. 8 Std. Fahrt, Abfahrt in den Morgenstunden).

Dar es Salaam
Morogoro
Mbeya Iringa

Der Süden

Stefan Loose Traveltipps

14 **Selous Game Reserve**   Hier hat man die reißenden Löwen und grunzenden Hippos noch ganz für sich allein. S. 470

Udzungwa Mountains   Pulsierendes Dorfleben, schreiende Nashornvögel, endemische Tiere und Pflanzen und anspruchsvolle Wanderungen machen die Gegend zu etwas ganz Besonderem. S. 483

Iringa   In dem quirligen, klimatisch begünstigten Städtchen mit guter Verkehrsanbindung können Reisende im Neema Crafts Café auftanken und einkaufen. S. 485

15 **Ruaha National Park**   Sanfte Hügelketten, mächtige Baobab-Bäume und die ewig goldbraune Savanne sind nur die Statisten – die wahren Helden sind Wildtiere in rauen Mengen. S. 490

16 **Lake Malawi**   Nur für Abenteurer: Wenig Annehmlichkeiten und mörderische Straßen, doch so muss wohl das Paradies aussehen. S. 500

„Abseits der ausgetretenen Pfade" beschreibt am besten das Reisen im südlichen Tansania. Dabei hat die Region alles zu bieten, was Touristen sich wünschen: authentisches Busch-Feeling und riesige Tierherden im **Selous Game Reserve** und **Ruaha National Park**, wunderbare Naturräume und grüne Hügelketten rund um die **Udzungwa Mountains** und entlang der Southern Highlands sowie verschlafene Fischerdörfer am **Lake Malawi**. Während der Tourismus als Einnahmequelle in diesem Teil Tansanias kaum eine Rolle spielt, sorgt die Agrarwirtschaft für das Auskommen der Menschen. Die Gebiete um **Morogoro**, **Iringa** und **Mbeya** sind bedeutende Anbaugebiete für die Exportprodukte *(cash crops)* Sisal, Tee, Kaffee und Tabak. Darüber hinaus produziert die Region große Maisüberschüsse und deckt damit teilweise den landesweiten Bedarf an diesem wichtigsten Grundnahrungsmittel.

Im Bergbau und beim Abbau von Gold, Diamanten oder Halbedelsteinen wird das in diesem Landstrich vorhandene Potenzial noch längst nicht ausgeschöpft – das Ministerium sucht händeringend nach Investoren.

Die Verkehrsanbindung ist für tansanische Verhältnisse exzellent. Der voll ausgebaute Tanzam Highway von Dar es Salaam nach Mbeya (und weiter nach Sambia) ist Teil der Überlandverbindung von Nairobi nach Kapstadt und wichtige Transportroute im panafrikanischen Güterverkehr. Hinzu kommt die Tazara-Eisenbahnlinie, die den Hochseehafen von Dar es Salaam mit Sambia verbindet und dabei viele Stopps entlang der Strecke einlegt, z. B. im Selous Game Reserve, in Mang'ula (Udzungwa Mountains) und Mbeya.

14 **HIGHLIGHT**

Selous Game Reserve

- **Zugang**: Über das Matambwe Gate im Norden oder das Mtemere Gate im Osten, wobei Letzteres mit dem Fahrzeug schneller erreicht werden kann.
- **Eintritt**: US\$50 pro 24 Std. Alle Lodges und Zeltplätze innerhalb der Parkgrenzen müssen zudem eine Conservation Fee von US\$25 p. P. und Tag abführen, was den Eintrittspreis de facto auf US\$75 erhöht. Unterkünften außerhalb des Parks werden US\$15 berechnet. Camping ist von den Conservation Fees nicht betroffen.
- **Beste Reisezeit**: Alle Monate außerhalb der Regenzeit von Feb–Mai, in der die Pisten (Black Cotton Soil) unpassierbar sind und sich die Flüsse ausdehnen. Die angenehmste Reisezeit ist zwischen Juni und Oktober, weil es dann tagsüber heiß und trocken ist und die Nächte angenehm bleiben.

Abenteuer-Feeling, einzigartige Landschaftsszenerie und ungestörte Tierbeobachtungen – das alles bietet der Selous (sprich „Selu") seinen Besuchern. Naturverbundene Gäste können hier auch zu Fuß oder per Boot auf Safari gehen. Die Tierpopulation von über 1 Mio. Wildtieren klingt zwar imposant, doch angesichts der gigantischen Fläche des Naturreservats (6 % der Landfläche Tansanias), das mit über 48 000 km² mehr als dreimal so groß wie die Serengeti und größer als die Schweiz ist, relativiert sich diese Zahl. Und dennoch ist der Selous ein besonderer Ort: Unendliche Weiten prägen das Bild; es kann vorkommen, dass man auf einer Pirschfahrt keiner anderen Menschenseele begegnet; und die Lodges sind familiär und nicht überlaufen.

Im größten Wildreservat Afrikas meint man noch die wilde Ursprünglichkeit des afrikanischen Kontinents zu spüren. Bereits 1896 richtete die deutsche Kolonialregierung in Teilen des heutigen Gebiets Schutzzonen ein; somit ist der Selous das älteste Naturschutzgebiet Afrikas. 1982 erklärte es die Unesco wegen seiner Einzigartigkeit zum „Erbe der Menschheit". Diese Maßnahmen kollidierten glücklicherweise nicht mit den Interessen der einheimischen Bevölkerung, da in der Region die Tsetse-Fliege vorkommt, die nicht nur Rinder, sondern auch andere Nutztiere mit Seuchen infiziert, sodass die Region wirtschaftlich bedeutungslos ist. Für Menschen sind die Tsetse-Fliegen zwar lästig, aber ungefährlich.

Nur der kleinere, nordöstliche Teil des Reservats, der etwa 15 % des Gesamtareals ausmacht, ist für **Pirschfahrten** zugelassen, während der Rest von **Großwildjägern** genutzt wird

Aufgrund der schlechten Erreichbarkeit kann der überwiegende Teil des Reservats nicht kontrolliert werden, was natürlich der **Wilderei** Tür und Tor öffnet. Das Dorf Mloka beim Mtemere Gate hat sich innerhalb weniger Jahre von einer kleinen Siedlung zu einem großen Dorf mit über 5000 Einwohnern ausgewachsen, die alle gut von der Wilderei leben. Die Angestellten des Game Reserve verdienen am Handel mit Trophäen und Fleisch prächtig mit, seitdem sich die Entwicklungsorganisation GTZ 2005 zurückgezogen hat. Zwischen 2006 und 2009 soll sich die Population von Elefanten um 31 500 Tiere verringert haben, größtenteils wegen der Elfenbein-Wilderei.

Zudem stieß man vor wenigen Jahren auf **Rohöl und Erdgas**. Während die Probebohrungen bald abgeschlossen sein dürften, forciert die Regierung den Uran-Abbau. Zu diesem Zweck wurden 2011 500 km^2 (1 % des Reservats) ausgegliedert, um der Rüge der Unesco zu entgehen. Die Regierung erhofft sich US$200 Mio. Einnahmen und 1600 Arbeitsplätze daraus. Die Naturschützer fürchten hauptsächlich, dass ein Ausbau der Infrastruktur mehr unkontrollierte Wilderei und Bevölkerungsdruck mit sich bringt. Schließlich wird mithilfe von brasilianischen Geldern ein gigantisches **Wasserkraftwerk** in der Stiegler's Gorge geplant, das ab 2015 Dar es Salaam mit mehr Strom versorgen soll.

(nichts für schmale Geldbeutel), was auch z. T. erklärt, warum die geschätzten 50 000–60 000 Elefanten, 120 000 Büffel oder auch Giraffen beim Anblick von Safari-Fahrzeugen nervös werden. Große Herden von Streifengnus, Steppenzebras, Lichtenstein-Kuhantilopen, Rappenantilopen, Große Kudus, Wasserböcke, Riedböcke und Impalas bilden das „Buffet" für Tüpfelhyänen und weit über 3500 **Löwen**, deren hiesige Konzentration die höchste in ganz Tansania darstellt. Überhaupt sind die meisten Tierpopulationen in riesiger Zahl vorhanden, und theoretisch ist es möglich, jedes erdenkliche Wildtier Afrikas im Selous zu Gesicht zu bekommen. Einzigartig in Afrika ist die große Population von **Afrikanischen Wildhunden** – von 2500 Wildhunden in Tansania sollen allein hier über 1000 leben.

Lange Trockenperioden charakterisieren den Bewuchs – und dennoch kann es kaum ein anderes Naturschutzgebiet mit der Biodiversität des Selous aufnehmen. Nördlich des Rufiji River dominieren **Savannen** mit der charakteristischen *Terminalia spinosa* (mit flacher Krone) und den typischen fächerartigen Doumpalmen, die auch Pfefferkuchenbäume genannt werden. In Flussnähe prägen **Sümpfe** mit Borassuspalmen die Szenerie. Südlich des Rufiji River gedeihen überwiegend **Miombo-Trockenwälder**, der bevorzugte Lebensraum der Elefanten, durchzogen von offenen Grasflächen und Galeriewäldern. Auch

bei stundenlanger Fahrt durch das größtenteils flache, mancherorts auch sanft hügelige Gebiet (Höhenprofil: 80–1300 m) verliert die Landschaft niemals an Faszination.

Das Wegesystem im Reservat ist kaum ausgebaut, außer einer **Hauptpiste**, die schnurstracks durch den nordöstlichen Sektor läuft. Sie wird größtenteils in gutem Zustand gehalten, doch in der Regenzeit ist auch sie für Besucher geschlossen. Die (meist informellen) **Nebenpisten** hingegen sind oft sandig, schlecht zu befahren und teilweise gar verwachsen. Außer auf den Hauptpisten gibt es keine Beschilderung, es empfiehlt sich daher die Mitnahme eines Navigationsgerätes.

Durch das Reservat

Der **Rufiji River** durchquert das Reservat; er und seine zahlreichen Seitenarme prägen die Tier- und Pflanzenwelt nachhaltig. Aus der Vogelperspektive erinnert er ans Okavango-Delta in Botswana, denn er bildet große Seen und verzweigt sich wie ein Labyrinth in viele Flussarme mit Inseln, Sandbänken und Lagunen. An deren Ufern sonnen sich so viele Krokodile wie sonst nirgends in Tansania, grunzende Hippos suhlen sich im schlammigen Wasser, und unter den Borassuspalmen dösen stehend Elefantenfamilien. Nebenbei sind die Galeriewälder der zahlreichen Flussläufe Heimat für über 430 Vogelarten –

Der Süden

Der Süden

KATAVI NATIONAL PARK

TANSANIA

SAMBIA

MALAWI

RUAHA NATIONAL PARK

s. Detailplan
Ruaha NP
S. 491

s. Detailplan
Lake Malawi
S. 501

NYIKA NATIONAL PARK

Rukwa Game Reserve

Lukwati Game Reserve

Lake Rukwa

Mbizi Mountains

Mlala Hills

Kapapa, Inyonga, Kirogwe, Büeni, Kaswa, Magawe, Bagamoyo, Rungwa, Game Reserve, Itende, Mpulwa, Kitunda, Mwitiko, Majojoro, Vangama, Kitete, Rungwa, Matuli, Kambi Katoto, Game Reserve

Maji Moto, Chinganda, Kizungu, Nkundi, Ngongo, Sumbawanga, Kasungu, Msanzi, Mpwapwa, Mkowe, Mtai, Kaengesa, Kalambo, Mwazye, Laela, Kasesya, Thombe Hills, Mkutano, Myunga, Mbala, Sunzu, Kasinde, Palimpopo, Masantula, Nsokolo, Ndalambo, Igunga, Chinwanda, Nteko, Mambwe, Mpande, Mukunta, Chozi, Ilienda, Kayambi, Mkasi, Kaomowe

Tundaru, Biti Manyanga, Ilungu, Kipembawe, Igoma, Mtanila, Usungu, Game Reserve, Madibira, Msembe Gate, Mdonya Gorge, Tungamalenga

Kwimba, Mamba, Kisada, Nyororo, James Corner, Mbaramawizwa, Mbangala, Ngomba, Saza, Makongolosi, Makwemba, Utengule, Rujewa, Idofi, Makambako, Humbula, Ivuna, Kangaa, Lupa Goldfield, Chunya, Usangu Flats, Itaka, Lupa, Salangwe, Igurusi, Kimani, Kimani Falls, Itunda, Mbeya Peak, Mbeya, Chimala, Chanyana, Mpozi, Ruanda, Mbalizi, Uyole, Njipanda, Kirenganie, Kipengere, Chalowe, Mandu, Mbozi Meteorit, Mbogo, Ngozi Crater Lake, Kiwira, Mpanga, Mdandu, Ibungu, Tukuyu, Lwanga, Njombe, Likembe, Kaamba, Mbaka, Itete, Mogoto, Nganda, Igominyl, Darja la Mungu, Ipinda, Matema, Uwemba, Chanka, Ibanda, Kyela, Lumbila, Lutsitu, Mwandenga, Misuku, Kirondo, Lugalawa, Kalungu, Kapoka, Kaporo, Milo, Mwinechinji, Chendo, Karonga, Makonde, Lupembe, Lupingu, Rudewa, Chunga, Fwama, Chisato, Mulembe, Lupindi, Mwenewenya, Nyungwe, Mulekatembo, Kampumbu, Chirungwe, Kavukuku, Manda, Gingama, Nkweto, Luwalizi, Mpolomombo, Nthalire, Nganda, Lituhi, Ruanda, Muyombe, Chelinda, Chitimba, Young's Bay, Lundu, Vitumbi, Mlowe, Zunga, Nindai, Mwazisi, Nchenachena, Njambe, Vwaza Marsh, Kadyungu, Muhuju, Phwezi, Mkondowe, Ruarwe, Liuli, Gondwe, Jitha, Jembe, Usisya, Mbamba Bay, Engucwini, Emeiswezi, MALAWI, Bweteka, Chikwina, Timbiri, Mzuzu, Nkhata Bay, Chaisu, Ndlovu, Limpasa, Mankhambira, Vipya Plateau, Eswazini, Chintheche

Mpika

Lake Malawi

Livingstone Mountains

Great Ruaha

Huzi Fufu Lukole Kidete Mvumi Ubena Mlandiz
Kibakwe Kimamba Mkata Morogoro Mikese Chalinze Ruvu
Cambaku Kilosa Mbamba Kipera Kiziwa Lukosi Mzenga
Uvimbi Himva Zombo Mlandize Mgeta Mkuyuni
Chikuyo New Mtera Ulaya Kibuko Mtambo Gwata
Mtera Reservoir Rubeho Mountains Mvuha Kidunda Maneromango
Migole Malolo Mgoda Kikeo Kimbandu Mountains
Izazi Kisanga Uluguru Mountains
Itundu Nyangolo Ruaha Kidayi Mikumi Kisaki Dutumi
Luganga Mbuyuni MIKUMI NATIONAL PARK Matambwe Gate
Ngongwa Mtandika Kidodi Matambwe Station Lake Tagalala
Nyamibur Mazombe Matassi UDZUNGWA MOUNTAINS Sanje Stiegler's Gorge Nzasa Plains
Iringa Lugalo Kalimbas Luhombero Mang'ula Gate Ngulakula
Kalenga Nyabula NATIONAL PARK Mtemere Gate Mkongo
Idodi Tosamaganga Uwindi Nyera
Isimila Mgama Great Ruaha Utete
Ifunda Lupembelwasenga Lake Utlenge
Dabaga
Lugoda Chombe Ruipa Kivukoni Ifakara Tete Hills Selous Game Reserve
Mafinga Tongora Kibasira Lupiro Kandawale
Ihefwe Chita Mbangala
Kalinga Ngawasi Swamp Itete Mahenge Njinjo
Mufundi Highlands Moyera Mbarika Mzerezi Salle Zinga Nakingombe
Kasanga Ildetero Kiswaga Luhambera Mkangira
Kungu Malinyi Mitumbati
Taveta Ngoilanga Mountains Kimambi
Kivulunge Kiloreo Mlowoka
Lupembe
Kifanya Liwale Mkunya
Lukumburu Nangano
Lirondo
Mgenya Magingo Mpurukasese TANSANIA Nachingwea
Likuyu Lukuledi
Lumecha Suluti Namtumbo Msangesi Game Res. Masasi
Peramiho Njuga Matemanga Muhuwesi Mt. Mbaya Lukokona Mikangaula
Kitai Kwitanda Michiga Nangomba
Likuyufusi Songea Nakasanya Mkowela
Kigonsera Lukimwa Tunduru Lukwila-Lumesule Game Reserve
Mbinga Kibawana Gomba Masunguru
Ndengo Msineve Negomano
livença Chamba MOSAMBIK
Montes Singa Niassa Game Reserve

s. Detailplan
Selous Game Reserve
S. 474

Der Süden

SELOUS GAME RESERVE (Nördl. Teil)

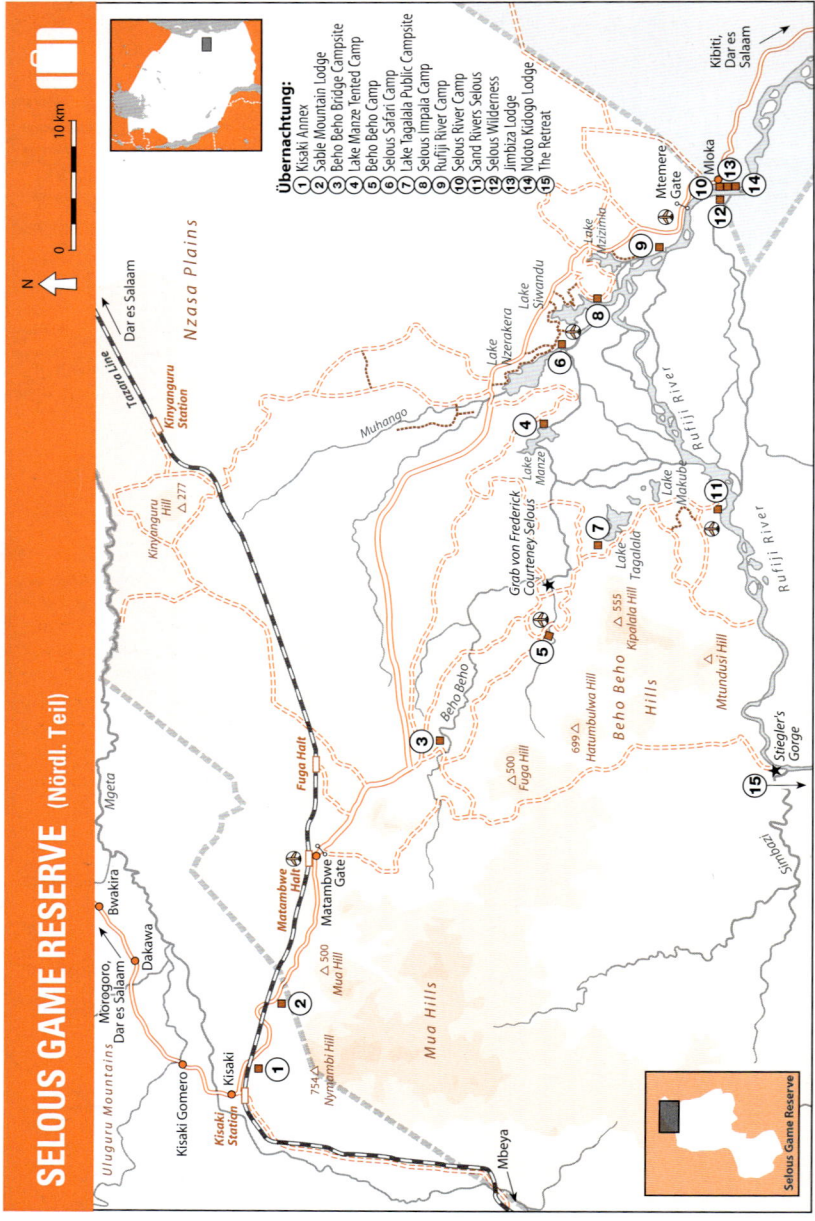

Übernachtung:
1. Kisaki Annex
2. Sable Mountain Lodge
3. Beho Beho Bridge Campsite
4. Lake Manze Tented Camp
5. Beho Beho Camp
6. Selous Safari Camp
7. Lake Tagalala Public Campsite
8. Selous Impala Camp
9. Rufiji River Camp
10. Selous River Camp
11. Sand Rivers Selous
12. Selous Wilderness
13. Jimbiza Lodge
14. Ndoto Kidogo Lodge
15. The Retreat

N

0   10 km

Kibiti, Dar es Salaam

Dar es Salaam

Nzasa Plains

Tazara Line

Kinyanguru Station

Kinyanguru Hill △ 277

Muhango

Mtemere Gate

Lake Mzizima

Lake Siwandu

Lake Nzerakera

Lake Manze

Rufiji River

Lake Makube

Lake Tagalala

Grab von Frederick Courteney Selous

Beho Beho

Fuga Halt

△ 500 Fuga Hill

699 △ Hatumbulwa Hill

Beho Beho Hills

△ 555 Kipalala Hill

△ Mtundusi Hill

Stiegler's Gorge

Simbazi

Matambwe Halt

Matambwe Gate

△ 500 Mua Hill

Mua Hills

Morogoro, Dar es Salaam

Mgeta

Bwakira

Dakawa

Uluguru Mountains

Kisaki Gomero

Kisaki

Kisaki Station

754 △ Nyambili Hill

Mbeya

Selous Game Reserve

und natürlich auch beliebter Aufenthaltsort weiterer Tiere.

Wer über das Mtemere Gate im Osten in den Selous fährt, darf auf keinen Fall die zahlreichen kleinen Seen des Rufiji-Flusses verpassen: Sie sind Heimat großer Gruppen von suhlenden Flusspferden und scheuen Krokodilen. Die größten sind der **Lake Manze**, der **Lake Nzerakera** und der **Lake Tagalala**. Man zweigt einfach hinter den Lodges, z. B. dem Selous Impala Camp, von der Hauptpiste ab. In jedem Fall lohnt sich auch eine Boot-Safari, egal ob auf dem Fluss oder den Seen; sie wird in fast jeder Lodge angeboten.

Ein besonders spektakulärer Aussichtspunkt auf dem Wasserweg ist die 100 m tiefe **Stiegler's Gorge** im Nordwesten des Parks – eine atemberaubende Schlucht, in der sich der Fluss staut und die vielen Tieren als Tränke dient.

Wegen vieler Tiersichtungen lohnt auch eine Fahrt nach **Kinyanguru** (Abzweigung zum Fuga Halt), obwohl ab dem Bahnhof Fuga die Pisten schlechter werden.

Übernachtung und Essen

Alle Angaben gelten für ein DZ mit Vollpension. Die Camps sind von Mitte März bis Ende Mai geschlossen. Aufgrund der relativen Abgelegenheit sind mindestens drei Nächte im Selous einzuplanen.

Im Reservat

Lake Manze Tented Camp, 44 km nordwestlich des Mtemere Gate, ☎ 022-2452005, 🖥 www.adventurecamps.co.tz. Einfaches, rustikales Zeltcamp am See mit 12 Zelten, wo man zum Buschdinner und kalten Bier seine Zehen in den Sand stecken kann. Wunderbar reduziert aufs Wesentliche, nämlich auf die zahlreichen Wildtiere, deren Lebensader der See darstellt. Gut von Elefanten frequentiert. ❻–❼

Rufiji River Camp, Nähe Mtemere Gate und Mtemere Airstrip, zu buchen über Foxes African Safaris, ☎ 0713-237422, 🖥 www.tanzaniasafaris.info. Das einstige deutsche Jägercamp und die älteste Lodge im Reservat wurde 2010 generalsaniert. 20 komfortable, große, behindertengerechte Zelte in schöner Lage direkt am Rufiji River. Pool. ❼

Selous Impala Camp, 15 km nordwestlich des Mtemere Gate, ☎ 022-2452005, 🖥 www.adventurecamps.co.tz. Farbenfrohes Ambiente herrscht in den 8 Zelten auf Holzplattformen (mit Blick auf den Fluss) mit bunten Kikoys. Im Restaurant und der Lounge dominiert gediegenes Safari-Design. Die Flusspferde können nachts ganz schön laut schnauben. Pool. ❼

Selous Safari Camp, am Lake Nzerakera, zu buchen über Selous Safari Company, ☎ 022-2128485, 🖥 www.selous.com. Die herrliche Lage am Wasser und 13 große, klassisch-elegante Safarizelte machen das Camp speziell.

Charmante Lounge auf Stelzen mit Blick auf den See. Pool. ❼

Sand Rivers Selous, am Rufiji River südlich von Beho Beho, nur über einen Tour Operator zu buchen, 🖥 www.sand-rivers-selous.com. Wunderbar weitläufige, offene Räumlichkeiten unter hohen Zeltdächern und schickes afrikanisches Ethno-Interieur machen diese Lodge außergewöhnlich. Das Rhino House, eine atemberaubende Privatlodge für ungestörte Flitterwochen, kann mit Butler, Guide und allem Drum und Dran gebucht werden. Das intime, luxuriöse Privat-Camp Kiba Point liegt ein wenig abseits – und ist ebenfalls traumhaft! ❼

The Retreat, ca. 4 Std. südwestlich des Matambwe Gate, ☎ 0787-013666, 🖥 www.retreat-africa.com. Neueres Camp abseits vom Schuss im afro-arabischen Stil mit großem Haupthaus samt Dachterrasse, Infinity Pool und 12 geschmackvollen Suiten in Feng-Shui-Harmonie direkt am Rufiji River. Ein Freudenfest für alle Sinne! Die Anreise ist nur mittels Flugzeug empfehlenswert (Airstrip Sumbazi).

Beho Beho Camp, 70 km südlich des Matambwe Gate, ☎ +44-1-932260618, 🖥 www.behobeho.com. Das spektakulär in den Beho Beho Hills gelegene Camp ist wohl noch immer eines der besten und bestgeführten Camps im Selous. In 8 luxuriösen Stein-Cottages (mit Open-Air-Duschen) wird hier elegantes Safari-Savoir-vivre zelebriert, mit Cocktailbar, offenem Restaurant mit Blick auf die Hügel und Sonnendeck. Pool. Exzellente Guides mit enormem Wissen über den Selous. ❼

Außerhalb des Reservats am Mtemere Gate

Es häufen sich Berichte von Diebstählen in den Camps und Campingmöglichkeiten in und um Mloka. Die Camps sind gut beschildert.

Ndoto Kidogo Lodge, in Mloka, ☎ 0787-521808, 🖥 www.ndoto-kidogo-lodge.com. Ilona und Heiko Graap haben am Fluss geräumige schöne, in afrikanischen Farben dekorierte Stein-Cottages (US$100 p. P. mit Vollpension) und billigere Zimmer (US$50 p. P. mit Vollpension) errichtet – sehr zur Freude kostenbewusster Safari-Anhänger. Sie bieten viele Aktivitäten an, z. B. einen Besuch im Mloka Village, Kanufahrten, eine Walking Safari und Pirschfahrten. ❺

Selous River Camp (Rest Camp), in Mloka, Buchungen per SMS oder telefonisch unter ☎ 0784-237525, 🖥 www.selousrivercamp.com. Preisgünstige Unterbringung entweder in

---

Panoramafahrt durch die Uluguru Mountains

Vom Matambwe Gate und **Kisaki** führt eine erst kürzlich ausgebaute Allwetterstraße nach Morogoro, die größtenteils (in der Trockenzeit) in gutem Zustand ist. Ab Kisaki (rechts halten, dann im nächsten Dorf links abzweigen) führt die Piste zuerst – teilweise schnurstracks geradeaus – durch Sumpfgebiet und fruchtbare Ebenen, wo Mais, Reis und viele Feldfrüchte gedeihen.

Es gibt zwar nur wenige Dörfer – doch trotzdem sind die Straßen voller Menschen: Frauen in bunten Tüchern, lachende Kinder, die gelbe Kübel voll Wasser nach Hause tragen, oder Männer auf ihren Fahrrädern. Hier bieten sich wunderbare Aussichten auf die malerische Uluguru Mountains.

Später beginnt die Piste stetig zu steigen und man fährt in zahlreichen Serpentinen über die Uluguru-Berge. Nach 93 km Fahrt durch die Berge (ab Kisaki) erreicht man den großen Ort **Mkuyuni**, wo Marmor und Quarz abgebaut werden. An der großen Steintafel „Mkuyuni Secondary School", die nach 3 km folgt, nach rechts abzweigen. Wer die Abzweigung versäumt, wird schließlich auf einer abenteuerlichen Gebirgsstraße das Dorf Kinole erreichen und umdrehen müssen, da die Piste hier endet.

Nach der Abzweigung bei Mkuyuni beginnt die Straße bald sanft zu fallen und die in der Sonne glitzernden Dächer von Morogoro und den umliegenden Dörfern werden sichtbar. Die letzten Kilometer geben wunderbare Panoramablicke auf Morogoro und die dahinter liegenden Ebenen frei. Die Panoramastraße endet direkt in **Morogoro** an der Old Dar es Salaam Road (150 km, 5–7 Std.).

---

4 Lehmhütten (ab US$80 p. P. mit Vollpension) oder 3 günstigeren Safari-Zelten (ab US$65 p. P. mit Vollpension) direkt am Fluss, jeweils mit Veranda. Rustikal, einfach, mit guten Vibes. Boot-Safaris US$35, Buschwanderungen US$25, Pirschfahrten US$80, je p. P. ❺

Jimbiza Lodge, in Mloka, ☎ 022-2618057, 🖳 www.jimbizalodges.com. Einfaches, rustikales Zeltcamp ohne viel Schnickschnack direkt am Fluss mit gemauerten Cottages und Zelten. Ein Pool ist vorhanden. Die Anlage wirkt allerdings ein bisschen lieblos. Camping ist mit US$20 p. P. zu teuer, außerdem müssen für die Poolbenutzung US$5 extra bezahlt werden. ❻

Selous Wilderness, in Mloka auf einer Sandbank auf der anderen Seite des Flusses, ☎ 0732-992547, 🖳 www.selouswilderness camp.com. Die 7 großzügigen Zelte mit Outdoor-Dusche und schicker Einrichtung schauen direkt auf den Rufiji River. Das Camp hat gerade die richtige Mischung aus Eleganz, Rustikalität, Service und Herz. Preisverdächtige Küche, exzellente Guides. Attraktives Preis-Leistungs-Verhältnis. ❼

Außerhalb des Reservats am Matambwe Gate

Kisaki Annex des Selous Mbega Camp, 4 km östlich von Kisaki, ☎ 022-2650258, 🖳 www. selous-mbega-camp.com. Einfaches Busch-Camp auf einem Hügel in der Nähe des Matambwe Gate, dessen Hauptcamp in Mloka nicht mehr empfohlen werden kann. Interessant für Camper, US$10 p. P. ❺

Sable Mountain Lodge, 10 km vor dem Matambwe Gate, zu buchen über A Tent With A View Safaris, ☎ 022-2110507, 🖳 www. selouslodge.com. Familiäre, gemütliche Lodge mit 13 gemauerten Cottages und Zelt-Cottages, in sanften Hügeln gelegen und mit fantastischem Blick auf die Uluguru Mountains. Pool. Die 5 Zelt-Cottages sind unbedingt zu bevorzugen. Anreise per Zug empfohlen. ❻–❼

Camping

Lake Tagalala ist der schönste Campingplatz im Reservat (aber relativ schwer zu finden), eine weitere Option ist der Platz bei der **Beho-Beho-Brücke**. Beide US$20 p. P. plus US$20 für

Fly Camping

Die am höchsten entwickelte Form von Camping wird von einigen Camps angeboten – Fly Camping. An besonderen Plätzen (jedes Camp hat so seine Geheimtipps) werden temporäre Zeltlager mit allem Drum und Dran aus dem Boden gestampft, oft nur für wenige Tage (je nach Buchungslage). Absolut authentisches Busch-Feeling ohne Elektrizität oder fließendes Wasser und mit Speisen, die auf offenem Feuer gekocht werden. Mit Sicherheit unvergesslich! Ab US$500 p. P. aufwärts, Anfragen z. B. bei Selous Safari Company, Nomad Tanzania, 🖳 www.nomad-tanzania.com, und Sable Mountain Lodge.

den obligatorischen Ranger. Anzumelden bei den Gates.

Außerhalb gibt es in Mloka am Mtemere Gate mehrere Lodges, wo man kampieren kann, z. B. im **Selous River Camp** und bei der **Ndoto Kidogo Lodge**, beide US$10 p. P.

Transport

Aufgrund der großen Distanzen ist eine Anfahrt mit dem Auto nur für Individualtouristen mit ausreichendem Zeitpolster zu empfehlen. Für die Reise von und nach Dar es Salaam muss man je einen Tag einplanen. Das Matambwe Gate ist am besten per Flug oder Zug erreichbar, das Mtemere Gate per Flug, Auto oder Bus. Tipp: Einige der Unterkünfte in Mloka organisieren Transfers mit dem Auto von Dar es Salaam, was sich ab 3 Personen im Fahrzeug rentiert. Überhaupt ist die Hinfahrt per Geländewagen und der Weiter- oder Retourflug zu empfehlen.

Selbstfahrer

Am besten durchquert man den Selous von Osten (Mtemere Gate) nach Norden (Matambwe Gate, 75 km). Die Anreise erfolgt von Dar über das größere Straßendorf Kibiti (250 km, 4–5 Std.), zuerst auf Asphalt, ab Kibiti auf guter Sandpiste. Die Abzweigungen sind aufgrund der Schilderwälder nicht zu übersehen. Im Dorf Mloka existiert nahe dem Hippo

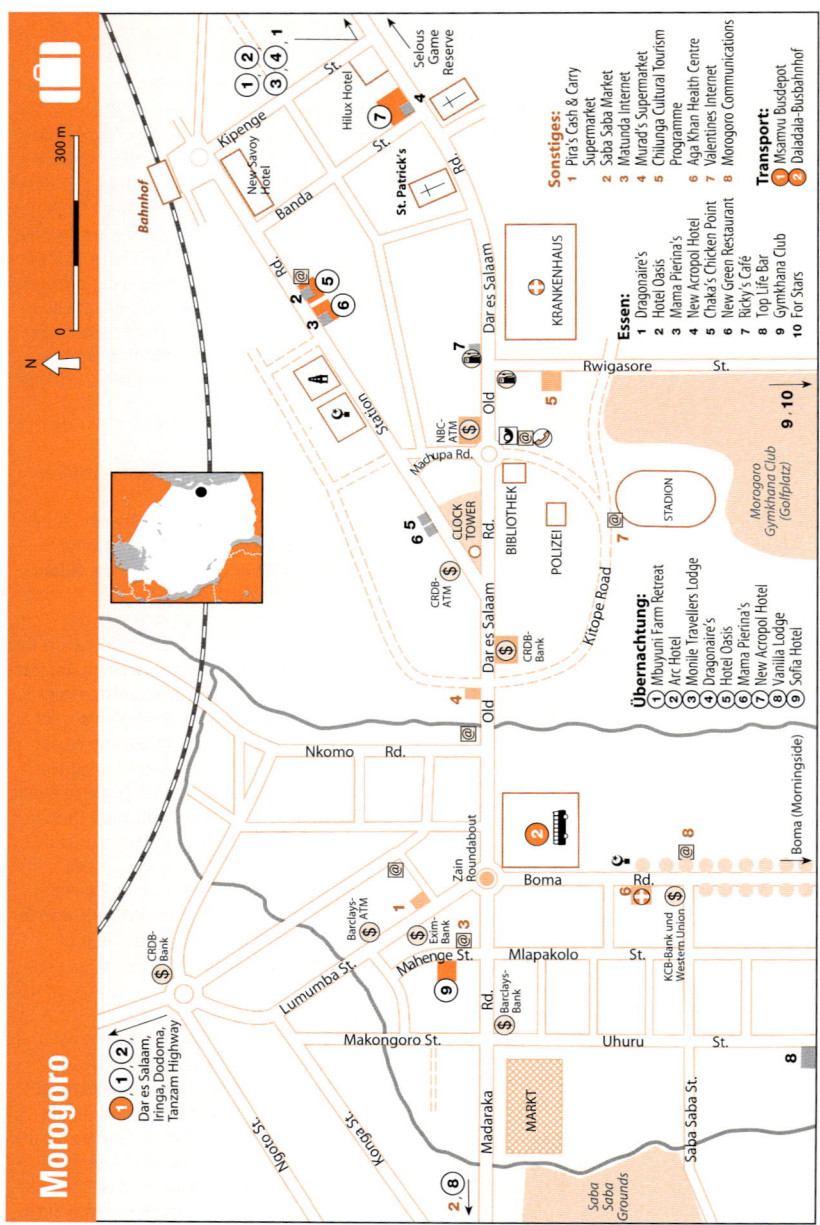

Camp eine kleine **Tankstelle** mit überhöhten Preisen.

Nach der Durchquerung des Selous biegt man im Dorf Kisaki, 20 km nach dem Matambwe Gate, rechts ab, weitere Anfahrtsbeschreibung siehe Kasten, S. 476.

Busse

Mit altersschwachen Bussen gelangt man vom Temeke Bus Terminal in DAR (Abfahrt 4–5 Uhr morgens) nach Mloka (Mtemere Gate), 6–7 Std., 10 000 TSH. Mit den Unterkünften muss die Abholung von der Bushaltestelle organisiert werden.

Eisenbahn

Eine Anreise per Bahn ist nur für die Sable Mountain Lodge sinnvoll (Bahnhof Kisaki). Die Tazara-Bahn verkehrt von DAR ES SALAAM in Richtung Mbeya, die Abholung muss vorher bei den Camps gebucht werden. Abfahrt in Dar: Di um 15.50 und Fr um 13.50 Uhr, Dauer ca. 5 Std., um 10 000 TSH/US$15. Die Rückreise per Bahn nach Dar ist nicht ratsam, da die aus Sambia kommenden Züge oft viele Stunden Verspätung haben. Die Fahrpläne ändern sich laufend; Details sind vor Ort zu erfragen. Wenn die Züge einigermaßen pünktlich fahren, kann man freitags vom Zug aus vor Einbruch der Dunkelheit Wildtiere beobachten.

Flüge

Die wichtigsten Flugfelder liegen an den beiden Gates Mtemere und Matambwe sowie Siwande in der Nähe der Selous Safari Lodge. Es werden täglich Linienflüge (Coastal, Zanair, Flightlink oder Airlink) angeboten. Kostenpunkt: Von DAR ES SALAAM US$150 p. P. einfach, von SANSIBAR US$190, von ARUSHA US$380 (jeweils mit Coastal).

Morogoro

Malerisch zu Füßen der Uluguru-Berge auf 500 m Seehöhe gelegen und mit einem milden Klima gesegnet, erinnert Morogoro in nichts daran, dass sich hier früher ein Umschlagplatz für arabische Handelskarawanen befand. Befrei-

te Sklaven waren es auch, die die Stadt in der Mitte des 19. Jhs. gründeten. Später siedelten sich aufgrund des fruchtbaren Bodens und des gemäßigten Klimas deutsche Siedler und Missionare hier an. 1907 erreichte der Gleisbau der „Mittellandbahn" Morogoro, was dem Ort erwartungsgemäß einen Aufschwung bescherte. 1913 lebten an die 3000 Einwohner in Morogoro, davon 60 deutsche Siedler. Ihre Präsenz belegen heute noch wenig ansehnliche Kolonialbauten, z. B. der Bahnhof, die alte Boma oder das ehemalige Edelweiß-Gasthaus in den Bergen.

Mit seinen geschätzten 250 000 Einwohnern ist Morogoro heute eines der führenden Agrar- und Bildungszentren Tansanias. Große Tabakfelder an den fruchtbaren Berghängen der Uluguru Mountains, wo sich regelmäßig die Wolken abregnen, und eine Reihe von Tabakfabriken prägen die Stadt nachhaltig. Zusammen mit den zahlreichen Wohlfahrtsverbänden und der hohen Dichte an kirchlichen Organisationen sind sie auch für die vergleichsweise große Zahl an westlichen Einwohnern verantwortlich.

Die meisten Reisenden betrachten Morogoro eher als Durchgangsstation auf dem Weg in die südlichen Nationalparks (188 km westlich von Dar), doch auch ein Zwischenstopp lohnt sich, vor allem wenn dieser mit Wanderungen in den grandiosen **Uluguru Mountains** verbunden ist, wo Gipfel bis 2646 m Höhe locken.

Übernachtung und Essen

Die besseren Unterkünfte liegen alle außerhalb des Zentrums.

Im Zentrum

Sofia Hotel, Mahenge St., neben Matunda Internet, ✆ 023-2608478. Zweckmäßige, abgewohnte, aber erstaunlich saubere Zimmer mit Bad, TV und Kühlschrank in sehr zentraler Lage, die billigeren Zimmer mit Gemeinschaftsbad. ❷

Vanilla Lodge, Madaraka Rd., neben Tex Palace Hotel, ✆ 023-2601303. Simples Mittelklassehotel in Zentrumsnähe mit Zimmern mit AC, TV und Kühlschrank. ❷

Mama Pierina's, Station Rd., ✆ 0786-786913, ✉ dshatzis@hotmail.com. Freundliches, einfaches Gästehaus für trinkfeste Reisende, in dem die kürzlich renovierten Zimmer mit AC, Fliesen und TV zu bevorzugen sind. Die alten, schäbigen Zimmer kosten weniger (20 000 TSH). Am Wochenende geht es hier schon mal ordentlich zur Sache. ❷

Hotel Oasis, Station Rd., ✆ 023-2614178, 🖳 www.hoteloasistz.com. Zweckmäßige Zimmer in einem typischen Mittelklasse-Geschäftshotel, das beliebt für Konferenzen ist. Großes Plus: Pool und eine der besten WLAN-Internetverbindungen in Morogoro. ❸

Außerhalb

Monile Travellers Lodge, östlich der Stadt Nähe Bigwa Rd., ✆ 0718-200042, ✉ mputika @yahoo.com. Einfache, saubere Zimmer im Erdgeschoss mit Moskitonetz, TV und eigenem Bad. Sichere Parkmöglichkeit. ❷

Dragonaire's, östlich vom Zentrum auf der Old Dar es Salaam Rd. Kleines, sauberes Gästehaus mit praktischen, ansprechenden Zimmern mit Blick auf die Berge. AC im Zimmer, gutes Frühstück. ❸

New Acropol Hotel, Old Dar es Salaam Rd. östlich des Krankenhauses, ✆ 0754-309410, 🖳 www.newacropolhotel.com. Das gemütliche, in die Jahre gekommene Hotel, das von einer eigenwilligen Kanadierin geführt wird, bietet große Zimmer und ein uriges Restaurant (ca. 8000–10000 TSH). WLAN. ❸

Arc Hotel, östlich von Morogoro, Abzweigung vom Highway nach Süden, beschildert, ✆ 0769-600240, 🖳 archotel-tz.com. Neueres Geschäftshotel ein wenig außerhalb, aber in der Nähe des Highway gelegen. Ruhig, großes Anwesen, guter Standard, Internet, Restaurant/Bar, sicheres Parken. ❸

Mbuyuni Farm Retreat, am Kingolwira Village 12 km östlich von Morogoro beim Wassertank und der kleinen Moschee nach Norden abzweigen, ✆ 0784-601220, 🖳 www.kimango. com. Die 3 charmanten, geräumigen Familiencottages haben Ausblick auf die Uluguru Mountains und den blühenden Garten. Köstliches Frühstück mit sehr ausgefallenen Kreationen. Am Abend kocht Simone raffinierte Hausmannskost mit Produkten aus dem eigenen Garten. Pool. Die eiste Wahl in und um Morogoro! ❺

Gut indisch (und chinesisch) essen bei großer Auswahl kann man im **Hotel Oasis**. Solide Küche hat auch das **New Acropol Hotel** zu bieten.

Top Life Bar, Uhuru St. Typisch tansanisches Lokal mit täglich wechselnden tansanischen Gerichten. Günstig. ⏰ tgl. von früh bis spät.

Chaka's Chicken Point, vor dem New Green Restaurant. Auf der Straße vor dem Lokal wird köstliches, billiges Street- und Fingerfood bereitet, u. a. Hähnchen und Mishkaki.

Ricky's Café, Old Dar es Salaam Rd., in der Oryx-Tankstelle. Gute Snacks, Käse-Sandwiches, Cappuccino, Getränke, Desserts und Eiscreme zu günstigen Preisen. ⏰ Mo–Sa bis 17 Uhr.

Gymkhana Club, Rwigasore Rd. Im kleinen luftigen Restaurant des Golfclubs kann man gut und deftig frühstücken, max. 6000 TSH.

For Stars, hinter dem Golfplatz rechts. Beliebte Disco und Bar, die von Einheimischen und Expats gleichermaßen besucht wird. Bunt gemischte Musik (Bongo Flava, Popmusik), landestypische Küche, kaltes Bier (2000 TSH). ⏰ Mi–So 22 Uhr bis früh morgens.

Mama Pierina's, Station Rd. Ausgezeichnete griechische und italienische Küche, gut und günstig. ⏰ tgl. früh bis spät.

Dragonaire's, östlich vom Zentrum auf der Old Dar es Salaam Rd. Lauschiges Open-Air-Restaurant. Fr bis So werden köstliche Holzofen-Pizzen serviert, die restliche Speisekarte ist ein Mix aus Chinesisch, Asiatisch und deftig Britisch, z. B. Spare Ribs. An Wochenenden beliebter Treffpunkt der Expats. ⏰ tgl. abends.

New Green Restaurant, Station Rd. Fantastische indische Gerichte. ⏰ Mo–Sa mittags und abends.

Kulturtourismus

Zahlreiche Wanderungen des engagierten **Chilunga Cultural Tourism Programme**, Rwigasore Rd., gegenüber dem Spital, ✆ 0754-477582, 🖳 www.chilunga.or.tz, in die Uluguru Mountains verbinden körperliche Betätigung mit kulturellem Erlebnis. So führt die Mbete

Der Süden

Village Tour in ein Dorf, wo Frauen aus Erde genießbare Kuchen backen. Im Preis inbegriffen sind Essen und Schwimmen im Morogoro River. Viel anstrengender sind die Lupanga Peak Tour, wobei der 2150 m hohe Gipfel in 6–7 Std. erklommen wird, und die mehrtägige Kinole-Tour durch die Uluguru-Berge. Weitere Wander- und Kulturtouren führen zu traditionellen Heilern, Wasserfällen oder dem ehemaligen Edelweiß-Gasthaus (heute bekannt als Morningside). Die Preise variieren je nach Dauer, Leistungen (Essen und Übernachtung), Gruppengröße und Höhe der Gebühren, die die Dörfer erheben; durchschnittlich US$30–50 p. P. Bei einigen Ausflügen werden US$30 Forest Reserve Fees fällig.

Schwimmen
Im **Hotel Oasis**, Eintritt 3000 TSH pro Tag.

Sonstiges

Einkaufen
Pira's Cash & Carry, Lumumba St. Der am besten sortierte Supermarkt der Stadt mit zahlreichen westlichen Produkten.
Murad's Supermarket, Old Dar es Salaam Rd., ist ein weiterer, kleiner Supermarkt. Souvenirs kann man u. a. an den Verkaufsständen in der Uhuru St. erstehen; gebrauchte Kleidung bietet der **Saba Saba Market** (Fr, Sa, So).

Geld
NBC Bank, Old Dar es Salaam Rd., und **CRDB Bank** (mehrere Bankhäuser und ATMs, u.a. Station Rd., Old Dar es Salaam Rd., Msamvu Busdepot) für Abhebungen mit Visa-Card, **Exim Bank**, Lumumba Rd., und **Barclays**, Madaraka Rd., für Abhebungen mit Visa-, Master- und Maestro-Card. Eine Filiale der **Western Union** befindet sich neben der KCB-Bank in der Boma Rd.

Internet
Es gibt mehrere Internetcafés, u. a. in der Mlapakolo St. und **Morogoro Communications** in der Boma Rd.; meist 500–1000 TSH pro Std., generell sehr langsam.
Valentines, Kitope Rd., beim Stadion. Zuverlässiges Internet und Generator.

Matunda Internet, Mahenge St. Recht gutes, stabiles Internet.
Posta, Old Dar es Salaam Rd. Eingang um die Ecke vom Postamt, aber das Internetcafé liegt im selben Gebäude.
Hotel Oasis, Station Rd. Bestes WLAN in der Stadt, 2000 TSH/Std.

Medizinische Hilfe
Das beste Krankenhaus ist das **Aga Khan Health Centre**, Boma Rd. ⊙ Mo–Sa 8–20, So 8–13 Uhr.

Polizei
Hinter Bibliothek und Post.

Post und Telefon
Post am Kreisverkehr nahe dem Clock Tower, dahinter liegt auch die TTCL.

Nahverkehr
Der Stadtkern ist kompakt, sodass man alles erlaufen kann. Ansonsten empfiehlt sich ein Daladala (Stand im Zentrum) oder ein Taxi (nicht mehr als 5000 TSH, z. B. zum Dragonaire's 4000 TSH).

Transport

Busse
Die Überlandbusse halten im 4 km nördlich der Stadt gelegenen **Busdepot Msamvu** direkt am Highway. Busse nach DAR ES SALAAM starten alle 30 Min. (2–3 Std., 10 000 TSH); mehrmals täglich fahren Busse in Richtung Westen nach MBEYA (9–10 Std., ca 25 000 TSH), z. B. von Hood, Sumry, Shabiby. Busse nach MWANZA (über Dodoma) fast durchgängig auf Teer (14–15 Std., ca. 35 000 TSH). Taxis in die Stadt kosten max. 5000 TSH. Tickets einen Tag vor Abfahrt kaufen!

Eisenbahn
Der Bahnhof der Central Line befindet sich in der Station Rd. Abfahrt in Richtung Westen: Fr 23.55 Uhr. Ankunft des Zugs aus KIGOMA: Di 5 Uhr morgens. Nur ratsam in Richtung Mwanza oder Kigoma, nach Dar (6 1/2 Std. im Zug) nimmt man besser den Bus, der nur etwa 2 Std. unterwegs ist.

Der Süden

Mikumi National Park

- **Zugang**: Das Gate liegt in Kikoboga ein wenig nördlich des Highway, 18 km östlich von Mikumi Village.
- **Eintritt**: US$20 pro 24 Std. Für die Durchfahrt auf dem Tanzam Highway wird keine Gebühr erhoben. Patrouillen wachen darüber, dass Autos auch wirklich nur durchfahren und keine Tiere beobachten, sonst wird man zur Kassa gebeten. Achtung: Bevor man zu den Unterkünften in den Park fährt, muss man zuerst am Gate Eintritt bezahlen.
- **Beste Reisezeit**: Alle Monate außerhalb der Regenzeit von März–Mai; der Park ist jedoch ganzjährig geöffnet.

Dieser relativ unbekannte Nationalpark erstreckt sich zu beiden Seiten des Tanzam Highway nur 290 km oder vier Fahrstunden westlich von Dar es Salaam (102 km westlich von Morogoro). Weil er von allen Parks im Süden am leichtesten zu erreichen ist, wird er von den Großstadtbewohnern gerne als Naherholungsgebiet genutzt.

Die Legende will es, dass bereits Livingstone und Speke 1857 von der Schönheit dieses Landstreifens begeistert waren. Auch Grant, auf seiner Suche nach den Quellen des Nils, jagte 1860 im heutigen Mikumi-Gebiet. Die Forscher folgten der berüchtigten Sklavenroute, die quer durch die Mkata Plains führte.

Der Mikumi Park ist kein Park der Superlative, dennoch ist die typische afrikanische Baum- und Grassavanne ein lohnendes Ziel. Als Teil des riesigen Ökosystems des Selous Game Reserve vermittelt der Park einen guten Eindruck von der afrikanischen Tierwelt, z. B. mit Elefanten, Büffeln, Giraffen, Zebras und Gnus. Auch Löwen, Leoparden und Flusspferde sind häufige Besucher der Wasserlöcher. Die Abendpirsch wird von dramatischen Sonnenuntergängen begleitet, die die Buschlandschaft in stimmungsvolle Farben tauchen.

In der abendlichen Stille kann man das Heulen der Afrikanischen Wildhunde vernehmen, die zu den bedrohten Tierarten zählen, hier allerdings noch in größeren Rudeln vorkommen.

Das Herzstück des Parks stellen die Grassavannen der **Mkata Flood Plains** im Nordwesten dar. Viele Pisten durchqueren diesen Teil, vorbei an Wasserlöchern und Flussläufen, und die Wahrscheinlichkeit ist hoch, hier Löwen zu erspähen, da ihre Beute (Zebras, Weißbart-Gnus und Impalas) diesen Lebensraum bevorzugt. Heimisch ist hier auch die größte Antilopenart, das Eland, das andernorts selten gesichtet wird.

Alle Angaben gelten für ein DZ mit Vollpension.

Im Park

Stanley's Kopje, wenige Kilometer nordwestlich des Highway, zu buchen über Foxes African Safaris, ☏ 0713-237422, 🖥 www.tanzaniasafaris. info. Beste Wahl im Mikumi! Das familiäre, rustikale Camp der Busch-erfahrenen Foxes-Familie wurde 2008 nach einem Brand wiedereröffnet und ist nun besser denn je. 12 komfortable, geräumige Zelte auf Plattformen rund um einen Hügel gruppiert gewähren Blick auf den Park sowie die Uluguru und Udzungwa Mountains. Das Restaurant an der Spitze des Hügels geizt nicht mit 360°-Panoramen. Pool. Durch die Lage auf dem Hügel muss man gut zu Fuß sein. ❻

Vuma Hill Tented Camp, 7 km südlich des Gate, zu buchen über Foxes African Safaris, s. o. Betagtes, aber schönes Zeltcamp in erhöhter Lage mit Blick auf die Mkata-Ebene. 17 gemütliche Zelte auf Holzplattformen im braun-roten Ethno-Dekor. Pool. ❻

Mehrere **Public Campsites** stehen zur Verfügung, US$30 p. P. Für **Special Campsites** bei der Parkverwaltung anfragen, US$50 p. P.

Außerhalb des Parks

Mikumi Village ist ein kleines verschlafenes Straßendorf, das hauptsächlich als Stopover für den Schwerverkehr fungiert. Hier kreuzen sich die Straßen nach Norden (Kilosa) und nach Süden (Udzungwa, Ifakara), alle wichtigen Einrichtungen liegen direkt an der Straße.

VETA Guest House, am westlichen Ortsende, ☏ 0715-747597. Einfache Zimmer rund um einen betonierten Innenhof hinter dem Gartenrestaurant, in dem sogar auf einer erhöhten Platform Tische und Sessel untergebracht sind. Lokale Küche zu günstigen Preisen. ❶–❷

Tan-Swiss Lodge, im Ortszentrum, 📞 0755-191827, 🖥 www.tan-swiss.com. Nettes Gästehaus eines Schweizers und dessen tansanischer Familie in einem gepflegten Garten und mit simplen, sauberen Zimmern in verschiedenen Kategorien. Das gemütliche Restaurant kocht bodenständig (lokal und international) und ist zweifelsohne eine der besten Optionen in der Gegend für kostenbewusste Reisende. Safaris in den Mikumi oder Udzungwa National Park lassen sich bequem arrangieren, z. B. 1 Tag Mikumi US$190 für ein Fahrzeug samt Driver. Auch der Campingplatz überzeugt, US$5 p. P. Im Vergleich zu den Campingplätzen im Park hat man es auf dem Platz der Tan-Swiss-Lodge viel bequemer und lauschiger. ❸

Mikumi Health Center Guestwing Bungalows, am westlichen Ortsende hinter den Bahngleisen, beim Spitalsschild abbiegen. Einfache, aber saubere Bungalows (mit Generator) einer mit holländischen Geldern finanzierte Klinik, freundliches Ambiente. Der Garten ist wunderbar gepflegt. Eine gute Option in Mikumi. ❷

Genesis Motel & Snake Park, im Ortszentrum, 📞 023-2620461. Nur zu empfehlen, wenn die restlichen Optionen belegt sind, denn für die Qualität sind die Preise überzogen. Rechnungen besser genau prüfen und Zimmer gut verschließen. ❷

Crocodile Camp, 65 km westlich von Mikumi am Highway, 📞 0784-706835 🖥 www.crocodile camp.de. Schöner Campingplatz zwischen Baobab-Bäumen am Ruaha River, 5000 TSH p. P., Abendbuffet 12 000 TSH. Auch zweckmäßige Bandas erhältlich, ❷. Schöner Ort für Vogelliebhaber.

Wer nicht als Selbstfahrer oder auf einer organisierten Safari unterwegs ist, kann bei den Unterkünften, z. B. in der Tan-Swiss Lodge oder bei den Foxes-Camps nach **Pirschfahrten** fragen.
Bis auf Widerruf sind **Walking Safaris** nicht gestattet, das kann sich aber ändern.

Ausflüge in die Udzungwa Mountains
organisieren z. B. Stanley's Kopje (US$150 all-inclusive p. P.) und Tan-Swiss Lodge (US$130 pro Fahrzeug und Driver ohne Nationalparkeintritt).

Selbstfahrer
Der Park sowie Mikumi Village liegen an einer gut ausgebauten Teerstraße.
Die zahlreichen gut beschilderten Circuits (und kleineren Loops) erleichtern die Erkundung des Parks. Unbedingt am Gate nachfragen, welche Gebiete gerade passierbar sind.

Busse
Mikumi Village ist mit Bussen aus DAR ES SALAAM (nach Iringa) mehrmals tgl. erreichbar, s. S. 186. Auf Anfrage stoppen die Busse auch am Gate (Abholung mit den Lodges vereinbaren).

Eisenbahn
Der nächste Bahnhof ist in Mang'ula, s. Udzungwa Mountains, S. 485.

Flüge
Der Airstrip befindet sich in der Nähe des Kikoboga Headquarter. Flüge, z. B. mit Airlink, von DAR ES SALAAM US$165, vom SELOUS US$260.

Udzungwa Mountains National Park

- **Zugang**: Mang'ula Gate, beim Mang'ula Village.
- **Eintritt**: US$20 pro 24 Std., US$20 pro Tag pro Gruppe für den obligatorischen Ranger.
- **Informationen**: 🖥 www.udzungwa.org.
- **Beste Reisezeit**: Alle Monate außerhalb der Regenzeit von Aug–März.

Die Hauptattraktion des zweitjüngsten Nationalparks (seit 1992) besteht in den zahlreichen endemischen Pflanzen- und Tiergattungen, weshalb man sich in der Eigenwerbung auch großspurig als „die afrikanischen Galapagos" bezeichnet.

Der Süden

Der Park ist Teil der 25 Mio. Jahre alten Eastern Arc Mountains (s. „Land und Leute", S. 121), zu denen auch die benachbarten Uluguru Mountains gehören und deren höchster Gipfel 2579 m misst. Dieser Umstand macht das Schutzgebiet zu einem hervorragenden Wander- und Klettergebiet für abenteuerlustige und naturverbundene Reisende – durch einen einzigartigen Klangteppich wandert man hier im lebendigen Bergurwald mit über 2500 Pflanzenarten, über 250 Vogelarten, zierlichen Schmetterlingen und auch Säugetieren.

Dank der Abgelegenheit des Gebiets und der Jahrmillionen währenden Isolation konnten sich in der überwältigenden Bergszenerie überdurchschnittlich viele **endemische Tierarten** entwickeln. Erst 2005 entdeckten Forscher im dichten Dschungel eine neue Primatenspezies, den Kipunjii-Affen, dessen Population auf rund 1000 Tiere geschätzt wird. Im selben Jahr stießen Forscher durch Zufall auf eine weitere unbekannte Spezies, das Graugesichtige Rüsselhündchen *(grey-faced elephant shrew)*. Zwischen rauschenden Wasserfällen, blanken Felsen und dichtem Primärwald tummeln sich überdies u. a. elf Primatengattungen, darunter Grüne Meerkatzen, Weißkehlmeerkatzen, Guereza-Affen sowie weitere endemische Arten, darunter der Sanje-Mangabe. Im Park leben außerdem Elefanten, Büffel, Busch- und Wasserböcke, diverse Antilopen und sogar Leoparden.

Übernachtung und Essen

Die komfortabelsten Unterkünfte befinden sich zweifelsohne im Mikumi National Park. Die dortigen Camps arrangieren gerne Ausflüge hierher. Im Udzungwa-Park selbst ist nur Camping möglich, US$30 p. P.

In Mang'ula

Mountain Peak Lodge, im Mang'ula Village. Einfaches, landestypisches Gästehaus neben einer Bar/Disco. ❶

Twiga Hotel, zwischen Bahnstation und Gate, ☎ 023-2620223, ✉ udzungwa@gmail.com. Gästehaus der Parkverwaltung, sieht noch sehr gepflegt aus mit akzeptablen Preisen. Gruppiert rund um einen begrünten Innenhof, bieten die

Zimmer TV, AC und Kühlschrank. Restaurant mit kleinen Picknick-Rondeaus draußen im Garten. Bewachter Parkplatz, Restaurant, Bar. Wertsachen unbedingt gut verbergen. ❷

Udzungwa Mountain View Hotel, unweit des Gate, ☎ 023-2620260. Einfaches Gästehaus mit 25 Zimmern, das eigentlich einer Renovierung bedürfte, aber die Zimmer sind sauber und das Personal äußerst hilfsbereit. Für den Standard eindeutig zu teuer. ❷–❸

🏕 **Hondo Hondo Camp**, an der Hauptstraße von Mang'ula, zu buchen über Wild Things Safaris, ☎ 022-2617166, 🖥 www.udzungwaforestcamp. com. Einfaches, naturverbundenes Zeltcamp zu Füßen der Udzungwa-Berge im saftig grünen Garten mit toller Atmosphäre. Unterbringung in komfortablen Zelten und günstigeren Lehmhütten. Als Community Project konzipiert, bezieht es die lokale Bevölkerung erfolgreich ein. Zahlreiche Aktivitäten, wie Mountainbiken (US$15 p. P.), Trommelworkshops (US$20 p. P.), Dorftouren (US$10 p. P.) etc. Zelten möglich (US$5 p. P.). ❹–❺

In Ifakara

47 km südlich des Mang'ula Gate liegt Ifakara, Hauptort des Kilombero District, der mit seinen 45 000 Einwohnern wegen der Malaria-Forschungsstation und dem Distriktkrankenhaus überraschend viele Ausländer anzieht. Man hat die Wahl zwischen äußerst bescheidenen lokalen Gästehäusern, wie dem **Goa Guest House**, und den teureren Besucherunterkünften der medizinischen Einrichtungen: **Ifakara Centre Resthouse**, 🖥 www.ihi.or.tz, ❷–❸, **St. Francis Hospital Guest Cottages** ❷ oder **Meik's House**, 🖥 www.meik.ch, ❷. Das Kilombero Valley dient den Tieren des Selous-Ruaha-Ökosystems als Migrationskorridor; in einigen Gebieten ist die Jagd erlaubt. Naturliebhaber genießen eine Bird Safari oder eine Kanufahrt am Kilombero River, die z. B. auch vom Hondo Hondo Camp (s. o.) arrangiert werden kann.

Aktivitäten

Die Unterkünfte in der Region organisieren Tagesausflüge in den Park, der nur zu Fuß erkundet werden darf. Man kann zwar in Eigenregie am Gate einen Ranger anheuern (nicht alle sprechen Englisch!), doch höheren Erlebniswert bietet eine Erkundung des Parks mit einem ordentlichen Tour Operator. Die beliebteste Wanderung führt zu den **Sanje Waterfalls** (12 km hin und retour, 4 Std.), andere Wanderwege erklimmen z. B. den **Mwanihana Peak** (38 km, 3 Tage).

Transport

In Dar es Salaam ansässige Safari-Unternehmer, z. B. Wild Things oder Makomo Safaris (s. S. 181), bieten Trekkingtouren an.

Selbstfahrer
Gleich hinter Mikumi Village zweigt die Straße in Richtung Süden und Ifakara ab (beschildert), sie führt (zunächst auf Asphalt bis Kidatu) nach Mang'ula (65 km ab der Abzweigung). Südlich von Mang'ula rechts zum Headquarter abbiegen.

Busse
Von MIKUMI fahren tgl. viele Daladalas nach Mang'ula und Ifakara.

Eisenbahn
Die Züge der Tazara-Linie halten in Mang'ula. Abfahrt in Richtung DAR So und Do am Morgen (6–7 Std., ca. 18 000 TSH), Abfahrt in Richtung MBEYA und Sambia Di und Fr gegen 21 Uhr (10–11 Std., ca. 25 000 TSH). Die Abholung ist mit den Unterkünften zu vereinbaren.

Iringa

Das malerische, entspannte Städtchen (110 000 Einw.) auf einem Felsplateau mit Blick auf die Tabak- und Maisfelder der Ebene ist gesäumt von blauen Jacaranda-Alleen; die Höhe von 1600 m verspricht moderate Temperaturen. Im Südwesten fällt das Plateau fast senkrecht zum Flusstal des Little Ruaha ab.

Wegen der strategisch günstigen Lage errichteten die Deutschen im nahen Kilosa 1896 ein großes Fort und legten damit den Grundstein für die Stadt. Rund um die stattliche **Markthalle**,

deren buntes Markttreiben allemal einen Besuch lohnt, stehen Relikte längst vergangener Kolonialtage, wie die **Boma** und einige Gebäude entlang der belebten Einkaufsstraße. Auch die Markthalle selbst stammt aus dieser Zeit. Vor der Polizei (Fotografieren verboten!) erinnert eine Tafel an die afrikanischen Soldaten, die beim Maji-Maji-Aufstand (s. S. 143) ums Leben kamen, obwohl die hier ansässigen Hehe selbst an diesem Aufstand nicht teilnahmen, da sie die Härte der deutschen Kolonialmacht bereits einige Jahre vorher zu spüren bekommen hatten (s. Kasten S. 488). Später wurde rund um Iringa der Erste Weltkrieg ausgefochten, was einige Commonwealth-Gräber und deutsche Gräber auf dem **Iringa Cemetery** in der Nähe des Neema Crafts Café verdeutlichen.

Das geschäftige Städtchen lebt vor allem durch den kontrastreichen Mix verschiedener Kulturen – hier die Bauten hinduistischer Inder und alte Kolonialhäuser im bayrischen Stil, dort die Moscheen der moslemisch-afrikanischen Bevölkerung.

Übernachtung

Von Juli bis September kann es empfindlich kühl in Iringa werden, unbedingt warme Kleidung einpacken!
Texas Lodge, Nähe Samora Stadium, unweit vom Kreisverkehr der Stadteinfahrt, ℘ 026-2701815. 10 einfache Zimmer im landestypischen Stil direkt an der Hauptstraße, zentrale Lage, sicheres Parken in einem kleinen geschlossenen Hof. Nur Einzelzimmer. ❷

Der Name Iringa

Der Name ist von dem Wort *lilinga* aus der Sprache der Hehe abgeleitet, was auf Deutsch so viel wie Festung oder Fort bedeutet. Die deutsche Schutztruppe wählte diesen Ortsnamen aufgrund ihrer Absicht, hier eine Militärstation zu errichten. Diese wurde 1896 zu einem Fort ausgebaut und diente anschließend als Verteidigungsposten gegen die wehrhaften Hehe, die erbitterten Widerstand gegen die deutsche Kolonialregierung leisteten.

Der Süden

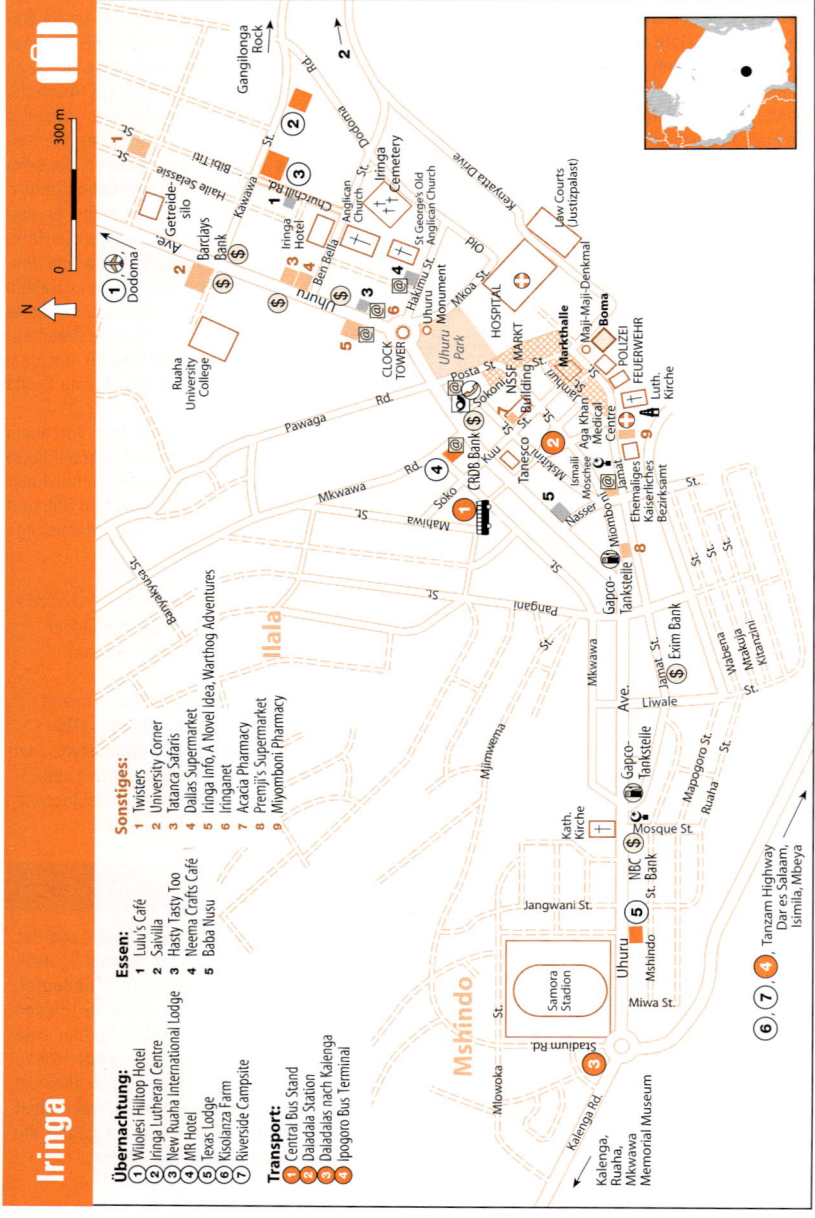

Iringa

Übernachtung:
① Wilolesi Hilltop Hotel
② Iringa Lutheran Centre
③ New Ruaha International Lodge
④ MR Hotel
⑤ Texas Lodge
⑥ Kisolanza Farm
⑦ Riverside Campsite

Essen:
① Lulu's Café
② Sakvilla
③ Hasty Tasty Too
④ Neema Crafts Café
⑤ Baba Nusu

Sonstiges:
① Twisters
② University Corner
③ Tatanca Safaris
④ Dallas Supermarket
⑤ Iringa Info, A Novel Idea, Warthog Adventures
⑥ Iringanet
⑦ Acacia Pharmacy
⑧ Premji's Supermarket
⑨ Miyomboni Pharmacy

Transport:
① Central Bus Stand
② Daladala Station
③ Daladalas nach Kalenga
④ Ipogoro Bus Terminal

Iringa Lutheran Centre, Kawawa St., ☎ 026-2700722, ✉ thelutherancenter@gmail.com. Einfaches Gästehaus abseits der Hauptstraße, ruhig und dennoch zentral, aber in einiger Entfernung vom Busbahnhof gelegen. Nach einer Renovierung 2008 zählt es zu den besseren – und vor allem preislich vernünftigen – Optionen. Nettes Ambiente, Dekoration vom Neema Crafts Centre, sicheres Parken, reservieren sinnvoll, da oft ausgebucht. ❷

MR Hotel, Mkwawa Rd., ☎ 026-2702006, 🖥 www.mrhotel.co.tz. Landestypisches, mittlerweile etwas schäbiges Mittelklassehotel unweit vom Busbahnhof. Internetcafé. ❷

Wilolesi Hilltop Hotel, auf der Uhuru/Dodoma Rd. stadtauswärts, links abzweigen in die Wilolesi Hills, ☎ 026-2700007, 🖥 www.wilolesihilltophotel.com. Einfaches Mittelklassehotel mit 30 Zimmern weiter draußen in schöner, erhöhter Grünlage an einem Hang. Gute, preislich ein wenig überteuerte Alternative für alle, die nicht in der lauten Stadt nächtigen möchten. Schöne Aussicht auf die Stadt und die Gangilonga-Berge. ❸

New Ruaha International Lodge, Kawawa Rd., ☎ 026-2700641, ✉ newruaha@gmail.com. Neueres Geschäftshotel in ruhiger Lage schräg gegenüber von Lulu's Café. Für den gebotenen Standard und für Iringa sind die klein geratenen Zimmer zu teuer, aber es ist eine der besseren Optionen in der Stadt. ❸

🌳 **Kisolanza Farm**, 55 km südwestlich von Iringa in Richtung Mbeya, ☎ 0754-306144, 🖥 www.kisolanza.com. Zu schade für nur eine Nacht! Mit Abstand die beste Wahl in diesem Teil von Tansania. Die Unterbringung erfolgt in Cottages und Zimmern in mehreren Kategorien, aber alle zeichnen sich durch ihren besonderen Charme im Afro-Landhausstil aus. Man verkauft frische Produkte von der Farm. Chalets für Selbstversorger US$35, Camping US$5 p. P., Luxury Suite US$170 mit Vollpension. Zahlreiche Aktivitäten, wie Farm Walks oder Vogelbeobachtung. Fair geführter Betrieb, deren britische Besitzer in Tansania aufgewachsen sind. Unbedingt rechtzeitig reservieren. ❷, ❺

Riverside Campsite, von Mikumi aus gesehen Abzweigung 14 km vor Iringa, ☎ 0787-111663, 🖥 www.riversidecampsite-tanzania.com.

Lauschiges Plätzchen am Little Ruaha River unter Akazien, Unterkunft in einfachen Bandas ❷, Canvaszelten ❶–❷ oder Camping für US$6 p. P. Viele Aktivitäten, wie Vogelbeobachtung, Reiten, Wanderungen, Mountainbiken.

Essen

Die hier angeführten Restaurants bieten bodenständige Küche zu fairen Preisen.

Baba Nusu, Uhuru Ave. Altbewährte Kneipe für tansanische Gerichte, gut und günstig, beliebt bei den Einheimischen. ⏰ von früh bis spät durchgehend.

Hasty Tasty Too, Uhuru Ave. gegenüber von Iringa Info. Eine Institution in Iringa und beliebt bei Expats und Reisenden. Herzhafte indischafrikanische Küche, aber auch Sandwiches (4000 TSH), Burger (max. 6000 TSH), Kuchen, Kaffee, Smoothies und Milchshakes (2000 TSH). Großes Plus: Frühstück, das den ganzen Tag über serviert wird. ⏰ Mo–Fr 8–20, Sa mit Pause von 15–18 Uhr, So 10–14 Uhr.

Lulu's Café, bei der Barclays Bank rechts, an der Ruaha International Lodge wieder rechts. Bodenständige Küche mit chinesischem und indischem Touch. Guter Kaffee und Eiscreme – auf die offiziellen Öffnungszeiten kann man sich allerdings nicht verlassen. ⏰ Mo–Sa 8.30–15, 18.30–21 Uhr.

Saivilla, Kenyatta Dr. Wird in Iringa hochgelobt als authentische indische Küche, Gerichte um 10 000 TSH. ⏰ tgl. mittags und abends.

🏠 Alles unter einem Dach

Neema Crafts Café, Hakimu St., 🖥 www.neemacrafts.com. Kaffee, Kuchen, Snacks und Hauptspeisen (z. B. leckere Mittagsmenüs wie Lasagne um 5000 TSH) sowie Souvenirs: selbstgemachtes Papier, Polster und Decken aus Kitenge/Kanga-Patchwork, Lampenschirme, Ketten aus Papierperlen oder Webteppiche. Unterstützenswerte Initiative, wo körperbehinderte und hörgeschädigte Menschen Ausbildung, Arbeit und Anerkennung finden. Nettes Ambiente, herzliches Personal und gute Küche. Bestes WLAN in Iringa und Internetcafé mit guten Rechnern. ⏰ Mo–Sa 8–18 Uhr.

Im **University Corner**, einem Open-Air-Lokal, Uhuru Rd., gegenüber Barclays Bank, können in geselliger Runde ein paar Drinks gehoben werden. Unter der Woche fungiert das **Twisters** (Nähe Isimila Hotel) als Bar, am Wochenende finden sich hier Einheimische und Expats gleichermaßen zu Discorhythmen ein.

Auf dem **Markt** *(soko)* und in den umliegenden Läden wird man auf der Suche nach Lebensmitteln, Souvenirs und Dingen des alltäglichen Bedarfs fündig.
A Novel Idea, s. Iringa Info, S. 489. Kleiner Buchladen mit recht gutem Sortiment, für mehr Auswahl muss man nach Arusha oder Dar es Salaam fahren.
Premji's Supermarket, Jamat St.
Dallas Supermarket, Uhuru Ave.

Iringa ist für seine **Korbwaren** bekannt. Wer in der Markthalle trotz der großen Auswahl nichts Passendes findet, dem gelingt dies spätestens auf dem Highway, wo Männer und Frauen am Straßenrand ihre Ware anpreisen.

Für **Safaris** in den Ruaha empfiehlt es sich, neben den genannten Tour Operators die Lodges innerhalb und außerhalb des Ruaha zu kontaktieren und bei ihnen den Transfer zu buchen. Alle Lodges verfügen über einen eigenen Fuhrpark und wunderbare Guides, die das Areal wie ihre Westentasche kennen. Wer genügend Wildtiere gesehen hat, kann einen Besuch in einem der Maasai-Dörfer bei Tungamalenga, eine **Village Tour** ebenda oder einen Besuch der **Teeplantagen** von Mufindi ins Auge fassen.
Warthog Adventures, im Büro der Iringa Info, ☏ 026-2701988, ✉ infoiringa@gmail.com.

Der Aufstand der Hehe

Nach dem Tod seines Vaters im Jahr 1880 übernahm **Mkwawa** die Herrschaft über die Hehe, das im Großraum von Iringa lebende Volk. Schon Sultan Munyigumba hatte als geschickter Krieger das Hehe-Reich durch zahlreiche blutige Eroberungskriege gegen Nachbarvölker entscheidend vergrößert, und Mkwawa trat in die kriegerischen Fußstapfen seines Vaters.
Doch von den 1890er-Jahren an hatte er es nicht mehr nur mit Nachbarvölkern zu tun, sondern auch mit der deutschen Schutztruppe. Diese wollte die wirtschaftlich bedeutende Karawanenstraße sichern, die vom Lake Tanganyika über das Landesinnere zur Küste führte. Iringa sollte dabei wegen seiner strategisch günstigen Lage als Militärstation ausgebaut werden. Die Gebietsansprüche der Kolonialbeamten nahmen die Hehe nicht widerspruchslos hin, und so kam es im Sommer 1890 zu den ersten Kämpfen gegen die Deutschen.
In den nächsten acht Jahren widersetzten sich die nur mit Speeren ausgerüsteten Hehe in zahlreichen Gemetzeln und Guerillaangriffen den Soldaten. Zu Hause in Deutschland hagelte es Kritik seitens der Politik und der Presse, da

die für die Kolonialverwaltung veranschlagten Budgets weit überschritten wurden. Doch schließlich bescherte nicht Geld oder militärische Macht dem Kolonialreich den Sieg, sondern eine besonders grausame Taktik, nämlich die des Aushungerns. Nach einem Jahr waren die Kräfte der Hehe 1898 so geschwächt, dass selbst ihr Anführer Mkwawa die Waffen streckte: Um nicht lebend in die Hände seiner Feinde zu fallen, richtete er sich kurzerhand selbst. Sein Kopf wurde abgetrennt und der Heeresleitung als Siegeszeichen übergeben. Von dort gelangte er auf offiziell unbekannten Wegen – vermutlich war es der deutsche Leutnant Tom von Prince – vor dem Ersten Weltkrieg nach Deutschland.
Obwohl im Versailler Vertrag von 1919 die Rückgabe der Trophäe vereinbart wurde, sollte es noch bis 1954 dauern, bis der Schädel den Hehe in einer feierlichen Zeremonie zurückgegeben wurde.
Heute ist der Kopf in dem kleinen **Museum von Kalenga** (s. S. 490) ausgestellt. Ein **Monument in Lugalo**, 20 km vor Iringa, erinnert an die Kämpfe. In Tansania verehrt man Mkwawa noch heute als Nationalhelden.

Das Informationsbüro von Iringa arrangiert Safaris und Exkursionen. Miete für einen Geländewagen pro Tag samt Driver ab US$250 (für 6 Pers.).

Tatanca Safaris, ☎ 026-2700610, 🖥 www.tatancasafaris.com. Safaris im Mikumi, Ruaha und Katavi National Park, Trekking in den Udzungwa Mountains und Kitulo National Park, Kulturtourismus, z. B. Dorfbesuche bei Maasai, Besuch von Teeplantagen oder der Isimila Stone Age Site.

Swahili lernen im Riverside Camp, s. Camping. Kursgebühren US$130 für eine Woche plus US$200 Unterbringung samt Vollpension.

Sonstiges

Expressversand
DHL, Mshindo Area, ☎ 026-2700110.

Geld
In der Uhuru Road finden sich Automaten der **NBC Bank**, der **CRDB Bank** (beide Abhebungen mit der Visa-Card), der **Barclays Bank** (für Master-/Maestro-Card-Abhebungen), z. B. in der Nähe des Clock Tower. Die **Exim Bank** (für Master-/Maestro-Card-Abhebungen) befindet sich in der Jamat St.

Informationen
Iringa Info, Uhuru Ave., Nähe Clock Tower. Kleines Informationsbüro (im selben Raum wie A Novel Idea) über touristische Aktivitäten, organisiert Safaris (Warthog Adventures) und spart nicht mit allerlei wertvollen Infos für Besucher. ⏲ Mi–Sa 9–17, So 10–14 Uhr.

Internet
Neema Crafts Café, s. Essen. Bestes Internet (WLAN, virenfreie Computer). ⏲ Mo–Sa 10–18.30 Uhr, WLAN während der Café-Öffnungszeiten.
IringaNet, Uhuru Ave. Computer vorhanden, man kann auch WLAN-Hotspot-Vouchers kaufen. ⏲ Mo–Sa 8–18.30, So 8–13 Uhr.
MR Hotel, Mkwawa Rd.

Medizinische Hilfe
Aga Khan Medical Centre, Jamat St., ☎ 028-2502474.

Apotheken sind in der ganzen Stadt verstreut, z. B. **Acacia Pharmacy** im NSSF-Gebäude, Sokokuu St., sowie **Miyomboni Pharmacy** gleich neben dem Aga Khan Medical Centre. Das **Ilala Lutheran Hospital** liegt 48 km von Iringa entfernt (am Highway in Richtung Dar es Salaam).

Polizei
Beim Markt, Jamat St.

Post und Telefon
Post unweit vom Clock Tower, ⏲ Mo–Fr 8.30–16, Sa 8.30–13 Uhr. Telefon daneben.

Nahverkehr

Daladalas und **Taxis** sind überall zu finden. Die Strecke vom Ipogoro Bus Terminal in die Stadt sollte per Taxi max. 4000 TSH kosten. Die Fahrt vom Stadion nach Kalenga kostet 700 TSH (30 Min.).

Transport

Um das erhöht gelegene Iringa (3 km nördlich des Highway) zu erreichen, muss man 190 km westlich von Mikumi auf fast kontinuierlich ansteigender Strecke in Richtung Norden abzweigen.

Busse
Central Bus Stand, Mkwawa St. Für Busse, deren Abfahrtsort oder Endbahnhof Iringa ist. Die verschiedenen Linien haben rund um den Busbahnhof ihre Verkaufsbüros. Sumry (teurer), Chaula, Upendo und Hood haben in der Gegend den besten Ruf.
Ipogoro Bus Terminal, Tanzam Hwy. Busse, die nur in Iringa Zwischenstation machen, nutzen den Ipogoro.
Tgl. mehrere Verbindungen (früh am Morgen und in den Vormittagsstunden) nach MBEYA, MIKUMI, MOROGORO und DAR ES SALAAM (ca. 13 000–18 000 TSH), ebenso nach DODOMA und ARUSHA bzw. MOSHI. Mehrmals pro Woche verkehren Direktbusse nach SONGEA, KYELA, LILONGWE (Malawi) und NAIROBI (Kenia). Achtung: Auf Langstrecken-Daladalas sollte man aus Sicherheitsgründen verzichten.

Der Süden

Die Umgebung von Iringa

Gangilonga Rock, der „Sprechende Stein", liegt östlich von Iringa. Die Legende erzählt, dass Mkwawa (s. S. 488) hier Visionen hatte, also quasi vom Stein Ratschläge erhielt, wie er sich und sein Volk am besten vor den Angreifern schützen könnte. Er traf sich hier mit seinen Kommandanten, um das weitere Vorgehen zu besprechen. Man kann den Stein (1635 m) erklettern – ein schweißtreibender Ausflug, den man aber nur tagsüber und in einer Gruppe unternehmen sollte. In der Abenddämmerung und nachts ist der Ort zu meiden.

Im Dorf Kalenga, etwa 12 km westlich auf dem Weg in den Ruaha, steht das **Mkwawa Memorial Museum**, das an die einst glorreichen Zeiten erinnert. Von außen ähnelt es einem Mausoleum, drinnen sind der Schädel des heldenhaften Mkwawa und einige Waffen sowie Gegenstände der Hehe ausgestellt. ⏲ nach Bedarf, Eintritt 3000 TSH. Der Ausflug ist mit Daladalas leicht zu organisieren.

Historisch spektakulär, aber nicht sonderlich ansehnlich, sind die **Steinzeitfunde bei Isimila**, nur 20 km südwestlich von Iringa auf dem Weg nach Mbeya. Sie liegen ein wenig abseits der Hauptstraße und sind äußerst schlecht beschildert. Seit Ende der 1960er-Jahre wurden hier Tausende Objekte freigelegt, hauptsächlich Faustkeile, Steinäxte oder Hackmesser, die etwa 260 000 Jahre alt sind (damals schlummerten Teile Europas noch unter einer Eisdecke). Damit gehören sie zu den ältesten Steinzeitfunden überhaupt. Hinzu kommen Fossilien längst ausgestorbener Tiergattungen, z. B. eines archaischen Flusspferds oder einer Giraffe mit kurzem Hals.

Für Naturliebhaber vielleicht interessanter ist die nahe gelegene **Isimila-Schlucht**, die mit ihren bizarren 15 m hohen Säulen wie eine Miniaturausgabe des Bryce Canyon in Utah (USA) aussieht. ⏲ tgl., Eintritt 3000 TSH. Der kundige Aufseher Mohammed führt durch das Gelände und geizt nicht mit interessanten Details. Ein kleines, erst kürzlich erbautes Museum komplettiert den Besuch. Der 1 1/2-stündige Spaziergang ist übrigens ideal, um sich nach der langen Autofahrt die Beine zu vertreten.

15 HIGHLIGHT

Ruaha National Park

- **Zugang**: Der einzige Zugang mit der Zahlstelle befindet sich am Msembe Gate im Süden.
- **Eintritt**: US$20 pro 24 Std.
- **Beste Reisezeit**: Im November beginnen die Regenfälle, die bis Mai anhalten. Im April/Mai ist der Park unpassierbar. Die besten Monate für Besuche sind Juli bis Mitte November und Januar/Februar.

1877 berichteten Forschungsreisende das erste Mal von einem magischen Ort voller Wildtiere, und 1912 richtete die deutsche Kolonialregierung deswegen hier ein Naturreservat ein. 1964 erhielt Ruaha schließlich den Status eines Nationalparks. Erst 2008 wurde dessen Fläche auf 20 500 km² verdoppelt. Als größter Park Tansanias bietet er heute noch immer alles, womit die großen Namen des Nordens locken – außer Verkehrsstaus auf der Piste –, doch nur wenige Reisende entscheiden sich für einen Besuch. Das hat durchaus sein Gutes, denn so besteht keine Gefahr, dass die spektakuläre, raue Schönheit des Parks wie bei der Konkurrenz im Norden von Safarifahrzeugen entzaubert wird. Die Anreise ist lang, aber problemlos, und wer es eilig hat, kann das Flugzeug nehmen.

Die Bruchstufe

Quer durch den Ruaha-Nationalpark verläuft eine auffällige, etwa 200 m hohe Bruchstufe, die den Park zweiteilt: Im südlichen, zugänglichen Teil des Parks befindet sich das Tal (ca. 900 m Seehöhe), im nördlichen dominiert ein Plateau mit bis zu 1800 m hohen Bergen, wo Besucher keinen Zutritt haben. Dorthin wandern alle Tiere im November, wenn sie riechen, dass der Regen kommt, denn oben am Escarpment setzen die ersten Regenfälle ein. Dann ist der südliche Teil wie verwaist – kein guter Monat für Safaris. Besonders während der Regenzeit schießen Bachläufe die Bruchstufe hinunter und graben sich Jahr für Jahr tiefer ins Gestein – gut sichtbar bei der Mdonya Gorge. Die Höhenlage und das Hügelland sorgen nicht nur für

Übernachtung:
1. Kigelia Camp
2. Mwagusi Safari Camp
3. Mdonya Old River Camp
4. Ruaha Cottages
5. Msembe Public Campsite & Tourist Bandas
6. Tandala Tented Camp
7. Ruaha River Lodge
8. Ruaha Hilltop Lodge
9. Jongomero Camp

RUAHA NATIONAL PARK

Der Süden

eine abwechslungsreiche Landschaft, sondern auch für ein angenehmes, trockeneres Klima als beispielsweise im schwülen Selous Game Reserve. Zum gewaltigen Ruaha-Ökosystem gehört nicht nur der Ruaha National Park selbst, sondern auch die westlich und nördlich davon gelegenen, unzugänglichen Game Reserves. Das an die 45 000 km² große Areal, das die Größe von Niedersachsen hat, bildet eine Pufferzone, um die Migrationskorridore der Wildtiere zu schützen.

Vegetationsformen

Trockene Dornstrauchsavanne und Akazienwald dominieren im hügeligen, tiefer gelegenen Süden. Majestätische alte Baobab-Bäume bilden dazu einen attraktiven Kontrast und tolle Fotomotive. Auf der Bruchstufe hingegen herrschen Miombo-Wälder (trockene Waldsavannen) vor.

Durch den lockeren Bewuchs lassen sich die Wildtiere im gesamten zugänglichen Areal verhältnismäßig gut beobachten.

Der Great Ruaha River

Das Herz des Parks schlägt ähnlich wie im Selous am Great Ruaha River, der zugleich im Osten die natürliche Grenze markiert. In den Trockenmonaten konzentriert sich entlang des Flusses die ganze Tierwelt, die sich mit einsetzender Regenzeit in nicht zugängliche Teile des Parks zurückzieht. Der Fluss mündet im Selous Game Reserve in den Rufiji. Daneben gibt es eine Reihe kleinerer Flussläufe, die in den Regenmonaten März bis Mai als reißende Ströme viele Pisten überschwemmen, um danach für neun Monate unter ihrem Flussbett zu schlummern. Die „Sand-Flüsse" scheinen ausgetrocknet zu sein, doch zwischen hartem Granitstein im

Unterboden und der Sandschicht an der Oberfläche verbergen sich unterirdische Rinnsale, die während der Trockenzeit vielen Tieren als Tränke dienen. Am Mwagusi und Mdonya Sand River kann man oft Elefanten dabei beobachten, wie sie mit ihrem Rüssel Wasserlöcher bohren.

Wie alle Gewässer in Tansania hat auch der Ruaha River mit einem **Rückgang der Wasserstände** zu kämpfen, vor allem aufgrund der bewässerungsintensiven Reisfarmen und massiven Rinderwirtschaft flussaufwärts. 1993 trocknete der Fluss das erste Mal seit Menschengedenken aus, und seitdem werden die Trockenperioden kontinuierlich länger.

Die Tierwelt

Das herrliche Flusstal des Ruaha bildet die Kulisse für beeindruckende Tierbeobachtungen. Der Fluss zwängt sich durch Stromschnellen, formt tiefe Becken – hier faulenzen die gewichtigen **Flusspferde** –, spaltet sich und bildet dadurch eine Insel, wo Impalas, Wasserböcke oder Riedböcke grasen, und hinterlässt große Sandbänke – Logenplätze für **Krokodile**. Weitere beliebte Fotomotive sind riesige Herden von weit über 100 **Kaffernbüffeln**, eine der dichtesten Populationen von **Elefanten** in Tansania, Giraffen, Löwen, Leoparden – und die seltenen **Afrikanischen Wildhunde**, die auch im Selous, Mikumi und Katavi leben und vom Aussterben bedroht sind. Sie leben in Rudeln von etwa 15 Tieren und sind äußerst soziale Wesen, deren schlechter Ruf ihnen zum Verhängnis wurde. Früher sah man die Wildhunde sogar in der Sahara, doch irrtümlicherweise hielten die Menschen sie für eine mit der Hyäne vergleichbare reißende Bestie, die den Viehbestand bedrohte. In Wahrheit ernähren sie sich jedoch von Gazellen und Antilopen.

Seltenere Spezies stellen die bis zu 270 kg schweren **Pferdeantilopen**, **Rappenantilopen** oder **Großen Kudus** dar – überhaupt weist der Ruaha die höchste Antilopendichte Tansanias auf. Ornithologen werden die über 500 **Vogelarten** begeistern, vom Zwergeisvogel über den Kaffernhornraben bis zum mächtigen Schreiseeadler. In manchen Teilen des Parks gibt es außerordentlich viele Tsetse-Fliegen, allerdings übertragen sie hier nicht die Schlafkrankheit auf den Menschen.

Übernachtung und Essen

Alle Angaben gelten für ein DZ mit VP.
Die Camps sind im April und Mai geschlossen.

Im Park

Ruaha Cottages (Kiganga Bandas), anzumelden bei der Parkverwaltung, ☎ 0766-199484. 2010 erbaute, zweckmäßige Cottages mit Frühstück in Panorama-Lage. Ideal für Selbstversorger, da es in den kleinen Apartments auch einen Kühlschrank gibt. Bessere Option als die alten schäbigen Tourist Bandas beim Msembe Headquarter. ❹

Ruaha River Lodge, 18 km südwestlich des Gate, zu buchen über Foxes African Safaris, ☎ 0713-237422, 🖥 www.tanzaniasafaris.info. Die ältere gemütliche Lodge mit 30 Stein-Cottages liegt reizvoll am Great Ruaha River. Trotzdem strahlt die weitläufige Anlage mit zwei Panoramarestaurants eine intime und buschnahe Atmosphäre aus. Mit Pool. ❻

Mdonya Old River Camp, 43 km westlich des Gate, zu buchen über Adventure Camp, ☎ 022-2452005, 🖥 www.adventurecampstz.com. Einfaches Zeltcamp ohne Firlefanz mit 11 Zelten in malerischer Lage. Rustikaler Stil und Dusche/WC unter freiem Himmel. ❼

🏕 **Kigelia Camp**, nördlich des Mwagusi Safari Camp, ☎ 0769-204159, 🖥 www.afrikaafrikasafaris.com. Stimmungsvolles Zeltcamp am Ifuguru Sand River mit 6 weit auseinander stehenden Zelten unter Leberwurstbäumen. Gute Guides, soziale Gesinnung und eine herzliche Atmosphäre zeichnen das Camp aus. ❼

Jongomero Camp, 63 km südwestlich des Gate, zu buchen über The Selous Safari Company, ☎ 022-2128485, 🖥 www.selous.com. Intimes, luxuriöses Zeltcamp der absoluten Extraklasse. 8 Zelte auf Plattformen, die äußerst elegant und geschmackvoll eingerichtet sind. Liegt direkt am Jongomero Sand River – fantastisches Panorama ist garantiert. Pool. Ziemlich weit abseits. ❼

🏕 **Mwagusi Safari Camp**, 30 km nördlich des Gate, zu buchen über Wings Over the Wild, ☎ +44-1-822615721, 🖥 www.mwagusicamp.com. Zugegeben, ein Schnäppchen ist das Mwagusi Safari Camp nicht gerade, aber jede Sekunde hier wird zum Safarigenuss. Chris Fox hat in jahrelanger Hingabe ein Refugium errichtet, das mit dem Busch auf wunderbare Weise verschmilzt und wo die Liebe für Land und Leute spürbar wird. Tierknochen fungieren als Klopapierhalter, aus Ebenholz-Fundstücken wurden Lampen fabriziert, und jedes der 13 weitläufigen Chalets mit Canvas- und Makuti-Dach ist einzigartig in Design und Einrichtung. Liebe zum Detail beweisen auch die Küche und vor allem die Guiding School, die jeder Guide durchlaufen muss. Die Mwagusi Guides machen Safaris im tierreichen Ruaha wegen ihres profunden Wissens zu einem intellektuellen Hochgenuss. ❼

Camping

Beim Msembe Headquarter gibt es einen öffentlichen Campingplatz für Selbstversorger, US$30 p. P. Special Campsites müssen bei der Parkverwaltung angemeldet werden, US$50 p. P.

Außerhalb des Parks

Auf dem Weg zum Park Gate gibt es einige Unterkünfte, die den entscheidenden Vorteil haben, kostengünstiger zu sein.
Ruaha Hilltop Lodge, 5 km hinter Tungamalenga auf der Village Road, ☎ 026-2701806, 🖥 www.ruahahilltoplodge.com. Sympathische Unter-kunft in schöner Lage am Fuße der Ideremle Mountains. 12 einfache, saubere Zimmer in Chalets am Hang garantieren beste Fernsicht. Safaris in den Ruaha werden angeboten (US$180 pro Fahrzeug). Village Tours zu den Wahehe, Besuche von Maasai-Dörfern, Wanderungen, Ausflüge nach Isimila und zu den Teeplantagen von Mufindi können arrangiert werden. ❺
Tandala Tented Camp, kurz vor dem Gate auf der Village Road, 🖥 www.tandalatentedcamp.com. Komfortable und geräumige Zelte auf Stelzen mit Veranden vermitteln ein rustikales Busch-Feeling. Vor dem Restaurant befindet sich ein künstlich angelegter Pool, der von vielen Elefanten regelmäßig besucht wird. Pirschfahrten im Nationalpark und viele Aktivitäten wie Village Walks im Angebot. Unterstützung bei Reisearrangements. Pool. ❻

Camping

Mehrere Campingplätze liegen entlang der Village Road (US$5 p. P.), allerdings ist Camping im Park immer zu bevorzugen, da die Sicherheitslage dort besser ist. Keine Wertsachen oder Ähnliches im Zelt lassen und unbedingt vorsichtig sein, besonders bei Campingplätzen, die unweit einer Siedlung liegen.

Aktivitäten

Neben gewöhnlichen Pirschfahrten bieten die meisten Camps Vogel-Safaris sowie Picknicks und Buschdinner an. Bis auf Weiteres sind die Walking Safaris ausgesetzt; es ist vor Ort zu erfragen, ob die Parkverwaltung sie wieder erlaubt.

Nahverkehr und Transport

Selbstfahrer

Iringa ist auf der gut ausgebauten Teerstraße vom 500 km entfernten Dar es Salaam aus gut erreichbar. Die 120 km lange Piste bis zum Gate teilt sich 64 km hinter der Stadtgrenze; links

---

🌳 **Der Hitze entfliehen**

In Mafinga (76 km südwestlich von Iringa auf dem Weg nach Mbeya), in den 1930er-Jahren Zentrum der europäischen Besiedlung im Süden, zweigt eine Piste nach Süden in die Southern Highlands ab, ein Landstrich, der auf der Bruchstufe des Ostafrikanischen Grabenbruchs liegt. Im kühlen, regnerischen Hochlandklima rund um Mufindi gedeiht Tee; die Teeplantagen wurden schon während der deutschen Kolonialzeit angelegt. Die sympathische **Mufindi Highland Lodge** (zu buchen über Foxes African Safaris, ☎ 0713-237422, 🖥 www.tanzaniasafaris.info, ❻), bietet sich hier als Ausgangspunkt an. Die dazugehörige Farm versorgt sämtliche Camps und Lodges der Foxes-Familie mit Lebensmitteln und Kaffee. Hier organisiert man eine Vielzahl an Aktivitäten, z. B. Reiten, Wandern, Ausflüge zum Lake Ngwazi, Fischen und Mountainbiken. Die Familie Fox gehört zu den Veteranen in Tansania und hat sich als fairer Geschäftspartner mit sozialer Gesinnung einen Namen gemacht.

Der Süden

geht es auf der „Village Road" durch die Dörfer Idodi und Tungamalenga, rechts führt die „never ending road" die Parkgrenze entlang durch jungfräuliches Buschland. Nach ca. 40 km vereinen sich beide Pisten wieder und das neu errichtete Gate ist erreicht. Dann sind es noch 6 km bis zum Fluss. Der Park ist für Selbstfahrer nur in der Trockenzeit zu befahren. Die Orientierung wird durch nummerierte Steinblöcke an den Kreuzungen (z. B. D12, R23) erleichtert.

Flüge

Coastal Aviation und Airlink bieten Linienflüge von/nach DAR ES SALAAM (US$350) oder ARUSHA (US$330, mit Anschlussflug in die Serengeti) an. Airstrips befinden sich beim Msembe Gate und dem Jongomero Camp.

Mbeya

In den 1920er-Jahren stießen Feldarbeiter bei der Ortschaft Lupa auf Gold. Daraufhin wurde 1927 die heutige Provinzhauptstadt Mbeya im Hochland des tansanischen Zentralplateaus (durchschnittlich auf 1700 m Meereshöhe) gegründet. Heute vermutet man im 70 km nördlich gelegenen Chunya die größten Goldvorkommen des Landes.

Die gute Verkehrsanbindung über den Tanzam Highway (Entfernung nach Dar es Salaam: 860 km) und die Eisenbahnverbindung von Dar über Mbeya nach Lusaka, der Hauptstadt Sambias, beschert den rund 320000 Bewohnern Mbeyas eine gute Infrastruktur. Aufgrund der Nähe zu Malawi und Sambia kommt Mbeya eine wichtige Rolle im grenzüberschreitenden Güterverkehr zu; noch heute ist es das Tor zum südlichen Afrika. Einzig mit den Flugverbindungen hapert es noch, denn obwohl bereits enorme Geldsummen geflossen sind, ist das Ende der Bauarbeiten des internationalen Flughafens noch ungewiss. Für die touristische Erschließung der Region um Mbeya und um den Lake Malawi wäre die Erreichbarkeit per Flugzeug jedenfalls eine Grundvoraussetzung.

Besonders beim Anbau von **Arabica-Kaffee** (s. S. 327) hat sich Mbeya über die letzten Jahre einen guten Ruf erworben; etliche ertrag-

reiche Kaffeefarmen sind entstanden. Größter Arbeitgeber der Region ist eine Zementfabrik, deren Silhouette und dampfende Schlote weithin sichtbar sind. Insbesondere den Minen, dem Coca-Cola-Werk sowie zahlreichen Banken und NGOs verdankt das Ballungszentrum sein ungebremstes Wachstum. In den letzten Jahren hat sich das verbaute Stadtgebiet massiv ausgeweitet, dennoch ist das Stadtzentrum am Fuße des Loleza Peak (2656 m) so kompakt wie eh und je.

New Millenium Inn, gegenüber dem Central Bus Terminal. Einfache Unterkunft direkt am Busbahnhof, ideal für frühe Abfahrten. ❶–❷
Karibuni Center, Lehner Rd., 200 m nach dem Ndiyo Mini Market in Richtung Mbalizi rechts abzweigen, unweit des Hwy., ✆ 0754-510174, ✉ mec@maf.or.tz. Nettes, landestypisches Gästehaus mit 7 Zimmern, geführt von Schweizer Missionaren. Die freundliche Atmosphäre und die Qualität der Unterbringung zum attraktiven Preis macht es beliebt bei Reisenden. ❷
Ifisi Community Center (ICC), Tanzam Highway, 16 km westlich von Mbeya und 5 km von Mbalizi, ✆ 025-2561021, 🖥 www.mec-tanzania.ch. Wer mit dem eigenen Fahrzeug unterwegs ist, sollte den Weg nach Ifisi nicht scheuen, denn das einfache, saubere Gästehaus (gehört wie das Karibuni Center der von Schweizern betriebenen Mbalizi Evangelistic Church) ist nicht nur preislich attraktiv, sondern liegt herrlich ruhig in einer riesigen Grünanlage. ❷–❸
Calm Inn Hotel, Tanzam Highway, gegenüber der Abzweigung in die Mbalizi Rd., ✆ 025-2502402, 🖥 www.calminnhotel.com. Ein wenig abseits vom Highway liegt das Calm Inn Hotel mit 15 zweckmäßigen Zimmern in mehreren Preiskategorien. Internet, TV, Restaurant, Bar vorhanden. ❸
Beaco Resort, Tanzam Highway, gegenüber dem Kadege Bus Stop, ✆ 025-2504441, 🖥 www.beacoresort.com. Das einstöckige, üppig dekorierte Hotel direkt am Highway punktet mit einem gepflegten Garten und Infrastruktur, wie sie Reisende brauchen: Supermarkt, Internetcafé, sicherer Parkplatz und

Übernachtung:
1. Karibuni Center
2. Utengule Coffee Lodge
3. Ifisi Community Center
4. Caim Inn Hotel
5. Beaco Resort
6. Mount Livingstone Hotel
7. New Millenium Inn

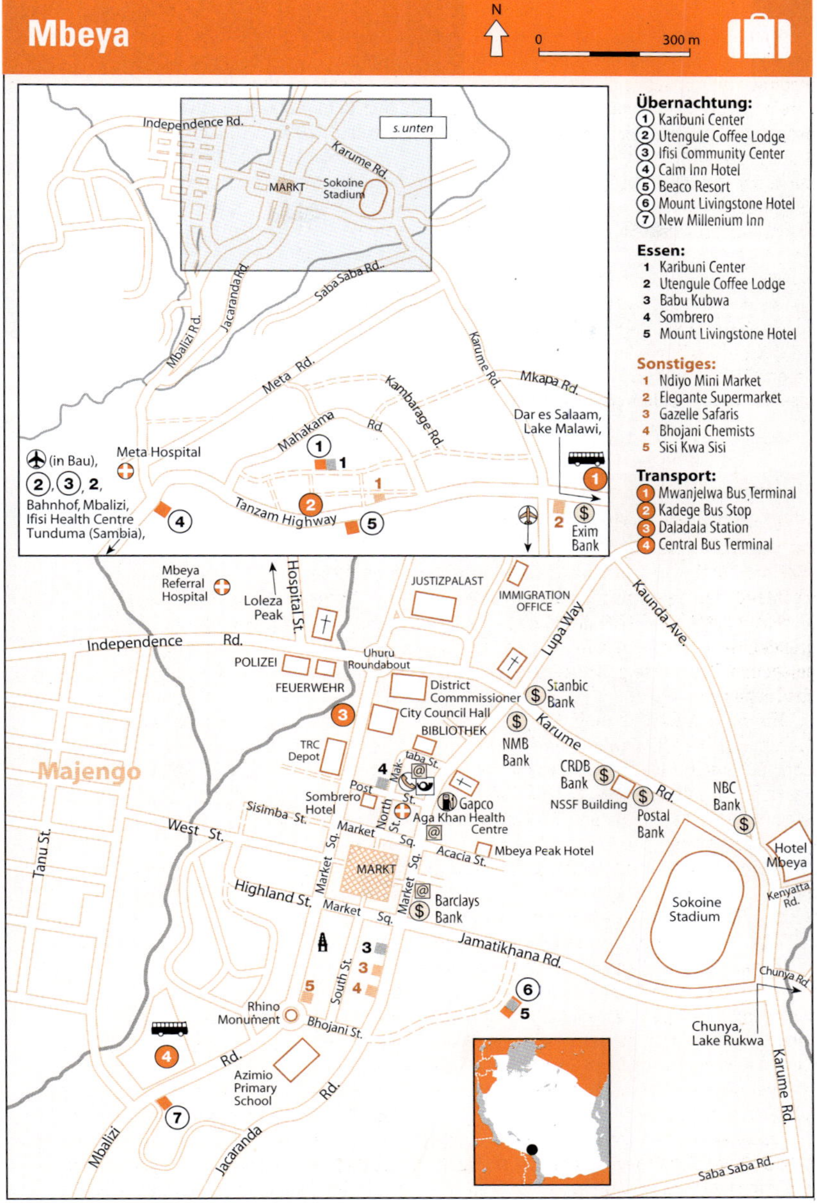

Essen:
1. Karibuni Center
2. Utengule Coffee Lodge
3. Babu Kubwa
4. Sombrero
5. Mount Livingstone Hotel

Sonstiges:
1. Ndiyo Mini Market
2. Elegante Supermarket
3. Gazelle Safaris
4. Bhojani Chemists
5. Sisi Kwa Sisi

Transport:
1. Mwanjelwa Bus Terminal
2. Kadege Bus Stop
3. Daladala Station
4. Central Bus Terminal

Der Süden

Map labels

Independence Rd.

s. unten

Karume Rd.

MARKT

Sokoine Stadium

Jacaranda Rd.

Saba Saba Rd.

Mbalizi Rd.

Meta Rd.

Kambarage Rd.

Karume Rd.

Mkapa Rd.

Dar es Salaam, Lake Malawi,

(in Bau),
2, 3, 2,
Bahnhof, Mbalizi,
Ifisi Health Centre
Tunduma (Sambia),

Meta Hospital

Mahakama Rd.

Tanzam Highway

Exim Bank

$

Mbeya Referral Hospital

Loleza Peak

Hospital St.

Independence Rd.

JUSTIZPALAST

IMMIGRATION OFFICE

Lupa Way

Kaunda Ave.

POLIZEI

Uhuru Roundabout

FEUERWEHR

District Commmissioner

City Council Hall

BIBLIOTHEK

Stanbic Bank

Karume Rd.

TRC Depot

Post

Sombrero Hotel

North St.

Maktaba St.

Gapco

Aga Khan Health Centre

NMB Bank

CRDB Bank

NSSF Building

Postal Bank

NBC Bank

Hotel Mbeya

Kenyatta Rd.

Majengo

Sisimba St.

West St.

Tanu St.

Market Sq.

Market Sq.

Acacia St.

Mbeya Peak Hotel

Highland St.

Market Sq.

MARKT

Barclays Bank

Sokoine Stadium

Jamatikhana Rd.

Chunya Rd.

South St.

Rhino Monument

Bhojani St.

Chunya, Lake Rukwa

Karume Rd.

Azimio Primary School

Jacaranda Rd.

Mbalizi Rd.

Saba Saba Rd.

Mbeya, die größte Stadt im Südwesten, liegt in den Ausläufern der Mbeya Range.

Restaurant. Zur Zeit der Recherche eines der besten Häuser der Stadt. ❸

Mount Livingstone Hotel, Golf Ground St., ✆ 025-250332. Alteingesessenes, großes Hotel in grüner Lage mit schwerer Holzvertäfelung innen und zweckmäßigen Zimmern zu etwas überzogenen Preisen. Freundliches Personal, sicherer Parkplatz, WLAN (2000 TSH/ Std.). Im Keller befindet sich eine beliebte Disco, die Fr–Sa von 22–5 Uhr morgens Partytiger anzieht. ❸

Utengule Coffee Lodge, 11 km westlich von Mbeya plus 8 km nördlich der Kreuzung in Mbalizi, ✆ 0753-020901, 🖥 www.riftvalley-zanzibar.com. Älteres, beliebtes Landhotel nach westlichem Standard mit 16 funktionell eingerichteten Zimmern unterschiedlicher Kategorien in wunderbarer Lage. Pool, Internet, Transfer vom Bahnhof oder Busbahnhof 30 000 TSH pro Fahrzeug. Ideal zum Joggen oder für Spaziergänge rund um die Kaffeeplantage oder am Fluss. ❹ – ❺

Camping

Karibuni Center (2000 TSH p. P.), **Utengule Coffee Lodge** (US$ 10 p. P.), **Ifisi Community Center** (5000 TSH p. P.).

Essen

Babu Kubwa, Jacaranda Rd. Bodenständige Küche mit tansanischen und indischen Snacks. Das Straßencafé ist ein herrlicher Ort, um das bunte Treiben in der Stadt zu beobachten.

Sombrero, Post St. Ein freundlicher Ort, der bei Reisenden und Einheimischen gleichermaßen beliebt ist. Bodenständige und internationale Gerichte, deftiges Frühstück, Preise 5000–7000 TSH. ⏲ tgl. 7–21 Uhr.

Karibuni Center, s. „Übernachtung". Gute Pizza und schmackhafte Gerichte zum fairen Preis. Frühstück z. B. 3000 TSH.

Mount Livingstone Hotel, s. „Übernachtung". Vermutlich die längste Speisekarte der Gegend mit Gerichten aus vieler Herren Länder, 24-Std.-Service.

Utengule Coffee Lodge, s. „Übernachtung". Wohl eines der besseren (und teuersten) Restaurants, obwohl die Qualität variiert. Sonntags ofenfrische Pizza.

Sisi Kwa Sisi, Mbalizi Rd., beim kleinen Kreisel, ✆ 0754-463471, sisikwasisitours@hotmail.com. Das lokale Kulturtourismusprogramm bietet Touren zu den Hauptsehenswürdigkeiten der Umgebung an. Die Preise von Tagestouren hängen vom Ziel und der Gruppengröße ab, z. B. Mbeya Peak 20 000–30 000 TSH p. P.

Gazelle Safaris, Jacaranda Rd., ✆ 025-2502482, 🖥 www.gazellesafaris.com. Einziger professioneller Tour Operator in Mbeya, betrieben vom Ehepaar Gossain. Safaris in den Ruaha, zum Western Circuit und zu den Sehenswürdigkeiten der Region.

Utengule Coffee Lodge, s. „Übernachtung". Das Management organisiert Ausflüge zu allen Sehenswürdigkeiten der Region, z. B. Mbeya Peak inkl. Transfer und Guide US$40 pro Gruppe (bis zu 4 Pers.). **Schwimmen**, z. B. in der Utengule Coffee Lodge, 2500 TSH (So 6000 TSH).

Sonstiges

Apotheken

Bhojani Chemists, Jacaranda Rd. Exzellente Apotheke, sogar mit pflanzlichen und homöopathischen Arzneien.

Autoreparaturen

Mbalizi Evangelist Church, Mbalizi, Tanzam Highway. Werkstätte und Ausbildungszentrum unter der Leitung von Schweizer Missionaren.

Einkaufen

Es gibt mehrere kleine Supermärkte, z. B. den **Elegante Supermarket** (in der Oilcom-Tank-

Der Süden

Besuch auf der Kaffeeplantage

Wer sich für Kaffee interessiert, kann die **Utengule Coffee Farm** besuchen. Führungen müssen in der Utengule Coffee Lodge arrangiert werden (US$10 p. P.). Obwohl die Touren das ganze Jahr laufen, ist der Besuch der Farm während der Erntemonate Juni, Juli und August besonders aufschlussreich. Im Mai und Juni leuchten die feuerroten, reifen Kaffeekirschen von den Sträuchern – ein schöner Anblick und eine Versuchung für alle Fotografen.

stelle) und den **Ndiyo Mini Market**, beide am Tanzam Highway.

Expressversand
DHL, Mbalizi Rd., ℰ 025-2500250.

Geld
NBC Bank und **CRDB Bank**, beide Karume Rd., für Abhebungen mit der Visa-Card. **Stanbic Bank**, Karume Rd., **Exim Bank**, Tanzam Highway, und **Barclays**, Tanzam Highway und Jacaranda Rd., für Abhebungen mit Master-/Maestro-Card.

Internet
Viele kleine Internetcafés in der Mbalizi Rd. oder beim Markt. Die besten Verbindungen haben Hotels, z. B. am Tanzam Highway.

Medizinische Hilfe
Aga Khan Health Centre, Jacaranda Rd., Ecke Post St., **Mbeya Referral Hospital**, Independence Rd., sowie **Ifisi Health Centre**, am Tanzam Highway in westlicher Richtung hinter der Abzweigung nach Utengule (Mbalizi).

Polizei
Independence Rd., schräg gegenüber vom Mbeya Referral Hospital.

Post
Post St., Ecke Market Square (unübersehbar durch die Antennen).

Visumsangelegenheiten
Immigration Office, Nähe Justizpalast.
🕐 Mo–Fr 7.30–15.30 Uhr.

Nahverkehr

Vom Markt *(soko kuu)* und von der Busstation Mwanjelwa (am Highway) fahren **Daladalas** ab, die den Nahverkehr nach Mbalizi, zum Bahnhof, nach Ibanda (Grenzort zu Malawi) oder bis nach Tukuyu (2000 TSH), Kyela oder Matema Beach (4000 TSH) oder Rungwe übernehmen.

Die Tazara – 1860 km ursprüngliches Afrika

Konzipiert wurde die Eisenbahnverbindung Tanzania Zambia Railways, kurz Tazara, um das Binnenland Sambia von den Verkehrswegen durch Rhodesien (das heutige Simbabwe) und Südafrika unabhängig zu machen, vor allem im Hinblick auf den schwelenden Unabhängigkeitskrieg in Rhodesien.

Die wirtschaftliche Unabhängigkeit wurde (dank der ideologischen Nähe Nyereres zum chinesischen Kommunismus) von der chinesischen Regierung finanziert und 1976 fertiggestellt. In der Rekordzeit von nur sechs Jahren verlegten die Chinesen das 1860 km lange, einspurige Schienensystem; Sümpfe, Sandflächen und tiefe Schluchten mussten mit Hilfe von 23 Tunneln und 320 Brücken überwunden werden. Wer genau hinschaut, kann in den Bahnhofshallen chinesische Schriftzeichen erkennen!

Trotz zahlreicher Güterzüge ist die Tazara heute wirtschaftlich wenig bedeutsam. Sie gilt als veraltet, die Passagierzüge – so sie überhaupt fahren – als notorisch verspätet. Oft fallen Lokomotiven aus oder Bahnstrecken werden nach Regenfällen unterspült. Dennoch wäre das Leben in der Region ohne die Bahn undenkbar. Zeit ist in Afrika ohnehin ein dehnbarer Begriff. Eine Fahrt mit der Tazara ist zweifelsohne ein faszinierendes Erlebnis. Von Dar es Salaam auf 36 m Seehöhe schlängelt sich der eiserne Koloss zunächst entlang der Pugu-Berge und durchquert dann den Norden des Selous National Park, wo nicht selten Wildtiere zu sehen sind. Später windet sich der Zug durch die Berge des südlichen Hochlands, vorbei an den Udzungwa Mountains und über einen 1786 m hohen Pass bei Uyole kurz vor Mbeya, um rund 24 Stunden das inmitten grüner Hügel gelegene Mbeya zu erreichen. Von hier benötigt die Bahn weitere 24 Stunden bis New Kapiri Mposhi (1275 m) in Sambia.

Es bleibt zu hoffen, dass die Linie mit dem Rückkauf der Bahn durch chinesische Investoren wieder an Qualität gewinnt. Zur Zeit der Recherche war der Fahrplan unzuverlässig; vor einer Fahrt sind unbedingt vor Ort Informationen einzuholen.

Der Süden

Selbstfahrer

Nach Kigoma: Entlang der kargen Mbizi Mountains kann man via Tunduma, Sumbawanga und Mpanda nach Kigoma (789 km) fahren. Die äußerst schlechte Piste (nur in der Trockenzeit) soll bald geteert werden.

Nach Malawi: 9 km östlich von Mbeya nimmt man die Abzweigung nach Süden, nach 105 km auf Teerstraße ist der Grenzbalken bei Ibanda erreicht.

Nach Sambia: 116 km westlich von Mbeya liegt der Grenzposten von Tunduma.

Busse

Alle Langstreckenbusse fahren früh morgens und am Vormittag ab. Vorsicht vor Dieben und selbst ernannten Ticketverkäufern! Tickets sollte man nur in den designierten Ticket Offices erstehen – idealerweise am Vortag und ohne Gepäck, auf das man aufpassen müsste. Die meisten Busse nutzen beide Terminals, im Zweifelsfall muss man genau vor Ort nachfragen.

Central Bus Terminal, Mbalizi Rd., ein Stück südlich des Zentrums. Dieser Busbahnhof gehört zu den unangenehmsten des Landes. Hier fahren die meisten Busse ab.

Mwanjelwa Bus Terminal, Tanzam Highway, ein wenig östlich der Abzweigung in die Karume Rd. Hier fahren die Busse ab oder stoppen, deren Route entlang des Tanzam Highway führt.

Busse nach:

ARUSHA, über DAR, z. B. mit Sumry oder (weniger empfehlenswert) Hood, 20 Std., 46 000–48 000 TSH; aus Sicherheitsgründen empfiehlt sich die Übernachtung in Dar, anstatt die Strecke auf einmal in Angriff zu nehmen.
DAR ES SALAAM, Direktbusse nach Ubungo, z. B. mit Sumry, Chaula, Superfeo oder Hekima, 10 Std., 25 000–30 000 TSH, mit Stopps in IRINGA, MIKUMI und MOROGORO.
DODOMA, über Iringa, z. B. mit Urafiki, Hood oder Sumry, 10 Std., 20 000 TSH.
KIGOMA, mit Umsteigen in Sumbawanga.
MWANZA, z. B. mit Sumry, ca. 2 Tagesreisen, zuerst nach Dodoma und Tabora, dann weiter nach Mwanza, 60 000–68 000 TSH.

Nach Malawi: Deutsche Staatsbürger benötigen kein Visum (max. 3 Monate Aufenthalt). In der Theorie sollten österreichische und Schweizer Staatsbürger das Visum für Malawi (US$70 für 3 Monate) bei einer Botschaft, z. B. in Dar es Salaam oder gar im Heimatland besorgen. Inoffiziell besteht die Möglichkeit, mit viel Charme und Überredungskunst ein temporäres Einreisevisum an der Grenze zu erwirken. Man muss sich dann aber binnen 3 Tagen beim nächsten Immigration Office (z. B. in Karonga oder Mzuzu) melden und das ordentliche Visum kaufen – ein zeitintensiver Prozess, der mehrere Tage beanspruchen kann.

Nach Sambia: Es fallen Visumgebühren von US$50 für 3 Monate an. Reisende erzählen, dass es bei der Einreise nach Sambia kaum Probleme gibt und die Beamten professionell agieren.

Man sollte die Strecke lieber in verschiedene Reiseabschnitte aufteilen.
SONGEA, z. B. mit Sumry, 6–7 Std., 10 000 TSH.
SUMBAWANGA, z. B. mit Sumry, 8–10 Std., 24 000 TSH.

In die Nachbarländer

MALAWI (über Ibanda): Es fahren keine Direktbusse nach Karonga oder Mzuzu. Am besten nimmt man ein Daladala nach Kyela, steigt in Ibanda aus, passiert die Grenzabfertigung und steigt auf der anderen Seite in einen der Minibusse ein. SAMBIA (über Tunduma): s. Kasten.

Eisenbahn

Der Bahnhof liegt 5 km außerhalb des Zentrums am Tanzam Highway. Taxis in die Stadt kosten 6000–8000 TSH. Achtung, die Fahrpläne der Bahn ändern sich häufig, zudem ist mit teilweise enormen Verspätungen zu rechnen. Nach DAR ES SALAAM Abfahrt: Mi (Express Train) und Sa (Ordinary Train) jeweils um ca. 10 Uhr, 24 Std., max. 37 000 TSH.
Nach SAMBIA (New Kapiri Mposhi) momentan Mi um 15 Uhr, 24 Std., ca. 25 000 TSH.

Der Süden

Flüge

Flightlink, ☎ 0774-747400, 🖥 flightlinkair charters.com, verbindet Mbeya (altes Flugfeld) mit DAR (US$331), DODOMA (US$231) oder RUAHA (US$306). Der Internationale Flughafen soll bald fertiggestellt sein.

Die Umgebung von Mbeya

Mbeya selbst hat touristisch wenig zu bieten, dafür ist die umgebende Landschaft eine wahre Augenweide. Pinien-, Eukalyptus- und Bambuswälder überziehen die Gebirgszüge der saftig grünen **Mbeya Range**. Deren höchste Erhebungen, der relativ steile **Mbeya Peak** (2834 m) und der **Loleza Peak** (2656 m), sind bestens für Tagestouren geeignet. Es gibt mehrere Aufstiegsrouten und Startpunkte; in jedem Fall ist ein Guide (z. B. bei der Utengule Country Lodge oder Gazelle Safaris in Mbeya) anzuheuern.

Ein weiteres Highlight stellt der **Ngozi-Kratersee** dar, der wunderschön in den Poroto Mountains liegt, eingebettet in dicht bewachsene Hänge (darunter der Mount Ngozi, 2622 m). Ein schmaler Pfad (1 Std. Gehsteig, sehr steil) führt zum 2 km langen und 1 km breiten Kratersee auf etwa 2120 m Höhe. Die steil aufragenden Hänge des erloschenen Vulkans bilden eine spektakuläre Kulisse. Die Einheimischen schreiben dem See magische Kräfte zu, und ähnlich wie im Loch Ness soll ein Seemonster hier sein Unwesen treiben. Schwimmen ist nicht möglich. Um hinzugelangen, nimmt man vom Tanzam Highway die Abzweigung zum Lake Malawi und biegt nach 26 km im Dorf Mbeya Moja (oder Mchangani) beim Schild rechts ab. Nur für Allradfahrzeuge geeignet. Eintritt 3000 TSH pro Fahrzeug, 2000 TSH p. P. Ein Führer kostet 5000 TSH, der Wachmann für das Fahrzeug 2000–3000 TSH. Campen ist (mit Wachmann) möglich. Auch mit Daladalas ist dieser Ausflug machbar.

Südlich vom Kratersee lädt der 2960 m hohe **Mount Rungwe** zu schweißtreibenden Wanderungen ein. Weitere Ausflugsziele sind der sodahaltige **Rukwa-See** (Anfahrt über Chunya), der **Mbozi-Meteorit** (an der Straße nach Tunduma) und die Kiwira-Natursteinbrücke **Daraja la Mungu** (an der Straße nach Tukuyu).

Lake Malawi

Den mit knapp 30 000 km² drittgrößten See Afrikas müssen sich Tansania, Malawi und Mosambik teilen, doch allein Malawi nutzt ihn einträglich, einerseits durch den Fang und Export von Zierfischen, andererseits durch touristische Entwicklung. Im Süden auf malawischer Seite stehen an den feinsandigen Stränden und Buchten des glasklaren Süßwassersees viele kleine Lodges, Tauchbasen, Segelclubs und Fischereizentren.

Ganz anders sieht es in Tansania aus. Der Lake Nyasa, wie er früher hieß, mag nach Meinung vieler der beeindruckendste der drei großen Grabenbruch-Seen sein, der verschlafenste ist er in jedem Fall. Schlechte Straßen und die fehlende Anbindung an das Bus-, Bahn- und Flugnetz ersticken jeglichen Fortschritt bereits im Keim. Einige wenige Wagemutige haben sich von der Schönheit der Gegend verzaubern lassen und bescheidene Lodges erbaut – viele sind kläglich gescheitert. Am ehesten bieten die Gästehäuser von Geistlichen und Campingplätze Unterkunft.

Vielleicht ist der auf 474 m Meereshöhe gelegene Lake Malawi aber gerade deshalb so zauberhaft. Die steilen, faltigen und dunkelgrünen Livingstone Mountains (bis zu 2488 m hoch) geben dem glasklaren Wasser und den feinsandigen, weißen Stränden einen würdigen Rahmen. Je weiter südlich man kommt, desto mehr stechen bizarre Felsformationen ins Auge. Die einzige Möglichkeit, sie zu erleben, ist mittels einer abenteuerlichen Schiffsreise auf der *MV Songea*.

Der Bilharziose-Erreger ist natürlich auch im Lake Malawi verbreitet, doch genaue Angaben darüber fehlen. Man weiß, dass einige Abschnitte auf malawischer Seite verseucht sind, doch der Großteil des Sees gilt als unbedenklich, vor allem auf tansanischer Seite, wo es wenig Verschmutzung, Schilf und noch weniger Menschen gibt. Gefährlicher sind da schon die Krokodile, die an den zahlreichen Flussmündungen leben. Die Einheimischen wissen viele Geschichten von Krokodil-Attacken zu erzählen. Am besten ist

Der Süden

N
0   50 km

Lake Rukwa
Chunya
Makwemba
Kisada
Mafinga
Iringa
Kalinga
Isenyela
Usangu Flats
Mbaramaziwa
Ugimbano
Kasanga
Idetero
Mbeya Range
Mbeya Peak 2834
Lolezo Peak 2656
Salangwe
Utengule
Rujewa
Idofi
Kitandalilo
Kungu
Kitete
Kimbwe
Highlands
Mufindi
Mbalizi
Uyole
Igurusio
Inyala
Chimala
Ruaha
Kimani
Makambako
Mahongole
Itunda
Uchindile
Taveta
Mbeya
Ngozi
Njipanda
Isyonje
Kitulo Farm
Elton
Kirenganye
2289
Chalowe
Mtwango
Chanyana
Kisitu
1577
Mnyera
Isangate
Crater Lake
Mt. Rungwe 2960
Mtowi 2961
Plateau
Kipengere Mpanga Game Reserve
Mdandu
Wangama
Kiwulunge 1795
Niave 1599
Isongole
Mwakaleli
Kipengere Range
Matakanjoro
Lupembe
Kiwira
Tukuyu
Lwanga
KITULO NATIONAL PARK
Makete
Kipengere
Utungwa
Likembe
Tunduma, Sambia
Itete
Bulongwa
Mogoto
Njombe
Yagobi
Ibungu
Daraja la Mungu
Mbaka
Tandala
Ndulamo
Nganda
Itoni
Igominyi
Kifanya
Ilima
Ipinda
Matema
Ikombe
Uwemba
Mahenye
Kisiba 2189
Mwaya
Strand
Lumbila
Lutsitu
Ibanda
Kyela
Itungi
Wissmann Bay
Kiu
Ruhuhu
Lukumburu
Misuku
Mwandenga
Songwe
Kirondo
Mlangali
Lugalawa
Lirondo
Mwiniwanda
M'wakayera
Kaporo
Malisa
Madunda
Milo
Mahanie
Magingo
Kapoka
Amosi Ohilanga
Kambwe
Makonde
Mundini
Mgenya
Chendo
Karonga
Lupingu
Rudewa
Itimba
Mulembe
Lupembe
Cape Kaiser
Kitwoka
Lupindi
Mwenewenya
Mlal
Lake
Gumbiro
Mulekatembo
MALAWI
Ukenju
Luilo
Mtyangimbole
Chifungwe
Kavukuku
Nyungwe
Manda
Mgazini
Ithalire
Nchewere
Chilumbal
Gingama
Lumecha
Mpolomombo
2608 Nganda
Amelia Bay
Ruanda
Peramiho
Songea
Muyombe
NYIKA
Chelinda
Young's Bay
Lituhi
Kitai
Likuyufusi
SAMBIA
NATIONAL
Livingstonia
Vitumbi 2527
Chitimba
Lundu
Matiri
Likonde
Mato Mondo
Lindi, Mtwara
PARK
Nchenachena
Chimpamba
Mbuli
Kigonsera
Chipole
Namatuhi
Vwaza
Muhuju
Phwezi
Mlowe
Zunga
Nindal
Mbinga
Kilombero
Lihigo
Mwazisi Marsh
Ng'onga
Muyeleko
Njambe
Ndengo
Mpapa
Mpepaya
Zung'uza
Bolero
Rumpti
Mkondowe
Tumbi Point
Liuli
Mirambo
Game Reserve
Kadyungu
Gondwe
Jitha Jembe
2058
Ruarwe
Chinula
Ndengo
Lake Kazuni
Malisawa
Ngwira
Chimaliro
Usisya Bay
Usisya
Mbamba Bay
Chiwanda
Engucwini
MALAWI
Bweteka
Mphandi Point
Lukoma Bay
Ng'ombo
Liparamba
Nakawale
Chikwina
Malawi
Mtungi
Mitomoni
Mzuzu
Timbiri
Kiwindi
Lipoche
Chicuna
Olivença
Nyipa Plateau
Limpasa
Chizi Point
Benard
Rio Messinje
Rio Moola
Chinyakula
Nkhata Bay
MOSAMBIK
Chintheche
Mankhambira

SAMBIA
Ibemba

Livingstone Mountains

es, sich vor einem ausgiebigen Bad (oder dem Schnorcheln) im kristallklaren Wasser zu erkundigen, ob unlängst Krokodile gesichtet wurden.

Tukuyu

Tukuyu ist eine Kleinstadt hoch oben in den Bergen zwischen Mbeya und dem Lake Malawi, die zur deutschen Kolonialzeit als Neu Langenburg gegründet wurde. Eine alte Boma erinnert an jene Zeiten. Das auf 1500 m gelegene Tukuyu eignet sich gut als Stopover auf dem Weg nach Matema Beach. Man kann hier Wanderungen in die Rungwe Mountains, zu den Rungwe-Teeplantagen, zu Wasserfällen oder zum Ngozi Crater Lake unternehmen. Als **Unterkunft** bieten sich das einfache Langiboss Hotel ❶ oder das moderne Landmark Hotel ❷ an. Am Bongo Campsite, ✆ 0784-823610, 4 km nördlich von Tukuyu lässt es sich herrlich campen (US$6 p. P.), und auch Touren können organisiert werden. Abhebungen mit Visa-Karte und Geldwechsel sind im Ort möglich.

Kyela

Der Weg nach Matema führt über Kyela (kurz vor der Grenze links in die Teerstraße abbiegen). Wenn es für die Weiterreise nach Matema bereits zu spät ist (1 1/2–2 Std. Fahrt), muss man hier übernachten, z. B. im Pattaya Guest House, ❶–❷. Von Kyela zum Schiffsanlegeplatz (10 km) fahren Pickup-Taxis (15 000 TSH) und Daladalas. Sicheres Parken ist hier kaum möglich, besser sieht es in Matema aus. Nach Matema Beach verkehrt die Buslinie Tontours, Abfahrt tgl. 13 Uhr. Dorthin fährt man durch tiefgrüne Landschaften – Reisfelder, dichte Bananenhaine, tropischen Dschungel und Kakaobäume (eines der seltenen Kakao-Anbaugebiete in Ostafrika!).

Matema Beach

Das typisch afrikanische Fischerdorf **Matema** liegt herrlich idyllisch in den Ausläufern der **Livingstone Mountains** am Nordufer des Sees. Strom gibt es nicht, und auch sonst fühlt man sich hier wie am Ende der Welt. Einzige Geräuschkulisse: der unaufhörlich sanfte Wellenschlag des Malawi-Sees – und möglicherweise das Surren einiger Moskitos, denn das Gebiet ist für das Auftreten der *Malaria tropica* bekannt. Für eine Wanderung in die unberührten Berghänge sollte man sich einen ortskundigen Führer suchen, denn bislang gibt es keine Wanderwege. Ausflüge zum Töpferdorf **Ikombe** werden von den hiesigen Fischern gerne organisiert. Ein

---

Sterne, Steine und viele Stunden auf See

Die Überfahrt von **Itungi Port** beginnt, wie sie enden wird: mit Verspätung. Doch Zeit spielt nur eine untergeordnete Rolle am „Ende der Welt", und so lässt man sich am besten von Wind, Wogen und der Liebenswürdigkeit der Menschen treiben. Die kleine, teilweise stark verrostete *MV Songea* befördert einmal pro Woche (Abfahrt momentan jeden zweiten Do um 10 Uhr) neben Passagieren auch allerlei Waren wie Mehl, Zucker, Reis, Matratzen, Fahrräder und – natürlich – Coca-Cola, denn für die Fischerdörfer entlang des tansanischen Ufers stellt die Fährverbindung die einzige Versorgungsmöglichkeit dar. Voller Erwartung wird das Schiff stürmisch begrüßt (gleich ob zur Tages- oder Nachtzeit), unter lautem Geschrei werden die Waren ausgeladen, Frauen verkaufen *chai* (Tee), *chapati* (eine Art Fladenbrot), Obst oder getrocknete Fi-

sche an die hungrigen Passagiere, während die Kinder aufgeregt winken.

An Bord geht es außer bei den sechs geschäftigen Stopps gemütlich zu. Die Bordküche bietet lokale Gerichte, es werden warmes Kilimanjaro-Bier und kohlensäurehaltige Limonaden ausgeschenkt, und einem Plausch ist keiner der Passagiere abgeneigt – immerhin sind über 22–24 Std. bis zur Ankunft in **Mbamba Bay** zu überbrücken.

Den würdigen Rahmen bildet die imposante Szenerie der Livingstone Mountains, an deren Füßen herrlich weiße Sandbuchten mit glasklarem Wasser und kleine Fischerdörfer liegen. Geschlafen wird später, auch wenn man eine der sechs Schlafkabinen ergattert hat – viel zu zauberhaft ist der Himmel mit Abertausenden von leuchtenden Sternen.

herrlicher Ort, um ein paar Tage die Seele baumeln zu lassen – und um Swahili zu lernen, denn mit Englisch kommt man hier nicht weit.

Songea

Mbamba Bay lässt sich kaum an einem Tag erreichen. Als Zwischenstopp (von Mbeya oder Mtwara her kommend) bietet sich Songea an, eine eher praktische als schöne Stadt mit guter Infrastruktur für Reisende. Landestypische **Unterkünfte** sind z. B. das Heritage Cottage Hotel (an der Einfahrtsstraße von Njombe, ❷), die Annex Yapender Lodge oder die New Star Bar & Guest House (beide Deluxe St. Nähe Markt, ❶). Der Busbahnhof liegt zentral in der Stadt, an der NBC Bank (Nähe Markt) oder der CRDB Bank (an der Einfahrtsstraße) kann man mit der Visa-Card Geld abheben oder Geld wechseln (was vor der Reise nach Mbamba Bay unerlässlich ist). Tgl. fahren Busse nach Dar es Salaam (ca. 37 000 TSH) und Mbeya.

Mbamba Bay

In der Trockenzeit kann man Mbamba Bay auch mit dem Straßenweg erreichen (von Songea 162 km, 4–6 Std.), eine spektakuläre Fahrt durch Bergland und fruchtbares Ackerland mit Kaffeeplantagen, Bananenhainen und Mangobäumen. Ab Mbinga wird es haarig; die schlechte Sandpiste auf hügeligem Terrain, teilweise entlang steil abfallender Hänge, erfordert absolute Beherrschung des Geländewagens. Belohnt wird man aber von herrlichen Panoramen, schon von Weitem glitzert der Lake Malawi in der Sonne, den man erst viele anstrengende Kilometer später erreicht.

Auch hier ein ähnliches Szenario wie in Matema – kein Strom, dafür idyllische Buchten, reizvolle Felsformationen im Wasser und überschwängliche Menschen. In der Kolonialzeit hatte man mit der Ortschaft Großes vor – Mtwara am Indischen Ozean sollte mittels einer Eisenbahnlinie mit Mbamba Bay verbunden werden, um von Malawi Kohle und andere Bodenschätze per Schiff und Bahn an den Indischen Ozean zu verfrachten. Die Pläne liegen heute noch in der Schublade, von Zeit zu Zeit werden sie von den Regierungsverantwortlichen laut zitiert. Aber alles bleibt beim Alten.

Matema Beach

🏕 **Blue Canoe Lodge & Campsite**, 3 km westlich von Matema, ☎ 0783-575451, 🖥 www.bluecanoelodge.com. Momentan gibt es im Camp des Deutschen Thomas und seiner tansanischen Frau (das vormals Crazy Crocodile Camp hieß) traditionelle Bambushütten und Camping (5000 TSH p. P.), doch schon bald sollen Bandas mit gehobener Ausstattung folgen. Internetanschluss und Geldwechsel. Gut sortierte Beach Bar, 5-Gänge-Menüs und viele Aktivitäten, darunter Bird Watching und Krokodil-Safaris im campeigenen Sumpf, Motorboot-Touren, Kulturtouren, Gratis-Transfers. ❷

Matema Beach View Lutheran Centre, direkt bei der Kirche, ☎ 0786-602427, 🖥 www.matemabeachview.com. Sauberes, einfaches Gästehaus mit traditioneller, reichhaltiger Verpflegung. Einladendes Sunset-Bistro auf der Veranda. Im christlich geführten Haus gibt es keinen Alkoholausschank. ❷

Matema Lake Shore Resort, 1,5 km westlich der Missionskirche, 🖥 www.mec-tanzania.ch. Gutes, farbenfroh gestaltetes Gästehaus mit 22 Zimmern direkt am See, nur der Strand wirkt aufgrund geringer Bepflanzung etwas steril. Essen nur auf Bestellung, Frühstück wird extra berechnet. ❷

Mbamba Bay

Ob das **Bio Camp** direkt am Strand von Mbamba Bay noch geöffnet hat, ist vor Ort zu prüfen. ❶ – ❷

Guesthouse of the Convent Chipole, auf einer Anhöhe mitten im Dorf, kein Tel. Die einzige akzeptable Unterkunft in Mbamba Bay, mit bemühten Ordensschwestern, ausgezeichneter Swahili-Küche und guten Zimmern. Einige der 16 Zimmer haben einen herrlichen Blick auf den See. Camping (nur für Selbstversorger) für 5000 TSH p. P. möglich. ❷

Matema Beach

Die Möglichkeiten in Matema Beach sind eingeschränkt, Selbstversorger sollten ihre **Einkäufe** in Mbeya erledigt haben.

Der Süden

Internet gibt es in der Blue Canoe Lodge und dem Matema Beach View Lutheran Centre. **Geld** sollte man spätestens in Tukuyu abgehoben haben.

Mbamba Bay

In diesem abgelegenen Teil des Landes ist es unerlässlich, ausreichend Barmittel in Landeswährung mitzuführen. Die nächstgelegenen Banken und Geldautomaten befinden sich in Songea. Zusätzlich sollte man sich in Mbeya oder Songea mit Lebensmitteln eindecken, da das Angebot vor Ort äußerst beschränkt ist.

Transport

Selbstfahrer

Die Anreise ab Mbeya führt zuerst durch regenreiches, fruchtbares Hügelland mit Tee- und Maisfeldern, wo Engelstrompeten wie Unkraut wachsen und manche Abschnitte an die Schweizer Alpen erinnern. Vor der Grenze links nach Kyela abbiegen (112 km ab Mbeya, Teerstraße). 3 km vor Kyela erneut nach links abbiegen, die restlichen 60 km auf holpriger Allwetterstraße, insgesamt. 5–6 Std. Selbstfahrer finden einen sicheren, gebührenpflichtigen Autostellplatz bei den Unterkünften in Matema, z. B. Blue Canoe Lodge und Campsite. Kyela ist nicht fürs Parken zu empfehlen. Die Anreise zurück über Kyela nach Itungi Port (für die Schifffahrt mit der *MV Songea*) muss gut organisiert werden – entweder per Taxi (am Vortag, 50 000 TSH) oder per Einboot (am selben Tag, nur für abgebrühte Traveller empfehlenswert, 20 000 TSH p. P.). Die Blue Canoe Lodge bietet Motorboot-Transfers nach Itungi Port.

Busse und Daladalas

Nach Matema Beach

Von MBEYA steigt man in einen Bus nach Kyela. Hier bleibt man über Nacht und nimmt die Buslinie Tontours tgl. um 5 und 5.30 Uhr nach Matema Beach. Alternativ fährt man mit Daladala nach Ipinda und hofft darauf, dass noch am selben Tag ein Fahrzeug, z. B. ein

Pickup-Truck oder ein Daladala (2000 TSH), weiter nach Matema fährt (nur in der Trockenzeit).

Nach Mbamba Bay

Busse verkehren von Songea 2x tgl., Abfahrt 6–7 Uhr morgens, 8–10 Std. In der Regenzeit kann die Strecke unpassierbar sein. Wenn die Straßen gerade noch passierbar sind, muss man ein Landrover-Taxi anheuern. Wer die Busse am Morgen versäumt, nimmt einen Bus nach MBINGA (95 km ab Songea), übernachtet hier und fährt am nächsten Tag weiter.

Boote

Von Matema Beach

Der Hafen liegt in **Itungi Port** (10 km südöstlich von Kyela), bei niedrigem Wasserstand wird von einem nahe gelegenen Schiffsanlegeplatz direkt in einer Bucht ohne Pier abgefahren. Anreise nach Itungi Port s. links. Fahrt nach MBAMBA BAY: Abfahrt mit der *MV Songea* jeden 2. Do 10–11 Uhr, Tickets: 23 000 TSH p. P. für eine Kabine 1. Klasse, doch Fahrpläne können sich ändern, also besser vorher nachfragen. Die *MV Iringa* fährt an den anderen Donnerstagen nur bis LIULI.

Von Mbamba Bay

Die Fahrt mit der *MV Songea* ist zwar abenteuerlich, aber keinesfalls zuverlässig. Zurzeit wird Sa oder So zurück nach ITUNGI PORT gefahren, die genauen Abfahrtszeiten sind immer vor Ort zu erfragen. Ob und wann der Kapitän weiter nach NKHATA BAY in Malawi fährt, hängt von seiner Stimmung – nicht vom Fahrplan – ab. Möglicherweise nimmt auch die in Nkhata Bay (Malawi) beheimatete *MV Ilala* wieder ihren Dienst auf. Wer länger in Mbamba Bay bleiben möchte, muss entweder gleich zwei ganze Wochen ausharren, bis die *MV Songea* wiederkommt, oder nimmt einen Bus oder ein Pick-up-Taxi nach Songea, was jedoch nur in der Trockenzeit empfehlenswert ist.

Anhang

Sprachführer

Grundsätzlich gelten sowohl die ehemalige Kolonialsprache Englisch als auch Swahili (korrekt heißt es **Kiswahili**, auf Deutsch auch Suaheli) als gleichwertige Verkehrs- und Verwaltungssprachen. Dennoch sollte man immer darauf gefasst sein, auf Menschen zu treffen, die des Englischen nicht mächtig sind.

In Moshi, Arusha, Dar es Salaam oder Sansibar wird die englische Sprache meist verstanden. Je weiter abseits der Touristenpfade man sich bewegt, desto wichtiger werden (zumindest rudimentäre) Swahili-Kenntnisse – die Landessprache beherrscht fast jeder.

Einige Brocken Swahili zu lernen, lohnt sich für Reisende allemal. Jeder noch so bescheidene Versuch, die Landessprache zu sprechen, wird mit einem breiten Lachen, viel Hilfsbereitschaft und Respekt quittiert.

Aussprache

Die Aussprache des Swahili ist einfach, da sie dem Deutschen ähnelt. Nur bei folgenden Konsonanten gibt es Abweichungen:

ch	wie *tsch* in rutschen
dh	wie stimmhaftes englisches *th* in that
th	wie stimmloses englisches *th* in thin
gh	wie *ch* in Bach
j	wie *dj* in Job
s	wie scharfes *s* in Maß
sh	wie *sch* in Schere
v	wie *w* in Wasser
y	wie *j* in Jaguar
z	wie stimmhaftes *s* in summen

Die Betonung liegt i. d. R. auf der vorletzten Silbe. Es gibt keine Unterscheidung zwischen „du" und „Sie".

Begrüßung und Abschied

Ohne das Begrüßungsritual wird kein Gespräch von Erfolg gekrönt sein. Die Begrüßungsfloskeln werden auf der Straße (wenn man es eilig hat) genauso nachdrücklich gepflegt wie am Telefon (auch wenn das Guthaben zur Neige geht). Es wird als äußerst unhöflich empfunden, gleich mit der Tür ins Haus zu fallen, so wie es in unserem Kulturkreis üblich ist.

Erste Phase der Begrüßung

Salama	Hallo (ausschließlich auf Sansibar, auch als Antwort)
Hujambo?	Wie geht es dir?
Jambo	Hallo (wortwörtlich „Probleme?")
Hamjambo?	Wie geht es euch?
Sijambo.	Mir geht es gut.
Hatujambo.	Uns geht es gut.
Shikamoo mzee	Respektvolle Begrüßung eines älteren Mannes
Shikamoo mama	Respektvolle Begrüßung einer älteren Frau
Marahaba	Antwort auf die respektvolle Begrüßung an den Jüngeren

Zweite Phase der Begrüßung

Habari?	Gibt es Neuigkeiten?
Habari gani/yako?	Was gibt es Neues?

(In Anlehnung an diese Frage gibt es unendlich viele Varianten: Habari za kazi? – Was gibt es Neues von der Arbeit?, Habari za leo? – Was gibt es heute Neues?, oder Habari za safari? – Was gibt es Neues von der Reise?)

Habari za asubuhi?	Guten Morgen (eigentlich: Was gibt es Neues am Morgen?)
Habari za jioni?	Guten Abend (eigentlich: Was gibt es Neues am Abend?)
Nzuri sana/Njema/ Safi!	Sehr gut. (Antwort auf die oberen Fragen)
Na wewe?	Und (wie geht es) dir?
Mambo vipi?	Informelle Begrüßung
Mambo?/Vipi?	unter Freunden (am ehesten vergleichbar mit dem informellen „What's up?")
Karibu! (Plural Karibuni)	Willkommen!

Verabschiedung

Kwaheri!	*Auf Wiedersehen!*
(Plural Kwaherini)	
Tutaonana!	*Bis bald! (wortwörtlich: „Wir werden uns wiedersehen!")*
Usiku mwema!	*Gute Nacht!*
Lala salama!	*Schlaf gut!*

Wörter und Wendungen

Anrede

mama	*Frau*
bwana	*Herr*
bibi	*ältere Dame (sehr respektvoll)*
mzee	*älterer Herr (sehr respektvoll)*
dada	*Schwester (Anrede von Gleichaltrigen)*
kaka	*Bruder (Anrede von Gleichaltrigen)*
rafiki	*Freund (Anrede von Gleichaltrigen)*

Wichtige Höflichkeitsfloskeln

samahani	*Verzeihung, Entschuldigung*
si kitu	*Macht nichts (wörtich: „kein Ding")*
asante (sana)	*(Vielen) Dank*

(Dieses Wort wird in Swahili viel seltener eingesetzt als im Deutschen, da diese Höflichkeitsform normalerweise in die Verben eingearbeitet wird. Es gibt spezielle Verbformen, die als besonders höflich gelten.)

tafadhali	*bitte*
pole sana	*Es tut mir sehr leid*

(Ausdruck des Mitleids, wenn jemand erkrankt ist, wenn jemand gestorben ist oder wenn jemand Geld verloren hat)

Kennenlernen

Jina lako nani/gani?	*Wie heißt du?*
Jina langu …	*Ich heiße …*
Unatoka wapi?	*Woher kommst du?*
Ninatok(e)a …	*Ich komme aus …*
Ujerumani	*Deutschland*
Austria	*Österreich*
Uswisi	*Schweiz*

Unafanya nini?	*Was machst du (beruflich)?*
Nafanya kazi kama …	*Ich arbeite als …*
mwalimu	*Lehrer*
daktari	*Doktor*
mwuguzi	*Krankenschwester*
fundi	*Handwerker/Arbeiter*
mkulima	*Bauer*
mfanyibiashara	*Geschäftsmann*
mhandisi	*Ingenieur*
mwanafunzi	*Student*
katibu	*Sekretär(in)*
karani	*Beamter*
Nimefurahi kukutana na wewe.	*Es freut mich, dich kennengelernt zu haben.*

Nützliche Redewendungen

Unasema Kiingereza/Kiswahili?
Sprichst du Englisch/Swahili?
Kidogo tu!
Nur ganz wenig!
Sisemi Kiswahili, lakini Kiingereza.
Ich spreche kein Swahili, dafür aber Englisch.
Kuna mtu hapa anayesema Kiingereza?
Gibt es hier jemanden, der Englisch spricht?
Sema polepole, tafadhali.
Bitte sprich langsam.
Sema tena, tafadhali.
Bitte wiederhole, was du gesagt hast.
Sifahamu.
Ich verstehe nicht.
Nafahamu.
Ich verstehe.
Naweza kupiga picha?
Darf ich fotografieren?

Nionyeshe …	*Bitte zeig mir …*
Tuonyeshe …	*Bitte zeig uns …*
Nipeleke …	*Bitte bring mich zu/nach …*
Tupeleke …	*Bitte bring uns zu/nach …*
Naweza kupata …	*Kann ich bitte … haben?*
Tunaweza kupata …	*Können wir bitte … haben?*

In einer Notlage

Tunaomba msaada.
Wir bitten um Hilfe.
Nimepoteza/Tumepoteza …
Ich habe/wir haben … verloren.

Nimeibiwa/ Tumeibiwa …
Mir/uns wurde … gestohlen.

mfuko/begi	*die Tasche/Handtasche*
kamera	*der Fotoapparat*
mizigo	*das Gepäck*
pesa	*Geld*
pasipoti	*der Reisepass*

Kituo cha polisi kiko wapi?
Wo ist die nächste Polizei?

Tulikuwa na ajali na gari.
Wir hatten einen Unfall mit dem Auto.

Pronomen

mimi (ni/si)	*ich (bin/bin nicht)*
wewe (ni/si)	*du (bist/bist nicht)*
yeye (ni/si)	*er, sie, es (ist/ist nicht)*
sisi (ni/si)	*wir (sind/sind nicht)*
nyinyi (ni/si)	*ihr (seid/seid nicht)*
wao (ni/si)	*sie (sind/sind nicht)*

Adjektive und Adverbien

sana	*sehr, viel*
zaidi	*mehr*
kabisa	*absolut, genau*
kubwa	*groß*
ndogo	*klein*
kidogo	*ein wenig*
nzuri/safi	*gut, schön*
mbaya	*schlecht*
rahisi	*billig*
ghali	*teuer*
polepole	*langsam (auch: „immer mit der Ruhe")*
haraka	*schnell*
karibu	*nah*
mbali	*weit entfernt*
fungua	*offen*
funga	*geschlossen*

Ortsangaben

hapa	*hier*
pale	*dort*
kulia	*rechts*
kushoto	*links*
moja kwa moja	*geradeaus*

Zeitergänzungen

leo	*heute*
kesho	*morgen*

jana	*gestern*
mara moja	*jetzt sofort, bald*
bado	*noch nicht (im Sinne von bald)*
asubuhi	*am Morgen*
mchana	*tagsüber*
jioni	*am Abend*
usiku	*in der Nacht*
Jumatatu	*Montag*
Jumanne	*Dienstag*
Jumatano	*Mittwoch*
Alhamisi	*Donnerstag*
Ijumaa	*Freitag*
Jumamosi	*Samstag*
Jumapili	*Sonntag*

Fragewörter

nani?	*wer?*
gani?	*welcher?*
nini?	*was?*
lini?	*wann?*
vipi?	*wie?*
kwa nini?	*warum?*
(kwa sababu …)	*(weil …)*
wapi?	*wo?*
ngapi?	*wie viel?*

Wichtige Fragen

Bei gani?	*Wie viel kostet das?*
Ni nini?	*Was ist das?*
Choo kiko wapi?	*Wo ist die Toilette?*
Unafahamu?	*Verstehst du?*
Unajua …?	*Weißt/Kennst du …?*
Unaweza …?	*Kannst du …?*
Saa ngapi?	*Wie viel Uhr ist es?*

(Bei der Frage nach der Uhrzeit auf Swahili
wird in der Regel die Swahili-Zeit genannt,
s. S. 115.)

Wichtige Wörter und Sätze

ndiyo	*ja*
hapana (oder **siyo**)	*nein*
na	*und*
au	*oder*
sawa	*okay*
Sijui.	*Ich weiß nicht.*
Ninajua.	*Ich weiß.*
Nimechoka.	*Ich bin müde.*

Napenda …	Ich möchte … Ich hätte gerne …
Naomba …	Ich bitte um … (höfliche Bitte, viel höflicher als napenda)
Sipendi …	Ich möchte nicht …
labda	vielleicht
Ngoja kidogo!	Warte einen Moment!
Njoo! (Njooni!)	Komm her! (Kommt her!)

Zahlen

1	moja
2	mbili
3	tatu
4	nne
5	tano
6	sita
7	saba
8	nane
9	tisa
10	kumi
20	ishirini
30	thelathini
40	arobaini
50	hamsini
60	sitini
70	sabini
80	themanini
90	tisini
100	mia
1000	elfu

Alle anderen Zahlen werden zusammengesetzt und mit dem Wörtchen na (und) verbunden, z. B. kumi na nane (18), mia mbili na ishirini (220), elfu tatu na mia nne (3400).

Auf dem Markt

soko	Markt
Soko liko wapi?	Wo ist der Markt?
Nataka kununua …	Ich möchte … kaufen.
Nipe kilo moja ya …	Bitte gib mir ein Kilo …
matunda	Obst
ndizi	Bananen
machungwa	Orangen
maembe	Mangos
limau	Zitronen
nanasi	Ananas
papai	Papaya
tikiti	Wassermelone

mboga	Gemüse
vitunguu	Zwiebel
nyanya	Tomaten
kabichi	Kohl (von Englisch: cabbage)
mchicha	Spinat
Upunguze bei, bwana/mama!	
Bitte reduziere den Preis, Herr/Frau!	

Im Restaurant

Nina/tuna njaa sana.	
Ich bin/wir sind sehr hungrig.	
Nina/tuna kiu sana.	
Ich bin/wir sind sehr durstig.	
Napenda …	Ich hätte gerne …
kinywaji	ein Getränk
kahawa na maziwa	einen Kaffee mit Milch
chai	Tee
maji	Wasser
bia	ein Bier
soda	Limonade
chakula	Essen
mkate	Brot
chumvi na pilipili	Salz und Pfeffer
Sil i…	Ich esse kein …
baridi	kalt
moto	heiß

Beim Arzt

daktari	Arzt
daktari wa meno	Zahnarzt
hospitali	Krankenhaus
duka la dawa	Apotheke
Mimi ni mgonjwa.	Ich bin krank.
Nahitaji daktari kwa haraka.	
Ich brauche dringend einen Arzt.	
Hospitali iko wapi?	
Wo ist das Krankenhaus?	
Zahanati iko wapi?	
Wo ist die Krankenstation?	
Duka la dawa liko wapi?	
Wo ist die Apotheke?	

Nina homa.	Ich habe Fieber/Malaria.
Ana homa.	Sie/er hat Fieber/Malaria.
Ninahara.	Ich habe Durchfall.
Anahara.	Sie/er hat Durchfall.
Inaumwa sana hapa.	Hier tut es weh.
Ninaumwa …	Mir tut … weh

mkono	die Hand/der Arm
mguu	der Fuß/das Bein
tumbo	der Bauch
kifua	die Brust
koo	der Hals

Unterwegs

safari	Reise
Safari njema!	Gute Reise!
gari	Auto
teksi	Taxi
pikipiki	Motorrad
baiskeli	Fahrrad
kwa miguu	zu Fuß
Iko wapi ...?	Wo ist ...
stesheni ya treni	der Bahnhof
kituo cha basi	die Bushaltestelle
kituo cha ndege	der Flughafen
kituo cha petroli	die Tankstelle
kituo cha teksi	der Taxistand
posta	das Postamt
kituo cha polisi	die Polizei
balozi la Ujerumani/ Austria/ Uswisi	... die Botschaft von Deutschland/Öster- reich/der Schweiz
bandari	der Hafen, Fährhafen
kanisa/msikiti	die Kirche/Moschee
soko	der Markt
... inaondoka saa ngapi?	Wann fährt ... ab?
basi (Plural mabasi)	der Bus
treni	der Zug
meli	das Boot, Schiff
ndege	das Flugzeug
Tutafika lini?	Wann kommen wir an?
nauli	Fahrpreis
barabara	Straße, Highway
Usimame hapa.	Bitte halte hier.

Unaweza kunionyesha?
Kannst du mir das zeigen?
Twende! *Auf geht's!*

Übernachten

Natafuta/ tunatafuta ...
Ich/wir sind auf der Suche nach ...

gesti	einem Gästehaus
hoteli	einem Hotel, Restaurant

Kuna nafasi ya chumba?
Gibt es ein freies Zimmer?

Nataka/ tunataka ...	Ich/wir möchte/n gerne ... haben.
chumba cha watu wawili	ein Doppelzimmer
chumba cha mto mmoja	ein Einzelzimmer
chumba chenye choo na bafu	ein Zimmer mit Toilette und Bad
kwa usiku mmoja	für eine Nacht
kwa usiku mbili	für zwei Nächte

Nionyeshe chumba
kingine! Bitte zeig mir ein anderes Zimmer!
Samahani, hakifai!
Es tut mir leid, das Zimmer passt mir nicht.
Bei gani usiku mmoja?
Was kostet die Nacht?
Naweza/Tunaweza kupiga hema hapa?
Darf ich/dürfen wir hier das Zelt aufschlagen?
Tunaomba kupiga hema shambani lako.
Wir würden gerne auf ihrem Feld zelten.

Glossar

askari Wachmann, Soldat

bahari Meer

Bajaji aus Indien importierte Tuktuks (drei-rädrige Motor-Rikschas), die nach dem Hersteller benannt wurden

banda alleinstehendes Cottage/Chalet im lokalen Stil mit Makuti-Dach (kann einfach, aber auch luxuriös sein)

baraza gemauerte Bänke vor Häusern, insbesondere in den Swahili-Städten

beach boys (engl.) Strandverkäufer in den von Touristen frequentierten Küstenorten

boma 1. runde traditionelle Hütte der Maasai mit Makuti-Dach; 2. ehemals deutsches Kolonialregierungsgebäude

bui-bui schwarzer Umhang der moslemischen Frauen, mit und ohne Verschleierung des Gesichts

chai Bestechungsgeld; wortwörtlich: „Tee"

daladala kleine Minibusse, wichtigstes Nahverkehrsmittel in Tansania

dhow (engl.) an der Küste verbreiteter Typ von Segelboot

dispensary (engl.) kleine Klinik mit Medikamentenausgabe

driver (engl.) Fahrer, wichtiger und angesehener Beruf in Tansania

driverguide (engl.) Fahrer, der auch als kundiger Safari-Guide fungiert

duka landestypischer Laden jeder Art

expats (engl.) kurz für *expatriates* (Ausländer, Auswanderer)

flycatcher (engl.) Straßenverkäufer, der Safaris oder Ausflüge auf der Straße verkauft (und deren verlockenden Angeboten man tunlichst widerstehen sollte)

fundi Arbeiter

game drive (engl.) Pirschfahrt, Tierbeobachtungsfahrt

gate (engl.) Zugang, Tor

guide (engl.) Begleiter; weniger: sachkundiger Führer

hoteli landestypisches Restaurant, das lokale Kost serviert

kabila Stamm

kanga bunt bedruckte Baumwolltücher der tansanischen Frauen mit Sinnsprüchen

kanisa Kirche

kanzu weißes oder cremefarbenes, bodenlanges, langärmeliges Gewand moslemischer Männer

kikoy traditioneller Baumwollstoff in intensiven Farben mit Fransen, aber ohne Muster

kitenge bunt bedruckte Baumwolltücher ohne Sinnsprüche

kofia traditionelle, meist bestickte Kopfbedeckung der moslemischen Männer

Makuti-Dach meist steil aufragendes Dach aus getrockneten Kokospalmenblättern

malaika Engel

mskiti Moschee

mungu Gott

mzungu Weißer, Europäer (Mehrzahl: wazungu)

ngalawa typisch sansibarisches Auslegerkanu

NGO (engl.) Non-Governmental Organization, internationale Hilfsorganisation

ngoma Tanz, Trommeln, Fest, Musik

Overlander Reisende, die entweder im eigenen Fahrzeug oder in einer Gruppe mit einem entsprechend ausgerüsteten Truck eines Reiseveranstalters mehrere afrikanische Länder durchqueren

panga Machete

papaasi Straßenverkäufer in Stone Town, manchmal mit unlauteren Absichten

pesa Geld (auch: fedha)

pikipiki Moped

porini im Busch

safari (jede Art von) Reise

safari njema! Gute Reise!

shamba Feld, Landwirtschaft (davon abgeleitet: shambani – auf dem Land)

simu Telefon, Mobiltelefon

soko Markt

sundowner (engl.) (jede Art von) Aktivität bei Sonnenuntergang, z. B. Bootsfahrt, Pirschfahrt oder Ähnliches, bei der auf Wunsch alkoholische Getränke serviert werden

Tingatinga naive, farbenfrohe Malerei, die von Edward Tingatinga erfunden wurde und heute der Exportschlager Tansanias ist

tour operator Safari-Agentur

ukimwi Aids

Ulaya Europa

Reisemedizin zum Nachschlagen

Vieles, was in Europa über gesundheitliche Gefährdungen in Tansania kolportiert wird, ist ungerechtfertigte Panikmache. Entlang der Touristenpfade und in den von den Europäern geführten Tourismusbetrieben halten sich die gesundheitlichen Risiken in Grenzen. Ernst zu nehmende Gefahren für durchschnittliche Touristen stellen **Malaria**, Belastungen des Magen-Darm-Trakts, Erkältungskrankheiten sowie Sonnenstiche und -brände dar. Normale Reisende werden kaum mit Cholera, Typhus oder anderen schwerwiegenden Erkrankungen in Berührung kommen.

Bilharziose

Das Bilharziose-Risiko ist in Tansania an allen stehenden Gewässern gegeben; insbesondere an allen großen Seen. Im Zweifelsfall muss vom

Baden in solchen Gewässern abgesehen werden, wobei Einheimische in dieser Sache nicht um Rat gefragt werden sollten, da sie sich selten der Gefahr bewusst sind.

Bilharziose wird durch **Saugwürmer** verursacht. Die Larven der Würmer leben in warmen, stehenden Gewässern. Sie durchbohren die Haut von Mensch oder Tier, wandern zunächst in die Leber und dann weiter in die Blase und den Darm. Dort reifen die Larven heran und legen Eier. Diese scheidet der Träger wieder aus.

Erste Symptome sind Juckreiz und Fieber, später kommen Blut im Stuhl oder Urin hinzu. Bei rechtzeitiger Behandlung ist eine komplikationslose Heilung möglich.

Cholera

Die Cholera wird vom Bakterium Vibrio cholerae verursacht und durch direkten Kontakt mit infizierten Personen, deren Ausscheidungen oder durch verunreinigte Nahrungsmittel übertragen. Die Symptome – wässrige Durchfälle und Erbrechen – treten nach ein bis fünf Tagen auf und können schnell zur Dehydrierung führen. Wer erkrankt, muss umgehend zum Arzt und die verlorene Flüssigkeit ersetzen.

Die Impfung gegen Cholera wird von der WHO nicht mehr empfohlen. Solange man auf eine saubere Umgebung und hygienische Nahrungsmittel achtet und nicht geschwächt ist, wird man kaum gefährdet sein.

Dengue-Fieber

Wie Malaria wird auch das Dengue-Fieber von Stechmücken übertragen. Wie die englische Bezeichnung *break bone fever* vermuten lässt, verursacht die kurze, fieberhafte Erkrankung vor allem starke Muskel- und Gelenkschmerzen. Ausreichend Anti-Mücken-Lotion und vernünftige Kleidung helfen auch hier als wirksame Expositionsprophylaxe. Eine Impfung gibt es noch nicht.

Durchfallerkrankungen

Wer für Durchfallerkrankungen anfällig ist, dem werden eventuell schon der Klimawechsel und, im tansanischen Sommer, die Hitze zu schaffen machen.

Im Allgemeinen genügt jedoch die Einhaltung normaler Hygienemaßnahmen, wie beispielsweise regelmäßiges Händewaschen, besonders vor den Mahlzeiten. Die meisten Bakterien und Erreger siedeln nämlich an Gegenständen wie

Geldmünzen und -scheinen oder der Türklinke des Restaurants.

Auch bei der Nahrungsaufnahme selbst sollte man einige Grundregeln befolgen. Da sich zahlreiche Erreger im Wasser tummeln, ist Vorsicht geboten bei allem, was mit Wasser gewaschen wird: Salate, rohes Gemüse und Obst. Hier kommt der Grundsatz *Cook it, peel it or leave it* („Koch es, schäl es, oder lass' es") zum Tragen. Der noch so verlockende Apfel muss unbedingt geschält werden, und auch die Schnittfläche der halbierten Banane sollte entfernt werden. Vorsicht ist ebenso bei Eiswürfeln, Eiscreme und Mayonnaise, Kaltschalengerichten, unpasteurisierten Milchprodukten, rohem Fisch und Fleisch geboten. Leitungswasser sollte überhaupt nicht getrunken werden (deshalb auch keine Eiswürfel!). Frisch zubereitete, frittierte und heiße Speisen können hingegen bedenkenlos konsumiert werden – solange sie noch heiß sind. Vorsicht ist bei lauwarmen und aufgewärmten Gerichten angesagt.

Entsprechende Medikamente zur Behandlung von Durchfall gehören auf jeden Fall in die Reiseapotheke (S. 62).

Erkältungen

Erkältungen kommen in den Tropen und Subtropen häufiger vor, als man denkt. Schuld sind vor allem Ventilatoren und Klimaanlagen (in Autos und Unterkünfte); sie bescheren krasse Temperaturwechsel und zu viel Zugluft. Bereits geringe Temperaturschwankungen, z. B. wenn dauernd das Fenster zum Fotografieren geöffnet wird, können das Immunsystem angreifen. Ebenso können die Anstrengungen des Flugs und die allgemeine Umstellung schwächen.

Bewährt hat sich die sogenannte „Zwiebeltechnik", bei der man mehrere dünne Kleidungsstücke übereinander trägt, die sich bei Temperaturschwankungen leicht an- und ausziehen lassen. Vermeiden sollte man auch, nass geschwitzt in klimatisierte Räume zu flüchten, sofern man nicht etwas zum Wechseln oder Überziehen dabei hat. Auch in kühleren Höhenlagen ist wärmere Kleidung wichtig. Vor allem

im tropischen Winter von Juni bis August kann es nachts sehr kalt werden, hier sieht man mehr vor sich hin schnupfende und niesende Tansanier, als man es sich je vorstellen konnte.

Giftige Tiere

In Afrika gibt es einige giftige Tiere, die dem Menschen gefährlich werden können; dazu zählen Schlangen, Skorpione, Spinnen und Wespen. Übertriebene Sorgen braucht man sich deshalb aber nicht zu machen. Die meisten **Schlangen** haben Angst vor Menschen und verschwinden, bevor man sie sieht. Während einer Tansania-Reise auf Schlangen oder **Skorpione** zu treffen, ist eher etwas Besonderes.

Trotzdem sind bei Wanderungen lange Hosen und knöchelhohe Schuhe vorteilhaft, da sie vor Bissen schützen. 80 % aller Schlangenbisse sind unterhalb des Knies, von den verbleibenden 20 % treten wiederum 80 % an den Händen auf! Kräftiges Auftreten verjagt die meisten Schlangen, mit Ausnahme der trägen und angriffslustigen Puffotter – daher immer schauen, wohin man tritt. Außerdem sollte nicht in Höhlen oder dunkle Löcher gegriffen werden. Beim Holzsammeln empfiehlt es sich, die einzelnen Stücke vor dem Anfassen mit dem Fuß anzustupsen, hier können sich Skorpione verbergen. Viele Schlangen sind nachtaktiv, daher nachts möglichst nicht im Freien umherlaufen. In den Unterkünften sollte nicht barfuß gelaufen werden, denn Skorpione oder Spinnen können überall sein. Beim Zelten muss darauf geachtet werden, dass das Zelt immer geschlossen bleibt und der Schlafsack erst beim Schlafengehen ausgerollt wird. Kleidung nicht in einen Baum oder Busch hängen, sondern eher zusammenrollen. Generell, ob beim Zelten oder in Unterkünften, sollte man die Schuhe ausschütteln, bevor man hineinschlüpft.

Spinnen sind weniger gefährlich. Ein gesunder Organismus erliegt selten einem Spinnenbiss, obwohl er schmerzhaft oder unangenehm sein kann. Gefährdet sind jedoch Kinder und alte Menschen. Bei allergischen Reaktionen empfiehlt sich ein Antihistaminikum.

Anhang

Selten trifft man in Tansania auf **Wespen**, am ehesten noch in den Nationalparks. Um solche Wespenschwärme oder Wespenhäuser macht man geflissentlich einen großen Bogen. Stiche sind zwar schmerzhaft und erfordern unter Umständen die Einnahme von Antihistaminika, sollten aber ansonsten keine größeren Probleme verursachen.

Auch **Zecken** können gefährlich werden, doch Panik ist nicht angeraten. Nach Spaziergängen oder Walking Safaris sollte man sich selbst untersuchen und mögliche Zeckenbisse versorgen. Zudem ist die Kleidung nach solchen Ausflügen unverzüglich zu waschen.

Hepatitis

Hepatitis ist eine Lebererkrankung, die durch Viren hervorgerufen wird. Häufig geht die Hepatitis mit einer **Gelbsucht** einher, sie kann jedoch auch ohne diese Symptomatik auftreten (anikterische Hepatitis). Die Krankheit kann bei unsachgerechter Behandlung zu bleibenden Leberschäden führen.

Es wird zwischen Hepatitis A (oder Infektiöser Gelbsucht), Hepatitis B (oder Serum-Hepatitis), Hepatitis C, Hepatitis D (oder Delta-Hepatitis) und Hepatitis E unterschieden. Nur die ersten beiden Arten spielen für Touristen eine Rolle. Schutzmaßnahmen gegen Hepatitis A und B verringern ebenfalls das Risiko einer Infektion mit Hepatitis C, D und E.

Hepatitis A wird durch infiziertes Wasser und Lebensmittel, also aufgrund mangelnder Hygiene, oral übertragen. Die Beachtung gängiger Hygienemaßnahmen wie Händewaschen und gründliches Reinigen von Obst und Gemüse vor dem Verzehr reduziert das Risiko einer Infektion auf ein Minimum.

Hepatitis B wird durch Austausch von Körperflüssigkeiten übertragen, also durch sexuellen Kontakt und über die Blutbahn (ungenügend sterilisierte Injektionsnadeln, Bluttransfusionen, Tätowierung). Hepatitis B kann chronisch verlaufen und zu Leberzirrhose oder Leberkrebs führen. Hier gelten die gleichen Schutzmaßnahmen wie bei HIV. Hepatitis C und D werden auf demselben Weg übertragen wie Hepatitis B und

können ebenfalls zu gefährlichen Langzeitschäden führen.

Sowohl gegen Hepatitis A als auch gegen Hepatitis B gibt es Impfungen. Gegen Hepatitis B ist man nach abgeschlossener Grundimmunisierung zehn Jahre lang geschützt. Wer noch keinerlei Hepatitis-Impfungen gemacht hat, für den ist eine kombinierte Impfung gegen Hepatitis A und B in Betracht zu ziehen. Ob die Impfung notwendig ist, zeigt ein Antikörpertest (empfehlenswert nur bei Reisenden ab ca. 50 Jahren).

HIV / Aids

Obwohl Tansania von Aids nicht in demselben grausamen Ausmaß wie beispielsweise Südafrika oder Namibia betroffen ist, stellt der HI-Virus dennoch eine der größten Bedrohungen für das Land dar – besonders in gesellschaftspolitischer und sozioökonomischer Hinsicht. Laut aktuellen Studien von WHO und UNAIDS beträgt die Verbreitungsrate des HI-Virus bei Erwachsenen über 15 Jahren an die 5,6 %; etwa 1,5 Mio. Tansanier sind an Aids erkrankt.

Zu den Gründen für die rasche Ausbreitung der Seuche zählen ein schlechtes Bildungssystem, Aberglauben, unvorteilhafte Sexualpraktiken und nicht zuletzt die benachteiligte Stellung der Frau. Als Folge der unzureichenden Bildung und mangelhaften Aufklärung sind vielen Tansaniern die Übertragungswege des Virus nicht geläufig, ebenso wenig wie die Möglichkeiten, sich davor zu schützen. Mangelnde Schulbildung (und der daraus resultierende Glaube an Geister und Hexenkunst) führt z. B. dazu, dass viele Männer nach wie vor glauben, den besten Schutz gegen Aids biete Sexualverkehr mit einem jungfräulichen Mädchen ...

Neben ungeschütztem Geschlechtsverkehr dürften auch die anderen Übertragungswege des HI-Virus bekannt sein: verschmutzte Injektionsnadeln bei Drogengebrauch und Bluttransfusionen, also alle Wege, auf denen infiziertes Blut oder andere Körperflüssigkeiten in den eigenen Blutkreislauf gelangen können.

Reisende kommen mit Aids in der Regel durch sexuelle Abenteuer mit Tansaniern in

Berührung. Weitere Ansteckungsmöglichkeiten entstehen durch mangelndes hygienisches Bewusstsein in Krankenhäusern oder *dispensaries*, die Wahrscheinlichkeit einer Ansteckung ist jedoch gering. Wer in Tansania Impfungen, Infusionen oder Ähnliches durchführen lässt, muss die hygienischen Umstände vor Ort ohnehin genau prüfen.

Malaria

Von allen Tropenerkrankungen stellt Malaria die größte Bedrohung für Europäer dar. Der Grund: Es gibt **keinen vollständigen Schutz gegen Malaria**. Bei rechtzeitiger Behandlung kann diese Krankheit, die viele Reisende zu Recht fürchten, aber problemlos geheilt werden.

Malaria wird durch verschiedene Plasmodien-Arten (Parasiten) verursacht, die die roten Blutkörperchen angreifen. Es grassieren verschiedene Arten von Malaria, deren gefährlichste Form die Malaria tropica (Erreger *Plasmodium falciparum*) ist, die unbehandelt zum Tod führen kann. Ihre Inkubationszeit beträgt an die sieben Tage, bei anderen Arten liegt sie im Normalfall zwischen zwölf Tagen und zwei Monaten.

Das feucht-tropische Klima sowie die beiden Regenzeiten stellen ideale Brutbedingungen für die Überträgerin des Malaria-Erregers, die Anopheles-Mücke, dar. Dieses zumeist nur Moskito genannte Insekt benötigt zum Brüten offenes, stehendes Wasser mit Sonneneinstrahlung. Nach frühestens einer Woche schlüpft der Moskito und lebt im Allgemeinen zwei bis vier Wochen lang in einem Radius von wenigen Kilometern. Nur die weiblichen Moskitos übertragen die Krankheit. Die Voraussetzung ist, dass vorher ein Malariaträger gestochen wurde. Identifizieren kann man den Anopheles-Moskito nur, wenn man ihn erwischt: Er hat schwarz-weiß gestreifte Beine.

Prophylaxe

Der beste Schutz ist eine **Expositionsprophylaxe**, d. h. gar nicht erst gestochen zu werden. Die Moskitos stechen vornehmlich in der Morgen- und Abenddämmerung sowie im Dunkeln. Deshalb sollte man es sich zur Gewohnheit machen, ab 16 Uhr lange Kleidung (Hosen, Jeans und Shirts, leichte Jacken, Hemden) zu tragen. Zudem sollten die noch exponierten Stellen (Hals, Ohren, Füße, Dekolleté, Hände, Arme) mit Mücken abweisenden Mitteln *(repellent)* versehen werden. Ideal wäre es, auch die Kleidung mit einem sprühbaren Insektenschutzmittel zu imprägnieren. Das nächtliche Moskitonetz ist für Tansania ein absolutes Muss. In klimatisierten Räumen braucht man es im Normalfall nicht, da die Moskitos nicht von der Wärme in die Kälte fliegen. Man sollte aber sicherstellen, dass das Hotelpersonal täglich (meist am Abend) ausreichend Insektenspray sprüht. Zusätzlich können noch Räucherstäbchen *(mosquito coils)* aufgestellt werden, die zwar unangenehm riechen, aber die Moskitos recht gut in Schach halten.

Eine **medikamentöse Malaria-Prophylaxe** (oder wissenschaftlicher ausgedrückt: eine Chemoprophylaxe) ist immer eine Belastung für den Körper. Keine Malaria-Prophylaxe bietet vollständigen Schutz, da die Erreger zunehmend resistent werden. Die These, dass eine Prophylaxe das Krankheitsbild im Blut unterdrückt und man eine Malaria-Erkrankung dann schwieriger diagnostizieren kann, ist in Fachkreisen umstritten. Die gefährliche Malaria tropica jedoch soll bei vorheriger Prophylaxe weniger schwerwiegend verlaufen.

Medikamente zur Prophylaxe und Behandlung von Malaria kommen und gehen, da die Malaria-Erreger aufgrund ihrer Wandlungsfähigkeit jeweils Resistenz dagegen entwickeln. Die **Deutsche Gesellschaft für Tropenmedizin**, 🖥 www.dtg.org, publiziert ein ausführliches Merkblatt (als PDF) zur Malaria und ihrer Behandlung, das Reisende sich vor Antritt der Reise ausdrucken können. Sie empfiehlt für Tansania derzeit einerseits den Wirkstoff **Atovaquon/Proguanil** (z. B. Malarone®) und andererseits **Chloroquin** (z. B. Resochin® oder Quensyl®). Die dritte Empfehlung betrifft den Wirkstoff **Doxycyclin**, der jedoch in Deutschland nicht zugelassen ist, weil es sich um ein Antibiotikum handelt, das neben den Malaria-Erregern auch andere, wertvolle Bakterien angreift. Zahlreiche Studien belegen jedoch, dass der Wirkstoff gut verträglich und auch wirksam ist. In englisch-

Anhang

sprachigen Ländern, wie z. B. auch Tansania,
wird er als Malaria-Prophylaxe verwendet. Generell von der WHO empfohlen, ist er in Tansania in den Apotheken zu einem recht günstigen
Preis erhältlich. Auch Lariam® (mit dem Wirkstoff Mefloquin) ist wesentlich billiger als in
Deutschland, aber wegen seiner Nebenwirkungen umstritten.

Nicht alle Reisende sind von **Nebenwirkun-
gen** betroffen, doch viele klagen darüber. Lariam
ist wegen seiner teilweise schwerwiegenden
Nebenwirkungen (im Beipackzettel stehen
nicht umsonst Hinweise auf Depressionen und
Suizidgefahr) höchst umstritten. Hingegen soll
Malarone nur Übelkeit, Verdauungsstörungen
(Durchfall) und Kopfschmerzen verursachen.
Da mit Malarone die Parasiten bereits in der
Leber angegriffen werden, ist die Einnahme-
dauer relativ kurz: täglich eine Tablette ab ein
bis zwei Tage vor bis sieben Tage nach dem
Aufenthalt im Malariagebiet. Dadurch kann es
auch als Last-Minute-Prophylaxe verwendet
werden, allerdings nicht länger als vier Wochen, da Langzeitstudien bislang fehlen. Risiken
für Schwangere und Kinder können ebenfalls
noch nicht eingeschätzt werden. Ein großer
Nachteil von Malarone ist der Preis: Die Pa-
ckung mit zwölf Tabletten kostet um die 80 €; in
Tansania ist sie mit an die 90 000 TSH ähnlich
teuer wie in Europa.

Eine Rücksprache mit dem Haus- oder Tro-
penarzt ist auf jeden Fall erforderlich, vor allem
wenn gleichzeitig andere Medikamente eingenommen werden müssen. Dann besteht die
Gefahr einer Wechselwirkung und eventuellen
Abschwächung des einen oder anderen Medi-
kaments.

Wer einer naturheilkundlichen Prophylaxe
zuneigt, sollte rechtzeitig das Gespräch mit einem Homöopathen seines Vertrauens suchen.

Symptome

Durch die medikamentöse Prophylaxe wiegen
sich die meisten Tropenreisenden in Sicherheit und kommen gar nicht auf die Idee, dass
bestimmte Indizien auf eine Malaria hinweisen
könnten. Immer wieder kommt es zu Komplikationen, weil eine Malaria nicht erkannt wird –
daher auch bei der medikamentösen Prophylaxe
unbedingt auf die nachfolgend beschriebenen
Symptome reagieren!

Generell ähneln die Malaria-Symptome denen einer Grippe: Fieber, Kopf- und Gliederschmerzen sowie Schüttelfrost. Doch auch
wenn das Fieber ausbleibt, sollte man die Warnsignale des Körpers ernst nehmen. Jede Verän-
derung, z. B. Appetitlosigkeit, unerklärbare Müdigkeit, Übelkeit, Durchfall, Gliederschmerzen,
Nackensteife, Stechen in der Milz- oder Leber-
gegend sowie Kopfschmerz, kann ein Indikator
für eine aufkeimende Malaria-Erkrankung sein.

Behandlung

In solchen Fällen ist es unabdingbar, mit der Rezeption des Hotels, dem Reiseleiter oder notfalls
der nächsten *dispensary* (Apotheke) Kontakt
aufzunehmen, um rasch weitere Schritte ein-
leiten zu können. Auch wenn die tansanischen
Ärzte in vielen Dingen nicht über das Wissen unserer Ärzte verfügen, sind sie doch bei der Ma-
laria-Behandlung unschlagbar. Gleiches gilt für
die in Tansania erhältlichen Arzneimittel: Diese
sind hochwirksam und vor allem (im Gegensatz
zu Europa) überall und unverzüglich erhältlich.

Beim **Malaria-Test** wird aus einer Finger-
kuppe ein Tropfen Blut entnommen und im Labor untersucht. Zumeist erhält der Betroffene
binnen 20 Minuten das Ergebnis. Im Gegensatz
zur europäischen Praxis ist die tansanische Behandlung kurz, unkompliziert und vor allem sehr
billig (ca. 5000–10 000 TSH für den Test und die
Medikamente). Wer spezielle **Medikamente** zur
Behandlung wünscht, weil beispielsweise ein
bestimmtes nicht gut vertragen wird, erhält sie in
den Apotheken zu Preisen von bis zu 20 000 TSH.

Wichtig ist, dass die Medikamente nicht
nach Gutdünken abgesetzt werden, weil man
sich schon etwas besser fühlt. Gleichzeitig sollte
man Alkoholkonsum unbedingt vermeiden. An
diese strikte Regel halten sich sogar die Ein-

Anhang

heimischen, die es ansonsten mit Regeln nicht immer sonderlich genau nehmen. Zwei bis drei Wochen nach der Erkrankung sollte der Malaria-Test wiederholt werden, um sicherzugehen, dass die Erreger unschädlich gemacht worden sind. Die Inkubationszeit der Malaria-Erreger kann in Ausnahmefällen sogar bis zu einigen Monaten betragen, weswegen man auch noch Monate nach der Rückkehr aus einem Risikogebiet genau auf etwaige Veränderungen des Körpers horchen muss.

Weitere **Informationen** über Malaria und Medikamente gibt es bei den Tropeninstituten und Apotheken vor Ort. Aktuelle Infos und vor allem eine sehr gute, verständliche Erklärung mit kleiner Computer-Animation zur Entwicklung der Krankheit im Körper ist bei 🖳 www.fit-for-travel.de zu finden, Stichwort „Malaria-Zyklus" auf der Malaria-Seite. Hier gibt es auch einen Link zu reisemedizinisch ausgebildeten Ärzten.

Auch ohne Malaria kann ein **Moskitostich** unangenehm sein, weswegen kühlende und lindernde Präparate unbedingt mit ins Gepäck sollten. Sehr gut hat sich Aloe-Vera-Gel bewährt, das schmerzlindernd und kühlend bei sämtlichen Stichen wirkt und zudem wunderbar bei Verbrennungen, auch Sonnenbrand, hilft.

Schlafkrankheit

In manchen Nationalparks (Serengeti, Tarangire u. a.) kann es zu einer Infektion mit Erregern der afrikanischen Schlafkrankheit kommen. Die amerikanischen Centers for Disease Control and Prevention (🖳 www.cdc.gov) berichten, dass ein bis zwei amerikanische Touristen pro Jahr davon betroffen sind. Die Erreger der Schlafkrankheit sind Trypanosomen und werden von Tsetsefliegen, einer Bremsenart, durch Biss übertragen. Eine frühzeitige Behandlung der Schlafkrankheit (Trypasomiasis) mit Medikamenten ist anzustreben, um einen Befall des Zentralnervensystems zu verhindern.

Allein schon weil der Biss der Tsetsefliege schmerzhaft ist, sollte man ihn unbedingt vermeiden. Dabei helfen ausreichend Anti-Mücken-Lotion und helle Kleidung. Schwarze oder grellbunte Kleidung nämlich zieht die Bremsen an.

Sonne

Die Sonne ist Balsam für die Seele – aber schädlich für die Haut. Eine Viertelstunde ohne Schutz in der prallen Sonne kann für einen schweren **Sonnenbrand** ausreichen. Selbst bei bedecktem Himmel ist die Sonneneinstrahlung unglaublich intensiv. Viele Reisende treffen nur am Strand und bei strahlender Sonne Vorkehrungen (Sonnencreme, Sonnenbrillen, eventuell Baseball-Kappe oder Hut) gegen Sonnenbrand und Hitzschlag, doch dies ist auch auf Safaris und bei wolkenbedecktem Himmel unbedingt notwendig. Wer empfindliche Haut hat, trägt am besten langärmelige Hemden und lange Hosen. In der Mittagszeit, wenn die Sonneneinstrahlung am intensivsten ist, hält man sich nach Möglichkeit im Schatten auf. Zudem muss **ausreichend Flüssigkeit**, am besten Wasser, getrunken werden.

Erschöpfungszustände bei Hitze äußern sich durch Kopfschmerzen, Übelkeit, Benommenheit und erhöhte Temperatur. Um die Symptome zu lindern, sollte man unbedingt den Schatten aufsuchen und genügend Flüssigkeit zu sich nehmen. Erbrechen und Orientierungslosigkeit können auf einen **Hitzschlag** hinweisen, der potenziell lebensbedrohlich sein kann.

Thrombose

Aufgrund des Bewegungsmangels, z. B. bei langen Flugreisen oder stundenlangen Safaris im Fahrzeug, verringert sich der Blutfluss im Körper, vor allem in den Beinen. Dadurch kann es zur Bildung von **Blutgerinnseln** kommen, die, wenn sie sich von der Gefäßwand lösen und durch den Körper wandern, eine akute Gefahr darstellen (z. B. Lungenembolie). Gefährdet sind vor allem Personen mit Venenerkrankungen oder Übergewicht, aber auch ältere Personen, Schwangere, Raucher oder Frauen, die die Pille nehmen.

Optimal vorbeugend wirken Thrombosestrümpfe oder die preisgünstigeren Stützstrümpfe, die in Apotheken oder Orthopädie-Fachgeschäften erhältlich sind. Besteht ein erhöhtes Thrombose-Risiko, kann (nach Absprache mit dem Hausarzt) die Verabreichung einer Enoxa-

Anhang

parinspritze (niedrigmolekulares Heparin) erforderlich sein. Am allerwichtigsten sind jedoch Bewegung (kreisende Fußbewegungen und Fußwippen auch im Sitzen sowie Aufstehen, Pausen zum Füße vertreten, kleine Spaziergänge im Flugzeug) und reichliches Trinken, wobei auf Alkohol und Koffein möglichst verzichtet werden sollte, da beides dem Körper Flüssigkeit entzieht.

Tollwut

Wo streunende oder auch verendete Hunde zu sehen sind, ist Vorsicht geboten. Wer von einem Hund, einer Katze oder einem Affen gekratzt oder gebissen wird, muss sich sofort impfen lassen, da eine Infektion sonst tödlich endet. Eine vorbeugende Impfung ist sehr teuer und nur bei längerem Aufenthalt oder besonderer Exposition (intensiver Kontakt mit Tieren usw.) ratsam.

Typhus / Paratyphus

Typhus ist eine Salmonellenerkrankung, die durch die Einnahme verunreinigter und infizierter Lebensmittel oder Wasser verursacht wird. Typische Symptome sind mehr als sieben Tage hohes Fieber in Verbindung mit einem eher langsamen Puls und Benommenheit. Die Übertragung erfolgt ausschließlich über Lebensmittel und am ehesten in ländlichen, abgeschiedenen Gegenden. Insbesondere Rucksack- und Low-Budget-Reisende, aber auch Entwicklungshelfer, Praktikanten oder Freiwillige können damit konfrontiert sein. Entlang der Touristenpfade ist das Risiko jedoch als gering einzustufen.

Wilde Tiere

Afrikas Tierwelt ist wahrhaft faszinierend – und stellt an sich kein Gesundheitsrisiko dar. Erst der Mensch verursacht durch sein Verhalten Reaktionen, die lebensgefährlich werden können. Immer wieder passieren tödliche Unfälle, verursacht von leichtfertigen Touristen, die sich fälschlicherweise im Zoo wähnen und meinen,

die Tiere müssten sich ähnlich rational wie in *König der Löwen* verhalten. Doch die meisten Unterkünfte, besonders jene in den Nationalparks, liegen in freier Natur, mitten im wilden und ungezähmten Busch Tansanias. Man sollte diesem Umstand Rechnung tragen und sich defensiv und umsichtig verhalten (s. S. 87). Wer seinen gesunden Menschenverstand walten lässt und auf die innere Stimme hört, wird die Tierwelt uneingeschränkt genießen können.

Wundheilung

Unbedingte Vorsicht ist im feucht-schwülen Klima bei Wunden geboten. Ob es sich nun um einen kleinen, aufgekratzten Insektenstich oder eine Blase an den Füßen handelt – die Wundheilung ist aufgrund der hohen Luftfeuchtigkeit (und oft auch durch die relative Höhe und den dadurch geringeren Anteil an Sauerstoff in der Luft) beeinträchtigt.

Wichtig ist, dass jede noch so kleine Wunde sauber gehalten, desinfiziert und ggf. mit Pflaster geschützt wird. Sollte nach zwei- oder dreitägiger Wundversorgung keine sichtbare Besserung eintreten, muss die Wunde medikamentös behandelt werden. Von zu Hause mitgebrachte Antibiotika-Salben oder Breitband-Antibiotika unterstützen den Heilungsprozess. Antibiotika wie z. B. Augmentin® sind im Normalfall auch in gut sortierten Apotheken *(duka la dawa, dispensary)* erhältlich. Nicht verheilende Blasen beispielsweise machen für viele Bergsteiger die Kilimanjaro-Besteigung zur Tortur.

Bücher

In den letzten Jahren kam es in puncto Afrikaliteratur zu einer regelrechten Inflation an Neuerscheinungen, die besonders seit Veröffentlichung der *Weißen Maasai* teils aberwitzige Blüten treibt. Nahezu jeder scheint sein Herz an und in Afrika verlieren zu wollen (und schlimmer noch: das Bedürfnis zu haben, darüber zu schreiben).

Anhang

Belletristik

Muhammed Said Abdullah, *Der Geisterwald der Ahnen* (Kalamu Verlag Berlin 2010). Eine von ganz wenigen deutschen Übersetzungen tansanischer Literaturklassiker als Hörbuch. Im ersten Fall des Detektivs Bwana Msa geht es um einen mysteriösen Geisterwald der Ahnen, alte Traditionen und Vorurteile und den verschwundenen Bwana Ali.

Alex Capus, *Eine Frage der Zeit* (Knaus 2007). Historischer Roman über drei Männer, die im Auftrag des deutschen Kaisers 1913 ein Schiff von Deutschland an den Lake Tanganyika schaffen und sich im gewalttätigen kolonialen Deutsch-Ostafrika zurechtfinden müssen. Dieses Schiff, die ehemalige *Graf von Götzen*, versieht heute noch ihren Dienst (als *MV Liemba*).

Ernest Hemingway, *Schnee auf dem Kilimandscharo* (Rowohlt 2006). Einer der vielen Schriftsteller, die der Faszination Afrikas erlegen sind. In diesem Klassiker versucht ein sterbender Schriftsteller am Fuße des Kilimanjaro mit seinem Leben ins Reine zu kommen. Hemingway hat noch weitere Erzählungen aus Afrika veröffentlicht.

Aniceti Kitereza, *Die Kinder der Regenmacher* (Hammer 2004). Diese zweiteilige tansanische Familiensaga (Teil 1: *Die Ehe*, Teil 2: *Die Familie*) beschreibt in bildhafter, afrikanischer Erzähltradition das Leben in Tansania vor 100 Jahren.

Henning Mankell, *Der Chronist der Winde* (dtv 2002). Obwohl die Geschichte in Maputo (Mosambik) spielt, könnte der Straßenjunge Nelio, der im Sterben liegt und sein Leben Revue passieren lässt, überall in Afrika zu Hause sein. Henning Mankell hat zeitweise in Mosambik gelebt und weitere Bücher mit Afrika-Bezug veröffentlicht.

Ilija Trojanow, *Der Weltensammler* (dtv 2007). Hoch gelobter, historisch belegter Abenteuerroman über das Leben des britischen Kolonialoffiziers und Exzentrikers Richard Burton, der viel lieber die Sprache des Landes, in dem er sich gerade befindet, lernt, als fremden Kulturen die britische Tea Time nahezubringen. Der Roman führt ihn von Indien nach Mekka und schließlich nach Ostafrika.

Geschichte

Der Maji-Maji-Krieg in Deutsch-Ostafrika (1905–1907), Felicitas Becker (Links 2005). Historisch fundierte Abhandlung einer Epoche, die die Entwicklung Tansanias nachhaltig geprägt hat.

Auf nach Afrika! Stanley, Livingstone und die Suche nach den Quellen des Nils, Martin Dugard (Piper Verlag 2005). Die Geschichte der Reise von Henry Morton Stanley, einem jungen Journalisten auf der Suche nach Ruhm und Geld, der den alternden Afrika-Forscher Livingstone in Tansania auffindet, wird detailliert nachgezeichnet.

Tansania – Das koloniale Erbe, Rolf Hasse (Eigenverlag, Augsburg 2005). Zusammenfassung der deutschen Kolonialgeschichte in Tansania anhand von historischen Fotos, Ansichtskarten sowie Grundrissen ehemaliger deutscher Kolonialgebäude. Keine politische Analyse, sondern eher ein Beitrag zur Denkmalpflege, die in Tansania bis heute keine Rolle spielt.

Kilimandscharo: Die deutsche Geschichte eines afrikanischen Berges, Christof Hamann und Alexander Honold (Verlag Klaus Wagenbach 2011). Geschichtliche Aufarbeitung des Kaiser-Wilhelm-Spitz, wie der Kilimanjaro zur deutschen Kolonialzeit hieß, von Anbeginn der europäischen Erkundung bis heute.

Leben im Sultanspalast. Memoiren aus dem 19. Jahrhundert, Emily Ruete (Europäische Verlagsanstalt 2007). Leicht bearbeitete Neuausgabe des Buchs *Memoiren einer arabischen Prinzessin* von 1886. Die gebürtige Prinzessin Salme (s. S. 264) von Oman und Sansibar übersiedelte der Liebe wegen nach Deutschland und heiratete den Kaufmann Heinrich Ruete. Sie erzählt über das Leben in Luxus am Hof, über die Intrigen und ihre Flucht. Bemerkenswerterweise wurde das Original in deutscher Sprache verfasst.

Sansibar und die Deutschen, Heinz Schneppen (LIT Verlag 2006). Ein Kenner der Zusammenhänge zwischen deutscher und sansibarischer Geschichte, Politik und Gesellschaft zeichnet ein unbekanntes, neues Bild des gegenseitigen Verhältnisses und fördert neue Erkenntnisse zutage.

Kolonialheld für Kaiser und Führer. General Lettow-Vorbeck – Mythos und Wirklichkeit, Uwe Schulte-Varendorff (Links 2006). Portrait des militärischen Führers und Kommandeurs der Schutztruppe in Deutsch-Ostafrika im Ersten Weltkrieg, der die Kolonie mit strenger, harter Hand verteidigte.

Politik und Gesellschaft

Der Löwe im Keller des Palastes. Ostafrikanische Erfahrungen, Michael Bitala (Picus 2003). Der Afrika-Korrespondent der *Süddeutschen Zeitung* malt ein freundliches, lebensfrohes Bild vom Alltag der Menschen in der chaotischen Welt Ostafrikas.

Kulturschock Tansania, Daniela Eiletz-Kaube (Reise Know-How Verlag, 2010). Der Kulturführer will Brücken schlagen zwischen den Realitäten vor Ort und den Erwartungshaltungen der westlichen Besucher und behandelt alle Themen, die Tansania ausmachen – ein Kompass für all jene, die Tansania besser verstehen wollen.

Ach, Afrika. Berichte aus dem Inneren eines Kontinents, Bartholomäus Grill (Goldmann 2005). Der ZEIT-Journalist versucht mit berufstypischer Neugier die unverblümten Fakten mit seiner Begeisterung für Afrika zu einem Gesamtbild zu verschmelzen, das sowohl der bisweilen grausamen Realität als auch den Emotionen, die Afrika weckt, gerecht wird. Weniger wissenschaftlich als die Schriften von Peter Scholl-Latour, daher auch flotter zu lesen.

Afrikanisches Fieber. Erfahrungen aus vierzig Jahren, Ryszard Kapuscinski (Piper 2001). Vielleicht eine der liebenswertesten Politschriften über Afrika. Der 2007 verstorbene, legendäre polnische Journalist Kapuscinski zeichnet anhand von politischen Ereignissen und persönlichen Erlebnissen ein akkurates, realistisches und auch sehr warmherziges Bild Afrikas, das das Wesen des „schwarzen Kontinents" erfasst.

Jenseits von Amerika. Eine Konfrontation mit Afrika, dem Land meiner Vorfahren, Keith Richburg (Ullstein 1999). Eine interessante Annäherung an das Thema Afrika, denn der Autor Richburg, ein afroamerikanischer Journalist, der im Auftrag der *Washington Post* als Auslandskorrespondent in Nairobi lebt, darf Dinge beim Namen nennen, über die weiße Journalisten oder Autoren besser schweigen.

Reisebericht eines T-Shirts. Ein Alltagsprodukt erklärt die Weltwirtschaft, Pietra Rivoli (Econ 2006). In ihrer ebenso kurzweiligen wie einfühlsamen Reportage bricht die Washingtoner Wirtschaftsprofessorin mit einigen Mythen der Globalisierung. Sie schaut auf die Menschen hinter den Tauschprozessen, die kaum den Namen „Markt" verdienen. Das Urmodell des freien Unternehmertums findet sie schließlich in Tansania: auf den Märkten für Secondhandkleidung *(mitumba)*.

Afrikanische Totenklage. Der Ausverkauf des Schwarzen Kontinents, Peter Scholl-Latour (Goldmann 2003). Keine Fiktion, sondern ausschließlich Tatsachen schildert der deutsche Journalist, der seit 50 Jahren den Kontinent bereist, große Staatsmänner getroffen und ein immenses Wissen über Afrika zusammengetragen hat. Manchmal allerdings ist das Buch zu kopf- und faktenlastig.

Afrika wird armregiert oder Wie man Afrika wirklich helfen kann, Volker Seitz (dtv premium 2009). Volker Seitz, seit 1965 tief mit Afrika verbunden, zeigt auf, dass der viel zitierte Kolonialismus nicht allein für den desolaten Zustand der afrikanischen Staaten verantwortlich ist. Als Insider nennt er die Dinge unverblümt beim Namen.

Kunst und Kultur

Tanzania. Meisterwerke afrikanischer Skulptur, Jens Jahn (Haus der Kulturen der Welt, Berlin 1994). Monumentales Werk über die Bildhauerkunst in Tansania.

George Lilanga: African Collection Vol. 1., Enrico Mascelloni (Skira 2006). Taschenbuch über einen der bedeutendsten zeitgenössischen Künstler Tansanias.

Natur und Naturschutz

Ich war ein Gepard. Zu Gast bei einer wildlebenden Gepardenfamilie in der Serengeti, Matto Barfuss (Edel Verlag 2004). Unglaublich, aber wahr: Matto Barfuss hat 25 Wochen bei und mit den Geparden in der Serengeti gelebt und ein einfühlsames, sensationelles Porträt der eleganten Tiere geschaffen.

Tanzania – Portrait of a Nation, Paul Joynson-Hicks (Quiller Press 2001). Der in Tanzania lebende Fotograf zeichnet ein farbenprächtiges und spektakuläres Bild der unbekannten Vielfalt Tansanias, ohne sich dabei in den so beliebten Klischees zu verlieren. Englisch.

Kilimandscharo. Der weiße Berg Afrikas, P. Werner Lange (As Verlag 2011). Bildband über den Kilimanjaro, garniert mit historischen Abhandlungen, persönlichen Erfahrungen und atemberaubenden Fotos. Vom Autor existieren weitere Kilimanjaro-Sachbücher und -Bildbände.

Mein Traum von Afrika, Carlo Mari (Frederking & Thaler 2003). Fantastischer Tansania- und Kenia-Bildband des Mode- und Unterwasserfotografen Carlo Mari, der als einer der eindrucksvollsten Naturfotografen Afrikas gilt.

Wunderwelt Serengeti, Robyn Stewart (Moewig 2004). Wunderbare Bilder der Großen Migration in der Serengeti.

Tierbestimmungsbücher

Birds of Eastern Africa (2009 neu aufgelegt) und **Larger Mammals of Africa** (Collins Field Guides). Die *Collins Field Guides* sind noch immer die besten Tierbestimmungsbücher für Ostafrika, allerdings leider nur in englischer Sprache erhältlich. Umfassende Informationen und detailreiche Zeichnungen aller Tiere in Ostafrika. Ein Muss für jeden, der Safaris liebt.

A Photographic Guide to Birds of East Africa, **A Photographic Guide to Mammals of Southern, Central, East Africa** und **A Photographic Guide to Snakes, other Reptiles and Amphibians of East Africa** (Verlag Struik Publishers). Die englischsprachigen Tierbestimmungsbücher aus dem südafrikanischen Verlag sind ebenfalls empfehlenswert.

Photographic Guide to Tracks & Tracking, Louis Liebenberg (New Holland Publishers 2001). Spurenlesen auf Safari ist genauso faszinierend, wie die Tiere dann in natura zu sehen. Der kleine handliche Guide passt in jeden Rucksack.

Reise- und Erfahrungsberichte

Traumatische Tropen. Notizen aus meiner Lehmhütte, Nigel Barley (dtv 1997). Herrlich selbstironische und humorvolle Abrechnung mit dem selbstgerechten Selbstverständnis von Ethnologen, die ausziehen, um die „Wilden Afrikas" zu studieren. Unterhaltsam und ehrlich geschrieben. Beschreibt u. a., wie man in Afrika schon an der Ausstellung einer Stempelmarke scheitern kann.

Kein Himmel über Afrika. Eine Frau kämpft um ihre Freiheit, Kerstin Cameron (Ullstein 2005). Die autobiografische Geschichte einer Deutschen, die in Arusha inhaftiert wird, weil man ihr den Selbstmord ihres Mannes in die Schuhe schieben will. Wurde mit Veronica Ferres verfilmt.

Eine Farm in Afrika. Wer stehend stirbt, lebt länger, Hardy Krüger (Lübbe 2003). Der Schauspieler Hardy Krüger ließ sich bei Dreharbeiten zu dem Film *Hatari* von der Landschaft Ostafrikas verzaubern und kaufte sich am Mount Meru eine Farm. Das Buch handelt von seinen Erfahrungen beim Aufbau der Farm, die er letztendlich wieder aufgeben muss.

In Afrika. Mythos und Alltag, Ilija Trojanow (Frederking & Thaler 2001). Behutsam nähert sich Trojanow den tansanischen Befindlichkeiten und erzählt über den ostafrikanischen Alltag.

Sprachführer / Lehrbücher

Kauderwelsch, Kisuaheli Wort für Wort, Christoph Friedrich (Verlag Reise Know-How 2010). Ein leicht verständlicher, gut aufgebauter kleiner Sprachführer, der mit den Grundlagen der Sprache vertraut macht und für die wichtigsten Alltagssituationen passende Sätze und Vokabeln parat hat.

Complete Swahili, Joan Russell (aus der Teach-Yourself-Reihe, Hodder Arnold 2010). Ein ausgezeichnetes Buch, um Swahili im Selbststudium zu erlernen. Nur empfehlenswert, wenn man das Gelernte anschließend im Alltag anwenden kann – und des Englischen ausreichend mächtig ist.

Anhang

Index

The Schimann Family - zu Gast bei Freunden

An der Momella Road liegt unser Gästehaus, zwei abgeschlossene Cottages mit je einem Zimmer für maximal drei Personen. In den Zimmern ist eine Minibar, Wasserkocher (Kaffee- und Teebeutel frei), Telefon & Computer mit Internetzugang, Badezimmer mit Kalt- & Warmwasser, Stromanschluss, TV mit ZDF, Parkplatz am Haus, Fahrerzimmer. Die Mahlzeiten werden mit uns im Haupthaus eingenommen. Wir bieten familiären Aufenthalt zu günstigem Preis.

Das Gästehaus ist ca. 35 km vom Kilimanjaro International Airport enfernt, 2 km vom Eingang des Arusha NP. Wir organisieren Transfers, Einladungen zu Familienfesten (nach Saison), führen zu Schulen, Waisenhäusern, Behindertenwerkstätten oder lokalen Kaffeebauern. The Schimann Family, Momella Road, Napoco Area, Tel. +255(0)787.248.666, E-Fax +49(0)3212.135.5592. Unser Gästehäuschen ist jeweils vom 1. April bis 30. Juni geschlossen.
The Schimann Family, info@schimann.info, www.schimann.info

Anhang

Anhang

Danksagung

So ein Konvolut an Informationen kann kaum aus eigener Kraft recherchiert werden, und ohne die selbstlose Hilfe vieler lieber Menschen wäre der vorliegende Reiseführer nicht möglich gewesen. Aus diesem Grund bedanken wir, die Autorin Daniela und der Fotograf Kurt, uns bei allen Menschen, die uns zur Seite gestanden sind:
Bwana Majura Songo, Rudi Stangl, Britta Meyer, Nicole Engesser, Illa Peters, Corina Wiedermann, Brigitte und Ernst Grob, David und Tara Guthrie, Cuthbert Swai, Terri Rice, Lukasz Wozniak, Gabriela und Adam Sokolski, Eugene Skoberla, Derek Wilson, Edwin Ernest Lyanga, Sepp Kiboko Deppen, Ingrid Vaes, Chris Pilley, Junaid, Cindy Wenzel, Dagmar Girod, Hanneke Teisseire, Jeanann und Rob Barbour und vielen weiteren Menschen in Tansania sowie allen aufmerksamen Travellern, die uns laufend mit Updates und guten Tipps versorgen.

Bildnachweis

Impressum

Tansania
Stefan Loose Travel Handbücher
2., vollständig überarbeitete Auflage **2012**
© DuMont Reiseverlag, Ostfildern

Gesamtredaktion und -herstellung
Bintang Buchservice GmbH
Zossener Str. 55/2, 10961 Berlin
www.bintang-berlin.de
Redaktion: Jessika Zollickhofer
Karten: Katharina Grimm, Anja Krapat, Mischa Loose, Klaus Schindler
Grafisches Konzept: Groschwitz, Hamburg
Layout und Herstellung: Anja Linda Dicke, Britta Dieterle
Farbseitengestaltung: Anja Krapat
Umschlaggestaltung: Anja Linda Dicke
Printed in China

Kartenverzeichnis

Safari Guide

Südliches und östliches Afrika

Senegalgalago – (lesser bush baby)
Galago senegalensis
Es gibt neun Arten von Galagos, auch im Deutschen oft „Buschbabys" genannt. Am häufigsten ist das Senegalgalago oder Steppengalago. Die nur 30–40 cm großen Tiere haben bis zu 25 cm lange Schwänze und ein graubraunes, wolliges Fell. Die verhältnismäßig großen, runden Ohren sind erstaunlich beweglich. Einzigartig sind die großen Kulleraugen und die kleine, spitze Schnauze. Senegalgalagos bevorzugen waldige Biotope, am Boden sieht man sie eher selten. Durch ihre stark entwickelten Hinterbeine können sie hervorragend springen. Die geselligen Tiere sind ausschließlich nachtaktiv. Tagsüber schlafen sie in einem Nest aus Blättern oder in Baumlöchern. Sie ernähren sich von Baumharz, Früchten und Insekten.

Riesengalago – (greater bush baby)
Galago crassicaudatus
Die Riesengalagos sehen mit ihren großen, runden Ohren und den riesigen Augen den Senegalgalagos ähnlich, sind jedoch mit einer Körpergröße von 70–80 cm und einer Schwanzlänge von 35–45 cm wesentlich größer. Sie weisen ein katzenähnliches Erscheinungsbild auf, die Hüfte ist allerdings deutlich höher als die Schulter. Der lange Schwanz wird meist horizontal gehalten. Auch Riesengalagos sind ausschließlich nachtaktiv, halten sich aber im Gegensatz zu den Senegalgalagos eher am Boden auf und sind dadurch viel häufiger zu sehen. Auch sie fressen Baumharz, Früchte und Insekten; größere Tiere wie Reptilien und Vögel gehören ebenfalls zu ihrem Speiseplan. Ihr lauter Ruf erinnert an ein schreiendes Baby.

Bärenpavian – (chacma baboon)
Papio cynocephalus ursinus
Die viertgrößten Primaten Afrikas, die Paviane, sind weit verbreitet und häufig zu sehen. Im südlichen Afrika lebt der Bärenpavian, in Ostafrika der Webbipavian (yellow baboon) *Papio c. cynocephalus* und in Zentralafrika der Grüne Pavian (olive baboon) *Papio c. anubis*. Alle Pavianarten weisen ein ähnliches Aussehen und Verhalten auf. Erwachsene Männchen wiegen bis zu 32 kg und haben eine Schulterhöhe von bis zu 75 cm. Von anderen Affen unterscheiden sie sich durch die hundeähnliche Nase und die kleinen, nackten Ohren. Das Gebiss besteht aus messerscharfen, bis zu 5 cm langen Reißzähnen. Typisches Merkmal sind der abgeknickte Schwanz und das nackte Hinterteil, das sich bei weiblichen Tieren in der Brunft rot färbt. Paviane sind immer in Gruppen anzutreffen, die mitunter mehr als 100 Tiere zählen. Die Großfamilien werden von einem dominanten Männchen beherrscht, nur dieses paart sich mit den empfängnisbereiten Weibchen. Während der „Herrscher" sich meist in der Mitte der Gruppe befindet, umringt von den Weibchen mit ihren Jungen, halten sich die untergeordneten Männchen und die Weibchen ohne Jungen am Rande der Gruppe auf. Paviane können einen ohrenbetäubenden Lärm veranstalten. Das charakteristische „bochum" ist ein ganz auffälliger Laut im afrikanischen Busch.
Paviane sind klassische Allesfresser: Pflanzen aller Art, Skorpione, Schlangen, Vögel, Hasen und sogar kleine Antilopen werden gern genommen. Die Lebenserwartung liegt bei 30 Jahren. Die Pavianbestände gelten als gesichert, obwohl die Tiere wegen ihres zerstörerischen Verhaltens in allen Ackerbaugebieten sehr stark bekämpft werden.

Grüne Meerkatze – (vervet monkey)
Cercopithecus aethiops
Die kleinen Äffchen sind v.a. in Baumsavannen anzutreffen. Das gelbgraue Fell variiert je nach Region ein wenig im Farbton. Charakteristisch ist die dunkle Gesichtsmaske, die von einem Ring weißer Haare umrandet ist. Männchen haben einen grell-blauen Hodensack. Meerkatzen sind tagaktiv und ziehen sich bei Nacht in Bäume oder Felsen zurück. Pflanzen stellen den Großteil der Nahrung, ergänzt durch Insekten und Eier. Die Meerkatzen-Gemeinschaft besteht aus etwa 30 Tieren. Untereinander verständigen sie sich mit 36 verschiedenen Lauten, von denen sechs Alarmrufe sind. Sie fallen durch ihr dreistes Verhalten auf und können zur regelrechten Plage werden.

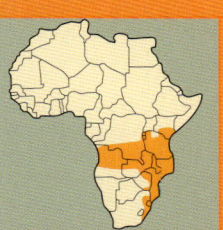

- P.c. papio (Guinea)
- Papio cynocephalus anubis
- Überschneidungsgebiet
- P.c. cynocephalus
- Überschneidungsgebiet
- P.c. ursinus

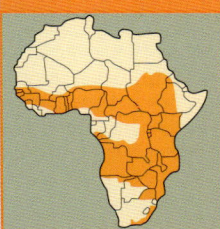

Bergzebra – (mountain zebra)

Equus zebra hartmannae und *Equus zebra zebra*
Am eindeutigsten sind die Bergzebras an der vom Hals hängenden Wamme (Hautfalte) von den anderen Zebras zu unterscheiden. Das markante schwarzweiße Streifenmuster geht bis zu den Hufen und weist keine Schattenstreifen auf. Der Bauch ist weiß und an der Schwanzwurzel haben sie ein deutliches, quer gestreiftes Muster. Sie leben in kleinen Herden, bestehend aus einem Hengst mit vier bis fünf Stuten und ihren Fohlen. Im Gegensatz zu den Steppenzebras meiden sie andere Tiere. Das Hartmannzebra ist etwas größer als das Kap-Bergzebra. Sie bevorzugen bergiges, meist trockenes Gelände. Zur Rettung der Kap-Bergzebras wurde 1937 bei Cradock, Südafrika, ein Park geschaffen. Es waren nur noch sechs Hengste und sieben Stuten übrig geblieben. Inzwischen gibt es wieder ca. 750 Tiere, dennoch ist das Überleben dieser Art nicht gesichert. Zum Schutz der Hartmannzebras wurde in Namibia der Naukluft Park eingerichtet. Trotzdem ist die Zahl von ca. 17 000 Hartmannzebras 1972 auf derzeit nur noch ca. 7000 gesunken.

Grevys-Zebra – (Grevy's Zebra)

Equus grevyi
Grevys sind die größten Zebras mit einem Gewicht von bis zu 430 kg bei einer Schulterhöhe von 1,50 m. Sie haben schwarze, sehr schmale Streifen auf dem weißem Körper, entlang der Wirbelsäule verläuft vom Nacken bis zum Schwanz ein schwarzer und daneben je ein weißer Streifen. Sie weisen keine Schattenstreifen auf. Die Bauchunterseite ist weiß, die Beine sind sehr dicht bis zu den Hufen gestreift. Der Kopf ist groß mit maultierähnlichen langen Ohren. Die Hengste markieren ihr Gebiet, das sie gegen andere Hengste verteidigen, mit Dunghaufen; Stuten mit ihren Fohlen dürfen jedoch hindurch ziehen. Grevys durchstreifen riesige Gebiete von bis zu 10 000 km^2, sie überstehen Trockenheiten dadurch besser als Steppenzebras.
In Kenya leben noch ungefähr 4000 Tiere und in Äthiopien noch 1500. Seit 1960 wurde der Bestand um 90 % reduziert. Unter den heutigen Bedingungen werden diese Zebras in spätestens 50 Jahren ausgestorben sein.

Steppenzebra – (Burchell's zebra)

Equus burchelli
Es gab sieben Unterarten der Steppenzebras, auch Burchell-Zebra genannt. Eine davon, *E.b. burchelli*, ist bereits ausgestorben, von den anderen seien hier nur die bekannteren erwähnt: Das Grants-Zebra lebt in Ostafrika und in West-Zambia am Zambezi; das Crawshays-Zebra in Nord-Mosambik, Malawi und Ost-Zambia; das Chapmans-Zebra in Süd-Mosambik und das Damara-Zebra in Namibia und Südafrika. Die Musterungen sind sehr verschieden. Alle Steppenzebras haben breite schwarze Streifen auf dem weißen Körper, oft mit helleren Schattenstreifen dazwischen. Die Ausprägung dieser Schatten ist beim im Süden vorkommenden Damara-Zebra sehr deutlich, nimmt nach Norden ab und das am nördlichsten lebende Grants-Zebra hat gar keine Schattenstreifen. Die Streifenmuster sind vielfältig und gehen, anders als beispielsweise bei den Bergzebras, bis unter den Bauch. In der langen, aufrechten Mähne setzt sich das Streifenmuster des Halses fort. Auch wenn die Zahl der Steppenzebras auf über 700 000 geschätzt wird, sind sie extrem bedroht, denn noch immer gelten die Grasfresser als Konkurrenten der Rinder. Sie leben in kleinen Familienverbänden, die sich zu lockeren Herden mit einigen tausend Tieren zusammenschließen. Zebras sind relativ standorttreu, ihre Migrationen sind von den Futterbedingungen abhängig. Ausnahmen bilden die großen saisonalen Wanderungen wie z.B. im Serengeti-Ngorongoro-Masai Mara-Gebiet.
Der bellende, heisere „kwa-ha-ha"-Ruf ist eines der unverwechselbaren Geräusche der afrikanischen Savanne. Zebras sind eine beliebte Beute vieler Raubtiere, besonders von Löwen. Sie bevorzugen langes Gras und brauchen täglich Wasser, weshalb sie sich nur max. 15 km von Wasserstellen entfernen.

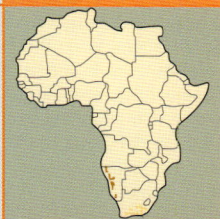

■ Equus zebra hartmannae
■ Equus zebra zebra

Safari Guide – südliches und östliches Afrika

Spitzmaulnashorn „Schwarzes" Nashorn
(hooked-lipped rhionoceros, black rhino)
Diceros bicornis
Das Spitzmaulnashorn wird bei einer Schulterhöhe von 1,60 m (nur) etwa 1100 kg schwer. Es hat einen verhältnismäßig gedrungenen Schädel mit zwei tief aufgesetzten Hörnern, wobei das vordere gewöhnlich länger und stärker ist und bis zu 1,20 m lang werden kann. Die Hörner bestehen aus dicht gepressten Haaren und sind mit der Haut verwachsen, nicht mit dem Knochen, wie sonst bei Hornträgern üblich. Nur an der Schwanzspitze und an der Ohrspitze haben sie kleine, schwarze Haarbüschel. Die namensgebende fingerförmige Oberlippe wird sehr geschickt eingesetzt, um Zweige und junge Triebe abzuzupfen ins Maul zu schieben, um sie dann mit den Backenzähnen abzubeißen. Aufgrund ihrer Äsungsgewohnheiten sind die Schwarzen Nashörner selten in offenen Grasgebieten, sondern eher in Buschland anzutreffen. Sie brauchen regelmäßig Wasser, können aber in ariden Gebieten bis zu fünf Tage ohne Wasser überleben. Sie leben solitär, Gruppen sind nur selten nachts an Wasserlöchern, wie z.b. bei Okaukuejo in Etosha, zu sehen. Bullen und Kühe kommen nur kurz zur Paarung, unabhängig von der Jahreszeit, zusammen. Ein einzelnes Kalb wird nach einer Tragezeit von 15 Monaten geboren. Das Kalb bleibt bis zu vier Jahre lang bei der Mutter und läuft immer neben ihr her. Das Schwarze Nashorn gilt als sehr aggressiv.
Um 1900 lebten noch ungefähr eine Million dieser einmaligen afrikanischen Tiere, 1984 gab es noch 9000, und heute sind es gerade mal 2000. Diese führen eine behütete Existenz in Parks, überwacht von Satellitenortungssystemen und privaten bewaffneten Wildhütern. Ausschließlich im Nordwesten Namibias zieht noch eine winzige Gruppe durch die freie Natur, auch diese wird von Wildhütern betreut. Die Nashörner werden wegen ihres begehrten Horns gejagt. Doch da inzwischen ein lebendes Nashorn fast ebenso viel wert ist wie das Horn, werden nun Gelder für Schutzmaßnahmen bewilligt.

Breitmaulnashorn „Weißes" Nashorn
(square-lipped rhinoceros, white rhino)
Ceratotherium simum
Die auch Breitlippennashörner genannten Tiere werden bei einer Schulterhöhe von 1,60 m bis zu 2300 kg schwer – sind also wesentlich massiger als die Schwarzen. Sie haben zwei Nas-Hörner, wobei das vordere länger und stärker ist. Die Rekordlänge für das vordere Horn beträgt stolze 1,58 m. Sie haben große, spitze Ohren, ein breites, fast rechteckiges Maul und einen auffallenden Nackenhöcker. Der große Kopf wird nur wenige Zentimeter über dem Boden getragen. Breitmaulnashörner bevorzugen offene Flächen, benötigen aber immer Schatten spendenden Busch sowie Wasser zum Trinken und Suhlen in der Nähe. Die geselligen Tiere sind meist in kleinen Grüppchen zu sehen. Bullen markieren ihr Gebiet mit Dung, verteidigen es gegen Eindringlinge und kämpfen um die Kühe. Nach einer Tragezeit von 16 Monaten wird ein 40 kg schweres Kalb geboren, das immer vor der Mutter läuft. Weiße und Schwarze Nashörner besitzen ein schlechtes Sehvermögen, dafür einen guten Geruchssinn und ein gutes Gehör. Weil sie Gefahr nur lokalisieren, aber nicht sehen können, greifen sie sofort an.
Eine mögliche Erklärung für den Namen „Weißes" Nashorn ist eine falsche Übersetzung aus dem Afrikaans: *wyde* („breit") ins Englische white. Konsequenterweise wurde das andere Nashorn dann Schwarz genannt, obwohl beide zweifelsfrei grau sind. Die Breitmaulnashörner, einstmals weit verbreitet und auf allen afrikanischen Grassavannen anzutreffen, findet man heute nur noch in Parks. Wegen der angeblichen Heilkraft und Potenz fördernden Wirkung des Horns wurden die Tiere skrupellos abgeschlachtet. 1897 wurden der Hluhluwe und der Umfolozi Park in Südafrika zur Erhaltung der letzten verbliebenen 50–100 Nashörner geschaffen. Heute gibt es wieder ca. 5000 Breitmaulnashörner, die meisten im Krüger Park.
Es existieren zwei Unterarten, neben dem südlichen C. s. simum gibt es das C. s. cottoni, dessen Bestand auf vermutlich nur 25 Exemplare im Garamba National Park im Kongo geschrumpft ist.

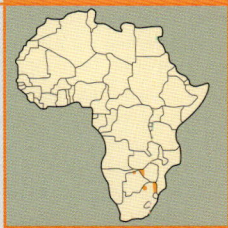

Warzenschwein – (warthog)
Phacochoerus aethiopicus
Warzenschweine haben eine graue, lederige Haut, die am Rücken und Nacken mit Borsten versehen ist. Der Kopf ist kantig. Die Eckzähne sind nach oben gebogen und entwickeln sich, vor allem beim Eber (Keiler), zu beeindruckenden Hauern. Eber haben zwei Warzenpaare im Gesicht, Säue (Bachen) hingegen nur eines. Der dünne Schwanz mit dem Haarbüschel am Ende stellt sich auf der Flucht nach oben auf. Warzenschweine ernähren sich von Früchten und Wurzeln, die sie mit ihrer flachen, spatenähnlichen Schnauze ausgraben. Sie übernachten in Erdhöhlen, in die sich ausgewachsene Tiere rückwärts, mit dem Hinterteil voran, begeben, während die Jungen vorwärts hineinkriechen.

Flusspferd – (hippo)
Hippopotamus amphibius
Hippos haben einen dicken, kurzbeinigen Körper und können bis zu 1500 kg wiegen. Sie leben sowohl an Land als auch im Wasser. Am Tag liegen sie lieber im Wasser oder ruhen sich am schlammigen Flussufer aus. Nachts ziehen sie auf Nahrungssuche bis zu 30 km weit über das Land, denn sie benötigen pro Tag 60 kg Gras und Wasserpflanzen.
Hippos bewegen sich unter Wasser fort, indem sie sich vom Boden abstoßen und dann mit beträchtlicher Geschwindigkeit vorwärts gleiten. Ausgewachsene Tiere bleiben bis zu sechs Minuten unter Wasser, um Wasserpflanzen zu fressen. Das Kalb wird an Land geboren und kann bereits wenige Minuten nach der Geburt schwimmen. Hippos leben in Herden von ca. 15 Tieren mit einem Leitbullen, der das Territorium mit Urin und Exkrementen markiert. Dringen Fremde in das Territorium ein, werden die Tiere äußerst aggressiv. Es heißt nicht umsonst, dass dem Hippo mehr Menschen zum Opfer fallen als irgendeinem anderen afrikanischen Säugetier.

Giraffe – (giraffe)
Giraffa camelopardalis
Giraffen werden bis zu 5 m groß und 1200 kg schwer. Es gibt acht Unterarten, die drei bekanntesten sind die Kenianische und die Netzgiraffe in Ostafrika sowie die so genannte Südliche Giraffe. Giraffen bevorzugen offene Savannen mit Akazien und brauchen täglich Wasser.
Einer Giraffe beim Trinken zuzuschauen, ist ein besonderes Erlebnis: Erst spreizt sie behäbig die Vorderbeine, senkt dann den Kopf zum Wasser hinab und muss gegebenenfalls die Beine noch einknicken. Wie alle Wirbeltiere hat auch die Giraffe nur sieben Halswirbel. Ein ausgeklügeltes System mit Klappen in der Halsvene sorgt dafür, dass das riesige Herz das Blut bis in den Kopf hinaufpumpen kann. Beim Bücken ruht die Blutsäule auf einem schwammartigen, dem Gehirn vorgelagerten Organ, *Rete mirabile*.
Die wiederkäuenden Giraffen äsen fast ausschließlich Blätter (ca. 66 kg am Tag), die sie mit der 45 cm langen Zunge und den Lippen von den Ästen ziehen. Das 100 kg schwere Kalb wird im Stehen geboren – welch unsanfter Empfang. Einige Löwen haben sich darauf spezialisiert, Giraffen beim Trinken zu reißen.

Afrikanischer Büffel oder Kaffernbüffel
(African buffalo) – *Syncerus caffer*
Die rinderähnlichen Tiere erreichen eine Schulterhöhe von 1,40 m. Bullen wiegen bis zu 800 kg, Kühe nur 550 kg. Beide tragen ein wuchtiges, zweifach geschwungenes Gehörn. Büffel bilden riesige Herden und bevorzugen Grassavannen. Sie sind Wiederkäuer und können sowohl frisches als auch verdorrtes Gras verdauen. Obwohl Büffel im Allgemeinen friedfertig sind, werden sie sehr gefährlich, wenn sie Gefahr wittern oder verletzt sind. Werden sie in verwundetem Zustand verfolgt, machen sie einen Bogen und warten auf der eigenen Spur auf den Verfolger, um diesen mit gesenktem Haupt und hoher Geschwindigkeit anzugreifen. Büffel haben schon viele Jäger, auch Löwen, getötet. Meist sind sie jedoch das Opfer. Löwen reißen gern Büffelkälber, nur im Rudel wagen sie es, einen einzelnen, ausgewachsenen Büffel anzugreifen.

- G.c. antiquorum
- G.c.camelopardalis
- G.c. reticulata
- Giraffa c. rothschildi
- G.c. tippelskirchi
- G. carmelopardalis giraffa
- G.c. thornicrofti
- G.c. peralta

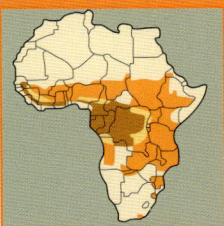

- Syncerus caffer caffer
- Syncerus caffer nanus
- Überschneidungsgebiet

Elenantilope – (Eland)
Taurotragus (Tragelaphus) oryx
Die größte aller Antilopen kann bei einer Schulterhöhe von 1,70 m bis zu 700 kg wiegen. Beide Geschlechter tragen ein gerades, bis zu 60 cm langes Gehörn. Ältere Bullen haben eine vom Hals herabhängende Wamme (Hautfalte). Elands leben überwiegend in offenen Baumsavannen in Herden mit bis zu 60 Tieren, doch manchmal schließen sie sich zu großen Herden mit bis zu tausend Tieren zusammen. Beim Laufen geben sie ein markantes Klickgeräusch von sich, dessen Ursprung noch nicht genau erforscht wurde. Elands sind sehr gute Springer und können aus dem Stand mühelos über 2 m hohe Zäune springen.

Großer Kudu – (greater kudu)
Tragelaphus strepsiceros
Diese große, elegante Antilope (Schulterhöhe bis 1,50 m, Gewicht bis 250 kg) hat einen charakteristischen Höcker mit einer Mähne auf dem vorderen Rückgrat. Auf dem Rumpf sind 6–10 deutliche Streifen zu erkennen. Nur die Bullen tragen ein langes, spiralförmiges Gehörn mit einer Durchschnittslänge von 1,20 m, der Rekord liegt bei 1,816 m. Kühe bilden kleine Herden mit 3–8 Tieren, meist in Begleitung einiger Jungtiere und eines Bullen. Sofern sich die anderen Bullen nicht Junggesellenherden anschließen, ziehen sie allein umher. Kudus sind sehr wachsam, geben bei Gefahr einen Furcht einflößenden Warnruf von sich und flüchten mit hohen Sprüngen. Sie äsen an Büschen und Bäumen, fressen jedoch auch gern Mais und Luzerne.

Kleiner Kudu – (lesser kudu)
Tragelaphus imberbis
Diese elegante und schön anzusehende Antilope ist wesentlich kleiner (Schulterhöhe bis 1 m, Gewicht bis 100 kg) als der Große Kudu, wobei die weiblichen Tiere noch kleiner sind als die männlichen. Auf dem Rumpf sind deutlich 15 vertikale, weiße Streifen zu erkennen, am Hals zwei weiße Flecken. Nur die Bullen tragen ein spiralförmiges Gehörn mit einer Länge bis zu 75 cm. Kleine Kudus sind relativ standorttreu und leben meist allein oder als Pärchen, hin und wieder sind kleine Gruppen weiblicher Tiere mit ihren Jungen zu sehen. Sie sind überwiegend nachtaktiv und bevorzugen buschiges, trockenes Gelände, selten entfernen sie sich von schützender Deckung.

keine Abbildung

Sitatunga – (sitatunga)
Tragelaphus spekei
Diese besonderen Antilopen (Schulterhöhe bis 1,25 m, Gewicht bis 115 kg), auch Sumpfantilopen oder Wasserkudus genannt, sind nur in dicht bewachsenen, wasserreichen Gebieten anzutreffen. Einmalig sind die bis zu 18 cm langen Hufe, die sich weit spreizen, so dass diese Tiere auf Schlamm und schwimmenden Pflanzenflößen laufen können. Sie scheuen sich nicht, auch in tiefes Wasser zu gehen, denn sie sind gute Schwimmer. Die männlichen Tiere sind deutlich größer als die weiblichen, haben ein zottiges Fell und tragen ein spiralförmiges, bis zu 92 cm langes Gehörn. Im Allgemeinen sind die Sitatungas tagaktiv, nur bei Störungen und sonstigen außergewöhnlichen Verhältnissen äsen sie auch nachts.

Buschbock – (bushbuck)
Tragelaphus scriptus
Bei den Buschböcken (Schulterhöhe bis 85 cm, Gewicht bis 54 kg) werden 29 Unterarten beschrieben. Sie weisen deutliche Unterschiede in Statur und Farbe auf, mit Schattierungen von Schwarz bis Rotbraun mit zahlreichen weißen Pünktchen und Streifen. An der Kehle befinden sich immer zwei weiße Flecken. Nur die männlichen Tiere haben ein spiralförmiges Gehörn mit einer Durchschnittslänge von 26 cm, Rekordlänge 52 cm. Der auf dem Rückgrat sitzende Kamm wird aufgerichtet, um Feinden oder Weibchen zu imponieren. Buschböcke bevorzugen schützenden Busch und sind meist in Flusslandschaften in der Nähe von offenem Wasser anzutreffen.

Großer Kudu, männlich

Großer Kudu, weiblich

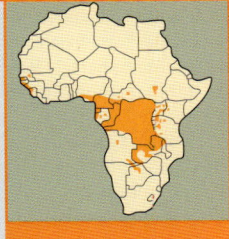

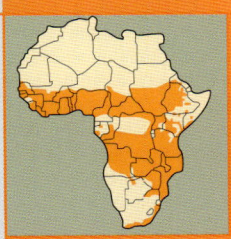

Oryx-Antilope – (gemsbok)
Oryx gazella

Oryx-Antilopen sind große, stämmige Tiere (Schulterhöhe bis 1,20 m, Gewicht bis 240 kg). Beide Geschlechter tragen lange, gerade, spitz zulaufende Hörner (Rekordlänge 1,219 m), wobei männliche Tiere und deren Gehörn wesentlich stattlicher sind als die weiblichen. Die Unterart im südlichen Afrika *O. g. gazella* ist grau und mit deutlichen schwarzen und weißen Markierungen, besonders im Gesicht, versehen. Diese Markierungen sind bei den ostafrikanischen Unterarten *O. g. beisa* und *callotis* beige und nicht ganz so deutlich ausgeprägt. Oryx-Antilopen leben meist in Herden, die bis zu 100 Tiere umfassen. Sie können gut ohne Wasser auskommen und bevorzugen weite Grassavannen. Die *O. g. gazella* lebt auch in Dünen (z.B. Sossusvlei und Kalahari).

Roan oder Pferdeantilope – (roan antelope)
Hippotragus equinus

Die Roans (Schulterhöhe bis 1,50 m, Gewicht bis 300 kg) sind die zweitgrößte Antilopenart. Ausgewachsene Tiere haben ein graubraunes Fell, junge sind eher rotbraun. Sie haben eine schwarzweiße Gesichtsmaskierung und markante lange Ohren mit Haarbüscheln an der Spitze. Beide Geschlechter tragen ein kräftiges, stark geringeltes, leicht nach hinten gebogenes Gehörn, das bei den weiblichen Tieren etwas kürzer ist.

Sie leben in kleinen Herden, bestehend aus 5–12 weiblichen und Jungtieren, die jeweils von einem starken männlichen Tier begleitet werden. Die Führung der Herde hat jedoch ein weibliches Leittier inne. Die jungen männlichen Tiere bilden Junggesellenherden. Roans bevorzugen offene Savannen mit hohem Gras.

Rappenantilope – (sable antelope)
Hippotragus niger

Beide Geschlechter dieser schönen, eleganten Antilope (Schulterhöhe bis 1,35 m, Gewicht bis 270 kg) tragen ein langes, nach hinten geschwungenes Gehörn, das beim männlichen Tier wesentlich größer ist (Rekordlänge 1,276 m). Es gibt ganz deutliche farbliche Unterschiede bei den Geschlechtern: Die männlichen Tiere sind pechschwarz mit schneeweißer Unterseite, während die weiblichen rötlichbraun sind. Beide Geschlechter haben eine markante schwarzweiße Gesichtsmaske.
Die Rappenantilopen bevorzugen offene, trockene Graslandschaften und sind auf offenes Trinkwasser angewiesen. Sie leben in Herden mit 10–30 Tieren, die von einem weiblichen Leittier geführt werden.

Wasserbock – (waterbuck)
Kobus ellipsiprymnus

Nur die männlichen Tiere des (Ellipsen-)Wasserbocks (Schulterhöhe bis 1,30 m, Gewicht bis 270 kg) tragen ein langes, nach vorne geschwungenes Gehörn. Es gibt zwei Unterarten, Defassa-Wasserbock und „normaler" (engl.: common waterbuck), auch Hirschantilope genannt. Das Fell ist graubraun, dicht und zottig. Am Maul und an der Nase weisen sie weiße Flecken und an der Kehle einen weißen Streifen auf. Auffällig beim Wasserbock ist der weiße, ellipsenförmige Ring am Hinterteil, während der Defassa dort einen weißen Flecken besitzt.
Starke männliche Tiere haben klar abgrenzte Territorien, durch die die Zuchtherden, meist 6–30 Tiere, hindurch ziehen. Der Wasserbock bevorzugt offene, wasserreiche Flusslandschaften.

Puku-Antilope – (puku)
Kobus vardoni

Bei den Pukus (Schulterhöhe bis 80 cm, Gewicht bis 74 kg) tragen die männlichen Tiere ein kräftiges, leierförmiges, stark geringeltes Gehörn (Rekordlänge 53,98 cm). Ihr goldbraunes, an der Bauchunterseite grauweißes Fell ist gänzlich ohne Markierung.

Sie leben in kleinen, unstabilen Herden von etwa sechs Tieren, selten in größeren mit bis zu 30 Tieren. Männliche Tiere verteidigen ihr Territorium nur während der Brunft. In dieser Zeit versuchen sie auch, die umher ziehenden Zuchtherden in ihrem Gebiet zu halten. Sie sind immer auf offenen Flächen in der Nähe von großen Flüssen und Sümpfen anzutreffen und fressen nur Gras.

- ▪ Oryx gazella beisa
- ▪ Oryx gazella callotis
- ▪ Oryx gazella gazella

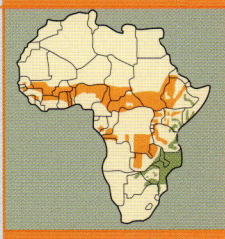

- ▪ K. ellipsiprymnus defassa
- ▪ K. e. ellipsiprymnus

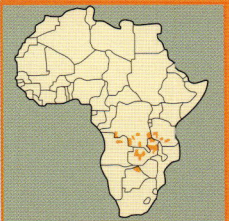

Lechwe – (lechwe)
Kobus leche
Diese Antilope (Schulterhöhe bis 1 m, wobei das Hinterteil deutlich höher als die Schulter ist, Gewicht bis 100 kg), auch Litschi-Wasserbock oder Litschi-Moorantilope genannt, ist vom Aussterben bedroht. Nur die männlichen Tiere tragen lange, stark geringelte, leierförmige Hörner. Es gibt drei Unterarten, wobei die jungen weiblichen Tiere sich ähneln, die Böcke sich jedoch v.a. in der Farbe unterscheiden. Lechwes leben in Zambia, einige sieht man im Caprivi (Namibia) sowie im Norden Botswanas. Sie lieben Wasser und stehen meist in seichten Schwemmebenen, nur bei schlechten Futterbedingungen entfernen sie sich 1–2 km vom Wasser. Sie äsen fast ausschließlich Sumpfgräser.

Großer Riedbock – (reedbuck)
Redunca arundinum
Riedböcke (Schulterhöhe bis 95 cm, Gewicht bis 70 kg) sind braun oder graubraun mit weißer Unterseite. Sie haben einen kurzen, buschigen Schwanz, der ebenfalls an der Unterseite weiß ist. Die Vorderbeine weisen einen senkrechten, schwarzen Streifen auf. Nur die männlichen Tiere tragen ein langes, mäßig geringeltes, leicht nach vorn gebogenes Gehörn. Riedböcke halten sich meist als Pärchen in hohem Gras immer in der Nähe vom Wasser auf und sind Grasfresser. Ihr typischer Warnpfiff ist am offenen Wasser oft deutlich zu hören. Es gibt zwei weitere Arten, den etwas kleineren Bohar Riedbock *Redunca redunca* und den noch kleineren (nur bis zu 30 kg) Bergriedbock *Redunca fulvorufula*.

Kuhantilope – (red hartebeest)
Alcelaphus buselaphus
Von dieser Antilope (Schulterhöhe bis 1,25 m, wobei die Schulter deutlich höher ist als die Hüfte, Gewicht bis 150 kg) gibt es sechs Unterarten, die sich vornehmlich durch die Form des Gehörns und durch die Farbe unterscheiden, sowie eine weitere Art, das Lichtenstein's Hartebeest *Sigmoceros lichtensteini*. Kuhantilopen können ausdauernd und schnell rennen. Beide Geschlechter tragen ein stark gebogenes Horn. Sie bevorzugen trockene Buschsavannen und treten in Herden von unterschiedlicher Größe, max. einige hundert Tiere, auf. Der afrikaanse (und englische) Name Hartebeest weist auf die herzförmige Zeichnung am Hinterteil und / oder auf die Herzform des Horns hin (harte = Herz, beest = Rind). *Abbildung: Alcelaphus buselaphus caama*

Leierantilope – (topi, tsessebe)
Damaliscus lunatus
Diese Antilopen (Schulterhöhe bis 1,20 m, wobei die Schulter deutlich höher ist als das Hinterteil, Gewicht bis 140 kg) werden auch Halbmondantilopen genannt. Es gibt vier Unterarten, von denen das Tsessebe *D.l. lunatus* im Süden und das Topi *D.l. jimela* im Osten die bekannteren sind. Beide Geschlechter tragen leierförmige Hörner, die beim Tsessebe weiter gespreizt sind als bei den anderen Unterarten. Ihr Fell ist rotbraun mit purpurnem Glanz. Die Beine, Schultern und Hüften sowie der Kopf sind etwas dunkler als der restliche Körper, beim Topi ist der Farbunterschied noch deutlicher als beim Tsessebe. Sie leben in eher kleinen Herden (6–30 Tiere), sind häufig in offenen Baumsavannen und im Grasland zu sehen und ernähren sich von Gras. *Abbildung: Topi*

Bunt- und Blessbock – (bontebok, blesbok)
Damaliscus dorcas dorcas und *D. d. phillipsi*
Die beiden Antilopenarten (Schulterhöhe bis 90 cm, Gewicht bis 70 kg, Buntbock geringfügig leichter) unterscheiden sich nur in der Fellfarbe und im bevorzugten Habitat. Der Buntbock hat dunklere Flanken als der Blessbock und einen großen, weißen Fleck am Hinterteil sowie eine durchgehende Blesse, während diese beim Blessbock aus zwei Flecken besteht. Männliche und weibliche Tiere beider Arten tragen ein leierförmiges Gehörn. Sie waren um 1900 fast ausgestorben, in eigens für sie geschaffenen Parks überlebten die Buntböcke an der Kap-Spitze und Blessböcke im zentralen Osten in Südafrika. Heute gibt es große Bestände auf privaten Wildfarmen in Südafrika und Namibia.

Abbildung: Blessbock

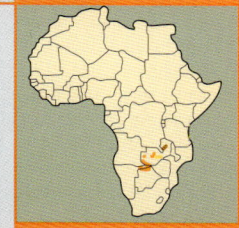

Kobus leche leche
Kobus leche kafuensis
Kobus leche smithemani

A. buselaphus major
A. buselaphus lelwel
A. buselaphus tora
A. buselaphus swaynei
A. buselaphus cokei
A. buselaphus caama

Damaliscus lunatus korrigum
Damaliscus lunatus tiang
Damaliscus lunatus jimela
Damaliscus lunatus lunatus

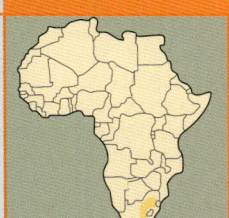

Damaliscus dorcas phillipsi
Damaliscus dorcas dorcas

Safari Guide – südliches und östliches Afrika

Gnu – (blue wildebeest)
Connochaetes taurinus

Bei den Gnus (Schulterhöhe bis 1,50 m, Schulter kräftiger und höher als Hüfte, Gewicht bis 250 kg) tragen beide Geschlechter ein Gehörn, das dem der Büffel ähnelt, jedoch viel leichter ist. Die Rekordlänge von Spitze zu Spitze beträgt 83,8 cm. Es gibt fünf Unterarten, die in drei separaten Gebieten leben und sich nur farblich unterscheiden.

Bei dem im südlichen Afrika lebenden Streifengnu *C. t. taurinus* sind die Barthaare schwarz, bei dem in Ostafrika lebenden Weißbartgnu *C. t. mearnsi / albojubatus* schmutzig-weiß. Das Cookson-Gnu *C. t. cooksoni* im Luangwa Valley in Zambia ist bräunlich. Das Gnu ist mit ca. 2 Mill. Tieren die häufigste Antilope in Afrika, trotzdem ist es stark bedroht. Von der Unterart *C.t. johnstoni* gibt es nur noch einige Exemplare in Mozambik.

Weißschwanzgnu – (black wildebeest)
Connochaetes gnou

Mit 180 kg und einer Schulterhöhe von 1,20 m sind sie kleiner als die Streifengnus. Weißschwanzgnus haben verglichen mit den Streifengnus ein noch unproportionaleres, fast groteskes Aussehen. Der pferdeähnliche, weiße Schwanz hebt sich deutlich vom schwarzen Körper ab. Einstmals mit vielen hunderttausend Tieren im

gesamten südlichen Afrika weit verbreitet, gab es 1930 nur noch einige hundert Tiere. Heute hat sich der Bestand in privaten Parks etwas erholt. Charakteristisch und namensgebend für beide Gnus ist das einmalige, unverwechselbare Geräusch „ge-nu", das sie von sich geben. Wer sie beobachtet, erkennt, warum sie in Afrika „Wildebeest" (wildes Rind) genannt werden.

Grants-Gazelle – (Grant's gazelle)
Gazella granti

Die Böcke dieser vergleichsweise großen Gazelle (Schulterhöhe bis 95 cm, Gewicht bis 80 kg) haben ein robustes, geringeltes, bis zu 81 cm langes Gehörn, bei weiblichen Tieren ist es wesentlich zierlicher. Anhand der Hornform sind diverse Unterarten zu unterscheiden. Der Oberkörper ist

rotbraun, die Unterseite und das Hinterteil sind weiß. Ein weißer Streifen streckt sich vom Auge bis zur Nase. Sie leben meist in kleineren Herden mit bis zu 30 Tieren. Diese werden von einem männlichen Tier geführt.
Die Grants gibt es in vielen verschiedenen Vegetationsformen, sie meiden jedoch Savannen mit hohem Gras.

Thomson-Gazelle – (Thomson's gazelle)
Gazella thomsoni

Diese bekannte, kleine Gazelle (Schulterhöhe bis 65 cm, Gewicht bis 28 kg) wird meist als Tommy (pl. Tommies) bezeichnet. Sie hat ein eng beieinander stehendes, stark geringeltes, bis zu 43 cm langes Gehörn, das bei den weiblichen Tieren kürzer und schlanker ist. Die obere Körperhälfte ist hell gelbbraun, die untere weiß, getrennt

durch einen breiten, schwarzen Streifen. Kennzeichnend ist außerdem der weiße Augenring. Es gibt zwei Unterarten, *G. t. thomsoni* in Kenya und Tanzania sowie *G. t. albonotata* in Somalia. Tommies bevorzugen offene Savannen und müssen täglich trinken. Mit über einer Million Tiere im Serengeti-Ngorongoro-Masai Mara-Gebiet und ca. 300 000 in Somalia ist die Thomson mit Abstand die häufigste Gazelle.

Springbock – (springbok)
Antidorcas marsupialis

Der Springbock (Schulterhöhe bis 75 cm, Gewicht bis 41 kg) ist die einzige Gazelle im südlichen Afrika. Springböcke „prunken" – ein einmaliges Verhalten, bei dem sie mit steifen Beinen und gebogenem Rücken hohe Luftsprünge machen. Dabei wird der Rückenkamm, der aus zusammengelegten, steifen Haaren besteht, zu ei-

ner großen Rosette geöffnet. Beide Geschlechter tragen ein leierförmiges Gehörn. Es gibt heute etwa 100 000 Tiere. Die ersten Abenteurer Afrikas berichteten von gigantischen Herden von je ca. 1 Mill. Tiere. Springböcke werden heute auf Farmen für die Trophäenjagd und wegen des Wildbret gehalten. Sie können sich exzellent an Wüstenbedingungen anpassen und graben mit den Vorderhufen nach Wurzeln und Knollen.

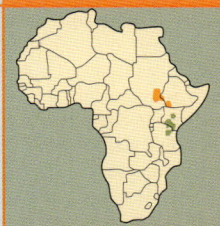

Gazella thomsoni albonotata
Gazella thomsoni thomsoni

Impala – (impala)
Aepyceros melampus

Die sechs Unterarten der mittelgroßen Antilope (Schulterhöhe bis 90 cm, Gewicht bis 50 kg) sind nur schwer zu unterscheiden. Lediglich die in Namibia vorkommende Schwarznasenantilope *A. m. petersi* ist eindeutig am schwarzen Fleck auf dem Nasenrücken zu identifizieren. Die Impala-Böcke haben ein elegantes, leierförmiges Gehörn, das in Ostafrika wesentlich länger ist als bei der in Südafrika vorkommenden Schwarzfersenantilope, *A. m. melampus*. Böcke geben in der Brunft schnaubende, grunzende, manchmal brüllende Laute von sich. Nur in dieser Zeit beanspruchen sie ein festes Territorium, um das bis aufs Blut gekämpft wird. Außerhalb der Brunft ziehen sie friedlich gemeinsam umher. Es leben etwa 500 000 Tiere in Südafrika und die gleiche Anzahl in Ostafrika.

Steinböckchen – (steenbok)
Raphicerus campestris

Die kleine, elegante Antilope (Schulterhöhe bis 50 cm, Gewicht bis 11 kg) hat auffällig große Augen und noch größere Ohren. Ihr Fell ist rehbraun und ohne jegliche Zeichnung, an der Bauchunterseite und Innenseite der Beine jedoch weiß. Nur die Böcke haben ca. 9 cm lange, spitze Hörner, die Rekordlänge beträgt 19 cm. Noch sind die Steinböckchen in den zwei geografisch getrennten Gebieten häufig anzutreffen, doch auch ihr Lebensraum wird immer stärker eingeschränkt. Sie leben meist paarweise und sind an ihr Revier gebunden. Sie bevorzugen Grassavannen mit etwas Deckung und sind unabhängig vom Wasser.
Für Antilopen ungewöhnlich ist, dass sie Dung und Urin mit den Vorderläufen verscharren.

Klippspringer – (klipspringer)
Oreotragus oreotragus

Bei dieser kleinen Antilope (Schulterhöhe bis 60 cm, Gewicht bis 15 kg) sind die weiblichen Tiere etwas schwerer als die männlichen. Bei den meisten Unterarten haben nur die Böcke ein weit auseinander stehendes, kurzes Gehörn. Ihr grobes, fast dorniges Haarkleid dient der Temperaturregelung sowie als Polster bei Stürzen. Als einzige Antilope laufen sie auf den Hufspitzen durch steinige Gebiete und können mit grazilier Leichtigkeit extrem steile Felshänge überwinden. Das Warngeräusch ist ein lauter, nasaler Pfeifton. Sie leben immer als Pärchen, häufig in Begleitung eines Jungtiers. Klippspringer nutzen Dungplätze gemeinschaftlich.

Dikdik – (dik-dik)
Madoqua spp.

Es gibt vier Arten der sehr kleinen Antilope (Schulterhöhe bis 38 cm, Gewicht nur bis 5 kg), die häufigsten sind das Kirk- oder Damara-Dikdik *Madoqua kirki* und das Guenther's-Dikdik *Madoqua guentheri*. Sie sind einfach an der geschwollen wirkenden, rüsselartigen Nase zu erkennen. Böcke tragen ein kurzes Gehörn, beide Geschlechter schmücken sich mit einem Haarbüschel auf der Stirn. Sie sind immer paarweise zu sehen, oft in Begleitung eines Jungtieres, das so lange bei den Eltern bleibt, bis ein neues geboren wird. Dikdiks haben einen vielfältigen Speiseplan: Sie grasen, äsen und sammeln Früchte, Schoten und Blüten, die von Elefanten und Kudus fallen gelassen werden. Oft nimmt man sie gar nicht wahr, wenn sie sich unter den Büschen aufhalten.

Kronenducker – (common duiker)
Sylvicapra grimmia

Der Ducker (Schulterhöhe bis 50 cm, Gewicht bis 21 kg) bekam seinen Namen aufgrund der Gewohnheit, bei Störungen mit weiten, schnellen Sprüngen zu flüchten und sich dann in ein Versteck zu ducken. Genau deshalb ist es so schwer, diese Antilope zu fotografieren. Sie ist in ganz Afrika südlich der Sahara anzutreffen. Es wurden bisher 18 Unterarten beschrieben, die sich v.a. in Farbnuancen unterscheiden. Nur die Böcke tragen ein durchschnittlich 11 cm langes, spitz zulaufendes Gehörn, die Rekordlänge beträgt 18,1 cm. Beide Geschlechter haben ein Haarbüschel (die so genannte Krone) auf der Stirn. Sie bevorzugen Savannen und dichten Busch und meiden unbewachsene Flächen. Sie leben einzeln in Revieren, die sie mit Kothaufen markieren.

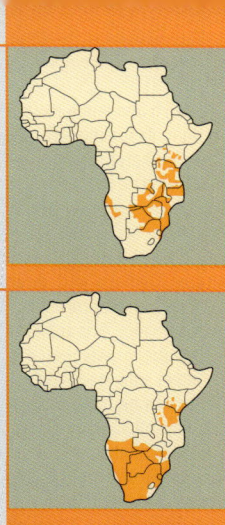

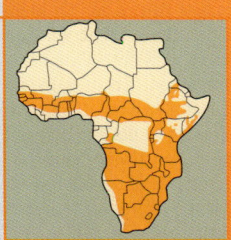

Afrikanischer Elefant – (African elephant)
Loxodonta africana
Diese riesigen Tiere mit ihrem unverwechselbaren Aussehen sind die bekanntesten Vertreter der Tierwelt Afrikas und die größten Landsäugetiere. Die Bullen wiegen bis zu 6,3 t bei einer Schulterhöhe bis zu 4 m. Die Kühe sind kleiner, wiegen maximal 3,5 t bei nur 3,50 m Schulterhöhe.
Elefanten haben einen sehr empfindlichen Rüssel und zwei Stoßzähne, die aus dem Oberkiefer wachsen. Diese aus reinem Elfenbein bestehenden Eckzähne nutzen sich durch stetigen Gebrauch nach und nach ab, wachsen aber ausgleichend dazu ein Leben lang nach. Die Stoßzähne werden zum Graben, Stochern und zur Verteidigung genutzt. Die größten Stoßzähne eines Elefanten aus Kenya wogen 102,3 kg und 97 kg.
Die lappenartigen Ohren mit dem feinen Adernetz, die bei afrikanischen Elefanten in etwa die Form Afrikas haben, dienen u.a. zur Temperaturregelung. Durch das Wedeln der Ohren wird die Körperwärme reduziert. Bei Erregung werden die Ohren weit aufgestellt (Drohgebärde). Mit ihrem äußerst beweglichen Rüssel können Elefanten viele Dinge bewältigen, wozu Menschen ihre Hände benötigen. Mit dem Rüssel wird alles Essbare gesammelt und in den Mund befördert. Mit den zwei fingerähnlichen Verlängerungen an der Spitze des Rüssels können selbst kleinste Gegenstände aufgehoben werden. Trinkwasser wird angesaugt und in den Mund gepumpt oder als Dusche über den Körper gespritzt.
Elefanten sind bis auf ein kleines Büschel an der Schwanzspitze nahezu haarlos. Vor 1500 Jahren waren sie in ganz Afrika bis zum Mittelmeer verbreitet, heute leben sie nur noch in kleinen Gebieten im mittleren und südlichen Afrika, fast ausschließlich in Parks und Schutzgebieten. 1930 wurde der bereits reduzierte Gesamtbestand der Elefanten auf 5–10 Mill. Tiere geschätzt, 1992 waren es nur noch 600 000. Ein guter Teil dieses Verlustes geht auf das Konto der Elfenbeinjäger, weit schlimmer ist jedoch die Eingrenzung ihres Habitats durch dramatisch zunehmende Besiedlung und die damit einhergehende Überweidung und Abholzung. In den wenigen Schutzgebieten gibt es auf der anderen Seite einen z.T. bedrohlichen Überbestand mit verheerenden Folgen für die Flora. Elefanten sind eine ernsthafte Gefahr für das empfindliche ökologische Gleichgewicht in fast allen Parks.
Sie sind sehr anpassungsfähig und leben sowohl in der Wüste – sogar in Dünenlandschaften – als auch in Wäldern, in Sumpfgebieten und trockenen Savannen. Sie benötigen je nach Futter- und Wasservorkommen ein Gebiet zwischen 5 und 50 km^2, Bullen in der Wüste gar bis zu 3000 km^2.
Elefanten sind gesellig und leben in Familien, bestehend aus einer älteren Leitkuh und ihren Nachkommen. Oft schließen sich mehrere Familien zu großen Herden zusammen. Erwachsene Bullen bewegen sich unabhängig zwischen den Familien. Junge Kühe bleiben solange in der Familie, bis genügend Tiere für eine neue Gruppe herangewachsen sind. Bullen bleiben bis zur Geschlechtsreife in der Familie und bilden dann Junggesellenherden. Da nur die stärksten Bullen decken dürfen, paaren sich Elefantenbullen selten vor dem 20. Lebensjahr, während Kühe mit ca. 11 Jahren ihr erstes Kalb bekommen. Sie paaren sich das ganze Jahr über. Das Kalb wird nach 22 Monaten mit einem Gewicht von etwa 120 kg geboren. Das Kleine ist dann schon fast 1 m groß. Die derst verspielten Jungtiere werden fürsorglich und liebevoll behütet, bis sie mit etwa 2 Jahren selbstständig werden. Zwischen ihrem 10. und 12. Lebensjahr erreichen sie die Geschlechtsreife, erst nach 20 Jahren sind sie ausgewachsen. Elefanten werden im Durchschnitt 60 Jahre, vereinzelt sogar 100 Jahre alt.
Ein Elefant trinkt 100–220 l Wasser am Tag und frisst 150–300 kg an Gras, Blättern, Rinden, Ästen, Wurzeln und Früchten. Elefanten können große Bäume fällen, um an das Laub in der Spitze zu gelangen und verwandeln so innerhalb kürzester Zeit einen Wald in eine verwüstete Landschaft.
Elefanten haben komplizierte Verständigungsmethoden: Neben visuellen Signalen und Körperkontakt gibt es eine ganze Palette von für Menschen z.T. nicht hörbaren Geräuschen. Am eindruckvollsten ist das markdurchdringende, ohrenbetäubende Trompeten, das aus Furcht oder als Drohung ausgestoßen wird.
Einziger Feind der Elefanten ist der Mensch, nur selten werden Jungtiere von Löwen oder Hyänen gerissen. Elefanten sind grundsätzlich friedliche Tiere, greifen jedoch aggressiv an, wenn sie bedroht werden oder verwundet sind.

Safari Guide – südliches und östliches Afrika

Kapfuchs – (Cape fox)
Vulpes chama
Der einzige „echte" Fuchs südlich der Sahara (Schulterhöhe bis 36 cm, Gewicht 2,5–4 kg) kommt ausschließlich an der Südwestspitze Afrikas vor. Der Rücken und die Seiten sind silbergrau meliert, Hals, Brust und Vorderläufe sind hell gelbbraun. Der Kapfuchs hat große, spitze Ohren und einen langen, buschigen Schwanz.

Auffällig ist sein Gebell, das mitunter in ein hohes Heulen übergeht. Er bevorzugt offene Grassavanne, Halbwüste und das Fynbos-Gebiet Südafrikas. Die nachtaktiven Tiere leben meist einzeln und jagen Insekten, Reptilien, Vögel und auch schon mal ein Huhn oder ein kleines Lamm, weswegen sie von Farmern energisch bekämpft werden. Tagsüber verstecken sie sich in Löchern, sehr dichtem Gebüsch oder Felsspalten.

Löffelhund – (bat-eared fox)
Otocyon megalotis
Namensgebend sind die riesigen, bis zu 14 cm langen Ohren, die auf dem kleinen Tier (Schulterhöhe bis 40 cm, Gewicht bis 5 kg) fast deplatziert wirken. Löffelhunde haben ein langhaariges, grau meliertes Fell. Die Beine und die Oberseite des buschigen Schwanzes sind schwarz. Sie leben in Familienverbänden zusammen.

Die nachtaktiven Löffelhunde konnten ihr Verbreitungsgebiet ausdehnen und wahrscheinlich sogar zahlenmäßig zunehmen – eine Besonderheit in der heutigen Welt. Sie leben überall, wo es Grasschneidetermiten (Hodotermes) gibt, die ihre Hauptnahrung darstellen. Sie fressen auch andere Insekten, Reptilien und manchmal auch Feldfrüchte, reißen jedoch nie ein Huhn oder Lamm.

Schabrackenschakal – (black-backed jackal)
Canis mesomelas
Kaum ein Tier wurde vor allem im südlichen Afrika so ausdauernd gejagt wie der Schakal (Schulterhöhe bis 50 cm, Gewicht bis 8 kg), trotzdem kommt er immer noch sehr häufig vor. Schakale sind ausgesprochen anpassungsfähig – ob dieser Eigenschaft, so vermuten Wissenschaftler, werden sie vielleicht einmal die letzten wilden Tiere

sein. Die schwarze, weiß durchsetzte Schabracke, die sich von der Schulter zum Schwanz hin verjüngt, verleiht ihnen ihren Namen. Sie fressen alles, von Pflanzen bis Aas, und reißen kleine Antilopen und andere Tiere, auch Lämmer und Kälber. Sie sind nachtaktiv und verständigen sich mit einem unvergleichlichen, markdurchdringenden Heulen, das mit einem drei- bis viermaligen Kläffen abgeschlossen wird.

Afrikanischer Wildhund – (African hunting dog)
Lycaon pictus
Die unregelmäßig schwarz, weiß, braun und gelbbraun gefleckten Tiere (Schulterhöhe 65–80 cm, Gewicht 17–36 kg) werden auch Hyänenhunde genannt. Die Flecken fallen bei jedem Hund anders aus. Die Schnauze ist schwarz, von der Spitze zieht sich ein schwarzer Streifen bis zwischen die großen, dunklen, runden Ohren. Sie jagen in

Rudeln mit bis zu 15 Tieren und hetzen ihre Beute über mehrere Kilometer mit etwa 50 km/h bis zur Erschöpfung, um diese dann zu reißen. 70 % aller Jagdversuche sind erfolgreich – mehr als bei jedem anderen Raubtier. Die im Bau zurückbleibenden Jungtiere werden mit vorverdautem, hochgewürgtem Fleisch gefüttert. Wildhunde sind extrem bedroht. Einstmals sehr zahlreich, sind heute nur noch 2000–3000 Tiere übrig geblieben.

Honigdachs – (honey badger, ratel)
Mellivora capensis
Wegen ihres kleinen Körperbaus (Schulterhöhe bis 30 cm, Gewicht 8–14 kg) werden die Honigdachse sehr häufig unterschätzt. Sie sind die furchtlosesten Tiere in Afrika und greifen sogar Elefanten und Menschen an, wenn sie bedroht werden. Das kurze Haarkleid ist am Scheitel, Nacken und Rücken silbriggrau, sonst einheitlich

schwarz. Sie sind gewöhnlich nachtaktiv, jedoch auch in den Morgen- und Abendstunden hin und wieder zu sehen. Die dicken, struppigen Borsten erlauben es ihnen, direkt in einen Bienenstock zu kriechen und den Honig auszuheben, den sie mit einem einmaligen Gespür finden. Nur die Nase ist sehr empfindlich und bekommt dabei schon mal ein paar Stiche ab. Ansonsten leben sie von Nagetieren, Reptilien, Vögeln und auch Aas.

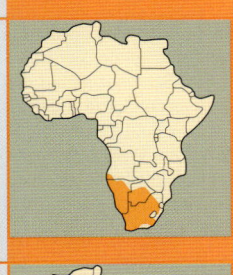

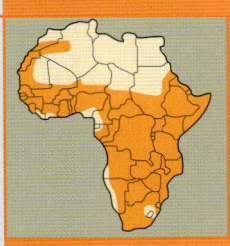

Afrika-Zibetkatze – (African civet)
Civettictis civetta

Zibets gehören zu den Mangusten und sind nur entfernt mit den Katzen verwandt. Sie sind kräftig gebaut (Schulterhöhe bis 40 cm, Gewicht 9–15 kg) und weit verbreitet. Sie haben zahlreiche schwarze Flecken, Tüpfel und Streifen auf einem grauen bis graubraunen, borstigen Fell. Charakteristisch sind die schwarzweißgraue Gesichtszeichnung und der beim Laufen gekrümmte Rücken. Bei Gefahr sträubt sich ein dunkler Haarstreifen am Rückgrat. Der Schwanz ist auf der Unterseite gestreift, doch an der Spitze und oben schwarz.

Zibets leben in der Nähe von Wasser und sind meist allein in der Nacht oder in der Dämmerung unterwegs. Sie nutzen immer die gleichen Stellen als Toilette, die so genannten „civetries".

Erdmännchen – (suricate)
Suricata suricatta

Diese Mangustenart (Schulterhöhe bis 15 cm, Gewicht bis 1 kg) lebt in trockenen, offenen Gebieten mit wenig Pflanzenwuchs. Die Farbe des Fells variiert von Rehbraun bis Silbergrau und hat eine Reihe dunkler, unregelmäßiger Querstreifen, die sich von der Schulter bis zur Schwanzspitze erstrecken. Den dünnen, spitz zulaufenden Schwanz mit der schwarzen Spitze strecken sie beim Laufen senkrecht in die Höhe. Ihr besonderes Merkmal ist, dass sie auf ihren Hinterbeinen stehen und „Männchen" machen können. Erdmännchen sind sehr gesellig und leben in Familien von 5–50 Tieren. Sie fressen Insekten und andere wirbellose Tiere. Faszinierend ist die Geschwindigkeit, mit der sie Skorpione fangen und vertilgen. Sie leben in selbst gegrabenen Bauten und sind tagaktiv.

Zebramanguste – (banded mongoose)
Mungos mungo

Die kleinen, agilen Tiere (Schulterhöhe bis 20 cm, Gewicht bis 1,8 kg) kommen in allen Savannen vor. Sie sind sehr gesellig und leben in ausgeprägten Verbänden von 5–30 und mehr Tieren. Ihr Fell ist grau meliert mit 10–12 dunkelbraunen oder schwarzen „Zebra"-Streifen, die quer über den Körper verlaufen. Sie haben einen relativ buschigen, kurzen Schwanz. Zebramangusten „unterhalten" sich ständig mit zwitschernden, zirpenden Geräuschen. Wie alle anderen Mangusten ernähren auch sie sich von wirbellosen Tieren, Reptilien, Vögeln und Mäusen.

In Afrika gibt es 23 Mangustenarten, auch Mungos genannt, und noch mehr Unterarten. 22 Arten leben südlich der Sahara. Einige sind vermutlich schon ausgestorben.

Fuchsmanguste – (yellow mongoose)
Cynictis penicillata

Diese kleine Manguste (Schulterhöhe bis 15 cm, Gewicht bis 0,9 kg) ist im südlichen Afrika sehr häufig auf offenen, mit kurzem Gras bestandenen Flächen und im Gestrüpp der Halbwüsten zu sehen. Auch bei den Fuchsmangusten variiert die Farbe des Fells, von rötlichgelb zu braungelb, sie haben meist eine weiße Schwanzspitze. Im nördlichen Botswana sind sie mehr gräulich und die weiße Schwanzspitze fehlt. Der Schwanz ist buschig und wird horizontal über dem Boden gehalten, nur beim Rennen (Flucht o. Ä.) wird er auf 45° angehoben. Fuchsmangusten sind tagaktiv, gehen allein auf Futtersuche und leben in kleinen Kolonien mit 5–10 Tieren in Erdlöchern, die sie selbst graben. Manchmal ziehen sie in die Bauten der Erdmännchen oder -hörnchen.

Serval – (serval)
Leptailurus serval

Diese gelbbraune, getüpfelte Wildkatze hat die Körpergröße einer Hauskatze, ist aber mit wesentlich längeren Beinen und einem längeren Hals ausgestattet (Schulterhöhe bis 60 cm, Gewicht bis 13 kg). Sie hat einen kurzen, gestreiften Schwanz mit einer schwarzen Spitze. Die großen, runden Ohren sind mit einem weißen Fleck markiert und an der Spitze schwarz. Die bevorzugten Areale bieten ausreichend Wasser und eine üppige Vegetation mit hohem Gras oder Ried. Servals sind geschickte Jäger und reißen überwiegend am Boden kleine Nagetiere, Reptilien und Vögel, können jedoch, wenn erforderlich, flink auf Bäume klettern. Sie sind nachts und in der Dämmerung allein oder in Familienverbänden unterwegs.

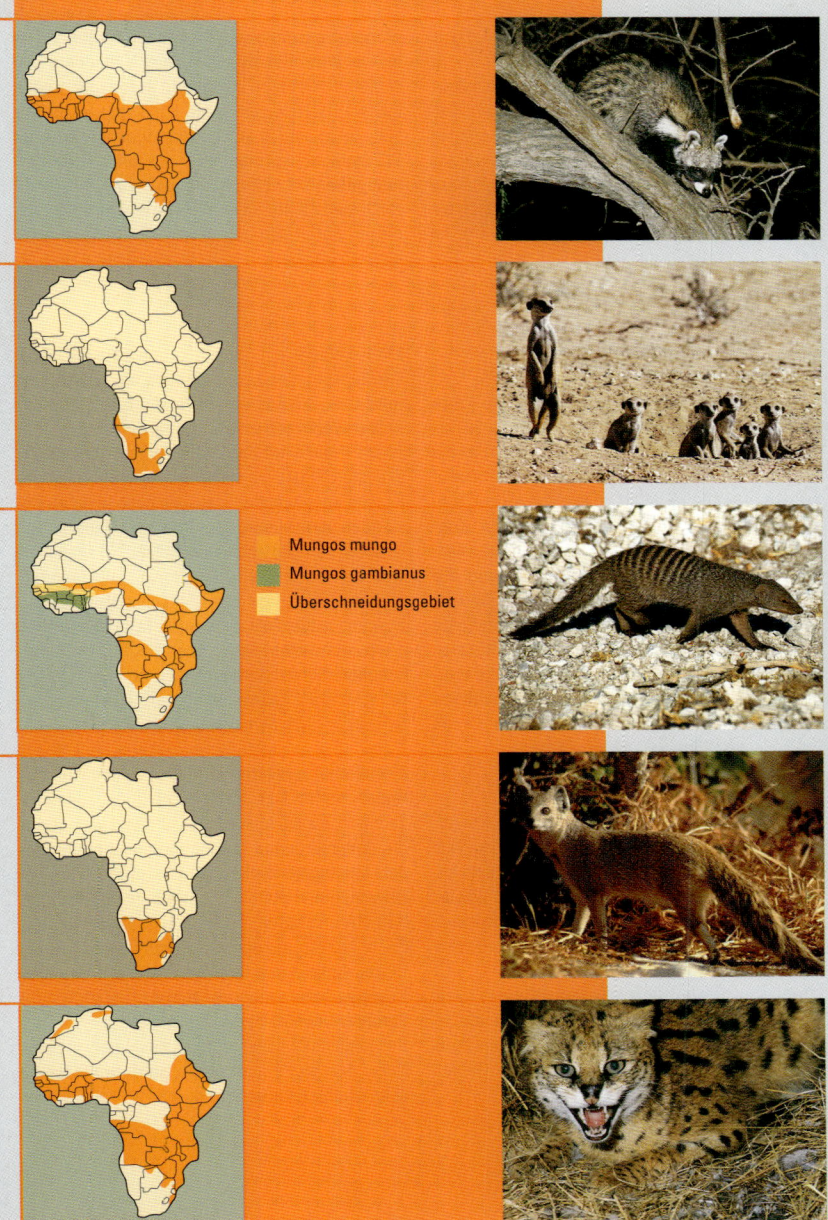

Mungos mungo
Mungos gambianus
Überschneidungsgebiet

Gepard – (cheetah)
Acinonyx jubatus

Die tagaktiven Geparden haben einen schlanken, grazilen Körper (Schulterhöhe bis 80 cm, Gewicht bis 70 kg) mit langen Beinen, einen kleinen Kopf und ein mit geschlossenen, schwarzen Flecken übersätes, beiges Fell. Vom inneren Augenwinkel bis zum Mundwinkel erstreckt sich ein schwarzer Streifen. Der lange Schwanz ist schwarz geringelt und an der Spitze weiß. Geparden fressen kein Aas, sondern jagen kleine bis mittlere Säugetiere, meist Antilopen. Sie schleichen sich an ihre Beute heran und greifen diese auf den letzten Metern mit sehr hoher Geschwindigkeit (70 km/h, Rekordgeschwindigkeit 112 km/h) an, sprinten aber nur kurze Distanzen und geben schnell auf. Ihr bevorzugter Lebensraum sind offene Savannen mit weiter Sicht. Von dieser stark bedrohten Raubkatze gibt nur noch etwa 15 000 Tiere.

Leopard – (leopard)
Panthera pardus

Das beige Fell der kraftvoll gebauten Katze (Schulterhöhe bis 80 cm, Gewicht bis 90 kg, Männchen deutlich größer als Weibchen) ist mit unregelmäßigen Rosetten auf grauweißem oder orangefarbenem Grund markiert und an den Beinen, Flanken, Hinterschenkeln und am Kopf schwarz getupft. Leoparden sind zumeist allein unterwegs und treffen sich nur zur Paarung. Sie sind sowohl tag- als auch nachtaktiv, ruhen jedoch an heißen Tagen. Obwohl sie exzellente Kletterer und Schwimmer sind, bewegen sie sich meist am Boden, schleichen sich nah an die Beute heran und greifen mit einem geschmeidigen Sprung an. Sie reißen kleine Antilopen, aber auch Mäuse, Vögel und Ähnliches. Von allen Katzen ist die Nahrung des Leoparden am abwechslungsreichsten. Die Beute wird versteckt und das Aas später weitergefressen. Leoparden sind in ganz Afrika südlich der Sahara verbreitet, von der trockensten Wüste bis in den dichtesten Dschungel. Es wird angenommen, dass sie noch in guten Beständen vorkommen, denn kaum ein anderes Tier ist so schlau und anpassungsfähig. So zeigen sie sich nur in Parks und privaten Schutzgebieten, wo sie wissen, dass vom Menschen keine Gefahr ausgeht. Außerhalb werden sie fast nie gesichtet – was eben nicht heißt, dass sie dort nicht vorkommen. Sie verständigen sich mit einem heiseren Krächzen, knurren bei Gefahr und schnurren beim oder nach dem Fressen.

Löwe – (lion)
Panthera leo

Löwen sind die größten afrikanischen Katzen (Schulterhöhe bis 1,20 m, Gewicht bis 250 kg). Nur die männlichen Tiere, die deutlich größer sind als die Weibchen, tragen eine üppige Mähne. Löwen sind stark bedroht und außerhalb der Schutzgebiete kaum noch anzutreffen. Ihr Bestand wird auf weniger als 50 000 Tiere geschätzt.
Löwen sind die geselligste Katzenart und je nach Verfügbarkeit der Beute immer in Rudeln von 3–30 Tieren unterwegs. Sie weisen ausgeprägte Sozialstrukturen auf und verteidigen ihr Gebiet gegen Eindringlinge. Männliche Jungtiere verlassen relativ früh das Rudel und tun sich mit anderen Jungesellen zusammen, bis sie erwachsen sind und sich gegen die dominierenden Männchen eines neuen Rudels behaupten können.
Obwohl meist die Löwinnen nachts oder in der Dämmerung jagen, nehmen sich die Löwen das Recht heraus, als erste zu fressen. Gern werden Büffel, Antilopen und Zebras gerissen. Manche Gruppen haben sich auf Hippos, Giraffen oder Stachelschweine spezialisiert.
Das imposante Löwengebrüll, das einem in freier Natur das Blut in den Adern gefrieren lässt, ist über etliche Kilometer zu hören.

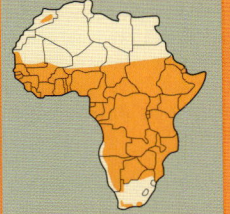

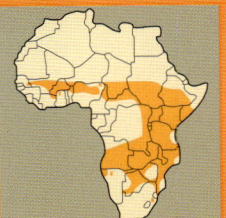

Braune Hyäne (brown hyaena)
Hyaena brunnea
Diese Hyänenart (Schulterhöhe bis 80 cm, Gewicht bis 45 kg) wird auch Schabrackenhyäne genannt. Auch bei ihr sind die Schultern höher als die Hüfte. Braune Hyänen haben ein langes, dunkelbraunes Fell mit einer etwas helleren Mähne an den Schultern und auf dem Rücken sowie lange, spitz aufgestellte, nach vorn gerich-

tete Ohren und einen kurzen, buschigen Schwanz. Einstmals in allen trockenen Gebieten im südlichen Afrika verbreitet, gibt es sie heute nur noch in Wildschutzgebieten. Sie sind überwiegend nachtaktiv und meist als Einzelgänger unterwegs. Sie fressen hauptsächlich Aas, ernähren sich aber auch von Insekten und kleinen Tieren, sogar Wildfrüchte stellen einen Teil ihrer Nahrung.

Tüpfelhyäne – (spotted hyaena)
Crocuta crocuta
Hyänen haben deutlich stärkere und höhere Schultern als Hüften (Schulterhöhe bis 85 cm, Gewicht bis 80 kg). Kennzeichnend sind die braunen Tüpfel auf dem gesamten Fell und die großen Ohren. Sie haben einen unverwechselbaren Ruf, ein lang gezogenes „whoops", und ein unheimliches Kichern. Sie leben in Rudeln, auch als Clans be-

zeichnet, die von einem weiblichen Tier geführt werden. Sie sind nachts aktiv und fressen alles, von Aas, Insekten bis zu Großwild. Entgegen der allgemeinen Meinung sind sie sehr gute, aggressive Jäger und vertreiben oft Löwen und andere Raubkatzen von ihrem Riss. Besonders auffällig ist der kreideweiße Kot, dessen Färbung durch den sehr säurehaltigen Magen der Aas- und Allesfresser hervorgerufen wird.

Klippschliefer – (hyrax, dassies)
Procavia capensis
Die kleinen, stämmigen, schwanzlosen Tiere (Schulterhöhe 15–30 cm, Gewicht 2–5 kg) sind von Kapstadt bis Kairo an felsigen, buschbestandenen Hängen anzutreffen. Es gibt große Unterschiede in den Farbschattierungen, von gelblichem Rehbraun bis zu Dunkelbraun, selbst innerhalb einer Kolonie. Sie fressen Gras, Blätter und

Früchte und leben in Kolonien, deren Größe vom Nahrungsangebot abhängt. Droht Gefahr, stoßen sie einen schrillen Warnschrei aus.
Es gibt eine weitere Art, *Heterohyrax brucei,* sowie drei Arten von Baumschliefern, *Dendrohyrax spp.* Deutlich erkennbar ist das aufrecht stehende Haarbüschel in der Mitte des Rücken, das eine Drüse schützt. Je nach Art ist dieses Büschel schwarz, weiß oder gelblich.

Erdferkel – (aardvark)
Orycteropus afer
Erdferkel (Schulterhöhe bis 60 cm, Gewicht bis 53 kg) haben einen langen, schweineartigen Rüssel, röhrenförmige Ohren, einen muskulösen, langen Schwanz, einen krummen Rücken und kräftige Vorderbeine mit Grabkrallen.
Die nachtaktiven Tiere haben schwache Augen, aber einen ausgeprägten Geruchssinn und ein

gutes Gehör. Die Haut ist spärlich mit gelblichbraunen Borsten bedeckt, die Farbe des Tieres hängt von der Farbe des Erdreichs ab. Sie bevorzugen offene Savanne.
Sie ernähren sich von Ameisen und Termiten sowie deren Eiern und Larven, die sie selbst bei steinhartem Boden mit einer erstaunlichen Geschwindigkeit ausgraben und mit ihrer langen klebrigen Zunge auflecken.

Steppen-Schuppentier – (pangolin)
Manis temmincki
Diese ganz besonderen, urzeitlich anmutenden, nachtaktiven Tiere (Länge bis 1,10 m, Gewicht bis 18 kg) sind sehr selten zu sehen. Der Rücken, die Seiten und der Schwanz sind mit großen, braunen Schuppen bedeckt. Die Hinterbeine und der Schwanz sind stark entwickelt. Beim Laufen werden die kurzen Vorderbeine oft nicht genutzt. Bei

Gefahr rollen sich die Schuppentiere zu einer festen Kugel zusammen, so dass die starken Schuppen die empfindliche Bauchseite schützen. Mit den Vorderbeinen graben sie Löcher auf der Suche nach Termiten und Ameisen, die ihre Hauptnahrung bilden. Das Steppen-Schuppentier hält sich in trockenen Buschsavannen auf, während das Riesen-Schuppentier sowie die beiden Baum-Schuppentiere feuchte Waldgebiete bevorzugen.

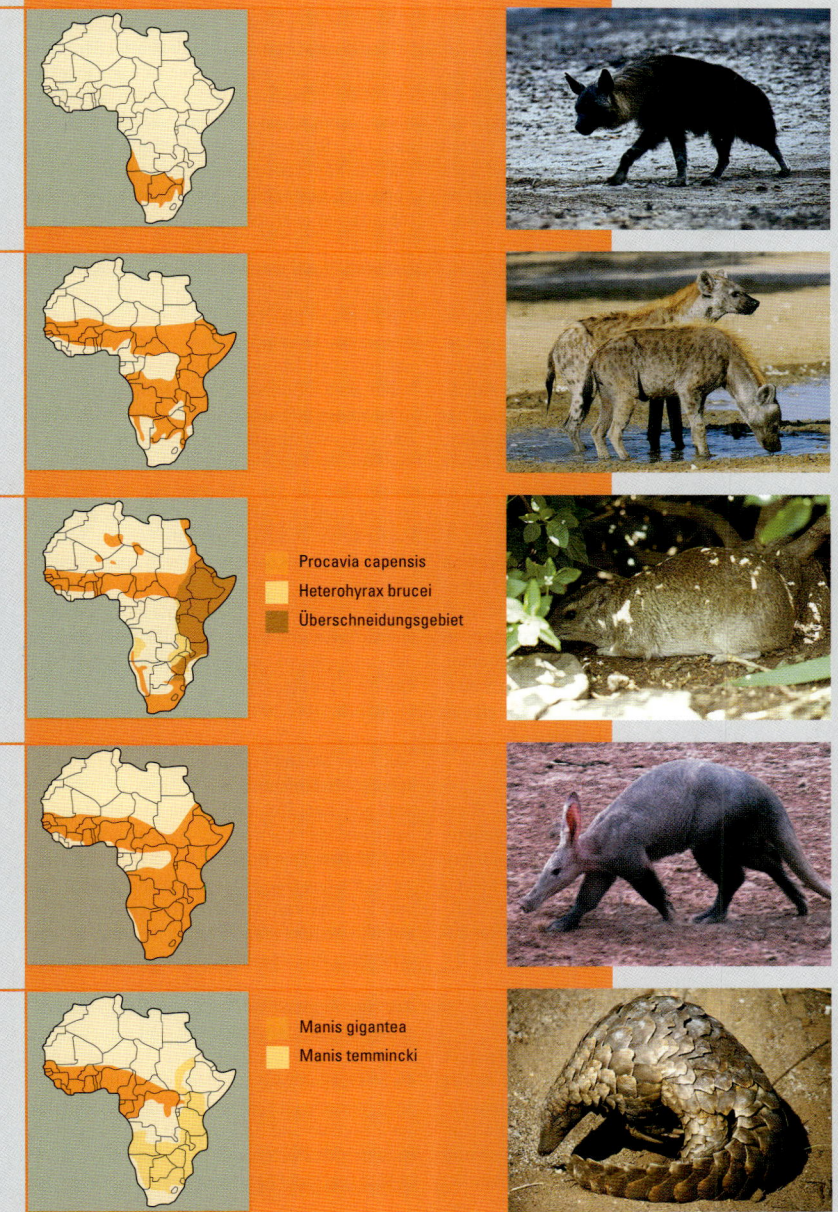

Procavia capensis
Heterohyrax brucei
Überschneidungsgebiet

Manis gigantea
Manis temmincki

Igel – (hedgehog)
Atelerix frontalis

Igel (bis 0,6 kg) sind an den kurzen, spitzen, gestreiften Stacheln leicht zu erkennen, die von der Stirn bis zum Steiß verlaufen. Dunkle Haare bedecken das Gesicht, die Beine und den kurzen Schwanz. Ein auffallendes, weißes Band zieht sich über die Stirn bis hinter die Ohren. Igel leben in vielen verschiedenen Habitaten, mit Ausnahme von regenreichen Gebieten und der Wüste. Tagsüber ruhen sie in Erdlöchern oder in trockenen Büschen. Sie ernähren sich von Insekten und Wildfrüchten. Bei Gefahr rollen sie sich zu einer festen Kugel zusammen, so dass die gesträubten Stacheln die empfindliche Bauchseite und den Kopf schützen. Sie bewegen sich im Allgemeinen gemächlich fort, können aber in Gefahrensituationen sehr schnell rennen.

Hase – (hare)
Lepus capensis und *L. saxatilis*

Die beiden in Afrika vorkommenden Hasenarten unterscheiden sich nur geringfügig voneinander. Beide haben einen kurzen, flauschigen Schwanz. Der Strauchhase ist etwas größer als der Kaphase. Die Ohren (Löffel) des Strauchhasen sind besonders lang und die Hinterläufe gut ausgebildet. Das weiche Fell ist graubraun bis grauschwarz gefleckt. Er hat einen weißen Stirnfleck und bevorzugt mit Gestrüpp bestandene Waldgebiete. Der Kaphase gleicht den in Europa vorkommenden Hasen. Er ist grauweiß bis mittelbraun mit einer rötlichen Tönung an der Seite. Die Brust ist heller als die Oberseite und der Bauch ist weiß. Er bevorzugt offenes, grasbewachsenes Gelände. Beide Hasenarten sind meist allein nachts oder in der Dämmerung unterwegs. *Abbildung: Kaphase*

Springhase – (springhare)
Pedetes capensis

Der Springhase (bis 3,8 kg) hat lange, kräftige Hinterbeine, mit denen er sich springend fortbewegt, und winzige Vorderbeine, die er zum Graben nutzt. Von vier Zehen sind drei lang gewachsen und mit Krallen versehen. Der lange Schwanz ist buschig mit einer schwarzen Spitze. Die Ohren sind lang und spitz. An der Oberseite ist das weiche Fell rötlichbraun bis gelb, die Bauchseite ist heller. Springhasen bevorzugen offene Graslandschaften. Sie sind ausschließlich nachtaktiv und leben in losen Verbänden in selbst gegrabenen Bauten. Sie ernähren sich von Gräsern und Wurzeln. In Pflanzungen können sie großen Schaden anrichten, daher werden sie stark bejagt.

Erdhörnchen – (ground squirrel)
Xerus inauris

Erdhörnchen (Länge 40–70 cm, davon 18–30 cm Schwanz, Gewicht bis zu 650 g) sind Nagetiere. An der Oberseite ist das Fell zimtfarben, ein einzelner weißer Streifen erstreckt sich an beiden Körperseiten von der Schulter bis zum Oberschenkel. Die Bauchseite ist etwas heller. Der buschige, schwarzweiße Schwanz nimmt etwa die Hälfte der gesamten Körperlänge ein. Er wird geschickt als Sonnenschirm über den Körper und Kopf gehalten. Erdhörnchen sind tagaktiv und leben gesellig in Kolonien von 5 bis manchmal weit über 50 Tieren am Boden bzw. unter der Erde, wo sie sich einen Bau aus Tunneln und Höhlen graben. Sie ernähren sich von verschiedenen Pflanzen und fressen manchmal auch Termiten. Verschiedene Arten sind in ganz Afrika verbreitet.

Stachelschwein – (porcupine)
Hystrix africaeaustralis

Der Körper des größten afrikanischen Nagers (Schulterhöhe bis 25 cm, Gewicht bis 13 kg) ist mit langen, robusten, schwarzweißen Stacheln bedeckt. Auf Kopf und Nacken befindet sich ein Kamm weicher Borsten, die normalerweise eng am Körper liegen. Sobald Gefahr droht, werden die Stacheln und Borsten aufgerichtet, so dass das Tier doppelt so groß aussieht. Stachelschweine kommen häufig vor, sind jedoch selten zu sehen, da sie nachtaktiv sind. Tagsüber ruhen sie im eigenen Bau, in Höhlen oder Geröll. Ihre Nahrung ist vegetarisch und schließt Knollen, Zwiebeln und Borke ein. *H. africaeaustralis* im Süden und Osten und *H. cristata* in Nordafrika sind fast nicht zu unterscheiden.